KB270165

THE HISTORY OF J A Z Z

재즈의 역사

테드 조이아 지음 ｜ 이주은 옮김

서커스

나의 아내 타라에게

차례

1. 재즈의 선사 시대 009

2. 뉴올리언스 재즈 055

3. 재즈 시대 101

4. 할렘 169

5. 스윙 시대 241

6. 모던 재즈 349

7. 재즈 스타일의 파편화 481

8. 자유와 융합 593

9. 전통주의자와 포스트모더니스트 661

10. 경계 없는 재즈 705

11. 재즈 부활 749

미주 775

참고문헌 786

추천 음악 790

색인 802

감사의 말 839

옮긴이의 말 841

일러두기

1. 곡명은〈〉, 교향곡, 오페라, 모음곡, 작품집, 공연, 앨범, 영화 등은《 》로 표기했다.
2. 본문에서의 인용문, 인용구, 인용어들은 원서에 준해 " "로 표기하고, " " 표시된 문장 안의 인용구 및 그 밖의 이탤릭체로 강조된 단어 등은 ' '로 표기했다.
3. 단행본, 정기간행물은『 』로 표기했다.
4. 본문에 나오는 생소한 용어(대체로 음악 관련 용어)들의 경우, 짧은 설명이 필요할 때는 역자가 용어 옆에 바로 [ ]를 사용하여 설명했다. 가끔, 저자가 인용문에서 생략된 주어나 단어를 [ ] 표기로 삽입한 경우도 있다. 이것은 역자의 간단한 설명이 붙은 경우와 쉽게 구별될 것이다. 그러나 좀 더 자세한 해설이 필요할 때는, 역자가 각주를 달아 해설했다.
5. 주로 출전을 표시한 원서의 주석은 역자의 주석과 구별하고 독서를 가급적 방해하지 않도록 미주로 정리했다.
6. 사이시옷은 발음과 표기법이 관용적으로 굳어져 있는 경우를 제외하고는 가급적 사용하지 않았다.
7. 영문명은 발음이 현저히 다른 경우를 제외하고는 가급적 스펠링 위주로 표기했다. 하지만 관용적으로 굳어진 경우는 타협했다. 본문의 영문 병기와 책 뒤에 붙은 색인 항목을 참고하시기 바란다.
8. 재즈 뮤지션들의 이름은 듀크 엘링턴, 소니 롤린스, 디지 길레스피 등 대부분 예칭, 별명으로 널리 알려져 있어서 색인의 인명도 그에 따랐다.

재즈의 역사

1

재즈의 선사 시대

미국 음악의 아프리카화

나이 지긋한 흑인 남성이 커다란 원통형 북에 다리를 벌리고 걸터앉아 있다. 그는 손가락과 손날을 사용해, 북의 표면을 반복적으로 찌르듯 두드린다. 북 표면은 지름이 약 30센티미터 정도이며, 아마도 동물 가죽으로 만들어진 듯하다. 그의 빠르고 날카로운 타격으로, 북에서는 고동치는 듯한 맥박 같은 울림이 퍼진다. 두 번째 북 치는 이가 무릎 사이에 악기를 끼고서, 같은 식의 짧고 끊어지는 듯한 주법으로 연주하며 합류한다. 세 번째 흑인 남성은 땅에 앉아, 박을 대강 깎아 만든 듯한 몸체의 현악기를 뜯고 있다. 또 다른 박으로 만든 악기는 북이 되었고, 한 여성이 두 개의 짧은 막대기로 그것을 두드린다. 한 사람의 목소리가 들리기 시작하더니, 다른 목소리들이 뒤따라 합창한다. 이 음악적 주고받음을 따라, 춤이 시작된다. 언뜻 보면 비형식적이고 즉흥적인 듯 보이지만, 자세히 들여다보면 의식처럼 정교하고 치밀하게 짜인 춤이다. 그 규모 또한 압도적이다. 수백 명, 어쩌면 5백에서 6백 명에 달하는 사람들이 원형의 집단을 이루고, 음악의 박자에 맞춰 몸을 흔들며 춤춘다. 어떤 이들은 부드럽게 몸을 흔들고, 어떤 이들은 발을 강하게 구르며 땅을 울린다. 집단에 속한 몇몇 여성들이 구호처럼 노래를 부르기 시작한다.

이러한 장면은 아프리카일 수도 있다. 하지만 사실 이것은 19세기 뉴올리언스의 모습이다. 당시 콩고 스퀘어라고 불렸던 야외 공간에서 벌어진 노예들의 춤에 대한 직접 목격담들이 간간이 전해지는데, 이들은 아프리카계 미국 음악사의 기록 중에서도 가장 매혹적인 자료들에 속한다. 오늘날, 루이 암스트롱 공원이 대략 그 자리에 세워져 있다. 저명한 건축가인 벤자민 라트로브Benjamin Latrobe는 1819년 2월 21일, 이러한 집단 춤 가운데 하나를 목격했고, 생생한 글로 그 모습을 남겼을 뿐 아니라, 사용된 악기들을 여러 장의 스케치로 기록했다. 이 그림들은 1819년 무렵, 콩고 스퀘어의 음악가들이 연주했던 타악기와 현악기가 토착 아프리카 음악에서 사용되던 것들과 거의 동일했음을 확인시켜준다.

이후의 기록들은 뉴올리언스에서의 노예들의 공개적인 춤 의식에 대한 우리의 지식을 더욱 보충해 주지만, 여전히 많은 의문점이 남아 있다. 일부는 시간이 지나면서 역사 연구를 통해 밝혀질 수도 있겠지만, 어떤 것들은 영원히 답을 찾지 못할지도 모른다. 그러나 한 가지는 분명하다. 오늘날, 우리는 흑인과 백인의 음악적 흐름이 교차하는 지점을 이론적이고 거의 상징적인 문제로 보는 경향이 있지만, 콩고 스퀘어에서의 춤에 대한 이 생생한 기록들은 실시간에 벌어진 실제의 사건이었고, 완전히 아프리카적인 의식이 신세계의 땅에 옮겨온 순간임을 보여준다. 음악사학자 네드 서블릿Ned Sublette은 이렇게 저술했다. "1819년 미국에서, 특히 다른 곳에서는, 아프리카적 정체성을 노골적으로 드러내는 것이 철저하게 의도적으로 말살된 상황에서,[1] 손북(핸드 드럼)을 연주하는 것은 엄청난 의지와 기억, 그리고 저항의 행위였다. 콩고 스퀘어는 겉으로 보기에 단순한 파티 같았을지 모르지만, 그 이상의 의미가 있었다."[2]

콩고 스퀘어의 춤은 서로 다른 것들이 충돌하는 교차점이었다. 서양 문화에 깊이 뿌리내린 공연자와 관객의 구분이 이곳에서는 완전히 사라졌다. 이는 우리에게는 매우 근본적인 구분이지만, 전통적인 아프리카 문화에서는 그다지 중요하지 않은 차이였다. 또한, 서양 예술 담론에서 흔히 전제되는 노래와 춤의 분리 역시 이곳에서는 무의미했다. 대신에, 소리와 움직임이 본질적으로 결합된 아프리카적 일체감이 그것을 대체했다. 이 집회들은 의례적 요소와 사회적 기능이 뒤섞인 형태였고, 그 안에서 세속적 충동과 영적 충동 간의 경계마저 허물어졌다. 실제로, 1808년의 한 목격담에서는, 이를 '예배'라는 단어로 묘사하고 있을 정도다.

이 춤 자체는 지름이 3미터도 채 되지 않는 작은 원 안에서 움직이는 사람들의 집단적인 원형 움직임이 특징인데, 이는 아프리카에서 가장 널리 퍼진 의례적 전통 중 하나를 연상시키는 것이다. 회전하며 반시계 방향으로 움직이는 이러한 춤은 아프리카 대륙 여러 지역에서 다양한 형태와 이름으로 민속학자들에 의해 관찰되어왔다. 아메리카 대륙에서는 이 춤이 "링 샤우트ring shout"로 알려지게 되었는데, 학자 스털링 스터키Sterling Stuckey의 표현에 따르면, 이는 "아프리카인들이 서로 공통의 가치를 인식하는 주된 맥락"이었다.[3] 이러한 아프리카의 유산이 뉴올리언스에서 나타난 것은 신대륙에서 기록된 많은 사례 중 하나일 뿐이다. 이 전통은 이후 시대에도 비록 규모는 더 작아졌지만 계속 이어졌는데, 1934년, 존과 앨런 로맥스John & Alan Lomax 부자는 루이지애나에서 링 샤우트를 녹음하여 미국 의회도서관에 기증했고, 그 외에 텍사스, 조지아, 바하마에서도 이 의식을 목격했다. 1950년대에는 재즈 학자 마셜 스턴스Marshall Stearns가 사우스캐롤라이나에서 여전히 확연히 드러나는 링 샤우트의 사례를 목격했다. 1980년대에 이르러서는, 많은 이들이 링 샤우트가 사라졌다고 여겼지만, 조지아와 캐롤라이나 해안 지역의 굴라Gullah와 지치Geechee 공동체에서는 그때까지도 남아 있었다. 이후, 보존하려는 노력이 이루어졌고, 오늘날에도 조지아주 매킨토시 카운티를 방문하면, 아프리카계 미국인의 가장 오래된 공연 전통 중 하나인 링 샤우트가 새해맞이와 기타 축하 행사 때 재현되는 모습을 볼 수 있으며, 공식 공연장에서도 그 전통이 계속해서 선보여지고 있다.

콩고 스퀘어의 춤은 보존 운동가들과 민속 음악 수집가들이 등장하기 훨씬 전에 사라졌다. 전해지는 기록에 따르면, 남북전쟁 중에 중단된 것을 제외하고, 대략 1885년까지는 계속되었다고 전해진다. 이러한 연대기를 따르면, 그 춤의 소멸은 뉴올리언스에서 최초의 재즈 밴드들이 출현한 시기와 거의 일치한다. 하지만 최근 연구들은 이 전통의 종말이 훨씬 더 이른 시기에 이루어졌음을 설득력 있게 주장하고 있으며, 아마도 1870년 이전에 공개적인 춤 행사는 중단되었을 가능성이 크다. 다만, 비공식적인 사적 공간에서는 그 후에도 한동안 지속되었을지 모른다.[4] 그러나 공중公衆의 모임이 중단된 후에도, 뉴올리언스에서는 링 샤우트의 전통이 변형된 형태로 여전히 이어졌다. 음악학자 새뮤얼 플로이드Samuel Floyd는 링 샤우트의 형식이 "재즈 장례식에서의 세컨드 라인으로 변화했을" 가능성을 제시한다. 그는 이렇게 썼다. "참여자들의 움직임이 링 샤우트 참여자들의 움직임과 동일했으며, 심지어 세컨드 라인 참여자들이 개별적으로 반시계 방향으로 움직이는 것까지 같았다." 다만, 장례식을 마친 뒤, 묘지에서 마을로 돌아와야 했기 때문에 원형으로 돌 필요가 없었던 것일 뿐, 움직임의 본질은 아프리카 전통의 링 샤우트와 닮아 있었다는 것이다.[5]

무엇보다도, 이 이식된 아프리카 의식은 뉴올리언스 흑인 공동체의 집단적 기억과 구술 역사 속에서 크게 자리 잡고 있었다. 심지어, 그 의식에 직접 참여해 본 적이 없는 젊은 세대들 사이에서도 마찬가지였다. 이러한 기억은 결국 재즈 연주자들의 자아상, 즉 아프리카계 미국인 음악가가 된다는 것이 무엇을 의미하는지에 대한 감각을 형성했다. 뉴올리언스의 유명한 리드 악기* 연주자 시드니 베셰이Sidney Bechet는 자서전인 『부드럽게 다루어라Treat It Gentle』에서 이렇게 썼다. "할아버지, 그분까지가 내가 기억할 수 있는 가장 오래된 조상이다. 노예들이 일요일마다 모였는데, 그게 그들의 휴일이었다. 그때 할아버지는 광장에서 북을 두드리셨다. 콩고 스퀘어라고 불

---

* 리드reed: 클라리넷이나 색소폰처럼, 얇은 갈대나 합성 리드가 진동하여 소리를 내는 목관악기를 통칭하는 말.

렀던 곳에서 말이다…… 할아버지는 음악가셨다. 아무도 그분에게 음이나 느낌, 리듬 같은 걸 설명할 필요가 없었다. 그건 전부 그분 안에 있었다. 늘 확신에 찬 채로."[6]

콩고 스퀘어가 바라다보이는 곳에서, 전설과 여러 목격담에 따르면 최초의 재즈 음악가로 여겨지는 인물인 버디 볼든Buddy Bolden은 자신의 선구적인 밴드와 함께 글로브 홀Globe Hall에서 연주했다. 그러나 지리적 근접성에도 불구하고, 이 두 음악 유형 간의 문화적 차이는 놀라울 정도로 컸다. 볼든과 시드니 베셰이가 재즈를 연주하기 시작했을 무렵, 아프리카 음악의 미국화는 이미 시작되었고, 동시에 미국 음악의 아프리카화도 진행되고 있었다. 이는 상호작용적이고 상승적인 과정이었으며, 이 책의 이후 부분에서 여러 차례 근접하여 살펴볼 주제이기도 하다. 인류학자들은 이를 '융합주의syncretism'라고 부르는데, 원래는 별개였던 문화적 요소들이 서로 융합되는 것을 가리킨다. 이러한 문화적 융합의 역동성은 재즈의 역사에서 필수적인 것이었고, 오늘날에도 여전히 강력하다. 아프리카계 미국인의 연주 스타일이 유럽, 아시아, 라틴, 그리고 다시 아프리카의 음악과 자연스럽게 섞이며 완전한 순환을 이루는 시대이기 때문이다.

아프리카와 유럽 문화의 혼합은 물론 콩고 스퀘어의 노예 춤 훨씬 이전부터 시작된 것이었다. 사실, 뉴올리언스가 건립된 1718년보다 최소 천 년 전으로 거슬러 올라간다. 고대 서구 문화에 대한 아프리카의 영향은 최근 들어 격렬한 논쟁거리가 되었으며, 이 논쟁의 대부분은 복잡하고 난해한 방법론적·이론적 문제를 둘러싸고 있다. 그러나 역사에 주의를 기울이는 이들은 굳이 추상적인 분석에 의존하지 않고도, 아프리카와 유럽 문화가 일찍부터 융합된 사례를 확인할 수 있다. 8세기 북아프리카의 이베리아 반도 정복은 유럽에 가시적인 영향을 남겼으며, 이는 오늘날에도 여전히 스페인의 건축, 회화, 음악의 독특한 특징 속에 드러난다. 만약, 732년 투르 전투에서 샤를 마르텔Charles Martel이 무어인을 남프랑스에서 패배시키지 않았다면, 이러한 양식화된 문화적 융합은 범유럽적인 힘으로 확산되었을지도 모른다. 역사가 에드워드 기번Edward Gibbon은 저서『로마 제국 쇠망사 *The Decline and Fall of the Roman Empire*』에서 이렇게 단언했다. "이 한 사람의 비범한 재능과 행운이 없었다면, 무어인들의 함대는 해전 한 번 치르지 않고 템스강 어귀까지 항해했을 것이며, 오늘날 옥스포드의 강의실에서는 코란이 가르쳐지고 있을지도 모른다."[7]

결과적으로, 아프리카의 문화적 흐름이 서양 문화의 보다 넓은 물줄기로 스며드는 데는 훨씬 더 오랜 시간이 걸렸다. 그것도 정복이 아니라 패배로 인해 촉진되었고, 대륙의 강대국들을 무너뜨리는 승리의 함대가 아니라, 신세계로 향하는 비참한 노예선의 교역이 그 통로가 되었다. 그렇지만 초기에 무어인이 유럽을 침입했던 자취가 천 년이 넘는 시간이 지난 뒤에 아프리카계 미국인 재즈의 개화를 위한 토대를 마련했을 수도 있다. 그리고 스페인, 프랑스, 아프리카 문화가 뒤섞인 이 복합성이 뉴올리언스에서 재즈가 탄생할 때도 함께 존재했다는 사실이 단순한 우연일 수 있을까? 어쩌면, 이러한 무어인의 문화적 유산 덕분에, 라틴 문화권은 항상 아프리카로부터의 새로운 영향에 더 열려 있었던 것일지도 모른다. 실제로 음악에서만 보더라도, 살사, 칼립소, 삼바, 탱고, 쿰비아 등 성공적인 아프리카-라틴의 하이브리드 장르들이 셀 수 없이 많으며, 이를 보면 이 두 문화가 오랜 융합의 기억 때문에, 여전히 서로를 끌어당기는 자성을 지닌 것 아닌가 하는 추측을 하게 된다. 어쩌면, 이 복잡한 서양사의 한 장면이 뉴올리언스의 선구적 재즈 음악가 젤리 롤 모튼Jelly Roll Morton이 남긴 수수께끼 같은 주장을 풀어줄 열쇠일지도 모른다. 그는 이렇게 말했다. "당신의 곡에 스페인풍의 색조를 조금이라도 담아내지 못한다면, 내가 말한, 재즈에 딱 맞는 조미료를 결코 얻을 수 없을 것이다."[8]

라틴의 색조는 재즈가 등장하기 훨씬 이전부터, 이미 뉴올리언스 음악에 깊숙이 자리 잡고 있었다. 이는 어쩌면 놀라운 일이 아닐 수 있다. 왜냐하면

루이지애나 매입 이후의 뉴올리언스는 여전히 인구의 8분의 1 정도만이 영국계 미국인이었기 때문이다. 모튼이 태어날 무렵, 1884~1885년 뉴올리언스에서 열린 세계 면화 박람회에서는, 멕시코관에서 멕시코 기병대 악단이 매일 무료 공연을 펼쳤다. 또한, 잘 알려지지 않았지만, 흑인 뉴올리언스 작곡가인 바질 바레스Basile Barès(1845~1902)의 〈Los Campanillas〉라는 작품에서는, 쿠바의 하바네라 리듬이 효과적으로 사용되었는데, 이는 W. C. 핸디가 〈St. Louis Blues〉에서 이 리듬으로 대중적 히트를 치기 훨씬 전이었고, 모튼 자신이 〈The Crave〉에서 이 리듬을 채택하기도 전에 이미 있었던 일이다. 그보다 더 앞서, 루이 모로 고트초크Louis Moreau Gottschalk는 라틴 풍이 가미된 피아노곡 〈Bamboula〉로 대서양을 넘나드는 성공을 거두기도 했다. 이런 예시들이 보여주듯, 이러한 라틴의 색조는 재즈가 태어나기도 전에, 뉴올리언스의 많은 아마추어 피아니스트들의 응접실에 이미 널리 퍼져 있었다. 이러한 수요에 부응하여, 커널 스트리트에 있던 하트Hart의 음악 상점은 19세기 후반에만 멕시코 작품을 80여 곡 이상 출판했고, 이는 지역 연주자들에게 영향을 주며, 라틴과 아프리카계 미국인 음악 스타일이 복잡하게 얽힌 역사 속에서 또 하나의 연결고리가 되었다.

단순히 음악학적 영향을 넘어, 19세기 뉴올리언스에 스며든 라틴-가톨릭 문화는 재즈 음악의 발전을 우호적으로 촉진했다. 이 문화는 스스로도 차별의 상처를 지니고 있었기에, 신대륙의 다른 지역에서 지배적이었던 영국계 개신교적 가치관에 비해, 비정통적인 사회적 혼합물들을 훨씬 더 관대하게 수용하는 경향이 있었다. 스페인 법 아래에서, 노예는 공식 허가 없이도 해방될 수 있었고, 재산을 소유할 수 있었으며, '코아르타시온coartación'이라는 권리를 통해, 법적 계약에 따라 스스로 자유를 사는 것도 가능했다. 상대적으로 덜 경직된 이러한 분위기는 뉴올리언스의 태도와 행동 양식을 형성하는 데 도움이 되었다. 실제로, 콩고 스퀘어의 춤이 더 영국화된 신대륙 식민지에서 이루어졌으리라고는 상상하기 어렵다.

도시가 세워진 지 반세기도 채 지나지 않은 1764년, 뉴올리언스는 프랑스에서 스페인으로 양도되었다. 이후 1800년, 나폴레옹이 스페인으로부터 이 지역을 돌려받는 데 성공했지만, 프랑스의 통치는 고작 3년밖에 지속되지 못했고, 그 뒤 루이지애나 매입의 일환으로 미국의 영토가 되었다. 그 결과, 19세기 초 뉴올리언스의 독특한 분위기를 형성하는 데는 프랑스와 스페인의 정착민들이 결정적인 역할을 했지만, 독일, 이탈리아, 영국, 아일랜드, 스코틀랜드에서 온 이민자들도 지역 문화에 상당한 기여를 했다. 도시의 흑인 거주자들 역시 매우 다양했다. 프랑스 정착 초기에 세네감비아를 비롯한 아프리카 여러 지역에서 직접 끌려온 이들,[9] 미국 태생의 흑인들, 카리브해를 거쳐 미국에 온 이들이 뒤섞여 있었다. 특히, 히스파니올라[현재, 아이티와 도미니카공화국]에서의 내란, 즉 아이티 혁명은 흑인과 백인 모두에게 뉴올리언스로 향하는 이주를 촉진했다. 1808년 한 해 동안에만도, 아이티 혁명을 피해 쿠바에서 떠밀려 온 난민이 무려 6천 명이나 뉴올리언스에 도착했다. 이로 인해, 유럽, 카리브, 아프리카, 미국적 요소가 전례 없이 뒤섞인 혼합체가 만들어졌고, 그 결과 루이지애나는 19세기 세계에서 가장 활발히 끓어오르는 민족적 용광로 중 하나가 되었다.

이렇게 문화적으로 걸쭉하게 뒤섞인 혼합물은 현대의 많은 훌륭한 융합 음악 스타일이 태어나는 온상이 될 터였다. 재즈뿐 아니라, 케이준,* 자이데코,** 블루스 등의 새로운 장르들이 바로 이러한 자유방임적 환경에서 꽃피었다. 뉴올리언스의 따뜻하고 습한 기후처럼, 이곳에서는 집단과

---

* 케이준Cajun: 프랑스계 이민자들의 후손으로, 루이지애나 지역에 정착한 집단을 가리킨다. 케이준 음악은 바이올린, 아코디언, 트라이앵글 등을 사용하는 루이지애나 전통음악을 말한다.
** 자이데코Zydeco: 루이지애나의 크리올 흑인 공동체에서 발전한 전통음악 장르. 19세기 말~20세기 초, 프랑스어를 쓰는 아프리카계 크리올들이 케이준 음악의 영향을 받으면서 창조한 음악. 아코디언과 워시보드, 빠르고 춤추기 좋은 리듬을 특징으로 한다.

관습 간의 날카로운 경계선이 서서히 누그러지다가, 결국에는 허물어졌다. 오늘날에도, 아일랜드계 후손들은 성 패트릭 데이를 기념하며, 자신들만의 세컨드 라인 퍼레이드*를 벌인다. 마르디 그라Mardi Gras 시즌이 되면, 흑인 축제 참가자들이 여전히 아메리카 원주민 복장을 차려입는데, 어떤 복장은 수천 달러에 이를 정도로 호화롭다. 이 관습은 19세기까지 거슬러 올라간다. 또한, 프랑스, 스페인, 아프리카, 촉토** 원주민, 독일 등 다양한 전통이 창의적으로 뒤섞인 이 지역만의 독특한 요리 문화도 주목할 만하다. 이곳 사람들은 인종이나 민족적 범주에 얽매이지 않는 유동적인 의식儀式에 대해 전혀 놀라지 않는다. 사실, 마르디 그라의 가면 무도회는 이 도시에 잘 들어맞는 상징이라 할 수 있다. 가장 익숙한 문화적 유산이 가장 낯선 차림새를 하고서 등장하는 곳, 그것이 바로 뉴올리언스인 것이다.

그러나 이 사회에서 결정적인 창조적 흐름은 아프리카계 미국인 하층민으로부터 나왔다. 이것이 과연 놀랄 만한 일일까? 음악가를 비롯한 공연 예술가들이 사회적으로 용인될 수 있는 한계점에 있는 예능인으로서, 아웃사이더나 추방자라고 평가받는 것은 고대로 거슬러 올라가는 오랜 전통을 지니고 있다. 최근까지도 많은 문화권에서는, 신자가 음악가와 같은 식탁에 앉는 것을 "부정不淨"하다며 금지하는 종교적 금기가 존재했다. 음악이 대중의 소비재이자 오락의 한 형태가 되기 훨씬 전, 음악의 세계는 신비주의자, 마술사, 사회에서 배제되고 소외된 이들의 영역이었다. 재즈가 사회의 변두리에서 출발하여 중심부로 이동하는 이야기는 이러한 끊임없이 반복되는 서

---

* 뉴올리언스식 브라스 밴드 행렬에서 공식 퍼레이드 뒤를 따라 춤추고 즐기는 자유로운 군중의 퍼레이드를 뜻한다. 뉴올리언스 재즈 문화의 상징 중 하나로 마르디 그라, 성 패트릭 데이, 재즈 페스티벌 같은 행사에서 퍼스트 라인 밴드를 따라 시민들이 자유롭게 춤추고 행진하는 모습이 바로 세컨드 라인 퍼레이드다.
** 촉토Choctaw: 미국의 남동부 지역(오늘날의 미시시피, 앨라배마, 루이지애나)에 거주했던, 북미 원주민 부족 중 하나.

사의 또 하나의 장章일 뿐이다.

그럼에도 불구하고, 아프리카계 미국인의 노래가 형성되는 데 있어 노예 노동이 차지했던 역할은 이 비통한 역사에서 특히 비극적인 한 막간幕間이라 할 수 있다. 영국의 아메리카 식민지에 아프리카인들이 존재했다는 최초의 기록은 1619년 제임스타운에서 발견되었으며, 이는 청교도들이 도착한 해보다도 일 년 앞선 시점이었다. 1807년까지, 약 40만 명의 아프리카 출신 원주민이 미국에 끌려왔는데,[10] 그 대부분이 서아프리카에서 이송되었다. 이들은 고향에서 강제로 끌려왔고, 자유를 박탈당했으며, 삶의 구조를 이루던 사회적 기반으로부터 완전히 떼어내졌다. 그렇기에, 이 원치 않았던 이민자들은 자신들이 간직할 수 있었던 문화적 요소들에 더욱 필사적으로 매달릴 수밖에 없었으며, 그중에서도 음악과 민담은 가장 질긴 생명력을 지닌 것들이었다. 가족도, 집도, 소유물도 모두 빼앗겼을지언정, 음악과 이야기만은 여전히 그들 곁에 남아 있었다.

이러한 맥락에서 보면, 1817년 뉴올리언스 시의회가 노예들의 춤을 위한 공식적인 장소를 지정하기로 한 결정은 매우 관대한 조치의 전형적인 사례로 돋보인다. 다른 지역에서는, 노예들의 음악 속에 담긴 아프리카적 요소들이 억제되거나 노골적으로 금지되었기 때문이다. 예컨대, 1739년 스토노Sto-no 반란 당시, 노예들은 드럼을 사용해 백인들을 공격하는 신호를 주고받았다. 이에 불안을 느낀 사우스캐롤라이나는 노예들의 드럼 사용을 전면 금지했고, 조지아의 법률은 한발 더 나아가 드럼뿐 아니라, 뿔피리나 그 외의 큰 소리를 내는 악기 전반을 금지했다. 종교 단체들 역시 노예 음악의 아프리카적 요소를 통제하는 데 일조했다. 아이작 와츠 박사의 『찬송가와 영가Hymns and Spiritual Songs』는 1700년대 초부터 다양한 식민지 판본으로 출간되어, 아프리카계 미국인들을 계몽된 서구 음악의 본보기로 "개종"하기 위한 수단으로 자주 활용되었다.

다행히도, 이러한 교화와 개종의 시도는 거의 성공하지 못했다. 오히려 많은 경우, 의도했던 것과는 정반대의 효과가 나타났다. 유럽의 음악적 양식이 아프리카 전통과 결합되면서, 변형되고 풍성해졌기 때문이다. 민속 음악 수집가인 앨런 로맥스는 이렇게 비평했다. "흑인들이 시편을 너무도 아프리카적으로 변형시켜, 많은 이들이 흑인식 선율 연결 찬송을 신비로운 아프리카 음악으로 묘사할 정도였다."[11] 음과 악구들은 길게 늘어지고, 파격적으로 배열되거나 휘어져서, 청중들은 성경의 원래 가사를 거의 알아들을 수 없을 정도였다. 19세기 후반, 아프리카계 미국인들의 영가에 대한 대중적 관심이 높아지면서, 흑인 앙상블들이 성경 이야기에서 따온 잘 알려진 내용을 담아, 백인 청중을 대상으로 기독교 음악을 정제된 형태로 연주하는 공식 콘서트를 열기 시작했지만, 그 노래들은 새롭고 낯설게 들릴 뿐만 아니라, 어쩌면 은밀하게 저항적이기까지 했다. 〈Go Down Moses〉, 〈Swing Low, Sweet Chariot〉, 〈Wade in the Water〉와 같은, 마음을 달래주는 흑인 영가는 종교적 탄식처럼 들릴 수도 있었지만, 동시에 노예제와 인종차별에 대한 암호화된 저항의 정치적 한탄으로도 해석될 수 있었다. 이러한 노래와 가사의 재창조는 그다음 세기 동안 다른 장르에서도 반복적으로 나타났으며, 흑인 연주자들은 가장 익숙한 음악 스타일조차 놀라울 정도로 새롭게 탈바꿈시켰다. 이처럼, 아프리카 공연 예술이 유럽의 작곡 전통을 흡수하면서도 그것을 변형시키는 능력은 현대 음악사에서 가장 인상적이고 강력한 진화적 힘 중 하나였다. 이러한 영향을 입은 음악 장르는 실로 헤아릴 수 없이 많다. 몇 가지만 꼽더라도, 가스펠, 소울, 랩, 민스트럴* 송, 브로드웨이 뮤지컬, 래그타임, 재즈, 블루스, R&B, 록, 삼바, 레게, 펑크, 살사, 칼립소, 그리고 심지어 일부 현대 오페라 및 교향악 일부까지 포함된다.

---

* 민스트럴minstrel: 본래, 중세의 음유시인을 가리키는 용어였는데, 19세기 미국의 민스트럴 쇼minstrel show에서 얼굴에 검은 칠을 한 백인 배우들을 일컫게 되었다. 혹은 민스트럴 쇼를 지칭하기도 하며, 이 쇼는 백인 배우들이 흑인을 흉내 내는 블랙 페이스black face 공연을 의미한다.

재즈의 역사는 이러한 다른 혼종 장르들과 긴밀하게 얽혀 있으며, 이 다양한 계보를 추적하는 일은 매우 복잡하고 어려운 작업이다. 예를 들어, 남북전쟁 이전 수십 년 동안 발전한 민스트럴 쇼는 흑인 얼굴로 분장한 백인 연기자들이 노예들의 음악, 춤, 문화를 모방하고, 대부분 조롱하는 공연 형태였다. 민스트럴 송의 작곡가들은 남부 흑인 음악에 대한 실제적인 지식이 거의 없는 경우가 많았으며, 놀랍게도 그들 중 상당수는 미국 북동부 출신이었다. 가장 유명한 민스트럴 풍 노래의 작곡가인 스티븐 포스터Stephen Foster 역시 남부 민속 생활을 강력하면서도 낭만적으로 묘사했지만, 실제로는 그 문화와의 접촉이 매우 제한적이었다. 그가 미시시피강을 따라 뉴올리언스까지 다녀온 단 한 번의 여행이 그의 딥 사우스* 경험의 전부였다.[12] 이후 세대의 흑인 연예인들은 자신들의 문화를 타자들이 모방한 이러한 이차적 이미지의 인기에 영향을 받아, 때때로 백인들이 그려낸 흑인 행동의 고정관념을 역으로 모방하기도 했다. 민스트럴 음악은 여러 이유로 결국 사라졌지만, 가장 분명한 이유는 관객들이 실제 흑인 음악가들이 연주하는 진짜 흑인 음악을 더 선호하게 된 것이다. 그러나 이처럼 노골적으로 인종차별과 연결된 저급한 장르조차도, 흑인 음악가들에 의해 흡수되고 재창조되었으며, 결국 흑인 대중음악의 다채롭고 변화무쌍한 소리 풍경을 구성하는 또 하나의 재료가 되었다는 사실은 경탄할 만하다.

노동요는 종종 재즈의 전신前身으로 언급되는 또 다른 형태의 음악으로, 그 본래 성질이 훨씬 더 순수하게 아프리카적이다. 실제로, 지난 세기 남부 미국에서 녹음된 일부 사례들은 유럽이나 미국의 영향이 거의 없는 모습을 보여준다. 이 경우만큼은, 경제적 논리가 아프리카 전통을 지우기보다는 보

---

* 딥 사우스Deep South: 미국 남부의 특정 지역을 가리키는 용어로, 조지아, 앨라배마, 미시시피, 사우스캐롤라이나, 루이지애나와 같은 지역을 포함하며, 경우에 따라, 플로리다 북부, 아칸소, 테네시 서부도 포함되기도 한다.

존하는 데 기여했는데, 심지어 가장 냉혹한 감독관들조차 노동자의 생산성이 높아지는 한, 음악 활동을 장려했기 때문이다. 서양의 악보 체계와 음계를 당당하게 무시했던 이 흑인 노동자들의 의식화儀式化된 발성은 다양한 형태로 존재했다. 필드 홀러,* 제방 건설 현장의 외침, 감옥의 작업 노래, 거리의 외침 등이 그것이다. 오늘날 이 모든 부류의 노래는 거의 사라졌지만, 이 유서 깊은 전통을 담은 몇 안 되는 녹음들은 아메리카 대륙에서 비교적 희석되지 않은, 강렬하고 감정을 자극하는 형태의 아프리카 음악을 보여준다.[13]

전통적인 아프리카 음악에 대해 일반화하는 일은 아무리 잘해도 애매한 작업이다. 많은 평론가들이 서아프리카의 문화를 마치 하나의 동질적이고 통일된 관습의 집합체인 것처럼 다루어 왔다. 그러나 실제로 서아프리카의 음악 전통에는 매우 다양한 요소들이 기여했다. 그럼에도 불구하고 이러한 다채로움 속에서도 몇 가지 공통된 특징들이 두드러지며, 이는 아프리카 음악 연구에서 확인할 수 있고, 여러 요소들은 다소 다른 형태로 재즈에서도 재등장한다. 예를 들어, 아프리카 음악의 특징인 부르고 응답하는 선창화답先唱和答 형식은 노동요, 블루스, 재즈 및 그 외 미국화된 아프리카 음악에서도 중요한 역할을 해왔다. 그러나 본래의 아프리카적 맥락에서, 부르고 응답하기는 단순한 음악적 기법이 아니라, 사회적 통합의 방식이기도 했다. 이는 서양에서 흔히 볼 수 있는 예술가와 관객의 구분을 초월한 문화를 반영한 것이었다. 이 점은 아프리카 음악적 관습의 두 번째 통합 요소, 즉 연행演行이 사회적 구조와 일상에 깊이 통합되어 있다는 것으로 이어진다. 이러한 관점에서, 전통 아프리카 음악은 "순수" 예술 미학에서 사회적 필요와 예술

---

* 필드 홀러(field hollers, 밭노래, 들판의 외침): 아프리카계 미국인 노동자들이 농장에서 일할 때 부르던 즉흥적인 독창獨唱 형태의 노래. 고통, 슬픔, 외로움, 희망, 저항 등의 감정을 절규하듯 토로하는 경우가 많았다. 때로는, 멀리 있는 다른 노동자들과 주고받는 식의 형태를 띠기도 했다.

을 구분하려는 시도를 거부하며, 기능적 아우라를 지닌 예술의 성격을 띤다. 그러나 이러한 기능은 주로 의례와 그 밖의 통과의례적 경험에 결부되어 있었기 때문에, 그에 수반되는 음악이 현대 세계에서 흔히 접할 수 있는 진부한 기능성, 즉 치과에서 흘러나오는 배경 음악, 텔레비전 광고의 반주음악 등으로 전락하는 일은 없었다. 의례적 순간에 통합된 음악은 전통적인 아프리카 공동체 안에서 여전히 비일상적이고 초월적인 성격, 즉 현재의 순간을 넘어서는 능력을 지닌 것으로 남아 있었다. 세 번째 통합적 특징은 음악과 춤의 상호 교류이다. 이는 아프리카 문화에서 매우 깊이 뿌리내린 관습이어서, 학자 존 밀러 처노프John Miller Chernoff는 아프리카인에게 특정 음악을 "이해"한다는 것은 근본적으로 그 음악에 수반되는 춤이 무엇인지를 아는 것이라고 설명한 바 있다.[14] 네 번째로 중요한 아프리카 음악 유산의 특징은 서양 작곡가들이 주로 음note에 집중하는 반면, 아프리카 음악은 소리sound 자체에 초점을 맞춘다는 점이다. 이러한 관점의 근본적 차이에서 비롯된 결과 중 하나는 악기가 인간의 목소리가 지닌 미묘한 억양의 변화를 모방하는 기법의 사용이다. 이 기법은 재즈에서도 핵심적인 역할을 하며, 심지어 타악기에서도 나타나는데, 특히 서아프리카의 놀라운 악기인 '칼랑구',* 즉 말하는 북이 대표적 사례다. 또한, 즉흥 연주와 자발성에 대한 강조 역시 다양한 아프리카 음악 문화에서 공유되는 특징으로, 이것 역시 재즈의 전통에서 두드러지게 나타나며, 어떤 면에서는 재즈를 정의하는 요소 중 하나가 되었다.

그러나 아프리카 음악의 가장 뚜렷한 특징이자 핵심 요소는 그 리듬적 내용의 엄청난 풍부함에 있다. 바로 이 지점에서, 아프리카 음악 유산의 본질을 발견할 수 있으며, 다양한 현대 음악의 유파들에 지대한 영향을 끼친 그

---

* 칼랑구kalangu: 서아프리카, 특히 나이지리아의 하우사Hausa족 전통음악에서 사용되는 "말하는 북talking drum"의 일종. 말처럼 언어의 억양과 리듬을 흉내 낼 수 있어, 메시지를 전하는 데 사용된다.

비밀을 풀 수 있는 열쇠 역시 여기에 있다. 아프리카 음악 또는 미국화된 형태의 아프리카 음악에 담긴, 이러한 리듬의 생명력을 파악하고자 했던 초기 서구 학자들은 이를 포괄할 수 있는 어휘와 기보법을 찾는 일조차 힘겨워했다. 아프리카계 미국인 민요에 대한 초기 연구서를 쓴 헨리 에드워드 크레비얼Henry Edward Krehbiel은 1893년 시카고에서 열린 세계 콜럼버스 박람회에서 만난 아프리카 음악가들을 묘사하며, 이런 시도의 좌절감을 전하기도 했다.

그 연주자들은 내가 지금껏 본 것 중 가장 뛰어난 리듬 감각과 기교를 보여주었다. 베를리오즈가 최고의 역량을 발휘해 수많은 드러머들을 이끌며 만들어낸 연주조차, 이 미개인들의 조화로운 드럼 연주가 지닌 예술적 매력에는 미치지 못했다. 그 음악의 기본 효과는 2박자와 3박자의 결합에서 나왔는데, 2박자는 가수들이, 3박자는 드러머들이 담당했다. 그러나 드러머들이 이루어낸 리듬의 교차와 동시적인 당김음, 그리고 다양한 다이내믹 기법을 통해 만들어낸 풍부한 디테일의 세계를 말로 전달하는 것은 불가능하다.[15]

크레비얼은 이 음악가들의 연주를 악보로 옮기려는 시도로, 아메리카 원주민 음악 전문가인 존 컴포트 필모어John Comfort Fillmore의 도움을 구했지만, 결국 절망 속에 그 시도를 포기하고 말았다. 크레비얼은 나중에 이 경험을 회상하며, 짜증과 경외가 뒤섞인 어조로 이렇게 말했다. "나는 결국 이런 결론에 도달할 수밖에 없었다. 고대 그리스의 음악 예술에서 선율이나 화성和聲보다 더 높은 위치에 있었던 이 [리듬] 요소의 지배력에 있어서, 오늘날의 최고 작곡가들도 이 흑인 미개인들에 비하면 그저 풋내기일 뿐이다."

전통적인 아프리카 공동체에서는 일상생활의 거의 모든 사물이 리듬의 원천이자 타악기의 역할을 하고, 춤의 영감을 주는 도구가 될 수 있었다. 아프리카인이 종종 적대적인 자연환경을 극복하기 위해 사용했던 도구와 기구들이야말로, 어쩌면 이 지구상에서 최초의 기악의 출발점이었을지 모른다. 여기서, 우리는 'instrument'라는 단어가 지닌 이중적 의미에 담긴 숨은 진실을 깨닫게 된다. 즉, 이 단어는 자연 세계를 변화시키는 기계장치이면서 동시에 소리를 만들어내는 장치를 의미한다. 우리는 조개껍데기, 부싯돌, 동물 가죽, 뼈, 나무, 돌, 나뭇가지와 같은 주어진 것들에서 출발한다. 그리고 결국에는 무기, 도구, 바퀴, 건축 장비와 같은 일상에서 쓰이는 기구들과, 북, 딸랑이, 긁개, 징, 딱딱이, 마찰 악기, 타악 판 등과 같은 음악적 기구들에 이르는 눈부시게 다양한 종류의 악기들에 도달하게 된다. 그러나 그보다 더 이른 단계에서, 인간의 몸 자체가 풍부한 음악적 소리의 원천이 되었음에 틀림없다. 학자 존 스톰 로버츠John Storm Roberts는 이렇게 지적한 바 있다. "비非 아프리카인들은 아프리카 음악이라고 하면 북만 떠올리지만, 아프리카에서 가장 많은 사람들이 가장 다양한 사회에서 가장 자주 사용한 악기는 바로 인간의 목소리와 손뼉이었다."[16] 이 두 가지 음악적 접근법, 즉 외부 세계에서 음악을 찾는 방식과 인간의 신체적 특성에서 음악을 끌어내는 방식은 아프리카 디아스포라와 함께 아메리카 대륙으로 전해졌다.

1930년대, 연방 작가 프로젝트에 참여한 연구자들은 이전 노예들의 회고록을 기록하는 포괄적인 프로그램을 수행했다. 오늘날, 미국 의회 도서관의 민요 아카이브에 소장된 이 기록물들은 아프리카계 미국인들이 일상 속의 잔해에서 음악을 추출하는 독특한 능력, 그리고 이것이 아프리카 원주민들의 관습과 놀라울 만큼 유사하다는 사실에 대한 의미심장한 통찰을 제공한다. 이전에 노예였던 워시 윌슨Wash Wilson의 구술 기록에는 이렇게 적혀 있다. "그땐 아무 악기도 없었지." 그래서 북은 온갖 버려진 물건들로 만들어졌다. "양의 갈비뼈 조각, 소의 턱뼈, 쇳조각, 오래된 주전자, 속이 빈 박, 그리고 말갈기 몇 가닥" 같은 것들이었다.

때로는, 나무 기둥 조각을 구해 속을 파내고, 그 위에 염소나 양의 가죽을 팽팽하게 씌워, 북을 만들기도 했다. 그렇게 만든 북은 높이가 1피트에서 4피트 정도였고, 지름은 1피트에서 6피트에 달했다…… 그리고 노새의 턱뼈를 가져와서 막대기로 그 이빨을 긁으며 덜그럭거리는 소리를 냈다. 또 큰 통의 한쪽 끝에 소가죽을 씌우고, 한 사람이 통에 올라타서 손과 발로 그 가죽을 두드렸다. 그 사람은 음악의 진동이 온몸에 퍼지는 걸 느끼면, 통을 머리로도 내리쳤다. 또 다른 사람은 막대기로 나무통의 옆면을 두들겼다.[17]

이러한 타악기를 만들어내는 창의성에는, 그에 상응하는 풍부한 리듬적 충동이 함께했다. 아프리카 음악, 그리고 그것의 미국화된 다양한 형태들 모두에서, 서로 다른 박동이 종종 겹쳐지면서, 강렬한 폴리리듬이 만들어진다. 이는 아마도 이 전통들의 가장 인상적이고 특징적인 측면일 것이다. 바흐가 푸가를 만들 때, 서로 다르되 긴밀히 연결된 여러 선율을 뒤얽는 것과 마찬가지로, 아프리카의 연주 앙상블은 리듬 패턴을 층층이 쌓아 올려, 다양한 박자표가 암시되는 리듬의 대위법, 즉 타악기의 폴리포니*를 만들어냈다. 이러한 다층적 리듬의 복합성은 우리가 아프리카계 미국인 음악을 살펴보는 동안, 계속해서 마주하게 될 것이다. 예를 들면, 래그타임의 경쾌한 싱커페이션,** 비밥 드러머의 다채로운 엇박자 악센트, 그리고 재즈 아방가르드의 충돌하는 크로스 리듬에 이르기까지 말이다.

리듬의 이론가들은 흔히 그 해방적이고 디오니소스적인 요소에 주목하지만, 리듬이 사회적 통제와 권력의 원천이 되어온 역사에 대해서는 훨씬 덜 알려져 있다. 역사학자 요한 하위징아Johan Huizinga는 군대에 북이 도입된

---

* 폴리포니polyphony: 다성음악多聲音樂 또는 복수 성부 음악. 여러 개의 독립적인 선율 (성부)이 동시에 진행되는 음악적 구조로, 각각의 선율이 서로 조화를 이루면서도 독립성을 유지한다.
** 싱커페이션syncopation: 당김음이라고 번역되는 음악 용어로, 기대되는 박자(강박) 대신, 약박이나 엇박에 음을 배치해 리듬에 변화를 주는 기법.

것이 중세 기사도 시대의 종말을 알리고, 정교하게 조직된 연대와 정확한 군사 규율을 특징으로 하는 근대 전쟁의 시작을 알리는 신호였다는 가설을 세웠다.[18] 어쩌면, 현대 사무실과 소매점에서 분위기를 돋우는 재생 목록과 배경음악, 즉 현대판 노동요라고 할 수 있는 그것들이 오늘날 탈산업화 사회의 노동자들을 은근히 통제하는 수단으로 작용하고 있는 것인지도 모른다. 어쨌든, 리듬의 두 가지 측면, 즉 한편으로는 해방의 원천, 다른 한편으로는 훈육과 통제의 힘은 아프리카계 미국인 음악 속에서 모두 존재감을 드러낸다. 노동요는 규율 잡힌 노동의 선율이었고, 그 기원을 아프리카에서 찾을 수 있다. 역사학자 유진 제노비즈Eugene D. Genovese는 자신의 노예제 사회에 관한 기념비적 연구『롤, 조던, 롤Roll, Jordan, Roll』에서 이렇게 썼다. "아프리카 전통은 유럽의 농민 전통과 마찬가지로 근면을 중시했고 어떤 형태의 게으름도 조롱했다."[19] 아프리카계 미국인의 노동요에 깃든 노동의 찬양은, 노예제의 치욕 속에 내던져진 억압받는 인종이 불렀다는 것을 감안하면, 이상하게 느껴질지도 모른다. 그러나 노동의 노래를 일상적인 삶 속에 음악을 통합하는, 본질적으로 아프리카적인 삶의 방식의 일부로 바라본다면, 이러한 역설은 더 이상 역설이 아니게 된다.

노동요가 리듬을 규율의 원천으로 반영한 것이라면, 블루스는 아프리카 리듬의 또 다른 측면, 즉 해방을 제공하는 디오니소스적 측면을 대표한다. 초기 아프리카계 미국인 음악 중에서도, 블루스는 연주자에게 고통, 억압, 가난, 갈망, 욕망을 개인적으로 표출할 수 있는 길을 가장 잘 열어준 형식이었다. 블루스는 이러한 감정을 표현하면서도, 자기연민이나 비난의 감정에 빠지지 않았다. 대신, 블루스는 카타르시스를 제공했고, 개인의 고난을 이상화했으며, 어찌 보면 이상하게도, 그 노래들에서 묘사된 참담한 상황을 오히려 극복한 듯한 고양된 감각을 안겨주었다. 이러한 점에서, 블루스는 고전 비극이 제기했던 것만큼이나 심오한 심리적 수수께끼를 우리에게 제공한다. 예술이 억압적이고 비극적인 것에 천착하면서도, 어떻게 예술가와 관객 모두에게 충족감을 주는지에 대한 문제는, 적어도 아리스토텔레스 시대부터 계속해서 논의되어 온 주제다. 이러한 논의들 대부분에서, '비극'이라는 단어를 '블루스'로 바꿔 놓기만 해도, 우리는 본질적으로 같은 질문을 던지고 있음을 알 수 있다. 다만, 이제 그 맥락이 아프리카계 미국인의 음악으로 옮겨졌을 뿐이다.

컨트리 블루스와 클래식 블루스

블루스가 하나의 독자적인 음악 스타일로 인정받기 훨씬 이전부터, 그것은 아프리카계 미국인 공동체 내에서 지하에 숨은 듯한 형태로 존재해 왔다. 블루스가 녹음 산업에서 주요한 세력으로 떠오른 것은 1920년대에 이르러서였지만, 집요한 연구자들은 이미 19세기부터 과거의 노예주州 전역에서, 이 음악의 흔적과 암시들을 발견해 왔다. 특히, 흑인 소작농과 농장 노동자가 많은 지역에서 그러했다. 재즈가 뉴올리언스를 기점으로 등장해 대도시에서 번성했던 것과 달리, 초기 블루스는 농촌 지역과 미국 내 가장 빈곤한 지역에서 가장 비옥한 토양을 만났다. 훗날, 뉴욕, 시카고, 로스앤젤레스, 런던 등지의 엔터테인먼트 산업이 이 시골 음악과 그것에서 파생된 록, R&B, 펑크 등 다양한 도시 장르에 얼마나 많은 경제적 기반을 의존하게 되었는지를 생각하면, 이러한 소박한 기원이야말로 더욱 아이러니하다.

블루스 곡들이 악보 형태로 등장한 것은 이미 1912년경부터였으며, 그중에서도 W. C. 핸디의 〈St. Louis Blues〉(1914)는 가장 오랫동안 사랑받은 작품으로, 20세기 전반에 가장 많이 녹음된 두 번째 곡으로 기록되었다. 이 곡보다 더 많이 녹음된 노래는 오직 〈Silent Night〉뿐이었다. 블루스라는 용어는 종종 단순히 슬프거나 애처로운 곡을 지칭하는 데 잘못 사용되곤 하지만, 핸디의 작품에서 볼 수 있듯, 블루스는 본래 정확한 구조, 즉 블루스 형식과 연결되어 있다. 이 반복적인 12마디 패턴은 일반적으로 세 개의 코드, 즉 으뜸화음,* 딸림화음,** 버금딸림화음***을 바탕으로 구성되며, 이후 수많은 재즈와 대중음악의 토대가 되었을 뿐만 아니라, 1950년대에는 로큰롤과 리듬 앤드 블루스(R&B) 음악의 널리 쓰이는 공식으로 다시금 생명력을 얻었다. 또한 초기 블루스의 노래 가사는 대개 일정한 연(聯, stanza) 형식을 따르는데, 첫 번째 문장을 진술하고, 이를 한 번 반복한 다음, 그와 운을 맞춘 새로운 문장으로 이어지는 구조다. 예를 들어, 핸디의 〈St. Louis Blues〉는 이렇게 시작한다.

저녁 해가 지는 걸 보기 싫어

저녁 해가 지는 걸 보기 싫어

내 사랑이 이 마을을 떠나 버려서

그러나 이런 유형의 가사와 코드 패턴만으로는, 블루스의 본질을 충분히 전달할 수 없다. 이 음악의 가장 특징적인 구성요소는 독특한 선율 라인에 있으며, 그 핵심은 흔히 블루 노트blue notes라 불리는 음에 있다. 보통, 블루 노트란 보컬 라인에서 장3도와 단3도의 병용, 그리고 플랫 7도의 사용으로 설명된다. 플랫 5도는 이후에 추가된 요소지만, 시간이 지나면서 블루 노트의 중요한 부분으로 자리 잡았다. 하지만 이러한 통상적인 설명도 다소 오해의 소지가 있다. 초기 블루스에서는 장3도와 단3도를 단순히 번갈아 사용하

---

* 으뜸화음tonic chord: 음악에서 한 조key의 첫 번째 음(으뜸음)을 근음으로 하는 3화음을 말한다. 으뜸화음은 음악의 중심이 되는 화음으로, 곡의 시작과 끝에서 자주 등장하며, 가장 안정적인 느낌을 준다. 서양 음악의 기본적인 화성에서 으뜸화음, 버금딸림화음, 딸림화음이 세 화음이 가장 핵심적인 역할을 한다.

** 딸림화음dominant chord: 한 조의 다섯 번째 음(딸림음)을 근음으로 하는 3화음(또는 7화음)을 말한다. 긴장감을 형성하고, 보통 다시 으뜸화음으로 해소(종지)되며, 곡의 흐름에 있어서 전조와 마무리에 중요한 역할을 한다.

*** 버금딸림화음subdominant chord: 한 조의 네 번째 음(버금딸림음)을 근음으로 하는 3화음을 말한다. 으뜸화음과 딸림화음의 중간적 역할을 하며, 음악의 흐름을 부드럽게 연결하거나, 새로운 긴장감을 조성하는 데 쓰인다.

는 것이 아니라, 그 사이를 미끄러지듯 이동하는 "구부러진" 음을 구사하거나, 장조 화음이 암시되는 맥락에서 단3도를 강조함으로써 긴장감을 만들어냈다. 이러한 효과는 블루스 가수의 멜리스마* 기법을 통해 구현되기도 했지만, 악기 연주자들도 이를 적극적으로 활용했다. 그 대표적인 예가 슬라이드 기타로, 칼, 뼈, 유리병 조각, 그 외 딱딱한 물체를 기타 지판 위에서 움직이며 음정을 늘여가는 기법이다. 블루스가 등장한 이후, 음note은 더 이상 고정된 음이 아니라, 19세기 가장 대담했던 작곡가들조차 상상하지 못했던 방식으로 유연하게 변화하는 소리sound가 되었다.

이 강력하고도 독특한 선율적 기법의 역사적 기원에 대해, 여러 가지 추측이 제기되어 왔다. 예를 들면, 일부 평론가들은 이러한 음의 모호성이 아프리카에서 온 노예들이 아프리카의 5음 음계pentatonic와 서구의 7음 음계(다이아토닉 스케일**)를 조화시키려 하면서 발생했다고 주장한다. 이러한 음악적 결합은 청각적으로 강한 두 지점을 만들어냈는데, 바로 3도와 7도 음정 부근에서였다. 이것이 오늘날의 블루 노트로 발전한 것이다. 어쨌든, 이 효과는 전통적인 악보 표기로는 정확히 전달할 수 없는 것이며, 20세기 음악에서 가장 가슴 저미는 소리 가운데 하나이다. 이렇듯 마음을 깊이 울리는 효과 덕분에, 이러한 노래와 연주의 방식은 블루스의 표현 양식을 넘어, 재즈 및 그 외 다양한 대중음악 스타일로 퍼져 나갔다. 오늘날에도 리얼리티 TV 오디션 프로그램 참가자들이 블루스 전통에서 기원한 "음 구부리기" 기법을 사용해 노래하는 것을 쉽게 들을 수 있으며, 그 소리는 백 년 전과 마찬가지로, 지금도 여전히 청중을 사로잡는다.

---

* 멜리스마melisma: 주로, 음악에서 사용되는 용어로, 한 음절의 가사에 여러 개의 음을 길게 늘여서 부르는 기법을 의미한다.

** 다이아토닉 스케일diatonic scale: 옥타브 안에 5개의 온음과 2개의 반음을 포함하는 음계. 일반적으로 장음계major scale와 단음계minor scale를 포함하는 서양 음악의 기본 음계 체계이다.

블루스의 가장 전통적인 스타일은 보통 보컬 라인과 기타 반주만으로 구성된 단출한 형식에 의존한다. W. C. 핸디는 1903년경 미시시피 델타의 터트와일러 기차역에서, 칼을 이용해 기타를 연주하던 누더기 차림의 음악가의 연주를 듣고, 바로 이런 형식의 공연에서 영감을 받았다. 하지만 이러한 최소한의 연주 스타일, 흔히 "컨트리 블루스country blues"라 불리는 형태는 녹음 시장에 정착하는 데 시간이 걸렸다. 이 음악이 상업적 시장에서 영향력을 보여준 것은 1920년대 후반, 블라인드 레몬 제퍼슨Blind Lemon Jefferson의 성공 이후였다. 제퍼슨은 19세기 말 텍사스주 워섬Wortham 근처에서 태어났으며, 단출하고 리프 중심적인 기타 스타일과 울림이 깊고 지속적인 저음 보컬로 유명했다. 그는 목이 쉰 듯한 거친 저음도 소화할 수 있었지만, 특히 얇고 높은 톤이 특징적이었으며, 이는 많은 청중들에게 초기 텍사스 블루스 사운드의 가장 두드러진 특징으로 여겨졌다. 그는 1926년부터 1929년까지 파라마운트Paramount 레이블에서 약 100곡을 녹음했고, 〈Long Lonesome Blues〉, 〈Matchbox Blues〉, 〈See That My Grave Is Kept Clean〉 같은 곡들은 오늘날에도 여전히 많은 팬들의 사랑을 받고 있다. 여러 연구자들의 노력에도 불구하고, 그의 생애는 여전히 베일에 싸여 있으며, 심지어 그의 죽음의 정황조차 논쟁의 대상이다. 그럼에도 불구하고, 제퍼슨은 1929년 12월에 세상을 떠나기 전까지, 광범위하게 돌아다니며 공연했던 것으로 보이며, 그의 명성과 음악적 본보기는 이후 수많은 전통 블루스 음악가들의 길을 열어주었다.

파라마운트 레코드는 블라인드 레몬 제퍼슨의 성공에 고무되어, 이를 이어가기 위해 두 명의 미시시피 출신의 전설적인 블루스 아티스트를 위스콘신주 그래프턴Grafton의 녹음 스튜디오로 불러들였다. 그들을 또 다른 스타로 만들려는 의도였다. 찰리 패튼Charley Patton의 강렬한 보컬과 거침없이 흘러가는 기타 연주는 델타 전통의 거친 에너지를 포착했지만, 여기에 세련된 쇼맨십이 더해졌다. 이를 통해, 어둡고 내성적인 성격의 블루스 음악이 종종 얼마나 쉽게 상업적 엔터테인먼트의 외양을 취할 수 있는지를 알 수 있다. 지미 헨드릭스Jimi Hendrix와 스티비 레이 본Stevie Ray Vaughan이 이와 비슷한 과시적인 몸짓으로 명성을 얻기 훨씬 전부터, 패튼은 기타를 등 뒤로 연주하거나, 다리 사이에 끼우거나, 기타를 돌리거나, 드럼처럼 때리는 퍼포먼스를 선보였다. 그의 1929년 6월 녹음곡 〈Pony Blues〉는 파라마운트에서 히트곡이 되었고, 후속 세션에서는 에디 "선" 하우스Eddie "Son" House를 데려왔다. 하우스는 당시 파치먼 교도소에서 막 출소한 상태였으며, 이후 로버트 존슨Robert Johnson과 머디 워터스Muddy Waters 등 많은 중요한 블루스 음악가들에게 영감을 주게 된다. 하우스의 음악은 패튼의 것보다 한층 더 불길하고 어두운 분위기를 지녔으며, 때로는 종말론적인 색채를 띠기도 했다. 그의 〈Preachin' the Blues〉, 〈Dry Spell Blues〉와 같은 곡들은 성경적 언어를 연상시키는 가사와 거친 날것의 기타 반주로 이루어졌고, 당시에는 상업적 성공을 거두지 못했지만, 오늘날 델타 블루스Delta blues를 고뇌하는 영혼들이 부르는 음울하고 저주받은 듯한 음악으로 여기는 이미지를 형성하는 데 일조했다.

블루스를 구원과 저주의 음악으로 보는 신화적 이미지는 로버트 존슨이라는 인물을 통해, 절정에 이르렀다. 블루스 음악에 대해 잘 모르는 사람조차도, 존슨이 한밤중에 교차로에서 악마에게 영혼을 팔아 기타를 초인적인 솜씨로 연주하게 되었다는 이야기는 한 번쯤 들어봤을 것이다. 최근 몇 년 동안, 엘리야 월드Elijah Wald, 배리 리 피어슨Barry Lee Pearson, 빌 매컬록Bill McCulloch 같은 블루스 연구자들은 이러한 전설을 과도한 열성 팬들이 만들어낸 민망한 신화화의 사례로 평가하며, 이를 해체하려 노력해 왔다. 그러나 이 자주 회자되는 이야기가 퍼지게 된 데 있어, 존슨 본인 역시 공모하지 않았다고는 할 수 없다. 그의 대표곡 중 〈Hellhound on My Trail〉, 〈Cross Road Blues〉, 〈Me and the Devil Blues〉 같은 곡들은 이 주목받는 소문에 힘을 실어 주었다. 물론, 존슨은 이러한 곡 외에도, 낭만적인 사랑과 그보다 더 육체적인 관계, 환락, 부정不貞, 그리고 특히 방황과 길 위의 삶 등 블루스의 전통적 주제를 다룬 다양한 노래들을 남겼다.

존슨의 방랑은 그가 태어난 직후부터 시작되었다. 그는 줄리아 메이저 도즈Julia Major Dodds의 열한 번째 자녀로, 1911년 5월 8일경에 태어난 것으로 추정된다. 어린 시절, 그는 어머니와 누이 캐리와 함께, 여러 이주 노동자 캠프에서 살았고, 때로는 멤피스에서 줄리아의 남편 찰스 도즈와 함께 지내기도 했으며, 이후에는 델타 지역에서 그녀의 또 다른 배우자인 더스티 윌리스와 함께 살았다. 존슨이 기타리스트로서 연주를 시작했을 무렵, 그는 미시시피 전역은 물론, 남부와 북부를 돌아다녔고, 어떤 기록에 따르면 캐나다까지 떠돌아다녔다고 한다. 그는 이러한 여정 속에서 여섯 개 이상의 가명을 사용했던 것으로 추정되며, 이는 전기 작가들의 연구를 한층 더 어렵게 만들었지만, 그저 길 위를 떠돈 것이 아니라 마치 늘 도망치고 있는 듯한 예술가의 신비로움을 더해주었다.

하지만 1936년과 1937년 두 차례의 녹음 세션에서 남겨진 그의 음악의 힘에 대해서는, 이견의 여지가 없다. 로버트 존슨은 다른 어떤 예술가보다도, 서로 흩어져 있던 블루스 기타 전통의 다양한 요소들을 하나의 일관된 음악적 비전으로 체계화했으며, 이는 미국 대중가요의 더 넓은 흐름 속에 흡수되고 변형될 수 있는 기반이 되었다. 존슨은 델타 지역의 다른 기타리스트들뿐만 아니라, 전국 각지의 다양한 예술가들의 녹음도 광범위하게 듣고 깊이 배웠다. 그 결과, 그는 후대의 수많은 연주자들이 모방한 턴어라운드,* 패싱 코드,** 부기 패턴,*** 필,**** 뱀프,***** 릭****** 등의 기법을 익혀 완성했다. 더욱이, 존슨은 이러한 음악적 요소들을 정교하게 다듬어진 곡들로 발전시켰는데, 이는 그의 선배들과 동시대 음악가들이 즐겨 부르던, 판에 박힌

전통 블루스와는 다른 점이었다. 이는 〈Come On in My Kitchen〉, 〈Sweet Home Chicago〉, 〈I Believe I'll Dust My Broom〉 같은 존슨의 곡들이 수없이 리메이크되어 온 사실에서도 확인된다. 또한 그의 성공의 또 다른 중요한 요인은 그의 목소리가 지닌 친밀함과 유연함이었다. 존슨은 자신의 노래를 이용해 여성을 유혹한 것으로 잘 알려져 있었으며, 그 유혹적인 힘의 일면은 그의 녹음에 여전히 남아 있어, 예상외로 다양한 장르의 대중에게 폭넓은 인기를 끌게 되었다. 롤링 스톤즈, 에릭 클랩튼 같은 록의 아이콘들이 로버트 존슨에게서 영감을 받았을 뿐만 아니라, 그들의 팬들까지도 존슨의 음악에 관심을 가졌다. 그래서 1990년에 발매된 《The Complete Recordings》는 레이블 측이 수만 장 정도 팔릴 것으로 예상했지만, 결국 수백만 명의 청중에게 다가갔다. 그러나 존슨 본인은 이 성공의 열매를 누리지 못했다. 그는 1938년 8월 16일, 스물일곱의 나이에 한 질투심 많은 남편이 탄 독에 의해 사망한 것으로 알려져 있다.[20]

많은 학자들은 보컬과 솔로 기타 반주로 이루어진 블루스의 전형적인 형식을 아프리카 전통과 연결짓고자 시도해 왔다. 이들은 블루스를 서아프리

** 패싱 코드passing chords: 기본적인 코드 진행 사이에 삽입되어 부드럽게 연결하거나, 긴장과 변화를 주는 화음을 의미한다.

*** 부기 패턴boogie patterns: 부기 패턴, 또는 더 구체적으로 부기우기 패턴이라고 하며, 특히 블루스, 재즈, 록 음악에서 사용되는 반복적이고 경쾌한 리듬의 베이스 라인 또는 리프를 의미한다.

**** 필fill: 음악에서 필인fill-in의 줄임말로, 주로 드럼이나 기타, 피아노, 베이스 등에서 사용되는, 짧고 즉흥적인 장식구 또는 연결 구간의 즉흥적 연주를 의미한다.

***** 뱀프vamp: 짧은 코드 진행이나 리듬 패턴을 반복해서 연주하는 것을 의미한다. 주로, 보컬이 들어오기 전 또는 다음 구절로 넘어가기 전에 연주되며, 음악의 흐름을 일정하게 유지하면서 긴장감을 주거나 즉흥 연주(솔로)를 받쳐주는 역할을 한다.

****** 릭lick: 블루스, 재즈, 록에서 자주 쓰이는 용어로, 짧고 인상적인 멜로디 구절이나 연주 패턴을 의미한다. 주로, 기타, 피아노, 색소폰 등 악기에서 즉흥적으로 연주되는 짧은 선율을 말한다.

카의 구전 사회에서 음악적 음유시인bard 역할을 했던 그리오griot*들의 연주 관습이 신대륙에서 이어진 형태로 보고 있다. 분명, 두 음악적 양식 사이에는 몇 가지 유사점이 있다. 예를 들어, 그리오 음악의 대표적인 현악기로, 하프와 류트의 특징을 가진 서아프리카의 악기 코라kora의 반주는 초기 블루스 스타일에서 기타가 담당하는 역할을 연상시킨다. 특히, 가수의 선율 라인을 이어받아 현을 뜯으며, 그 위에 덧붙이거나 해설하는 방식에서 그러하다. 그러나 전통적인 서아프리카 사회에서 그리오의 노래는 개인적 감정을 토로하는 것이 아니라, 부족 공동체를 위한 역사와 민속 이야기를 보존하는 수단이었다. 이는 블루스의 본질이 개인적 표현에 있다는 점과 크게 다르다. 이러한 점에서, 그리오는 서구 문화에서 서사시를 전한, 노래하는 음유시인에 더 가까우며, 로버트 존슨이나 찰리 패튼처럼 노래에서 철저히 개인적 관점을 드러낸, 블루스 음악가들과는 다르다. 블루스 전문가인 새뮤얼 차터스Samuel Charters는 1974년 서아프리카에서 현지 조사를 진행하며 두 대륙의 음악적 연결고리를 기록하려 했고, 또 다른 학자들은 미국의 블루스와 동아프리카의 음유시인 전통, 요루바Yoruba[서아프리카의 주요 민족] 사제들의 음악, 심지어 이슬람의 기도 소리와의 연관성을 제기하기도 했다. 그러나 이러한 연구에도 불구하고, 특유의 구부린 3도음, 코드 패턴, 허세와 소외감이 뒤섞인 복합적 감정 등 블루스의 핵심 요소들은 아프리카의 선례로 환원하기 어려운 부분이 많다. 차터스 자신도 결국 이렇게 결론 내렸다. "블루스의 몇몇 요소는 옛 왕국들의 부족 음악가들에게서 비롯되었지만, 블루스라는 스타일 자체는 그와는 다른 것이었다. 블루스는 본질적으로, 미국 남부에서의 새로운 삶과 함께 시작된 새로운 유형의 노래였다."[21]

남성 솔로 가수가 기타로 자신을 반주하며 노래하는 컨트리 블루스 전

---

* 그리오griot: 서아프리카의 구술 전통을 담당하는 인물로, 가문과 공동체의 역사, 전설, 전통을 노래, 시, 악기 연주를 통해 전달한다.

통이 일반적으로, 아프리카의 음악적 선례와 가장 가까운 연관성을 보여준
다면, 이와는 다른 방향으로 보다 문화적으로 세련된 형태의 블루스, 즉 주
로 여성 보컬이 중심인 블루스는 초기 재즈에 더 큰 영향을 미치게 되었다.
1920~30년대의 위대한 여성 블루스 가수들의 노래는 "클래식 블루스"로
불리며, 이들의 음악은 블라인드 레몬 제퍼슨이나 찰리 패튼이 첫 녹음을 남
기기 몇 년 전부터 상업 시장에서 인기를 얻었다. 컨트리 블루스 가수들이
마디(박자선)를 자유롭게 넘나드는 것과 달리, 클래식 블루스 보컬리스트는
12마디 형식을 엄격히 따랐다. 델타 블루스 음악가가 기타 반주에 의존한
것과 달리, 클래식 블루스 가수는 일반적으로 밴드의 반주를 받으며 노래했
다. 클래식 블루스는 다른 형태의 음악, 즉 틴 팬 앨리*와 재즈 세계(많은 음
악가들이 블루스와 재즈 두 장르에서 모두 활동했다), 그리고 민스트럴 쇼, 서
커스, 보드빌,** 그 밖의 남부 지역의 유랑 오락에서 더욱 쉽게 그리고 분명
하게 영향을 받게 되었다. 이러한 과정의 일환으로, 이 음악의 구조적 기반,
즉 편곡, 솔로, 도입부, 부르고 답하기의 사용이 보다 공식화되었고, 그 결과
외부인들이 이를 보다 쉽게 흡수하고 이해할 수 있게 되었다.

　블루스의 여러 다른 측면들도 클래식 블루스 가수들의 영향 아래에서 변
화했다. 마 레이니Ma Rainey의 전기 작가인 산드라 리브Sandra Lieb가 설명
하듯, "클래식 블루스는 특히 사랑의 본질에 관한, 명확히 여성적인 자각을

---

* 틴 팬 앨리Tin Pan Alley: 19세기 후반부터 20세기 초반까지 뉴욕을 중심으로 형성된 미
국 대중음악 산업의 중심지. 뉴욕 맨해튼에 위치한 음악 출판사 및 작곡가들이 모여 있던
거리였다. 음악인들이 동시에 피아노를 연주하는 소리가 마치 양철 냄비Tin Pan를 두드
리는 듯했다는 데서 비롯되었다는 설이 전해진다. 당시 음악은 주로 레코드가 아니라 악
보 판매를 통해 유통되었으며, 이곳에서 수많은 인기곡이 출판되었다. 틴 팬 앨리는 오늘
날 미국 대중음악 산업의 초석을 놓은 역사적 장소로 평가되며, 특히 래그타임과 초기 재
즈 시대의 중요한 거점이었다.

** 보드빌vaudeville: 19세기 후반부터 20세기 초반까지 미국과 유럽에서 유행했던 대중
공연 형식. 보드빌 쇼는 음악, 코미디, 마술, 서커스, 춤, 곡예 등 다양한 장르가 결합된 공
연으로, 당시 대중문화의 중요한 부분을 차지했다.

드러냈다."[22] 이루어질 수 없는 사랑, 음탕한 사랑, 학대받는 사랑과 같은 것들이 이제 블루스 정신의 중심적인 요소로 더욱 두드러지게 등장했으며, 이는 컨트리 블루스의 전형에 깃든 소외감, 고독, 황량함의 정서를 한층 강화하기도 하고 때로는 그것에 대응하기도 했다. 동시에, 블루스 공연의 무대도 변화하고 있었다. 거리 모퉁이, 기차역, 주크하우스* 같은 우연적 공간에서 벗어나, 극장, 천막 극장, 헛간, 집회소 등 공식적으로 지정된 장소로 이동했으며, 관객들은 입장료를 내고 이름난 연주자들과 그들의 유명한 곡을 듣기 위해 찾아왔다. 본질적으로, 블루스는 민속 예술에서 대중 오락의 한 형태로 발전한 것이다.

이러한 변화는 부분적으로 흑인 여성 보컬리스트들의 블루스 음반에 대한 시장이 급격히 성장한 데에 힘입은 것이었다. 1920년, 제너럴 포노그래프 컴퍼니General Phonograph Company는 매미 스미스Mamie Smith가 부른 〈Crazy Blues〉 음반으로 예상치 못한 히트를 기록했다. 발매 첫 달에만 7만 5천 장이 팔렸고, 일 년 내에 판매량은 100만 장을 넘어섰다. 이 놀라운 성공은 여러 다른 회사들이 막 시작된 이 시장에 진입하도록 자극했다. 한 작가는 『메트로놈Metronome』 지에서 이렇게 선언했다. "어느 포노그래프(축음기) 회사는 블루스를 통해 400만 달러 이상을 벌어들였다. 이제 모든 포노그래프 회사가 흑인 여성을 기용해 녹음을 한다."[23] 이러한 음반들은 "레이스 레코드"**라 불렸고, 세속 음악과 종교 음악 모두를 아우르는 다양한 흑인

---

* 주크하우스juke house: 미국 남부에서, 특히 20세기 초에 흑인 커뮤니티 내에서 운영되던 비공식적인 술집, 댄스홀, 음악 공연 장소.

** 레이스 레코드race records: 1920년대부터 1940년대 초까지 미국 음반 산업에서 사용된 용어로, 흑인 음악가들이 주로 연주하고 흑인 청중을 대상으로 발매된 레코드를 가리킨다. 백인 소비자보다 흑인 청중을 주요 대상으로 삼았지만, 실제로는 백인 청중 사이에서도 인기를 끌었다. 그러나 "인종race"이라는 용어 자체가 시대적으로 인종 차별적 사회구조를 반영하는 용어였고, 1940년대 중반 이후 "리듬 앤드 블루스Rhythm and Blues(R&B)"라는 표현이 이를 대체하며, 사용되지 않게 되었다.

음악 양식을 담아내며, 열정적인 청중을 모았다. 1926년 한 해에만, 미국에서 300장이 넘는 블루스와 가스펠 음반이 발매되었으며, 대부분이 아프리카계 미국인 여성 보컬리스트가 녹음한 작품이었다. 이 음반들은 50~75센트의 가격으로 판매되었고, 판매가 호조를 보이면서 이듬해에는 발매된 음반 수가 500장으로 늘어났다. 증가하는 수요에 대응하기 위해, 음반사들은 유망한 흑인 음악가를 찾으러 현장 탐방에 나섰다. 예를 들어, 1920년대 후반에는 음반사 관계자들이 애틀랜타를 최소 17차례나 방문했으며, 멤피스, 댈러스, 뉴올리언스도 이러한 노래 찾기 원정의 단골 목적지였다.[24]

1886년 4월 26일 조지아주 콜럼버스에서 태어난, 거트루드 "마" 레이니 Gertrude "Ma" Rainey는 블루스 디바의 1세대를 대표하는 인물이었다. 그녀는 남편 윌(때때로, "파" 레이니"Pa" Rainey라 불렸다)과 함께, 남부 지역을 순회하는 민스트럴 쇼의 일원으로 공연을 다녔으며, 엄청난 인기를 끌었다. 레이니는 1920년대 중반에 걸쳐 활발히 녹음 작업을 했고, 그녀의 울림 있는 콘트랄토* 음색은 5년 동안 100장이 넘는 레코드를 통해 남겨졌다. 보통 스스로 반주하며 노래하던 컨트리 블루스 가수들과 달리, 레이니는 당대 최고의 재즈 연주자들과 함께 녹음했는데, 그중에는 루이 암스트롱Louis Armstrong, 콜먼 호킨스Coleman Hawkins도 포함되어 있었다. 그녀의 경력은 또한 델타와 다른 농촌 지역의 비공식적 블루스 스타일과, 대중 시장을 겨냥한 세련된 무대 공연으로서의 클래식 블루스 사이의 뚜렷한 차이를 잘 보여준다. 델타의 음악가는 보통 기타 하나만 들고 이동했지만, 레이니는 소품, 배경 막, 조명 등 무대 장비를 담은 네 개의 트렁크와 함께, 화려한 의상과 패션 액세서리를 챙겨 다녔다. 레이니의 공연은 관객을 즐겁게 하고, 압도하며, 특유의 유머를 가미했고, 당시의 대중음악, 보드빌 쇼, 재즈와의 직접적인 연결고리

---

* contralto 콘트랄토: 여성의 가장 낮은 음역대의 목소리를 가리키는 음악 용어.

를 보여주었다. 그러나 레이니의 작업에서는, 이러한 극적 요소와 함께 깊은 예술성이 공존했다. 예컨대, 1926년에 녹음한 〈Yonder Come the Blues〉 같은 곡에서는 그녀의 예술적 강점이 두드러진다. 그녀의 직설적이고 선언적인 가사 전달, 공기 중에 잘 익은 과일처럼 매달리는 풍성하고 길게 끄는 음, 그리고 밴드 전체의 흐름을 이끄는 확고한 박자 감각이 그것이다. 레이니의 녹음 경력은 불과 5년 남짓에 불과했으며, 그녀 세대의 많은 음악가들처럼 1930년대의 경제적 침체로 인해 큰 타격을 입었다. 1935년, 레이니는 공연 활동을 그만두고, 고향인 조지아로 돌아가 침례교회 활동에 전념했다. 그녀는 1939년 12월 22일 조지아주 로마에서 생을 마감했다.

베시 스미스Bessie Smith는 마 레이니의 제자로 알려져 있으며, 클래식 블루스 가수 중 가장 위대한 인물로 평가받는다. 그녀는 1894년 4월 15일경, 테네시주 채터누가에서 태어난 것으로 추정된다. 스미스는 아홉 살 무렵부터, 거리에서 노래하고 춤추며 푼돈을 벌기 시작했다.

스미스는 십대 중반에, 마 레이니의 순회공연단에 합류하여, 전국을 돌며 공연했다. 레이니가 종종 스미스의 멘토이자 스승으로 언급되고는 하지만, 실제로 그녀가 스미스를 얼마나 가르쳤는지는 확실하지 않다. 스미스의 깊고 울림이 있는 목소리는 아마 처음부터 두드러졌을 것이며, 이것이 그녀가 레이니 공연단에 합류할 수 있었던 핵심적인 이유였을 가능성이 크다. 한편, 레이니의 공연자로서의 기량과 블루스 레퍼토리에 대한 숙련도는 순회공연의 세계에 갓 입문한 십대의 스미스에게 분명히 큰 영감을 주었을 것이다.

스미스는 곧 선생이었던 레이니를 능가하게 되었는데, 선율의 변화를 만들어내는 다양한 기교, 인상적인 음정 제어력, 그리고 음악의 표현적 깊이에서 그 우월함이 드러났다. 당연히, 젊은 보컬리스트였던 스미스는 자신의 경력을 더욱 발전시키기 위해 레이니 곁을 떠나기로 결심했고, 처음에는 밀턴 스타Milton Starr의 극장 순회공연단에 가수로 고용되었다. 이 순회공연단은 악명 높은 TOBA 소속이었는데, 이는 "Theatre Owners Booking Agency(극장주 공연 주선사)"의 약자였지만, 흑인 공연자들 사이에서는 "Tough on Black Artists(흑인 예술가에게 가혹한 곳)", 혹은 더 거칠게는 "Tough on Black Asses(흑인놈들에게 가혹한 곳)"라는 냉소적 농담으로 불렸다. 스미스의 경우, 이런 신랄한 별명이 결코 과장이 아니었다. 그녀는 TOBA 소속으로 피트 월리Pete Werley의 민스트럴 쇼에 합류했으며, 처음 받았던 주급은 겨우 2.50달러에 불과했다. 그러나 1923년, 그녀가 녹음한 〈Down Hearted Blues〉가 큰 인기를 얻으면서, 그녀의 명성은 전국적으로 퍼졌다. 이 음반은 불과 몇 달 만에 50만 장 이상이 판매되었다고 전해지며, 이후 스미스는 정기적으로 녹음하고, 공연에서는 주당 2,000달러를 벌 만큼 성공했다. 그녀는 남부와 미국 동부 해안을 따라 대대적인 순회공연을 했고, 도심 극장뿐 아니라 도시 외곽에 설치된 대형 천막 공연장에서 관객을 가득 채운 공연으로 큰 인기를 누렸다.

스미스는 블루스 자체와 마찬가지로, 거리에서 출발하여 가장 넓은 공연장까지 올라섰고, 이러한 무대는 그녀의 재능과 아주 잘 어울리는 환경이었다. 그녀의 강력한 목소리는 증폭 장치 없이도 가장 큰 극장의 맨 뒷줄까지 울려 퍼졌고, 확실한 코미디 감각과 압도적인 무대 장악력 덕분에, 로버트 존슨이나 "선" 하우스"Son" House의 고뇌에 찬 내성적인 블루스에 흥미를 느끼지 못했을 법한 관객들도 사로잡을 수 있었다. 블루스의 비통한 측면은 여기서 유머와 성性의 이중적 표현의 사용으로 완화되었다. 예를 들어, 〈Empty Bed Blues〉, 〈Need a Little Sugar in My Bowl〉, 〈You've Got to Give Me Some〉, 〈Kitchen Man〉 같은 노래들은 미묘한 정도 차이는 있더라도 모두 성행위라는 주제를 노골적 혹은 은유적으로 다루었다. 이러한 성적 주제에 대한 개방성은 한편으로는 음반 판매에 도움이 되었지만, 다른 한편으로는 스미스 개인과 블루스 전반에 대한 비판으로 이어졌다. 특히, 많은 사회적·종교적 단체들과 흑인 중산층의 상당수가 그녀와 블루스를 도덕적으로 비난했다.

스미스는 블루스와 대중음악의 결합에서 중요한 역할을 했지만, 그녀의 야망이 실현될 수 있었던 것은 수많은 작곡가, 출판사, 연주자, 음반 제작자들의 보완적인 노력 덕분이었다. 이와 같은 진화의 과정은 오늘날에도 여전히 영향을 미치고 있으며, 특히 1910년부터 1930년 사이, 미국 음악에 변혁적 영향을 끼쳤다. 블루스가 처음으로 음반에 녹음되기 전부터, 블루스를 정의하는 여러 요소들은 이미 틴 팬 앨리의 작곡가들, 특히 W. C. 핸디의 영향 아래, 미국의 가정 응접실용 악보 시장의 주류로 서서히 스며들고 있었다. 앨라배마 출신인 핸디는 미시시피에서 밴드 리더로 활동했던 경험과, 젊은 시절 순회 민스트럴 공연단에서 배운 것들을 바탕으로, 미국 대중가요의 어휘를 확장하고자 하는 선구적 노력을 기울였다. 이러한 방면에서의 그의 성공은 〈Memphis Blues〉(1912), 〈St. Louis Blues〉(1914), 〈Beale Street Blues〉(1916) 같은 기념비적인 작품들에서 잘 드러난다. "블루스의 아버지"라는 그의 명성은 다소 과장된 표현이라고 할 수 있지만, 핸디가 이 새로운 장르를 혁신하고 대중화한 영향력은 그를 미국 음악사에서 빼놓을 수 없는 인물로 자리매김하게 했다. 그는 1917년 뉴욕으로 이주한 후, 연주자와 작곡가는 물론 음악 출판업자이자 음반사 소유주로서 아프리카계 미국인의 대중음악을 옹호하고 확산시킬 수 있는 입지를 확보했다. 핸디와 그 외 블루스 기반 작곡가들이 만든 많은 노래들은 스미스의 레퍼토리의 핵심을 이루었으며, 이는 스미스가 뉴욕의 전문 작곡가들의 역량을 활용하고, 틴 팬 앨리가 스미스의 해석에서 오는 강렬함과 진정성을 통해 이익을 얻는, 서로 유익한 협력 관계였다. 동시에, 스미스의 음악에는 강한 재즈적 색채가 있었는데, 이는 그녀가 루이 암스트롱, 베니 굿맨, 콜먼 호킨스, 제임스 존슨James P. Johnson, 잭 티가든Jack Teagarden, 플레처 헨더슨Fletcher Henderson 등과 녹음한 작업에서 드러난다. 이러한 다양한 연결고리는 블루스가 남부 농촌의 독특한 음악에서 녹음 스튜디오의 융합적 음악으로 진화해 가는 과정의 중요한 특징이었다. 그리고 이처럼 대중음악의 다른 영역의 변화와 함께 진화할 수 있는 능력은 이후 수십 년간 블루스를 특징짓는 요소로 계속 남게 되었다.

그러나 블루스는 또한 동화와 변화에 저항하는 전체론적 본질을 유지해 왔다. 우리가 1925년 스미스와 루이 암스트롱의 협업곡인 〈St. Louis Blues〉와 〈Reckless Blues〉를 들으면, 이미 이른 시기임에도 불구하고 재즈와 블루스의 어법을 구분 짓기 시작한 서로 다른 미적 감수성을 들을 수 있다. 암스트롱은 화려한 장식과 변주를 선호한 반면, 스미스는 꾸밈없는 감정의 솔직함을 추구한다. 암스트롱의 바로크적[화려하고 복잡한] 반주와 달리, 스미스의 노래는 길게 끄는 음, 때로는 권위 있게 울려 퍼지고, 때로는 떨리는 듯한 연약함을 드러내는 소리를 중심으로 구성되어 있다. 스미스는 느긋한 템포를 선호했으며, 당시 재즈는 점점 더 빠르고 춤에 적합한 리듬에 의존하고 있었다. 〈St. Louis Blues〉에서 스미스의 템포는 분당 약 60비트에 머문다. 반면, 1929년 12월에 암스트롱이 같은 곡을 녹음했을 때는 이보다 두 배 이상 빠른 속도로 경쾌하게 진행된다. 스미스의 비교적 빠른 곡인 〈Gimme a Pigfoot〉(1933년 11월 녹음)도 분당 100비트를 간신히 넘는 정도에 불과하다. 결국, 스미스의 음악은 기교의 과시보다는 감정의 강렬함을 기리는 것이었다. 블루스는 발전하면서도 대체로 이러한 영감을 주는 비전에 충실했지만, 재즈는 보다 변덕스러운 기질을 드러내며, 그 기법과 어휘가 끊임없이 변화하고, 때때로 놀라운 새로운 형태로 변이되어왔다. 그럼에도 불구하고 블루스와 재즈 두 장르는 수많은 변화 속에서도 긴밀한 관계를 유지해 왔으며, 때로는 두 장르의 경계가 어디에서 끝나고 시작되는지조차 구분하기 어려울 정도로 밀접한 유대를 보여주었다.

블루스 문화와 관련된 가장 지속적인 신화는 이른바 "대가 지불"에 대한 숙명론적 찬미이다. 이는 각 음악가가 개인적 비극과 실망을 받아들이고, 궁극적으로 이를 초월함으로써 블루스의 정신을 내면화해야 한다는 믿음이다. 베시 스미스의 삶의 세부 사항들은 이 같은 태도와 너무도 잘 맞아떨어지는데, 평론가들이 그 비극적 측면을 더욱 극적으로 부각하기 위해 사실을 과장하는 일도 적지 않았다. 동시에, 스미스의 당당하고 독립적인 성격은 종종 축소되거나 무시되곤 한다. 하지만 기억해야 할 것은, 이 여성이 호화로운 모임에서 사교계 명사인 파니아 마리노프 반 벡턴을 바닥에 내동댕이쳤고, 돈 문제로 피아니스트 클래런스 윌리엄스Clarence Williams에게 주먹을 날렸으며, 전설에 따르면 공연을 방해하려던 쿠 클럭스 클랜(KKK)을 노려보며 위압해, 끝내 물러서게 만들었던 인물이라는 점이다.

그러나 결국 스미스는 적어도 부분적으로는, 그녀의 음악에서 찬미했던 삶의 과잉의 희생자로 보는 것이 타당하다. 술과 담배는 그녀의 목소리를 거칠게 만들었고, 폭음으로 인한 폭력의 분출은 음악계 사람들로 하여금 이 다혈질의 스타를 경계하게 만들었다. 그녀의 남편이었던 경찰관 잭 지Jack Gee와의 결혼 생활도 블루스곡의 단골 소재인 착취적인 사적 관계로 변질되었다. 그녀의 경력이 한창 꽃피고 돈이 잘 벌릴 때는 이러한 문제들을 극복할 수 있었지만, 1930년대 초반 녹음 산업의 붕괴는 도시의 흑인 청중들이 더 빠르고 세련된 대형 재즈 앙상블의 음악으로 눈을 돌리던 시기와 맞물려 있었다. 그럼에도 불구하고, 이런 규모의 스타는 보통의 예술가라면 좌절했을 법한 외부의 압력에도, 때때로 버텨내곤 한다. 실제로, 1937년 스미스는 재기의 문턱에 있는 듯 보였다. 녹음과 공연 기회가 다시 늘어나고 있었으며, 이미 1920년대 후반 단편 영화에 출연했던 그녀가 영화에 다시 출연하는 방안도 논의되고 있었다.

이러한 계획들은 끝내 실현되지 못했다. 스미스는 딥 사우스를 순회공연하던 중인 1937년 9월 26일, 교통사고로 세상을 떠났다. 향년 43세였다. 그로부터 2년 뒤, 마 레이니 역시 심장마비로, 53세의 나이에 생을 마감했다. 이후, 음반 산업은 결국 위기를 극복하고, 1940년대와 그 이후 수십 년 동안 유례없는 번영을 누리게 되지만, 이 두 거장의 죽음과 함께 클래식 블루스의 시대는 막을 내렸다. 그러나 그들의 영향력은 수많은 후배 가수들의 음악 속에서 여전히 메아리치고 있다. 음을 구부리듯 표현하는 창법이나 무대를 누비는 당당한 퍼포먼스는 세속적인 아프리카계 미국 음악의 이 위대한 디바들의 선구적 노력 없이는 결코 상상할 수 없는 것이었다.

스콧 조플린과 래그타임

래그타임ragtime 음악은 초기 재즈의 전신으로서 블루스에 필적할 만큼 중요하며, 어쩌면 그 영향력에서는 블루스를 능가했을지도 모른다. 실제로, 뉴올리언스 초기 재즈의 시대에는 래그타임과 재즈의 경계가 매우 미묘해서, 두 용어가 종종 혼용되곤 했다. 지금 와서 보면, 이 두 장르를 명확히 구분할 수 있지만, 세기 전환기 뉴올리언스의 아프리카계 미국인 음악 맥락에서는 그러한 미묘한 구분의 근거가 그다지 명확하지 않았다.

피아니스트 젤리 롤 모튼은 미국 의회 도서관 녹음에서 스콧 조플린Scott Joplin의 〈Maple Leaf Rag〉를 두 가지 방식으로 연주하며, 흥미로운 비교를 보여주었다. 하나는 미주리 래그타임 전통을 반영한 연주였고, 다른 하나는 뉴올리언스 재즈의 색채가 가미된 접근 방식이었다. 그러나 모튼의 경우조차도, 이 두 스타일의 경계는 쉽게 구분되지 않았다. 같은 인터뷰 시리즈에서, 모튼은 1930년대의 유명한 재즈 피아니스트들, 이를테면 패츠 월러Fats Waller나 아트 테이텀Art Tatum이 단지 "매우 정교한 형태의 래그타임 피아니스트"라고 주장했다. 오늘날의 재즈 역사가들 가운데, 이에 동의하는 이는 거의 없겠지만, 이러한 발언은 래그타임과 재즈의 경계가 당대의 식견 있는 청자들에게조차 얼마나 유동적이고 모호하게 느껴졌는지를 보여준다. 그리고 이는 세기 전환기뿐만 아니라, 스윙과 빅 밴드의 시대까지도 이어졌던 현상이었다.

이 두 음악 양식의 차이점과 유사점을 가장 잘 이해하는 방법은, 래그타임을 작곡 방식으로서의 래그타임과 주로 피아노를 중심으로 한 연주 스타일로서의 래그타임으로 구분하는 것일지 모른다. 모튼이 인식한 래그타임과

1930년대 재즈의 유사점은 주로 피아노 연주 기법과 관련이 있으며, 특히 왼손이 사용하는 박자를 정확히 지키는 스트라이드 베이스와, 오른손의 박진감 넘치는 당김음이 두드러진다. 특히 후자의 경우, 래그타임에서는 종종 그 비중이 너무 커서, 전체 멜로디 라인이 반복적인 당김음으로만 구성되곤 했다. 그 결과, 최악의 경우에는 멜로디가 지나치게 복잡하고 본질적으로 피아노 연주에만 적합해져서, 노래로 부를 수 있는 사람이 거의 없었고, 부르고 싶어 하는 사람은 더더욱 없었다. 그러나 수준이 떨어지는 래그타임 곡조차도, 멜로디의 온전함이 부족한 점을, 양손을 총동원한 격렬한 리듬의 타격감으로 충분히 보완했다.

래그타임의 가장 빼어난 순간들, 특히 스콧 조플린의 중·후기 작품에서는, 이러한 기법들이 그의 지극히 기억에 남는 멜로디 안에 절묘하게 녹아 들어 있었다. 당김음 또한, 마치 마스터 셰프가 레시피에 향신료를 추가하듯, 지나치지 않게 풍미의 깊이를 더하는 용도로 활용되었다. 래그타임의 왼손 구조 역시 지대한 영향을 끼쳤는데, 한 세대에 걸친 재즈 피아니스트들이 1박과 3박에는 울려 퍼지는 낮은 베이스 음이나 옥타브(때로는 5음과 10음)를, 2박과 4박에는 중간 음역의 코드를 연주하는 방식을 채택했다. 이로써 왼손의 네 박자에 걸친 묵직한 기초 위에, 오른손의 리드미컬한 곡예가 더해지면서, 별다른 반주 없이도 충분히 풍성한 피아노 사운드가 완성되었다. 이러한 연주 스타일은 19세기 어느 시점부터 "래깅ragging" 또는 "래기드 타임ragged time"이라 불리게 되었고, 이것이 곧 장르명인 래그타임의 어원이 되었을 가능성이 크다.

래그타임 리듬은 19세기 전반부터 이미 악보로 출판되었지만, 최초의 출판된 래그타임 곡으로는 윌리엄 크렐William Krell이 작곡한 〈Mississippi Rag〉(1897)를 일반적으로 인정한다. 같은 해, 톰 터핀Tom Turpin은 〈Harlem Rag〉를 발표하며, 흑인 작곡가로서는 최초로 래그타임 곡을 출판했다. 이 두 곡은 모두 잘 다듬어진 작품으로, 래그타임 스타일이 이미 이 시점 이

전부터 오랜 시간 숙성되어 왔음을 암시한다. 그해 말, 벤 하니Ben Harney는 『래그타임 지도서Rag Time Instructor』라는 교본을 출간했으며, 이는 대중의 열광적인 관심을 더욱 자극하고 확산시킨 수많은 교육서 중 첫 번째였다. 세기가 바뀔 무렵, 래그타임 열풍은 절정에 달했으며, 이로 인해 엘리트 비평가들은 이에 맞서 비난의 목소리를 내기 시작했다. 1901년, 『메트로놈』지는 "래그타임의 시대는 끝났다"며 다음과 같이 평했다. "누군가 래그타임이 음악적으로 조금이라도 중요하다고 생각했다니, 유감스럽다. 그것은 잘못된 방향으로 향하는 대중적 유행에 불과했다."[25] 같은 해, 미국 음악가 연맹은 소속 음악가들에게 래그타임 연주를 중단할 것을 명령하며 선언했다. "음악가들은 무엇이 좋은 음악인지 알고 있다. 대중이 그 사실을 모른다면, 우리가 그들에게 가르쳐야 한다."

이 새로운 음악 스타일이 빠르게 확산되는 과정에서, '래그rag'라는 용어는 남용되고 오용되는 일이 빈번해졌으며, 다양한 아프리카계 미국인 음악 양식을 무분별하게 지칭하는 데 사용되었다. 그 결과, 이 시기에 출판된 작품들 중에는, 제목에 '래그'라는 단어가 붙었음에도 불구하고, 오늘날 우리가 고전적 래그 스타일이라 부르는 것과 거의 닮지 않은 곡들도 적지 않다. 이는 많은 이른 시기의 블루스곡들이 표준적인 12마디 형식에서 종종 상당히 벗어나 있었던 것과 유사한 현상이다. 그러나 스타일이 점차 진화하면서, 래그타임은 네 개의 주제로 구성된 구조적 형식으로 정립되었으며, 각 주제의 멜로디는 대체로 16마디로 이루어졌다. 고전적 래그 작품에서 가장 일반적인 형식은 AABBACCDD였고, C 주제에서는 조를 옮기는 것이 보통이었다.

출판된 래그타임 작품에는 보컬 작업과 밴드 편곡도 포함되었지만, 이 스타일은 솔로 피아노 음악의 형태로 절정에 달했다. 이는 결코 놀라운 일이 아니다. 여러모로, 이 활기찬 새 음악의 확산은 세기 전환기 미국 가정에서 피아노의 인기가 높아진 현상과 맞물려 있었기 때문이다. 1890년에서 1909년 사이, 미국 내 피아노 생산량은 연간 10만 대 이하에서 35만 대

이상으로 급증했다. 특히, 1909년은 미국 피아노 생산이 정점에 달한 해이 자, 래그타임 곡 출판 수가 가장 많았던 해이기도 하다는 점은 주목할 만하 다.[26] 1911년에는 미국 내 피아노 제조업체가 무려 295곳에 달했으며, 여기 에 약 70곳의 업체가 피아노 부품 시장을 담당하고 있었다. (참고로, 오늘날 미국 내 피아노 제조업체는 세 곳에 불과하다.) 이와 같은 시기에, 플레이어 피 아노*도 가정과 모임 장소에 점점 보급되기 시작했다. 1897년, 최초의 래그 타임 곡이 출판된 바로 그해에, 건반을 눌러주는 공압식 푸시업 장치를 장착 한 최초의 기기인 앤젤러스Angelus 캐비닛 플레이어 피아노가 시장에 출시 되어 큰 인기를 얻었다. 그 결과, 1919년에는 미국 피아노 산업 생산량의 절 반 이상이 플레이어 피아노였을 정도였다. 이처럼, 피아노의 대중적 확산과 기계식 플레이어 피아노의 인기 증가라는 두 가지 강력한 흐름이 결합하며, 20세기 초반 래그타임 음악에 대한 대중의 엄청난 열망을 부추기는 원동력 이 되었다.

이처럼 전례 없는 래그타임 예술의 분출은 상당히 좁은 지리적 범위에 집 중되어 있었다. 시골의 블루스가 미시시피 델타의 온실 같은 환경에서 꽃피 웠고, 초기 재즈가 이후 뉴올리언스 일대에서 번성했던 것처럼, 초기 래그타 임의 절정기는 세기 전환기의 미주리주에서 찾아왔다. 세달리아, 카시지, 세 인트루이스 등의 도시는 래그타임 작곡가들의 명단이 총출동한 본거지였으 며, 동시에 이 지역의 비범한 재능을 간파한 야심 찬 음악 출판업자들의 활 동 무대이기도 했다. 특히, 호황을 누려 주도州都가 될 뻔했던 철도 도시 세 달리아에서는, 스콧 조플린이 자신의 제자인 스콧 헤이든Scott Hayden, 아서

---

* 플레이어 피아노player piano: 사람이 직접 연주하지 않아도, 자동으로 피아노를 연주할 수 있게 만든 기계식 피아노. 펀치카드나 종이 롤roll에 구멍을 뚫어 음의 높이와 길이, 리 듬 등을 기록한다. 피아노 내부의 공압空壓 시스템이 종이 롤의 구멍을 읽어 건반을 눌러 주며 연주가 진행되었다. 초기에는 외부 장치(푸시업 장치)를 피아노 앞에 부착해 작동했 지만, 나중에는 공압 장치가 내장된 피아노 자체가 생산되었다.

마셜Arthur Marshall 등 유망한 래그 작곡가들을 곁에 모았다. 그리고 세달리아의 음악 출판업자 존 스타크John Stark는 래그타임 전반, 특히 조플린의 음악을 대중에게 알리는 데 중요한 촉매 역할을 했다. 이후, 스타크, 조플린, 헤이든은 모두 또 다른 래그타임 중심지인 세인트루이스로 이주했다. 그곳의 현지 작곡가로는, 뛰어난 재능을 지녔지만 너무 적은 작품만 남긴 루이스 쇼빈Louis Chauvin, 그리고 톰 터핀, 아티 매튜스Artie Matthews 등이 활동하고 있었다. 미주리주의 카시지에서는 제임스 스콧James Scott이 여러 편의 뛰어난 래그타임 곡들을 작곡했으며, 그중 상당수가 그가 일했던 지역에 있던 듀마스Dumars 음악 상점에서 출판되었다. 스콧은 처음에는 그곳에서 유리창을 닦고 바닥을 쓸며 일했지만, 이후에는 전속 작곡가로 자리잡았다. 결국, 그는 조플린에 이어, 스타크와의 결실 많은 협업을 통해, 고전적 래그타임 양식의 대표적 작품들을 남겼다. 이러한 양상 속에서, 뉴저지 몽클레어 출신의 백인 작곡가 조셉 램Joseph Lamb을 제외하면, 고전적 래그타임 양식의 주요 대표자들은 모두 어느 시점이든 미주리주를 기반으로 활동했다고 할 수 있다.

이들 작곡가 가운데에서도, 스콧 조플린은 단연 최고의 인물로 돋보인다. 사실, 1970년대에 시작된 래그타임의 부흥은 조플린의 음악이 지닌, 시대를 초월한 매력이 아니었다면, 상상하기 어려웠을 것이다. 다른 작곡가들이 기술적으로 더 난이도 높은 래그를 쓰거나, 보다 극적인 음악적 효과를 뽑낸 작품을 남기기도 했지만, 조플린의 주요 작품이 보여준 구조적 우아함, 멜로디의 창의성, 표현의 폭에는 누구도 필적할 수 없었다. 또한 다른 어떤 래그 작곡가도 조플린처럼 음악에 대한 큰 포부를 품지는 못했다. 그는 그러한 포부를 바탕으로, 두 편의 오페라, 발레곡, 그 외 여러 작품을 작곡하며, 당대 래그타임이 저급한 대중음악이라는 평판에 정면으로 도전했다. 비록, 그의 이러한 과감한 시도들이 생전에는 조플린이 갈망했던 만큼의 인정을 받지 못했지만, 그의 작품 전체는 그가 추구했던 높은 예술적 기준과, 래그타임을 진지한 음악 형태로 믿었던 확고한 신념 덕분에 오늘날 더욱 빛나고 있다. 그리고 사망한 지 반세기가 넘어서야, 조플린은 결국 위대한 미국 작곡가로서 뒤늦게 명예로운 자리에 오르게 되었으며, 그의 믿음은 뒤늦게나마 확실히 입증되었다.

조플린은 1868년경 텍사스주 텍사카나에서 태어났다. 그의 아버지인 자일스 조플린은 노예 신분이었으며, 노예 해방 선언 이전에는 지역의 백인 노예주가 주최한 하우스 파티에서 바이올린 연주자로 활동했다. 어머니인 플로렌스 기븐스 조플린은 노래를 부르고 밴조를 연주했다. 이 밴조라는 악기는 조플린의 음악적 감수성에 영향을 주었을 것이다. 19세기 아프리카계 미국인들의 밴조 음악에서 들을 수 있는 당김음은 훗날 피아노 래그 스타일의 명백한 선구적 요소이기 때문이다. 밴조 자체의 계보 또한 흥미롭다. 미국에서는 밴조가 흔히 촌뜨기, 시골 사람들의 악기로 인식되지만, 그 기원은 분명히 아프리카에 있으며, 다양한 형태의 선조 악기들이 존재했고, 종종 음유시인이나 귀족과 연결되어 있었다. 따라서 스콧 조플린이 음악과 처음 조우한 계기가 아프리카의 고상한 공연 전통이 미국에서 살아남은 희귀한 잔재인 밴조를 통해 이루어졌다는 사실은 매우 의미심장하다고 할 수 있다.

어린 시절, 스콧 조플린의 아버지는 가족을 떠났고, 어머니는 여섯 자녀를 부양하기 위해 하녀로 일할 수밖에 없었다. 이 미래의 작곡가는 이미 어린 나이에 건반 악기에 남다른 애착과 재능을 보였다. 그는 종종 어머니가 일하는 집에 함께 따라가서, 어머니가 일을 하는 동안, 그 집의 피아노를 연주하거나 즉흥 연주를 하며 시간을 보냈다. 십대에 접어든 조플린은 전문 피아니스트로서 입지를 다졌고, 텍사스와 아칸소의 접경 지역에서 교회, 클럽, 사교 모임 등에서 연주하며 생계를 이어갔다. 이후, 그는 음악을 가르치는 일에 참여했으며, 지역 곳곳에서 공연하던 오중창단과 노래하기도 했다. 바로 이 시기에, 조플린은 작곡에 처음 도전하기 시작했다.

1880년대 중반경, 조플린은 세인트루이스로 이주했고, 그곳에서 주로 피아니스트로 생계를 이어갔다. 그는 술집과 여러 나이트클럽에서 솔로 연주자로 활동했으며, 밴드와 함께 연주하기도 했다. 이러한 앙상블 활동은 조플린에게 편곡 기술을 개발할 기회를 제공했으며, 이는 훗날 그가 작곡한 두 편의 오페라에서 오케스트레이션을 통해 절정에 이르게 된다. 조플린은 세인트루이스에서 거의 십 년 가까이 거주했지만, 이 시기 동안 광범위하게 여행을 다녔다. 그중에서도 특히 1893년 시카고에서 열린 세계 만국 박람회 방문이 큰 영향을 주었을 것이다. 이 박람회는 당대 최고의 음악가들이 모인 대규모 행사였다. 당시, 래그타임 음악은 아직 출판되지 않았지만, 박람회에 온 방문객들은 이를 박람회장 외곽에서 연주하는 흑인 음악가들을 통해 접할 수 있었는데, 박람회의 중심부, 좋은 공연장들은 백인 연예인들에게만 배정되었기 때문이다. 1890년대 중반경, 조플린은 세달리아에 정착했고, 그곳에서 마침내 인근의 조지 R. 스미스 대학에서 화성학과 작곡을 정식으로 공부하게 되었다.

1897년경, 조플린은 〈Maple Leaf Rag〉를 작곡했으며, 이 곡은 곧 당대 가장 유명한 래그타임 작품이 되었다. 하지만 2년이 지난 후에야, 존 스타크가 이 곡을 출판했고, 그로부터 12개월 동안 판매된 악보는 고작 400부에 불과했다. 그러나 1900년 가을, 〈Maple Leaf Rag〉는 일반 대중 사이에서 폭발적인 인기를 얻었고, 스타크는 곧 이 곡의 악보가 100만 부 이상 팔린 것을 자랑할 수 있게 되었다. 이 주장이 사실이라면, 악보 판매량이 100만 부를 돌파한 최초의 출판 음악이 되는 셈이다. 이러한 상업적 성공은 당시 미국 내 전문 음악가와 음악 교사의 수가 10만 명도 되지 않았다는 점을 생각하면, 더욱 놀라운 성과였다. 아마추어 피아니스트들에게 조플린의 명곡은 기술적, 리듬적으로 결코 쉽지 않은 작품이었을 것이다. 그럼에도 불구하고, 분명 많은 이들이 악보를 구입해, 그 복잡한 곡을 연습하며 씨름했을 것이다.

지나고 나서 되돌아보면, 〈Maple Leaf Rag〉는 조플린의 재능이 지닌 모든 깊이와 폭을 단지 암시했을 뿐임을 알 수 있다. 이 곡에는, 훗날 조플린이 다른 래그 작곡가들과 차별화되는 요소인, 멜로디의 미묘함, 작곡의 독창성, 감정적 깊이가 부족하다. 그러나 리듬의 강렬함에 있어서는, 〈Maple Leaf Rag〉는 오늘날에도 여전히 독보적이다. 단순히 말해서, 조플린의 모든 래그 중에서도 가장 매혹적으로 당김음이 구현된 곡이다. 어빙 벌린Irving Berlin 이 훗날 말했듯, 래그타임의 인기가 본질적으로 현대 미국 생활의 "속도감 과 박진감"을 포착하는 능력에 있었다면, 〈Maple Leaf Rag〉만큼 이러한 새 로운 감성을 더 잘 불러일으킨 음악은 없을 것이다.

조플린의 후기 작품들은 이 야심 찬 아프리카계 미국인 작곡가가 익힌 폭 넓은 작곡 기법의 스펙트럼을 잘 보여준다. 〈Bethena〉(1905)의 살롱 왈츠 의 세련미, 〈The Ragtime Dance〉(1906)의 당김음을 완화하는 은근한 간 주, 〈Pine Apple Rag〉(1908)의 부기우기 풍의 3악장, 〈Solace〉(1909)의 느 긋한 하바네라 리듬, 〈Stoptime Rag〉(1910)의 거의 자기 패러디에 가까운 당김음 처리, 〈Magnetic Rag〉(1914)의 움직이는 단조 구간이 그러하다. 또 한 〈Scott Joplin's New Rag〉(1912)와, 특히 그가 마지막으로 완성한 곡인 〈Magnetic Rag〉에서는, 조플린이 브람스를 연상케 하는 어두운 정조를 담 아, 많은 연주자와 청중들이 생각했던 떠들썩한 맥주 홀의 분위기와는 전혀 다른 세계로, 래그타임을 밀어 올렸다. 이것은 대규모 음악적 구상을 래그타 임이라는 좁은 형식 안에 억지로 담아낸 것과 같았으며, 실제로 이들 후기 작품은 조플린의 초기 성공이 만들어낸 상업적 기대를 의도적으로 거스르 려는 의도로 쓰인 것처럼 보일 정도다.

장르의 경계를 넘나드는 다양한 시도는 조플린 음악의 핵심적인 특징이 었다. 조플린을 래그타임의 품격을 높이고 세련되게 다듬은 인물로만 묘사 하는 시각은 대체로 그의 진정한 면모를 놓치고 있다. 물론, 조플린이 스스 로에게 높은 목표를 설정한 것은 사실이지만, 그의 래그타임에 대한 태도는 그 명예와 영광을 위해 싸운 것이 아니라, 오히려 그 한계와 양식적 막다른 길에 맞서 싸운 것에 더 가까웠다. 1903년 한 신문 기사에서는 다음과 같이 전한다. "조플린의 야망은 다른 영역에서 빛을 발하는 것이다. 그는 당김음이 특징인 음악[래그타임]을 작곡하는 것은 그저 취미일 뿐이며, 더 어렵고 도전적인 작업을 갈망한다고 밝혔다."²⁷ 또한 조플린은 대부분의 래그타임 피아니스트들이 추구하던 속도와 과시적인 기교에 대해, 때로는 애매한 태도, 심지어 적대감을 드러내기도 했다. 그런 연주는 멜로디의 아름다움을 희생시키고, 단지 속도와 쇼맨십을 강조했기 때문이다. 그래서 조플린의 여러 악보에는, 다음과 같이 잘 알려진 경고문이 실려 있다. "이 곡을 빠르게 연주하지 마시오. 래그타임을 빠르게 연주하는 것은 결코 옳지 않습니다."

조플린의 높은 예술적 포부가 낳은 가장 논쟁적인 결과물은 그의 오페라 《트리모니샤Treemonisha》였다. 이 작품은 종종 "래그타임 오페라"로 잘못 불리지만, 실제로는 래그타임적 요소가 거의 없는 작품이다. 대신, 래그타임 이전의 흑인 미국 음악의 민속적 뿌리를 깊이 파고들며, 동시에 유럽 오페라의 다양한 기법들, 즉 관현악 편성, 서곡, 레치타티보, 아리아, 앙상블 등을 전면적으로 활용했다. 조플린의 생애 마지막 몇 해는 이 프로젝트에 점점 더 몰두하는 시기였다. 이 작품은 방대한 규모 때문만이 아니라, 이 작업을 위한 재정적, 대중적 지원을 구하는 일의 막대한 어려움 때문에도, 작곡가에게 엄청난 부담을 안겼다. 조플린은 1903년경 《귀빈A Guest of Honor》이라는 첫 번째 오페라를 썼지만, 현재 유실된 이 작품은 래그타임 양식에 상당히 충실했던 것으로 보인다. 반면 《트리모니샤》는 그에 비해 훨씬 더 확장적이고, 조플린의 예술적 역량을 소모하는 대작이었다.

이미 1907년경, 조플린은 유비 블레이크Eubie Blake와 새로운 오페라에 관해 이야기를 나누었던 듯하고, 이듬해에는 조셉 램에게 오페라의 일부를 들려주기도 했다. 하지만 존 스타크는 이 작품이 상업적으로 성공할 가능성이 적다고 판단해 출판을 거절했다. 그가 보기에, 아프리카계 미국인의 민속 오페라는 시장성이 부족했던 것이다. 결국 1911년이 되어서야, 조플린은 자신의 비용으로, 피아노와 11인 성악 파트를 위한, 230쪽에 달하는 악보를 출판할 수 있었다. 조플린이 오페라 작업에 몰두한 나머지, 보다 수익성 높은 출판 기회를 외면했기 때문에, 악보가 출판되기 바로 전 해에는 조플린의 래그 작품이 단 한 곡만 출판될 정도였다. 이는 그의 재정적 어려움을 초래했고, 결국 스타크와의 결별로 이어졌다. 그럼에도 불구하고 조플린은 이 방대한 작품의 오케스트레이션을 완성하고, 본격적인 무대 공연을 위한 자금 후원을 구하는 어려운 작업을 계속 이어갔다. 오케스트레이션이 끝난 후, 조플린은 가수들을 오디션하며, 자비를 들여 오페라를 무대에 올려, 대중의 반응을 시험해 보려는 결심을 굳혔다. 그 결과, 1915년 할렘의 한 홀에서 단 한 차례 공연이 이루어졌는데, 무대나 의상, 연습도 제대로 갖추지 않은 출연진과, 오케스트라 없이 피아노 악보를 연주하는 이 작곡가만 있었다. 이처럼 극히 간소한 방식으로 상연된 이 공연은 당시 할렘의 관객들 사이에서 별다른 호응을 얻지 못했다. 당시 할렘의 관객들은 아프리카계 미국인의 문화적 뿌리를 기리는 작업보다는, 기존에 확립된 예술 전통을 받아들이는 데 더 관심이 있었기 때문이다.

1916년 가을, 《트리모니샤》의 참담한 공연 실패로부터 일 년 후, 조플린은 맨해튼 주립 병원에 입원했다. 그리고 1917년 4월 1일, 조플린은 매독에 의해 발병한 "뇌 마비성 치매"로 사망했다. 조플린은 50세 생일도 채 되기 전에 세상을 떠났지만, 이미 그는 명성을 잃은 상태였다. 미국 내 래그타임 열풍은 한풀 꺾였고, 조플린의 인기는 급격히 시들어갔다. 그 결과, 출판되지 않은 여러 작품들이 스타크 회사의 보관 파일에 방치되었다가, 1935년 회사가 이전할 때 결국 폐기되고 말았다. 또한 피아노 협주곡일 가능성이 있는 미완성 작품들을 포함한 여러 작품들이 조플린 미망인의 유산 집행인이었던 클라리넷 연주자 윌버 스웻먼Wilbur Sweatman의 손에 넘어갔지만, 이들 역시 오늘날까지 행방이 묘연하다. 조플린 사망 후 수십 년 동안, 아프리카계 미국인 음악에 관한 여러 저서들조차 조플린을 거의 다루지 않았으며,

그의 경력이 제대로 조명받기 시작한 것은 1950년 루디 블레쉬Rudi Blesh 와 해리엇 재니스Harriet Janis가 『모두가 래그타임을 연주했다They All Played Ragtime』라는 기념비적 저서를 출판한 이후였다. 그리고 1970년대의 놀랍고 전례 없는 래그타임 르네상스 덕분에, 비로소 조플린의 작품은 학자들과 전 문가의 영역을 넘어, 미국 대중문화의 주류로 복귀할 수 있었다. 1970년대 중반, 조플린의 인기는 절정에 달했고, 그의 음반 판매량도 록스타 수준에 달했다. 특히, 〈The Entertainer〉라는 곡은 히트 싱글의 기반이 되기도 했 다. 그러나 조플린에게 가장 큰 기쁨이 되었을 일은, 그의 오페라《트리모니 샤》의 성공적인 복원과 녹음, 그리고 사후에 퓰리처상을 수상한 일일 것이 다. 그의 사후 약 60여년이 지나, 결국《트리모니샤》는 다시 무대에 올려지 고 녹음되었으며, 조플린은 미국 음악사에서의 정당한 위치를 되찾았다.

조플린이 오직 한 방향으로 밀고 나갔던 의지, 즉 아프리카계 미국인의 대중음악과 서구 작곡 전통을 결합하고자 한 노력은 여러 면에서 훗날 재즈 의 발전을 예고하는 선구적 시도였다. 그는 고급 문화와 저급 문화, 예술 음 악과 대중 음악, 아프리카 폴리리듬과 유럽 형식주의의 경계를 넘나들며, 듀 크 엘링턴Duke Ellington, 제임스 P. 존슨, 폴 화이트먼Paul Whiteman, 베니 카 터Benny Carter, 메리 루 윌리엄스Mary Lou Williams, 아트 테이텀, 찰스 밍거 스Charles Mingus, 존 루이스John Lewis, 윈튼 마살리스Wynton Marsalis 같은, 이후 예술가들의 비옥한 성과를 미리 보여주었다. 하지만 조플린이 살던 시 대의 백인과 흑인 관객 모두는 이러한 융합적 시도의 본질을 이해할 준비가 되어 있지 않았다. 그들은 아마도 서로 너무나도 근본적으로 대립하는 전통 들 사이에는 자연스러운 결합이 불가능하다는 선입견을 지니고 있었을 것 이다. 따라서 래그타임 발레나 래그타임 오페라라는 개념은, 세기 전환기의 인종적으로 깊이 갈라진 미국 사회에서, 대부분의 사람들에게 모순어법처럼 들렸을 법하다. 그러한 작품들이 제대로 평가받기 위해서는, 다른 미학이 발 전할 필요가 있었다.

오늘날, 우리는 이러한 새로운 미학을 받아들였고, 이로 인해, 대중은 대중 오락의 다양한 형식들이 진지한 예술로 변모하는 것을 단순히 수용하는 것에 그치지 않고, 종종 무작정 찬사를 보내는 경향까지 보이게 되었다. 이런 성향은 재즈에서만, 또는 재즈에서조차도, 가장 두드러지게 나타나는 것이 아니라, 사실상 모든 현대의 장르와 창의적인 인간 표현의 양식들에서 광범위하게 드러난다. 그러나 이러한 관용적이고 열린 마음의 시대에도, 이 두 흐름 사이의 긴장감, 즉 대중적 형식과 예술적 진지함 간의 긴장은 여전히 표면 아래에서 끓어오르고 있다. 아프리카와 유럽, 작곡과 즉흥 연주, 즉흥성과 숙고, 대중성과 진지함, 고급 문화와 저급 문화의 충돌과 융합이라는 역동적 상호 작용은, 우리가 복잡한 재즈의 역사를 펼쳐 나가는 과정 내내 끊임없이 우리를 따라다닐 것이다.

2

뉴올리언스 재즈

쇠락하는 도시의 축제

1803년 루이지애나 매입 이후, 미시시피강에서의 무역 제한이 해제되면서, 뉴올리언스 경제는 반세기 이상 지속될 전례 없는 번영의 시기에 접어들었다. 그로부터 채 십 년도 되지 않아, 도시 인구는 두 배로 증가했으며, 미시시피강에서 첫 번째 증기선이 운항을 시작했다. 이 배의 이름도 상징적으로 '뉴올리언스'였다. 증기선의 등장으로 상류로의 항해가 가능해지면서, 뉴올리언스는 주요 상업 중심지로서의 입지를 더욱 확고히 했다. 이 변화의 효과는 항구에 도착한 하류 화물의 폭발적인 성장에서 확인할 수 있다. 1801년부터 1807년까지, 매년 평균 500만 달러 가치의 상품이 미시시피강을 따라 내려왔지만, 1851년 한 해에만 거의 2억 달러 가치의 화물이 집계되었다. 이 중 목화가 거의 절반을 차지했지만, 곡물, 설탕, 당밀, 담배, 공산품 등 다양한 상품과 수많은 사람들이 이 뉴올리언스라는 허브를 거쳐 지나갔다. 그 결과, 뉴올리언스는 신세계의 어떤 도시도 따라올 수 없을 정도로, 번영하고 국제적인 도시 환경을 갖추게 되었다.[28]

지리적 조건에 기반해 형성되었던, 뉴올리언스의 지역적 경제 호황은 남북전쟁 이후 점차 쇠퇴하기 시작했다. 도시가 메이슨–딕슨 라인Mason-Dixon line[메릴랜드주와 펜실베이니아주의 경계선으로, 미국 남부와 북부의 경계]의 남쪽, 즉 남부 연합의 편에 있었던 것은 문제의 일부분에 불과했다. 보다 근본적인 원인은 미국의 사회 기반 시설이 가차 없이 변화하고 있었다는 점이다. 19세기 후반 수십 년 동안, 철도가 증기선을 대체하며 미국 내 주요 상업 운송 수단의 지위를 차지했다. 그에 따라 새로운 무역 중심지가 다른 곳에 형성되었고, 뉴올리언스가 대륙 내부 수로의 관문이던 지위도 점차 중요성을 잃어갔다. 여기에 더해, 만성적인 정치 부패가 경제적 곤란을 더욱 악화시켰다. 그 결과, 1874년에는 루이지애나주가 지급불능 상태에 빠졌고, 5,300만 달러에 달하는 부채의 원금과 이자조차 상환할 수 없는 상황에 이르렀다.[29] 지역에 남아 있던 투자 자본조차도 천연자원과 유전 개발에 집중되었으며, 그로 인해 발생한 부는 뉴올리언스가 아닌 루이지애나의 다른 지역과, 주 경계를 넘어 텍사스로 이동했다. 뉴올리언스 재즈의 흥청거리는 역사는 이 같은 근본적 현실을 종종 가려버리곤 한다. 즉, 재즈가 태어날 무렵, 뉴올리언스는 이미 쇠퇴하는 도시였다.

1825년부터 1875년까지의 반세기 동안, 뉴올리언스의 인구는 네 배 이상 증가했지만, 1878년, 도시 인구의 2퍼센트가 황열병의 참혹한 유행으로 목숨을 잃었다. 19세기 뉴올리언스에서는 전염병의 위협이 늘 존재했으며, 특히 길고 무더운 여름철에 더욱 심각했다. 도시는 해수면보다 낮은 곳에 위치했고, 습하고 따뜻한 기후에 더해, 열악한 위생 상태(대부분의 북미 도시들이 현대적 오수 처리 방식을 채택한 지 오래였지만, 뉴올리언스는 1892년이 되어서야 하수도 시스템이 구축되었다)가 모기, 바퀴벌레, 온갖 해충이 번식하기에 이상적인 환경을 만들었다. 뉴올리언스 출신 베이시스트 팝스 포스터Pops Foster는 일부 공연 때는 모기장을 쓰고 연주해야 했을 정도로 환경이 열악했다고 회고했다.[30] 1878년 유행병 이후, 인구 성장은 연간 1퍼센트의 더딘 속도로 회복되었지만, 이민자 수는 오히려 감소했다. 새로운 이민자들은 더 번성하는 경제와 건강한 환경을 찾아 다른 도시로 향했기 때문이다.

1880년, 뉴올리언스에서 태어난 흑인의 평균 수명은 겨우 36세였으며, 백인 주민들도 평균 수명이 고작 46세에 불과했다. 흑인 유아 사망률은 무려 45퍼센트에 달했다. 그 시기 뉴올리언스의 전체 사망률은 미국 평균 도시보다 56퍼센트나 더 높았다. 이러한 시대적, 지역적 맥락에서 보면, 뉴올리언스 사람들의 축제, 퍼레이드, 파티에 대한 극단적 집착(특히, 장례식과 축제가 절묘하게 결합된 독특한 퍼레이드인 '망자를 위한 뉴올리언스 퍼레이드'에서 절정에 이르렀다)은 에드거 앨런 포의 「붉은 죽음의 가면무도회」에 나오는 흥청망청하는 축제 인물들을 떠올리게 한다. 그들 역시 현실의 고통과 역병으로부터 스스로를 멀리 두고자 쾌락에 몰두했던 것이다. 한편으로는 이러한 활기가 극도의 퇴폐처럼 보일 수도 있겠지만, 다른 시각에서 보자면 벼랑 끝에 선 사회의 필연적 자기방어 기제라 할 수 있다.

상업적 필요에 의해, 미시시피강 하구 근처에 대도시가 세워지는 것은 필연적이었지만, 역사가 네드 서블렛Ned Sublette의 표현대로라면, "이곳은 도시를 세우기에는 끔찍한 장소였다."[31] 뉴올리언스는 미국 주요 도시 중 해발 고도가 가장 낮으며, 미국 본토의 강수량 중 41퍼센트가 미시시피강을 따라 흘러 이곳을 지나가기 때문에, 이 크레센트 시티Crescent City[뉴올리언스의 별칭]는 미국에 있어 집 안의 배수관과도 같은 존재다. 열대성 폭풍은 자주 찾아오며, 평균적으로 3~4년에 한 번씩 스쳐 지나가거나 직격탄을 가한다. 이 지역에서 중년까지 사는 주민이라면 누구나 허리케인의 참혹한 피해를 겪을 가능성이 높다. 허리케인은 주기적으로 주민 대피를 강요하며, 수많은 피해를 남긴다. 게다가 이 땅은 점점 더 해수면 아래로 가라앉고 있어, 언젠가 뉴올리언스가 멕시코만에 완전히 둘러싸이게 될 것이라는 예측도 있다. 이로 인해, 홍수의 위험이 언제나 도사린다. 결국, 신의 소행인지, 아니면 선출된 관료라는 하급 신들의 소행인지 모를, 이 도시 자체에서 발생한 재앙의 역사는 이곳 주민들이 겪어야 하는 험난한 도전과 그에 맞서는 강인함과 끈기를 여실히 증명하고 있다.

그럼에도 불구하고, 뉴올리언스 재즈의 역사가들은 이 도시의 도덕적 위험에 초점을 맞추는 경향을 보여왔으며, 뜨거운 음악의 등장을 죄악, 음란함과 연결짓곤 했다. 여기서 매혹적인 이야기를 충분히 만들어낼 수 있다. 결국, 이 도시는 방탕한 귀족(오를레앙의 공작 필리프 샤를 도를레앙)의 이름을 따왔고, 범죄자와 매춘부들로 채워졌으며(루이지애나는 1719년부터 프랑스의 유형流刑 식민지가 되었다), 사람을 끌어당기는 매력을 지닌 모험가이자 사기꾼 존 로John Law(미시시피 버블의 주동자로 유명하다)가 재정적으로 조성했으며, 마침내 '빅 이지Big Easy', 즉 전 세계 사람들이 방종하고 흥청망청 놀기 위해 모여드는 곳으로 성장했다. 이러한 준準신화적인 역사를 생각하면, 음악 평론가들이 재즈의 탄생을 악덕의 산물로 묘사하고, 그 과정에서 문화적, 경제적 우연성보다는, 매음굴, 도박, 술에 더 많은 주의를 기울인 것이 그리 놀랍지만은 않다.[32]

일반적인 설명에서는, 스토리빌Storyville을 재즈의 발상지로 강조한다. 스토리빌은 뉴올리언스의 홍등가로, 1897년 10월 1일 시의회가 공식적으로 설치하고, 1917년 11월 12일 미 해군의 명령으로 폐쇄되기까지, 겨우 20년 남짓 존재했던 지역이다. 그러나 사실을 면밀히 조사해 보면, 이처럼 화려하게 포장된 계보에는 여러 의문이 제기된다. 뉴올리언스 재즈 연구의 권위자인 도널드 마퀴스Donald Marquis는 최초의 재즈 음악가로 널리 인정받는 버디 볼든의 생애를 공들여 연구한 끝에, 다음과 같은 결론에 도달했다. "볼든은 매춘업소에서 연주하지 않았다. 인터뷰에 응한 어떤 음악가도 그런 장소에서 밴드와 함께 연주한 기억이 없었고, 그런 적이 있는 사람을 알고 있는 이도 없었다."[33] 심지어, 오늘날 재즈의 전문 용어로 자리 잡은 '스토리빌'이라는 이름조차, 당시 재즈 음악가들에게는 거의 알려지지 않은 단어였다. 베이시스트 팝스 포스터도 이를 회상하며 같은 맥락의 증언을 남겼다.

내가 뉴올리언스를 떠난 지 한참 뒤에도, 사람들이 나한테 스토리빌에 대해 묻곤 했다. 나는 그곳이 우리가 연주했던 어떤 작은 동네인 줄 알고, 기억이 안 난다고 생각했다. 그런데 그게 홍등가red light district를 가리켰다는 걸 알고는 정말 놀랐다. 우리는 항상 그곳을 그냥 '디스트릭트'라고 불렀다.[34]

다른 자료들에 따르면, 저속한 집들에서는 종종 피아노 음악이 연주되었으며, 많은 경우에 플레이어 피아노가 사용되었다고 한다. 그리고 소수의 장소에서만, 더 큰 규모의 앙상블이 고용되었다. 물론, 스토리빌에서의 매춘업은 거대한 산업이었다. 전성기에는 약 2,000명의 여성과 200곳이 넘는 사창가가 이 거래에 관여하고 있었다. 그러나 실제로 재즈 밴드는 매음굴보다는 이 구역의 카바레나 댄스홀에서 더 흔히 볼 수 있었다. 따라서 역사학자 빌 러셀Bill Russell의 평가에서처럼, 스토리빌이 "뜨거운 음악에 친절했다"는 것에 동의하더라도, 재즈가 매음굴에서 태어났다거나 매춘과 특별한 관계가 있었다는 결론은 엄밀한 정확성을 희생하여 저속한 타블로이드 선정주의에 기대는 것이라 할 수 있다.[35]

악마의 음악이라고 책망받는 재즈는 어쩌면 하나님의 집과 더 깊은 인연이 있는지도 모른다. 초기 뉴올리언스의 뛰어난 재즈 드러머 중 한 명인 폴 바버린Paul Barbarin은 이렇게 설명했다. "침례교회 목사님들이 설교할 때 들어보면, 그분들이야말로 리듬을 노래하고 있었다. 재즈 밴드보다 더 그렇다." 크레센트 시티의 밴조 연주자였던 조니 세인트 시르Johnny St. Cyr도 "그 침례교회 리듬이 재즈 리듬과 비슷했고, 그 노래도 아주 블루스적이었다"고 덧붙였다. 뉴올리언스의 트롬본 연주자 가운데 가장 유명한 키드 오리 역시, 볼든이 영감을 얻은 곳은 스토리빌의 밤 문화가 아니라, 교회였다고 주장했다. "볼든은 자주 홀리 롤러 교회에서, 잭슨 애비뉴와 프랭클린에 있는 침례교회에서 곡의 대부분을 얻었다. 나도 그가 그 교회에 자주 간 걸 안다. 하지만 종교 때문이 아니라, 음악에 대한 아이디어를 얻으러 간 거였다."[36]

비록 스포팅 하우스(사창가)와 침례교회가 중요한 역할을 했다고는 해도, 세기 전환기 뉴올리언스의 광범위한 음악 풍경 속에서는 그저 작은 일부에 불과했다. 만돌린, 기타, 베이스로 구성된 현악 삼중주단은 때로 밴조와 바이올린이 더해져, 토요일 밤의 생선 튀김 파티에서 연주를 펼쳤다. 일요일이 되면, 시민들은 밀네버그와 폰처트레인 호숫가로 몰려들었고, 그곳에서는 35개에서 40개에 이르는 다양한 편성의 밴드들이 사람들을 즐겁게 했다. 월요일과 수요일에는 뉴올리언스 전역에서 잔디밭 파티가 열렸는데, 이는 생선 튀김 파티처럼 보통 사적인 모금 행사였으며, 나중에 할렘에서 유행하게 될 집세rent 파티와 비슷한 성격을 띠었다. 우유 농장의 외양간도 춤을 추는 흔한 장소였으며, 농장 주인이 직접 기획하거나, 현지인들이 하룻밤 외양간을 청소하고 해질녘부터 새벽까지 파티를 열기도 했다. 주로 집에서 만든 악기를 연주하던 젊은이들 무리는 흔히 '스패즘 밴드spasm band'[조잡한 악기로 연주하는 엉성한 길거리 밴드]라고 불렸으며, 이들은 시가 상자, 파이프, 박, 기타 손에 잡히는 온갖 물건으로 음악을 만들어냈는데, 거리에서 오가던 사람들에게 동전 몇 푼을 얻기 위해 연주하고는 했다. 링컨 파크와 존슨 파크는 뉴올리언스 밴드들의 연주를 듣기 위해 사람들이 모이던 인기 장소였고, 그 외에도 식당, 선술집, 회관 등 다양한 장소에서 음악이 자주 연주되었다. 음악은 거의 모든 주요 행사에서 빠지지 않았는데, 집회나 운동 경기, 마디 그라Mardi Gras와 부활절 같은 축제는 물론이고, 장례식이나 매장 같은 엄숙한 자리에서도 예외는 아니었다.

유족과 친구들(퍼스트 라인)을 따라 나서는 '세컨드 라인' 참가자들은 뉴올리언스 장례 행렬의 음악에 이끌려 생겨난 이들이며, 지금은 전 세계적으로 유명해졌다. 그리고 그들은 크레센트 시티[뉴올리언스]에서 너무나 사랑받는 존재가 되어, 오늘날에는 굳이 장례식이 아니더라도 이들이 공개 행사에 참여하는 것이 당연하게 여겨질 정도다. 이러한 전통이 보여주듯, 뉴올리언스에서는 당신이 음악을 찾아가지 않아도, 음악이 종종 당신에게 다가왔다. 초기 재즈 시대의 지역 주민들은 퍼레이드, 행진, 그리고 떠돌이 행상인들을 통해, 거리에서 연주를 자주 접할 수 있었다. 다양한 자료에 따르면, 그 중에서도 특히 유랑하는 헌 병·고물·뼈 수집업자들의 존재가 중요했는데, 젤리 롤 모튼의 말에 따르면, 이들은 조잡한 나무 마우스피스를 단 싸구려

호른[*]으로, "나라 어느 곳에서도 상상조차 못할, 훨씬 더 저속하고 거친 블루스를 연주하고는 했다."[37] 미시시피강의 증기선 또한 초기 아프리카계 미국인 음악의 중요한 이동 공연 무대였고, 재즈가 강을 따라 다른 지역으로 퍼져나간 여정은 재즈 역사학자들 사이에서 자주 인용되고 낭만적으로 그려진다. 덜 알려졌지만, 마찬가지로 중요한 것은, 서던 퍼시픽Southern Pacific 등 철도 회사들이 홍보했던 일요일 기차 여행이다. 이 여행들에는 지역 최고의 음악가들이 참여해, 연주를 선보이고는 했다. 이러한 선례들을 볼 때, 재즈가 태어날 때부터 그 즐거운 소리를 널리 퍼뜨릴 운명이었음을 누가 의심할 수 있겠는가?

재즈가 스토리빌의 저속한 사창가 없이도 뉴올리언스에서 발전했을 가능성은 상상할 수 있겠지만, 이 음악의 탄생은 뉴올리언스 시민들이 브라스 밴드에 보여준 엄청난 열정 없이는 도저히 생각할 수 없는 일이었다. 이 열정은 이 도시가 음악 예술과 맺고 있는 관계의 핵심에 자리하고 있었다. 물론, 브라스 밴드 현상이 뉴올리언스에만 국한된 것은 아니었다. 남북전쟁 이후 수년간 미국의 많은 도시와 마을에서 유사한 앙상블이 조직되었고, 일부 지역에서는 전문적인 밴드 마스터를 고용해, 밴드를 조직하고 연습시키기도 했다. 특히 흑인 밴드의 경우, 우애 단체, 사교 클럽, 또는 연주자들 스스로가 후원자가 되는 경우도 많았다. 그러나 이러한 밴드들이 수행한 역할은 뉴올리언스에서 특히 더 중요했다. 이곳에서는 브라스 밴드가 다른 지역처럼 마을 광장에서 열리는 일요일 오후 연주회뿐 아니라, 거의 모든 종류의 사회 행사에서도 연주를 맡았기 때문이다.

엑셀시오르 브라스 밴드Excelsior Brass Band와 온워드 브라스 밴드Onward

---

[*] 호른horn: 본래는 프렌치 호른과 같은 금관악기를 지칭하는 말이나, 재즈에서는 트럼펫, 트롬본, 색소폰, 클라리넷 등 다양한 관악기를 포괄하는 속어로 사용된다. 즉, 금관과 목관을 모두 포함할 수 있다. 이 책에서 나오는 '호른'은 거의 이러한 의미로 사용되었다.

Brass Band는 모두 1880년대에 결성된 단체로, 이러한 앙상블들 가운데 가장 잘 알려진 그룹들이었다. 하지만 그 외에도 유명세나 실력 면에서 다양한 수준의 밴드들이 아마 수십 개쯤은 더 있었을 것이다. 드러머 베이비 도즈 Baby Dodds는 이러한 퍼레이드 브라스 밴드의 악기 구성을 다음과 같이 회상했다.

　　뉴올리언스 퍼레이드에는 전통적인 악기 배치가 있었다. 트롬본이 항상 맨 앞에 섰다. 트롬본 뒤에는 베이스, 튜바, 바리톤처럼 소리가 큰 악기들이 위치했다. 그 뒤로는 알토 호른이 두세 대 정도 있었고, 그 뒤에는 클라리넷이 따라왔다. 클라리넷이 두 대면 아주 좋았지만, 보통은 한 대, 그것도 E플랫 클라리넷 하나뿐이었다. 클라리넷 뒤에는 트럼펫이 항상 두세 대 정도 따라붙었고, 그다음 순서였다. 맨 뒤에는 드럼이 따라오는데, 보통은 베이스 드럼과 스네어 드럼 단 두 개만 있었다. 이는 균형을 맞추기 위한 것이었다. 장례 행진에서는, 스네어 드럼의 스네어를 풀어서 소리를 죽인다. 스네어를 풀면, 거의 탐탐처럼 들린다. 하지만 퍼레이드나 묘지에서 돌아올 때는, 드럼 소리를 죽이지 않는다. 전체 브라스 밴드 인원은 많아야 열한 명에서 열두 명 정도였다.[38]

　　때때로 이러한 악기 구성은 무도회에서도 그대로 사용되었지만, 많은 경우에는 이보다 소규모의 연주자들만 참여했고, 여기에 현악 연주자들이 종종 함께했다. 이 밴드들의 레퍼토리는 놀라울 만큼 다양했다. 연주회용 음악과 행진곡뿐만 아니라, 이들은 카드리유Quadrille, 폴카, 쇼티세,* 마주르

---

* 쇼티세schottische: 독일, 스코틀랜드, 오스트리아 등을 비롯한 유럽 전역에서 비롯된 느린 폴카 스타일의 2박자 춤곡. 이름은 '스코틀랜드풍'을 의미하지만, 실제로는 스코틀랜드에서 기원한 것이 아니라 독일과 오스트리아에서 발전한 무곡이다.

카, 투스텝 등 당대 유행하던 다양한 무도곡들을 연주할 줄 알았다. 세기 전환기 즈음, 미국 전역에 래그타임 열풍이 불면서, 이 밴드들은 점점 더 당김음syncopation이 강조된 곡들을 연주하기 시작했고, 전통적인 곡들을 '래깅ragging'하는 데에도 관심이 커졌다. 이러한 음악 장르 간의 경계 흐리기는, 우리가 앞으로 살펴보게 되겠지만, 재즈 음악의 창작에 있어 핵심적인 역할을 했다.

토착 음악의 꽃이 피던 시기, 뉴올리언스에서는 유럽식 콘서트 음악, 오페라, 연극도 폭발적으로 번성하고 있었다. 1792년, 뉴올리언스에 처음으로 대형 극장이 성공을 거두면서, 본격적인 정통 음악과 연극 공연의 전통이 시작되었다. 이후 1813년에는 오를레앙 극장이 문을 열었고, 화재 이후 1819년에 재건되었다. 아메리칸 극장은 1824년에 설립되었으며, 제니 린드Jenny Lind가 공연했던 4,100석 규모의 세인트 찰스 극장은 1825년에 개장했고, 이 또한 화재 후 1843년에 재건되었다. 버라이어티 극장은 1848년에 설립되었고, 1871년에 다른 장소에서 재건되었으며, 십 년 후에는 그랜드 오페라 하우스로 개명되었다. 아카데미 오브 뮤직은 1853년에, 그리고 아마도 이들 중 가장 위대한 공연장인 프렌치 오페라 하우스는 1859년, 버번 스트리트와 툴루즈 스트리트 모퉁이에서 개장했다. 이 공연장은 1919년 화재로 소실되기 전까지, 미국에서 가장 우아한 공연장 중 하나로 손꼽혔다. 요컨대, 뉴올리언스 사회는 모든 종류의 음악으로 가득 차 있었다. 고급이든 저속하든, 외래이든 토착이든, 이 국제적인 도시에서는 모든 음악이 환영받았다. 과연, 역사상 어느 도시가 음악 예술에 이보다 깊은 사랑을 쏟은 적이 있었을까?

이러한 유럽식 고급 음악 전통의 영향은 뉴올리언스의 흑인 크리올 문화 내에서 특히 강하게 나타났다. 하지만 이 뉴올리언스 크리올들이 재즈 발전에 끼친 역할은 재즈 역사 속에서 가장 제대로 이해되지 않았고, 가장 흔히 왜곡되어 온 주제 중 하나로 남아 있다. 이러한 혼란의 일부는 '크리올'이라는 용어 자체의 모호함에서 비롯된다. 많은 문맥에서 이 단어는 아메리카 대륙에서 태어난 프랑스 혹은 스페인계 출신을 가리키는 말로 쓰였다. 그런 의미에서, 이 용어는 뉴올리언스 초기 정착민들의 후손을 나중에 도착한 이민자들과 구분 짓는 자부심의 상징이었다. 그러나 이들 초기 이주민 가운데 상당수는 흑인 여성을 정부情婦로 삼았고, 그 관계에서 태어난 자녀들과 후손들은 또 다른 크리올 집단, 이른바 유색 크리올 혹은 흑인 크리올을 형성하게 되었다.

많은 흑인 크리올들은 남부에서 노예제가 폐지되기 훨씬 이전부터 이미 자유인이었다. 1724년에 제정된 유명한 흑인 관련 법령 '코드 누아르Code Noir' 혹은 '블랙 코드Black Code'는 노예와 주인 사이의 관계를 규제하는 동시에, 주인의 동의가 있는 경우에 노예를 해방할 수 있도록 허용했다. 특히, 혼혈 자녀들에 대한 부성애와 같은 여러 동기에서, 주인들이 해방을 선택하는 경우가 많았다. 그러나 남북전쟁 이후에도, 이러한 유색 크리올은 흑인 사회와 자신을 동일시하지 않았다. 오히려, 이들은 유럽 본토 출신 정착민들의 생활 방식을 모방했고, 흔히 프랑스계 방언을 사용했으며, 전반적으로 자신들의 중간적 사회적 지위에서 오는 특권에 집요하게 매달렸다. 그러나 19세기 말에 가까워지면서, 이처럼 분리된 정체성은 더 이상 유지되기 어려워졌다. 아마도 가장 결정적인 전환점은 1894년 루이지애나 주의회에서 통과된 제111호 법령일 것이다. 이 법은 아프리카 혈통을 가진 모든 사람을 하나의 시민 계층으로 통합했고, 법적으로 동일한 범주에 속하게 만들었다. 그 결과, 오랜 세월 동안, 흑인 하층민과의 접촉을 극도로 피하며 살아왔던 유색 크리올들은 서서히, 그러나 거스를 수 없는 방식으로, 그들과 가까워질 수밖에 없는 상황으로 내몰리게 되었다.

이러한 강제적인 통합은 단지 넓은 사회적 영역에서만 일어난 것이 아니라, 뉴올리언스의 음악적 하위문화 안에서도 뚜렷하게 나타났다. 크리올 음악가들은 대체로 업타운의 흑인 연주자들보다 훨씬 더 잘 훈련되어 있었고,

클래식 음악에 익숙했으며 악보 읽기에도 능숙했다. 그러나 이처럼 세련된 크리올 앙상블들은 음악 교육은 부족하지만 보다 강렬하고 열정적인 스타일을 추구하던 흑인 밴드들과 일자리를 놓고 경쟁해야 하는 상황에 갑작스럽게 처했다. 이 "더욱 핫한" 연주 스타일은 이후 뉴올리언스 재즈의 기반이 되었다. 시간이 흐르면서, 이 더 뜨겁고 격정적인 소리가 지배적인 흐름으로 자리 잡게 되었으며, 그 과정에서 크리올 전통의 많은 요소들이 흡수되었다. 19세기 말, 존 로비쇼John Robichaux의 크리올 밴드는 정교한 편곡과 뛰어난 연주력으로 구시대 스타일의 정수를 보여주었다. 반면, 보다 새롭고 강렬한 접근 방식은 코넷 연주자 찰스 "버디" 볼든의 음악에서 뚜렷하게 드러났다.

규정하기 어려운 재즈의 아버지, 버디 볼든

버디 볼든은 종종 최초의 재즈 음악가로 언급되며, 뉴올리언스 음악 역사에서 가장 신비로운 인물일지도 모른다. 세기 전환기 무렵 실린더로 녹음[*]되었다는 소문이 있기는 하지만, 이 선구적인 인물의 녹음은 전혀 남아 있지 않다. 또한 그가 재즈의 기원에서 어떤 역할을 했다는 언급이 인쇄물에 처음 등장한 것은 그가 사망한 지 2년 뒤인 1933년이었고, 볼든이 미국 음악의 새로운 양식의 탄생에 기여한 지 30여 년이 지난 뒤였다. 따라서 그의 중요성에 대한 평가는 흩어져 있고, 종종 서로 모순되는 증언들에 기반할 수밖에 없으며, 이들 대부분은 당시가 아닌 한참 후에, 때로는 잡다한 동기로 기록된 것들이다. 수년 동안, 버디 볼든에 대한 전기는 단편적인 개요 수준에 불과했다. 예컨대, 그는 이발사였으며 지역 가십 잡지의 편집자였다는 이야기

----

* 실린더cylinder는 19세기 후반부터 20세기 초반까지 사용된 초기 음향 녹음 매체. 실린더 녹음은 소리를 왁스나 금속 실린더(원통)에 홈을 새기는 방식으로 저장한 아날로그 녹음 형식이다. 1877년 토머스 에디슨이 발명한 "에디슨 포노그래프phonograph"가 이 기술을 대표한다.

가 있었지만, 둘 다 결국 사실이 아닌 것으로 판명되었다. 그러나 도널드 마퀴스Donald Marquis가 수행한 세밀한 조사는 1978년 출간된 저서 『최초의 재즈맨, 버디 볼든을 찾아서In Search of Buddy Bolden, First Man of Jazz』에서 정점에 이르렀고, 수많은 오해를 불식시킴과 동시에, 이 음악가를 역사적 실체로 처음으로 조명해 주었다.[39]

볼든이 태어난 해인 1877년, 러더포드 헤이스 대통령은 루이지애나주에서 마지막 연방군을 철수시켰고, 이는 뉴올리언스 및 그 주변 지역에서 재건 시대의 종식을 알리는 신호였다. 겉보기에 정상으로의 복귀처럼 보였지만, 그것은 기만적인 것이었다. 하인의 아들로 태어난 볼든은 남북전쟁 이전 뉴올리언스의 번영과 전반적인 복지 수준을 결코 회복하지 못한 사회 속에서 자라났다. 1881년, 볼든이 네 살이었을 때 그의 다섯 살 난 누이 로티가 뇌염으로 사망했고, 그로부터 2년 뒤인 1883년에는 그의 아버지가 32세의 나이에 폐렴으로 세상을 떠났다. 이러한 개인적인 비극은 보다 광범위하고 불안한 사회적 현실을 반영하는 것이었다. 앞서 언급된 사망률 통계가 분명히 보여주듯, 볼든 가족의 짧은 수명은 19세기 후반 뉴올리언스 흑인 사회 전반에서 일반적인 일이었다.

볼든은 다양한 사회 행사뿐만 아니라 교회와 학교에서도 음악을 접했을 것이다. 실제로 존 로비쇼 밴드의 단원 두 명이 피스크 남학교Fisk School for Boys에서 교편을 잡았으며, 볼든은 아마도 이 학교에 다녔던 것으로 보인다. 1890년대 중반 무렵, 볼든은 코넷을 연주하기 시작했으며, 처음에는 이웃에게서 레슨을 받았다. 그는 곧 미장이 일로 벌던 수입에, 연주 활동으로 얻은 수입을 보태기 시작했다. 지금 시점에서, 볼든이 정식 음악 교육을 어느 정도 받았는지를 정확히 평가하기는 어렵다. 루이 암스트롱은 "[나는] 그가 제대로 나팔(코넷)을 부는 법을 알고 있었다고는 생각하지 않는다"고 말한 바 있고, 로비쇼 밴드의 단원들은 볼든의 밴드를 "틀에 박힌 연주자" 무리로 폄하했는데, 이는 가짜를 의미한다.[40] 그럼에도 불구하고, 볼든은 지역 전화번

호부에 자신을 "음악 교사"로 등재했다. 그가 개인 제자들에게 어떤 주옥같은 가르침을 전했는지는 정말 궁금한 일이다. 하지만 무엇보다도, 그가 자신의 연주를 통해 공개적으로 보여준 수업은 그의 고향에서 부상하던 재즈 스타일에 훨씬 더 큰 영향을 끼쳤음이 분명하다.

많은 뉴올리언스의 관악기 연주자들과 달리, 볼든이 이 도시의 대중 음악계에 입문한 경로는 지역 사회생활에서 중요한 역할을 하던 브라스 밴드가 아니라, 무도회나 파티에서 연주하던 현악 앙상블의 일원으로서였다. 볼든의 밴드는 구성원과 악기 편성이 끊임없이 변화했지만, 전체적인 흐름은 현악기의 비중을 줄이고 관악기의 비중을 키우는 방향으로 진화해 갔다. 현재 남아 있는 그의 밴드의 유일한 사진에는, 코넷, 밸브 트럼본, 클라리넷 두 대, 기타, 베이스로 구성된 앙상블이 보인다. 사진에는 없지만, 모든 증언에 따르면, 드럼 또한 밴드에서 중요한 역할을 했다고 한다. 이러한 악기 구성의 변화는 음악적 관점의 변화를 동반했다. 세기가 끝나갈 무렵, 볼든의 밴드는 재즈를 예고하는 당김음과 블루스 영향을 받은 소리로의 대담한 움직임으로 점점 더 악명이 높아졌다.

재즈에 대한 볼든의 가장 큰 공헌은 블루스에 초점을 맞춘 것이다. 트롬본 연주자 빌 매튜스Bill Matthews는 이렇게 회상했다. "그 오래되고 느리고 낮은 블루스에서, 그는 코넷으로 당신의 마음을 관통하는 신음하는 듯한 소리를 냈다. 마치 당신이 교회에 있을 때처럼." 트럼펫 연주자 피터 보케이지Peter Bocage도 동의했다. "그는 블루스를 많이 연주했다. 슬로우 드래그* 같은 곡들이 주였고, 빠른 곡은 그리 많지 않았다…… [블]루스가 그들의 기본 레퍼토리였다. 특히 느린 블루스가."41 당시에는 블루스 형식이 널리 알려지지 않았다는 점을 상기할 필요가 있다. W. C. 핸디는 그의 숭배자들로부터

---

* 슬로우 드래그slow drag: 19세기 말~20세기 초 뉴올리언스에서 유행하던 느린 블루스 기반의 춤과 음악 스타일.

"블루스의 아버지"로 칭송받고는 하지만, 그가 이 스타일의 음악을 접한 것은 볼든이 이미 25세가 된 1903년경이었다. 한편, 젤리 롤 모튼은 세기 전환기 무렵에 뉴올리언스에 거주하던 매미 데스두메Mamie Desdoume가 연주하던 블루스를 들은 경험을 묘사한 바 있다. 볼든도 아마 이 무렵에, 블루스 감성과 구조를 자신의 음악에 통합하고 있었을 것이다.

비록 볼든이 재즈를 창시하지는 않았더라도, 그는 재즈의 레시피를 분명 완벽히 터득하고 있었다. 그 레시피란, 래그타임의 리듬, 블루스의 굽은 음과 코드 진행, 그리고 뉴올리언스의 브라스 밴드와 현악 앙상블에서 가져온 악기 구성을 결합한 것이었다. 앞서 살펴본 바와 같이, 래그타임의 당김음 리듬은 블루스가 널리 알려지기 전에 이미 미국 대중문화 전반으로 퍼져나갔으며, 이러한 면에서 볼든이 아프리카계 미국인 음악의 이 요소에 대해 공을 세웠다고 보기는 어렵다. 하지만 래그타임의 당김음 리듬을 블루스와 결합하려는 그의 집요한 시도는, 블루스가 음악계의 주변부에 머물러 있던 시기에 이루어진 대담한 시도였고, 이것이 그가 당대 청중들은 물론 후대의 뉴올리언스 재즈 역사가들의 주목을 받게 된 중요한 이유 중 하나였음이 분명하다.

볼든의 거칠고 소란스러운 음악은 뉴올리언스의 크리올들이 연주하던 전통적인 카드리유, 왈츠, 행진곡들과 극명한 대조를 이루었다. 많은 크리올 출신 유력 연주자들은 처음에는 이 새로운 스타일을 무시하려 했지만, 이 음악의 활력은 지역의 흑인 청중들, 특히 남북전쟁 이후에 태어나 자란 더 젊고 독립적인 아프리카계 미국인들에게 매력적으로 다가왔다. 이것은 단순히 연주 기법의 문제만은 아니었다. 볼든의 대표곡 가사는 지역 판사와 그 외 당대 인물들을 신랄하게 조롱하는 내용을 담고 있었는데, 이는 이 새로운 세대의 보다 거리낌 없는 태도를 상징적으로 보여주는 예라고 볼 수 있다. 그럼에도 불구하고, 볼든은 동시대 누구보다 한계를 밀어붙였으며, 이는 그가 연주하던 반쯤은 금기시된 음악의 매력을 더욱 증폭시켰음이 분명하다. 그의 대표곡은 여러 이름으로 알려져 있는데, 〈Funky Butt〉, 〈Buddy Bolden's Stomp〉, 〈Buddy Bolden's Blues〉, 〈I Thought I Heard Buddy Bolden Say〉 등이 그 예다. 클라리넷 연주자 시드니 베셰이는 이렇게 회상했다. "그 노래를 부르면, 경찰이 감옥에 집어넣었다. 나는 그때 막 클라리넷을 시작했는데, 여섯 아니면 일곱 살쯤이었다. 볼든이 임페리얼 밴드와 '테일게이트 콘테스트'를 했고, 그가 테마곡을 연주하자 사람들이 노래를 따라 불렀다. 그러자 경찰이 달려와, 사람들 머리를 후려치기 시작했다."[42]

볼든의 음악 경력은 불과 몇 년에 불과했다. 1906년 무렵에는 그의 연주력이 이미 쇠퇴하고 있었으며, 이는 심각한 음주 문제와 점점 심해지는 정신 불안정으로 인해 더욱 악화되었다. 그해 3월, 그는 장모를 물동이로 공격한 혐의로 체포되었다. 이는 이 재즈 아이콘이 생전에 신문에 언급된 몇 안 되는 사례 중 하나였고, 그 이유는 예술적 업적이 아닌 법적 문제였다. 같은 해 9월에 두 번째 체포, 그리고 이듬해 3월의 세 번째 체포 끝에, 볼든은 법적으로 정신이상 판정을 받고, 잭슨의 정신병원에 수용되었다. 이후 24년 동안, 그는 그 병원에 머물렀고, 그의 상태는 점차 명백한 조현병으로 악화되었다. 1931년 11월 4일, 볼든은 54세의 나이로 사망했다. 사망 진단서에는 '뇌동맥 경화증'이 사인으로 기재되어 있었다. 그가 세상을 떠난 것은, 재즈 초기 역사에의 관심이 본격적으로 높아지기 불과 몇 해 전의 일이었다. 만약 조금만 더 오래 살았더라면, 이 선구적 인물에 관한 연구와 재조명이 이루어지는 순간을 목격할 수 있었을지도 모른다.

비록 볼든이 흔히 재즈의 창시자로 찬양받아 왔지만, 그런 단순한 계보 서술은 세기 전환기 뉴올리언스에서 일어나고 있던 더 넓은 음악적 격동을 간과하는 것이다. 당시에는 주로 흑인 음악가들, 그리고 일부 크리올 및 백인 연주자들도 래그타임의 당김음과 블루스의 음향적 성격과 음계 구조를 실험하고 있었으며, 이러한 리듬과 선율의 기법들을 다양한 작곡 양식에 적용하고 있었다. 초기에는 즉흥 연주 기법이 아마도 작곡된 멜로디를 장식하는 용도로만 쓰였을 것이다. 그러나 어느 시점부터는, 이러한 장식이 점차 보다 자유로운 형식의 솔로로 발전했음이 분명하다. 실험에서 출발한 음악적 시도는 결국 정형화된 연주 관행으로 이어지게 된다. 하지만 이러한 사건들을 정확히 복원하는 것은 거의 불가능하다. 이 새로운 음악을 설명할 수 있는 음악 용어조차 아직 존재하지 않았고, 첫 녹음이 이루어진 것도 이 스타일이 등장한 후 거의 20년이나 지난 뒤의 일이기 때문이다. 볼든이 이 변화를 이끈 결정적 인물이었는지, 아니면 단지 이러한 변화를 촉진한 여러 음악가들 중 하나였는지는 여전히 추정의 영역에 머물러 있다. 분명한 것은, 19세기 말경 뉴올리언스에서는 점점 더 많은 음악가들이 활동하고 있었고, 그들이 연주하던 음악은 지금 와서 보면 확실히 재즈로밖에 설명할 수 없는 형태였다는 사실이다.

볼든과 다른 이들이 만든 토대 위에서 발전한, 업타운 출신의 코넷 연주자들도 여럿 있었다. 예를 들어, 벙크 존슨Bunk Johnson, 조 "킹" 올리버Joe "King" Oliver, 머트 캐리Mutt Carey, 그리고 뉴올리언스의 가장 위대한 혁신가 루이 암스트롱 등이 그들이다. 그러나 재즈는 곧 1900년대 초 뉴올리언스를 갈라놓던 인종 장벽을 뛰어넘었다. 이 새로운 음악 양식의 초기 연주자들 가운데는, 크리올 출신의 시드니 베셰이, 젤리 롤 모튼, 키드 오리Kid Ory, 프레디 케파드Freddie Keppard도 있었고, 또한 백인 연주자들인 파파 잭 레인 Papa Jack Laine, 에밋 하디Emmett Hardy, 샤키 보나노Sharkey Bonano, 닉 라로카Nick LaRocca도 포함되어 있었다. 1920년대가 되자, 다양한 뉴올리언스 재즈 앙상블들의 첫 녹음들이 만들어졌고, 이들 밴드의 인종적 구성은 뉴올리언스 인구만큼이나 다양해졌다. 주요한 흑인 및 크리올 연주자들 외에도, 다음과 같은 앙상블들이 활동했다. 중부 및 남유럽계 연주자들로 구성된 견고한 뉴올리언스 재즈 밴드인 조니 베이어스도퍼Johnny Bayersdorffer의 재즈올라 노블티 오케스트라Jazzola Novelty Orchestra, 주로 이탈리아계 미국인들로 이루어진 또 하나의 재즈 단체 러스 파팔리아Russ Papalia의 오케스트라, 그리고 클라리넷 연주자 핑키 비다코비치Pinky Vidacovich, 피아니스트 시그프레 크리스텐센Sigfre Christensen, 트롬본 연주자 프랭크 네토Frank Netto, 밴조 연주자 르네 겔피Rene Gelpi, 튜바 연주자 댄 르블랑Dan LeBlanc 등이 포함된 뉴올리언스 아울스New Orleans Owls는 유럽의 많은 계통을 아우르는 구성이다. 물론, 재즈는 본질적으로 아프리카계 미국인들이 도시, 그리고 결국에는 국가 전체의 문화에 기여한 위대한 산물이었다. 그러나 모든 문화적 기여가 그렇듯, 한 번 세상에 드러난 재즈는 기여자만의 전유물이 되지는 않았다. 오히려, 더 넓은 문화적 유전자 풀의 일부가 될 운명이었던 재즈는 곧 모든 인종과 국적의 음악가들에 의해 열정적으로 받아들여졌다.

초창기 세대의 연주자들 가운데 상당수는 녹음을 남기지 않았고, 케파드와 같은 이들은 전성기가 지난 뒤에야 녹음을 남겼기 때문에, 그들의 재능과 영향력을 온전히 평가하는 데는 한계가 있다. 젤리 롤 모튼, 벙크 존슨처럼 뛰어난 녹음을 남긴 이들도 있었지만, 이들 역시 대부분 뉴올리언스 스타일의 연주가 완성된 이후 몇 년이 지나서야 녹음을 했기 때문에, 이 음원들이 세기 전환기 당시의 연주 방식을 얼마나 정확히 반영하는지는 의문이 제기된다. 이 역사적 흐름을 해독하는 일은 존슨, 모튼, 라로카와 같은 주요 제1세대 증언자들의 개인적 신화 만들기로 인해 더욱 복잡해진다. 이들 모두는 자신을 이 새로운 음악의 창시자 중 한 사람으로 각인시키고자 하는 욕망으로 인해, 자전적 서술이 왜곡된 인물들이기 때문이다.

앞서 언급했듯이, 볼든의 전성기로부터 최초의 재즈 녹음이 발매되기까지는 약 20년이라는 시간이 흘렀다. 그러나 이 최초의 상업용 녹음들이 역사가의 작업을 더 쉽게 만들어주는 것은 아니다. 오히려 정반대다. 재즈 녹음의 역사는, 오늘날까지도 논란의 여지가 많은 사건으로 시작되었다. 그리고 재즈 역사에서 자주 등장하는 민감한 주제들처럼, 이 논쟁의 핵심에도 인종 문제가 자리하고 있다. 아이러니하고 모순적인 운명의 전개 속에서, 오리지널 딕시랜드 재즈 밴드Original Dixieland Jazz Band(ODJB)라는 백인 연주자들로 구성된 앙상블이, 본질적으로 아프리카계 미국인의 음악인 재즈를 최초로 상업 녹음한 밴드가 되었다. 뉴올리언스에서 성장한 이 다섯 명의 연주자, 즉 리더이자 코넷 연주자 닉 라로카, 클라리넷 연주자 래리 쉴즈Larry Shields, 트롬본 연주자 에디 에드워즈Eddie Edwards, 드러머 토니 스바바로 Tony Sbarbaro, 피아니스트 헨리 라가스Henry Ragas는 1916년 시카고에서 함께 활동을 시작했고, 이듬해인 1917년 1월에는 뉴욕으로 진출했다. 이들은 라이젠웨버스 레스토랑Reisenweber's Restaurant에서의 공연을 통해, 참신하고 활기찬 연주로 대중의 주목을 받았고, 동부 해안의 레코드 회사들의 관심을 불러일으켰다. 컬럼비아Columbia 레이블이 처음으로 이 밴드를 녹음했지만, 음악이 비전통적이고 외설적이라는 이유로, 음반 발매를 주저했다. 그 직후 빅터Victor 레이블이 이러한 우려를 불식시키고 두 번째 녹음 세션을 진행했으며, 이 세션에서 탄생한 〈Livery Stable Blues〉는 큰 상업적 성공을 거두게 되었다.

편향된 논쟁은 ODJB 밴드의 중요성과 공로를 평가하는 일을 더욱 어렵게 만들었다. 닉 라로카와 그의 옹호자들은 ODJB를 재즈 창조의 핵심 주역으로 위치시키려는 강경한 수정주의적 역사 서술을 내놓았으며,[43] 이에 반해 밴드의 비평가들은 그들의 연주를 경직되고 설득력 없는 것으로 평가절하하면서, 심지어 이들이 연주한 것은 재즈가 아니라 시끄럽기만 한 래그타임의 변형일 뿐이라고 주장하기도 했다. 일부 평자들은 ODJB를 재즈의 위대한 선구자로 보는 관점을 거부하고자, 그보다 이른 시기의 녹음 사례를 찾아 나섰다. 이 과정에서, 일부는 제임스 유럽James Europe의 소사이어티 오케스트라Society Orchestra가 1913~1914년에 남긴 음반을 재즈라는 새로운 음악 양식의 진정한 첫 항해로 간주하려 시도했고, 또 다른 이들은 볼든 등의 실종된 녹음물이 존재했을 가능성을 가정하면서, ODJB의 위상을 약화시키려했다.

이 논란 많은 밴드를 공정하게 평가하려면, 양측의 주장 모두를 신중하게 살펴볼 필요가 있다. 한편으로, ODJB가 재즈 전통을 창시했다는 주장을 뒷받침할 만한 근거는 존재하지 않는다. 사실, 이 밴드가 재즈를 연주한 최초의 뉴올리언스 출신 백인 그룹인지조차 의심스럽다. (세기 전환기 밴드 리더였던 파파 잭 레인이 이 타이틀에 대해 더 강력한 정당성을 갖고 있다고 볼 수 있다.) 그러나 이 앙상블을 단호히 깎아내리는 시각 역시 적절하지 않다. 라로카의 코넷 연주는 특히 유연하고 때때로 영감을 주는 면모를 지니고 있으며, 오늘날에는 거의 기억되지 않지만 래리 쉴즈의 클라리넷 연주 또한 당대의 다른 음악가들에게 영향을 끼쳤다. 그로부터 60년이 지난 후에도, 베니 굿맨Benny Goodman은 쉴즈가 (지미 눈Jimmie Noone, 레온 로폴로Leon Roppolo와 함께) 초기에 자신의 음악에 강한 영향을 주었다고 회상하며, 자신은 아직도 쉴즈가 〈St. Louis Blues〉에서 연주한 코러스를 음 하나하나 그대로 연주할 수 있다고 덧붙였다. 물론, 이 그룹은 때때로 취향을 의심하게 만드는 특이한 음향 효과나 연주 기법에 탐닉하고는 했지만, 이는 젤리 롤 모튼에서부터 시카고 아트 앙상블에 이르기까지 수많은 재즈 뮤지션들도 마찬가지였으며, 이러한 요소들이 그들 음악의 본질적 가치를 훼손하지는 않았다.

초기의 재즈 밴드들 가운데 최고라고는 할 수 없지만, ODJB는 분명 가장 폭넓은 음악적 범위를 아우른 그룹 중 하나였다. 이들의 녹음은 재즈, 블루스, 래그타임 양식, 팝송까지 포함하며, 추가적인 금관악기를 도입한 편곡에서는 훗날 스윙 음악의 질감 있는 보이싱을 예견하게 하는 요소들까지 담고 있었다. 이들은 뉴욕을 출발점으로 해서 영국으로 건너가 왕실 연주회에서 연주했고, 이후 프랑스로 가서 베르사유 조약 체결을 축하하는 자리에도 참여하는 등, 핫 뮤직을 세계에 알린 최초의 국제적 재즈 홍보대사 중 하나였다. 밴드는 1925년에 해체되었다가, 1936년에 잠시 재결성되어 빅터 레이블에서 다시 녹음을 진행하고 순회공연을 펼쳤으나, 이 재회는 오래가지 못했다. 닉 라로카는 이후 25년을 더 살았고, 더 이상 악기를 연주하지는 않았지만, 이 밴드의 역사적 중요성을 주장하는 데 평생을 바쳤다. 라로카는 ODJB를 재즈의 개척자, 공식 홍보 문구에 따르면 다름 아닌 "재즈의 창조자들Creators of Jazz"로 내세우려는 열정을 보였고, 이는 필연적으로 재즈계 내부에서 거센 반발을 불러일으켰다. 특히, 수많은 아프리카계 미국인 음악가들이 외면받고 있던 시기에, 이 밴드가 녹음 계약을 따냈다는 사실은 더욱 논란을 키웠다. 그럼에도 불구하고, ODJB는 그 시대 어떤 앙상블보다도, 뉴올리언스에서 탄생한 이 새로운 음악의 미덕을 국내외 대중에게 널리 알리는 데 큰 기여를 했다고 할 수 있다.

세계 최고의 핫 튠 작곡가

뉴올리언스 출신 재즈 작곡가들 가운데 가장 위대한 인물로 꼽히는 젤리 롤 모튼 또한, 자신이 음악을 발명했다고 주장하여 논란을 불러일으켰다. 실제로, 모튼은 여러 가지를 과장해서 말하는 것으로 유명했으며, 그로 인해 대부분의 역사 기록 속에서 허풍쟁이 수다꾼이라는 인물상으로 굳어졌다. 그러나 앨런 로맥스Alan Lomax가 미국 의회도서관을 위해 녹음한 일련의 인터뷰와 연주 자료를 통해 남겨진 모튼의 일인칭 회고를 면밀히 살펴보면, 종종 비판받는 이 인물이 상황에 따라서는 초기 재즈에 대한 가장 사려 깊고 정확한 정보 제공자 중 한 명이었다는 사실이 드러난다.

대체로 후대의 역사 연구는 모튼의 주장에 정당성을 부여했을 뿐만 아니라, 그가 재현한 초기 음악 스타일 또한 실제에 부합하는 것으로 입증해 왔다. 더불어, 어느 시대를 막론하고 재즈의 미학적 측면에 대해, 그만큼 통찰력 있는 해석을 제공한 인물은 거의 없다. 비록 모튼이 재즈를 발명한 것은 아니지만, 재즈에 대해 이론적으로 사고한 최초의 인물로 평가될 수 있으며, 그의 발언과 시연 모두에서 재즈 창작에 관한 일관되고 총체적인 접근 방식을 명확하게 전달했다. 그가 남긴 발언들은 다이내믹,* 비브라토, 선율 구성, 브레이크** 사용, 라틴 음악의 본질 등 매우 폭넓은 주제를 다루고 있으며,

오늘날까지도 여전히 사유를 자극하고 깊은 주목을 요구한다.

그러나 음악적 통찰력과는 별개로, 모튼의 자전적自傳的 주장들은 이중적인 발언과 회피의 전형으로 두드러진다. 그는 재즈에 관해서는 믿을 만한 말을 했지만, 자신에 관한 이야기에서는 그렇지 않았다. 재즈 시대의 또 다른 허구의 인물인 F. 스콧 피츠제럴드의 제이 개츠비처럼, 모튼 역시 자신의 자아 크기에 맞추어 인생 이야기를 새로 써내려가는 재능이 있었다. 그는 종종 자신의 출생 연도를 1885년이라고 주장했는데, 이는 많은 초기 뉴올리언스 연주자들이 그랬듯, 자신이 재즈의 탄생 현장에 있었다는 주장을 강화하기 위해 나이를 더해 말한 것이었다. 또 자신의 본명이 페르디난드 라멘테Ferdinand LaMenthe라고 하기도 했다. 하지만 실제로 젤리 롤 모튼은 1890년경 뉴올리언스 또는 그 인근에서 페르디난드 조셉 라모스Ferdinand Joseph LaMothe라는 이름으로 태어났으며, 뉴올리언스의 흑인 대중과의 동화를 강하게 거부했던 엄격한 크리올 환경에서 자랐다.

모튼이 재즈의 세계에 발을 들이자, 그의 가족은 거의 그와 의절하다시피 했다. 당시 재즈는 하류층의 문화와 악습으로 여겨졌기 때문이다. 하지만 모튼 자신도 아프리카계 미국인 문화에 대해 열린 태도를 지닌 것은 아니었다. 오히려, 그의 과거를 다시 쓰려는 경향은 특히 인종 문제를 다룰 때 더욱 분명하게 드러났다. 모튼은 미국 의회도서관의 앨런 로맥스와의 인터뷰에서, 자신이 라멘테라는 이름을 바꾼 이유가 인종 문제 때문이었다고 주장했는데, 그것도 프랑스계에 대한 적대감 때문이었다고 하는 등 전형적으로 기이

---

* 다이내믹dynamics: 음악 용어로, 음의 세기(강약)를 말한다. 재즈에서는 단순히 볼륨의 변화만을 의미하지 않고, 연주자 개개인의 해석에 따라, 섬세한 뉘앙스, 프레이징, 즉흥 연주에서의 감정 기복 등을 포함하는 중요한 표현 수단을 의미한다.
** 브레이크break: 전체 밴드가 연주를 잠시 멈추고, 한 연주자가 단독으로 즉흥 연주(솔로)를 펼치는 짧은 구간을 말한다. 일반적으로 1마디 또는 2마디 정도로 짧게 구성되며, 즉흥성과 긴장감, 강조 효과를 높이는 데 사용되었다.

한 설명을 내놓았다. 자신의 아프리카계 뿌리에 대해서는 평생 부정적인 태도를 보였으며, 대신, ("내 가족은 '모두' 프랑스 해안에서 직접 건너온 사람들"이라고 말하며[44]) 유럽 혈통과 상류층 크리올 배경을 강조했다. 그는 비교적 밝은 피부색, 그리고 교수처럼 격식을 차린 말투와 태도에 자부심을 가졌으며, 그것을 자신의 정체성 증거로 내세우곤 했다. 그러나 세기 전환기 당시의 흑인 크리올 사회 기준으로 보더라도, 그 사회 구성원들 다수 역시 인종 구분에 대한 불안을 공유하기는 했지만, 모튼의 극구 부인하는 태도는 유난히 극단적이었다. 그의 끝없는 자아도취적 성향에도 불구하고, 자신이 후대에 아프리카계 미국인 음악의 선구자로 칭송받는 모습을 보았다면, 모튼은 당혹스러워했을 것이다.

그러나 말로는 아닐지라도, 모튼은 자신의 크리올 청년 시절에 지녔던 상류층의 과시적 요소를 내려놓으려는 태도를 행동으로 드러냈다. 뉴올리언스의 주요 재즈 인물들 가운데 그 누구보다도, 모튼은 음악가로서의 수련 시기를 스토리빌의 매음굴에서 보냈다(다른 재즈 연주자들은 거의 접근하지 못했던 백인 매음굴에서 주로 일하기는 했지만). 그는 스토리빌이라는 구역의 하류 사회적 이미지에 대해 후회하거나 수치심을 느끼기보다는, 오히려 포주, 매춘부, 살인자, 도박꾼, 당구 내기꾼, 마약상, 사기꾼 등 다양한 부류의 인물들과 어울리는 것을 향유했고, 때때로 이러한 거래 중 일부에 의지하기도 했다. 모튼은 자신이 1902년에 스토리빌에서 연주를 시작했다고 주장했지만, 출생 연도를 고려하면 이는 다소 이른 시기로 보이며, 실제로는 1900년대 초반 어느 시점에, 그곳에서 음악가로서의 활동을 시작한 것으로 보인다. 그의 증조할머니는 모튼이 스토리빌에서 활동하고 있다는 사실을 알게 되자 그를 집에서 내쫓았고, 머지않아 모튼은 인생 대부분을 차지하게 될 방랑하는 프리랜서 음악가의 길에 들어서게 되었다. 그의 초기 유랑은 멤피스, 뉴욕, 시카고, 세인트루이스, 디트로이트, 털사, 휴스턴 등 다양한 도시로 이어졌고, 1917년경에는 더 서쪽으로 향해, 캘리포니아, 캐나다, 알래스카, 멕시코까지 이르렀다.

그는 가는 곳마다 주목을 받았다. 어떻게 안 그럴 수 있었겠는가? 그는 돈을 아낌없이 쓰는 인물이었고, 치아에는 다이아몬드를 박고, 가터(양말띠)에도 보석을 달았으며, 호텔 방에 돈으로 가득 찬 트렁크를 보관 중이라고 자랑하기도 했다(실제로는 맨 윗칸에만 현금이 있었지만, 그것만 본 방문객들은 충분히 속아 넘어갔다). 그는 또 값비싼 옷을 여러 벌 갖추고 있었고, 하루에도 몇 번씩 옷을 갈아입으며 자신의 화려한 옷장을 과시하고는 했다. 그의 피아노 연주력과 작곡 능력은 이 시기를 거치며 확실히 다듬어졌지만, 정작 당시 그의 수입원은 포주 혹은 당구 내기꾼으로서의 능력에 더 많이 의존하고 있었던 것으로 보인다. 그러나 1923년 무렵 시카고로 돌아왔을 때, 모튼은 자신의 음악 경력을 본격적으로 쌓아가기 위해 타고난 자기 홍보 능력을 십분 활용할 준비가 되어 있었다. 확실히 때는 무르익어 있었다. 재즈 시대가 본격적으로 막을 올렸고, 모튼은 대중이 이 새로운 음악 스타일에 보이는 끝없는 갈증을 이용해 성공을 거둘 기회를 노렸다.

1926년까지 이어진 모튼의 시카고 시절은 그의 경력에서 가장 음악적으로 왕성한 시기였다. 그는 이 시기 동안 100곡 이상을 녹음하거나 피아노 롤*을 만들고 작품을 쉴 새 없이 출판했으며, 자신의 가장 유명한 앙상블인 레드 핫 페퍼스Red Hot Peppers를 결성했다. 이 밴드는 그 후 몇 년 동안 시카고와 뉴욕에서 녹음을 남겼으며, 전통적인 뉴올리언스 밴드들 가운데, 그 예술적 완성도에 필적한 경우는 드물었고, 능가한 경우는 없었다. 또한 모튼의 재즈 작곡가로서의 독보적인 위상, 즉 그가 자신의 명함에 겸손하게 적어 둔 표현에 따르면 "세계 최고의 핫 튠 작곡가"는 이후 십 년이 지나, 듀크 엘링턴이 창의성의 한계를 한층 더 밀어붙이기 전까지, 진지하게 도전받은 적

---

* 피아노 롤piano roll: 초기 자동 피아노(플레이어 피아노)에서 사용되던, 구멍이 뚫린 종이 롤로, 피아노 연주를 자동으로 재생할 수 있게 해주는 매체.

이 없었다. 그러나 무엇보다 중요한 것은, 이 밴드가 보여준 뉴올리언스 미학의 핵심인 앙상블 상호 작용에 대한 탁월한 통달이며, 그 점에 있어서 이들은 오늘날까지도 모범으로 남아 있다.

모튼은 (여기서도 듀크 엘링턴과 마찬가지로) 연주자 개개인의 한계를 뛰어넘는 집단적 음악성을 이끌어내는 데 능숙한 인물이었다. 그는 자신의 음악적 재능에 대해 강한 자부심을 가지고 있었고, 순전히 그 의지력만으로, 반주자들을 자신이 이상적으로 그리는 뉴올리언스 재즈의 세계로 끌어들이고는 했다. 때때로 그는 훨씬 더 극적인 방법을 동원하기도 했다. 1920년대의 일화를 하나 보면, 한 녹음 세션에서 트롬본 연주자 주 로버트슨Zue Robertson이 모튼이 원하는 방식대로 멜로디를 연주하길 거부하자, 모튼은 주머니에서 권총을 꺼내 피아노 위에 올려두었다. 그러자 다음 차례에서는 로버트슨이 그 멜로디를 음 하나 틀리지 않고 정확히 연주했다는 것이다.[45]

1926년에 녹음된 젤리 롤 모튼의 〈Sidewalk Blues〉는 그가 지녔던 집요한 예술적 집중력의 결실을 잘 보여주는 작품이다. 이 곡은 각 주요 악기를 하나씩 호출하는 열 마디 길이의 도입부로 시작되는데, 일종의 출석 체크처럼, 피아노, 트롬본, 코넷, 클라리넷 순으로 하나씩 호출되듯 등장한다. 이 도입부는 곧이어 열두 마디의 블루스 화성 위에 전개되는 코넷 선율로 이어지며, 스톱 타임* 뱀프**가 이 선율을 받쳐준다. 여기서 사용된 스톱타임 기법, 즉 밴드가 2박과 4박에 날카로운 악센트를 주며 솔로 연주자를 뒷받침하는 방식은 모튼 음악의 대표적인 특징으로, 보통 짧은 시간 사용되어 반주의 변화를 주는 데 목적이 있다. 이어지는 두 번째 열두 마디의 선율 구간에서는 트롬본-코넷-클라리넷이 상호 얽힌 대위법적 연주가 사용되는데, 이는 고

---

* 스톱 타임stop-time: 리듬 섹션(드럼, 피아노, 베이스 등)이 정규적인 연주를 잠시 멈추고, 특정 박자(보통 매 마디의 1박 또는 2·4박 등)에 짧고 강한 악센트만을 넣는 기법.
** 뱀프vamp: 짧은 코드 진행이나 리듬 패턴을 반복해서 연주하는 구간.

전적 뉴올리언스 재즈의 상징적인 연주 방식이다. 이후, 곡은 처음 등장한 열두 마디 선율로 돌아오지만, 이번에는 클라리넷이 선율을 주도한다. 이어지는 네 마디의 간주는 새로운 서른두 마디 선율로 자연스럽게 넘어가는데, 이 선율은 코넷, 트롬본, 클라리넷이 함께 연주한다. 16번째 마디에서 자동차 경적 소리가 삽입되는 것은 모튼 특유의 유쾌한 깜짝 요소이다. 이 선율은 블루스 형식과 감성에서 벗어나, 애상적인 팔러 송* 스타일로 전환된다. 이 서른두 마디 선율은 다시 반복되지만, 이번에는 세 대의 클라리넷이 연주하는 편곡으로 재구성된다. 당대 뉴올리언스 스타일의 맥락 안에서 보면 이러한 편성의 전환은 매우 파격적인 시도였다. 모튼은 이 세션을 위해 두 명의 클라리넷 연주자를 추가로 데려왔으며, 그들은 대부분의 시간 동안 아무 연주도 하지 않고 대기하다가, 이러한 특정 순간에만 참여했다. 곡의 중간에 이렇게 악기 편성을 바꾸는 방식은 당시 다른 재즈 녹음에서는 거의 볼 수 없는 것으로, 이는 모튼이 음악 속 예상치 못한 지점에서 청자를 놀라게 할 소리를 끌어내는 데 집착했음을 보여주는 사례다. 이렇게 조용히 진행되던 클라리넷 연주 구간은 마지막 여덟 마디에서 극적으로 방향을 전환하며, 에너지 넘치는 뉴올리언스 스타일 대위법이 다시 돌아온다. 마지막 다섯 마디의 태그tag[곡의 끝부분에 덧붙여지는 짧은 마무리 구간]가 이 질풍 같은 3분 30초짜리 연주를 마무리한다. 이 짧은 형식 안에서, 모튼은 하나의 소리 세계 전체를 응축해 담아냈다.

나는 모튼의 음악에 대해 강의할 때마다, 그의 한 곡에서 일어나는 일들을 설명하는 데, 실제 곡 길이보다 훨씬 더 긴 시간이 걸린다는 사실에 늘 놀라게 된다. 예컨대, 3분짜리 녹음을 제대로 설명하려면, 악기 구성의 변화, 화성 구조, 리듬 반주의 전환 등을 낱낱이 설명하느라 그보다 열 배쯤

---

* 팔러 송parlor song: 19세기 후반부터 20세기 초까지 미국과 영국에서 유행했던 가정용 대중가요의 일종으로, 주로 중산층 가정의 거실parlor에서 피아노로 연주되곤 했다.

긴 시간이 필요하다. 이러한 구조적 복잡성은 단순한 우연이나 장식이 아니라, 모튼 특유의 극대주의적 미학의 본질적인 특징이다. 그의 이 같은 접근을 잘 보여주는 또 하나의 대표적인 예가 바로 1926년 9월 녹음된 〈Black Bottom Stomp〉이다. 이 곡에서는 연주 도중에 밴드가 완전히 사라지고, 모튼 혼자서 두 손을 휘몰아치는 격렬한 스톰프* 주법으로 음악을 몰아가며, 마치 클래식 협주곡에서 스타 솔로이스트가 연주하는 카덴차처럼 강렬하게 그 구간을 압도한다. 그러나 눈 깜짝할 사이에 레드 핫 페퍼스 밴드가 다시 등장하며, 이번에는 코넷 연주자 조지 미첼George Mitchell을 지원하면서, 열띤 스톱 타임 코러스로 전환된다. 이 구절은 곧이어 밴조 연주자 조니 세인트 시르가 밴드와 주고받는 대화식 연주로 연결되며, 여기서 그는 래그타임과 블루그래스**를 연상시키는 당김음을 구사한다. 그러나 곧이어 다시 트롬본, 클라리넷, 코넷의 뉴올리언스식 대위법이 한층 더 격렬하게 다시 돌아오며, 그 특유의 레드 핫 페퍼스 사운드, 마치 동화의 마지막에 등장하는 "그리고 오래오래 행복하게 살았답니다"처럼, 연주의 결말을 암시한다. 여기서도 마찬가지로, 고작 3분짜리 디스크 공간 안에, 교향곡적 야망이 무리하게 들어차 있다.

모튼에게도 한계가 없는 것은 아니었다. 〈Finger Buster〉나 〈Froggie Moore〉 같은 곡에서 그의 화성 진행은 때때로 반음계와 온음계 경향이 어색하게 결합된 모습을 보여주며, 이는 그 자신이 이해한 이론 범위 밖으로 손을 뻗으려 했음을 암시한다. 그가 스스로 주장한 것과 달리, 피아노 연주 역시 보통은 '화려한 기교'라고 부르기에는 부족한 면이 있었다. 또한 자신이 재즈를 발명했다는 주장은 진지한 논의 대상이 되기 어렵다. 그럼에

---

* 스톰프stomp: 강렬하고 리듬감 있는 연주 스타일.
** 블루그래스bluegrass: 미국 남부에서 유래한 전통적인 포크/컨트리 음악의 한 장르로, 빠른 템포, 즉흥 연주, 고조된 화성이 특징이다.

도 불구하고, 전체적인 예술성이라는 측면에서 보자면, 모튼의 성취는 실로 대단했다. 그가 1926년에 빅터 레이블에서 남긴 녹음들은 모튼의 창작력이 절정에 달해 있던 시기의 것들이다. 〈Sidewalk Blues〉, 〈Black Bottom Stomp〉, 〈Dead Man Blues〉, 〈Grandpa's Spells〉, 〈Smokehouse Blues〉, 〈The Chant〉 같은 작품들에서, 그는 래그타임의 엄격한 작곡 구조와 재즈 즉흥 연주의 생동감 사이의 비옥한 중간 지대를 개척했다. 하지만 이 스타일은 머지않아 시대에 뒤처진 것이 되었고, 어쩌면 이 곡들이 녹음되었을 당시에도 이미 그러했는지도 모른다. 재즈는 점점 다주제적 래그타임 형식에서 출발했다는 자신의 기원을 잊어가고 있었기 때문이다. 이러한 맥락에서 보면, 모튼의 작업은 이러한 접근 방식의 '최고조'이자 '마지막 개화開花'라 할 수 있다.

모튼의 예술적 비전이 이 녹음들에서 확실히 중심을 이루고 있지만, 그는 동시에 경험 많은 뉴올리언스 출신 연주자로부터도 큰 혜택을 입었다. 트롬본 연주자 키드 오리는 1886년 크리스마스에 루이지애나주 라플라스에서 태어난 크리올 출신으로, 뉴올리언스에서 성공적인 밴드 리더로 활동한 뒤, 자신의 음악을 이끌고 순회공연에 나섰다. 그의 밴드는 1922년 로스앤젤레스에서 흑인 음악가들이 참여한 최초의 뉴올리언스 재즈 녹음을 발표했고, 1925년에 시카고로 이주하여 재즈 역사상 가장 중요한 스튜디오 세션에 참여했다. 그는 모튼과 함께한 레드 핫 페퍼스의 핵심 녹음뿐 아니라, 루이 암스트롱, 킹 올리버 등과의 녹음에서도 활약했다. 그와 자주 함께한 동료인 조니 세인트 시르는 1890년 뉴올리언스 출신으로, 초기 재즈 시대의 대표적인 현악 연주자 중 한 명이다. 원래 그는 석고공으로 훈련을 받았지만, 손수 만든 기타로 연주를 스스로 익힌 후 음악가의 길로 들어섰다. 페이트 매러블Fate Marable의 리버보트 밴드에서 활동하며 전국을 여행했고, 1920년대 초 시카고에 정착한 뒤에는 암스트롱과 올리버와도 녹음을 남겼다. 이 시기, 그는 기타의 지판과 넥에 밴조 몸통을 결합한 '6현 기타-밴조'라는 혼합 악기를 자주 연주했다. 1926년 레드 핫 페퍼스의 다른 구성원들로는, 코넷 연주자 조지 미첼, 클라리넷 연주자 오머 시미언Omer Simeon, 베이시스트 존 린지John Lindsay, 드러머 앤드루 힐레어Andrew Hilaire가 있었으며, 켄터키 출신인 미첼을 제외하면 모두 뉴올리언스 출신이었다. 이는 당시 시카고에서 활동하던 수많은 재즈 뮤지션들이 뉴올리언스를 배경으로 하고 있었다는 점을 잘 보여준다.

1920년대 후반 동안, 젤리 롤 모튼은 꾸준히 녹음을 이어갔다. 밴드 멤버는 자주 바뀌었지만, 반주자들이 누구든, 혹은 미국 대중의 음악적 취향이 어떻게 변화하든 간에, 모튼의 앙상블은 고전적 뉴올리언스 스타일의 양식적 틀 안에서 연주할 때 가장 뛰어난 결과물을 만들어냈다. 1920년대의 주목할 만한 모튼의 녹음에는, 클라리넷 연주자 조니 도즈Johnny Dodds와 드러머 베이비 도즈가 함께한 1927년의 활기찬 트리오 세션, 1924년 킹 올리버와의 애타게 하는 이중주, 뉴올리언스 리듬 킹스New Orleans Rhythm Kings와의 1923년 협연(이는 훌륭한 음악을 탄생시켰을 뿐만 아니라, 흑인과 백인 재즈 연주자들이 같은 스튜디오에서 함께 녹음한 역사적인 사건이다) 및 그의 솔로 피아니스트로서의 지속적인 공연 등이 포함된다. 그러나 이 시기의 많은 음악가들과 마찬가지로, 모튼의 녹음 경력은 대공황과 함께 갑작스럽게 중단되었다. 설령 경제 여건이 더 나았다고 하더라도, 그의 전통적인 재즈 접근 방식은 곧 대중의 관심에서 멀어졌을 것이다. 왜냐하면 재즈는 점점 더 개별 연주자의 기량과 화려한 솔로를 강조하는 음악으로 변화하고 있었고, 모튼 최고의 작품들이 보여준 구조적이고 집단주의적인 미학은 스윙 시대의 지배적 분위기와는 잘 맞지 않았기 때문이다.

모튼은 1930년 빅터와의 계약이 종료된 이후, 자신이 대중의 주목에서 멀어진 이유에 대해 다소 편집증적인 해석을 갖고 있었다. 그는 때때로 AS-CAP(미국 작곡가·작사가·출판사 협회)와 MCA(당시의 거대 음악 기획사)가 주도하는 음악 업계 내부 인사들의 음모를 탓했고, 어떤 때는 자신이 부두교의 저주에 걸렸다는 주장을 하기도 했다. 어쨌든, 1930년대에 약 8년 동안, 모튼은 단 한 차례만 녹음을 남겼다. 그가 어떤 식으로든 이름을 유지할 수 있었던 것은, 주로 자신이 작곡한 〈King Porter Stomp〉 덕분이었는데, 이 곡은 플레처 헨더슨과 베니 굿맨 같은 빅 밴드 리더들이 당시의 새로운 취향에 맞게 편곡·연주하며 대중적인 인기를 끌었다. 1930년대 중반, 모튼은 워싱턴 D.C.로 이주하여 U 스트리트에서 클럽을 운영했지만, 그 클럽은 몇 달마다 이름을 바꾸며 손님을 끌기 위해 고군분투했음에도 불구하고 성공하지 못했다. 그는 그 와중에도 자신의 음악 경력을 되살리기 위한 여러 계획과 구상을 계속 이어갔다.

1938년, 그는 정말로 그것을 해냈다. 모튼 특유의 온갖 과장으로 점철된 대담한 행동을 통해, 자신의 재기를 촉진한 것이다. "재즈의 발상지가 뉴올리언스라는 사실은 반박의 여지 없이 명백하며, 내가 바로 그 재즈를 창조한 사람이다"라는 문장으로 시작하는 유명한 편지를 모튼은 『다운비트 Downbeat』지에 보냈다.[46] 이 장황한 서신의 말미는 모든 것을 정리해 주는 듯했지만, 어디까지나 젤리 롤의 관점에서 그러했다.

> 내 공적은 많다. 처음으로 '광대 디렉터(현재는 사회자라 불리는 역할)' 를 맡아 재치 있는 멘트와 화려한 복장으로 무대를 이끌었고, 최초로 오케스트라 내에 남성 합창단을 도입했다. 빨래판washboard[재즈에서 퍼커션으로 쓰였다]을 가지고 최초로 녹음한 것도 나였으며, 녹음이 불가능하다고 여겨지던 베이스 피들[콘트라베이스]과 드럼도 내가 녹음했다. 나는 파리채(사람들은 이제 그것을 드럼 브러시라고 부른다)도 만들어냈다. 물론, 내가 해고되거나 떠난 후, 수많은 모방자들이 등장했다…… 주여, 더 많은 히틀러와 무솔리니가 나오지 않도록 우리를 지켜주소서.

이 편지는 이렇게 서명되어 있다. "젤리 롤 모튼, 재즈 앤드 스톰프스Jazz

and Stomps의 창시자, 빅터 레코드 아티스트, 세계 최고의 핫 튠 작곡가."

비슷한 내용의 편지는 다른 곳에도 보내졌고, 머지않아 모튼은 비록 재즈의 발명자는 아닐지라도, 최소한 재즈의 가장 주목할 만한 논쟁적 인물로서의 입지를 확고히 다졌다. 그에 대한 관심은 앨런 로맥스가 주도한 미국 의회 도서관 녹음 작업을 계기로 더욱 커졌다. 『다운비트』에 보낸 편지가 허풍선이 모튼의 모습을 보여주었다면, 로맥스와의 인터뷰는 그의 업적에 대한 훨씬 설득력 있는 증언이었다. 이러한 세션에서의 연주, 노래, 음악 이론화, 회고는 모두 합쳐져, 재즈 역사상 가장 매혹적인 기록 가운데 하나로 남게 되었다. 그의 손가락이 건반을 스치며 생생히 되살려낸 시대의 공기, 그리고 그의 최면에 빠질 듯한 목소리가 수사적 기량으로 덧붙인 이야기 속에서, 한 시대가 다시 살아났다. 사기꾼이든 역사가든, 모튼은 대단히 설득력 있는 화자였으며, 1930년대 초중반의 긴 공백기 이후로 레코드 회사들은 다시금 그의 말에 귀를 기울이기 시작했다. 모튼은 이 새로운 기회를 최대한 활용했다. 특히 "뉴올리언스 메모리즈New Orleans Memories"라는 이름으로 발매된 일련의 친밀한 분위기의 녹음들은, 그를 작곡가(특히 〈The Crave〉에서)와 피아니스트로서 돋보이게 했을 뿐 아니라, 그간 덜 알려졌던 보컬리스트로서의 재능까지 보여주었다. 이 녹음과 로맥스 세션에서 들려준 그의 노래는 깊은 감동을 주었으며, 만약 다른 환경이었다면 모튼은 피아노 없이도 음악계에서 이름을 떨쳤을지도 모른다는 것을 시사했다.

모튼이 재즈 공동체에서 존경받는 원로로서의 새로운 지위를 누린 시간은 몇 년 되지 않았다. 1940년 말, 대모가 세상을 떠난 뒤, 모튼은 악천후 속에서 그의 링컨과 캐딜락을 쇠사슬로 묶은 채 전국을 가로지르며 다녔다. 대모가 소유하고 있던 다이아몬드를 도난당할까 봐 걱정했기 때문이었는데, 실제로 그 우려는 현실이 되었다. 이후, 그는 캘리포니아에 머물며 간헐적으로 음악 활동을 이어갔지만, 곧 병을 앓기 시작했고, 1941년 7월 10일에 로스앤젤레스 카운티 종합 병원에서 생을 마감했다.

재즈 세계는 여전히 이 복잡한 인물을 완전히 이해하지 못하고 있다. 모튼은 한 소설[새뮤얼 차터스의 소설이자 상상의 회고록 형식의 작품인 *Jelly Roll Morton's Last Night at the Jungle Inn: An Imaginary Memoir*]의 영감이 되었고, 할리우드 영화에 등장했으며, 브로드웨이 뮤지컬에서는 통렬한 비판의 대상이 되었고, 현대 무용 안무로 기념되었으며, 음반 해설, 에세이, 기사들에서는 정신분석의 대상이 되기도 했다. 그러나 이들 대부분은 그의 다면적인 인격 중 한 측면만을 부각하며, 대개는 허풍스러운 태도나 보석, 화려한 의상, 혹은 갱스터 같은 모습에 집착해, 모튼을 마치 크레센트 시티(뉴올리언스)의 맥 더 나이프 같은 인물로 묘사하곤 한다. 그러는 사이에, 이 심리적 심연 속에 숨겨진 진정한 다이아몬드인 그의 음악은 너무 자주 잊혀진다. 심지어, 모튼의 삶과 시대를 바탕으로 만든 브로드웨이 뮤지컬 《Jelly's Last Jam》조차도, 악보 대부분을 다른 작곡가들의 작품에 의존했는데, 이는 마치 모튼이라는 인물상만으로도 충분하고, 그의 예술성은 무시해도 되는 것처럼 보이게 했다.

하지만 결국 재즈 역사에서의 모튼의 위치는 이러한 부차적인 요소들, 즉 자신의 허세나 사창가와의 연관성에 달려 있지 않다. 모튼이 남긴 가장 중요한 유산은 그의 작품들, 음반들, 피아노 롤, 회고담, 그리고 재즈 양식에 대한 명확한 해설에 있다. 바로 이러한 것들을 통해, 그는 전통적인 뉴올리언스 스타일의 가장 정점에 달한 장인으로서의 지위를 얻었다.

뉴올리언스 디아스포라

뉴올리언스 재즈 역사에서 가장 큰 아이러니 중 하나는, 그 역사의 상당 부분이 시카고에서 펼쳐졌다는 사실이다. 1920년대 초반까지, 재즈 세계의 중심은 분명 북쪽으로 옮겨가 있었다. 뉴올리언스 출신 음악가들이 여전히 이 장르를 주도하고 있었지만, 이제 그들은 고향을 떠나 먼 타지에서 활동하고 있었다. 1920년대 중반에 이르기 훨씬 전에, 뉴올리언스 재즈 1세대 스타들 가운데 많은 이들이 다른 지역에서 명성을 쌓기 시작했다. 젤리 롤 모튼은 1908년경에 뉴올리언스를 떠났고, 프레디 케파드는 1914년(혹은 그 이전)에, 시드니 베셰이는 1916년에, 지미 눈은 1917년에, 킹 올리버는 1918년에, 키드 오리는 1919년에, 그리고 조니 도즈는 거의 같은 시기에 떠났으며 그의 동생 워런 "베이비" 도즈는 1921년에, 루이 암스트롱은 1922년에 고향을 떠났다. 이러한 이주는 처음에는 단기 순회공연으로 시작되었을지 모르지만, 결국 거의 모두가 사실상 영구적인 이주로 이어졌다. 뉴올리언스를 떠난 이들 대부분은 잠깐씩 방문하는 것을 제외하고는, 다시 고향으로 돌아오지 않았다.

이 대이동은 결코 순수하게 음악적인 현상만은 아니었다. 1916년부터 1919년 사이에만도, 약 50만 명의 아프리카계 미국인들이 남부를 떠나, 보다 관용적인 북부 지역 사회로 향했으며, 1920년대에는 그 뒤를 이어 거의 100만 명이 더 북쪽으로 이주했다. 이 엄청난 인구 이동은 이후 '대이동 Great Migration'이라는 이름으로 알려지게 되었으며, 의사와 변호사부터 음악가와 목사, 교사, 상인, 목수, 육체노동자에 이르기까지, 흑인 사회 전반을 포괄하는 움직임이었다. 음악가들 또한 다른 이들과 같은 이유로 북쪽으로 향했다. 즉 더 나은 삶을 위한 열망, 일자리를 얻고 가족을 부양할 기회, 최소한의 개인적 자유를 누릴 수 있는 여건 등이 이유였다. 이 모든 것들은 인종 분리 정책이 만연한 남부에서는 아프리카계 미국인이 추구하기 훨씬 더 어려웠다. 그 결과, 시카고, 뉴욕, 클리블랜드, 디트로이트, 필라델피아 등 여러 목적지가 된 도시에서는, 1910년부터 1930년 사이에 흑인 인구가 세 배 이상 증가했다.

물론, 뉴올리언스에 남아 있던 뛰어난 음악가들도 있었고, 일부는 고향에서 녹음할 기회도 가질 수 있었다. 예를 들어, 샘 모건 밴드가 1927년에 뉴올리언스에서 녹음한 훌륭한 트랙들을 들어보라. 그들은 후에 등장할 캔자스시티 스윙 스타일의 네 박자 리듬을 놀라우리만큼 선구적으로 예감하고 있었다. 그러나 전반적으로 볼 때, 1920년대에 재즈 경력을 진지하게 발전시키고자 했던 야심 있는 연주자들은 자신의 고향 너머에서 활동을 추구할 수밖에 없었다. 돌이켜보면, 진정한 명성을 얻고 고향의 음악적 유산을 널리 알릴 수 있었던 사람들은 결국 뉴올리언스를 떠난 이들뿐이었다. 이 점에서, 뉴올리언스는 멤피스, 클락스데일 등 다른 남부의 지역 음악 중심지들과 다르지 않았다. 그중 유일한 예외는 내슈빌로, 이 도시는 지역 음악인을 전국적으로 유명하게 만들 수 있었던 유일한 곳이자, 유명 음악 경력의 출발점이 아니라 목적지가 된 드문 사례였다. 뉴올리언스는 밤 문화와 오락 산업으로 잘 알려진 도시였지만, 자급자족적인 음악 산업 중심지로 발전하지는 못했다. 시드니 베셰이, 킹 올리버, 젤리 롤 모튼, 루이 암스트롱 같은 인물들은 뉴올리언스 재즈를 미국 문화의 음악 지도에 올려놓는 데 성공했지만, 그것은 뉴올리언스를 떠남으로써 가능했던 일이었다.

이 시기 동안, 백인 뉴올리언스 재즈 음악가들 역시 시카고로 이주했지만, 그들의 경우 동기는 인종차별로부터의 탈출이 아니라, 북부 도시의 더 큰 경제적 기반을 활용하기 위함이었다. 오리지널 딕시랜드 재즈 밴드(ODJB)의 사례에서 볼 수 있듯, 이들 백인 밴드들은 음반사들의 관심을 얻는 데 있어서도 상대적으로 수월했으며, 한동안은 재즈 음반 시장을 사실상 독점하다시피 했다. 적어도, 흑인 음악가들이 녹음한 '레이스 레코드'가 엄청난 인기를 끌면서, 아프리카계 미국인 연주자들의 상업적 잠재력이 드러나기 전까지는 말이다. 흑인 시카고 음악가들의 초기 녹음이 이루어진 지 몇 달 지나지 않아, 인종이 혼합된 밴드들도 스튜디오에 들어가기 시작했다. 그러나 이러한 움직임이 재즈 세계에서의 인종 분리 문제를 해결했다고 보기는 어려웠으며, 이는 이후에도 수년간 개인적 갈등과 사회적 논쟁의 중심 주제로 계속 남게 되었다.

젤리 롤 모튼과 뉴올리언스 리듬 킹스의 협업은 시카고 재즈 역사에서 최초의 인종 간 녹음 세션이라는 중요한 사건이 되었다. 뉴올리언스 리듬 킹스는 시카고를 기반으로 활동하던 루이지애나 출신 백인 연주자들로 구성된 밴드였으며, 그들은 이미 1922년 8월과 1923년 3월에 녹음 세션을 진행한 바 있었다. 그러다 1923년 7월, 후속 녹음을 위해, 모튼을 피아니스트이자 작곡가로 영입했다. 밴드의 조직자였던 폴 메어즈Paul Mares는 훗날 이렇게 회상했다. "우리는 고향에서 들었던 흑인 음악을 흉내 내기 위해 최선을 다했다. 우리가 할 수 있는 한 최선을 다했지만, 당연히 진짜 흑인 스타일을 연주할 수는 없었다."[47] 메어즈의 경우, 그의 중음역대에서 강한 인상을 주는 코넷 솔로는 동시대의 연주자 조 "킹" 올리버의 영향을 반영하고 있다. 올리버의 밴드는 리듬 킹스의 첫 세션이 있고서 몇 달 뒤에야, 시카고에서 첫 녹음을 하게 된다. 비록 킹 올리버의 크리올 재즈 밴드만큼 리듬적으로 짜릿하지는 않았지만, 뉴올리언스 리듬 킹스는 강력한 앙상블 사운드, 특히 중간 템포에서의 확실한 스윙감, 그리고 레온 로폴로의 인상적인 클라리넷 연주 스타일로 주목을 받았다. 로폴로의 연주는 〈Wolverine Blues〉, 〈Panama〉에서 그의 솔로가 보여주었듯이, 많은 1세대 뉴올리언스 클라리넷 연주자들에게서 흔히 들리는 기계적인 아르페지오 기반 접근법을 피하고, 대신 더 선형적이고 멜로디 중심적인 스타일을 선보였다. 그의 이런 연주는 이후 시카고 재즈 악파의 여러 관악 연주자들에게 뚜렷한 영향을 끼치게 된다.

그러나 1923년경 시카고에서 가장 핫한 재즈를 찾고자 했던 이들은 결국 시 남쪽에 위치한 최대의 댄스홀, 링컨 가든스Lincoln Gardens로 발걸음을 옮기게 되었다. 그곳에서는 킹 올리버가 주로 뉴올리언스에서 이주한 연주자들로 구성된 밴드를 이끌고 있었다. 올리버는 과연 초기 뉴올리언스 코넷 연주자들 가운데 가장 뛰어난 인물이었을까? 이 질문에 대한 역사적 기록은 단정적이지 않다. 오히려 더 깊이 파고들수록, 더 많은 모순과 풀리지 않은 의문들이 드러난다. 프레스턴 잭슨Preston Jackson은 이렇게 주장했다. "조 올리버와 루이 암스트롱의 이름은 대부분 들어봤겠지만, 전성기의 머트 캐리를 기억하는 이는 드물다. 머트 캐리는 그 시절, 조 올리버와 맞먹는 수준이었다." 하지만 머트 캐리 본인은 다르게 말했다. "프레디 케파드가 뉴올리언스를 완전히 장악했었지. 그는 왕이었어. 그래, 실제로 왕관을 썼다니까." 또 다른 1세대 연주자인 에드먼드 홀Edmond Hall은 버디 페티Buddy Petit에게 표를 던졌다. "버디는 제대로 글로 다뤄진 적이 별로 없다. 그는 뉴올리언스에서 흐름을 주도한 사람이다…… 만약 버디가 다른 연주자들처럼 시카고로 떠났더라면, 분명히 다른 사람들과 동등한 명성을 얻었을 거라고 난 확신한다."[48] 그렇다면, 에밋 하디는 어떨까? 그는 녹음을 한 적이 없으며, 1925년 22세의 나이에 결핵으로 세상을 떠난 백인 뉴올리언스 출신 코넷 연주자였다. 1920년대 초에 하디가 아이오와에 공연하러 갔을 때, 이 뉴올리언스 출신의 연주자를 만난 빅스 바이더벡Bix Beiderbecke은 훗날 이렇게 회상했다. "에밋은 내가 들어본 가운데, 가장 위대한 음악가였다."[49]

이들뿐만 아니라 다른 과소 평가된 인물들에게도 여러 장점이 있지만, 조올리버는 뉴올리언스 출신 코넷 연주자들 중에서 가장 인상적인 녹음물을 남긴 인물로 돋보인다. 그의 녹음들은 여러 면에서, 다른 초기 뉴올리언스 재즈 연주자들이 전성기에 어떤 소리를 냈을지를 짐작하게 해준다. 올리버의 밴드는 레드 핫 페퍼스처럼 기발한 편곡을 자랑하지도 않았고, 뉴올리언스 리듬 킹스처럼 절제된 우아함을 갖추지도 못했을지 모른다. 그러나 그의 밴드가 만들어낸 거칠고, 탁하며, 스윙감 넘치는 소리는 재즈라는 경험의 본질에 가장 가깝다. 그 음악의 매력은 날것 그대로의 생생함, 꾸밈없는 진솔함, 그리고 집요함에서 비롯된다. 젤리 롤의 음악이 시간이 지나면서 숙성되는 고급 와인처럼 느껴진다면, 올리버의 음악은 지금도 여전히 듣는 이의 폐부를 곧장 찌르는 밀주 위스키처럼 강렬한 맛을 지니고 있다.

올리버는 선율 면에서 가장 창의적이거나, 기술적으로 가장 뛰어난 뉴올리언스 코넷 연주자는 아니었다. 그럼에도 불구하고 그는 여러 면에서 다른 뉴올리언스 브라스 연주자들의 연주를 평가하는 기준점으로 여겨진다. 그의 걸걸하고 보컬 같은 사운드는 많은 모방자를 낳았으며, 개념적으로나 역사적으로나 초기 재즈와 후기 재즈 스타일이 만나는 지점을 대표했다. 이처럼, 올리버의 연주 안에는 녹음이 거의 남아 있지 않거나 전혀 없는 뉴올리언스 초기 코넷 연주자들, 예컨대 마누엘 페레스Manuel Perez, 프레디 케파드, 버디 페티, 버디 볼든과의 분명한 연결 고리가 있었다. 동시에, 그의 연주는 훗날 올리버의 영향을 받은 연주자들에게로도 향해 있다. 그 대표적인 인물이 뉴올리언스가 낳은 가장 유명한 음악가 루이 암스트롱이며, 뿐만 아니라 시카고 스타일에 영향을 받은 수많은 브라스 연주자들, 그리고 듀크 엘링턴 밴드에서 으르렁대고 신음하듯 연주하던 솔로 연주자들까지 모두 올리버의 명맥을 잇고 있다. 킹 조의 명백한 후계자들인 셈이다. 올리버는 과거의 요약자로서, 초기 뉴올리언스 브라스 연주의 즉흥적인(볼든) 전통과 치밀하게 구성된(페레스) 전통을 모두 자신의 연주 안에 통합해 냈으며, 미래를 예견하는 자로서 그의 영향력은 윈튼 마살리스에 이르기까지 그 궤적을 그릴 수 있다. 역사적이든, 음악적이든, 혹은 인물 전기적 측면에서든, 조 "킹" 올리버는 미국 음악사에서 중추적 인물로 확고히 자리매김하고 있다.

우리는 이 연주자의 어린 시절에 대해 거의 아는 바가 없으며, 모순된 기록들로 인해 그의 출생 연도조차도 추정의 영역에 머물러 있다. 제1차 세계대전 징병 등록 카드에 따르면 1881년으로 보이기도 하고, 미국 인구 조사 자료에 따르면 1885년일 수도 있다. 어쨌든, 올리버는 브라스 밴드가 뉴올리언스의 사회 활동에서 중심적인 역할을 하던 시기에, 그곳에서 성장했다. 십대 중반 무렵부터, 그는 이러한 앙상블과 함께 연주를 시작했으며, 온워드 브라스 밴드Onward Brass Band에서 마누엘 페레스 밑에서 연습생으로 활동했던 경험은 그의 음악적 성장에 있어 결정적인 단계였던 것으로 보인다. 올리버의 연주는 말년까지도 이 브라스 밴드 전통의 영향을 간직하고 있었으며, 그의 〈High Society〉나 〈Snake Rag〉와 같은 연주에서 드러나는 행진곡풍 요소들이 이를 잘 보여준다. 1918년, 올리버는 뉴올리언스를 떠나, 시카고를 비롯해 멀리 캘리포니아까지 여러 지역에서 활동했다. 그리고

1921년, 그는 다시 시카고로 돌아와 크리올 재즈 밴드Creole Jazz Band를 이끌며, 이스트 31번가에 위치한 댄스홀 링컨 가든스에서 장기 공연을 펼쳤고, 이는 음악가들과 일반 청중 모두에게 열광적인 반응을 불러일으켰다.

링컨 가든스에서의 공연을 위해, 올리버는 캘리포니아까지 함께 갔던 원래의 프런트 라인 멤버들을 그대로 유지했다. 즉, 트롬본에는 오노레 더트리Honoré Dutrey, 클라리넷에는 조니 도즈가 있었다. 하지만 놀랍게도, 이번에는 밴드에 두 번째 코넷 연주자를 새롭게 영입하기로 결정했다. 당시 기준으로는, 그리고 사실 오늘날의 콤보에서도 그렇듯, 같은 악기를 중복해서 배치하는 것은 매우 이례적인 일이었다. 더욱이, 이는 올리버에게 특히나 낯선 변화였다. 왜냐하면 캘리포니아 공연 당시, 그는 밴드의 소리를 더 풍부하게 만들기 위해 바이올린과 색소폰을 활용하려 했기 때문이다. 이런 전례를 고려한다면, 올리버가 시카고에서도 비슷한 구성을 따를 것이라 예상할 수 있다. 최소한 밴드의 중심 코넷 솔로이스트로서의 자기 역할이 희석될 위험성 때문에라도, 다른 코넷 연주자를 고용하는 데 망설였을 법하다.

실제로, 이와 같은 일이 곧 일어나게 된다. 운명의 장난처럼, 올리버가 밴드의 새로운 자리에 선택한 인물은 루이 암스트롱이었고, 그는 당시 뉴올리언스 바깥에서는 거의 알려지지 않은 신예였지만, 곧 올리버는 물론이고 초기 재즈 1세대 전체를 능가하는 존재로 떠오르게 된다. 일부 사람들은 이러한 결정의 동기 유발 요인으로, 암스트롱의 재능에 대한 올리버의 안목을 강조했고, 다른 이들은 크리올 재즈 밴드의 음악성을 향상하고자 했던 올리버의 열망을 지적했다. 혹은, 잇몸 문제로 인해 결국 코넷 연주를 포기하게 되는 자신의 기량 저하를 스스로 느꼈기 때문이라는 분석도 있다. 이유가 무엇이었든, 올리버는 빠르게 행동에 나섰다. 1922년 7월, 링컨 가든스 공연 계약이 확정된 지 몇 주 만에, 그는 루이 암스트롱에게 시카고로 즉시 와 달라는 전보를 보냈다.

킹 올리버와 루이 암스트롱

    루이 암스트롱의 삶은 그가 살아 있는 동안에도, 사실과 전설이 뒤섞인 신화적 서사로 점점 덮여가기 시작했다. 이 사실과 오류의 혼재는 그의 생애의 가장 기초적인 부분, 즉 출생 정보에서부터 시작된다. 암스트롱 본인과 이후 수많은 해설자들이 주장한 바에 따르면, 그는 1900년 7월 4일, 미국 독립 기념일에 태어났다고 한다. 이는 한 전설적인 미국인의 생일로서 이보다 더 상징적일 수 없는 날짜다. 국가 독립을 기념하는 날이자, 미국의 세기가 시작되는 시점과도 맞물려 있기 때문이다. 하지만 실제는 그리 낭만적이지 않다. 태드 존스Tad Jones와 게리 기딘스Gary Giddins는 후에 이 통념이 정확히 13개월 어긋나 있음을 밝혀냈다. 존스가 뉴올리언스에 있는 예수 성심 교회에서 발견한 세례 증명서(라틴어로 기록되어 있다)에 따르면, 암스트롱은 1901년 8월 4일에 윌리엄 암스트롱William Armstrong과 메리 앨버트Mary Albert(메이앤Mayann으로도 불림) 사이에서 혼외자식으로 태어났고, 그로부터 3주 뒤 세례를 받았다.[50]

    암스트롱의 어린 시절, 부모는 자주 집에 없었다. 아버지 윌리엄은 곧 다른 여성과 살게 되었고, 결국 그 여성과 새로운 가정을 꾸리는 데 전념하게 된다. 어머니인 메이앤은 암스트롱이 태어났을 당시 겨우 열다섯 살이었던 것으로 보이며, 루이를 그의 할머니 조세핀에게 맡긴 채 퍼디도 스트리트로 이사했다. 이 지역은 그 당시 흑인 스토리빌, 즉 흑인 매춘 지구의 중심지였고, 이는 곧 메이앤이 매춘을 통해 생계를 이어갔을 가능성을 암시한다.[51] 암스트롱은 다섯 살이 되어서야 어머니 곁으로 돌아왔다. 그 이후로 여러 다른 "계부"가 그들의 거처를 공유했다고 그는 나중에 회상했다. 또한 일곱 살 무렵, 암스트롱은 홍등가에서 매춘부들에게 석탄을 팔며, 생계를 돕는 일을 시작했다.

    루이 암스트롱의 전기에서 이어지는 다음 전환점 역시, 그의 삶과 시대를 다룬 이야기들 속에서 대중적 전설의 색채를 띠게 되었다. 1913년 1월 1일자정 직후, 암스트롱은 치안 방해 혐의로 체포되었다. 그의 범행은 새아버지의 38구경 리볼버로 공중에 공포탄 6발을 발사한 것이었다. 이 일로 인해, 암스트롱은 흑인 부랑아 소년원Colored Waif's Home for Boys에 보내졌으며, 그곳에서 18개월간 지내게 된다. 그러나 이 처벌은 위장된 축복이었는지도 모른다. 이 소년원의 군사적 규율 속에서, 암스트롱은 확연히 성장하고 빛을 발하기 시작했다. 많은 전기와 달리, 암스트롱은 이 시기 이전에도 이미 코넷을 연주한 경험이 있었고,[52] 보컬 쿼텟에서 노래를 부른 적도 있었다. 그럼에도 불구하고, 부랑아 소년원은 그에게 안정되고 구조화된 환경을 제공해주었고, 그곳에서는 군악대 전통에 기반한 음악 교육이 강조되었으며, 성과에 따른 인정과 보상도 주어졌다. 이러한 환경 속에서, 암스트롱은 점차 단계를 밟아 올라갔다. 처음에는 탬버린, 다음은 알토 호른, 그다음에는 군용 나팔, 그리고 마침내 다시 코넷을 연주하게 되었다.

1914년 6월, 암스트롱은 아버지의 감호監護 하에 석방되었지만, 그는 부랑아 소년원을 떠나기를 망설였다고 한다. 어쩌면 그럴 만한 이유가 있었는지도 모른다. 석방 이후, 그는 곧 석탄 수레를 끄는 고된 노동에 종사하게 되었고, 이 일은 제1차 세계대전이 끝날 때까지 계속되었다. 하지만 한편으로는, 연륜 있는 숙련된 브라스 연주자들이 뉴올리언스를 떠나면서, 암스트롱에게는 음악가로서 돈을 벌 기회가 점점 많아졌다. 그 후 몇 년 동안, 그의 연주는 키드 오리의 밴드(올리버가 시카고로 떠난 후, 올리버의 자리를 대신했다), 클라리넷 연주자 샘 더트리Sam Dutrey의 실버 리프 밴드Silver Leaf Band, 페이트 매러블의 리버보트 앙상블, 파파 셀레스틴Papa Celestin의 턱시도 브라스Tuxedo Brass 등 여러 유명한 밴드에서 빛을 발했다. 조 올리버가 시카고에서 젊은 코넷 연주자 암스트롱을 불러들였을 때, 그는 시카고 재즈 팬들에게는 아직 알려지지 않은 신인이었지만, 뉴올리언스의 음악가들 사이에서는 이미 떠오르는 신예로 주목받고 있었다.

루이 암스트롱이 새로 합류한, 킹 올리버의 크리올 재즈 밴드가 남긴 녹음들은 오늘날의 청자들에게 여러 가지 도전 과제를 던진다. 가장 눈에 띄는 문제는 1923년경의 음향 녹음 기술의 열악함에서 비롯된다. 당시의 녹음 기술은 하나의 악기나 사람의 목소리를 담는 데는 그런대로 괜찮았지만, 재즈 밴드의 다양한 악기들이 어우러지는 섬세한 균형을 포착하는 데는 확실히 취약했다. 그리고 그런 면에서, 대조적인 금관악기들의 열정적인 상호 작용이 핵심이었던 크리올 재즈 밴드는 이 기술에 가장 적합하지 않았던 밴드 중 하나였다. 그러나 음질의 진정성 문제보다 더 본질적인 장벽은, 오히려 이 음악이 지니는 매우 비현대적인 미학적 비전일지도 모른다. 이후의 재즈가 개별 솔로 중심의 민주적 구조를 갖게 된 반면, 초기 뉴올리언스 재즈는 '합주'를 중심 가치로 삼았다. 각 악기에는 독립성을 주장하기보다는 명확한 역할 수행이 요구되었고, 전체 그룹의 조화가 우선시되었다. 이 초기 재즈 녹음에서 가장 전형적인 순간은 코넷, 클라리넷, 트롬본 등 세 리드 악기들이 자발적 대위법으로 엮여 들어가는 장면에서 찾아볼 수 있다. 트롬본은 낮은 음역대를 맡아, 느리고 무게감 있는 베이스 선율을 제공하고, 클라리넷은 높은 음역에서 아르페지오나 빠른 운지運指 패턴으로 이루어진 복잡한 선율을 연주하며, 코넷은 중간 음역에서 클라리넷보다 덜 정교한 선율을 연주하지만, 밴드 전체를 밀어붙이는 추진력 있고 스윙감 넘치는 리드 라인을 담당한다. 이러한 합주 중심의 연주 방식에 있어, 초기 재즈 밴드 가운데 올리버의 크리올 재즈 밴드를 능가하는 팀은 없었다.

올리버의 선율 어휘는 현대의 기준으로 평가하면, 단순하거나 심지어 유치하게 보일 수도 있다. 그의 대표곡 〈Dipper Mouth Blues〉에서의 유명한 솔로는 단 몇 개의 음, 짧은 선율 조각을 반복적으로 연주하며 약간씩 변형하는 방식으로 구성되어 있다. 하지만 이 곡에서도 그렇듯, 올리버 연주의 진가는 선형적인 즉흥 연주에 있는 것이 아니라, 밴드와의 유기적인 조화, 그리고 무엇보다도 그의 코넷 연주에서 느껴지는 인상적인 '보컬 같은 음색'에 있다. 킹 올리버는 재즈 역사학자들과 인터뷰를 남긴 적이 없어, 그의 예술적 비전의 구체적인 내용은 짐작할 수밖에 없지만, 전해 내려오는 한 가지 발언은 특히 의미심장하다. 그는 코넷의 음색을 다듬는 데 십 년을 들였다고 말한 바 있다. 소리에 대한 이러한 집념은 당시 뉴올리언스에서 일어난 음악 혁명의 핵심이자, 올리버가 그 안에서 공헌한 정수精髓를 보여준다. 그들은 고전적인 순수한 음색과 세속을 초월한 완벽을 추구하지 않았다. 대신에, 악기로 사람의 목소리처럼 들리는 소리를 내고자 했다. 그 과정에는, 다채로운 변화, 결점, 그리고 미묘한 음색의 차이 같은 요소들이 모두 포함되어 있었다.

이러한 음악적 접근 방식은 기존의 악보 체계에 순응하지 않았고, 체계적인 방법론으로 환원되기를 거부했다. 리차드 해들록Richard Hadlock은 그가 시드니 베셰이에게 받았던 음악 수업을 회상하며, 음색에 대한 뉴올리언스식의 섬세하고 집요한 주의注意를 일부 전하고 있다.

"오늘 나는 너에게 단 하나의 음만 줄 거다," 그는 언젠가 내게 이렇게 말했다. "그 한 음을 가지고 얼마나 다양한 방식으로 연주할 수 있는지 직접 해봐라. 으르렁거리게도 하고, 뭉개보기도 하고, 음정을 약간 낮춰도 보고, 올려도 보고, 하고 싶은 대로 뭐든지 해봐. 그게 바로 이 음악에서 감정을 표현하는 방식이다. 이건 마치 말을 하는 것과 같다."[53]

"으르렁거리게도 하고, 뭉개보기도 하고, 음정을 약간 낮춰도 보고, 올려도 보고, 하고 싶은 대로 뭐든지 해보라"는 훈계는 올리버가 하는 연주의 투박하면서도 강렬한 아름다움을 묘사한 말이라 해도 과언이 아니다. 그의 음악은 음계나 패싱 코드에 관한 것이 아니라, 색상과 질감의 향연이다.

이러한 관점에서 보면, 킹 올리버의 크리올 재즈 밴드는 암스트롱이 재즈 음악가로서 기량을 연마하기에는 다소 특이한 환경이었다. 여기에서 그 특이성이 드러난다. 암스트롱은 곧 재즈 역사상 최초의 위대한 솔로이스트로 떠오를 인물이었지만, 그는 솔로가 거의 없는 앙상블 속에서 자신의 재능을 갈고닦았다. 올리버는 재즈를 악기들이 서로 의존하며 함께 만들어가는 음악으로 여겼으며, 어느 한 악기가 두드러지게 나서는 것을 허용하지 않았다. 특히 암스트롱은 많은 제약을 받았다. 그는 세컨드 코넷 연주자로서, 올리버의 주선율 아래에서 보조 선율이나 화성적 채움 역할을 해야 했으며, 실제 밴드의 녹음을 들어보면 그가 그 역할을 훌륭히 수행했음을 알 수 있다. 그럼에도 불구하고, 암스트롱의 더 강력한 음색과 뛰어난 기교는 그를 그런 종속적인 역할에는 부적합한 인물로 만들었다.

때때로, 오케OKeh 레이블의 녹음인 〈Mabel's Dream〉이나 〈Froggie Moore〉에서의 준準솔로처럼, 세컨드 코넷 연주자인 암스트롱은 밴드 리더인 올리버를 뚜렷하게 압도하기도 했다. 이는 뉴올리언스 재즈에서 마치 수석 조타수가 선상 반란을 일으킨 것이나 다름없다. 드물게 그가 밴드 전체에서 눈에 띄는 기회를 얻었을 때, 예컨대 〈Chimes Blues〉나 〈Tears〉 같은 곡에서, 암스트롱은 침착하고 유연한 선율을 펼쳐 보이며, 밴드의 다른 연주자들과 현저히 대비되는 스타일을 보여준다. 이처럼 아주 이른 시기에도, 암스트롱은 이미 주목할 만한 연주자였고, 그는 주변의 음악적 흐름을 듣고 그에 맞춰 반응하는 능력뿐 아니라, 느긋하면서도 추진력 있는 리듬감을 지니고 있었다. 반면, 암스트롱은 올리버처럼 뮤트를 다루는 데 있어 숙련된 경지에 오르지는 못했고, 올리버가 자신의 악기로 구현해 냈던 으르렁거림이나 신음 같은 폭넓은 음색의 표현력도 따라잡을 수 없었다. 올리버 밴드에서 피아니스트로 활동했고 암스트롱의 아내이기도 했던 릴 하딘Lil Hardin은 훗날, 암스트롱이 〈Dipper Mouth Blues〉에서의 올리버의 유명한 솔로를 흉내 내기 위해 며칠 동안 애썼던 일을 회상했다. 그 솔로는 선율 자체는 단순했지만, 암스트롱은 끝내 완전히 재현해 내지 못했다. 그녀는 이렇게 말했다. "그 일은 암스트롱을 다소 낙담하게 만든 것 같았다. 조(올리버)는 그의 우상이었고, 그는 조처럼 연주하고 싶어 했으니까."[54]

이 연주들을 듣는 감각은 짜릿하면서도 동시에 불편하다. 암스트롱의 음악적 기량은 그의 동료들보다 훨씬 뛰어났고, 그래서 짜릿한 감정을 불러일으켰다. 이는 릴 하딘의 때때로 혼란스러운 코드 진행, 트롬본 연주자 오노레 더트리의 종종 영감 없는 선율 라인, 그리고 도즈가 자기 파트에서 머뭇거리던 연주 방식과 극명하게 대조된다(킹 올리버 밴드에서의 녹음들을, 도즈가 젤리 롤 모튼과 함께했던 자유롭고 뛰어난 연주나 뉴올리언스 원더러스New Orleans Wanderers와 했던 훌륭한 연주와 비교해 보라). 그런 환경 속에서, 암스트롱의 기량은 더욱 돋보일 수밖에 없다. 그러나 동시에 그의 개성적인 접근 방식은 불편할 정도로 전복적인 성격을 띠기도 한다. 그것은 집단적 미학에 대한 의도적인 훼손이 아닌가? 후일의 녹음들에서는 솔로 연주가 강조되고, 암스트롱의 카리스마 있고 영웅적인 태도가 큰 장점으로 작용하지만, 크리올 재즈 밴드의 맥락에서는, 그것이 초기 뉴올리언스 스타일의 정수인, 악기들의 매끄러운 융합을 방해하는 요소로 작용한다. 여기서 우리는 재즈 역사에서의 커다란 아이러니 중 하나, 그리고 이 음악 발전 속도의 급격함을 상기시키는 중요한 사례와 마주한다. 즉, 암스트롱이 있었기 때문에, 1920년대 초반 킹 올리버 밴드의 녹음은 뉴올리언스 집단 스타일의 전형으로 간주되면서도 동시에 그 스타일의 퇴조를 예고하며, 곧 그것을 대체하게 될, 보다 개인주의적인 미학을 이미 암시하고 있었다는 점이다.

올리버에서 암스트롱으로의 바통 터치는 미국 음악사에서 또 하나의 결정적인 전환점을 의미한다. 올리버는 보다 아프리카적인 감성을 대표하는 인물로, 그의 음악에서는 순수하고 개별적인 음이 아닌, 소리의 질감으로 연주가 이루어진다. 음과 음계에 기반하여 체계화된 음악 구조라는 개념은 본질적으로 서양의 아이디어로, 피타고라스와 고대 그리스로부터 이어져 온 유산이다. 이는 축복인 동시에 일종의 저주일 수도 있으며, 아프리카의 전통과는 매우 다르다.

서양 음악이 재즈의 감성을 흡수하기 위해서는, 루이 암스트롱과 같은 혁신가가 필요했다. 그는 단순한 "소리의 화가"를 넘어, 릭과 프레이즈,* 그리고 다양한 복잡한 음 조합을 자유자재로 구사하는 진정한 대가였다. 이들은 훗날 재즈 사운드를 대표하게 될 요소들이다. 암스트롱은 재즈 양식 내에서 누구보다도, '소리의 음악'과 '정형화된 음과 악구의 음악'이라는 양립 불가능해 보이는 두 접근 방식을 통합해 냈다. 우리는 이러한 전환을 블루스에서도 볼 수 있다. 예컨대, 선 하우스Son House의 모호하고 직관적인 청각적 표현에서 로버트 존슨의 정교하게 구성된 구조로의 이동이 그러하다. 물론, 이러한 변화는 결코 순수하거나 완전하지 않다. 암스트롱이나 존슨이 연주하는 음악은 단순히 음들로 환원되지 않는다. 그럼에도 불구하고, 중대한 경계선이 넘겨졌으며, 아프리카적 유산은 이제 새로운 방식으로 도식화되었고, 이 거장들의 영향 속에서 해방적이고 새로운 스타일이 미국 음악(그리고 궁극적으로는 전 세계 음악)의 내면에 스며들게 되었다.

1924년 중반 무렵, 올리버 밴드의 핵심 멤버들은 대부분 탈퇴했다. 그 주된 이유는, 리더인 올리버가 자신들에게 지급되어야 할 돈을 가로채고 있다는 의심 때문이었다. 그가 새 밴드 딕시 싱커페이터스Dixie Syncopators를 결성해 다시 녹음을 시작할 즈음, 재즈계는 이미 큰 변화를 겪고 있었다. 바로, 빅 밴드 형식의 인기 급상승 때문이었다. 올리버는 이 새로운 대중적 감성에 맞춰 자신의 음악을 조정하려 했다. 그는 2~3개의 색소폰을 추가하고, 보다 정교하게 편곡된 곡들을 연주하며 빅 밴드 시대에 적응하려 했던 것이다. 그러나 올리버 경력의 이 후반기는 뉴올리언스 스타일 특유의 관악기 간 자발

---

* 프레이즈phrase: 하나의 완결된 음악적 생각이나 구절. 예를 들어, 멜로디에서 자연스럽게 숨을 쉴 수 있는 지점까지 이어지는 음의 흐름을 하나의 프레이즈라고 할 수 있다. 보통 4마디나 8마디 단위로 형성되며, 완결된 느낌을 줄 수도 있고, 다음 프레이즈로 이어지는 반완결적인 형태일 수도 있다. 재즈에서는 프레이즈가 즉흥 연주의 핵심이다. 연주자는 짧고 개성 있는 멜로디 구절들(릭과 프레이즈)을 만들어내며, 이를 연결하고 변형하면서 자신만의 이야기를 전개한다.

적 상호 작용을 포기한 것으로 간주되어, 비평가들로부터 종종 부정적으로 평가된다. 그럼에도 불구하고, 그의 새로운 접근 방식이 성공적으로 빅 밴드 시대에 안착했을 가능성도 있었으나, 그는 점점 악화되는 엠부셔* 문제에 직면하게 된다. 이 문제의 정확한 시기와 심각성에 대해서는 의견이 분분하지만, 전반적인 경향은 분명하다. 시간이 흐를수록 올리버는 점점 연주를 덜 하게 되었고, 연주 퀄리티도 들쭉날쭉해졌다. 결국 1930년대 중반에 이르러, 그는 아예 연주를 할 수 없게 되었다.

코넷 연주자 올리버가 생의 말기에 쓴 여러 통의 편지는 훗날 출판되었으며, 재즈 비평가 마틴 윌리엄스는 이를 "재즈 역사에서 과거로부터 보존된 가장 감동적인 기록들 가운데 하나"[55]라고 정당하게 평했다. 이 편지들은 올리버의 말년 일화들과 함께, 단지 그의 고난만이 아니라, 대공황 시기 미국 남부 흑인들이 겪었던 열악한 삶의 조건을 충격적으로 상기시키는 기록이기도 하다. 명성을 잃은 올리버는 당구장 청소부, 노점상 같은 허드렛일로 장시간 노동하며 생계를 이어갔지만, 뉴욕에 사는 여동생을 만나기 위한 기차표를 살 돈조차 마련하지 못한 채 고군분투했다. 1938년 4월, 올리버는 조지아주 서배너에서 빈곤한 생활을 하다가 사망했다. 그의 뉴욕 복귀는 사후에야 이루어졌는데, 여동생이 집세로 쓸 돈을 털어 그의 시신을 뉴욕으로 옮겼고, 올리버는 우들론 공동묘지Woodlawn Cemetery에 묘비도 없이 매장되었다. 묘비를 세울 재정적 여유조차 없었기 때문이다(이후, 뉴저지 재즈 협회의 후원으로, 기념비가 설치되었다. 그의 장례식에는, 루이 암스트롱, 클래런스 윌리엄스, 그리고 몇몇 음악가들이 참석했다).

1930년대 후반쯤이면, 올리버의 음악은 대중의 기억 속에서 거의 잊혀졌을지도 모른다. 그러나 그의 제자였던 루이 암스트롱을 통해, 올리버는 재즈

---

* 엠부셔embouchure: 금관악기나 목관악기를 연주할 때, 입술, 혀, 턱, 볼, 입 주변 근육을 조절하고 사용하는 방식.

양식뿐 아니라 대중문화 전반에 지속적인 흔적을 남기게 되었다. 이때쯤, 암스트롱의 영향력은 재즈계 전반에 널리 퍼져 있었다. 그러나 그보다 더 주목할 만한 것은, 그가 점점 더 뚜렷하게 드러내고 있던, 재즈의 경계를 넘어 자신의 명성을 확장하는 능력이었다. 그는 점차 국제적인 명성과 위상을 쌓아나갔고, 그의 얼굴과 태도는 재즈에 관심 없는 이들조차 곧바로 알아볼 수 있게 되었다. 이러한 점에서, 암스트롱은 20세기 전반기의 극소수 인물들인, 찰리 채플린, 파블로 피카소, 베이브 루스, 셜리 템플, 윈스턴 처칠 등과 어깨를 나란히 한다. 이들은 모두 시간과 공간의 현실을 초월한 명성을 지녔고, 그 존재는 신화적이고 실제 이상으로 거대하게 인식되는 경지에 이르렀다. 그 결과, 실제 인물과 그 이미지 사이의 경계조차 흐려질 정도였다.

그러나 문화적 아이콘으로서의 암스트롱의 지위는 재즈사 연구자에게는 어쩌면 양날의 검일 수 있다. 이런 유명인의 경우, 이미지가 본질을 가려버리거나 심지어 본질 그 자체가 되어버리는 위험이 따른다. 암스트롱을 단지 대중 시장용 엔터테이너가 아니라 재즈의 혁신가로 이해하려면, 그의 명성을 둘러싼 피상적 외양을 넘어, 그가 남긴 작품 전체를 깊이 탐구해야 한다. 바로 거기에서, 우리는 재즈 음악가로서 암스트롱이 성취한 업적의 핵심적인 본질을 발견하게 될 것이다.

3

재즈 시대

솔로이스트의 시대

예술에서든 정치에서든, 혁명은 기존의 세계를 희생시킴으로써만 새로운 세계를 창조할 수 있다. 재즈도 예외는 아니다. 루이 암스트롱은 뉴올리언스 재즈의 왕조적 전통을 끝맺은 인물이었다. 볼든, 케파드, 올리버로 이어지는 다채로운 계보를 종결지은 그를 두고, 예상 밖의 '왕 시해자'라고 부를 수밖에 없는 이유다. 하지만 암스트롱은 늘 자신의 음악적 뿌리에 대해 존경과 경외심을 지니고 이야기했으며, 특히 스승인 조 올리버에 대해서는 각별한 경의를 표했다. 그러나 음반에 새겨진 흔적은 거짓말을 하지 않는다. 암스트롱의 음악적 기량의 우월함, 그의 즉흥 연주에서 나타나는 비할 데 없는 선형적 추진력은 결국 올리버, 모튼, 볼든, 그리고 뉴올리언스의 앙상블 전통 전체를 마치 헨리 포드의 조립 라인 옆에서 달리는 마차처럼, 구식으로 보이게 만들 뿐이었다. 이제 뉴올리언스의 개척자들은 무대 왼쪽으로 퇴장하고, 암스트롱이 트럼펫을 들고 무대 오른편에서 등장하며, 새로운 '솔로이스트의 시대'를 알린다.

아니면, 지나고 나서 돌이켜보니, 그렇게 보이는 것일 수도 있다. 그러나 역사의 밀물과 썰물은 우리가 실제의 일들이 일어난 후에야 적용하는 엄격한 범주, 예리한 서술과는 거의 들어맞지 않는다. 실제로, 암스트롱이 시작한 혁명은 불규칙하게 간헐적으로 진행되었고, 당시에는 큰 주목을 받지 못했다. 암스트롱이 킹 올리버의 크리올 재즈 밴드에서 떠난 뒤, 그가 리더로서 처음 녹음을 하기까지는, 일 년이 넘는 시간이 걸렸다. 그리고 고전이 된 〈Hot Fives〉와 같은 유명한 녹음이 기획되었을 때조차, 레코드 회사는 암스트롱보다 더 유명한 인물을 밴드 리더로 세울 것을 고려했다. 대부분의 설명은, 암스트롱의 재능이 대중에게는 과소평가되었지만, 음악계에서는 널리 인정받았다고 강조한다. 예컨대, "그의 연주는 수많은 재즈 음악가들로부터 경외의 대상이었다"는 전형적인 해석을 내린다.[56] 그러나 이러한 주장조차 의심의 여지가 있다. 암스트롱이 올리버 이후에 처음으로 고용된 대형 밴드는 플레처 헨더슨 오케스트라였는데, 헨더슨은 암스트롱에게 기존보다 낮은 급여를 받아들일 것을 요구했다. 여러 기록에 따르면, 헨더슨은 실제로는 코넷 연주자 조 스미스Joe Smith의 연주를 더 선호했고, 스미스를 고용할 수 없어서, 그 대신에 암스트롱을 고용했다는 이야기도 있다.

과연 이것이 사실일까? 녹음된 자료들이 이러한 주장을 뒷받침한다. 1925년 봄, 조 스미스가 헨더슨 밴드에 복귀했을 때, 점점 더 많은 솔로 파트가 암스트롱이 아닌 스미스에게 주어졌다. 스미스는, 칭찬하자면, 훌륭한 연주를 선보였다. 그는 암스트롱만큼의 리드미컬한 추진력은 부족했지만, 따뜻한 음색과 부드러운 연주 능력은 흠잡을 데가 없었고, 1925년 무렵의 일반적인 댄스홀 청중들에게는 오히려 더 잘 받아들여졌을지도 모른다. 한편, 헨더슨은 암스트롱의 보컬에 대해서는 더욱 미온적인 태도를 보였고, 이는 신입 밴드 멤버였던 암스트롱에게 큰 좌절감을 안겨주었다. 몇 년 후, 암스트롱은 이렇게 외쳤다. "플레처는 조 올리버처럼 나를 알아봐 주지 않았다. 자기 밴드에 백만 달러짜리 재능을 두고도, 나한테 노래를 시킬 생각조차 하지 않았다."[57]

암스트롱은 뉴욕이나 헨더슨 밴드를 단번에 사로잡지는 못했을 것이다. 그러나 그는 서서히 꾸준하게 음악계에 자신의 영향력을 행사해 나갔다. 금관악기 연주자들이 가장 먼저 암스트롱이라는 떠오르는 별의 열기를 느꼈다. 하지만 20년 뒤 찰리 파커Charlie Parker의 혁신이 그러했듯, 암스트롱의 기여는 결국 밴드의 모든 악기에 퍼져나갔다. 돈 레드먼Don Redman의 편곡, 콜먼 호킨스의 색소폰 연주 등 하나씩 하나씩 그의 방식에 영향을 받은 이들이 늘어갔다. 비록 헨더슨 밴드가 암스트롱의 밴드는 아니었지만, 그 시절 그는 모범을 통해서라도 분명한 리더였다. 〈Shanghai Shuffle〉에서의 8마디 솔로 구절은 리듬의 창의성에 대한 인상적인 교훈을 전해준다. 이 대목에서 암스트롱은 단 하나의 음을, 길이, 위치, 강도를 다양하게 변화시키며, 반복함으로써 곡에 활력을 불어넣는다. 다른 밴드 멤버의 손에 있었다면 지루했을 소리가, 암스트롱의 탁월한 싱커페이션 감각 아래에서는 생명력을 얻는다. 〈Shanghai Shuffle〉뿐 아니라, 헨더슨 밴드와 함께한 그의 여러 솔로 곡들, 1924년 10월의 〈Copenhagen〉, 12월 초의 〈Mandy Make Up Your Mind〉, 한 달 뒤 녹음된 〈I'll See You in My Dreams〉에서도, 암스트롱은 더 현대적인 즉흥 연주의 개념을 제시하고 있었다. 결국, 그의 영향은 헨더슨 밴드에게도, 뉴욕 음악계에도, 그리고 재즈 세계 전체에도 결정적이었다.

핫 파이브Hot Five 녹음을 앞둔 이 시기에, 암스트롱이 맞닥뜨린 가장 치열한 도전은 전혀 다른 환경에서 찾아왔다. 클래런스 윌리엄스 블루 파이브Clarence Williams Blue Five의 일원으로서, 그는 시드니 베셰이와 맞붙게 되었는데, 비평가 게리 기딘스의 말에 따르면, 베셰이는 "그 과도기의 몇 해 동안, [암스트롱과] 즉흥 연주에서 대등해 보였던 유일한 인물"이었다.[58] 1897년 5월 14일 뉴올리언스에서 태어난 베셰이는 암스트롱보다 겨우 네 살 많았지만, 십대 후반에 고향을 떠난 이래, 이미 방대한 연주 경험을 쌓고 있었다. 1919년, 그는 윌 매리언 쿡Will Marion Cook의 서던 싱커페이티드 오케스트라Southern Syncopated Orchestra와 함께 유럽으로 건너갔고, 그곳에서 관객들을 매료시켰으며, 스위스의 저명한 지휘자 에르네스트 앙세르메Ernest Ansermet의 찬사를 받았다. 1919년 『르뷔 로망드Revue Romande』 지에 실린 선견지명이 담긴 글에서, 앙세르메는 베셰이를 "천재적인 예술가"라고 칭하며, 그의 클라리넷 연주가 "어쩌면 내일의 세계가 함께 흔들어

대며(스윙하며) 나아갈 중심 노선일지도 모른다"고 평했다.[59] 이 초기 핫 재즈의 전도사가 보여준 인상적인 무대 중에는, 영국 왕세자(훗날의 에드워드 8세)를 위한 버킹엄 궁전의 가든파티, 왕립 앨버트 홀에서 열린 정전 협정 기념 무도회 등이 포함된다. 베셰이는 미국으로 돌아올 때, 명성뿐 아니라, 어쩌면 그보다 더 중요한 소프라노 색소폰도 함께 가져왔다. 런던 웨스트엔드를 산책하던 중, 상점 진열창에서 이 악기를 발견한 것이었다.

지금까지 베셰이의 연주는 클라리넷에 국한되어 있었다. 그는 이 악기를 뉴올리언스 출신의 세 명의 선구자인 조지 베케George Baquet, "빅 아이" 루이 넬슨"Big Eye" Louis Nelson, 로렌조 티오Lorenzo Tio의 영향 아래 배웠다. 베셰이가 이들로부터 이어받은 전통은 결코 구식이 아니었다. 실제로, 클라리넷은 몇몇 측면에서 초기의 재즈 악기 중 가장 발전된 악기였다. 뉴올리언스 전통의 클라리넷 연주자들은 손가락의 유연성을 기르기 위해 부단히 연습했고, 그 결과 연주에서 가장 복잡한 파트를 맡는 경우가 많았다. 이러한 유려한 클라리넷 연주는 자유로운 선율 전개보다는, 멜로디를 장식하고 꾸미는 전통에서 비롯된 것이었으며, 이는 〈High Society〉라는 곡에 등장하는 유명한 오블리가토obbligato[장식 선율] 구절에서 잘 드러난다. 이 곡은 많은 뉴올리언스 클라리넷 연주자들에게 기술적인 과시의 장이 되었다. 하지만 뉴올리언스 클라리넷 사운드의 특징은 단지 선율의 복잡성에만 있지 않았다. 클라리넷 솔로는 종종 분산화음arpeggiated chords[화음을 동시에 내지 않고 각 음을 순차적으로 풀어서 연주하는 기법]으로 구성된 도식적인 패턴들을 기반으로 구축되었으며, 이런 연주를 하기 위해서는 이론적으로도 꽤 정교한 음악적 이해가 필요했다. 수년 후에, 콜먼 호킨스는 이러한 경향을 화성적으로 정교한 색소폰 스타일로 발전시켰지만, 재즈 1세대의 관악기 연주자들도 이미 연주 안에 화성적 의미를 강하게 담고 있었다.

그러나 베셰이가 물려받은 클라리넷 전통에도 한계는 있었다. 많은 초기 클라리넷 솔로의 기반이 되었던 도식적인 패턴들은 곧 하나의 양식적 막다른 길을 의미하게 되었다. 정체된 어휘에 갇힌 이들 재즈 1세대 연주자들은 클라리넷이 지닌 리듬적 가능성을 대부분 활용하지 못했다. 싱커페이션은 그들의 연주에서 다소 부차적인 역할에 그쳤고, 설령 사용되었다 해도, 그것은 이미 수년 전 래그타임 시대에 형성된 리듬 패턴을 반복하는 수준을 넘지 못했다. 그리고 아무리 거칠게 연주되었다 해도, 뉴올리언스 클라리넷의 사운드는 더 자유분방한 코넷 즉흥 연주의 다듬어지지 않은 날것의 특성에는 거의 접근하지 못했다. 이러한 환경 속에서, 리듬의 어휘를 확장하고, 뉴올리언스 스타일의 맥락 안에서 음색의 다양한 변형을 탐구하는 일은 주로 브라스 연주자들인 버디 볼든, 프레디 케파드, 킹 올리버, 루이 암스트롱에게 맡겨졌다.

베셰이는 클라리넷을 재즈에서의 성숙한 솔로 음성voice으로 발전시키는 데 가장 두드러진 역할을 했다. 분명, 다른 연주자들도 이에 기여했다. 예를 들어, 레온 로폴로가 뉴올리언스 리듬 킹스와 녹음한, 1922년 초에 이 악기의 잠재력을 일찍이 알렸으나 저평가된 녹음을 들어보라. 그러나 베셰이의 역할은 특히 영향력이 컸다. 그는 보다 선율적이고 선형적인 클라리넷 연주의 개념을 제시하고, 보다 폭넓은 음색의 스펙트럼을 끌어내는 방향을 제시했다. 킹 올리버와 마찬가지로, 베셰이는 자신의 연주에서 인간의 목소리와 같은 질감을 개발했고, 음색과 프레이징*의 가능성에 대한 보기 드문 민감성을 보여주었다. 이러한 능력 덕분에, 그는 탁월한 솔로 연주자로 두각을 나타낼 수 있었지만, 암스트롱과는 달리, 베셰이는 자신의 선율 라인을 더 큰 앙상블 전체 속에 조화롭게 녹여내어 깊숙이 감추는 것에서도 편안함을 느꼈다.

두 명의 위대한 뉴올리언스 출신 연주자 간의 기질 차이는, 1924년 12월

---

* 프레이징phrasing: 음악에서 매우 중요한 개념으로, 연주자가 음악의 구절을 어떻게 나누고 표현하느냐, 즉 악구 처리 방식을 의미한다.

에 녹음된 〈Early Every Morn〉에서 뚜렷하게 드러난다. 이 곡에서 그들은 명목상으로는 보컬리스트 앨버타 헌터Alberta Hunter를 지원하고 있지만, 베셰이의 소프라노 색소폰 연주는 높은 음을 길게 유지하는 소리와 저음역으로 급강하하는 악구가 어우러져, 밴드와 훌륭하게 조화를 이루며, 암스트롱이 대선율*을 펼칠 수 있는 충분한 공간을 제공한다. 반면, 암스트롱은 보다 주도적인 자세를 취하며, 화려한 종결부coda로 공연을 마무리한다. 이 코다는 헌터와 나머지 밴드의 존재감을 가릴 정도로 강렬하다. 이러한 기교 중심의 과시적 연주는 베셰이의 강점이 아니었다. 그러나 베셰이 또한 그럴 만할 상황에서는, 과시적인 연주를 즐기곤 했다. 같은 시기의 또 다른 협주인 〈Texas Moaner Blues〉에서는, 암스트롱이 더블 타임**으로 짧고 강렬한 브레이크를 펼치며 주인공 자리를 차지하지만, 이번에는 베셰이도 가만히 있지 않는다. 그는 각진 프레이즈의 포화를 몰아붙이듯 퍼부으며, 비록 암스트롱만큼 유려하지는 않지만, 어떠한 경쟁자와도, 심지어 위대한 루이 암스트롱과도 한 음 한 음 겨뤄보겠다는 결연함을 분명히 드러낸다. 그리고 이번에는 블루스 느낌의 코다로, 무대의 주인공 자리를 베셰이가 차지한다.

베셰이는 한때 빅 밴드 음악에 관심을 보였고, 잠시 엘링턴 오케스트라에서 활동하기도 했지만, 대체로 뉴올리언스 앙상블 스타일에 충실한 연주자로 남았다. 1930년대 초, 암스트롱이 대중의 새롭게 떠오른 빅 밴드 선호에 맞춰 자신의 음악을 조정하던 시기에도, 베셰이는 이전의 방식을 고수했으며, 그 대표적인 예가 트럼펫 연주자 토미 래드니어Tommy Ladnier와 함께한 녹음들이다. 그들이 1932년에 녹음한 〈I Found a New Baby〉와 〈Maple Leaf Rag〉는 귀 기울여 듣는 이들에게, 옛 스타일이 여전히 매력을 잃지 않았다는 것을 보여주었다. 하지만 일반 청중의 반응은 미미했다. 뉴올리언스

---

* 대선율countermelody: 주선율과 동시에 연주되는, 독립적이면서도 보완적인 선율.
** 더블 타임double time: 원래의 박자보다 두 배 빠른 템포로 연주하는 것.

재즈의 부흥은 아직 거의 십 년이나 남아 있었다. 사보이 볼룸Savoy Ballroom에서의 활동이 실패로 끝난 후, 베셰이와 래드니어는 잠시 음악계를 떠나, 할렘에 양복점을 열었다. 그곳에서 래드니어는 구두를 닦았고, 베셰이는 주로 옷을 다리고 수선했다. 물론, 뒷방에서 크리올 음식을 요리하거나 즉흥 연주 세션을 여느라 바쁘지 않았을 때 말이다.

결국 베셰이는 밴드 리더 노블 시슬Noble Sissle의 제안으로, 다시 연주 활동에 복귀하게 되었다. 그는 1938년까지 4년 동안 시슬의 앙상블 멤버로 활동했으며, 이후에는 자신의 밴드를 이끌고 프리랜서 연주자로서 활동을 이어갔다. 1930년대 후반부터 1940년대 초반에 걸쳐, 대중은 재즈 초창기 선구자들에게 다시 관심을 보이기 시작했고, 베셰이 역시 재즈라는 예술 형식의 개척자 중 한 사람으로 점차 인정을 받기 시작했다. 그는 블루 노트Blue Note를 비롯한 여러 음반사와 함께 전통 재즈 스타일의 녹음을 시작했으며, 뉴욕의 닉스 태번Nick's Tavern, 지미 라이언스Jimmy Ryan's 같은 나이트클럽에서 정기적으로 공연했다. 이런 장소들에서는 여전히 이전 스타일의 재즈가 중심 무대였다. 일부 다른 재즈 1세대 연주자들과 달리, 베셰이는 그의 음악이 재즈 팬들 사이에서 다시 주목받게 되었을 무렵에도, 기량이 떨어지지 않았다. 그 대표적인 예가 바로 1939년의 명연주 〈Summertime〉 녹음이다. 여러 연주자들의 손에서는 표현의 범위가 다소 제한적이고 음정이 불안정한 경향이 있는 소프라노 색소폰을 연주하면서, 베셰이는 으르렁거리는 소리, 신음 같은 음색, 애처로운 외침, 빛나는 고음, 속삭이는 듯한 소리, 심지어 오페라 아리아의 교묘한 인용구까지, 자신의 모든 표현 기법을 총동원한다.

베셰이는 거의 20년의 공백 끝에, 1949년 5월 유럽으로 돌아와 파리 재즈 페스티벌에 참가했다. 이 행사는 성공을 거두었고, 그는 그해 가을 다시 프랑스로 돌아와 더 많은 공연을 펼쳤으며, 이어서 영국으로도 순회공연을 떠났다. 이후 많은 미국 재즈 음악가들이 따라 하게 될 결정을 내리며, 베셰이는 유럽에 아예 정착하기로 한다. 그는 이것이 자신의 뿌리에서 멀어지는 것이 아니라, 오히려 "아프리카에 더 가까이" 다가가는 일이라고 설명했다. 구세계Old World에서 그는 흑인 재즈 음악가로서 이 음악의 본고장인 미국에서는 결코 얻을 수 없었던 열광적인 찬사, 경제적 안정, 사회적 수용을 한꺼번에 누릴 수 있었다. 공연과 녹음 일정은 넘쳐났고, 그 외에도 다양한 예술적 기회들이 있었다. 이 시기에, 베셰이는 나이트클럽과 콘서트홀에서 매진 관객을 앞에 두고 연주했고, 발레와 영화 프로젝트에도 참여했다. 그가 세상을 떠나기 직전인 1959년에는 심지어 문필가로 변신해, 자서전 『부드럽게 다루어라』를 완성했다. 이 소박하고 진솔한 책은, 많은 팬들이 그의 음반 못지않게 소중히 여기는 유산으로 남아 있다.

핫 파이브와 핫 세븐

뉴욕으로 떠나기 몇 달 전, 암스트롱은 올리버 밴드에서 함께 활동하던 피아니스트 릴 하딘과 결혼했다. 이는 23세의 암스트롱(그는 십대 때 데이지 파커와 결혼했다가 곧 별거하고, 결국 이혼했다)와 26세의 하딘 모두에게 두 번째 결혼이었다. 대학 교육을 받은, 세련되고 야망 있는 하딘은 암스트롱에게 없는 많은 자질을 갖추고 있었다. 그녀는 뛰어난 작곡가이기도 했으며, 그녀의 음악은 남편의 레퍼토리를 풍성하게 만들었을 뿐만 아니라, 장르를 넘나드는 대중적 매력까지 지니고 있었다. 예를 들어, 레이 찰스Ray Charles 는 1960년 하딘의 곡 〈Just a Thrill〉로 히트 싱글을 냈고, 그녀의 또 다른 곡 〈Bad Boy〉는 1957년 자이브 바머스Jive Bombers의 R&B 버전으로 차트에 올랐으며, 20년 후에는 링고 스타Ringo Starr의 앨범 타이틀곡으로 사용되기도 했다. 또 대부분의 기록에 따르면, 올리버와의 결별과 플레처 헨더슨 밴드 합류 결정은 암스트롱 본인의 뜻이 아니라, 그녀가 그의 경력을 위해 품고 있던 야망 때문이었다.

이와 비슷하게, 1925년 후반에 암스트롱이 시카고로 돌아오게 된 이유 또한 하딘에게 있었다. 뉴욕에서의 헨더슨 밴드 활동과 이어진 순회공연은 두 사람에게 불가피한 별거를 초래했다. 이제 하딘은 여러 동기를 가지고 암스트롱의 귀환을 원하게 된다. 신혼부부로서 남편이 가까이 있기를 바라는 건 자연스러운 일이었고, 게다가 그녀는 암스트롱의 바람기를 의심했을 수도 있다(이는 결국 그들의 결혼을 파탄에 이르게 한 원인이 된다). 또한 하딘은 시카고에서 암스트롱의 경력을 발전시킬 기회를 분명히 보았을 것이다. 하딘 본인 역시 암스트롱의 존재로 자신의 밴드 활동에 도움을 받을 수 있었다. 그녀는 시카고의 드림랜드 카페에서의 계약을 앞두고 있었기 때문이다. 암스트롱은 다소 망설인 끝에 헨더슨 밴드를 떠났지만, 다시 뉴욕으로 돌아오고 싶을 경우 재입단을 허용하겠다는 헨더슨의 약속에서 위안을 얻었다.

남편으로서의 의무와 아내의 밴드에서 연주할 기회가 암스트롱을 시카고로 돌아오게 했다면, 이 시기에 결정적으로 중요한 역할을 한 것은 녹음 스타로서의 활동이었다. 1925년 11월 12일, 암스트롱은 임시로 꾸려진 스튜디오에 들어섰다. 오케OKeh 레이블의 이동식 녹음 장비는 일 년에 몇 달 동안만 시카고에 있었기에, 그는 이곳에서 자신의 첫 리더 세션을 진행했다. 이날은 풍요로운 음악 창작의 시기를 여는 출발점이 되었고, 이 시기의 녹음을 통해 암스트롱은 자신의 세대는 물론, 아마도 재즈 역사 전체에서 가장 뛰어난 기악 연주자로 자리매김하게 되었다. 이날은 암스트롱이 음악적으로 가장 풍요로운 시기를 시작한 날로, 이날의 녹음을 통해 그는 자신의 세대, 아니 어쩌면 역대 최고의 재즈 연주자로 자리매김하게 되었다. 재즈라는 음악 양식 안에서 이 녹음들만큼 널리 사랑과 찬사를 받은 작품은 거의 없으며, 그가 남긴 이 불후의 세션들, 즉 핫 파이브Hot Fives와 핫 세븐Hot Sevens 은 재즈사에서 전설로 남았다. 역사적 중요성과 순수한 예술적 비전의 장대함으로 볼 때, 그에 견줄 만한 녹음은 1940년대 초 듀크 엘링턴 밴드의 작품들, 찰리 파커의 사보이Savoy와 다이얼Dial 세션들, 1950년대 후반 마일즈 데이비스의 녹음들 정도뿐이다. 그러나 그조차도 이것들을 능가하지는 못한다. 이는 한 예술가가 자기 경력의 결정적인 순간과 마주하고, 자기 자신을 발견해가는 과정에서, 한 예술 형식 전체의 전환점을 결정화結晶化한, 극히 드물고도 절묘한 경우였다.

　재즈 연주에서 이러한 혁신을 이룬 요소들은 무엇이었을까? 암스트롱이 재즈의 중심을 앙상블에서 솔로 연주자로 전환하는 데 기여했다는 점은 이미 언급되었다. 그러나 암스트롱이 어떻게 이러한 변화를 이끌어냈는지가 이 이야기의 진정한 핵심이다. 이전의 재즈 연주자들이 솔로 연주를 할 수 없었던 것은 아니었다. 그러나 암스트롱과 비교했을 때, 그들은 기술적 자원이 부족했고, 솔로를 재즈 음악에서 눈을 뗄 수 없는 중앙 장식으로 만들기 위한 창의적인 깊이는 더더욱 부족했다. 베셰이든 바이더벡이든, 호킨스든 하인즈든, 당시의 다른 위대한 연주자들은 많은 장점을 지녔음에도, 암스트롱의 광범위한 리듬 장치, 변화 많은 프레이징, 또는 그의 선율 라인의 순수한 내적 추진력과 외적 논리에 필적할 수 없었다.

　암스트롱이 이 시기에 영감을 준 교본인『코넷을 위한 50곡의 핫 코러스50 Hot Choruses for the Cornet』는 그의 가장 위대한 예술적 업적과는 거리가 있지만, 독특한 방식으로 그의 재즈에 대한 공헌의 본질을 보여준다. 이는 단일 솔로 연주로는 결코 담아낼 수 없는 면모를 담고 있다. 이 책을 제작하기 위해 멜로즈Melrose 출판사는 암스트롱의 즉흥 연주를 다수 녹음한 후, 이를 악보로 전사해 상업적으로 출판했다. 이후, 이 악보는 재즈를 꿈꾸는 다른 연주자들에게 판매되었다. 이 교본을 이끈 원본 녹음은 유실되었지만, 악보를 살펴보면 페이지마다, 마디마다 이 트럼펫 연주자 작품의 혁신적인 면모를 확인할 수 있다. 이러한 진보적인 선율적 아이디어 중 많은 부분이 암스트롱 이전의 재즈에는 존재하지 않았다. 싱커페이션을 재즈 라인에 통합하는 각각의 프레이즈와 양식은 의심할 여지 없이 당시에 매우 독창적이었다. 그러나 이러한 즉흥적 감각이라는 따로 떼어낸 보석 외에도, 암스트롱의 즉흥적 스타일에서의 형언하기 어려운 전체성은 그 시대의 다른 연주자들에게 계시와도 같았을 것이 분명하다. 프레이즈의 난공불락의 논리는 리듬의 강렬함, 목적의식과 들어맞았다. 리차드 해들록이 설명했듯이, 암스트롱은 "템포에 상관없이 늘 각각의 프레이즈를 완성하고, 각각의 지속음을 그 최대치로 끌어내어, 가장 격동적인 편곡에서조차도 서두르지 않고 편안하다는 착각을 불러일으켰다."[60]

암스트롱의 선구적인 성공으로 인해, 현대의 많은 청자들에게 이 트럼펫 연주자가 기여한 이 근본적인 요소가 대부분 가려진다는 것은 재즈 역사의 아이러니 중 하나이다. 잘 알아듣지 못하는 귀에는, 이러한 암스트롱 프레이즈가 오늘날 많은 연주자들이 사용하는 친숙한 장치로 평범하게 들리고, 재즈 세계가 원래 암스트롱에게서 배웠다는 사실을 잊기 쉽다. 그의 진정한 영향을 측정하려면, 돌아가서 그의 솔로 작업을 이전의 작업과 비교해야 한다. 예를 들어, 킹 올리버가 1924년 9월 녹음한 〈Construction Gang〉에서 2마디의 브레이크를 스윙하려는 부자연스러운 시도를 들어보라. 쉬는 구간 중도에서 올리버는 길을 잃고, 그의 야심 찬 더블 타임 프레이징*을 그라운드 리듬**과 결합하지 못했다. 잠깐 에너지가 폭발한 후, 관악기 라인이 갑자기 사라지고, 잠시 후 피아노가 다시 들어올 때까지 비트를 놓친다.

핫 파이브는 이전의 대부분 재즈 녹음 밴드들과 달리, 정기적으로 활동하는 밴드가 아니었고, 오케OKeh 레이블의 이 녹음 세션들을 위해 특별히 구성된 그룹이었다. 처음에, 이 밴드의 포부는 그다지 대단하지 않았다. 악기 편성과 레퍼토리 방면에서, 핫 파이브는 이전 뉴올리언스 앙상블의 틀에 매우 가깝다. 이 그룹의 구성은 킹 올리버의 크리올 재즈 밴드와 상당 부분 겹

---

* 더블 타임 프레이징double-time phrasing: 기존 템포의 두 배 빠른 속도로 연주하는 것처럼 들리는 프레이징(악구 처리)을 의미한다. 실제 템포는 변하지 않지만, 연주자가 두 배 빠른 리듬감으로 음을 배치하여 속도감과 긴장감을 높인다.

** 그라운드 리듬ground rhythm: 음악에서 반복적으로 유지되는 리듬 패턴을 의미하며, 곡의 전체적인 리듬감을 형성하는 중요한 요소이다.

치는데, 암스트롱과 피아노에 그의 아내 릴 하딘, 클라리넷에 조니 도즈, 트
럼본에 키드 오리, 밴조에 조니 세인트 시르를 주연으로 한다. 하지만 첫 번
째 테이크인, 〈My Heart〉의 첫 소절부터 뭔가 다른 분위기가 감돈다. 세 관
악기는 뉴올리언스식 대위법을 연주하고 있을지 모르지만, 이곳에서는 암스
트롱의 리드 라인*이 처음부터 연주의 흐름을 압도하고 있다. 이는 킹 올리
버라면 결코 허용하지 않았을 방식이다. 어느 때인가, 암스트롱은 크리올 재
즈 밴드 녹음 세션에서, 자신의 코넷 소리가 밴드 전체를 압도하지 않도록,
올리버가 그에게 녹음용 호른**에서 멀리 떨어져 서달라고 요청했다고 말했
다. 하지만 핫 파이브 녹음에서는 그와는 정반대의 상황이 펼쳐진 것처럼 보
인다. 암스트롱은 분명히 무대의 중심에 위치하고, 다른 연주자들은 마치 그
보다 몇 걸음 뒤에 서 있는 것처럼 들린다. 그러나 암스트롱의 지배력은 단
순히 상대적인 음량의 문제가 아니다. 그의 멜로디 라인은 새로운 자유와 자
신감으로 가득 차 있으며, 다른 악기 소리와 뚜렷이 구별된다. 〈Gut Bucket
Blues〉의 후속 테이크에서 그의 밴드 동료들이 솔로를 연주할 때, 암스트롱
이 그들의 연주 위로 말을 얹는다 해도, 누가 감히 불평할 수 있겠는가? 그
는 이곳에서 명백한 스타이며, 다른 연주자들의 솔로는 그의 재량에 따라 주
목받거나 묻히게 된다.

　루이 암스트롱과 핫 파이브의 후속 녹음 세션에서는, 밴드 리더로서의 암
스트롱이 더욱 주도권을 쥐고 있는 모습이 뚜렷하게 드러난다. 가장 분명한
사례는 이듬해 2월 26일의 세션에서 볼 수 있다. 이 세션에서 보컬리스트로
서의 암스트롱이 중심을 잡고, 자신만의 독특한 곡 해석 방식을 선보일 뿐

---

* 리드 라인lead line: 음악에서 곡의 중심이 되는 주요 선율을 의미한다. 일반적으로 리드
　라인은 다른 악기들이 따라가거나 조화를 이루는 기준점 역할을 한다.

** 녹음용(레코딩) 호른recording horn: 초창기 녹음 장치에서 사용되던 큰 나팔 모양의
　장치. 전기가 발명되기 전에는 소리를 증폭하거나 기록하기 위해 이와 같은 나팔형 호른
　horn을 사용했으며, 연주자들은 이 호른 앞에서 연주해야 했다.

만 아니라, 전설에 따르면 바로 이 자리에서 스캣scat 창법을 발명했다고 전해진다. 암스트롱은 훗날, 〈Heebie Jeebies〉를 녹음하던 도중에 가사가 적힌 종이를 떨어뜨려서, 어쩔 수 없이 의미 없는 음절들로 구성된 관악기 같은 선율을 자신의 목소리로 즉흥적으로 만들어내야 했다고 설명했다. 이 흥미로운 일화에 대해서는, 의심할 만한 충분한 이유가 있다. 이후 스캣이라 불리게 된 이 기법의 더 이른 예시들이 존재하기 때문이다. 예를 들어, 알 졸슨Al Jolson은 1911년 녹음한 〈That Haunting Melody〉에서 이 기법을 반복적으로 사용했으며, 젤리 롤 모튼은 그보다 십 년 앞선 시기까지 거슬러 올라가, 미시시피 출신의 조 심스Joe Sims라는 인물이 1900년대 초반부터 가사 없는 보컬을 활용한 연주를 뉴올리언스 연주자들에게 전수했다고 주장했다(모튼 특유의 허풍으로, 그는 민속음악학자 앨런 로맥스에게 자신이 그 기법을 쓰고 있을 때, "루이 암스트롱은 아직 고아원에 있었다"고 말했다).[61] 그럼에도 불구하고, 핫 파이브 녹음 이후로 이 보컬 기법은 암스트롱과 밀접하게 연관되었으며, 오늘날까지도 재즈 보컬리스트의 상징적인 기법으로 남아 있다.

하루에 이 정도만 해도 충분했을 텐데, 암스트롱은 같은 세션에서 그동안의 연주 중 가장 뛰어난 관악 솔로들까지 선보였다. 그는 스톱 타임 코러스를 활용하는 것을 특히 즐겼는데, 이것은 재즈에서 오랫동안 사용되어 온 효과적인 기법으로, 밴드가 리드 연주자에게 단순한 리듬 패턴으로 반주를 제공하는 방식이다. 가장 일반적인 형태는 한 마디 또는 두 마디마다 첫 박에 스타카토 음을 한 번 치고, 나머지 시간 동안은 침묵하는 것이다. 이런 스톱 타임은 연주자가 탁월한 리듬 감각을 갖고 있지 않으면 어색하고 서투르게 들릴 수 있지만, 암스트롱처럼 리드미컬한 프레이징의 대가에게는, 오히려 공연의 중심을 장악할 수 있는 강렬한 표현 수단이 되었다. 1926년 2월 26일 세션에서 녹음된 〈Oriental Strut〉과 〈Cornet Chop Suey〉 두 곡에서, 암스트롱은 지금까지 그가 연주한 것 가운데 가장 인상적인 스톱 타임 연주를 펼쳤으며, 특히 〈Cornet Chop Suey〉에서는 소용돌이치듯 몰아치는 코다를 덧붙였는데, 이 부분은 당대 동료 연주자들 사이에서 많이 모방되었다. (이 시기의 재즈 곡들에 동양적 어감을 담은 제목을 붙이는 일은 드물지 않았는데, 이는 초기 재즈가 지녔다고 여겨졌던 이국적인 정서를 강조하려는 마케팅 전략이었다. 이러한 경향은 훗날 암스트롱을 비롯한 구세대 연주자들이 비밥을 "중국 음악" 또는 "주짓수柔術[일본 전통 무술] 음악"이라며 비판한 것을 오히려 더 민망하게 만들었다.) 물론, 암스트롱이 이듬해에 보여줄 연주들과 비교하면, 이때의 솔로들은 약간의 미세한 불완전함과 머뭇거리는 순간이 느껴지기도 하지만, 그 당시만 해도, 이 녹음들은 최고 수준의 재즈 즉흥 연주로 평가되었다. 이후 1926년 6월과 11월의 후속 세션들에서, 암스트롱은 고음역에서 더욱 유창한 연주를 펼치고, 음색과 프레이징에 대한 통제력도 한층 향상된 모습을 보여준다.

11월 세션 이후 거의 6개월의 시간이 흐른 뒤, 암스트롱의 밴드는 다시 스튜디오로 돌아왔다. 이번에는 더 확장된 형태였다. 베이비 도즈가 드럼으로, 피트 브릭스Pete Briggs가 튜바로 합류하면서, 새롭게 핫 세븐Hot Seven이라 이름 붙은 이 그룹은 보다 뚜렷하고 강한 추진력을 가진 리듬을 자랑하게 되었다. 이는 암스트롱의 관악 연주와 보컬에 더욱 힘 있는 스윙 기반을 제공할 수 있었다. 암스트롱의 새로운 재즈 개념은 솔로 연주자 중심의 접근을 강조했으며, 바로 이러한 변화가 필요했다. 그가 선택한 악기 구성은 이러한 변화를 뒷받침했고, 더 간결한 반주를 추구했다. 이는 향후 리듬 섹션의 발전 방향을 예고한 것이기도 했다. 그 리듬 섹션은 피아노, 베이스(초기 재즈에서는 튜바와 유사한 역할로, 낮은 음역에서 비트를 따라 연주하며 그룹을 지지한다), 드럼, 그리고 선택적으로 기타까지 함께 어우러져, 보다 느슨하고 유연한 즉흥 연주의 토대를 형성하게 될 것이다.

1927년 5월에 걸쳐 진행된 여러 차례의 녹음 세션에서, 확대된 편성의 암스트롱 앙상블은 그 사이 몇 달 동안에 이 리더의 야망과 음악적 기법이 얼마나 성숙했는지를 여실히 보여주었다. 〈Wild Man Blues〉에서는 이전의 뉴올리언스식 대위법이 거의 사라지고, 곡의 끝부분 몇 마디에 잠깐 등장할 뿐이다. 그 대신, 이 곡은 두 개의 긴 솔로, 즉 하나는 암스트롱, 또 하나는 조니 도즈의 솔로에 대부분을 할애한다. 도즈는 핫 세븐 세션에서 보여준 연주를 통해, 올리버와 함께하던 시절에 비해 얼마나 크게 발전했는지를 증명했다. 특히 〈Willie the Weeper〉와 〈Alligator Crawl〉에서 들려주는 블루지한 솔로는 대단히 절제되고 세련된 느낌을 준다. 하지만 그 어떤 관악 연주자도 이 시점의 암스트롱을 능가할 수는 없었다. 〈Alligator Crawl〉에서는 도즈의 연주 뒤를 이어 암스트롱이 등장해 압도적인 솔로를 선보이는데, 이는 리듬에 대한 탁월한 감각(솔로의 시작부터 들리는 경쾌한 싱커페이션을 들어보라)과 음역을 자유롭게 넘나드는 기술적 정교함을 모두 보여준다. 그러나 이 5월 세션의 백미는 단연 〈Potato Head Blues〉에서 암스트롱이 보여준 눈부신 스톱 타임 연주였다. 이 고도의 기교를 보여주는 즉흥 연주는 심지어 암스트롱 자신에게조차 새로운 기준을 제시했다. 프레이징, 음색의 조절, 정확한 박자 감각, 코러스 중간쯤 살짝 망설이는 듯한 순간조차도 결국은 암스트롱이 당당히 전진하는 계기가 되었으며, 이 모든 요소가 어우러져 〈Potato Head Blues〉를 핫 세븐 녹음 중 가장 기억에 남는 작품으로 만들었다. 같은 해 후반기에 핫 파이브와 함께한 후속 녹음에서도, 암스트롱은 여전히 뛰어난 기량을 과시하며 〈Struttin' with Some Barbecue〉와 〈Hotter Than That〉에서 화려한 연주를 들려주었다.

암스트롱 혁명의 도래는 이 녹음들에서 분명하게 선포되었지만, 놀랍게도 일반 대중은 거의 주목하지 않았다. 그는 핫 파이브와 핫 세븐이라는 놀라운 작업을 마친 후에도, 계속해서 반주자로 활동했다. 비틀즈나 글렌 굴드에 앞서, 암스트롱은 스튜디오에서 만들어진 음악을 굳이 대중 앞에서 재현할 필요성을 느끼지 않았던 듯하다. 이 두 밴드는 어떤 기준으로 보더라도 그의 가장 유명한 그룹이었지만, 한 번도 순회공연을 하거나 나이트클럽 무대에 오른 적이 없다. 당시 시카고에서 암스트롱이 맡고 있던 주요 유급 연주는 바이올리니스트 캐롤 디커슨Carroll Dickerson의 밴드에서의 활동이었다. 그러나 디커슨과의 인연도 전혀 이득이 없었던 것은 아니었다. 무엇보다도, 이 밴드에서 암스트롱은 피아니스트 얼 하인즈와 운명적으로 짝을 이루게 되는데, 하인즈는 당시 아직 널리 알려지지 않았지만 주목받던 또 한 명의 신예였다. 이 두 인물의 경로가 교차하면서, 1920년대의 재즈 역사상 가장 흥미진진한 음악이 탄생하게 된다.

24세의 얼 케네스 하인즈Earl Kenneth Hines는 십대 후반 무렵 시카고로 왔다. 그는 1903년 12월 28일 펜실베이니아주 듀케인에서 태어났으며, 중산층 흑인 가정에서 자랐다. 하인즈는 이후 자신의 어린 시절을 이렇게 묘사했다. "나는 그저 음악으로 둘러싸여 있었다."[62] 세월이 흐른 후, 비평가들은 피아노에 대한 그의 독특한 접근 방식을 암스트롱의 선율 라인과 연결지어 "트럼펫 스타일"이라고 칭했다. 그러나 이 연주 기법의 뿌리는 아마도 그의 어린 시절로 거슬러 올라갈 수 있을 것이다. 그는 석탄 부두에서 현장 감독으로 일했던 아버지로부터 트럼펫을 배우고 어머니로부터 피아노를 배우며 음악 공부를 시작했다. 하지만 하인즈 스타일의 돌파는 피아노에서 트럼펫 같은 라인을 사용하는 것을 뛰어넘었다. 그는 성장 과정에서 클래식 레퍼토리뿐 아니라 블루스, 래그타임, 초기 스트라이드 피아노* 등 다양한 대중음악 스타일을 학습하고 흡수하며 자신만의 연주관에 통합해 나갔다. 이러한 다양한 영감의 원천을 매끄럽게 결합해 낸 능력은 그의 유산에서 결정적인 부분으로 남아 있다. 다른 어떤 음악가보다도, 하인즈는 재즈 피아노를 래그

---

* 스트라이드 피아노stride piano: 20세기 초반 재즈 음악에서 발전한 피아노 연주 스타일 중 하나. 주로 래그타임에서 진화한 스타일로, 왼손과 오른손의 독립적이고 활발한 움직임, 강렬한 리듬, 빠른 템포가 특징이다. 오른손으로는 멜로디를 연주하며, 때로는 장식음이나 즉흥적인 변주를 추가한다. 왼손으로는 기본음과 코드(화음)를 번갈아 연주하는데, 주로 강박에 기본음이나 옥타브를, 약박에 화음을 연주한다.

타임의 제한적인 수평적 구조를 넘어, 보다 다채롭고 선형적인 접근 방식으로 발전시키는 데 기여한 인물로 두드러지기 때문이다. 그의 이러한 혁신은 오늘날까지도 여전히 영향을 미치고 있다.

하인즈는 아트 테이텀의 화성적 세련미나 테디 윌슨Teddy Wilson의 감미로운 톤의 피아노 터치가 부족했을지는 모르지만, 그의 리듬적 독창성, 즉 프레이즈를 복합적으로 섞어 짜기, 박자를 가지고 노는 능력, 타악기처럼 강렬한 어택은 타의 추종을 불허했다. 솔로 연주 중 결정적인 순간이 오면, 하인즈의 손은 초조하게 건반을 가로질러 날아다니며, 들쭉날쭉하고 균형이 깨진 프레이즈, 벌집에서 쫓겨난 꿀벌 떼처럼 동요하는 돌풍 같은 음들을 풀어 놓았다. 이 혼돈 속에서 음악의 맥박은 사라지고, 시간은 정지된다. 그러나 분출했던 것만큼이나 예상 밖으로, 이 음악적 혼돈은 갑자기 가라앉고, 정연한 스윙이 다시 등장하여 기본 박자에 견고하게 맞물렸다. 외견상 재즈의 부정맥 파열처럼 보이는 이러한 폭발적인 연주에 메트로놈을 맞춰보면, 하인즈가 처음부터 끝까지 엄격한 박자를 유지하고 있음을 알 수 있다.

여러 이야기로 미루어 보면, 하인즈는 어린 나이에 이미 피아노에 대한 뛰어난 기량을 갖추었다. 고등학교 시절에도 그는 자신의 트리오를 이끌었고, 시카고로 떠날 무렵에는 피츠버그와 그 주변 지역에서 피아노 솔로이스트, 다양한 앙상블의 밴드 멤버, 그리고 보컬리스트의 반주자로서 활발히 연주 활동을 펼쳤다. 그는 피츠버그에 머무는 동안, 스트라이드 피아니스트 러키 로버츠Luckey Roberts와 제임스 P. 존슨의 연주를 들었고, 이후 시카고에서의 활동 시기에는 젤리 롤 모튼과 테디 웨더포드Teddy Weatherford와도 시기가 겹쳤다. 특히 테디 웨더포드는 하인즈에게 복잡한 양손 피아노 주법으로 영향을 준 인물로 잘 알려져 있지만, 1937년부터 1945년 콜레라로 사망할 때까지 남아시아에서 활동하며 재즈를 전파한 선구자로서도 동등한 평가를 받아야 할 흥미로운 인물이다. 시카고에서 하인즈는 디커슨 밴드에 들어가기 전까지 주로 솔로 피아니스트로 활동했으며, 이후 밴드에 합류해 미국 서부 캘리포니아까지 갔다 돌아오는 긴 투어에 참여하게 된다. 그가 다시 시카고로 돌아온 시점은 루이 암스트롱이 시카고로 복귀한 시기와 대체로 일치했으며, 곧 이 두 인물은 디커슨 밴드를 포함한 다양한 무대에서 정기적으로 협연하는, 시카고 재즈계의 양대 축으로 자리 잡았다. 한동안 두 사람은 함께 댄스홀을 운영하기도 했지만, 이 사업은 단 몇 주 만에 접었고, 결국 둘 다 프리랜서 음악가로 일하는 것이 더 수입도 높고 예측 가능하다는 판단을 내렸다.

클럽 운영을 접은 후, 하인즈는 암스트롱과의 작업만큼이나 성공적인 두 번째 음악 협업에 들어갔다. 그는 뉴올리언스 출신 클라리넷 연주자 지미 눈과 함께 시카고의 에이펙스 클럽Apex Club에서 활동을 시작했고, 곧 당대 최고의 콤보* 레코딩으로 평가받는 녹음 작업에 참여했다. 에이펙스 클럽 녹음으로 알려진 이 녹음은 당시에는 드물었던 선율의 유려함과 강렬한 리듬의 조화를 보여준다. 눈은 뉴올리언스에서 시드니 베셰이에게 배우고, 프레디 케파드 밑에서 도제식 수련을 받은 뒤, 1917년 뉴올리언스를 떠나 시카고로 왔다. 이후에는 닥 쿡Doc Cooke의 밴드에서 오랜 시간 활동하며 자신만의 연주 스타일을 확립했다. 눈의 클라리넷 스타일은 매끄러운 프레이징과 흔들림 없는 연주로 구별되었으며, 이는 훗날 베니 굿맨을 비롯한 수많은 시카고 재즈 클라리넷 연주자들에게 깊은 영향을 미쳤다. 하인즈는 눈을 돋보이게 하는 완벽한 파트너였다. 그들의 클라리넷과 피아노의 명쾌한 대화는 몇 년 후 베니 굿맨과 테디 윌슨이 스몰 콤보 재즈에서 더 나아간 혁신을 이끌

---

* 콤보combo: 보통 소규모의 음악 그룹을 지칭하는 용어로, 특히 재즈와 같은 장르에서 많이 사용된다. 일반적으로 콤보는 3명에서 7명 정도의 연주자로 구성되며, 각각의 멤버가 독립적인 역할을 하면서도 함께 어우러지는 음악을 만들어낸다. 예를 들어, 재즈 콤보는 보통 피아노, 드럼, 베이스와 같은 리듬 섹션에 색소폰, 트럼펫, 기타와 같은 악기가 추가된 형태로 구성된다. 콤보는 대형 밴드나 오케스트라보다 작기 때문에, 각 멤버의 즉흥 연주와 상호 작용이 더 두드러지는 것이 특징이다.

기 전까지는 비할 데 없는 명연으로 남아 있었다. 실상, 당시에 이 에이팩스 클럽 세션에 견줄 만한 재즈 협연은 단 하나뿐이었는데, 이는 1928년 6월 말에 하인즈가 암스트롱과 함께 스튜디오에 들어가 핫 파이브 후속 녹음 작업에 참여한 것이었다.

암스트롱은 〈West End Blues〉에서 무반주의 서주로 곡을 시작하는데, 이 짧은 도입부는 수십 년 동안 정당하게 찬사를 받아왔다. 이는 단 12초에 불과하지만, 그 12초는 놀라움으로 가득 차 있다. 암스트롱 특유의 호른 연주에 대한 완벽한 지배력이 이 몇 마디의 즉흥 연주에 견실하게 담겨 있다. 트럼펫 연주자 맥스 카민스키Max Kaminsky는 이 녹음을 처음 들었을 때를 이렇게 표현했다. "마치 태양의 눈을 응시한 것 같은 느낌이었다. 나는 그저 도망쳐 숨어야겠다는 생각뿐이었다. 그 순간의 눈멀음이 풀리기 전까지."[63] 이와 같은 반응은 당시의 많은 재즈 음악가들이 공유했을 법하다. 하인즈의 피아노 솔로 역시 지속 시간이 몇 소절에 불과하지만, 이에 견주어보아 손색이 없다. 그의 코러스 중반부에서 그의 오른손은 옥타브로 더듬는 듯한 프레이즈를 강조하는데, 이는 그의 건반 접근 방식의 특징인 트럼펫 같은 라인의 하나로, 음악을 앞으로 밀어붙이는 동시에, 하인즈의 재즈 감성과 당시 대부분의 피아노 연주자들이 따르던 래그타임 기반 접근 방식 사이의 깊은 간극을 단적으로 보여준다. 재즈 역사상 결정적인 녹음들을 꼽는다면, 이 연주는 단연 확고한 위치를 차지하고 있다.

〈Weather Bird〉는 하인즈가 암스트롱과 함께 몇 달 후에 녹음한 듀엣 곡으로, 재즈 시대 말엽 시카고에서 발전하고 있던 새로운 음악적 어휘에 대한 이들 두 연주자의 자신감 넘치는 숙련된 통달을 잘 보여준다. 이 연주에서 암스트롱과 하인즈가 보여주는 유려한 프레이징을, 4년 전에 젤리 롤 모튼과 킹 올리버가 함께 녹음한 〈King Porter Stomp〉의 듀엣 버전과 비교해보라. 후자의 연주에서, 모튼은 래그타임 특유의 "움파, 움파" 리듬에 충실하며, 올리버는 악보에서 크게 벗어나기를 주저하는 듯하다. 이와 대조적으로,

〈Weather Bird〉에서 암스트롱과 하인즈는 미묘한 머뭇거림과 앞당긴 리듬anticipation들을 장난스럽게 구사하며, 악보가 실제로 존재했는지도 의문스러울 만큼 과감하게 악보의 한계를 뛰어넘는 대담한 연주를 펼친다. 이 모든 것이 초기 뉴올리언스 개척자들의 표현 영역을 여러 단계 앞서는 여유롭고 능숙한 통제력 속에서 이루어진다. 이것이야말로, 래그타임의 그림자에서도, 댄스 음악의 규범에서도 해방된, 순수하고 단순한 재즈였다.

하지만 하인즈보다, 사실 당대 어떤 재즈 연주자보다도, 암스트롱은 대중음악이라는 보다 좁은 영역 안에서도 편안하게 활동할 수 있는 인물이었다. 특히 1920년대 말에 접어들며 점점 더 부각된 그의 노래는 재즈 애호가들뿐만 아니라 일반 대중의 상상력까지 사로잡았다. 음악가들은 그가 목소리로 멜로디에 스윙감을 부여하고, 트럼펫 연주에서 보여주던 창의성과 마찬가지로 곡을 새롭게 재구성하는 능력에 감탄했지만, 그의 억누를 수 없는 활력과 1930년대 초반 이후 더욱 뚜렷해진 특유의 거친 음색은 대중 시장에서도 깊은 호소력을 가졌다. 그는 장송곡을 기쁨의 찬가로 바꿀 수 있었고, 〈(What Did I Do to Be So) Black and Blue〉에 담긴 절망을 랠프 엘리슨의 표현을 빌리자면 "서정적인 음향의 빛줄기"[64]로 변모시킬 수 있었다. 이미 1929년 3월의 〈I Can't Give You Anything but Love〉 녹음에서, 암스트롱은 보컬 라인을 해체하고 멜로디에서 과감히 벗어나며 비트보다 한참 뒤로 밀려난 독창적인 창법을 선보였다. 이는 초기 재즈 발라드 녹음 중에서도 최고의 작품 중 하나로 평가된다. 몇 주 후, 그는 브로드웨이 뮤지컬 레뷰*《Hot

---

120

Chocolates》에서 “〈Ain't Misbehavin'〉을 부르며 청중을 사로잡았다. 비록 암스트롱은 막간에 오케스트라 피트*에서 노래했을 뿐이었지만, 『뉴욕 타임즈』의 평론가는 이 “익명의 밴드 멤버”의 공연을 쇼의 하이라이트로 꼽았다. 암스트롱의 매력을 깨달은 제작진은 곧바로 대본을 수정하여, 그가 무대 위에서 노래하도록 했다.

오케스트라 피트의 무명 연주자에서 브로드웨이 무대의 스타로 떠오른 암스트롱의 변화는 그가 이 시기에 걸어온 전체 경력을 상징적으로 보여준다. 『뉴욕 타임즈』의 리뷰가 나온 지 한 달 뒤, 암스트롱은《Hot Chocolates》에서 얻은 인기를 바탕으로 스튜디오 녹음에 들어갔다. 이때 사용된 방식, 즉 트럼펫 멜로디 연주로 시작한 뒤 보컬을 넣고, 다시 트럼펫 솔로로 마무리하는 구조는 이후 몇 년간 암스트롱의 성공적인 공식으로 자리 잡았다. 비록 이 시기의 녹음에서 그의 보컬이 점점 더 중심을 차지하기 시작했지만, 트럼펫 연주 또한 암스트롱의 경력에서 손꼽히는 명연주로 평가된다. 예컨대 〈Shine〉에서 빠른 템포를 여유롭게 다루는 통제력, 〈Sweethearts on Parade〉에서의 속사포 같은 더블 타임 구절, 〈Between the Devil and the Deep Blue Sea〉에서의 유려한 뮤트 트럼펫 연주는 그의 기량을 극적으로 드러낸다. 이 시기 암스트롱의 레퍼토리도 변화한다. 초기에는 주로 기악곡과 희극적인 요소가 강한 곡을 연주했지만, 이제는 〈Stardust〉와 〈Body and Soul〉 같은 세련된 대중가요를 통해 더욱 깊이 있는 음악성을 선보이게 되었다. 특히, 암스트롱의 보컬 스타일은 이 시점에서 독창적인 개성을 확립했다. 그의 〈Stardust〉 해석은 호기 카마이클Hoagy Carmichael의 원곡에서 크게 벗어나, 마치 새로운 곡처럼 들릴 정도다. 그러나 암스트롱의

---

* 오케스트라 피트orchestra pit: 극장이나 공연장에서 무대 앞쪽, 관객석과 무대 사이에 위치한 낮은 공간. 오케스트라 연주자들이 자리하여 뮤지컬, 오페라, 발레 등의 공연에서 라이브 음악을 연주하는 곳. 보통 무대보다 낮게 설계되어 있어 연주자들이 관객의 시야를 방해하지 않으면서도 공연과 완벽하게 조화를 이루도록 배치된다.

변형은 단순히 원곡을 바꾸는 것이 아니라, 카마이클의 선율의 복잡한 음정 변화를 보다 단순화하여 정제하면서도 음악의 감정적 본질을 더욱 강조하는 방식으로 작용했다. 결과적으로, 그의 해석은 원곡을 왜곡하는 것이 아니라 오히려 그 깊이를 더하는 역할을 했다.

암스트롱의 보컬리스트로서의 업적은 이후 재즈와 대중음악 가수들에게 엄청난 영향을 미쳤다. 레슬리 고어스Leslie Gourse가 재즈 보컬의 역사를 다룬 저서의 제목을 『루이의 아이들Louis' Children』이라고 제목을 붙인 데는 그만한 이유가 있는 것이다. 암스트롱보다 불과 몇 살 적은 동시대 가수들인, 빙 크로스비Bing Crosby, 패츠 월러, 잭 티가든, 밀드레드 베일리Mildred Bailey 등의 노래에서도 그의 영향을 분명히 들을 수 있다. 다음 세대에서는 그 영향력이 더욱 광범위하게 구석구석 스며들었다. 빌리 홀리데이Billie Holiday는 암스트롱의 음악에서 가장 큰 영향을 받은 인물 중 하나로, 그의 보컬 스타일뿐만 아니라 트럼펫 연주의 요소까지도 세심하게 연구하고 흡수했다. 엘라 피츠제럴드Ella Fitzgerald 역시 암스트롱에게 깊이 매료되었으며, 그녀의 어린 시절 친구인 아네트 밀러Annette Miller는 피츠제럴드가 어린 나이에 암스트롱의 1929년 버전 〈Ain't Misbehavin'〉을 세밀하게 모방했다고 회상했다. 이러한 경험은 그녀의 프레이징, 리듬 감각, 표현 방식, 심지어 곡 선택에도 영향을 미쳤다. 그의 영향력은 장르와 시대를 초월해 퍼졌다. 프랭크 시나트라Frank Sinatra에서 베티 카터Betty Carter, 빌리 엑스타인 Billy Eckstine에서 아니타 오데이Anita O'Day, 루이스 프리마Louis Prima에서 해리 코닉 주니어Harry Connick Jr.에 이르기까지(영향력의 다양성을 암시하는 이름들. 깊이 들어가려면, 책 한 권이 필요할 것이다), 이 모두가 암스트롱이라는 거대한 항성恒星의 다양한 궤도를 도는 위성과도 같았다. 받은 영향의 정도는 각자 달랐지만, 누구나 그의 강력한 중력에 이끌렸으며, 그의 음악이 발산하는 따뜻함과 열정에서 영감을 받았다.

1920년대가 끝날 무렵, 여러 트럼펫 연주자들이 암스트롱의 스타일을 본보기로 삼아 자신만의 기교적인 연주법을 구축하고 있었다. 특히 재보 스미스Jabbo Smith와 헨리 "레드" 앨런Henry "Red" Allen은 그들의 뛰어난 기량과 예술성으로 인정받을 만하며, 이들의 녹음은 암스트롱의 음악에서 영감을 얻으면서도 각자 고유한 소리와 재즈 즉흥 연주의 개념을 확립할 수 있었음을 보여주는 좋은 예시가 된다. 스미스는 암스트롱 특유의 장엄한 프레이징과 솔로 구성 능력에서는 다소 부족했을지 모르지만, 그의 놀라운 속도와 넓은 음역만큼은 존경받을 만했다. 실제로 그의 강렬하고 에너지 넘치는 연주 스타일은 로이 엘드리지Roy Eldridge와 디지 길레스피Dizzy Gillespie로 이어지는 재즈 트럼펫의 발전을 암스트롱보다 더 분명하게 예고하는 듯하다. 십대 후반이던 스미스는 듀크 엘링턴의 밴드에 합류할 기회를 거절했지만, 1927년 엘링턴과 함께 녹음한 〈Black and Tan Fantasy〉에서 강렬한 존재감을 드러냈다. 1929년, 그는 브런즈윅Brunswick 레이블에서 여러 곡을 녹음했는데, 이들 중에는 당시 가장 열정적인 트럼펫 연주가 담긴 곡들이 포함되어 있다. 그러나 이러한 녹음들이 그때는 잘 팔리지 않았다. 한편, 헨리 "레드" 앨런은 1929년 빅터 레이블에서 리더와 반주자로서 인상적인 녹음을 남기며 등장했다. 이 시기에 그의 연주는 음색과 구성 면에서 암스트롱과 유사한 면이 많았다. 예를 들어, 루이스 러셀Luis Russell의 〈Louisiana Swing〉(1930)과 돈 레드먼Don Redman의 〈Shakin' the African〉(1931)에서 그의 의기양양한 솔로를 들어보라. 그렇지만 시간이 지나면서, 그의 연주는 좀 더 대화적인 태도와 편안한 박자 감각을 갖게 되었다. 가장 뛰어났을 때 앨런의 선율 구성 방식은, 이러한 가치를 본질로 삼는 예술 형식 안에서도 돋보일 만큼 즉흥성과 자유로운 창조성을 포착해 냈다. 이 예술가들은 어떤 기준으로 보더라도 막강한 경쟁자였다.

암스트롱은 동시대의 다른 걸출한 관악 연주자들과의 경쟁 속에서 더욱 빛을 발했다. 그는 1930년대 내내 대중의 환호를 자아내는 화려하고 과감한 연주 스타일로 관객을 매료시켰으며, 많은 솔로 연주는 그의 기량, 특히 고음 처리 능력을 과시하는 정교한 수단이 되었다. 암스트롱은 이러한 고음을 향한 전개에서 무궁무진한 창의성을 보여주었다. 때로는 고음이 열정적인 연주의 정점을 장식하기도 했고(1931년의 〈I Surrender, Dear〉, 1935년의 〈Thanks a Million〉), 때로는 반복되는 하강 선율을 매우 높은 음역에서부터 전개하기도 했으며(1930년의 〈I'm a Ding Dong Daddy〉), 느긋하게 미끄러지는 듯한 음을 한 박자에서 두 마디에 걸쳐 끌어올리다가 마지막 순간에 '펑' 하고 목표 고음에 도달하는 방식도 구사했고(1931년의 〈Shine〉), 또 어떤 때는 리드미컬한 고음 타격을 연속적으로 쏘아 올리며 마치 하늘을 찌르듯 연주하기도 했다(1936년의 〈Swing That Music〉).

암스트롱의 음악이 상업적인 방향으로 뚜렷하게 기울기 시작한 것은 1935년, 그가 매니저 조 글레이저Joe Glaser와 장기적인 계약을 맺으면서부터였다. 이 관계는 암스트롱에게 그가 이전까지 누리지 못했던 재정적 안정을 가져다주었다. 그러나 이 시기의 음악에 대한 평론가들의 의견은 엇갈리고 자주 모순되기도 한다.[65] 그의 공연과 심지어 스튜디오 녹음 일정조차도 종종 그가 이전 수십 년 동안 숙달해 온 레퍼토리에 크게 의존했으며, 이러한 경향은 이후 그의 경력 전반에 걸쳐 지속된다. 결국 암스트롱은 〈St. Louis Blues〉를 40번 이상, 〈Basin Street Blues〉를 50번 이상 녹음하게 된다. 물론 이 새로운 버전들 중 일부는 이전 편곡을 거의 음 하나도 다르지 않게 반복하기도 했지만, 그는 때때로 기존의 명곡을 인상적으로 재구성해내는 능력을 발휘하기도 했다. 대표적인 예가 1938년 버전의 〈Struttin' with Some Barbecue〉로, 이 곡은 바비 해킷Bobby Hackett과 메이너드 퍼거슨Maynard Ferguson처럼 성향이 다른 트럼펫 연주자들 모두에게 찬사를 받은 바 있다. 이 시기 내내 암스트롱 특유의 화려하고 대중적인 쇼맨십이 깃든 트럼펫 스타일은 그의 음악적 명함처럼 기능했다. 어떤 이들은 그것이 틀에 박힌 공식적 연주의 반복이라고 비판했지만, 다른 이들은 거침없는 활기 넘치는 연주라며 칭송했다. 그러나 암스트롱은 절제의 힘 또한 잘 알고 있었다. 이는 1940년 시드니 베셰이와의 재회 세션에서 분명히 드러난다. 이 영감 넘치는 조합은, 7년 후 암스트롱이 "트래드 재즈trad jazz" 연주 밴드로 화려하게 복귀할 것을 예견하는 듯한 순간이었다.

그의 보컬은 1934년 이후의 프로젝트들에서는, 1920년대 후반과 1930년대 초반의 해방감 넘치고 준-아방가르드적인 시도들에 비해 아마도 덜 대담하지만, 보다 스타일화된 성격을 띤다. 하지만 어떤 환경이든, 어떤 청중 앞이든 간에, 암스트롱은 노래를 정석대로 부르는 것이 거의 불가능한 사람처럼 보였다. 가장 전형적인 암스트롱의 보컬조차 비전형적으로 들리는 특유의 방식이 있었고, 청중들은 그가 음악뿐 아니라 무대 위 농담에서 보여주는 자유로운 표현을 즐겼다. 예컨대, 영국의 조지 5세 앞에서 공연했을 때, 그는 한 곡을 소개하며 다음과 같은 이례적인 왕실 헌사를 던졌다. "이 곡은 당신을 위한 겁니다, 왕이여Rex*." (게다가 그 곡은 다름 아닌 〈I'll Be Glad When You're Dead, You Rascal You(당신이 죽으면 진짜 속 시원하겠다, 이 불한당아)〉였으니, 그 재치와 대담함은 더욱 인상적이었다.) 결론적으로, 이 시기 암스트롱의 가장 큰 경쟁자는 주로 과거 그의 기념비적인 연주들이었다. 그리고 만약 그가 사용하는 음악적 어휘가 이제 다소 진부하게 느껴진다 해도, 그것은 결코 암스트롱의 잘못이 아니다. 결국 그가 재즈 세계를 모방한 것이 아니라, 재즈 세계가 그의 스타일을 훔쳐 쓴 것이었기 때문이다.

이 시기 동안 암스트롱은 미국을 넘어 자신의 팬층을 넓혀 나갔으며, 연예인으로서의 드문 재능을 더욱 발전시켜 나갔다. 1932년 유럽 데뷔 투어에서는 현지 음악가들을 매료시키는 동시에 당황하게도 만들었는데, 어떤 연주자들은 그가 화려한 연주를 하기 위해 자신의 악기와 마우스피스를 개조

---

* 렉스Rex는 라틴어로 "왕King"을 의미하며, 여기서 "렉스"는 암스트롱이 조지 5세에게 건넨 익살스럽고 친근한 호칭이다. 이는 왕에게 격식을 차린 "폐하Your Majesty" 대신, 마치 친구에게 말하듯 부른 것과 같으며, 암스트롱 특유의 유쾌한 반항심과 대중적 감각, 그리고 경계를 허무는 무대 매너를 잘 보여주는 대사이다.

했으리라 의심하며 그것들을 직접 조사해 보기를 요구하기까지 했다. 이듬해 암스트롱은 다시 유럽을 찾아, 영국, 덴마크, 스웨덴, 노르웨이, 네덜란드를 방문했고, 1934년에는 파리에서 장기간 휴가를 보낸 후 추가 공연과 녹음을 이어갔다. 미국으로 돌아온 직후, 그는 글레이저와의 관계를 시작했으며, 글레이저의 노련한 경력 관리 덕분에 암스트롱의 상업적 성공 가능성은 더욱 커지게 되었다.

이는 암스트롱이 전후戰後 시대의 변화하는 음악적 취향을 헤쳐 나가는 데 도움이 된 성공적인 협력이었다. 예를 들어, 1940년대 후반에 보다 전통적인 스몰 콤보 형태로 작업하기로 한 암스트롱의 결정은 종종 향수 어린, 뿌리로의 회귀로 해석되기도 하지만, 이는 글레이저가 초기 재즈 스타일에 대한 대중의 관심이 다시 높아진 것을 간파함으로써 주도된, 매우 영리한 사업적 움직임이기도 했다(여기에 대해서는, 이 책의 뒷부분에서 다룰 것이다). 무엇보다도, 이 결정은 예술적으로도 타당한 선택이었고, 암스트롱을 하인즈, 티가든 및 다른 음악적 동료들과 다시 연결해 주었다. 1947년 할리우드 영화《뉴올리언스New Orleans》에 주요 인물로 등장한 것은 이러한 변화의 발판을 마련했고, 대중이 그를 역사적 인물로 인식하는 데 기여했다. 마찬가지로, 1947년 2월 8일 카네기 홀에서 열린 그의 콘서트 또한 이러한 흐름을 강화하는 데 중요한 역할을 했다. 이 콘서트에서 그는 전통적인 스몰 콤보와 현대적인 빅 밴드 양쪽 스타일로 연주했는데, 평론가들과 팬들은 전통적인 스타일을 더 선호하는 반응을 보였다. 이에 대해 글레이저와 암스트롱은 "열여덟 명의 연주자가 실직하게 됐다"고 불평하기도 했지만, 이내 암스트롱은 축소된 앙상블에서 전업으로 활동하게 되었다.

말년의 경력에서, 암스트롱은 무대에서의 존재감, 재치 있는 입담, 그리고 비공식적인 재즈 대사로서의 세계 순회 활동으로 인해 오히려 연주자로서의 역할이 가려질 정도였다. 하지만 그의 연주와 노래가 무대의 중심에 설 때면, 이전 수십 년간의 영웅적인 기교 과시와는 사뭇 대조되는, 사랑스럽고 태평한 분위기를 자아냈다. 그는 재즈든 대중음악이든 거의 어떤 음악 환경에서도 자연스럽게 어울릴 수 있었으며, 이는 엘라 피츠제럴드, 오스카 피터슨Oscar Peterson, 듀크 엘링턴, 빙 크로스비, 조니 캐쉬Johnny Cash, 데이브 브루벡Dave Brubeck, 바브라 스트라이샌드Barbra Streisand, 레너드 번스타인 Leonard Bernstein 등과의 인상적인 협업을 통해 잘 드러난다. 당시 재즈가 점점 더 거칠고 날카로운 스타일로 변화해 가던 가운데, 일부에서는 암스트롱의 부드러운 음악적 색채와 대중 친화적인 이미지에 아쉬움을 표하기도 했다. 그러나 그는 주류 미국 사회를 정면으로 비판하는 데 주저하지 않았다. 대표적으로, 1957년 그는 아칸소주 리틀록에서 흑인 학생들의 고등학교 입학을 저지한 사태에 대해 당시 아이젠하워 대통령이 처음에 우유부단한 태도를 보이자, 이에 항의하며 소련 방문을 포함한 정부 후원 공연을 전격 취소했다. 일주일 후, 아이젠하워는 입장을 번복했고, 물론 그 변화가 전적으로 암스트롱 덕분이었다고는 할 수 없지만, 그의 대중적인 영향력과 공개적인 항의가 일정한 역할을 했음은 분명하다.

이 모든 과정에서, 암스트롱은 대중적 인물로서의 변치 않는 명성을 유지했을 뿐만 아니라, 이 명성을 준準신화적 지위로까지 확대했다. 고령의 몸으로, 그는 〈Hello Dolly〉의 대성공으로 비틀즈를 빌보드 차트 정상에서 밀어냈다. 그가 사망한 지 거의 20년이 지난 후, 그가 녹음한 〈What a Wonderful World〉가 할리우드 영화에 잠깐 등장했다가 히트를 기록하면서, 그의 예술성의 힘은 다시 한 번 입증되었다. 영화에서 그의 이름도 모습도 등장하지 않았지만, 관객들은 그의 독보적인 스타일을 바로 알아채고 감동했다. 가수와 노래 모두 그에게 더없이 잘 어울리는 선택이었다. 1971년 그의 사망 소식을 전한 신문들에서, 그를 당대 가장 널리 알려진 미국인이라고 묘사했듯이, 이 예술가는 음악 장르와 국가의 경계를 초월한 보편성과 세상을 감싸 안는 따뜻함을 특징으로 하는 지속적이고 사랑스러운 유산을 남겼다. 루이 암스트롱에게, 이 세상은 진정 멋진 세상이었다.

빅스 바이더벡과 재즈 시대

일반적으로 말하는 초기 재즈의 간결한 지형도는 믿을 수 없을 정도로 단순하다. 그 들고남을 지도에 그려보면, 세 개의 도심으로 이루어진 날카롭게 연결된 삼각형을 보는 듯하다. 출발점은 뉴올리언스, 다음은 시카고, 마지막으로 뉴욕이다. 우리가 다루고 있는 이 역사의 많은 부분이 이러한 닫힌 고리를 따라 흐르기 때문에, 우리는 지도의 나머지 부분을 무시하고 싶은 유혹을 느낀다. 그러나 재즈 시대는 단 세 개의 도시, 혹은 서른 개나 삼백 개의 도시에 국한되지 않았다. 초기 재즈의 신화를 더 깊이 들여다보면, 미시시피 강이 이 음악의 생명선으로서 불멸하고, 이 음악의 블루스 뿌리에 영감을 주었으며, 마침내 리버보트로 재즈를 두 번째 고향인 시카고로 실어 나른 것으로 묘사된다. 이 이야기는 매력적이다. 그러나 이번에는 지도가 이를 뒷받침하지 않는다. 미시시피강은 시카고를 한참 비껴 흐르기 때문이다. 루이 암스트롱이 킹 올리버 크리올 재즈 밴드에 합류하기 위해 시카고로 갔을 때, 그는 기차를 타고 도착했다. 그리고 암스트롱이 운명적인 여행을 하기 몇 년 전에, 이미 수많은 다른 뉴올리언스 재즈 뮤지션들이 기차와 다른 교통수단을 통해, 시카고뿐만 아니라 미국 전역과 때로는 해외까지 여행했다. 많은 초기 재즈 연주자들이 이 시기에 대한 회고록을 남겼고, 그들의 방랑의 모험 이야기는 음악 이야기를 거의 압도한다. 그러나 이러한 다양한 이야기들이 한 가지 점에서는 일치했으니, 즉 재즈는 거의 시작부터 길 위에 있었다는 것이다.

이 떠돌이 재즈 연주자들은 새로운 음악을 전파하는 선교 활동에서 혼자가 아니었다. 실제로, 음악가 그 자체보다도 오히려 축음기 레코드가 뉴올리언스 재즈의 창조적 성과를 널리 퍼뜨리는 데 결정적인 역할을 했다. 1909년 초에 (도매가 기준) 약 1,200만 달러 상당의 축음기 레코드와 실린더가 미국에서 제조되었다. 불과 12년 후, 매출은 이 수준의 네 배인 4,780만 달러에 달했다.[66] 이러한 급격한 성장 덕분에 이후 몇 년 동안 재즈 음악의 녹음이 대폭 증가할 수 있는 기반이 마련되었다. 1920년대 초반 이전의 재즈에 대한 우리의 지식은 주로 구전口傳에 의존한다. 그러나 이 시점부터는 녹음 자료를 통해 재즈 음악의 복잡하고 다채로운 발전 과정을 직접 확인할 수 있게 되었다.

아프리카계 미국인 음악의 성장과 그것을 전파하는 기술들 사이의 복합적인 상호 작용은 이 글에서 전부 다룰 수는 없고, 단지 암시하는 정도에 그친다. 그러나 대략적인 붓놀림으로 그려보더라도, 그 뚜렷한 패턴은 무시할 수 없다. 래그타임의 성장은 응접실 피아노,* 기계식 피아노,** 대량 생산된 악보의 확산과 맞물려 이루어졌고, 초기 재즈와 블루스의 꽃은 녹음 시장의 태동과 더불어 피어났다. 그리고 이 이야기의 다음 장에는 스윙 시대의 탄생이 기다리고 있는데, 이는 대체로 라디오 전파를 통해 이루어진 역사였다. 음반 판매는 대공황으로 급감하여, 1930년에만 거의 40퍼센트나 떨어졌고, 이제 수많은 청자는 음악을 듣기 위해, 축음기가 아닌 방송으로 눈을 돌렸다. 이전에는 음악의 유명 인사들이 방송에 나왔다면, 1930년대 후반에는 방송이 유명 인사를 만들고, 라이브 음악의 청중을 형성했으며, 이제 전국적인 음악적 취향을 주도하게 되었다. 매체가 곧 음악이라는 것은, 재즈의 여명기만큼이나 오늘날에도 자명한 진리다. 이전에 78회전 음반과 라디오 방송이 한 시대의 재즈 경력을 뒷받침했듯이, 디지털 음악과 스트리밍이 새천년의 재즈 경력을 위한 플랫폼이라는 것을 누가 의심할 수 있겠는가? 사실, 재즈의 전체 역사는 새로운 유통 및 보급 기술이 등장함에 따라 음악이 주

---

* 응접실 피아노parlor piano: 19세기 후반부터 20세기 초까지 미국과 유럽의 가정에서 널리 사용된 비교적 작은 크기의 업라이트 피아노.

** 기계식 피아노mechanical piano: 일반적으로 플레이어 피아노 혹은 자동 연주 피아노를 의미한다. 이 피아노는 내부에 롤 또는 그 외 자동 연주 장치를 장착하여, 사람이 직접 연주하지 않아도 미리 녹음된 음악을 재생할 수 있도록 설계되었다. 19세기 말과 20세기 초에 인기를 끌었고, 래그타임과 초기 재즈 음악의 보급에 중요한 역할을 했다.

기적으로 이에 적응하고 반응해 온 과정이라고 해도 과언이 아니다.

빅스 바이더벡이 기술의 개입 없이 재즈 뮤지션이 된다는 것은 상상하기 어려울 것이다. 이 경우에서의 기술은 1918년경 바이더벡의 가정에 들어온 태엽식 컬럼비아 그래포폰 레코드 플레이어였다. 1903년 3월 10일, 레온 빅스 바이더벡Leon Bix Beiderbecke이 태어난 아이오와주 데이븐포트는 종종 리버보트 정착장으로 묘사되곤 하지만, 실상 뉴올리언스로부터 수천 마일 떨어져 있었다. 그러나 수천 마일이라는 물리적 거리는 두 도시 간의 문화, 인구 구성, 태도 면에서의 차이에 비하면 훨씬 작은 것이다. 뉴올리언스가 음악으로 가득 찬 도시였다면, 데이븐포트는 옥수수밭에 둘러싸인 지역 사회였다. 데이븐포트의 기준에서, 바이더벡 가족은 비교적 음악적인 집안이었다. 빅스의 할아버지는 19세기 말에 독일계 미국인 합창단을 이끌었는데, 브라스 댄스 밴드, 장례 행렬 음악 및 블루스 노래 등은 이 가족의 음악적 전통과는 무관했다. 어떠한 기준으로 보더라도, 이 도시와 가정은 재즈의 전설이 자라나기에 어울리지 않는 환경이었다.

제1차 세계대전에서 복무하고 돌아온 빅스의 형 찰스는 축음기와 몇 장의 레코드를 소유하고 있었다. 그중에는 몇 개월 전 오리지널 딕시랜드 재즈 밴드(ODJB)가 녹음한 인기 있는 재즈 음반도 포함되어 있었다. ODJB의 뛰어난 코네티스트 닉 라로카의 연주는 빅스에게 특히 강한 인상을 남겼다. 이 음악에 흥분한 빅스는 어리둥절해하는 부모에게 코넷으로 재즈 연주를 배우고 싶다고 말했다. 그의 부모는 이를 말리려고 했지만, 그의 열정을 꺾을 수는 없었다. 빅스는 용돈을 모아 중고 코넷을 사서 연주법을 독학하기 시작했다. 사실, 그는 이미 피아노를 배운 경험이 있었다. 일찍이 1910년에 『데이븐포트 크로니클Davenport Chronicle』은 당시 일곱 살이었던 바이더벡이 "귀로 들은 곡은 어떤 곡이든 바로 피아노로 연주할 수 있다"라는 기사를 실은 적이 있다.[67] 이제 그는 이 타고난 재능을 새로운 악기에도 적용하기 시작했으며, 이전보다 더 열정적으로 몰입해 갔다.

바이더벡의 뛰어난 음악적 청각은 그를 멀리까지 이끌었지만, 그의 우상인 라로카(와 많은 다른 재즈 연주자들)처럼, 그것은 동시에 그가 정식 음악 교육의 엄격함을 피하는 도구가 되기도 했다. 그는 어린 시절 피아노 레슨을 받았지만, 조숙한 재능에도 불구하고 실패로 간주되었다. 바이더벡은 악보를 읽는 것보다 귀로 듣고 연주하는 것이 훨씬 쉬웠기 때문에, 결국 음악을 유창하게 읽는 법을 배우지 못했던 것이다. 그는 코넷을 연주할 때도 이와 같은 조숙함과 의도적인 무심함이 뒤섞인 태도를 보였다. 새로운 악기를 배우면서도 그의 악보 읽기 실력은 향상되지 않았고, 독학을 하면서 통상적이지 않은 건조한 취구법을 사용했고, 일반적인 연주법과는 다른 운지법을 버릇으로 굳혔다. 이는 "적절한" 연주법을 알려준 뒤에도 쉽게 고쳐지지 않았다. 그가 검증된 방식들을 고집스럽게 무시했던 것에는 분명 특유의 완고한 성향이 깔려 있었다. 여러 해가 지나, 바이더벡은 동시대 연주자들이 대부분 트럼펫으로 전향한 후에도 끝까지 코넷을 고수했다. 삶의 많은 측면에서, 바이더벡은 철저히 자신만의 방식대로 하거나, 아니면 아예 하지 않는 쪽을 택했다.

자식이 재즈 음악에 점점 더 깊이 빠져드는 것을 걱정한 빅스의 부모는 단호한 조치가 필요하다고 판단했다. (훗날 바이더벡이 재즈 생활 방식의 최악의 습관들을 받아들이다, 결국 그것이 그의 죽음으로 이어졌다는 점을 고려하면, 어쩌면 그들의 걱정은 정당했는지도 모른다.) 그들은 그가 탄탄한 교육을 받고 더 큰 자기 절제를 기를 수 있도록 기숙 학교에 입학시키기로 결정했다. 그러나 돌이켜보면, 이 결정은 처음부터 실패가 예정되어 있었다. 그들이 선택한 학교인 레이크 포레스트 아카데미Lake Forest Academy는 당시 세계적인 재즈 중심지로 급부상하던 시카고에서 기차로 금방 도착할 수 있는 거리에 있었기 때문이다. 데이븐포트에서 바이더벡이 저질렀던 일은, 이 새로운 환경에서 벌어질 문제에 비하면 아무것도 아니었다. 학교에 입학한 지 얼마 지나지 않아, 바이더벡은 엄격한 통금 규정을 어기기 시작했다. 이러한 규정 위반은 결국 퇴학으로 이어졌고, 그는 시카고와 그 주변의 재즈 클럽들을 밤마다 전전하게 되었다. 처음에는 단순히 연주를 듣거나 가끔 밴드에 끼어 연주하는 정도였지만, 그의 코넷 연주 실력이 입소문을 타면서 점점 더 자주 무대에 서게 되었다. 그는 레이크 포레스트 아카데미에서 만난 동료들과 시카고 출신 연주자들이 섞인 자신만의 밴드를 결성해 공연하기 시작했다. 레이크 포레스트 아카데미에서 퇴학당한 후, 바이더벡은 비록 이후 몇 년 동안 학업으로 돌아가려는 계획을 가끔 세우기도 했지만, 자신의 미래가 아이비리그 학위를 통해 열리는 것이 아니라, 결국 그의 코넷과 타고난 음악적 감각을 통해서만 펼쳐질 수 있다는 것을 깨달았을 것이다.

바이더벡의 첫 번째 주요 밴드인 울버린스Wolverines는 비슷한 음악적 성향을 지닌 연주자들이 모인 그룹이었다. 이들은 거의 무명에 가까운 젊은 재즈 열정가들이었고, 주로 뉴올리언스 리듬 킹스의 연주에서 영감을 얻었다. 이 밴드가 프라이어스 인Friar's Inn에서 공연한 동안, 빅스의 동료들은 자주 이곳을 찾아 연주를 듣고, 배우며, 때때로 직접 무대에 올라 함께 연주하기도 했다. 이러한 훈련을 실전에서 발휘할 기회는 1923년 10월에 찾아왔다. 클라리넷 연주자 지미 하트웰Jimmy Hartwell이 신시내티에서 북쪽으로 17마일 떨어진 스톡턴 클럽Stockton Club에서 울버린스의 정기 고용 기회를 얻는 데 성공한 것이었다. 이곳과 인근의 다른 장소에서의 공연은 밴드 멤버들에게 자신의 기술을 연마하고 열정적인 현지 팬층을 키울 충분한 기회를 제공했다. 그러나 울버린스가 신시내티에서 약 125마일 떨어진 인디애나주 리치먼드에 있는 제넷Gennett 녹음 스튜디오에서 하루 동안 녹음할 기회를 얻지 못했다면, 미국의 주요 음악 중심지에서 이토록 멀리 떨어진 이곳에서 더 큰 명성을 얻는다는 것은 상상할 수 없었을 것이다. 이것은 지금까지 밴드의 발전을 기록하는 데 그치지 않고, 이들이 음악 산업에서 신인으로서 자신감을 굳히는 중요한 전환점이 되었다. 울버린스의 테너 색소폰 연주자인 조지 존슨George Johnson은 당시를 이렇게 회상했다. "그 첫 번째 녹음을 재생했을 때의 흥분과 완전한 놀라움은 이루 말할 수 없다. 우리는 레코딩 호른* 주변에서 자신의 위치를 조정하면서 연주를 들었는데, 그 순간이 되어서야 비로소 우리가 불과 몇 달 전 열광했던 프라이어스 인 밴드와는 얼마나 다른 스타일과 효과를 지니고 있는지 깨닫게 되었다."[68]

울버린스와 함께한 바이더벡의 데뷔 녹음은 이 젊은 코네티스트의 잠재력을 단편적으로 보여줄 뿐이다. 그의 솔로 연주는 세련되고 균형 잡혀 있지만, 이후 몇 년간 그가 창조할 음악과 비교하면 선율적으로 단순하다. 그러나 변화음**에 대한 바이더벡의 민감성은 확연히 드러난다. 〈Riverboat Shuffle〉 작업에서 그가 플랫 5도 및 9도를 사용한 것을 들어보라. 또한 그의 특유의 느긋한 프레이징도 주목할 만하다. 무엇보다도 바이더벡 코넷의 표현적이면서 때로는 잊을 수 없는 음색이 우리의 관심을 끈다. 빅스는 이 당시 재즈의 역사에 어마어마한 영향을 미친 스타일이라고 할 수 있는 킹 올리버의 탁하고 거친 소리를 완전히 구사하지는 못했을지 모른다. 이뿐만 아니라 그의 솔로는 곧 재즈계를 뒤흔들게 될 루이 암스트롱의 폭발적인 에너지를 담은 연주 스타일과도 거리가 있다. 하지만 바이더벡의 연주는 1920년대 중반 재즈의 맥락 속에서 독보적으로 노래하듯 울려 퍼진다. 마치 연주를 하는 것이 아니라, 코넷의 혀에서 살포시 떠오르듯 흐르는 음들이 따뜻한 공기 속에 떠다니는 듯한 느낌을 준다.

빅스 바이더벡의 협력자였던 에디 컨던Eddie Condon 또한 그의 소리에서 일종의 초대를 느꼈다. "마치 어떤 여자가 '네'라고 말하는 듯했다"는 그

---

* 레코딩 호른recording horn: 초기 아날로그 음향 녹음 기술에서 사용된 확성기 형태의 나팔형 장치. 19세기 후반부터 20세기 초반까지, 전자식 마이크가 개발되기 이전에는 기계식 녹음이 주류였고, 이때 레코딩 호른이 소리를 수집하는 핵심 장치로 사용되었다.

** 변화음altered tones: 화성harmony에서 코드의 특정 음을 변형하여 색다른 느낌을 주는 음을 의미한다. 이러한 변화음은 코드의 주요 구성음(예: 5도, 9도, 11도, 13도 등)을 반음 올리거나 내리는 방식으로 만들어진다.

가 빅스의 소리를 처음 접한 순간을 묘사한 말로서 자주 인용되는 구절이다. "처음으로 나는 음악이 모두 똑같지 않다는 것, 어떤 이들은 다른 이들과 너무나 다르게 연주하여, 완전히 새로운 소리의 세계를 열 수 있다는 것을 깨달았다." 호기 카마이클은 더욱 묘한 암시를 주면서, 빅스의 음악이 그에게 "다른 방식으로" 영향을 미쳤고, "어떻게 설명할 수 없지만…… 마치 감초 같은 거다. 먹어봐야 안다…… 빅스의 브레이크는 암스트롱만큼 거칠지는 않았지만 핫했고, 각각의 음을 음악적으로 세심하게 선택했다. 그는 나에게 재즈가 단지 뜨겁고 열정적인 것뿐만이 아니라, 동시에 음악적으로 아름다울 수도 있다는 것을 보여주었다"고 말했다. 메즈 메즈로Mezz Mezzrow[재즈 아티스트들의 마리화나 공급원으로 유명해서 당시 재즈계에서 "Mezz"라는 말은 속어로 마리화나를 뜻하기도 했다]에게, 바이더벡의 음색은 "술에 취한 것"이었다. "……나는 그가 이전에도 이후에도 똑같은 음색을 내는 것을 들어본 적이 없다. 그는 거의 늘 오픈 호른으로 연주했는데, 모든 음은 하나하나 꽉 차 있고, 크고, 풍부하면서 둥글고, 진주처럼 빛나며, 시끄럽지만 결코 귀에 거슬리거나 삐걱거리지 않았으며, 그 당시 백인 음악가들에게서는 좀처럼 찾아볼 수 없었던 강력한 추진력이 있었다." 루이 암스트롱은 1920년대 중반 시카고에서 들었던 바이더벡의 연주를 회상하며 이렇게 간단하게 말했다. "진짜, 그 예쁜 음들이 나를 관통하는 느낌이었다."[69]

진주인가, 소녀인가? 술인가, 감초인가? 이러한 시적인 비유들은 오늘날 그의 남겨진 녹음과 어울리지 않는 것처럼 보일 수도 있다. 1920년대의 스튜디오 기술은 그의 코넷 연주를 온전히 담아내지 못했다. 피 위 러셀Pee Wee Russell은 "레코드는 그의 소리를 제대로 재현하지 못했다"라고 증언했고, 다른 많은 이들도 이러한 판단에 동의했다.[70] 단 하나의 레코딩 호른으로 소리를 포착해 이를 왁스 디스크에 기계적으로 새기는 방식이었던 어쿠스틱 녹음은 오늘날 디지털 음향의 선명함에 익숙해진 청자들에게 밋밋하고 입체감이 부족한 소리로 들린다. 플라톤이 말한 동굴 속 그림자와도 같이,

오디오 초창기의 이러한 녹음들은 실제 연주의 온전한 재현이 아니라, 단지 그 존재를 암시하는 흔적에 불과했다. 그리고 1920년대 중반 전기 녹음 기술이 도입되었으나, 초기에는 음질이 크게 개선되지 않았다. 전기 녹음 기술의 장점이 완전히 자리 잡기까지는 오랜 시간이 걸렸기 때문에, 당시 많은 청자들은 전기 녹음을 한 걸음 후퇴한 것으로 여기며 부정적인 반응을 보였다. 클래식 피아노 독주곡이나 가수가 전면과 중앙에 위치하는 보컬 곡의 경우에는, 초기의 녹음 장치가 라이브 음악의 정수精髓를 전달하는 데 적절하다는 것이 입증되었다. 그러나 뉴올리언스 및 시카고 스타일 재즈와 같은 앙상블 음악의 경우에는, 개별 악기의 선명도가 크게 손상되었다. 리듬, 선율, 화성은 주의 깊게 듣는 사람이 듣거나 심지어 기보할 수 있을 정도로 담겨 있지만, 음색의 미묘함은 거의 소실되었다. 소리의 품질과 질감이 연주되는 선율의 음 못지않게 중요했던 바이더벡 같은 예술가에게 있어서, 녹음 레코드는 실제 연주의 그림자에 지나지 않는다. 그러나 흐린 바닷속을 들여다보는 선원들과도 같이, 우리는 바이더벡의 천재성을 정확한 길이로 측정할 수는 없을지라도, 그 희미한 조류의 흐름만으로도 그것이 얼마나 깊고 광대한지는 충분히 느낄 수 있다.

1924년 울버린의 첫 번째 세션과 두 번째 세션 사이에, 바이더벡은 21번째 생일을 맞이했다. 이상한 얘기지만, 빅스는 겨우 십대를 벗어났을 뿐인데도, 그의 경력의 중반기에 접어들고 있었다. 실상, 이 유명한 음악가의 연대기는 너무도 간략하다. 그의 전체 녹음 경력은 불과 7년이 채 되지 않으며, 그마저도 여러 뚜렷한 단계로 나누어진다. 1924년 말, 울버린스와의 마지막 녹음 세션을 진행할 무렵, 밴드는 뉴욕으로 이동했다(이는 암스트롱이 뉴욕으로 가서 헨더슨에 합류했을 때와 거의 같은 시기이다). 그해가 저물기 전, 바이더벡은 울버린스를 떠나 프리랜서로 활동하며 새로운 음악적 실험을 하는 풍요로운 시기를 시작하는 중요한 전환점을 맞이했다.

1920년 중반부터 1929년 주식 시장 폭락 시점까지 지속된 이 평온한 시기 동안, 바이더벡은 그의 가장 위대한 작품들을 남겼다. 그러나 이 시기는 단순히 바이더벡 개인의 전성기를 넘어, 즉흥 연주가 폭발적으로 성장한 시기여서, 음악 역사학자들은 이를 시카고 재즈라고 부른다. 바이더벡의 기여는 그것이 대단한 만큼이나, 이 새로운 사운드와 새로운 스타일의 한 측면에 불과했다. 이전의 뉴올리언스 전통과 이후에 등장할 스윙 시대와 마찬가지로, 시카고 재즈는 단순히 특정 시대와 장소에 국한된 음악이 아니라 시간을 초월한 연주 스타일이자, 당시 연주자들에게는 하나의 삶의 방식이기도 했다. 이 스타일은 오늘날에도 전 세계의 수많은 딕시랜드와 전통 재즈 밴드들의 음악 속에서 계속 울려 퍼지고 있다. 많은 청자들에게 시카고 스타일은 한 시대의 음악을 넘어, 재즈를 대표하는 본질적인 스타일로 여겨진다.

시카고와 뉴욕

많은 초기 재즈와 마찬가지로, 시카고 악파樂派 이야기는 시간이 지남에 따라 실제보다 과장된 특성을 띠게 되었다. 사실과 거짓, 신화와 기억이 하나의 사이비 역사로 합쳐졌다. 여기에는 영광스러운 시절에 대한 낭만적인 설명과 함께, 감상적인 할리우드 영화 같은 미화된 전성기 이야기들이 담겨 있다. 여기서 우리는 갱스터와 불법 술집, 강변 유람선과 화려한 옷차림이 다채로운 태피스트리로 한데 어우러져 있는 것을 볼 수 있다. 진실은 좀더 복잡하고 종종 덜 매력적이다. 실제로, 재즈는 발전 초기 단계에서 강이 아닌 육로로 시카고로 전파되었고, 또 킹 올리버, 프레디 케파드와 오리지널 크리올 오케스트라, 젤리 롤 모튼 등의 선교 활동을 통해 미국의 다른 많은 지역으로도 전파되었다. 시카고의 나이트클럽은 종종 호화롭기보다는 임시로 운영된 공간이었다. 킹 올리버의 유명한 본거지인 링컨 가든스는 천장에 닭장 철망이 쳐져 있었고, 드림랜드 볼룸은 유명한 재즈 클럽이었지만 낮에는 롤러 스케이트장으로 사용되었다. 그리고 음악이 연주된 장소에서 술과 범죄의 요소를 찾을 수 있지만, 이러한 연결은 윈디 시티Windy City[시카고의 별칭]에서 시작된 것도 끝난 것도 아니다.

더욱이, 소위 시카고 스타일의 음악과 그 주역인 빅스 바이더벡의 연관성도 다소 수수께끼다. 빅스는 시카고에서 거의 연주하지 않았다. 오히려 뉴욕에서의 전속 기간이 그의 음악 경력에서의 결정적 막간으로 두드러진다. (이때 다시, 재즈 지형도라는 온통 뒤죽박죽인 주제를 다룰 때 일어나는, 가장 이상한 모순에 대비해야 한다. 뉴올리언스 재즈 역사의 많은 부분이 시카고에서 일어난 것처럼, 시카고 재즈의 소리도 결국 뉴욕에서 가장 기쁘게 받아주는 고향을 찾았다.) 초기의 시카고 재즈를 거의 전적으로 백인 음악가들과 연결짓는 또 다른 고정관념도 마찬가지로 빗나간 것이다. 이미 살펴보았듯이, 뉴올리언스와 다른 곳에서 온 최고 수준의 아프리카계 미국인 음악가들(암스트롱, 하인즈, 모튼, 올리버, 눈, 도즈)은 이미 1920년대 중반에 시카고로 몰려들었다. 윌리엄 하울랜드 케니William Howland Kenney는 1920년대 시카고 재즈와 관련된 55명의 흑인 음악가의 전기를 연구하면서, 거의 절반이 뉴올리언스에서 왔고, 비슷한 비율이 제1차 세계대전 중 혹은 직후에 도착했다고 결론지었다.[71] 블랙 재즈, 화이트 재즈, 핫 재즈, 스윗 재즈, 뉴올리언스 재즈, 딕시랜드 재즈 등 어떤 이름으로 부르고 어떻게 정의하든, 이는 모두 이러한 형성기 동안 시카고 재즈의 일부가 되었다.

시카고의 백인 연주자들과 그들의 뉴올리언스 모델 간의 유사성은 자주 언급되었으며, 종종 시카고 연주자들 스스로도 이를 인정했다. 그러나 면밀히 들어보면, 미묘한 차이가 존재함을 알 수 있다. 음악 속에는 일종의 불안한 에너지가 진동하기 시작하며, 뉴올리언스 스타일에서처럼 대위법적 라인들이 조화롭게 얽히기보다는 각 악기가 우위를 다투는 양상을 보인다. 뉴올리언스 재즈에서 정형화된 프론트 라인*의 역할도 변화했다. 뉴올리언스 스타일에서 트롬본은 포르타멘토[음을 연결하는 미끄러지는 듯한 연주 기법]를 사용하여 화음을 연결하는 테일게이트 트롬본tailgate trombone 전통을 유지했지만, 시카고 연주자들에게는 그 역할이 줄어들었고, 경우에 따라 트롬본

이 완전히 사라지기도 했다. 대신에 테너 색소폰이 이를 대체하며, 더욱 선형적이고 선율적인 역할을 담당했다. 시카고의 클라리넷 연주자들은 로폴로의 영향을 받아, 뉴올리언스 스타일에서 자주 사용되던 아르페지오에서 벗어나, 뉴올리언스에서는 주로 코넷 연주자들이 사용했던 연주 방식으로 변화를 주었다. 예를 들어, 프랭크 테셰마허Frank Teschemacher의 강렬하고 때때로 거친 클라리넷 연주는 악기에서 느껴지는 뻔뻔하고 익살스러운 톤을 특징으로 하며, 이는 후에 베니 굿맨 및 스윙 시대의 연주자들에게 영향을 미쳤다. 시카고 관악기 연주자들은 종종 간단한 인트로와 간주를 함께 연주했는데, 이는 뉴올리언스 재즈보다는 빅 밴드 스타일에 더 가까운 방식이었다. 뉴올리언스 재즈에서 어느 정도 선례가 있던 여러 스타일적 요소들 또한 시카고 백인 연주자들의 특징적인 요소로 자리 잡았다. '격발flare up'[밴드 전체가 순간적으로 폭발적인 에너지를 터뜨리는 구간]은 다성적 폭발(가장 단순한 형태로는 단순한 코드 지속)로서, 드럼 브레이크로 시작되어 첫 코러스가 끝부분에서 최상의 효과를 내기 위해 배치된다. '폭발explosion'은 밥bop 드러머들의 '폭탄bomb' 효과의 전신으로, 새로운 8마디가 시작되기 직전에 강한 백비트를 강조하여, 솔로 연주자 혹은 앙상블에 긴장감을 불어넣는 것을 목표로 한다. '셔플 리듬'은 이중 박자감을 전달하여, 32마디 곡 형식의 간주 악절에 변화를 주기 위해 사용된다. '브레이크'는 뉴올리언스에서 연마된 유서 깊은 공식으로, 밴드가 연주를 멈추고 솔로 연주자가 앞으로 나와 핫한 프레이즈를 선보이는 2마디 또는 4마디의 간주이다.

그러나 시카고의 다민족 연주자들(그리고 이후 뉴욕 재즈파의 연주자들)이 자신들의 재즈 연주에 가져온 다양한 재즈 외 음악 전통의 영향을 간과

---

* 프론트 라인front line: 뉴올리언스 및 초기 재즈 밴드에서 선율을 담당한 주요 악기군을 의미한다. 일반적으로 코넷(또는 트럼펫), 클라리넷, 트롬본으로 구성되며, 각각의 역할이 뚜렷하게 구분되었다.

해서는 안 된다. 때때로, 그들의 단조 선율에서는 유대인의 클레즈머 음악 klezmer music[*]이 연상될 만큼 강한 흔적이 나타나기도 했다. 예를 들어, 베니 굿맨의 초기 리더 작품 〈That's a Plenty〉, 〈Clarinetitis〉에서 이러한 요소를 찾아볼 수 있다. 프랭크 테셰마허 또한 어린 시절 바이올린 교육을 받은 경험의 영향을 보이며, 그의 클라리넷 연주에서는 유럽 거리의 바이올린 악사 분위기가 전해지기도 한다. 또 조 베누티Joe Venuti와 에디 랭Eddie Lang의 현악 연주를 들으면, 그 안에서 이탈리아의 서정적인 음악 전통의 울림을 쉽게 발견할 수 있다. 당시 재즈 연주자들 사이에서는 현대 클래식 음악과 실험적인 음악 사조에 대한 관심도 강하게 나타났다. 이러한 관심은 그들이 비전통적인 난해한 화성과 리듬을 채택하는 데 영향을 미쳤다. 이러한 경향을 가장 대표적으로 보여준 인물은 빅스 바이더벡이겠지만, 테셰마허가 〈Liza〉의 도입부에서 6/4 박자를 사용한 점도 주목할 만하다. 이처럼 다양한 음악적 영감의 지류가 합쳐지면서, 1920년대 후반부터 1930년대 초반까지 재즈의 어휘를 확장하는 데 중요한 역할을 했다. 그들의 음악은 여전히 뉴올리언스 사운드에 경의를 표했지만, 동시에 이후 스윙 시대의 경향을 예고하기도 했다. 즉, 더 정교한 편곡, 더욱 폭넓고 다양한 표현력, 그리고 솔로와 앙상블 연주의 더욱 뚜렷한 분리가 강조되었다.

그러나 이 음악의 발전에는 미학적 요인뿐만 아니라 경제적 요인도 중요하게 작용했다는 점을 인식하는 것이 중요하다. 모든 스타일, 모든 인종, 모든 악기의 음악가들이 시카고로 모여든 이유는 특정한 재즈 양식에 대한 충성 때문이 아니라, 시카고가 제공하는 연주 기회와 생계를 위한 경제적 수단을 찾기 위해서였다. 제1차 세계대전 이후, 시카고 밴드의 연주자들은 주당

---

* 유대인들의 전통적인 민속 음악으로, 주로 동유럽(특히 아슈케나지 유대인) 공동체에서 발전했다. 이 음악은 주로 결혼식과 축제에서 연주되었으며, 감성적인 선율과 독특한 리듬, 그리고 화려한 즉흥 연주로 유명하다.

40달러 이상을 벌 수 있었는데, 이는 같은 시기 뉴올리언스의 연주자가 한 번의 공연당 1.50달러에서 2.50달러 정도밖에 벌지 못했던 것과 비교하면 엄청난 차이였다.[72] 이러한 경제적 기회를 따라, 다양한 지역의 음악가들이 시카고로 몰려들었다. 이러한 과정은 1893년 세계 컬럼버스 만국 박람회가 스콧 조플린을 비롯한 여러 래그타임 피아니스트들을 시카고로 끌어들였던 사례와 유사하다. 물론, 시카고 근교나, 빅스 바이더벡처럼 중서부 지역에서 온 경우들도 많았던 만큼, 이 시기에는 시카고에서 태어나거나 성장한 뛰어난 재즈 연주자들도 많이 있었다. 대표적인 인물로는 베니 굿맨, 진 크루파Gene Krupa, 먹시 스패니어Muggsy Spanier 등이 있다. 그러나 이들이 시카고에 머문 이유는 고향에 대한 애착 때문이 아니라, 활기 넘치는 현지 재즈 무대와 그곳에서 얻을 수 있는 경제적 안정 때문이었다.

앞서 언급했듯이, 뉴올리언스 재즈의 전통적인 방식은 시카고라는 새로운 환경에서 변화하기 시작했는데, 이러한 변화에도 경제적 요인이 지배적인 영향을 미쳤을 가능성이 크다. 아마도 가장 분명한 변화는 현지 재즈 밴드의 레퍼토리에서 나타난 듯하다. 1920년대 동안, 시카고 재즈 연주자들은 점점 더 대중적인 노래와 32마디 형식을 연주하기 시작했고, 뉴올리언스 재즈의 핵심이었던 블루스와 다주제 래그타임 구조는 점점 줄어들었다. 이러한 변화는 미학적인 고려로 인해 이루어진 것이 아니었다. 이 시기의 많은 회고록과 인터뷰를 살펴보더라도, 연주자들 스스로 이러한 변화를 거의 언급하지 않았고, 오히려 대중의 변화하는 요구에 대한 점진적인 반응으로 발생한 것으로 보인다. 실상, 1920년대 초반의 블루스 음반 열풍은 시카고 재즈가 본격적으로 발전하기 전에 이미 시들해졌고, 세기 전환기의 래그타임 붐도 이미 오래된 기억으로 남아 있었다. 이처럼 대중 마케팅의 시대가 도래하면서, 재즈는 점점 더 대중문화에서 넓은 영역을 차지하게 되었고, 다양한 스타일의 연주 방식을 포함하는 장르로 확장되었다. 이로 인해, 1920년대 중반에는 이미 재즈의 개념을 정의하는 것 자체가 문제가 되기 시작했고,

이는 재즈 연주자들의 레퍼토리가 확장되는 데에도 영향을 미쳤다. 예를 들어, 최초의 유성 영화인 1927년 영화《재즈 싱어The Jazz Singer》의 대표곡들은 재즈라기보다는 주류의 상업적인 대중가요에 훨씬 더 가까웠다. 또는 1920년대 중반, 미국 전역에서 엄청난 인기를 끌었던 거슈윈의 재즈 기반 클래식 작품을 생각해 보라. 또는 "재즈의 왕King of Jazz"으로 광고된 폴 화이트먼의 성공을 생각해 보라. 그의 노래 선택은 어지러울 정도로 많은 음악 장르를 넘나든다. 이 재즈 시대에는, 이 시기에 유행하는 거의 모든 음악이 어느 순간 재즈풍jazzy으로 분류되는 현상이 나타났다. 이러한 환경에서, 재즈 연주자들이 당시의 인기 대중가요를 자신의 레퍼토리로 포함하고, 이를 자신만의 스타일로 해석하고 변형하려고 했다는 것은 당연한 일이었다.

이제 음악은 하나의 신화적 이미지로 가득 차게 되었고, 이는 재즈의 삶을 낭만적으로 묘사하고, 그 대표적인 연주자들을 반항적인 젊은 예술가들로 이상화했다. 이들은 음악에서뿐만 아니라 삶의 방식에서도 자신만의 길을 가려는 결연한 태도를 보였다. 몇 년 후, 할리우드 영화는 이러한 반反영웅 캐릭터를 더욱 미화하며 대중화했다. 이러한 캐릭터의 초기 모습은 클라크 게이블과 험프리 보가트의 영화에서 엿볼 수 있다. 1950년대에 이르러, 말론 브란도와 제임스 딘을 통해, 반항적인 개성과 반영웅적 이미지를 가진 인물의 이상형이 완성되었다. 이러한 캐릭터는 오늘날에 이르기까지, 미국 문화 속에서 지속적인 전형典型으로 남아 있다. 미국 소설가들 또한 이러한 새로운 캐릭터 유형에서 영감을 받았다. 특히 어니스트 헤밍웨이와 대실 해밋은 준準냉소적인 미국적 개인주의와 전통적인 사회 규범 사이에서 갈등하는 캐릭터들을 작품 속에서 형상화했다. 그러나 그보다 앞서, 시카고 재즈 연주자들은 이미 이러한 강력한 대중적 상상력의 흐름을 예견하고 있었다. 그들은 자신의 삶과 태도를 통해 매혹적인 반反영웅적 모순을 구현했다. 그들은 세상을 잘 아는 듯하면서도 순수한 면을 지닌 존재였다. 특히, 그들은 거칠고 강인한 성격이지만, 음악 속에서는 감정을 숨김없이 표현했다. 또 그들은 자기중심적이면서도 깊은 동지애를 지녔고, 겉으로는 가볍고 냉소적으로 보이지만 자신의 소명인 음악에는 깊이 헌신했다.

시카고 재즈의 신화적 이야기에서 창시자를 꼽자면, 그것은 바로 에디 컨던Eddie Condon일 것이다. 물론, 만약 우리가 오직 음악적 성취만을 기준으로 역사를 기록한다면, 컨던의 역할은 각주나 부가 설명에 불과한 작은 부분으로 다뤄졌을지도 모른다. 그는 분명 능숙한 밴조 연주자였고, 그의 연주는 박자를 미묘하게 앞서가며 더욱 활기찬 느낌을 만들어냈다. 예를 들어, 패츠 월러와 함께한 〈Minor Drag〉에서 그가 신나게 질주하는 것을 들을 수 있다. 그러나 그의 타고난 재능은 음악 외의 영역에서 더욱 빛났다. 그는 핫 재즈의 옹호자였고, 자신이 속한 시대를 기록한 연대기 작가였고, 기지가 넘치는 촌철살인의 경구가警句家였으며, 세련된 스타일의 대가였고, 무대 뒤에서 중요한 역할을 한 실질적 행동가였다. 따라서 그는 시카고 재즈의 중심인물로서 존경받을 만한 인물이다. 결국, 역사는 단지 왕관을 쓴 사람들만을 기리는 것이 아니라, 광대와 기사도 함께 조명해야 한다.

컨던의 노력은 다른 더 훌륭한 연주자들에게 더 나은 고용 기회와 더 풍성한 음반 활동을 가져다주었다. 그리고 무엇보다도, 그는 시카고 재즈 연주자를 보헤미안 혁명가로 그려내는 매력적인 대중적 이미지를 형성한 장본인이었다. 격언의 대가였던 컨던은 언제나 말이 끊이지 않는 사람이었다. 그는 평범한 밴드 리더를 비판하며 "그는 클라리넷을 말하게 했지만, 그 소리는 늘 '제발 나를 케이스 안에 다시 넣어주세요'라고 말하는 듯했다"라고 말했다. 또 형편없는 가수를 묘사하며 "그는 한 번은 곡을 길 건너로 나르려다가, 두 다리를 부러뜨렸다"라고 말했다. 또 자신의 끝없는 밤샘 파티에 대해, "[1919년에] 나는 수면 부족 상태가 되기 시작했고, 이후로 한 번도 그 '빚'의 원금을 갚지 못한 채 이자만 갚으며 살아왔다"라고 농담했다. 모던 재즈의 발전에 대해서는, "밥bop 연주자는 제5음을 반음 내린다. 우리는 그것을 마신다"라고 풍자했다. 컨던은 때로는 인용되고, 때로는 혹평받고, 때로는 이상화되고, 때로는 칭송받고, 때로는 무시당했지만, 어떤 방식으로든, 그는 재즈 역사에서 부차적인 인물이었음에도 불구하고, 궁극적으로는 주요한 일차 자료가 되어버린 인물이었다.[73]

1905년 11월 16일, 인디애나주 굿랜드에서 태어난 에디 컨던은 중서부 전역의 댄스 밴드에서 견습 생활을 했다. 1920년대 중반 시카고에서 컨던은 자신과 비슷한 생각을 가진 여러 연주자들과 어울리게 되었고, 특히 나중에 오스틴 하이스쿨 갱Austin High School Gang으로 알려지게 될 젊은 악기 연주자들과 함께했다. 컨던과 마찬가지로, 그들은 재즈 음악과 재즈 문화에 거의 강박적인 집착을 보였다. 컨던은 그때를 이렇게 회상했다. "그들은 마치 재즈가 예루살렘에서 막 도래한 새로운 종교인 것처럼 이야기했다." 이는 오스틴 하이스쿨 그룹의 가장 유명한 멤버 중 두 명인 코네티스트 지미 맥파틀랜드Jimmy McPartland와 테너 색소폰 연주자 버드 프리먼Bud Freeman과의 첫 만남에 대한 컨던의 설명이다.[74] 하지만 또 한편으로는, 컨던 자신에 대해 이야기한 것일 수도 있다. 시카고 재즈파의 열정은 깊었고, 그들은 음악적 성공을 거두면서도 여전히 재즈 팬으로서의 순수한 열정을 간직하고 있었다.

시카고 도심 서쪽에 위치한 오스틴은 재즈 운동이 시작되기에는 그리 유망한 장소가 아니었다. 그러나 1922년, 한 무리의 학생들이 오스틴 고등학교 근처의 눈에 띄지 않는 버프 벽돌 건물에 자리한 음료수 가게에서 정기적으로 모이기 시작했다. 이 가게는 태엽으로 움직이는 빅터 축음기와 레코드 더미로 인기를 끌었다. "어느 날 우리는 그 더미 속에서 뉴올리언스 리듬 킹스의 음반을 발견했고, 어떤 밴드인지도 모른 채 틀어보았다." 버드 프리먼은 그 순간을 이렇게 회상했다. "우리는 완전히 흥분했다! 그때까지 우리가 들어온 음악은 대부분 상업적인 댄스 밴드의 연주였는데, 이 사운드는 완전히 달랐다."[75] "그때 그 자리에서" 지미 맥파틀랜드가 이야기를 이어갔다. "우리는 밴드를 결성해서 저들처럼 연주해보자고 결심했다. 그래서 각자 악기를 골랐다. 테쉬[프랭크 테셰마허]는 클라리넷을 사겠다고 했고, 프리먼은 색소폰을 선택했고, [짐] 래니건은 베이스 튜바를, 나의 형[딕 맥파틀랜드Dick McPartland]은 밴조를 맡기로 했다. 그리고 나는 가장 소리가 큰 악기인 코넷을 선택했다."[76] 프리먼을 제외한 모든 멤버들은 원래 바이올린을 공부하고 있었지만, 이 순간을 계기로 재즈의 세계에 입문하게 되었다.

얼마 지나지 않아, 학생들은 뉴올리언스 리듬 킹스가 연주했던 시카고의 나이트클럽 프라이어스 인의 이름을 따온 블루 프라이어스Blue Friars라는 임시 밴드를 결성하여, 그들이 발견한 이 새로운 재즈 사운드를 모방했다. 그러나 재즈의 어법을 완전히 익히기 위해서는 실질적인 학습이 필요했다. 리듬 킹스의 음악을 연구하는 것뿐만 아니라, 다른 레코드를 정밀하게 분석하는 것이 필수적이었다. 특히 빅스 바이더벡이 참여한 울버린스의 녹음은 이들에게 큰 영향을 미쳤다. 또한, 그들은 토요일 밤마다 직접 공연을 보러 다니며 재즈를 체험했다. 대표적으로, 시카고의 링컨 가든스에서 연주하던 킹 올리버의 크리올 재즈 밴드를 현장에서 감상하며 배움을 얻었다. 머지않아, 오스틴 하이 갱 주변으로 또 다른 젊은 연주자들이 모여들기 시작했다. 드러머 데이브 터프Dave Tough는 오스틴 고등학교 학생과 교제하면서 자연스럽게 이 그룹과 가까워졌다. 얼마 후, 터프가 유럽으로 가자, 그의 어린 친구 진 크루파가 이 밴드의 드러머 역할을 맡게 되었다. 또 당시 인근의 해리슨 고등학교 1학년이었던 클라리넷 연주자 베니 굿맨은 콜럼버스 파크의 보트하우스에서 열린 공연에 참석했다가, 오스틴 하이스쿨 갱의 멤버들을 알게 되었다. 그리고 머지않아 그도 이 그룹의 다양한 멤버들과 연주하게 되었다.

매킨지-컨던 시카고언스McKenzie-Condon Chicagoans의 1927년 녹음은 이 젊은 재즈 연주자들의 패기 넘치는 접근 방식을 여실히 보여준다. 〈China Boy〉에서 견고하게 스윙하는 크루파의 드럼 연주는, 이러한 보다 눈에 띄는 스타일의 분위기를 형성한다. "그는 매킨지-컨던 시카고언스의 녹음에서 새로운 드럼 연주의 개념을 보여줬다"라고 존 해먼드John Hammond는 수년 후에 회상했다. "진은 바위처럼 견고하게 스윙했다…… 그때까지 내가 들어본 드러머 가운데 최고라고 느꼈다."[77] 이 세션에서 녹음 데뷔를 한 피아니스트 조 설리번Joe Sullivan은 더욱 불을 지피는 질주하는 솔로를 제공한다. 여기에서 지미 맥파틀랜드의 코넷 연주는 덜 획기적인 것일 수 있지만, 그럼에도 불구하고 그 시대의 더욱 훌륭한 바이더벡 제자 중 한 명으로서의 그의 명성이 커지고 있음을 확인하게 된다. 이 세션 이전에도 그가 울버린스에서 빅스를 대신하도록 요청받았다는 것은 놀라운 일이 아니다. 이와는 대조적으로, 이 시기의 버드 프리먼의 테너 색소폰 솔로는 마감이 거칠고, 씩씩거리는 목구멍소리 같은 느낌을 준다. 나중에 그의 스타일은 더 부드러운 광채를 띠게 되지만, 이 초기의 모습에서 우리가 마주치게 되는 것은 어떠한 피난처도 제공하지 않고 어떠한 포로도 데리고 가지 않는 난폭한 색소폰 연주자임을 알리는, 고함치고 우르르 울리는 포효이다. 스물여섯 살 생일에 자동차 사고로 사망하기 전까지 한 줌의 녹음만을 남긴 테셰마허는 이 그룹에서 가장 평가하기 어려운 인물일 것이다. 〈Sugar〉의 매킨지-컨던 연주에서 블루스의 기미가 가미된 그의 성큼성큼 뛰어가는 라인은 진부한 표현에서 벗어난 선율의 즉흥 연주에 대한 감각을 드러내고, 이후 시카고 클라리넷 연주자들이 따르게 될 모범을 보여준다. 그러나 그는 종종 자신의 업적보다는 다른 연주자들, 특히 베니 굿맨에 대한 그의 영향력으로 가장 잘 기억된다. 사실, 테셰하머는 굿맨의 기교를 뛰어넘지는 못하지만, 그의 몇 안 되는 녹음은 초기 뉴올리언스 코넷 전통의 거친 소리와 거트버킷* 스타일을 클라리넷에 접목시켜 독창적인 사운드를 구축했던 과감한 연주자의 면모를 보여

---

* 거트버킷gutbucket: 재즈 용어로, 거칠고 원초적인 스타일의 연주를 의미한다. 이 표현은 원래 블루스와 초기 재즈에서 유래했으며, 세련되지 않은 날것의 감성과 강한 감정 표현이 특징이다.

준다.

피 위 러셀은 테셰마허보다 2주 늦게 태어났고, 훨씬 더 형식화된 접근 방식을 개발했다. 세인트루이스의 바텐더이자 급사의 아들로 태어난 그의 공식 이름은 훨씬 더 우아한, 찰스 엘즈워스 러셀Charles Ellsworth Russell이었다. 그는 젊었을 때 피아노, 드럼, 바이올린을 공부했지만, 십대 초반에 클라리넷에 집중하기 시작했다. 빅스 바이더벡과 나중에 함께 연주하며 친분을 쌓았던 그는, 바이더벡처럼 기숙 학교에서 퇴학당한 후 본격적인 재즈 경력을 시작했다. 러셀은 훗날 이때를 떠올리며 농담을 남겼다. "그곳에서 배운 건 딱 한 가지다. 제시간에 목적지에 도착하는 법."[78] 그러나 퇴학 이후 그의 가장 큰 문제는 정확히 어디로 가야 하는가였다. 그는 이후 몇 년 동안 멕시코, 미국 서부 해안, 애리조나, 캔자스, 아이오와, 노스다코타와 사우스다코타, 텍사스 등지를 떠돌며 연주했다. 텍사스에서는 잭 티가든을 만났고, 세인트루이스로 돌아가서는 빅스 바이더벡과 교류했다. 이후 뉴욕으로 진출하며, 돈을 벌 수 있는 곳이라면 어디든 향했다. 특이하게도, 여러 시카고 출신 음악가들과 마찬가지로, 러셀은 시카고에서 연주한 경험이 많지 않았다. 하지만 그는 세인트루이스 출신 음악가들과 함께 활동하며, 후에 에디 컨던 그룹과 긴밀한 관계를 형성하게 된다.

여러 평론가들은 마치 그의 연주가 표면적 의미와 상징적 의미가 충돌하는 문학 작품인 양, 숨은 의도를 찾으려 했다. 휘트니 발리엣Whitney Balliett은 "그가 괴팍하고 투덜대는 소리를 내는 것 같았지만, 그것은 위장술이었다. 왜냐하면 그는 가장 애절하고 서정적인 연주자였기 때문이다." 군터 슐러Gunther Schuller는 이 "두 러셀" 이론을 더욱 강력하게 설명한다. "이 러셀 솔로 중 하나를 처음 들었을 때는, 어색하고 부끄러워하며 비틀거리고 방향을 잃은 듯한 태도로 중얼거리는 다소 기량 없는 음악가의 인상을 주는 경향이 있었다. 그러나 좀 더 면밀히 살펴보면, 그러한 특이성, 즉 비정통적인 음색, 끊기는 듯한 연속성, 기묘한 음 선택은 거의 전적으로 고유한 예술적 법칙에 따라 작동하는, 독특하고 놀라울 정도로 자기 충족적인 음악적 성격의 표현이라는 것이 밝혀졌다."[79] 버드 프리먼은 러셀의 음악적 영감을 완전히 다르게 해석하여, 다소 변형된 방식으로, 연민과 두려움이라는 고전적인 아리스토텔레스적 개념으로 환원시켰다. "그가 세계적으로 유명한 인물이 된 이유는 사람들이 그의 연주를 들으며 함께 고통을 겪었기 때문이다. 그들은 '오, 제발 그가 이 코러스를 무사히 통과했으면' 하고 바라곤 했다." 그러나 그의 음악이 은밀한 의미를 담고 있는 델포이의 신탁이든, 기이함의 표현이든, 혹은 단순히 다양한 한계를 중심으로 구축된 스타일로 간주되든, 러셀은 궁극적으로 가장 중요한 부분에서 성공을 거두었다. 바로, 비정통을 포용하여 대리만족을 줌으로써 열성적인 팬층을 확보한 것이다. 피 위 숭배자의 일원이 된 팬들에게, 이만큼 훌륭한 클라리넷 연주자는 없었다.

러셀의 연주는 거의 처음부터 기이한 것에 대한 그의 취향을 드러냈다. 1929년 〈That Da Da Strain〉 녹음에서, 러셀은 뉴올리언스 거장들이 개척한 화려하고 유려한 클라리넷 스타일을 모방하려는 듯한 어정쩡한 시도로 솔로를 시작한다. 그러나 이는 초라한 성과로 끝난다. 러셀은 세 마디 동안 이런 방식으로 정력적으로 허우적거리다가, 기교에 대한 이러한 시도를 포기하고, 대신 고립된 음들과 들쭉날쭉한 프레이즈를 던지며, 이 아티스트의 곡을 특징짓는, 흐느끼는 소리로 끝나는 으르렁거림, 리듬 섹션이 있는 새도우 박스의 스타카토 잽, 비명을 지를 때까지 구부러지는 음 등 모든 임시변통의 소리를 제공한다. 같은 날 〈Basin Street Blues〉에 녹음된 그의 유명한 솔로는 오직 이 12마디 블루스*의 맥락 안에서, 일탈을 음악 스타일의 수준으로 끌어올리는 유사한 기술을 더욱 효과적으로 발휘한다. 이 조합은 마

---

* 12마디 블루스12-bar blues: 블루스 음악의 대표적인 형식 중 하나로, 12마디의 반복되는 구조를 가진 코드 진행을 의미한다. 이 구조는 다양한 음악 장르에 큰 영향을 미쳤으며, 특히 로큰롤, 재즈, 리듬 앤드 블루스(R&B) 등에서 자주 사용되었다.

음을 사로잡는다. 파토스의 음악인 블루스와 병리학의 대가인 피 위가 초현실적인 중간 지점에서 만나고, 그곳에서 딕시랜드와 다다이즘이 더듬거리며 손을 맞잡는다. 러셀은 그의 경력 전반에 걸쳐, 블루스로 돌아가서, 자신만의 방식으로, 불가피한 피로 얼룩진 승리를 거두기 위해, 매번 어떻게든 해냈다. 그러나 러셀 스타일의 기이함이 그의 노력에 영감을 주는 다산의 뮤즈를 일시적으로 가릴 수는 있었지만, 결코 숨길 수는 없었다. 그의 작업은 똑같이 강한 스타일의 감각을 지닌 다른 연주자와 대조될 때 특히 빛났다. 〈Hello Lola〉, 〈One Hour〉에서 콜먼 호킨스와 함께했을 때나, 수십 년 후 제리 멀리건Gerry Mulligan 혹은 셀로니어스 몽크(러셀의 팬들은 약간의 정당성을 가지고, 그가 "몽크를 능가했다"고 주장한다)와 그의 재치를 겨룰 때나 상관없이 말이다. 버드 프리먼은 러셀의 카리스마와 창의성을 기리는 찬사로서, 당시 가장 유명한 클라리넷 연주와 비교하며 의미심장한 예측을 내놓았다. "앞으로 백 년 후, 그리고 또 백 년이 더 지난다면, 사람들은 베니 굿맨의 녹음보다 피 위의 녹음에 대해 더 많이 이야기할 것이다."

에이드리언 롤리니Adrian Rollini는 러셀보다 즉흥 연주 스타일에서 덜 독특했을지 모르지만, 다른 방식으로 이를 보완했다. 그가 주 악기로 베이스 색소폰을 선택한 것은 그 자체로 파격적이었다(보이드 래번Boyd Raeburn, 앤서니 브랙스턴Anthony Braxton, 로스코 미첼Roscoe Mitchell 같은 실험적인 연주자들은 이것의 강렬한 음색을 즐겨 사용했지만). 이 금관악기는 이후 재즈 밴드에서 드물게 등장한다. 하지만 롤리니가 연주한 다른 악기들은 훨씬 더 독특하다. 그는 구푸스,* 첼레스타, 그리고 자신이 직접 고안한 "핫한 만년필hot fountain pen"이라는 독특한 이름을 가진 축소형 클라리넷을 연주했다.

---

* 구푸스goofus: 20세기 초반 재즈 및 경음악에서 간혹 사용된 독특한 관악기. 이 악기는 프랑스에서 개발된 쿠스노폰Couesnophone에서 유래했고, 미국에서 '구푸스'라는 별명을 얻었다. 색소폰과 비슷한 모양을 가지고 있지만 더 작고 가볍다. 색소폰과 클라리넷의 중간 정도 되는 소리를 내며, 다소 장난스럽고 독특한 음색을 지니고 있다.

그는 또한 실로폰, 마림바, 비브라폰의 초기 연주자였고, 피아노를 연주했으며, 뛰어난 실력을 가졌음에도 과소평가된 드러머이기도 했다. 이처럼 다채로운 악기 연주 경력은 종종 비평가들로 하여금 그의 연주의 핵심적인 장점인, 그의 탄탄한 스윙 감각, 깔끔하고 철저한 즉흥 연주 라인, 그리고 솔로에서 발산하는 즐거운 에너지 등을 간과하게 만들었다. 롤리니의 1920년대 후반 최고의 연주들은 주로 다른 리더들의 밴드에서 이루어졌다. 그는 조 베누티의 블루 포Blue Four 밴드의 일원으로, 〈Kickin' the Cat〉과 〈Beatin' the Dog〉을 연주했고, 빅스 바이더벡, 프랭크 트럼바우어Frank Trumbauer와 함께 〈Three Blind Mice〉, 〈At the Jazz Band Ball〉를 연주했다. 그리고 미프 몰Miff Mole과 함께한 〈Feelin' No Pain〉에서도 뛰어난 기량을 선보였다. 1930년대에 들어서도, 롤리니는 그의 색소폰 스타일을 계속해서 다듬었고, 그 예로 1935년 녹음된 〈Bouncin' in Rhythm〉에서 그의 인상적인 연주를 들을 수 있다. 그러나 이 시기에는 비브라폰 연주에 더욱 집중하는 경향을 보였다. 그의 비브라폰 연주는 부드러운 톤과 유려한 프레이징으로 인상적이었지만, 색소폰 연주의 활기찬 에너지를 완전히 대체하지는 못했다. 그러나 1935년, 프레디 젠킨스Freddy Jenkins 밴드의 〈Toledo Shuffle〉에서 보여준 드럼 연주는 매우 인상적이었다. 이는 그가 만약 드럼 연주에 집중했다면, 훨씬 더 큰 명성을 얻을 수도 있었음을 시사한다.

1920년대의 리드reed 연주자들만큼 급진적이지는 않았지만, 이 시기의 백인 브라스 연주자들 또한 세련되고 개성적인 접근 방식으로 재즈 예술을 발전시키고 있었다. 당시 가장 많이 녹음된 밴드 리더 중 한 명이자 빅스와 비슷한 스타일의 코넷 연주자인 레드 니콜스Red Nichols와 트롬본 연주자 미프 몰이 대표하는 이른바 뉴욕 스타일은 보다 자기 성찰적인 접근 방식을 만들어, 시카고파나 다른 초기 재즈 개척자들의 임시변통적인 긴박함을 누그러뜨렸다. 1927년 녹음된 〈Davenport Blues〉에서 그들의 재즈 개념을 엿볼 수 있다. 이 곡에서 선율 라인은 부유하는 듯한 느낌을 주며 리듬 섹션의 중력적 끌어당김에 저항한다. 연주에서는 거의 무심한 듯한 거리감이 느껴지지만, 동시에 춤출 수 있는 투 스텝에 뿌리를 둔 탄력 있고 경쾌한 스윙이 유지된다. 몰의 트롬본 연주는 뉴올리언스 스타일의 테일게이트* 전통에서 벗어나 보다 선형적인 개념을 보여주었고, 이후 잭 티가든과 같은 현대적인 트롬본 연주자들에게 길을 열어주었다. 한편, 시카고 출신의 프랜시스 조셉 "먹시" 스패니어는 재즈의 뉴올리언스 뿌리에 대한 충성을 유지하며, 짧고 뚜렷한 중음역 라인과 앙상블 사운드를 존중하는 연주 스타일을 보였다. 뉴올리언스 태생의 조셉 매튜 "윙이" 매넌Joseph Matthews "Wingy" Manone은 시카고 스타일에도 능숙하게 적응했으나, 그의 음악적 혁신보다는 뛰어난 유머 감각과 엔터테이너로서의 재능이 더 두드러졌다. 1940년대 딕시랜드 부흥이 시작되었을 때, 이 음악가들은 재즈의 뿌리에 대한 새로운 관심 덕분에 혜택을 누릴 수 있었다. 몇몇 예외(데이브 터프의 보다 현대적인 스타일 수용)를 제외하면, 그들은 개인적 재즈 전통이 유행에 맞든 안 맞든 상관없이, 자기 어린 시절의 소리에 충실했다.

당시 개성과 독창성 면에서 바이더벡에 접근할 수 있었던 다른 백인 브라스 연주자는 한 명뿐이었으니, 그가 바로 잭 티가든이다. 티가든은 트롬본에서 가장 위대한 전통 재즈 연주자로 두드러지고, 중요한 재즈 가수로도 족적을 남겼다. 티가든은 그의 고향 텍사스에서 일을 시작했고, 그의 영광스러운 시절의 대부분, 뉴욕을 본거지로 활동하면서, 이 그룹에서 시카고와의 관

---

* 테일게이트tailgate: 뉴올리언스 재즈에서 흔히 사용되는 트롬본 주법. 이 용어는 1920년대 초 뉴올리언스의 재즈 밴드들이 트럭의 뒷문tailgate에서 연주했던 것에서 유래했다. 트롬본 연주자들이 트럭의 끝자리에 앉아 연주할 때 트롬본의 긴 슬라이드를 자유롭게 움직일 수 있는 공간이 필요했기 때문이다. 테일게이트 트롬본 연주는 강하고 활기차며, 주로 슬라이드로 큰 글리산도(한 음에서 다른 음으로 미끄러지듯 넘어가는 음)를 많이 사용하는 것이 특징이다. 이 스타일은 특히 딕시랜드 또는 전통적인 뉴올리언스 재즈에서 많이 사용되었는데, 트롬본 연주자는 선율을 보강하거나 베이스 음을 지원하면서도 독특한 슬라이드 효과를 사용해 연주에 흥겨운 느낌을 더했다.

계가 가장 약했다. 텍사스주 버논의 티가든은 재즈의 주요 중심지에서 멀리 떨어진 곳에서 자랐지만(이 도시는 캔자스 철도 종착역까지 수백 마일을 가기 전의 마지막 공급 기지였고, 이전에는 목축장이었다), 대신 그의 가족이 스스로 전문 연주자 수준의 밴드를 이룰 만큼의 음악적 재능을 갖추고 있었기에 그 한계를 메울 수 있었다. 잭 외에도, 이 가족에는 트럼펫 연주자 찰리, 드러머 컵, 피아니스트 노마와 헬렌이 포함되어 있었다. 그중, 웰던 레오 티가든Weldon Leo Teagarden(당시 소설속 영웅의 이름에서 따왔다)이라는 세례명을 받은 잭이 맏형이었다. 그는 어린 시절 어머니에게 피아노를 배웠고, 이후 바리톤 호른을 배웠다가 트롬본에 정착하게 되었다.

티가든은 성장기 동안 참고할 만한 롤모델이 거의 없었다. 녹음된 음반이나 직접 접할 수 있는 연주자 모두 마찬가지였다. 뉴올리언스 재즈 전통에서는 트롬본이 자주 사용되었지만, 솔로 악기로서의 잠재력을 발전시키는 데는 거의 기여하지 못했다. 트롬본은 주로 대위 선율이나 리드미컬한 악센트를 더하는 역할을 했고, 화음을 연결하는 역할로도 활용되었다. 특히, 트롬본의 연속적인 반음계 음을 부드럽게 연결하여 미끄러지듯 연주하는 기법를 강조하는 테일게이트 사운드는 뉴올리언스 재즈의 대표적인 특징으로, 키드 오리가 가장 잘 구현한 스타일이었다. 그의 대표적인 연주는 1927년 루이 암스트롱와의 녹음곡 〈Ory's Creole Trombone〉에서 확인할 수 있으며, 이후 여러 초기 트롬본 연주자들이 이를 계승했다. 트롬본의 선율적 가능성을 처음으로 보여준 연주자는 미프 몰이었다. 그는 1920년대 후반에 걸쳐 다수의 녹음을 남기며, 트롬본이 단순한 반주 악기가 아니라 독립적인 솔로 악기로서 전면에 나설 수 있음을 입증했다. 티가든이 몰의 영향을 받았다는 점은 부정할 수 없지만, 텍사스 출신인 그는 몰의 연주를 듣기 전에 이미 자기 스타일의 기초를 확립했을 가능성이 크다. 여러 면에서 티가든의 연주는 전통적인 연주 방식에 대한 무관심을 보여준다. 특히 슬라이드 기법보다 입과 입술로 조절하는 기술embouchure과 대체 포지션을 더 많이 활용했다.

그의 영감의 원천이 무엇이었든 간에, 티가든은 첫 녹음을 남길 무렵에 이미 노련한 음악가로서 두각을 나타냈다.[80]

　1921년, 아직 십대 중반일 때, 그는 휴스턴에서 피아니스트 펙 켈리Peck Kelley의 밴드에 합류했는데, 여기에는 피 위 러셀도 포함되어 있었다. 폴 화이트먼이 휴스턴을 지나는 도중, 이 그룹을 듣고서 티가든에게 함께할 것을 제안했으나, 이 젊은이는 거절했다. 그로부터 몇 년 후, 22세가 된 티가든은 마침내 뉴욕으로 향했고, 당시 그는 뉴올리언스, 뉴욕, 시카고와 같이 눈에 띄는 재즈 중심지와는 다소 거리가 있지만 비옥한 재즈 환경에서 6년간의 전문적인 연주 경험을 쌓은 상태였다. 뉴욕에서 티가든은 녹음 세션에 활발히 참여했고, 1920년대 후반에는 거의 매주 녹음 작업에 참여했다. 그는 또한 벤 폴락Ben Pollack 오케스트라에 합류했다. 폴락은 훌륭한 드러머였고, 한때 뉴올리언스 리듬 킹스 밴드를 이끌었지만, 젊은 재능을 발굴한 인물로 더 잘 알려져 있다. 그의 오케스트라에는 티가든뿐만 아니라 베니 굿맨, 글렌 밀러Glenn Miller, 해리 제임스Harry James 등 미래의 중요한 빅 밴드 리더들이 거쳐 갔다. 이후 몇 년 동안 티가든은 폴락과 함께한 활동을 비롯한 여러 무대에서의 연주를 통해, 그의 세대에서 가장 뛰어난 재즈 솔로 연주자 중 한 명으로 자리매김하게 되었다.

　티가든은 동시대 백인 연주자들 가운데서도 드물게, 블루스에 대한 섬세한 감수성을 보여주었다. 1929년 루이 암스트롱과 함께한 녹음 〈Knockin' a Jug〉에서, 그는 두 코러스에 걸친 진심 어린 블루스 연주로 시작하는데, 이 연주는 트롬본을 초월한다. 사실, 그의 솔로 라인은 미프 몰의 세련된 도시적 스타일이나 키드 오리의 테일게이트 전통보다 오히려 베시 스미스의 보컬에 더 가까운 성격을 띤다. 리듬 섹션(기타리스트 에디 랭, 피아니스트 조 설리번, 드러머 카이저 마셜) 역시 훌륭한 지원을 펼치며, 이 시기 어떤 녹음과 견주어도 손색이 없는 느긋하고 군더더기 없는 모범적인 느린 템포를 만들어낸다. 1930년대 초반의 여러 다른 녹음들인 〈Basin Street Blues〉, 〈I

Gotta Right to Sing the Blues〉, 〈Beale Street Blues〉, 〈Stars Fell on Alabama〉에서, 티가든은 그의 트롬본 스타일과 매우 유사한 방식으로 노래를 불렀다. 그는 기교적인 연주도 가능했지만, 가장 자연스러운 상태에서는 여유롭고 제 박자보다 살짝 밀리는 프레이즈를 구사하는 스타일이었다. 그의 보컬은 마치 늦은 밤, 술자리에서 흥얼거리는 듯한 여유로움을 지녔고, 노래와 대화, 가벼운 농담이 섞인 듯한 독특한 느낌으로 청중을 사로잡았다. 이는 당시 재즈 세계에서 막 시작되던 절제미의 가능성을 보여주는 중요한 요소였다. 티가든은 원곡의 멜로디를 단순화하는 데에도, 화려하게 장식하는 데에도 능숙했으며, 이러한 접근 방식은 미국 대중 가창 스타일의 지속적인 발전을 반영하는 것이었다. 잭 티가든, 빙 크로스비, 패츠 월러, 루이 암스트롱은 각각 다소 다른 방식으로 새롭고, 보다 개인적인 보컬 스타일을 정립해 나가고 있었다. 이 음악은 더 이상 콘서트홀을 위한 것이 아니었다. 오히려 보다 친밀한 분위기로 변모하며, 마이크, 음반, 라디오 방송 같은 새로운 대중 시장 기술과 결합하여 현대인의 감각과 취향에 맞게 변화했다. 음악은 이제 개인 단위로 소비될 수 있게 되었으며, 한 번에 한 명의 청자가 집이라는 사적인 공간에서 종종 감상할 수 있게 되었다. 이러한 변화 속에서 티가든과 같은 혁신적인 음악가들은 보다 소박하고, 직설적이며, 과장되지 않은 표현 방식을 제시함으로써 명성을 얻을 수 있었다. 그들의 스타일은 전통적인 극적인 표현을 완전히 배제한 담백한 연주와 보컬이었으며, 이러한 변화된 환경과 대중의 요구에 부응하여 명성을 얻을 수 있었다.

레드 노보Red Norvo는 이 시기가 끝나갈 무렵, 뉴욕 음악계에 등장한 인물로, 재즈 역사학자들에게 특히 큰 도전 과제를 제시한다. 그는 다양한 음악적 교류를 통해 스타일적 범주와 전통을 거스르는 행보를 보였으며, 이는 궁극적으로 그의 경력에 불리하게 작용했을 수도 있다. 그렇지 않았다면, 왜 이 저명한 재즈 베테랑이 1999년 세상을 떠나기 전까지 거의 잊혀진 존재로 남았겠는가? 반면, 그의 동시대 생존자들은 명예 학위를 받고 온갖 찬사를 받으며, 초기 재즈의 중요한 개척자로 추앙받는 이유를 달리 어떻게 설명할 수 있겠는가? 사실, 노보만큼 다양한 방식으로 재즈계에서 존재감을 드러낸 음악가는 거의 없을 것이다. 그의 뉴욕 초기 활동을 보면, 그는 폴 화이트먼과 함께 일했으며, 실로폰이 재즈에서 중요한 악기로 자리잡는 데 많은 노력을 기울였다. 1933년에 녹음한 〈In a Mist〉와 〈Dance of the Octopus〉는 바이더벡의 유산이 지닌 조화로운 의미에 대한 그의 예리한 이해를 드러내는 반짝이는 미묘한 연주이다. 이 트랙들만 본다면, 그는 클래식 음악으로 전향하여 미래지향적인 실내악 스타일의 재즈를 발전시켰을 가능성도 있었다. 그러나 그는 곧 다시 스윙 음악으로 돌아왔고, 1934년의 〈Blues in E Flat〉에서는 자신이 이끄는 뛰어난 밴드에서 최고 수준의 연주를 선보였다. 이 밴드에는 테디 윌슨, 진 크루파, 버니 베리건Bunny Berigan, 추 베리Chu Berry 등이 포함되어 있었다. 이뿐 아니라, 1930년대 후반에 발표된 그의 녹음들은 에디 소터Eddie Sauter의 세련되면서도 독창적인 편곡을 보여주는데, 이는 1950년대 쿨 재즈의 등장을 예고하는 듯하다. 1937년 밀드레드 베일리가 부른 〈Smoke Dreams〉에서 사용된 다중 조성적 편곡을 들어보면, 이 음악이 얼마나 미래적인 사운드를 가졌는지 실감할 수 있을 것이다.

베일리는 이 시기에 노보와 결혼했고, 훨씬 더 대중적인 인기를 누려 여러 곡이 차트 정상에 오르기도 했다. 그녀는 유연한 프레이징과 표현력 넘치는 창법으로 동시대 백인 여성 재즈 가수들 중에서도 두각을 나타냈고, 많은 팬들이 그녀를 스윙의 여왕이라 불렀다. 베일리와 노보의 협업은 섬세한 절제미에서부터 대담한 자신감까지 다양한 감정적 색채를 담아냈지만, 전반적으로는 같은 시기에 빌리 홀리데이와 레스터 영이 보여준 우울한 내면성과는 대조적으로 활기 넘치는 분위기를 띠는 경우가 많았다. 심지어 겉으로는 우울해 보이는 그녀의 대표곡 〈Rockin' Chair〉조차도, 침울함보다는 부드러운 정감과 따뜻한 느낌을 전달했다. 하지만 그녀의 커리어는 너무나 짧았다. 베일리는 1945년에 노보와 이혼했고, 이후 당뇨병과 기타 건강 문제로 인해 무대 활동을 줄이게 되었다. 특히, 그녀의 과체중으로 인해 병세가 더욱 악화되었고, 점차 연예계를 떠나 뉴욕 북부에 위치한 그녀의 농장에서 시간을 보내게 되었다. 결국 1951년, 그녀는 44세의 나이에 심장마비로 생을 마감했다.

1940년대에 노보는 스윙과 비밥 사이의 논쟁에서 양쪽을 오가며 활동했다. 그는 베니 굿맨의 6인조 멤버로 활동했을 뿐만 아니라, 자신의 리더 세션에서 찰리 파커와 디지 길레스피를 기용하여 초기 비밥의 가장 영향력 있는 트랙 중 일부를 탄생시켰다. 1940년대 후반에도, 그는 계속해서 자신의 음악적 지평을 넓혀, 우디 허먼Woody Herman, 빌리 홀리데이와 협업했다. 1950년대에는, 더욱 혁신적인 음악을 펼치며, 기타리스트 탈 팔로우Tal Farlow, 베이시스트 찰스 밍거스와 함께 비브라폰 연주자로 구성된 강렬한 트리오를 이끌었다. 1950년대 말에는, 프랭크 시나트라와 함께 호주 투어에 참여했고, 이 퀸텟과의 협연은 당시 시나트라의 가장 재즈적인 연주를 끌어낸 것으로 평가된다. 이후, 노보는 베니 굿맨, 베니 카터 등 스윙 거장들과 함께하며, 다시 스윙 스타일로 돌아가는 경향을 보였다. 그러나 재즈 역사서들은 이처럼 다양한 스타일을 넘나든 거장을 충분히 조명하지 못했다. 전통적인 범주로는 그의 변화무쌍한 경력을 제대로 다룰 수 없었기 때문이다. 하지만 그가 인위적인 스타일, 인종적 장벽을 넘나들며 보여준 능력은 찬사를 받을 만하며, 본받을 가치가 있다.

빅스와 트램

1920년대 한때, 색소폰 연주자 프랭크 트럼바우어는 그의 오랜 협력자인 빅스 바이더벡을 능가하는 영향력과 명성을 누렸다. 이후 바이더벡이 이 음악적 유산의 중심으로 자리 잡게 되었지만, 이러한 사후의 재평가가 트럼바우어의 뛰어난 업적을 가리는 일은 없어야 한다. 코넷 연주자인 바이더벡보다 두 살 연상이었던 트램Tram[트럼바우어의 애칭]은 1901년 5월 30일 일리노이주 카번데일에서 태어났다. 그는 어린 시절부터 음악 공부를 시작했고, 바이더벡처럼 신동의 면모를 보였지만, 그의 색소폰 연주자로서의 전문적인 경력은 다소 늦게 시작되었다. 그는 군 복무를 마친 후에야 본격적으로 음악 활동을 펼치게 되었다. 1925년 두 사람이 함께 활동을 시작하면서, 이들은 밴드 리더들에게 한 쌍의 음악가로 여겨졌다. 그들은 거의 동시에 골드켓 Goldkette 밴드에 들어갔고(트럼바우어는 자신이 연주를 맡는 조건으로 바이더벡의 고용을 요구했다고 나중에 말했다), 이후 인디애나폴리스에서 열린 같은 공연을 시작으로 폴 화이트먼 밴드로 함께 옮겼다. 이들은 세인트루이스에 기반을 둔 밴드에서도 함께 활동했을 뿐만 아니라, 조 베누티, 에디 랭, 에이드리언 롤리니와 같은 뛰어난 음악가들이 참여했던 올스타 그룹에서도 아주 짧은 기간 동안 활동했다.

하지만 이들의 가까운 동반자 관계는 깊은 차이를 감추고 있었다. 이러한 대비는 외모에서부터 시작되었다. 사진을 보면 마치 로렐과 하디의 조합처럼 보이는데, 키가 크고 마른 트럼바우어는 아메리카 원주민 혈통이 일부 섞인 것으로 보이고, 늘 약간 어정쩡한 표정을 짓고 있다. 반면, 바이더벡은 단정한 외모를 지녔고, 게르만계 혈통이다. 사회적 환경에서 이 차이는 더욱 두드러졌다. 극도로 과묵한 트럼바우어는 거의 침묵하는 동반자였던 반면, 빅스는 1920년대의 고급문화와 대중문화를 막론하고 풍부한 견해를 가진 논평자로서의 지위를 즐겼다. 그는 마르셀 프루스트에 대해 "번역본은 별로다"라고 평가했다고 전해지며, P. G. 우드하우스의 작품은 길게 인용할 정도로 좋아했다고 한다. 또한, 20세기 초반의 클래식 음악에 대한 관심은 거의 집착 수준이었다. 음악적 경력에서도 그들은 서로 다른 길을 걸었다. 정식 음악 교육을 받지 않은 바이더벡은 음악에 전념하며 다른 직업을 상상조차 할 수 없는 사람이었다. 반면, 보다 정규 교육을 받은 트럼바우어는 피아노, 트롬본, 코넷, 바이올린, 바순, 플루트까지 다룰 수 있었고, 색소폰은 그에게 후순위의 악기였다. 하지만 그는 재즈 음악가로서의 삶에 대한 애착이

크지 않았다. 그는 제2차 세계대전 당시 시험 비행사로 복무했으며, 결국 음악계를 떠나 항공 기술 분야에 몸담게 되었다. 그러나 무엇보다도 결정적인 차이는 직업이 아닌 취미에서 나타났다. 음악 외적으로, 바이더벡은 금주법으로 금지된 발효과실주, 즉 알코올에 치명적인 열정을 가졌고, 결국 이것이 그의 생을 단축시켰다. 반면, 트럼바우어는 술을 거의 마시지 않았으며, 공연이 끝나면 곧장 집으로 돌아가 아내와 아이와 시간을 보냈다. 그 결과, 그는 자기보다 젊은 동료인 바이더벡보다 25년이나 더 오래 살았다.

그러나 음악에서는 두 연주자가 미학을 공유했다. 오늘날 우리는 이를 쿨 재즈라고 부르지만, 당시에는 전혀 개척되지 않은 영역이었다. 재즈의 서정적 선율, 음악적 표현의 명료성을 추구하는 태도, 그리고 목가적인 순수한 소리의 구현 등 이러한 재즈 발전의 이정표들은, 적어도 부분적으로는, 바이더벡과 트럼바우어의 인상적인 협업 작품인 〈Singin’ the Blues〉, 〈I’m Coming Virginia〉와 같은 곡들로 거슬러 올라갈 수 있다. 바이더벡은 음색 변형의 분류, 즉 다양한 뮤트, 비브라토 효과, 음을 구부리는 기교 등 당시 대부분의 초기 재즈 코넷 연주자들이 익혀야 할 기술들에는 큰 관심이 없었다. 반면, 트럼바우어는 깨끗하고 가벼운 톤을 정제해 냈는데, 이는 베셰이나 호킨스의 보다 거친 리드reed 악기 연주 스타일과는 전혀 다른 세계였다.

바이더벡의 삶은 마치 한 편의 소설처럼 읽힌다. (그리고 실제로 그의 이야기는 소설로 탄생하기도 했다. 도로시 베이커Dorothy Baker의 1938년 작품 『호른을 든 청년Young Man with a Horn』은 기존의 클리셰를 활용하면서도 새로운 클리셰를 만들어냈다.) 그의 삶은 비극적이면서도 낭만적인 요소가 뒤섞여 있어, 여전히 많은 사람들에게 강한 인상을 남긴다. 하지만 트럼바우어의 전기는 그렇지 않았다. 술은 입에도 대지 않고, 밴드를 떠나 안정적인 직장을 선택한 재즈 음악가의 이야기를 영화로 만드는 경우는 드물다. 그러나 당시 트램의 기교가 뛰어나고 표현력이 풍부한 색소폰 연주는 다른 음악가들에게 강렬한 영향을 미쳤다. 클라리넷 연주자 조 다렌스버그Joe Darensbourg는 회고록에서 이렇게 적었다. "색소폰 연주자 중에서는 단연 프랭키 트럼바우어였다. 빅스의 레코드가 나왔을 때, 그것은 음악계에 엄청난 충격이었다. 트럼바우어의 〈Singin' the Blues〉 솔로는 내가 다른 누구를 카피한 몇 안되는 곡 중 하나였다."[81] 다른 곡인 〈I'll Never Miss the Sunshine〉에 대해 마이클 브룩스Michael Brooks는 트럼바우어의 솔로가 "25년 후 찰리 파커의 다이얼Dial 레코드들이 젊은 리드 악기 연주자들에게 기준점이 되었던 것과 마찬가지로, 당시에도 하나의 기준이었다"라고 회상했다. 버드 존슨Budd Johnson 역시 인터뷰어 마이클 즈웨린Michael Zwerin에게 다음과 같이 말했다. "그때 프랭키 트럼바우어는 최고의 연주자였어."[82] 그러나 트럼바우어에 대한 궁극적인 찬사는 레스터 영Lester Young에게서 나왔다. 그는 트럼바우어의 부드러운 프레이징을 자신의 감성적인 색소폰 연주의 근본적인 스타일로 삼았고, 이는 후대에 큰 영향을 미쳤다. 레스터 영은 1956년, 냇 헨토프Nat Hentoff와의 인터뷰에서 다음과 같이 설명했다. "트럼바우어는 내 우상이었다. 내가 연주를 막 시작했을 때, 그의 레코드를 전부 사서 들었다. 아마 지금도 그의 솔로를 그대로 연주할 수 있을 것이다. 그는 C 멜로디 색소폰을 연주했는데, 나는 테너 색소폰으로 C 멜로디의 소리를 내려고 했다. 그래서 내가 다른 사람들과 다르게 들리는 것이다. 트럼바우어는 늘 작은 이야기를 들려주었다."[83]

본질적으로, 이러한 "작은 이야기"는 이전 재즈 리드 악기 연주자들에게 흔했던, 화성 중심과 아르페지오 기반 스타일에 대한 대안을 제시했다. 트럼바우어의 색소폰 라인은 기존의 연주처럼 수직적이지 않았고, 코드 진행을 철저히 따르거나 예측 가능한 패턴을 삽입하는 방식으로 구성되지 않았다. 오히려 그의 연주는 보다 공중을 떠도는 듯한 유려한 움직임을 보이며, 다양한 선율적 악구로 구성되었다. 그중 일부는 당김음이 가미된 것이었고, 일부는 레스터 영의 벨벳처럼 부드럽고 덜 명료한 연주 스타일을 예고하는 듯했다. 또한, 예상치 못한, 당시 기준으로는 거의 이국적이라고 할 수 있는 음정이 적절히 배합되어 있었다. 트럼바우어가 녹음한 〈I'll Never Miss the Sunshine〉(루이 암스트롱과 킹 올리버의 첫 녹음 세션이 있은 지 불과 십 주 후에 발표된 곡)은 쿨 재즈의 첫 이정표로 간주될 수도 있다. 또한, 아홉 달 뒤에 발표된 〈San〉은 색소폰 라인을 구성하는 데 있어 트럼바우어의 창의성과 다재다능함을 인상적으로 보여주는 곡이다. 물론, 때때로 트램의 솔로(예: 1927년 발표된 〈Trumbology〉)는 보드빌 스타일의 엔터테이너인 루디 위도프트Rudy Wiedoeft와 알 갈로도로Al Gallodoro를 연상시키는 신기한 효과에 지나치게 의존하기도 했다. 하지만 그의 색소폰 연주에서의 기술적 숙련도에는 의심의 여지가 없었으며, 그의 가장 뛰어난 결과물들은 그 시대를 대표하는 가장 중요한 재즈 녹음 중 하나로 평가받는다.

바이더벡과 트럼바우어는 1927년에 녹음한 〈Singin' the Blues〉, 〈I'm Coming Virginia〉와 같은, 가슴을 울리는 연주에서 정점에 도달했다. 이 두 곡은 재즈에서 발라드 전통을 확립하는 데 크게 기여했다. 물론, 이전의 핫 재즈 연주자들 또한 느린 블루스를 자주 연주했지만, 그러한 연주에서 느껴지는 분위기는 바이더벡과 트럼바우어의 협업에서 탄생한 순수하고 여린 멜로디즘melodism[선율 중심의 스타일]과는 상당히 달랐다. 이 곡들이 나오기 전까지는, 마치 뜨거운 것과 달콤한 것이 결코 공존할 수 없고, 현실에는 존재하지 않는 환상적인 조합으로 여겨졌던 것처럼 보인다. 하지만 이 두 흐름, 즉 서정성과 강렬함은 재즈 시대의 후반기에 등장한 이 곡들에서 매끄럽게 융합되었다. 특히 〈I'm Coming Virginia〉에서는, 이전의 많은 재즈 녹음들에서 흔했던 2/4 박자의 경쾌한 바운스 리듬이 부드러운 4/4 박자의 발라드 템포로 대체되었고, 에디 랭의 미묘한 기타 질감이 훌륭하게 뒷받침해 주었다. 다만, 리듬 섹션의 성과는 바이더벡과 트럼바우어의 강렬한 솔로 연주에 가려지는데, 그들의 연주는 감성과 논리가 절묘하게 균형을 이루고 있다. 무엇보다도, 이 연주에서는 바이더벡이 생각한 재즈의 정수가 뚜렷이 드러난다. 그의 솔로에 내포된 대체 화음(중첩된 디미니쉬 코드, 오그먼트 코드, 도

미넌트 나인스 코드)은 너무나 자연스럽게 녹아 있어, 바이더벡의 멜로디즘 속에 숨겨진 강렬한 화성적 요소를 간과하기 쉬울 수도 있다. 그러나 이러한 기술적 요소들은 그의 음악적 창의성이 자유롭게 노니는 과정에 완전히 녹아들어 있다.

같은 시기 동안, 바이더벡과 트럼바우어는 다른 여러 밴드 리더, 특히 진 골드켓Jean Goldkette, 폴 화이트먼과 함께 작업했다. 이후 일부 평론가들은 이와 같은 협업을 안타깝게 바라보며, 이러한 상업적인 음악이 두 솔로 연주자의 재즈적 기량을 제한했다고 주장하기도 했다. 골드켓은 확실히 재즈 연주자라고 할 수는 없었다. 그는 프랑스에서 태어나 그리스와 러시아에서 피아노를 공부한 후 미국으로 이주했다. 새로운 환경에서 그는 강한 열정으로 아메리칸 드림을 좇으며, 점점 피아니스트로서의 명성보다 매니저와 에이전트로서의 능력을 더욱 부각시키게 되었다. 하지만 골드켓이 연주자보다는 기획자로서 더 뛰어난 사람이었다 해도, 그의 밴드는 이러한 비음악적(경영적) 역량 덕분에 더욱 강해졌다. 골드켓 그룹에는 빅스와 트램 외에도, 조 베누티, 에디 랭, 도시 형제Dorsey Brothers, 레드 니콜스, 미프 몰, 돈 머리Don Murray, 스티브 브라운Steve Brown 및 편곡자 빌 챌리스Bill Challis도 때때로 출연했으니, 어떤 기준으로 보더라도 인상적인 구성이었다. 골드켓의 성취를 제한한 것은 그의 밴드의 역량 부족이 아니라, 그의 다소 소박한 목표였다. 그는 기본적으로 무난한 상업 음악을 만드는 것을 목표로 삼았고, 그 결과 밴드의 진정한 실력이 제대로 드러나지 못했다. 골드켓 오케스트라는 분명 녹음된 음악보다 훨씬 높은 수준의 연주를 펼칠 수 있는 실력을 갖추고 있었다. 그렇지 않다면, 1926년 플레처 헨더슨 밴드(스튜어트가 코네티스트로 활동했다)와의 밴드 배틀에서 골드켓의 밴드가 압도적인 승리를 거두었다는 렉스 스튜어트Rex Stewart의 회고를 어떻게 설명할 수 있겠는가? 스튜어트는 훗날 이렇게 기록했다. "이것은 우리에게 굴욕적인 경험이었다. 결국 우리는 세계 최고의 댄스 오케스트라로 불렸으니까. 하지만 실상 우리는 진 골드켓의 빅터 레코드 오케스트라와 경쟁할 수가 없었다. 그들의 편곡은 너무나 창의적이었고, 리듬은 너무 강렬했다." 또한 드러머 소니 그리어Sonny Greer는 이렇게 덧붙였다. "플레처는 그 당시 최고의 지위를 가지고 있었고, 콜먼 호킨스와 같은 최고 연주자들도 함께했지만, 골드켓의 밴드는 그들을 완전히 압도했다. 뉴욕 전체가 그 이야기로 떠들썩했다. 골드켓의 밴드는 차원이 달랐다."[84] 현재 남아 있는 녹음에서는, 당시 골드켓 밴드의 진정한 실력을 엿볼 수 있는 단서가 겨우 몇 개의 인상적인 솔로나 잘 정리된 앙상블 편곡 속에 드러날 뿐이다. 하지만 스튜어트가 "역사상 최초의 진정한 백인 스윙 밴드"라고 묘사한 그들의 연주는, 단순한 상업 음악을 넘어선 것이었음이 분명하다.

빅스와 트램 외에도, 골드켓 밴드에는 여러 유명한 재즈 연주자들이 합류했다. 특히 혁신적인 현악 솔로이스트였던 기타리스트 에디 랭과 바이올리니스트 조 베누티가 녹음 세션에 추가되었는데, 이들은 초기 재즈 시대에 각각의 악기를 대표하는 최고의 연주자로서 두각을 나타냈다. 베누티와 본명이 살바토레 마사로Salvatore Massaro였던 랭은 어린 시절 필라델피아에서 만나, 함께 학교 오케스트라에서 같은 악보대를 공유하며 연주했다. 두 사람은 처음에 바이올린을 배웠는데, 일부 연구자들은 유럽 이민자들이 바이올린을 선호했던 이유가 이동할 때 휴대하기 쉬웠기 때문이라고 설명하기도 한다. 그러나 이후 에디 랭은 밴조와 기타로 전향하여 연주하기 시작했다. 이들은 둘 다 십대 후반이었던 1920년대 초에 필라델피아와 애틀랜틱 시티에서 함께 연주했다. 1926년, 그들은 뉴욕에서 다시 만나 중요한 녹음 작업을 시작했다. 그들의 1926년 듀엣곡 〈Stringing the Blues〉는 두 연주자의 깊은 교감과 유려한 연주를 보여줄 뿐만 아니라, (이후 프랑스 핫 클럽 퀸텟Quintette of the Hot Club of France의 전설적인 연주를 예고하며) 기타와 바이올린이 재즈에서 어떤 역할을 할 수 있는지를 정의한 중요한 이정표이기도 하다. 1929년 10월의 〈Running Ragged〉와 1930년 10월의 〈The Wild

Dog)와 같은, 이후의 협업은 두 사람이 자신들의 악기를 통해 재즈의 어휘를 확장해 나가는 과정을 기록하고 있다. 이들의 중요한 녹음 작업은 실내악 스타일의 재즈 콤보 연주를 구축하는 데 큰 역할을 했다.

결국, 골드켓 밴드에서 핵심적인 역할을 했던 재즈 솔로 연주자들인 빅스, 트램, 랭, 베누티는 더 성공한 폴 화이트먼 오케스트라로 옮겼다. 그러나 화이트먼의 밴드는 골드켓의 밴드보다도 더욱 수수께끼 같은 존재로 여겨진다. 화이트먼은 뛰어난 홍보 전략 덕분에 "재즈의 왕"이라는 별명을 얻으며, 1920년대에 큰 명성을 얻었다. 하지만 이후 수십 년 동안 이러한 칭호는 거센 반발을 불러일으켰다. 특히, 로베르 고팽Robert Goffin은 1932년 출간된 그의 저서 『재즈의 최전선에서Aux Frontières du Jazz』에서 화이트먼을 강하게 비판했다. 이 책은 재즈에 대한 최초의 중요한 저서 중 하나였으며, 고팽은 책의 헌사를 "진정한 재즈의 왕인 루이 암스트롱에게"라고 남겼다. 이는 화이트먼을 겨냥한 날카로운 풍자로서, 많은 재즈 애호가들의 견해를 반영한 것이었다. 그의 견해에 따르면, 화이트먼의 음악은 "진정한 재즈와 부르주아 대중의 편견 사이에서 타협한" 결과물이었다.[85] 당시 미국을 방문한 적이 없었던 고팽이었지만, 그는 암스트롱, 바이더벡, 엘링턴, 호킨스 등을 평가하는 데 있어 놀라울 정도로 통찰력 있는 시각을 가지고 있었다. 화이트먼에게 붙여진 "재즈의 왕"이라는 허울뿐인 칭호에 대해 그가 분개한 것도 충분히 이해할 만하다. 그러나 화이트먼은 골드켓과 마찬가지로, 피상적인 판단만으로 쉽게 평가할 수 없는 매우 복잡하고 논란 많은 인물이다.

큰 틀에서 보면, 이는 20세기 음악과 관련된 기존 담론이 서로 다른 음악적 양식을 넘나드는 인물을 다루기에 적절한 도구를 갖추지 못했기 때문이다. 예를 들어, 1920년대 음악 활동을 다루는 대부분의 연대기는 대중음악, 재즈, 클래식 작곡을 암묵적으로 구분한다. 그 결과, 재즈의 발전을 설명하는 서술에서는, 핫 밴드들(헨더슨, 엘링턴, 굿맨, 베이시)이 다른 음악적 흐름과 완전히 분리된 채 성장하고 변화하는 것처럼 묘사된다. 이러한 구분 방식은 음악사의 서사 구조를 보다 매끄럽게 만드는 데 도움을 줄 수는 있지만, 그 과정에서 많은 것이 희생된다. 이 접근법은 특히 폴 화이트먼과 같은 인물을 다룰 때 더욱 부적절하다. 그는 특정 장르에 속하기보다는, 여러 음악 유형의 경계에서 활동한 음악가였기 때문이다. 만약 음악 장르들이 고차하는 경우가 거의 없다면, 이러한 구분이 그다지 문제 되지 않을 수도 있다. 하지만 좋든 싫든, 현대 음악은 서로 다른 스타일이 융합하고 상호 영향을 주고받는 경향을 띠고 있다. 음악에서 순수성이라는 개념은 신화에 불과하지만, 그럼에도 불구하고 여전히 강력한 힘을 발휘하는 신화이다. 현대 음악의 강력한 창조적 흐름을 제대로 이해하고자 하는 음악사가라면, 이러한 복합적인 예술 형식을 그 자체의 관점에서 다룰 수 있어야 한다. 그렇지 않다면, 아예 다루지 않는 편이 나을 것이다. 포스트모던 시대의 음악 지형도에는 고속도로란 존재하지 않는다. 대신, 수많은 길들이 서로 교차하고 갈라지는 복잡한 네트워크만이 존재할 뿐이다.

화이트먼을 그의 광범위한 음악 활동 전반에 걸쳐 평가하려면 어디서부터 시작해야 할까? 대부분의 논평에서는, 화이트먼이 클래식 음악사에서 각주 정도의 모호한 위치를 차지하고 있다는 점을 강조한다. 특히, 그는 조지 거슈윈George Gershwin에게 《랩소디 인 블루Rhapsody in Blue》를 작곡하도록 의뢰한 인물로 잘 알려져 있다. (하지만 실제로는 단순한 의뢰가 아니라, 강요에 가까운 방식이었다는 견해도 있다.) 그러나 화이트먼 밴드는 재즈적인 자격 또한 상당히 갖추고 있었다. 그는 골드켓 오케스트라의 핵심 멤버(바이더벡, 트럼바우어, 챌리스, 베누티, 랭, 브라운)를 영입했을 뿐만 아니라, 빙 크로스비에서 퍼디 그로페Ferde Grofé에 이르기까지, 당시 떠오르는 젊은 재능들을 한데 모았다. 그러나 이러한 뛰어난 연주자들은 재즈적 요소가 거의 없는 곡들을 연주해야 하는 경우가 많았다. 화이트먼 밴드가 연주했던 감미로운 대중음악은 이 밴드의 가장 약한 부분이었다. 더욱 안타까운 점은, 오늘날 화이트먼이 바로 이러한 곡들을 기준으로 평가받고 있다는 사실이다.

예를 들어, ⟨Whispering⟩과 ⟨Japanese Sandman⟩과 같은 곡들은 당시에는 큰 인기를 끌며 높은 판매량을 기록했지만, 오늘날의 청중이 듣기에는 낡은 느낌을 준다. 이는 화이트먼이 적극적으로 홍보했던 빅터 허버트Victor Herbert의 작품뿐만 아니라 레하르Lehár의 ⟨메리 위도우 왈츠Merry Widow Waltz⟩, 리스트Liszt의 ⟨사랑의 꿈Liebestraum⟩과 같은 사이비 클래식 편곡도 마찬가지다. 이들 음악은 재즈 시대의 순진함을 떠올리게 하는, 나름의 매력을 지닌 절제된 우아함을 갖추고 있다. 그러나 결국 세월의 흐름을 견뎌낼 만큼 강인한 생명력이 부족하다는 점에서 한계를 지닌다.

그러나 화이트먼의 또 다른, 보다 재즈적인 면모도 재조명될 가치가 있다. 이 측면은 오늘날 너무 자주 잊히거나 간과되고 있다. 화이트먼이 자신을 재즈의 왕이라고 주장한 것에 완전히 부합하지는 않았을지라도, 그렇다고 그가 핫한 음악의 왕국에서 단순한 평민이었던 것도 아니다. 바이더벡이 그의 밴드에 합류하기 전부터, 화이트먼은 이미 뛰어난 핫 재즈 연주자들을 보유하고 있었다. 예를 들어, ⟨I'll Build a Stairway to Paradise⟩(1922)에서의 토미 고트Tommy Gott, 또는 ⟨Hard Hearted Hannah⟩(1924)에서의 헨리 부세Henry Busse의 트럼펫 솔로를 들어보라. 또한, 빙 크로스비의 화이트먼 시절 보컬은 이후 할리우드 연예인으로서의 명성에 가려 잘 조명되지 않지만, 그가 초기에 보여준 재즈 스타일의 보컬은 강력하고 지속적인 영향을 미쳤다. 당시의 어떤 인기 가수보다도, 크로스비는 마이크와 녹음 기술이 기존의 증폭되지 않은 콘서트홀 공연을 대체하던 시대에 완벽하게 들어맞는, 친밀한 전달 스타일을 만들어냈다. 그의 창법은 1927년 화이트먼 오케스트라의 ⟨Mary⟩ 녹음에서 바이더벡과 함께한 연주에서도 명확하게 드러나며, 이는 그가 빅스와 트램이 지향하던 쿨 재즈 미학을 공유하고 있었음을 보여준다. 한편, 화이트먼의 최고 "상주 작곡가"였던 퍼디 그로페는 음악사에서 거슈윈의 《랩소디 인 블루》를 편곡한 사람 정도로만 평가되며 단역으로 전락해 버렸지만, 사실 그는 훨씬 더 중요한 주연급 인물이다. 그로페는 화이트먼 밴드에 합류하기 전부터 이미 아트 힉맨Art Hickman 밴드의 편곡에서 색소폰 섹션이 댄스 음악에서 표현력을 확장할 수 있도록 하는 데 핵심적인 역할을 했다. 그가 화이트먼을 위해 작곡한 〈Mississippi Suite〉, 〈Metropolis〉와 같은 후기 작품들은 콘서트 재즈 전통에 중요한 공헌을 했다.

이들 후반기 작품의 주요한 문제점은 포함된 요소 자체가 아니라(편곡 자체는 상당히 세련되게 이루어졌다), 오히려 빠진 요소에 있다. 그로페는 거슈윈의 《랩소디 인 블루》를 모방하는 데 집중한 나머지, 즉흥 연주의 역할을 경시하는 결과를 낳았다. 심지어, 〈Metropolis〉에서의 바이더벡의 "솔로" 조차도, 남아 있는 악보에 하나하나 음표까지 명확하게 기보된 형태로 나타난다. 만약 그로페가 이 뛰어난 작품들 속에 핫 솔로를 위한 공간을 더 남겨두었다면, 오늘날 이 곡들은 재즈의 고전으로 인정받았을 가능성이 크다. 그러나 저 상태 그대로의 트랙들은 재즈 팬들에게는 충분히 재즈적이지 않고, 심포니 홀에서 연주되기에는 충분히 고상하지 못한, 어중간한 위치에 놓여버렸다. 결국 이 곡들은 음악사의 틈 사이로 잊혀져 버린 것이다. 그리고 그로페는 화이트먼 밴드에서 유일한 스타급 편곡자가 아니었다. 빌 챌리스의 편곡은 이 밴드의 가장 혁신적이고 재즈적인 작품들을 대표하며, 어디 샤프Eddie Sharpe, 매티 말넥Matty Malneck, 톰 새터필드Tom Satterfield 또한 세련되고 재즈 지향적인 작품을 만들어낼 수 있는 역량을 갖춘 편곡자들이었다. 예를 들어, 챌리스의 〈Changes〉에서는, 지나치게 저평가받은 강대의 또 다른 걸작을 발견할 수 있다. 이 곡에서는 섬세한 보이스 리딩voice leading[화성 진행 기법]이 돋보이며, 이는 바이더벡의 초현대적 피아노 작품 〈In a Mist〉와 비견될 만큼 정교하다.

챌리스가 직접적인 영향을 미쳤을 가능성은 매우 높다. 바이더벡은 자신의 음악 기보 능력이 부족하다는 점을 인식하고 있었고, 자신의 피아노 작곡을 기록하는 일을 빌 챌리스에게 맡겼다. 빅스가 완벽주의자였기 대문에,

이는 고통스러운 과정이었다. 그래서 챌리스가 작곡가 본인이 만족할 만한 수준으로 〈In a Mist〉를 기보하게 되기까지는 무려 6개월이 걸렸다. 당시를 기록한 수많은 회고록들은 바이더벡의 피아노 음악이 그의 코넷 연주만큼이나 인상적이었다고 강조하지만, 이를 입증할 수 있는 실질적인 자료는 거의 남아 있지 않다. 현재 전해지는 것은 빅스가 직접 연주한 단 하나의 피아노 녹음과 챌리스의 채보採譜뿐이다. 게다가 오늘날 유명해진 〈In a Mist〉 녹음에 대해서조차도, 친구 랠프 버튼Ralph Berton은 빅스가 건반에서 연주하는 것을 실제로 들었을 때와 비교하면, "약하고, 뻣뻣하고, 자의식적"이라고 일축했다.[86] 그럼에도 불구하고, 이 녹음은 기존의 재즈 피아노 전통을 급진적으로 재구성한 작품으로 평가되며, 바이더벡이 만약 이십대를 넘겨 더 오래 살았다면, 그의 예술성이 어떤 방향으로 발전했을지에 대한 감질나는 단서를 제공한다.

이 곡은 빅스의 작품 세계에서 어디에 위치시켜야 할지 어려운 곡이다. 많은 평론가들은 이 곡을 바이더벡이 인상주의와 현대적인 작곡 양식에 매료되었던 것의 연장선으로 설명한다(예를 들어, 개조된 도미넌트와 온음 음계 등을 다른 작품들에서 사용한 것에서 드러난다고 주장한다). 반면, 다른 평론가들은 이 곡을 그의 음악과 성격의 낭만적이고 애상적인 측면을 표현한 작품으로 해석한다. 그러나 이 피아노 곡에는 차갑고 다이아몬드 같은 단단한 날이 있으며, 그 본질은 인상파도 낭만파도 아니다. 이 곡의 강철 같은 표면 하부를 깊이 파고 들어가야만, 그 핵심 감정을 발견할 수 있다. 바이더벡의 코넷 연주가 불러일으키는 따뜻한 은근함이 아닌, 가슴 아픈 고립감과 소외감, 어쩌면 절망까지 느끼게 된다. 빅스를 아름다운 선율을 근심 걱정 없이 자유롭게 연주하는 낭만적인 연주자로 칭송하는 이들은, 이 곡이 그의 신화적인 이미지와는 너무나 동떨어진, 거칠고 냉혹한 음악적 풍경이라는 점에서, 이를 받아들이기 어려워할지도 모른다.

1928년 내내, 빅스는 과도한 음주로 건강이 심하게 악화되었고, 결국

12월에 폐렴으로 인해 입원하는 사태로 이어졌다. 1929년 초, 그는 다시 화이트먼 밴드로 돌아왔지만, 일 년 내내 간헐적인 건강 문제가 그를 괴롭혔으며, 특히 가을 무렵에는 상황이 더욱 악화된 것으로 보인다. 그는 아직 이십 대 중반의 젊은 나이였지만, 걸음걸이에 뚜렷한 절뚝거림이 나타났고, 결국 지팡이가 필요할 정도가 되었다. 또한, 그는 근육 경련, 호흡 곤란, 기억력 저하 등을 겪었으며, 창백하고 건강이 나빠 보였다. 1929년 9월 15일, 빅스는 집에서 요양하기 위해 데이븐포트로 돌아왔다. 한 달 후, 주식 시장이 대폭락하기 며칠 전에, 그는 일리노이주 드와이트에 있는, 알코올 중독을 치료하는 유명한 재활 시설인 킬리Keely 치료 센터에 들어갔다. 그는 11월 퇴원한 후, 비교적 건강을 되찾았고, 다시 연주 활동을 할 준비가 되어 보였다. 일련의 지역 공연을 마친 뒤, 바이더벡은 시카고, 세인트루이스, 뉴욕 등지에서 더 큰 기회를 찾아 나서기 시작했다.

이 시기 동안, 바이더벡은 점점 피아노 작곡에 집중하는 모습을 보였다. 그의 친구들과 동료들은 그가 다시 회복하기를 바라며, 바이더벡이 새로운 음악적 경지로 나아가길 기대했다. 그들은 그의 코넷 연주의 직관적인 즉흥성과 그가 사랑하는 클래식 음악의 질서 있는 구조가 완전히 새로운 소리로 합쳐져, 두 세계의 장점을 모두 담아낼 것을 희망했다. 그러나 그러한 기대는 환상에 불과했다. 바이더벡은 음악계로 복귀하자마자, 화이트먼 밴드를 떠나게 만들었던 문제들을 다시 겪기 시작했다. 그는 음주, 피로, 쇠약함의 악순환 속에 점점 더 깊이 빠져들었고, 마치 스스로를 천천히, 그리고 점진적으로 파괴하려는 듯 보였다. 이 마지막 시기에 남겨진 녹음은 거의 없으며, 그가 선 무대도 더 이상 극장, 음악당, 콘서트홀이 아닌, 가정 파티와 대학 공연이 대부분이었다. 이는 그의 화이트먼 시절의 화려한 무대와 비교하면, 너무나 초라한 모습이었다. 1931년 8월 6일, 바이더벡의 생은 뉴욕에서 끝이 났다. 그의 사인은 대엽성 폐렴으로 추정되며, 알코올 금단 증상으로 인한 섬망 상태가 동반되었을 가능성이 있다. 이때 그는 불과 28세였다. 5일

후, 빅스 바이더벡은 고향인 아이오와주 데이븐포트에 있는 오크데일 묘지
에 묻혔다.

후, 빅스 바이더벡은 고향인 아이오와주 데이븐포트에 있는 오크데일 묘지
에 묻혔다.

4

할렘

두 개의 할렘

1920년대 후반의 할렘은 두 극단 사이에서 위태롭게 균형을 유지하고 있는 사회였다. 이 시기의 흑인 문화와 지적 삶의 폭넓은 개화를 의미하는 할렘 르네상스Harlem Renaissance는 미래지향적인 낙관주의와 깊은 공동체적 자부심을 반영하며, 이러한 첫 번째의 가능성을 구체화했다. 이러한 할렘의 비전을 설명하는 데 있어 성경적 비유를 사용하는 것은 자연스러운 일이었다. 마치 구약성경에서 억압받던 민족이 해방되어 약속의 땅에 도달한 것처럼, 흑인들은 할렘에서 노예제도의 굴레에서 벗어나 이제는 스스로의 필요를 충족시키며, 자신들만의 시민 사회를 건설할 자유를 얻게 되었다. 따라서 1920년대의 할렘은 단순한 지역적 공간을 넘어, 미국 전역의 흑인들에게 성숙의 상징이 되었다. 북부, 남부, 동부, 서부 어디에 살든 상관없이, 많은 흑인들은 할렘에서 형성된 공동체를 통해 더 이상 타인의 관용이나 선의에 의존하는 소수 집단이 아니라, 독립적이고 자립적인 사회를 이루어나가는 경험을 간접적으로나마 공유할 수 있었다. 무엇보다 1920년대 후반의 할렘에서 지적인 흐름은 흑인 사회가 얼마나 발전했는지를 보여주는 가장 중요한 요소였다. 물론 이전에도 아프리카계 미국인 지식인들이 존재했지만, 그들은 종종 고립된 채 연구하거나, 심지어 노골적인 억압 속에서 활동해야 했다. 그러나 이 새로운 환경에서는 시, 소설, 시각 예술, 음악, 역사, 사회학 등 다양한 분야에서 창의적인 사고가 꽃필 수 있는 분위기 속에서 하나의 문화적 엘리트 계층이 형성되었다. 이들은 인간 표현의 모든 영역을 자신감 있게 탐구하며, 이전과는 다른 새로운 시대를 만들어 나가고 있었다.

불과 몇 년 전까지만 해도, 할렘은 유럽 이민자들과 루터파 교회들이 자리한 백인 거주 지역이었다. 당시 아파트 창문 너머로 들려오는 소리는 래그타임이 아닌 독일 가곡이었고, 문화적 분위기 또한 유럽적 색채가 강했다. 할렘이라는 이름은 네덜란드의 도시 하를렘Haarlem에서 유래했으며, 초기 네덜란드 정착민들에 의해 붙여졌다. 그 결과, 20세기 초까지도 이 지역은 구세계의 정취를 유지하고 있었다. 그러나 제1차 세계대전이 시작된 후 몇 년 사이에 대규모 인구 변화가 발생했다. 특히 아프리카계 미국인 인구가 급증하면서, 남부에서 이주해 온 흑인들과 맨해튼 중부의 과밀한 빈민가에서 밀려난 흑인 난민들이 할렘에 정착했다. 이들은 단순한 임시 거주자나 일반 거주자에 머물지 않고, 새로운 사회를 형성했다. 1920년대 후반에 이르면, 할렘 부동산의 70퍼센트를 흑인들이 장악하면서, 이들은 단순한 세입자가 아닌 부동산 소유주가 되었다. 이러한 소유권은 곧 독립을 의미했으며, 이는 할렘 흑인 공동체가 보다 자립적인 사회로 발전하는 데 중요한 역할을 했다.

하지만 이와는 또 다른 할렘이 공존했다. 이는 더 냉혹한 현실과 불확실한 미래를 반영하는 모습이었다. 역사학자 데이비드 레버링 루이스David Levering Lewis는 "인구 조사 자료, 의료 데이터, 사회경제 연구 등을 종합적으로 분석"한 결과, 이른바 할렘 르네상스 와중에도 "할렘은 빈민가slum로 변해가고 있었다"라는 결론에 도달했다.[87] 이 두 번째 할렘은 열악한 경제 환경, 낮은 임금, 그리고 계속해서 밀려오는 임대료 고지서가 지배하는 곳이었다. 1927년의 한 연구에 따르면, 할렘 거주자의 48퍼센트가 비슷한 경제적 상황에 있는 백인 거주자들보다 소득에서 임대료가 차지하는 비중이 두 배 이상이었다. 이처럼 하루 벌어 하루 먹고사는 환경 속에서, 할렘 가정의 4분의 1은 적어도 한 명 이상의 하숙인을 받았다. 이는 백인 뉴욕 시민이 하숙인을 받은 비율의 두 배이다. 때로는, 하나의 침대를 근무 시간이 다른 세입자에게 두 번 임대하기도 했다. 흑인의 임금은 남부보다 북부에서 더 높았을지 모르지만, 백인과 흑인의 소득 격차는 여전히 메울 수 없었다. 이러한 환경에서 흑인의 독립은 대가를 치러야 했으니, 매일 부과되는 식비와 주거비가 그것이었다.

재즈는 두 번째 할렘의 중요한 일부였으며, 오히려 고급문화와 더 높은 이상을 추구하던 "다른" 할렘보다 이곳에서 더욱 자연스럽게 자리 잡았다. 물론, 할렘 르네상스는 재즈를 위한 이념적, 문화적 맥락을 형성했다. 하지만 실제로 음악을 만들어낸 곳은 임대료 파티와 지하 경제가 형성된 할렘이었다. 대공황이 시작되기 전부터 이미 임대료 파티는 높은 주거비를 충당하는 일반적인 방식으로 자리 잡았다. 행사 전 한 달 동안 전단지가 배포되었고, 어떤 연주자가 공연할 것인지 홍보했다. 파티 당일 입장료는 25센트에서 1달러 사이였으며, 이 돈은 파티 비용과 다음 달 임대료를 충당하는 데 사용되었다. 할렘의 전설적인 피아니스트 중 한 명인 윌리 "더 라이언" 스미스Willie "The Lion" Smith는 당시를 이렇게 회상했다. "그들은 일곱 개의 방이 이어진 철도식 아파트에 백 명 이상을 몰아넣었고, 벽이 휘어질 정도였다. 어떤 파티는 복도와 건물 전체로 퍼지기도 했다."[88]

이러한 활동들은 활기찼고 사회적으로 중요한 의미를 지녔음에도 불구하고, 두 개의 할렘을 분리하는 요인이 되었다. 임대료를 내는 쪽에게는 "공동체의 특별한 열정"이었지만, "대다수의 할렘 작가들은 이러한 파티의 존재를 외면하거나 거의 인정하지 않았다"라고 한 역사가는 지적한다.[89] 이렇게 숨겨진 할렘에서 탄생한 음악 역시 할렘 르네상스를 다룬 책들에서 오랫동안 제대로 인정받지 못했다. 듀크 엘링턴과 패츠 월러와 같은 재즈의 거장들조차도 많은 역사서에서 미미한 역할만을 부여받았다.[90] 이들의 예술성은 아프리카계 미국인 문화의 최고 정점을 대표했지만, 재즈와의 연관성 때문에 그들은 가려진 할렘, 즉 불법 술집과 빈민가의 하층 세계에 속한 것으로 간주되었다. 당시 할렘을 회상한 캡 캘러웨이Cab Calloway는 재즈가 이 문화적 분출 속에서 주변적 위치에 있었다는 점을 강조하며 말했다. "우리 음악과 엔터테인먼트 업계 종사자들은 뭔가 흥미로운 일이 일어나고 있다는 것을 어렴풋이 알고 있었지만, 우리가 직접적으로 참여한 것은 아니었다."[91] 베니 카터 또한 이에 동의했다. "우리는 예를 들어 문학 분야에서 많은 일이 벌어지고 있다는 것을 알고 있었지만, 우리의 세계는 그들과 너무나 동떨어져 있었다. 우리는 흑인 문화 및 도덕적 지도자들이 우리 음악을 품위 없는 것으로 여기며 깔본다고 느꼈다."[92] 1936년, 스트라이드 피아노의 거장 제임스 P. 존슨이 구겐하임 펠로십을 받기를 희망하며 할렘 르네상스 문학가 제임스 웰든 존슨James Weldon Johnson의 도움을 요청했을 때, 존슨이 보낸 편지는 이 두 할렘이 여전히 분리된 세계였음을 증명했다. 음악가는 자신의 편지에서 두 사람이 한 번도 만난 적이 없음을 인정하며 공손한 태도로 도움을 요청했지만, 구겐하임 심사위원들은 할렘의 핫하고 스윙하는 측면에 대한 그들의 견해를 분명히 드러내며, 존슨의 지원을 거절했고, 1942년 두 번째 신청 역시 거부했다.[93]

할렘 사회의 일부 영역에서는, 1915년에 스콧 조플린이 자신의 오페라 《트리모니샤》를 위한 후원을 구하려 했으나 아프리카계 미국인 음악의 대중적 형식이 고급 예술이 될 가능성에 대한 그의 숭고한 비전에 어떠한 지지도 받지 못했던 때와 크게 다르지 않은 태도가 유지되고 있었다. 중산층 및 상류층 흑인 가정은 래그타임, 재즈, 블루스 음악가들의 문화적 기여를 기리는 것에 대해 기껏해야 애매한 태도를 보였고, 종종 노골적인 적대감을 드러냈다. 윌리 "더 라이언" 스미스는 "평범한 흑인 가정에서는 블루스나 래그 음악이 연주되는 것을 허락하지 않았다"라고 회상하면서, "이러한 형태의 오락을 가장 싫어했던 사람들 중에는 더 나은 삶을 찾아 남부에서 갓 이주해 온 흑인들이 있었다"라고 덧붙였다.[94] 그럴 만한 이유가 없었던 것은 아니다. 음악가 W. O. 스미스는 "할렘에서 태어나거나 오랫동안 살아온 흑인들은 남부 흑인을 깔봤다"고 강조한다.[95] 최남동부 지역에서 새롭게 도착한 흑인들은 세련되어 보이고 사회적으로 인정받기 위해, 요리, 복장, 언어, 문화 등 남부 출신임이 역력히 드러나는 모든 요소를 빠르게 버리려 했다. 이러한 분위기 속에서, 델타 블루스, 뉴올리언스 재즈, 미주리 래그와 같은 남부에서 유입된 음악 역시 같은 부정적 시선으로 평가되었다. 할렘의 일상 생활 전반에서, 북동부의 방식에 동화되려는 열망이 강력한 동기로 작용했다. 이러한 환경에서, 두 개의 할렘, 즉 문학적 열망을 추구하는 할렘과 재즈와 블루스의 할렘이 전쟁은 아니더라도, 적어도 불편한 휴전 상태에 휘말려 들어간 것은 당연한 일이 아니었을까?

피아노는 흑인의 예술적 성취에 대한 이 두 가지 비전이 충돌하는 전장戰場이 되는 경우가 많았다. 할렘에서 피아노는 뉴올리언스에서 브라스 밴드가 차지했던 역할과 비견될 만큼 중요한 존재였다. 이 악기는 상반된 가능성을 동시에 상징했다. 즉, 전통적인 고급문화에 동화되는 경로, 저급한 밤문화의 상징, 중산층 번영의 아이콘, 혹은 단순히 생계를 위한 수단이다. 그러나 역사의 관점에서 되돌아볼 때, 우리는 1920년대 후반과 1930년대 초반의 할렘에서 피아노가 새로운 음악 양식의 중심이었다고 인식하게 된다. 오늘날 할렘 스트라이드 피아노로 알려진 스타일은, 세기 전환기(1900년대 초) 래그타임과 새롭게 진화하고 있던 재즈 피아노 스타일 사이를 연결하는 다리 역할을 했다. 1908년 뉴욕에 정착한 지 거의 반세기가 지난 후, 제임스 P. 존슨은 당시의 음악적 분위기를 이렇게 회상했다. "뉴올리언스나 미시시피강 유람선에서 연주되던 것 같은 재즈 밴드는 없었지만, 래그타임 피아노는 술집, 카바레, 유흥업소 곳곳에서 연주되고 있었다."[96]

1900년부터 1914년 사이, 뉴욕에서는 백여 개의 회사가 래그타임 악보 출판에 관여하고 있었다. 그러나 틴 팬 앨리에서는 상업적 이익과 예술적 가치가 불편한 동거를 했다. 수많은 평범한 래그타임 노래, 즉 그중 대부분은 스콧 조플린, 제임스 스콧, 조셉 램의 고전적인 래그타임 음악과 거의 유사성이 없는 곡들이 이 거장들의 더 세련된 작품을 가리고 있었다. 스트라이드 피아노 연주자들은 고급문화와 대중문화 사이의 틈을 잘 인식하고 있었다. 1915년, 스콧 조플린은 어쩌면 어리석고 어쩌면 현명하게도 이 간극을 인정하지 않으려 했지만, 스트라이드 피아니스트들은 때때로 이를 이어보려 노력하면서도, 자신들의 뿌리가 대중음악에 있다는 사실만큼은 결코 잊지 않았다. 그들은 음악은 관객을 필요로 한다는 점을 이해하고 있었으며, 더 많은 청중을 확보하기 위해 색다른 기법과 대중적인 효과를 익혔다. 때로는 이러한 표면적인 화려함이 재즈 본연의 음악성을 가릴 수도 있었다. 듀크 엘링턴은 나중에 "내가 음악을 시작했을 때, 재즈는 하나의 묘기였다"[97]라고 일부 음악을 비판하기도 했다. 그러나 할렘 스트라이드 스타일의 매끄러운 전문성은 아프리카계 미국인 음악의 청중을 확대하는 데 기여했다. 이는 흑인 사회 내부와 외부의 문화 엘리트들이 보인 차별과 경제 대공황의 어려움 속에서도 이루어진 성과였다. 좋든 싫든, 스트라이드 피아니스트들은 엔터테이너로서의 정체성을 피하지 않았다. 그중에서도 가장 유명한 인물인 패츠 월러는 루이 암스트롱을 제외하고는, 과거와 현재를 통틀어 어떤 재즈 뮤지션도 따라올 수 없는 수준의 탁월한 무대 장악력을 보여주었다.

그러나 스트라이드 피아노는 단순한 대중 오락 그 이상이었다. 래그타임이 쇠퇴한 이후 몇 년 동안, 뉴욕의 연주자들은 래그타임 음악의 기본 정신 ethos, 특히 그 리듬과 싱커페이션을 충실히 유지하면서도, 다양한 연주 기법을 흡수했다. 이들은 젤리 롤 모튼, 얼 하인즈와 같은 재즈 연주자들뿐만 아니라, 클래식 피아니스트들로부터도 영향을 받았다. 그 결과, 고도의 기교를 갖추면서도 오케스트라적인 연주 스타일이 탄생했다. 제임스 P. 존슨은 이 스타일이 뉴욕의 치열한 음악적 경쟁 환경 속에서 발전하게 되었다고 언급했다.

미국의 다른 지역에서는 뉴욕 연주자들만큼 피아노 연주를 발전시키지 못했다. 다른 지역들이 이를 따라잡은 것은 최근의 일이다. 뉴욕 연주자들이

고급 음악가가 될 수 있었던 이유는 뉴욕의 피아노 연주가 유럽식 교육 방식, 체계, 스타일에 의해 발전했기 때문이다. 뉴욕 사람들은 콘서트나 카페에서 수준 높은 피아노 연주를 듣는 데 익숙했고, 래그타임 연주자들은 그 기준을 충족해야 했다. 그들은 오케스트라적 효과, 풍부한 화성, 복잡한 코드, 그리고 유럽 콘서트 피아니스트들의 연주 기법까지 익혀야만 했다. 뉴욕 전역에서 유럽 출신 연주자들이 그들의 음악을 연주하고 있었기 때문이다.[98]

존슨의 음악은 이러한 접근 방식의 대표적인 예시이다. 그의 음악은 스콧 조플린의 래그타임과 패츠 월러, 아트 테이텀의 재즈를 잇는 중요한 연결 고리를 형성한다. 그의 초기 작품들은 여전히 래그타임 스타일에 충실했으며, 특히 그의 곡 〈Carolina Shout〉는 동료 연주자들 사이에서 큰 인기를 얻었다. 이 곡은 악보가 출판되기 전부터 이미 다른 연주자들에 의해 널리 모방되었고, 결국 〈Maple Leaf Rag〉를 대신하여 래그타임 피아니스트들에게 최고의 시험 곡이 되었다. 존슨의 작품은 조플린의 작품을 특징짓는 선율적 영감과 구성의 균형이 다소 부족했을 수도 있다. 그러나 그는 음악적 열망의 폭을 완전히 넓혀서 이를 보완했다. 그의 대중가요들은 큰 성공을 거두었으며, 〈If I Could Be with You (One Hour Tonight)〉, 〈Old Fashioned Love〉, 〈Charleston〉과 같은 곡들은 작곡가로서의 그의 재즈적 배경을 제대로 알지 못하는 대중에게도 널리 알려졌다. 그러나 존슨은 스콧 조플린과 마찬가지로, 클래식 음악의 요새를 정복하려는 강한 의지를 보였다. 그의 유산으로는,《American Symphonic Suite》,《Harlem Symphony》(W. C. Handy의 〈St. Louis Blues〉에 기반한다),《Concerto Jazz A Mine》, 피아노 랩소디《Yamekraw》(패츠 월러가 카네기 홀에서 솔로 연주를 했다), 오페라 《De Organizer》(랭스턴 휴즈Langston Hughes의 대본을 자랑으로 한다) 등이 있다. 그러나 존슨은 생전에 이러한 시도들에 대해 거의 지지를 받지 못했으며, 사후에 그의 개인 자료를 조사하던 중 여러 지휘자와 후원자로부터 받은 거절 편지들이 발견되었다. 그가 1955년에 세상을 떠난 후, 몇 차례 드문드문 이루어진 공연 덕분에 그의 작품들이 완전히 잊혀지는 것은 간신히 막을 수 있었다. 그러나 아프리카계 미국인 음악에 대한 존슨의 높은 열망은 이후 음악적 발전을 예고하는 전조가 되었다. 특히,《Black, Brown, Beige》및 《Harlem》과 같은 듀크 엘링턴의 보다 혁신적인 프로젝트들은 이 야심 찬 선구자의 노력이 직접적인 영향을 미쳤을 가능성이 크다.

스트라이드 피아노의 스타일을 유지하면서도, 존슨은 끊임없이 실험하는 음악가였으며, 자신의 작곡에 적용할 기법을 찾기 위해 재즈와 래그타임을 넘어 다양한 음악적 요소를 탐색했다. 그가 활용한 기법에는, 클래식 삽입(그의 레퍼토리에는《윌리엄 텔 서곡》및《페르 귄트》의 핫 버전이 포함된다), 잘 알려진 국가를 사용한 대위법 발휘(그의 〈Imitators' Rag〉의 마지막 테마는 오른손으로는 〈Dixie〉, 왼손으로는 〈Star-Spangled Banner〉를 연주하여 혼합했다), 그 외 다양한 음악적 시도가 포함되었다. 나중에, 존슨은 재즈 콤보 스타일에도 적응하여, 블루 노트 재즈맨Blue Note Jazzmen과 함께 녹음했으며, 시카고의 여러 유명 연주자들과 협연하기도 했다. 제임스 P. 존슨보다 더 위대한 재즈 음악가들이 존재했을지는 몰라도, 그만큼 당시 아프리카계 미국인 음악의 잠재력을 명확하게 인식하고, 이를 실현하기 위해 열정적으로 노력한 예술가는 드물었다.

존슨과 다른 이들에게서 영감을 받아, 스트라이드 피아노 세계는 남성적이고 경쟁적인 정신을 발전시켰으며, 이는 이후 전체 재즈 세계로 스며들었다. 예술성과 전투가 중첩된 이 전통은 아프리카계 미국인 문화에서 중요하되 종종 간과되는 요소로 남아 있다. 할렘 스트라이드 피아노 전통에서 자신의 수업을 회상하며, 듀크 엘링턴은 이렇게 설명했다. "피아노 연주자로 명성을 얻은 사람이라면 누구든지 그 자리에서 직접 피아노 앞에 앉아 자신의 예술적 기량을 펼쳐 보이며 이를 증명해야 했다."[99] 이후, 커팅 콘테스트, 즉, 즉흥 연주에서 다른 참가자를 패배시키는 것(재즈 용어로 "커팅cutting"한다고 표현된다)는 재즈 교육과 연주에서 중요한 요소가 되었으며, 젊은 연주자가 거쳐야 할 가장 중요한 통과의례가 되었다. 이러한 경쟁의 분위기는 지금도 가장 우호적인 재즈 연주에서조차도 느껴진다. 다른 예술 형태에서는 기교를 과시하는 것이 점점 사라지는 시대이지만, 재즈 세계에서는 여전히 경쟁과 화려한 연주 기법이 중요한 문화의 일부로 자리 잡고 있다. 이러한 재즈 음악가의 '반은 예술가, 반은 전사'라는 새로운 이미지는, 대체로 할렘이라는 뜨거운 환경 속에서 형성되었다.

월리 "더 라이언" 스미스는 이러한 새로운 유형의 재즈 연주자의 전형이었다. 그의 명성은 콘서트홀이나 클럽이 아닌, 뒷방과 사적 모임에서 형성되었다. 모인 피아노 연주자들 사이에서 자신의 우월함을 입증하는 것이 그의 음악성의 핵심 가치였다. 엘링턴은 그를 "본래 검투사의 기질을 지닌 인물"이라고 묘사했다. 스미스는 실력이 부족한 연주자들에게 전혀 관대하지 않았다. 엘링턴은 라이언이 자신의 자리를 넘보는 부적합한 도전자들에게 보였던 전형적인 반응을 다음과 같이 설명한다.

그가 몇 연stanza을 채 지나기도 전에, 사자Lion[라이언이라는 이름의 중의법]는 그를 내려다보며, 시가를 활활 피우고 있었다. 그 고양이cat가 왼손을 제대로 쓰지 못하면, 사자는 이렇게 말하고는 했다. "왜, 장애라도 있나?" 혹은 "왼팔이라도 부러진 건가?" 또는 "일어나 봐, 내가 어떻게 하는 건지 보여주지."

스미스의 뻐기는 태도는 그의 연주만큼이나 그의 명성의 일부였다. 제임스 P. 존슨은 이렇게 설명했다. "윌리 스미스가 어떤 장소에 들어설 때마다, 그의 모든 움직임은 하나의 그림 같았다⋯⋯ 마치 복잡한 피아노곡을 연습하고 발전시킨 것처럼 철저히 연구되고 연마된 것이었다." 냇 헨토프는 라이언이 건반을 찾아 떠도는 것을 "밀회하러 다니는 돈 후안"에 비유했다.[100]

스미스는 할렘 스트라이드가 발전하던 시절, 나이트클럽과 렌트 파티에서 만만치 않은 경쟁자들과 맞닥뜨렸다. 존슨 외에도 이 심야 연주회에는 수많은 건반 연주자들이 등장하고는 했다. 전체를 하나로 모아 놓고 보면, 이들은 마치 데이먼 러니언Damon Runyon 소설 속의 인물들처럼 다채로운 캐릭터의 출연진을 형성했다. 러키 로버츠는 원래 어린 시절 곡예사로 활동하다가 전문 피아니스트가 되었으며, 무대에서의 극적인 불꽃놀이 같은 기교를 건반에 옮겨왔다. 그의 거대한 손은 14도까지 벌릴 수 있었고, 옥타브와 트레몰로 연주는 동료들의 부러움을 샀다. 스트라이드 [피아노] 연주자 아바 라바Abba Labba에 대해서는 알려진 바가 거의 없지만, 그의 강력한 왼손과 정교한 화성의 치환에 대한 선호는 이후 아트 테이텀의 작품을 예고하는 듯하다. 세미놀Seminole이라고만 알려진 또 다른 불가사의한 스트라이드의 달인은 만만치 않은 왼손잡이였다. 카운트 베이시Count Basie는 자서전에서, 커팅 콘테스트에서 패배했던 경험을 회상하며, "그는 다른 모든 이들의 오른손과 같은 왼손을 가졌다…… 그리고 그는 나를 폐위시켰다. 내 왕관을 받아랏!"이라고 탄식했다.[101] 도널드 램버트Donald Lambert는 할렘에서 단 4년을 보냈지만, 양Lamb이라는 별명과는 달리, 피아노 배틀에서 라이언에 맞설 만큼 준비된 연주자였다. 건반 역사의 연구자이자 숙련된 연주자인 이선 아이버슨Ethan Iverson은 램버트의 〈Anitra's Dance〉 연주에 대해 "이 연주는 기술적으로 불가능하다고 생각한다"고 말했다. 그러나 남아 있는 영상은 램버트가 청중의 도움 없이 오직 그의 두 손만으로 이 곡을 연주할 수 있었음을 증명한다.[102] 유비 블레이크는 작곡가이자 이야기꾼이었으며, 동시에 새로운 스타일을 대표하는 카리스마 넘치는 피아니스트였다. 얼 하인즈는 이 시기에, 블레이크가 라쿤 코트에 중산모를 쓰고, 어디서든 그의 무대 존재감을 높이기 위해 늘 지팡이를 들고 다녔다고 회상한다. 그러나 블레이크의 진정한 마법은 피아노에서 펼쳐졌다. 그는 연주 도중 손을 높이 들어 올려 마치 지휘하듯이 동작하면서도, 다른 한 손으로는 건반을 두드리며 극적인 효과를 연출했다. 블레이크는 널리 방송된 100세 생일 축하 때까지 살아 있었고(그의 여권과 기타 문서에 따르면, 1983년 사망 당시 불과 96세였다고 나와 있다), 어쨌든 그는 인생의 80년 이상, 음악 산업에서 생계를 유지했다. 대중음악의 선율적 가능성에 대한 민감성과 거친 당김음의 확실한 감각을 결합한 건반 스타일로 청중을 즐겁게 하면서 말이다.

하지만 토머스 "패츠" 월러Thomas "Fats" Waller는 이 연주자들보다 훨씬 더 큰 영향을 미치며, 할렘 스타일을 미국 대중들에게 널리 알린 인물이었다. 1904년 5월 21일, 할렘에서 태어난 월러는 뉴욕시가 제공하는 다양한 기회를 최대한 활용하며 자신의 실력을 갈고닦았다. 그의 스승으로는 줄리아드와 제임스 P. 존슨과 같은, 이 지역의 유명한 교육 기관과 인물이 포함되었고, 그 사이에서 얻은 경험들도 풍부했다. 그의 초기 연주 무대 또한 매우 다양했으며, 이는 월러가 성스러운 장소부터 세속적인 무대까지 어떤 환경에서도 적응할 수 있는 능력을 지녔음을 보여준다. 그는 교회 예배(그의 아버지가 침례교 평신도 설교자로 활동했다)에서 연주했고, 할렘의 링컨 극장에서는 파이프 오르간으로 무성영화 반주를 맡았다. 또한 렌트 파티, 카바레에서도 연주했으며, 건반이 있는 곳이라면 그야말로 어디서든 연주했다. 월러의 맑고 깨끗한 피아노 음색과 뛰어난 기술적 역량은 심포니 오케스트라에서도 빛을 발할 만큼 뛰어났지만, 그는 단순한 연주자를 넘어선 다재다능한 인물이었다. 그는 보컬리스트, 작곡가, 엔터테이너로서도 큰 재능을 보였고, 이로 인해 그의 연주 실력이 종종 가려질 정도였다. 십대 시절부터 작곡가로서 활동을 시작한 월러는 이후 20여 년간 수많은 히트곡을 남겼다. 그의 대표적인 작품으로는 〈Ain't Misbehavin〉, 〈Honeysuckle Rose〉, 〈Squeeze Me〉, 〈Jitterbug Waltz〉 등이 있으며, 오늘날까지도 재즈 스탠다드로 사랑받고 있다. 이후 월러의 유머 감각과 매력적인 무대 퍼포먼스는 그의 경력을 더욱 탄탄하게 만들었으며, 그를 향한 다양한 기회의 문을 열었다. 그러나 그는 그중 일부만 실현한 채, 짧은 생을 마감하게 되었다.

월러의 재즈계 명성은 주로 그의 활기 넘치는 공연과 녹음에서 비롯되었으며, 후자의 경우 20년 동안 약 600곡에 달하는 트랙을 남겼다. 그는 언제나 넘치는 에너지로 녹음 세션을 이끌었으며, 연주하는 동안에도 말을 걸고, 노래하고, 농담을 던지고, 밴드 멤버들을 독려하며, 마치 피아노 연주는 덤이라도 되는 듯이, 이 잊지 못할 녹음들에서 연주를 이어갔다. 때때로, 그들의 녹음은 통제 불능의 파티처럼 들릴 정도였다. 실상, 그의 음악은 떠들썩한 파티가 금지되었던 금주법 시대에 성인이 된 세대에게는 완벽한 파티 음악이었다. 월러는 마치 폴스타프Falstaff* 같은 역할을 능숙하게 해내며, 눈짓과 재치 있는 농담, 그리고 교묘한 암시로 불법 술집의 유혹을 표현했다. 물론, 재즈는 언제나 자유분방한 미학을 바탕으로, 순간 속에서 영원을 포착하는 예술이었다. 즉흥 연주를 중심으로 한 예술 형식에서, 우리가 과연 덜한 것을 기대할 수 있을까? 그러나 월러만큼 이러한 태도를 극한까지 밀어붙인 음악가는 거의 없었다. 그리고 청중들은 그것을 열렬히 사랑했다. 그의 따뜻하고 매력적인 무대 매너는 마치 청중이 그의 파티에 초대된 귀한 손님이 된 것 같은 느낌을 주었다. 관객들은 최고급 술을 마시며, 가장 재치 있는 농담을 들을 수 있는 특권을 누리고, 밴드의 연주를 가장 앞자리에서 감상하는 듯한 기분을 만끽했다.

월러의 스몰 콤보 작업이 대중의 상상력을 사로잡았다면, 그의 소수 녹음과 플레이어 피아노 롤에 기록된 솔로 건반 연주들은 재즈 아티스트로서 가장 정제되고 균형 잡힌 음악적 표현으로 남아 있다. 그의 연주는 스트라이드 피아노의 친숙한 요소, 즉 움파 스타일의 왼손과 싱커페이션된 오른손 멜로디를 기반으로 하되, 이를 구성적 독창성으로 승화시켜 동시대 연주

---

* 셰익스피어의 『헨리 4세』, 『윈저의 즐거운 아낙네들』에 등장하고, 『헨리 5세』 초반부에서 그의 죽음이 언급되는 희극적 캐릭터. 『윈저의 즐거운 아낙네들』은, 전설에 따르면, 엘리자베스 1세가 "내가 사랑하는 폴스타프가 사랑에 빠진 이야기를 보고 싶다"고 하여 셰익스피어가 집필했다고 한다.

자들과 차별화된 스타일을 구축했다. 월러의 솔로 작업은 블루스(〈Numb Fumblin'〉에서 장엄한 슬로우 블루스를 들을 수 있다), 클래식 음악(예를 들어, 〈African Ripples〉의 고음역 악구에서 엿볼 수 있다), 부기우기(〈Alligator Crawl〉의 도입부에 기발하게 삽입된 부기우기 변주를 주목할 것)뿐만 아니라, 음악의 래그타임 뿌리(〈Handful of Keys〉, 〈Smashing Thirds〉에서 확인할 수 있다)를 끌어와서, 장르를 가리지 않는 음악적 욕구를 드러내 보인다. 특히 〈Viper's Drag〉에서, 월러는 단조의 불길하고 어두운 오프닝 테마와 스윙하는 장조 악절(엘링턴이 같은 시기에 자신의 할렘 재즈 버전을 만드는 데 자주 사용한 장치) 간의 대비를 가지고 놀았다. 월러는 탁월한 피아니스트이자 균형 잡힌 작곡가로서의 감각을 결합하여, 그의 솔로 연주를 할렘 스트라이드 전통의 정점으로 자리 잡게 했다.

1930년대와 1940년대, 대부분의 동시대 재즈 음악가들이 빅 밴드로 몰려들었을 때, 월러는 전혀 다른 야망을 키워갔다. 그는 브로드웨이 극장부터 할리우드 영화 스튜디오까지, 엔터테인먼트 산업이 번성하는 곳이면 어디든 발을 디뎠다. 음악에만 집중할 때조차, 새로운 것에 대한 월러의 끊임없는 도전 욕구는 뚜렷하게 드러났다. 그는 피아니스트, 오르가니스트, 보컬리스트, 작곡가, 밴드 리더, 반주자라는 여섯 가지 분야에서 두각을 나타냈으며, 그의 영향력은 재즈와 대중음악 세계에 깊은 흔적을 남겼다. 전쟁 전 그의 성공은 1938년 유럽 투어에서 절정에 달했다. 스코틀랜드에서는 그 나라 전통의 타탄 문양 의상을 착용한 채 〈Loch Lomond〉를 할렘 스트라이드 스타일로 편곡해 연주하여 청중을 매료시켰고, 열 번의 커튼콜을 받았다. 이듬해, 그는 영국으로 돌아가서, 여섯 개의 피아노 스케치로 구성된 〈London Suite〉를 작곡하고 녹음하는 대규모 작업을 진행했다. 미국으로 돌아온 후에도, 그는 왕성한 공연과 녹음 활동을 이어가며, 다양한 프로젝트에 착수했다. 1943년, 그는 뮤지컬 《Early to Bed》의 음악을 작곡하고, 광범위한 투어를 돌며, 할리우드로 가서 (레나 혼Lena Horne, 캡 캘러웨이, 빌 "보쟁글스"

로빈슨Bill "Bojangles" Robinson과 함께) 영화《폭풍의 계절Stormy Weather》에 출연했다. 그러나 이처럼 여러 분야를 넘나드는 바쁜 활동이 그의 건강에 무리를 주었을지도 모른다. 1943년 12월 15일, 윌러는 뉴욕으로 돌아가는 전미 횡단 열차 여행 중에 폐렴으로 세상을 떠났다. 당시, 그의 인기는 절정에 달해 있었다. 만약 그가 더 오래 살았다면, 라디오와 영화에서 쌓은 경험을 기반으로 텔레비전까지 자연스럽게 진출했으리라는 점은 의심할 여지가 없는 당연한 일이었을 것이다.

이즈음, 또 다른 아프리카계 미국인의 대중적인 건반 음악 양식이 미국 대중의 취향에 영향을 미치고 있었다. 이 스타일은 부기우기boogie-woogie라고 불렸으며, 1920년대에 음악 산업의 주목을 받기 시작했지만, 1940년대 초에 이르러 가장 큰 인기를 끌었다. 이 시기에 부기우기는 유행하는 사운드로 자리 잡으며 여러 히트곡의 기반이 되었다. 부기우기의 음악적 특징은 블루스 코드 진행을 바탕으로 한 왼손의 반복적인 패턴과 싱코페이션된 멜로디 라인 또는 블록 코드block chord를 연주하는 오른손의 연주 기법을 결합한 것이다. 이 스타일을 연주하기 위해서는, 손의 특출한 독립성과 정확한 박자 감각이 요구되었다. '부기우기'라는 용어는 1920년대에 처음 사용되었지만, 이 스타일의 기원은 19세기 후반까지 거슬러 올라갈 수도 있다. 원래는 이 활기찬 피아노 음악에 맞춰 추던 춤을 지칭하는 말이었을 가능성이 있다(예를 들어, 1928년 〈Pine Top's Boogie Woogie〉에 대해, 파인 탑 스미스Pine Top Smith가 말한 해석에서 암시된다). 부기우기는 솔로 피아노 음악으로서 가장 높은 완성도를 이루었지만, 두 명 또는 세 명의 피아니스트가 함께 연주하는 경우도 흔했다. 그 대표적인 예가 미드 럭스 루이스Meade Lux Lewis, 앨버트 애먼스Albert Ammons, 피트 존슨Pete Johnson이 녹음한 〈Boogie Woogie Prayer〉이다. 선도적인 연주자들은 때때로 그들의 비상한 손재주를 다른 건반 스타일에 시도해 보았지만, 대체로, 부기우기는 블루스와 재즈 사이의 틈에서 서성대던 비주류 음악으로 남아 있었다. 잠시, 주류 음악가들도 부기우기를 받아들였다. 예를 들면, 토미 도시Tommy Dorsey 의 〈Boogie Woogie〉(1938), 카운트 베이시의 〈Basie Boogie〉(1941), 앤 드루즈 시스터스Andrews Sisters의 〈Boogie Woogie Bugle Boy〉(1941) 등이 있다. 이 음악 스타일의 보다 정통적인 예시는 미드 럭스 루이스의 〈Honky Tonk Train Blues〉 및 앨버트 애먼스의 〈Shout for Joy〉와 같은 녹음에서 찾아볼 수 있다.

20세기 초반 아프리카계 미국인 피아니즘pianism의 다양한 스타일(할렘 스트라이드, 부기우기, 그 외 재즈 및 대중 건반 음악)을 연구하는 역사학자들 은 장르를 넘나들며 그 경계를 허무는 예술가인 아트 테이텀의 위치를 지 정할 때, 가장 큰 도전에 직면한다. 1930년대 초반부터 1950년대 중반까 지 이어진 그의 작업은 자신만의 규칙을 정하고, 독자적인 방식으로 발전해 나가는 듯 보였다. 그는 할렘 스트라이드 피아노 전통에서 가장 위대한 거 장virtuoso으로 두드러지며, 또한 여러 차례 부기우기 스타일에서도 뛰어난 실력을 보여주었다. 그러나 그는 이에 그치지 않고, 훨씬 많은 것을 보여주 었다. 그렇기에 그를 현대 미국 음악사의 일반적인 스타일 범주로 정확하게 분류하는 것은 매우 어렵다. 결국, 우리는 늘상 사용되는 가장 오래된 클리 셰인 "시대를 앞섰다"라는 말에 손을 뻗치게 된다. 그러나 그의 연주에 나타 나는 리스트적인 화려하고 뛰어난 기교를 고려한다면, 테이텀을 단지 재즈 뿐만 아니라 클래식 음악에서도 과거의 업적에 사로잡힌 인물로 보는 것 또 한 마찬가지로 타당하다.

분명, 테이텀의 재즈 음악 비전은 처음에는 할렘의 스트라이드 전통에서 영감을 얻었고, 그는 경력의 마지막까지도 이 전통의 많은 특징과 기법을 충 실히 유지했다. 그러나 그는 이러한 관습들을 자주 전복시키고, 해체하며, 그 요소들을 부분적으로 활용하여 자신의 웅장한 재즈 피아노 개념을 구축했 다. 테이텀에게 할렘 스트라이드는 마치 중세 기독교인들이 종종 이교도 신 전이 있던 자리에 대성당을 지었듯, 더 정교한 음악적 구조물을 쌓아 올릴 수 있는 토대 역할을 했다. 그리고 어떤 이들은 아트 테이텀이 할렘 스트라이드 전통의 가장 화려한 꽃을 보여주었다고 주장할 수도 있겠지만, 사실상 그는 이 전통의 조종弔鐘을 울린 인물이었다. 테이텀이 그의 성숙한 스타일을 발전시키는 데 스트라이드의 가능성을 거의 다 써버렸기에, 이후의 피아노 모더니스트들(몽크, 파월, 트리스타노, 브루벡, 에반스 등)은 이 인상적인 인물의 거대한 그림자를 벗어나 자신의 길을 가기 위해, 아주 다른 방향으로 바꾸어야만 했다. 이로 인해, 테이텀이 발전시킨 음악적 어휘의 대부분은 후대의 재즈 피아니스트들에게 충분히 흡수되지 못한 채로 남아 있다. 찰리 파커와 존 콜트레인과 같은, 이후 재즈 거장들의 어법이 널리 모방되고 완전히 익숙해진 지 오래되었음에도, 테이텀의 유산은 여전히 정리되지 않은 채, 그의 많은 음악적 유산을 계승할 새로운 세대의 피아니스트들을 기다리고 있다.

테이텀의 기교는 재즈 역사에서의 그의 역할에 대한 논의를 흐리게 만든다. 그의 음악은 때로는 화려한 쇼맨십과 과도한 기교의 과시로 찬사를 받기도 하고 비판을 받기도 했지만, 테이텀의 중요성은 그의 민첩한 손가락 못지않게 그의 진보된 음악적 개념에서도 비롯된다. 사실, 그의 세대의 다른 재즈 피아니스트도, (또는 이후의 피아니스트도 이 점에 있어서는) 그가 실행했던 속도와 명확성에 필적할 수 없었다. 그러나 그의 연주의 구조적 요소 또한 이와 마찬가지로 강렬했다. 테이텀은 거대한 코드 보이싱*을 구성단위로 하여, 눈부신 화성 변주와 향상된 패싱 코드**를(때때로 한 마디에 네 개씩 압축되어 연속적으로 진행된다) 전례 없는 수준으로 끌어올렸다. 이는 재즈뿐

---

* 코드 보이싱chord voicing: 화음을 구성하는 음들을 배치하는 방식. 같은 코드라도 어떤 음을 어디에 배치하느냐에 따라 느낌과 색깔이 달라지므로, 코드 보이싱은 연주의 중요한 요소이다.

** 패싱 코드pssing chord: 경과 화음이라고도 하며, 두 개의 주요 코드(화음) 사이에서 짧게 등장하는 화음으로, 매끄러운 화성 진행을 만들거나 색다른 느낌을 추가하는 역할을 한다. 일반적으로 선율을 연결하거나 긴장감을 더하기 위해 사용되었다.

만 아니라 클래식 음악에서도 그 누구도 뛰어넘지 못한 정교한 수준이었다. 그리고 그의 기술 중 일부, 즉 갑작스러운 전조, 리듬의 분리, 콘서트홀 작품의 삽입은 이전 연주자들에 의해 사용된 적이 있었지만, 이를 재즈의 언어로 이토록 우아하고 자연스럽게, 그리고 창의적으로 통합한 인물은 아트 테이텀뿐이었다. 재즈 피아노 어휘를 재창조하는 영웅적인 작업을 완수할 때까지, 그는 기존의 아프리카계 미국인 전통에 존재했던 다양한 아이디어와 단서를 가져와서, 그것들을 다량의 유럽 클래식 음악과 혼합하여, 체계적이고 포괄적인 재즈 피아노의 비전을 형성했다.

테이텀은 1909년 10월 13일, 오하이오주 톨레도에서 태어났다. 이는 할렘이나 다른 재즈 활동 중심지에서 한참 떨어진 곳이었다. 그는 두 눈에 백내장을 앓고 있었으며, 어린 시절 동안 총 열세 번을 수술받았다. 그 결과, 한쪽 눈은 어느 정도 시력을 회복했지만, 이십대 초반 무렵에 공격을 받아 머리를 가격당하면서 그 효과가 대부분 사라졌다. 이후 테이텀은 평생 오른쪽 눈만 부분적인 시력을 유지했고, 왼쪽 눈은 완전히 실명한 상태였다. 그러나 종종 시각 장애를 지닌 음악가들이 그러하듯, 테이텀 역시 비범한 청각 능력으로 이를 보완했다. 세 살 무렵, 그는 어머니가 합창 연습에서 부르던 멜로디를 피아노에서 그대로 연주해, 어머니를 깜짝 놀라게 했다. 곧이어 그는 플레이어 피아노와 라디오 방송에서 들은 재즈곡들을 따라 치기 시작했다. 테이텀의 어머니와 톨레도 음악학교Toledo School of Music의 교사인 오버튼 레이니Overton Rainey는 그를 클래식 음악의 길로 이끌려고 했다. 테이텀 역시 콘서트홀 레퍼토리를 연주하는 데 남다른 재능을 보였지만, 결국 그의 마음을 사로잡은 것은 재즈였다. 열여섯이 되던 해, 그는 톨레도 및 인근 지역에서 연주 활동을 시작했고, 십대 후반에는 현지 라디오 방송국에서 연주하며 이름을 알리기 시작했다.

입소문을 통해, 테이텀의 놀라운 피아노 실력이 재즈계 곳곳에 전해졌다. 하지만 1932년, 가수 애들레이드 홀Adelaide Hall의 반주자로 뉴욕에 도착했을 때, 할렘의 음악가들은 그가 가져올 충격을 전혀 예상하지 못하고 있었다. 그가 뉴욕에 도착한 지 며칠 만에, 현지의 거장 피아니스트들은 톨레도에서 온 신참의 패기를 시험해 보기로 했다. 테이텀은 할렘의 한 나이트클럽으로 안내되었고, 그곳에는 패츠 월러, 제임스 P. 존슨, 윌리 "라이언" 스미스를 포함해서 스트라이드 피아노의 전설적인 거장들이 전투할 준비가 되어 있었다. 테이텀의 차례가 되자, 그는 〈Tea for Two〉를 연주하기 시작했다. 그의 연주는 조밀한 화성과 휘몰아치는 듯한 음계 진행과 아르페지오로 가득 차 있었으며, 이를 들은 청중들은 그저 할 말을 잃고 망연자실한 채 바라볼 뿐이었다. 제임스 P. 존슨이 투지를 가지고 〈Carolina Shout〉로 응수했고, 월러는 그의 〈Handful of Keys〉로 견제했지만, 테이텀은 다시 한 번 초절기교로 가득 찬 〈Tiger Rag〉를 엄청난 속도로 연주하며 어떤 비교도 무의미하게 만들어버렸다. 이에 맞서, 제임스 P. 존슨은 마지막 승부수로 쇼팽의 〈혁명 에튀드Revolutionary Etude〉를 불꽃같이 연주했다. 월러는 후에 제임스 P. 존슨이 그렇게 잘 연주하는 걸 처음 봤다고 회상했지만, 이미 최종 결과는 명확했다. 월러는 그날 밤의 경험을 이렇게 말했다. "테이텀, 그는 너무 대단했어. 그의 테크닉은 지나칠 정도였지. 그가 파워를 발휘하기 시작하면, 누구도 그를 압도할 수 없었어. 마치 브라스 밴드처럼 들렸다니까." 제임스 P. 존슨 역시 테이텀의 연주를 잊지 못했다. "그날 밤 테이텀이 〈Tea for Two〉를 연주하는 걸 듣고서야, 내가 처음으로 이 곡을 '제대로' 들었다고 느꼈다."[103]

몇 달 후, 테이텀은 처음으로 음반 녹음을 진행했으며, 여기에는 그가 할렘 커팅 콘테스트에서 연주했던 두 개의 대표곡이 포함되었다. 이후 그는 피아노 기술의 범위를 더욱 확장하고, 화성적으로도 더욱 대담해졌지만, 이 초기 녹음들만 보더라도 그의 연주 스타일은 적어도 기술과 쇼맨십의 면모에서는 이미 거의 완성된 상태였음을 알 수 있다. 그 후 30여 년 동안, 테이텀은 600곡 이상의 트랙을 솔로 연주자 또는 밴드 리더로 녹음했다. 1930~40년대의 테이텀 음악이 가진 많은 미덕에도 불구하고, 그는 무엇보다 노먼 그란츠Norman Granz의 감독 아래 진행된 대규모 녹음 프로젝트로 가장 널리 알려져 있다. 이 프로젝트는 1953년 12월부터 1956년 9월까지 진행되었으며, 200곡 이상이 녹음되었다. 대부분은 이 장기간의 여정 동안에 단 한 번의 테이크로 완성되었다. 이 방대한 녹음 컬렉션에서는 테이텀이 솔로 연주자로서뿐만 아니라, 벤 웹스터Ben Webster와 로이 엘드리지Roy Eldridge와의 특히 성공적인 협연을 포함해 여러 재즈 거장들과 함께 연주하는 모습을 담고 있다. 이 후기 녹음들은 거의 최고 수준에서 연주하는 성숙하고 탄탄한 예술가를 보여준다. 한편, 이보다 다소 덜 우아하지만 더 직관적으로 강렬한 연주를 들려주는 몇몇 라이브 녹음도 남아 있다. 특히 1940년대 초반, 컬럼비아 대학생이었던 제리 뉴먼Jerry Newman이 할렘의 여러 클럽에서 비공식적으로 녹음한 세션들이 그렇다. 이 녹음에서는 보다 자유롭고 즉흥적인 분위기 속에서 연주하는 테이텀을 만날 수 있다. 연주뿐만 아니라 반주를 하고, 심지어 블루스를 직접 노래하기도 한다. 이 장엄하면서도 유쾌한 라이브 연주들은 테이텀이 클럽에서 심야에 연주할 때 최고의 기량을 발휘했다는 견해에 힘을 실어준다. 또한 주목할 만한 것은 1949년 로스앤젤레스 슈라인 오디토리움Shrine Auditorium에서 열린 그의 콘서트다. 이 공연에서 테이텀은 〈I Know That You Know〉(분당 400비트가 훨씬 넘는 템포였다)의 초절정 더블 타임 연주, 거대한 규모의 거슈윈 메들리, 〈The Kerry Dance〉에서 선보인 절묘한 불협화음 등을 통해, 그의 음악적 상상력이 얼마나 폭넓고 대담한지를 보여주었다. 그러나 1956년 11월, 그란츠의 녹음 프로젝트를 마친 지 얼마 지나지 않아, 테이텀은 로스앤젤레스에서 요독증으로 세상을 떠났다. 향년 47세였다.

　테이텀의 음악은 많은 미덕을 지니고 있었지만, 비판에서 완전히 자유롭지는 않았다. 어떤 면에서, 그는 재즈 역사상 가장 논란이 많은 인물 중 하나로, 지지자들과 비판자들 사이에서 극명한 의견 차이를 보였다. 프랑스 비평가 앙드레 오데르André Hodeir는 테이텀에 대한 유명한 비판에서, 그의 레퍼토리의 한계("감상적인 발라드"와 "인기 있는 히트곡"에 기반하고 있다고 말한다), 독창적인 즉흥 연주 구성보다 노래의 선율 장식 선호, 뿐만 아니라 아르페지오, 음계 및 그 외 건반의 화려한 장식에 대한 테이텀의 과도한 의존을 안타까워했다. 군터 슐러는 그의 1989년 연구 『스윙 시대*The Swing Era*』에서, 오데르의 요점을 더욱 상세히 다루면서, 테이텀의 연주가 예측 가능하며, 기존 스타일에 지나치게 의존적이라고 평가했다.("번개처럼 빠른 아르페지오와 음계 진행을 포함해서, 테이텀의 고도의 기교를 보여주는 기법의 전체 범위는 이미 19세기 중후반의 피아노 문헌에 나와 있다…… 테이텀이 자신의 아라베스크 스타일과 초절기교를 무無에서 창조해 냈다는 것은 사실이 아니다.")[104]

이러한 비판들은 일정 부분 타당성이 없지는 않지만, 적절한 맥락에서 이해될 필요가 있다. 먼저, 레퍼토리에 대한 비판과 관련해, 재즈 팬들이 테이텀이 더 많은 원곡 작곡이나 대규모 프로젝트에 더 많은 관심을 기울이지 않았던 점을 아쉬워하는 것은 충분히 그럴 만하다. 그러나 그가 당대의 위대한 대중 작곡가들에 기댄 것을 어떻게 탓할 수 있겠는가? 테이텀은 조지 거슈윈, 콜 포터, 어빙 벌린, 리차드 로저스, 해럴드 알렌Harold Arlen, 듀크 엘링턴 등을 포함한 당대 최고 작곡가들의 걸작을 거의 전적으로 선곡했다. 그는 그 시대뿐 아니라 20세기 전체를 통틀어 최고의 곡들을 연주했다. 사실, 테이텀은 많은 곡들을 그 곡들이 스탠다드로 자리 잡기 훨씬 이전부터 알아보고 연주하고는 했다(첫 녹음 세션에서 테이텀은 〈Sophisticated Lady〉를 연주했는데, 이는 엘링턴 본인이 이 곡을 처음 녹음한 지 불과 몇 주밖에 지나지 않은 시점이었다). 테이텀이 19세기 클래식 음악의 기교적 요소를 차용했다는 비판에 대해서도, 비슷한 반론이 가능하다. 물론, 피상적인 피아노 테크닉은 기존 스타일을 답습한 것처럼 보일 수도 있겠지만, 테이텀의 경이로운 패싱 코드 변형, 이중 조성의 암시와 유희적인 불협화음, 그리고 이를 초고속 정밀도로 연주하는 능력에 필적하는 19세기 음악의 사례를 어디에서 찾을 수 있는가? 또한, 그의 폭발적인 리듬감으로 양손이 쏟아내는 현란한 음들의 폭격 소리에 기본 박자가 가려지는 것은 과연 어떤 19세기 피아니스트가 선보였던가? 혹은, 그의 싱커페이션이 가미된 스트라이드 연주, 그가 메트로놈을 전례 없는 속도로 밀어붙이며 연주했던 엄청난 에너지 분출에 맞먹는 것이 있는가? 클래식 음악의 역사에서, 이에 필적하는 사례는 존재하지 않는다. 재즈 역사학자들이 테이텀의 일부 기법이 얼 하인즈, 패츠 월러 등의 영향을 받았다고 지적할 수는 있겠지만, 테이텀은 이러한 요소들을 원래의 형태를 뛰어넘는 경지로 끌어올렸다. 테이텀이 피아노 연주에 가져온 독창성과 무궁무진한 다양성을 고려한다면, 그가 원곡의 선율을 즐겨 장식한 점을 비판하는 것만큼이나 칭찬하는 것 또한 정당할 것이다. 마지막으로, 테이텀이 즉흥 연주를 한 것이 아니라 단지 기성 형식을 연주했을 뿐이라는 불평에 대해서는, 그의 많은 녹음, 특히 종종 최고였고 언제나 가장 대담했던 비공식적 환경에서 녹음된 그의 연주를 들어본 사람이라면 누구나 그러한 비판을 버릴 수밖에 없을 것이다.

사실, 테이텀 음악의 핵심에 가까워지고 표면적인 활동에서 멀어질수록, 그의 음악은 더욱 독창적인 소리가 난다. 이것에 대한 가장 강력한 검증은 재즈 평론가가 아니라, 이 점에 대해 결코 애매하지 않은 음악가들 자신으로부터 나온다. 1956년 레너드 페더Leonard Feather가 그의 『재즈 백과사전 Encyclopedia of Jazz』을 위해 진행한 설문 조사에서, 무려 68퍼센트의 응답자가 테이텀을 최고의 재즈 피아니스트로 꼽았다. 1985년 진 리스Gene Lees가 재즈 피아니스트들을 대상으로 진행한 또 다른 설문 조사에서도 다시 한 번 테이텀이 정점에 올랐다. 이는 거의 30년 세월이 흘러, 취향이 변하고 수많은 새로운 피아노 거장들이 등장했음에도 불구하고, 테이텀이 여전히 다른 연주자들에게 경외감과 영감을 주며, 때로는 좌절감마저 안겨주는 그의 위력을 잃지 않았음을 시사한다.

빅 밴드의 탄생

색소폰, 트럼펫, 트롬본, 리듬 악기의 네 개 섹션이 미묘하게 뒤섞인 빅 밴드 양식의 등장은, 돌이켜 보면 재즈 음악의 진화 과정에서의 필연적인 발전처럼 보일 수 있다. 초기 재즈의 조잡한 스몰 콤보가 엘링턴과 굿맨의 더욱 탄탄하고 세련된 오케스트라에 자리를 내준 것이 마치 미학적 진화론의 법칙에 의한 것으로 보일 수도 있다는 말이다. 그러나 실상 그렇지는 않다. 재즈의 뿌리와 이후의 빅 밴드 사운드 간의 연결선은 직접적이거나 명확한 것과는 거리가 멀다. 이른바 재즈 시대에, 음악의 핵심 요소의 대부분은 밴드 지휘가 아닌 솔로 연주, 오케스트레이션이 아닌 즉흥 연주, 섹션 간이 아닌 개별 악기 간의 흥미로운 상호 작용에 창의적인 에너지를 집중했다. 빅 밴드 재즈라는 이름 아래, 댄스 음악의 좀 더 구성 지향적인 양식으로의 움직임은 그 당시에는 결코 순조롭거나 분명하지 않았다. 예술적 특권보다는 상업적 압력이, 초기 재즈 연주자들(암스트롱, 바이더벡, 하인즈 등)로 하여금 빅 밴드 양식을 받아들이도록 강요한 박차로서 두드러진다. 그러나 이 새로운 환경에서도, 그들은 무엇보다도 관현악 오케스트레이터나 작곡가가 아닌 즉흥 연주자로 남아 있었다. 이러한 대중 취향의 변화가 지닌 예술적 의미를 해독하고, 이를 미국 밴드 음악 사운드의 진화적 변화가 아닌, 진정한 혁명적인 변화로 이끄는 데는, 돈 레드먼, 플레처 헨더슨, 듀크 엘링턴, 메리 루 윌리엄스, 퍼디 그로페, 베니 카터, 빌 챌리스, 아트 힉맨 등 전혀 다른 재능과 성향을 지닌 다양한 사람들이 필요했다.

재즈 역사의 다른 많은 측면들과 마찬가지로, 음악 장르의 혼합은 새로운 양식을 형성하는 데 중요한 역할을 했고, 뉴욕은 이러한 스타일의 융합이 일어나는 도가니 역할을 했다. 일찍이 1915년 초에, 프레디 케파드를 내세운 오리지널 크리올 오케스트라가 뉴욕에서 공연했고, 이것의 성공은 1917년 오리지널 딕시랜드 재즈 밴드의 더욱 유명한 방문을 위한 길을 열었다. 제1차 세계대전이 끝날 무렵, 이러한 재즈 앙상블들의 영향은 뉴욕 전역의 보드빌 쇼, 극장, 사교댄스, 레스토랑, 카바레, 즉, 라이브 음악이 연주되는 거의 모든 곳에서 들을 수 있을 정도로 확산되었다. 이러한 환경 속에서 재즈는 이미 잡식성(재즈 역사에서 반복적으로 나타나는 특성)을 드러내고 있었고, 지금도 틴 팬 앨리, 브로드웨이, 그리고 그 외 풍부한 음악적 환경이 존재하는 곳곳에서 새로운 요소를 흡수하고 있었다. 재즈는 다른 음악 스타일을 전체적으로든 부분적으로든 소화하면서도 자신의 고유한 특성을 유지했다. 바로 이러한 특성이야말로, 다른 어떤 요소보다도, 독특한 미국식 오케스트라인 재즈 빅 밴드의 발전에 결정적인 역할을 했다고 할 수 있다.

제임스 리스 유럽James Reese Europe의 녹음 작업은 싱커페이션이 1920년대 이전부터 댄스 오케스트라 어휘에 얼마나 깊이 자리 잡았는지를 보여준다. 1912년, 그는 아프리카계 미국인으로 구성된 오케스트라를 이끌고 카네기 홀에서 기념비적인 공연을 선보였으며, 이를 회의적으로 바라보던 사람들을 침묵시켰다. 그중에는 월 매리언 쿡도 있었는데, 그는 이 공연이 "흑인종을 50년 전으로 되돌릴"[105] 대실패가 되리라고 예상하기도 했다. 그러나 이 공연은 대성공을 거두었고, 유럽은 1913년과 1914년에 다시 카네기 홀 무대에 올랐다. 그의 영향력은 소사이어티 오케스트라Society Orchestra를 통해 더욱 확대되었다. 이 오케스트라는 유명한 댄스 듀오 아이린Irene과 버논 캐슬Vernon Castle의 공연을 반주하며, 폭스트롯*을 사교댄스 열풍으로 자리 잡게 하는 데 기여했다. 얼마 지나지 않아, 그는 군악대를 조직하여 해외 청중들에게 아프리카계 미국인 음악을 알리는 데 중요한 역할을 했다. 하지만 이러한 뛰어난 업적에도 불구하고, 제임스 리스 유럽을 재즈 빅 밴드 스타일의 창시자로 보는 것은 지나친 해석일 것이다. 그의 오케

---

* 폭스트롯foxtrot: 20세기 초반에 유행한 사교댄스 스타일로, 4/4 박자의 부드러운 리듬과 우아한 움직임이 특징이다. 일반적으로 "슬로우-슬로우-퀵-퀵" 패턴으로, 느린 스텝(Slow)과 빠른 스텝(Quick)이 조화를 이루는 리듬으로 진행되었다.

스트라는 묵직한 소리를 내면서도 주로 유니슨 보이싱unison voicing[여러 악기가 같은 선율을 연주하는 방식]을 활용했으며, 즉흥 연주보다는 정형화된 작곡을 선호했다. 따라서 유럽의 소사이어티 오케스트라는 재즈 시대의 전조前兆라기보다는 래그타임 양식의 마지막 개화기를 대표한다고 볼 수 있다. 그럼에도 불구하고, 그의 앙상블이 새로운 대중 댄스 스타일을 뒷받침한 것은 미국인의 취향이 중요한 변화를 맞이하고 있음을 보여주는 사례였고, 이후 빅 밴드 재즈의 발전을 예고하는 흐름이기도 했다.

1910년 이전까지 미국의 주류 사교댄스는 주로 유럽의 영향을 받은 왈츠, 갤럽,* 폴카, 지그,** 카드리유*** 등의 춤에 의존했으며, 아프리카계 미국인 문화에서 비롯된 케이크워크**** 같은 춤이 간헐적으로 혼합되는 정도였다. 그러나 1914년경이 되자, 새로운 댄스 스텝들이 널리 인기를 얻기 시작해 그 영향력이 너무나 커져서, 바티칸은 그해에 터키 트롯*****과 탱고를 공개

---

* 갤럽galop: 19세기 유럽에서 유행했던 빠르고 활기찬 사교댄스. 2/4 박자의 경쾌한 리듬으로, 경쾌한 행진곡 같은 느낌을 준다. 빠른 템포로 진행되며, 말이 뛰는 듯한 느낌을 준다(이름 자체가 프랑스어 "갈로페(galoper, 전속력으로 달리다)"에서 유래한다). 주로 왈츠나 폴카 이전에, 분위기를 띄우는 용도로 사용되었다.

** 지그jig: 빠르고 경쾌한 6/8 또는 9/8 박자의 전통적인 춤과 음악 스타일. 아일랜드, 스코틀랜드, 잉글랜드에서 기원한 전통적인 포크댄스. 솔로 또는 그룹으로 춤출 수 있으며, 발을 빠르게 움직이는 스텝footwork이 중요하다.

*** 콰드릴quadrille: 18~19세기 유럽에서 유행했던 사교댄스이자 그에 맞춘 음악 스타일. 네 쌍의 커플이 사각형 대형으로 춤추는 형식. 프랑스에서 18세기 후반에 등장하여 유럽 전역의 무도회에서 인기를 끌었다. 2/4 또는 6/8 박자의 밝고 경쾌한 음악. 여러 개의 파트(통상 5개)로 구성된 조곡suite 형태를 띤다.

**** 케이크워크cakewalk: 19세기 후반 미국에서 유래한 아프리카계 미국인의 춤과 음악 스타일. 19세기 미국 남부에서 노예들이 주인들을 흉내 내며 익살스럽게 추던 춤에서 기원한다. 기본적으로 과장된 걸음걸이와 우아한 움직임을 특징으로 하는 경쾌한 댄스. 최고의 퍼포먼스를 보인 참가자가 케이크를 상으로 받았기 때문에, "케이크워크"라는 이름이 붙음. 2/4 또는 4/4 박자의 경쾌한 리듬으로, 래그타임 음악과 밀접한 관련이 있다.

***** 터키 트롯turkey trot: 1910년대 초반, 미국에서 유행한 빠른 템포의 춤. 주로, 폭스트롯 이전에 인기를 끌었다. 팔을 흔들며, 짧고 빠른 걸음으로 걷는 듯한 동작이 특징으로, 칠면조turkey가 걷는 모습과 비슷하다 하여, 이런 이름이 붙었다. 당시 사회적으로 품위가 없다는 이유로 바티칸과 일부 사회 지도층에서 비난받기도 했다.

적으로 비난할 정도였다. 제임스 리스 유럽의 음악적 지원을 바탕으로, 아이린과 버논 캐슬은 다양한 민속 댄스의 요소를 자신들의 세련된 공연에 접목시켰고, 더욱 재즈적이고 동시에 외향적인 스타일을 창조해냈다. 이 스타일은 빠르게 미국 동부 상류층 사회의 호응을 얻었다. 이들은 공연 활동과 뉴욕의 댄스 학교 운영을 통해, 아프리카계 미국인의 춤과 백인 사회를 연결하는 중요한 역할을 했다. 재즈 역사에서 흔히 간과되는 점은, 당시 사교댄스의 변화가 재즈 음악 발전에 미친 중요한 영향이다. 캐슬과 유럽의 협업 이후에 뉴욕에서 재즈 오케스트라의 성격이 변화한 것은, 많은 면에서 연주 무대뿐만 아니라, 바로 댄스 플로어에서 결정되었다고 볼 수 있다.

플레처 헨더슨은 1920년대 재즈 빅 밴드 사운드를 정의하는 데 중요한 역할을 했으며, 뉴올리언스와 시카고 재즈뿐만 아니라, 당시 뉴욕을 휩쓸던 대중음악과 댄스의 흐름에서도 많은 영감을 얻었다. 가수 에설 워터스 Ethel Waters는 흥미로운 일화를 전하는데, 헨더슨이 블루스 녹음에서 자신을 제대로 반주할 수 있도록 하려고 플레이어 피아노 롤을 억지로라도 듣게 해야 했었다고 설명했다. 헨더슨은 빠르게 적응하는 연주자였고, 결국 자신의 음악에서 블루스를 광범위하게 활용했지만, 초기에는 무도회장, 틴 팬 앨리, 브로드웨이 및 보드빌, 그리고 미국 북동부 래그 밴드의 분위기가 그의 재즈 오케스트라를 재구성하는 데 중요한 배경이 되었다. 사실, 성향과 교육 배경을 고려할 때, 헨더슨이 재즈 혁신가가 된 것은 다소 뜻밖의 일이었다. 1897년 조지아주 커스버트에서 태어난 그는 중산층 흑인 가정에서 자랐고, 그가 어릴 때 접한 필수적인 음악 교육은 래그타임이나 블루스가 아닌, 유럽 클래식 음악이었다. 이후, 그는 애틀랜타 지역의 대학에서 화학과 수학을 전공했으며, 뉴욕으로 이주한 것도 원래는 화학자로 일자리를 찾기 위해서였다. 그러나 그는 조용하고 내성적인 성격이었고, 결국 화학 분야에서는 큰 성과를 내지 못했다. 이후, 헨더슨은 당시 흑인 소유의 음악 출판사였던 페이스-핸디 뮤직 컴퍼니Pace-Handy Music Company에서 주당 22.50달러를 받고 노래를 연주하는 일을 맡게 되었으며, 이는 그가 해리 페이스Harry Pace 의 블랙 스완Black Swan 레코드 레이블에서 스튜디오 세션을 구성하는 역할을 맡게 되는 계기가 되었다. 헨더슨은 다양한 스튜디오 그룹을 고용하고 연주하며 생계를 유지할 수 있었지만, 그의 밴드 멤버들이 그를 설득하여 웨스트 44번가의 클럽 앨러뱀Club Alabam에서 댄스 오케스트라 오디션을 보게 하지 않았다면, 그는 재즈 스타덤에 오르지 못했을 수도 있다. 결국 그는 클럽 앨러뱀에서 연주할 기회를 얻었으며, 이는 곧 로즐랜드Roseland에서의 더욱 주목받는 무대로 이어졌다. 당시, 로즐랜드는 미국 전역은 아니더라도 뉴욕에서 가장 중요한 무도회장으로 자리 잡고 있었다. 이후 십 년 동안, 헨더슨은 이 무대를 거점으로 삼아, 당시 인기 있던 댄스 스타일과 상호작용하면서 새롭고 진보적인 재즈 어휘를 발전시켜 나갔다.

헨더슨은 무심함 때문이든 소심함 때문이든, 리더십의 부족 때문에 종종 비판받아 왔다. 만약 그가 더 강한 지도력을 발휘했다면, 그의 오케스트라는 더욱 널리 알려지고 그에 걸맞은 명성을 얻었으리라는 것이다. 이러한 점에서, 헨더슨은 뮤지션들을 이끄는 리더로서의 재능이 기악적 감각만큼 훌륭한 듯했던 듀크 엘링턴, 혹은 몇 년 후에 헨더슨의 편곡을 자신의 더 큰 대중적 성공의 구성 요소로 활용했던 베니 굿맨과 흔히 비교되곤 한다. 그러나 헨더슨이 밴드를 운영하는 데 필요한 대인 관계 능력이 부족했는지의 여부는 그가 오케스트라에 끌어들인 음악가들의 명단을 보면, 쉽게 단정할 수 없다. 심지어, 엘링턴조차도 개성 강한 연주자들을 한데 모아 최상의 연주를 끌어내는 데 천재적인 능력을 발휘했지만, 뮤지션을 끌어들이는 능력에 있어서는 헨더슨보다 약하다고 할 수 있다. 헨더슨의 리드 섹션에는, 콜먼 호킨스, 레스터 영, 벤 웹스터, 추 베리, 베니 카터가 포함되어 있었다. 당대 최고의 색소폰 연주자 다섯 명이 한 팀에서 활동했다고 해도 과언이 아니다. 또한, 그의 브라스 섹션에는 루이 암스트롱, 로이 엘드리지, 헨리 "레드" 앨런, 렉스 스튜어트, 토미 래드니어, 디키 웰스Dickie Wells, 히긴보텀J. C. Higginbotham, 조 스미스, 베니 모튼, 지미 해리슨Jimmy Harrison 등이 있었다. 과연 어떤 재즈 밴드 리더가, 어느 시대를 막론하고, 이보다 더 화려한 연주자들을 보유했다고 자부할 수 있을까? 심지어, 마일즈 데이비스, 카운트 베이시, 아트 블레이키, 베니 굿맨조차도 이만큼 전설적인 멤버들을 보유한 적이 있었는가?

그러나 헨더슨 밴드에 가장 강력한 영향을 미친 것은 이 뛰어난 음악가들 중 어느 누구도 아니었다. 이름값만으로도 충분히 위대한 연주자들보다도, 돈 레드먼이야말로 이 평범한 댄스 밴드를 재즈 시대와 스윙 시대를 연결하는 중요한 가교로 변화시키는 핵심적인 역할을 했다. 만약 레드먼이 없었다면, 헨더슨 오케스트라는 단순히 재능 있는 솔로이스트들을 배출하는 음악 학교 정도에 머물렀을지도 모른다. 그러나 레드먼의 영향 아래, 이 밴드는 새로운 재즈 사운드의 탄생지이자 떠오르는 미적 감각의 보고寶庫가 되었다. 헨더슨과 마찬가지로, 레드먼 역시 급성장하는 뉴욕 재즈 현장에서 안정적인 일자리를 찾았던, 대학 교육을 받은 남부 사람이었다. 그는 1900년에 웨스트버지니아에서 태어났고, 어린 시절부터 음악 신동으로 소문이 났다. 다양한 악기의 기본기를 쉽게 익힐 만큼 뛰어난 그의 재능은, 훗날 이 서로 다른 악기들의 질감을 조화롭게 혼합하는 혁신적인 편곡을 만드는 데 강력한 무기가 되었다. 이십대 초반, 레드먼은 빌리 페이지Billy Paige의 브로드웨이 싱커페이터스Broadway Syncopators와 함께 투어를 다니며, 클라리넷과 색소폰을 연주하는 동시에 밴드 편곡을 작성하는 역할을 맡았다. 이 과정에서 그는 뉴욕으로 오게 되었고, 헨더슨을 만나게 되었다. 이들의 협업은 헨더슨 오케스트라가 결성되기 전, 스튜디오 세션에서 이미 시작되었다. 이후, 로즐랜드에서 연주할 기회가 주어지자, 레드먼은 헨더슨 밴드의 일원으로 합류하게 되었다.

콜먼 호킨스는 훗날 재즈 역사상 가장 중요한 솔로이스트 중 한 명으로 성장할 운명이었는데, 헨더슨 앙상블과는 거의 초창기부터 함께했다. 호킨스, 레드먼, 헨더슨의 배경에는 놀라울 정도로 비슷한 점이 있다. 다른 두 명과 마찬가지로, 호킨스 역시 미국 북동부로 새로 온 사람이었다. 그는 1904년 11월 21일, 미주리주 세인트 조셉에서 태어났으며, 이미 정규 음악 교육을 받은 경험이 있었다. (이는 비공식적인 것이었을 수도 있다. 그는 워시번 칼리지Washburn College에서 화성학과 작곡을 공부했다고 주장했지만, 학교 기록에서는 이를 확인할 수 없다.) 그러나 이들의 성격에서의 유사점은 그들의 출신 배경의 유사점보다 훨씬 더 놀랍다. 이들은 모두 내성적이고, 전문적이며, 말투가 부드럽고, 세련되었으며, 절제를 중시하고, 제대로 된 훈련을 받았으며, 음악의 진보적인 경향에 깊이 매료된 인물들이었다. 여기서 우리는 새로운 유형의 재즈 연주자가 등장하는 순간을 목격하고 있는 것일까? 바이더벡은 고등학교를 중퇴했고, 악보도 제대로 읽지 못했다. 암스트롱은 비행 청소년으로, 부랑아의 집에서 음악적 재능을 다듬었다. 뉴올리언스와 시카고의 재즈 개척자들이 보여주었던 이러한 인물 유형은 이제 새로운 유형의 연주자들, 즉, 전문 빅 밴드 연주자들로 대체되고 있었다. 이것은 마치 사회학자 윌리엄 화이트William Whyte가 언급한 "조직형 인간organization man"[106]의 재즈 버전과도 같았다. 즉, 개인보다는 집단의 이익을 우선시하는, 성실하고 헌신적인 전문 연주자 유형이 탄생하고 있었다. 그리고 바로 이 시점에서, 헨더슨 오케스트라는 완벽한 조직의 모델이 되어가고 있었다.

호킨스는 다섯 살에 피아노를 배우기 시작했고, 일곱 살에는 첼로를 시작했다. 그는 아홉 번째 생일에 선물로 색소폰을 받았고, 열두 살이 되자 학교 무도회에서 그것을 연주했다. 1921년, 호킨스는 가수 매미 스미스와 함께 투어에 올랐다. 매미 스미스는 1920년 〈Crazy Blues〉라는 곡으로 백만 장이 넘는 판매량을 기록하며, 레이스 레코드의 상업적 성공 가능성을 입증한 인물이었다. 스미스와의 협업은 호킨스에게 여러 가지 기회를 제공했다. 즉, 그는 대규모 관객 앞에서 연주했고, 음반 녹음 경력을 시작했으며(1922년 5월), 뉴욕에 진출할 수 있었다. 그러나 1923년 여름, 호킨스는 스미스를 떠나 헨더슨과 함께 녹음을 진행하게 된다. 레드먼이 밴드의 편곡을 담당하는 등 무대 뒤에서 많은 역할을 했던 반면, 호킨스는 밴드의 주요 솔로 연주자로 무대에서 두각을 나타냈다. 그는 주로 테너 색소폰을 연주했지만, 때로는 클라리넷, C-멜로디 색소폰, 바리톤 색소폰 혹은 베이스 색소폰을 연주하기도 했다.

오늘날 색소폰은 널리 인정받는 대중적인 밴드 악기일 뿐만 아니라, 많은 사람들에게 재즈의 정수를 담은 소리로 여겨진다. 그러나 호킨스가 자신의 연주 기량을 연마하던 시기에는 전혀 그렇지 않았다. 당시 색소폰은 여전히 발전 초기 단계에 있었으며, 교향악단에서는 거의 알려지지 않았고, 주로 군악대에서만 사용되었다. 벨기에 출신의 악기 제작자 앙투안-조제프 "아돌프" 삭스Antoine-Joseph "Adolphe" Sax는 1846년 파리에서 색소폰을 특허 등록했다. 그러나 삭스는 발명에 대한 열정에도 불구하고(그의 발명품에는, 색스호른, 색스튜바, 색소트롬바, 심지어, 크림 전쟁을 위해 개발했으나 거의 사용되지 않고 잊혀진 무기인 삭소캐넌Saxocannon도 포함된다), 자신의 발명에서 재정적 이익을 거의 얻지 못했으며, 1894년에 가난 속에서 생을 마감했다. 그러나 색소폰의 본질적인 장점, 즉 배우기 쉽고, 음색이 비교적 부드러우며, 금속 몸체와 기존의 클라리넷형 마우스피스를 결합한 단순한 구조 덕분에 제작비가 저렴하다는 특성들이 장기적으로 이 악기의 발전을 결정짓는 요소가 되었다. 20세기 초반, 색소폰은 처음에는 군악대에서, 이후에는 대중음악 및 재즈 앙상블에서 중요한 악기로 자리 잡았다. 유일하게 필요한 것은, 전통과 확립된 연주 기법뿐이었다.

이러한 변화는 큰 부분에서 호킨스의 공헌 덕분이었다. 물론, 그 이전에도 재즈 색소폰 연주자들은 존재했다. 호킨스 자신도 잊혀진 연주자들인 스텀프 에반스Stump Evans, 프린스 로빈슨Prince Robinson, 해피 콜드웰Happy Caldwell 등을 빠짐없이 인정하며 공을 돌렸다. 그리고 앞서 언급한 바와 같이, 시드니 베셰이 또한 재즈 색소폰 전통 형성에 있어 중요한 초기 기여를 했다. 그럼에도 불구하고, 호킨스가 연주를 시작하던 시점에서, 색소폰은 여전히 코넷이나 클라리넷만큼 중요한 재즈 솔로 악기로 자리 잡지는 못한 상태였다. 몇 년 후, 뉴올리언스 스타일을 고수하는 팬들은 색소폰 연주자들이 재즈를 장악하면서 "순수한" 재즈의 종말을 알리는 조종弔鐘이 울렸다며 불만을 토로했다. 만약 이를 궁정 쿠데타라고 한다면, 그 주범은 바로 호킨스였다. 특히, 호킨스 이전까지 테너 색소폰은 재즈에서 거의 존재감이 없는 악기였다. 물론 루디 위도프트는 1916년 이미 C 멜로디 색소폰으로 녹음을 남겼으며, 이후에 프랭크 트럼바우어 또한 같은 악기로 상당한 영향력을 발휘했다. 이러한 선배 연주자들의 존재와, 뉴올리언스 및 시카고 밴드에서 클라리넷이 차지했던 강한 전통을 고려한다면, 당시에는 테너 색소폰이 재즈에서 주도적인 역할을 하게 되리라고 예상한 사람이 거의 없었을 것이다. 실상, 호킨스조차도 처음에는 C 멜로디 색소폰으로 시작했다. 그러나 이후 그가 테너 색소폰을 본격적으로 주력 악기로 삼으며, 그 특유의 무거우면서도 강렬한 존재감을 앞세워 연주한 덕분에, 재즈 리드 섹션의 발전 방향은 완전히 달라졌다.

그러나 호킨스의 영향력은 단순히 테너 색소폰을 재즈 악기로 정착시킨 것에 그치지 않았다. 그는 테너 색소폰의 소리와 강렬함 자체를 변화시켰다. 이는 매우 중요한 성과였다. 호킨스 이전까지, 색소폰은 그 다양한 표현력과 클래식 음악에서 정립된 연주법이 없다는 점이 장점이기도 했지만, 동시에 단점으로 작용했다. 좋건 나쁘건, 테너 색소폰은 소리의 정석도, 확립된 음색 생성법도 존재하지 않았다. 당시 색소폰 연주자들은 윙윙거리는 소리, 마구 문지르기, 슬랩 텅잉,* 짖는 듯한 소리, 으르렁거리는 소리, 각종 새로운

---

* 슬랩 텅잉slap-tonguing: 목관악기(특히 색소폰과 클라리넷) 연주에서 사용되는 독특한 주법. 리드가 빠르게 닫히면서 발생하는 "툭" 소리를 이용한 연주 기법으로, 혀로 리드를 순간적으로 붙였다가 떼면서 타격감 있는percussive 소리를 만든다.

효과 등 매우 기묘한 소리들을 자유롭게 활용했다. 클라리넷과 C 멜로디 색소폰 연주자들로 구성된 재즈의 초기 리드 전통에서는, 더 가벼운 음색, 화려한 장식음과 패턴을 강조하는 스타일이 주를 이루었으며, 강렬한 즉흥 연주로 밴드를 밀어붙이는 스타일은 거의 존재하지 않았다. 그러나 호킨스가 악기의 재정의를 마칠 무렵에는, 간결한 재즈 테너 색소폰 소리가 만들어졌고, 그 소리는 이후 40년 동안 지배적으로 유지되어, 오늘날까지 상당한 영향력을 미치고 있다. 그가 종종 "테너 색소폰의 아버지"라고 불리는 데에는 그만한 이유가 있다.

레드먼과 호킨스가 함께했음에도 불구하고, 헨더슨 밴드의 초기 녹음들은 활력이 부족했다. 편곡은 단순하며, 킹 올리버가 정립한 모델(이 초기 녹음들에는 그의 영향이 크게 드러난다)과 다른 뉴올리언스 재즈 개척자들의 스타일을 충실히 따르고 있다. 즉흥 연주의 경우, 반복적이고 상상력이 부족하며, 간혹 밴드 솔로이스트들의 잠재력을 보여주는 인상적인 프레이즈나 핫 브레이크hot break[밴드가 잠시 멈추고 한 연주자가 강렬한 솔로를 펼치는 것]가 등장할 뿐이다. 하지만 헨더슨이 클럽 앨러뱀에서 연주를 시작한 이후 몇 달 동안, 많은 변화를 들을 수 있다. 밴드의 연주자 수가 증가하고, 소리는 더욱 밀도 있고 복잡해졌으며, 연주는 점점 더 견고하고 집중력 있게 변해갔다. 여전히 뉴올리언스 재즈와 연관된 공식, 특히 리듬 개념과 솔로 구성을 충실히 따르고 있지만, 보다 편곡이 강조되고 화성적으로 세련된 새로운 패러다임의 초기 형태가 미묘하게 드러나기 시작했다. 더욱이, 여전히 남아 있는 뉴올리언스 스타일의 영향도 이 새로운 환경에서 유의미한 가치를 지니고 있었다. 예리한 청자라면, 이후 재즈 빅 밴드에서 섹션 간의 치열한 연주 대결이 나타나기 전에, 이미 뉴올리언스 재즈의 거장 올리버와 다른 크레센트 시티 개척자들의 전통적인 재즈에서 개별 악기 간의 대위법적 진행을 통해 그 전조를 들을 것이다.

1924년, 루이 암스트롱을 영입한 것은 그 어떤 사건보다도 헨더슨 밴드의 발전을 가속화한 촉매제가 되었다. 1924년과 1925년에 녹음된 ⟨Money Blues⟩, ⟨Go 'Long Mule⟩, ⟨How Come You Do Me Like You Do?⟩ 또는 ⟨Carolina Stomp⟩ 등의 곡에서, 암스트롱의 솔로 연주와 콜먼 호킨스의 연주를 비교해 보면, 암스트롱이 가르칠 것이 얼마나 많았고, 동시에 호킨스가 배워야 할 것이 얼마나 많았는지를 알 수 있다. 이 환경 속에서, 호킨스는 점차 거친 프레이징을 다듬으며 연주의 리듬적 흐름을 부드럽게 만들어 갔다. 1926년 봄에 녹음된 ⟨The Stampede⟩에서의 영향력 있는 연주를 통해, 호킨스는 그의 성숙한 연주 스타일을 특징짓게 될 자신감과 유려함의 첫 조짐을 보이기 시작했다. 당시 호킨스는 고작 21세였지만, 이 녹음은 이미 동시대 음악가들 사이에서 큰 관심을 불러일으켰다. 그리고 이는 단순히 리드 악기 연주자들뿐만 아니라, 트럼펫 연주자 로이 엘드리지에게도 영향을 주었다. 엘드리지는 호킨스의 솔로를 한 음 한 음 그대로 외워, 자신의 초기 오디션에서 연주하기도 했다. 그러나 호킨스가 음악적 성장을 완성한 결정적인 계기는 이로부터 삼 년 후인, 1929년에 오하이오를 순회하던 중 아트 테이텀을 만나게 되면서 찾아왔다. 이 뜻밖의 만남에 깊은 영감을 받은 호킨스는 테이텀에게서 배운 화성 개념을 자신의 연주에 통합하여, 색소폰 연주에 대한 접근 방식을 더 깊게 재구성했다.

이 시기 동안, 돈 레드먼의 성장은 다른 어떤 것보다도 주목할 만한 것이었다. 그러나 그의 발전은 단번에 돌파구를 찾는 방식이 아니라, 끊임없는 세련화와 꾸준한 개선을 통해 이루어졌다. 레드먼 이전에도, 재즈 요소를 편곡에 활용하는 안목 있는 댄스 밴드 리더들이 존재했다. 예를 들어, 1919년 뉴욕에 진출한 아트 힉맨의 샌프란시스코 기반 댄스 밴드는 색소폰 섹션을 활용한 편곡으로 주목받았다. 또, 폴 화이트먼은 빌 챌리스, 매티 말넥, 톰 새터필드, 퍼디 그로페(초기 힉맨 밴드 출신) 등의 편곡가들을 통해 진보적이고 재즈 지향적인 곡을 만들어냈다. 한편, 빈센트 로페즈Vincent Lopez, 폴 스펙트Paul Specht와 같은 다른 밴드 리더들은 보다 세련되고 고급스러운 스타일의 재즈 오케스트라에 대한 수요를 충족시키는 데 주력했다.[107] 그러나 레드먼이 이 시기에 천천히, 그리고 공들여 만들어낸 더욱 뜨겁고 강렬한 스타일은 향후 재즈 빅 밴드의 발전에 가장 직접적이고 결정적인 영향을 미치게 될 것이었다.

레드먼이 1923년 여름에 편곡한 〈Dicty Blues〉는 이미 새로운 스타일의 본질적인 특징을 담고 있다. 즉, 리드 악기와 브라스 악기를 별도의 섹션으로 그룹화하여, 서로 대비되는 요소로 활용하는 것이다. 이후 몇 년 동안, 레드먼과 헨더슨은 이 단순한 원칙을 기반으로 하여 보다 폭넓은 기법들을 탐구했다. 이 두 섹션을 섞어 짜고, 결투시키며, 선창하고 화답하게 하고, 지원 역할과 주도적 역할을 갈마들게 하며, 때로는 두꺼운 질감의 블록 코드와 결합한다. 이러한 다양한 섹션 편곡 기법들은 오늘날의 재즈 청중들에게는 당연하게 여겨지며, 어떤 경우에는 지나치게 반복된 클리셰가 되었다. 그러나 헨더슨 밴드의 초기 시절에는, 이 기법들이 당시 뉴올리언스와 시카고 재즈의 진부한 공식을 타파하는 혁신적인 요소였다. 당시의 재즈는 주로 각 악기들이 단선율로 대비되는 방식에 의존했지만, 레드먼과 헨더슨은 개별 연주자가 아닌 섹션 자체를 재즈의 새로운 구성단위로 정립했다. 이렇게 정교하게 맞물린 섹션들은 정확성과 규율을 갖춘 군대처럼 움직이며, 기존의 스몰 콤보가 도달할 수 없었던 새로운 차원의 음악적 성취를 이루었다.

시간이 흐름에 따라 각 섹션의 역할과 구성도 점차 변화했다. 클라리넷 삼중주는 이전에도 보드빌 쇼나 스윗 밴드에서 사용된 적이 있었지만, 헨더슨 밴드의 브라스 삼중주와 겨루면서 새로운 에너지를 얻었다. 그러나 이것은 단지 출발점에 불과했다. 클라리넷보다 덜 날카롭고 풍부한 중저음 하모니를 표현하는 데 더 적합한 색소폰의 사용은 점차 리드 섹션에서 지배적인 힘으로 부상했다. 한편, 브라스 삼중주는 점점 확대되어 독립적인 브라스 섹션으로 발전했다. 트럼펫과 트롬본이 각각 독립적인 유닛으로 나뉘었고, 각 섹션이 독자적으로 연주하거나, 서로 조화를 이루며 연주하는 방식이 정착

되었다. 리듬 악기도 별도의 섹션으로 형태를 갖추기 시작했다. 피아노, 튜바(나중에 콘트라베이스로 대체된다), 드럼, 밴조(나중에 기타로 대체된다)의 그룹 내 역할은 더욱 전문화되어, 리드 섹션과 브라스 섹션을 연결하는 데 더 능숙해졌으며, 밴드에 리드미컬한 추진력을 제공하고, 섹션 연주와 솔로를 받쳐주는 음향 쿠션 역할을 하게 되었다.

루이 암스트롱이 돈 레드먼의 편곡에 미친 가장 큰 영향은 리듬적 요소였다. 이 시기 레드먼의 편곡에서는 보다 유연한 타이밍 감각이 나타나기 시작했고, 그의 편곡은 점점 더 핫하고 당김음이 강조된 스타일로 변해갔다. 둔탁하고 박자에 딱 맞는 프레이즈는 더욱 활기차고 역동적인 선율로 대체되었다. 이는 암스트롱의 즉흥적인 호른 라인에서 드러나는 역동성을 악보에 반영한 시도였다. 초기에 레드먼이 참고했던 폴 화이트먼의 교향악적 재즈를 지향한 시도는 점차 새로운 표준으로 대체되기 시작했다. 즉흥적인 핫 솔로가 편곡의 원재료가 되었고, 기존의 클래식 음악 전통의 방식과는 정반대의 접근이 나타났다. 즉, 원래는 즉흥 연주가 기보된 악보로 정리되는 것이 일반적이었지만, 이제는 오히려 편곡된 악보가 즉흥 연주처럼 들리도록 구성되었다. 특히, 프레이징과 자유로운 선율 구성에서 이런 변화가 두드러졌다. 유일한 차이점은, 이러한 솔로 같은 선율 라인들이 이제 더욱 발전되어, 관악기 섹션의 완전한 다성음악 속에서, 더욱 깊이 있는 화성을 가지게 되었다는 점이다. 이를 기반으로, 브라스 섹션과 리드 섹션 간의 더욱 열렬한 상호 작용이 자리 잡기 시작했다.

암스트롱이 밴드를 떠난 직후 녹음된 〈The Stampede〉에서는, 새롭게 강조된 앙상블 스타일이 이미 뚜렷하게 드러난다. 이제 솔로 연주 뒤에서 연주되는 배경 음악들은 더 이상 수동적인 화성적 쿠션이 아니라, 즉흥 연주를 더욱 강하게 밀어붙이는 선율과 날카로운 대위 리듬을 형성하게 된다. 1926년 11월 녹음된 〈The Henderson Stomp〉에서는, 레드먼이 할렘 스트라이드의 구조를 실험하는 것을 발견할 수 있다. 이 곡에서는 패츠 월러가 피아노를 연주했고, 윌러가 이 곡을 작곡한 것으로 보이지만, 공식적으로는 헨더슨이 저작권을 소유했다. 또한, 레드먼은 할렘 스트라이드 스타일이 지닌 본질적인 리드미컬함과 오케스트라적 특성을 적극적으로 활용했다. 1927년 1월에 녹음된 〈Tozo〉가 나올 무렵, 레드먼의 스타일은 거의 완전히 형성되었다. 이 곡에서는, 폴리리듬과 악기 음색을 자유자재로 다루는 레드먼의 편곡 부분이 솔로 연주 못지않게 매력적이다. 1927년 5월 녹음된 〈The Whiteman Stomp〉에서, 레드먼은 더욱 실험적인avant-garde 스타일로 나아간다. 이 곡의 오케스트레이션은 파편적인 음악적 조각들이 예측 불가능한 방식으로 흩어졌다가, 다시 하나로 모이는 구조를 가진, 단절과 엔트로피에 기반한 매우 특이한 유형의 재즈를 보여준다. 같은 해, 물리학자 베르너 하이젠베르크Werner Heisenberg가 양자 물리학의 기초가 되는 그 유명한 불확정성 원리를 발표했다. 레드먼 역시 같은 시대정신을 공유하며, 모든 연속성이 의문시되는, 불규칙하고 단절된 파편적 스타일을 실험했다. 이 곡은 폴 화이트먼의 의뢰로 작곡된 작품이었는데, 완전히 성공했다고 보기는 어렵다. 하지만, 이는 어딘가 다른 차원의 재즈처럼 들리고, 레드먼이 지난 4년 동안 편곡 기술을 얼마나 발전시켰는지를 보여주는 강렬한 증거가 되는, 거장다운 실패라고 할 수 있다.

이 시기는 또한 레드먼과 헨더슨 밴드의 공식적인 관계가 종료된 시점이기도 하다. 1927년, 레드먼은 매키니즈 코튼 피커스McKinney's Cotton Pickers의 음악 감독이 되었고, 이 밴드와의 협력은 몇 년간 지속되었다. 이 새로운 밴드는 헨더슨 밴드를 빛나게 했던 뛰어난 솔로이스트 그룹을 보유하지는 못했으나, 레드먼과 존 네스빗John Nesbitt이라는 두 명의 뛰어난 편곡자를 보유하고 있었다. 레드먼은 또한 이 밴드에서 색소폰 솔로이스트이자 가수로도 두드러진 활약을 펼쳤다. 그는 1931년에 독립하여 자신의 밴드를 결성했으나, 당시 빅 밴드의 급증으로 경쟁이 치열하던 시대적 배경 속에서 그의 밴드는 이류 앙상블의 수준을 벗어나지 못했다. 그럼에도 불구하고, 이 밴드는 수많은 녹음과 방송을 하면서 1941년까지 활동을 이어갔다. 한편, 같은 연주자들을 중심으로 구성된 또 다른 그룹인 초콜릿 댄디스Chocolate Dandies는 실제 공연을 위한 밴드는 아니었지만, 콜먼 호킨스, 베니 카터, 패츠 월러 등 뛰어난 솔로이스트들의 연주가 담긴 몇 개의 흥미로운 녹음을 남겼다. 이 녹음들은 레드먼의 편곡과 뛰어난 솔로 연주가 결합된 작품들로 평가된다. 이와 같은 다양한 음악적 활동을 통해, 레드먼은 제2차 세계대전 이전 시기의 대표적인 재즈 오케스트레이터이자 혁신가로서 확고한 입지를 다졌다. 이후 20년 동안, 그는 더 이상 재즈의 최전선에 서 있지는 못했으나, 그의 편곡은 카운트 베이시에서 펄 베일리Pearl Bailey에 이르기까지 많은 중요한 리더들의 밴드 무대를 계속해서 빛냈다. 그의 말년에는 녹음 활동이 거의 없었지만, 그는 계속 작곡을 이어갔으며, 1964년 사망할 때까지 여러 확장된 작품들을 남겼다. 그러나 이 작품들은 아직 공개적으로 연주된 적은 없다.

베니 카터는 레드먼보다 약 7년 어린 후배로서 유사한 경력을 따라갔다. 그의 경력에는 플레처 헨더슨, 매키니즈 코튼 피커스, 그리고 초콜릿 댄디스와의 협업이 포함되었고, 때때로 레드먼과 겹치기도 했지만, 대개는 레드먼이 떠난 이후에 이루어졌다. 그리고 레드먼과 마찬가지로, 카터 역시 결국 자신의 밴드를 이끄는 방향으로 나아갔다. 재능 있고 진보적이며 새로운 기법을 배우고 흡수하는 데 적극적이었던 카터는 1920년대 말에 점차 두각을 나타내던 새로운 세대의 편곡자들 가운데에서도 최고의 인물 중 하나였다. 그러나 그의 다재다능한 악기 연주 실력은 오히려 그의 뛰어난 오케스트레이터이자 작곡가로서의 기여를 가리는 경우가 많았다. 1907년 8월 8일 뉴욕에서 태어난 이 조숙한 젊은 인재는 밴드의 모든 악기를 마스터하는 데 특별한 재능을 지녔던 것으로 보인다. 조니 호지스Johnny Hodges와 함께, 카터는 알토 색소폰을 주요한 재즈 보이스로 발전시키는 데 핵심적인 역할을 했고, 그의 알토 색소폰 솔로는 당시 어느 연주와 비교해도 손색이 없을 만큼 뛰어나고 음악적이었다. 그러나 카터의 전문성은 금관악기 섹션에도 미쳤다. 예를 들어, 1933년 〈Once upon a Time〉에서의 그의 트럼펫 연주를 들어보거나, 1937년 〈Pardon Me Pretty Baby〉에서 콜먼 호킨스의 테너 색소폰과 네 마디씩 주고받으며 연주하는 그의 트럼펫 솜씨를 들어보면 알 수 있다. 그뿐만이 아니다. 1936년 〈You Understanding〉에서 카터는 피아니스트로도 활약했으며, 다른 녹음들에서는 클라리넷, 테너 색소폰, 트롬본, 소프라노 색소폰을 연주하거나 심지어 노래를 부르기도 했다. 이처럼 현란한 무대 위 기량은, 어째서 카터의 편곡자로서의 무대 뒤 성과가 가장 박식한 재즈 팬들을 제외한 모두의 관심을 끌지 못했는지를 설명하는 데 큰 도움이 된다.

그러나 밴드 리더들은 처음부터 카터의 재능을 알아보았다. 레드먼이 떠난 시기와 거의 동시에 헨더슨 밴드에 합류한 당시 스물두 살의 카터는 곧 자신의 편곡 기술이 새 고용주에게 절실히 필요하다는 것을 깨달았다. 카터는 정식으로 오케스트레이션을 배운 적이 없었기 때문에, 기존의 편곡을 분석하고 모방하는 방식으로 실전에서 배웠다고 설명한 바 있다. 그는 이렇게 말했다. "무릎을 꿇고 각 파트를 하나하나 연구한 뒤, 리드 트럼펫과 리드 색소폰부터 작곡을 시작했다. 물론, 이건 어려운 방식이다. 한동안 그렇게 작업한 후에야, 악보가 어떤 것인지를 제대로 이해하게 됐다."[108] 그러나 카터는 곧 1920년대 기존 편곡에서 사용되던 기초적인 기법을 습득하는 데 그치지 않고, 빌 챌리스, 돈 레드먼, 아치 블레이어Archie Bleyer 등의 재즈 편곡 기법을 발전시키기 시작했다. 일찍이 1930년에 편곡한 〈Keep a Song in Your Soul〉에서, 카터는 레드먼에 필적할 만한 싱커페이션 기반의 섹션 편곡 능력을 보여주었다. 또한, 1933년 〈Symphony in Riffs〉, 〈Lonesome Nights〉, 〈Devil's Holiday〉에서 선보인 네 개의 색소폰을 활용한 블록 코드 기법은 스윙 시대의 시그니처 사운드를 예고하는 것이었다.

카터는 그의 작곡과 연주 모두에서, 재즈의 서정적 가능성을 본능적으로 파악하는 감각을 늘 유지했다. 이 감성적인 슈베르트적인 성향이야말로 카터의 음악적 개성을 정의하는 가장 중요한 요소이며, 그의 작품이 지속적으로 사랑받아 온 이유를 설명하는 데 큰 역할을 한다. 카터는 때때로 빌 챌리스와 프랭크 트럼바우어를 주요한 영향으로 언급했지만, 어떤 이들은 그가 초기에 들었던 것이 재즈 지향적인 작품뿐만 아니라, 그 당시 더 가볍고 부드러웠던 소위 스위트 밴드 음악까지 포함했을 것이라 짐작하기도 한다. 분명한 것은, 카터의 작곡 스타일은 초기부터 아름다운 소리, 섬세한 뉘앙스, 그리고 사색적인 선율에 대한 깊은 관심을 보여주었다는 점이다. 1930년대 중반부터 꾸준히 발표된 〈Dream Lullaby〉, 〈Nightfall〉, 〈Lonesome Nights〉, 〈Just a Mood〉, 〈Lazy Afternoon〉, 〈Once upon a Time〉과 같은 곡들은 당시 전국적으로 유행하기 직전이던 뜨겁고 강렬한 스윙 사운드와 뚜렷이 대비되는, 재즈 프로그램 음악의 잔잔하고 감성적인 스타일을 청중들에게 선보였다. 이 시기 그의 작곡 중 단 한 곡, 〈When Lights Are Low〉만이 널리 연주되는 재즈 스탠다드로 자리 잡았지만, 1930년대 중반 이후 그의 작품들은 창의적인 선율의 풍부한 보고寶庫라 할 수 있다. 그리고 그 선율들은 모두 노래하기 좋은 선율이기도 했다. 당시의 또 다른 위대한 발라드 작곡가인 듀크 엘링턴과 달리, 카터의 선율은 거의 늘 사람의 목소리와 잘 어울렸다. 예를 들어, 엘링턴의 걸작 〈Sophisticated Lady〉는 본질적으로 기악곡으로 남아 있으며, 브릿지bridge[곡의 중간 부분, 즉 앞부분과 후렴 사이에 변화를 주는 부분]에서의 음정적 도약은 웬만한 가수들이 소화하기 어려운 수준이다. 반면, 카터의 천재성은 악기 연주를 위한 라인을 만들면서도 그것이 자연스럽게 보컬 예술과의 연결성을 유지하도록 하는 데 있었다.

카터의 작품에서 드러나는 이 노래하는 듯한 특성은 그의 솔로 연주자로서의 공헌을 이해하는 열쇠이기도 하다. 그의 최고 연주에서는, 트럼펫이든 색소폰이든 간에 느긋한 우아함이 두드러진다. 1940년의 초콜릿 댄디스 세션에서, 카터는 콜먼 호킨스, 로이 엘드리지와 함께 당당한 프런트라인을 형성하며 조화를 이루지만, 즉흥 연주의 기본 원칙을 깨뜨리는 독특한 방식을 선보인다. 그는 강렬한 절정에서 연주를 시작한 후, 점차 열기를 낮추어 부드럽게 코드 위를 미끄러지듯 흐르며 전형적인 카터 스타일을 보여준다. 더 이른 시기인 〈Nightfall〉(1936)에서는, 테너 색소폰으로 호킨스의 악기를 한층 차분하고 유연한 스타일로 연주할 수 있음을 보여주었다. 일반적으로는, 레스터 영이 테너 색소폰 스타일의 진화를 이끈 공로자로 인정받지만, 〈Nightfall〉은 영이 첫 녹음을 하기 반년 전에 발표된 곡이다. 이러한 절제된 연주 스타일은 특히 전후戰後 시기에 더욱 두드러졌으며, 카터는 주류였던 찰리 파커 스타일의 알토 색소폰 사운드를 따르지 않았다. 1961년 〈The Midnight Sun Will Never Set〉 녹음에서 그는 비밥 스타일의 유려한 흐름을 보여주지만, 여전히 여유로운 프레이징과 자신만의 달콤하고, 때로는 지나치게 풍부한 음색을 유지한다. 하지만 그만큼 주목할 만한 것은, 카터의 즉흥 연주가 엄격한 논리적 전개를 따른다는 점이다. 1950년대에 이르러, 소니 롤린스Sonny Rollins는 "주제적 즉흥 연주", 즉 색소폰을 통해 선율적 소재를 해체하고 분석하며 발전시키는 방식으로 찬사를 받았다. 이는 마치 클래식 작곡가가 소나타 형식에서 선율을 발전시키는 방식과 유사하다. 그러나 카터는 이미 이십 년 전부터 이러한 주제적 발전 기법을 마스터하고 있었다. 즉흥 연주자로서도, 그는 작곡가처럼 사고했다.

1946년 자신의 오케스트라를 해체한 후, 카터는 한동안 노먼 그란츠의 여러 재즈 앳 더 필하모닉Jazz at the Philharmonic 앙상블에서 활동했으며, 다양한 프로젝트와 녹음을 통해 추가적인 수입을 얻었다. 이들 중 일부는 재즈 중심의 작업이었지만, 다른 일부는 그가 상업 음악의 다양한 스타일에서도 유능했음을 보여준다. 1950년대 중반이 되면서, 카터의 연주 활동은 그의 편곡 작업에 밀려났다. 그는 주로 당시 최고의 가수들인 사라 본Sarah Vaughan, 엘라 피츠제럴드, 레이 찰스 등의 편곡을 맡으며 활동했다. 그러나 예상치 못한 순간, 즉 은퇴를 고려할 만한 시기였던 60대 중반에, 카터는 연주자로 다시 등장했다. 그는 자신의 세대에서 재즈 무대에 끝까지 남은 마지막 주요 인물이었으며, 시간이 흐를수록 더욱 많은 찬사, 명예 학위, 작곡 위촉, 그리고 수많은 상을 받았다. 이는 한편으로는 당연하면서도, 다른 한편으로는 그가 자신의 작업을 언제나 겸손하고 조용한 태도로 대했던 점을 생각하면, 아이러니한 일이었다. 하지만 자신을 낮추는 이러한 발언들에도 불구하고, 카터는 이 커리어의 제2의 전성기를 훌륭하게 활용했고, 새천년까지도 활발하게 활동했다. 그가 2003년에 세상을 떠났을 때, 그의 부고 기사들은 그가 무려 아홉 개의 다른 시대(10년)에 걸쳐 녹음을 남긴 예술가였다는 점을 자랑스럽게 언급했다.

다른 재즈 연주자들도 카터만큼 오랫동안 활동했거나 그보다 더 긴 경력을 유지한 경우가 있지만, 그처럼 늦은 나이까지 많은 뛰어난 작품을 작곡한 이는 거의 없다. 1987년, 카터의 대작《Central City Sketches》는 아메리칸 재즈 오케스트라American Jazz Orchestra에 의해 쿠퍼 유니언Cooper Union에서 초연되었다. 같은 해, 카터의《Glasgow Suite》가 스코틀랜드에서 첫선을 보였다. 1990년, 링컨 센터로부터의 위촉을 통해, 비브라폰 두 대와 오케스트라를 위한 작품〈Good Vibes〉가 탄생했다. 또한, 미국 국립 예술 기금의 지원을 받아, 1992년에는 두 개의 새로운 모음곡인《Tales of the Rising Sun Suite》와《Harlem Renaissance Suite》의 공연과 녹음이 이루어졌다. 이 마지막 작품들이 초연될 당시, 카터는 거의 85세였지만, 여전히 자신이 수십 년 동안 쌓아온 높은 음악적 기준을 유지할 수 있음을 보여주었다. 그의 초기 작품에서 느낄 수 있는 따뜻한 선율 감각과 탄탄한 음악성은 오히려 이 후기 작품에서 더욱 고조되었으며, 이와 동시에 모던 재즈에서 차용한 요소들 또한 세련되게 녹아 있다. 그러나 이러한 현대적 요소들은 결코 기존 스타일을 모방한 것이 아니었으며, 그의 독창적인 방식으로 자연스럽게 흡수되었다. 카터는 재즈의 진보적인 흐름을 받아들이면서도, 비밥 이전 전통의 미학적 요구 및 성향과 어떻게든 조화시킨다. 만약 카터가 논쟁적인 성향을 지닌 인물이었다면, 그의 후기 작품들은 재즈에서 하나의 반혁명적인 성격을 띠었을지도 모른다. 즉, 아프리카계 미국인의 라파엘 전파pre-Raphaelit-ism와 같은 움직임이었을 것이다. 이러한 음악적 태도는 구조, 균형, 절제된 표현을 중시하며, 불만에 차거나 자기 회의적인 정서를 배제하는 스타일 위에 구축된 것이었을 것이다.

카터에게 재즈라는 어법은 분위기를 조성하는 데 사용할 수 있는 하나의 도구 세트였다. 이러한 설명에 불편함을 느끼는 사람들도 있을 것이다. 오늘날 우리는 무드음악을 하위 예술로 간주하거나, 창의성이 빈약한 형식으로 치부하는 경향이 있다. 그러나 카터의 방대한 작품 세계가 증명하듯이, 무드음악은 결코 단순한 배경 음악과 동일한 것이 아니다. 최고의 음악가들이 보여주었듯이, 진정한 감성적 분위기를 조성하는 능력, 그리고 청중을 완전히 사로잡을 만큼 강렬한 소리의 환경을 창조하는 것은 결코 단순하거나 피상적인 작업이 아니다. 오히려 가장 오랜 전통을 지닌 예술의 원천 중 하나이다. 과거에는 예술적 비전에 몰입하는 이러한 경험을 "기꺼이 불신을 유보하는 것"이라고 불렀다.

동시대인들 가운데, 카터는 이러한 분위기를 조성하는 능력이 듀크 엘링턴 다음으로 뛰어났다. 그러나 다시 생각해 보면, 재즈 역사상 그 어떤 인물도 완벽하게 만족스럽고 자족할 수 있는 음악적 분위기를 만드는 데 있어서 엘링턴을 능가할 수 없었다. 오늘날 엘링턴의 작품을 음악학의 전문 용어로 분석하는 것이 점점 유행하고 있지만, 그의 예술적 마법은 단순히 오케스트레이션이나 화성에서의 혁신만으로 축소 설명될 수 없다. 물론, 엘링턴이 사용한 기법들은 인상적이었다. 그러나 그를 다른 빅 밴드들과 차별화한 것은 그가 사용한 수단이 아니라, 그가 이루어낸 목적이었다. 이러한 분위기에 대한 전념, 즉 우리의 포스트모던 시대에서는 유행에서 벗어난 예술적 추구는 쉽게 이해하기 어려운 것이다. 그럼에도 불구하고, 우리는 끊임없이 엘링턴의 녹음으로 돌아가게 된다. 그렇기 때문에 우리는 그의 음악을 듣고 나면, 그의 마법을 설명하기 위해, 음악적 풍경을 그려내는 화가, 재즈의 시인, 스윙 밴드의 연금술사 등 다른 예술 분야에서 온갖 은유를 끌어오게 된다. 그리고 이러한 분위기를 창조하는 최고의 장인으로서, 엘링턴이라는 인물 역시 쉽게 정의하기 어려운 존재였다. 그는 어떤 순간의 분위기에 맞는 가면을 너무나 능숙하게 썼기에, 그 가면 아래의 진짜 모습은, 어쩌면 필연적으로 늘 베일에 싸여 있었다.

듀크 엘링턴의 초기 경력

재즈에서 당혹스러우면서도 특이한 것 중 하나는 귀족 칭호나 정치적 직함에 대한 뚜렷한 집착이었다. 볼든, 케파드, 올리버는 모두 한때 "킹"이라는 별명을 가졌으며, 이후에는 선도적이었는지 그에 못 미쳤는지에 따라, 팬들과 동료들 사이에서 듀크, 카운트, 레이디, 서Sir, 프린스, 바론 같은 칭호를 얻게 된 인물들이 등장했다. 그러나 얼마 지나지 않아, 유럽 중심적인 이러한 명칭들은 점차 전 세계적인 감각으로 대체되었고, 그 결과, 대통령에서 파라오에 이르기까지 다양한 칭호들이 재즈 뮤지션들의 별명으로 사용되는 시대가 도래했다.

이 모든 인물들 중에서도, 듀크 엘링턴만큼 귀족적인 이미지에 걸맞은 인물은 없었다. 그는 우아하고, 절제되어 있으면서도 딱딱하지 않았으며, 우회적으로 말하면서도 분명하고, 과시적으로 보일 만큼 예의 바른 사람이었다. 그는 대중적인 성향을 지니면서도 엘리트주의자였으며, 언제나 칭찬과 세련된 표현, 신중한 답변으로 날카로운 질문에 응대할 준비가 되어 있었다. 에드워드 케네디 엘링턴Edward Kennedy Ellington은 음악을 단 한 번도 연주하지 않았다 하더라도, 그 자체로 인상적인 사람이었을 것이다. 그러나 엘링턴을 존경할 만한 인물로 만드는 이러한 특징들은 역사학자들과 전기 작가들에게는 난제로 작용한다. 중산층 청년이었던 그는 자신을 '공작duke'으로 만들었을 뿐만 아니라, 자신의 전기마저도 자기 이상에 맞게 재구성하고 내면의 삶을 철저히 감추는 데도 대가였다. 우리가 아무리 깊이 파고들어도, 그는 개인적인 모습이 공적 인물로서의 이미지에 완전히 가려진 채로, 여전히 '듀크'로 남아 있다.

"옛날 옛적에, 아름다운 아가씨와 잘생긴 청년이 사랑에 빠져 결혼했다. 그들은 아주 멋지고 잘 어울리는 부부였고, 신은 그들의 결혼을 축복하여 건강한 아들을 선물해 주었다." 이렇게 시작되는 이야기는 엘링턴이 자신의 삶과 시대를 기록한 자서전 『음악은 나의 여인 *Music Is My Mistress*』에서 직접 전한 것이다.[109] 엘링턴은 자신의 인생을 마치 동화처럼 바라보았다. 그러나 그의 유년 시절이 우아해 보였던 것은 부유함이나 사회적 지위 때문이 아니라, 가족이 스스로 만들어낸 이미지의 결과에 더 가까웠다. 그의 아버지 제임스 에드워드 엘링턴은 아들이 태어나기 2년 전에 웨이터로 일하다가, 워싱턴 D.C.에 있는 의사의 집에서 하인으로 일하게 되었다. 20년 동안, 즉 아들이 성장하는 내내, 아버지 엘링턴은 이 집에 머물며 마부에서 집사로 승진했다. 모든 기록을 종합해 보면, 그의 아버지는 세련된 패션 감각과 품위 있는 태도, 그리고 당당한 말투로 유명했으며, 이러한 기품 있는 스타일은 훗날 엘링턴이 구축한 우아한 이미지의 원형이 되었다. 엘링턴의 어머니인 데이지 케네디 엘링턴은 상대적으로 더 성공한 가문 출신이었다. 그녀의 아버지는 경찰서장이었고, 예쁘고 교양 있고 품위 있는 그녀는 남편이 동경했던 사회적 이상을 상징하는 인물이었다. 경제적으로는 넉넉하지 않았을지 모르지만, 이 가족에게 가장 중요한 것은 이미지였다. 듀크는 그의 아버지가 "돈이 있든 없든, 마치 돈이 있는 사람처럼 늘 행동했다"라고 회상했다.[110] 이렇듯 하인의 생활 공간이면서도 마치 귀족 저택의 분위기를 지닌 독특한 가정 환경 속에서, 1899년 4월 29일, 에드워드 케네디 엘링턴이 태어났다.

엘링턴에게는 어릴 때 사망한 형제가 있었던 것으로 보이며, 그의 어머니는 그 후 온전히 에드워드에게 집중하게 되었고, 대가족의 많은 구성원들 역시 그에게 애정을 쏟았다. 엘링턴은 훗날 이렇게 회고했다. "나는 우리 가족의 모든 여자들에게 버릇없이 굴었고, 완전히 응석받이로 자랐다." 그러나 어머니의 헌신적인 과잉 보호는 단순한 응석받이로 끝난 것이 아니라, 도덕적 교육에 대한 그녀의 노력과 아들이 특별한 업적을 이룰 운명이라는 확신으로 이어졌다. 그리고 결국 엘링턴 자신도 이 믿음을 받아들이게 되었다. 그는 자서전에서 이렇게 반문했다. "나는 축복받았다고 믿는가? 물론이다! 무엇보다도, 어머니께서 그렇게 말씀하셨다. 그것도 늘 조용하고도 확신에 찬 목소리로, 수없이 여러 번이나."[111] 거의 요람에서부터 주입된 이러한 자존감은 엘링턴의 성격을 결정짓는 요소 중 하나가 되었다. 그는 어린 시절부터 사촌들을 놀라게 하고 때로는 짜증 나게 만들면서, 이렇게 선언하고는 했다. "나는 위대하고 고귀한 듀크Duke다!"[112]

엘링턴의 집에는 두 대의 피아노가 놓여 있었으며, 그의 부모 둘 다 어느정도 연주 실력을 갖추고 있었다. 열 살이 되기 전에, 그는 지역 음악 교사인 클링크스케일스 부인으로부터 피아노 레슨을 받았다. 하지만 모든 정황을 볼 때, 이 초기 피아노 교육은 엘링턴에게 큰 인상을 남기지 못했다. 청소년기에 접어들 무렵, 그는 음악보다 시각 예술에 더 관심을 지니게 되었고, 직업 전문 고등학교에 진학해 상업 미술가의 길을 고민했다. 만약 그가 좀 더 성실한 학생이었다면, 음악은 단순히 취미로만 남았을지도 모른다. 그러나 그는 학교에 대한 흥미가 점점 사라졌고, 결국 졸업장을 받기도 전에 학교를 떠났다. 그가 피아니스트로서 한계를 지니고 있었다는 것은 본인도 인정한 바였으니, 당시 그가 연주할 수 있었던 곡은 고작 서너 곡뿐이었다. 그럼에도 불구하고 친구들 사이에서 연주할 기회가 생기기 시작했고, 곧이어 돈을 받고 공연할 기회까지 찾아오게 되었다.

엘링턴의 부모가 허용 가능하다고 생각했던 음악의 범위는 래그타임과 블루스에는 한참 못 미쳤지만, 어린 엘링턴은 이미 이러한 새로운 스타일에 익숙해져 있었다. 그가 자주 드나들던 워싱턴 D.C.의 한 당구장은 현지 래그타임 피아니스트들이 모이는 장소였고, 얼마 지나지 않아 엘링턴은 그들 중 최고 연주자들에게 피아노 연주의 다양한 기법을 배우며, 정식 연주자들의 공연 자리를 대신 맡기도 했다. 같은 시기에, 고등학교 음악 교사인 헨리 그 랜트Henry Grant는 엘링턴에게 자기 집에서 화성학 개인 지도를 받도록 제 안했다. 또한, 듀크의 음악 교육은 그가 몰래 관람했던 벌레스크* 쇼를 통해 서도 더욱 발전했다. 그는 그곳에서 인기 있는 음악 스타일뿐만 아니라, 아 마도 무대 연출과 쇼맨십의 요소까지 익혔을 것이다.

엘링턴의 음악 교육은 여러 방면에서 진행되고 있었지만, 그에게 가장 깊 은 인상을 남긴 것은 할렘 스트라이드 스타일의 피아노 연주였다. 그는 제 임스 P. 존슨의 피아노 롤을 연구하며, 그의 대표곡 〈Carolina Shout〉를 한 음, 한 음 완벽하게 익혔다. 이후 존슨이 워싱턴 D.C.를 방문했을 때, 엘링턴 은 직접 그 곡을 연주해 보였고, 존슨으로부터 격려를 받았다. 그러나 단순 한 암기 학습은 그의 음악 교육에서 큰 비중을 차지하지 않았다. 처음부터 엘링턴은 자신만의 곡을 작곡하는 것을 더 선호했으며, 음악을 배우는 과정 에서도 기존의 교육 방식을 자신의 창작 활동에 직접 적용할 때 가장 큰 열 정을 보였다. 이러한 학습 방식은 그가 재즈 작곡가로 성장하는 과정에서 도 그대로 이어졌다. 그는 악보를 분석하거나, 수업을 듣거나, 작곡과 화성 에 관한 이론서를 읽으며 배우기보다는, 직접 해보면서 배우는 것을 더 선호 했다. 따라서 그가 공식적인 음악 공부를 했던 것도 추상적인 이론을 익히기 위해서가 아니라, 작곡가로서의 실질적인 필요를 충족시키기 위한 것이었 다. 그리고 모든 위대한 독학자들과 마찬가지로, 엘링턴 역시 체계적인 교육 을 받았다면 더 빠르게 배울 수도 있었겠지만, 실용적인 측면에서 음악을 깊 이 이해하는 능력은 그 어떤 교과서보다도 뛰어났다.

---

* 벌레스크burlesque: 원래 뜻은 희극적 요소가 가미된 풍자극이지만, 20세기 초 미국에서 는 유머, 음악, 댄스, 그리고 종종 약간의 선정적인 요소가 포함된 공연을 의미했다.

엘링턴은 십대 후반까지도 음악을 부업 정도로 여겼다. 그러나 1918년, 어린 시절부터 알고 지낸 에드나 톰슨과 결혼했고, 이듬해에 아들 머서가 태어났다. 이제 가족을 부양해야 한다는 책임감이 생기면서, 엘링턴은 진지하게 자신의 진로를 고민하기 시작했다. 그는 한동안 상업 미술가가 되겠다는 목표를 유지했다. 실제로 그는 간판 제작 사업을 시작하여, 무도회 포스터와 광고 디자인을 제작하기도 했다. 같은 시기, 그는 뉴욕의 프랫 인스티튜트Pratt Institute에서 미술을 공부할 수 있도록 전미 유색인종 지위 향상 협회 National Association for the Advancement of Colored People(NAACP) 장학금을 받기도 했다. 하지만 그의 음악 활동 역시 점점 활발해졌으며, 이는 단순히 연주자로서만이 아니었다. 다른 밴드들의 공연을 주선하고, 때로는 같은 날 여러 팀을 보내기도 했으며, 동시에 자신의 연주 활동도 이어갔다. 1923년 까지 그는 워싱턴 D.C.의 댄스 밴드 현장에서 중심적인 인물로 자리 잡았으며, 드러머 소니 그리어와 색소폰 연주자 오토 하드윅Otto Hardwick 등과 협력하며, 향후 그의 음악 인생에서 중요한 역할을 할 인연들을 맺게 되었다. 야망이 더 적은 사람이었다면, 이 정도에서 안주했을지도 모른다. 그러나 엘링턴은 더 큰 성취를 이룰 운명임을 자각하고 있었으며, 뉴욕에서 자신의 이름을 널리 알리겠다는 목표를 세웠다. 결국, 그는 하드윅, 그리어와 함께 뉴욕 밴드에서 일하기로 결정했고, 이를 더 큰 기회를 위한 발판으로 삼으려 했다.

맨해튼을 단숨에 평정할 것이라는 기대와는 달리, 엘링턴과 그의 친구들은 뉴욕에서 일자리를 구하는 데 어려움을 겪었다. 결국 얼마 지나지 않아 워싱턴으로 돌아갈 수밖에 없었다. 비록 쓴맛을 보았지만, 그는 포기하지 않았다. 워싱턴으로 돌아온 엘링턴은 다시 간판 제작과 현지 공연 활동을 병행하며 지냈다. 그러나 몇 달도 지나지 않아 다시 뉴욕으로 이끌렸다. 이번에는 더 철저하게 준비했다. 음악 출판사에서 곡 오디션을 보며 자신의 곡을 알리고, 뉴욕 음악계의 인맥을 넓혔으며, 워싱턴에서 함께 온 동료 음악인들과 공연을 하면서 뉴욕 무대에 적응하려 했다. 이 과정에서, 그는 가수 에이다 스미스Ada Smith를 우연히 만나게 되었다. 스미스는 이후 브릭탑Bricktop이라는 이름으로 파리의 밤 문화를 화려하게 수놓은 인물이지만, 당시 그녀는 할렘의 한 나이트클럽에서 활동하고 있었다. 이 만남을 계기로, 엘링턴은 그녀의 반주 밴드로 일할 기회를 얻게 되었다. 곧이어, 엘링턴이 이끄는 밴드는 워싱터니언즈Washingtonians라는 이름으로, 타임스퀘어 근처의 할리우드 클럽Hollywood Club에서 연주할 기회를 얻었다. 이 밴드는 1924년, 클럽 켄터키Club Kentucky로 개명된 이곳에서 다음 4년 동안 활동하게 되었다(엘링턴과 주변 사람들은 흔히 켄터키 클럽Kentucky Club이라고 불렀다). 이 기간의 어느 시점에서, 엘링턴은 밴드의 명목상 리더 역할을 맡게 되었다.

리더십이란 상대적인 개념이며, 특히 자유로운 형식이 특징인 재즈 세계에서는 더욱 그렇다. 그리고 엘링턴의 밴드 멤버들은 유독 강압적인 통제에 저항하는 경향이 있었다. 그럼에도 불구하고, 엘링턴은 연주자들을 조직하고 조율하는 뛰어난 능력을 점차 드러내기 시작했으며, 이는 그의 밴드를 동시대 다른 밴드들과 차별화하는 중요한 요소가 되었다. 엘링턴이 떠나는 트럼펫 연주자 아서 훼츨Arthur Whetsel을 대신할 인물로, 제임스 "버버" 마일리James "Bubber" Miley를 선택하는 데 얼마나 많은 영향을 미쳤는지는 불분명하다.[113] 그러나 이러한 움직임에는, 자신의 음악적 비전을 발전시키는 데 적합한 인물을 찾아내는 엘링턴의 묘한 재능의 모든 흔적이 남아 있다. 대다수의 밴드 리더들이라면, 마일리를 그냥 지나쳤을 수도 있다. 그의 기술적 역량은 평균적이었고, 즉흥 연주에서 단 몇 개의 음을 반복하며 변화를 주는 스타일은 일부 사람들에게 제한적으로 보였을 것이며, 음역대 역시 그리 인상적이지 않았다. 그러나 마일리는 다른 누구도 따라올 수 없는 독창적인 장점을 가지고 있었다. 색채감 있는 톤을 만들고, 악구를 자연스럽게 형성하며, 호른 라인에 생명을 불어넣는 능력만큼은 타의 추종을 불허했다. 독주자로서만 본다면, 그는 암스트롱이나 바이더벡보다 몇 단계 아래였을지 모르지만, 엘링턴 곡에서 선율을 표현하는 연주자로서는 오히려 표준이 되었다. 그리고 한 가지 측면에서, 그는 명성이 높았던 이러한 연주자들을 능가했다. 플런저 뮤트*와 스트레이트 뮤트** 기법에서는 그 누구도 따라올 수 없는 수준이었다. 사우스캐롤라이나 출신으로, 뉴욕에서 성장한 마일리는 뉴올리언스 스타일의 거장 킹 올리버에게서 영향을 받았다. 대부분의 동료들이 암스트롱과 바이더벡의 보다 현대적인 스타일로 전환한 후에도, 마일리는 끝까지 킹 올리버의 뮤트 코넷 연주 스타일을 고수했다.

엘링턴의 다음 주요 인사 조치는 그가 밴드를 위해 구상한 새롭고 이례적인 방향을 확실히 보여주었다. 1926년 트롬본 연주자 찰리 어비스Charlie Irvis가 떠나자, 엘링턴은 트리키 샘 낸튼Tricky Sam Nanton을 영입했다. 낸튼을 선택한 것은 대부분의 밴드 리더에게는 확신을 주기 어려웠을 것이다. 그는 슬라이드 조작 능력이 제한적이었고, 음역대도 넓지 않았다. 그러나 마일리처럼, 낸튼 역시 더러운 음색dirty tone의 대가였으며, 그의 호른은 마치 인간이 말하는 듯한 소리를 만들어낼 수 있었다. 이 시점에서, 이미 엘링턴의 미래 음악적 방향이 초기 형태로 드러나기 시작했다. 당시 엘링턴은 한동안 시드니 베셰이를 밴드에 남기려 시도하기도 했지만, 스타 솔로이스트들을 영입할 경제적 여력이 없었기에, 대신 가장 독특한 스타일을 가진 연주자들을 찾는 방식으로 이를 보완했다. 그 결과, 그의 밴드는 차가운 메트로놈의 기준으로 측정했을 때 기교적으로 뛰어나지는 않았을지 모르나, 개성만큼은

---

* 플런저 뮤트plunger mute: 주로 금관악기, 특히 트럼펫과 때때로 트롬본 연주자들이 사용하는 약음기(뮤트) 장치로, 독특한 "와우-와우" 효과를 만들어낸다. 이 뮤트는 일반적으로 고무 소재로 만들어지며, 이름처럼 화장실 플런저와 비슷한 모양을 하고 있다. 연주자는 이 기구를 악기의 벨에 가까이 대거나 떨어뜨려 소리의 양을 조절하면서, 소리의 크기와 색깔을 바꿀 수 있다.

** 스트레이트 뮤트straight mute: 트럼펫, 트롬본, 그리고 일부 다른 금관악기에서 가장 기본적으로 사용되는 뮤트. 다른 뮤트들과 달리, 직접 벨에 삽입하여 연주하며, 균일하고 날카로운 음색을 만드는 것이 특징이다.

넘치는 밴드가 되었다. 엘링턴 자신의 피아노 스타일도 이러한 접근 방식과 잘 맞아떨어졌다. 그의 연주는 월러의 세련된 연주 기법, 테이텀의 눈부신 속도, 베이시의 부드러운 스윙, 하인즈의 강렬한 전율을 갖추지는 못했지만, 다채로움과 독특한 이국적인 색채에서만큼은 독보적이었다. 이처럼 이례적인 것을 선호하는 태도는 이후 수십 년 동안 엘링턴 음악의 대표적 특징으로 자리 잡게 되었다.

거의 처음부터, 청중들은 이러한 새로운 소리의 참신함에 매료되었다. 1923년에 작성된 것으로 알려진 밴드의 가장 초기 리뷰에서는, "지금까지 들었던 것 중 가장 기묘한 변조와 '노래하는 듯한' 음을 만들어냈다"는 점을 높이 평가했다. 또 다른 평론가는 마일리를 가리켜 "느리고 기묘한 모든 음악의 장본인"이라고 표현하기도 했다.[114] 그러나 밴드의 초기 녹음에서는 엘링턴이 구상한 독창성이 그저 살짝 드러날 뿐이었다. 1926년 봄까지만 해도, 엘링턴은 녹음 세션을 위해 자신의 작은 밴드에 추가 연주자를 보강하는 방식으로, 더 큰 음악적 야망을 드러내고 있었다. 하지만 당시 그의 음악은 여전히 다른 스타일의 영향을 강하게 반영하고 있었다. 올리버, 헨더슨, 뉴욕 스위트 밴드 등으로부터 비롯된 요소들이 눈에 띄었다. 그러나 1926년 11월에 녹음된 〈East Saint Louis Toodle-oo〉에서, 보다 생생하고 독창적인 음악적 구상이 전면에 등장한다. 이 곡의 도입부는 색소폰과 튜바로 연주되는 불길한 느낌의 블록 코드 진행으로 시작되며, 이어서 마일리가 거친 강렬함으로 주제를 연주한다. 두 번째 테마가 등장하면서 감정적인 긴장감은 다소 완화되는데, 이 부분은 전형적인 싱커페이션 기법을 사용한 경쾌한 선율로 이루어져 있다. 하지만 전체적인 곡의 인상은 강렬하다. 물론, 당시의 일반적인 음악적 기법들이 여전히 발견된다. 불길한 단조 선율에서 래그 스타일이 가미된 장조 테마로 전환하는 방식은 스트라이드 피아노 스타일에서 흔히 사용되던 기법이었고, 마일리를 제외한 나머지 솔로 연주들은 특별히 돋보이지 않았다. 하지만 그럼에도, 엘링턴 밴드가 새로운 스타일로 나아가고 있음을 분명하게 들을 수 있다.

1927년에 엘링턴이 세 차례 녹음한 〈Black and Tan Fantasy〉 중 첫 번째 버전(그해 4월 녹음)은 이 새로운 사운드가 진화하는 두 번째 단계를 보여준다. 이번에도, 마일리는 뮤트를 사용하여 단조 테마 위에서 강렬한 연주를 펼치며, 그 효과를 극대화한다. 그러나 대비되는 장조 선율은 전작 〈East Saint Louis Toodle-oo〉의 다소 미적지근하게 스윙하는 두 번째 섹션보다 훨씬 더 강렬한 서정성을 지닌 표현이다. 이 곡의 분위기는 이전 작품보다도 더욱 어두우며, 이를 극적으로 마무리하기 위해 밴드는 곡의 끝에서 쇼팽의 〈장송 행진곡Funeral March〉을 암시하는 악구를 연주한다. 마일리의 솔로 연주는 탁월하며, 그의 여러 버전에 걸친 이 곡의 연주는 재즈 트럼펫 연주 역사에서 클래식으로 남을 만한 명연이라 할 수 있다. 이는 루이 암스트롱과 바이더벡의 더욱 유명한 기여와 어깨를 나란히 할 가치가 있다. 그의 예술적 비전에서 가장 중요한 요소는 음색을 다루는 탁월한 능력으로, 단순한 악보로는 전달할 수 없는 인간적인 감성을 그의 음악에 불어넣는다. 그러나 이러한 장점 때문에, 오히려 그의 뛰어난 즉흥 연주력이 가려지는 경향이 있다. 설령 그의 솔로가 악보로 기록되더라도, 즉 차갑게 새겨진 검은 음표들 속에서도, 그의 연주는 여전히 강렬한 생명력을 유지한다. 이는 녹음에서 들리는 생생한 으르렁거림과 탄식하는 듯한 음색이 사라진 상태에서도 마찬가지이다. 대부분의 재즈 역사에서 마일리는, 본질적으로 엘링턴이라는 햄릿의 곁을 지키는 시종 역할로 묘사되지만, 이는 그의 업적을 온전히 평가하는 것과는 거리가 멀다.

이듬해에 발표된 〈Creole Love Call〉에서, 엘링턴은 그의 음악적 성격 중 더욱 사색적인 면을 드러낸다. 이 곡은 전쟁 이전 시기에 발표된 여러 명상적인 음시音詩 가운데 첫 번째로 중요한 작품 중 하나로 꼽힌다. 이후에도 〈Mood Indigo〉, 〈Solitude〉, 〈Prelude to a Kiss〉와 같은 곡들이 이어지며, 이들은 모두 밴드의 레퍼토리에서 영구적인 고전으로 자리 잡게 된다. 그러나 〈Creole Love Call〉의 차분한 분위기 속에서도, 엘링턴의 이국적인 사운드에 대한 끌림은 여전히 두드러진다. 가수 애들레이드 홀이 밴드에 합류하여 가사 없는 애절한 보컬을 선보이는데, 이는 때때로 거친 질감을 띠며, 마일리의 뮤트 연주에 버금간다(그리고 영향을 받은 것으로 보인다). 편곡은 절제되어 있지만, 이러한 스타일이 곡 전체에 쓸쓸하고 애수 어린 분위기를 더한다. 특히 부르고 응답하는 기법을 다양하게 활용한 엘링턴의 작곡 방식이 눈에 띄며, 이는 이 곡을 더욱 독창적으로 만들어주는 요소 가운데 하나이다.

엘링턴의 독창성에 관한 질문은 종종 이러한 곡들과 다른 작품들을 언급할 때 제기되어 왔다. 전해 내려오는 여러 기록을 고려하면, 엘링턴이 필요에 따라 다양한 음악적 요소를 차용하는 데 거리낌이 없었다는 점에는 거의 의심의 여지가 없다. 이 초기 작품들의 크레딧에는 엘링턴의 이름이 올라가 있지만, 때때로 마일리의 기여가 엘링턴의 작업과 동등하거나 심지어 그것을 능가했을 가능성도 있다. 그리고 밴드 멤버들의 아이디어를 차용하는 방식은 그의 경력 내내 지속된 음악적 공식이었다. 그러나 엘링턴이 영감을 얻은 것은 단지 밴드 멤버들로부터만이 아니었다. 〈Creole Love Call〉은 그가 이미 존재하던 재즈 유산 속에서 리프*나 테마를 끌어오는 한 사례로, 이 곡은 킹 올리버에게서 유래한 곡에서 영감을 얻었다. 심지어, 사소한 음악적 장식들도 선례가 있는 경우가 많았다. 예를 들어, 〈Black and Tan Fantasy〉에서 쇼팽의 장송 행진곡 테마를 인용한 것은, 불과 몇 달 전에 젤리 롤 모튼이 〈Dead Man Blues〉에서 같은 테마를 사용한 것과 유사하다. 또한, 엘링턴이 할렘 스트라이드 스타일의 연주 기법을 자주 차용했다는 점

---

* 리프riff: 짧고 반복적인 음악적 구절을 의미하며, 재즈, 블루스, 록, 펑크, 힙합 등 다양한 장르에서 중요한 역할을 한다. 리프는 곡의 기반이 되거나 특정 분위기를 강조하는 요소로 사용되었다.

도 이미 언급한 바 있다. 그러나 그 모든 요소를 통틀어, 엘링턴의 천재성은 남의 음악적 재료를 자신의 방식으로 변형하고, 다양한 음악적 요소들을 엮어내어, "엘링턴 사운드"라고밖에 표현할 수 없는 독창적인 음악을 만들어내는 능력에 있었다. 마일리의 기여가 컸던 것은 사실이지만, 그는 서른이 되기 전에 요절한 탓에, 초기 재즈 역사에서 상대적으로 과소 평가된 인물로 남아 있다. 엘링턴이 그의 부재 속에서도 밴드를 더 높은 수준으로 발전시킨 것은 중요한 업적이다. 이는 곡을 구성하는 개별적인 요소들보다도, 역사적 음악 자료와 순간적인 영감을 결합하여, 잊을 수 없는 작품으로 만들어내는 엘링턴의 능력이야말로, 그의 음악적 재능을 돋보이게 한 가장 중요한 요소였음을 시사한다.

그 결과, 엘링턴의 음악은 단순히 연주자들의 개성을 반영하는 데 그치지 않고, 그들의 강점과 약점에 완벽하게 맞춘 작품들로 구성되었다. "듀크는 자신의 연주자들을 연구했다." 바니 비가드Barney Bigard는 이렇게 설명했다. "그는 그들의 스타일, 음악을 다루는 방식, 연주하는 방식 등 모든 것을 세심하게 살폈다. 그리고 그걸 기억해 두었다가, 곡을 쓸 때 각 연주자에게 꼭 맞는 음악을 만들어 주었다." 쿠티 윌리엄스Cootie Williams 또한 "그는 어떤 연주자의 특별한 재능을 발견하면, 그것을 최대한 살려주려 했다"라고 덧붙였다.[115] 엘링턴 자신도 1973년 자서전에서 이렇게 적었다. "그렇다, 나는 세계 최고의 청취자이다. 50년이 지난 지금도, 여전히 연주자들을 깨워 일하러 나오게 하는 건, 그들의 연주를 듣기 위해서다." 그리고 엘링턴은 진정 뛰어난 청취자였다. 그는 각 연주자로부터 그의 음악적 개성의 정수를 뽑아냈고, 각 파트에서 그 섹션만의 독특한 특성을, 그리고 전체 밴드에서 어느 밴드와도 비교할 수 없는 고유한 사운드를 이끌어냈다. 다른 경쟁 밴드들이 개별 연주자의 기량 면에서 더 뛰어난 인재를 보유했을 수도 있지만, 엘링턴은 이러한 요소들을 하나로 결합해, 궁극적으로 어떤 밴드보다도 뛰어난 앙상블을 만들어냈다. 심지어 음악적 발전의 초기 단계에서도, 엘링턴의 작품은 일관된 예술적 비전과 독창적인 음악적 설계를 보여주었으며, 이는 동시대 다른 밴드들과는 확연히 구별되었다. 엘링턴의 이러한 세심한 비전은 녹음의 기술적 측면에도 영향을 미친 것으로 보인다. 그의 음악은 음향의 균형과 정확성이 정밀하게 조정되어 있으며, 이는 헨더슨이나 당시 다른 밴드들의 녹음보다 훨씬 정교하다. 이러한 결과가 단순한 우연의 산물이라고 보기는 어렵다. 오히려, 이는 엘링턴이 무대 뒤에서 철저하게 작업하며, 자신의 음악적 목표를 실현해 나간 또 하나의 증거라 할 수 있다.

1927년 봄, 엘링턴은 그의 경력에서 중요한 다음 단계를 앞두고 있었다. 그는 클럽 켄터키에서 열정적인 팬층을 확보했으며, 작곡과 녹음에서 비옥한 시기를 맞이하고 있었다. 특히 1920년대 후반, 엘링턴은 거의 매달 스튜디오에서 녹음을 진행하며, 자기 밴드만의 독창적인 스타일을 구축해 나갔다. 이 시기에, 엘링턴이 뉴욕에 처음 도착했을 때 만났던 어빙 밀스Irving Mills가 그의 사업 운영을 더욱 적극적으로 관리하기 시작했다. 밀스의 기여도가 정확히 어느 정도였는지에 대해서는 논란이 있을 수 있지만(특히, 엘링턴과의 공동 작곡 여부에 관해), 그가 밴드를 성공적으로 홍보한 능력만큼은 의심할 여지가 없다. 그리고 그해 후반, 마침내 엘링턴 밴드는 할렘의 코튼 클럽Cotton Club에서 빈자리를 채울 밴드로 선정되었다. 이 중요한 사건을 회고하며, 엘링턴은 운이 좋았다고 자주 말하고는 했다. 그의 설명에 따르면, 코튼 클럽의 매니저가 오디션에 참여한 다른 여섯 개의 밴드를 미처 듣지 못한 채 도착했고, 그 결과 엘링턴의 밴드가 자동으로 선정되었다는 것이다. 그러나 이후의 성공은 단순히 운으로 이루어진 것이 아니었다. 그는 이제까지의 노력과 끊임없는 야망을 바탕으로, 이런 기회를 명성으로 도약할 발판으로 삼을 준비가 되어 있었고, 이를 최대한 활용할 결심이 확고했다.

코튼 클럽

할렘 르네상스가 불러온 창작의 폭발적인 에너지는 백인 청중들에게 오래도록 비밀로 남아 있지 않았다. 110번가를 경계로 흑인 할렘과 백인 뉴욕을 구분하던 선을 넘어, 가장 먼저 전파된 것은 문학 작품이었다. 앨런 로크Alain Locke의 선구적인 저서 『새로운 흑인*The New Negro*』(1925)은 할렘 르네상스의 소식을 널리 알렸으며, 그보다 앞선 제임스 웰든 존슨James Weldon Johnson의 『미국 흑인 시집*The Book of American Negro Poetry*』(1922) 역시 새로운 문학 문화의 등장을 예고하고 있었다. 백인 작가들은 이러한 작품들 속에서 원시주의적 정신을 발견했다고 여겼고, 신新 민스트럴의 방식으로 이를 탐닉했다. 그들은 언어적으로 검은 얼굴에 상응하는 스타일을 채택하여, 흑인 문화를 모방한 작품들을 쏟아냈다. 백인 작가들의 "흑인" 소설의 주목할 만한 예로는, 왈도 프랭크Waldo Frank의 『휴일*Holiday*』(1923), 셔우드 앤더슨Sherwood Anderson의 『어두운 웃음*Dark Laughter*』(1924), 듀보스 헤이워드DuBose Heyward의 『포기*Porgy*』(1925)가 있다. 『포기』는 나중에, 조지 거슈윈의 1935년 오페라 《포기와 베스Porgy and Bess》의 기초가 되었다.

할렘의 밤 문화 세계에서, 부유한 백인 고객들이 흑인 유흥을 즐기는 것은 '슬러밍slumming'으로 알려지게 되었다. 초기에, 백인 청중은 흑인 음악이 다가올 때까지 기다리곤 했다. 그중에서도 《In Dahomey》(1902), 《In Abyssinia》(1906), 《Bandana Land》(1907)와 같은 쇼는, 뉴욕 백인들의 모든 고정 관념에도 불구하고, 이전의 희석된 민스트럴 활동보다 훨씬 더 진한 흑인 엔터테인먼트를 엿보도록 그들을 자극했다. 그러나 결정적인 전환점이 된 것은 1921년에 63번가 음악 홀에서 공연된, 매우 성공적인 레뷰revue 《Shuffle Along》이었다. 《Shuffle Along》은 무대와 무대 뒤 모두에서, (폴 로브슨Paul Robeson, 플로렌스 밀스Florence Mills, 윌리엄 그랜트 스틸William Grant Still, 애들레이드 홀, 노블 시슬, 유비 블레이크를 포함한) 재능 있는 흑인 예술가를 발탁하여, 많은 청중을 끌어모았고, 뉴욕 엔터테인먼트 산업에서 아프리카계 미국인의 주요 발전을 보여주었다.

그러나 백인 미국인들은 흑인 예술을 단순히 수동적으로 감상하는 것에

만족하지 않았다. 특히 그들이 댄스 플로어에 나설 때, 점점 더 아프리카계 미국인들이 만들어낸 스텝과 동작을 차용했다. 우리는 이미 버논과 아이린 캐슬의 최신 유행의 댄스 스타일과 제임스 리스 유럽의 음악 간의 공생적 관계, 그리고 케이크워크와 터키 트롯이 주류의 미국 무도회장에 흡수되는 과정을 살펴본 바 있다. 흑인 춤, 재즈 음악, 그리고 보다 넓은 문화 간의 연계는 1920년대에 찰스턴Charleston, 쉬미shimmy,* 블랙 바텀Black Bottom의 인기로 더욱 강화되었다. 할렘은 이 과정에 적극적으로 참여했을 뿐만 아니라 여러 면에서 이를 주도하며, 1920년대 후반과 1930년대에 열정적인 댄스 활동의 중심지로 자리 잡아, 이 진화 과정의 다음 단계를 위한 모델을 제시했다.

1926년에 문을 연, 사보이 볼룸은 새로운 시대정신을 가장 극적으로 구현한 공간이었다. 이곳은 250×50피트의 넓은 댄스 플로어를 자랑했고, 전면에는 두 개의 밴드 무대가 있었고, 최고의 댄서들이 자신의 동작을 선보일 수 있는 소위 "캐츠 코너Cat's Corner"라는 특별 공간이 있었다. 유명한 노래 제목에서 알 수 있듯이, 고객은 실제로 "사보이에서 발을 구르고stompin' at the Savoy" 있었다. 그래서 관리자는 단풍나무로 만든, 윤이 나는 댄스홀 바닥을 3년마다 교체해야 했다.

사보이 볼룸은 개장 초기부터 완전한 인종 통합을 이루었다. 백인 고객들도 이 할렘의 나이트 스팟을 찾았을 뿐만 아니라, 사보이에서 탄생한 춤들은 시내 중심가로 전파되었고, 결국 전국적으로 퍼져나갔다. 안무가 프레데릭 애쉬튼Frederick Ashton은 버질 톰슨Virgil Thomson과 거트루드 스타인Gertrude Stein의 모더니즘 오페라인 《네 성인의 3막극Four Saints in Three Acts》의 댄서들을 모집할 때, 바로 사보이 볼룸의 댄스 플로어에서 재능 있는 이

---

* 20세기 초반, 특히 1920년대 재즈 시대에 유행했던 춤 스타일. 이 춤은 몸을 빠르게 흔드는 동작이 특징으로, 주로 어깨와 상체를 좌우로 격렬하게 흔드는 것이 핵심이다.

들을 발굴했다. 하지만 대중적인 춤 스타일에 미친 사보이의 영향력은 더욱 강력했다. (1927년, 조종사 찰스 린드버그Charles Lindbergh가 대서양을 단독으로 횡단한 것을 기념하여 명명된) 린디 홉Lindy Hop은 허버트 화이트Herbert White라는 사보이의 보안 책임자가 무도장의 단골 손님들을 조직하여 화이티의 린디 호퍼스Whitey's Lindy Hoppers라는 그룹을 만들면서 유명해졌다. 이 춤은 미국 전역에서 인기를 얻으면서 지터버그jitterbug*라는 이름으로 널리 알려지게 되었지만, 이 전파 과정에서 약간의 변화를 겪었다. 린디 홉이 수평적인 움직임을 강조했던 반면, 지터버그는 좀 더 수직적인 점프 동작을 강조하는 형태로 변형되었다. 1930년대 후반에는 스윙 음악이 떠오르면서, 미국의 젊은이들 사이에서 인종을 초월한 인기가 형성되었고, 음악과 춤의 관계는 더욱 긴밀해졌다. 스윙 음악과 스윙 댄스는 서로 분리할 수 없는 관계였으며, 사보이에서는 밴드 연주만큼이나 춤 경연대회도 주요 이벤트로 자리 잡았다. 이 경연대회는 관객들 중에서 선정된 심사위원들이 평가하는 방식으로 진행되었다. 심지어, 베니 굿맨이 카네기 홀에서 공연을 했을 때도, 신문들은 십대 관객들이 "극장 복도에서 실제로 춤을 추었다"라고 보도했을 정도로, 스윙의 열기는 뜨거웠다.

극장과 춤에서 일어난 이러한 변화가 가져온 재정적 영향을 프로모터와 공연 기획자들은 놓치지 않았다. 백인 관객을 위한 흑인 엔터테인먼트를 제공하는 일이 곧 하나의 미니 산업으로 자리 잡았으며, 이는 뉴욕의 전체적인 밤 문화를 축소판으로 보여주는 번성하는 시장이 되었다. 춤과 쇼를 통해 욕구가 자극된 백인 관객들은 점점 더 아프리카계 미국인 문화의 견본을 골라내어, 진짜 그러한지를 더 찾아보기 시작했다. 그러나 직접 할렘으로 발걸음을 옮겨 공연을 관람할 때조차, 이들은 자신들이 지배 계급 엘리트로서의 지

---

* 1930~40년대에 유행한 빠르고 에너지 넘치는 스윙 댄스 스타일 중 하나.

위를 보호받을 수 있는 공간을 요구했다. 이러한 맥락 속에서, 전적으로 백인 관객만을 위한 할렘 클럽이라는 기괴한 형태의 공간이 등장했다. 이곳은 음악과 춤을 통해 흑인 문화를 소비하면서도, 사회적 거리를 유지할 수 있는 구조를 제공하는, 일종의 음악적 동물원과도 같았다.

재즈 시대의 절정기에, 할렘에는 부유한 백인을 위한 11개의 나이트클럽과 함께, 『버라이어티Variety』지에 따르면, "500개의 하위 계층 흑인 카바레"가 있었다.[116] 할렘의 주요 클럽들이 후원적 태도, 즉 백인 고객을 위한 공간으로 운영되었다는 점에서 비판받기 쉽다. 그러나 이러한 클럽들은, 비록 어설프게나마, 다른 사회 기관에서 만연했던 인종 차별을 완화하는 역할을 하기도 했다. 미국에서, 음악은 인종적 장벽이 처음으로 도전받고 무너진 사회적 상호 작용의 첫 번째 영역이었다. 그리고 이 도전은 양방향으로 진행되었다. 1920년대 중반이 되면, 백인 밴드들이 링컨 극장 등지에서 흑인 관객을 위해 연주하기 시작했다. 이러한 변화는 완전한 인종 통합과는 거리가 있었지만, 여전히 분리와 통합 사이의 중간 단계로서 일종의 진전을 의미했다. 그러나 순전히 음악적인 관점에서 보면, 할렘 클럽의 기여는 거의 전적으로 긍정적이었다. 백인 사회의 경제적 자본이 흑인 예술로 유입되는 통로 역할을 했으며, 이를 통해 미국 음악을 길이 변화시킬 문화적 발효의 장이 마련되었다. 예를 들어, 131번가와 7번가 모퉁이에 위치한 코니스 인Connie's Inn은 불법 주류 밀매업자의 쇼 클럽이었지만, 동시에 패츠 월러의 뮤지컬《Hot Chocolates》가 탄생한 곳이기도 했다. 이 쇼는 루이 암스트롱을 대중적으로 알리는 계기가 되었으며, 여러 기억에 남는 곡들을 탄생시켰다. 또한 에드 스몰의 파라다이스Ed Small's Paradise, 브로드웨이 존스의 서퍼 클럽Broadway Jones's Supper Club, 배런스 익스클루시브 클럽Barron's Exclusive Club 등도 가짜 진주로 치장된 화려함과 암흑가와의 연결고리에도 불구하고, 아프리카계 미국인의 예술 혁명의 발상지 역할을 했다. 이 예술 혁명은 시간이 지나면서, 할렘 르네상스의 문학적·연극적 업적에 필적할 만큼 중요한 문화적 변화를 가져왔다.

이 많은 공연장 중에서도 가장 중요한 곳은 바로 코튼 클럽이었다. 이는 카네기 홀에서 연주할 수 없는 이들을 위한 카네기 홀과도 같은 존재였다. 그러나 그 분위기는 전통적인 콘서트홀의 격식과는 거리가 멀었다. 금주법 시대의 뉴욕에서 모험을 즐기는 이들이 밤 문화를 찾을 때, 그들은 술을 기대했고, 술이 흐르는 곳에는 조직범죄가 운영을 장악하는 것이 일반적이었다. 코튼 클럽은 1923년, 오우니 매든Owney Madden과 그의 갱단에 의해 문을 열었다. 매든은 살인 혐의로 8년을 복역한 후, 싱싱Sing Sing 교도소에서 갓 출소한 상태였다. 클럽은 그의 밀주 사업을 위한 가장 화려한 유통 거점 역할을 했다. 이처럼, 마피아, 돈, 그리고 음악이 얽힌 공간은 듀크 엘링턴에게 기회의 장이기도 했지만, 동시에 엄청난 압박을 가져왔다. 그의 밴드는 기존에 연주하던 자신들의 강점을 부각하고 약점을 피하도록 편곡된 레퍼토리를 연주하는 데 익숙했지만, 코튼 클럽에서는 다른 공연들의 반주를 맡아야 하는 새로운 책임이 주어졌다. 이는 단순한 음악적 도전뿐만 아니라 심리적 압박을 동반한 변화였다. 드러머 소니 그리어는 이렇게 회상했다. "코튼 클럽에 갔을 때, 그들은 우리에게 압력을 가했고, 당시에는 거부할 수 없었다. 그 범죄단이 무언가를 원한다고 말하면, 그들이 그것을 얻었거나 당신이 그 사업에서 없어진 것이다."[117] 그러나 엘링턴은 이 새로운 환경에서 성장할 준비가 되어 있었다. 그의 쇼맨십, 완벽주의적 성향, 그리고 야망은 코튼 클럽이라는 대담하고 화려한 무대에서 꽃피울 기회를 얻었다. 코튼 클럽 시절이 끝날 무렵, 엘링턴은 이 기회를 활용하여 당대 가장 비평적으로 찬사를 받은 아프리카계 미국인 밴드를 이끌게 되었다.

엘링턴은 이전에도 녹음을 위해 그룹을 확장한 적이 있었지만, 클럽 켄터키에서의 공연은 단지 6인조로만 이루어졌다. 이제 더 큰 밴드를 이끌어야 하는 상황에서, 엘링턴은 자신이 만들어가고 있던 복잡한 새로운 사운드를 위해 적절한 개별 연주자들을 찾아내는 탁월한 감각을 다시 한 번 발휘했다.

이 중요한 순간, 스타덤에 오르기 직전이었던 엘링턴은 오랫동안 함께할 핵심 연주자들을 영입했으며, 이들 중 일부는 수십 년간 그의 곁을 지키며 단순한 유행이 아닌, 그의 평생에 걸친 작곡가이자 밴드 리더로서의 길을 구축하는 초석이 되었다.

지금까지 엘링턴 밴드의 독창적인 개성을 형성하는 데 있어 금관 악기 연주자들이 중심적인 역할을 했지만, 이제 리드 악기 섹션의 새로운 멤버들이 밴드의 사운드를 결정적으로 변화시키게 되었다. 색소폰 연주자 해리 카니Harry Carney는 코튼 클럽 공연 이전, 뉴잉글랜드 투어에서 엘링턴과 함께 연주한 경험이 있었으나, 이제 거의 반세기 동안 지속될 상근 연주자로 합류하게 되었다. 그의 풍부한 바리톤 색소폰 연주는 엘링턴 색소폰 섹션의 중심이 되었으며, 밴드 전체의 사운드에 크게 기여했다. 엘링턴은 때때로 코드의 높은 음역을 카니의 바리톤 색소폰에 배치하여, 색소폰 섹션이 미묘한 질감을 가지도록 만들었다. 또한 카니는 밴드의 주요 솔로 연주자로도 활약하며, 엘링턴의 분위기 있는 곡들에서 깊고 무게감 있는 특유의 감성을 더했다. 카니는 보스턴에서 자랐으며, 같은 색소폰 연주자인 조니 호지스가 살던 곳의 길 아래쪽에 살았다. 호지스는 코튼 클럽 공연 무렵 엘링턴 밴드에 합류했으며, 이후 40년 넘게 활동했다. 그는 베니 카터의 다재다능함, 콜먼 호킨스의 힘, 프랭크 트럼바우어의 유려함이 다소 부족했을지는 모르지만, 당대 그 누구보다도 깊이 자신만의 개성이 강한 색소폰 스타일을 구축했다. 마일리나 낸튼처럼, 호지스 역시 단 한 음만으로도 깊은 감정을 담아낼 수 있는 풍부한 음색을 생성했다. 그에게는 래빗 호지스Rabbit Hodges라는 별명이 있었는데, 이는 한편으로는 그가 상추와 토마토 샌드위치를 좋아했기 때문이라는 설이 있고, 다른 한편으로는 발이 빠르기 때문이라는 이야기도 있다. 하지만 색소폰에 대한 그의 접근 방식은 거북이와 더 비슷했다. 숨결이 살아 있는 프레이즈는 종종 본래 비트보다 훨씬 뒤처져 있었고, 특히 호지스가 그의 카드 중 하나인, 낮은 음역에서 높은 음역으로 미끄러지는 느긋한 글리산도*를 전달했을 때, 간간이 맛나고 유동적인 질감을 얻었다. 이는 오늘날까지도 재즈 역사상 가장 독특한 사운드 중 하나로 남아 있다. 호지스는 느린 곡에서 특히 인상적이었을 뿐만 아니라 — 실제로 엘링턴의 발라드의 특징을 정의하는 데 이보다 더 중요한 역할을 한, 밴드의 솔로이스트는 없었다 — 거의 인정받지는 못했지만, 섬세한 블루스의 대가로 평가되기도 했다. 이 시기, 엘링턴 밴드에 합류한 또 다른 신입 멤버는 클라리넷 연주자 바니 비가드였다. 그는 이 밴드에서 15년간 활동했는데, 이는 엘링턴 밴드 내에서는 상대적으로 짧은 편이었지만, 일반적인 재즈 밴드에서는 상당히 긴 기간이었다. 비가드는 다른 많은 뉴올리언스 선구자들(자신의 스승인 로렌조 티오 주니어Lorenzo Tio Jr.도 포함해서)이 선호하는 앨버트 시스템 클라리넷을 연주하면서, 그의 악기에서 풍부하고 나무 같은 음색을 끌어냈다. 엘링턴은 그의 선율을 뉴올리언스의 상징인, 연철로 만드는 아름다운 세공에 비유했다. 비가드는 전통적인 뉴올리언스 스타일과의 강한 유대를 결코 잃지 않았고, 이는 밴드가 나아가고 있던 새로운 방향과는 다소 상충하는 바가 있었지만, 엘링턴은 오히려 이를 즐기며 그의 독특한 클라리넷 사운드를 밴드의 독창적인 음색에 활용했다.

코튼 클럽에서 주 6일 밤 공연, 라디오 방송 출연, 그리고 끊임없는 녹음 활동을 이어가면서, 엘링턴은 점점 더 높아지는 창작 요구에 직면하게 되었다. 또한, 밴드가 다양한 무대 공연을 지원해야 했기 때문에, 그만큼 더 폭넓은 음악적 역량이 필요했다. 그러나 이러한 압박 속에서도, 엘링턴은 기한이 반복적으로 주어지는 환경에서 오히려 더욱 빛을 발했다. 그는 작곡 기법의 범위를 크게 확장했을 뿐만 아니라, 오케스트레이션 기술을 더욱 정교하게 다듬었다. 그가 이 시기에 여러 번 녹음한 곡 〈Black Beauty〉는 이러

---

* 글리산도glissando: 음을 한 음에서 다른 음으로 미끄러지듯 연속적으로 이동하며 연주하는 기법. 이탈리아어 "glissare(미끄러지다)"에서 유래했다.

한 변화의 범위를 잘 보여준다. 풍부한 화성으로 이루어진 서주는 불확실한 조성 중심 위에서 모호하게 떠돌다가, 마침내 B 플랫 장조의 아련한 선율로 안착한다. 이어지는 더 재즈적인 두 번째 테마는 일반적인 전개 방식과 다르게, A 플랫 장조로의 예상치 못한 전조를 통해 등장한다. 이 같은 모험적인 조성 접근법은 당시 재즈나 대중음악에서는 보기 드문 시도였으며, 이후 엘링턴의 대표적인 스타일로 자리 잡게 된다. 특히 주목할 만한 점은 엘링턴이 불협화음과 폴리포니*를 적극적으로 활용했다는 점이다. 때로는, 경계를 넘어 무조無調의 영역에까지 짧게 발을 들이는 대담한 시도도 있었다. 이러한 실험적인 구절들은 때때로 〈Black Beauty〉에서와 같이 도입부에만 나타나거나, 1943년의《Black, Brown and Beige》의 제2악장에서처럼 더욱 웅장하게 나타나기도 한다. 때로는 긴장감이 더 오래 머무는 형태로 남아 있기도 했으며, 이를 잘 보여주는 곡이 1947년 작 〈The Clothesed Woman〉이다. 하지만 대부분의 경우에는, 한두 마디 정도의 짧은 순간에 예상치 못하게 등장했다가, 다시 전통적인 화성 진행 속으로 자연스럽게 흡수되곤 했다. 엘링턴은 위엄 있고 당당하게, 진보적인 작곡 기법과 대중음악을 같은 무대 위에 올려놓았다.

듀크 엘링턴의 피아노 연주 스타일은 재즈의 미래에 대한 그의 독창적인 비전을 더욱 부각시켰다. 그는 비교적 전통적인 스트라이드 스타일을 기반으로 하면서도, 그 위에 놀라운 기교와 독창적인 요소들을 더했다. 그의 연주는 때때로 불협화음 코드의 폭발적인 사용, 온음 음계의 활용, 예상치 못한 타악기적인 강한 터치, 불평하듯 휘몰아치는 아르페지오 등으로 가득했다. 엘링턴이 1928년 10월 1일 녹음한 〈Black Beauty〉와 〈Swampy River〉의 피아노 솔로 버전을 들어보면, 이러한 독창적인 피아니즘 스타일의

---

* 폴리포니(polyphony, 복선율): 음악에서 두 개 이상의 독립적인 선율이 동시에 연주되는 방식을 의미한다. 각 선율이 독립적인 흐름을 가지며, 서로 조화를 이루는 것이 특징이다.

기초가 이미 자리 잡고 있음을 알 수 있다. 그의 연주는 윌리 "더 라이언" 스미스의 스트라이드 스타일을 반영하면서도, 이후 셀로니어스 몽크와 세실 테일러의 강렬한 연주 스타일을 예고하고 있었다.

그러나 이 시기에 엘링턴의 피아노 연주가 전면적으로 부각되는 경우는 극히 드물었으며, 그의 밴드는 점점 더 그의 음악적 야망을 표현하는 하나의 목소리가 되어갔다. 특히 1920년대 후반 엘링턴의 빅 밴드 편곡과 돈 레드먼이 헨더슨과 다른 밴드를 위해 쓴 편곡을 비교해 보면, 그 차이가 더욱 분명해진다. 레드먼의 편곡은 주고받기 형식, 브레이크, 밀도 높은 섹션 연주, 반복적인 리듬 패턴 등 다양한 음악적 요소들로 가득 차 있다. 반면, 엘링턴의 편곡은 보다 간결하고 집중적이며, 불필요한 요소를 배제한 절제된 스타일을 보였다. 엘링턴이 분위기 있는 곡(〈Black Beauty〉, 〈Misty Morning〉)을 썼든, 그의 이른바 "정글" 스타일의 곡(〈The Mooche〉)을 썼든, 심지어 스탠다드 블루스(〈Beggar Blues〉, 〈The Blues with a Feeling〉)를 썼든, 이러한 명확성과 균형이 두드러졌다. 또한, 몇몇 예외를 제외하면, 빠른 템포의 화려한 곡들조차도 일관된 음악적 정체성을 유지했다. 레드먼이 〈Whiteman Stomp〉에서 시도했던 것과 같은, 원자론적이고 의식의 흐름에 따르는 방식의 단편적인 음악적 기법의 모음은 엘링턴의 총체적인 음악 세계에서는 설 자리가 없었다.

엘링턴의 작곡 기술이 성숙해지고 새로운 솔로이스트들이 유입되면서, 1929년 버버 마일리Bubber Miley의 탈퇴로 인한 충격은 어느 정도 완화되었다. 엘링턴은 밴드 멤버들의 사생활 문제나 일탈에 대해 보통 눈감아주는 편이었지만, 마일리는 결국 예외가 되었다. 그는 지속적으로 초췌한 모습으로 술에 취한 채 공연에 나타나거나, 아예 결석하는 일이 잦았고, 결국 엘링턴에게 해고당한 것으로 보인다. 트럼펫 연주자 쿠티 윌리엄스는 당시 상황을 이렇게 설명했다. "어떤 중요한 인사가 밴드 연주를 들으러 올 때마다, 버버 마일리는 거기에 없었다. 밴드는 철저하게 버버 마일리를 중심으로 만들어졌는데 말이다…… 엘링턴이 평생 해고한 유일한 사람이 바로 버버 마일리였다."[118] 윌리엄스는 마일리의 후임자로 밴드에 합류했다. 그는 이전까지 마일리의 연주를 직접 들어본 적이 없었고, 엘링턴 역시 별다른 지시를 주지 않았다. 하지만 윌리엄스는 곧 자신만의 으르렁거리는 스타일을 개발하게 된다. 그는 당시를 이렇게 회상했다. "어느 날 밤, 플런저 뮤트를 들고 '와, 와' 하는 소리를 냈다. 그러자 모두가 깜짝 놀랐다. 그리고 사람들이 '바로 그거야. 바로 그거야! 계속해!'라고 외쳤다." 윌리엄스는 다른 많은 멤버들처럼, 오랜 세월 동안 엘링턴과 함께했다. 그의 첫 번째 활동 기간은 1940년까지 이어졌으며, 이후 1962년에 다시 밴드에 합류하여 1974년 엘링턴이 세상을 떠난 후까지도 연주를 이어갔다.

이 시기에 엘링턴의 브라스 섹션은 더욱 강화되었으며, 1929년 트롬본 연주자 후안 티졸Juan Tizol과 1932년 로렌스 브라운Lawrence Brown이 합류하면서, 두 사람은 오랫동안 엘링턴과 함께하게 되었다. 티졸은 밴드에서 솔로 연주자로 자주 등장하지는 않았지만, 그가 연주한 〈Caravan〉과 〈Perdido〉는 이후 재즈 스탠다드로 자리 잡아 널리 연주되었고, 또한 〈Moonlight Fiesta〉, 〈Pyramid〉와 같은 덜 알려진 명곡에도 기여했다. 때때로, 첼로 소리를 연상시키는 브라운의 버터 같은 트롬본 음색은 〈The Sheik of Araby〉, 〈Ducky Wucky〉, 〈Slippery Horn〉, 〈Stompy Jones〉를 비롯한 여러 엘링턴 공연에서 강조되었다. 그러나 음악적 기여 외에도, 이 두 연주자는 사소한 실수를 저지르는 경향이 있는 이 그룹에 절실히 필요한 안정성의 닻을 제공했다. 로렌스 브라운은 목사의 아들로서 술, 담배, 도박을 멀리했고, 후안 티졸은 가끔 술을 마시고 장난을 즐기는 것 외에는 별다른 악습이 없었으며, 특히 그는 시간 엄수를 중요하게 여겨, 밴드에서 가장 철저한 출석률을 기록했다. 티졸은 공연이 있으면 최소 30분에서 1시간 전에 도착하는 습관이 있었으며, 동료들 사이에서는 그의 철저한 태도를 두고 장난 섞인 농담이 오가기도 했다. 하지만 엘링턴이 리허설에 참석하지 못할 경우, 그는 티졸에게 밴드를 맡길 정도로 그의 철저한 관리를 신뢰했다.

1930년, 엘링턴은 그의 첫 번째 할리우드 영화인《체크 앤드 더블 체크 Check and Double Check》에 참여하여 은막에 뛰어들었고, 뉴욕의 풀턴 극장Fulton Theatre에서 모리스 슈발리에Maurice Chevalier와 함께 공연을 펼쳤다. 1931년, 엘링턴은 백악관에서 후버 대통령의 초대를 받았는데, 당시 흑인 재즈 뮤지션에게는 매우 드문 영예였다. 같은 해에 코튼 클럽을 떠난 후, 엘링턴은 고수익을 올리는 전국 투어를 시작했다. 그들은 자신들의 풀먼식 기차 객차*를 타고 다녔으며, 자체 조명 장비를 보유했고, 하루에 공연이 네다섯 번 있어도, 쇼마다 다른 유니폼을 입었다. 엘링턴 밴드는 그 시대의 아프리카계 미국인 그룹이 거의 도달할 수 없었던, 세련된 프로페셔널리즘의 분위기를 자아냈다. 이 무렵, 엘링턴은 음악계에서도 본격적으로 비평가들의 극찬을 받기 시작했다. 1932년, 음악원에서 훈련을 받은 음악가이자 여러 영향력 있는 정기 간행물의 평론가로 활동한 R. D. 대럴은 엘링턴의 음악에 대한 선견지명 있고 상세한 연구를 기술하면서, 이 밴드 리더의 "모차르트나 슈베르트처럼 단순하면서도 자연스럽게 생겨나는…… 고귀하고 자발적이며 강요되지 않은 선율"에 대해 열정적으로 이야기했다.[119] 1932년 11월, 저명한 작곡가이자 뉴욕 대학교(NYU) 음악과 학장이었던 퍼시 그레인저Percy Grainger는, 듀크 엘링턴과 그의 오케스트라를 학생들과 저명한 손님들이 모인 강의실로 초청해 연주하게 했다. 이 자리에서, 그레인저는 엘링턴의 작업을 바흐와 딜리어스**의 작품과 비교하며 극찬했다.

클래식 음악의 보루에서 나온 이러한 격찬도 더 큰 대중적 성공을 향한

---

* 미국의 풀먼 컴퍼니Pullman Company에서 제작한 고급 열차 객차를 의미한다. 19세기 후반부터 20세기 초반까지 침대차, 식당차, 고급 객차 등을 제공하며, 당시 가장 편안하고 럭셔리한 여행 수단으로 여겨졌다.

** 프레데릭 딜리어스Frederick Delius: 영국 출신의 후기 낭만주의 작곡가로, 인상주의적 색채와 자연적인 서정성을 특징으로 하는 음악을 남겼다.

엘링턴의 열망을 진정시키지는 못했다. 그는 그동안 전속 보컬리스트를 따로 두지 않았으나, 대중의 음악적 취향이 점점 더 보컬 중심으로 이동하고 있음을 간파하고, 마침내 아이비 앤더슨Ivie Anderson을 밴드의 대표 가수로 영입했다. 엘링턴의 코튼 클럽 후임자였던 캡 캘러웨이는 결코 바흐나 슈베르트와의 비교를 불러일으키지는 않았지만, 그가 히트곡 〈Minnie the Moocher〉에서 "하이디호hi-de-ho" 하고 부르고 응답하기에서 전형화된 그의 스캣 자이브 보컬은 관객을 사로잡았다. 캘러웨이는 시카고에서 앨러배미언즈Alabamians를 이끌었고, 나중에는 뉴욕에서 미주리언즈Missourians를 이끌었으며, 1929년에는 레뷰《Hot Chocolates》에 출연한 후, 마침내 코튼 클럽의 주인공 자리를 거머쥐었다. 그는 기존의 핫 재즈 사운드에 많은 양의 노벨티 송*과 스캣 음악을 결합하여, 당시 엘링턴에 맞먹는 대중적 인기와 음반 판매량을 기록하는 데 성공했다. 아이비 앤더슨의 영입은 엘링턴 밴드에 새로운 차원을 더해주었다. 비록 그녀가 캘러웨이(또는 엘링턴 밴드의 다른 개성 강한 멤버들)처럼 독특한 개성을 강조하는 스타일은 아니었지만, 그녀는 당대 가장 다재다능한 재즈 보컬리스트 중 한 명으로서, 서정적인 발라드, 그라울링growling 스타일의 스캣 싱잉, 그리고 아련한 블루스까지 모두 소화할 수 있는 폭넓은 음악성을 지니고 있었다.

보컬리스트의 존재는 엘링턴이 대중가요에 대해 자라나는 관심을 구체화하는 데 역할을 발휘한 여러 요소 중 하나에 불과했다. 어빙 밀스는 듀크 엘링턴의 업무를 철저히 관리하면서, 밴드 리더로서의 그가 작곡가로서 지닌 상업적 가능성에 특히 민감하게 반응했다. 사실, 밀스의 역할은 일반적인 홍보 활동을 훨씬 뛰어넘어, 창작 과정에까지 영향을 미쳤던 것으로 보인다.

---

* 노벨티 송novelty song: 유머, 기발한 가사, 재미있는 선율 또는 독특한 연출을 특징으로 하는 대중가요를 의미한다. 이 노래들은 주로 가볍고 유쾌한 분위기를 지니며, 풍자적이거나 희극적인 요소를 포함하기도 한다. 재즈, 스윙, 팝, 로큰롤 등 다양한 장르에서 사용되었다.

그는 엘링턴과 공동 작곡자로 이름을 올린 경우가 많지만, 실제로 그가 듀크의 작곡에 기여한 정확한 범위에는 논란의 여지가 있다. 그러나 그는 인기를 끌 수 있는 곡의 유형을 제안하고, 엘링턴에게 종종 조밀한 음악적 질감을 단순화하도록 독려했으며, 가사를 붙일 수 있도록 편곡했을 가능성이 있다. 한편, 엘링턴은 재즈풍의 대중음악 시장이 성장하는 상황에서, 이를 적극적으로 활용하는 데 주저하지 않았다. 그의 작곡 활동은 1930년대 후반에 비할 만큼 폭발적이지는 않았다. 실제로 그는 1938년과 1939년에 저작권을 등록한 곡 수가 그 이전의 십 년 동안 등록한 곡 수를 합친 것보다 많을 정도로 창작력이 폭발했다. 그럼에도 대공황 초기 몇 년 동안, 〈Mood Indi-go〉, 〈It Don't Mean a Thing (If It Ain't Got That Swing)〉, 〈Sophisticated Lady〉, 〈Solitude〉, 〈In a Sentimental Mood〉 등 기억에 남는 대표곡들이 탄생했다. 엘링턴은 조지 거슈윈이나 어빙 벌린처럼 대중적 히트곡을 연이어 탄생시키는 작곡가가 되지는 못했다. 그의 선율은 너무 복잡하고, 재즈 피아니스트의 수직적 화성 개념에 깊이 뿌리를 두고 있었기에, 그런 일이 일어나기는 어려웠다. 하지만 그는 밴드를 이끌거나 피아니스트로 연주하지 않았다 하더라도, 틴 팬 앨리 스타일의 작곡가로서도 충분히 인상적인 업적을 남겼을 것이다.

이러한 십 년 동안, 엘링턴의 대중음악에 대한 탐색은 재즈를 예술 음악의 수준으로 끌어올리려는 그의 보다 야심 찬 시도들과 공존했다. 이미 1931년작 〈Creole Rhapsody〉에서부터 엘링턴은 78rpm 레코딩의 제약과 맞서 싸우며, 한 면에 담기 어려운 긴 형식을 시도했다. 이 곡은 한 번의 연주를 담기 위해 디스크의 양면을 사용해야 했으며, 그해 두 가지 버전이 녹음되었다. 하나는 브런즈윅 레이블에서 발매된 6분짜리 버전이고, 또 다른 하나는 빅터 레이블에서 발매된 확장된 편곡으로, 8분이 넘는 길이 때문에 12인치 레코드에 담겨 출시되었다. 이 곡이 완벽하게 만족스러운 작품이라고 보기는 어렵다. 선율은 단순하며 딱히 인상적이지 않기 때문이다. 그러나 특히 빅터 버전에서 보이는 구조적 복잡성과 효과적인 분위기 전환은, 당시의 관습을 뛰어넘어 재즈 음악의 영역을 확장하려는 엘링턴의 야망을 분명히 드러냈다. 이러한 혁신적인 확장형 작곡 시도는 곧 〈Symphony in Black〉(1934)이라는 작품에 의해 더욱 발전하게 된다. 이 곡은 진정한 심포니는 아니었지만, 네 개의 성부로 이루어진 9분짜리 모음곡suite으로, 엘링턴의 여러 이전 곡들에서 가져온 음악을 포함하고 있었다. 이어, 1935년작 〈Reminiscing in Tempo〉는 13분에 달하는 길이와 복잡한 작곡 구조, 강렬한 선율과 화성적 요소를 통해, 당시까지 엘링턴이 작곡한 가장 완성도 높은 장편 작품으로 평가받게 되었다.

엘링턴이 자신의 보다 진지한 작품들이 관객을 확보할 수 있을지에 조금이라도 의구심을 가졌다면, 1933년 밴드의 유럽 투어는 그러한 마음을 완전히 해소해 주었을 것이다. 엘링턴이 도착하기도 전에, 스파이크 휴즈Spike Hughes는 『멜로디 메이커Melody Maker』지에서 "미국은 듀크 엘링턴이라는 보물이 얼마나 소중한지 제대로 알지도, 평가하지도 못하고 있다"고 발표했다.[120] 런던 팔라디움Palladium에서 열린 2주간의 공연에는, 엘링턴의 영국 데뷔를 듣기 위해 전국 각지에서 팬들이 몰려들었다. 엘링턴은 이 무대를 코튼 클럽 스타일의 레뷰 공연으로 재현하려는 의도로, 댄서 베시 더들리Bessie Dudley와 노래와 춤을 함께 선보이는 듀오인 빌 베일리Bill Bailey와 더비 윌슨Derby Wilson을 데려왔다. 그러나 놀랍게도, 그를 위대한 신흥 미국 작곡가로 찬양했던 많은 비평가들과 음악가들은 공연에 포함된 쇼 비즈니스적인 장식 요소에 실망감을 표했다. 그들의 요구에 부응하여, 엘링턴은 밴드의 프로그램에 보다 야심 찬 작품들을 추가했다. 미국으로 돌아온 후, 그는 특유의 담담한 어조로 "아마도 우리 음악이 정말 의미 있는 것인지도 모르겠다."라고 말했다.[121]

이러한 진지한 반응은 엘링턴에게 분명히 만족스러웠겠지만, 안주할 때는 아니었다. 그즈음 지미 런스포드Jimmie Lunceford가 이끄는 신나는 스윙 밴드가 할렘에 등장하여, 엘링턴의 홈그라운드에서 그와 패권을 놓고 경쟁할 태세를 갖추고 있었다. 1920년대 후반 멤피스에서 결성된 런스포드 밴드는 오하이오 레이크사이드에서의 여름 공연을 통해 연주 스타일을 다듬었고, 이후 뉴욕주 버펄로에서 팬층을 확보한 뒤, 마침내 할렘으로 진출하여 코튼 클럽 무대에 서게 되었다. 런스포드 오케스트라는 엘링턴 밴드만큼 뛰어난 솔로이스트나 독창성을 갖추지는 못했지만, 매우 유동적인 앙상블 연주, 촘촘하게 짜여진 리듬 섹션, 그리고 스윙감이 확실한 댄스 편곡으로 그 차이를 보완했다. 스윙 시대로 불리게 될 1920년대 후반기에, 조금 앞서 등장한 런스포드는 곧 다가올 음악적 흐름을 예견하고 있었다. 간결하고, 스타일리시하며, 스윙하는 이 밴드는 미국 대중의 새로운 음악적 취향에 완벽히 부합하는 팀이었다.

런스포드는 어린 시절 덴버에서 여러 악기를 익혔고, 이후 피스크 대학과 뉴욕시립대학City University of New York에서 정식으로 음악을 공부했다. 그러나 밴드 리더로서 그는 그룹의 운영을 다른 사람들에게 상당 부분 위임하는 데 만족했다. 1934년, 윌 허드슨Will Hudson의 편곡으로 만들어진 〈Jazzocracy〉와 〈White Heat〉는 카사 로마 오케스트라Casa Loma Orchestra를 연상시키는 곡으로, 런스포드에게 첫 번째 레코딩 히트를 안겨주었다. 하지만 밴드의 성숙한 사운드를 구축한 것은 트럼펫 연주자이자 편곡가인 사이 올리버Sy Oliver의 역할이었다. 그는 금관악기, 리드 악기, 리듬 악기 간의 흥미로운 상호 작용을 통해 밴드의 독창적인 스타일을 만들어냈다. 〈Shake Your Head〉(1934), 〈My Blue Heaven〉(1935), 〈Organ Grinder's Swing〉(1936), 〈For Dancers Only〉(1937) 등 일련의 인상적인 편곡에서, 올리버는 최고의 댄스홀 음악의 새로운 모델을 제시했다. 이 접근 방식은 이후 십 년 동안 다른 스윙 밴드들이 널리 모방하게 되었으며, 올리버 자신도 이후 다양한 무대에서 활약하며(특히 토미 도시의 밴드와 함께) 비슷한 성공을 거두게 되었다.

이처럼 정교하게 구성된 곡들로 인해, 런스포드 밴드는 주로 편곡 중심의 밴드라는 명성을 얻게 되었다. 그러나 런스포드 오케스트라에 뛰어난 솔로이스트들이 없었던 것은 결코 아니다. 윌리 스미스Willie Smith는 세련되고 감미로운 색소폰 연주로, 같은 시대의 알토 색소폰 연주자들 가운데 베니 카터와 조니 호지스 바로 뒤에 위치할 정도로 높은 평가를 받으며, 밴드에서 가장 뛰어난 연주자로 손꼽혔다. 뿐만 아니라, 트러미 영Trummy Young, 에디 더럼Eddie Durham, 조 토머스Joe Thomas 등의 기여도 주목할 만했다. 런스포드 밴드의 유명한 앙상블 사운드는 편곡 스타일만큼이나 개별 연주자들의 음악적 기량에서도 비롯되었다. 예를 들어, 1935년 〈Sleepy Time Gal〉 연주에서 볼 수 있듯이, 리드 섹션의 뛰어난 기교와 여유로운 프레이징은 당시 어떤 밴드보다도 탁월했다. 브라스 섹션은 엘링턴 밴드에서 개성 넘치는 연주자들이 만들어내는 독창적인 색채에는 미치지 못했을 수도 있지만, 개별 연주자들의 폭넓은 표현력과 뛰어난 연주 솜씨만큼은 나무랄 데가 없었다.

드러머 칙 웹Chick Webb 또한 이 시기 할렘 음악계에 큰 영향을 미쳤다. 볼티모어 출신인 웹은 십대 중반에 뉴욕으로 와서, 스무 살이 되기 전에 이미 할렘의 사보이 볼룸에서 밴드를 이끌고 있었다. 웹은 재즈 역사상 가장 흥미로운 드러머 중 한 명으로 평가받을 만하지만, 그의 명성은 몇 가지 요인으로 인해 충분히 인정받지 못하고 있다. 첫째, 비교적 짧았던 그의 경력, 둘째, 1930년대 녹음 기술의 한계로 인해 빅 밴드 속에서 타악기 소리를 생생하게 포착하기가 어려웠다는 점, 셋째, 이미지와 화려함을 중시하는 음악 산업에서 웹의 외모가 매력 없었던 점, 그리고 마지막으로(이 가운데, 웹 자신이 초래한 유일한 요인) 그가 고용한 보컬리스트가 곧 그의 명성을 뛰어넘는 스타가 되어버렸다는 점이 그것이다. 그러나 역사적으로 칙 웹이 과소평가되었다 하더라도, 당시 재즈 팬들 사이에서는 그의 탁월함에 대한 의심이 없었다. 웹의 밴드는 에드거 샘슨Edgar Sampso의 창의적인 작곡과 편곡

(〈Stompin' at the Savoy〉, 〈Blue Lou〉, 〈Let's Get Together〉)을 기반으로, 리더인 웹의 강렬한 드럼 연주로 추진력을 얻으며, 강력한 스윙 앙상블로 발전했다. 이들은 사보이 볼룸에서 전설적으로 남은 밴드 배틀에서, 엘링턴이나 헨더슨 밴드와 경쟁할 준비가 되어 있었다. 1937년, 베니 굿맨 밴드와의 유명한 대결이 사보이에서 열렸을 때, 무려 4천 명이 넘는 인파가 몰려들었고, 나머지 5천 명은 입장하지 못했을 정도로 엄청난 관심을 끌었다. 『메트로놈』지는 대문짝만한 헤드라인으로, "칙 웹, 베니 굿맨을 쓰러뜨리다!"라고 후속 보도했다.

1934년, 가수 엘라 피츠제럴드가 밴드에 합류하면서, 이 그룹의 재즈적 정체성이 더욱 강화되었고, 대중적 인기도 한층 높아졌다. 특히 그녀가 부른 〈A-Tisket, A-Tasket〉(1938)은 엄청난 히트를 기록하며, 무려 18주 동안 《히트 퍼레이드Hit Parade》(당시 매주 토요일 저녁에 인기 상업 음악을 소개하던 유명 라디오 프로그램)에 머물렀다. 피츠제럴드는 17세의 나이에 할렘 아폴로 극장Apollo Theatre에서 열린 탤런트 콘테스트에서 발굴되었으며, 곧 넓은 음역, 완벽한 억양, 그리고 확실한 스윙 감각으로 명성을 얻었다. 〈A-Tisket, A-Tasket〉은 동요 같은 특성을 지닌 곡으로, 피츠제럴드의 천진난만한 보컬 스타일을 돋보이게 하는 데 완벽한 선택이었다. 그녀의 창법은 베시 스미스나 빌리 홀리데이의 관능적이고 어두운 감성과는 극명한 대조를 이루었다. 피츠제럴드는 가사에 순수한 천진함을 불어넣었으며, 여기에 유머 감각과 기쁨이 넘치는 표현력을 더해, 자신의 초기 롤모델이었던 루이 암스트롱을 연상시키는 창법을 구사했다. (이후, 그녀는 암스트롱과 함께 인상적인 듀엣 콜라보를 선보이기도 했다.) 그러나 1939년, 칙 웹이 결핵으로 사망하면서 밴드는 큰 위기를 맞았다. 하지만 피츠제럴드는 밴드의 리더 역할을 이어받아, 1942년 해체될 때까지 3년 동안 그룹을 이끌었다. 당시 재즈 분야에서 여성 밴드 리더는 거의 전무하던 시기였지만, "엘라 피츠제럴드와 그녀의 유명한 오케스트라Ella Fitzgerald and Her Famous Orchestra"라는 이름으로 활동을 이어간 이 밴드는, 유명한 창립자인 칙 웹의 타계에도 불구하고 단순히 존속하는 것에 그치지 않고 번성했다. 여전히 십대였던 피츠제럴드는 새로운 리더로서 밴드를 성공적으로 이끌었으며, 이 경험은 그녀가 훗날 솔로 아티스트로서 초대형 스타로 성장하는 데 중요한 발판이 되었다.

엘링턴, 헨더슨, 런스포드, 캘러웨이, 웹, 피츠제럴드— 이러한 밴드 리더들은 할렘의 문학과 시각 예술이 널리 찬사받는 것만큼이나 중요한 음악적 재능의 개화를 대표했다. 이 아프리카계 미국인 음악가들의 작업은 할렘이라는 지역적 경계를 넘어 미국 전반의 문화적 취향을 형성하는 데 중요한 역할을 했으며, 나아가 해외에서도 팬층을 형성하게 되었다. 1930년대 초·중반에 걸쳐 할렘의 위대한 빅밴드들이 등장한 것은, 눈앞에 다가온 변화하는 감성의 전조였다. 그 십 년이 끝나갈 무렵, 아프리카계 미국 음악 전통을 바탕으로 한 강렬한 에너지의 댄스 스타일이 부상하면서 대중음악의 스타일은 영구히 변하게 되었으며, 이는 곧 스윙이라는 이름으로 자리 잡게 되었다.

어느 정도까지는, 미국 대중의 음악적 취향이 변화한 이 과정이 엘링턴의 경력을 정당화하는 역할을 했다. 결국, 그는 자신의 가장 유명한 노래 중 하나에서 "스윙이 없다면, 아무 의미 없어It don't mean a thing, if it ain't got that swing?"라고 이미 선언하지 않았던가? 그리고 확실히, 스윙 음악 운동의 미학적 기반은, 엘링턴이 자신의 음악에 녹여냈던 요소들, 특히 플레처 헨더슨 밴드의 음악과 같은 뿌리에서 비롯된 것이었다.

그럼에도 불구하고, 새롭게 등장한 스타일의 더 가볍고 추진력 있는 스윙 음악은 음악적 초점을 변화시켰으며, 이로 인해 1930년대 전반기 엘링턴의 작품을 점점 더 특징지었던 복잡한 구성과 예술 음악적 경향에서 벗어나게 되었다. 스윙 음악은 철저히 대중적인 장르였으며, 고상한 예술적 의도를 내세우는 경우가 거의 없었다. 그리고 비록 엘링턴, 헨더슨 및 그 외 흑인 음악가들이 그 길을 닦았지만, 스윙 음악을 그 시대의 지배적인 대중음악 스타일로 자리 잡게 하고, 미국 중산층 가정으로 확산시킨 것은 궁극적으로 전설적인 백인 밴드 리더의 역할이었다. 이 예상 밖의 중개자를 통해, 할렘의 핫 재즈, 시카고 및 그 외 지역에서 유입된 음악적 요소와 결합하며, 스윙은 미국의 일상 속 사운드로 자리 잡게 되었다.

5

스윙 시대

스윙의 왕

대공황의 시작은 전체 엔터테인먼트 산업과 마찬가지로, 재즈계에도 싸늘한 영향을 미쳤다. 미국의 음반 판매량은 1927년에 1억 장을 넘어섰지만, 1932년에는 겨우 600만 장이 팔렸으니, 90퍼센트 이상 감소하는 엄청난 타격을 입었다. 당시 "레이스 레코드"라 불리던 흑인 음악을 전문으로 하던 레코드 회사들은 특히 큰 타격을 입었지만, 음악 사업의 어떤 부문도 경제적 침체를 피해 갈 수 없었다. 같은 시기 동안, 유성 영화의 인기가 높아짐에 따라, 많은 극장에서 이전에 대부분의 도시에서 인기 있던 엔터테인먼트의 필수 요소였던 정교한 라이브 쇼를 중단하여, 음악가들의 유급 일자리도 크게 줄어들었다. 그들 중 수천 명이 직업을 바꾸어, 1928년과 1934년 사이에 음악가 조합의 회원 수는 거의 3분의 1이나 감소했고, 또는 만성적으로 불완전 고용 상태로 남게 되었다. 위대한 음악가들이든, 덜 알려진 음악가들이든 모두 어려움을 겪었다. 시드니 베셰이, 젤리 롤 모튼, 킹 올리버, 베시 스미스, 빅스 바이더벡, 이들의 개별적인 이야기는 모두 다르지만, 적어도 한 가지 공통점이 있다. 즉 그들의 경력이 국가의 산업 생산량과 함께 내리막길로 접어들었다는 것이다.

1933년, 금주법이 폐지되면서 많은 술집이 합법적인 나이트클럽으로 탈바꿈했지만, 이는 대부분의 재즈 연주자들에게 긍정적인 변화라고 보기 어려웠다. 단순히 술뿐만 아니라 재즈 문화의 전체적인 정신과 분위기마저도 신비로운 매력을 잃어버린 것이다. 이제 술은 주류 판매점에서 합법적으로 구매할 수 있었고, 재즈는 라디오 전파를 통해 가정으로 쉽게 전달될 수 있었다. 어떤 면에서는 이것이 발전이었지만, 이러한 변화가 음악가들에게 미친 영향은 가혹했다. 이제 하나의 밴드만으로도 라디오의 마법을 통해 수많은 청중을 즐겁게 할 수 있었다. 이는 곧, 이전에는 수백, 어쩌면 수천 개의 밴드가 필요했던 일을 이제 몇 명의 연주자만으로도 해낼 수 있다는 의미였다. 따라서, 소수의 음악가들에게는 라디오가 전례 없는 명성을 안겨주었지만, 대부분의 연주자들에게는 치명적인 타격을 입혔다. 기술의 발전으로 인해 음악가의 공급과 수요는 더욱 불균형해졌다. 어쩌면 빅밴드의 성장도 단순히 음악적 취향의 변화 때문이 아니라, 이러한 경제적 요인의 결과였을지도 모른다. 임금이 하락하고 음악가들의 실업률이 증가하면서, 저렴한 비용으로 열두 명의 연주자를 고용하는 것이 가능해졌다. 과거에는 사치로 여겨졌던 빅밴드가 이제는 표준이 되었으며, 과잉 인력으로 인해 노동 집약적인 연주 방식이 더 경제적으로 실현 가능해지고, 따라서 더 일반화되었다. 그러나 25년 후, 이 추세는 역전될 터였다. 경제 성장이 이루어지고 임금이 상승하면서, 물가가 덜 비쌌던 시대에 부풀어 올랐던 유물인 빅 밴드를 죽이는 것을 거들었기 때문이다.

1930년대의 변화는 대부분의 음악가들에게 부정적인 영향을 미쳤지만, 소수의 연주자들은 더욱 계층화된 엔터테인먼트 산업 구조 덕분에 상당한 이익을 얻었다. 라디오라는 전국적인 대중 매체의 탄생은 몇몇 재즈 연주자들을 불과 몇 년 전만 해도 상상할 수 없었던 수준의 유명인으로 끌어올렸다. 물론, 근대 서구 사회에서 예술가들이 명성과 인정을 받아온 것은 오래된 일이었지만, 이제 '스타'와 '슈퍼스타'라는 개념이 현대적인 의미에서 본격적으로 등장하기 시작했다.

이러한 급격한 변화는 무엇보다도 기술적 전환에 의존했다. 1920년, 미국 최초의 상업 라디오 방송국인 피츠버그의 KDKA가 방송을 시작했다. 그러나 초창기에는 이 새로운 매체의 청중이 그리 많지 않았다. 1920년대 초반만 해도 미국에서 라디오를 보유한 가정은 1만 가구당 하나에 불과했지만, 그 후 10년 동안 판매량이 급증하며 1930년대 초반에는 대부분의 미국 가정이 이 새로운 가족 오락의 중심 매체를 소유하게 되었다. 음악 산업의 성질은 이제 이전과 완전히 달라졌다. 앞으로는 레코드 산업과 방송 산업이라는 두 개의 거대한 산업이 가수와 연주자, 편곡가와 작곡가들의 경력에 전례 없는 영향을 미치게 될 것이었다. 그리고 금융, 기술, 예술적 생산이 점점 더 밀접하게 얽히면서, 새로운 유형의 사업가, 즉 연예인 에이전트의 중요성이 커졌다. 그 결과, 음악사에는 수많은 공생 관계가 형성되었다. 루이 암스트롱과 조 글레이저, 듀크 엘링턴과 어빙 밀스, 베니 굿맨과 존 해먼드 같은 사례가 이를 잘 보여준다. 이 관계들은 창작자가 대중에게 다가가기 위해, 강력한 매니저의 중재를 필요로 했던 시대를 상징한다. 판돈이 점점 커질수록, 음악은 점차 "음악 사업"이라는 거대한 산업 속에 깊숙이 자리 잡게 되었다. 그리고 이 사업은 점점 더 소수의 손에 의해 지배되며 집중화되어 갔다.

이러한 변화는 하룻밤 사이에 이루어진 것이 아니었으며, 그럴 수도 없었다. 여전히 지역 밴드들은 많은 지역에서 활발하게 활동하며, 곧 전국적인 스타들이 대중을 대거 흡수하게 되리라는 사실을 알지 못한 채 연주를 이어갔다. 대다수 음악가들은 여전히 에이전트, 홍보 담당자, 그 외 중개인의 도움 없이 스스로 자신의 재정을 관리하거나, 그렇지 못한 채 생활했다.

한편, 라디오가 신기한 물건에서 미국 가정 대부분의 필수품이 되어감에 따라, "청취 대중"이라는 개념이 서서히 자리 잡았다. 하지만 무엇보다도 국가 경제의 지속적인 침체가 1930년대 초반 대중 매체 엔터테인먼트가 지닌 잠재력을 완전히 실현하지 못하게 만드는 가장 큰 장애물이었다. 그럼에도 불구하고, 당시 미국 음악 산업은 불꽃이 터지기를 기다리는 화약고와도 같았다. 과거 축음기의 보급보다도 네트워크 라디오의 부상이 훨씬 더 큰 변화를 가져왔다. 이를 통해 대중은 소수의 취향 결정권자가 선택한 엔터테인먼트를 수동적으로 받아들이는 소비자로 변모했다. 이제 결과는 피할 수 없는 것이 되었다. 스타덤의 메커니즘이 음악계에 자리 잡았고, 남은 것은 단 하나, 즉 완벽한 스타의 등장뿐이었다.

베니 굿맨은 이 스타 시스템을 맹렬히 가동시켜, 자신의 놀라운 경력에 불을 붙였을 뿐만 아니라, 십 년 이상 지속될 "스윙 음악" 열풍을 일으켰다. 대중음악 역사상 이와 같은 현상은 전례가 없었다. 알 졸슨이나 러스 컬럼보Russ Columbo도, 빙 크로스비나 루디 발레Rudy Vallee도, 그리고 초기 재즈 개척자들조차도 이런 열풍을 만들어내지 못했다. 굿맨 현상은 단순히 음악적인 성공을 넘어, 스타덤의 청사진을 제시했다. 그의 팬들은 거의 종교적 열광에 가까운 열정을 보였는데, 이 "팬fan"이라는 것 역시 완전히 새로운 개념이었다. 이러한 현상은 이후에도 반복적으로 나타났다. 프랭크 시나트라와 바비-삭서,* 엘비스 숭배, 비틀매니아Beatlemania, 그리고 이후에도 끝없이 이어졌다.

베니 굿맨이 경제적·기술적 변화의 혜택을 입었다는 사실을 지적하는 것이 그에 대한 비판이 되는 것은 아니다. 대중의 찬사를 받는 많은 대상들과 달리, 굿맨은 흠잡을 데 없는 음악성과 완벽한 예술성을 갖춘 인물로서, 그러한 찬사를 받을 자격이 충분했다. 대중문화의 역사에서, 이처럼 음악 예술에 대한 폭넓은 시각을 보여준 인물은 거의 없다. 굿맨의 업적을 대강 나열하는 것만으로도 그의 위대함을 실감할 수 있다. 솔로이스트로서, 그는 이전과 이후의 어느 누구도 아닌 것으로 재즈 클라리넷의 본질을 정의했다. 밴드 리더로서, 그는 기술적 완벽함의 기준을 세웠으며, 동시대 음악가들의 부러움을 샀다. 또한, 스윙 음악이 대중적 인기를 얻는 데 있어, 누구도 따라

---

* 바비삭서bobbysoxers: 1940년대 미국에서 유행하던 양말(발목 양말, ankle socks)을 신은 십대 여학생들을 가리키는 말. 특히 프랭크 시나트라 같은 팝 스타를 열렬히 좋아하던 소녀 팬들을 일컬을 때 자주 쓰였다.

올 수 없는 영향력을 행사했다. 십 년 후, 그는 밴드를 개편하여, 막 시작된 밥bop 음악에 도전했다. 그의 세대에서 이런 시도를 감행한 인물은 거의 없었다. 클래식 음악에서도, 그는 뛰어난 연주자였을 뿐만 아니라, 다수의 주요 작품을 직접 의뢰받기도 했다. 여기에는 대표적으로, 벨러 버르토크Béla Bartók의《Contrasts》, 아론 코플란드Aaron Copland의《Concerto for Clarinet》, 파울 힌데미트Paul Hindemith의《Concerto for Clarinet and Orchestra》, 모튼 굴드Morton Gould의《Derivations for Clarinet and Band》등이 있다. 당시 재즈 연주자들은 종종 음악계의 하층민 취급을 받았다. 그러나 굿맨은 자신의 탁월함을 활용해, 인종 차별, 계급적 구분, 배타적 편견과 속물적 태도 등 이러한 창조적 정신을 억압하고 가두려는 장벽들을 깨뜨렸다.

굿맨의 부모는 폴란드 출신인 아버지 데이비드 굿맨David Goodman과 리투아니아 출신인 어머니 도라 레진스키Dora Rezinsky이다. 이들은 19세기 말에 일어난 미국 유대인 정착의 거대한 물결의 일환으로, 동유럽에서 이민을 왔다. 이 부부는 볼티모어에서 만났지만, 1902년에 시카고로 이사했고, 그곳에서 데이비드는 지역 의류 기업 재단사로 일할 수 있었다. 이 거대한 문화의 용광로에서 — 시카고 인구의 약 80퍼센트가 당시 이민 1세대 또는 2세대였다 — 베니 굿맨은 1909년 5월 30일, 열두 명의 자녀 중 아홉 번째로 태어났다. 그는 블러디 맥스웰Bloody Maxwell이라고 흔히 불리던, 가난하고 종종 위험한 맥스웰 스트리트 지역에서 자랐는데, 그곳은 다양한 민족의 갱단이 암울한 도시의 풍경을 지배하고 있었다. 그러한 환경에서 음악은 창조적인 분출구나 중산층 세련미의 표시일 뿐만 아니라, 단순히 빈민가에서 벗어날 방법으로서, 신이 내린 선물이었다.

데이비드 굿맨은 어린아이들도 악기를 연주하며 생계를 꾸릴 기회가 있다고 판단하고 자신의 자녀들에게 음악 공부를 권장했다. 베니는 아버지로 인해, 형제인 프레디, 해리와 함께 동네 회당에서 연습하는 밴드에 가입하게 되었다. 겨우 열 살인 데다 세 소년 중 막내인 베니는 큰 금관악기를 다루기에는 너무 작다고 여겨져, 클라리넷을 맡게 되었다. 정기적인 연습 외에도 굿맨은 개인 레슨을 받았는데, 처음에는 지역 밴드 리더에게서 배우다가 나중에는 시카고 뮤지컬 칼리지의 전직 교수였던 프란츠 쇠프Franz Schoepp에게서 배웠다. 쇠프의 제자들 중에는 당대 최고의 재즈 클라리넷 연주자로 꼽히던 지미 눈과 버스터 베일리Buster Bailey도 포함되어 있었다. 특히 지미 눈의 연주는 굿맨의 클라리넷 연주 스타일에 강한 영향을 미치게 되었다.

베니 굿맨은 아버지의 야망만큼이나 자신의 완벽주의적 성향에 의해 동기 부여를 받아 열심히 연습했다. 만약 환경이 달랐다면, 그는 교향악단에서 활동하는 길을 선택했을지도 모른다. 그러나 시카고 재즈의 황금기에 성장한 그는 자신의 고향에서 나이트클럽, 불법 술집, 댄스홀에서 펼쳐지는 음악적 소용돌이에 자연스럽게 끌려들어갔다. 고등학교 1학년 때, 베니는 오스틴 하이 갱Austin High Gang의 여러 멤버들과 친분을 쌓게 되었고, 그들의 재즈에 대한 열정이 그에게도 영향을 미쳤다. 1923년 여름, 굿맨은 빅스 바이더벡과 만나 함께 연주했다. 당시 바이더벡은 열아홉 살에 불과했지만, 그의 코넷 연주는 이미 독창적인 개성을 갖추고 있어 젊은 클라리넷 연주자인 굿맨에게 깊은 인상을 남겼다. 굿맨의 초기 녹음 곡 〈Blue and Broken-Hearted〉에서는, 바이더벡의 영향을 분명하게 들을 수 있다. 실제로, 굿맨의 성숙한 연주 스타일, 즉 예상치 못한 놀라운 음정 도약, 유연하면서도 여유로운 스윙, 박자에 딱 맞는 프레이징, 달콤한 음색은 바이더벡과 비슷한 음악적 특질을 유지한다.

굿맨의 프로 연주자 경력은 십대 초반에 시작되었고, 1925년 벤 폴락Ben Pollack 밴드에 합류하면서 큰 전환점을 맞이했다. 그는 이 밴드에서 4년 동안 활동하며 투어와 녹음 기회를 얻었을 뿐만 아니라, 당대 최고의 시카고 스타일 댄스 밴드 중 하나에서 명성을 쌓을 수 있었다. 이 시기의 굿맨의 연주는 확실한 클라리넷 구사력으로 특징지을 수 있지만, 시카고의 다양한 클라리넷 연주자, 특히 눈과 테셰마허의 영향이 그 표면 바로 아래에 숨어 있다. 1929년에 폴락을 떠난 후, 굿맨은 여러 밴드에서 자유 계약 연주자로 활동하며 가끔은 밴드 리더로도 나섰다. 같은 해 8월에 자신의 이름으로 녹음한 〈After Awhile〉과 〈Muskrat Ramble〉은 여전히 시카고/뉴올리언스 스타일의 특질이 많이 남아 있다. 하지만 굿맨은 당대의 보다 진보적인 흑인 댄스 밴드의 음악에도 주목하고 있었다. 뉴욕에서 폴락과 활동하면서, 그는 로즐랜드 볼룸에서 플레처 헨더슨의 연주를, 코튼 클럽에서는 듀크 엘링턴의 연주를 들을 수 있었다. 또한 폴 화이트먼을 비롯한 이들이 이끄는 사교 댄스 밴드들도 분명 이 시기에 굿맨의 관심을 끌었을 것이다.

굿맨은 대공황 시기에 자신의 이름을 알리기 위해 고군분투하며, 이러한 다양한 영감의 원천을 적극적으로 활용해야 했다. 스튜디오 작업, 극장 오케스트라 공연, 그 외 프리랜서 프로젝트들은 그가 다양한 음악적 환경에서 유연성을 증명할 것을 요구했다. 이 시기에 굿맨이 남긴 녹음의 양은 압도적이었다. 1930년대 초반, 그는 수십 개의 앙상블에서 수백 곡을 녹음했다. 때로는 이 세션들이 최고의 재즈를 선보이기도 했는데, 특히 1930년 호기 카마이클이 이끈 놀라운 녹음 세션이 대표적이다. 이 세션에는 빅스 바이더벡, 버버 리, 에디 랭, 조 베누티, 버드 프리먼, 진 크루파, 그리고 지미와 토미 도시 형제가 함께했다. 이 올스타 라인업은 한 세션에 1인당 20달러를 받았다고 전해진다. 그러나 대부분의 프리랜서 공연에서 요구된 음악은 굿맨이라는 핫한 감각을 지닌 솔로 연주자에게는 너무 미지근했다.

이 시기의 가장 결실 있는 협업은 연주 무대 밖에서 이루어진 것일지도 모른다. 1933년 가을 어느 저녁, 존 해먼드는 굿맨에게 자신을 소개했다. 예일대를 중퇴한 그는 부유한 밴더빌트 가문의 일원이자, 이후 재즈 음악과 인권 운동을 옹호하며 경력을 쌓게 될 인물이었다. 해먼드는 자신이 방금 영국에서 돌아왔고, 그곳에서 컬럼비아와 팔로폰Parlophone 레이블을 통해 굿맨을 비롯한 여러 연주자들의 앨범을 제작하기로 계약을 체결했다고 밝혔다. 굿맨에게는 전혀 예상치 못한 이 기회가 그의 경력에서 중요한 전환점이 되었다. 해먼드의 도움으로, 굿맨은 당대 최고의 재즈 뮤지션들과 함께 녹음을 진행했다. 1933년 10월에 굿맨의 통솔 하에 이루어진 세션에서는, 잭 티가든이 〈I Gotta Right to Sing the Blues〉를 포함하여 자신의 가장 뛰어난 연주를 남겼다. 다음 달, 굿맨은 평소와는 다른 행보로 베시 스미스의 녹음 세션에 참여했고, 불과 사흘 후에는 열일곱 살의 빌리 홀리데이와 함께 녹음했다. 이 시기의 다른 녹음에서는, 그가 콜먼 호킨스, 테디 윌슨 등 최고의 재즈 연주자들과 함께 작업하는 모습을 볼 수 있다.

존 해먼드가 굿맨의 경력에 미친 영향의 정확한 정도에는 논란의 여지가 있다. 시간이 흐르면서 두 사람의 관계는 단순한 업무 관계를 넘어 우정으로 발전했으며, 결국 굿맨이 해먼드의 여동생 앨리스와 결혼함으로써 가족의 유대를 이루게 되었다. 굿맨의 직업적인 경력에서, 해먼드는 단순히 녹음 세션을 조율하는 역할을 넘어, 밴드 멤버의 고용, 레퍼토리 선정 및 그 외 중요한 결정들에까지 영향을 미쳤다. 무엇보다도, 해먼드의 끊임없는 독려와 희석된 모조품에 맞선 정통 재즈 옹호는 굿맨의 음악적 본능을 더욱 강화하는 역할을 했으며, 그가 프리랜서 시절의 상업 음악과 결별하고, 보다 핫한 스타일에 전심전력으로 뛰어드는 계기가 되었을 것이다. 이러한 변화는 결국 굿맨에게 "스윙의 왕The King of Swing"이라는 명성을 안겨주었다.

일반적인 이야기와 달리, 굿맨이 결국 성공을 거두게 된 것은 단순한 하룻밤의 기적이 아니었다. 1935년 8월 21일, 로스앤젤레스의 팔로마 볼룸Palomar Ballroom에서 열린 공연은 그의 돌파구가 되었고, 이는 오늘날 일반적으로 스윙 시대의 탄생으로 여겨진다. 그러나 이 성공의 기반은 몇 달에 걸쳐 천천히 다져졌으며, 그 과정에서 수많은 차질을 겪었다. 정확히 팔로마 공연 14개월 전, 뉴욕 52번가*와 브로드웨이 교차로에 위치한 빌리 로즈의 뮤직 홀Billy Rose's Music Hall 개장 덕분에, 굿맨은 스튜디오 작업을 뒤로하고 뉴욕에서 가장 세련된 나이트클럽 중 하나에서 밴드를 이끄는 보다 화려한 활동을 할 기회를 얻었다. 그러나 이 유망했던 기회는 얼마 지나지 않아 막다른 길로 접어들었다. 로즈의 공연장은 몇 주 만에 문을 닫았고, 이후 해외 투어 계획도 무산되면서 또 다른 실망을 안겼다. 그러나 대공황 속에서, 라이브 공연 기회가 불안정했던 반면, 급성장하는 라디오 산업은 더욱 매력적이고 어쩌면 경력을 더 확고히 다질 수 있는 대안을 제공했다. 굿맨은 이 새로운 매체를 적극적으로 받아들였고, NBC가 그의 밴드를《레츠 댄스Let's Dance》프로그램에 출연시키기로 하면서 결정적인 기회를 얻게 되었다. 이 프로그램은 매주 토요일 밤 전국 50개 이상의 계열 방송국을 통해 댄스 음악을 선보였고, 무엇보다도 이 방송이 서부 해안 투어의 성공을 위한 길을 닦아주었다. 시차 덕분에, 캘리포니아 청중들은《레츠 댄스》를 황금 시간대에 들을 수 있었고, 이로 인해 굿맨 밴드가 팔로마 볼룸에 도착했을 때는 이미 수많은 열광적인 청중이 그들을 기다리고 있었다.

---

* "Swing Street", "Street of Jazz"로 불릴 정도로 대공황 시대부터 1950년대에 이르기까지 수많은 재즈 클럽이 몰려 있던 곳이었다. 당시 빅밴드가 연주하던 무도회장Ballroom 규모보다 작고, 비밥이 태동하던 민튼즈(할렘)보다 상업적·대중적인 클럽들이 줄지어 있었다. 주요 재즈 클럽들로는 1930년대 초반 오픈한 Onyx Club, 베니 굿맨, 아티 쇼, 루이 암스트롱 등 거물들이 출연했고 1940년대엔 비밥 뮤지션들도 무대에 섰다. 3 Deuces는 가장 유명했던 52번가 클럽 중 하나로 찰리 파커, 디지 길레스피, 마일즈 데이비스 등 비밥 거장들의 집결지였고 "3 Deuces 무대에 섰다"는 건 일종의 훈장처럼 여겨졌다. Kelly's Stables는 원래는 마구간을 개조한 클럽이라 이런 이름이 붙었는데 카운트 베이시, 루이 프리마, 비밥 연주자들까지 연주했다. The Spotlite는 라디오 방송과도 연결돼 있었던 클럽으로 젊은 비밥 뮤지션들의 중요한 무대였다. The Famous Door는 1930년대 오리지널 스윙 밴드들이 자주 공연하던 곳으로 루이 암스트롱, 카운트 베이시, 벤 웹스터 등이 출연했다. Hickory House는 원래는 스테이크하우스였으나 재즈 공연장으로 유명해졌다. 메리 루 윌리엄스, 엘링턴 악단 출신 연주자들이 자주 섰다. Downbeat Club은 잡지 DownBeat와 연관이 깊은 곳으로 파커, 길레스피 등이 자주 나왔다. Jimmy Ryan's는 좀 특이하게도, 52번가에서 딕시랜드/트래디셔널 재즈를 고수한 클럽으로 뉴올리언스풍 재즈 팬들의 아지트였다. 52번가는 스윙에서 비밥으로 넘어가는 과도기의 중심지로 뮤지션과 관객이 밀착해서 재즈 공연 문화를 이끌었다. 팝 가수 빌리 조엘의 그래미 올해의 최고 앨범으로 선정된 하나인《52nd Street》(1978)는 재즈의 거리였던 맨해튼 52번가에 대한 헌정 성격을 가지는데 재즈적 편곡과 세션이 두드러지고 프레디 허바드Freddie Hubbard 같은 거장도 앨범 제작에 참여했다. 빌리 조엘 자신도 이 앨범 인터뷰에서 "재즈가 태어나고 자란 거리의 전통을 기리고 싶었다"고 언급했다.

굿맨의 까다로운 성격과 독재적인 밴드 운영 방식은 많은 비판을 받아왔다. 그러나 음악적 완성도, 악보, 리허설, 공연에서 최고의 표준을 세우기 위한 그의 헌신을 의심할 사람은 거의 없다. 《레츠 댄스》 시기가 시작되면서부터, 이러한 노력은 점차 결실을 맺기 시작했다. 특히 뉴욕 트럼펫 연주자 중에서 가장 훌륭한 암스트롱의 백인 제자인 버니 베리건이 추가되면서, 굿맨은 그가 이끄는 스타일에 어울리는 세계적 수준의 브라스 솔로이스트를 얻게 되었다. 베리건의 음조는 위풍당당한 자신감, 때로는 대담함을 전달했지만, 정서적 예리함을 결코 잃지 않았다. 그의 경력은 1937년 자신의 밴드와 함께 녹음한 〈I Can't Get Started〉로 정점을 찍었으며, 이 곡은 재즈 걸작이자 대중적으로도 큰 성공을 거두었다. 그러나 1940년이 되자, 이 뛰어난 재능을 지닌 연주자는 재정적으로 파산하고, 심각한 알코올 의존에 빠지며, 육체적·정신적으로 위태로운 상태에 놓였다. 그리고 2년 후, 33세의 나이에 간경화와 내출혈로 세상을 떠났다. 스윙 시대를 연 굿맨 밴드에서 활동하며 위대한 음악가로 성장할 운명처럼 보였던 이 맹렬한 솔로이스트에게는 너무도 비극적인 결말이었다. 한편, 1934년 밴드에 합류한 보컬리스트 헬렌 워드Helen Ward는 굿맨이나 베리건처럼 깊은 재즈적 뿌리를 갖고 있지는 않았지만, 매력적인 무대 존재감과 솔직한 창법으로 큰 인기를 끌었다. 그녀의 가벼운 스윙과 유연한 프레이징은 밴드의 대중적 매력을 한층 높이는 데 크게 기여했다.

그러나 연주자들만큼이나, 어쩌면 이 경우에 더 중요한 역할을 한 것은 편곡자들이었다. NBC의 예산 덕분에 매주 여덟 개의 새로운 악보를 사용할 수 있었는데, 이는 당시 밴드 리더들에게는 엄청난 사치였고, 굿맨은 이 풍요로움을 최대한 활용하기로 했다. 굿맨이 플레처 헨더슨을 편곡자로 고용한 것은 이 밴드의 사운드 발전에 있어 가장 중요한 전환점으로 흔히 평가된다. 물론, 헨더슨의 영향력은 매우 컸으며, 어쩌면 밴드의 성공을 결정짓는 요소였을 수도 있다. 그러나 그는 전쟁 이전 시기에 이 밴드의 레퍼토리에 기여했던 많은 뛰어난 편곡자 중 한 명일 뿐이었다. 스퍼드 머피Spud Murphy, 지미 먼디Jimmy Mundy, 호레이스 헨더슨Horace Henderson, 에디 소터, 멜 파월Mel Powell, 베니 카터, 메리 루 윌리엄스, 조 리프먼Joe Lippman, 딘 킨케이드Deane Kincaide, 고든 젠킨스Gordon Jenkins, 퍼드 리빙스턴Fud Livingston, 에드거 샘슨 등도 크고 작은 기여를 했다. 이들을 합치면, 당시 어떤 댄스 오케스트라도 능가하기는커녕 필적할 수도 없는 뛰어난 작곡 및 편곡 인재들이 모여 있는 것이었다.

헨더슨의 기여가 특별했던 이유는 그가 오랫동안 밴드 리더로 활동하며 축적한 엄청난 음악적 자료를 보유하고 있었고, 또한 당시 미국 라디오 방송을 장악할 준비가 되어 있던 스윙 스타일에 대한 깊은 감수성을 지니고 있었기 때문이다. 비록 헨더슨이 밴드의 전체 레퍼토리 중 절반 이하만 담당했지만, 〈King Porter Stomp〉, 〈Sometimes I'm Happy〉, 〈Blue Skies〉, 〈Christopher Columbus〉 등 가장 기억에 남는 많은 굿맨 곡들의 출처가 되었다. 인종 차별이 심했던 당시 분위기 속에서, 헨더슨이 굿맨 밴드에서 맡은 역할은 음악적 중요성만큼이나 상징적인 의미도 컸다. 많은 재즈 애호가들은 굿맨이 헨더슨 오케스트라의 핫한 스타일을 적극적으로 따라가고, 이 스윙 스타일을 대중 시장에 소개하기로 한 결정을 환영했다. 이는 당시 대부분의 백인 밴드들은 감히 시도하지 않았던 방향이었다. 그러나 일부 사람들은 이에 불만을 품고, 굿맨을 또 하나의 백인 음악가로 간주하며, 그가 흑인 음악 혁신가들의 업적을 이용해 개인적인 성공을 거두었다고 비판했다. 그러나 굿맨과 헨더슨의 관계를 사회적 관점에서만 바라보는 것은 이 중요한 재즈 역사적 협업에서 개인적인 요소의 영향을 간과하는 결과를 초래할 수 있다. 굿맨은 어떤 장애물이든 극복하여 성공을 이루려는 집념이 강한 인물이었고, 스윙 음악을 대중적으로 널리 알리는 데 헨더슨보다 훨씬 적극적이었다. 반면, 헨더슨은 내성적인 성격으로 인해 밴드 운영의 상업적 측면에 대해 다소 애매한 태도를 보였다. 결국, 이 두 명의 재즈 개척자는 서로를 필요로 했고, 함께했기에 어느 한쪽이 단독으로는 도달할 수 없는 성과를 이루어낼 수 있었다.

그렇다 하더라도, 당시 굿맨과 다른 백인 재즈 아티스트들이 누렸던 이점은 인정해야 한다. 흑인 밴드 리더들과 달리, 그들은 주류 미국 사회에서 더 쉽게 받아들여졌다. 그들은 일반적으로 더 나은 근무 환경을 제공받았고, 순회공연 중에도 수준 높은 숙소에 머물렀으며, 더 많은 급여를 받았고, 더욱 안정적인 경력을 쌓을 수 있었다. 그들은 최고의 흑인 재즈 뮤지션들조차 어쩔 수 없이 수시로 맞닥뜨렸던 인종 차별의 모욕을 당하지 않았다. 헨더슨과 그 외 많은 아프리카계 미국인 재즈 아티스트에게는 너무나 흔하게 일어났던, 다른 연주자가 자신의 음악을 빌리거나 때로는 노골적으로 훔치는 일도 없었다. 종합해 보면, 당시 재즈 음악계에서 경력을 쌓으려는 신예 음악가에게, 이것은 엄청난 이점이 될 수밖에 없었다. 헨더슨이 훨씬 더 야망이 강하고 대중적 인정을 얻는 데 집중했다 할지라도, 이러한 차이점만으로도 굿맨이 스윙 음악을 대중적으로 끌어올린 만큼의 성공을 거두기는 어려웠을 것이다.

굿맨이 만든 최고의 재즈 오케스트라의 마지막 구성 요소는 밴드의 리듬 섹션의 재구성에 있었다. 얼 하인즈 스타일의, 손에 땀을 쥐게 하는 피아니스트 제스 스테이시Jess Stacy는 즉흥 연주자이자 반주자로서 밴드에 즉각적인 긍정적 영향을 미쳤다. 기타리스트 조지 반 엡스George Van Eps는 솔로 연주자로서 스테이시만큼의 기량을 갖추지는 못했지만, 리듬 연주자로서는 세계적 수준의 실력을 지녔다. 그의 굿맨 밴드 활동 기간은 매우 짧았지만, 1935년 그가 밴드를 떠나면서 남긴 제자인 앨런 로이스Alan Reuss는 빅밴드 환경에서 창의적인 코드 반주를 제공하는 능력 면에서 반 엡스와 동등한 수준이었다. 그러나 이 시기에 굿맨 밴드에 합류한 멤버 가운데 가장 큰 주목을 받은 인물은 드러머 진 크루파였다. 불과 몇 달 만에, 크루파는 당대 가장 유명한 드러머로 자리 잡았고, 이후 재즈계에서의 영향력은 다소 약해졌지만, 타악기를 밴드의 배경이 아닌 전면으로 끌어내어 각광 받게 한 그의 역할은 음악 역사에 영구적인 흔적을 남겼다. 크루파의 드럼에 대한 접근 방식은 그 모든 쇼맨십에도 불구하고, 의외로 싱커페이션이 드물었으며, 끊임없는 온더탑 그루브*를 구사하기 위해, 백비트**를 강조하거나 다운비트***를 스윙하는 재즈 리듬의 두 가지 큰 훅****을 기꺼이 무시했다. 크루파는 재즈 퍼커션의 미래를 정의하게 될 재즈 드럼 트렌드의 다른 새로운 방향, 즉 드럼의 선율적 가능성을 탐색하거나 비트의 중심을 라이드 심벌즈로 이동하거나 그라운드 리듬에서 악기를 해방시키는 것에 대해서도 마찬가지로 관심이 없었다. 오히려 크루파의 스타일은 묵직한 사운드의 스네어와 베이스 드럼의 울림을 중심으로 하여, 군악대와 행진곡에서 유래한 초기 재즈 드럼 연주의 뿌리를 연상시키거나, 더 나아가 음악의 아프리카 기원을 떠올리게 했다. 그러나 이러한 다소 시대착오적인 요소에도 불구하고, 크루파는 댄스 밴드를 스윙하게 만드는 데 있어 타의 추종을 불허했으며, 그의 연주는 강력한 에너지를 발산했다. 크루파에 대한 대중의 열광은 몇 년간 지속되었지만, 1943년 마리화나 소지 혐의로 체포되면서 반발이 일었다. 그의 경력은 이후 30년 동안 계속되었지만, 크루파는 다시는 그만큼 큰 인기를 얻지 못했다. 이 스캔들의 지속적인 오점과 함께, 음악 스타일의 변화와 (부분적으로는 그의 이전 명성에 대한 반발로 인한) 비평가들의 무관심이 맞물리면서, 그의 활동은 재즈 세계의 변방에 머물 수밖에 없었다. 그러나 제2차 세계대전이 발

---

* 온더탑 그루브on-the-top groove: 박자(비트)보다 약간 앞서가는 연주 스타일.

** 백비트backbeat: 대중음악에서 가장 흔히 사용되는 리듬 패턴 중 하나로, 강박(1, 3박) 대신 약박(2, 4박)에 강세를 주는 연주 스타일을 의미한다.

*** 다운비트downbeat: 음악에서 한 마디의 시작 부분(강박, 1박)에 오는 비트를 의미한다. 지휘자가 손을 내리면서 시작하는 박자라고 해서 "다운비트"라는 이름이 붙었다.

**** 훅hook: 음악에서 가장 중독성 있고 기억에 남는 부분을 의미한다. 주로 코러스(후렴), 선율, 리듬, 가사 등에서 반복적으로 사용되어 청취자의 귀를 사로잡는 역할을 한다.

발하기 전 몇 년 동안, 크루파의 강렬한 연주는 청자에게 재즈 드럼 사운드의 정의를 내려주었다. 결론적으로, 그 시기 베니 굿맨의 리듬 섹션은 타의 추종을 불허하는 수준이었다. 이후, 카운트 베이시가 조 존스Jo Jones, 월터 페이지Walter Page, 프레디 그린Freddie Green, 그리고 베이시 자신의 연주 기술을 활용하여 그의 그룹을 위한 유연한 리듬 기반을 구축하기 전까지는, 어느 재즈 오케스트라도 굿맨 밴드의 빼어난 스윙 사운드를 따라잡지 못했다.

《레츠 댄스》는 1935년 5월에 네트워크에서 폐지되기까지, 단 26주 동안 방영되었다. 하지만 굿맨은 이미 이 프로그램을 통해 얻은 인지도를 새로운 기회로 연결하고 있었다. 굿맨 밴드는 같은 해 4월부터 빅터 레이블과 계약을 맺었으며, 불과 몇 주 만에 〈King Porter Stomp〉, 〈Sometimes I'm Happy〉, 〈Blue Skies〉, 〈The Dixieland Band〉 등 여러 중요한 곡을 녹음했다. 굿맨은 주로 미디엄 템포와 업 템포의 곡들을 중심으로 연주하며, 핫 재즈에 대한 확고한 신념을 드러냈다. 그는 어빙 벌린의 달콤한 왈츠곡 〈Always〉부터 크리스마스 캐럴로 잘 알려진 〈Jingle Bells〉까지 스윙감 넘치는 4/4박자로 변형시켰다. 비록 발라드가 밴드의 주요 스타일은 아니었지만, 굿맨의 섬세한 연주력은 고든 젠킨스의 〈Goodbye〉에서도 빛을 발했다. 이 감성적인 곡은 밴드의 대표곡이 되었으며, 굿맨 연주의 깊은 정서를 보여주는 작품으로 남았다.

이러한 다방면의 성과가 충분치 않았던 듯, 굿맨은 그해 여름에 피아니스트 테디 윌슨 및 진 크루파와 두 번째 단체를 결성하여, 이 트리오로 소수의 작품을 녹음했다. 그들의 음악은 당대 최고의 재즈 콤보 음악 중 하나로 평가된다. 굿맨이 결성한 여러 소규모 밴드는 최초의 인종 통합 재즈 그룹은 아니었지만, 그 시대에서 가장 두드러졌다. 여기서, 예술적 가치와 정치적 이슈를 결합하는 데 관심이 많았던 존 해먼드의 영향력을 다시 한 번 느끼게 된다. 그러나 굿맨은 사회적 십자군이 되려는 열망보다는 음악적 탁월함을 추구하는 열정에서 더 많은 동기 부여를 받았다. 하지만 윌슨을 선택함으로써(나중에 굿맨 콤보를 위해, 라이오넬 햄튼Lionel Hampton과 찰리 크리스천Charlie Christian을 고용한 것처럼) 이 클라리넷 연주자는 타협 없이 두 가지 목표를 모두 달성할 수 있었다. 특히, 윌슨은 굿맨이 스몰 밴드를 통해 정제해 나가던 실내악 스타일의 분위기에 완벽하게 어울리는 피아니스트였다. 그의 피아노 음색은 맑고 노래하는 듯했고, 모차르트 피아노 협주곡에도 어울릴 만큼 깨끗하면서도 스윙 콤보에 적합했다. 또한 섬세한 다이내믹 감각을 지닌 그는, 하인즈나 월러가 연주하던 스타일보다 더욱 부드러운 형태의 재즈 피아노를 선보였다. 윌슨의 연주에 다른 피아니스트의 영향도 있었겠지만, 그는 이러한 영향을 새롭고 독특한 것에 적용하는 능력이 당시 대부분의 피아니스트보다 뛰어났다. 예를 들어, 그는 초기에 얼 하인즈의 연주를 면밀히 연구했지만, 단순한 모방에서 벗어나 하인즈 특유의 두드리는 듯한percussive 선율을 보다 부드러운 레가토 스타일로 동화시키는 방법을 찾았다. 이 과정에서 그는 편안한 조절 감각을 유지했으며, 이는 윌슨의 트레이드마크가 되었다. 재즈 피아노 전통을 소화하고 재구성하는 이와 같은 능력은 윌슨의 화성과 리듬 구상에서도 확연히 드러났다. 윌슨의 연주에서는 할렘 스트라이드 스타일의 영향을 느낄 수 있지만, 중요한 차이점이 있었다. 윌슨은 과도한 음을 정리하여, 스윙의 대부분이 함축적으로 느껴지는 드문드문한 음악적 풍경을 남겼다. 윌슨의 이러한 스타일은 1935년 7월, 트리오 버전의 〈Body and Soul〉 녹음에서도 잘 드러난다. 그의 왼손이 연주하는 스윙 10도* 진행은 콤보에 탄탄한 화성적 기반을 제공하며, 덕분에 베이스 연주자가 없음에도 부족함이 거의 느껴지지 않는다. 반면, 오른손 선율 라인은 깨끗하고 선명한 울림을 만들어낸다. 그러나 윌슨의 연주 스타일에도 한

---

* 스윙 10도swinging tenths: 재즈, 블루스, 그리고 스트라이드 피아노에서 자주 사용되는 테크닉으로, 한 손이 10도 간격interval of a tenth의 음을 번갈아 연주하면서 리듬감 있는 베이스 라인을 만들어내는 기법.

가지 약점이 있었다. 그것은 장식적인 빠른 진행의 과도한 사용이었다. 이러한 부분은 아트 테이텀의 영향이 지배적이었다. 이 습관은 나중에 심해져서, 전쟁 이후 윌슨의 작업 대부분이 상투적으로 들리게 했다. 하지만 그의 초기 녹음 중 최고인, 1937년 〈Between the Devil and the Deep Blue Sea〉, 〈Don't Blame Me〉와 같은 솔로 작업, 굿맨과 함께한 스몰 밴드 프로젝트, 그리고 빌리 홀리데이와의 녹음 세션 등으로, 윌슨은 그의 세대에서 가장 뛰어난 재즈 피아니스트 중 한 명으로 존경받았다.

월슨 및 헨더슨과의 협업은 재즈 팬들에게는 기쁜 소식이었지만, 일반 대중은 굿맨의 빅 밴드 음악을 1935년 여름 전국 투어 전까지는 크게 받아들이지 않았다. 그러나 그때조차도 스윙 시대는 거의 꽃을 피우지 못할 뻔했다. 7월 중순 투어를 시작한 굿맨의 밴드는 대부분 단 하루짜리 공연을 했으며, 때로는 공연당 250달러밖에 받지 못했다. 참고로, 이후 그가 명성을 얻고 난 후에는 공연료가 2,000달러까지 뛰었다. 그러던 중, 밴드는 덴버의 한 지역 댄스 홀에서 예정된 공연을 앞두고 있었다. 하지만 청중은 굿맨의 스윙 음악에 거의 적대감에 가까운 부정적 반응을 보였고, 댄스 홀 매니저는 첫날 공연이 끝난 후 계약을 취소하려 했다. 이에 굿맨은 지역 관객의 취향에 맞추기 위해, 미지근한 스톡 편곡*을 연주하는 쪽으로 방향을 바꾸었고, 심지어 기존의 더 핫한 스타일을 포기할까 고민하기도 했다. 덴버 공연 이후에도, 이 그룹은 이 공연에서 저 공연으로 계속 고군분투했다. 그러다가 얼마 지나지 않아, 북부 캘리포니아에서 밴드의 스윙 음악에 대해 예상보다 뜨거운 반응이 나오면서, 굿맨은 다시 희망을 품게 되었다. 하지만 이 반응은 며칠 뒤 로스앤젤레스 팔로마에서의 팬들의 반응에 비하면, 온화한 것이었다.

---

* 스톡 편곡stock arrangements: 빅 밴드와 댄스 밴드에서 널리 사용된 표준화된 편곡을 의미한다. 이는 특정 밴드나 연주자를 위해 독창적으로 작곡된 것이 아니라, 여러 밴드가 쉽게 연주할 수 있도록 출판사에서 대량으로 제작한 편곡이다.

흥분에 휩싸여 관중석을 가득 채운 청중들은 굿맨이 진정한 무언가에 접근했다는 신호를 보냈고, 이는 곧 전국적으로 들리게 되었다.

불과 몇 주 만에, 굿맨의 레코드는 서부 해안의 차트를 장악했고, 그 소란은 점차 동쪽으로 퍼져 나갔다. 시카고에서의 후속 계약을 위해, 굿맨은 처음으로 밴드를 "스윙 밴드"라는 이름으로 승격시켰다. 이는 새로운 용어였지만, 사람들은 빠르게 받아들였다. 굿맨 밴드가 시카고에서 공연을 시작한 날,『버라이어티』지는 "스윙 스터프Swing Stuff"라는 제목의 새로운 주간 칼럼을 연재하기 시작했고, 이는 이 업계의 주요 인사들 또한 스윙 음악에 주목하고 있었음을 나타낸다. 당초 한 달 일정이었던 시카고 공연은 반년으로 연장되었다. 그리고 1936년 봄, 굿맨이 뉴욕으로 승리의 귀환을 했을 때, 그의 밴드는 의심할 여지 없이 음악 산업에서 가장 큰 인기를 끌고 있었다.

스윙 시대가 본격적으로 진행되었다. 이후 십 년 이상, 스윙 음악은 미국 대중음악의 패러다임으로 자리 잡았다. 재즈가 황금기를 누린 적이 있다면, 바로 이 시기일 것이다. 그리고 특별히 운이 좋았던 환경을 통해, 이 시기는 마찬가지로 미국 대중가요의 황금기이기도 했다. 이 두 가지 음악적 흐름은 함께 발전하면서, 상업성을 손상하지 않으면서도 최고의 예술성을 달성할 수 있었던, 현대 음악 역사에 유례가 없는 음악적 혁명을 일으켰다. 다시는, 대중음악이 이렇게 재즈적이지도, 재즈 음악이 이렇게 대중적이지도 못할 것이다.

빅 밴드들

팔로마 공연을 미국 대중음악 역사에서의 뚜렷한 전환점으로 보는 것은 솔깃한 해석이다. 갑자기 감각의 지각변동이 일어나서, 새로운 스타일이 기존 스타일을 완전히 대체하고, 뜨거운 것이 달콤한 것을 몰아냈다고 생각할 수도 있다. 그러나 굿맨이 성공하기 훨씬 이전부터, 몇몇 백인 밴드 리더들은 더 화끈하고 더 재즈 지향적인 스타일의 댄스 음악을 실험해 왔으며, 그들의 노력은 이후 스윙 밴드를 위한 청중과 연주자들을 형성하는 데 도움이 되었다. 앞서 살펴본 바와 같이, 폴 화이트먼, 진 골드켓, 벤 폴락 등의 밴드는 핫과 스윗 스타일이 공존할 수 있는 중간 지점을 찾으려 했고, 어느 정도 그 목표를 달성했다. 이 밴드 리더들은 엘링턴이나 헨더슨만큼 재즈에 대한 열정을 지닌 것은 아니었지만, 야심 찬 음반을 만들고, 카사 로마 오케스트라, 도시 브라더스Dorsey Brothers 같은 차세대 백인 스윙 밴드들이 더 뜨거운 재즈 스타일을 탐구할 수 있도록 기반을 마련했다.

특히, 카사 로마 밴드는 대학 캠퍼스에서 적지만 헌신적인 후속 세대를 양성하여, 굿맨의 이후 성공을 위한 길을 닦는 데 도움이 되었다. 1927년, 디트로이트에서 시작된 오렌지 블러섬즈Orange Blossoms로 알려진 진 골드켓의 앙상블 중 하나가 이 밴드의 직접적인 전신이었다. 이 그룹은 1929년에 협동조합식으로 재결성되었는데, 이는 당시나 지금이나 밴드를 조직하는 데 있어 보기 드문 방식이다. 멤버들은 밴드의 민주적인 구조를 염두에 두고 리더를 선출하여, 동상처럼 위엄 있고 카리스마 넘치는 알토 색소폰 연주자인 글렌 그레이Glen Gray가 그룹을 통솔하도록 결정했다. 그레이가 맡은 밴드는 이미 밴조 연주자 진 기포드Gene Gifford의 편곡에 영향을 받아, 핫 재즈를 중심으로 연주하는 경향이 있었다. 1929년 10월, 이 그룹은 카사 로마 오케스트라라는 새로운 이름으로, 첫 번째 녹음 세션을 시작했다. 밴드는 다양한 스타일을 탐구했지만, 빠른 템포의 편곡이 가장 큰 열광을 불러일으켰다. 분당 약 250비트의 속도로 질주하는 〈Casa Loma Stomp〉, 〈Black Jazz〉, 〈Maniac's Ball〉과 같은 곡은 대부분의 백인 밴드들이 감히 시도하지 못했던 수준으로, 볼룸 단골 댄서들의 체력과 발놀림을 시험했다. 그러나 이 미래 지향적인 오케스트라는 곡의 빠른 템포 이상의 것을 추진했다. 당시 녹음 곡에서 솔로 연주자들은 보통 8마디 또는 16마디 정도로 제한되었지만, 카사 로마는 예를 들면, 클래런스 허첸라이더Clarence Hutchenrider가 〈I Got Rhythm〉에서 마음을 뒤흔드는 68마디 바리톤 솔로를 연주할 수 있도록 했다. 무엇보다도, 카사 로마 오케스트라는 촘촘한 앙상블 연주가 매우 돋보였다. 가장 빠른 템포에서도, 각 연주 섹션이 흔들리거나 서로 어긋나지 않았다.

이러한 모든 요소, 즉 스윙 스타일의 편곡, 핫 솔로 연주에의 집중, 완벽한 앙상블 연주에 대한 강조 등은 굿맨에게 영향을 미치게 된다. 플레처 헨더슨과의 연결보다는 덜 알려졌지만, 카사 로마 오케스트라가 굿맨과 그를 통해 수많은 다른 스윙 밴드에 미친 영향은 그에 못지않게 중요했을 것이다. 그러나 더욱 주목할 점은 카사 로마 오케스트라가 대학생과 젊은 팬들 사이에서 청중을 형성하는 능력이었으며, 이는 훗날 굿맨 현상의 인구 통계를 예고하는 것이기도 했다. 1930년대 후반과 1940년대 초반의 십대들과 젊은 성인들은 미국의 음악적 취향을 주도했고, 이는 종종 그들의 부모 세대가 이해하지 못하는 방식이었다. 빠른 템포, 외향적인 솔로, 그리고 끊임없는 당김음을 특징으로 하는 카사 로마 오케스트라의 음악은 소심한 사람들을 위한 것이 아니었다. 이것을 '반항'의 음악, 특히 미국 중산층 백인 젊은이들의 반항으로 기술하는 것이 과연 잘못일까?

스윙 음악은 자신의 정체성을 찾고 자신의 삶의 방식을 개발하는 새로운 세대에 의해 채택되었다. 대중 매체와 연예 사업의 대중 마케팅 시대가 도래하면서, 음악이 개인의 라이프스타일을 상징하고, 확립하며, 전달할 수 있는 잠재력(곧 중요한 개념이 된다)이 대두되었으며, 이는 곧 대중음악의 핵심적인 특징 중 하나로 자리 잡았다. 좋아하는 노래, 연주자와 밴드, 라디오 방송국은 모두 이전 세대와의 차이를 부각하면서, 새로운 세대를 정의하는 데 점점 더 상징적인 역할을 했다. 우리가 1920년대 시카고 백인 재즈 연주자들의 태도에서 처음 엿볼 수 있었던 재즈의 이러한 초超음악적 측면은 이제 1935년경 미국의 젊은이들을 괴롭힌 스윙 열병과 함께 더욱 광범위한 문화적 현상이 되었다. 이러한 변화를 1930년대의 우드스톡Woodstock이라고 묘사하는 것은 너무 지나칠 수도 있겠지만, 이 시기 동안 중요한 문화적 변화가 시작되어, 이후의 수많은 음악적 발전의 패턴을 설정했다. 젊은 세대와 기성세대의 음악적 취향 간의 초기 파열은 약 20년 후 로큰롤의 출현과 함께 거대한 균열로 확대된다.

뉴올리언스와 시카고의 좀 더 전통적인 스타일은 스윙 시대 동안 여러 백인 밴드에 여전히 영향력을 행사했다. 벤 폴락 앙상블의 잔존 멤버들로 결성된 밥 크로스비Bob Crosby의 오케스트라는 청중에게 이전 스타일의 매력적인 빅 밴드 변형을 제공했다. 크로스비는 비평가들로부터 많은 호감을 얻지는 못했고, 유명 인사가 된 형제 빙 크로스비의 명성과도 비교할 수 없었지만, 그의 밴드는 에디 밀러Eddie Miller, 어빙 파졸라Irving Fazola, 빌리 버터필드Billy Butterfield, 조 설리번, 먹시 스패니어, 양크 로슨Yank Lawson, 제스 스테이시, 밥 저크Bob Zurke를 포함한 독보적인 솔로이스트들을 자랑했다. 이뿐 아니라, 때로는 밥 하가트Bob Haggart의 영향을 받아, 틀에 박히지 않은 파격적인 편곡도 했다. 이 시기에 도시 브라더스 또한 전통적인 사운드 성향을 유지했으며, 그들의 초기 작품에는 시카고 스타일의 딕시랜드 영향이 여전히 많이 남아 있었다. 이후 몇 년 동안, 형제가 갑작스럽게 결별한 후에도, 점점 더 노골적으로 드러난 도시 브라더스의 스윙 사운드(둘 다 포용하게 되었지만, 토미는 그의 형 지미보다 더 포용하게 되었다)는 대개 감미로운 발라드, 팝 보컬, 노벨티 송, 그리고 때때로 그들의 시카고 재즈의 2비트 정신으로 되돌아가는 것으로 완화되었다.

펜실베이니아의 한 탄광촌에서 태어나 자란, 토미 도시와 지미 도시는 미국의 도시화된 지역을 휩쓸고 있던 대중음악의 주류 흐름과는 단절된 환경에서 성장했다. 도시 형제에게 음악이란, 가정과 밀접한 것이었으며, 가족이 음악 활동의 중심 역할을 했다(티가든, 굿맨과 매우 유사하다). 도시 형제의 아버지는 지역 퍼레이드와 콘서트 밴드를 이끌면서 음악을 가르쳤다. 두 소년 모두 여러 악기를 배웠지만, 시간이 지나면서 지미는 색소폰과 클라리넷에 끌렸고, 토미는 트롬본에 집중하게 되었다. 재즈계의 더 넓은 흐름으로부터 이 젊은이들이 고립된 것은 지속적인 흔적을 남겼다. 한편으로는, 도시 형제 중 누구도 솔로 연주자로서 깊은 재즈의 뿌리를 개발하지 못했다. 하지만 다른 한편으로는, 혼자서 하는 연습에 중점을 둔 것과 집안 특유의 교육적인 분위기가 그들이 둘 다 자랑할 만한 뛰어난 연주 기술을 갖추는 데 기여했음은 의심할 여지 없다.

1928년, 도시 브라더스는 처음으로 자신의 이름을 내건 녹음을 함께 진행했고, 곧 스튜디오에서 정기적으로 활동하게 되었다. 그들의 뛰어난 연주력과 다재다능함 덕분에, 스튜디오 음악계에서 확고한 입지를 다질 수 있었다. 이 초기 녹음의 질은 다소 들쭉날쭉했지만, 그중 최고의 곡들은 훌륭한 재즈 연주로 평가받았다. 예를 들어, 1933년 도시 형제가 녹음한 〈Blue Room〉(원래 1920년대 진 골드켓 밴드를 위해 빌 챌리스가 편곡했지만, 당시에는 녹음되지 않았던 곡)은 시간이 지나도 신선한 느낌을 주는 걸작이었다. 1934년, 도시 형제는 함께 연주하는 밴드를 결성했지만, 이듬해 봄 공연 중 두 사람의 갈등이 폭발하고 말았다. 표면적으로는 곡의 템포에 대한 의견 충돌이었지만, 결국 감정 기복이 심했던 토미 도시가 무대를 떠나면서 상황이 악화되었다. 그들은 이후 여러 해 동안 불화를 겪었으며, 지미 도시는 기존 밴드의 리더 역할을 맡고, 토미 도시는 자신의 경쟁 밴드를 결성하면서, 각자의 길을 가게 되었다.

남은 십 년 동안 그리고 1940년대에 접어들면서, 두 사람 모두에게 기회가 더욱 활짝 열렸고, 특히 토미 도시 밴드는 연이어 히트곡을 발표하며 큰 성공을 거두었다. 〈Marie〉(1937)는 참신한 보컬과 코러스의 교환, 그리고 버니 베리건의 강렬한 솔로 연주가 특징이다. 림스키-코르사코프의 작품을 각색하고 베리건이 연주에 참여한 〈Song of India〉(1937)는 재즈의 이국적 영역으로의 영향력 있는 탐험이었고, 〈Boogie Woogie〉(1938)는 유행하던 부기우기 피아노 스타일을 빅 밴드 어법으로 재치 있게 옮긴 곡이었다. 〈Hawaiian War Chant〉(1938)는 (몇 달 전 카네기 홀 콘서트에서 화제를 모았던) 굿맨의 〈Sing, Sing, Sing〉을 연상시키며, 강렬한 드럼 비트를 바탕으로 단순한 리프를 강조한 곡이다. 그리고 〈I'll Never Smile Again〉(1940)은 젊은 프랭크 시나트라가 몽환적인 보컬을 선보인 곡으로, 빌보드 차트에서 12주 연속 1위를 차지했다. 이 곡은 토미 도시가 발표한 17곡의 빌보드 1위 곡 중 하나였다. 하지만 형 지미는 역시 이에 못지않은 경쟁을 펼치며, 11곡의 빌보드 1위 히트곡을 기록했다. 여기에는 1941년, 10주 동안 차트 1위를 차지한 〈Amapola〉, 그리고 〈The Breeze and I〉, 〈Besame Mucho〉와 같은 라틴 스타일의 곡들, 또 〈Tangerine〉, 〈Pennies from Heaven〉과 같은 매력적인 재즈 팝 곡들이 있다. 특히 〈Pennies from Heaven〉은 1936년에 빙 크로스비와의 협업으로 탄생했고, 그해의 베스트셀러 음반이 되었다.

1939년, 스윙 시대가 절정에 달했을 때, 토미 도시 오케스트라는 재즈적인 면모를 더욱 강화했다. 이는 런스포드 사운드 형성에 큰 영향을 미쳤던 편곡가 사이 올리버의 합류 덕분이었다. 헨더슨이 굿맨 밴드에 스윙 요소를 불어넣었던 것처럼, 올리버 역시 도시의 악단을 더욱 강렬하고 역동적인 스윙 밴드로 만드는 데 도움을 주었다. 이후 몇 년 동안, 〈Stomp It Off〉, 〈Yes, Indeed!〉, 〈Swing High〉, 〈Well, Get It!〉, 〈Opus One〉과 같은 올리버의 편곡들은 도시 밴드의 화려하고 강렬한 음악적 개성을 확립했고, 그 결과 그 자신의 악단과 보다 팝 스타일을 추구하던 형 지미 도시 밴드와의 차이가 더욱 뚜렷해졌다. 이러한 핫한 스타일로의 전환은 또한 도시가 당시 가장 화려하면서도 뛰어난 기술을 지닌 드러머 중 한 명이었던 버디 리치Buddy Rich를 영입하는 데에도 도움이 되었다. 리치는 이후 자신의 밴드를 이끌게 되는 유명한 리더이기도 했다. 1917년 버나드 리치Bernard Rich라는 이름으로 태어난 이 드러머는 다소 과장된 연주 스타일을 보이기도 했지만, 다양한 기교로 밴드뿐만 아니라 청중들까지 열광하게 만들었다. 그의 대표적인 연주 기법으로는, 한 손만으로 빠르게 구르는 듯한 롤 연주, 양팔을 교차하며 연주하는 독특한 드럼 패턴, 번개 같은 속도로 연주하는 속삭이듯 부드러운 악절, 화려한 스틱 트릭 등이 있었다. 이러한 퍼포먼스는 그의 트레이드마크가 되어 많은 팬을 사로잡았다. 리치는 당시 아티 쇼Artie Shaw 밴드를 떠난 직후였고, 도시 밴드에 합류하는 것을 망설이고 있었다. 그러나 연습 중에 올리버의 스윙 곡을 접한 후, 마음을 바꿔 도시 밴드에 합류하게 되었다. 이후, 올리버는 리치를 위해 〈Quiet Please〉라는 곡을 작곡했으며, 이 곡은 극도로 빠른 템포로 진행되는 강렬한 곡으로, 리치의 뛰어난 드럼 연주 실력을 유감없이 보여주는 작품이 되었다.

1942년, 도시 형제는 갈등을 봉합했고, 빅 밴드 시대가 끝난 이후에는 점점 더 함께 활동하게 되었다. 전쟁 이전 시대의 다른 재즈 스타들이 1950년대에 관객을 유지하는 데 어려움을 겪는 동안, 도시 형제는 자신을 텔레비전 스타로 재탄생시켰다. 그들은 심지어 엘비스 프레슬리를 그의 첫 TV 방송에 출연시키며 로큰롤 시대의 도래를 도왔다. 이는 프레슬리가 에드 설리번 쇼에서 화제를 모은 공연을 하기 8개월 전의 일이었다. 그러나 1956년, 토미 도시가 수면 중 질식으로 51세의 나이에 사망하고, 이듬해인 1957년, 지미 도시도 53세의 나이로 후두암으로 세상을 떠나면서, 이 스윙 시대 스타들의 눈부신 경력은 막을 내렸다.

1930년대가 저물어갈 무렵, 베니 굿맨의 가장 직접적인 경쟁자는 아티 쇼였다. 그는 탁월한 클라리넷 연주 실력을 갖춘 동시에, 영화배우 같은 외모와 홍보에 대한 재능(경멸이 섞여 있기는 했지만)으로 인해, 끊임없는 관심과 논란을 불러일으켰다. 영리한 홍보 전략의 일환으로, 쇼는 스스로를 "클라리넷의 왕King of the Clarinet"이라 칭했는데, 이는 굿맨의 별명인 "스윙의 왕"에 대한 명백한 도전이었다. 두 연주자의 비교는 오늘날까지도 스윙 애호가들 사이에서 논쟁거리로 남아 있다. 한쪽을 지지하는 사람들은 쉽게 다른 쪽의 업적을 폄훼하려 하지만, 이런 논쟁은 무의미한 말싸움에 불과하다. 두 사람 모두 최고의 경지에 도달한 클라리넷 연주자였다. 실제로, 이후의 어떤 클라리넷 연주자가 굿맨이나 쇼만큼 음악계에 큰 영향을 끼치고, 청중들에게 강렬한 열정을 불러일으킨 적이 있는가? 내성적인 굿맨은 핫한 프레이징의 달인이자 콘서트홀의 연주 기법을 겸비한 스윙 스타일리스트였다. 반면, 음악과 성격 모두에서 카멜레온 같고 카리스마 넘쳤던 쇼는 선율을 보다 부드럽고 유연하게 연주했고, 리듬적 변화를 강조하는 굿맨과 달리 싱커페이션을 덜 사용하는 접근법을 택했다. 하지만 그의 연주는 감미로운 음색으로 가득 차 있어, 수십 년이 지난 지금도 여전히 많은 클라리넷 연주자들의 부러움을 사고 있다. 그의 즉흥적 라인은 도도한 우아함으로 덧칠되어 감정의 난기류를 훨씬 아래에 잠기게 하여, 가장 기술적으로 완성된 악절조차도 어린아이 장난과 같이 들리도록 만들었다. 이 두 인물을 비교해 보면, 서로 대조적인 특성이 합성된 수수께끼 같은 존재임을 알 수 있다. 굿맨은 차가운 성격을 지녔지만 뜨거운 음악 스타일을 연주했고, 쇼는 정열적인 성격을 가졌지만 부드럽고 차분한 음악 스타일을 추구했다. 이들을 비교하는 것은 불과 얼음의 상대적인 장점을 논하는 것과 같다. 둘 다 깊이 생각해 볼 가치가 있는 존재이며, 시인이 말했듯 충분한 의미를 지닌다.[*]

홍보의 냄새는 아티 쇼의 음악 이상으로 짙게 스며들어 있었다. 이 밴드 리더의 여덟 번의 결혼 생활(영화계의 주연 배우 에바 가드너, 라나 터너와의 부부 관계를 포함하여)의 기복과 변덕스러운 행동으로 인해, 그는 끊임없는 가십과 추측의 대상이 되었다. 쇼가 스윙 시대에 작별을 고하고 은둔하기로 결정했을 때에도 — 1939년 후반에 요란하게 했다 — 사생활 보호에 대한 그의 요구는 대중의 관심을 고조시켰을 뿐이다. 극적인 복귀를 놓칠 사람이 아니었던 쇼는 불과 몇 주 만에 녹음실로 돌아왔다. 그는 그 사이에 멕시코에서 현지 음악가들과 즉흥 연주를 하며 시간을 보냈고, 새로운 라틴 음악

---

[*] 여기서, 시인은 〈불과 얼음Fire and Ice〉(1920)이라는 시를 쓴 미국 시인 로버트 프로스트(Robert Frost, 1874-1963)를 가리킨다. 로버트 프로스트의 〈불과 얼음Fire and Ice〉은 열정(불)과 냉정(얼음), 욕망과 증오, 파괴의 방식을 대비하는 시이며, 본문에서는 굿맨과 쇼의 음악적 차이를 설명하는 메타포로 사용되었다.

레퍼토리를 확보했다. 이러한 멕시코에서의 체류 경험은 쇼의 가장 대표적인 히트곡 중 하나인 〈Frenesi〉의 녹음으로 이어졌다.

밴드를 해체하는 것은 아티 쇼의 트레이드마크가 되었으며, 그의 수많은 결혼 실패만큼이나 자주 반복되었다. 그는 1941년과 1942년에 자신의 오케스트라를 갑작스럽게 해고했다. 1954년의 "최종 은퇴"조차도 일시적인 것으로 판명되었으니, 쇼는 약 30년 후 그의 오케스트라를 부활시켰다. 비록 이제는 지휘자와 리더로만 활동하고, 그의 클라리넷은 영구히 케이스 안에 머물렀지만 말이다. 스타로 급부상하는 바람에 소진된 쇼는 굿맨처럼 지속적으로 음악 활동을 이어가지는 못했다. 그러나 그의 작품 가운데 최고는 그 시대의 가장 훌륭한 재즈에 속한다. 그의 대표적인 작품으로는, 〈Begin the Beguine〉과 같은 인기 히트곡, 〈Concerto for Clarinet〉을 비롯하여 쇼의 화려하고 웅장한 연주 스타일을 보여주는 곡들, 〈Stardust〉, 〈Deep Purple〉 등의 발라드 대표곡, 〈Special Delivery Stomp〉, 〈Summit Ridge Drive〉와 같이, 그의 콤보 밴드인 그래머시 파이브Gramercy Five와 함께한 클라리넷 연주자로서의 활동이 있다. 이뿐 아니라, 1954년 후반기에 녹음된 뛰어난 콤보 작품들도 포함되는데, 이들 중 상당수는 수십 년 동안 미발매된 채로 남아 있다. 이러한 녹음들은 쇼가 여전히 최고의 기량을 유지한 상태에서 클라리넷을 내려놓았음을 확실히 증명하는 기록물이다. 그리고 굿맨과 마찬가지로, 쇼 역시 재즈계를 억압했던 인종 장벽을 허무는 데 중요한 역할을 했다. 1938년에는 빌리 홀리데이, 1941년에는 핫 립스 페이지Hot Lips Page, 1944년에는 로이 엘드리지를 기용함으로써, 당대 최고의 아프리카계 미국인 재즈 아티스트들이 더 널리 알려질 수 있도록 했다.

로이 엘드리지는 스윙 시대의 가장 수수께끼 같은 인물 중 한 명으로 꼽힌다. 그의 동료들 중 많은 이들은 그를 동 세대 최고의 트럼펫 연주자로 인정했지만, 엘드리지는 밴드 리더로서 재정적으로 큰 성공을 거두지 못했고, 주요 밴드의 스타 솔로이스트로도 오래 머물지 못했다. 1930년대 중반에 플레처 헨더슨과 함께한 기간은 불과 몇 달밖에 되지 않았다. 이후, 그의 형인 색소폰 연주자 조 엘드리지Joe Eldridge와 함께 옥텟octet을 이끌며, 〈After You've Gone〉, 〈Wabash Stomp〉, 〈Heckler's Hop〉 등의 명곡을 녹음했지만, 이 작품들은 1930년대 후반 재즈 트럼펫 연주의 최고 수준을 보여주었음에도 불구하고, 판매량 면에서는 큰 성공을 거두지 못했다. 한때 그는 재정 상황이 너무 어려워져, 라디오 엔지니어가 되기 위해 공부했을 정도였다. 이 무렵에, 그의 재즈 트럼펫 연주 실력은 타의 추종을 불허했다.

결국, 로이 엘드리지는 1938년에 10인조 밴드와 함께 다시 무대로 돌아왔다. 이 밴드도 오래가지 못하고 곧 활동을 중단하게 되었지만, 솔로 연주자로서의 뛰어난 실력 덕분에, 여전히 많은 곳에서 그를 필요로 했다. 1940년, 베니 카터, 콜먼 호킨스와 함께 초콜릿 댄디스에서 연주한 〈I Can't Believe That You're in Love with Me〉는 그의 최고의 트럼펫 솔로 연주 중 하나로 평가된다. 1941년에서 1943년까지의 진 크루파 밴드와의 작업, 1944년에서 1945년까지의 아티 쇼 밴드와의 작업을 통해, 엘드리지는 재즈 계에서의 인종 분리를 무너뜨리는 데 도움을 주었다. 특히, 진 크루파 밴드와 함께한 〈Rockin' Chair〉와 〈Let Me Off Uptown〉은 엘드리지가 가장 히트에 근접한 성과를 거둔 작품들이었다. 아티 쇼 밴드를 떠난 후, 엘드리지는 다시 자신만의 빅 밴드를 조직하려 했으나, 얼마 지나지 않아 스몰 콤보 형식으로 돌아왔다. 그 후 40년 동안, 그는 리더로서 혹은 여러 재즈 거장들과 협업하며 꾸준히 연주 활동을 이어갔다.

재즈의 계보를 연구하는 학자들은 종종 엘드리지를 루이 암스트롱과 디지 길레스피 스타일 간의 중간 지점을 형성하는 연결고리로 언급한다. 그러나 이러한 과도기적 연주자라는 평판은 엘드리지에게 축복보다는 오히려 저주로 작용한 듯하다. 그는 빠르게 변화하는 스타일과 유행의 뒤섞임 속에서 점점 잊혀져 갔다. 특히, 그의 연주에 담긴 뚜렷한 모더니즘은 떠오르는 샛별인 길레스피에 의해 가려지는 경향이 있었다. 엘드리지는 디지보다 7년 연상도 채 되지 않았지만, 그는 스윙 시대의 베테랑 연주자로 분류되었고, 길레스피를 비롯한 비밥 연주가들이 대체하려고 했던 구세대 음악가로 인식되었다. 그러나 실상 그는 민튼스 플레이하우스Minton's Playhouse의 초기 밥 세션에 참여했고, 동기 부여가 있었다면 새로운 스타일에 충분히 적응할 수 있었다. 1950년대 중반에 길레스피와 함께한 버브Verve 레이블 녹음에서, 엘드리지는 새로운 비밥 스타일의 도전을 넘어섰음을 분명히 보여준다. 그러나 개인적인 성향 때문에 그는 스윙 스타일에 남았고, 그의 경력 중후반기 최고의 작품들은 주로 베니 카터, 콜먼 호킨스, 아트 테이텀, 조니 호지스와 같은, 전쟁 이전 시대의 스타 솔로 연주자들과 함께 녹음하거나 공연하는 방식으로 이어졌다.

다른 빅 밴드의 인기가 높아지고 있음에도 불구하고, 굿맨은 자신을 걸출한 행보로 이끈 다양한 도전들을 시도했다. 그의 앙상블은 『다운비트』지의 1936년 독자 투표에서 1위를 차지했을 뿐만 아니라, 가장 가까운 경쟁자보다 거의 세 배나 많은 표를 얻어 압도적인 승리를 거두었다. 다른 밴드 리더들이라면 이러한 찬사에 안주했을지 모르지만, 굿맨은 그렇지 않았다. 늘 최고의 재능을 찾고 있던 그는 끊임없이 새로운 피를 유입함으로써 밴드의 사운드를 신선하게 유지했다. 1936년 말 트럼펫 연주자 지기 엘먼Ziggy Elman과 그로부터 넉 달 뒤에 해리 제임스를 영입하면서, 굿맨은 두 명의 세계적인 솔로이스트를 확보하게 되었는데, 이들은 훌륭한 섹션 연주자이기도 했다. 해리 제임스는 후에 상업적인 색채가 강한 곡(〈Ciribiribin〉, 〈Flight of the Bumblebee〉, 〈Carnival of Venice〉)으로 유명해지면서 그의 뛰어난 재즈 실력이 가려졌다. 제임스의 대담하고 에너지 넘치는 스타일은 강한 지구력과 넓은 음역이 특징적이며, 그해 9월 녹음된 〈Peckin'〉, 〈Roll 'Em〉 〈Sugar Foot Stomp〉에서 잘 드러난다. 특히, 〈Sugar Foot Stomp〉에서는 그의 트럼펫 스타일이 올리버와 암스트롱의 영향을 받았음을 분명하게 보여준다. 호킨스 유형의 강렬한 테너 색소폰 연주자인 비도 무소Vido Musso

는 같은 해에 밴드에 합류하여, 밴드 활동 기간에 〈Jam Session〉(이 시기 엘먼의 최고 솔로 중 하나도 포함되어 있다)과 〈I Want to Be Happy〉 같은 곡에서 열정적인 솔로를 선보였다. 이처럼 뛰어난 연주자들을 영입한 데는 대가가 따랐다. 이들 연주자는 결국 각자의 밴드를 이끌기 위해 떠나게 되었으며, 앞서 떠난 베리건이나 곧 독립할 예정이었던 크루파도 마찬가지였다. 굿맨 밴드에서 얻은 엄청난 명성을 바탕으로, 그들은 자신의 밴드를 결성했다. 수십 년 동안 주요 연주자를 유지할 수 있었던 엘링턴 오케스트라와 달리, 굿맨의 앙상블은 지속적으로 구성원을 보충해야 했다. 굿맨의 완벽주의 성향도 멤버들의 들쭉날쭉한 이동의 원인이었을 수 있다. 그는 연주자가 기대에 미치지 못하면 매서운 눈초리로 노려보곤 했는데, 이것이 너무나 유명해져 '광선Ray'이라는 별칭까지 붙었다. 그럼에도 불구하고, 굿맨은 떠나는 스타 연주자들을 대신할 적절한 인재를 찾아내는 데 거의 실패한 적이 없었다는 점은 그의 뛰어난 역량을 보여주는 대목이다.

굿맨이 다음으로 발견한 중요한 인물인 라이오넬 햄튼은 누구도 대체할 수 없는 희소한 위치에 있었다. 그의 주요 악기인 비브라폰은 굿맨 밴드에 처음 등장했을 뿐만 아니라, 재즈계 전반에서 상대적으로 알려지지 않았다. 햄튼은 다소 신기한 소리로 여겨지던 비브라폰(기본적으로 비브라토 효과가 추가된 하이테크 실로폰과 같은 악기)을 재즈의 주류 악기로 변모시킨 혁신가로 두드러진다. 이전에도, 에이드리언 롤리니가 비브라폰을 연주한 적이 있었고, 레드 노보도 일찍이 1928년부터 개인적으로 실험해 보기는 했지만, 굿맨 콤보에서의 햄튼의 연주는 비브라폰(훗날, "바이브스vibes"라는 별칭으로 불리게 된다)에 새로운 수준의 정통성을 부여했다. 물론, 여기에는 햄튼의 에너지, 독창성, 열정, 그리고 순수한 스윙 감각도 많은 관련이 있다. 그의 연주 스타일은 풍부함을 기반으로 했다. 길게 늘어뜨린 선율 라인, 불꽃 튀는 16분음표의 러닝 패시지, 바로크풍의 장식음 등으로 가득 찼으며, 연주 중에 그가 내뱉는 으르렁거리는 소리와 허밍이 배경에 깔렸다. (이후에 이 비브라폰 연주자가 음표로 가득 찬 과잉 연주 세션에서 함께 경합을 벌였던) 아트 테이텀을 제외하고, 밥 이전 시대에 햄튼보다 16마디 솔로를 더 많이 짜낼 수 있었던 이는 거의 없었다. 이 중요한 인물이 무대에 서면, 형식 대 내용의 싸움에서 늘 후자가 승리했다.

햄튼은 로스앤젤레스에서의 견습 시기 동안, 비브라폰 연주자로서의 입지를 다지기 전까지, 다양한 음악 무대 페르소나를 채택했다. 1924년 그의 첫 녹음에서는 드럼을 연주했고, 이후 몇 년 동안 그는 피아노 연주에 도전했다.("젤리 롤 모튼은 나에게 몇 가지 가르침을 주었고, 나는 얼 하인즈의 모든 음반을 들으며 배웠다.") 그리고 노래를 불렀다.("나는 루이 암스트롱을 흉내 냈다…… 나는 후두염에 걸려서 루이처럼 들릴 수 있기를 바라며, 코트를 입지 않고 겨울밤에 나가곤 했다.") 암스트롱은 직접 나서서 햄튼에게 지속적인 명성을 가져다줄 악기로 인도했다. 1930년, 로스앤젤레스 NBC 스튜디오에서 진행된 암스트롱의 녹음 세션에서, 이 트럼펫 연주자는 햄튼에게 방 한구석에 있던 특이한 해머 악기를 연주해보라고 제안했다. 이 악기는 불과 몇 년 전에 디건Deagan 회사에서 발명한 비브라폰이었다. 기존의 실로폰과 비슷한 금속 건반 아래에 공명관을 두고, 여기에 전동 모터로 회전하는 팬을 장착해, 현대적인(적어도 어쿠스틱 음향이 지배적이던 그 평온한 시절에는) 비브라토 효과를 만들어냈다. 햄튼은 "그 악기는 원래 라디오 방송에서 인터미션(광고 전후) 신호음을 내는 데만 쓰였다"라고 설명했다.[122] 이 우연한 만남이 그의 음악 인생을 완전히 바꾸는 계기가 되어, 당시 22세였던 햄튼은 이 악기를 자신의 주력 악기로 삼게 되었다. 햄튼의 진정한 기회는 1936년 8월, 베니 굿맨이 로스앤젤레스 방문 중에 파라다이스 나이트클럽에서 햄튼의 밴드를 보고 감탄하면서 찾아왔다. 굿맨은 즉석에서 클라리넷을 꺼내 들고 밤새 햄튼과 함께 즉흥 연주jam session를 벌였고, 연주는 새벽이 될 때까지 이어졌다. 이튿날 밤, 굿맨은 피아니스트 테디 윌슨과 드러머 진 크루파를 데리고 다시 방문했다. 이 세션을 계기로 이들은 함께 연주하기 시작했고, 곧 베니 굿맨 쿼텟Benny Goodman Quartet이라는 전설적인 그룹이 탄생했다. 그해 11월, 햄튼은 굿맨의 그룹에 정식으로 합류했고, 초기에는 굿맨 콤보의 멤버로 활동했다. 이후, 1938년 3월, 크루파가 밴드를 떠난 후, 햄튼이 드럼을 맡게 되면서 굿맨의 빅 밴드에서도 활동하게 되었다. 이는 당시 인종 분리가 심했던 시대에, 흑인 연주자가 백인 빅 밴드에서 연주하는 중요한 전환점이 되었다. 햄튼은 1940년까지 굿맨과 함께 활동했으며, 결국 굿맨의 수많은 제자들처럼 독립하여 자신의 밴드를 이끌게 되었다.

1938년 굿맨의 카네기 홀 콘서트는 이 클라리넷 연주자의 경력에서 이 형성기의 최고 영광으로 남아 있다. 크루파, 윌슨, 햄튼, 제임스, 스테이시, 엘먼과 같은 초기 "발견"의 대부분을 손에 넣은 굿맨은 대대적으로 홍보된 이 공연을 최대한 활용할 태세를 갖추고 있었다. 그뿐만 아니라, 엘링턴과 베이시 밴드의 주요 연주자들도 이 장시간에 걸친 콘서트에 출연했다. 이 행사에서 예상 밖의 주인공은 〈Sing, Sing, Sing〉의 마지막 부분에서 빛나는 피아노 솔로를 연주한 스테이시였다. 그러나 이 콘서트의 문화적 의미는 순수한 음악적 성취를 능가하는 것이었다. 분수령이 된 행사인 이 카네기 홀 콘서트는 재즈의 성년을 상징했다. 이는 재즈가 단순히 대중적으로 받아들여지는 수준을 넘어, 미국 클래식 음악의 상징적인 공간인 카네기 홀의 후원 아래 거의 숭배를 받다시피 하는 것을 보여주었다. 이것은 재즈 팬과 연주자 모두에게 새로운 경험이었다. 굿맨은 공연 전에 이런 질문을 받았다. "인터미션은 얼마나 가질 예정인가요?" 그러자 그는 이렇게 대답했다. "모르겠네요. 토스카니니는 얼마나 가지나요?"

그러나 바로 이 말처럼, 이 콘서트는 재즈를 역사적 현상으로 새롭게 바라보는 경향이 생겨났음을 알리는 신호를 보냈다. 그날 저녁 프로그램은 의도적으로 재즈 음악의 진화 과정을 연대기적으로 구성하여, 래그타임 시대로 거슬러 올라가 바이더벡과 암스트롱에 경의를 표하는 한편, 스윙 시대의 대표곡들도 선보였다. 그해 말, 존 해먼드는 이와 같은 접근 방식을 더욱 발전시켜, 그의 첫 번째 《Spirituals to Swing》 콘서트를 카네기 홀에서 선보였다. 향후 몇 년 동안, 이러한 역사적 관점의 대두는 재즈 세계를 변화시키는 중요한 흐름이 되었다. 이를 보여주는 사례로는, 재즈 관련 글과 연구의 급증, 초기 뉴올리언스와 시카고 스타일의 부활, 그리고 무엇보다도 팬들과 음악가들 사이에서 새롭게 형성된 태도가 있다. 이 새로운 태도는 재즈 세계를 구성하는 수많은 밴드와 솔로 연주자들의 음악 스타일을 분석하며, 그것이 진보적인지 퇴보적인지 평가하는 시각을 반영한 것이었다. 이는 마치 즉흥 연주의 다양한 양식에 대해 준※다원주의적 평가를 내리는 것과도 같았다.

이처럼 과거에 대한 매혹이 대두된 상황에서, 과연 누가 카네기 홀 콘서트 이후 몇 달 동안 굿맨이 보여줄 혁신적인 행보를 예상할 수 있었을까? 그러나 어쩌면 굿맨 자신도 점차 형성되고 있던, 재즈는 점진적으로 더욱 현대적인 개념으로 발전해 간다는 인식에 영향을 받았을지도 모른다. 어쨌든, 굿맨은 이제 그의 실험적 단계의 초입에 있었으며, 이는 찰리 크리스천, 멜 파월, 에디 소터와 같은 새로운 유형의 인재들을 밴드에 영입하면서 본격적으로 시작되었다. 이러한 실험적 시기는 몇 년 후 굿맨이 자신의 밴드를 비밥 앙상블로 탈바꿈시키려는, 놀랍지만 단명했던 시도로 정점을 찍게 된다. 같은 시기에, 굿맨은 현대 클래식 음악으로의 중요한 여정에도 나섰으며, 그 출발점은 1940년, 헝가리의 작곡가 벨러 버르토크에게 《Contrasts》를 위촉한 결정이었다. 재즈 역사에서 아이러니한 점은, 이렇게 최전선에서 혁신을 시도했음에도 불구하고, 굿맨은 (로이 엘드리지처럼) 보수적인 전통주의자로 고정관념화되었다는 사실이다. 즉, 그는 찰리 파커와 디지 길레스피가 이끄는 "진정한" 모더니스트들에 의해 전복된 구시대의 질서를 대표하는 인물로 인식되었다.

그러나 소터-파월 시절의 굿맨 빅 밴드는 이러한 단순한 범주화를 거부한다. 굳이 말하자면, 이것은 모던 재즈 앙상블이었지만, 비밥 연주자들이 창조해 내던 것과는 다른 형태의 모던 재즈를 추구했다. 이 시기의 굿맨 악단은 클래식 음악의 영향이 지배적이었으며, 여기에 스윙 정신이 가미된 음악 스타일을 보여주었다. 이 스윙 스타일은 플레처 헨더슨-지미 먼디-스퍼드 머피의 전통에서 이어진 것이었다. 특히 흥미로운 전개는, 이 시기에 굿맨 밴드의 대표적인 피아니스트였던 멜 파월이 결국 재즈를 떠나 학문적 클래식 작곡가의 길을 걷게 되었다는 사실이다. 그는 파울 힌데미트 밑에서 공부하고, 예일 대학에서 가르쳤으며, 1990년에는 《Duplicates》라는 두 대의 피아노와 오케스트라를 위한 협주곡으로 퓰리처상을 받았다. 이 곡은 그의 재즈 작품과는 너무나도 동떨어져 있어, 마치 완전히 다른 사람이 만든 작품처럼 느껴질 정도이다. 하지만 그의 굿맨 악단을 위한 편곡들(〈The Earl〉, 〈Mission to Moscow〉)은 빅 밴드 편곡자로서의 탁월한 감각을 보여주는 작품이다. 그러나 파월이 남긴 가장 인상적인 것은 그의 피아노 연주였다. 이는 기술적으로 뛰어나고, 화성적으로 대담하며, 끝없이 창의적이다. 그는 자신의 세대에서 가장 영향력 있는 재즈 피아니스트 중 한 명으로 충분히 자리매김할 수 있었다. 하지만, 소수의 녹음만이 그의 잠재력을 증명한다. 반면, 에디 소터는 본격적으로 고전 작곡에 뛰어든 적은 없었지만, 그렇게 할 수도 있었던 인물이었다. 그의 굿맨 악단을 위한 편곡들은 활력으로 가득 찬 야심 찬 작품들이었다. 특히, 그의 대표적인 작품 중 하나는 1940년 굿맨 악단이 녹음한 〈Superman〉이었다. 이 곡은 트럼펫 연주자 쿠티 윌리엄스를 위한 "콘체르토" 같은 형식을 갖춘 곡이었다. 이 장편의 작품은 듀크 엘링턴이 작곡한 〈Concerto for Cootie〉보다 덜 알려졌지만, 조성, 분위기, 템포, 질감의 변화가 탁월한 걸작이었다. 후에, 소터는 브로드웨이 뮤지컬 오케스트레이션 등 다양한 상업적 프로젝트를 맡았지만, (1961년, 스탄 게츠의 《Focus》 프로젝트에서 선보인 현악 작곡과 같은) 그의 최고 작품들은 여전히 그만의 독창적인 모던 재즈 스타일이 얼마나 숨 막히게 아름다울 수 있는지를 보여준다.

소터와 파월이 그들의 업적에도 불구하고, 모던 재즈가 나아가지 않은 길, 즉 단호히 선택되지 않은 경로를 대표했다는 것을 누가 부인할 수 있겠는가? 이와는 대조적으로, 이 시기에 굿맨이 후원한 또 다른 진보적인 음악가인 기타리스트 찰리 크리스천은 모던 스타일을 정의하는 리더이자 선동가임을 입증한다. 이는 곧 비밥이라고 불리게 된다. 이는 버르토크와 힌데미트의 영향을 반영한 모더니즘이 아니라, 강렬한 스윙감의 단선율 라인을 중심으로, 반음계적 흐름이 가득하고 번개 같은 속도로 연주되는 스타일이었다. 크리스천의 이런 선구적인 면모는 특히 주목할 만한데, 이는 그의 주요 녹음이 단 2년간의 짧은 기간 동안 이루어졌다는 점에서 더욱 그렇다. 당시 모던 재즈는 아직 태동기였고, 대부분의 청중은 이 전자 기타의 조용한 혁신가가 지닌 천재성을 이해할 수 있는 최소한의 배경지식조차 갖추지 못한 상태였다.

같은 시대의 많은 이들에게, 찰리 크리스천은 다가올 재즈의 전조라기보다는 일종의 신기한 퍼포머처럼 보였을 것이다. 신시사이저 이전 세대에게 전기는 실용적인 문제였고, 가로등과 피뢰침과 연관된 것이지 음악 공연과는 거리가 먼 것이었다. 라이오넬 햄튼과 그의 비브라폰처럼, 크리스천이 전자 기타라는 악기를 발명한 것은 아닐지라도, 그는 증폭된 소리를 가지고 놀면서, 그러한 모험이 거대한 실험의 함축성을 가지고 있던 시기에, 가장 선견지명 있는 선구자 중 한 명으로 두드러졌다. 그러나 그의 공헌은 단순히 전자 기타를 활용한 것에 그치지 않았다. 그는 대담한 음정 변화, 경쾌하게 흐르는 셋잇단음, 스윙감 넘치는 16분음, 조성 내에서 변화음*을 재빠르게 포착하는 본능, 그리고 이러한 반음 낮거나 높은 음들에서 최대한의 감정을 끌어내는 능력을 갖춘 크리스천은 어떤 악기를 연주했더라도 뛰어난 마

---

* 변화음altered tones: 이 용어는 비밥과 모던 재즈에서 주로 사용되며, 기존 코드의 특정 음(9th, 11th, 13th 등)을 반음 올리거나 내리는 기법을 의미한다.

스타가 되었을 것이다. 그가 후대 기타리스트들에게 미친 영향은 아무리 높게 평가하더라도 지나치지 않을 것이다. 그가 남긴 소수의 연주, 예를 들어 〈Seven Come Eleven〉, 〈Flying Home〉, 〈Breakfast Feud〉, 그리고 비밥 1세대들과 함께한 아마추어 녹음들을 들어보면, 후대 기타리스트들이 얼마나 그의 선율을 그대로 모방했는지를 알 수 있다. 심지어 그들은 그의 연주를 한 음 한 음 그대로 차용하며, 이 희귀한 78rpm 음반들을 마치 6현 솔로 연주의 교과서인 양 다루었다. 재즈 역사상 첫 번째 위대한 전자 기타리스트였던 찰리 크리스천은 또한 가장 영향력 있는 인물로서도 깊은 존경을 받을 만하다.

댈러스에서 태어나 오클라호마시티의 가장 빈곤한 지역에서 자란 찰리 크리스천은 굿맨과 연관된 다른 모더니스트들(파월과 소터, 버르토크와 코플랜드)과는 극명한 대조를 이루는 인물이었다. 과묵하고 내성적이며, 거의 독학으로 연주를 익힌 크리스천은 겉으로 보기에는 주목받기 어려운 존재였다. 소설가 랠프 엘리슨Ralph Ellison은 어린 시절 그와 함께 자라며, 크리스천이 시가 상자로 원시적인 현악기를 만들어 연주하던 모습을 기억하고 있었다. 그의 호리호리한 체격과 조용한 성격은 주목받기 어려웠겠지만, 뛰어난 음악적 재능만큼은 결코 무시할 수 없는 수준이었다. 베니 굿맨이 그를 처음 보았을 때, "난감한 촌뜨기"라는 반응을 보였다고 전해진다. 그러나 굿맨의 재즈 프로듀서였던 존 해먼드는 크리스천의 재능을 알아보았다. 피아니스트 메리 루 윌리엄스로부터 크리스천에 관한 이야기를 들은 해먼드는 직접 오클라호마시티로 날아가 그를 만났다. 그때, 크리스천은 리츠 카페Ritz Cafe에서 주당 단 7.50달러를 받으며 연주하고 있었다. 새로운 재능을 발굴하는 데 늘 적극적이었던 해먼드는 크리스천을 1939년 8월, 캘리포니아에서 베니 굿맨과 만나도록 주선했다. 이 클라리넷 연주자의 망설임은 "로즈룸Rose Room"에서 거의 한 시간 동안 진행된 즉흥적인 잼 이후에, 황홀한 감탄으로 바뀌었다. 굿맨은 40년이 지난 후, 그 순간을 이렇게 회상했다. "그가 세상에서 가장 눈길을 끄는 인물은 아니었지만, 맙소사, 기타를 연주할 때만큼은 정말 대단했다…… 그는 시대를 앞서 있었고, 그를 듣는 건 그야말로 기쁨이었다."[123] 굿맨은 즉시 그를 자신의 스몰 콤보 멤버로 영입해, 이를 육중주단sextet으로 확대했다. 불과 몇 주 만에, 크리스천은 여러 개의 솔로 연주를 녹음했고, 카네기 홀에서 굿맨과 함께 공연하기도 했다. 재즈 팬들도 그의 놀라운 연주를 알아보았고, 그는 1939년 『다운비트』 지의 기타 부문 투표에서 1위에 선정되었다. 그는 1940년과 1941년에도 연속으로 수상의 영예를 안았다. 그러나 그때쯤 그의 경력은 이제 막 시작되었음에도, 거의 끝나가고 있었다.

1940년 봄, 찰리 크리스천은 결핵 진단을 받았다. 의사들은 활동을 줄일 것을 권고했지만, 그는 점점 더 많아지는 공연 기회를 쉽게 거절할 수 없었다. 그는 굿맨의 스몰 콤보뿐만 아니라 빅 밴드에서도 연주를 시작했고, 공식적인 공연이 끝난 후에는, 미래 지향적인 모더니스트들이 비밥 스타일을 다듬어가고 있었던 할렘의 나이트클럽 민튼스 플레이하우스에서 잼 세션에 자주 참여했다. 그러나 밤늦게까지 이어지는 잼 세션(새벽 4시까지 지속되는 경우도 흔했다)과 그의 절제되지 않은 생활 방식이 겹치면서, 이미 위태로웠던 그의 건강 상태는 더욱 악화되었다. 1941년 7월, 크리스천은 뉴욕 스태튼 아일랜드의 시뷰 요양원Seaview Sanitarium에 입원했다. 그러나 그곳에서도 상태는 호전되지 않았고, 결국 1942년 3월 2일, 그는 폐렴으로 세상을 떠났다.

굿맨 밴드에서 크리스천은 강력한 리듬 섹션의 일부를 이루었다. 피아니스트 멜 파월, 베이시스트 존 시먼스John Simmons, 드럼에 데이브 터프 혹은 시드 캐틀릿Sid Catlett이 참여했던, 굿맨의 1941년 밴드는 이 클라리넷 연주자가 선보인 유닛 중 가장 리듬적으로 매력적인 유닛이었다. 존 해먼드는 "백인 밴드에서 이와 같은 리듬 섹션은 없었다"라고 단언했다. "의심할 여지 없이, 그것은 베니가 경험한 것 중 최고였다."[124] 해먼드는 시먼스, 캐틀렛, 크리스천이 아프리카계 미국인이라는 것은 언급하지 않았다. 그런데 이러한 세팅에서 그들이 두각을 나타낸 것은 1940년대 굿맨이 인재를 고용하는 데 있어 좋은 판단력을 지녔다는 것, 그리고 재즈 앙상블에서 더욱 빠른 속도로 인종차별이 철폐되고 있었음을 입증했다. 댄스 음악은 1950년대와 1960년대에 미국 사회 전체가 따르게 될 변화를 앞서 보여준 장르였다. 캐틀렛이 임용된 기간은 몇 달밖에 되지 않았지만, 밴드에 남긴 그의 영향력은 간과할 수 없다. 스튜디오 및 라이브 트랙(〈Pound Ridge〉, 〈The Count〉)은 그가 전체 앙상블에 전달했던 여유 있으면서도 추진력 있는 스윙을 보여준다. "빅 시드Big Sid"라는 애칭으로 불린 그는 굿맨 사운드를 정의했던 크루파 스타일과 현저한 대조를 이룬다. 힘이 되지만 위압적이지 않은 강인한 스윙, 템포 유지의 견고함, 피처링 솔로를 거의 맡지 않았으나 연주할 때마다 놀라운 선율을 보여주었던 캐틀렛은 스포트라이트를 피하고 현장에서 묵묵히 일하며 밴드를 활기차게 이끈, 음악가 중의 음악가였다. 그리고 얼마나 다재다능했으면, 그의 20년 경력에는 루이 암스트롱, 시드니 베셰이, 플레처 헨더슨, 듀크 엘링턴, 베니 굿맨, 디지 길레스피, 찰리 파커와 함께한 공연들, 즉 이 일곱 개의 이름이 함축하는 리듬의 전체 역사가 포함되어 있다.

이들은 스윙 시대의 후반기에 해당했다. 1942년 8월 1일, 재즈 음악 녹음은 미국 음악가 연맹American Federation of Musicians의 수장인 제임스 페트릴로James Petrillo와 음악 산업 간의 대립으로 인해 중단되었다. 페트릴로는 라디오, 주크박스, 축음기의 형태로 녹음된 음악이 라이브 공연을 점점 더 대체하는 상황에서, 이에 대한 보상을 노동조합이 받아야 한다고 주장했다. 데카Decca는 1943년 9월이 되어서야 페트릴로와 계약을 맺었고, 컬럼비아와 빅터 레이블은 일 년 이상이 더 지나서야 마지못해 이에 따랐다. 하지만 이보다도 앞서, 미국 정부는 전쟁 물자를 절약하기 위해 축음기 음반 생산을 30퍼센트 줄이는 조치를 시행했다. 전쟁은 여러 가지 방식으로 빅 밴드에 영향을 미쳤다. 음악가들이 징집되었고, 새로운 목관악기, 금관 악기, 타악기를 구하기는 거의 불가능해졌다. 그리고 휘발유 배급 제한으로 인해, 밴드 투어는 어렵거나 불가능해졌다. 이러한 요인들이 종합적으로 작용하여, 흔히 거론되는 비밥 음악의 급격한 유입보다도 스윙 시대의 종말에 더 큰 영향을 미쳤다.

하지만 스윙 음악 자체도 결국 스스로의 종말을 초래했다. 1942년경, 스윙 양식은 점점 더 정형화된 사운드를 만들어냈으며, 몇몇 예외적인 밴드를 제외하면 어느 정도의 독창성을 유지하는 밴드는 거의 없었다. 이는 스윙이 대중음악의 지배적인 흐름으로서 한계점에 도달했음을 보여주는 신호였다. 이런 관점에서 볼 때, 이 시기에 글렌 밀러가 급부상한 것은 스윙 시대의 적절한 마무리로 작용했다. 밀러와 함께, 백인 빅 밴드는 다시 굿맨 이전 시기의 정신으로 회귀했다. 그는 귀에 쏙 들어오는 선율, 잘 만들어졌지만 때로는 야심적이지 않은 편곡, 그리고 단순한 댄스 리듬에 의존했으며, 재즈 전통과는 주변적인 수준의 연관성만 유지했다. 듀크 엘링턴, 베니 굿맨, 카운트 베이시에게 있어 매우 중요한 요소였던 핫 솔로와 표현력 있는 솔로이스트들은 밀러의 음악에서 중심적인 역할을 하지 않았다. 다만, 〈Tuxedo Junction〉, 〈Pennsylvania 6-5000〉, 〈In the Mood〉와 같은 당김음 기반의 리프 곡을 자주 활용한 점만이 그가 스윙 시대에 진 빚이라 할 수 있다. 그러나 이마저도 사용된 리프는 단순했고, 당김음 역시 가장 진부한 형태였다. 밀러는 과거를 돌아보는 대신, 전후戰後 시대의 대중음악을 예견하는 방향으로 나아갔다. 그의 음악은 더욱 달콤하고 덜 격렬한 분위기를 지향했으며, 굿맨을 비롯한 동시대 음악인들에게 영감을 주었던 아프리카계 미국인의 음악적 뿌리와 점점 더 멀어졌다. 이후 10년이 지나, 로큰롤의 등장이 다시 한 번 팔로마 현상을 재현하게 된다. 이는 흑인 리듬 앤드 블루스의 더욱 열정적인 에너지를 활용하여 대중에게 전달한 것이었다. 그러나 그 사이, 글렌 밀러와 그의 후계자들이 만들어낸 쉽고 부담 없는 사운드는 미국 대중문화에서 중요한 위치를 차지하게 되었다.

밀러가 미 육군 항공대에 입대했던 1939년 봄부터 1942년 9월까지, 어느 밴드도 대중의 상상력을 더 강하게 사로잡지는 못했다. 1939년 대히트를 기록한 〈Moonlight Serenade〉는 밀러가 스윗 밴드 스타일에 얼마나 가까이 다가갔는지를 보여주는 대표적인 사례였다. 그러나 밀러 음악의 가장 큰 강점은 기억에 남을 만한 선율을 직관적으로 포착하는 능력이었다. 이 곡은 베토벤의 《월광 소나타》를 떠올리게 하면서도, 후대의 다양한 팝 연주곡들(예: 〈Ebb Tide〉, 〈Theme from A Summer Place〉)을 예견하는 듯한 느낌을 준다. 이처럼, 밀러 특유의 스타일은 스윙 재즈의 과잉을 덜어내고 선율 제작 기술의 기본으로 돌아가는 그의 감각을 완벽히 보여준다. 단순하고, 낙관적이며, 거창하지 않고, 독창성보다는 참신함을 중시하는, 이러한 특징들이 〈Chattanooga Choo〉, 〈Pennsylvania 6-5000〉, 〈In the Mood〉, 〈I've Got a Gal in Kalamazoo〉, 〈At Last〉, 〈Tuxedo Junction〉, 〈A String of Pearls〉 등 일련의 히트곡들에 반영되었다. 밀러의 성공을 뒷받침한 것은 그가 오랜 세월 다듬어온 다양한 악기 배합이었다. 특히, 트럼펫과 트롬본 섹션에서 뮤트를 적극적으로 활용한 부드러운 브라스 사운드, 그리고 클라리넷을 주선율로 강조하는 풍부한 목관 연주가 그의 대표적인 음악적 특징이었다.

재즈 팬들은 종종 이 밴드의 인기에 대해 트집을 잡지만, 그들의 실망과는 다르게 그 인기는 놀라울 정도로 오래 지속되었다. 글렌 밀러 오케스트라는 창립자가 세상을 떠난 지 75년이 넘도록 여전히 순회공연을 이어가고 있다. 이 작품들은 그 자체의 기준에서 평가할 때 결코 쉽게 무시될 수 없다. 재즈 아티스트로서 밀러는 거의 영향력을 발휘하지 못했지만, 대중음악의 거장으로서는 최고의 자리에 올랐다. 그리고 수많은 빅 밴드 리더들 가운데, 밀러만큼 전후 미국 대중의 음악적 취향을 충족시킬 만한 기질과 스타일을 갖춘 인물도 드물었다. 그러나 그에게는 그러한 미래가 기다리고 있지 않았다. 제2차 세계대전이 발발하자, 밀러는 38세로 징집 면제 대상이었음에도, 육군 항공대에 자원입대했다. 1944년 12월 15일, 이 밴드 리더가 탄 비행기는 영국 해협 상공을 비행하던 중 실종되었다. 그리고 어떤 잔해나 시신도 발견되지 않았다. 확실한 증거가 없는 상황에서 온갖 소문이 돌았고, 수십 년이 지난 지금까지도 여전히 논란이 이어지고 있다.

굿맨은 제2차 세계대전 이후에도 모더니즘에 대한 자신의 신념을 밀고 나갔다. 과거에는 비밥에 대해 조롱 섞인 발언을 여러 차례 했지만, 이제 그는 새로운 스타일의 많은 요소를 자신의 음악에 도입하기로 결심했다. 스윙의 왕은 정말로 스윙을 뒤로하고 떠나려 했을까? 사실, 굿맨의 본능은 그가 비밥을 온전히 받아들이는 것을 허락하지 않았다. 그러나 그는 새로운 세대의 연주자들을 영입하며, 전통적인 사운드에서 크게 벗어나지 않으면서도 진보적인 스타일을 받아들이려 했다. 이러한 연주자로는 색소폰 연주자 스탄 게츠와 워델 그레이, 피아니스트 메리 루 윌리엄스와 지미 롤즈Jimmy Rowles, 클라리넷 연주자 스탄 하셀가드Stan Hasselgard 등이 있었다. 그러나 굿맨이 우디 허먼과 스탄 켄튼Stan Kenton의 진보적인 사운드와 보조를 맞추려던 관심이 오래가지 않았다는 사실에 놀란 사람은 거의 없었다. 1949년 그의 마흔 번째 생일이 되었을 때, 굿맨은 젊은 세대의 새로운 음악적 흐름을 따라가는 것에 사실상 흥미를 잃었다. 이후, 그의 밴드는 여전히 스윙 시대의 스타일을 엄격히 고수했으며, 동시에 그는 클래식 음악에서의 두 번째 경력을 이어갔다. 1962년 국무부 후원으로 소련을 순회공연한 것을 제외하면, 그의 생애 마지막 30년 동안 굿맨은 대중의 주목을 받는 활동을 거의 하지 않았다. 이 시기에는, 정규 밴드를 운영하기보다는 짧은 투어나 특별 행사에 맞춰 연주자들을 고용하는 방식을 선호했다. 그러나 그는 끝까지 완벽주의와 음악적 탁월함에 대한 헌신을 놓지 않았다. 심지어 70대 중반에도, 매일 아침 식사 전에 음계 연습을 하며 꾸준히 실력을 갈고 닦았다. 1986년 6월 13일, 베니 굿맨은 모차르트 곡을 연습하던 중 치명적인 심장마비로 생을 마감했다.

캔자스시티 재즈

1920년대와 1930년대 초반에 녹음된 재즈 음악은, 현대의 청취자들에게 이 음악이 형성되던 시기에 얼마나 빠르게 그리고 광범위하게 지역적으로 퍼져나갔는지를 거의 보여주지 않는다. 우리의 역사 기록은 뉴올리언스, 시카고, 뉴욕에 대해서만 다룰 뿐, 그 외의 지역에 대해서는 거의 언급하지 않는다. 그러나 미국의 주요 도시 중 어느 곳도 이 흥미로운 새로운 미국 대중음악 스타일의 영향을 받지 않은 곳은 없었다. 이 변혁의 전체 역사를 조각조각 맞춰 완성하는 것은 헤라클레스의 과업과도 같으며, 어쩌면 불가능한 일일지도 모른다. 우리의 자료는 너무 부족하고, 다뤄야 할 주제는 너무 방대하다. 현재로서는, 소문, 일화, 신문 기사, 구술 역사, 그리고 너무도 적은 녹음 자료 등을 바탕으로 한 단편적인 정보들만이 이 움직임의 전반적인 흐름에 관한 가장 간단한 윤곽만을 전할 뿐이다. 그마저도 임의적이고 불완전한 모습에 불과하다.

여러 음반사의 우연한 개입 덕분에, 일부 지역 밴드는 완전한 무명 상태에서 벗어날 수 있었다. 하지만 전국적인 명성을 얻은 밴드는 극히 드물었다. 매키니즈 코튼 피커스는 그런 밴드 중 하나였다. 오하이오에서 결성된 이 밴드는 이후 디트로이트에서 오랜 기간 활동하며, 돈 레드먼의 편곡이 돋보이는 생동감 넘치는 녹음으로 널리 찬사를 받았다. 그러나 이러한 명성을 얻은 밴드는 예외적인 사례에 불과했다. 알론조 로스Alonzo Ross의 드 럭스 싱커페이터즈De Luxe Syncopators는 마이애미를 기반으로 활동했지만, 재즈계에서 큰 반향을 일으키지는 못했다. 그러나 1927년 중서부 투어 중 빅터 레코드에서 녹음한 거의 잊혀진 여덟 곡의 트랙을 살펴보면, 세련되고 스윙감 있는 연주를 선보인 이 밴드는 당시 주요 재즈 중심지에서도 충분히 두각을 나타낼 만한 실력을 갖추고 있었음을 알 수 있다. 캐롤라이나 지역의 재즈 역사는 심지어 재즈 마니아들조차도 종종 간과하는 부분이지만, 남겨진 몇몇 녹음 덕분에 몇몇 밴드가 알려져 있다. 대표적으로 데이브 테일러

Dave Taylor의 딕시 오케스트라Dixie Orchestra, 지미 건Jimmy Gunn의 딕시 세러네이더즈Dixie Serenaders, 캐롤라이나 코튼 피커스Carolina Cotton Pick-ers, 밥 포프 오케스트라Bob Pope Orchestra가 있다. 특히, 밥 포프 오케스트라는 4/4 박자 스윙 스타일을 예견하는 듯한 30곡 이상의 녹음을 남겼다. 로스앤젤레스에서는 소니 클레이Sonny Clay, 커티스 모스비Curtis Mosby, 폴 하워드Paul Howard, 레스 하이트Les Hite가 이끄는 지역 밴드들의 스튜디오 녹음이 남아 있으며, 이는 뉴올리언스 스타일 및 그 외 음악적 영향이 서부 해안으로 빠르게 확산되었음을 보여준다. 세인트루이스에서는 여러 밴드가 녹음을 남겼는데, 대표적으로 트럼펫 연주자 찰리 크리스Charlie Creath가 이끄는 재즈-오-매니악스Jazz-O-Maniacs가 1920년대 중반 블루스적인 감성이 돋보이는 12곡을 발표했다. 그 외에도 미주리언즈Missourians, 지터-필러스 클럽 플랜테이션 오케스트라Jeter-Pillars Club Plantation Orchestra가 활동했다. 특히, 세인트루이스의 트럼펫 전통은 매우 활발하여, 찰리 크리스 외에도 올리버 콥Oliver Cobb, 듀이 잭슨Dewey Jackson, 해럴드 "쇼티" 베이커 Harold "Shorty" Baker가 두각을 나타냈으며, 이후에는 마일즈 데이비스와 클라크 테리Clark Terry 같은 거장들까지 등장하여 이 전통을 이어갔다. 멤피스에서는 블루 스틸 앤드 히즈 오케스트라Blue Steele and His Orchestra가 활동했고, 밀워키에는 그랜트 무어Grant Moore와, 녹음은 남기지 못했지만 입소문으로 전해지는 일라이 라이스Eli Rice가 있었다. 신시내티에서는 잭 화이트Zack Whyte, 오마하에서는 레드 퍼킨스Red Perkins와 냇 토울즈Nat Towles가 활동했다. 주요 도시 중 어느 곳이든 댄스 오케스트라가 있었고, 작은 지역 사회에서도 많은 밴드들이 순회 연주를 펼쳤다.

그리고 그들은 정말로 길을 떠났다! 당시의 회고록과 전기에는, 이동하는 음악가들, 단 하룻밤의 무대, 찰나의 성공과 멀리 떨어진 도시에서의 참담한 실패, 심지어는 끔찍한 투어 끝에 귀향할 차비조차 없이 발이 묶인 연주자들의 이야기로 가득 차 있다. 교통비가 저렴해지면서 이러한 순회공연이 가능해졌고, 대공황의 경제적 현실은 이를 필수적인 생존 방식으로 만들었다. 미국의 도로망, 철도, 고속도로가 도시와 마을, 시골을 하나로 연결해 나가면서, 마치 옛날의 방랑하는 음유시인처럼, 재즈 밴드들도 이러한 새로운 기회를 붙잡고 전국을 떠돌았다. 공연을 위해 몇백 마일에서 천 마일 이상을 이동하는 것은 이들 도로의 전사들에게 흔한 일이었다. 이러한 제도화된 방랑 생활에서 '지역순회 밴드territory band'라는 용어가 탄생했다. 이는 도시의 경계를 넘어 더 넓은 지역을 무대로 삼았던 이동식 댄스 오케스트라들을 의미했다.

미국 남서부는 특히 테리토리 밴드들에게 비옥한 땅이 되었다. 광활한 지리적 특성과 비교적 많은 인구를 가진 텍사스는 가장 큰 기회를 제공했다. 댈러스-포트워스, 휴스턴, 샌안토니오, 엘파소, 오스틴, 애머릴로를 비롯한 여러 도시에서 댄스 음악 시장이 형성되었고, 전성기에는 텍사스 전역에 천 개가 넘는 대형 무도장이 있었다. 자생적인 청중이 풍부했던 덕분에, 텍사스 밴드들은 외부 영향에서 상대적으로 독립적인 상태에서 높은 수준으로 발전할 수 있었다. 최고 수준의 아프리카계 미국인 음악 공연을 다른 많은 도시에 가져온 흑인 극장 순회공연은 1920년대 중반이 되어서야 비로소 텍사스에 도달했다. 하지만, 전통적인 음악 스타일과 소박한 음악은 텍사스 전역에서 깊이 뿌리내리고 있었다. 그 결과, 재즈와 컨트리 음악이 독특하게 결합된 "웨스턴 스윙"이라는 장르가 탄생했다. 이 장르의 가장 유명한 대표자는 밥 윌스Bob Wills로, 그는 1930년대에 피들 보이즈Fiddle Boys 또는 라이트 크러스트 도우보이즈Light Crust Doughboys라는 밴드로 명성을 쌓은 후, 곧 유명해질 텍사스 플레이보이즈Texas Playboys를 결성했다. 굿맨과 마찬가지로, 윌스는 라디오 방송을 통해 명성을 쌓았으며, 지역적인 인기를 전국적인 팬층으로 확장했다. 그의 대표곡 중 하나인 1940년 히트곡 〈New San Antonio Rose〉는 빅 밴드 스타일의 금관 악기와 컨트리풍 현악기의 조합으로, 팬들을 매료시켰다.

뉴올리언스 디아스포라의 영향은 미국 다른 지역에서는 결정적이었지만, 이 지역에서는 그리 강하게 느껴지지 않았다. 대신, 텍사스에서는 블루스의 사운드가 널리 퍼져 있었으며, 이는 특히 블라인드 레몬 제퍼슨, 블라인드 윌리 존슨Blind Willie Johnson, 라이트닝 홉킨스Lightnin' Hopkins 등이 형성한 지역적 전통을 기반으로 했다. 홍키통크와 부기우기를 연상시키는 이른바 "텍사스 피아노"는 이후의 수많은 텍사스 기타리스트와 가수들과 마찬가지로, 블루스에서 크게 영향을 받았다. 그리고 더 큰 규모의 댄스 밴드가 등장하면서, 블루스에 대한 이러한 선호가 다시 두드러졌다. 점차, 레드먼과 북동부 편곡자들의 영향도 이 지역의 근본적인 스타일에 녹아들었으며, 특히 당시 최고의 텍사스 재즈 밴드 리더 중 한 명인 알폰소 트렌트Alphonso Trent의 작품에서 분명하게 드러났다. 그러나 대부분의 앙상블은 단순 암기된 부분에 의존하는, 비공식적인 "헤드 차트head chart[기억 또는 간단한 리드 시트에 의존한 비공식적인 최소화된 악보]" 스타일을 선호했다. 이러한 동일한 요소 중 다수는 1920년대와 1930년대에 발전한 캔자스시티 스타일에서 두드러지게 나타났다. 이러한 스타일의 수렴이 일어난 이유는 멀리 볼 필요도 없이, 가까이서 쉽게 찾을 수 있다. 트로이 플로이드 오케스트라Troy Floyd Orchestra, 디럭스 멜로디 보이즈Deluxe Melody Boys, 해피 블랙 에이시즈Happy Black Aces, 테런스 홀더와 다크 클라우즈 오브 조이Terrence T. Holder and His Dark Clouds of Joy 같은, 거의 잊혀진 앙상블인 텍사스의 많은 밴드들이 나중에 캔자스시티로 이주하게 될 많은 음악가들을 위한 순회공연 아카데미 역할을 했기 때문이다.

이번에도, 경제적 요인이 많은 연주자들을 캔자스시티로 끌어들이는 데 중요한 역할을 했다. 톰 펜더개스트Tom Pendergast라는 정치 보스가 장악한, 관대하지만 부패한 시청이 있는 무방비의 도시 캔자스시티는 온갖 사회적 악습들이 자유롭게 뿌리내릴 수 있는 환경이었다. 그리고 뉴올리언스와 시카고의 역사에서 볼 수 있었듯이, 한가한 시간과 술자리 문화가 번성하는 곳에서는 대개 재즈도 함께 번성했다. 펜더개스트 시대에 캔자스시티를 방문했던 한 신문 칼럼니스트는 독자들에게 이렇게 조언했다. "죄악을 보고 싶다면, 파리는 잊고 캔자스시티로 가라."[125] 카운트 베이시가 연주하던 리노 클럽Reno Club에서는 맥주 가격이 5센트, 스카치위스키가 15센트, 마리화나 스틱은 3개에 25센트, "위층 방문"은 2달러에 제공되었다. 이러한 가격은 저렴해 보일 수 있지만, 전체적으로 보면 큰 사업이었다. 라스베이거스의 강력한 전신前身이라 할 수 있는 캔자스시티는 당시 연간 약 1억 달러의 도박 수익을 기록했고, 연간 100만 달러어치의 불법 마약이 거래되었으며, 여기에 매춘과 주류 판매까지 합치면, 이른바 펜더개스트 번영의 지하 경제 규모는 엄청났다. 대공황과 금주법의 영향으로 다른 도시들의 유흥업이 쇠퇴하는 동안, 점점 더 많은 음악가들이 캔자스시티로 몰려와 호황을 누렸다. 1930년대 초중반에는, 뛰어난 재즈 인재들이 집중되어 있다는 점에서, 캔자스시티는 점차 뉴욕과 시카고의 잠재적인 경쟁자로 떠올랐다.

그러나 캔자스시티 재즈는 단순히 유리한 수요와 공급 조건만의 문제가 아니었다. 이 도시에서 독자적인 재즈 스타일이 점차 뿌리를 내리며 형성되었는데, 이는 서로 다른 요소들의 결합에서 비롯되었다. 즉, 남서부의 블루스 전통, 북동부의 빅밴드 사운드, 그리고 할렘의 자유로운 잼 세션 분위기가 한데 어우러졌다. 그리고 이 요소들은 캔자스시티만의 방식으로 변형되었다. 뉴욕의 편곡자들이 선호했던 정교한 오케스트레이션은 간소화되어, 단순한 리프 기반의 악보로 대체되었다. 이러한 준準미니멀리즘적 음악 구조 때문에 캔자스시티 재즈는 더욱 느슨한 느낌을 주게 되었고, 빅밴드 연주에서도 여전히 심야 잼 세션의 뜨겁고 즉흥적인 분위기를 유지할 수 있었다. 실제로 이러한 자유로운 정신은 헤드 차트 악보와 기술된 악보의 이면에 자리 잡고 있었으며, 나아가 이를 직접적으로 영감으로 삼기도 했다. 그러나 무엇보다도, 캔자스시티 재즈를 차별화한 것은 이 지역 스타일의 리드미컬한 본질이었다. 뉴올리언스와 시카고의 2비트 맥박은 보다 현대적인 4/4 박자 개념에 자리를 내주었다. 템포는 중간 속도로 수렴되는 경향을 보였는데, 이를 일부 사람들은 캔자스시티 연주자들의 낮은 기량 때문이라고 해석하기도 했다. 하지만 이는 사실과 거리가 멀었다. 적절한 순간이 오면(예를 들어, 모튼 밴드의 〈Toby〉를 들어보라), 지역 최고의 앙상블은 1분당 300비트를 넘는 빠른 속도로 불을 지피며, 댄스 플로어에서 가장 빠르게 지터버그를 추는 사람조차 능가할 수 있었다. 그러나 대부분의 환경에서, 캔자스시티 재즈 생활의 분위기는 긴박함의 미묘한 기류와 함께 편안한 스윙을 요구했다.

이 새로운 시간 감각은 리듬 섹션의 성격 변화와 함께 나타났으며, 이는 1930년대 중후반 카운트 베이시 밴드에서 완벽한 형태로 구현되었다. 드러머 조 존스는 월터 페이지의 강력한 4/4 베이스 라인을 활주하면서, 베이스 드럼의 끈질긴 맥동에 덜 의존하고, 초기 재즈 타악기 연주자의 작업에서 두드러지게 나타나는 보다 개방적인 사운드를 채택할 수 있었다. 그의 하이햇*은 밴드의 유기적인 심장박동이었다. 그 결과, 더 적은 스타카토 사운드, 더 지속적인 박동, 반짝이는 타악기 소리 층이 탄생했다. 이제 박자는 시계의 꾸준하고 필연적인 똑딱거림이 아니라, 유동적으로 넘실거리는 파도가 되었다. 이러한 변화 속에서 피아노의 역할 또한 바뀌었고, 반드시 바뀔 필요가 있었다. 기존의 네 박자의 안정적인 스트라이드 스타일로 기본 리듬을 제시하는 대신, 피아노는 악센트, 채움, 미묘한 변주를 더하며, 제1원칙을 선언하는 장황한 연설자가 아니라, 대화의 한 파트너가 되었다. 이 새로운 역할, 즉 "컴핑"** 피아니스트로서 누구보다도 뛰어난 인물이 바로 카운트 베이시였다. 그는 캔자스시티 재즈 개척자들 가운데 가장 기억에 남고, 가장

---

* 드럼 세트의 일부로, 두 개의 심벌cymbal이 페달로 조작되는 타악기. 드러머가 페달을 밟거나 스틱으로 연주하여 다양한 리듬과 뉘앙스를 만들어낸다.

** 컴핑comping: 주로 피아노나 기타가 솔로 연주자(멜로디)를 리듬감 있게 코드 반주하는 것. 단순히 코드를 누르는 게 아니라, 리듬, 타이밍, 강약, 코드 보이싱 등을 활용해 솔로 연주자와 대화하듯이 반주하는 것이 핵심이다.

사랑받는 인물로 손꼽힌다. 이와 같은 공생 과정에서, 베이시, 페이지, 존스는 재즈의 시공간 개념을 새롭게 재구성했다. 이를 통해, 캔자스시티를 주요 재즈 중심지로 부상시켰을 뿐 아니라, 아프리카계 미국인 음악의 리드미컬한 본질에 영구적인 변화를 가져왔다.

베이시가 1927년 순회공연단의 일원으로 캔자스시티에 머물게 되기 전부터, 이 지역만의 독특한 재즈 스타일은 이미 움트고 있었다. 캔자스시티 출신의 베니 모튼Bennie Moten은 스콧 조플린의 제자 두 명에게서 피아노를 배운 후, 1923년부터 십 년에 걸친 녹음 경력을 시작했다. 사실, 모튼은 흑인 재즈 밴드로서는 최초로 녹음을 남긴 인물 중 한 명이었다. 초기부터, 모튼의 음악에는 블루스의 영향이 뚜렷하게 나타났다. 1923년 9월, 이 밴드의 첫 번째 세션에서 녹음된 여덟 곡은 모두 블루스 형식을 기반으로 했다. 이후 십 년 동안, 이 앙상블은 놀라운 변화를 겪게 된다. 뉴올리언스 전통의 마지막 흔적들을 벗어던지고, 튜바를 현악 베이스로, 밴조를 기타로 대체했으며, 콤보에서 빅 밴드로 성장했다. 또한, 1926년에 빅터 레코드와 계약을 맺고 북동부 지역을 포함한 여러 곳을 순회하며 연주하면서, 다른 지역의 영향을 흡수해 나갔다. 시간이 흐르면서 모튼 밴드의 솔로 연주자들은 동부 연안의 최고의 앙상블과 어깨를 나란히 할 만큼 기량을 갖추게 되었으며, 특히 에디 더럼이 1929년에 합류한 후 작곡한 뛰어난 곡들이 밴드를 더욱 돋보이게 했다. 이 곡들은 느슨하고 편안한 캔자스시티의 분위기를 완벽하게 포착하고, 현지 즉흥 연주 스타일의 자유분방한 직선적 움직임을 반영했다. 모튼은 이러한 다양한 구성 요소를 사용하여 캔자스시티 재즈의 어휘를 확장하는 동시에, 이 스타일로 더 큰 전국적인 관심을 끌게 될 음악가 집단, 특히 카운트 베이시의 멘토 역할을 했다. 1932년 12월 13일, 모튼 밴드는 빅터 레코드에서 역사적인 녹음 세션을 진행했다. 이 세션에서는 〈Toby〉, 〈Prince of Wails〉, 〈The Blue Room〉, 〈Moten Swing〉과 같은 1930년대 최고의 빅밴드 트랙들이 탄생했다. 그러나 이것들은 또한 모튼 밴드가 남긴 마지막 녹음이기도 했다.

모튼의 앙상블은 다른 그룹들, 특히 월터 페이지의 블루 데블스Blue Devils에서 재능 있는 연주자들을 끌어들이면서 계속해서 발전해 나갔다. 이 밴드는 원래 1923년 캔자스시티에서 빌리 킹의 로드 쇼Billy King's Road Show라는 이름으로 결성되었으나, 1925년 오클라호마시티에서 해체 위기에 놓였을 때 페이지가 이를 인수하여 블루 데블스Blue Devils로 개명하고, 멤버 수도 아홉 명에서 열세 명으로 늘렸다. 캔자스 대학에서 음악을 전공한 페이지는 자신이 맡은 거칠고 즉흥적인 순회공연 밴드에 보기 드문 수준의 세련미를 불어넣었다. 뛰어난 시창視唱 실력과 다재다능함(색소폰 연주도 가능했다)을 갖춘 페이지는 블루 데블스의 리더가 되기 전부터 이미 음악 감독 역할을 맡고 있었다. 그러나 페이지가 가장 큰 영향력을 발휘한 것은 베이시스트로서였다. 페이지의 몸무게는 250파운드가 넘었다. 그는 커다란 몸으로 콘트라베이스를 제압하여, 이전의 그 어떤 베이시스트보다도 강하고 울림 있는 음색을 끌어냈다. 사실, 튜바나 베이스 색소폰을 재즈 밴드의 하모니 기반으로 사용하는 것에서 벗어나는 전환은 이미 블루 데블스가 뜨기 전부터 진행되고 있었다. 하지만 이 변화를 정당화하고 현악 베이스를 가장 유연하고 표현력 넘치는 "워킹 라인walking line"* 악기로 자리 잡게 만든 것은 페이지의 공이 가장 컸다. 그의 연주는 강력한 베이스가 비트마다 한 음씩 지속적으로 움직이면서 대위 선율**을 만들어내며, 오늘날까지도 수많은 재즈

---

* 워킹 베이스walking bass를 의미하며, 재즈에서 베이스가 비트마다 한 음씩 지속적으로 움직이며 연주하는 스타일을 말한다. 이 기법은 곡의 리듬을 추진하고 화성을 연결하는 중요한 역할을 하며, 특히 스윙 재즈와 비밥에서 널리 사용되었다.

** 대위 선율counterpoint: 음악에서 두 개 이상의 독립적인 선율이 동시에 조화를 이루며 진행하는 방식. 재즈에서는 일반적으로 베이스 라인이 주요 선율이나 리듬과 독립적으로 움직이면서도 전체적인 조화를 이루는 것을 의미한다. 특히, 재즈의 워킹 베이스 스타일에서, 베이스가 일정한 박자에 맞춰 독립적으로 움직이면서도 코드 진행과 리듬을 지탱하는 역할을 하는 것이 대표적인 대위법적 요소이다.

앙상블을 추진시키는 핵심 요소가 되었다.

베이시가 블루 데블스에 입단하게 된 이야기는 여러 번 회자되었는데, 그의 자서전인 『굿모닝 블루스*Good Morning Blues*』에서만큼 생생하게 언급된 적은 없다. 늦게까지 술을 마신 후, 베이시는 털사Tulsa의 호텔 방으로 돌아와 곧 잠이 들었다가, 아침 늦게 루이 암스트롱의 음반 소리에 잠에서 깼다 — 적어도 그는 그렇게 생각했다. 베이시는 숙취로 비틀거리면서도 음악에 매료되어 아래층으로 내려갔는데, 거기서 그는 블루 데블스 밴드가 트럭 뒤편에 자리 잡고 연주하며 군중을 모으고 있는 광경을 마주하게 되었다.

> 나는 그저 서서 귀를 기울이며 바라보았다. 왜냐하면 내 평생 그런 밴드는 한 번도 들어본 적이 없었기 때문이다…… 그들 사이에는 강한 팀 정신이 있었고, 그것이 음악 속에서 그대로 드러났다. 그 연주를 보고 듣고 있자니, 저들의 일부가 되고 싶다는 생각이 자연스럽게 들 수밖에 없었다. 그들의 모든 것이 나에게 진정 와 닿았다. 그리고 그날 그것을 듣게 된 것이 아마도 내 음악 경력에서 가장 중요한 전환점이었을 것이다.[126]

이 젊은 피아니스트는 곧 블루 데블스의 일원이 되었다. 이 밴드는 뛰어난 재능을 가진 음악가들을 끌어들이는 자석과도 같았지만, 그들을 붙잡아 두지는 못했다. 카운터 베이시, 레스터 영, 에디 더럼, 지미 러싱Jimmy Rushing, 핫 립스 페이지, 버스터 스미스Buster Smith, 이들 모두 결국 블루 데블스를 떠나 베니 모튼 밴드로 옮겨갔다. 심지어 리더였던 페이지조차도 더 성공적인 경쟁자인 모튼 밴드로 이동했다. 블루 데블스는 버스터 스미스의 통솔 아래 한동안 명맥을 유지했지만, 지역 내 최고의 밴드 자리는 이미 모튼에게 넘어간 상태였다. 상황이 달랐더라면, 모튼의 밴드는 캔자스시티 사운드를 대표하는 최고의 밴드로서 재즈 역사에 자리 잡았을 것이다. 하지만 모튼은 덴버로 가는 순회공연 중 병을 얻었고, 의사들은 즉각적인 수술을 권했다. 그러나 그는 수술을 견디지 못하고 세상을 떠났다. 당시 그의 나이는 마흔이었다. 결국, 그의 밴드에 속해 있던 대부분의 음악가들은 카운트 베이시가 이끄는 후속 그룹으로 옮겨갔다.

1904년 8월 21일, 뉴저지주 레드 뱅크에서 태어난 윌리엄 "카운트" 베이시William "Count" Basie는 노동자 계층이 대부분인 환경에서 성장했다. 그의 아버지는 지역 판사의 마부이자 관리인으로 일했고, 어머니는 가족의 생계를 보태기 위해 세탁 일을 했다. 그의 초기 음악 교육에서는 할렘 스트라이드 스타일의 영향이 지배적이었지만, 어린 베이시는 플레이어 피아노, 극장 쇼, 순회 카니발 등 다양한 미국 민속 음악 스타일에 자연스럽게 노출되었다. "공연단과 함께 여행하고 싶은 마음이 너무 간절해서, 만약 가능했다면 코끼리 물 주는 아이가 되더라도 따라갔을 것이다."[127] 얼마 후, 베이시는 지역 영화관 주인의 심부름을 하며 영화와 라이브 쇼를 무료로 관람할 수 있는 기회를 얻었다. 얼마 지나지 않아, 그는 영사실을 운영하고 극장의 하우스 피아니스트를 대신해 연주하기도 했다. 어머니의 권유로 이미 집에서 피아노 공부를 시작한 상태였지만, 한동안 그의 주요한 음악적 관심사는 드럼이었다. 그러나 그의 친구 소니 그리어(나중에, 엘링턴 밴드의 드러머로 명성을 얻었다)의 비범한 연주 실력을 보고 난 후, 베이시는 결국 피아노에 집중하기로 결심했다.

베이시의 아버지는 아들에게 잔디를 깎고 지역 사유지의 주택을 관리하면서, 자신과 함께 일하자고 권했다. 그러나 피아노 실력이 향상되면서, 베이시는 음악 경력이 그의 부모와 또래들이 종사하던 허드렛일에서 벗어날 수 있는 길을 제공할 수 있음을 깨닫게 되었다. 곧, 뉴욕의 활기 넘치는 밤 문화가 그를 향해 손짓했다. 초기에, 그는 제임스 P. 존슨, 윌리 "더 라이언" 스미스, 패츠 월러를 만났다. 베이시 자신이 나중에 인정했듯이, 이들 중에서도 월러가 베이시에게 가장 큰 영향을 미친 멘토였다. 나이 든 이 스트라이드 대가는 할렘의 링컨 극장에서 공연하는 중에 때때로 베이시에게 하우스 오르간을 연주할 기회를 주었고, 나중에는 보드빌 공연단에서 일할 수 있도록 도와주었다. 스트라이드 스타일이 베이시의 음악에 미친 영향은 그의 보다 미니멀리즘적인 미학에도 불구하고, 그의 경력 전반에 걸쳐 강력한 저류로 남아 있었다. 50번째 생일을 훨씬 넘긴 시점에, 그는《The Kid from Red Bank》라는 앨범을 녹음했는데, 이 앨범에서는 젊은 시절 그가 배운 양손을 활용한 연주 스타일이 놀랍게도 전면에 드러났다. 그러나 베이시에게 더욱 중요한 영감의 원천은 블루스였지만, 그는 이를 즉시 깨닫지는 못했다. "나는 한 번도 [블루스를] 제대로 신경 써서 들어본 적이 없었고, 연주해 본 적도 없었다. 내가 처음으로 진정한 블루스를 맛본 것은, 뉴욕을 떠나 처음으로 벌레스크 쇼를 하며 캔자스시티에서 연주했을 때였다."[128] 그러나 캔자스시티로 옮긴 후, 베이시는 피트 존슨과 제이 맥샨Jay McShann을 대표로 하는 강력한 지역 블루스 피아노 전통의 영향력에 점점 더 빠져들었고, 시간이 지나면서 이 거장들에 필적할 정도로 진정성 있고 깊이 느껴지는 블루스 스타일을 구축하게 되었다.

그러나 베이시의 피아노 스타일에는 단순히 영향 관계로만 설명할 수 없는 요소들이 많았다. 그는 재즈 역사상 가장 독창적인 키보디스트 중 한 명으로, 이전의 어떤 건반 연주자들보다도 더 간결하고 여백이 돋보이는 연주 방식을 발전시켰다. 마치 베이시의 지도 하에, 재즈 피아노가 소리를 지르는 것을 멈추고 대화를 배우고, 농담을 건네고, 속삭이며, 때로는 침묵을 통해 화려한 웅변보다 더 많은 것을 전달하는 법을 배운 것 같았다. 그의 음악에서 느낄 수 있는 많은 즐거움 중 하나는, 그가 최소한의 연주로도 얼마나 많은 것을 표현할 수 있었는지를 듣는 것이다. 예리하고 강인하며 활력이 넘치는, 그가 이루어낸 음악적 성취는 그가 사용한 단출한 수단과는 대조적이었다. 일부 사람들은 베이시를 단순히 건반을 두드리는 연주자 정도로 평가절하하며, 그의 밴드가 그의 연주 실력보다 더 주목할 만하다고 보기도 했다. 그러나 베이시에게 있어 단순한 음 하나, 간단한 필인,* 혹은 살짝 암시하는 듯한 반복적 코드 진행vamp조차도 풍부한 의미를 내포하고 있었다. 이러한 특징들은 그의 경력이 후반부로 갈수록 더욱 두드러졌고, 때때로 베이시는 자기 스타일을 지나치게 반복하며 자기 패러디에 가까운 경지까지 가기도 했다. 하지만 그의 음악을 지탱해 준 것은 세련됨, 창의성, 그리고 스스로를 낮추는 유머 감각이었으며, 이는 그가 팔순에 가까워질 때까지도 그의 음악을 신선하게 유지하는 원동력이 되었다. 무엇보다도, 다음 세대의 복잡하고 음이 가득한 피아노 연주 스타일은 단지 대조 효과를 통해서라도, 카운트 베이시만의 독창성을 더욱 돋보이게 만들었다.

그러나 베이시가 엘링턴과 굿맨처럼 혁신적인 면모와 리더십, 그리고 다른 사람들에게 동기 부여하는 능력이 없었다면, 그러한 예술성의 정점에 도달하지 못했을 것이다. 베이시는 레스터 영, 월터 페이지, 허셜 에반스Herschel Evans, 버스터 스미스, 핫 립스 페이지를 포함한 모튼 출신의 핵심 그룹을 시작으로 하여, 곧 조 존스와 프레디 그린을 추가하여 리듬 섹션을 강화했다. 이것은 그 시대에 가장 유연하고 가장 강력한 재즈 리듬 섹션이었다. 더욱이, 그것은 모던 재즈가 베이시, 페이지, 존스, 그린에 의해 정리된 소박한 풍경 위에 호화로운 상부 구조를 건설할, 그다음 십 년의 발전을 예고했다. 버드 파월Bud Powell의 단순화된 왼손 보이싱과 셀로니어스 몽크Thelonious Monk의 의미심장한 멈춤, 이러한 1940년대의 혁신들은 베이시가 길을 개척한 후에야 나올 수 있었다. 이는 케니 클라크Kenny Clarke나 맥스 로치Max Roach의 점묘적인 드럼 스타일이 조 존스를 전제로 했던 것과 같다. 캔자스시티 전통이 모던 재즈와, 특히 그 지역 출신인 찰리 파커에게 미친 영향에 대해서는 많은 논의가 있었지만, 그것은 두 재즈 유파를 잇는 많은 연결고리 중 하나에 불과했다. 1930년대 베이시의 녹음에서 우리는 곳곳에

---

* 필인fill-in: 짧은 장식적인 연주. 드럼이나 피아노, 기타 등에서 연주하는 짧고 즉흥적인 장식 음으로, 곡의 흐름을 자연스럽게 이어주거나 강조하는 역할을 한다.

서 미래 재즈의 흔적을 발견할 수 있다.

이러한 강력한 리듬 섹션이 받쳐주는 상황에서는, 평범한 솔로 연주자조차도 훌륭하게 들릴 수 있었다. 그러나 베이시 밴드는 그 이상의 재능으로 가득 차 있었다. 레스터 영의 천재성은 재즈 역사가들에 의해 많이 논의되고 분석되어 왔지만, 그가 베이시의 호른 섹션에서 유일한 스타 즉흥연주자는 아니었다. 테너 색소폰 연주자 허셜 에반스의 기여는 그의 유명한 동료의 명성에 가려 종종 간과되지만, 그의 강력한 사운드와 거친 프레이즈(그의 〈Texas moan〉)는 당시 동시대 연주자들 중에서도 극소수만이 따라올 수 있는 본능적인 흥분을 전달했다. 그의 대조적인 스타일은 레스터 영에게 자극이 되었을 뿐만 아니라, 후자의 보다 섬세한 즉흥 연주를 더욱 선명하게 부각시키는 역할을 했다. 이 두 접근 방식의 상호보완성은 〈Blue and Sentimental〉, 〈Doggin' Around〉, 〈One O'Clock Jump〉 등의 연주에서도 좋은 효과를 낸다. 만약 에반스가 더 오래 살았다면(그는 1939년 심부전으로 서른 살이 되기 직전에 세상을 떠났다), 레스터 영의 그늘에서 벗어나 주요한 테너 색소폰 연주자로 자리 잡았을 것이다. 보컬리스트 지미 러싱은 베이시가 밴드를 맡았을 당시 주로 발라드 가수였지만, 시간이 지나면서 그만의 깊이 있는 블루스 스타일을 발전시켰다. 러싱의 노래에는 흥미로운 역설이 있었다. 그의 울림이 강한 목소리는 힘과 권위를 지닌 경이로운 음색을 자랑했지만, 에너지가 최고조에 이를 때조차도 그는 발라드 가수로서의 깨끗한 음정과 진심 어린 감성을 유지했다. 블루스의 소박한 진정성과 팝 감성의 도시적 특성의 행복한 이 결합은 헬렌 흄스Helen Humes와 조 윌리엄스Joe Williams와 같은 후대의 많은 베이시 보컬리스트들에게 모델이 되었다. 핫 립스 페이지의 블루스 경험은 모든 밴드 시절 훨씬 이전으로 거슬러 올라가며, 그는 마 레이니, 베시 스미스와 함께 활동한 경력이 있었다. 그러나 그의 연주에는 루이 암스트롱의 영향도 크게 드러났다. (결국 그는 베이시 밴드를 떠나 암스트롱의 매니저인 조 글레이저와 함께 간판 스타가 되려는 불운한 시도를 감행했다.) 페이지는 마음을 뒤흔드는 즉흥 연주자로, 그의 프레이징은 극적인 표현과 강렬한 클라이맥스를 향한 본능적인 감각을 보여주었다. 페이지의 후임으로 밴드에 합류한 벅 클레이튼Buck Clayton은 보다 서정적인 스타일을 지녔고, 윤이 나는 음색으로 베이시 빅 밴드뿐만 아니라 빌리 홀리데이와 함께한 스몰 콤보에서도 인상적인 연주를 남겼다. 얼마 있다가, 트럼펫 연주자 해리 "스위츠" 에디슨Harry "Sweets" Edison과 트롬본 연주자 디키 웰스가 추가되면서, 베이시 밴드의 솔로 연주자 핵심은 더욱 강화되었다. 이 두 연주자는 모두 직접적이고 대화하듯 자연스러운 즉흥 연주 스타일과 완벽한 타이밍 감각으로 차별화되었다. 베이시 앙상블은 엘링턴의 편곡과 작곡의 천재성이나 굿맨의 악기적 기교가 부족했을 수도 있지만, 즉흥 연주의 에너지를 극대화하는 "블로잉blowing[관악기 중심의 즉흥 연주]" 밴드로서는 타의 추종을 불허했다.

라디오 방송과 입소문을 통해, 베이시 밴드는 곧 음악 업계의 영향력 있는 인물들의 주목을 받게 되었다. 몇몇 용감한 이들은 직접 듣기 위해 캔자스시티까지 찾아갔다. 1936년, 존 해먼드는 우연히 이 밴드의 라디오 방송 공연을 듣고 관심이 생겨 여러 차례 방문했다. 이후 데카 레코드의 데이브 캡Dave Kapp도 뒤를 따랐고, 조 글레이저 역시 캔자스시티를 방문한 후 핫립스 페이지와 계약을 맺고 떠났다. 마침내, 뉴욕 로즐랜드 볼룸의 매니저인 조 벨포드Joe Belford도 이 여정에 합류했다. 동부에서 온 이 방문객들이 바친 찬사의 영향은 곧 가시화되었다. 해먼드는 베이시를 공연 에이전트인 윌러드 알렉산더Willard Alexander와 연결해 주었고, 캡은 베이시와 데카 레이블 계약을 체결했다. 그리고 몇 달 만에 베이시 밴드는 로즐랜드에서 주연으로 무대에 서게 되었다.

맨해튼에 도착하기도 전에, 베이시는 시카고에서 존 해먼드의 지시에 따라, 잊을 수 없는 소규모 그룹 녹음 세션을 진행했다. 당시 그는 데카와의 계약을 우회하기 위해 존스-스미스 주식회사Jones-Smith Incorporated라는 이름으로 녹음을 진행했다. 해먼드는 나중에 이렇게 평가했다. "내가 경험한, 최상의 완벽한 세션 중 하나였다." 그리고 그럴 만한 이유가 있었다. 조 존스는 스튜디오의 작은 크기 때문에 베이스 드럼 없이 연주해야 했지만, 그 과정에서 하이햇과 스네어 드럼을 활용하는 그의 탁월한 기량이 더욱 두드러졌다. 베이시의 연주는 자연스럽고 자신감 넘치는 태도가 돋보이며, 그의 스타일은 이미 거의 완성된 형태로 나타난다. 월터 페이지의 베이스라인은 메트로놈처럼 정확하게 연주되었고, 그 풍성한 음색만으로도 밴드 전체를 스윙하게 만들 만큼 강력했다. 그러나 이 세션의 진정한 주인공은 레스터 영이었다. 〈Oh, Lady Be Good〉에서, 그는 재즈 역사에 남을 명연주를 선보이며, 이후 여러 세대의 재즈 연주자들이 외우고 모방할 만큼 영향력 있는 솔로를 남겼다. 그의 연주는 유려한 흐름, 독창적인 리듬 프레이징, 그리고 순수한 창의성으로 가득 차 있으며, 1930년대의 즉흥 연주 가운데 가장 진보적인 연주 중 하나로 손꼽힌다.

뉴욕에서 베이시 밴드는 로즐랜드에서 4주간의 공연을 시작했으나, 평가는 엇갈렸다. 『메트로놈』에 기고한 조지 사이먼George Simon은 브라스와 색소폰 섹션의 조율이 맞지 않는다고 비판했고, 심지어 해먼드도 『다운비트』 리뷰에서 밴드의 불일치를 인정했다. 이는 베이시가 연주자를 아홉 명에서 열세 명으로 급격히 확장한 데 따른 성장통이 밴드의 결속력에 지장을 준 것일 수도 있지만, 당시 많은 아프리카계 미국인 관악 연주자들이 열악한 악기를 사용할 수밖에 없었던 현실도 그룹이 조율을 유지하는 데 문제가 있었던 원인이 되었을 것이다. 어쨌든, 로즐랜드 공연이 끝난 바로 다음 날 진행된 첫 번째 데카 녹음에서는 스윙감 넘치고 자신감 있는 앙상블을 확인할 수 있다. 데카 레코드에서 2년간 활동하는 동안, 베이시는 〈One O'Clock Jump〉와 〈Good Morning Blues〉를 포함하여, 그의 재즈 스타일을 정의하는 데 중요한 역할을 한 인상적인 블루스풍 작품들을 발전시켰다. 데카 시절 동안, 트럼펫 연주자 해리 "스위츠" 에디슨, 트롬본 연주자 디키 웰스, 색소폰 연주자 얼 워렌Earle Warren, 그리고 트롬본 연주자 베니 모튼이 추가되면서, 베이시 밴드의 섹션과 솔로 연주의 강점이 더욱 강화되었다. 이 시기에 새롭게 합류한 기타리스트 프레디 그린의 기여는 일반 청중들에게는 크게 주목받지 못했지만, 그의 존재는 이미 뛰어난 베이시-존스-페이지 리듬 섹션을 더욱 단단하게 만드는 역할을 했다. 마침내 1939년에서 1940년 사이, 해먼드의 감독 아래 진행된 녹음 세션에서 〈Taxi War Dance〉, 〈Clap Hands, Here Comes Charlie〉, 〈Tickle Toe〉와 같은 명곡들이 탄생했고, 이 시점에서 베이시 오케스트라는 재즈 역사상 최고의 빅 밴드 중 하나로서 점점 더 큰 존경을 받게 되었다.

베이시와 그의 밴드가 캔자스시티를 떠난 것은 캔자스시티 재즈의 황금기가 저물어가던 시점이었다. 1939년, 캔자스시티의 실세였던 톰 펜더개스트가 탈세 혐의로 유죄 판결을 받아 리븐워스 교도소에서 1년을 복역하게 되면서, 대공황 시기에 지역 경제를 떠받쳤던 자유분방한 분위기는 점차 사라지기 시작했다. 그보다 앞서, 스윙 시대가 본격적으로 다른 지역에서 확산되면서, 캔자스시티로 기회를 찾아 모여들었던 많은 음악가들은 이제 더 넓은 무대에서 청중을 만나고 안정적인 일자리를 얻을 수 있게 되었다. 그러나 캔자스시티 재즈의 전성기가 저물어 가는 와중에도, 여전히 이 지역에서는 세계적인 수준의 재즈 음악을 들을 수 있었다. 1929년, 테런스 "T." 홀더의 다크 클라우즈 오브 조이Dark Clouds of Joy를 맡게 된, 밴드 리더 앤디 커크Andy Kirk는, 녹음과 빈번한 순회공연을 통해 그의 음악을 더욱 널리 알리면서도, 여전히 캔자스시티를 거점으로 유지했다. 1936년, 〈Until the Real Thing Comes Along〉는 커크 밴드의 대표적인 히트곡이 되었고, 한동안 그는 베이시보다 더 큰 흥행력을 자랑하기도 했다. 균형 잡힌 리드미컬한 흐름과 강한 블루스 뿌리를 지닌 그의 밴드 트웰브 클라우즈 오브 조이Twelve Clouds of Joy(새 리더의 지휘 아래, 밴드는 이제 그렇게 불렸다)는 캔자스시티 재즈의 대표적인 연주 스타일을 보여주었다. 물론, 솔로 연주자들의 수준은 베이시 밴드만큼 강력하지 않았지만, 커크는 피아니스트이자 편곡가인 메리 루 윌리엄스라는 뛰어난 인재를 발굴하며 밴드의 음악성을 더욱 강화했다.

윌리엄스는 피츠버그에서 성장하는 동안, 피아노, 작곡, 화성을 공부했지만, 1920년대에 커크 밴드에서 활동하던 색소폰 연주자인 존 윌리엄스John Williams와 결혼한 후 그녀의 음악 경력은 다소 정체된 상태였다. 그녀의 남편에 따르면, 당시 아내가 "피아노를 좀 칠 줄 알았기" 때문에, 그녀는 커크 밴드에서 활동하던 건반 연주자 매리언 잭슨Marion Jackson의 보조 연주자로 기용되었다. 그러나 1930년 그녀가 녹음한 솔로 피아노 연주 〈Night Life〉에서 분명히 드러나듯이, 윌리엄스는 결코 아마추어가 아니었으며, 강렬한 양손 연주 스타일을 갖춘 뛰어난 피아니스트였다. 완벽한 음감, 정확한 박자감, 그리고 탁월한 블루스 감각을 지닌 그녀는 점차 남성 중심의 재즈 세계에서 주요한 인재로 인정받기 시작했다. 시간이 흐르면서, 그녀는 캔자스시티 스타일을 발전시키는 데 중요한 혁신가로 평가받게 되었지만, 그녀의 명성은 주로 사후에 더욱 빛을 발했다. 1981년 그녀가 세상을 떠난 지 2년 후, 듀크 대학은 메리 루 윌리엄스 흑인 문화 센터를 설립했고, 1986년 케네디 센터는 메리 루 윌리엄스 재즈 페스티벌을 시작했으며, 두 행사 모두 현재까지도 왕성하게 운영되고 있다.

여성들은 대중음악에서 보컬리스트로는 오랫동안 받아들여져 왔다. 하지만 재즈 연주자로서 성공적인 경력을 쌓은 여성은 드물었으며, 특히 당시 녹음을 남긴 여성 연주자는 더욱 적었다. 남아 있는 뉴스 기사들은 1930년대에 여성 밴드들이 잘 알려져 있었다는 사실을 보여주며, 할렘 플레이걸즈Harlem Playgirls, 달링스 오브 리듬Darlings of Rhythm, 힙 칙스Hip Chicks, 딕시 스윗하츠Dixie Sweethearts 및 그 외 앙상블이 언급되곤 하지만, 이들이 만든 음악에 대한 기록은 거의 남아 있지 않다. 그러나 1937년, 인터내셔널 스윗하츠 오브 리듬International Sweethearts of Rhythm이라는 여성 스윙 밴드가 결성되었다. 이 밴드는 원래 미시시피주 피니 우즈 컨트리 라이프

스쿨Piney Woods Country Life School에서 가난한 아프리카계 미국인 고아들을 위한 기금 마련 프로젝트로 시작되었다. 그러나 밴드 멤버들은 더 큰 꿈을 품었고, 하워드 극장에서 성공적인 데뷔를 한 후, 미국과 유럽을 순회하며 연주를 펼쳤으며, 빅터 레코드에서 녹음을 남기기도 했다. 이 밴드는 종종 그들의 화려한 외모를 강조하는 방식으로 홍보되었는데, 이는 이들이 보여준 높은 음악적 수준을 간과하게 만든 요인일 수도 있다. 하지만 〈Swing Shift〉나 〈Bugle Call Rag〉 같은 곡에서 확인할 수 있듯이, 이들은 수준 높은 연주 실력을 지닌 진정한 스윙 밴드였다. 특히 루이 암스트롱은 트럼펫 연주자 어니스틴 "타이니" 데이비스Ernestine "Tiny" Davis의 연주에 감탄하여 높은 급여를 제안하며 함께 일하자고 했지만, 그녀는 이를 거절했다. 또한, "드럼의 여왕"이라는 별명으로 불린 드러머 폴린 브래디Pauline Braddy는 그 어떤 기준으로 보더라도 뛰어난 재능을 가진 연주자였다. 인터내셔널 스윗하츠 오브 리듬은 여성들이 존경받는 연주자로 자리 잡는 데 기여했을 뿐만 아니라, 미국 최초의 통합 여성 밴드로서 인종 장벽을 허물었다. 그러나 그들의 사례는 여전히 예외적인 사례로 남았으며, 비평가와 음악 역사학자들의 관심을 받기까지는 오랜 시간이 걸렸다. 변화의 전환점은 1980년에 찾아왔다. 피아니스트이자 방송 진행자였던 매리언 맥파틀랜드Marian McPartland는 캔자스시티 재즈 페스티벌과 협력하여, 생존해 있던 밴드 멤버 아홉 명을 초청한 재결합 공연 및 기념행사를 개최하며 이들의 유산을 기렸다.

메리 루 윌리엄스는 앤디 커크 밴드 내에서 점진적으로 입지를 다졌다. 한때 밴드의 운전사로 일하기도 했으나(같은 시기에, 그녀는 영구차 운전사로도 일했다), 결국 그녀는 밴드의 전속 작곡가이자 정식 연주자로 자리 잡았다. 1930년부터 1942년까지, 윌리엄스는 커크 밴드의 주요 촉매자 역할을 했다. 그녀가 편곡한 〈Mary' Idea〉와 〈Walkin' and Swingin'〉 같은 곡들은 실험성과 리드미컬한 긴박감이 조화롭게 어우러져 있었고, 그녀의 연주는 곧 "밴드를 스윙하는 숙녀"라는 스타 칭호를 얻게 했다. 이후 그녀의 음악적 성향은 더욱 진보적인 방향으로 발전하면서, 그녀는 점점 비밥 스타일을 받아들이게 되었고, 확장된 작품, 특히 1945년의 《Zodiac Suite》를 작곡하도록 영감을 받았다. 1950년대 가톨릭으로 개종한 후, 윌리엄스는 다수의 종교 음악을 작곡하고 연주하며, 대부분의 음악가들이 익숙한 스타일과 레퍼토리에 안주하는 나이가 되어서도 끊임없이 음악적 지평을 넓혀 나갔다. 그녀의 1962년 성악 작품 〈Black Christ of the Andes〉는 거의 잊혀진 걸작이지만, 그녀가 합창 작곡가로서도 최고 수준에 도달할 수 있었음을 보여주는 작품이다. 그로부터 15년 후, 전통 재즈의 거장이었던 그녀는 프리 재즈의 거장 세실 테일러Cecil Taylor와 카네기 홀에서 맞대결을 펼쳤다. 1981년, 윌리엄스가 사망하기 4년 전에 열렸던 이 세간의 이목을 끈 공연에서, 자신감 넘치는 두 명의 재즈 건반의 대가가 정면으로 맞섰고, 어느 쪽도 눈 하나 깜짝하지 않았다. 이처럼 과감한 시도들이 증명하듯, 캔자스시티 재즈의 개척자들 가운데 메리 루 윌리엄스만큼 음악 제작에 더 넓은 관점을 제시한 사람은 없었다.

그러나 1930년대 캔자스시티 연주자 가운데 가장 영향력이 컸던 인물은 분명 레스터 영일 것이다. 아이러니하게도, 그는 가장 내성적이었고, 다른 이들에게 영감을 주거나 모방되기를 가장 원하지 않았던 듯하다. 테너 색소폰의 역할을 재정의한 것은 영의 업적 중 첫 번째에 불과했다. 그 과정에서, 그는 재즈의 멜로디 즉흥 연주의 본질을 근본적으로 바꾸어, 암스트롱이 만들어내고 수많은 다른 사람들이 모방했던 핫하고 싱커페이션 있는 스타일에 대한 대안을 제시했다. 쿨 재즈의 발전, 마디 선을 넘나드는 유연한 프레이징, 기본 화성에 없는 6도와 9도와 같은 음정에 대한 더 큰 민감성, 뉴올리언스와 시카고 전통에서 차용된 진부한 표현을 넘어선 재즈의 발전, 즉 이후에 추진력을 받게 될 이러한 음악의 모든 변화는 레스터 윌리스 영Lester Willis Young의 선견지명 덕분이다. 특히 그의 스몰 콤보 녹음, 특히 빌리 홀리데이와 함께한 작품들은 재즈의 새로운 면모를 보여주었다. 이 녹음들에서, 재즈의 탄생을 이끌었던 뜨거운 당김음 리듬은 보다 섬세한 실내악 스타일로 녹아들었다. 그러나 이는 즉흥 연주의 기법의 확장 그 이상이었다. 레스터 영은 재즈를 위한 새로운 미학을 제시하면서, 음악의 감정적 어휘를 넓혔다. 그 결과, 재즈라는 장르에서 이전까지 볼 수 없었던 친밀감과 미묘한 감정의 변화가 새롭게 등장하게 되었다.

1930년대 재즈 콤보 스타일

1909년 8월 27일, 미시시피주 우드빌에서 태어나 인근 뉴올리언스에서 자란 레스터 영은 아프리카계 미국인 음악이 이 지역에서 전례 없는 번성을 이루던 시기에 성장했다. 그의 어린 시절, 문 앞에서 연주하던 초기 "핫" 재즈 연주자들과 어느 정도 접촉했을 가능성도 있지만, 영에게 더 강한 인상을 남긴 것은 행진 밴드, 민스트럴 쇼, 대중가요 등 다른 음악적 요소들이었다. 더욱이, 부모 모두 엄격한 침례교인이었으므로, 레스터는 어린 시절 재즈나 블루스보다 교회 음악을 훨씬 더 많이 들었을 것이다. 사실, 어린 시절의 레스터가 뉴올리언스 재즈의 즐거움을 맛볼 여유 시간은 거의 없었다. 그의 어린 시절 대부분은 가족의 생계를 돕는 방법을 찾는 데 쓰였다. 다섯 살 무렵부터, 그는 구두 닦기, 전단 배포, 신문팔이 등 잡일을 하며 돈을 벌었다. 심지어 음악 연주와의 첫 만남조차도 집안의 재정적 필요에서 비롯되었다. 1919년, 그의 아버지는 서커스 밴드의 리더로 일하게 되었고, 어린 레스터는 바이올린, 트럼펫, 드럼의 기초를 배운 후 곧 밴드의 일원으로 참여하게 되었다. 당시, 그의 나이는 겨우 열 살이었다.

엄격한 훈육자였던 아버지와 영의 관계는 기껏해야 폭풍우처럼 험난했다. 예민하고 수줍음이 많았던 영은 갈등이 생길 때마다 물러서는 패턴을 일찍부터 보였다. 때로는 물리적으로 도망쳤고, 때로는 심리적으로 회피했다. 비트 세대가 찬양했던 영의 독특한 성격—기이한 행동, 은어, 특이한 몸짓 등―은 단순히 유행을 선도하기 위한 것이 아니라 자기방어 기제이기도 했다. 그는 십대 시절 여러 차례 가출했고, 두 달 동안 사라진 적도 있었다. 영이 열여덟 살이 되었을 무렵, 그는 다시 가출하여 아트 브론슨Art Bronson의 보스터니언스Bostonians라는 밴드에 합류했다. 그러나 이 밴드는 실제로는 콜로라도, 다코타, 네브래스카 등 중서부 지역에서 주로 활동하는 테리토리 밴드였다. 1929년, 영은 다시 가족 밴드로 돌아왔지만, 그해가 끝나기 전에 다시 떠났다. 이때쯤 그는 색소폰 연주 실력을 상당히 갖추었으며, 열세 살에 알토 색소폰을 처음 시작한 후 브론슨 밴드에서 테너 색소폰을 주로 연주하게 되었다. 이후 몇 년 동안 그는 다양한 곳에서 연주 활동을 이어갔다. 가족 밴드로 돌아가기도 했고, 월터 페이지의 블루 데블스에서 활동하기도 했으며, 보스터니언스와 다시 합류하여 미니애폴리스, 뉴멕시코 등 여러 지역에서 연주하기도 했다.

1932년까지 영은 블루 데블스에 정착했지만, 밴드는 이제 막바지에 있었다. 1933년 후반에 그룹은 해체되었고, 영은 캔자스시티로 돌아와서 지역의 여러 앙상블과 함께 연주했다. 이때 이미 그는 뛰어난 젊은 색소폰 연주자로서 명성을 쌓아가고 있었다. 그러나 1933년 12월, 플레처 헨더슨 밴드가 캔자스시티에 도착하면서, 레스터는 재즈계에서 가장 저명한 테너 색소폰 연주자와 직접 만나서 자신의 기술을 테스트할 드문 기회를 얻게 되었다. 헨더슨 밴드의 간판 솔로이스트였던 콜먼 호킨스가 캔자스시티 최고의 연주자들과 경쟁할 수 있는 무대를 갖게 된 것이다. 체리 블라썸Cherry Blossom에서 열린 심야 잼 세션은 이 유명 연주자가 자신의 기량을 시험할 수 있는 장이 되었다. 그날 밤 현장에 있었던 메리 루 윌리엄스는 후에 그 장면을 이렇게 묘사했다.

호킨스가 체리 블라썸에 있다는 소문이 퍼지자, 약 30분도 채 지나지 않아 레스터 영, 벤 웹스터, 허셜 에반스, 허먼 월더Herman Walder, 그리고 몇

몇 무명 테너 연주자들이 클럽으로 몰려들어 연주를 펼쳤다. 빈Bean[호킨스의 별명]은 케이시Kaycee[캔자스시티의 약칭] 테너 색소폰 연주자들이 그렇게 훌륭한지 몰랐고, 밤새 연주했음에도 제대로 자신의 실력을 발휘하지 못했다…… 호킨스는 러닝셔츠 차림으로 캔자스시티 연주자들과 차례로 맞붙으며 연주를 이어갔다. 그는 예상치 못한 강적을 만난 듯했다. 레스터의 연주 스타일은 가벼웠고, 앞서 말했듯이 보통 다섯 코러스 정도 지나야 몸이 풀렸다. 하지만 일단 본격적으로 불기 시작하면, 커팅 세션에서 그를 상대하기란 불가능했다. 그래서 호킨스가 곤경에 처했다…… 그렇다, 호킨스는 확실히 왕이었다. 적어도, 그 미친 수준의 캔자스시티 테너 연주자들을 만나기 전까지는 말이다.[129]

이 대결이 벌어졌을 당시, 호킨스는 헨더슨 밴드를 떠나기 직전이었고, 그의 후임으로 레스터 영이 들어오게 될 예정이었다. 그러나 체리 블라썸에서의 잼 세션 성공에도 불구하고, 영의 헨더슨 밴드 활동은 짧게 끝났고 그리 좋은 반응을 얻지 못했다. 밴드의 대부분의 멤버들은 호킨스의 제자로서 후에 캡 캘러웨이 밴드에서 스타 솔로가 된 추 베리가 그 자리를 차지하기를 원했다. 영의 연주는 너무 가볍고, 음색이 지나치게 얇다는 평가를 받았다. 당시 호킨스(와 그의 추종자들)는 주트 수트의 옷깃만큼이나 넓은 비브라토를 자랑했던 반면, 영은 거의 클래식 음악에 가까운 맑고 깨끗한 음색을 유지했다. 그의 연주 라인은 그라운드 비트에 덜 뿌리내리고 있었고, 기본 화성 진행에 덜 묶여 있었다. 이러한 스타일 선택은 당시 재즈 세계에서는 이례적인 것이었고, 플레처 헨더슨 밴드 내에서는 사실상 이단에 가까웠다. 밴드 리더의 아내인 레오라 모 헨더슨Leora Meaux Henderson은 심지어 영에게 호킨스의 레코드를 들려주며, 테너 색소폰은 이렇게 연주해야 한다고 지적하기까지 했다. 결국 몇 달 만에, 영은 밴드를 떠나 캔자스시티로 돌아왔다. 한동안, 그는 앤디 커크 밴드에서 활동했고, 이후 여러 밴드를 오가며 프리랜서로 활동했다. 그러다가 카운트 베이시 밴드가 전국적으로 유명해지기 직전, 영은 마침내 그들과 함께하게 되었다. 그리고 1930년대 후반이 되어서야, 영은 자신의 테너 색소폰 사운드를 호킨스 스타일에 대한 유효한 대안으로 확립할 수 있었다.

이는 결코 작은 성과가 아니었다. 1920년대 후반과 1930년대 초반에, 호킨스는 강렬하고 풍부한 톤을 가진 테너 색소폰 연주 스타일을 구축했으며, 이는 이후 수년 동안 이 악기의 주류 사운드를 정의하는 기준이 되었다. 호킨스는 루이 암스트롱, 아트 테이텀 등에서 가져온 요소를 통합하여, 탄탄하고 화성적으로 능숙한 스타일을 구축했다. 초기 녹음에서 보였던 불확실한 프레이징과 슬랩 텅잉* 기법은 이제 부드러운 레가토, 깊고 무게감 있는 음색, 그리고 패싱 코드를 능숙하게 활용한 선율 감각으로 대체되었다. 1929년 주식 시장 붕괴 후 불과 몇 주 만에, 호킨스는 마운드 시티 블루 블로워스Mound City Blue Blowers의 일원으로 획기적인 인종 간 세션에 참여했다. 이때 녹음된 〈One Hour〉는 특히 기억에 남는 연주로, 호킨스가 이전 녹음에서 시도했던 것보다 훨씬 느린 템포로 연주했다. 그 결과, 곧 이 테너 주자의 트레이드마크가 될, 랩소디 풍의 작품이 탄생했다. 〈One Hour〉는 바이더벡과 트럼바우어의 〈Singin' the Blues〉(1927), 루이 암스트롱의 〈I Can't Give You Anything but Love〉(1929)와 함께, 재즈 발라드 스타일의 초기 발전 과정에서 중요한 이정표를 나타낸다. 이후 몇 년에 걸쳐, 호킨스는 느린 템포에서의 독특하고 영향력 있는 접근 방식을 구축해 나갔고, 이 과정은 1939년 그의 상징적인 녹음인 〈Body and Soul〉에서 정점에 달했다. 바이더벡과 트럼바우어가 시작한 (그리고 영이 채택한) 애절한 스타일

---

* 슬랩 텅잉slap tonguing: 색소폰, 클라리넷과 같은 리드 악기에서 사용하는 연주 기법으로, 혀를 리드에 강하게 눌렀다가 빠르게 떼어내어 짧고 뚜렷한 "딱" 소리를 내는 주법. 타격감 있는 소리를 만들어, 리드미컬한 느낌을 강조한다.

과는 대조적으로, 호킨스는 재즈 발라드에 대한 더욱 확장된 접근 방식을 제시했다. 복잡한 구성으로 더블 타임을 암시하면서, 이 색소폰 연주자는 마디의 각 비트를 종종 밀도 있고 화성적으로 충전된 프레이즈로 채웠고, 바로크 아르페지오를 전체 솔로의 초석으로 사용했다. 이후에, 호킨스는 이러한 문맥에서 일반적으로 더 적은 음을 사용했지만, 이러한 초기 시도들은 당시의 대중 발라드를 분석적으로 탐구하며 하나의 기준을 세웠다.

1932년, 플레처 헨더슨은 자신의 스타 솔로이스트를 "세계 최고의 테너 색소폰 연주자"로 광고하기 시작했다. 이는 적절한 칭호였고, 호킨스도 분명 이러한 인정을 기쁘게 여겼을 것이다. 그러나 헨더슨 밴드 내의 사기는 저조했고, 공연은 간헐적이었으며, 리더는 종종 비효율적이거나 조직력이 부족했다. 한편, 호킨스는 점점 더 다양한 무대에서 활발히 활동하기 시작했다. 1933년, 그는 처음으로 리더로서 녹음 세션을 진행했고, 트럼펫 연주자 헨리 "레드" 앨런과 함께한 일련의 기억에 남는 녹음에도 참여했다. 이듬해 2월, 그는 베니 굿맨과 함께 인종을 초월한 세션에 참여했으며, 며칠 후 플레처 헨더슨 밴드의 일원으로서 마지막 녹음을 남기고 11년간의 활동을 마무리했다.

호킨스가 잭 힐튼Jack Hylton의 제안을 받으면서 결정적인 전환점이 찾아왔다. 잭 힐튼은 영향력 있는 영국의 밴드 리더이자 공연 기획자로, 호킨스에게 영국에서 연주할 기회를 제공했다. 호킨스는 헨더슨 밴드에 짧은 휴가를 요청하면서, 한두 달 안에 돌아오겠다고 약속했다. 그러나 실제로 그는 그 이후 10년의 대부분을 해외에서 보냈고, 헨더슨과 다시 만나기까지 6년이 걸렸다. 영국에서 연주를 시작한 호킨스는 곧 유럽 대륙으로 이동하여, 네덜란드, 덴마크, 스위스, 노르웨이, 프랑스 등 여러 나라에서 공연했다. 과거에도 그랬고 지금도 그렇듯, 많은 미국 재즈 음악가들과 마찬가지로, 호킨스 역시 유럽 관객들의 개방적이고 호의적인 태도를 즐겼다. 그가 코펜하겐에 도착했을 때, 오천 명의 팬들이 기차역에 몰려들어 그를 환영했다. 일부 팬들은 장식이 화려한 의자에 앉힌 호킨스를 들어 올려 대기 중이던 택시까지 운반했다. 오슬로에서도 마찬가지였다. 호킨스가 도착하자마자 꽃다발이 전달되었고, 수많은 사람들이 그를 보기 위해 몰려들었다. 영국에서는, 오랫동안 호킨스에 대한 찬사를 아끼지 않았던 정기 간행물『멜로디 메이커』에서 그에게 재즈 색소폰 연주법의 비결을 설명하는 세 편의 기고문을 요청했다. 스위스에서 활동하는 동안, 그는 스키를 배우기도 했고, 한때는 보컬리스트가 되는 것을 재미 삼아 고려하기도 했다.

제임스 리스 유럽, 윌 매리언 쿡, 시드니 베셰이가 아프리카계 미국인의 핫한 음악을 해외로 가져온 지 약 15년이 지났다. 그 사이 유럽의 재즈 청중은 점점 더 이 음악에 열중하게 되었고, 안목이 더욱 높아졌다. 호킨스가 도착할 무렵, 위그 파나시에Hugues Panassié, 샤를 들로네Charles Delaunay, 로베르 고팽 등의 열렬한 지지자들은 유럽 대륙에서 재즈 음악을 홍보하기 위해 다양한 전선에서 앞장서고 있었다. 이들의 활동은 (스웨덴의『오케스트라 저널Orkester Journalen』이 이를 2년 앞섰음에도 불구하고) 종종 최초의 재즈 잡지로 인용되는『르 재즈 핫Le Jazz Hot』의 창립으로 확장되었다. 이 잡지는 호킨스가 파리에 도착한 지 불과 몇 주 만에 세상에 나왔다. 첫 번째 호는 살 플레옐Salle Pleyel에서 열린 호킨스 공연 프로그램의 뒷면에 인쇄되었는데, 공연장을 설립할 것, 음반을 제작할 것, 역사 및 디스코그래피 연구를 수행할 것, 그리고 재즈를 예술 형식으로 진지하게 대할 것을 동시대 사람들에게 촉구하는 내용이 실려 있었다. 그들의 노력은 유럽에서의 재즈 취향을 형성했고, 결국 미국에도 영향을 미치게 되었다.

그러나 유럽인의 재즈 세계에의 참여는 수용적이기는 했을지라도, 더 이상 단지 수동적인 청중으로서만은 아니었다. 호킨스가 곧 알게 되었듯이, 유럽 재즈 음악가들은 1930년대 중반까지 엄청난 발전을 이루었다. 비록 많은 이들이 미국의 모델을 모방하는 데 그쳤지만, 몇몇 최고 수준의 예술가들은 지역 전통을 활용하여 재즈와 결합시킴으로써 생동감 넘치는 새로운 하이브리드를 만들어냈다. 유럽 재즈의 선구자들 가운데, 기타리스트 장고 라인하르트Django Reinhardt와 바이올리니스트 스테판 그라펠리Stéphane Grappelli를 주축으로 하는 퀸테트 뒤 핫 클럽 드 프랑스Quintette du Hot Club de France는 특히 뛰어난 영감을 보여주며, 당시 가장 중요한 재즈 그룹 중 하나로 자리 잡았다.

이 밴드의 악기 편성은 미국 재즈 전통과의 새로운 단절을 드러냈다. 아프리카계 미국인 음악에서 매우 두드러졌던 금관, 리드, 타악기 대신에, 이 퀸텟은 바이올린 한 대, 기타 세 대, 그리고 베이스를 사용했다. 그러나 이 그룹의 독특한 성격은 관악기 대신 현악기에 의존한 것 이상이었다. 라인하르트와 그라펠리는 집시 음악, 클래식 작곡, 현지 민속 전통을 바탕으로, 특히 유럽적인 관점을 도입하여 재즈 작업을 진행했다. 이 밴드의 레퍼토리는 서로 다른 원천에서 추출되었다. 바흐 협주곡 악장의 스윙 버전이나 라벨에서 영감을 받은 볼레로가 조지 거슈윈 또는 노엘 카워드Noel Coward의 팝 작품과 나란히 놓이기도 하고, 〈Tiger Rag〉와 같은 뉴올리언스 대표곡과 함께 공존하기도 했다. 이것은 라인하르트의 집시 조상들처럼 유랑하는, 어떠한 국가적 경계도 지키지 않는 음악이었다. 이 퀸텟의 다문화적 뿌리는 즉흥 연주 스타일, 특히 라인하르트의 스타일에서도 느껴졌다. 신선한 서정성을 통해, 그는 초기 미국 재즈 기타의 클리셰를 잘라내고, 익숙한 밴조에서 영향을 받은 싱커페이션과 둔탁한 리듬을 버리고, 선율적으로 창의적이면서 리듬적으로 생동감 있는 보다 유동적인 접근 방식을 선호했다. 그라펠리는 이러한 맥락에서 잘 성장했고, 이후 수십 년 동안 그의 바이올린이 재즈뿐만 아니라 그 외 거의 모든 유형의 음악적 환경에 적응할 수 있음을 보여주었다. 반세기 이상에 걸친 경력 동안, 그라펠리는 모더니스트(게리 버튼, 매코이 타이너), 고전주의자(예후디 메뉴힌, 요요마), 뿌리 음악roots music의 실천가(데이비드 그리즈먼, 마크 오코너), 그리고 물론 그의 세대에 속하는 전통주의자(얼 하인즈, 빌 콜먼)와 협력하여, 인상적이고 다양한 작품을 만들어냈다.

1910년 1월 23일, 벨기에에서 태어나 파리 외곽의 집시 거주지에서 자란 장 밥티스트 "장고" 라인하르트Jean Baptiste "Django" Reinhardt는 십대 이전부터 이미 프로 연주자로 활동하고 있었다. 그는 음악을 포함해서 정규 교육을 거의 받지 못했으며, 실제로 문맹이어서 자신의 이름조차 X 표시로 서명했다. 그러나 그는 당구, 낚시, 음악 등 다양한 분야에서 다소 독특한 기술들을 익혔고, 뛰어난 재능을 보였다. 그의 음악적 여정은 바이올린으로 시작되어, 이후 점차 기타로 옮겨갔다. 1928년, 장고는 카라반(이동식 주거지) 화재로 인해 왼손이 심하게 부상을 입어, 두 손가락을 사용할 수 없게 되었다. 그러나 라인하르트의 음악은 손가락 두세 개만 사용하는 코드에 의존한 것, 즉 이 스타일로 작업하는 후대 연주자들이 종종 모방한 방식으로 6도와 9도를 강조한 것 외에는 이 장애에 타협한 흔적을 거의 보여주지 않는다. 장고의 유연한 기타 기술은 빠른 속도와 당당한 표현력으로 돋보였고, 이 악기가 재즈 밴드에서 중요한 솔로 음성이라기보다는 반주 악기로 더 많이 여겨졌던 시기에, 라인하르트는 관악기 스타일의 단음 선율을 구성하는 그의 기술을 보여주었다. 그의 리듬 연주 방식 또한 독창적이었다. 라 폼페la pompe로 알려진 빠르게 위아래로 치는 반주 스타일은 집시 재즈 혹은 프랑스어로 '재즈 마노슈jazz manouche'라고 불리는 장르의 대표적인 특징으로 자리 잡았다.

아코디언 연주자와 슬라이드 휘슬 연주자를 대동한 라인하르트의 초기 녹음은 이후에 그가 보여준 세련된 국제적 감각의 재즈와는 상당히 거리가 멀었지만, 1934년 첫 번째 퀸텟 세션이 열렸을 즈음에 그는 아프리카계 미국인 스타일을 자신의 것으로 만들었다. 〈Dinah〉에서 그는 탄력 있는 셋 잇단음과 블루스적인 장식음을 힘 있는 옥타브 연주와 혼합했는데, 이는 탁월한 연주 기법과 창의성의 기준을 제시한 것으로, 이후 〈Djangology〉, 〈Limehouse Blues〉, 〈Chicago〉, 〈Minor Swing〉 등의 퀸텟 녹음에서 더욱 발전하게 된다. 시간이 흐르면서, 라벨, 드뷔시, 거슈윈의 영향이 라인하르트의 재즈에 인상주의적인 색조를 더하게 되었고, 이는 그의 온음 음계 탐구와 그의 가장 유명한 작품인 〈Nuages〉의 고요하고 나른한 아름다움에서 드러났다.

라인하르트는 제2차 세계대전이 끝날 때까지, 해외 투어를 하지 않았다. 그러나 그때까지, 그는 이미 유럽을 방문한 많은 재즈 거장들과 연주했고, 국제적인 명성을 쌓았다. 전쟁 전에, 라인하르트는 베니 카터, 콜먼 호킨스, 디키 웰스, 그리고 듀크 엘링턴 밴드의 멤버들과 함께 녹음했다. 엘링턴은 라인하르트의 열렬한 지지자로 남아, 그를 "우리 음악에서 흉내 낼 수 없는 몇 안 되는 위대한 음악가 중 하나"[130]라고 극찬했다. 그리고 이 기타리스트가 1946년 11월의 미국 순회공연을 결정했을 때, 엘링턴 밴드가 함께했다. 여기에서 그는 전자 기타를 선택했고, 카네기 홀을 포함한 대규모 음악당에서 공연했다. 프랑스로 돌아온 라인하르트는 작은 클럽에서 연주를 이어갔고, 가끔 녹음을 남겼다. 1953년 뇌출혈로 사망했을 때, 그의 나이는 고작 마흔셋이었다.

그라펠리와 라인하르트는 제2차 세계대전이 발발하면서 각자의 길을 걷게 되었다. 바이올리니스트 그라펠리는 당시 밴드가 투어 중이던 영국에 머물렀고, 장고는 프랑스로 돌아왔다. 그 몇 주 전에, 콜먼 호킨스는 미국으로 출발하여, 독일이 폴란드를 침공하기 불과 며칠 전에 미국에 도착했다. 나치즘의 부상은 유럽의 재즈 음악가들에게 어두운 전망을 드리웠다. 호킨스는 독일에서 백인 음악가들과 함께 연주하는 것이 외관상 부적절하다는 이유로 공연 허가를 거부당한 적이 있었다. 라인하르트는 나치 점령 하에서도 간신히 경력을 이어갔지만, 공연 전마다 선곡표를 지역 검열국에 제출해야 했다. 이처럼 긴장된 분위기의 환경 속에서, 재즈는 뜻밖의 정치적 의미를 띠게 되었다. W. C. 핸디의 〈St. Louis Blues〉는 당국의 탄압을 피하기 위해 프랑스어식 제목인 〈La Tristesse de Saint Louis〉로 개명되었고, 라인하르트의 〈Nuages〉는 〈라 마르세예즈La Marseillaise〉가 금지당한 후, 일부 레지스탕스들에게 저항의 상징적인 대체 국가國歌로 채택되기도 했다.

　호킨스는 고국으로 돌아온 후 전혀 다른 도전에 직면했다. 5년간의 부재 후, 그는 유럽에서 체류했던 동안에 부상한 테너 색소폰 연주자들 사이에서 자신의 입지를 다시 확립해야 했다. 이러한 새로운 경쟁자들 가운데, 호킨스와 거친 스타일이 비슷했던 추 베리는 가장 뛰어난 연주자 중 한 명이었다. 베리는 1930년대 중반 플레처 헨더슨 밴드에서 활동한 후, 1937년에 캡 캘러웨이 밴드에 합류하여 1941년 교통사고로 사망할 때까지 거기에 머물렀다. 캘러웨이 밴드는 보수가 좋았지만, 베리의 강렬한 스윙 스타일은 다른 환경에서 더 빛을 발했을지도 모른다. 만약 베리가 1930년대 중반에 엘링턴의 고용 제안을 받아들였다면, 어떤 마법이 일어났을지 궁금해진다. 곧 엘링턴 밴드에 합류하게 된 벤 웹스터도 호킨스의 영향을 받았지만, 세월이 지남에 따라 더욱 여유로워진 부드럽고 나른한 음색으로 그의 롤모델과 결별했다. 웹스터는 호킨스의 복잡한 화성적 기교나 레스터 영의 선율적 접근 방식에서 한 발짝 물러나, 소리 자체의 아름다움을 탐구했다. 마치 일본의 샤쿠하치[전통 대나무 피리] 명인처럼, 그는 평균율의 음들보다 질감과 음색에서 음악의 본질을 찾고자 했다. 그러나 호킨스에게 가장 큰 도전은 다시 한 번 레스터 영에게서 왔다. 캔자스시티에서 처음 맞붙었던 이후, 영의 연주는 그동안 한층 자신감 있고 독창적인 색깔을 띠게 되었다.

　호킨스는 뉴욕으로 돌아온 직후, 페이머스 도어Famous Door에서 열린 잼 세션에서 영을 찾아갔다. 두 사람의 테너 색소폰 대결은 『다운비트』 지의 1면을 장식했고, 재즈계에서는 누가 승리했는지를 놓고 뜨거운 논쟁이 벌어졌다. 이 대결이 있은 지 며칠 뒤, 호킨스는 라이오넬 햄튼 세션에서 당시 최고의 연주자들과 함께 대결했다. 이 세션에는 추 베리, 벤 웹스터, 베니 카터, 디지 길레스피, 찰리 크리스천도 참여했다. 그러나 호킨스가 어떤 도전자에도 맞설 준비가 되어 있음을 가장 확실하게 보여준 순간은 10월 11일이었다. 이날 그는 RCA의 블루버드Bluebird 레이블에서 일련의 녹음을 시작하며 〈Body and Soul〉을 연주했는데, 이 곡은 대중과 음악가 모두에게 즉각적인 히트를 기록했다. 호킨스는 나중에 이렇게 말했다. "이건 내가 들어본 이야기 중에서, 재즈 애호가뿐만 아니라 일반 대중까지 모두 좋아한다고 했던 유일한 레코드다. 어떻게 그런 건지, 그리고 왜 그런 건지 이해가 안 된다."[131] 분명한 것은, 호킨스가 그의 회오리바람 같은 64마디 솔로에서 대중적 취향과 전혀 타협하지 않았다는 점이다. 초반 몇 초 동안 선율을 살짝 스치듯 지나간 후, 유려한 주제 즉흥 연주로 전개되는데, 풍부한 화성적 함의와 엄격하게 논리적인 구성을 갖추면서도, 그 저류에는 풍요로운 낭만주의가 스며 있었다. 이는 호킨스의 최고 순간이었을 뿐만 아니라, 〈Body and Soul〉을 통해 이 테너 연주자는 의심할 여지 없이 20세기 전반의 가장 유명한 색소폰 솔로를 창조해 냈다.

경력이 최고조에 달했을 때, 호킨스는 음악적 방향성에 있어서 여전히 미결정적인 태도를 유지했다. 그 후 몇 년 동안, 그는 빅 밴드를 이끌기도 하고, 딕시랜드 재유행에 참여했으며, 〈Body and Soul〉 녹음과 같은 소규모 콤보 세션에 몰두하는 한편, 모던 재즈의 가능성을 탐색하는 등 다양한 형식을 시도했다. 비밥에 대한 호킨스의 끌림은 그의 전기에서 가장 흥미로운 장 중 하나로 돋보인다. 호킨스는 새로운 음악 어법의 중요성을 일찍이 인식한 선구적인 밴드리더 중 한 명이었다. 그는 1944년 2월의 역사적인 녹음 세션에서, 디지 길레스피를 비롯하여, 맥스 로치, 오스카 페티포드, 돈 바이어스Don Byas와 연주했는데, 이는 일반적으로 최초의 모던 재즈 녹음으로 인정받는다. 얼마 지나지 않아, 호킨스는 피아니스트 셀로니어스 몽크를 자신의 밴드에 영입했는데, 그 당시 몽크는 기이함과 모더니즘 성향으로 인해 대부분의 밴드 무대에서 환영받지 못하고 있었다. 호킨스의 모던 재즈에 대한 지지는 이듬해에도 계속되었다. 그는 최초로 비밥 밴드를 이끌고 서부 해안으로 향했으며, 이는 디지 길레스피와 찰리 파커가 로스앤젤레스에서 공연하기 열 달 전에 이루어진 일이었다. 전후 시대에도, 호킨스는 또 하나의 새로운 시도를 선보이며, 그의 진보주의적 자격 증명을 더욱 강화했다. 최초로 반주 없이 솔로 색소폰 연주를 녹음한 것이다. 그는 색소폰의 선도적인 제조업체인 셀머 컴퍼니Selmer Company를 위해 제작된 홍보용 데모 디스크에서, 이를 처음 시도했다. 이 디스크는 두 파트의 변주로 구성되어 있는데, 여기에는 몽크의 〈'Round Midnight〉 코드 진행 위에서 펼친 호킨스의 즉흥 연주가 포함되어 있다. 이후, 그는 이 연주를 상업용 녹음으로 발전시켜 〈Picasso〉라는 제목으로 발표했다. 시간이 지나면서, 솔로 색소폰 연주는 재즈 세계에서 인정받게 되었고, 많은 연주자들이 이 길을 따랐지만, 호킨스만큼 이 접근 방식에 적합한 연주자는 드물었다. 그의 조화롭게 짜인 즉흥 연주는 반주자가 없이도 듣는 사람이 자연스럽게 코드 진행을 느낄 수 있도록 만들어 주었기 때문이다.

그러나 호킨스의 모든 아방가르드적 성향에도 불구하고, 그의 멜로디 즉흥 연주 개념은 모던 재즈의 변화된 음악적 풍경에 완전히 적응하지는 못했다. 그의 분석적인 음악적 사고 덕분에 비밥 중심의 복잡한 곡들을 소화할 수 있었지만, 그의 프레이징과 음악적 개념은 여전히 스윙 시대에 뿌리를 두고 있었다. 일부에서는 그를 비밥의 선구자로 자리매김하려 했지만, 호킨스는 (베니 굿맨과 마찬가지로) 덱스터 고든Dexter Gordon, 테디 에드워즈Teddy Edwards, 소니 롤린스와 같은 진정한 비밥 테너 색소폰 연주자들이 보여준 독특한 박자의 재조정과 세분화를 완벽히 습득하지는 못했다. 호킨스에게 모더니즘이라는 개념 자체는 큰 매력을 지녔지만, 그것을 실제로 구현하는 것은 또 다른 문제였다. 말년까지도 그는 늘 최전선에서 새로운 음악을 탐구하는 것을 즐겼으며, 그의 마지막 십 년간의 녹음에서는 소니 롤린스, 랜디 웨스턴Randy Weston, 폴 블레이Paul Bley, 조 자비눌Joe Zawinul과 함께한 세션을 찾아볼 수 있다. 그러나 동시에 그는 전통적인 음악적 환경으로도 빠르게 회귀하고는 했다. 그의 후기 작품 중 가장 만족스러운 녹음 중 일부는 벤 웹스터, 로이 엘드리지, 듀크 엘링턴과 같은 베테랑과 함께한 연주들에서 탄생했다.

레스터 영의 모던 재즈와의 관계는 호킨스의 그것과 거의 정반대라 할 수 있다. 영은 자신이 모더니스트로 인식되는 것에 큰 관심이 없었으며, 그의 개인적인 음악 취향도 대중가요와 감성적인 발라드에 더 가까웠다. 그러나 그의 연주 스타일은 비밥의 도래를 예고했을 뿐만 아니라, 어느 정도 그것을 고무하기도 했다. 물론, 캔자스시티 색소폰의 계보를 따라가 보면, 영과 비밥의 개척자인 찰리 파커가 직접적으로 연결된다. 하지만 지리적 배경보다 더 중요한 것은, 두 사람 간에 공유된 음악적 감각이다. 둘 다 즉흥 연주에서 코드의 높은 음정, 이른바 컬러 톤*을 강조했다. 그러나 그들 음악의 화성적 내용은 호킨스처럼 명시적이지 않고, 암시적이었다. 왜냐하면, 증5도, 6도, 9도, 11도 등이 긴밀하게 조직된 즉흥 라인 속에 자연스럽게 녹아들어 있기 때문이다. 코드가 명확히 펼쳐지기보다는 은근히 암시될 뿐이었으며, 때로는 그마저도 매우 미묘해서 알아차리기 어려울 정도였다. 그러나 영이 제시하고 파커가 더욱 발전시킨 가장 중요한 변화는 프레이즈의 리드미컬한 구성에서 나타났다. 재즈가 뉴올리언스 시절부터 지속적으로 유지해 온 뚜렷한 당김음은 그들의 연주에서 점차 줄어들었다. 영 이전 세대의 색소폰 연주자들이 자주 사용했던 점8분음 기반의 라인은 이제 보다 매끄러운 음 표현으로 대체되었다. 마디의 첫 박자에 강세를 두는 일이 줄어들었고, 즉흥 연주는 더욱 명확한 4/4박자의 느낌을 띠게 되었다. 또한, 대부분 사라진 당김음 대신에 프레이즈에 활력을 더하기 위해, 셋잇단음이 훨씬 더 많이 사용되었다. 영이 전파한 이러한 모든 개념적 요소는 파커에 의해 채택되어 더욱 발전되었다. 그렇다고 해서, 레스터 영의 음악을 모던 재즈라고 할 수는

---

* 컬러 톤color tones: 음악에서 코드의 고음부에 있는 추가적인 화성음(텐션 노트, 확장음)을 의미하며, 즉흥 연주에서 풍부한 색채감과 개성을 더하는 역할을 한다.

없다. 그는 무엇보다도 스윙 시대의 산물이었다. 심지어, 그의 동시대 연주자들 가운데서도, 호킨스, 테이텀, 엘링턴은 재즈를 현대적인 예술 형식으로 바라보는 데 있어 훨씬 더 진보적인 견해를 가지고 있었다. 그러나 이들 중 누구보다도 레스터 영이야말로 차세대 모더니스트들이 기반으로 삼을 수 있는 토대를 마련한 인물이었다.

재즈에는 영이 다시 활기를 불어넣은 두 번째 전통이 있다. 쿨 재즈는 1950년대 초까지 주요 세력으로 떠오르지 않았다. 그러나 전쟁 이전에도, 영은 이러한 대안적인 스타일을 지향하고 있었다. 영은 자기 세대의 어떤 악기 연주자보다도 1920년대 쿨 재즈의 선구자들(바이더벡, 트럼바우어)과 냉전 시대의 후계자들(게츠, 멀리건, 데이비스, 데스몬드, 베이커, 주프리) 간의 중요한 연결고리 역할을 했다. 1930년대에 이런 길을 걷는 것은 외로운 일이었다. 재즈는 본래 강렬함, 즉각성, 자유로운 에너지를 찬미하는 핫한 예술 형식이었다. 아마도 이것은 그 본질의 일부일 것이다. 쿨 재즈의 미학은 이러한 미덕들과는 다른 가치를 추구했으며, 거의 늘 재즈 장르의 주변부에서 작동해 왔다. 레스터 영이 헨더슨 밴드에서 활동하던 시절, 그의 스타일이 동료 연주자들에게 철저히 거부당했던 일화는 이러한 현실을 단적으로 보여준다. 영이 성숙한 연주를 펼치던 시기에, 그의 보다 여유롭고 편안한 접근 방식은 특히 환영받지 못했다. 당시는 대부분의 재즈 밴드 리더들이 뜨거울수록 더 좋다는 생각을 당연시했던 스윙 시대였기 때문이다. 영이 이러한 장애물을 극복하고 그의 더 쿨한 음악적 태도로 동료들의 존경을(결국에는 모방까지도) 받을 수 있게 된 것은 그의 혁신의 지속적인 가치와 재즈사에서 흔히 조용한 인물로 인식되었던 이 주인공의 결단력을 입증한다.

영이 베이시 밴드에서 거둔 성과는 그의 영향력이 확대되는 데 분명히 기여했지만, 재즈에 대한 그의 대안적 개념이 가장 잘 드러난 것은 그의 스몰 콤보 작업에서였다. 그가 1930년대 후반에 녹음한 캔자스시티 식스Kansas City Six와 캔자스시티 세븐Kansas City Seven과의 연주는 당시를 대표하는 중요한 이정표가 되었다. 특히, 이 시기의 그의 클라리넷 연주는 절제된 우아함을 보여주는데, 이는 당시 유행하던 베니 굿맨/아티 쇼 계열의 화려한 기교와는 전혀 다른 차원의 것이었다. 한편, 그의 테너 색소폰 연주는 〈Lester Leaps In〉과 〈Dickie's Dream〉에서 시대를 초월하는 표현을 남겼다. 영은 1940년대 초중반에 피아니스트 냇 킹 콜Nat King Cole과 함께한 뛰어난 트리오 녹음으로 더욱 주목을 받았다. 그러나 아마도 이 시기의 가장 독특한 콤보 연주는 1940년 세션에서 영과 몇몇 베이시 밴드 동료들이 베니 굿맨과 협연한 녹음일 것이다. 이 세션에는 찰리 크리스천도 참여했다. 오랜 세월 미공개 상태로 남아 있었던 이 음악은 영의 색소폰 연주에 대한 또 다른 귀중한 시각을 제공한다. 그리고 이 뛰어난 연주자들 사이에서도, 그의 선율적 창의성과 자연스럽고 유려한 연주는 단연 돋보인다.

영은 1940년대 후반과 1950년대 내내, 스몰 콤보 연주로 계속해서 녹음을 남겼지만, 그의 초기 작품들만큼 뛰어난 연주를 보여준 경우는 드물었다. 많은 이들은 제2차 세계대전이 끝나갈 무렵에 미군에서 겪은 참담한 경험이 그의 연주 능력을 저하시킨 원인이 되었다고 주장한다. 영은 15개월 복무하는 동안, 전장戰場에는 한 번도 나간 적이 없었지만, 그 외의 거의 모든 불운을 겪었다. 그는 장애물 코스를 달리다가 부상을 입어 입원하여 수술받았고, 정신 분석을 받았으며, 징계를 받고, 마리화나와 바르비투르산(진정제) 소지 혐의로 체포되어 수감되었으며, 결국 불명예제대를 했다. 이 일련의 사건들은 원래부터 내성적이었던 영을 더욱 자신만의 세계 속으로 움츠러들게 했고, 그의 특이한 말투와 행동 방식 또한 더욱 두드러지게 되었다.

1940년대 동안, 그의 음악도 변했다. 그의 음색은 점점 두꺼워졌고, 때때로 거칠어지기도 했다. 멜로디 라인은 덜 선명해졌고, 악구들은 때때로 서로 어긋나는 듯 들렸다. 그러나 이러한 변화의 연대기는 흔히 이야기되는 것처럼 간단하지 않다. 이러한 스타일 변화의 일부는 이미 그의 군 복무 이전부터 나타나기 시작했고, 반대로 제대 이후에도 이 색소폰 연주자는 매우 훌름한 연주를 선보일 수 있었다. 1956년 워싱턴 D.C.에서 녹음된 그의 라이브 연주는 피아니스트 빌 포츠Bill Potts가 테이프로 보존해 두었고, 몇십 년이 지나서야 상업적으로 출시되었는데, 이는 영이 그의 마지막 시기에도 여전히 뛰어난 연주력을 갖추고 있었음을 증명한다. 그러나 이러한 고조된 순간은 시간이 지남에 따라 점점 더 드물어졌고, 영이 사십대 후반에 접어들면서 그의 연주는 종종 그저 지친 듯한 느낌을 주었다. 그럼에도 불구하고, 이 시기는 그에게 경제적으로는 좋은 때였다. 이는 주로 광범위한 상업 프로젝트에서 이 색소폰 연주자의 재능을 활용했던 기획자이자 제작자인 노먼 그란츠 덕분이었다. 1959년에 사망할 때까지 십 년 동안, 영은 자주 녹음하고 투어를 했으며, 쿨 재즈에 대한 존경심이 커짐에 따라 재즈계에서 그의 위상이 높아지는 것을 보았다. 비트 세대 작가들은 그를 찬양했고, 힙스터들은 그의 특이한 말투를 모방했다. 1950년대의 색소폰 연주자인 브루 무어Brew Moore는 그에 대한 존경심을 이렇게 극단적으로 표현하기도 했다. "레스터처럼 연주하지 않는다면, 그건 잘못된 것이다."

영이 전성기에 남긴 모든 유산 중에서도, 가수 빌리 홀리데이와 함께한 음반은 재즈의 신전에서 특별한 위치를 차지한다. 재즈 팬들은 그들의 섬세한 친밀감에 경탄했고, 스윙 시대의 대부분을 전혀 모르는 청중들조차도 이러한 면모를 알고 소중히 여기게 되었다. 이는 당연하다. 때로는 결혼식의 행복한 느낌을 주기도 하지만, 강제로 쫓겨서 하는 결혼식의 느낌을 너무나 자주 주는, 재즈와 대중음악의 결합은 이 콤보 녹음보다 더 큰 성공을 거둔 것이 없다. 가장 진부한 팝 소재로 무게를 줄였을 때도, 홀리데이는 틴 팬 앨리의 하찮은 곡조차 예술 곡으로 변환할 수 있었다. 그녀는 많은 곡에 너무나 개성적인 흔적을 남겼기 때문에, 이후의 보컬리스트는 피할 수 없이 불리해져, 그녀의 결정적인 버전과 비교되지 않고서는 〈All of Me〉, 〈Foolin' Myself〉, 〈Mean to Me〉 및 그 외 여러 곡을 시도할 수 없었다. 영이 이 녹음들에서 남긴 연주는 음표 수로 따지면 많지 않다. 홀리데이의 보컬 라인에 부드럽게 속삭이듯 응답하는 프레이즈(〈Without Your Love〉), 곡의 브리지를 돋보이게 하는 8마디 솔로 연주(〈My First Impression of You〉), 간결한 선율 표현(〈Foolin' Myself〉), 클라리넷 연주의 한 토막(〈I've Got a Date with a Dream〉) 또는 그저 감미로운 네 마디의 도입부(〈When a Woman Loves a Man〉) 등이 있다. 하지만 감정적 표현력만큼은 이 짧은 연주들이 그 어떤 것 못지않게 강렬하다. 과연 4마디 혹은 8마디 안에서 이토록 완벽한 예술성을 표현할 수 있는 재즈 색소폰 연주자가 또 있었을까? 현대의 거대한 솔로를 생각하면, 재즈 팬들이 다시는 그런 우아한 간결함을 접하지 못하리라고 짐작하는 것도 그럼직하다. 무엇보다 홀리데이의 목소리와 레스터의 색소폰이라는 두 힘 사이에는 마법 같은 화학적 작용이 있었고, 이로 인해 어떤 사람들은 이 플라토닉한 우정의 협업을 음악적 로맨스로 묘사하기도 했다.

홀리데이의 업적은 그녀가 처했던 한계를 고려할 때 더욱 놀랍다. 그녀의 음역은 최대치로 보아도 겨우 한 옥타브 반을 넘는 정도에 불과했다. 더욱이, 그녀의 목소리는 특별히 강한 울림을 지니고 있지도 않았다. 이를테면, 베시 스미스Bessie Smith처럼 음역이 넓지는 않더라도 강력한 성량으로 극장 맨 뒷줄까지도 울릴 수 있는 가창력과는 달랐다. 또한, 그녀에게는 엘라 피츠제럴드의 스캣 퍼포먼스, 사라 본의 깨끗한 음색, 루이 암스트롱의 넘치는 에너지도 없었다. 그러나 그녀가 가진 것은 이러한 부족함을 완벽하게 보완하고도 남을 만큼 압도적이었다. 그녀의 예술성은 무엇보다도 탁월한 박자 감각, 유연하면서도 놀랍도록 자연스러운 프레이징, 그리고 가사에 이전까지는 경험하지 못했던 깊이를 불어넣는 능력에 뿌리를 두고 있었다. 어쩌면 빌리 홀리데이는 명인이 아니라 스타일리스트였다고 할 수도 있다 — 하지만 감정적 깊이 자체가 일종의 기교라면 이야기는 달라진다. 그녀의 해석은 노래의 핵심을 정면으로 파고들었으며, 겉모습이 아니라 내면을 그려내는 음악을 만들어냈다.

하지만 홀리데이가 직면했던 한계는 보컬 기술의 문제를 훨씬 넘어, 그녀의 삶과 시대의 끔찍한 상황과 얽혀 있었다. 홀리데이의 이야기는 때로는 낭만적으로 미화되었고, 때로는 철저히 분석되었다. 낭만화된 버전은 홀리데이 자신으로부터 시작되었는데, 그녀는 자서전 『레이디 싱스 더 블루스*Lady Sings the Blues*』를 "집필"하면서, 약간의 사실에 많은 양의 허구를 혼합했다. 이 책이 할리우드에서 영화로 제작되어 큰 성공을 거두면서, 진실은 더욱 희석되었다. 이후, 존 칠튼John Chilton, 린다 쿠엘Linda Kuehl, 로버트 오밀리 Robert O'Meally, 도널드 클라크Donald Clarke, 스튜어트 니콜슨Stuart Nicholson 등 열정적인 연구자들이 홀리데이의 삶을 분석하고 재구성하는 작업을 수행했다. 또한, 그녀를 알고 지냈던 인물들(존 해먼드, 레너드 페더 등)의 회고록은 또 다른 추가적인 관점을 제공했다. 이처럼 수많은 연구와 평론이 쏟아져 나온 만큼, 홀리데이에 대한 전기적 자료는 결코 부족하지 않다. 하지만 대부분의 평론가들은 그녀의 불안한 삶에서 너무 많은 의미를 기대했다. 그들은 그 삶을 도덕적인 내용으로 왜곡하거나, 끊임없는 해명으로 주석을 달거나, 혹은 셰익스피어 비극의 장엄함을 부여하고 싶어 했다. 그러나 결국 그 모든 것의 끝에는, 홀리데이의 삶을 둘러싼 무시할 수 없는 수수께끼 같은 특질, 즉 신비의 아우라가 남아 있다. 그녀는 메릴린 먼로, 엘비스 프레슬리, 존 레논, 마이클 잭슨 등 과도하게 분석된 지난 세기의 다른 팝 인물들과 매우 비슷했다. 이들의 삶을 설명하려는 수많은 전기, 방대한 "설명", 열광적인 팬들의 애정에도 불구하고, 우리는 그들의 본질에 결코 더 가까워지지 못하는 듯하다. 우리가 알고 싶은 것은 본질이지만, 우리에게 주어진 것은 단지 여러 가지 사실, 일화, 그리고 소문들뿐이다.

홀리데이의 경우에는, 이름, 날짜, 관계 등 가장 단순한 사실조차 매우 복잡했다. 그녀는 흔히 자신의 출생 이름을 엘러노라Eleanora라고 밝혔지만, 병원 기록에는 "엘리너Eleanor", 출생 증명서에는 "엘리노어Elinore"라고 적혀 있다. 그녀는 어머니 사라Sarah의 성을 따라 해리스Harris나 페이건Fagan

을 사용하기도 했고, 어머니가 필 고프Phil Gough와 결혼했을 때는 성을 고프로 바꾸었다가, 이혼 후 다시 페이건으로 돌아갔다. 때때로 그녀의 성은 'Holiday' 혹은 'Holliday' 혹은 'Halliday'로 표기되었으며, 이후에는 남편이나 애인의 성을 따라, 먼로Monroe, 매케이McKay, 가이Guy, 레비Levy로 정하기도 했다. 공식적인 이름과 별명이 공존한 것도 어린 시절부터였다. 그녀는 어렸을 때, 볼티모어의 선한 목자의 집House of the Good Shepherd in Baltimore이라는 시설에 잠시 보내졌는데, 이때는 매지Madge 또는 테레사Theresa로 불렸다. 레스터 영은 그녀에게 레이디 데이Lady Day라는 평생의 별명을 지어주었다. (그리고 그녀는 이에 화답해, 그에게 프레즈Pres라는 별명을 지어주었다.) 플레처 헨더슨 밴드의 기타리스트로 가장 잘 알려진 그녀의 아버지 클래런스 홀리데이Clarence Holiday는 그녀를 단순히 빌이라고 불렀다. 그녀가 최종적으로 빌리 홀리데이를 선택한 것은 매우 함축적이며, 그녀가 부재했던 아버지, 그리고 재즈 음악과 여행 밴드라는 그의 세계와의 연관성을 확인하는 것이었다.

우리 가운데, 이름을 선택할 수 있는 사람은 거의 없지만, 홀리데이는 여기서 한 걸음 더 나아갔다. 그녀는 기사, 인터뷰에서, 그리고 궁극적으로 자서전을 통해, 자신의 인생 이야기를 새롭게 구성했다. 이후 연구자들이 밝혀낸 바에 따르면, 이러한 공상 속 여정은 다양한 방향으로 전개될 수 있었다. 때때로, 빌리는 자신의 삶을 실제보다 더 추잡하게 묘사하기도 했고, 또 어떤 순간에는 실제보다 품위 있었던 것처럼 번지르르하게 꾸미기도 했다. 그녀는 1915년 4월 7일 볼티모어에서 태어났다고 주장했지만, 재즈 작가 스튜어트 니콜슨은 나중에 출생지가 필라델피아임을 밝혀냈다. 그녀가 태어난 것은 부모가 결혼하기 약 3년 전이었다. 사실, 당시 십대였던 클래런스 홀리데이와 빌리의 어머니 세이디 페이건의 관계는 짧은 연애에 불과했다. 결혼 기록은 존재하지 않았고, 그녀의 출생증명서에는 아버지로 현지 웨이터인 프랭크 드비제Frank DeViese가 기재되어 있다. 클래런스는 아버지로서의 책임을 거의 신경 쓰지 않았고, 빌리가 성공하기 전까지 그녀를 딸로 공개적으로 인정하는 것도 꺼렸다. 이후, 빌리는 그녀의 아버지와 매우 비슷한 특성, 즉 남자들의 화려하고, 제멋대로이고, 무책임하고, 터프하고, 세속적인 특성들에 끌리게 된다. 이러한 특성은 그녀의 노래에 등장하는 다양한 "나쁜" 애인들의 특징이기도 하다.

이 시기 동안, 빌리는 종종 친척들의 손에 맡겨졌고, 그 과정에서 학대를 당하고 방치되었으며, 어쩌면 성폭행을 당했을 가능성도 있었다. 1925년 1월, 소년 법원은 그녀를 "적절한 보호와 감독 없이 방치된 미성년자"로 판결하고, 그녀를 일 년 동안 선한 목자의 집에 수용했다. 여기서 나온 후, 그녀는 어머니와 다시 함께 살게 되었는데, 어머니는 당시 자신보다 여덟 살 연하의 바람둥이 짐꾼인 위 위 힐Wee Wee Hill과 지내고 있었다. 얼마 지나지 않아, 세이디와 힐은 뉴욕으로 이사했고, 1920년대 후반 어느 시점에 홀리데이도 그들을 따라갔다. 이곳에서 그녀는 최초의 음악적 성공을 거두게 된다.

홀리데이가 재즈 가수로 성장한 과정에 대해서는, 알려진 바가 거의 없다. 루이 암스트롱과 베시 스미스의 녹음이 그녀에게 깊은 인상을 남긴 것으로 보이지만, 그녀와 이 선배 가수들과의 차이점은 유사성만큼이나 두드러진다. 암스트롱의 태평하고 익살스러운 스타일은 홀리데이의 더 우울한 세계관과 어울리지 않았고, 그녀가 스미스의 레퍼토리에서 일부 곡을 차용하기는 했지만, 그녀는 결코 블루스 가수를 중심적인 정체성으로 삼지 않았다. 이는 그녀의 자서전 제목과는 상반되는 사실이다. 그러나 홀리데이는 그 누구보다도 가사에 대한 완벽한 해석력을 지니고 있었다. 1936년, 브런즈윅 레이블에서 발표한 〈I Cried for You〉는 그녀가 처음으로 녹음한 스탠다드 곡이자 당시 가장 큰 히트곡이었다. 홀리데이는 많은 가수들이 가볍고 무덤덤하게 불렀던 이 노래에서 눈물을 쥐어 짜냈다. 밴드는 중간 템포로 경쾌하게 연주하고 있었지만, 홀리데이는 이를 멜랑콜리한 토치 송torch song[애절한 사랑 노래]처럼 해석했다. 몇 년 후, 그녀는 이 노래를 발라드로 편곡하여 불러 청중을 사로잡았다.

1933년, 존 해먼드는 할렘의 한 나이트클럽에서 홀리데이가 노래하는 것을 듣고 『멜로디 메이커』에 호평을 실으며, 그녀의 경력에 날개를 달아주었다. 그는 이 열여덟 살의 보컬리스트를 "진짜 발견"이라며 극찬했고, "내가 들어본 그 누구보다도 노래를 잘한다"라고 털어놓았다. 그해 말, 해먼드는 홀리데이가 베니 굿맨과 함께 녹음하도록 주선했다. 뒤이은 다른 기회들로는,《검은 심포니Symphony in Black》라는 영화에서의 짧은 출연(듀크 엘링턴과 함께했다), 아폴로 극장Apollo Theatre에서의 공연, 그리고 해먼드가 편곡한 추가 녹음(이번에는 테디 윌슨의 지휘 아래) 등이 있었다. 남은 십 년 동안, 홀리데이는 수십 개의 스몰 콤보 트랙을 발표하여, 그녀의 경력 중 가장 훌륭한 작품을 많이 탄생시켰다. 레스터 영과 짝을 이루어 활동하기 전부터, 홀리데이는 〈What a Little Moonlight Can Do〉, 〈These Foolish Things〉, 〈I Cried for You〉, 〈Billie's Blues〉, 〈A Fine Romance〉, 〈I Can't Give You Anything but Love〉 등의 고전적인 곡들로 명성을 날렸다. 이 녹음들에서 솔로 연주를 맡은 아티스트들은 최고의 재즈 관악 연주자들(베니 굿맨, 벤 웹스터, 조니 호지스, 해리 카니)이었다. 하지만 1937년 1월 세션에 레스터 영이 합류하면서, 홀리데이는 더욱 음악적으로 공감할 수 있는 파트너를 만나게 되었다. 기실, 홀리데이와 영이 협업한 모든 곡은 오랜 세월이 지나도 가치를 잃지 않는 명반이 되었다. 〈Now They Call It Swing〉, 〈Me, Myself and I Are All in Love with You〉, 〈You're Just a No Account〉, 〈Sun Showers〉에서처럼, 진부한 곡조나 어색한 가사가 부담스러울 때도, 홀리데이와 영은 여전히 거의 완벽에 가까운 음악을 만들어냈다. 그리고 〈All of Me〉, 〈Foolin' Myself〉, 〈Mean to Me〉, 〈He's Funny That Way〉, 〈This Year's Kisses〉 등 더욱 뛰어난 곡을 다루면서, 그들은 후대 가수들이 감히 넘볼 수 없는 결정적인 명연을 남겼다.

이 시기 동안, 홀리데이는 재즈를 잘 아는 사람들의 영역을 넘어, 더 넓은 대중적인 인지도를 얻기 시작했다. 카운트 베이시와 아티 쇼 밴드에서 짧은 기간 활동하면서, 그녀의 팬층은 더욱 확대되었다. 그리고 1939년 발표한, 린치를 다룬 충격적인 곡 〈Strange Fruit〉는 그녀의 유명세를 더하고 그녀의 대중적 이미지에 새로운 정치적 특성을 부여했다. 이러한 변화는 그리니치 빌리지의 세련된 나이트클럽인 카페 소사이어티Cafe Society를 오픈한 지 얼마 안 된 전직 신발 소매업자 바니 조셉슨Barney Josephson의 요청으로 일어났다. 조셉슨은 홀리데이에게 이 곡을 소개했고, 그녀가 매 공연의 마지막을 이 노래로 장식하도록 권유했다. 이후 몇 년간, 홀리데이는 점차 재즈 보컬리스트에서 감정을 극적으로 표현하는 토치 송을 부르는 가수로 변화했다. 이 시기에 그녀의 가장 특징적인 작품은 〈Lover Man〉, 〈I Cover the Waterfront〉, 〈God Bless the Child〉, 〈Good Morning Heartache〉, 〈Don't explain〉, 그리고 앞서 언급한 〈Strange Fruit〉과 같은 어둡고 우울한 곡이었다. 빌리의 노래는 여전히 강렬한 감정적 몰입을 물씬 풍겼지만, 시간이 흐르면서 반주자들의 질이 점차 떨어졌고, 나중에는 그녀의 목소리조차도 예전의 빛을 잃어갔다. 1940년대 중반에는, 수준이 떨어지는 재즈 연주자나 넋두리하는 바이올린이 초기의 올스타 밴드를 대신하게 되었다.

이 시기 동안, 빌리 홀리데이의 개인적인 고난도 점점 더 공개적인 이슈가 되었다. 그녀의 방황은 볼티모어 시절부터 시작되었다. 열다섯 살이 되기도 전에 이미 담배를 피웠고, 나중에는 하루에 오십 개비를 피울 정도였다. 또한, 마리화나를 사용하기 시작했으며, 십대 시절에는 매춘 업소에서 일했다. (이 사실은 1956년 출간된 자서전에서 솔직하게 밝혀져, 많은 독자를 충격에 빠뜨렸다.) 그뿐만 아니라, 홀리데이는 점점 심각한 음주 문제를 겪었고, 몇 년 후 남편 지미 먼로Jimmy Monroe를 통해 헤로인을 접하게 되었다. 이후 마약 중독은 그녀를 깊은 나락으로 빠뜨렸고, 1940년대 후반에는 수 차례 법적인 문제를 일으켰다. 1947년, 그녀는 웨스트버지니아 연방 여성 교도소에서 10개월간 복역해야 했다. 그러나 출소 후에도 그녀는 혹독한 대가를 치러야 했다. 당시 뉴욕에서는 전과자에게 카바레 카드[공연 허가증]를 발급하지 않는 법률(결국 1967년에 폐지된다)이 있었기 때문에, 그녀는 뉴욕의 나이트클럽에서 공연할 수 없었다. 극장과 콘서트홀에서는 공연이 가능했기 때문에 카네기 홀에서 성공적인 콘서트를 열었으나, 이후 맨스필드 극장에서 진행된 《Holiday on Broadway》 공연은 단 5일 만에 취소되고 말았다. 나이트클럽 출연이 금지된 상황에서, 홀리데이는 뉴욕에서 사실상 생계를 유지할 수 없는 처지에 놓였다. 심지어 다른 지역에서도, 클럽 주인들이 그녀와의 계약을 꺼렸다. 이는 마약 중독의 낙인과 더불어, 공연에 대한 불성실한 태도 때문이었다. 1949년, 서부 해안 투어 중이던 홀리데이는 마약 혐의로 다시 체포되었으나, 당시 동반자였던 존 레비의 함정에 빠진 것이라고 배심원을 설득하여 무죄를 선고받았다. 이 시기 동안, 그녀의 음반 판매와 라디오 방송 송출도 급격히 감소했고, 1951년에 데카 레코드는 그녀와의 계약을 갱신하지 않기로 결정했다. 한편, 재즈 잡지 『다운비트』의 한 평론가는 냉소적으로 레이디 데이가 "레이디 예스터데이"가 되고 있다는 조롱 섞인 평을 남겼다.

1952년 3월, 홀리데이는 노먼 그란츠의 버브Verve 레이블과 계약을 맺고, 재즈 가수로서의 경력을 회복하기 위한 고된 과정을 시작했다. 이후 5년 동안, 그녀는 다시 한 번 세계적인 재즈 뮤지션들과 함께 100곡 이상을 그란츠의 회사에서 녹음했다. 여기에는, 프리 밥 스타일로 연주하기는 했지만 재즈계 최고의 색소폰 연주자들(콜먼 호킨스, 벤 웹스터, 베니 카터, 윌리 스미스, 플립 필립스, 폴 퀴니셰트)과 해리 "스위츠" 에디슨, 찰리 셰이버스Charlie Shavers, 또는 조 뉴먼Joe Newman과 같은 트럼펫 연주자들이 포함되었다. 피아노의 경우, 홀리데이는 오스카 피터슨, 지미 롤즈, 윈튼 켈리Wynton Kelly 등 정상급 음악가들의 지원을 받았다. 반주자, 곡 선정, 스타일 면에서, 그란츠는 홀리데이가 전쟁 이전 시절에 큰 성공을 거두었던 공식을 다시 재현하려 했다. 그녀는 종종 약 20년 전에 명성을 얻게 해주었던 바로 그 노래들을 다시 녹음하고는 했다.

하지만 홀리데이의 목소리는 변해 있었다. 일부 사람들의 의견에 따르면, 그녀의 목소리는 급격히 쇠퇴했다고 한다. 홀리데이의 말기 녹음들의 가치는 여전히 재즈 팬들 사이에서 논쟁의 대상이다. 그녀의 목소리는 분명히 피로와 소모의 흔적을 드러냈다. 때로는 절망에 가까운 침울한 분위기가 이러한 녹음들에서 두드러지게 나타난다. 홀리데이의 노래에는 늘 우울한 기운이 깃들어 있었지만, 이제는 그 안의 희망의 빛조차 거의 사라져버린 듯했다. 그러나 분명한 상쇄 효과도 있었다. 홀리데이의 성대가 약해진 만큼, 그녀의 표현력은 더 섬세해졌다. 그녀의 프레이징, 타이밍, 그리고 가사에 명암의 뉘앙스를 불어넣는 능력은 이 말기 녹음들에서 여전히 누구도 따라올 수 없는 경지였다. 비록 홀리데이가 기술적으로 완벽한 보컬리스트는 아니었을지라도, 결코 무심하게 노래하는 법은 없었다. 마일즈 데이비스는 1958년 냇 헨토프와의 인터뷰에서 자주 인용되는 평가를 남겼다. "그녀는 지금 1937년에 생각했던 걸 그대로 생각하고 있지는 않다. 아마도 더 많은 걸 배웠을 거다. 그리고 여전히 통제력을 갖고 있다, 어쩌면 그때보다 더. 아니, 나는 그녀가 쇠퇴 중이라고는 생각하지 않는다." 알토 색소폰 연주자 재키 매클린Jackie McLean도 홀리데이의 이 시기를 회상하며 이렇게 말했다. "그녀의 목소리는 예전의 그림자에 불과했지만, 그녀는 여전히 노래를 전달해 냈다. 그녀의 노래하는 목소리는 사라졌지만, 감정이 그녀의 유일한 표현 수단으로 남아 있었다."[132]

홀리데이는 말년에도 여전히 헤로인 중독과 심한 음주 문제로 고통받았다. 1956년에는 필라델피아에서 다시 마약 혐의로 체포되기도 했다. 그러나 홀리데이는 역경 앞에서 물러서는 사람이 아니었고, 같은 해 그녀는 다양한 방면에서 활발한 활동을 이어갔다. 그녀의 자서전이 더블데이Doubleday 출판사에서 출간되었고, 카네기 홀에서는 열정적인 관객들 앞에서 공연을 펼쳤다. 이 공연에서는 자서전의 일부가 낭독되기도 했다. 그녀는 계속해서 녹음 활동을 이어갔으며, 나이트클럽과의 계약으로 많은 출연료를 받았다. 이 듬해인 1957년, 홀리데이는 TV 쇼《재즈 사운드The Sound of Jazz》에 출연하여 훌륭한 밴드 앞에 섰고, 그녀의 오랜 음악적 동반자인 레스터 영과도 재회했다. 그녀는 이 자리에서 〈Fine and Mellow〉를 정교하고 섬세하게 불렀으며, 이 공연은 종종 영상으로 포착된 가장 감동적인 재즈의 순간으로 언급된다. 그럴 만한 이유가 충분히 있는 장면이었다.

결국 그녀를 무너뜨린 것은 예술적인 소진이 아니라 육체적인 소모였다. 심장과 간 질환에 시달리면서도, 홀리데이는 해외 공연을 포함한 광범위한 투어 일정을 계속 소화했다. 1959년 5월에 그리니치 빌리지Greenwich Village에서 열린 콘서트에서는, 단 두 곡만 부른 뒤 무대에서 내려오는 데 주위의 도움을 받아야 했을 정도였다. 일주일 후, 그녀는 혼수상태에 빠졌다. 병원에 입원한 후 홀리데이는 서서히 회복의 기미를 보였고, 체중도 조금씩 늘어났으며, 공동 집필자 빌 더프티Bill Dufty에게 새로운 책의 일부를 받아쓰게 할 정도였다. 그러나 그녀의 법적 문제는 병원까지 따라왔다. 경찰은 그녀가 마약을 소지하고 있었다며 주거 감금 상태로 조치했고, 병실 문 앞에까지 감시 요원을 배치했다. 홀리데이는 간 치료에 반응을 보였으나 신장 감염이 발생하여, 7월 17일 생을 마감했다. 그녀가 세상을 떠났을 당시, 은행 계좌에는 단 70센트만이 남아 있었다. 그러나 시신을 수습하러 온 병원 직원들은 그녀의 다리 한쪽에 750달러가 테이프로 감겨 있는 것을 발견했다. 가까웠던 사람들에게 수없이 배신당한 끝에, 오직 자기 자신만을 믿게 된 그녀가 마지막까지 보여준, 생존 본능의 표현이었다.

듀크 엘링턴: 중기와 후기 작품

듀크 엘링턴은 굿맨의 성공으로 인해 스윙 음악에 대한 대중의 관심이 높아짐으로써 결국 혜택을 입게 되었다. 그럼에도 불구하고, 스윙 시대의 탄생은 엘링턴이 점점 더 엔터테인먼트 산업의 대중 시장 중심적 요구로부터 거리를 두던 시점에 찾아왔다. 재즈가 미국의 대중음악으로 자리 잡아가던 시기에, 엘링턴은 재즈를 진지한 예술 형식으로 변모시키려는 특별한 의도를 보였다. 이러한 상황 속에 내포된 어떤 아이러니가 있었다 하더라도, 엘링턴은 그것을 전혀 개의치 않는 듯 보였다. 빅 밴드 전성기 시절 이 전설적인 인물에 대해 가장 주목할 만한 점은, 상업적 요구와 예술적 열망 사이에 어떤 갈등이 있었을지라도, 그것이 그의 음악에 거의 타협을 강요하지 못했다는 것이다. 엘링턴의 천재성이 가장 뚜렷하게 드러나는 부분은 바로 이 능력이었다. 이는 어떤 음악 장르에서든 드물며, 특히 재즈 세계에서는 더욱 보기 힘든 것이었다. 그는 점점 더 작곡가로서의 야망을 키우고 공연에서 더 많은 실험을 감행하면서도, 동시에 음반 판매와 공연 매진이라는 상업적 성공을 거둘 수 있었다.

엘링턴은 결코 청중에게 쉬운 음악을 들려주지 않았다. 그의 음악은 불협화음으로 가득했고, 선율은 좀처럼 흥얼거릴 만한 단순한 곡조가 아니었으며, 그 음정 간격은 심지어 전문 가수조차 곤혹스러워할 정도로 독특했다. 대부분의 밴드 리더들이 최신 유행곡들을 자신의 레퍼토리에 많이 포함시켰던 반면, 엘링턴은 거의 전적으로 자신의 작품에 의존했다. 물론 엘링턴도 히트곡을 쓸 줄 알았지만, 그런 곡들은 밴드 전체 레퍼토리에서 극히 일부에 불과했다. 나머지는 확장된 형식의 작품, 음시音詩, 야심 찬 프로그램 음악, 솔로이스트를 위한 미니 협주곡, 기발한 유머가 담긴 곡, 블루스, 스트라이드나 뉴올리언스 스타일의 재구성, 실험적인 작곡 등으로 이루어져 있었다. 때로는 이러한 새로운 영역으로의 시도가 예상치 못한 대중적 성공을 낳기도 했다. 1937년, 후안 티졸과 작곡한 중동풍의 〈Caravan〉이 그 예다. 그러나 대부분의 경우, 청중은 〈Diminuendo and Crescendo in Blue〉나 〈Reminiscing in Tempo〉와 같은 곡을 이해하기 위해 애써야만 했다. 그리고 엘링턴이 당시 팬들에게 인기를 끌었던 "스윙" 곡을 들려줄 때조차도,

그는 다른 밴드들이 성공의 기반으로 삼았던 단순한 리프 기반을 거의 쓰지 않았다. 사실, 리프, 즉 반복되는 모티프가 변화하는 화성 위에 얹히고, 종종 악구의 길이와 박자의 차이에서 생기는 엇박자로 생동감을 주는 구조는 그 시대의 확실한 음악적 상징이었다. 〈Opus One〉, 〈In the Mood〉, 〈A String of Pearls〉, 〈Flying Home〉과 같은 곡들이 그 성공을 보여준다. 하지만 이런 공식은 엘링턴에게는 통하지 않았다. 그는 오히려 〈Cotton Tail〉이나 〈Braggin' in Brass〉 같은 복잡한 스윙 곡들로 청중을 도전하게 만들었다. 두 곡 모두 장르 내 걸작으로 평가받지만, 전자는 따라 부르기가 어렵고, 후자는 아예 불가능에 가깝다. 오늘날 우리가 가장 잘 알고 자주 녹음되는 엘링턴의 곡들은 AABA 구조의 보수적인 팝 스타일 곡들이다. 하지만 이것은 그의 복합적인 음악적 개성 중 일부에 불과하다. 엘링턴 본인은 이러한 대중가요에 대해 늘 가볍게 여기는 태도를 숨기지 않았다. 그는 〈Solitude〉를 한 녹음 세션을 마치기 위해 20분 만에 썼다고 말했고, 〈In a Sentimental Mood〉는 노스캐롤라이나주 더럼에서 한 파티가 통제 불능이 되었을 때 분위기를 진정시키기 위해 단숨에 만들어낸 곡이라고 설명했다. 빅 밴드 음악에 대한 대중의 열광이 정점에 달했던 그 시기에, 엘링턴이 핫 재즈의 주류화에 마지못해 참여했다는 것을 누가 의심할 수 있겠는가?

1936년, 스윙이 미국 전역을 휩쓸고 있었지만, 엘링턴은 이 시기에 거의 녹음을 하지 않았고 히트곡도 없었다. 같은 해, 그의 밴드는 『메트로놈』지의 인기투표에서 5위로 떨어졌다. 전국적으로 수십 개의 빅 밴드가 새롭게 결성되고 있었지만, 엘링턴은 그해 말에 이에 정면으로 대응하기보다는 스몰 콤보 녹음 시리즈를 시작했다. 이후 2년간 엘링턴은 60곡이 넘는 소그룹 녹음에 참여했지만, 그중에서 주크박스에서 인기를 끈 곡은 단 하나, 즉 조니 호지스가 연주한 〈Jeep's Blues〉뿐이었다. 1937년, 엘링턴은 여전히 빅 밴드 작업에서 수준 높은 음악적 길을 고수하며, 야심 찬 곡인 〈Diminuendo in Blue〉와 〈Crescendo in Blue〉를 녹음했다. 이 두 곡은 78회전 음반의 양면을 가득 채운 짝을 이루는 작품이었다. 그러나 그해 가장 많이 팔린 엘링턴의 음반은 앞서 언급된 〈Caravan〉이었다. 이 곡은 이국적인 분위기와 선법旋法적 뉘앙스를 풍기는 작품으로, 대부분의 밴드 리더들이 히트 소재로 생각조차 하지 않았을 법한 곡이었다.

걸으로 보기에는 이 밴드의 활동이 소강 상태인 듯했지만, 이는 착시였다. 마흔을 앞두고 있던 엘링턴과 그의 오케스트라는 지금껏 없던 최고의 전성기를 눈앞에 두고 있었으며, 이는 전쟁 시기의 녹음 금지 조치가 시작될 때까지 이어진 폭발적인 창작의 시기였다. 물론 엘링턴은 이후 평생에 걸쳐 뛰어난 작품들을 계속 발표했지만, 1938년부터 1942년까지 밴드가 만들어낸 걸작의 양과 질은 엘링턴의 반세기에 걸친 경력 중에서도 단연 돋보였다. 1930년대 말에 밴드에 새로 합류한 빌리 스트레이혼Billy Strayhorn, 벤 웹스터Ben Webster, 지미 블랜튼Jimmy Blanton은 이 예술적 폭발에 크게 기여했다. 그러나 그들이 합류하기 전부터, 엘링턴은 이미 양적으로나 질적으로 작품 활동을 키워나가고 있었다. 1938년, 밴드는 여러 고전적 연주들을 녹음했고, 그해 첫 녹음인 〈Steppin' into Swing Society〉는 엘링턴이 점차 중간 템포 스윙 곡에 집중하게 되는 흐름을 보여준 곡이었다. 이러한 스타일은 1938년의 여러 명곡들에서 확인되며, 특히 엘링턴 최고의 브라스 솔로이스트들을 위한 두 작품에서 두드러진다. 〈Riding on a Blue Note〉는 트럼펫 연주자 쿠티 윌리엄스를 위한 발랄한 작품이었고, 〈Boy Meets Horn〉은 렉스 스튜어트가 연주한 기억에 남는 곡으로, 단순한 장치(이 경우에는 코넷의 하프 밸브 효과)만으로도 깊은 감정을 끌어내는 엘링턴의 능력을 보여준다. 초고속의 기교를 강조하는 연주는 엘링턴 음악에서 큰 비중을 차지하지는 않았지만, 〈Braggin' in Brass〉는 예외였다. 이 곡으로 엘링턴은 이 장르의 고전이라 할 만한 작품을 창조했고, 밴드는 이 숨 막히는 곡을 놀라운 솜씨로 구현해 냈다. 이처럼 순도 높은 스윙으로의 도전에도 불구하고, 엘링턴은 자신의 "무드" 스타일 역시 계속 발전시켰다. 특히, 이 밴드는 〈Blue Light〉,

⟨Lost in Meditation⟩, ⟨Prelude to a Kiss⟩, ⟨A Gypsy Without a Song⟩
에서 인상적인 성과를 거두었다. 이러한 성과들이 명확해짐에 따라, 엘링턴
은 연주의 전체적인 통일성을 파괴하지 않으면서도, 애절한 블루스적 울림,
인상주의적 화성, 낭만적인 발라드 요소 등 점점 더 다양한 스타일 장치를
자신의 무드 작품에 통합할 수 있게 되었다. (젤리 롤 모튼의 최고의 결실을
연상시키지만, 이제는 엘링턴의 확장된 작곡 팔레트를 통해 업데이트 및 변형
된) 3분짜리 곡에서 이렇게 많은 음악적 영역을 포괄할 수 있는 이러한 능력
은 그의 성숙한 작품의 가장 두드러진 장점 중 하나로 돋보일 것이다.

이 비옥한 해가 끝나갈 무렵 어느 날 저녁, 피츠버그에서 공연을 마친 후,
엘링턴에게 빌리 스트레이혼이라는 젊은 작곡가가 자신의 작품 중 하나를
보여주고자 다가왔다. 엘링턴보다 열여섯 살 연하인 스트레이혼은 오하이오
(1915년 데이턴에서 출생), 노스캐롤라이나, 뉴저지 등 여러 지역에서 청소
년기를 보냈고, 결국 마지막으로 갔던 펜실베이니아에 있는 피츠버그 음악
원에 입학했다. 여기에서, 그는 재즈와 작곡에 대한 개인적인 열정을 키워가
면서, 이론과 클래식 음악을 정식으로 공부했다. 엘링턴과의 결정적인 만남
직전까지, 스트레이혼은 트리오와 함께 연주하며 관현악 편곡을 공부했지
만, 대부분의 수입은 약국에서 일하는 것으로 벌고 있었다. 그러나 그의 삶
은 곧 극적으로 바뀌게 된다. 그날 밤 엘링턴의 관심을 끌었던 작품 ⟨Lush
Life⟩는 틴 팬 앨리보다 클래식 음악의 특징인 포괄적인 화성으로 뒷받침된,
갈망하는 선율 라인과 잊을 수 없는 시적인 가사로, 최고의 재즈 발라드 중
하나로 돋보인다. 몇 주 안에 스트레이혼은 엘링턴 밴드의 편곡 작업을 맡게
되었고, 이로써 두 사람은 거의 30년에 걸친 협업 관계를 시작하게 된다. 이
시기 동안, 스트레이혼은 200곡이 넘는 작품을 작곡하거나 공동 작업했다.

엘링턴은 오랫동안 자신의 밴드 멤버들과 다양한 음악적 협업을 해왔지
만, 이전의 관계들은 명백히 일방적인 것이었다. 이에 반해, 스트레이혼은
진정한 동반자가 되었고, 밴드의 사운드를 형성하는 데 중추적인 역할을 했

다. 실제로, 스트레이혼이 작곡한 〈Take the A Train〉은 결국 이 밴드의 대표 테마곡이 되었다. 하지만 이러한 히트 퍼레이드 진입은 이례적인 일이었다. 스트레이혼의 본능은 상업적인 것이 아닌 예술적인 것이었고, 엘링턴이 그를 음악적 분신으로 선택한 것은 의심할 여지 없이 진지한 작곡가로서의 밴드 리더 자신의 열망을 반영한 것이었다. 특히 〈Chelsea Bridge〉, 〈Daydream〉, 〈Passion Flower〉, 〈Lotus Blossom〉, 〈A Flower Is a Lovesome Thing〉, 〈Blood Count〉와 같은, 자신의 무드 곡들에서 스트레이혼의 능숙함은 그의 고용주인 엘링턴에 필적할 정도였다. 이러한 곡들은 재즈가 예술 가곡의 경지에 가장 근접한 사례로 남아 있다.

1939년, 엘링턴은 여러 방면에서 자신의 활동을 확장해 나갔다. 연초에는 스몰 콤보 세션에 우선순위를 두었지만, 곧 빅 밴드 활동이 활기를 띠기 시작했다. 3월과 6월에는 리프 기반의 〈Pussy Willow〉, 무드 곡 〈Subtle Lament〉, 그리고 애절한 〈Serenade to Sweden〉을 포함하여, 열두 곡이 넘는 앙상블 녹음이 이루어졌다. 〈Serenade to Sweden〉은 그해 봄 엘링턴이 유럽에 성공적으로 복귀한 것을 기념한 곡으로, 그는 스톡홀름에서 마흔 번째 생일을 성대하게 축하받았다. 이 축하에는 찬사의 연설, 그를 위해 노래하는 어린이들, 그리고 저녁 콘서트에서 관객 전원이 일어나 〈Happy Birthday〉를 함께 부르는 감동적인 장면도 포함되어 있었다. 그해의 또 다른 이정표로는 빌리 스트레이혼의 첫 주요 작품인 〈Grievin'〉, 그리고 〈Bugle Call Rag〉를 연상시키는 〈The Sergeant Was Shy〉가 있다. 특히 이 곡은 히틀러가 폴란드를 침공하며 제2차 세계대전을 일으키기 불과 3일 전에 녹음된 것으로, 상당히 예견적인 느낌을 준다. 또한, 엘링턴은 이해에 연주자로서도 더 높은 인지도를 얻었는데, 이는 당시 드물게도 그가 솔로 피아노 곡을 녹음하거나, 그해 가을 새로 합류한 베이시스트 지미 블랜튼과의 듀엣 형식 녹음을 통해 나타났다.

블랜튼의 합류는 엘링턴 밴드에 중대한 전환점이 되었다. 엘링턴의 절반

밖에 안 되는 나이인 스무 살의 이 천재 연주자는 짧은 시기 동안 밴드의 거의 모든 공연에 눈에 띄는 흥분, 예리함, 그리고 강한 추진력을 불어넣었다. 비록 젊었지만, 블랜튼의 경력은 수년이 아닌 단 몇 개월에 불과했다. 그는 1941년 말 건강 악화로 엘링턴 밴드를 떠났고, 이듬해 7월에 결핵으로 세상을 떠났다. 그러나 그 짧은 시간 동안, 그는 엘링턴의 리듬 섹션에 활력을 불어넣었을 뿐만 아니라, 재즈에서의 현악 베이스[콘트라베이스]의 역할에도 혁신을 일으켰다. 지미 블랜튼 이전에도 팝스 포스터, 스티브 브라운, 알 모건Al Morgan, 존 커비John Kirby, 웰먼 브라우드Wellman Braud, (블랜튼이 들어올 당시, 엘링턴과 함께했던) 빌리 테일러Billy Taylor, 월터 페이지 등 뛰어난 베이스 연주자들은 있었다. 하지만 블랜튼의 비범한 기량은 그들의 업적을 무색하게 만들었다. 그들이 그 모든 장점에도 불구하고 박자를 유지하고 화음을 보강해 주는 역할에 그쳤다면, 블랜튼은 완전한 재즈 연주자였다. 오늘날 베이스는 대부분의 재즈 앙상블에서, 연주를 촉진하고, 기본 리듬감을 형성하고, 장식음과 선명한 워킹 라인, 대위 선율을 제공하며, 때로는 특징적인 솔로 음색으로 자리 잡는 등 다양한 역할을 한다. 블랜튼은 이 모든 역할을 정의하는 데 중요한 역할을 했다. 그는 손으로 튕겨 연주하는 (피치카토) 베이스가 드럼 못지않게 스윙 리듬을 주도하고, 전체 재즈 오케스트라를 이끌 수 있다는 것을 보여주었다. 그는 누구보다도 베이스를 재즈 어법의 정통 솔로 보이스로 확립한 인물이다. 당시로서는 타의 추종을 불허하는 울림 있는 음색과 세련된 연주로, 그는 모던 재즈 베이스 기법의 기초를 마련했다. 블랜튼의 음반에서뿐만 아니라, 오스카 페티포드Oscar Pettiford, 레이 브라운Ray Brown, 찰스 밍거스, 레드 미첼Red Mitchell, 폴 체임버스Paul Chambers, 레드 칼렌더Red Callender를 포함한, 사실상 1940년대와 1950년대의 모든 주요 재즈 베이시스트들에게 미친 광범위한 영향에서, 그 성과를 들을 수 있다. 칼렌더는 나중에 이렇게 회상했다. "내가 들어본 베이스 연주자 중 가장 인상 깊었던 사람은 지미 블랜튼이었다. 처음 그의 연주를 들었을 때

이렇게 생각했다. '이게 바로 베이스가 제대로 연주되는 방식이구나.'" [133]

벤 웹스터는 이 시기에 밴드에 추가된 세 번째 주요 인물로, 그의 영입은 엘링턴에게 큰 성공이었다. 자신만의 깊은 소리를 지닌 강력한 솔로 연주자였던 웹스터는 엘링턴 오케스트라 역사상 가장 뛰어난 테너 색소폰 연주자로 평가받는다. 그의 탈퇴는 엘링턴이 끝내 제대로 메우지 못한 공백을 남겼다. 최고의 기량을 보일 때 웹스터는 가장 유명한 재즈 테너 연주자들과 어깨를 나란히 했으며, 많은 팬들은 그를 호킨스, 영과 동급으로 여겼다. 그의 성숙한 연주 스타일은 재즈에서 전례 없는 수준으로 테너 색소폰이 낼 수 있는 모든 소리의 가능성에 완전히 통달했음을 보여주었다. 그는 숨결 가득한 음색부터 거칠고 날카로운 표현, 짖는 듯한 소리, 흐느낌, 으르렁거림, 글리산도, 울부짖음, 속삭임까지, 다채로운 소리를 구사해냈다. 그의 연주는 때때로 그의 성격처럼 공격적이었다. 웹스터는 한때 헤비급 챔피언 조 루이스를 쓰러뜨렸다고 주장한 적이 있었고, 감히 그 이야기에 의문을 제기한 이는 없었다. 하지만 그의 음악은 그만큼이나 부드러운 순간들로도 주목할 만했다. 그는 조니 호지스의 풍부한 사운드를 모방하면서도, 그 안에 더 따뜻하고 공기가 통하는 느낌을 더했다. 그의 여운 있는 음색은 흐릿하면서도 감미로운 매력을 지녔다. 결국 그는 명시적으로 말하는 것이 아닌, 한두 음만으로 충분한 암시를 주는 방법을 익혔다. 이는 들리지 않는 선율이 가장 달콤하다*는 한 시인의 말을 떠올리게 한다. 하지만 웹스터는 색소폰으로 강렬한 외침을 표현하는 데에도 능숙했으며, 그의 가장 유명한 엘링턴 시절 솔로 연주곡인 〈Cotton Tail〉에서는 즉흥 연주의 복잡성을 극한까지 끌어올린 기념비적인 연주를 남겼다.

---

* 영국 시인 존 키츠의 시 《그리스 항아리에 부치는 시 Ode on a Grecian Urn》의 한 구절. "들리는 선율은 달콤하지만, 들리지 않는 선율은 더욱 달콤하니 ─ 그래서, 피리를 불어라, 천상의 음악가여! 귀로 듣지 말고 마음으로 들으라."

1909년 3월 27일, 미주리주 캔자스시티에서 태어난 웹스터는 베니 모튼과 앤디 커크가 이끄는 밴드에서 견습하면서, 재즈 분야 최고의 악기 연주자들과 더불어 자기 기술을 발전시켰다. 1934년에 뉴욕으로 이주한 후, 웹스터는 한동안 플레처 헨더슨, 캡 캘러웨이 등의 밴드에서 활동하다가, 1940년에 고정으로 엘링턴 밴드에 합류했다. 그러나 엘링턴 밴드에서의 그의 활동은 길지 않았다. 웹스터는 1943년에 엘링턴 밴드를 떠나 1940년대 후반에 잠시 재합류했지만, 곧 다시 독립하여 프리랜서 연주자이자 스튜디오 연주자로서 성공적인 경력을 쌓아나갔다.

이 시기 동안, 엘링턴은 비즈니스 측면에서도 중요한 변화를 시도하고 있었다. 그는 1939년에 어빙 밀스와 결별하고, 윌리엄 모리스 에이전시와 새로운 계약을 체결했다. 이와 거의 같은 시기에, 엘링턴은 빅터 레코드사와도 장기적인 관계를 맺으며 5년 계약을 체결했다. 이러한 새로운 계약들이 뒤이은 창작력 폭발에 일정 부분 영향을 미쳤으리라 추정할 수 있다. 최소한, 빅터와의 작업에서 엘링턴은 막대한 예술적 자유를 부여받았던 것으로 보인다. 그가 이 레이블을 위해 녹음한 트랙들은 상업적인 색채가 거의 느껴지지 않을 정도였다. 그것들은 듀크를 진지한 재즈 청자들에게는 사랑받게 할 수 있지만, 더 평범한 팬들의 관심은 끌 것 같지 않은, 난해한 작곡 구조, 예상치 못한 전조, 시끄러운 불협화음의 악절과 같은 미묘함과 복잡성으로 가득하다.

엘링턴이 전통적인 표준 악곡 형식에서 자주 벗어났던 점은 특히 주목할 만하다. 스윙 시대에 접어들 무렵, 32마디 형식은 대중가요 작곡과 재즈 즉흥 연주에서 지배적인 구조로 자리 잡고 있었다. 가장 흔한 변형은 두 개의 8마디 선율, 즉 A 테마와 B 테마를 AABA 순서로 배열하는 표준 양식을 따랐다. 이보다 구조가 더 단순한 두 번째 방식도 자주 쓰였는데, 이는 AA′ 형식으로, 두 테마가 각각 16마디로 구성되며, A′는 A와 거의 동일하지만 끝부분만 약간 다르게 변형된 형태였다. 이 두 구조, 즉 AABA와 AA′는 오늘날까지도 재즈 음악에서 가장 널리 사용된다. 전형적인 연주에서는 재즈 밴드가 이 기본 구조를 반복적으로 연주하며, 그 위에 즉흥 연주를 얹는 방식으로 32마디의 순환을 계속 이어간다. 오프닝과 클로징 선율은 이러한 즉흥 연주를 하나의 틀 속에 담아내는 역할을 한다. 물론 엘링턴도 필요할 경우, 특히 상업적 성공을 노릴 때는, 이 간단한 32마디 형식을 활용하고는 했다. 그러나 그는 종종 이 틴 팬 앨리식[고정된 대중가요 작법]의 틀을 깨고, 3분짜리 곡 안에 4개 이상의 테마를 집어넣는 실험을 하기도 했다. 그리고 8마디 또는 16마디에만 얽매이지 않고, 10마디, 20마디, 혹은 더 불균형적인 길이의 구절도 자주 사용했다. 이 외에도 그는 12마디 블루스 형식도 빈번히 활용했다. 이러한 다양한 길이의 선율들은 하나의 작품 안에 공존하기도 하며, 거기에 비전통적인 도입부, 종결부, 간주 같은 요소들이 가미되어, 엘링턴만의 독창적인 구조를 형성했다.

엘링턴의 1940년 녹음 ⟨Jack the Bear⟩는 전체적으로는 지미 블랜튼의 눈부신 베이스 연주가 주도하는 12마디 블루스곡이다. 하지만 이 곡은 중반에 AABA 형식으로 전환된다. 숙련된 재즈 연주자에게는 블루스 형식과 팝 형식의 이러한 병치가 마치 레드와인과 화이트와인을 한잔에 섞는 것처럼 혼란스럽게 느껴질 수 있다. 그러나 엘링턴은 이처럼 이질적인 조합을 듣는 이의 청각적 미감에 거슬리지 않게 잘 해냈을 뿐만 아니라, 이 과정을 통해 하나의 걸작을 만들어냈다. 같은 시기에 발표된 ⟨Sepia Panorama⟩ 또한 엘링턴이 복잡한 악곡 구조를 선호했음을 보여주는 또 다른 예이다. 이 곡은 네 개의 테마를 바탕으로 구성되어 있으며, 전체 구조는 ABCDDCBA로 전개되는데, 후반부는 전반부의 거울 이미지처럼 배치되어 있다. 이번에도 선율의 길이는 제각각으로, A와 D 테마는 12마디 블루스 형식, B와 C 섹션은 각각 8마디와 16마디의 표준 구조로 되어 있다. 더욱이, 각 부분의 정서적 분위기도 눈에 띄게 다르다. 차분한 B 테마는 활기찬 A와 C 섹션 사이를 분리하며, 두 개의 D 테마에서는 엘링턴, 블랜튼, 웹스터가 각자 뛰어난 블루스 연주를 선보인다. 이처럼 복잡한 구조는 단순한 리프에 익숙했던 당시 스윙 팬들에게는 다소 난해하게 느껴졌을지도 모른다. 그러나 엘링턴은 언제나 다르게 가는 것을 두려워하지 않았다. 실제로, 그는 이 시기 동안 〈Sepia Panorama〉를 밴드의 테마곡으로 사용하기도 했다.

엘링턴은 때때로 공연에서 곡의 초반부만 연주하며 형식을 단순화하기도 했지만, 종종 관객들에게 완성도 높은 전체 버전을 선보였다. 1940년 11월 7일, 노스다코타주 파고에서 녹음된 한 라이브 공연에서 그러한 모습을 엿볼 수 있다. 이 공연은 엘링턴의 유명한 카네기 홀 공연이나 〈Sacred Concerts〉에 견줄 만한, 잘 알려지지 않은 걸작으로 평가받는다. 이 녹음에서는 블랜튼과 웹스터가 최상의 기량을 발휘하며 5분짜리 〈Sepia Panorama〉를 생동감 있게 연주한다. 파고 공연의 전체 트랙들은 엘링턴의 1940년 밴드의 실체를 보여주는 중요한 기록물이다. 이 앙상블의 특기였던 복잡하고 도전적인 작품들이 단순히 예술적인 성과에 그치지 않고, 댄스홀의 관객들을 위한 열정적인 핫 재즈로도 기능할 수 있었음을 입증한다. 사실, 엘링턴 밴드가 이 정도의 열정과 생동감을 보여주는 녹음은 다른 어떤 세팅에서도 드물다. 하지만 엘링턴에게 이것은 모순이 아니었다. 그의 예술성은 노스다코타의 댄스홀에서도, 카네기 홀 무대에서도 똑같이 존재감 있게 살아 숨 쉬었다. 그는 언제나 부드럽고 정중한 방식으로, 자신이 가는 수준까지 청중을 끌어올렸다. 그리고 그를 진정으로 아끼는 팬들은, 가장 소박한 장소에서조차 가장 영감을 받은 연주를 기대할 줄 아는 법을 익히게 되었다.

엘링턴의 1940년대 초반 녹음 유산은 놀라울 만큼 풍부하다. 이 시기의 빅터 레이블 녹음들은 재즈 장르의 최고 업적 중 하나로, 루이 암스트롱의 핫 파이브와 핫 세븐, 혹은 찰리 파커의 사보이 및 다이얼 세션과 어깨를 나란히 한다. 어디서부터 시작해야 할까? 불길한 분위기의 〈Ko-Ko〉는 고동치는 페달 톤으로 엘링턴의 초기 "정글 음악jungle music"을 연상시키지만, 훨씬 어두운 색채를 사용하여 거의 위협적인 분위기를 자아낸다. 만약 세계대전이 일어나려 하고 있다는 사실을 몰랐다 해도, 이 불길한 음악적 초상화를 통해 짐작할 수 있었을지도 모른다. 반면 〈Harlem Air Shaft〉는 정반대의 분위기를 담고 있다. 이 곡은 환희에 차 있고, 생기 넘치며, 근심 걱정 없이 자유롭다. 곡의 중간 지점에서 엘링턴은 청중에게 장난을 친다. 리듬 섹션이 갑자기 빠지고, 관악기들이 절반 속도로 더 사색적인 테마를 연주한다. 파티가 너무 일찍 끝나버린 걸까? 전혀 아니다. 잠깐의 의미심장한 침묵 후, 드러머 소니 그리어가 밴드를 다시 전면으로 이끈다. 이 고양이와 쥐의 게임은 두 번 반복되며, 절묘하게 인내를 유도하는 걸작으로 완성된다.

앙상블의 가장 사랑스러운 발라드와 무드 곡 중 일부는 이 시기에 만들어졌는데, 놀랍게도 그중 상당수는 밴드 멤버들에 의해 쓰여졌다. 엘링턴의 창의성은 〈All Too Soon〉, 〈Warm Valley〉, 〈Dusk〉에서 볼 수 있듯이, 여전히 최고조에 있었다. 하지만 빌리 스트레이혼의 〈Chelsea Bridge〉, 머서 엘링턴Mercer Ellington의 〈Blue Serge〉, 후안 티졸의 〈Bakiff〉도 일류 작품으로 눈에 띈다. 그러나 이 밴드는 작곡가들의 밴드 그 이상이었다. 엘링턴 오케스트라의 즉흥 연주 실력을 의심하는 이가 있다면, 쿠티 윌리엄스의 〈Concerto for Cootie〉, 벤 웹스터의 〈Cotton Tail〉, 지미 블랜튼의 〈Pitter Panther Patter〉, 조니 호지스의 〈Main Stem〉 연주만 들어보면 된다. 실상, 작곡, 오케스트레이션, 즉흥 연주 간의 이상적인 균형을 이처럼 잘 보여주는 재즈 녹음물은 1940년대 초 엘링턴의 작품들 외에는 좀처럼 떠올리기 어렵다.

여러 가지 상황이 겹치면서, 엘링턴 밴드 역사에서 풍요로웠던 이 시기는 막을 내리게 된다. 쿠티 윌리엄스는 엘링턴 밴드에서 11년을 보낸 후, 1940년 11월 베니 굿맨 밴드로 이적하기로 결정했다. 지미 블랜튼은 1941년 11월에 밴드를 떠났고, 몇 달 뒤 결핵으로 사망했다. 1942년 여름에는 바니 비가드가 탈퇴했고, 한 달 뒤에는 보컬리스트 아이비 앤더슨도 그 뒤를 이었다. 이탈은 1943년에도 계속되었고, 이번에는 벤 웹스터가 밴드를 떠났다. 1940년대 중반에는, 렉스 스튜어트, 후안 티졸, 트리키 샘 낸튼(뇌졸중으로 쓰러짐), 오토 하드윅도 밴드를 떠났다. 오랫동안 안정된 멤버 구성에 의존해 왔던 엘링턴은 전례 없는 수준의 멤버 이탈에 대처해야 했다. 하지만 문제는 이것만이 아니었다. 음악 산업 전반의 더 큰 문제들도 그의 활동을 제약했다. 1941년, 작곡가들을 대표하는 단체인 ASCAP과 전국 라디오 방송국 간의 갈등은 엘링턴의 방송 출연 기회를 사실상 제한시켰다(물론 그 덕분에 스트레이혼이나 ASCAP 소속이 아닌 다른 동료들의 곡을 더 많이 소개함으로써 재정적인 이익을 얻기도 했다). 이어서 거의 2년에 걸쳐 엘링턴은 녹음실 출입조차 할 수 없었다. 그러다가 미국 음악가 연맹의 고집 센 수장인 제임스 페트릴로가 초래한 장기 파업으로 인해, 엘링턴은 거의 2년 동안 녹음실 출입조차 할 수 없었다. 팬들은 1938년부터 1941년까지 녹음된 장엄한 (다작의) 결과물이 대부분 (잠시 동안이나마) 침묵으로 이어지는 것을 낙담하며 지켜보아야만 했다.

이 강제된 공백기와 극적인 밴드 멤버 교체에도 불구하고, 엘링턴의 야망은 전혀 꺾이지 않았다. 그의 관심은 점점 더 재즈 스타일의 장편 작품으로 향했다. 1941년 로스앤젤레스에서 11주 동안 공연된 그의 쇼《Jump for Joy》의 실패에도 굴하지 않고, 엘링턴은 지금까지 가장 대담한 작곡인 《Black, Brown and Beige》를 밀어붙였다. 십 년 넘게, 엘링턴은 아프리카계 미국인의 역사를 음악으로 묘사하는 장편 작품을 쓰고 싶다고 말해왔다. 이 프로젝트의 범위는 계속해서 바뀌었다. 어떤 시점에서는 교향곡이 될 예정이었고, 또 다른 때에는 오페라나 뮤지컬이 될 계획이었다. 그러나 최종 결과물은 그 어떤 것도 아니었다. 대신, 엘링턴은 약 45분 분량의 3부작 작품을 만들어냈고, 이는 재즈 밴드와 보컬을 위한 곡이었다. 엘링턴의 명성을 고려할 때, 이것만으로도 음악계에서 큰 사건이었을 것이다. 하지만 공연 장소로 카네기 홀을 선택했다는 점 — 이것이 바로 엘링턴의 이 유서 깊은 공연장에서의 데뷔 무대였다 —은《Black, Brown and Beige》를 둘러싼 주목도를 더욱 높였다. 어떤 이들의 눈에는, 엘링턴이 단순히 장편 작품을 작곡한 것이 아니라, 진지한 음악의 보루에 도전하고 있는 것으로 보였다.

이 작품에 대한 평단의 반응은 결코 호의적이지 않았다. 『뉴욕 해럴드 트리뷴New York Herald Tribune』에 기고한 폴 보울스Paul Bowles는 이 작곡가를 비난했을 뿐만 아니라, 재즈의 "적절한" 범위에 대해 훈계하기까지 했다. 그는 "재즈를 예술 음악과 형식적으로 융합하려는 모든 시도는 억제되어야 한다"[134]라고 말했는데, 이는 마치 대농장주가 "건방진" 노예를 꾸짖는 듯한 불길한 울림을 지녔다. 좀 더 호의적일 수 있었던 존 해먼드조차도 엘링턴이 "재즈를 버리고 있다"고 안타까움을 표했다. 그러나 실제로《Black, Brown and Beige》는 약간의 미완성된 부분이 있긴 해도 인상적인 작품이었다. 1악장에는 엘링턴이 작곡한 테마 전개 중 가장 정교한 예시들이 포함되어 있으며, 그의 가장 뛰어난 선율 중 하나인 〈Come Sunday〉는 조니 호지스의 열정적인 색소폰 연주로 표현되었다. 2악장의 하이라이트는 예상치 못한 보컬 파트의 등장이며, 이는 이례적인 피라미드 구조의 가사 위에 구축되어 있다.

블루스
블루스는 아니에요
블루스는 아무것도 아니에요
블루스는 아무것도 아닌, 춥고 잿빛인 날에 지나지 않아요……

이 카네기 홀 공연에서, 이 부분은 벤 웹스터의 뛰어난 테너 솔로로 이어졌다. 세 번째 악장인《Beige》는 덜 구조화된, 다양한 주제들의 연속으로 이루어져 있으며, 각 주제는 아프리카계 미국인의 역사나 문화의 특정한 측면을 엘링턴이 음악적으로 환기한 것이다. 당시로서는 재즈에서 드물게 쓰이는 박자인 왈츠가 삽입된 점이 주목할 만했지만, 전체적으로《Beige》는

《Black》과 《Brown》에 비해 결속력이 약하다. 전체적으로 볼 때, 《Black, Brown and Beige》는 엘링턴에게 있어 중대한 진일보였으며, 그가 장편 형식의 요구에 정면으로 응답한 가장 대담한 시도였다. 이 작품은 굳이 결점을 꼽자면, 오히려 풍부함에서 비롯된 과잉, 즉 너무 많은 주제, 잦은 템포 변화, 다양한 분위기의 전환 등으로 인해, 균형을 잃었다고 할 수 있다. 그럼에도 불구하고, 《Black, Brown and Beige》는 엘링턴의 경력에서 중요한 이정표로 남아 있으며, 재즈 음악 역사상 가장 중요한 장편 작품으로서 충분히 재조명받을 가치가 있다.

　적절한 격려가 있었다면, 엘링턴은 이 거대한 작품으로 제시한 방향을 더 깊이 밀고 나아갔을지도 모른다. 그러나 비평가들의 엇갈린 반응은 그를 주저하게 했다. 이후 한 달 동안 그는 이 작품을 두 차례 더 공연했고, 그 후 원래의 형태로는 다시는 연주하지 않은 채 선반 위에 올려두었다. 1940년대 동안 엘링턴은 카네기 홀 콘서트에서 장편 작품들을 계속 발표했지만, 《Black, Brown and Beige》만큼 야심 찬 작품은 없었다. 1943년 12월 11일, 카네기 홀에서 초연된 〈New World A-Coming〉에서는 좀 더 절제된 단일 악장 형식의 작품을 선보였으며, 이는 재즈적인 성향이 덜하고, 19세기 클래식 음악의 분위기를 풍겼다. 이듬해에 발표된 《The Perfume Suite》를 통해, 엘링턴은 (분명히 여기에 참여한 스트레이혼과 함께) 본질적으로 서로 관련 없는 음악적 소품들을 하나의 연작으로 엮어 장편 작품을 구성했다. 엘링턴은 1946년의 《The Deep South Suite》와 1947년의 《The Liberian Suite》에서도 이와 같은 방식을 사용했으며, 이는 그가 미니어처[짧고 정교한 곡] 작곡가로서의 역량을 발휘할 수 있게 해주는 방식이었다. 이후 그의 경력 동안, 이 형식은 엘링턴이 장편 형식의 도전을 풀어가면서 선호한 방식으로 자리 잡았다. 이후 25년에 걸쳐, 엘링턴은 수많은 장편 작품들을 작곡했지만, 《Black, Brown and Beige》에서 보였던 주제적으로 깊이 파고드는 스타일은 좀처럼 다시 드러나지 않았다.

그러나 군터 슐러가 적절히 지적했듯이, "우리가 엘링턴을 너무 가혹하게 평가하기 전에, 재즈에서의 대규모 형식 문제는 아직 누구에 의해서도 완전히 만족스럽게 해결된 적이 없다는 점을 기억할 필요가 있다."[135] 《Black, Brown and Beige》 이후 십 년이 지난 뒤, 장시간 재생이 가능한 롱플레잉(LP) 레코드의 도입은, 78rpm 레코드로 인한 제약으로부터 재즈를 해방시킬 획기적인 전환점으로 여겨졌다. 재즈 연주자들이 더 이상 78rpm 음반의 3분 제한에 묶이지 않게 되면서, 연장된 형식의 재즈 작곡 시대가 꽃피울 것처럼 보였다. 그러나 그 후 수십 년의 세월은, 단순히 기술적인 문제 이상의 것이 해결되어야 진정한 해방이 가능하다는 점을 분명히 보여주었다. 왜 그런 것일까? 슐러는 즉흥 연주와 작곡을 통합하는 것의 어려움을 지적한다. 물론 이것도 중요한 문제다. 그러나 그보다 더 시급한, 그리고 재즈계에서 대개 언급되지 않는 문제는, 연장된 재즈 작품에 적합한 작곡 구조란 과연 어떤 것인가라는 질문이다. 사실, 선택지는 네 가지뿐이다. 첫째, 재즈 작곡가들은 클래식 음악의 형식을 차용하여, "재즈 오페라", "재즈 푸가", "재즈 소나타" 등을 창작할 수 있다. 둘째, 재즈 작곡가는 12마디 블루스, 32마디 형식 또는 심지어 2마디 뱀프(예를 들면, 존 콜트레인이 선호한다)와 같은 짧은 형식을 계속 사용하여, 단순히 그것들을 오랫동안 연주할 수 있다. 셋째, 형식이 거의 없거나, 형식적 제약을 매우 느슨하게 적용한 장편 작품을 만드는 방식이 있다. 이는 엘링턴의 수많은 모음곡에서 볼 수 있는 형태다. 넷째, 재즈 작곡가가 완전히 새로운 작곡 구조를 발명하는 것이다. 즉, 소나타 형식을 차용한 "재즈 소나타"가 아니라, 소나타 형식(혹은 푸가, 론도 등)에 대한 대안적인 재즈 형식을 고안하는 것이다. 마지막 선택지는 분명 가장 어렵고, 어쩌면 가장 유망하며, 지금까지 가장 적게 탐색된 길이다. 재즈계에서 형식주의에 대한 무관심, 때로는 적대감마저 존재하는 것을 감안하면, 놀라운 일은 아니다. 평론가들이 엘링턴이 말년에 사실상 형식이 없는 "모음곡 suite"들에 의존했다고 아쉬워하는 것은, 그 음악의 질이 떨어지기 때문이 아니라(전혀 그렇지 않다), 엘링턴이 당면한 더 큰 과업을 회피한 듯 보이기 때문이다. 20세기 그 어떤 재즈 작곡가보다도, 그는 이러한 새로운 구조를 창조할 수 있는 비전과 야망, 그리고 천재성을 갖춘 인물이었다.

그렇다면 엘링턴은 이 점에서 실패한 것일까? 꼭 그렇지는 않다. 어느 시점에서 그는 단순히 자신의 에너지를 다른 방향으로 돌리기로 결정했을 뿐이다. 때로는 그의 가장 대담한 음악적 비전이 짧은 스케치 속에서 드러나곤 했다. 예를 들어, 1947년 카네기 홀 콘서트에서 연주된 〈The Clothed Woman〉의 4분 30초짜리 버전에서는 스트라이드와 블루스의 요소들 속에 무조성의 암시가 섞여 있는 것을 들을 수 있다. 〈Transblucency〉에서 보이는 보컬과 기악 라인의 통합, 〈Fugueaditti〉(보다 긴 작품인 《Tonal Group》의 일부이기도 하다)에서의 대위법 사용, 1945년 밴드가 재녹음한 〈Mood Indigo〉에서 드러나는 캐논 형식의 상호 연주와 대담한 화성 재구성 또한, 엘링턴이 자신의 음악적 어휘를 확장하는 데 관심이 있었음을 보여준다. 마지막 예에서 분명히 드러나듯, 기존의 재료를 새롭게 재작업하는 과정은 종종 엘링턴에게 가장 영감 넘치는 순간들을 안겨주었다. 5년 후, 엘링턴은 스트레이혼과 협업해 〈Mood Indigo〉의 15분짜리 버전을 그의 초기 롱플레잉 음반 중 하나에 수록하게 된다. 이 테마에 대한 16개의 변주 코러스 결과물은, 종종 간과되기는 하지만, 이 밴드의 가장 뛰어난 장편 작품 중 하나로 손꼽힐 만하다. 이 작품은 엘링턴 오케스트라가 바흐의 《골드베르크 변주곡》이나 베토벤의 《디아벨리 변주곡》에 해당하는 아프리카계 미국인의 음악적 대응물을 만드는 데 있어서 가장 근접한 시도일 것이다.

히트곡들도 계속해서 이어졌다. 심지어 녹음 금지 기간에도, 엘링턴은 인기곡 작곡가로서 큰 판매 성과를 올렸다. 그의 기악곡 두 곡은 가사가 덧붙여지고 제목이 바뀌는 변신을 거쳐 상업적으로 큰 성공을 거두었고, 실제로 두 곡 모두 현재에도 자주 연주되는 재즈 표준곡이다. 〈Never No Lament〉를 바탕으로 한 〈Don't Get Around Much Anymore〉는 잉크 스파츠Ink

Spots의 버전이 R&B 차트 정상을 차지했고, 이를 계기로 빅터 레코드는 엘링턴의 원곡을 재발매했으며, 이 역시 좋은 판매고를 올렸다. 〈Concerto for Cootie〉는 보다 형태가 단순화되고 가사가 붙어 〈Do Nothin' till You Hear from Me〉라는 제목으로 재탄생했는데, 이 곡은 훨씬 더 큰 인기를 끌며 엘링턴 밴드를 8주 동안 R&B 차트 1위에 올려놓았다. 작곡가이자 콘서트홀용 작품의 작곡가로서 명성을 쌓는 동시에, 엘링턴은 여러 가지 다른 요구 사항들, 즉 끝없이 이어지는 순회공연, 빅밴드를 이끄는 리더로서의 책임, 유명인으로서의 삶, 그리고 음악 산업 내 상업적 이해관계로부터의 압박 등도 어찌어찌해서 버텨냈다. 이러한 일은 그의 남은 생애 동안 계속되었고, 시간은 늘 부족했다. ("심지어 예정에 없던 일조차 일정에 뒤처져 있다"[136]라고 빌리 스트레이혼은 농담 삼아 말하고는 했다.) 이런 상황을 고려하면, 엘링턴이 그렇게나 많은 영역에서 그토록 성공을 거두었다는 것은 실로 놀라운 일이다.

1950년대는 엘링턴에게 도전적인 시기였다. 1951년, 조니 호지스, 로렌스 브라운, 소니 그리어가 갑작스럽게 탈퇴한 사건은 밴드 역사상 가장 충격적인 손실로 남아 있다. 엘링턴은 해리 제임스 밴드에서 활동 중이던 후안 티졸을 다시 불러들이며 재정비에 나섰고, 티졸과 함께 그 밴드에서 활동하던 드러머 루이 벨슨Louie Bellson, 알토 색소폰 연주자 윌리 스미스도 합류했다. 재즈 언론은 이 영입을 "제임스 대강탈"이라 불렀지만, 이 강탈의 실속에는 의문이 따랐다. 분명히 얻은 것도 있었다. 벨슨은 빠른 템포의 곡에서 밴드를 이끄는 데 있어 그리어보다 전반적으로 뛰어난 모습을 보였지만, 호지스의 공백은 스미스(그가 가진 장점에도 불구하고)나 그 누구로도 메울 수 없는 것이었다. 호지스는 1955년에 복귀했지만, 엘링턴은 그 공백기에 결코 완전히 적응하지 못했다. 색소폰 연주자 폴 곤살베스Paul Gonsalves가 1950년에 합류하면서 그 공백의 상당 부분을 메우게 되었고, 그는 웹스터 이후 시기의 엘링턴 밴드에서 가장 강력한 테너 솔로이스트로 자리 잡았다. 이듬해에는 트럼펫 연주자 클라크 테리도 합류했는데, 이는 엘링턴에게 분명 큰 묘책이었다.

하지만 이 시기 엘링턴이 직면한 문제는 밴드 멤버들의 교체에 대처하는 것만으로 끝나지 않았다. 그나마 그 문제는 어느 정도 관리가 가능했다. 그러나 미국 대중의 음악적 취향이 변화한 것은 전혀 다른 차원의 문제였다. 1950년쯤에는 빅 밴드가 미국 대중음악의 주류 세력으로서 사실상 종말을 맞았다. 제2차 세계대전 이후 수많은 사회적·경제적 요인들이 작용하면서, 빅 밴드는 서서히, 그러나 피할 수 없이 사라지게 되었다. 한때 도입되었다가 나중에 철회된 댄스홀 세금은 대중과 재즈 음악가들 사이를 갈라놓은 첫 번째 쐐기였을지 모른다. 전쟁 이후에는 교통비, 임금, 숙박비 등이 꾸준히 상승하면서 스윙 음악을 홍보하는 비용도 더욱 늘어났다. 재즈가 점점 진지한 청자들만을 위한 음악이라는 위압적인 이미지를 갖게 된 것도 이 시기, 비밥 음악가들의 영향에서 비롯되었다고 할 수 있다. 이와 더불어, 텔레비전의 확산은 사람들로 하여금 집에 머물게 했고, 동시에 재즈 음악을 지난 20년간 무료로 홍보해 주던 라디오에서 대중의 관심을 돌리게 만들었다.

그러나 스윙 음악 자체도 일부 책임이 있었다. 이름난 밴드들의 정형화된 표현과 이류 그룹의 사운드 유사성으로 인해, 그 생명력 있는 핵심이 쇠약해졌기 때문이다. 대중의 취향은 이제 프랭크 시나트라 같은 팝 가수들로 옮겨 가고 있었고, 곧 로큰롤의 파격적인 사운드를 받아들이게 되었다. 빅 밴드를 몰락시킨 단일한 요인이 있었다고 보기는 어렵지만, 누적된 영향은 엄청났다. 1946년 12월, 굿맨, 제임스, 도시, 티가든 등의 밴드를 포함해, 무려 여덟 개의 주요 스윙 오케스트라가 해체되었다. 그로부터 몇 년이 지난 1940년대 말에는, 정기적으로 활동을 이어가는 밴드는 소수에 불과했다. 이후 여러 해 동안, 스윙의 가장 저명한 주창자들 중 일부는 이른바 '고스트 밴드'가 되었다. 이들은 이미 세상을 떠난 리더의 이름을 달고 활동하면서, 전성기 시절의 멤버가 겨우 몇 명 남아 있는 반쯤 죽은 듯한 악단이었다. 이러한 상징적인 밴드들은 생명유지 장치에 의존하듯, 과거의 히트곡들을 아무런 참신함이나 혁신 없이 반복해 연주하며 명맥을 이어갔다.

새로운 빅 밴드 음악을 계속해서 선보이던 리더들은 이제까지와는 비교할 수 없을 만큼 큰 어려움에 직면했다. 전후戰後 시기의 카운트 베이시의 이야기는 이를 단적으로 보여주는 예다. 그의 밴드는 댄스홀과 호텔에서의 공연 기회가 꾸준히 줄어들었고, 결국 베이시는 밥 시티Bop City와 로얄 루스트Royal Roost와 같은 소규모 클럽으로 옮겨갈 수밖에 없었다. 빅터 레이블에서 발매된 그의 음반은 판매 실적이 저조했고, 인기를 되살리기 위한 레이블의 고육지책은 오히려 음악적 완성도를 떨어뜨렸다. 결국 베이시는 1950년 초에 밴드를 해산할 수밖에 없었다. 오랫동안 그를 도와온 에이전트 윌러드 알렉산더는 언론에 성명을 내고, 베이시의 빅 밴드가 "흥행력 있는 존재로서 완전히 무너졌다"라고까지 말했다. 그 결과, 베이시는 극소수의 멤버로 구성된 6인조 밴드를 이끄는 처지에 놓였다. 덜 헌신적인 리더였다면 이쯤에서 포기했을지도 모른다. 하지만 베이시는 포기하지 않았다. 그는 곧 7인조로 밴드를 확대했는데, 이는 베테랑 기타리스트 프레디 그린이 자기가 없으면 안 된다고 판단해 스스로 돌아온 덕이었다. ("그냥 자기가 알아서 왔다." 베이시는 그린의 복귀를 이렇게 설명했다. "어느 날 밤 우리가 미드타운 어딘가에서 연주하고 있었는데, 출근했더니 그가 기타랑 짐 다 들고 와 있는 것이었다…… 그때부터 지금까지 쭉 같이 있다."137) 중요한 공연이 생길 때마다 베이시는 추가 멤버들을 불러들였고, 그렇게 조금씩 자신의 빅 밴드를 재건해 나갔다. 동시에 그는 새로운 솔로이스트 그룹도 구성해 나갔다. 이른바 '신약New Testament 밴드'에 대해서는 6장에서 더 자세히 다루겠지만, 비록 레스터 영이나 허셜 에반스에 대한 청중들의 기억을 완전히 지우지는 못했을지라도(누가 그럴 수 있었겠는가?), 베이시의 유산에 중대한 기여를 했다.

1950년대 듀크 엘링턴의 행보도 비슷한 궤적을 그렸다. 한때 그의 위상이 크게 추락해, 『다운비트』지의 한 평론가는 엘링턴에게 밴드 리더에서 은퇴하라고 촉구하기까지 했다. 이는 『다운비트』가 당시 자극적인 논쟁을 일으키는 데 열을 올렸던 점을 감안하더라도 지나친 말이었지만, 1950년대 전반이 엘링턴 밴드 역사상 가장 침체된 시기였다는 점은 누구도 부인할 수 없었다. 이 시기 엘링턴은 점점 과거의 작품들에 의존하게 되었으며, 1950년대 중에 새롭게 작곡하고 녹음한 유일한 대규모 작품은 14분 길이의 음시 〈Harlem〉이었다. 하지만 이 곡은 어떤 기준에서 보더라도 걸작이라 할 만했다. 또한, 엘링턴은 1953년에 〈Satin Doll〉을 통해 라디오 히트곡을 만들어낼 수 있는 역량을 여전히 갖추고 있음을 보여주었지만, 이는 그의 마지막 히트곡이 되었다. 그러나 후기 엘링턴의 가장 신선한 변화는 피아니스트이자 콤보 연주자로서의 존재감이 높아진 점이었다. 1953년 캐피톨 레이블에서 발표한 그의 피아노 음반은 연주자이자 작곡가로서의 엘링턴을 보여주는 중대한 선언이었다(〈Reflections in D〉와 〈Melancholia〉 수록). 이후 몇 년간, 엘링턴은 이와 유사한 앨범들을 여러 장 발표하며 긍정적인 반응을 얻었다. 또한 그는 찰스 밍거스, 맥스 로치, 존 콜트레인 등 젊은 세대의 대표적인 연주자들과 가끔 협연하면서, 스몰 콤보 피아니스트로서 가장 창의적인 순간들을 만들어냈다.

동시에, 이 시기의 엘링턴의 빅 밴드 작품에서는 뚜렷한 보수성이 나타난다. 20년 넘게 끊임없이 자신만의 사운드를 혁신해 온 엘링턴이었지만, 1940년대 말 이후 그의 음악 어휘는 거의 진화하지 않았다. 모던 재즈의 선율적·리듬적 혁신은 그에게 별다른 매력을 주지 못했다. 간간이 락 요소를 흉내 낸 곡이나 비밥을 연상시키는 일시적인 표현 같은 형식적인 시도만 있었을 뿐, 그의 주된 관심은 이전 수십 년간 개척해 온 음악적 토양을 재작업하는 데 있었다. 스탄 켄튼, 길 에반스처럼 오케스트레이션에 색깔을 더하기 위해 색다른 악기를 과감히 도입한 다른 밴드 리더들과는 달리, 엘링턴은 전통적인 스윙 밴드의 틀 안에 머무르려는 듯 보였다. 이러한 맥락에서 보면, 1950년대 엘링턴 경력의 전환점이 20년 가까이 된 작품의 부활에서 비롯되었다는 사실은 그다지 놀라운 일이 아니다. 바로 〈Diminuendo and Crescendo in Blue〉의 1956년 뉴포트 재즈 페스티벌 공연이 그것이었다. 이 곡의 격렬한 연주는 청중을 열광시켰고, 엘링턴의 음반사는 자랑스럽게 이렇게 발표했다. "한 시간도 채 지나지 않아, 기자들과 평론가들이 이 공연에 대해 열띤 이야기를 나누기 시작했다. 다음 날 아침이 되자, 이 공연은 그들 모두가 들어본 것 중 가장 흥미진진한 연주 중 하나로 인정받게 되었다."[138] 하지만 이 찬사에는 약간의 아이러니가 담겨 있었다. 청중이 열광한 것은 엘링턴의 작곡이나 오케스트레이션, 혹은 피아노 연주가 아니었다. 그들을 열광의 도가니로 몰아넣은 것은 테너 색소폰 주자 폴 곤살베스의 27코러스에 달하는 쇼맨십 가득한 솔로였다. 이 솔로는 블루스적 클리셰로 가득 차 있었고 때때로 영감 어린 순간들이 번뜩였으며, 청중을 자리에서 일어나게 만들었다.

이제 엘링턴의 경력은 제2의 전성기를 맞이하게 되었다. 뉴포트 재즈 페스티벌 공연 불과 몇 달 전만 해도, 그의 밴드에 대한 관심은 바닥까지 떨어져 엘링턴은 뉴욕 외곽에서 열리는 워터 쇼 아쿠아케이드Aquacades에서 배경 음악을 연주하는 처지에 놓이기까지 했다. 그러나 이후로는 더 나은 공연 일정들이 들어오기 시작했다. 엘링턴의 사진이 『타임』지 표지를 장식했고, 그의 밴드는 다시 대형 음반사와 녹음을 진행하게 되었다. 뉴포트 공연 직후, 그는 빌리 스트레이혼과 함께한 인상적인 협업작《Such Sweet Thunder》를 녹음했는데, 이는 두 사람의 최고의 순간 중 하나로 평가받는다. 텔레비전도 엘링턴을 주목했고, CBS는 그의 1957년 작《A Drum Is a Woman》을 방송했다. 영화계 역시 곧 그를 찾았다. 1959년에는《살인의 해부》, 1961년에는《파리 블루스》의 영화 음악 작곡을 엘링턴에게 의뢰한 것이다. 게다가 한동안 떠났던 옛 밴드 멤버들도 다시 돌아오기 시작했다. 조니 호지스가 1955년에 복귀했고, 로렌스 브라운과 후안 티졸은 1960년에, 쿠티 윌리엄스는 1962년에 돌아왔다.

엘링턴은 말년에 공인으로서의 위상이 그의 순수한 음악적 추구를 압도할 정도가 되었다. 그는 재즈 세계의 대사 역할을 자임하며 아시아, 호주, 북아프리카, 라틴 아메리카, 유럽, 러시아 등지로 순회공연을 떠났다. 그의 70번째 생일은 백악관에서 기념되었고, 프랑스 대통령 조르주 퐁피두는 그에게 레지옹 도뇌르 훈장을 수여했다. 에티오피아의 하일레 셀라시에 황제는 황제의 별 훈장을 수여했다. 1965년에는 퓰리처 음악상 수상이 거의 확정되었으나, 마지막 순간에 퓰리처 위원회가 음악 심사위원단의 추천을 거부하면서 무산되었다. 이 결정은 당시에도 불명예스러운 일로 여겨졌으며, 시간이 흐를수록 더욱 비판받고 있다. 더블데이 출판사는 그에게 자서전 집필을 위해 당시로서는 전례 없는 5만 달러의 선인세를 지불했고, 이는 결국 엘링턴 특유의 품위 있고 절제된 회고록 『음악은 나의 연인』으로 출간되었다. 물론 그는 계속해서 새로운 작곡 활동을 이어갔다. 그의 작품들은 여전히 야심 찬 주제를 담고 있었다. 세계 순회공연의 경험을 담은《Far East Suite》,《Latin American Suite》, 재즈 유산을 기념하는《New Orleans Suite》 등이 그것이며, 동시에 그리그의《페르 귄트》나 차이콥스키의《호두까기 인형》과 같은 클래식 작품들을 재해석한 음악도 병행되었다. 그러나 이런 작품들의 제목이나 헌사에서 느껴지는 신선함은, 엘링턴이 대부분 익숙한 영역을 반복하고 있다는 사실을 가릴 수는 없었다. 예를 들어《극동 아시아 모음곡》의 〈Mount Harissa〉는 표면적으로는 이국적인 느낌을 풍기지만, 코드 진행은 본질적으로 〈Take the A Train〉과 거의 동일하다.《라틴 아메리카 모음곡》은 라틴 음악의 어법에 도전했지만, 사실 엘링턴은 이미 1940년대에 라틴풍 걸작들로 이 분야의 선구자가 된 바 있었다. 그의 거대한 야망이 담긴《Sacred Concerts》 역시 새로운 시도로 보였지만, 여기서도 그는 〈Come Sunday〉 같은 예전 작품들을 재활용했다. 엘링턴의 이런 후기 작품들은 분명 장점이 있었고, 세월이 지나도 놀랄 만큼 잘 견뎌냈지만, 대부분의 재즈 팬들과 평론가들은 더 이상 그를 선구적이거나 진보적인 작곡가로 보지 않았다. 1960년대처럼 실험성과 최전선을 중시하던 재즈의 격렬한 분위기 속에서, 엘링턴은 더 이상 중심 무대의 주인공이 될 수 없었다. 한편, 재즈 외부의 대중 음악계는 록 음악과 롤링 스톤즈만이 남은 황량한 지대로 변모해, 엘링턴이나 스트레이혼이 계속해서 작곡한 〈Isfahan〉, 〈Heaven〉, 〈Blood Count〉와 같이 위엄 있는 걸작들을 제대로 감상할 수 있는 이들은 거의 없었다. 엘링턴은 점차 자신이 진정으로 빛날 수 있는 장소들, 즉 해외 공연 무대나 백악관 같은 곳으로 향했다. 그리고 그곳에서 그는 재즈의 원로로서 존경받는 인물, 그에게 꼭 어울리는 역할로 자리 잡았다.

하지만 엘링턴 밴드의 가장 노련한 베테랑 멤버들 가운데 많은 이들이 세상을 떠나거나 조용히 은퇴해 갔다. 1967년 빌리 스트레이혼의 죽음은 엘링턴에게 큰 충격이었다. 그는 절친한 친구이자 창작의 핵심 동반자를 잃은 것이었고, 이에 대한 응답으로 헌정 앨범《…… And His Mother Called Him Bill》을 발표했다. 이 작품은 그가 남긴 가장 감정적으로 깊은 프로젝트 중 하나로 평가되며,《Sacred Concerts》와 함께 1960년대 엘링턴 작품 중 가장 강렬한 감정을 담고 있는 음반이라 할 수 있다. 1970년에는 조니 호지스가 평범한 치과 진료 중 갑작스럽게 세상을 떠났고, 지미 해밀턴은 1968년에, 로렌스 브라운은 1970년에, 캣 앤더슨은 1971년에 밴드를 떠났다. 그리고 1974년, 폴 곤살베스는 엘링턴이 사망하기 불과 며칠 전에 세상을 떠났다. 그리하여 말년의 엘링턴 밴드는 그토록 뚜렷한 음악적 개성들이 넘쳐나던 과거와는 달리, 점점 얼굴 없는 밴드로 변해버렸다. 이는 엘링턴 밴드의 위대한 역사에 비추어 보면, 거의 상상할 수 없는 일이었다.

1974년 1월, 엘링턴은 로스앤젤레스에서 잠시 입원한 뒤 폐암 진단을 받았다. 8일 만에 퇴원한 그는 곧바로 다시 공연 투어와 끊임없는 음악 프로젝트로 복귀했다. 같은 해 3월, 투어 도중에 그는 뉴욕의 컬럼비아 장로교 병원에 입원했고, 이곳에서 마침내 병세에 마지못해 순응했지만, 병상에서도 전자 피아노를 가져다 달라고 요구하며 희극 오페라《Queenie Pie》작업을 계속할 만큼, 음악에 대한 집념을 놓지 않았다. 5월 24일, 엘링턴은 폐렴으로 세상을 떠났다. 장례식은 그로부터 사흘 뒤, 메모리얼 데이에 거행되었으며, 만 명이 넘는 사람들이 직접 조문했고, 전 세계에서 팬들과 친구들의 수많은 추모와 헌사가 이어졌다. 음악학자 군터 슐러는 엘링턴을 바흐, 베토벤, 쇤베르크에 비견했고, 리차드 닉슨 대통령은 그를 국가 최고의 작곡가로 칭송했다. 『뉴욕 타임즈』는 1면 부고 기사에서 그를 "미국에서 가장 중요한 작곡가"라고 명시하며, 의견을 같이했다.

세월이 흐를수록, 이러한 극찬은 더욱 정당화되었다. 엘링턴의 죽음은 그의 유산의 확장을 잠시 멈추었을 뿐이었다. 장례식이 열리던 날, 그의 아들 머서 엘링턴은 버뮤다 공연장에서 아버지의 지휘봉을 이어받아 밴드를 지휘했다. (그는 한 기자에게 "아버지라면 그렇게 하길 원했을 겁니다"라고 설명했다.[139]) 머서는 또한 듀크 엘링턴이 끝내 완성하지 못했던 희극 오페라 《Queenie Pie》의 완성을 책임졌고, 이 작품은 1986년 필라델피아에서 초연되었다. 하지만 밴드의 지속적인 활동은, 엘링턴 사후 벌어진 엘링터니아 Ellingtonia 열풍의 일부분에 불과했다. 평론가 게리 기딘스는 엘링턴의 사망 후 십 년간 상업적으로 발매된 미공개 음악은 무려 50시간 분량에 달했다고 추정한다. 여기에는 1940년대 카네기 홀 공연의 거의 완전한 녹음본들도 포함되어 있었으며, 이 모든 자료들은 엘링턴의 빛나는 명성과 그 끊임없는 재조명을 더욱 굳건히 했다. 특히 재즈 세계 안에서, 그 이후 어떤 작곡가도 엘링턴의 폭넓은 작품 세계, 깊이, 영감의 수준에 도달하지 못했다. 심지어 대중음악, 학문적 작곡, 클래식 음악의 영역까지 포함해 보더라도, 엘링턴은 미국 음악사의 가장 위대한 거장들, 즉 아론 코플랜드, 조지 거슈윈, 찰스 아이브스, 스콧 조플린, 존 필립 수자 등과 함께, 미국 음악의 가장 찬란한 꽃을 피운 인물로 손꼽힌다.

6

모던 재즈

비밥의 탄생

모던 재즈가 독특한 스타일로 등장하기 훨씬 이전부터, 재즈 연주자들은 이미 암묵적으로 모더니즘 이념을 받아들이고 있었다. 재즈는 초창기부터 미래지향적인 예술이었고, 계속해서 새로운 기법, 보다 확장된 화성, 더 복잡한 리듬, 더욱 정교한 선율을 받아들였다. 때로 이러한 진보의 이념은 바이더벡과 시카고 연주자들이 스트라빈스키와 같은 현대 클래식 작곡가들을 자주 찬양했던 것처럼 명시적으로 표현되기도 했다. 또 다른 경우에는, 1920년대 암스트롱의 혁신적인 녹음처럼, 아무런 말 없이 암묵적인 모더니즘이 드러나기도 했다. 그러나 그들이 음악의 미래에 대해 열변을 토했든, 아니면 그저 자신의 악기를 통해 미래의 도래를 알렸든 간에, 초기 재즈의 선두 음악가들은 진정한 의미에서의 모더니스트였다. 그들은 새로운 것과 대담한 것을 추구하는 용감한 선구자로서 존경을 받기도 했고, 때로는 비판을 받기도 했다.

그 맥락을 고려할 때, 이와 같은 모더니즘적 성향이 얼마나 놀라운 것이었는지는 쉽게 간과될 수 있다. 대부분의 민족 음악이나 민속 음악 전통에서 진보라는 개념은 그다지 큰 역할을 하지 않았다. 재즈와 아프리카 음악 사이의 연결점을 찾으려는 이들은 이러한 중요한 차이를 놓치곤 한다. 예를 들어, 서아프리카의 그리오griot들은 자신들에게 전해진 문화적 유산을 보존하는 것을 목표로 한다. 이는 단지 미적 선택이 아니라, 문화적 의무이다. 그들은 그 사회의 역사 기록자이며, 소중한 음악 유산의 순수성을 유지해야 한다. 이러한 태도는 쉽게 실험적 변화를 허용하지 않는다. 산업화 이전의 다른 환경에서, 음악은 일종의 신성한 효과를 지닌 것으로 여겨지기도 했다. 음악은 의식에 동반될 수도 있고, 초자연적인 변화를 일으킬 수도 있는 것이었다. 이러한 맥락 속에서, 음악의 어떤 변형도 위험한 행위로 간주되었고, 결코 권장되지 않았으며, 기껏해야 불안과 불신 속에 겨우 용인될 뿐이다. 물론 전통문화에서도, 시간이 지남에 따라 음악적 관습은 변화해 왔지만, 그 속도는 매우 느렸다. 이러한 환경에서 자란 "연주자"들은 서양의 단순한 오락으로서의 음악 개념, 그리고 그에 따라 기대되는 새로움(즉, 변화)을 받아들이기까지 오랜 시간이 걸렸으며, 종종 큰 저항을 보이기도 했다. 그리고 이러한 겉보기에는 더 "진보적인" 서양의 태도가, 과거에 음악이 신성한 영역에 속했던 이들에게 진정한 의미의 진보를 의미하는지는 여전히 불분명하다.

거의 시작부터 재즈 연주자들은 전혀 다른 임무를 수용하여, 자신들의 역할을 연예인으로 받아들이고 열정적으로 실험을 추구했다. 이는 재즈에 역설적인 토대를 만들어냈고, 그 기반은 오늘날까지도 이어지고 있다. 재즈 음악가는 곧 불안한 영혼임을 증명했는데, 한편으로는 전통을 계승하면서도, 또 다른 순간에는 그 전통을 산산조각 내버리곤 했다. 그리고 그 파편에는 별로 신경 쓰지 않았다. 더 놀라운 사실은, 이러한 진보적인 태도가 미국 사회에서 가장 소외된 하층민 출신들에게서 나왔다는 점이다. 이 음악이 지배층의 많은 사람들의 우려를 샀을 뿐 아니라, 미국 흑인 사이에서도 종종 폄하되고 조롱의 대상이 되었음을 상기해 보라. 이러한 적대감에 직면하여, 단지 아프리카계 미국인의 토착 음악 유산을 보존한 것, 즉 가장 전통적인 음악의 초기 역사를 모호하게 만드는 망각으로부터 버디 볼든이나 킹 올리버의 유산을 구해낸 것만으로도, 큰 업적이라고 할 수 있을 것이다. 그러나 엘링턴이나 암스트롱을 탄생시킨, 재즈 어법의 발전이 한 세대만에 이루어졌다는 것은 기적이나 다름없었다. 전 세계 어느 나라를 둘러보아도, 이렇게 빠르고 극적인 변화를 통해 민속 음악이 예술 음악으로 탈바꿈한 또 다른 사례를 찾는 것은 불가능에 가깝다.

이러한 업적을 고려할 때, 1940년대 초 등장한 보다 명확한 모더니즘의 부상을 재즈 역사에서의 불연속적인 갑작스러운 변화로 간주해서는 안 된다. 그것은 단지 변형하고 변하고 성장하려는 재즈의 본질적인 경향을 확장한 것이었다. 재즈는 행진곡, 블루스, 흑인 영가, 미국 대중음악, 래그 등 다른 음악의 양식을 흡수해, 자신의 일부로 만들어버리는 능력을 이미 보여주었다. 스트라빈스키, 힌데미트, 쇤베르크, 라벨의 음악을 같은 방식으로 받아들이는 것은 분명 대단한 도전이었지만, 동시에 불가피한 일이기도 했다. 1930년대에 이르러, 이제 관건은 재즈가 모더니즘을 수용할 것인지의 여부가 아니라, 언제, 어떻게, 그리고 누구에 의해 수용될 것인지로 바뀌었다. 이미 1931년, 기자들은 듀크 엘링턴을 스트라빈스키와 라벨에 비유하고 있었다. 몇 년 후, 베니 굿맨은 버르토크, 힌데미트, 코플랜드에게 작품을 의뢰하면서, 현대 클래식 음악과의 연계를 보다 명확히 하기도 했다. 그리고 이것은 가장 잘 알려진 사례들에 불과하다. 아트 테이텀의 모더니즘적 성향을 누가 부정할 수 있겠는가? 혹은 콜먼 호킨스는? 혹은 돈 레드먼은? 혹은 빅스 바이더벡은?

아이러니한 것은, 모던 재즈는 이러한 어떤 뿌리에서도 비롯되지 않았다는 점이다. 그것은 엘링턴과 굿맨의 카네기 홀 콘서트에서 나온 것도 아니었고, 할렘 스트라이드의 피아노 거장들로부터 비롯된 것도 아니었으며, 스윙 시대의 실험적인 빅 밴드 사운드에서 나온 것도 아니었다. 물론 모던 재즈는 이 모든 곳에서 영감을 조금씩 얻었지만, 그 어느 것과도 다른 소리를 냈다. 1940년대의 대표적인 재즈 모더니스트들은 자신들만의 독특한 스타일을 개발했는데, 그것은 대담하고 당당했으며, 뒷방과 심야 클럽, 잼 세션, 그리고 순회공연 중에 만들어졌다. 이 음악은 상업적으로 소비되기에 적합하지 않았고, 애초에 그 초기 단계에서는 그러한 용도도 아니었다. 그것은 재즈 세계의 틈새 속에서 살아남았다. 이 음악의 등장과 발전은 주요 신문에 발표되지 않았고, 초기 스타들은 기껏해야 비주류의 컬트적 인물일 뿐, 대중적으로 잘 알려진 이름들이 아니었다. 그 진화 과정도 레코드 회사의 음반으로 기록되지 않았다. 우리가 이 새로운 음악의 초기 발전을 엿볼 수 있는 몇 안 되는 자료들은 대부분 아마추어 엔지니어들이나 열성 팬들이 무거운 장비를 들고 나이트클럽이나 비공식 세션에 찾아가 녹음한 테이프나 디스크 덕분이다. 요컨대, 모던 재즈는 언더그라운드 운동이었으며, 이는 이후 재즈 세계의 모든 언더그라운드 운동의 전형을 만들어냈다. 그리고 오늘날까지도 프로그레시브 재즈 세계에 남아 있는 벙커 정신[대중의 취향에 타협하지 않고, 오직 자신들의 음악적 신념을 지키려는 소수의 전형적인 태도를 상징하는 용어]을 시작하게 했다. 여기에도 또 다른 아이러니가 있다. 재즈가 전국적으로 선풍적인 인기를 끌고 있던 바로 그 시기에, 재즈의 다음 세대는 점점 더 대중문화의 주류로부터 멀어지고 있었던 것이다.

이 새로운 음악은 무엇이었을까? 초기 모던 재즈, 혹은 곧 비밥이라고 불리게 된 이 음악은 스윙 음악의 대중적 요소에 반기를 들었다. 단순한 리프, 쉽게 따라 부를 수 있는 보컬, 사교 춤을 위한 반주 중심의 구성, 금관악기와 목관악기가 맞물려 만들어내는 두터운 빅 밴드 사운드와 같은, 전쟁 이전 재즈의 특징들은 보다 간결하고, 보다 집요한 스타일을 위해 버려졌다. 물론 변하지 않은 것도 있었다. 32마디 노래 형식과 12마디 블루스는 여전히 비밥 연주자들의 레퍼토리에서 중심적 역할을 했다. 비밥 작곡가들은 종종 기존의 대중적인 스탠다드 곡의 코드 진행 위에 이국적인 제목과 새로운 (대개 더 복잡한) 멜로디를 덧붙이고는 했다. 예를 들어, 셀로니어스 몽크의 〈52nd Street Theme〉은 〈I Got Rhythm〉의 화성을 차용했고, 찰리 파커의 〈Ornithology〉 역시 〈How High the Moon〉을 재구성한 곡이었다. 모던 재즈의 악기 구성 또한 전쟁 이전의 모델을 그대로 유지했다. 비밥 연주자들은 기존의 빅 밴드 사운드보다는 스몰 콤보 형식을 선호했지만, 피아노, 현악 베이스, 드럼, 그리고 때때로 기타로 구성된 리듬 섹션은 여전히 기본으로 유지되었다. 또한 색소폰, 트럼펫, 트롬본이 프론트 라인의 악기로 사용되는 방식도 변함이 없었다.

그러나 모던 재즈의 맥락에서 이 악기들이 연주되는 방식은 큰 변화를 겪었다. 즉흥 연주는 더욱 빠르고 복잡해졌다. 초기 재즈의 특징이었던 당김음과 점8분음 프레이징은 이제 훨씬 덜 두드러지게 되었다. 그 대신, 긴 프레이즈들은 여러 마디에 걸쳐 박자 위에 그대로 유지되며, 8분음이나 16분음의 꾸준한 흐름으로 준 기계적 정확성을 가지고 연주되었다. 여기에 때때로 셋잇단음, 의미심장한 쉼, 점8분음의 삽입, 혹은 소용돌이치는 듯한 32분음, 날카로운 엇박 프레이즈 등이 삽입되었다. 이러한 새로운 프레이징 방식과 더불어, 음악적 박자 개념도 변화했다. 그렇지 않았다면, 이 덜 당김음적인 접근 방식은 리듬감이 없는 듯, 바로크 음악의 균등한 16분음처럼 밋밋하게 들렸을 것이다. 뉴올리언스와 시카고의 2/4 박자감은 이제 완전히 사라지고, 캔자스시티 밴드들이 선호한 간결한 4/4 박자로 대체되었다. 그러나 더 중요한 것은, 구절들이 종종 약박(2박과 4박) 또는 점점 더 박자 사이에서 시작되고 끝나며, 예상치 못한 강조 지점들이 음악의 까칠하고, 날카로운 음색을 더해주었다는 점이다. 이러한 특징들은 연주에 일종의 불균형의 느낌을 부여했고, 코러스가 반복되며 길게 이어지는 솔로에 추진력을 제공했다. 무엇보다도, 이처럼 깨질 듯 섬세한 즉흥 연주는 숨 가쁠 정도의 속도 덕분에 생동감을 더했다. 그 어느 때보다 악기 연주 기술이 음악 사운드의 핵심이 되었고, 재즈 템포가 이렇게까지 빨라진 적은 드물었다. 그렇다고 해서 항상 빠른 것만은 아니었는데, 비밥 연주자들은 가장 느린 발라드 템포조차 두려워하지 않았다. 그러나 이런 경우에도 그들의 솔로는 종종 표면적인 박자를 두 배로 느껴지게 만들며, 어떤 상황에서도 빠른 속도의 정신에 충실했다. 처음에 "리밥rebop" 또는 "비밥bebop"이라고 했다가 나중에 간단하게 "밥bop"이라고 줄인, 소리를 본떠 만든 이 음악의 별명은 너무나 잘 어울리는 것이었다. 이 음악은 암스트롱, 호킨스, 바이더벡, 베셰이처럼 직설적인 당김음으로 구사하는 강력한 일격이 아니라, 작은 잽과 속임수들이 축적되어 만들어진 것이었다.

　이 음악이 담고 있는 화성적 함의 또한 새로운 복잡성을 드러냈다. 주요 모던 재즈 작곡가들 각자는 자신만의 대표적인 화성 구조를 즐겨 사용했다. 예를 들어, 디지 길레스피는 〈Con Alma〉나 〈A Night in Tunisia〉의 치밀하게 구상된 간주에서 볼 수 있듯이, 전음계 또는 반음계로 하강하는 패턴을 특히 선호했다. 이 간주는 마치 바흐의 프렐류드처럼 엄격하고 정밀하게 전개된다. 찰리 파커는 〈Confirmation〉, 〈Blues for Alice〉, 또는 유명한 〈Ko Ko〉의 브릿지에서처럼, ii-V 진행을 즐겨 사용했다. 그리고 가장 파격적인 인물은 셀로니어스 몽크로, 그는 불협화음과 비전통적인 코드 구조를 완벽히 구사했다. 몽크의 독창적인 작품들은 너무도 주류를 벗어난 나머지, 그의 음악이 재즈 레퍼토리에 정식으로 자리 잡기까지 한 세대가 넘는 시간이 걸렸다. 물론 이러한 기법들은 이전에도 재즈에서 사용된 적이 있었지만, 이토록 집요하게 활용된 적은 없었다. 듀크 엘링턴의 1930~1940년대 피아노 연주는 불협화음으로 가득했지만, 이러한 아방가르드적 성향은 춤추기 좋은 빅 밴드 사운드 이면에 깔린 기묘한 피아노 연주를 주의 깊게 듣는 이들만이 알아차릴 수 있을 만큼 미묘한 것이었다. 그리고 물론 〈Ko Ko〉의 코드 진행 자체는 새로운 것이 아니었다. 그것은 스윙 스탠다드 곡인 〈Cherokee〉에서 통째로 차용한 것이었다. 그러나 파커 이전에는, 거의 아무도 이처럼 빠르게 5도권의 순환을 넘나들며 솔로를 시도하지 않았다. 그리고 그런 대담한 연주자라 해도, 비밥 연주자들이 선호했던 그 광속 템포에서는 감히 도전하지 못했을 것이다.

　하지만 대부분의 경우, 모던 재즈의 화성적 복잡성은 노래의 코드 진행에 명확히 드러나는 것이 아니라, 멜로디 라인과 즉흥 연주 속에 암묵적으로 제시되었다. 결국 대부분의 비밥 곡들은 대체로 전쟁 이전 스탠다드 곡들의 전통적인 코드 진행을 따랐다. 그러나 〈I Got Rhythm〉이나 12마디 블루스처럼 익숙한 형식을 바탕으로 연주할 때조차, 비밥 연주자들은 이전 재즈에서는 찾아볼 수 없었던 수준으로, 플랫 9도, 샵 11도, 그리고 그 외의 다양한 변화음이나 높은 음 간격을 적극적으로 활용했다. 이러한 변화의 전체적인 범위를 가늠하려면, 찰리 파커가 스탠다드 곡 〈Indiana〉를 재해석한 〈Donna Lee〉의 멜로디 라인만 살펴보아도 충분하다. 〈Indiana〉의 멜로디는 항상 코드 톤에 충실한 전통적인 선율인 반면, 파커의 작품은 곧바로 훨씬 더 깊은 영역으로 들어간다. 거의 모든 마디마다 하나 이상의 변형된 음(예를 들어, 증 5도, 마이너 코드 위에서 연주되는 장 7도, 플랫 9도에서 샵 9도로 이어지는 진행 등)이 등장한다. 이 작품 전체는 비밥의 화성적 사고방식이 어떻게 재즈의 멜로디 흐름을 혁신했는지를 보여주는 교과서적인 예시라 할 수 있다. 즉흥 연주자는 어떤 음이라도 어떤 코드 위에서 사용할 수 있으며, 중요한 것은 그것을 적절한 맥락에 배치하는 것뿐이라는 파커의 유명한 발언이 떠오른다. 결국 〈Donna Lee〉의 32마디는 이 대담한 주장을 증명하는, 거의 유클리드적 우아함을 지닌 간결한 증명과도 같다.

하지만 이 음악에는 단순함의 본질 또한 존재했다. 편곡은 거의 극단적일 정도로 간결했다. 비밥 연주자들은 빅 밴드 사운드의 두터운 질감을 버리고, 대부분 단선율로 멜로디를 연주하는 방식을 선택했다. 밴드에 두 개 이상의 관악기가 있을 때조차(색소폰과 트럼펫의 조합은 비밥 앙상블의 전형적인 프론트 라인이었다), 대개는 멜로디를 유니슨*으로 연주했다. 재즈의 성배라 불리는, 확장된 작곡 형식에 대한 탐구는 모던 재즈 연주자들에게 큰 흥미를 끌지 못했다. 그들의 작곡 형식은 대부분 미국 대중가요 레퍼토리에서 쉽게

---

* 유니슨unison: 두 개 이상의 악기나 목소리가 똑같은 음 또는 한 옥타브 차이로 같은 멜로디를 동시에 연주하거나 노래하는 것.

가져올 수 있는 익숙한 구조였다.

비밥 연주자들은 형식주의자가 아니었다. 그들의 관심사는 형식이 아니라 내용이었다. 각 연주의 중심에는 언제나 악기 솔로가 있었고, 이는 멜로디의 도입부와 마무리 사이에 끼워 넣어지는 구조였다. 이 기본적인 틀에서 벗어나는 경우는 드물었고, (디지 길레스피의 〈Salt Peanuts〉에서처럼) 때때로 솔로 사이에 간주가 삽입되기도 했다. 또는 인트로나 종결부coda가 허용되기도 했지만, 대개 네 마디를 넘기지 않았다. 비밥에서 가장 중요한 것은 바로 즉흥 연주의 자유로운 전개였다. 당시의 아마추어 녹음, 즉 예를 들면, 딘 베네데티Dean Benedetti가 녹음한 찰리 파커의 유명한 테이프와 디스크, 또는 랠프 배스Ralph Bass가 기록한 덱스터 고든과 워델 그레이Wardell Gray의 〈The Hunt〉 배틀 등에서는 종종 멜로디 연주 부분이 아예 생략되기도 했다. 녹음기는 솔로가 시작될 때까지 켜지지 않았고, 마치 그 멜로디 자체는 중요하지 않은 것처럼 취급되었다. 마치 본 영화가 시작되기 전에 시간을 채우는 광고나 예고편처럼 여겨졌던 것이다.

찰리 파커와 디지 길레스피의 유명한 이야기들만 본다면, 이 음악적 혁명이 오직 프론트 라인, 즉 관악기 연주자들 사이에서 일어난 변화라고 생각하기 쉽다. 그러나 실제로 모던 재즈의 변화된 감수성의 상당 부분은 리듬 섹션에 의해 주도되었다. 이러한 점에서, 모던 재즈의 반항적 성향은 그동안 재즈 전통을 규정지어 온 뉴올리언스-시카고-뉴욕 삼각지대와는 상당히 거리가 멀었다. 이 새로운 음악의 리듬감은 오히려 미드웨스트와 사우스웨스트, 특히 캔자스시티로 그 계보를 추적할 수 있다. 조 존스의 반짝이는 하이햇 사운드, 찰리 크리스천의 불꽃이 탁탁 튀는 듯한 기타 라인, 월터 페이지와 지미 블랜튼의 4/4 워킹 베이스 라인, 카운트 베이시의 절제된 피아노 컴핑 등 이 모든 요소들은 훗날 비밥의 리듬 감각을 정의하게 될 핵심적 특징들을 미리 보여주고 있었다. 이러한 영향 아래, 재즈 리듬 섹션의 각 악기는 이 시기에 변화를 겪었다. 음악의 박자는 이전처럼 뚜렷하게 표현되지 않고,

보다 점묘화된 느낌으로 변해갔다. 갑작스러운 악센트, 즉 비밥 드러머들이 떨어뜨리는 소위 베이스 드럼 폭탄이나, 피아노와 기타 연주자들의 날카로운 컴핑 코드는 이제 자주 비트 밖이나 약박에 등장했다. 빠른 템포는 완벽한 박자 유지와 전례 없는 체력을 요구했다. 모던 재즈의 거센 물결 이후, 리듬 섹션은 더 이상 예전과 같을 수 없었다.

하지만 음악학적 분석만으로는 모든 것을 설명할 수 없다. 비밥은 단지 변형된 코드의 플랫과 샤프만으로 정의된 것이 아니라, 그 사회적 맥락 속에서도 정의되었다. 재즈 세계 안에서도 아웃사이더였던 비밥 1세대 연주자들은, 말하자면 하층민 가운데서도 하층민이라는 달갑지 않은 위치에 있었다. 기억해야 할 것은, 이 음악적 혁명이 무엇보다도 스타가 아닌 반주자들에 의해 이루어졌다는 점이다. 베니 굿맨이 아닌 그의 기타리스트 찰리 크리스천이, 듀크 엘링턴이 아닌 그의 베이시스트 지미 블랜튼이. 얼 하인즈가 아닌 그의 색소폰 연주자 찰리 파커가, 캡 캘러웨이가 아닌 그의 트럼펫 연주자 디지 길레스피가, 콜먼 호킨스가 아닌 그의 피아니스트 셀로니어스 몽크가, 루이 암스트롱이 아닌 그의 색소폰 연주자 덱스터 고든이 만든 것이었다. 당시 유명 밴드 리더들이 겪은 상업적 압박에서 자유로웠던 이 무명의 예술가들은, 주목받지 못하던 새로운 예술을 통해 그 극단적인 가능성을 마음껏 추구할 수 있었다. 덜 유명했던 이 연주자들은 비로소 "그들의" 음악으로 목소리를 낼 수 있는 기회를 즐겼고, 그 음악이 어려울수록 더 좋았다. 결국 그렇게 탄생한 비밥 스타일은, 스포츠 용어로 말하자면 "인 유어 페이스in your face", 즉 상대를 향해 대놓고 도전장을 내미는 태도였고, 이는 20세기 아프리카계 미국인들의 방식으로 부르주아 계층을 충격에 빠뜨리는 행위였다.

비밥 연주자들의 개인주의적 성향은, 미국 역사에서 중대한 변곡점에 있었던 그들의 흑인으로서의 주변적 지위에 의해 더욱 촉발되었다. 인종 분리가 종식되고 민권법이 통과되기 직전의 마지막 세대였던 이 시기에, 아프리카계 미국인들은 이전과는 전혀 다른 방식으로 한계에 도전하고자 했다.

1세대 재즈 연주자들은 연예인으로 성공했고, 백인 사회는 그 수준에서 그들을 기꺼이 찬양했다. 하지만 1940년대의 흑인 재즈 연주자들은 그것만으로는 만족하지 않았다. 그들은 진지한 음악 형식의 존경받는 예술가로서 인정받기를 원했다. 이전에는 스콧 조플린이나 듀크 엘링턴처럼 극소수의 인물만이 이러한 높은 경지를 열망했다. 그러나 비밥의 등장과 함께, 한 세대 전체의 흑인 음악가들이 스스로를 고급문화의 창조자들과 동등한 존재로 주장하기 시작했다. 그들은 클래식 작곡가, 극작가, 시인, 화가, 조각가들과 어깨를 나란히 하겠다는 의지를 보였다. 물론 재즈 음악가들이 대거 음악원에 입학하기까지는 또 다른 세대가 지나야 했지만, 이미 1940년대부터 그러한 야망을 북돋운 정신은 분명히 나타나고 있었다.

이렇듯 모던 재즈의 탄생은 다소 기묘한 교차로에서 이루어졌다. 한쪽에서는 캔자스시티 재즈의 진한 뿌리와 리듬을 끌어오고, 다른 한쪽에서는 고급 예술의 정제된 분위기 속으로 깊이 파고들었다. 만약 여기에 모순이 존재했다면, 그것은 찰리 파커의 음악과 짧았던 생애에서 가장 구체적으로 드러났다. 고급 예술가로서의 파커는? 그가 밴드 멤버들을 무대 위로 부를 때, 알토 색소폰으로 힌데미트의 한 구절을 연주했던 순간에서 느낄 수 있다. 혹은 1948년 『다운비트』지의 블라인드 테스트에서 스트라빈스키의 〈The Song of the Nightingale〉을 단번에 알아보고, 인터뷰어 레너드 페더에게 "줄 수 있는 별점을 전부 주시오"라고 말하며 프로코피예프, 힌데미트, 드뷔시, 라벨에 대해 열띤 대화를 이어갔을 때도 그랬다. 또한, 경력의 절정기에 그는 혁신적인 클래식 작곡가 에드가 바레즈Edgard Varèse에게 작곡을 배우겠다는 뜻을 밝히기도 했다. 그렇다면, 캔자스시티 재즈의 강호로서의 파커는? 이 또한 분명한 그의 또 다른 음악적 혈통이었다. 그의 〈Parker's Mood〉를 듣고 나면, 누가 이를 부정할 수 있겠는가? 이 곡은 재즈 전통 속에서 존재할 수 있는 가장 깊은 블루스적 표현 중 하나였다. 결국, 재즈의 과거와 미래는 이 중대한 인물의 삶과 시대 속에서 교차했다.

1920년 8월 29일, 캔자스주 캔자스시티에서 태어나 일곱 살 때 미주리주에 위치한 같은 이름의 도시로 이주한 파커는, 바로 그 지역에서 이러한 전통을 직접 흡수했다. 그의 성장기는 반합법적인 범죄와 재즈가 공존하던 펜더개스트* 시대와 겹쳐 있었다. 그의 세대 대부분과 마찬가지로, 파커도 음반을 통해서뿐만 아니라 실제 경험을 통해 재즈를 배웠다. 하지만 그의 주요한 영향들은 대부분 캔자스시티 주변 환경과 깊이 연결되어 있었다. 무엇보다도, 파커가 음 하나하나 빠짐없이 따라 배웠던 인물인 레스터 영은 즉흥 연주를 선 중심의 개념으로 접근하는 방식을 통해, 간접적으로 모던 재즈의 기초를 세우는 데 영향을 주었다. 또한 파커의 음악에 큰 흔적을 남긴 두 명의 초기 고용주가 있었다. 한 명은 캔자스시티 재즈의 중심인물이었던 색소폰 연주자 버스터 스미스로, 그는 블루 데블스와 베니 모튼 밴드에서 활동한 경력이 있었으며, 1937년 열일곱 살의 찰리 파커를 자신의 밴드에 영입했다. 다른 한 명은 캔자스시티Kaycee를 대표하는 피아니스트이자 블루스 감성이 짙게 배인 스윙 음악의 거장이었던 제이 맥샨으로, 그는 얼마 지나지 않아 파커를 전국 무대에 소개하는 데 큰 역할을 했다.

파커의 아버지 찰스 시니어는 캔자스시티에 정착하기 전에, 흑인 극장 순회 공연단에서 피아니스트이자 가수, 무용수로 일했다. 아들이 태어난 후, 그는 집에 거의 머무르지 않았는데, 이는 집안에서 금지된 음주 습관 때문이기도 했고, 풀먼 철도 노선에서 요리사로 일하게 된 두 번째 직업 때문이기도 했다. 찰리가 열 살이 되기 전에, 아버지는 결국 집을 완전히 떠나버렸다.

---

* 톰 펜더개스트는 공식적인 공직은 없었지만, 강력한 정치 조직인 '펜더개스트 머신Pendergast machine'을 통해 캔자스시티의 정치, 경제, 심지어 범죄 세계까지 장악했다. 펜더개스트의 조직은 선거 부정을 일삼고, 경찰을 매수하여 도박, 매춘, 불법 주류 판매 등 도시의 범죄를 눈감아주었다. 아이러니하게도 이러한 환경은 재즈 음악가들에게는 천국과도 같았는데 금주법 시대였음에도 불구하고 캔자스시티에서는 수많은 술집과 나이트클럽이 밤늦게까지 문을 열었고, 이는 재즈 연주자들이 일하고 음악을 발전시킬 수 있는 무대가 되었다.

어린 파커를 키우는 책임은 강인한 의지와 신앙심을 지닌 어머니 애디에게 맡겨졌다. 그녀는 하숙인을 받거나, 세탁 일을 하거나, 청소부로 일하는 등 여러 가지 일을 하며 생계를 이어갔다. 주변 사람들의 말에 따르면, 파커는 철저한 마마보이였고, 어머니의 극진한 사랑 속에 애지중지 자랐다. 훗날 아들의 요절 후, 슬픔에 잠긴 애디는 한 인터뷰에서 이렇게 말했다.

"그 아이를 위해 일했고, 그 아이를 위해 살았습니다." [140]

파커가 음악에 처음 눈을 뜨게 된 계기는 의외의 곳에서 비롯되었다. 그가 고등학교에 입학할 무렵, 루디 발레의 색소폰 연주가 담긴 라디오 방송을 듣게 된 것이다. 루디 발레는 달콤한 선율의 크루너*로, 연주자라기보다는 독특한 창법의 가수로 더 잘 알려진 인물이었다. 아들의 간청에 응답해, 애디 파커는 45달러를 주고 중고 알토 색소폰을 사주었다. 파커는 잠시 링컨 고등학교에서 음악을 배웠는데, 이곳은 그 이전에 월터 페이지와 수많은 캔자스시티 재즈 연주자들이 수련했던 곳이기도 했다. 하지만 그는 학교 밴드에서 배정받은 바리톤 호른에 곧 실망하게 되었다. (그는 1950년 인터뷰에서 이렇게 회상했다. "내가 한 일이라곤, 그저 '쿰, 쿰— 쿰, 쿰' 소리 내는 것뿐이었다.") 그러던 중, 재즈에 흥미를 가진 선배들과 어울리게 되면서, 그의 음악적 관심은 다시 불타오르게 되었다.

파커는 결코 타고난 색소폰 천재가 아니었다. 그의 초기 음악 활동에 대한 여러 기록들은 타고난 재능보다는 열정을 강조하고 있다. 파커의 일화 중 가장 유명한 이야기는, 카운트 베이시 밴드의 드러머 조 존스가 이끌던 잼 세션에서 겪은 굴욕이다. 빠른 템포에 맞추지 못해 애쓰던 파커는 결국 연주가 흔들리기 시작했지만, 계속해서 버티며 연주를 이어갔다. 그러자 조 존스

---

* 크루너crooner: 1920~50년대에 특히 유행했던 음악 용어로, 주로 마이크를 활용해 속삭이듯이, 부드럽고 로맨틱하게 노래하는 스타일의 가수를 말한다. 대표적인 크루너로는 빙 크로스비, 프랭크 시나트라 같은 인물이 있다. 루디 발레는 이러한 크루너 스타일의 원조 격 인물이다.

는 거만하게 드럼 세트에서 심벌즈 하나를 집어 들어 공중으로 던졌고, 그것이 파커의 발치에 요란하게 떨어졌다. 조롱 섞인 웃음소리 속에서 파커는 무대를 내려올 수밖에 없었다. 하지만 이 공개적인 실패에 좌절하기는커녕, 파커는 더욱 결연한 의지로 연습에 매진했다. 오자크스Ozarks의 한 리조트에서 연주와 연습을 병행한 여름 동안, 그는 레스터 영이 카운트 베이시 밴드와 함께 녹음한 음반을 연구하며, 음악 이론에 대한 이해를 깊게 다졌다. 이 시기에 파커가 얼마나 성장했는지는 정확히 알 수 없지만, 오자크스 공연 이후 더 유명한 연주자들과 함께 점점 더 수준 높은 무대에 오르기 시작한 것을 보면, 그의 노력은 분명 결실을 맺고 있었던 것이다. 여름이 끝날 무렵, 파커는 버스터 스미스 밴드의 세컨드 알토 색소폰 주자로 고용되었고, 캔자스시티의 베테랑인 스미스는 이제 십대였던 파커의 멘토가 되었다. 스미스밴드에서는 피아니스트 제이 맥샨과도 함께 연주했는데, 맥샨은 곧 자신의 밴드에서 파커를 주연으로 내세우게 된다.

파커는 훗날 악명 높은 발언에서 자신이 열두 살 때부터 방탕한 생활을 시작했고, 열다섯 살 때부터 헤로인을 했다고 주장했다. 이는 다소 과장된 말일 수 있지만, 크게 틀린 것도 아니다. 파커는 학업에는 별로 관심이 없었고, 링컨 고등학교를 2학년이 되기 전에 중퇴했다. 열여섯 살이 되던 해, 그는 이미 결혼을 했고 아내는 임신 중이었으며, 프로 뮤지션으로 일하고 있었다. 첫 번째 아내인 레베카 러핀에 따르면, 이듬해 무렵 파커는 정맥 주사로 약물을 사용하기 시작했다고 한다. 버스터 스미스를 떠난 후, 파커는 잠시 제이 맥샨 밴드에서 몇 주간 연주했지만, 곧 밴드의 일원이 아닌 방랑자로서 길을 떠났다. 시카고에서는 단정치 못한 몰골과 뛰어난 알토 색소폰 연주로, 빌리 엑스타인의 눈에 띄었다. 엑스타인은 훗날 그를 이렇게 회상했다. "세상에서 가장 너저분한 꼴이었지만, 그의 연주는 한 번도 들어본 적 없는 경지였다." 이후 파커는 뉴욕으로 향했고, 할렘의 한 클럽에서 아트 테이텀이 연주하던 곳에서 식기 세척 일을 했다. 암스트롱과 엘링턴처럼, 파커 역시 처음 뉴욕에 왔을 때는 큰 주목을 받지 못했다. 그는 간헐적으로 공연을 하거나 이곳저곳 잼 세션에 참여했지만, 결국 아버지의 장례식을 핑계로 캔자스시티로 돌아왔다. 이 무렵, 그는 '야드버드Yardbird', 줄여서 '버드Bird'라는 별명을 얻게 되었다. 이 별명이 어떻게 붙여졌는지에 대한 이야기는 여러 가지가 있지만, 처음에는 단지 닭고기를 좋아했던 것에서 비롯되었을 가능성이 크다. 그러나 시간이 지나면서 이 별명은 단순한 애칭을 넘어, 팬들에게는, 그의 알토 색소폰 선율처럼, 파커의 전례 없이 자유롭게 비상하는 창의성을 상징하게 되었다.

이 시기의 파커 연주가 담긴 한 아마추어 녹음이 남아 있어, 그가 당시 개척해 나가고 있던 즉흥 연주의 혁신적인 접근법을 엿볼 수 있는 첫 단서를 제공한다. 이 녹음은 〈Honeysuckle Rose〉와 〈Body and Soul〉의 코드 진행 위에서 연주된 것으로, 정확한 녹음 시기를 두고 많은 논쟁이 있었다. 일부는 이를 1937년경으로 보고, 다른 이들은 1940년경으로 추정하기도 했다. 그러나 파커가 연주 중에 1938년에 발매된 로이 엘드리지와 추 베리의 〈Body and Soul〉 녹음, 그리고 1939년에 저작권이 등록되고 초연된 지미 밴 휴즌Jimmy Van Heusen의 〈I Thought About You〉의 선율을 암시하는 부분을 보면, 이 녹음은 이 시기의 후반부, 즉 1940년 무렵으로 보는 것이 타당하다. 더욱이, 파커의 성숙한 음악적 구상 역시 그가 시카고와 할렘에서의 경험을 마치고 캔자스시티로 돌아온 1940년경이라는 추정을 뒷받침한다. 실제로 파커는 훗날, 자신의 첫 번째 돌파구, 즉 코드의 더 큰 음 간격이 선율 즉흥 연주의 기본 발판 역할을 할 수 있다는 깨달음이 뉴욕 방문 중에 이루어졌다고 밝혔다. 그리고 이 〈Honeysuckle Rose〉와 〈Body and Soul〉 연주에서는 바로 그 기법이 자유자재로 활용되고 있다. 이 연주는 단순히 학생의 실습 수준이 아니다. 당시 어떤 색소폰 연주자도, 콜먼 호킨스나 레스터 영조차도, 이렇게 깊이 있는 고급 화성에 도전하지는 않았다. 물론 파커의 후년 녹음에서 들을 수 있는 여유로운 기교는 아직 부족하고, 프레이징도 다소 뻣뻣하지만, 그의 개념적 이해는 놀라울 정도로 성숙해 있었다.

캔자스시티로 돌아온 직후, 파커는 다시 제이 맥샨 밴드에 합류했고, 이후 거의 2년 동안 그와 함께 활동했다. 이 시기 파커는 맥샨의 여러 녹음들, 즉 상업용 음반과 아마추어 녹음 모두에서 솔로 연주를 선보였고, 비록 대중보다는 주로 다른 음악가들 사이에서였지만, 소수의 열성적인 팬들을 끌어모았다. 특히 눈에 띄는 것은, 1940년 11월, 위치타 대학의 열정적인 재즈 팬들이 지역 라디오 방송국에서 녹음한 공연이다. 〈Lady Be Good〉에서 파커는 레스터 영의 스타일을 완벽히 체득했음을 보여주며, 다소 모방적이기는 하지만 세련된 솔로를 만들어낸다. (여기에는 〈Mean to Me〉의 선율을 잠시 인용하는 부분도 포함되어 있다.) 하지만 다시 〈Honeysuckle Rose〉에서는, 파커가 대담한 선율 전개와 유려한 연주로 자신만의 존재감을 확실히 드러낸다. 몇 달 뒤, 맥샨 밴드는 데카 레이블과 계약해 상업적 녹음을 시작했고, 파커의 솔로는 또 한 번 두각을 나타냈다. 특히 〈The Jumpin' Blues〉에서는, 파커가 부드럽게 흐르는 긴 프레이즈로 즉흥 연주를 시작하는데, 이는 훗날 그의 대표적 비밥 곡인 〈Ornithology〉의 순수한 비밥 스타일을 예고하는 듯하다. 이 녹음은 지금까지 남아 있는 파커의 가장 뛰어난 연주로 평가되며, 같은 시기의 〈Sepian Bounce〉와 〈Swingmatism〉에서도 그의 새롭게 다져진 자신감과 여유가 확연히 드러난다.

레스터 영의 영향력이 자주 강조되어왔고, 이는 분명 파커의 음악적 발전에 중요한 역할을 했지만, 파커는 1930년대 후반과 1940년대 초반 동안 분명히 다양한 다른 원천으로부터도 영감을 얻었다. 파커의 초기 녹음들은 그의 폭넓은 음악적 취향을 보여준다. 1943년 2월, 밥 레드크로스Bob Redcross에 의해 음반으로 남겨진 한 호텔 방에서의 잼 세션에서는, 그가 벤 웹스터의 〈Cotton Tail〉 솔로를 인용한 것을 들을 수 있다. 다른 아마추어 녹음에서는, 파커가 콜먼 호킨스의 기념비적인 〈Body and Soul〉 즉흥 연주를 암시한 것도 포착된다. 이 시기 파커의 디스코그래피에서 더욱 이례적인 자료로는, 그가 베니 굿먼 트리오의 녹음 위에 맞춰 연습한 것이 있다. 또 다른 순간들에서는, 윌리 스미스와 조니 호지스의 메아리가 그의 연주 속에서 잠깐씩 들리기도 한다. 영의 유연한 프레이징은 이 모든 영향 위에 덧입혀져, 다른 영향들이 필터링되는 기본적인 멜로디 프리즘 역할을 했다. 몇 년 후, 재즈 언론은 파커와 다른 비밥 연주자들을 스윙 전통을 거부한 반항아로 묘사했지만, 이러한 과도기적 비밥 녹음들에서는 전혀 다른 교훈을 얻을 수 있다. 파커(그리고 다른 비밥 연주자들)가 이룩한 스타일의 도약은 초기 재즈 개척자들에 대한 면밀한 연구 없이는 불가능했을 것이다.

하지만 파커의 출처를 아무리 정밀하게 계보적으로 추적하더라도, 그의 알토 색소폰에서 나오는 독특한 사운드를 설명할 수는 없다. 이 점에 있어서는 레스터도, 호크도, 호지스도, 카터도 그의 선구자가 아니다. 여기에는 수단의 경제성을 강조하는 실용주의 철학이 작동하고 있는 듯하다. 각각의 음은 집중된 에너지로 분명하게 발음되고, 각각의 프레이즈는 매끄럽게 연주되지만 신랄한 여운이 배어 있다. 프레이즈의 시작과 끝은 날카로운 정밀도로 마무리된다. 멜로디 라인을 느긋하게 늘이는 듯한 감정적인 루바토* 타이밍은 없다. 벤 웹스터처럼 감미롭고 부드러운 느낌을 주기 위한 숨고르기도 없다. 각각의 프레이즈는 명확한 의도를 가지고 단호하게 연주된다. 요컨대, 파커 이전에는 이처럼 예리한 음색을 낸 색소폰 연주자는 없었다. 이러한 점에서, 그는 이후 재즈 색소폰 연주자들에게 막대한 영향을 끼쳤다. 파커 이후로는, 베니 카터나 조니 호지스의 따뜻하고 둥근 음색이 구식이 되었고, 그들의 흐릿한 낭만주의는 날카롭고 정밀한 어택으로 대체되었다. 롤린스, 콜트레인, 콜먼과 같은 이후 색소폰 연주자들이 각기 다르기는 해도 남성적

---

* 루바토rubato: 엄격한 템포를 잠시 벗어나, 연주자가 느낌에 따라 리듬을 유연하게 조절하는 방식. 쇼팽이 이 기법을 대표하는 작곡가다.

에너지가 충만한 사운드를 낼 수 있었던 것도, 파커의 선구적인 모델 없이는 불가능했을 것이다. 이 역시 비밥 연주자들이 스윙 시대 재즈의 대중음악적인 허울에 저항한 반란의 일환이었다. 감상적인 장식들, 스위트 밴드의 영향, 재즈의 거친 모서리를 대중 소비를 위해 부드럽게 다듬던 다양한 방식들과 같은 이 모든 것들은 이제 제거되어야 할 대상이었고, 그 대신 더욱 순수한 개념의 재즈, 즉 전장의 외침만큼이나 강렬한 감정을 담은 예술 음악으로서의 재즈가 등장했다. 낭만적인 순간을 기대하며 느린 춤을 추는 사람들은 이제 재즈 밴드 무대 근처에는 얼씬도 하지 않는 것이 좋았다.

1940년, 캡 캘러웨이 밴드가 젊은 트럼펫 연주자 존 길레스피(이미 동료들 사이에서 '디지Dizzy'라는 별명으로 불리던)를 데리고 캔자스시티에 왔다. 휴식 시간 동안, 트럼펫 연주자 버디 앤더슨은 길레스피에게 꼭 들어봐야 할 현지 색소폰 연주자가 있다고 말했다. 길레스피는 그다지 기대하지 않았다며 훗날 이렇게 회상했다. "'이봐, 색소폰 연주자라고?' 나는 말했다. '난 지금 추 베리랑 같이 연주하고 있고, 베니 카터도 알고, 콜먼 호킨스와도 연주했고, 레스터 영도 알아.'" 당시 길레스피는 나이는 어렸지만, 이미 당대에서 가장 화성적, 기술적으로 뛰어난 트럼펫 연주자 중 한 명이었고, 웬만한 연주자에게 감탄할 준비가 되어 있지 않았다. 하지만 앤더슨은 포기하지 않았고, 다음 날 두 사람을 위한 즉흥 잼 세션을 주선했다. 길레스피는 피아노로 컴핑하고, 파커는 알토 색소폰을 연주했다. 이 만남은 두 사람의 경력에서 중요한 전환점이 되었다. 길레스피는 그날의 이야기를 이어가며 이렇게 말했다. "그 친구가 해내는 걸 보고 난 정말 깜짝 놀랐다. 내가 그동안 같이 연주했던 다른 사람들은 사실 내 동료가 아니었다. 하지만 찰리 파커를 듣는 순간, 난 이렇게 말했다. '저 사람이야말로 내 동료다.' …… 찰리 파커와 나는 거의 같은 방향으로 나아가고 있었다. 다만, 우리 둘 다 그 사실을 모르고 있었을 뿐이다."141

길레스피는 음악적 성장 과정에서 결정적인 순간에 이르기까지, 파커와는 전혀 다른 길을 걸어왔다. 활기차게 성장하던 재즈 현장의 한복판에서 배운 파커와 달리, 길레스피는 사우스캐롤라이나주 체로Cheraw의 외진 시골 마을에서 성장했다. 아홉 남매 중 막내였던("우리 중 이름을 지을 만큼 오래 산 건 일곱 명뿐이었다."[142]) 존 버크스 길레스피John Birks Gillespie는 무관심한 어머니와 학대적인 아버지 밑에서 자랐다. "일요일 아침마다 아버지는 우리를 매질했다. 아버지에 대한 기억은 주로 그거다." 길레스피의 아버지는 벽돌공이었지만, 주말이면 지역 밴드에서 피아노를 연주하기도 했다. 그는 또한 밴드 악기들을 주중에 집에 보관하는 데 동의했는데, 이는 가난한 밴드 멤버들이 공연 사이사이에 악기를 전당포에 맡기는 일을 막기 위해서였다. 그래서 집의 응접실은 마치 중고 악기 가게처럼 어수선한 모습이었고, 피아노, 드럼 세트, 만돌린, 기타, 그리고 빨간색 줄 하나만 남은 콘트라베이스까지 놓여 있었다. 어린 시절부터 존 버크스는 이 다양한 악기들을 "장난감"처럼 다루며 소리와 감촉을 익혀나갔다.

 지원과 격려는 대부분 집 밖에서, 이웃이나 교사들로부터 왔다. 5학년 때, 길레스피는 학교 밴드에 끌려 들어가게 되었다. 합주단에서 가장 어린 학생이었던 그는 악기를 고를 때 맨 마지막 순서였고, 결국 팔 길이에 비해 몇 인치나 큰 슬라이드 트롬본을 배정받았다. 그러나 길레스피는 이에 굴하지 않고 부지런히 연습했고, 곧 이웃집의 트럼펫을 빌려 연주법을 익히기 시작했다. 열두 살 무렵에는, 두 악기 모두에 대해 기본적인 연주 기술을 갖추게 되었지만, 점점 트럼펫에 더 매력을 느끼게 되었다. 이렇게 보호된 환경 속에서, 그는 캔자스시티나 뉴욕 같은 대도시에서는 불가능했을 자기 정체성과 음악적 능숙함을 차분히 키울 수 있었다. 길레스피는 스스로를 "체로에서 제일가는 젊은 트럼펫 연주자"라고 자부했다. 그러나 사실 그는 당시 단 하나의 조key로만 연주할 수 있었고, 악보 읽기에도 서툴렀다. 이는 조 존스에게 수모를 당했던 파커의 경험을 떠올리게 하는데, 길레스피 역시 비슷한 굴욕을 겪었다. 필라델피아에서 활동하다가 고향 체로로 돌아온 한 현지 트럼펫 연주자가 있었다. 그는 길레스피를 단숨에 압도했다. 길레스피는 훗날 이렇게 회상했다. "소니가 카운트다운을 하고, C키로 연주를 시작했는데, 나는 트럼펫에서 단 한 음도 찾지 못하고 우왕좌왕했다…… 난 완전히 짓뭉개진 기분이었고, 체로 최고의 트럼펫 연주자라는 자부심이 있었던 터라 결국 울고 말았다."

재즈 사회학은 이러한 잼 세션에서의 굴욕담들로부터 많은 것을 얻을 수 있을 것이다. 이런 공개적인 망신은 모던 재즈 연주자들에게 있어 자주 겪는 통과 의례였다. 훗날, 파커와 길레스피는 자신들보다 실력이 떨어지는 연주자들에게 비슷한 심리 게임을 걸곤 했다. 1940년대 초, 비밥 어법이 다듬어지던 할렘의 클럽인 민튼스Minton's와 먼로스Monroe's에서는 내로라하는 연주자들이 빠른 템포와 복잡한 멜로디 라인을 통해 외부인들을 위축시키고, 동시에 자신들의 자격을 입증했다. 음악대학 학위가 드물던 그 시절, 뮤지션의 이력서는 매일 밤 무대 위에서 만들어졌다. 이처럼 경쟁적이고 남성적인 문화는 거의 논의되지 않지만, 재즈 공동체 안에서는 오랜 시간 동안 핵심 가치로, 어쩌면 과도하게 자리 잡아 왔다. 하지만 이런 질문은 남는다. 이런 신고식과 수모가 정말로 예술 형식의 진보에 도움이 되는가? 어쨌든, 파커와 길레스피, 그리고 수많은 다른 연주자들의 전기에서는 이러한 고통스러운 좌절 경험들이 대체로 결정적 순간으로 다뤄지며, "마땅한 대가를 치러야 한다"는 진부한 속담을 떠올리게 하는 열정으로 묘사된다. 이러한 공적 수치의 의례를 신화화하는 방식은 이것을 일종의 이득이 있는 경제적 거래로 간주하지만, 그 이면에 흐르는 공격성과 재즈 문화의 어두운 심리를 외면한다. 만약 남보다 한 수 앞서려는 이런 끝없는 열망이 존재하지 않았다면, 모던 재즈의 사운드는 과연 어땠을까?

길레스피의 경우에도(앞서 파커가 그랬듯이), 이 젊은이는 이후 더욱 헌신적으로 트럼펫 공부에 매진했다. 몇 달 만에, 그는 여러 조key에서 자유롭게 연주할 수 있게 되었다. 열다섯 살이 되었을 무렵에는, 체로에 공연차 들른 재즈 밴드들과 함께, 체로 엘크스 홀Cheraw Elks Hall 무대에 올라 연주할 정도로 자신감을 갖게 되었다. 하지만 길레스피에게 더 깊은 영향을 준 것은 라디오 전파를 타고 체로에 흘러들어온 음악이었다. 길레스피 집에는 축음기나 라디오가 없었지만, 이웃집에는 둘 다 있었고, 그 이웃은 십대였던 길레스피가 와서 음악을 듣는 것을 허락해주었다. 그중에서도 할렘의 사보이 볼룸에서 연주된 테디 힐 오케스트라Teddy Hill Orchestra의 방송은 그에게 가장 강렬한 인상을 남겼다. 그는 특히 힐의 트럼펫 연주자였던 로이 엘드리지를 집중적으로 들었다. 엘드리지는 이후로 길레스피가 자신만의 연주 스타일을 만들어가는 데 있어 가장 중요한 모델로 남게 된다. 엘드리지의 탄탄한 기교, 리듬감 넘치는 흥, 강렬한 음역 표현 — 이 모든 특성은 길레스피가 그토록 존경했던 부분들이며, 훗날 그의 화려한 기교와 독창적인 트럼펫 사운드에도 고스란히 녹아들게 된다. 그가 얼마나 이 목표를 잘 이루어냈는지를 보여주는 하나의 결정적인 순간은 몇 년 뒤 찾아온다. 길레스피가 직접 테디 힐 밴드에 합류하게 된 것, 바로 엘드리지가 맡았던 자리를 자신이 이어받은 순간이었다.

1933년 가을, 길레스피는 노스캐롤라이나에 있는 로린버그 인스티튜트Laurinburg Institute에 입학하며, 정식으로 음악 공부를 시작했다. 그는 피아노를 연습하면서, 화성에 대한 이해를 더욱 깊이 있게 다져나갔다. 다양한 코드 구조를 피아노 위에서 실험했고, 이후 대부분의 작곡과 편곡도 피아노를 통해 이루어졌다. 1935년 봄, 그의 가족은 필라델피아로 이사했고, 길레스피도 몇 달 뒤에 따라갔다. 필라델피아에서 그는 직업 음악가로서 잡다한 연주 일을 시작했고, 다른 재능 있는 젊은 트럼펫 연주자들과 교류하기 시작했다. 특히, 그중에는 그의 사촌인 찰리 셰이버스가 있었다. 셰이버스는 디지보다 석 달 먼저 태어났고, 이후에 당시 최고의 스몰 콤보 중 하나였던 존 커비 육중주단의 솔로이스트로 명성을 얻었으며, 훗날에는 토미 도시 빅 밴드에서도 활약하게 된다.

세이버스는 길레스피와 마찬가지로 로이 엘드리지에 깊이 매료되어 있었고, 둘은 엘드리지의 솔로를 통째로 외워 공연에서 한 음 한 음 정확히 따라 연주하고는 했다. 엘드리지의 사운드는 길레스피가 성숙한 자신만의 스타일을 구축한 뒤에도 여전히 그의 연주 배경에 잔향처럼 남아 있었고, 디지의 가장 실험적인 연주조차 스윙 시대 전통주의의 얇은 외피를 갖게 했다. 어쩌면 엘드리지의 영향으로 인해, 길레스피는 다른 비밥 연주자들, 특히 파커가 보다 유려하고 흐르는 듯한 라인을 선호했던 것과 달리, 강한 싱커페이션 감각을 끝까지 유지했던 것일지도 모른다. 게다가, 그는 모던 재즈 연주자들이 선호하던 길고 매끄러운 멜로디 라인을 종종 끊고, 짧고 불규칙한 프레이즈나 고음역으로의 화려한 도약을 섞어 넣곤 했는데, 이 역시 엘드리지를 연상시키는 특징들이었다. 이러한 쇼맨십 요소들은 길레스피를 단지 엘드리지뿐만 아니라 그 이전의 루이 암스트롱까지 거슬러 올라가는 비밥 이전 트럼펫 전통과 연결시켜 주었고, 대중들은 이러한 면모를 높이 평가했다. 그 결과, 길레스피는 다른 어떤 비밥 연주자들보다도 폭넓은 인기와 팬층을 얻게 되었다.

1937년, 열아홉 살의 길레스피는 뉴욕으로 이사했다. 그는 그곳에서 형과 함께 지내며 도시가 제공하는 다양한 음악 세계를 경험했다. 사보이 볼룸에 자주 들렀고, 칙 웹 밴드와 함께 무대에 올라 연주하기도 했으며, 위대한 쿠바 출신 트럼펫 연주자 마리오 바우사Mario Bauzá를 만났다. 바우사는 길레스피가 라틴 리듬에 흥미를 가지게 되는 데 결정적인 역할을 했고, 이는 훗날 그의 음악에 지속적인 영향을 끼쳤다. 이 시기에 길레스피는 떠오르는 신예 트럼펫 연주자로 점차 이름을 알리기 시작했다. 우연히 사보이 볼룸에서 테디 힐을 만나게 되면서, 그는 힐의 밴드에 합류하여 유럽 투어에도 참여하게 된다. 이 밴드와 함께한 1937년 5월의 녹음곡 〈King Porter Stomp〉와 〈Blue Rhythm Fantasy〉에서 들을 수 있는 그의 솔로는, 길레스피가 이미 로이 엘드리지의 스타일을 능숙하게 모방할 줄 아는 연주자였음을 분명히 보여준다.

테디 힐 밴드에 케니 클라크가 합류하면서, 길레스피는 모던 재즈의 리듬감을 변화시킬 중요한 드러머와 밀접한 접촉을 하게 되었다. 피츠버그 출신의 클라크는 미국 중서부와 동부 전역의 다양한 밴드에서 연주하며 실력을 쌓은 인물로, 조 존스의 가볍고 스윙감 넘치는 드럼 스타일을 본떠, 비트의 중심을 베이스 드럼에서 라이드 심벌*로 옮기는 변화를 시도했다. 이 기본 리듬 위에 클라크는 불규칙한 악센트, 날카로운 타격, 그리고 마치 채찍 소리처럼 터지는 타악 효과들을 더했다. 이러한 폴리리듬 폭발은 당시 전쟁 시기의 재즈 연주자들 사이에서 "폭탄"이라 불렸고, 그의 별명인 클룩Klook(때로는, 클룩-맙Klook-Mop)은 이 연주 스타일의 의성어일 가능성도 있다. 클라크는 모던 재즈 스타일이 본격적으로 다듬어진 곳인 할렘의 잼 세션에서 핵심적인 역할을 하게 된다. 그는 여러 악기를 다룰 줄 아는 능숙한 연주자이자 뛰어난 작곡가로도 활약했으며, 길레스피의 〈Salt Peanuts〉와 몽크의 〈Epistrophy〉의 공동 작곡자로 이름을 올리기도 했다. 덕분에, 그는 그 세대에서 가장 다재다능한 타악기 연주자 중 한 명으로 인정받게 되었다.

길레스피의 다음 주요 고용주는 캡 캘러웨이였다. 그는 단순히 재즈 밴드 리더를 넘어, 당시 최고의 엔터테이너 중 한 사람이었다. 화려한 의상, 외향적인 무대 매너, 그리고 진짜 힙하거나 세련되기보다는 관객들에게 잘 보이기 위해 멋을 부린 듯한 스캣 창법은 대중의 상상력을 사로잡았다. 실제로, 조지 거슈윈은 오페라 《포기와 베스》에서 화려한 캐릭터인 스포틴 라이프Sportin' Life를 만들 때, 캘러웨이를 모델로 삼았다. 길레스피와 캘러웨이의 관계는 거칠고 불안정했다. 결국 길레스피는 무대 뒤에서의 격렬한 말다툼 끝에 해고당했지만, 그는 분명히 캘러웨이의 무대 연출을 보며 많은 것을 배

---

* 라이드 심벌ride cymbal: 드럼 세트의 한 부분으로, 주로 일정하고 지속적인 리듬 패턴을 연주할 때 사용하는 큰 심벌.

웠다. 길레스피는 나중에 이렇게 인정했다. "캡과 연주할 때는 항상 어떻게든 힙해 보이려고 애썼다." 캘러웨이 밴드를 떠난 이후, 길레스피는 베레모와 세련된 옷차림을 즐겨 착용하게 되었고, 이는 훗날 비밥 운동의 상징적인 스타일로 자리 잡았다. 또한 길레스피는 비밥 세대 중에서 유일하게 엔터테이너 역할을 진지하게 받아들인 주요 인물로 남게 된다. 그는 음악뿐 아니라 재치 있는 농담과 무대 매너로 관객을 사로잡는 것을 자신의 중요한 목표로 삼았다. 즉흥적인 농담이나 가벼운 무대 연출을 통해, 길레스피는 종종 동시대 연주자들의 지나치게 진지한 태도를 반박하거나 심지어 패러디하기도 했다. 비평가들은 대체로 이 점을 간과했지만, 길레스피의 무대 감각에 있어 캘러웨이의 영향은 결정적이었다고 볼 수 있다.

물론, 이 시기 길레스피의 발전은 단순히 옷차림이나 외적인 매너리즘 같은 표면적인 변화에 그치지 않았다. 뉴욕 시절 초에 길레스피와 친분을 쌓았던 섹션 동료 마리오 바우사는 다시 한 번 이 젊은 트럼펫 연주자를 보살피며 지도했다. 길레스피는 훗날 "마리오는 내 아버지 같았다"고 회상했다. 바우사는 길레스피의 아프로-쿠반Afro-Cuban 음악에 대한 관심을 키워주는 데에도 중요한 역할을 했다. 길레스피가 캘러웨이 밴드를 위해 편곡한 〈Pickin' the Cabbage〉는 그의 작곡 방향이 새로운 스타일로 나아가고 있음을 반영한 작품이었다. 또한 캘러웨이 밴드 외부에서의 활동 기회도 점차 늘어나기 시작했다. 1939년, 길레스피는 라이오넬 햄튼의 녹음 세션에 참여하여 〈When Lights Are Low〉와 〈Hot Mallets〉를 녹음했다. 이 세션에서는 벤 웹스터, 콜먼 호킨스, 베니 카터, 추 베리 등 당시 최고의 관악 연주자들과 함께 작업했다. 대중에게는 잘 알려지지 않았지만, 길레스피에게 훨씬 더 큰 영향을 준 것은, 캘러웨이 밴드가 뉴욕에 머무는 동안 그가 자주 참여했던 비공식 잼 세션들이었다.

민튼스와 먼로스 업타운 하우스에서 열린 이 잼 세션들은 자주 비밥의 탄생지로 언급된다. 이곳은 다양한 요소들이 융합되어 하나의 명확한 스타일로 정립되었던 용광로처럼 묘사된다. 당시를 직접 경험한 이들의 증언과 몇몇 아마추어 녹음 자료는 이 장소들의 중요성을 뒷받침해 주지만, 이러한 전설적인 지위는 오히려 클럽 밖에서 이루어졌던 수많은 혁신들을 가려버렸고, 실제로는 점진적이고 불완전한 발전의 과정이었다는 사실도 놓치게 만들었다. 실제로는, 이 유명한 무대들조차 전통적인 악기 연주자, 다양한 스타일의 보컬리스트, 그리고 음악적 실력을 키우고자 하는 신참들이 무대에 오르며 비밥 연주자들과 함께 뒤섞인 공간이었다. 이러한 변화는 한순간에 일어난 혁명이 아니라, 천천히 모양을 갖춰가는 유기적 흐름에 가까웠다. 민튼스와 먼로스 세션들의 역사적 중요성은 대부분 훗날의 회고 속에서 비로소 분명해졌다. 셀로니어스 몽크는 훗날 민튼스에서의 시간을 이렇게 표현했다. "나는 재즈의 흐름을 바꾸려 했던 게 아니었다. 단지 좋은 소리를 내고 싶었을 뿐이었다."[143] 민튼스 클럽에서 정식으로 고용된 대표적인 모더니스트 연주자는 몽크와 케니 클라크뿐이었지만, 그날그날의 세션에는 종종 디지 길레스피나 찰리 파커, 지미 블랜튼, 찰리 크리스천 같은 신세대 혁신가들뿐만 아니라, 로이 엘드리지, 콜먼 호킨스, 레스터 영, 베니 굿맨, 벤 웹스터 등 스윙 시대의 베테랑들이 함께 무대에 오르기도 했다.

민튼스 세션에 참여했던 젊은 연주자들 가운데, 피아니스트 셀로니어스 몽크는 가장 모험적이면서도 가장 분류하기 어려운 인물로 두드러졌다. 몽크는 독특한 화성과 리듬 패턴에 관심을 보였고, 이는 어느 정도 길레스피와 파커의 실험성과 맞닿아 있었다. 그러나 그의 즉흥 연주와 작곡에 대한 전반적인 구상은 몽크 특유의 독창적이고 타협 없는 음악적 가치관을 반영했다. 몽크의 성숙한 스타일을 보면 알 수 있듯이, 다른 비밥 연주자들의 손쉬운 기교적 연주에는 큰 관심을 두지 않았고, 비밥 음악을 특징짓는 빠른 템포와 화려한 즉흥 연주 스타일에도 매력을 느끼지 않았다. 그 대신, 그는 음색과 불협화음을 더 깊이 탐구했으며, 즉흥 연주를 치밀한 작곡의 구조로 끌어올리는 독특한 스타일을 추구했다. 1950년대에 이르기까지는, 몽크의 길을 따를 준비가 된 피아니스트가 거의 없었고, 그의 영향력이 본격적으로 평가되고 실감되기 시작한 것도 1982년 몽크 사후에 이르러서였다.

길레스피보다 불과 며칠 늦게 태어난 셀로니어스 몽크는 1917년 10월 10일, 노스캐롤라이나 주 로키 마운트에서 태어났지만, 어린 시절 대부분을 뉴욕의 산 후안 힐 지역에서 보냈다. 1926년경, 가족이 플레이어 피아노를 들여오면서, 어린 몽크는 자연스럽게 건반을 만지게 되었고, 11세에 정식 피아노 레슨을 받기 시작했다. 십대 시절, 몽크는 할렘 곳곳의 다양한 음악 현장에서 경험을 쌓았다. 렌트 파티, 아폴로 극장 같은 공식 무대뿐만 아니라, 16세에는 복음 전도단과 함께 전국 순회공연을 다니기도 했다. 그러나 그는 여전히 잘 알려지지 않은 무명 연주자로, 그저 여기저기 공연을 전전하고 있었다. 그러던 중, 23세에 민튼스 플레이하우스에서 하우스 피아니스트[고정 연주자] 자리를 얻으며, 중요한 전환점을 맞이하게 된다.

곧 민튼스의 몽크와 다른 연주자들과 함께, 인근 클라크 먼로의 업타운 하우스에서 열리던 심야 잼 세션을 통해 이름을 알리고 있던 한 알토 색소폰 연주자가 합류했다. 바로 찰리 파커였다. 몇 달 전, 캔자스시티에서 길레스피와 인연을 맺었던 파커는 이제 뉴욕에서도 길레스피와 자주 무대에 함께 서게 되었다. 케니 클라크, 셀로니어스 몽크, 그리고 다른 재능 있는 젊은 연주자들의 지원을 받으며, 파커와 길레스피는 그들의 실험적인 성향을 하나의 강력한 스타일로 다져나가기 시작했다. 이들은 〈I Got Rhythm〉과 같은 기존의 스탠다드 곡들을 새롭게 재해석하고, 새로운 곡들을 작곡하며, 점점 더 빠른 템포, 번개처럼 날렵한 고도의 기교를 추구하기 시작했다. 이러한 연주는 다른 연주자들에게 공포와 경이로움을 동시에 불러일으켰다. 컬럼비아대 학생이자 열정적인 재즈 팬이었던 제리 뉴먼의 컬렉션에는 1942년경 먼로스 세션에서 파커가 〈Cherokee〉의 코드 진행 위로 연주하는 것을 담은 페이퍼 디스크* 녹음이 남아 있다. 여기서 파커의 리듬 섹션은 다소 느릿하고 밋밋한 2박자 리듬을 제공했지만, 파커의 솔로는 불타오르는 듯 창의적이고 강렬했다. 몇 달 후의 아마추어 녹음인 〈Sweet Georgia Brown〉에서는 길레스피가 트럼펫으로 합류했는데, 이는 파커와 길레스피 듀오의 가장 초기로 남아 있는 녹음 기록이 되었다. 베이스는 지미 블랜튼의 제자격인 오스카 페티포드가 맡아, 파커에게 훨씬 더 어울리는 반주를 제공했다. 이 연주는 전체적으로 거칠고 특히 길레스피의 연주가 다듬어지지는 않았지만, 그럼에도 분명히 비밥 그 자체였다.

이때쯤, 찰리 파커와 디지 길레스피는 함께 얼 하인즈의 빅 밴드에서 활동하고 있었다. 비록 하인즈가 전통 재즈 스타일의 거장으로 명성을 얻고 있었지만, 그가 조직한 이 빅 밴드는 당대에 가장 진보적이고 혁신적인 재즈 오케스트라 중 하나였다. 1928년부터 1939년까지, 하인즈는 대공황의 충격 속에서도 시카고의 고급 나이트클럽인 그랜드 테라스Grand Terrace의 하우스 밴드 리더로 활동하며, 비교적 안정적인 기반을 유지했다. 하인즈는 적극적으로 밴드 사운드를 직접 통제했던 듀크 엘링턴과는 달리, 다양한 스타일의 재능 있는 연주자들을 고용하여 그들에게 밴드 스타일을 형성하는 주도권을 상당 부분 위임하는 방식을 선호했다. 이 전략은 1943년 밴드의 성공에 결정적인 역할을 하게 된다. 사실, 하인즈는 이미 1930년대 초반부터 루이 암스트롱, 지미 눈과 함께했던, 초기의 "고전적" 사운드를 넘어서는 방향으로 나아가고 있었다. (그러나 그는 1948년 이후 다시 전통적인 스타일로 회귀하게 된다.) 하인즈는 지미 먼디, 버드 존슨, 퀸 윌슨Quinn Wilson 등의 뛰어난 편곡자들이 만든 강력한 곡들에 의존해, 당시 가장 핫한 댄스 밴드 중 하나를 이끌었고, 스윙 시대가 절정에 달하기도 전에 더 현대적인 사운드를

---

* 페이퍼 디스크paper disc: 종이를 바탕으로 만든 레코드판. 두꺼운 종이판 위에 셸락shelac이나 래커lacquer 같은 재료를 얇게 발라서, 그 위에 소리의 홈을 새겼다. 겉보기에는 일반 78회전 SP 레코드처럼 생겼지만, 실제로는 내부가 종이라서 훨씬 저렴하고 가벼웠으며, 쉽게 휘거나 깨지고, 시간이 지나면 음질이 급격히 나빠지는 단점이 있었다. 1930~40년대에 특히 널리 사용되었고, 저렴한 비용으로 가능했던 아마추어 녹음용이었다.

포용하기 시작했다. 하인즈 밴드가 비밥 스타일과 가까워지기 시작한 첫 징후는 1941년에 나타났다. 빌리 엑스타인, 버드 존슨, 프레디 웹스터Freddie Webster, 리틀 베니 해리스Little Benny Harris, 섀도우 윌슨Shadow Wilson 등이 더 진보적인 재즈 개념으로 다소 기울기 시작한 것이다. 그리고 1942년 말, 하인즈가 캘러웨이, 러키 밀린더Lucky Millinder 등의 밴드에서 명성을 얻은 디지 길레스피를 고용하면서, 이 흐름은 본격적인 모던 재즈로 폭발했다. 곧이어, 하인즈는 (떠난 버드 존슨을 대신해) 찰리 파커를 테너 색소폰 주자로 데려왔고, 보컬리스트로는 사라 본을 영입했다.

1924년 뉴저지주 뉴어크에서 태어난 사라 본은 음악적이지만 동시에 매우 종교적인 가정에서 성장했다. 이러한 가정 분위기 속에서, 심야에 나이트클럽이나 댄스홀을 드나드는 일은 의심스러운 것으로 여겨졌다. 본의 아버지는 딸의 뛰어난 노래 실력을 격려했지만, 그녀가 무대에 서기보다는 어머니처럼 교회 성가대에서 노래하기를 바랐다. 그러나 1942년 말, 사라 본은 아폴로 극장에서 열린 아마추어 경연대회에서 1등을 차지했고, 상금 10달러와 아폴로 극장에서 일주일간 공연할 기회를 얻었다. 이때 그녀의 공연을 들은 얼 하인즈는 사라 본의 거의 세 옥타브에 달하는 폭넓은 음역과 뛰어난 보컬 테크닉에 깊은 인상을 받아, 자신의 오케스트라에 영입 제안을 했다. 그리하여, 아직 십대였던 사라 본은 새로운 재즈 세대의 두 거장인 찰리 파커, 디지 길레스피와 함께 무대에 오르게 되었다.

사라 본은 이러한 환경에서 성장하고 성공하기에 특별히 잘 준비된 인물이었다. 비밥 연주자들이 뛰어난 기교를 과시했던 것처럼, 본 역시 압도적인 테크닉과 화려한 프레이징에 대한 애착을 지니고 있었다. 또한 그녀는 비밥 연주자들처럼 깊이 있게 화성을 이해하고 있었고, 많은 비밥 연주자들과 마찬가지로 피아노 연주를 통해 이를 표현할 수 있는 능력도 갖추고 있었다. 사실, 처음 얼 하인즈 밴드에 들어갔을 때, 본은 보컬리스트이자 하인즈의 백업 피아니스트로 활동했다. 그녀의 넓은 음역, 까다로운 음정 도약을 자연스럽게 넘나드는 기술, 거대한 제스처에 대한 본능, 음색과 음조를 다루는 표현력은 다른 재즈 가수들보다는 디지 길레스피와 더 정신적으로 닮아 있었다. 그래서 재즈 역사가들이 종종 본의 보컬 스타일을 "관악기처럼 들리는 창법"이라고 평가하는 것도 자연스러운 일이다. 길레스피 또한 밴드에 새로 합류한 이 놀라운 보컬리스트에게 자극을 받아, 그녀의 노래를 뒷받침할 연주 파트를 작곡하기 시작했다. 이 시기에 길레스피가 만든 곡이 바로 〈A Night in Tunisia〉이다. 이 곡은 나중에 비밥의 대표곡이 되었고, 처음에는 1944년 말에 사라 본의 보컬이 담긴 버전으로 〈Interlude〉라는 이름으로 녹음되었다. 그러나 시간이 지나면서, 본은 많은 재즈 보컬리스트들과 마찬가지로, 비밥 스타일을 어느 정도 누그러뜨리고, 보다 주류 대중 취향에 맞춘 방향으로 활동을 넓혀갔다. 틴 팬 앨리 전통에 뿌리를 둔 조지 거슈윈, 리차드 로저스Richard Rodgers, 어빙 벌린 등의 다양한 "노래집"을 기반으로 한 명곡들을 해석하여, 많은 명반을 남겼다. 결국, 그녀는 재즈 디바로서의 명성뿐만 아니라, 대중가요 해석자로서의 정당한 존경도 얻게 되었다. 하지만 1940년대, 특히 하인즈 밴드와 함께했던 비밥 중심의 진보적인 무대 환경만큼 그녀가 마음껏 날개를 펼칠 수 있었던 기회는 이후 드물었다.

혹은, 그랬을 것으로 짐작된다. 하지만 안타깝게도, 녹음 금지령 때문에 이 시기의 얼 하인즈 오케스트라는 스튜디오 녹음을 전혀 남기지 못했다. 상업용 녹음은 물론이고, 당시 다른 밴드들처럼 종종 보존되었던 라디오 방송 녹음조차 남아 있지 않다. 결과적으로, 1943년 하인즈 오케스트라는 재즈 역사상 가장 중요한 미녹음 밴드 중 하나로, 심지어 버디 볼든 밴드 바로 다음으로 손꼽힐 정도다. 나중에 하인즈 밴드로 남은 녹음들도 당시의 혁신적인 라인업에 대한 정보를 거의 제공하지 못한다. 왜냐하면, 하인즈는 이 젊은 스타 연주자들을 오래 붙잡아 둘 수 없었기 때문이다. 1943년 7월에 리틀 베니 해리스가 떠났고, 8월에 찰리 파커도 밴드를 떠났다. 그 직후, 빌리 엑스타인도 독립하여 자신의 밴드를 조직했고, 디지 길레스피, 사라 본 등

하인즈 밴드 최고의 인재들을 데려가게 된다.

강력한 바리톤 음성을 지닌 빌리 엑스타인은 하인즈 밴드 시절, 히트곡 〈Jelly, Jelly〉를 녹음하며 인기를 얻었고, 이제 그 성공을 발판 삼아 자신만의 경력을 쌓고자 했다. 하지만 비밥이라는 첨단 사운드에 그가 매료된 것은 대중적인 팝 가수로서의 성공 가능성을 어느 정도 희생시키는 결과를 낳았다. 다른 상황에서였다면, 엑스타인은 냇 킹 콜이나 심지어 프랭크 시나트라에 필적하는 인기를 얻었을 수도 있었지만, 그가 노렸던 더 큰 대중 시장은 대부분 그를 외면했다. 1940년대 초반에 결성된 엑스타인 밴드는 그의 경력에서 가장 중요한 밴드였지만, 평단을 둘로 갈랐고, 대중적으로도 큰 반향을 얻지는 못했다. 그러나 이 밴드는 높은 연주 수준과 모던 재즈 정신을 토대로, 디지 길레스피, 우디 허먼 등이 이끄는 비밥 빅 밴드의 주요 선구자 역할을 하게 된다. 그러나 하인즈와 마찬가지로, 엑스타인도 자신이 발굴한 최고의 솔로이스트들을 오래 붙잡아 둘 수는 없었다. 왜냐하면 이들은 모두 스몰 콤보 형식으로 전환하는 비밥 시대의 흐름을 따라 떠났기 때문이다. 실제로, 이 엑스타인 밴드 출신들 가운데, 디지 길레스피, 찰리 파커, 사라 본, 덱스터 고든, 마일즈 데이비스, 아트 블레이키 등 수많은 혁신가들은 결국 각자 독자적으로 재즈의 거장으로 떠오르게 되었다.

비밥의 주류화

이제 재즈의 풍경도 음악과 함께 변화하고 있었다. 제2차 세계대전이 일어나기 전 몇 년 동안, 맨해튼 52번가 5번 길과 7번 길 사이의 브라운스톤 아파트 1층에는 몇몇 작은 재즈 클럽들이 문을 열기 시작했다. 음악 관객층이 춤을 추는 사람들에서 진지하게 음악을 감상하는 청자들로 바뀌면서, 이 클럽들은 점차 재즈 세계의 새로운 중심지로 부상하게 되었다. 타임스 스퀘어와 가까운 덕분에, 이 지역은 관광객, 휴가 나온 군인들, 뉴욕의 연극과 야간 문화 애호가들까지 끌어들일 수 있었다. 오늘날 이 거리에는 은행과 소매점들이 즐비하고, 마지막 재즈 클럽은 1968년에 문을 닫았지만, 전성기 동안만큼은 이 500미터도 채 안 되는 구간이 미국에서 가장 핫한 즉흥 음악의 중심지였다.

비밥이 52번가에 등장한 것은 하나의 상징적인 사건이었다. 그 시작은 1944년 초, 디지 길레스피가 오닉스 클럽Onyx Club에서 스몰 콤보로 활동을 시작하면서 이루어졌다. 길레스피는 캔자스시티로 전보를 보내 찰리 파커의 참여를 요청했지만, 그는 전보를 받지 못했거나 답장을 보내지 않았다. 또 길레스피는 버드 파월을 피아노 주자로 원하기도 했지만, 결국 새로운 스타일에 능숙했던 젊은 백인 피아니스트 조지 월링턴George Wallington을 선택하게 되었다. 하지만 파커와 파월이 없었음에도, 이 밴드는 재즈계에 엄청난 충격과 변화를 가져오게 된다. 길레스피는 리듬 섹션을 완성하기 위해, 오스카 페티포드(후에 찰스 밍거스, 레이 브라운과 함께, 지미 블랜튼 전통의 최고 베이시스트로 평가받게 된다), 맥스 로치(시간이 지나면서, 케니 클라크와 함께 비밥 드럼 연주를 대표하게 된다)를 기용했다. 맥스 로치는 디지 길레스피나 셀로니어스 몽크처럼 캐롤라이나 출신이었고, 십대 중반에 이미 먼로스 업타운 하우스 세션의 하우스 드러머로 이름을 알렸던 인재였다. 이제 그는 페티포드와 함께, 최고 속도의 템포에서도 모던 재즈 스타일이 요구하는 부드러운 레가토 흐름을 유지할 수 있는 진보적인 리듬 섹션을 길레스피에게 제공하게 된다. 결국 길레스피는 돈 바이어스를 추가로 영입해 밴드를 5인조로 확장한다. 바이어스는 콜먼 호킨스 스타일에 기반을 둔 테너 색소폰 연주자로, 스윙 시대 연주자 중에서도 드물게 비밥의 요구에 성공적으로 적응한 인물이었다.

1944년 9월, 찰리 파커가 52번가의 쓰리 듀시스Three Deuces 클럽에서 공연을 하게 된 것은 디지 길레스피 밴드가 불러일으킨 관심을 기반으로 한, 필연적인 등장이라 할 수 있었다. 초창기에 심야의 클럽after-hour club과 잼 세션에서 시작된 비밥은 이제 준準정통 공연장에서 선보이며 그 정당성을 얻게 되었다. 더욱이, 입소문으로 이미 퍼지고 있던 모던 재즈의 반향은 상업용 음반과 라디오 방송을 통해 증폭되고 있었다. 이러한 상황 속에서, 비록 일시적인 유행이나 현상으로 여겼다 하더라도, 평론가들과 언론인들은 이 새로운 음악을 다루지 않을 수 없었다. 그러나 주류 언론의 초기 반응은 거의 예외 없이 부정적이었다. 『콜리어스Collier's』지의 한 기사에서는 "노래도 못 하고, 춤도 못 춘다. 어쩌면 듣기도 힘들지 모른다. 그게 바로 비밥이다"라고 평했다. 『타임』지는 독자들에게 비밥을 설명하려 애쓰며 그것을 "과열된 핫 재즈, 외설적이고, 마약과 이중적 의미로 가득 찬 과장된 가사"라고 묘사했다.[144] "구악舊樂파"의 저명한 음악가들 역시 독설을 퍼부었다. 캡 캘러웨이와 그 외 사람들은 모던 재즈를 "중국 음악"이라 비하했으며, 루이 암스트롱은 "의미 없는 이상한 코드들뿐…… 기억할 멜로디도 없고 춤출 비트도 없다"고 맹비난했다. 베니 굿맨은 모던 재즈 연주자들이 "진짜 음악가가 아니라 그냥 속임수를 쓰는 사람들"이라고 불평했다. 전통적 코넷 연주자인 닥 에반스Doc Evans는 아예 비밥의 모의 장례식을 열기까지 했다. 논란을 즐기던 『다운비트』지는 이 행사를 기념하는 사진을 실었다.

　1945년 이전까지만 해도, 이 새로운 음악의 음반은 대중에게 거의 제공되지 않았다. 그러나 이제 길드Guild, 사보이Savoy와 같은 몇몇 소규모 레코드 회사들이 모던 재즈 스타일을 홍보하는 데서 기회를 감지하기 시작했다. 2월 9일, 디지 길레스피는 색소폰 연주자 덱스터 고든 등이 참여한 밴드와 함께 인상적인 〈Blue 'n' Boogie〉를 녹음했다. 불과 3주도 지나지 않아, 파커와 길레스피는 〈Dizzy Atmosphere〉와 〈Groovin' High〉를 포함한 여러 역사적인 트랙을 녹음했다. 〈Dizzy Atmosphere〉에서 파커는 코드 진행 위를 유영하듯 연주하며, 두 번째 8마디 구간에서는 다조성을 넘나들고, 브릿지 부분에서는 놀라운 리듬 변위를 선보인다. 길레스피는 이어 고난도의 기교를 펼친다. 높은 음역으로 도약하는 연주, 복잡하게 반복되는 구절, 독특한 음정, 그리고 끊어질 듯 변화무쌍한 프레이즈 등으로 가득하다.

〈Groovin' High〉(길레스피가 곡 〈Whispering〉을 재해석한 작품)와 〈All the Things You Are〉는 보다 차분한 분위기였으며, 파커는 레스터 영 스타일을 연상시키는 유연한 솔로를 선보였다. 5월에는, 파커와 길레스피가 다시 만나 〈Salt Peanuts〉를 녹음했는데, 이 곡은 재즈 역사상 가장 극적인 브라스 솔로 중 하나로 평가받는 길레스피의 불같은 연주로 주목받았다. 11월, 길레스피는 사보이 레이블에서 파커가 주도한 세션에 다시 참여했다. 이 세션에서 녹음된 두 개의 블루스 곡인 〈Billie's Bounce〉와 〈Now's the Time〉은 재즈의 고전으로 인정받으며 많은 음악가들이 연구하고 따라하게 되었다. 그러나 그날 녹음된 곡 중에서도 가장 인상적인 것은 〈Ko Ko〉였다. 이 곡은 〈Cherokee〉를 재해석한 것으로, 기묘한 분위기의 도입부로 시작한다. 이 인트로는 코드 반주 없이 유동적으로 움직이는 프레이즈로 구성되어 있으며, 루이 암스트롱이 〈West End Blues〉에서 울려 퍼뜨린 강렬하고 상징적인 트럼펫 이후, 재즈 역사상 가장 유명한 도입부 중 하나로 평가된다. 이 도입부는 15년 후 오넷 콜먼과 돈 체리가 사용하게 될 모호한 조성을 미리 예견한 듯하다. 이후 이어지는 파커의 솔로는 그의 최고 연주 중 하나로 꼽힌다. 두 코러스에 걸쳐 펼쳐지는 이 몰아치는 비밥 솔로는 당시 다른 색소폰 연주자들이 감히 흉내도 내기 어려운 수준의 즉흥 연주였다.

이 세션이 끝난 지 며칠 후, 길레스피와 파커는 비밥 밴드를 이끌고 뉴욕을 떠나 남부 캘리포니아로 향했다. 그들은 고급 재즈 클럽인 빌리 버그스 Billy Berg's에서 공연하기 위해서였다. 이 클럽은 당대 유명 재즈 연주자들이 자주 무대에 오르는 곳이었고, 당시로서는 드물게 인종이 통합된 관객층으로도 잘 알려져 있었다. 로스앤젤레스의 청중들은 이미 콜먼 호킨스가 이끄는 비밥 밴드의 지역 공연과, 서부로 점차 퍼지고 있던 모던 재즈 음반을 통해, 이 새로운 음악을 조금 맛본 적이 있었다. 그러나 이제 LA의 재즈 팬들은 비밥의 최고 혁신가들이 직접 연주하는 음악을 6주 동안 접할 기회를 얻게 된 것이다. 관객들은 밴드에 완전히 매료되지는 않았지만, 적어도 큰 흥미를 느꼈다. 특히 젊은 재즈 음악가들은 파커와 길레스피의 모던한 음악적 개념에 각별한 관심을 기울이며 주의 깊게 그들을 지켜보았다.

이 무렵, 파커의 중독과 불안정한 행동은 외부 사람들에게도 점점 더 드러나기 시작했다. 알토 색소폰 연주자인 그의 사생활이 점차 대중적 이미지 속으로 스며들고 있었던 것이다. 그는 어느 날이든 공연을 건너뛰거나 늦게 도착하고는 했다. 결국 로스앤젤레스 공연이 끝날 무렵, 버드Bird는 귀국 비행기를 놓치고 말았다. 그 결과, 원래 6주 예정이었던 캘리포니아 체류는 60주 이상, 즉 격동의 15개월로 길어지게 된다. 이 시기 동안, 파커는 자신의 최고 연주를 남기기도 했지만, 동시에 방탕과 몰락으로 얼룩지기도 했다. 길레스피가 떠난 후 몇 주 동안, 파커는 여전히 음악적으로 빛을 발하고 있었다. 당시 현지 음반 가게 주인이었던 로스 러셀Ross Russell은 빌리 버그스 공연이 끝난 후에 파커와 길레스피를 스튜디오 세션에 참여시키려 했지만, 파커는 약속된 날짜에 나타나지 않았다. 이에 굴하지 않고, 러셀은 파커를 리더로 세우고 현지 및 방문 중인 뮤지션들을 세션 멤버로 기용해 녹음을 진행하기로 결심했다. 파커는 100달러를 선불로 받고, 향후 일 년 동안 다이얼 레이블에서만 녹음하기로 합의했다. 파커가 리더로 참여한 첫 세션에서, 러셀은 다음과 같은 밴드를 구성했다. 트럼펫에는 당시 19세로, 베니 카터 밴드와 함께 캘리포니아에 막 도착한 신예 마일즈 데이비스Miles Davis가 참여했고, 테너 색소폰은 러키 톰슨Lucky Thompson이 맡았다. 리듬 섹션은 피아니스트 도도 마마로사Dodo Marmarosa, 베이시스트 빅 맥밀런Vic McMillan, 기타리스트 아브 개리슨Arv Garrison, 드러머 로이 포터Roy Porter로 구성되었다.

다이얼 레이블에서의 작업물은 전체적으로 볼 때, 파커의 최고 음악이 다수 담겨 있지만, 그중에서도 이 첫 번째 세션은 특히 기억에 남는다. 단 네 곡만이 녹음되었지만, 각각 비밥의 걸작으로 평가받는다. 〈Moose the Mooche〉는 파커가 자신의 LA 마약 공급업자의 이름을 따서 지은 곡으로, 〈I Got Rhythm〉의 코드 진행 위에 기발한 멜로디의 멈춤과 시작이 반복되는 구성을 지니고 있다. 드러머 로이 포터에 따르면, 파커는 스튜디오로 가는 차 안에서 이 곡의 리드 시트lead sheet[곡의 핵심만 담아낸 간단한 악보]를 작성했다고 한다. 이 곡의 모든 테이크에서, 파커는 뛰어난 알토 색소폰 솔로를 선보였다. 〈Yardbird Suite〉와 〈Ornithology〉에서는 파커가 숨 돌릴 틈 없는 32마디짜리 폭풍 같은 솔로를 연주했다. 하지만 이 세션의 하이라이트는 단연코 〈Night in Tunisia〉였다. 디지 길레스피가 작곡한 이 곡은 첫 번째 솔로 연주자를 위해 간주 구간으로 연결되는 네 마디의 브레이크를 제공하는데, 파커는 이 짧은 구간을 활용해 매혹적인 더블 타임 재즈 카덴차* 연주를 펼쳤다. 당시 대부분의 재즈 리드 악기 연주자들은 이 구간의 속도조차 따라가기 버거워했지만, 그보다 더 인상적인 것은 파커의 리드미컬한 프레이징이었다. 박자 사이의 틈새에 교묘하게 배치된 엇박자의 악센트들은 색소폰 라인에 흔들리고 물결치는 듯한 느낌을 부여했다. 파커는 이어서 세련된 열여섯 마디 솔로를 이어갔지만, 그 뛰어난 연주조차도 앞선 네 마디의 폭발적인 연주에 가려질 정도였다.

만약 이 세션이 파커의 최고 모습을 보여준 것이라면, 다음 녹음 날짜에서는 그의 최저점을 확인할 수 있었다. 그 사이 몇 주 동안, 그의 몸 상태는 눈에 띄게 악화되었다. 손에 넣을 수 있는 온갖 마약을 복용하는 것 외에도, 파커는 심하게 술을 마시고 있었다. 이 무렵, 그는 신경성 경련까지 생겼는데, 연주 도중에도 팔이 제멋대로 허공으로 튀어 오르곤 했다. 웨스트 코스트에 도착한 첫 몇 주 동안 그렇게 자발적이고 신선하게 들리던 그의 연주는 이제 종종 긴장되고 일관성 없는 소리로 변해버렸다. 그와 가까운 사람들은 그가 한계에 다다랐다고 두려워했다. 마일즈 데이비스는 훗날 "나는 그

---

* 카덴차cadenza: 협주곡이나 아리아 등에서 연주자(또는 성악가)가 기교를 뽐내기 위해 잠시 자유롭게 연주하는 독주 부분. 보통 오케스트라의 반주가 멈추고 솔로이스트가 즉흥적으로, 또는 미리 준비된 연주를 화려하게 펼치는 구간이다.

가 죽을 줄 알았다"라고 회상했다. 하워드 맥기Howard McGhee는 러셀에게 파커가 "무너지고 있다"고 털어놓았다.[145]

이러한 경고 신호에도 불구하고, 러셀은 7월 29일에 세션을 예정대로 진행했다. 파커가 거의 혼수 상태로 스튜디오에 도착했을 때조차, 그리고 러셀 파트너의 형이자 정신과 의사였던 리차드 프리먼 박사가 파커에게 알코올 중독과 영양실조 증세가 보인다고 경고했음에도 불구하고, 그는 세션을 강행했다. 결국, 과거에도 파커는 비슷한 방탕한 생활 속에서도 훌륭한 연주를 해내지 않았던가? 그러나 그날 첫 번째로 녹음한 곡은 형편없었다. 프리먼 박사는 이에 반응해 파커에게 페노바르비탈 정제 6알을 투여했다. 이후 진행된 〈Lover Man〉 녹음을 마치기 위해 파커는 뒤에서 부축을 받아야 했고, 심지어 마이크에서 비틀거리며 멀어지는 소리가 녹음되었다. 하워드 맥기는 당시를 회상하며 말했다. "그는 계속 빙글빙글 돌고 있었고, 그의 색소폰은 허공으로 튀어 오르고 있었다."[146] 훗날, 찰스 밍거스는 이 연주를 파커의 가장 강렬한 솔로 중 하나라고 극찬했다. 맥기 역시 파커의 상태에도 불구하고 이 연주를 옹호하며, "소리는 멀쩡했다. 틀린 음은 없었다"고 주장했다. 하지만 대부분의 평론가들은 이에 동의하지 않았다. 파커의 평소 팽팽했던 음색은 늘어지고, 그의 프레이징은 주저하고, 결단력이 없어 보였다. 가장 의미심장한 평가는 바로 파커 본인에게서 나왔다. 그는 다이얼 레코드사가 〈Lover Man〉을 발매했을 때 격분했다.

만약 그 대실패가 거기서 끝났더라면, 〈Lover Man〉 세션은 파커의 경력에서 그저 불운한 에피소드로 남았을 것이다. 그러나 실제로는, 녹음이 끝난 몇 시간 후 상황은 훨씬 더 불길한 방향으로 흘러갔다. 그날 저녁, 파커는 머물고 있던 호텔에서 벌거벗은 채 로비를 배회했고, 그날 밤늦게는 방 안에 불을 질렀다. 아마 담배를 피우다 잠이 들었을 가능성이 있다. 경찰이 출동해, 그를 강제로 제압하고 수갑을 채워 구치소로 끌고 갔다. 며칠 후, 러셀은 파커의 행방을 수소문해 결국 그를 찾아냈다. 파커는 철제 침대에 수갑이 채워진 채 감옥에 있었다. 러셀은 법적 절차를 거쳐, 가까스로 파커를 로스앤젤레스 북쪽 70마일 지점에 위치한 카마릴로 주립병원으로 이송시키는 데 성공했다.

이후 6개월은 파커의 경력에서 특이한 막간으로 남아 있다. 카마릴로 병원에 입원한 첫 몇 주 동안, 버드 파커는 주변 환경에 거의 관심을 보이지 않았고, 의사들은 그에게 전기충격요법을 시행할 것을 논의하기도 했다. 그러나 파커가 점차 정신을 차리고 일상적인 치료와 활동에 적극적으로 참여하게 되면서, 그 계획은 철회되었다. 두 번째 달이 되자, 그는 병원 정원에서 채소를 가꾸며 시간을 보냈고, 방문객들에게 이를 "정말 재미있다"라고 말하고는 했다. 그는 또한 벽돌 쌓기 일을 하며 석공이 되겠다는 이야기도 했다. 그렇다고 음악을 잊은 것은 아니었다. 병원에는 토요일 밤마다 밴드가 있었고, 파커는 거기에 참여해 C 멜로디 색소폰을 연주했다. 퇴원할 무렵, 파커는 분명 그의 성인기 중 가장 건강한 상태였으며, (석공이 되겠다는 생각은 훌훌 털어버리고) 다시 재즈 경력을 이어갈 준비가 되어 있었다.

파커가 퇴원한 후 진행된 첫 번째 세션에서는, 그의 회복을 거의 느낄 수 없었다. 이 녹음에서 파커는 얼 콜먼Earl Coleman이라는 보컬리스트를 내세우기를 고집했는데, 콜먼은 빌리 엑스타인 스타일의 부드러운 바리톤 보컬리스트였다. 이 세션에서는 파커의 즉흥 연주 능력이 아주 잠깐 비칠 뿐이었다. 하지만 일주일 후, 파커는 강력한 비밥 밴드와 함께 콤보 녹음을 진행했다. 이 밴드에는 테너 색소폰 연주자 워델 그레이, 트럼펫 연주자 하워드 맥기, 피아니스트 도도 마마로사가 포함되어 있었다. 이때 녹음된 〈Relaxin' at Camarillo〉는 파커의 최고 작품 중 하나로 평가받는다. 이 곡은 자유로운 리듬감을 지닌 유려한 블루스였다. 이 트랙들과, 하이 드 호 클럽Hi De Ho Club에서 맥기와 함께한 공연을 통해, 파커는 자신의 연주가 새로운 경지에 올랐음을 분명히 보여주었다. 여전히 매력적이지만, 이전보다 더 유연하고, 덜 격렬한 사운드였다. 카마릴로에 바치는 재치 있는 제목은 결코 허세가 아니었다. 그의 연주는 점점 젊은 혁명가의 거침없는 도전이 아니라, 노련한 거장의 여유로운 지배력을 반영하게 되었다. 이 새로운 사운드는 한동안 이전의 더 집요하고 강렬한 스타일과 공존했지만, 결국 노먼 그란츠와의 후기 녹음에서는 이 새로운 스타일이 지배적으로 되었다. 이후 재즈계에서는 파커의 초기 스타일과 후기 스타일 중 어느 쪽이 더 뛰어난지에 대한 논쟁이 계속되었다. 많은 재즈 애호가들은 파커의 개성 넘치는 음악이 상업적인 패키징과 대중 마케팅 속에서 희석되었다며 비판하기도 했다. 그의 까칠한 개성이 상업적 환경과 테마 위주의 프로젝트 속에 포장되었다고 본 것이다. 하지만 한 가지 부정할 수 없는 진실이 있다. 이 변화는 하나의 상징이었다. 즉, 혁명적으로 등장했던 비밥은 불과 몇 년 만에 더 이상 급진적인 언더그라운드 운동이 아니게 된 것이다. 스윙 시대의 전통을 깨뜨렸던 초기의 충격만큼이나 놀라웠던 것은, 모던 재즈가 얼마나 빠르게 주류 음악의 일부로 받아들여졌는가 하는 점이었다.

1947년 4월, 파커는 뉴욕으로 돌아왔고, 지난 15개월간의 떠들썩한 사건들로 인해 그의 명성은 오히려 더 높아져 있었다. 그 사이 뉴욕의 재즈 현장은 변화하고 있었으며, 비밥이 급부상하고 스윙 시대는 막을 내리고 있었다. 바로 전 해 12월에는, 변화된 재즈 환경을 견디지 못한 굿맨, 제임스, 도시가 이끄는 밴드를 포함해 여덟 개의 주요 빅 밴드가 해체되었다. 이제는 새로운 비밥 연주자들이 존재감을 드러내고 있었다. 전년도에 디지 길레스피가 뉴욕으로 돌아왔을 때, 그는 파커의 자리를 대신할 알토 색소폰 연주자 소니 스팃Sonny Stitt을 영입했다. 스팃은 빌리 엑스타인의 오케스트라에서 경험을 쌓았고, 당대에 파커의 속도와 기교에 필적할 수 있는 유일한 알토 연주자였다. 그의 연주 스타일은 파생되었을 수도 있다. 본인은 이를 부정했지만, 그의 연주는 때때로 파커의 정교한 모방처럼 들리기도 했다. 그럼에도 불구하고, 스팃은 최고의 상태일 때 화려한 솔로이스트였다. 그는 잼 세션에서 무시무시한 상대가 될 수 있었으며, 그러한 경쟁 상황을 즐겼다. 그의 최고 연주 중 상당수가 진 애먼스Gene Ammons, 에디 "락조" 데이비스Eddie "Lockjaw" Davis, 스탄 게츠, 소니 롤린스 등과의 치열한 연주 대결 속에서 나왔다. 후년에는 주로 테너 색소폰을 연주했는데, 이 악기에서는 그의 스타일이 파커와 덜 유사했다. 그는 정교한 비밥 솔로를 구축하는 능력뿐만 아니라, 블루스의 깊이를 탐구할 줄 아는 연주자임을 보여주었다.

엑스타인 밴드에서 스팃은 트럼펫 연주자 패츠 나바로Fats Navarro와 함께 활동했다. 플로리다 출신의 나바로는 비밥 스타일을 새롭게 정립해 가던 떠오르는 거장이었다. 그는 디지 길레스피의 복잡한 즉흥 연주 라인을 더 절제된 방식으로 흡수했다. 그의 음악은 상반된 요소들의 결합이었다. 나바로의 음색은 길레스피보다 더 부드럽고 감미로웠고, 디지가 다소 흐리게 음을 연결한 것과 달리, 나바로는 혀를 더 많이 사용해 음을 또렷하게 냈다. 그럼에도 그의 전체적인 스타일은 여전히 핫하고 스윙감이 넘쳤다. 나바로의 대표적인 연주 대부분은 다른 뮤지션들의 밴드에서 이루어졌다. 버드 파월과 함께한 〈Wail〉, 태드 대머런Tadd Dameron과 함께한 〈The Squirrel〉과 〈The Chase〉, 베니 굿맨과 함께한 〈Stealin' Apples〉, 찰리 파커와 함께한 〈Ornithology〉가 대표적이다. 음반 기록에 따르면, 마지막 연주는 1950년 나바로가 결핵으로 세상을 떠나기 며칠 전에 버드랜드Birdland에서 녹음되었다고 한다. 그의 연주에서 느껴지는 강렬함과 완벽한 기량을 생각하면, 이 사실은 도저히 믿기 어려울 정도다. 만약 다른 환경에서 활동했다면, 나바로의 명성은 클리포드 브라운Clifford Brown과 맞먹거나 마일즈 데이비스에 근접했을지도 모른다. 하지만 그는 단 몇 곡의 녹음만을 남긴 채, 우리에게 깊은 재능을 지닌 이 음악가에게 더 많은 시간이 주어졌다면 어떤 것을 이루었을지를 상상하게 만들었다.

패츠 나바로가 자주 함께 일했던 태드 대머런은, 그 자신만 놓고 보면 모던 재즈 연주자라고 하기엔 다소 의외의 인물이었다. 과연 대머런은 진정한 비밥 연주자였을까? 그의 작곡들은 종종 전형적인 비밥 곡으로 인용되지만, 그중 많은 유명곡들은 사실 비밥 운동이 본격적으로 자리 잡기 전인 1930년대 후반에 쓰였다. 그의 초기 음악적 배경은 여러 음악 양식을 아우르고 있었고, 편곡자로서도 런스포드나 베이시 같은 스윙 밴드를 위해 작업할 때나, 길레스피나 엑스타인이 이끄는 모던 재즈 앙상블을 위해 작곡할 때 모두 능숙하게 활동했다. 또한 그의 피아노 연주는 전형적인 비밥 스타일의 흔적이 없었다. 버드 파월처럼 강하게 직진하는 선율도 없었고, 셀로니어스 몽크의 초현대적 화성 감각도 결여되어 있었다. 대신, 대머런은 보다 사색적인 접근을 선호했으며, 그의 즉흥 연주조차도 마치 짜여진 작곡처럼 들리는 경향이 있었다. 이는 그가 무엇보다 작곡에 중심을 둔 인물이었음을 보여주는 대목이기도 하다. 비밥 운동 초창기부터, 대머런의 곡들은 신세대 재즈 연주자들에게 사랑받았다. 사라 본이 〈If You Could See Me Now〉를 녹음했고, 길레스피는 〈Hot House〉(대머런의 〈What Is This Thing Called Love〉 편곡)를 자주 연주곡목으로 삼았다. 〈Good Bait〉, 〈Our Delight〉, 〈Lady Bird〉와 같은 그의 다른 곡들도 오늘날 재즈 표준 레퍼토리로 자리 잡았다. 성격상, 대머런은 작곡에 집중하고 싶었겠지만, 1940년대 중반의 재즈 세계에서 생계를 유지하기 위해서는 밤마다 공연을 해야만 했다. 그래서 그는 점점 클럽 무대로 향하게 되었고, 그러한 결정은 결과적으로 유리하게 작용했다. 로얄 루스트에서의 장기 공연 동안, 그는 패츠 나바로, 드러머 케니 클라크와 함께, 뛰어난 하우스 밴드를 이끌었다. 이후 그의 밴드에는 클리포드 브라운과 마일즈 데이비스도 참여하게 된다. 1950년대 중반이 되자, 대머런은 점차 활동을 중단하게 되었는데, 이는 그의 내성적인 성격도 한몫했지만, 무엇보다 마약 의존도가 심해졌기 때문이었다. 이 문제는 결국 수감으로 이어졌다. 1961년 출소 이후부터 1965년 사망하기 전까지, 그는 재즈계로의 복귀를 시도했지만, 관객들의 무관심과 만성적인 건강 문제로 인해, 성공을 거두지는 못했다.

파커가 뉴욕 재즈 현장으로 돌아왔을 당시, 그곳에 있었던 모든 모던 재즈 연주자들 가운데, 디지 길레스피는 단연 돋보이는 인물이었다. 그는 파커와 동등한 재능을 지녔을 뿐 아니라, 새로운 모던 재즈 사운드를 더 많은 청중에게 전달할 수 있는 카리스마 있는 무대 존재감까지 갖추고 있었다. 길레스피는 자신에게 쏟아지기 시작한 주목을 기회로 삼아, 1946년에 비밥 빅 밴드를 결성했다. 전후 시대의 경제적 어려움에도 불구하고, 그는 경력 내내 대규모 앙상블에 지속적인 매력을 느꼈다. 그러나 길레스피에게 있어 대규모 밴드는, 예를 들어 엘링턴처럼, 자신의 음악적 비전을 구현하기 위해 반드시 필요한 수단은 아니었다. 그는 언제나 외부 인사를 고용해 악보를 쓰고 밴드를 조직하게 했으며, 자신은 밴드의 리더이자 스타 솔로이스트의 역할에 만족했다. 전후 길레스피 밴드에서 "음악 감독" 역할을 맡은 인물은 길 풀러Gil Fuller였다. 그는 과거 엑스타인 밴드 시절부터 길레스피와 함께 작업했던 편곡자였다. 〈Things to Come〉, 〈Manteca〉, 〈Ray's Idea〉와 같은 곡들에서 풀러는 길레스피가 그의 화려한 기교와 외향적인 음악성을 마음껏 드러낼 수 있도록, 모던한 분위기의 무대를 제공해 주었다.

이 시기 동안, 길레스피의 아프로-쿠반 음악에 대한 관심도 계속해서 발전했다. 이미 1938년, 그는 마리오 바우사에게 재즈 밴드에 콩가 연주자를 기용할 가능성에 대해 이야기한 바 있었다. 그리고 약 9년이 지난 뒤, 자신만의 빅 밴드를 이끌게 된 길레스피는 마침내 그 아이디어를 실현할 준비가 되었다. 그는 다시 바우사와 상의했고, 그 과정에서 차노 포조Chano Pozo라는 열정적인 콩가 연주자를 소개받았다. 포조는 영어를 거의 하지 못했고 악보도 읽지 못했지만, 쿠바 리듬의 대가였다. 이들의 협업은 오래가지 못했는데, 이듬해 포조가 할렘에서 일어난 다툼 중 살해되었기 때문이다. 하지만 이 짧은 협업은 길레스피 개인뿐만 아니라 재즈 전체에도 깊은 영향을 미친 선례가 되었다. 물론 그 이전에도 라틴 음악과 재즈를 결합하려는 시도는 있었지만, 1947년 9월 카네기 홀 무대에서 포조와 함께한 길레스피의 등장은 상징적인 파급력에서 비교할 수 없을 만큼 컸다.

젤리 롤 모튼은 이러한 스타일 융합의 창시자로 자주 여겨진다. 실제로 그는 자주 인용되는 말에서 재즈에 있어 "스페인풍의 느낌Spanish tinge"이 "딱 맞는 양념"이라고 주장했고, 이러한 말을 자신의 예술적인 작곡과 연주로 뒷받침했다(예: 〈The Crave〉, 〈Mamanita〉, 〈Creepy Feeling〉). 하지만 그보다 더 이른 시대의 래그타임 작곡가들, 예컨대 스콧 조플린조차도 탱고 음악의 핵심 요소인 하바네라 리듬을 탐구한 바 있었다. 이 리듬은 조플린의 〈Solace〉와 W. C. 핸디의 〈St. Louis Blues〉의 두 번째 테마에서도 나타난다. 탱고와 이후의 룸바 같은 라틴 댄스의 대중화는 미국 내에서 라틴 음악의 수용을 더욱 촉진했다. 제2차 세계대전 이전 몇 년 동안, 라틴 음악은 댄스홀의 필수 요소였고, 할리우드 스튜디오에서도 다양한 정도의 진정성을 갖춘 공연들을 선보이며 이를 수용했다. 예를 들어, 카르멘 미란다Carmen Miranda, 빈센트 로페즈, 제이비어 쿠가트Xavier Cugat, 티토 구이자르Tito Guízar 등은 스타가 총출동한 뮤지컬에 출연해 라틴 음악을 선보였다. 그러나 재즈에 아프로-쿠반 관점을 본격적으로 불어넣는 결정적 요소는 여전히 빠져 있었다. 이 요소는 1940년대가 되어서야 비로소 유의미한 방식으로 등장하게 되었는데, 이는 재즈 연주자들이 라틴 음악의 창의적 가능성에 주목하게 된 영향도 있었지만, 그보다 더 큰 계기는 뉴욕 음악계로 유입된 쿠바 출신 뮤지션들이었다.

마리오 바우사는 1930년에 쿠바를 떠나 뉴욕으로 갔고, 우리가 이미 살펴보았듯이, 캡 캘러웨이 밴드에서 함께 활동하면서, 이 음악에 대한 디지 길레스피의 관심을 더욱 높였다. 쿠바 출신의 보컬리스트 마치토Machito도 그 뒤를 이어 1937년에 뉴욕으로 왔고, 이후 그의 밴드인 아프로-쿠반스Afro-Cubans는 쿠바의 선율과 리듬에 재즈 화성을 접목하는 선구적인 시도를 했다. 바우사의 지도 아래, 마치토의 밴드는 아프로-쿠반 사운드를 오늘날까지도 떠받치고 있는 클라베 리듬*을 정립하고 대중화하는 데 핵심적인 역할을 했다. 이와 같은 시기에, 듀크 엘링턴은 후안 티졸의 작곡인 〈Caravan〉 녹음으로 어느 정도 성공을 거두었는데, 이 곡은 오늘날 라틴 재즈 발전의 이정표로 여겨지지만, 당시 대다수의 청중은 티졸의 고향인 푸에르토리코보다는 중동의 느낌을 더 많이 받았다. 10년 뒤인 1947년, 스탄 켄튼이 마치토와 아프로-쿠반스의 퍼커셔니스트 두 명을 자신의 밴드에 합류시켜 히트곡 〈The Peanut Vendor〉를 녹음했을 때에도, 이 라틴과 재즈 요소의 혼합은 당시 빅 밴드 팬들에게 신선한 기이함 정도로 여겨졌을 뿐, 훗날 독자적인 활기찬 음악 장르로 자리잡게 될 살사 스타일의 출현으로 인식되지는 않았다. 이러한 맥락에서, 디지 길레스피가 아프로-쿠반 스타일(한때, 그의 혼합 접근법은 "큐밥Cubop"이라 불렸다)를 열정적으로 옹호한 것은 중대한 전환점이 되었으며, 이전의 시도를 토대로 이 새로운 사운드에 주목하게 함으로써 다른 주요 재즈 아티스트들이 아프로-쿠반의 접점을 탐구하도록 영감을 주었음은 의심의 여지 없다.

비밥에서 큐밥으로의 전환은 결코 순조로운 과정이 아니었다. 포조와 길레스피 모두 그들의 문화적 뿌리가 겹치는 아프리카 전통에서 찾을 수 있었지만, 이후 각자의 음악 어휘는 매우 다른 방향으로 발전해 있었다. 쿠바 음악의 핵심인 클라베 리듬은 때때로 모던 재즈의 보다 열린 박자감과는 상반되게 느껴지기도 했다. 반대로, 재즈에 널리 퍼져 있는 곡 구조는 포조에게는 제약처럼 여겨졌는데, 그는 자신의 고향 음악에서 나오는 싱코페이션된 몬투노 뱀프**의 자유로움을 선호했기 때문이다. 길레스피는 포조의 작곡가

---

* 클라베 리듬clave rhythm: 아프로-쿠반 음악의 핵심적인 리듬 구조로, 두 마디(4/4 박자 기준)로 구성된 반복적인 리듬 패턴. "클라베clave"는 원래 두 개의 나무 막대기를 의미하며, 이 막대기를 부딪쳐서 이 리듬을 연주한다. 클라베는 아프로-쿠반 음악뿐 아니라 살사, 룸바, 맘보, 차차차 등 다양한 라틴 음악의 뿌리를 이루고 있다.

** 몬투노 뱀프montuno vamps: 쿠바 음악, 특히 살사, 소넬로, 룸바, 맘보 같은 장르에서 자주 등장하는 반복적이고 리듬감 있는 반주 패턴을 말한다. "몬투노montuno"는 스페인어로 "산간 지방의"라는 뜻이지만, 음악에서는 특정한 구조적/즉흥적 요소를 의미하게 되었다.

로서의 본능을 끌어내고자 했지만, 실제로는 포조의 리듬 중심 구성물을 완성된 곡으로 전환하는 책임이 길레스피와 그의 협업자들(풀러와 조지 러셀)에게 많이 주어졌다. 이처럼 상충하는 전통 속에서, 서로 양보하고 수용하는 자세는 필수적이었다. 예를 들어, 곡 〈Manteca〉에서는 길레스피가 포조의 강렬한 주제 선율을 누그러뜨리기 위해 대비되는 테마를 추가했고, 〈Cubana Be, Cubana Bop〉에서는 러셀과 길레스피가 포조의 연주를 자유롭게 펼칠 수 있도록 구조화되지 않은 간주를 마련해 주었다. 다른 곡들에서는 밴드가 재즈와 쿠바 리듬 사이를 오가며 리듬의 중심을 어디에 둘지 확신하지 못하는 모습을 보이기도 했다. 이러한 타협과 실험은 과연 성공했을까? 〈Cubana Be, Cubana Bop〉의 초연을 두고 조지 러셀이 묘사한 관객의 반응은 이 음악적 융합이 지닌 긍정적인 가능성을 잘 보여준다. 그는 이렇게 말했다. "관객은 충격에 휩싸였다. 그들은 오케스트라가 그 정도 수준의 흥분과 혁신까지 도달할 수 있다는 것을 믿지 못했다."[147]

그러나 포조와의 관계 역시, 찰리 파커와 마찬가지로, 길레스피가 불안정한 인격과 마주해야 했던 관계였다. 베이시스트 알 매키번Al McKibbon은 나중에 이렇게 설명했다. "차노는 건달이었고…… 거친 성격이었다." 길레스피는 자신의 자서전에서 포조를 "러프넥roughneck", 즉 다루기 힘든 거친 인물로 묘사했다. 포조는 어디를 가든 큰 칼을 소지하고 다녔고, 한때 저작권료 문제로 생긴 다툼에서 얻은 총상으로 인해 등뼈에 영구적으로 박힌 총알을 지닌 채 살았다. 찰리 파커처럼, 포조도 35세 생일을 보지 못한 채 생을 마감했다. 그는 위험한 경계 위를 걷는 삶을 살았고, 결국 그 대가는 치명적이었다. 1948년 12월, 카네기 홀에서 길레스피와 함께 대성공을 거둔 데뷔 무대를 올린 지 불과 14개월 후, 포조는 뉴욕의 한 술집에서 총에 맞아 사망했다.

그 역사적인 카네기 홀 공연에서는 길레스피와 찰리 파커의 기대된 재회도 이루어졌다. 그러나 이후로 이 두 인물의 만남은 드물어졌다. 파커는 이제 자신만의 밴드를 이끌고 있었고, 그 밴드에서 트럼펫을 맡은 이는 마일즈 데이비스였다. 한편, 길레스피는 점점 더 대규모 밴드 운영에 몰두하게 되었다. 그럼에도 불구하고, 이 두 모던 재즈의 선구자들이 녹음에서 만날 때마다, 그 결과물은 언제나 깊이 있는 음악적 성과로 이어졌다. 카네기 홀 무대에서 파커는 〈Dizzy Atmosphere〉의 폭발적인 즉흥 연주로 밴드를 강하게 몰아붙였고, 이는 최고 수준의 기교를 보여준 연주였다. 그렇다면 누가 이런 솔로를 이어받을 수 있었을까? 아마도 오직 길레스피뿐이었을 것이다. 그는 날카롭고 불꽃처럼 튀는 악구들을 쏟아내며, 자신의 경력 중에서도 가장 강렬하고 빠른 솔로 중 하나를 선보였다. 이 둘은 이후에도, 1950년 클레프Clef 레이블 녹음 세션, 1953년 토론토 매시홀Massey Hall 콘서트 등에서 다시 만나, 비밥이라는 양식을 가장 인상 깊고도 열정적으로 구현해 낸 순간들을 만들어냈다.

찰리 파커는 자신의 일상적인 공연 밴드의 트럼펫 주자로, 훗날 쿨 재즈의 선두주자가 될 마일즈 데이비스를 선택했다. 이는 재즈 역사에서 의외의 조합으로 자주 언급된다. 왜냐하면 마일즈는 조용하고 내성적인 스타일로 잘 알려져 있으며, 이는 디지 길레스피의 불꽃 튀는 화려한 연주 스타일과는 정반대였기 때문이다. 하지만 이 선택은 단순한 우연이라기보다는, 파커 특유의 음악적 직관의 일부였을 가능성이 크다. 그는 일관되게 자신과 대조되는 음색과 감성을 지닌 트럼펫 주자들을 선호했다. 마일즈 데이비스, 쳇 베이커Chet Baker, 케니 도럼Kenny Dorham, 레드 로드니Red Rodney와 함께하며, 파커는 자신의 날카롭고 고조된 알토 색소폰 라인을 보완해 줄 수 있는, 보다 절제되고 사색적인 선율의 소리에 손을 뻗었던 것이다. 그러나 다시 말하지만, 이러한 해석은 1947년 무렵의 마일즈 데이비스에 대한 해석을 너무 많이 읽어서일 수도 있다. 그 당시, 데이비스는 여전히 길레스피의 마력에 빠져 있었고, 그의 내성적인 기질을 길레스피의 외향적인 스타일에 맞추려고 애쓰고 있었다. 빠른 속도에서(〈Donna Lee〉에서 파커를 따라가려는 그의 시도를 들어보라), 데이비스는 결코 차분하거나 침착하지 않았다. 그의 프레이징은 불안하고, 그의 아티큘레이션[음 하나하나의 표현 및 연결]은 미흡했다. 그러나 파커는 이 십대 연주자에게서 미래의 쿨의 탄생까지는 아니더라도, 적어도 다이아몬드 원석을 보았을 것이다. 즉, 그 시기의 남아 있는 녹음에서는 보이지 않는, 위대함의 단서를 보았을 것이다. 결국, 어떤 재즈 트럼펫 연주자든 거의 고를 수 있었던 버드는 예상 외로 무명의 마일즈 데이비스를 선택했다.

마일즈 데이비스는 당시에도 이미 수수께끼 같은 인물이었다. 그는 미국 세인트루이스에서 유복한 환경에서 자랐지만, 그의 태도와 분위기에는 마치 빈민가 출신처럼 노련하고 거리감 있는 거침이 느껴졌다. 데이비스의 아버지는 세 개의 학위를 지닌 성공한 치과의사였으며, 동시에 200에이커(약 24만 평)의 농장도 소유하고 있었다. 심지어 1962년, 마일즈가 여섯 자리 수(100,000달러 이상)의 수입을 벌고 있을 때도, 그는 아버지 자산이 자신의 것보다 많다고 자랑할 수 있었다. 그의 삼촌은 하버드에서 교육을 받았고, 독일에서도 공부한 엘리트였다. 그럼에도 불구하고, 이런 성공한 가문의 자제였던 마일즈는 "어둠의 왕자Prince of Darkness"라는 별명으로 불리게 되었다. 이 별명은 패츠Fats나 소니Sonny처럼 가볍고 친근한 애칭이 아니라, 냉담하고 고독한 분위기를 풍기는 마일즈의 성격에 더 잘 어울렸다. 그는 권투 선수들과 어울렸고, 자서전에는 욕설이 가득했으며, 수많은 인간관계를 갈등과 거리감 속에 남겨두었다. 그의 삶 전체에는 모순의 흐름이 있었다. 기성 체제에 대한 격렬한 비판자였던 그는 엘리트 음악학교인 줄리아드를 선택했고, 이는 비주류의 아이콘이 주류의 길을 택한 사례였다. 하지만 그는 곧 학교를 그만두고, 찰리 파커와 초기 비밥 연주자들을 따라다니며 다시 음악계의 주변부로 향했다. 그는 비밥의 핵심 인물로 자리 잡은 후에도 그 길을 버리고, 쿨 재즈라고 알려지게 될 전혀 새로운 스타일을 추구했다. 그러나 그마저도 다시 떠나며, 모달,* 인상주의, 하드 밥, 준準 프리 스타일을 탐험했고, 마지막에는 논란을 불러일으킨 재즈-록 퓨전에 뛰어들었다. 그러나 마일즈를 진정 수수께끼로 만든 것은 그의 성격과 음악 사이의 괴리다. 그는 사람으로서는 거칠고 날카로운 외피를 지녔지만, 그의 음악은 대부분 부드럽고 매끄러운 윤곽을 가지고 있었다. 마일즈 데이비스를 다룰 때, 간단한 해석이나, 깔끔한 한 문단 요약 따위는 존재하지 않는다.

1926년 5월 26일, 일리노이주 앨턴에서 태어난 마일즈 데이비스는 아직 갓난아기였을 때 가족과 함께 이스트 세인트루이스로 이사했다. 그의 아버지 역시 마일즈라는 이름을 가지고 있었고, 트럼펫 연주자인 아들은 마일즈 듀이 데이비스 3세라는 우아한 정식 이름을 지녔다. 아버지는 아들에게 일생 동안 고유한 방식으로 따라가고자 애쓴 성취의 기준을 설정해 주었다. 그러나 어머니인 클레오타 헨리 데이비스와의 관계는 보다 복잡했다. 어머니는 아들의 음악 활동을 의심스러운 시선으로 바라보았고, 마일즈는 성인이 되어서야 어머니가 뛰어난 피아니스트였다는 사실을 알게 되었다. "어느 날 어머니가 앉아서 펑키한 블루스를 연주했다"라고 마일즈는 놀라움을 담아 회상했다.[148] 결국 부모는 별거하게 되었고, 어머니와 아들 사이는 끝내 완전히 화해하지 못했다. 어머니가 세상을 떠났을 때, 마일즈는 장례식조차 참석하지 않았다. 그럼에도 그녀가 들려주었던 아트 테이텀과 듀크 엘링턴의 레코드는 마일즈가 결국 받아들이게 될 음악 세계에 눈을 뜨게 해주었다. 클레오타는 아들의 열세 번째 생일에 바이올린을 선물하려 했지만, 남편이 개입해 트럼펫이 더 낫다고 주장했다. 현지 선생님의 지도 아래 마일즈는 어느 정도 실력을 쌓았지만, 진정한 발전은 엘우드 뷰캐넌Elwood Buchanan의 영향을 받으면서부터 시작되었다. 그는 한때 앤디 커크 밴드와 함께 순회공

---

* 모달 재즈modal jazz: 1950년대 후반부터 발전한 재즈의 한 스타일로, 기존의 코드 진행 중심의 즉흥연주 방식 대신, 선법modal scale을 중심으로 즉흥 연주를 전개하는 것이 특징이다. 코드 진행을 최소화하고, 도리아, 리디아, 프리지아 같은 고대 선법을 기반으로 즉흥 연주를 전개한다.

연을 했던 재즈 트럼펫 주자였다. 뷰캐넌은 마일즈에게 해럴드 베이커Harold Baker와 바비 해킷 같은 연주자들에게 관심을 두게 했는데, 이는 올리버-암스트롱-엘드리지 계열의 전통적인 선택지에서 벗어난 다소 이례적인 이름들이었다. 하지만 마일즈가 후에 쿨 재즈로 기울게 된 점을 생각하면, 자극을 주었던 선택일지도 모른다. 십대 중반 무렵, 마일즈는 다른 영향과 연주 기법들을 흡수해 나갔다. 그는 세인트루이스 심포니 오케스트라의 수석 트럼펫 연주자인 조셉 구스타트Joseph Gustat와 추가로 레슨을 받았다("구스타트는 자기가 본 트럼펫 연주자 중에 내가 제일 못한다고 말했다"). 또한 마일즈는 재즈에 열정을 공유한 친구들, 예를 들어 피아니스트 듀크 브룩스Duke Brooks, 트럼펫 연주자 클라크 테리와의 교류를 통해서도 발전했다. 특히 테리는 훗날 유명한 재즈 아티스트가 되기도 했다.

고등학교를 마칠 무렵, 마일즈 데이비스는 유망한 음악 경력을 쌓을 준비가 되어 있는 듯 보였다. 그는 이미 프로 무대에 올라 연주하며 돈을 벌고 있었고, 음악가로서의 기반을 다져가고 있었다. 그러나 가정에서는 어머니와의 관계가 껄끄러웠고, 마일즈가 고등학교를 졸업할 무렵에 부모는 결국 별거하게 되었다. 마일즈는 이혼 후 어머니와 함께 살게 되었고, 그녀는 아들이 피스크 대학에 진학하기를 원했다. 하지만 마일즈는 자신이 줄리아드 음악학교에서 음악을 공부하는 것이 더 낫다고 주장하며 반대했다. 이에 마일즈의 아버지가 아들의 편을 들어줬고, 결국 그의 선택이 받아들여졌다. 1944년 9월, 마일즈는 뉴욕에 도착하여 입학 오디션에 합격하고, 줄리아드 학생으로 등록했다.

결과적으로, 마일즈 데이비스는 뉴욕에서 일류 음악 교육을 받게 되었지만, 그 교육에서 줄리아드 음악학교는 거의 역할을 하지 않았다. 그 대신 마일즈가 선택한 "교실"은 민튼스, 사보이 볼룸, 쓰리 듀시스, 오닉스, 스포트라이트 및 그 외 재즈 활동의 중심지였다. 그는 특히 뉴욕에서 이름을 알리고 있던 신세대 비밥 연주자들에게 강하게 이끌렸다. "뉴욕에 도착해서 처음 일주일은 버드와 디지를 찾는 데 보냈다. 정말, 그 두 사람을 찾아서 뉴욕의 모든 곳을 돌아다녔다"라고 마일즈는 자서전에서 회고했다.[149] 마침내 그는 할렘의 잼 세션에서 찰리 파커를 찾아냈다. 당시 파커는 겨우 스물네 살로, 마일즈보다 겨우 여섯 살 많았지만, 곧 이 젊은 트럼펫 연주자에게 아버지 같은 존재가 되었다. 파커는 마일즈를 격려하고, 다른 음악가들과 연결해 주었으며, 결국 자신의 밴드 멤버로 채용했다. 이 무렵, 마일즈의 트럼펫 연주 스타일도 점점 정제된 모던 재즈 스타일로 진화하고 있었다. 물론, 디지 길레스피는 마일즈뿐만 아니라 한 세대 전체의 명백한 롤모델이었지만, 보다 절제되고 부드러운 음색을 지닌 프레디 웹스터와 패츠 나바로의 연주 또한 마일즈에게 적지 않은 영향을 주었다. 이처럼 훌륭한 연주자들에 둘러싸인 마일즈는 곧 줄리아드에서의 학업에 흥미를 거의 잃었고, 결국 학교를 중퇴하게 되었다.

이 시기의 환경은 자극적이고 흥분되는 분위기였으며, 마일즈는 여전히 자신의 연주를 완전히 파악해 가는 과정에 있었다. 그의 연주는 당시 본보기로 삼았던 연주자들과 비교했을 때 여전히 부족함이 있었다. 패츠 나바로나 프레디 웹스터처럼 균형감 있고 명확한 소리도, 디지 길레스피처럼 에너지 넘치는 연주도 아직 갖추지 못했다. 그럼에도 불구하고, 1945년 11월, 찰리 파커가 녹음을 하러 사보이 레이블 스튜디오에 들어갔을 때, 그는 트럼펫 연주자로 마일즈를 데려갔다. 그날 디지 길레스피도 현장에 있었지만, 트럼펫이 아니라 피아노를 맡았다는 점을 고려하면, 이는 마일즈에 대한 엄청난 신뢰의 표시였다. 당시, 마일즈는 겨우 열아홉 살이었다. 그 세션에서 녹음된 블루스 곡들(〈Billie's Bounce〉, 〈Now's the Time〉)에서 마일즈는 조심스럽지만 사려 깊은 솔로를 선보였다. 하지만, 밴드가 빠르고 화려한 곡 〈Ko Ko〉(〈Cherokee〉의 코드 진행을 기반으로 한 곡)를 녹음하려 했을 때, 마일즈는 연주를 거부했다. 그는 나중에 이렇게 회고했다. "나가서 나 자신을 망신 줄 생각은 없었다. 나는 아직 준비가 안 됐다고 생각했다." 이 선택은 결과적으로 행운이었다. 길레스피는 마일즈를 대신해 나서서, 발매 당시까지 만들어진 가장 중요한 비밥 녹음으로 남게 될 이 곡에서 압도적인 솔로를 연주했다.

1945년 12월, 찰리 파커가 로스앤젤레스로 떠났을 때, 마일즈 데이비스도 그를 따라가기로 결심했다. 그는 베니 카터 밴드와의 공연을 웨스트 코스트로 가기 위한 발판으로 삼았다. 로스앤젤레스에 도착한 마일즈는 피날레Finale 클럽에서 파커와 함께 연주했고, 다시 한 번 다이얼 레이블을 위해 그와 함께 녹음했다. 이후 파커가 카마릴로 정신병원에 입원하게 되자, 마일즈는 빌리 엑스타인과 함께 투어에 나섰고, 이후 뉴욕으로 돌아와 디지 길레스피의 빅 밴드에서 활동했다. (1947년 4월에 브롱크스에서 열린 공연에서, 디지가 데려온 트럼펫 섹션보다 더 화려했던 조합이 과연 있었을까? 그날 무대에는 마일즈 데이비스, 디지 길레스피, 패츠 나바로, 프레디 웹스터, 케니 도럼이 함께했다.) 이 무렵 파커도 다시 활동을 시작했고, 가끔 이 밴드에서 함께 연주하기도 했다.

하지만 전성기를 맞이한 버드는 이제 더 이상 정기적으로 다른 밴드의 서포트 멤버나 공동 리더로 활동하는 데 만족하지 않았다. 1947년 4월, 파커는 자신의 새로운 퀸텟quintet과 함께 52번가의 쓰리 듀시스Three Deuces 클럽에서 새롭게 공연을 시작했다. 이 새로운 밴드를 구성하면서, 파커는 다시 한 번 마일즈 데이비스를 선택했고, 드러머 맥스 로치, 베이시스트 토미 포터Tommy Potter, 피아니스트 듀크 조던Duke Jordan과 함께했다. 그다음 달, 파커는 이 밴드를 사보이 레이블의 스튜디오 녹음에 데려갔다. 단 한 가지 변화는 피아니스트가 듀크 조던에서 버드 파월로 교체된 것이었다. 이날 녹음된 고전 곡 〈Donna Lee〉의 선율 라인은 종종 마일즈 데이비스의 작품으로 여겨지기도 하지만, 그 주장은 신빙성이 낮다. 이 곡은 풍부한 반음계적 진행으로 인해, 파커의 즉흥 스타일과 가장 잘 어울리는 그의 테마 중 하나로 평가받는다. 같은 세션에서 녹음된 〈Chasin' the Bird〉도 주목할 만한 곡이다. 이 곡에서 파커는 전형적인 선율의 유니슨unison을 버리고, 영리한 대위법을 선보인다. 1947년 후반의 몇 달 동안, 파커는 자신이 이끄는 밴드와 함께 매달 한 번씩 스튜디오에 들어가, 다시 동부로 이전한 러셀의 다이얼 레이블을 위해 녹음했다. 이 세 번의 세션 중 가장 야심 찬 곡은 〈The Hymn〉으로, 〈Ko Ko〉의 흥분감을 재현하려는 시도였다. 이 곡은 매우 빠른 템포와, 〈Cherokee〉처럼 온음과 반음으로 구성된 선율이 특징이다. 파커는 그에 걸맞게 분주하고 빽빽한 솔로를 선보이며 응답했지만, 이 연주는 전작 〈Ko Ko〉의 불안하고 날카로운 긴장감까지는 담고 있지 않다. 파커는 이 외에도 중간 템포의 오리지널 곡들인 〈Scrapple from the Apple〉, 〈Dewey Square〉, 〈Dexterity〉 등을 남겼고, 이 곡들에서는 침착하고 차분한 솔로를 연주했다.

그러나 놀랍게도, 파커의 다이얼 레이블 마지막 세션에서 가장 인상적인 연주는 가장 느린 곡들이었다. 이 점 역시, 보다 성찰적이고 유려하게 감상적인 "새로운" 찰리 파커의 중요한 면모를 드러내 주었다. 〈Embraceable You〉는 아마도 파커가 녹음한 최고의 발라드일 것이며, 주제의 전개 면에서 걸작이라 할 만하다. 이 곡은 단순한 여섯 음의 모티브로부터 시작하여 점점 음악을 발전시켜 나가는데, 이는 영화 《카사블랑카》의 〈As Time Goes By〉 가운데, "이건 꼭 기억해야 돼요You must remember this"라는 구절을 연상시킨다. 같은 후기 다이얼 세션에서 나온 〈My Old Flame〉과 〈Don't Blame Me〉 역시, 〈Embraceable You〉에 비견될 만한 수준의 뛰어난 곡들이다. 이 곡들 각각은 재즈 발라드 역사에서 하나의 새로운 진보를 이루어낸 작품들로 평가된다. 그 영향력은 바이더벡과 트럼바우어의 〈Singin' the Blues〉, 루이 암스트롱의 〈I Can't Give You Anything but Love〉, 레스터 영과 빌리 홀리데이의 협업, 콜먼 호킨스의 〈One Hour〉 및 〈Body and Soul〉에 비견될 만하다. 이들 곡에서도 반주를 맡은 밴드는 파커만큼의 수준을 보여주지 못했다. 그들은 느리고 무겁게 반복되는 포 비트* 리듬을 깔아 주었을 뿐인데, 몇 년 뒤에는 이러한 매우 느린 템포의 연주에서, 재즈 리듬 섹션들이 훨씬 더 유연하고 자연스럽게 연주하게 된다. 하지만, 파커의 부드럽고 매끄러운 즉흥 연주는 이러한 반주의 한계를 뛰어넘으며, 비밥 스타일의 새로운 낭만적 차원을 제시하고, 이 장르의 음악적 영역을 의미 있게 확장하는 데 기여했다.

찰리 파커의 마지막 다이얼 세션에서는, 트럼펫 연주자 마일즈 데이비스와 함께 트롬본 연주자 J. J. 존슨이 프론트 라인에 합류했다. 존슨은 이미 사보이 레이블에서 리더로 녹음한 작품들과, 베니 카터, 카운트 베이시 등과의 활동을 통해, 청중들에게 깊은 인상을 남긴 바 있었다. 존슨에게는 모던 재즈의 혁신을 슬라이드 트롬본의 언어로 번역하는 쉽지 않은 과제가 주어졌다. 비밥의 빠르고 복잡한 라인은 트롬본에 옮기기 어려운 것이었고, 그러한 헤라클레스적인 과업을 성공적으로 해낸 것은 존슨의 탁월한 기교와 끈기 덕분이었다. 파커와의 녹음은 이미 유망했던 그의 경력을 더욱 끌어올리는 데 기여했고, 이후 그는 디지 길레스피, 마일즈 데이비스, 클리포드 브라운, 스탄 게츠 등 주요 모던 재즈 연주자들과의 협업을 이어갔다. 하지만 재즈 업계 내부의 찬사에도 불구하고, 1950년대 초반에 그의 경력은 주춤했고, 존슨은 생계를 위해 롱아일랜드의 한 공장에서 설계도 검사원으로 일해야 했다. 그러다가 1955년, 트롬본 부문에서 『다운비트』지의 인기투표 1위를 차지하며, 리더로서의 성공을 본격적으로 누리기 시작했는데, 이때 그는 종종 트롬본 연주자 카이 윈딩Kai Winding과 함께 활동하기도 했다. 하지만 시간이 지나면서, 존슨은 재즈 밴드를 이끄는 데 따르는 스트레스와 부담을 피하려는 경향을 보였고, 점차 편곡과 작곡에 집중하기 시작했다. 그의 작품

---

* 포 비트four-to-the-bar: 한 마디당 네 번의 강한 비트를 규칙적으로 치는 리듬 패턴을 말한다. 보통 베이스나 드럼이 이 역할을 하며, 특히 슬로우 템포의 발라드나 전통적인 스윙 스타일에서 많이 사용되었다.

은 애잔한 발라드 〈Lament〉부터, 1961년 군터 슐러가 디지 길레스피를 솔로이스트로 삼아 녹음한 6악장의 대곡 《Perceptions》에 이르기까지 다양하다. 또 한편으로는, 상업적인 음악 작업에 참여하기도 했다. 1960년대 후반 이후, 존슨의 공개 무대 출연은 점차 줄어들었고, 그는 1996년에 무대에서 은퇴했다. 이후 그는 오랜 병환 끝에, 2001년에 자살로 생을 마감했다. 그럼에도 불구하고, 존슨의 유산은 확고히 자리 잡았으며, 가장 보수적인 연주자들을 제외한 모든 후대의 재즈 트롬본 연주자들은 크든 작든 그의 선구적 업적에 빚을 지고 있다.

파커는 마지막 다이얼 세션으로부터 나흘 뒤, 이번에는 자신의 고정 밴드를 이끌고 다시 스튜디오로 돌아왔다. 이 녹음은 사보이 레이블의 주도로 이루어졌다. 이 세션에서 연주된 곡들은 형식적으로 작곡된 것들이 많아, 실제로는 즉흥 연주를 위한 구실에 불과했다. 후기 다이얼 세션과 마찬가지로, 이 시기의 연주는 강도나 에너지 면에서, 이전, 특히 카마릴로 요양소 입원 전의 녹음보다 한 단계 낮다. 이듬해, 사보이에서의 두 차례 세션에서는 상황이 달라진다. 파커는 더 탐구적인 작곡들을 선보이며, 새로운 스타일을 실험한다. 예를 들어, 라틴 리듬이 가미된 〈Barbados〉, 대위법적 실험곡인 〈Ah-Leu-Cha〉 등이 있다. 하지만 다시 한 번, 가장 강렬한 연주는 느린 곡에서 나온다. 이번에는 〈Parker's Mood〉라는 인상적인 블루스 곡으로, 파커가 자신의 뿌리인 캔자스시티 스타일로 돌아간 듯한 놀라운 작품이었다. 이 곡에서 파커는 그동안의 화려한 기교, 난해한 코드 대체, 빠른 템포 등 '버드' 사운드의 대표적인 특징들을 버리고, 가슴을 후벼 파는 듯한 연주로 깊은 감정을 표현한다. 이 곡은 거의 사람의 목소리처럼 들리는 애가哀歌였으며, 그 거칠고 꾸밈없는 표현은 1940년대 중반 파커 특유의 화려하고 복잡한 스타일의 정반대에 가까운 것이었다.

물론, 파커 음악의 더 격렬한 측면도 여전히 활발히 이어졌지만, 그의 후기 경력에서는 그런 면이 주로 스튜디오 밖에서 들려왔다. 즉, 공연 실황이나 사적인 잼 세션을 아마추어가 녹음한 수많은 음원들 속에서였다. 이러한 "언더그라운드 파커"는 방대한 기록물로 남아 있다. 특히, 1980년대 후반에 세상에 알려진 딘 베네디티의 테이프와 디스크만 해도, 기존에 알려지지 않았던 파커의 솔로 연주 400곡 이상을 담고 있다. 하지만 이조차도 해적판 버드 음원 세계의 일부에 불과하다. 게다가 우리는 파커의 실황 연주를 다양한 장소에서 들을 수 있다. 로얄 루스트, 오닉스, 쓰리 듀시스, 버드랜드, 록랜드 펠리스, 카네기 홀(엘라 피츠제럴드와 함께), 르네상스 볼룸(이름 모를 라틴 밴드와 함께) 등 뉴욕의 고급 공연장부터 허름한 클럽에 이르기까지 거의 모든 종류의 공연 장소에서의 연주가 남아 있고, 또한 디트로이트, 로스앤젤레스, 워싱턴 D.C., 보스턴, 심지어 스웨덴(1950년의 유명한 방문 당시) 등 전국 곳곳과 해외에서도 파커의 연주가 기록되었다. 더 나아가, 아파트나 호텔 방 등에서 이루어진 사적인 잼 세션처럼 훨씬 더 비공식적이고 은밀한 녹음들도 존재한다. 이처럼 막대한 양의 비공식 유산은 음질 면에서 들을 만한 수준부터 끔찍할 정도까지 천차만별이지만, 파커의 연주는 거의 언제나 살아 있다. 특히, 마지막 6년 동안의 연주는 파커의 가장 뛰어난 작품들, 그리고 분명히 가장 열정적인 연주들이 포함되어 있으며, 그 대부분은 이 조악한 아마추어 세션의 지직거림 속에서만 들을 수 있다. 이러한 음향적 재난은 한 친구가 할아버지의 자가 증류 위스키에 대해 했던 말을 떠올리게 한다. "이게 조금이라도 더 나쁘면 도저히 못 마시겠고, 조금이라도 더 좋으면 끊을 수가 없다." 실제로, 이런 열악한 녹음을 견디는 것은 비밥의 열성팬들만이 할 수 있는 일이지만, 귀를 조율해 이 음악의 진가를 들을 수 있는 이들에게는, 모던 재즈 역사상 가장 황홀한 순간들이 보상처럼 주어진다.

즉흥적인 비밥의 날것을 담은 이들 자유로운 연주 기록들과는 달리, 노먼 그란츠가 프로듀싱한 파커의 후기 스튜디오 녹음들은 훨씬 획일화된 버드의 모습을 보여준다. 이 녹음들에서는, 강렬한 즉흥 연주의 단편들이 대중 시장을 겨냥한 상업적 시도와 공존하며, 파커를 포장하려는 노골적인 기획이 엿보인다. 이러한 흐름은 아이러니하게 느껴진다. 왜냐하면 그란츠는 당시 최고의 재즈 음반 프로듀서 중 한 명이었고, 항상 최고의 연주자들을 기용하여, 그들이 순수한 재즈를 연주할 수 있는 환경을 제공하는 데 철저했던 인물이기 때문이다. 실제로, 그란츠는 1946년에 찰리 파커와 레스터 영이 함께 녹음하게 한 장본인이며, 이로부터 명연주 〈Oh, Lady Be Good〉이 탄생했다. 그러나 파커가 1949년부터 1954년까지 그란츠와 함께한 세션들 가운데, 이와 같은 수준에 도달한 경우는 드물었다. 그나마 1950년에 있었던 두 번의 세션이 가장 좋은 편에 속하며, 특히 6월에 있었던 디지 길레스피와의 재회는 인상적이다. 이때, 버디 리치와 셀로니어스 몽크라는, 전통적이지는 않지만 매혹적인 리듬 섹션이 함께했다. 반면, 이 시기의 최저점은 데이브 램버트Dave Lambert 싱어즈와 함께한 세션이었다. 그 결과물은 거의 듣기 어려울 정도로 엉성하고 부조화를 이루었다. 조금 더 나았다고 평가되는 것은 현악 오케스트라와 함께한 녹음들이지만, 이 경우도 지나치게 달콤한 편곡들이 파커의 진지한 음악적 시도를 눌러버린다. 그럼에도 불구하고, 파커는 이 녹음에 개인적으로 만족감을 표했다고 알려져 있으며, 특히 〈Just Friends〉에서의 연주를 자랑스러워했다고 한다. 그의 연주는 확실히 균형 잡히고 단정했지만, 시간이 흐르면서, 이 음악은 그다지 좋은 평가를 받지 못하게 되었고, 재즈 팬들 사이에서는 그란츠가 함께 작업했던 다른 스타 연주자들과 파커가 협연할 기회를 놓친 것에 대한 아쉬움이 크다. (예를 들어, 아트 테이텀과의 세션이 예정되어 있었지만 성사되지 않았는데, 성사되었다면 대단한 명반이 되었을 것이라는 평이 있다.) 그란츠와 함께한 또 다른 시도인 《Charlie Parker Plays South of Border》 같은 라틴 음악 기반 프로젝트는 약간의 가능성을 보여주기는 했지만, 길레스피의 라틴 프로젝트들만큼의 에너지나 감흥에는 미치지 못했다.

전반적으로 보면, 디지 길레스피의 노먼 그란츠와의 작업은 보다 일관되게 성공적이었다. 이 협업은 1950년대에 활발히 이루어졌고, 1970년대에 그란츠가 파블로 레이블을 설립하면서 다시 이어졌다. 그란츠는 디지가 흔히 빠지곤 했던 신기한 노래, 엉뚱한 보컬, 대중을 즐겁게 하는 퍼포먼스 같은 가벼운 기획들에 대한 유혹을 절제시켜 주었고, 그 대신 그를 세계적인 연주자들과 함께 진지한 음악 환경에 꾸준히 배치했다. 길레스피의 녹음 경력을 자세히 들여다보면, 그란츠의 이런 판단이 얼마나 현명했는지 분명히 드러난다. 몇몇 예외를 제외하면, 디지의 가장 뛰어난 솔로 연주들은 항상 다른 탁월한 관악기 연주자들과 함께 전면에 섰을 때 나왔다. 바로, 찰리 파커, 소니 스팃, 로이 엘드리지, 스탄 게츠, 소니 롤린스 등과 함께 했을 때다. 이런 환경에서는, 길레스피가 무대 위의 다정한 캐릭터를 내려놓고, 진지하고 열정적인 연주를 펼쳤다. 반면, 1950년대 초반에 디지가 자신만의 레이블인 디지Dee Gee를 운영할 때는 결과물이 들쭉날쭉했다. 좋은 재즈 연주도 있었지만, 〈Swing Low, Sweet Cadillac〉, 〈Umbrella Man〉, 〈School Days〉 같은 어설픈 곡들도 섞여 있었다. 하지만 그란츠와 함께할 때, 디지는 항상 진지한 태도로 스튜디오에 임해야 했다. 예를 들어, 1957년의 〈I Know That You Know〉에서는, 소니 롤린스가 멋진 스톱 타임 솔로를 선보인 직후 연주를 이어받고, 디지는 기교의 극치를 보여주는 명연으로 응답했다. 또 다른 예로 1956년 세션에서는, 디지가 스탄 게츠와 소니 스팃의 뜨거운 색소폰 대결 한가운데에 있었고, 각 곡은 매우 빠른 템포로 진행되었으며, 디지는 두 사람의 에너지를 고스란히 흡수하며 강력한 연주를 펼쳤다. 이 시기의 또 다른 성공적인 프로젝트는 길레스피가 그의 초기 롤모델이었던 로이 엘드리지와 함께한 세션이다. 잼 세션에 대한 열정을 지닌 그란츠는 디지가 가장 빛나는 순간이 언제인지, 즉 강한 개성과 연주자 간의 라이벌 의식이 긴장감을 조성할 때임을 직관적으로 이해하고 있었다.

이처럼 열정적이고 활기 넘치는 연주들과 비교해볼 때, 그란츠의 감독 아래 이루어진 파커의 현악 오케스트라 프로젝트는 최선의 경우에도 아쉬운 결과라 할 수 있다. 물론, 그 책임이 전적으로 그란츠에게 있는 것은 아니다.

사실, 파커는 오래전부터 동시대의 관현악 음악에 깊은 관심을 보여왔다. 그는 대화 중 자주 프로코피예프나 스트라빈스키 같은 작곡가들의 이름을 언급하고는 했다. 스웨덴의 한 인터뷰에서는 바이올리니스트 야샤 하이페츠 Jascha Heifetz가 자신이 가장 좋아하는 연주자 중 하나라고 밝히며, "그의 프레이징은 스윙하는 듯하다"고 말했다.[150] 딸의 장례식에서는 버르토크의 음악이 피아노로 연주되었다. 그는 모더니즘 작곡가 에드가 바레즈에게 작곡을 배우고 싶다고 말했고(대신 요리를 해주겠다는 제안까지 한다), 심지어 아르놀트 쇤베르크Arnold Schoenberg에게 자문을 구하는 편지를 보냈다고 전해진다. 이러한 성향을 보았을 때, 관현악을 실험 무대로 삼은 것은 파커에게 있어서 당연한 선택처럼 보인다. 그러나 파커는 그러한 야심 찬 프로젝트의 세부적인 부분을 챙길 인내심이 부족했다. 작곡, 편곡, 밴드 지도 모두에 열정을 쏟았던 듀크 엘링턴과 달리, 파커는 이러한 작업을 대부분 다른 사람에게 맡기고, 본인은 연주만 하러 나타나는 경향이 있었다. 현악 오케스트라 프로젝트 역시 편곡 작업이 외주로 이루어졌고, 그 결과는 평범하거나 그 이하였다. 이 편곡들은 파커가 감탄했던 프로코피예프나 버르토크보다는, 차라리 1920~30년대 폴 화이트먼의 콘서트 재즈 중 가장 형편없는 예시들을 떠올리게 한다. 솔직히 말해, 이 음악들은 모던 재즈의 선두 알토 색소폰 연주자를 위한 반주보다는, 짧은 엘리베이터 탑승 중 흘러나오는 배경음악 정도가 더 어울릴 법했다. 물론 파커가 현악 오케스트라를 이끌었다는 사실 자체는 일정 수준의 권위를 부여해 주었고, 이는 당시 대부분의 재즈 연주자들이 갈망하던 사회적 존중의 일환이었다. 하지만 궁극적으로 볼 때, "버드 위드 스트링스Bird with Strings"로 불린 이 프로젝트들은 파커가 꿈꾸던 보다 웅대한 스케일의 모던 재즈를 실현하지는 못했다. 오히려 이 프로젝트들은 공허하고 얄팍한 세련미로 타협해 버렸고, 결국에는 현악기가 없을 때 진가를 발휘했던 예술가의 에너지를 희석하는 결과를 낳았을 뿐이다.

무대 위에서의 점잖은 모습은 점점 더 파커의 사생활 속 고통스러운 현실과 어긋나기 시작했다. 마약 중독은 이미 심각한 대가를 치르게 했고, 파커는 소매를 걷어 올려 주사 자국을 보여주며 친구에게 이렇게 말했다. "이게 내 집이고, 내 포트폴리오고, 내 캐딜락이야." 당시 파커는 겨우 서른 살 남짓이었지만, 훨씬 더 나이 들어 보였다. 한때 탄탄했던 그의 몸은 이제 부어오른 듯한 모습으로 변했고, 체중은 200파운드를 넘겼다. 그는 위궤양에 시달렸고, 심장 질환의 가능성에 대해 의사의 경고도 받았다. 그가 카마릴로 요양원에 입원해 있을 당시 내내 곁을 지켰던 도리스 시드너Doris Sydnor와의 관계는 이제 무너지고 있었고, 파커는 챈 리차드슨Chan Richardson과의 관계를 시작하고 있었다. 재즈 뮤지션과 예술가들의 삶에 익숙한 챈은, 도리스와 달리 파커에게 영혼의 동반자 같은 존재가 될 수 있었다. 하지만 그것은 일종의 교환 조건이 따랐다. 도리스는 파커에게 애정 어린, 거의 모성적인 태도로 대하며, 재즈 세계의 어두운 면으로부터 가능한 한 그를 보호하려 했다. 그녀는 클럽 밖에서 파커를 기다리고, 색소폰을 들어주며, 그의 무너져가는 삶의 조각들을 수습하려 애썼다. 반면, 챈과 함께 있을 때, 파커는 안정된 삶을 위한 시도를 잠깐씩 해볼 뿐이었다. 하지만 결국 그런 안정감은 그에게는 너무 억압적으로 느껴졌다. 파커의 딸 프리Pree가 세상을 떠났을 때, 그는 조각가 줄리 맥도널드Julie MacDonald의 집에 머물며 투어 중이었다. 챈은 개인 병원비조차 감당할 수 없어 공립 진료소에 데려갈 수밖에 없었는데, 그 시기는 파커가 명성과 수입 모두 최고조에 있던 때였다. 하지만 파커는 심지어 외지에 있지 않을 때조차, 가정이나 가정적인 삶에 거의 애착을 느끼지 못했다. 결국 그의 마지막 병세가 악화되었을 때도, 파커는 챈과 아들 곁이 아닌, 어느 여자 친구의 아파트에서 요양하기를 택했다.

파커의 불안정한 삶은 무대 위에서도 그대로 드러났다. 물론, 그가 연주에만 몰입했을 때, 여전히 놀라운 음악을 만들어낼 수 있었다. 1953년, 토론토의 매시 홀에서 디지 길레스피, 찰스 밍거스, 맥스 로치, 버드 파월과 함께한 공연은 "역사상 가장 위대한 재즈 콘서트"라는 과장된 음반사 마케팅 문구가 이번만큼은 음악 수준 덕분에 일부 정당화될 수 있는 경우였다. 그 외에도, 1952년 록랜드 팰리스Rockland Palace 공연, 1953년 워싱턴 D.C.에서의 오케스트라 협연 등은 사생활이 엉망이었음에도, 파커가 여전히 모던 재즈 최고의 색소폰 연주자로 간주될 수밖에 없는 연주를 보여준다. 하지만 이런 영광의 순간들은 파커의 말년 전체를 대표하지는 못했다. 1940년대의 정규 밴드 체계는 무너졌고, 그는 고정된 멤버 없이 도시마다 임시 그룹과 연주하거나, 스탄 켄튼, 혹은 재즈 앳 더 필하모닉Jazz at the Philharmonic과 투어 프로젝트에 참여하고는 했다. 어떤 때는 현악 오케스트라를 데리고 순회공연을 다녔는데, 매번 똑같은 진부한 편곡을 밤마다 세트마다 반복했다. 무대 위에서의 그의 행동은 불안정하거나 무례해질 때도 있었고, 아예 공연에 나타나지 않는 경우도 있었다. 이로 인해, 클럽 주인들은 그를 꺼리게 되었다. 어느 날 밤 그는 공연 도중 현악단 전체를 해고한 뒤, 무대를 비워놓고 바에서 위스키를 마시며 시간을 보냈다. 상황을 더욱 복잡하게 만든 것은 뉴욕시의 카바레 카드 제도였다. 이로 인해, 그는 거의 2년 가까이 뉴욕에서 연주 활동을 할 수 없었다. 이 모든 상황을 상징적으로 보여주는 사건이 있었다. 1950년, 그의 이름을 따서 지어진 최고의 재즈 클럽 버드랜드에서 결국 출입 금지 조치를 받은 것이다. 파커의 마지막 버드랜드 공연은 피아니스트 버드 파월과의 무대 위 충돌로 얼룩졌고, 이것은 결국 '버드'의 격동적인 경력을 마무리짓는 불운한 백조의 노래*가 되고 말았다.

파커의 육체적, 정신적 건강은 한동안 위태로운 상태였다. 그에 대한 수많은 소문이 돌았고, 대부분은 확인되지 않았지만 그럴듯한 이야기들이었다. 그가 자살 시도로 요오드 용액을 마셨다거나, 벨뷰 병원에 두 차례 입원

---

* 백조의 노래swan song: 고대 그리스 신화나 전승에 따르면, 백조는 죽기 직전에 가장 아름다운 노래를 부른다고 믿어졌다. 이 때문에, 백조의 노래는 예술가나 인물이 인생 또는 경력의 마지막에 남긴 인상적인 작품이나 순간을 의미한다.

했다거나, 혹은 자신의 죽음이 가까워지고 있다는 불길한 말을 했다는 등등이었다. 친구들은 파커가 예고 없이 한밤중에 문을 두드리며, 약, 돈, 혹은 기분 전환을 구하러 찾아왔던 일화를 들려주곤 했다. 그리고 결국 예고된 말기 질환은 1955년 3월, 현실이 되었다. 그는 보스턴의 클럽 공연을 위해 이동해야 했지만, 심해진 궤양의 통증으로 인해 도착하지 못했고, 대신에 친구인 남작 부인 파노니카 드 쾨니히스바르터의 아파트에 머물게 되었다. 의사가 왔지만, 파커는 병원에 가기를 거부했다. 사흘 후, 그는 결국 숨을 거두었다. 사망 원인으로는 출혈성 궤양과 폐렴이 함께 지목되었다. 그러나 이는 단지 표면적이고 임의적인 사인일 뿐이었다. 그보다 더 많은 것을 말해준 것은 사망 진단서에 적힌 또 다른 정보였다. 의사는 파커의 실제 나이를 몰랐기에, 그의 나이를 50~60세로 추정해 기록했다. 하지만 그가 세상을 떠났을 당시 실제 나이는 불과 서른넷이었다.

찰스 밍거스는 이렇게 물었다. "버드랜드의 솔로 연주자들 대부분은 파커의 다음 레코드를 기다려야, 그다음에 무엇을 연주해야 할지 알 수 있었다. 이제 그들은 어떻게 해야 할까?"[151] 이 말에는 약간의 과장이 섞여 있었지만, 정말 약간일 뿐이었다. 생전의 파커는 젊은 재즈 연주자들에게 마치 최면에 가까운 영향력을 발휘했고, 그의 신비로운 존재감은 사후에도 전혀 줄어들지 않았으며, 오히려 더 강렬해졌다. 그의 인생은 이제 전설적 서사를 띠게 되었다. "버드는 죽지 않았다." 밍거스는 이어 말했다. "어딘가에 숨어 있을 뿐이고, 곧 나타나서 다들 기절할 만한 새로운 것을 들려줄 것이다." 이런 생각에 동조한 파커의 열성 추종자들은 "버드는 살아 있다Bird Lives"라는 문구를 휘날리며, 마치 후대의 엘비스 사망 부정 신드롬을 예고하듯, 이 슬로건을 부적이자 모토, 수수께끼 같은 그래피티로 사용했다.

하지만 파커가 엘비스 프레슬리처럼 슈퍼마켓에서 (계산대 근처의 타블로이드 잡지 표지에서라도) 모습을 드러내지 않자, 대부분의 비밥 팬들은 '차세대 버드', 즉 재즈의 어법을 새로운 차원으로 끌어올릴 새로운 재능의 알토 색소폰 연주자를 찾는 데 에너지를 쏟기 시작했다. 파커가 사망한 지 겨우 석 달 만에 줄리안 "캐논볼" 애덜리Julian "Cannonball" Adderley가 뉴욕에 도착했다. 그는 카페 보헤미아Cafe Bohemia에서 밴드와 함께 즉흥 연주를 한 지 며칠 만에 장안의 화제가 되었다. 예상대로, 애덜리의 음반사는 그를 "새로운 버드"로 홍보했으며, 캐논볼의 자신감 넘치는 기교와 즉흥 연주 감각은 많은 이들에게 파커를 떠올리게 했지만, 그의 더 따뜻한 음색은 파커와 뚜렷이 구별되었고, 리듬에 더 뿌리내린 프레이징 방식 또한 마찬가지였다. 애덜리는 마일즈 데이비스와 짧지만 인상적인 시기를 함께했고, 그 기간에 전설적인 카인드 오브 블루Kind of Blue 세션에도 참여했다. 시간이 지나면서 그는 더 절제된 즉흥 연주 스타일을 발전시켰고, 공간에 대한 감수성과 더욱 여유 있는 표현을 보이게 되었다. 애덜리가 팬들이 기대한 비밥의 구세주는 되지 못했을지라도, 그는 정통 재즈 팬들과 캐주얼한 청중 모두를 만족시켰다. 특히 〈Dis Here〉, 〈Work Song〉, 〈Mercy, Mercy, Mercy〉와 같은 펑크 색채가 가미된 연주는 많은 사람들의 사랑을 받았다.

필 우즈Phil Woods는 또 다른 "버드의 제자"로 높이 평가받으며, 1950년대 중반의 뉴욕 재즈 현장에서 큰 반향을 일으켰다. 그는 밴드 리더로서의 활동뿐 아니라 폭넓은 프리랜서 연주 활동을 통해 주목받았다. 뛰어난 전문성, 기술적 숙련도, 그리고 부드러운 어택attack[소리를 낼 때 음이 시작되는 방식이나 속도]은 우즈가 어떤 음악 환경에서도 자연스럽게 어울릴 수 있게 해주었는데, 이는 빌리 조엘의 상업적 팝 음악(그는 히트곡 〈Just the Way You Are〉에 우즈를 참여시켰다)부터 베니 굿맨이나 셀로니어스 몽크의 전혀 다른 소리 풍경에 이르기까지 다양했다. 한때 우즈는 세션 연주자로 너무 수요가 많아, 밴드 리더로서의 활동이 줄어들었고, 주요 재즈 스타로서의 가능성이 완전히 실현되지 못할 수도 있다는 인상을 주기도 했다. 실제로, 1958년부터 1967년 사이에 그는 리더로서 네 장의 음반만을 발표했다. 그러나 1968년에 그의 훌륭한 유럽 밴드를 결성하고, 1974년 이후 미국에서의 활동을 통해 다시 비밥의 뿌리로 돌아오면서, 필 우즈는 포스트 파커 시대의 주요 알토 색소폰 연주자 명단에서 빠질 수 없는 인물임을 분명히 했다.

재키 매클린은 1950년대에 찰리 파커의 그늘 아래서 성장한 세 번째 알토 색소폰 연주자로, 악기에 대해 전혀 다른 접근 방식을 취했다. 다른 연주자들이 파커의 화려한 기교를 모방하고, 그의 즉흥 구절lick이나 ii-V-I* 화성 진행을 그대로 차용했다면, 매클린은 보다 절제되고 불규칙한 방식으로 연주했다. 그의 음악에서 드러난 것은 다른 많은 색소폰 연주자들처럼 파커의 프레이즈나 패턴을 흉내 낸 것이 아니라, 파커의 정신, 즉 그의 강렬함, 추진력, 날것 그대로의 감정이었다. 애덜리나 우즈와는 달리, 그는 팝 음악이나 유사 펑크 히트곡에 어울리지 않는 신랄한 음색을 선택했다. 마일즈 데이비스와의 초기 작업, 그리고 리더로서의 활동에서는 비밥 스타일에 대한 충성을 보여주었지만, 그는 다른 스타일의 영향에도 열려 있었다. 존 콜트레인의 모드 이탈,** 소니 롤린스의 하드 밥, 오넷 콜먼의 프리 재즈가 그의 음악 속에 점차 흡수되었다. 1960년대에 블루 노트 레이블에서 발표한 그의 중요한 음반들에서는, 매클린이 더 이상 정형화된 비밥 어법에 얽매이지 않고, 긴박감 넘치는 색소폰 스타일을 선보이고 있음을 확인할 수 있다.

이 세 연주자, 즉 애덜리, 우즈, 매클린은 각각 자신만의 영향력 있는 스타일을 지닌 연주자로 존경받게 되었고, 수많은 젊은 연주자들이 그들의 발자취를 따랐다. 우리는 그 영향력을 각각 리치 콜Richie Cole, 빈센트 헤링

---

* ii-V-I: 재즈 화성학에서 매우 중요한 화성 진행이며, 특히 종지cadence의 일종으로 간주되었다. ii: 2도 마이너 코드 (예: Dm7 in C major), V: 5도 세븐스 코드 (예: G7 in C major), I: 으뜸 장조 코드 (예: Cmaj7 in C major). 이 진행은 긴장-해결의 전형적인 패턴으로, 재즈, 보사노바, R&B, 팝 등에서 매우 자주 사용되었다.

** 모드 이탈modal excursions: 한 곡의 주된 조성key 또는 모드(mode, 선법)에서 잠시 벗어나, 다른 모드로 이동하는 것을 의미한다.

Vincent Herring, 바비 왓슨Bobby Watson의 후반기 작품에서 찾아볼 수 있다. 하지만 이 모든 인물들 뒤에는 여전히 찰리 파커의 거대한 영향이 존재하며, 이는 그가 생존해 있을 때만큼이나 강하게 느껴진다. 버드의 영향력은 서부(아트 페퍼, 소니 크리스, 버드 섕크)와 동부(찰스 마리아노, 어니 헨리, 데이브 쉴드크라우트), 바리톤(레오 파커, 서지 샬로프, 세실 페인), 테너(테디 에드워즈, 덱스터 고든, 소니 롤린스)로까지 확장되었으며, 사실상 재즈계 어디를 보더라도 그의 흔적이 남아 있었다. 좋든 싫든, 파커와 그의 동시대 인물들이 정립한 비밥의 어휘는 이후 50년간의 거의 모든 포스트밥 재즈 스타일에 있어 명시적인 영감의 원천이거나, 최소한 참고 기준점으로 작용했다. 심지어, 표면적으로는 비밥의 지배에 가장 격렬히 저항했던 아방가르드 음악가들조차도, 비밀스럽게 그 성소를 숭배하고 있었다. 왜냐하면 바로 비밥 자체가 재즈 세계 안에서 반항의 정수를 구현하고 있었기에, 그 이후의 모든 재즈 혁명에 가장 적절한 역할 모델로 자리매김했고, 여전히 그러하기 때문이다.

모던 재즈 피아노

흔히 이야기되듯, 재즈 피아노의 역사는 재즈 음악 전체의 진화 과정을 그대로 반영한다. 얼 하인즈는 루이 암스트롱의 혁신에 대응하여 "트럼펫 스타일"을 개발한 인물로 알려져 있다. 듀크 엘링턴의 피아노 연주는 그의 오케스트라 작품을 응축한 축소판으로 찬사받는다. 버드 파월의 음악은 찰리 파커와 디지 길레스피의 발전을 재즈 피아노로 옮긴 것이라 전해진다. 이와 같은 일반화는 다소 조잡하고 비판받기 쉬운 면이 있지만, 그럼에도 불구하고 중요한 진실을 포착하고 있다. 그것은 재즈 피아니스트들의 작품에 구현된 화성적·리듬적 기반과 관악기의 연주로 대표되는 단선율 즉흥 연주의 발전 사이의 공생적 관계에 주목하게 한다. 이러한 점에서, 재즈는 회화나 문학 또는 그 외 예술 매체들과는 근본적으로 다르다. 다른 예술에서는 개인이 혼자 작업하고, 타인의 영향은 문화적 맥락 속에서 간접적으로 느껴지는 경우가 많다. 하지만 재즈 연주는 몇몇 예외를 제외하면, 늘 높은 수준의 집단적 상호작용을 요구한다. 재즈의 아이러니 중 하나는, 개인 솔로이스트를 찬양하는 음악임에도 불구하고, 본질적으로 앙상블의 음악이라는 데 있다. 재즈 역사 속 주요 혁신가들, 즉 암스트롱, 엘링턴, 파커, 마일스 데이비스, 오넷 콜먼의 이야기는 모두 이 진리를 반복해서 보여준다. 재즈의 세계에는 고립된 천재는 없다. 이 매체에서는 거의 항상 밴드라는 동료들이 함께하기 때문이다.

1940년대 중반이 되자, 명확히 구분되는 모던 재즈 피아노 스타일이 형성되었다. 그 역사적 선례는 다소 놀라운 것이었다. 십 년 전만 해도, 재즈 피아노의 미래를 가늠하려는 안목 있는 청자라면 대부분 아트 테이텀이나 듀크 엘링턴을 떠올렸을 것이다. 이들의 음악은 화성, 리듬, 선율 면에서 가장 진보적인 사고를 담고 있는 듯했다. 하지만 결과적으로, 테이텀이나 엘링턴의 오케스트라적 피아노 접근법은 비밥 리듬 섹션 안에서는 너무 두껍고 복잡하게 느껴졌다. 대신, 새로운 세대의 모던 재즈 피아니스트들은 더 간결한 유선형의 접근을 추구했다. 이 새로운 스타일은 점차 오른손 연주를 중심으로 발전해 나갔는데, 오른손은 찰리 파커의 알토 색소폰 솔로에서 들을 수 있는 온갖 반음계적 색채와 리듬의 급류를 지닌 빠른 선율을 연주했다. 왼손은 유연한 컴핑 코드로 이러한 선율적 접근을 받쳐주었으며, 이 코드들은 종종 단 두세 개의 음으로 구성된 간단한 구조였고, 빈약한 화성적 기능보다는 오히려 리듬적인 추진력 면에서 더 중요했다. 이러한 점에서, 비밥 피아니스트들은 테크닉 중심의 스트라이드 주자나 스윙 시대의 연주자들보다는, 오히려 캔자스시티 재즈의 겸손한 반反버추오소[의도적으로 기교를 내세우지 않고, 단순함이나 개성을 중시하는 연주자]인 카운트 베이시에 가까운 정신을 지니고 있었다. 물론 스트라이드 전통의 영향이 완전히 지워진 것은 아니었다. 특히, 테이텀이 이룩한 건반 위의 찬란한 지배력은 이후의 연주자들에게 끊임없이 영향을 미쳤다. 이러한 영향은 버드 파월이나 레니 트리스타노Lennie Tristano 같은 확고한 모더니스트들의 연주에서도 보이지 않게 숨어 있었고, 이들이 반주 없이 연주할 때는 특히 뚜렷하게 드러났다. 얼 하인즈와 테디 윌슨의 선율적 스타일 또한 비밥 주자들 사이에서 감지될 수 있었으며, 셀로니어스 몽크의 모더니즘은 심지어 제임스 P. 존슨의 작업까지 거슬러 올라가는 회고적 성격을 띠고 있었다. 그러나 대체로, 비밥 피아니스트들은 더 순수하고 방해받지 않는 재즈 피아노의 목소리를 찾기 위해, 최근 과거의 잔재들을 가차 없이 내던지는 경향이 있었다.

이러한 이상理想을 가장 완벽하게 실현한 연주자는 얼 "버드" 파월Earl "Bud" Powell이었다. 동시대의 다른 피아니스트들이 더 뛰어난 건반 기술(예를 들면, 오스카 피터슨, 도로시 더니건), 더 맑고 정제된 터치(냇 킹 콜, 존 루이스), 더 대담한 화성(셀로니어스 몽크, 데이브 브루벡), 혹은 보다 활기찬 무대 매너(에롤 가너, 조지 쉬어링)를 자랑했을 수도 있지만, 비밥 운동의 정신을 가장 충실히 구현한 인물은 파월이었다. 그리고 1940년대 후반과 1950년대 초반에 가장 큰 영향을 미친 인물도 그였다. 파월은 재즈 피아노 어휘를 새롭게 재구성했으며, 그 변화는 이후 세대 피아니스트들에게 깊고 지속적인 영향을 끼쳤다. 그런 의미에서 그는 그 영향력이 너무 널리 퍼져 있어서 오히려 간과되기 쉬운, 중요한 선구적 예술가 중 한 명이다. 누군가가 당신의 것을 훔치던 그것은 도둑질이지만, 모두가 반복해서 그것을 가져다 쓰면 결국에는 당신의 소유물이 공공재가 되어버리는 법이다.

하지만 수많은 피아니스트들이 파월의 스타일적 특징을 흉내 내며 연주법을 익혔지만, 원조가 지녔던 초자연적인 생동감까지 재현해 낸 경우는 드물었다. 강렬하고 즉각적인 감정 경험에 대한 개인적 몰입을 중시하던 모던 재즈 문화 속에서, 파월은 그 시대 정신과 특별한 관계를 맺고 있는 듯 보였다. 그러나 아이러니하게도, 파월에게 이와 같은 태도는 축하나 기쁨의 표현이 아니었다. 이마에서 땀이 뚝뚝 떨어지고, 손은 건반을 난도질하듯 내리치며, 공개 무대에서 연주하는 버드 파월은 자신의 내면에 도사린 악마들과 싸우는 듯한 모습이었다. 그리고 결국 이 악마들은 그를 지배하게 되었고, 그의 경력은 짧아졌다. 그는 1966년, 마흔한 살의 나이로 사망하기 오래 전에 이미 전성기를 지나 있었다. 그의 가장 중요한 작품들은 불과 십 년 남짓한 기간인 1940년대 중반부터 1950년대 중반 사이에 녹음되었다. 그리고 이 젊은 시절의 작품들조차도, 음악적 정신이 위태로운 경계선 위에 서 있는 듯한 인상을 준다. 작품 제목만 봐도 그 징후가 느껴질 정도다. 〈Oblivion(망각)〉, 〈Un Poco Loco(조금 미친)〉, 〈Frantic Fancies(광적인 공상)〉, 〈Glass Enclosure(유리 감옥)〉, 〈Wail(울부짖음)〉, 〈Dance of the Infidels(불신자들의 춤)〉, 〈So Sorry Please(정말 미안해요)〉, 〈Hallucinations(환각)〉 등 작품 이름만 훑어봐도, 파월이라는 인물에 대해 많은 것을 짐작할 수 있을 것이다.

버드 파월은 1924년 9월 27일 뉴욕시에서 태어나, 음악적인 가정에서 자랐다. 그의 아버지 윌리엄은 스트라이드 피아노를 연주했고, 형 윌리엄 주니어는 트럼펫을 공부했으며, 동생 리치는 훗날 잘 알려진 재즈 피아니스트가 되었다. 파월은 어린 시절 피아노를 배울 때 유럽의 클래식 전통에 중점을 두었지만, 열 살도 되기 전부터 패츠 월러와 아트 테이텀의 재즈 스타일에 매료되었다. 열다섯 살이 되던 해, 그는 학교를 그만두고 프로 음악가로 활동하기 시작했다. 얼마 지나지 않아, 그는 할렘의 심야 클럽들에서 활동하게 되었다. 이곳에서 파월은 비밥의 신흥 사운드와 마주쳤고, 셀로니어스 몽크라는 친구이자 멘토를 만나게 되었다. 파월보다 일곱 살 많은 몽크는 당시에 민튼스 플레이하우스에서 하우스 피아니스트로 일하고 있었다. 베테랑 연주자들이 파월을 무대에서 내쫓으려 하자, 몽크가 나서서 그를 감쌌다. 몇 년 뒤에는 파월이 이 은혜를 갚게 되는데, 당시 거의 주목받지 못하던 몽크의 음악을 열정적으로 지지하며 옹호자 역할을 했던 것이다. 파월이 쿠티 윌리엄스의 밴드와 함께 첫 번째 주요 활동을 시작했을 때, 그는 윌리엄스를 설득해 몽크의 곡 〈'Round Midnight〉을 녹음하게 했는데, 이것은 이 잘 알려진 재즈 스탠다드의 첫 녹음이었다.

이 두 모던 재즈 피아노 거장 사이의 우정이 어떤 성격이었는지를 상상해 보는 것은 참으로 흥미로운 일이다. 두 사람 모두 재즈 역사상 가장 은둔적이고 불가해한 인물 중 하나로 손꼽힌다. 둘 다 말수가 적었고, 그나마 했던 말조차도 해석하기 어려운 경우가 많았다. 재즈 역사가들이라면 이 둘의 대화를 엿들을 수만 있다면, 그것이 과연 우리가 일반적으로 생각하는 대화였는지는 별개로 하더라도, 무엇이든 내놓을 각오가 되어 있을 것이다. 시간이 흐르면서 두 피아니스트 모두 정신적으로 불안정한 인물로 여겨지게 되었는데, 파월은 그의 창작 활동이 가장 왕성했던 시기를 정신병원이나 여러 시설에서 보내야 했고, 몽크의 과묵함은 결국 병적 수준에 이르렀다. 물론, 이들이 처음 만났을 당시에는 그런 경향들이 단지 기이한 성격 정도로 보였을 수도 있다. 파월과 몽크는 분명 배경과 관심사 면에서 공통점이 있었지만, 심지어 그들의 가장 큰 공통 관심사인 재즈 피아노에서도 스타일은 유사점보다는 차이점이 더 많았다. 몽크의 수직적인 건반 스타일은 파월이 선호한 수평적인 접근 방식과 거의 정반대에 가까웠다. 그럼에도 불구하고 이 둘은 서로에 대한 강한 존중과 기꺼운 협력의 태도를 유지했다. 이는 같은 악기를 연주하는 동시대 재즈 뮤지션들 사이에서는 결코 당연한 일이 아니었다.

1944년, 파월은 쿠티 윌리엄스와 함께 빅 밴드와 스몰 콤보 편성 둘 다로 녹음을 진행했다. 이 녹음에서 파월의 모던 재즈적 성향은 이미 드러나 있었지만, 여전히 스윙 시대의 관습에 의해 어느 정도 절제되고 있었다. 윌리엄스와 함께 활동하던 동안, 파월은 필라델피아로의 순회공연 도중 난폭 행동으로 체포되었다. 구금 중에 그는 심하게 구타를 당했고, 석방된 이후에도 건강 상태는 매우 위태로웠다. 어머니는 그를 할렘에 있는 집으로 데려가기 위해, 차를 빌려야 했다. 일부 사람들은 이 사건이 파월의 만성적인 정신적 불안정을 유발한 계기였다고 본다. 확실히, 타이밍이 좋지 않았다. 필라델피아 사건이 있고서 열흘 뒤, 파월은 처음으로 정신병원에 입원하게 되었고,

이후에도 여러 차례의 입원 기간이 이어졌다. 그가 머문 시설들에서의 치료는 인간적인 것부터 야만적인 것까지 다양했으며, 이른바 "치료"라고 불리는 것들에는 전기충격 요법과 구타까지 포함되어 있었다.

기적이라 할 만한 것은, 파월이 이런 이중적인 삶, 즉 파트타임 환자이자 풀타임 재즈 전설인 속에서도 오랜 시간 놀랍도록 잘 버텨냈다는 점이다. 그가 크리드무어 병원에서 전기충격 치료를 받은 후인 1940년대 후반에 남긴 녹음들은, 재즈 역사상 가장 강렬한 피아노 트리오 음악의 일부로 손꼽힌다. 특히 빠른 템포의 곡들에서 그의 연주는 주목할 만하다. 1949년 2월, 맥스 로치와 레이 브라운과 함께한 세션에서는 세 개의 초고속 명곡이 탄생했다. 〈Tempus Fugit〉에서는 거의 악마적이라 할 만한 에너지가 느껴지고, 스탠다드 곡인 〈Cherokee〉와 〈All God's Chillun Got Rhythm〉에서는 선율과 반대 방향으로 움직이는 복잡한 패싱 코드로 연주를 지탱하며 파월 특유의 어택을 들려준다. 그 효과는 놀랍고 인상적으로 독창적이다. 이듬해 세션에서는 드러머가 로치에서 버디 리치로 교체되었고, 파월은 마치 속도 제한을 시험하듯 가속 페달을 끝까지 밟는다. 피아니스트가 초절 기량의 드러머와 경주를 벌이는 듯한 스릴 넘치는 〈Tea for Two〉 연주는 바로 그 결과물이다. 이 곡들에는 기묘하면서도 역설적인 특성이 있다. 완벽한 장악력을 보여주는 동시에, 언제 통제를 잃고 폭주할지 모르는 위태로운 느낌마저 풍긴다. 이들의 매력 중 상당 부분은 공연에서 극한까지 밀어붙이려는 저돌적인 의지에서 비롯된다. 이는 파월의 최고 작품들에서 공통된 특징이기도 하다.

파월은 자신의 자작곡을 연주할 때도 마찬가지로 인상적이었다. 그런데도 그의 곡들이 다른 연주자들에 의해 거의 녹음되지 않은 이유는 이해하기 어렵다. 그의 작품들은 기억에 남는 멜로디와 만족스러운 화성 진행을 갖추고 있으며, 일반적으로 즉흥 연주를 펼치기에 훌륭한 기반이 된다. 특히 중간 템포의 곡들인 〈The Fruit〉, 〈Celia〉, 〈Bouncing with Bud〉, 〈So Sorry Please〉, 〈Cleopatra's Dream〉, 〈Strictly Confidential〉, 〈Hallucinations〉

는 매우 뛰어나며, 파커, 길레스피, 대머런, 몽크의 자주 연주되는 작곡들과 어깨를 나란히 할 만한 가치가 있다. 어쩌면, 이는 부분적으로 파월 본인의 책임일 수도 있다. 같은 곡을 자주 반복해서 녹음하고 공연에서 자주 연주했던 몽크나 길레스피와는 달리, 파월은 자신의 최고 곡들을 스튜디오에서 녹음한 단 한 장으로만 남기곤 했다.

파월의 가장 큰 한계는 발라드 연주에서 드러났다. 그러나 이는 그의 세대 전체에 공통된 약점이기도 했다. 모던 재즈 피아노가 발라드에 대해 독자적이고 진정성 있는 접근 방식을 정립한 것은 1950년대 후반에 이르러서야 가능했다. 파월은 이러한 미래를 잠시 엿보았는데, 그의 인상주의적 작품인 〈Parisian Thoroughfare〉가 이를 잘 보여준다. 그러나 대부분의 경우, 느린 템포에 접근할 때, 그는 아트 테이텀의 그림자에서 벗어나지 못했다. 그의 발라드 연주는 지나친 장식과 칵테일 피아노 스타일의 화려한 기교로 인해 흐름이 무거워졌다. 파월의 진심 어린 작곡인 〈I'll Keep Loving You〉조차도 이러한 불필요한 장치들로 인해 결국은 무너지고 만다. 재즈 피아노는 훗날 불필요한 음들과 즉흥적인 삽입구를 가차 없이 덜어냄으로써 이러한 표현상의 막다른 골목을 돌파하게 된다. 이 스타일의 대대적 정리는 시간과 공간의 역할을 재정립하려는 시도에서 비롯되었고, 빌 에반스와 아마드 자말Ahmad Jamal의 기여가 그 동력이 되었다. 하지만 이와 같은 혁신은 파월의 전성기에는 아직 도래하지 않았다. 1940년에서 1950년 사이에 성장한 대부분의 피아니스트들과 마찬가지로, 파월 역시 템포가 분당 200비트를 넘나들 때 가장 예리한 연주를 선보였다.

파월의 가장 중요한 녹음들 대부분은 그가 서른이 되기 전까지 모두 완성되었다. 1940년대 후반과 1950년대 초반에 노먼 그란츠를 위해 남긴 세션들(현재는 버브 레이블로 재발매되었다), 그리고 앨프레드 라이언Alfred Lion과 프랜시스 울프Francis Wolff의 블루 노트 레이블에서의 녹음들은 비밥 피아노의 모범이라 할 만한 업적들로, 이 장르의 정수를 보여주는 대표작으로 손꼽힌다. 실상, 파월이 비밥 운동의 대표적인 피아노 연주자로 자리매김하게 된 명성은 1949년 5월부터 1951년 5월까지 이어진 불과 2년간의 놀라운 활동만으로도 충분히 입증된다. 이 25개월 동안, 그는 한 음악 인생에 해당할 만한 방대한 업적을 남겼다. 여기에는 1949년 5월, 1950년 2월, 그리고 1951년 5월에 맥스 로치와 함께한 강렬한 트리오 세션, 블루 노트 레이블에서 "Bud Powell's Modernists"라는 이름으로 녹음한 1949년 8월의 뛰어난 콤보 녹음(이는 이후 등장할 하드 밥 흐름을 예견한 작품이다), 1949년 12월과 1950년 1월에 소니 스팃과 함께한 두 번의 인상적인 쿼텟 녹음, 1950년 7월에 버디 리치와 함께한 짧지만 주목할 만한 트리오 세션, 그리고 1951년 2월에 이루어진 뛰어난 솔로 피아노 녹음이 포함된다.

　파월의 후기 작품의 질에 대해서는 많은 논쟁이 있어 왔지만, 가장 열렬한 지지자들조차도 이를 초기의 업적과 동등하게 평가하지는 않는다. 물론, 후반기의 파월도 때때로 탁월한 연주를 선보일 수 있었다. 가장 인상적인 연주들은 종종 최고의 재즈 연주자들과 함께한 자리에서 나왔다. 예를 들면, 1953년 매시 홀에서 파커와 길레스피와 함께한 공연, 1960년 콜먼 호킨스와의 협연, 1963년 덱스터 고든과의 세션이 그렇다. 혹은 1962년 로잔Lausanne에서의 녹음처럼, 드물게 트리오 연주를 통해 잠시 위대한 면모를 드러내기도 했다. 그러나 이런 연주들은 기껏해야 파월의 전성기 시절을 떠올리게 할 만큼의 감동을 줄 뿐, 그것을 잊게 할 만큼 뛰어난 것은 아니었다. 최악의 경우, 그의 말년 연주는 형편없었다고 해도 과언이 아니다. 터치는 불확실하고 템포는 흔들리며, 즉흥 연주는 좀처럼 새로운 지평을 열지 못했다. 그런 밤의 파월은 마치 감정 없이 연주 동작만 흉내 내는 자동인형처럼 들리기도 했다. 초기 작품에서 그를 돋보이게 했던 유연함과 긴장감은 사라지고, 후반기의 연주는 종종 무기력감에 뒤덮인 듯했다.

　물론, 이러한 안타까운 쇠퇴에는 너무도 많은 이유들이 있었다. 파월의 불안정한 정신 건강은 시간이 갈수록 악화되는 신체 상태와 맞물려 있었다. 술을 조금만 마셔도 그의 상태는 심각하게 나빠질 수 있었고, 친구들은 그가 술병에 손대지 않도록 필사적으로 막아야 했다. 1956년 자동차 사고로 동생 리치가 사망한 일, 그리고 파커를 비롯한 동시대 동료들의 잇따른 죽음도 파월에게 큰 부담으로 작용했을 가능성이 있다. 대부분의 재즈 연주자들이 기량의 절정에 도달하는 삼십대 초반에, 파월은 병약함과 입원 생활로 힘겨운 시간을 보내고 있었다. 그의 동반자였던 알테비아 에드워즈(버터컵Buttercup 으로 더 잘 알려졌다)는 한 인터뷰에서 이렇게 회고했다. "그가 오래 살 거라고 생각한 사람은 아무도 없었다. 나조차도 그랬다."[152]

그러나 파월은 살아남았고, 대서양을 건널 야심 찬 결단을 내렸다. 1959년 봄, 그는 버터컵과 그녀의 아들 존과 함께 파리로 향했다. 처음엔 일시적인 방문이었던 이 체류는 결국 5년으로 늘어났다. 이 시기의 녹음들을 보면, 파월은 여전히 때때로 조화롭고 감동적인 즉흥 연주를 선보일 수 있었지만, 그의 가장 뛰어난 연주들에서 느껴지던 불과 얼음의 긴장감은 더 이상 찾아보기 어려웠다. 일관성의 부족에도 불구하고, 일거리는 끊이지 않았고 관객들은 거의 숭배에 가까운 존경심으로 그를 대했다. 이 새로운 환경 속에서, 파월은 친구, 팬, 지인들로 구성된 따뜻한 지지 집단에 둘러싸여 있었다. 이들은 그의 건강을 돌보고 술로부터 멀어지게 하려 애썼지만, 그 결과는 다소 엇갈렸다. 그중에서도 상업 미술가이자 재즈 애호가였던 프랑시스 포드라스Francis Paudras는 결국 사실상 파월의 후견인, 감독자, 재정 고문이자, 그에 대한 비판에 맞서는 경계심 강한 옹호자로 나서게 된다. 포드라스는 한 인터뷰에서 이렇게 말했다. "사람들은 버드가 미쳤거나, 방향을 잃었거나, 침묵 속에 갇혀 있다고 생각하지만, 사실 그는 은총의 상태에 있다."[153] 이 독특하고도 문제 있는 관계는 1986년 영화 《라운드 미드나잇'Round Midnight》에 주요한 영감을 제공했다.

1964년 8월, 파월이 미국을 방문했을 때 포드라스가 동행했다. 그러나 뉴욕에서는 프랑스에서처럼 파월이 쉽게 통제되지 않았고, 실제로 그는 최소

두 차례에 걸쳐 며칠씩 자취를 감추기도 했다. 포드라스가 프랑스로 돌아가기로 결정했을 때, 파월은 미국에 남았다. 이 시기의 파월 연주에서는, 그의 열성적인 팬들조차도 위안을 얻기 어려웠다. 버드랜드에서의 공연은 엇갈린 평가를 받았고, 찰리 파커 추모 콘서트에서의 무거운 터치의 연주는 그가 이제 피아노 앞에서 과거의 역량을 잃었음을 분명히 보여주었다. 이후, 그는 거의 연주하지 않았고, 건강도 계속해서 악화되었다. 1966년 7월 31일, 뉴욕으로 돌아온 지 채 2년도 되지 않아 파월은 세상을 떠났다. 사인은 결핵, 알코올 중독, 영양실조가 복합적으로 작용한 것으로 알려졌다. 향년 41세였다.

1940년대 후반에서 1950년대 초반에 이르기까지, 모던 재즈 양식에서 활동하던 거의 모든 주요 혹은 비주류 피아니스트들은 많든 적든 파월의 영향을 보여주었다. 레니 트리스타노, 존 루이스, 조지 월링턴, 도도 마마로사, 알 헤이그Al Haig, 유타 힙Jutta Hipp, 월터 비숍Walter Bishop, 케니 드루Kenny Drew, 조 올버니Joe Albany, 햄튼 호즈Hampton Hawes 등이 그 대표적인 예다. 디트로이트에서는 파월의 선형적인 연주 스타일이 하나의 피아노 악파 형성의 출발점이 되었다. 이른바 디트로이트 스타일은 사실상 매우 다양한 사운드를 아우르고 있었는데, 행크 존스Hank Jones와 토미 플래내건Tommy Flanagan의 세련된 터치에서부터 배리 해리스Barry Harris의 보다 강한 드라이브감 있는 연주에 이르기까지 폭넓은 스펙트럼을 보였다. 하지만 이들 모두의 계보를 거슬러 올라가면, 결국 파월에게 닿는다. 1950년대 중반이 되면, 다른 재즈 피아노 접근법들도 등장하게 되지만, 그 가운데 가장 독창적으로 여겨졌던 빌 에반스, 호레이스 실버, 아마드 자말, 오스카 피터슨, 세실 테일러 같은 연주자들조차도 이 모던 재즈의 개척자에게 거대한 빚을 지고 있었다.

파월의 멘토이자 친구였던 셀로니어스 몽크의 경력은 창의성의 소진과 명성의 쇠퇴라는 파월의 이야기와 거의 거울처럼 반대되는 궤적을 보여준다. 파월이 절정의 기량을 뽐내던 1940년대 후반에서 1950년대 초반까지, 몽크는 재즈계에서 거의 잊혀진 존재였다. 파월의 가장 풍요로웠던 시기가 1951년 5월에 막을 내릴 무렵, 몽크는 자신의 르네상스를 시작하게 된다. 같은 해 7월, 몽크는 3년간의 공백을 깨고 블루 노트 레이블에서 다시 스튜디오 녹음을 재개했다. 이 세션은 이후 15년에 걸친 다작의 서막이었다. 그는 블루 노트, 프레스티지, 리버사이드, 컬럼비아 등 주요 레이블에서 고전으로 남을 곡들을 연이어 남겼다. 1960년대에 이르자, 두 사람의 입지는 완전히 뒤바뀌었다. 파월의 경력이 마지막 추락 국면에 접어들었을 때, 몽크는 음악계에서 가장 영향력 있는 레이블과 계약하고 있었고, 재즈 팬들로부터 열렬한 찬사를 받았으며, 1964년에는 『타임』지 표지 인물로까지 등장했다.

이는 한때 민튼스에서의 초기 모던 재즈 탄생에 기여한 인물로서 평단과 팬들로부터 거의 외면받았던 인물에게는 놀라운 반전이었다. 몽크는 1942년에는 러키 밀린더 밴드에서 활동했고, 1944년에는 콜먼 호킨스와, 1946년에는 디지 길레스피의 빅밴드와 함께했지만, 이런 활동들은 그가 자신의 음악을 연주하고 녹음할 기회를 거의 얻지 못했던 어려운 시기에 드물게 있었던 고용의 순간들이었다. 전반적으로 1940년대는 몽크에게 있어 잃어버린 십 년이나 다름없었다. 1949년 출간된 『인사이드 비밥*Inside Bebop*』은 새로운 음악 양식을 본격적으로 다룬 초기 평론서 중 하나였지만, 저자 레너드 페더는 몽크를 일축해 버렸다. 그는 몽크의 명성이 "강력한 홍보 활동의 결과로 심각하게 과장되어 있다"고 주장했고, "그는 몇몇 매력적인 곡을 작곡하긴 했지만, 테크닉과 연주의 일관성이 부족해 피아니스트로서 크게 성공하지 못했다"고 평가절하했다.[154]

재즈 평론가 페더의 몽크에 대한 둔감함을 비판하는 것은 쉬운 일이다. 그러나 그와 같은 견해를 가진 이는 페더만이 아니었다. 1940년대 말엽, 몽크의 음악은 대부분의 재즈 커뮤니티 구성원들에게 주류에서 너무 벗어난 것으로 여겨졌고, 그만큼 독창적이고 개성적이어서 다른 연주자들에게 영향을 주기에는 적합하지 않다고 인식되었다. 불연속성과 단절 위에 구축된 그의 음악 스타일은, 많은 청중에게 전체 그림이 보이지 않는 '점 잇기' 그림처럼 난해하게 들렸다. 한동안, 사람들은 몽크를 "비밥의 대사제"라 불렀는데, 이 별명은 재즈계가 몽크를 얼마나 이해하지 못했는지를 드러낸다. 민튼스와의 인연에도 불구하고, 몽크의 성숙한 음악은 비밥과 거의 닮지 않았다. 파커, 파월, 길레스피처럼 빠른 속도에 집착한 비밥과 달리, 몽크는 느리거나 중간 정도의 템포를 선호했으며, 그의 즉흥 연주는 의도적이고 끊기듯 망설이는 특성을 지녔다. 또한 그는 가끔씩 비밥 레퍼토리의 스탠다드 곡들을 연주하기는 했지만, 대체로 자신의 곡을 선호했고, 그 곡들을 반복해서 연주하며, 그의 경력 동안 한 곡을 여섯 번 이상 녹음한 경우도 흔했다.

1950년대에 몽크가 재조명되기 이전에도, 그는 이미 자신만의 독창적인 재즈 비전을 드러내고 있었다. 다만, 당시에는 모던 재즈의 내부 인사들을 제외하고는 거의 주목하지 않았다. 민튼스에서 컬럼비아대 학생 제리 뉴먼이 남긴 아마추어 녹음은 몽크의 우상 타파적 정신을 증언한다. 1941년경에 이보다 더 진보적인 재즈 피아노 연주를 찾기란 어려울 텐데, 특히 조지 거슈윈의 〈Nice Work If You Can Get It〉을 몽크가 재구성한 연주는 그 대표적인 예다. 1944년 콜먼 호킨스와의 녹음에서는 몽크가 더 넓은 청중 앞에서 실험정신을 드러냈지만, 이때는 불협화음적 요소를 보다 신중한 음색으로 균형 있게 조율했다. 예컨대 〈Flyin' Hawk〉에서 몽크의 피아노 솔로는 처음 열여섯 마디에서는 비밥에 가까운 연주를 들려주지만, 마지막 열여섯 마디에서는 마치 다른 은하계에서 연주되는 재즈처럼 들린다. 그러나 몽크의 이 시기 핵심 작품들은 1947년과 1948년에 블루 노트 레이블을 위해 남긴 네 차례의 세션에서 나온 것이다. 이 기념비적인 녹음들에서, 그는 거의 완전히 성숙한 스타일을 선보인다. 블루 노트에서의 첫 리더 세션에서는, 몽크가 어울리지 않는 관악 파트와 함께하면서 피아노 솔로가 지나치게 짧아지는 제약을 받는다. 그럼에도 불구하고, 그는 자신만의 특징적인 기법들을 유감없이 펼친다. 각진 프레이즈와 온음 음계, 전통적인 주제 전개를 조롱하듯 단순한 선율 조각을 집요하게 반복하는 방식, 불협화음을 가득 품은 두터운 코드 컴핑, 그리고 그것을 수류탄처럼 투척하듯 던지는 절묘한 감각 등이 그것이다.

몽크의 두 번째 세션은 첫 번째 이후 9일 만에 열렸으며, 이번에는 관악기 연주자 없이 피아노 트리오 편성으로 진행되었다. 이 세팅에서 몽크는 한층 더 폭넓은 스타일을 펼쳐 보이는데, 미래지향적인 기법뿐 아니라 과거 재즈 스타일의 단편들도 곁들인다. 몽크가 민튼스 시절부터 레퍼토리에 넣고 있던 곡 〈Nice Work If You Can Get It〉의 다른 테이크에서는, 스트라이드 피아노의 몇 마디를 느닷없이 삽입한다. 〈Ruby, My Dear〉에서는 왼손으로 부기우기를 연상시키는 통주저음*을 두 마디 들려주기도 한다. 이때 몽크의 머릿속에는, 블루 노트의 수장 앨프레드 라이언이 좋아했던 미드 럭스 루이스와 앨버트 애먼스가 떠올랐을지도 모른다. 실제로 〈Well, You Needn't〉에서는, 이번에는 오른손의 블록 코드에서 부기우기의 요소를 차용하고 있다. 하지만 낡은 것이든, 새로운 것이든, 빌려온 것이든, 뜻밖의 것이든, 이 모든 요소들은 놀랍게도 하나로 융합된다. 몽크의 음악적 서명은 워낙 뚜렷해서, 그가 손대는 모든 곡은 비록 금으로 변하지는 않더라도 최소한 '몽크'로 변한다. 이 세션에서는 몽크의 대표곡 세 곡(〈Ruby, My Dear〉, 〈Well, You Needn't〉, 〈Off Minor〉)이 수록되었고, 심지어 그가 연주한 표준 곡들마저도 그의 원곡처럼 들릴 정도였다. 이후 두 번의 블루 노트 세션에서는 몽크의 또 다른 주요 작품들이 담긴 기념비적인 연주들이 남겨졌다. 그 가운데는 〈'Round Midnight〉, 〈Epistrophy〉, 〈I Mean You〉, 〈Misterioso〉, 〈In Walked Bud〉, 〈Monk's Mood〉 등이 포함된다. 특히, 1948년 7월 2일

---

* 통주저음通奏低音, figured bass: 저음부에서 지속적으로 쉬지 않고 베이스 반주를 곁들여 주는 주법.

에 열린 세션은 몽크가 비브라폰 연주자 밀트 잭슨Milt Jackson과 고양이와 쥐처럼 주고받는 대화를 통해, 자신의 비정통적 음악 가치관을 가장 완전하게 드러낸 순간으로 평가된다.

그러나 몽크가 다시 스튜디오에 리더로 돌아오기까지는 3년이 더 걸렸다. 1948년, 훗날 몽크의 음반 프로듀서가 된 오린 킵뉴스Orrin Keepnews는 한 예지적인 인터뷰에서, 몽크가 모던 재즈에 있어 "거대한 도약"을 상징할 수도 있는 인물이라고 언급하며, 그의 음악이 대부분의 비평가들이 인식했던 것보다 비밥 어법과 훨씬 더 거리가 있다고 평가했다. 그러나 킵뉴스조차도 당시에는 몽크가 "별로 알려지지 않은 인물"이며, "오직 시간과 지속적인 연주만이" 그의 진가를 판가름할 것이라고 인정했다.[155] 그 외 대다수의 언론 기사들은 몽크의 기행적인 행동에 초점을 맞추었다. 자주 반복되는 일화로는, 그가 빌리 홀리데이의 사진을 천장에 붙여 놓고 오랫동안 멍하니 바라보았다는 이야기가 있다. 그에 반해, 그의 음악이 지닌 신선함은 언급되더라도 흘러가는 말 정도, 즉 그의 비정상적 생활 방식에 덧붙여지는 각주 정도에 불과했다. 그리고 이른바 비밥의 대사제로 불리던 몽크에 대해 스스로 판단을 내리려 했던 팬들 또한 그럴 기회가 거의 없었다. 그는 연주 활동이 드물었고, 대부분의 음악 작업은 집에서 이루어졌다. 그의 집에는 스타인웨이 그랜드 피아노가 부엌에 비좁게 놓여 있었고, 악기의 길이는 싱크대에 닿을 정도였다. 피아노 덮개는 때때로 식기류나 수건을 보관하는 임시 선반으로 사용되었고, 때로는 몽크가 작곡 중인 악보들도 거기에 놓여 있었다. 말할 것도 없이, 이곳은 카네기 홀과는 거리가 먼 환경이었다.

몽크가 1951년 7월에 스튜디오로 복귀한 것은 어떤 면에서 진전을 의미했다. 그러나 그가 녹음할 기회를 얻던 바로 그 시점에, 마약 관련 체포로 인해 그의 카바레 카드가 취소되면서, 뉴욕 나이트클럽에서의 연주는 6년간 강제로 중단되었다. 그 와중에도 몽크는 다수의 녹음을 남기며 창작의 폭발적인 전개를 보여주었고, 이는 1950년대 후반에서 1960년대 초반에 이르기까지 그가 재즈계 정상에 오르는 토대를 마련했다. 블루 노트를 위한 그의 복귀 세션에서는 몽크의 가장 복잡한 작곡 중 일부가 선보였다. 군터 슐러는 이 시기에 녹음된 〈Criss Cross〉를 단순한 "곡"이나 "노래"가 아니라, 악기를 위한 진정한 "작곡"으로 평가하며, 당시 유행하던 추상화에 비유했다. 실제로, 이 세션에서 몽크가 녹음한 모든 곡은 그러한 미학적 특징을 공유한다. 〈Straight, No Chaser〉는 전형적인 12마디 블루스 형식 위에 구성되어 있지만, 그 효과는 단순한 향토적 느낌을 넘어선, 보다 전체적이고 구조적인 감각을 전달한다. 여기서 선율은 변화무쌍한 모티프의 리듬적 전치傳置를 이용한 기묘한 연습처럼 들리며, 때로는 블루스 음에서 끝나고, 때로는 장3도로 해소된다. 더욱 대담한 곡은 〈Four in One〉으로, 몽크는 여기서 선율 라인에 놀랍도록 빠르고 거의 글리산도 같은 구간을 삽입하는데, 이는 마치 화가가 갑자기 캔버스를 휘몰아치는 붓놀림으로 문질러버리는 듯한 인상을 준다.

이러한 곡들은 몇 가지 측면에서 몽크에게 있어 일종의 정상적인 틀에서의 이탈을 보여주었다(물론 이 비순응적인 건반 연주자에게 "정상"이라는 말을 적용할 수 있다면 말이지만). 몽크는 그의 경력 전반에 걸쳐, 아방가르드적인 성향을 단순하고 반복적이며 거의 동요처럼 들리는 선율로 조율하고는 했다. 〈Epistrophy〉, 〈Misterioso〉, 〈Blue Monk〉, 〈Well, You Needn't〉, 〈Let's Cool One〉, 〈Rhythm-a-ning〉, 〈Hornin' In〉, 〈Trinkle Tinkle〉, 〈Bemsha Swing〉, 〈Off Minor〉 같은 곡들은 기억에 남고 치밀하게 구성된 테마를 자랑한다. 이러한 노래 풍의 선율은 연주가 끝난 뒤에도 청자의 귀에 머무르며, 분명 많은 이들에게는, 다른 관점에서 보면 위압적으로 느껴질 수도 있는 음악적 구조로 들어가는 친근한 입구 역할을 했을 것이다. 몽크의 천재성은 바로 이 단순함과 복잡함을 병치하는 능력에 있었다. 그는 이 재능을 다양한 방식으로 활용했다. 침묵과 음향의 밀도 사이의 극적인 균형, 두꺼운 화음과 얇은 화음을 번갈아 사용하는 방식, 진지함으로 가득한 모던 재즈의 분위기 속에 냉소적인 유머를 끼워 넣는 방식 등이 그것이다. 하지만 때로 몽크는 그 한계를 한층 더 밀어붙였다. 예컨대 〈Four in One〉이나 〈Brilliant Corners〉 같은 정교한 음악적 미로를 만들기도 했는데, 이 곡들에서는 일반 청자는 물론 숙련된 재즈 연주자조차 길을 잃을 위험이 있었다. 1957년에 녹음된 〈Brilliant Corners〉는 워낙 연주하기 어려운 몽크의 작품이라 25번의 테이크 끝에야 완성되었는데, 당시 이 세션의 프로듀서였던 오린 킵뉴스는 연주자들(소니 롤린스, 맥스 로치, 오스카 페티포드 포함)의 쓴웃음을 띤 표정이 무언의 탄식을 의미한다고 해석했다. "어렵다고? 이건 불가능해!"

스펙트럼의 다른 한쪽 끝에는 몽크의 발라드 곡들이 있었다. 이들에서야말로, 그가 미국의 대중가요 전통과 맺고 있는 연관성이 가장 뚜렷이 드러났다. 〈'Round Midnight〉이나 〈Ruby My Dear〉 같은 곡은 주류 팝 가수들이 부르는 모습이 그려질 정도였으며, 심지어 재즈에 관심 없는 청중에게도 어필할 가능성이 있었다. 〈Epistrophy〉나 〈Evidence〉 같은 몽크 특유의 음악적 공안公案에서는 거의 불가능한 일이었다. 물론, 이들 발라드 역시 작곡가 본인이 연주할 경우, 몽크의 실험적인 작품들과 마찬가지로 특유의 괴짜 같은 성격을 띨 수 있었다. 그는 〈Smoke Gets in Your Eyes〉나 〈The Man I Love〉 같은 팝 스탠다드를 연주할 때조차도 자신의 창작물처럼 들리게 만들 수 있었다. 하지만 몽크는 보다 화성적으로 모호한 발라드도 만들어낼 줄 알았고, 그의 〈Crepuscule with Nellie〉는 바로 그러한 예로, 이 곡에서 몽크의 음악은 재즈나 대중가요라기보다는 아트송의 정서에 더 가까운 희귀한 감수성을 포착하고 있다.

블루 노트와의 인연 이후, 몽크는 프레스티지Prestige 레이블에서 녹음을 이어갔다. 이 음반들은 음악적으로는 많은 장점을 지녔지만, 판매는 저조했고 평단의 반응도 미지근했다. 결국 프레스티지는 단돈 108.27달러라는 보잘것없는 금액에 몽크와의 계약을 해지했다. 그 후 몽크는 리버사이드Riverside라는 소규모 음반사와 계약을 맺었다. 이 레이블은 언론인 출신으로 이제는 프로듀서로 전향한 오린 킵뉴스가 운영하고 있었고, 그는 이 새로운 역할에서 탁월한 역량을 발휘하게 된다. 이로써 시작된 것은 6년에 걸친 협업 관계였고, 이 기간에 몽크는 킵뉴스의 감독 아래 총 28회의 녹음 세션을 진행했다. 이때는 몽크에게 있어 매우 생산적인 시기였는데, 이는 그의 음악이 크게 진화했기 때문이 아니라(실상, 그의 스타일은 1940년대 중반 이후 거의 변화하지 않았다), 비로소 그의 음악적 아이디어를 펼칠 수 있는 다양하고도 적합한 환경이 마련되었기 때문이었다. 몽크는 트리오 편성에서 늘 탁월한 기량을 발휘해 왔고, 리버사이드 초기 녹음들도 그 포맷을 따랐다. 그러나 곧 킵뉴스는 더 정교하고 확장된 녹음 세션, 즉 더 큰 밴드와 객원 솔로이스트를 동원한 프로젝트들을 기획하기 시작했다. 특히, 그는 몽크가 저명한 색소폰 연주자들과 함께 녹음하도록 하는 데 주력했다. 그렇게 해서 탄생한 프로젝트들에는 소니 롤린스, 존 콜트레인, 콜먼 호킨스, 제리 멀리건, 조니 그리핀, 필 우즈, 해럴드 랜드, 찰리 루스 등, 실로 인상적인 관악기 연주자들이 대거 포진했다. 리버사이드 녹음에는 또한 당대 최고 모던 재즈 드러머들이 참여했다. 맥스 로치, 케니 클라크, 아트 블레이키, 로이 헤인즈, 셸리 맨, 아트 테일러Art Taylor, 섀도우 윌슨 등이 그들이다. 이러한 프로젝트들은 야심차면서도 거의 예외 없이 성공적이었고, 특히 재정적으로 열악한 독립 재즈 레이블이 추진한 작업이라는 점에서 더욱 인상 깊었다. (리버사이드는 1964년에 결국 파산하게 된다.) 이에 비해, 이후 몽크가 대형 음반사인 CBS/Columbia에서 발표한 녹음들은, 이 음반사가 업계 최대 자본을 가진 회사였음에도, 거의 대부분 자신의 정규 밴드와 함께한 콤보 편성에만 머물렀다.

그러나 리버사이드 시절의 녹음 가운데 특히 주목할 만한 것은 몽크가 솔로 피아니스트로 참여한 내밀한 세션들이었다. 이는 그에게 이상적인 환경이었다. 그의 연주는 언제나 개방적이고 정돈되지 않은 음향 공간으로 특징지어졌다. "중요한 건 당신이 연주하는 음이 아니라, 생략하는 음이다"라고 그가 한때 수수께끼처럼 말했듯이, 혼자서 연주할 때 그 특징이 가장 뚜렷하게 드러났다. 이때 그는 시간과 템포를 극한까지 확장할 수 있었고, 예를 들어 솔로로 연주한 〈I Should Care〉에서는 단순한 멜로디를 세심히 다듬으며 32마디를 무려 3분 동안 애정 어린 방식으로 풀어냈다. 이러한 연주에서는 그의 화성이 지닌 완전한 공명과 풍부한 배음, 특유의 또렷한 터치감, 그리고 그의 건반 스타일이 지닌 오케스트라적 성격이 온전히 포착되었다. 나아가, 이 연주들은 일종의 반反기교주의를 구현했으며, 하인즈와 테이텀의 시대 이래 음악을 지배해 온 화려한 패턴과 주법, 장식적인 칵테일 피아노 스타일에 대한 신선한 해독제 역할을 하기도 했다.

비록 뉴욕의 나이트클럽 무대에서 오랜 기간 모습을 드러내지 않았지만, 몽크의 명성은 오히려 치솟고 있었고, 그의 음반 판매량도 꾸준히 증가하고 있었다. 대중 앞에 좀처럼 모습을 보이지 않는다는 점이 오히려 그의 신비감을 더했을지도 모른다. 실제로, 1955년의 한 콘서트 프로그램에서는 그를 의미심장하게 "재즈계의 그레타 가르보"로 묘사하기도 했다. 그동안 그를 무대에서 멀어지게 했던 카바레 카드가 복권되면서 그의 은둔 생활은 종지부를 찍었지만, 이는 그의 인기에 아무런 타격도 주지 않았다. 1957년 여름, 파이브 스팟에서 열린 몽크의 공연은 그가 새로 얻은 대중적 인기가 얼마나 넓고 깊은지를 여실히 보여주었다. 매일 밤 만원을 기록한 이 공연은 결국 8개월로 연장되었고, 경영진은 몽크가 직접 고른 특별한 피아노를 들여오기도 했다. 몽크 기준으로 보더라도 이 밴드는 유달리 뛰어났다. 재즈 역사가 아이라 기틀러Ira Gitler는 훗날 이렇게 회상했다. "그 밴드를 들은 사람이라면 결코 그 경험을 잊지 못할 것이다. 어떤 주에는 파이브 스팟에 이틀, 많게는 사흘씩 갔고, 한두 세트만 들으려던 날에도 밤새도록 머물곤 했다."[156]

이 콤보가 가진 매력은 몽크 자신만큼이나 그의 스타 색소폰 연주자에게서 비롯되었다. 존 콜트레인은 몽크의 밴드에 합류했을 당시, 재즈 최고의 테너 색소폰 연주자로 자리매김하기 직전의 단계에 있었다. 그는 최근 마일즈 데이비스와의 눈에 띄는 활동을 마친 직후였고, 그 이전에는 디지 길레스피와 조니 호지스와도 함께 연주한 바 있었으며, 막 프레스티지 레이블을 통해 자신의 첫 리더 앨범을 녹음한 상태였다. 경력 초기임에도 불구하고, 콜트레인은 폭발적인 즉흥 연주, 탁월한 기교, 그리고 전례 없는 에너지로 이미 또래 연주자들 가운데 두드러진 존재였다. 이듬해 『다운비트』지는 그를 "성난 청년 테너"라 불렀지만, 명상적이고 영적인 성향의 콜트레인의 본성을 고려하면 다소 부정확한 표현이었다. 그러나 그의 격렬한 연주 스타일에 대한 반응으로서는, 나름 적절한 명명이기도 했다. 그보다는 재즈 평론가 아이러 기틀러의 유명한 표현이 더 본질을 꿰뚫고 있었다. 그는 콜트레인의 연주 스타일을 "소리의 겹"을 쉼 없이 풀어내는 것으로 묘사했다. 이런 면에서, 콜트레인은 버드(찰리 파커)가 제시한 가능성을 한 단계 더 밀고 나갔다. 음들은 더 조밀하게 밀집되어 있었고, 전통적인 재즈의 당김음과 리듬 강조는 훨씬 덜했다. 대신, 콜트레인은 마치 폭포처럼 쏟아지는 음, 음계, 아르페지오, 프레이즈들을 선호했으며, 이를 짧게 쏘아내기도 하고 때로는 숨이 막힐 정도로 길게 늘이기도 했다.

콜트레인의 몽크 밴드 활동은 불과 몇 개월에 불과했지만, 종종 견습 기간으로 간주되며 그가 재즈 음악가로서 성장하는 데 중요한 역할을 한 시기로 언급된다. 콜트레인 자신도 몽크를 자주 존경의 대상으로 언급하며, 그를 "최고 수준의 음악적 설계자"라고 찬양한 바 있다. 하지만 이 시기에 몽크 밴드와 함께 남긴 녹음들을 살펴보면, 콜트레인은 결코 새 고용주에게 압도된 듯한 태도를 보이지 않았다. 실제로, 몽크 밴드 멤버 가운데 그처럼 몽크 음악의 기행적 특성에 적응하려 하지 않은 인물은 드물다. 예컨대 〈Trinkle Tinkle〉이나 〈Nutty〉 같은 곡에서 콜트레인은 몽크의 공간 활용이나 구성적 즉흥 스타일을 따르기보다는, 자신만의 강렬하고 기교적인 스타일을 거침없이 펼쳐낸다. (이는 몽크와의 협연에서 테마 중심의 분석적 솔로를 펼치며 음악 내부에서 도전했던 소니 롤린스와는 대조적이다. 롤린스는 자신의 개성을 없기보다는, 곡 자체를 안에서부터 탐구하며 응답했다.) 놀랍게도, 이러한 관계에서 오히려 몽크가 콜트레인에게 적응하게 된다. 그는 때때로 콜트레인의 솔로 도중 반주를 생략하며, 테너 색소폰이 베이스와 드럼만을 배경으로 자유롭게 확장할 수 있는 공간을 허용했다. 이것은 훗날 콜트레인이 자신의 밴드에서 시도하게 될 방식과 유사하다. 결국, 이 앙상블은 동시대에서 가장 창조적인 유닛 중 하나로 평가된다. 이는 흔히 말하듯 콜트레인이 몽크의 제자였기 때문이 아니라, 이 두 재즈 거장이 대등한 입장에서 만나 서로의 세계를 충돌시킨 결과였다. 짧은 협연 기간에, 하나의 음에서 침묵과 배음을 탐색하는 음악을 펼친 몽크와, 매 마디를 넘치도록 채우며 황홀한 과잉의 미학을 보여준 콜트레인은 물리학자들이 말하듯 우주의 창조적 에너지가 '서로 끌어당기는 반대 성질'에서 비롯된다는 원리를 떠올리게 했다.

파이브 스팟 밴드가 불러일으킨 열풍의 정점에서, 몽크는 전례 없는 관심과 찬사를 누리고 있었다. 처음에는 재즈 내부 인사들 사이에서 그 명성이 높아졌으며, 1958년과 1959년 연속으로 『다운비트』 비평가 투표에서 1위를 차지했다. 이후, 점차 일반 대중에게까지 인지도가 높아졌다. 그는 이제 미국 전역은 물론 해외까지 자주 순회공연을 다녔고, 1960년 무렵에는 하룻밤 공연에 천 달러를 요구할 수 있을 정도가 되었는데, 이는 불과 2년 전 일주일 공연으로 받던 금액보다 훨씬 많았다. 1959년 타운 홀 콘서트에서는, 그의 음악을 대규모 밴드와 함께 연주할 수 있도록 넉넉한 예산이 주어졌고, 몽크 특유의 색깔에 맞춘 편곡은 홀 오버튼Hall Overton이 맡았다. 이 콘서트는 녹음되어 오린 킵뉴스가 운영하는 리버사이드 레이블을 통해 발매되었으며, 이 시기 리버사이드는 몽크의 앨범을 그 어느 때보다 자주 발매하고 있었고, 음반 판매 또한 꾸준히 증가하고 있었다.

하지만 이때는 몽크에게 고통스러운 시기이기도 했다. 그의 기이한 버릇과 무대 위 행동은 관객들에게는 흥미롭게 보였을지 모르지만, 그 이면에 자리한 심층적인 정신적 문제는 결코 가볍게 여길 일이 아니었다. 1958년, 델라웨어의 한 호텔 로비에서 강박적으로 걷고 질문에 전혀 응하지 않는 몽크의 행동은 결국 지역 경찰과의 격한 충돌로 이어졌다. 이듬해인 1959년에는 보스턴의 스토리빌 클럽*에서 이상한 공연을 마친 후, 다른 연주자들이 모두 무대를 떠난 뒤에도 몽크는 피아노 의자에 가만히 앉아 아무런 반응 없이 멍하니 있는 모습을 보였다. 그날 밤, 몽크는 공항에서 체포되었고, 주 경찰에 의해 그래프턴 주립 병원으로 이송되어 일주일간 관찰 치료를 받았다. 1960년대에 들어서면서 그는 우울증 치료를 받았고, 그의 성격은 점점 더 고립적이고 세상과 멀어진 듯했다. 때때로, 그는 며칠 동안 말을 거의 하지 않거나, 심지어 아내 넬리조차 한두 마디 이상 끌어내지 못할 만큼 폐쇄적인 상태에 빠지기도 했다.

몽크의 음악은 이러한 정신적 문제들에도 크게 흔들리지 않은 듯 보였다. 다시 말해, 일상적인 현실과 일정한 심리적 거리를 두는 태도 자체가 그의 예술의 일부였는지도 모른다. 게다가 그의 괴짜스러운 면모는 오히려 홍보 효과를 불러일으켰다. 실제로, 이 시점에서 몽크는 대중적 인지도와 팬층이 충분히 커졌고, 메이저 레이블의 관심까지 끌어들이게 되었다. 1962년, 몽크는 대형 엔터테인먼트 기업인 컬럼비아Columbia와 계약했고, 이 레이블의 후광 아래에서 그의 명성은 더욱 커져갔다. 비록 음악 자체는 크게 변하지 않았지만, 그의 위상은 꾸준히 상승해 1964년 2월 28일, 『타임』지 표지 인물로까지 선정되는 데에 이르렀다. 1960년대 중반이 되자, 몽크는 단순한 음악가를 넘어 하나의 전설적 존재로 여겨졌다. 그러나 컬럼비아에서의 음반들은 단단한 완성도를 지닌 작품이었음에도 불구하고, 새로운 시도나 음

---

* 미국 뉴올리언스의 Storyville은 1897~1917년 사이 공인된 유곽 지구 이름이자, 재즈가 태동한 장소로 역사적 의미가 크다. 이후 Storyville Club이라는 유서 깊은 이름을 뉴올리언스뿐 아니라 보스턴, 뉴욕 등 여러 도시의 재즈 클럽이 차용했다. 그중 가장 유명한 보스턴 Storyville Club을 만든 조지 윈George Wein은 뉴포트 재즈 페스티벌 창설자이기도 하다.

악적 지형의 확장은 거의 없었다. 그의 레퍼토리는 대부분 이전에 녹음했던 곡들에 의존했고, 편곡이나 구성 면에서도 리버사이드 시절의 오린 킵뉴스가 기획한 창의적인 세션들에 비해 비교적 단조로운 편이었다. 대부분의 컬럼비아 음반은 몽크의 고정 밴드(당시에는, 색소폰 연주자 찰리 라우스Charlie Rouse가 포함된 구성)와 함께 녹음되었다. 라우스는 몽크의 음악적 뉘앙스를 섬세하게 이해한 유능한 연주자였지만, 콜트레인이나 롤린스 같은 거장들과의 협연에서 느껴졌던 압도적인 존재감을 완전히 대체하지는 못했다. 그럼에도 불구하고, 컬럼비아 시절 최고의 작품들은 몽크의 음악 세계에 중요한 작품군으로 남게 되었다.

개인적인 삶의 어려움에도 불구하고, 몽크는 컬럼비아와 함께한 첫 몇 년 동안 비교적 바쁘고 활발한 녹음 및 공연 일정을 유지했다. 그러나 1960년대 말이 되자, 그의 활동은 점차 줄어들기 시작했다. 1970년대에 들어서면서 몽크의 공식적인 대중 활동은 드물어졌고, 그의 발언들도 마치 델포이 신탁처럼 점점 더 희귀하고 신비로운 성격을 띠게 되었다. 전설적인 인물답게, 그는 대부분의 시간을 세상과 떨어져 지냈다. 그의 마지막 공식 공연은 1976년 카네기 홀에서의 콘서트였지만, 그 후 어느 날 밤, 뉴욕의 작은 바 브래들리Bradley's에 불쑥 등장해 피아노를 연주했는데, 은둔한 거장이 남긴 놀라운 마지막 인사가 되었다. 말년에 몽크는 찰리 파커의 말년을 돌보기도 했던 남작 부인 쾨니히스바르터의 집에 머물며 지냈다. 1982년 2월 5일, 그는 뇌졸중을 겪었고, 12일 후인 2월 17일에 뉴저지주의 잉글우드 병원에서 향년 64세로 세상을 떠났다.

1950년대 중반 무렵부터, 이미 몇몇 재즈 피아니스트들은 몽크의 음악을 주의 깊게 주시하고 있었다. 허비 니콜스Herbie Nichols, 리차드 트워드직Richard Twardzik, 랜디 웨스턴Randy Weston, 맬 월드론Mal Waldron, 엘모 호프Elmo Hope와 같은 연주자들에게, 몽크의 연주에서의 몇 가지 요소는 특히 강한 영향을 끼쳤다. 무엇보다도, 몽크의 음악은 수직적 개념에 기반하고 있었는데, 이는 2차대전 이후 대부분의 피아니스트들이 취한 선형적 접근에 대한 강력한 대안이 되었다. 또한 몽크의 짜임새 있는 코드, 비틀리고 굽이치며 힘이 느껴지는 선율, 그리고 단호한 리듬은 당시 주류로 떠오르던 “쿨 재즈 악파”와 그 장르가 대중을 향해 손을 뻗고자 했던 시도에 대한 노골적인 반발의 징표로 여겨졌다(쿨 재즈에 대한 논의는 다음 장에서 다룬다). 본질적으로, 몽크는 재즈를 주류 문화에 흡수되는 것에 저항하는 지하 운동으로 바라본 이들에게 수호성인 같은 존재였다. 그의 음악이 외견상 까칠하고 날이 서 있었던 것은 의도된 것이 아니었을지 모르지만, 그의 추종자들에게 그 날카로운 경계선은 오히려 미덕이었고, 소수의 내적 공동체 외의 이들을 밀어내는 방어기제로 기능했다. 하지만 몽크의 음악은 동시에 그 원초적인 고집스러움과, 피아노를 타악기처럼 인식한 비전 덕분에 찬탄의 대상이 되기도 했다. 이러한 감각은 그가 다루는 음색 조절, 프레이징, 리듬감 전반을 형성했다. 여러 면에서, 이것은 초기 재즈 피아노 전통으로의 회귀였으며(그 점에서 몽크와 허비 니콜스가 스트라이드 피아노 전통과 깊은 연관을 맺고 있었다는 것은 놀라운 일이 아니다), 동시에 세실 테일러와 같은 후대의 아방가르드 피아니스트들에게도 중요한 연결 고리가 되었다. 이들은 몽크가 보여준, 피아노를 거대한 조율된 타악기로 인식한 태도로부터 많은 영향을 받게 된다.

그러나 1950년대 중반에 몽크의 모델을 따르는 일은 쉽지 않은 길이었다. 허비 니콜스, 리차드 트워드직, 엘모 호프 같은 이들은 모두 짧은 생애 동안에는 거의 주목받지 못했지만, 사후에 훨씬 더 높은 평가를 받게 되었다. 이들 모두 마흔이 되기 전에 세상을 떠났고, 소수의 녹음만을 남긴 채, 재즈 전통을 강렬하게 재구성한 흔적들을 후대에 남겼다. 허비 니콜스는 당대 가장 뛰어난 모던 재즈 작곡가이자 피아니스트 중 한 명이었지만, 리더로 남긴 앨범은 고작 세 장에 불과하고, 생애 대부분은 딕시랜드 밴드에서 연주하며 생계를 이어갔다. 그의 피아노 어택과 음악 어휘의 기초적 요소들은 몽크에게 큰 영향을 받았음을 보여주지만, 니콜스의 연주는 보다 힘차고 밀도 높다. 그리고 몽크의 교묘한 유머 대신, 니콜스의 연주는 차갑고 단단하며, 우울하고 멀게 느껴지는 분위기, 때로는 학문적인 초현실성에까지 다가간다. 그의 대표작 〈The Third World〉, 〈2300 Skiddoo〉, 〈Blue Chopsticks〉, 〈Cro-Magnon Nights〉는 모두 진부함을 완전히 배제한 강렬한 성명이자, 형식과 내용 사이의 절제된 균형을 보여주는 작품들이다. 트워드직은 녹음실에서 보낸 시간조차 니콜스보다도 더 짧았지만, 그의 적은 디스코그래피만으로도, 그가 거대한 사유를 지닌 진보적 음악가였음을 알 수 있다. 그의 음악은 몽크와의 비교를 자아내지만, 동시에 20세기 클래식 음악과의 연결점, 그리고 훗날 프리 재즈 운동의 전조라는 측면에서도 주목할 만하다. 트워드직의 명성은 대부분 서지 샬로프Serge Chaloff와 쳇 베이커의 리더 세션에서 연주한 소수의 곡들과 단 하나의 트리오 세션에 기반한다. 그러나 이들 작품은 어떤 기준에서 보더라도 완성도 높은 음악으로, 만약 그가 더 오래 살았다면(그는 25세 생일을 맞기 전에 약물 과다복용으로 사망했다), 동시대 최고의 재즈 연주자 중 한 명으로 자리매김했을 가능성이 충분하다. 엘모 호프의 선구적인 스타일은 1950년대 중반 뉴욕에서 리더이자 반주자로 녹음한 작품들에서 두드러지게 나타난다. 하지만 약물 문제로 인해 카바레 카드가 취소되면서, 그는 이 성과들을 더 발전시키지 못했다. 이후 캘리포니아로 이주한 뒤, 그는 자신의 이름으로 된 세션을 진행했으며, 특히 1960년 해럴드 랜드Harold Land의 명반《The Fox》의 성공에 크게 기여했다. 몽크와 마찬가지로, 호프의 음악 역시 "난해하다"는 낙인이 찍혔고, 그 음악이 지닌 풍부한 의미를 파고들려는 청자는 많지 않았다. 그는 1961년 초 뉴욕으로 돌아온 이후로도 간헐적으로 활동을 이어갔지만, 6년 뒤 세상을 떠날 때까지, 그의 단단하고 다층적인 음악적 미덕에 걸맞은 지지를 얻지는 못했다.

레니 트리스타노가 재즈 피아노 발전에 끼친 영향은 어쩌면 몽크보다도 평가하기가 더 어려울지 모른다. 트리스타노는 생애 대부분 동안 재즈계에서 외부인으로 남아 있었다. 그는 녹음을 거의 하지 않았고, 시간이 지날수록 점점 더 음악 활동을 집 안으로 제한했다. 그의 영향력은 대개 자신의 활동보다는 제자들과 추종자들의 활동을 통해 간접적으로 발휘되었다. 때때로, 이 열성적인 추종자 집단은 마치 트리스타노를 고위 사제이자 예언자로 떠받드는 종파처럼 보이기도 했다. 이들에게 트리스타노는 재즈의 미래 윤곽을 꿰뚫어 보는 선지자였고, 재즈를 거칠고 지적인 음악, 용납도 타협도 없는 예술로 찬양하는 인물이었다. 반면, 그에게 호의적이지 않은 사람들에게 트리스타노는 재즈계에서 뛰어난 음악적 가치보다는 조작을 통해 흔적을 남긴, 한 가지에 병적으로 집착한 인물에 불과했다.

그처럼 긴장감으로 가득 찬 분위기에서는, 트리스타노를 평가함에 있어 중간 지점을 찾기가 어려웠다. 그는 추종자이거나, 아니면 그 대의大義를 배신한 자로 여겨졌고, 트리스타노가 추종자들에게 요구한 기준을 충족할 수 있는 사람은 거의 없었다. 그 결과, 시간이 흐르면서 트리스타노의 내밀한 집단은 점점 새로운 신봉자들을 얻지 못하게 되었다. 그의 생애 마지막 20년 동안, 공연은 점점 드물어졌고, 신작 음반은 거의 존재하지 않았으며, 예전의 녹음물조차 대부분 절판 상태였다. 1978년에 그가 세상을 떠났을 무렵, 트리스타노는 사실상 잊힌 존재가 되어, 재즈 세계의 주변부로 밀려나 있었다.

그러나 이러한 전개에는 어떤 아이러니가 담겨 있었다. 왜냐하면 재즈 피아노의 진화는 점점 더 트리스타노가 예견했던 바로 그 방향으로 나아가고 있었기 때문이다. 마디를 가로지르는 프레이징, 기본 비트 위에 정교한 폴리리듬을 중첩시키는 방식, 날카로운 타격감, 조각난 듯한 화성 구조 등 이러한 요소들은 1940~50년대 트리스타노의 연주의 핵심이었고, 그가 사망한 이후의 시대에는 오히려 재즈 피아노를 정의하는 특징으로 등장하게 되었다. 많은 경우, 젊은 연주자들이 이와 유사한 도달점에 이른 것은 트리스타노의 음악을 들었기 때문이 아니었다. 실제로, 많은 경우 그들은 트리스타노를 전혀 듣지 않았다. (하지만 대부분은 트리스타노와 그의 유파를 면밀히 연구한 빌 에반스는 깊이 들었다.) 오히려 이 같은 발전은 모던 재즈 어법의 논리적 확장이라 할 수 있었다. 더 나아가, 1940년대 후반과 50년대 초에 트리스타노가 시도한 가장 대담한 실험들, 즉 무조성, 완전한 즉흥 연주, 오버더빙, 그리고 그외 이례적인 장치들은 이후 재즈 역사에서 나타난 중요한 전개를 예고한 선구적 사례들로 평가될 수 있다. 이러한 점에서 트리스타노는 비밥 시대의 일종의 노스트라다무스와도 같았다. 재즈의 미래가 마침내 도래했을 때, 그것은 재즈가 어떻게 *되어야 한다*는 그의 개인적인 비전과 놀랄 만큼 닮아 있었던 것이다.

1919년 3월 19일 시카고에서 태어난 트리스타노는, 태어난 직후 독감 유행으로 인해 시력을 잃었다. 그는 어머니의 지도 아래 피아노를 배우기 시작했고, 이후 시각장애인을 위한 학교에서 보다 체계적인 음악 교육을 받았다. 고등학교를 마칠 무렵에는 테너 색소폰, 알토 색소폰, C 멜로디 색소폰, 클라리넷, 트럼펫, 기타, 드럼 등 다양한 악기를 연주할 수 있었으며, 십대가 되기 전부터 이미 프로 연주자로 활동하고 있었다. 이후 그는 점차 피아노에 자신의 에너지를 집중하게 된다. 미국 음악원American Conservatory of Music에서 학사 학위를 마친 뒤, 트리스타노는 시카고 지역 안팎에서 연주 활동을 계속하는 한편, 학생들을 가르치기 시작했다. 1945년경에는 색소폰 연주자리 코니츠Lee Konitz, 기타리스트 빌리 바우어Billy Bauer, 작곡가 겸 트롬본 연주자 빌 루소Bill Russo를 포함한 유망한 제자들로 구성된 소규모 집단이 형성되었다.

이 무렵에 이루어진 트리스타노의 첫 녹음들은 그의 연주 스타일이 이미 완전히 형성되어 있었고, 그의 피아노에 대한 개념이 놀라울 정도로 진보적이었다는 사실을 보여준다. 군터 슐러는 트리스타노의 1946년 트리오 연주곡 〈I Can't Get Started〉를 재즈 발전에 있어 획기적인 이정표로 언급하며, 암스트롱의 〈West End Blues〉나 엘링턴의 〈Cotton Tail〉에 비견했다.[157]

여기서도 역시 주목할 만한 것은 음악의 미래지향적 요소였다. 간헐적으로 무조성에 가까울 정도의 충격적인 화성 구성과 복잡한 리듬 구조는 이 연주를 "재즈 역사상 가장 예언적인 녹음 중 하나"로 찬사받게 했다. 그러나 여러 면에서, 슐러는 이 연주가 "당시로서는 너무 앞서 있었다"고 결론짓는다.

사실 트리스타노를 특정 시기나 재즈 운동의 맥락 속에 위치시키는 일은 지극히 어려운 일로 남아 있다. 대부분의 평론가들과 역사학자들은 그를 1950년대에 주류를 이룬 쿨 재즈 계열의 일원으로 분류해 왔다. 그러나 이러한 분류는 트리스타노의 유산 중 극히 일부분만을 포착할 뿐이다. 그의 음악은 대체로, 쿨 재즈 특유의 절제된 선율 라인, 따뜻한 서정성, 느긋한 템포, 실내악적 섬세함과는 거의 공통점이 없었다. 슐러는 트리스타노를 자신의 『스윙 시대 *The Swing Era*』 연구의 일부로 다루었으며, 이 피아니스트를 아트 테이텀이나 멜 파월 같은 스윙 시대 뮤지션들과 연결 지을 수도 있겠지만, 이 역시 불완전한 해석으로 남는다. 마지막으로, 트리스타노를 이후 프리 재즈 운동의 선구자로 보는 시각도 있을 수 있다. 이러한 계보에 따른 해석들은 저마다 가족 유사성을 근거로 주장될 수는 있다. 그러나 필자의 귀에 트리스타노가 가장 깊이 연결된 계보는 이들 중 어느 쪽도 아니며, 오히려 그는 비밥 운동에 가장 가까웠다. 그는 비밥 특유의 긴 선율 라인에 대한 탐닉, 강렬함에 대한 찬미, 타협을 거부하는 자세, 끊임없는 실험정신을 공유하고 있었다.

1946년 뉴욕으로 이주한 직후, 트리스타노의 활동은 이러한 주장을 뒷받침해 준다. 그가 키노트Keynote 레이블에서 남긴 훌륭한 트리오 녹음들에서는, 복잡한 화성 구조 위에 세워진 블록 코드 스타일과 비밥의 흐름을 따른 더욱 선형적인 접근 방식 사이를 오가며 연주하는 모습을 볼 수 있다. 이러한 기법들은 트리스타노의 성숙기 피아노 스타일을 이루는 기초와 골조가 되었고, 그는 이들을 다루는 데 있어 비할 데 없는 기량을 보여주었다. 당시의 다른 많은 피아니스트들, 특히 밀트 버크너Milt Buckner와 조지 쉬어링

George Shearing이 "잠긴 손locked hands"* 화성 스타일로 명성을 얻었지만, 그 누구도 트리스타노처럼 과감한 극한의 영역까지 이 스타일을 밀어붙이지는 못했다. 1946~47년 키노트 녹음에서 나온 〈Atonement〉, 〈Out on a Limb〉, 〈I Can't Get Started〉만큼 불협화음에 흠뻑 젖어 있고, 화성적으로 "파격적인" 재즈 피아노 녹음을 찾기란 어려울 것이다. 그의 길게 늘어진 프레이즈 사용 방식 또한 매우 선구적이었다. 선율 구성에서는 버드 파월과 찰리 파커의 영향이 강하게 느껴지지만, 마디 경계를 넘나드는 프레이징에서는 동시대의 누구보다도 더 과감하고 급진적이었다. 그 결과, 기본적으로 깔려 있는 4/4 박자는 그의 선형 즉흥 연주 속에서 거의 완전히 지워져 버렸으며, 비밀스럽고 난해한 선율과 리듬의 구조물 아래에 숨어버렸다.

이러한 역량 덕분에, 트리스타노는 비밥 피아니스트로서 이상적인 인물이었다. 실제로, 그는 몇 차례 찰리 파커, 디지 길레스피, 맥스 로치, 패츠 나바로 같은 모던 재즈의 핵심 인물들과 함께 연주하고 녹음한 바 있다. 그러나 대부분의 경우, 트리스타노는 그의 제자들과 자신을 따르는 연주자들과 함께 음악 작업을 하는 것을 더 선호했다. 그 제자들 중 두 명인 리 코니츠와 원 마쉬Warne Marsh는 각자 독자적인 위치에서 주요한 재즈 음악가로 성장했다. 시간이 지나면서, 코니츠는 그의 스승처럼 종종 모던 재즈의 쿨 악파와 연관지어졌는데, 그의 경우 그 연결은 훨씬 더 정당한 것이었다. 코니츠는 마일즈 데이비스의 영향력 있는 《Birth of the Cool》 세션에 참여했고, 오랜 세월 동안 트리스타노에게서는 들을 수 없었던 달콤한 음색과 서정성을 지닌 연주 스타일을 유지했다. 스승과 제자 사이의 관계는 종종 긴장감이

---

* 재즈 피아노 연주에서 사용되는 독특한 화음 연주 기법. 주로, 블록 코드 스타일의 일부로 간주되며, 주로 블록 코드block chords 또는 락드 핸즈locked hands 스타일로 불리며, 포웨이 클로즈 보이싱four-way close voicing의 화성적 배치를 따른다. 오른손은 멜로디 라인을 연주하면서 아래에 화음을 추가하고, 왼손은 오른손의 멜로디 음보다 한 옥타브 아래서 오른손과 같은 음을 연주한다.

감돌았고, 1950년대 초 이후로 두 사람은 대부분 각자의 길을 걸었다. 코니츠는 잠시 스탄 켄튼 밴드에서 활동한 뒤 자신의 콤보를 이끌게 되었다. 이후 코니츠의 연주는 보다 날카로운 면모를 띠게 되었고, 쿨 재즈 스타일과의 연결성은 덜 명확해졌지만, 즉흥 연주라는 과정 자체에 대한 그의 성실하고 거의 의식적인 헌신은 동시대 어느 연주자보다도 뛰어났다. 테너 색소폰 연주자 원 마쉬는 1947년 무렵 트리스타노와 인연을 맺기 전부터 이미 몇 년간 프로 뮤지션으로 활동하고 있었다. 기술적으로 정제되고 넓은 음역대를 갖춘 색소폰 주자였던 마쉬는 맑고 부드러운 음색을 지녔고, 그의 테너 색소폰은 때로 코니츠의 알토 색소폰과 쌍둥이처럼 들리기도 했다. 그러나 그의 선율 개념은 트리스타노의 이지적 거리감에 더 가까웠으며, 거의 수학적 정밀성을 지닌 순수함을 보여주었고, 코니츠가 잠시 시도했던 유사 낭만주의적 성향은 대부분 배제되었다. 코니츠와 마쉬는 모두 그 세대에서 가장 꾸준히 창의적인 즉흥 연주자들로 평가받으며, 특히 서로 함께할 때 더욱 강력한 시너지를 발휘했다. 이들의 뛰어난 음악적 호흡은 트리스타노와 함께한 세션뿐 아니라, 1955년 애틀랜틱 레이블에서의 협연, 1959년 빌 에반스와 함께한 해프 노트Half Note 클럽 세션 등에서도 확인할 수 있다.

트리스타노가 1949년에 코니츠, 마시와 함께 남긴 녹음들은, 당시로서는 가장 흥미로운 재즈 연주 중 하나로 손꼽힌다. 특히, 프레스티지 레이블에서 코니츠와 함께한 1949년 트랙들은 매우 과감하고 타협 없는 접근을 보여준다. 찰리 파커는 한때 모던 재즈 즉흥 연주의 본질이 기초 화성의 고음 간격을 활용하는 데 있다고 말한 바 있다. 트리스타노와 코니츠는 이 말을 그대로 받아들인다. 어쩌면, 너무 철저하게 받아들인 듯하다. 이 트랙들에서는, 의도적으로 저음 간격을 회피하는 듯한 인상까지 준다. 그 결과, 이 음악은 매끄러운 연주에도 불구하고 듣는 이로 하여금 속이 울렁거리거나 중심을 잃은 듯한 감각을 불러일으킬 위험을 감수한다. 같은 해 캐피톨 레이블에서 녹음된 트리스타노의 곡들 역시 때때로 음악적 현기증에 가까운 느낌을 주지만, 특히 〈Wow〉처럼 제목부터 어울리는 트랙에서는, 보다 탄탄하고 힘 있는 연주가 드러난다. 이 시기의 〈Intuition〉과 〈Digression〉은 재즈 문법 안에서 완전히 자유 형식으로 이루어진 그룹 즉흥 연주의 첫 번째 녹음 사례다. 4년 뒤, 트리스타노는 〈Descent into the Maelstrom〉이라는 귀에 거슬릴 정도의 무조성 작품을 통해 다시 한 번 이후 프리 재즈의 발전을 예견한다. 다만, 이 격렬한 피아노 폭주는 20년 넘게 발표되지 않아, 1950년대 후반의 아방가르드 진영에 직접적인 영향을 미치지는 못했다.

트리스타노는 보다 대중적인 접근을 시도했을 때조차, 논란과 편향적인 재즈 논쟁에 휘말리는 운명을 피하지 못하는 듯했다. 1955년, 그는 애틀랜틱 레이블에서 〈Line Up〉과 〈Turkish Mambo〉를 녹음했는데, 이들 곡에서는 오버더빙overdubbing과 테이프 속도 조절tape manipulation 등의 녹음 기술이 사용되었다. 비평가들은 〈Line Up〉에서 트리스타노가 인위적으로 테이프의 "속도를 높였다"고 비난했고, 이로 인해 벌어진 소동은 많은 이들이 그 즉흥 연주의 압도적인 탁월함을 제대로 듣는 것을 방해했다. 그러나 어떤 속도로 연주되었든 간에, 이 곡은 그 시대의 가장 뛰어난 재즈 피아노 연주 중 하나로 손꼽힌다. 이 사건 이후, 트리스타노는 더욱 깊숙이 은둔의 길로 들어섰다. 이후 그의 다음 애틀랜틱 음반인《The New Tristano》가 발표되기까지는 무려 7년이 걸렸고, 이 앨범에서 그는 어떠한 편집도 없는, 타협 없는 솔로 피아노 연주를 선보였다. 특히, 〈C Minor Complex〉에서의 고도의 기교를 요하는 연주는 그 정점에 있다.

트리스타노의 상업용 스튜디오 음반은 몇 시간 안에 전부 들을 수 있을 정도로 그 수가 적다. 그의 최고 연주 대부분은, 〈Descent into the Maelstrom〉처럼 수년간 발표되지 않았던 아마추어 녹음들에 담겨 있다. 1955년, 콘푸시우스 레스토랑Confucius Restaurant의 싱송 룸Sing-Song Room에서 리코니츠와 함께 연주한 트리스타노의 탁월한 연주 몇 곡은 1956년에 애틀랜틱 레이블을 통해 발표되었지만, 이 공연에서 나온, 그에 못지않게 뛰어난 다른 트랙들은 1970년대까지 시장에 나오지 않았다. 또한 해프 노트, 버드 랜드, 토론토의 UJPO 홀, 그리고 트리스타노의 1965년 유럽 방문 중 이루어진 다른 라이브 세션들도 거의 들을 수 없지만, 그의 음악 유산에서 매우 중요한 부분으로 평가할 만하다. 이와 더불어, 트리스타노는 집에서도 다수의 녹음을 남겼으며, 이 녹음들 또한 종종 가장 창의적인 순간을 사적인 용도로 아껴두던 거장의 음악적 마음을 엿볼 수 있게 해준다. 이 모든 자료를 종합하면, 그것은 재즈의 미래에 대해 풍부한 시사점을 제공하는 중요한 작업이라 할 수 있다. 그러나 트리스타노가 1978년 11월 18일 심장마비로 사망했을 당시, 그의 음반 중 시중에서 구할 수 있었던 것은 단 하나뿐이었으며, 그마저도 일본에서 수입해야 하는 음반이었다. 그 후, 세월이 지나면서 트리스타노의 음악에 대한 관심은 다시 살아났고, 그의 녹음들도 더 널리 유통되기 시작했다. 하지만, 그보다 덜 위대한 과거의 인물들에게 흔히 주어진 사후의 찬사가 트리스타노에게는 극히 제한된 방식으로만 주어졌을 뿐이다. 그럼에도 불구하고, 그의 시대의 재즈 연주자들 가운데 모더니즘의 원칙을 더 열정적으로 수용하고, 재즈의 미래 발전을 더 깊이 예견했던 인물은 거의 없었다.

버드 파월, 셀로니어스 몽크, 레니 트리스타노라는 세 명의 스타일리스트는 모던 재즈에서 피아노의 역할을 재정의했을지 모르지만, 그들의 음악은 1950년대 대중 시장에는 확실히 부적합했다. 카운트 베이시나 듀크 엘링턴의 음악을 여전히 즐기던 청중들은 몽크의 불협화음, 파월의 거침없는 에너지, 트리스타노의 복잡하게 꼬인 선율 라인에서는 거의 아무런 만족도 얻지 못했다. 대중적인 재즈 피아노의 기반을 넓히는 역할은 다른 피아니스트들인 오스카 피터슨, 냇 콜, 조지 쉬어링, 아마드 자말, 데이브 브루벡, 에롤 가너에게 맡겨졌다. 이 여섯 명의 피아니스트는 서로 다른 스타일을 지녔지만, 공통적으로 모던 재즈 피아노의 거친 면을 부드럽게 다듬고 그 매력을 널리 확장하는 데 능숙한 뛰어난 연주자들이었다. 비평가들은 이처럼 장르를 넘나드는 아티스트들이 거둔 상업적 성공에 종종 불편함을 느꼈다. 그러나 이러한 대중적 생존력을 확보하는 과정에서 다소의 타협이 불가피했을지라도, 이들 피아니스트는 대부분의 재즈 팬들로부터 여전히 존경과 찬사를 받았다. 그럴 만한 이유도 충분했다. 냇 콜만이 결국 재즈 피아니스트의 세계를 떠나 인기 보컬리스트로서 엄청난 성공을 거두었을 뿐, 나머지 연주자들은 대체로 재즈적 뿌리를 지켰다. 그리고 그들의 가장 대중적인 크로스오버 히트곡들인, 브루벡의 〈Take Five〉, 자말의 〈Poinciana〉, 피터슨의 《West Side Story》, 가너의 《Concert by the Sea》조차도 최고 수준의 예술 작품으로 찬사를 받을 만한 가치가 있었다.

오스카 피터슨은 그의 경력 내내, 모던 재즈 피아노의 최고 명인인 아트 테이텀의 계승자이자 후계자로 거론되는 무거운 짐을 짊어졌다. 이는 마치 방아쇠에 손이 가 있는 경쟁자들로 가득한 마을에서 가장 빠른 총잡이로 알려지는 것과도 같은 벅차고도 불확실한 명예였다. 그러나 피터슨의 피아노 장악력은 누구도 시비 걸 수 없는 수준이었고, 그를 아트 테이텀 이후 재즈 피아노의 고수들인, 피니어스 뉴본, 도로시 더니건, 헤이즐 스콧, 애덤 마코비츠, 프리드리히 굴다, 제시카 윌리엄스 가운데 가장 유명한 인물로 자리매김하게 했다. 이들은 모두 콘서트홀의 기교를 주류 재즈 피아노 사운드로 성공적으로 전이시킨 연주자들이었다. 하지만 테이텀과의 비교는 거기에서 멈추어야 한다. 피터슨의 음악은 때때로 테이텀의 두 손을 가득 채우는 풍부한 텍스처의 스타일을 드러내기는 했지만, 대체로 버드 파월과 연관되는 직선적이고 추진력 있는 연주 어택을 더 자주 구사했다. 그리고 테이텀이나 파월과 달리, 피터슨은 음악의 리드미컬한 추진력, 즉 재즈 연주자들이 흔히 "스윙"이라 부르는 요소를 가장 우선시했다. 『스윙에의 의지 *The Will to Swing*』는 진 리스가 피터슨에 관해 쓴 책 제목인데, 이보다 더 적절한 제목은 없을 것이다. 피터슨은 그의 세대 중에서도 가장 강하게 스윙하는 피아니스트 가운데 하나로 두드러졌으며, 그의 리듬 프레이징은 찰리 파커나 트리스타노만큼 섬세하지는 않았지만, 가장 보수적인 비평가들조차 거부하기 어려운 본능적인 호소력을 지니고 있었다.

오스카 피터슨은 1949년 노먼 그란츠에게 발굴되기 전까지, 고향 몬트리올에서 비교적 소박한 명성을 쌓아가고 있었다. 같은 해, 그란츠는 피터슨을 대대적으로 홍보된 카네기 홀 콘서트에 출연시켰으며, 이후에도 그의 경력을 이끄는 데 있어 중요한 역할을 계속 수행했다. 피터슨은 그란츠가 운영한 여러 레코드 회사와 콘서트 기획에서 사실상 전속 하우스 피아니스트로 활동했고, 그 역할 속에서 루이 암스트롱, 찰리 파커, 레스터 영, 빌리 홀리데이, 카운트 베이시, 디지 길레스피, 스탄 게츠, 벤 웹스터, 엘라 피츠제럴드, 베니 카터 등 당대 최고의 재즈 연주자들을 반주했다. 그러나 피터슨은 아트 테이텀과 달리, 놀라울 정도로 자기를 드러내지 않는 반주자가 될 수 있었고, 그의 진가가 가장 잘 드러난 순간은 대개 자신이 이끄는 트리오나 솔로 피아노 연주에서였다.《The Trio》(파블로 레이블),《Night Train》(버브 레이블),《My Favorite Instrument》(MPS)는 그의 음악의 정수를 보여주는 탁월한 앨범이다. 그는 또한 가끔씩 대규모 구성의 작품에도 도전했는데, 그중 가장 널리 알려진 것은《Canadiana Suite》이다. 피터슨은 재즈계의 여러 차례의 혁신과 유행의 변화 속에서도 꾸준한 인기를 유지했으며, 1993년에는 뇌졸중으로 왼손의 민첩성을 일부 잃었지만, 2년의 공백기를 거친 뒤 다시 연주 활동을 재개했고, 2007년 사망 직전까지도 무대에 올랐다.

비록 오스카 피터슨은 자주 아트 테이텀과 비교되지만, 그의 피아노 스타일은 오히려 냇 킹 콜에게 더 큰 영향을 받았음을 시사한다. 콜은 매력적인 보컬리스트로서의 활동이 결국 그의 재즈 피아니스트로서의 기량을 가리는 결과를 낳았지만, 1940~50년대에는 그의 피아노 연주가 재즈계에서 널리 존경받고 모방의 대상이 되었다. 피터슨처럼, 콜도 스윙과 비밥 사이의 중간 지대를 대표하는 스타일을 추구했다. 복잡한 즉흥 라인, 빠른 러닝 패시지, 오른손 중심의 어택 등은 전후 시대를 지배한 피아노 스타일과 궤를 같이했지만, 그의 프레이징 감각은 기본 박자에 뿌리를 두고 있었고, 때때로 어릴 적 시카고 시절 열심히 들었던 얼 하인즈의 초기 스타일을 떠올리게 하기도 했다. 본질적으로, 콜은 버드 파월이나 몽크처럼 비트를 정면으로 밀어붙이기보다는, 비트 위에서 자연스럽고 우아하게 춤추는 듯한 연주를 선호했다. 이러한 느긋하고 유연한 스윙감은 피아노, 베이스, 기타로 구성된, 드러머 없는 트리오 편성을 이끌기로 한 콜의 결정으로 인해 더욱 강화되었다. 트리오 연주는 물론, 레스터 영과의 인상적인 녹음, 그리고 노먼 그란츠의 재즈 앳 더 필하모닉 순회공연에서의 연주를 통해, 콜은 당대 가장 세련된 재즈 피아니스트 중 한 명으로 자리매김했다. 후년에는 비할 데 없는 그의 노래가 피아노 연주를 거의 묻어버릴 정도로 부각되었고, 그 보컬 스타일은 점점 재즈의 범주를 벗어나기도 했지만, 그 속에서도 피아노 스타일에서 비롯된 탁월한 프레이징 감각과 명료한 표현력이 여전히 드러나고 있었다.

런던 태생의 조지 쉬어링은 비밥 운동이 한창이던 1947년에, 미국으로 이주했다. 최고의 순간에서, 그는 창의적이고 기술적으로 뛰어난 피아니스트, 예리한 귀와 확실한 스윙 감각을 지닌 연주자로서 칭송받을 만하다. 그러나 쉬어링의 가장 대중적인 녹음들은 대체로 그가 야심을 어느 정도 억제한 채 이끌었던 퀸텟과 관련이 있다. 이 편성 안에서, 그는 종종 블록 코드를 사용하는 간결한 스타일을 선호했으며, 이는 밀트 버크너의 방식이나 때로는 글렌 밀러 악단의 색소폰 섹션을 피아노로 옮긴 듯한 사운드를 떠올리게 했다. 멜로디 라인을 보강하기 위해 비브라폰과 기타가 자주 사용되었고, 이렇게 형성된 이른바 "쉬어링 사운드"는 세련되고 무난했지만, 그의 음악적 역량을 온전히 드러내기에는 부족했다. 실상, 쉬어링 사운드는 하나가 아니었다. 시간이 흐르면서, 그는 교향악단과 협연하여 클래식 협주곡을 연주하거나, 솔로 피아니스트로서 오케스트라적인 음향을 창출하는 능력을 보여주었고, 즉흥 변주에서도 놀라운 기량을 뽐냈다. 대표적으로는, 그의 대표곡 〈Lullaby of Birdland〉를 라흐마니노프 스타일로 편곡했다가, 이어서 패츠 월러, 다시 드뷔시 풍으로 연주하는 등, 각 스타일을 넘나들며 전혀 흐트러짐 없이 완주해낸 모습을 들 수 있다. 쉬어링의 가장 창의적인 작업 중 상당수는 그가 예순을 넘긴 이후에 이루어졌으며, 특히 듀오 편성이나 멜 토메Mel Tormé와의 협업에서 뛰어난 효과를 거두었다. 만일 음악가를 그들이 남긴 녹음물이 아니라, 타고난 재능과 잠재력만으로 평가한다면, 쉬어링은 의심의 여지 없이 그 세대 최고의 아티스트 중 한 사람으로 손꼽힐 것이다. 하지만 현실적으로 그의 많은 녹음들은 그의 음악성이 지닌 깊이를 단지 암시하는 데 그치고 있다.

조지 쉬어링과 동시대인이었던 에롤 가너 역시 1950년대에 폭넓은 인기를 얻었으며, 그 명성은 1958년에 콘서트 음악계의 거물인 솔 휴록Sol Hurok이 그를 대표하기 위해 전례 없이 재즈 분야로 발을 들이게 만들 정도였다. 휴록은 원래 안드레스 세고비아, 아르투르 루빈스타인 등 클래식 음악계의 거장들을 매니지먼트하던 인물이었다. 여기서 언급된 피아니스트 가운데서도, 가너는 비밥 어법과 가장 느슨한 관계를 맺은 인물이었다(비록 웨스트코스트 시절의 찰리 파커와 함께 연주하고 녹음한 경력이 있음에도 불구하고). 사실 그를 어느 특정한 재즈 악파에 속한 인물로 규정짓기란 거의 불가능하다. 가너의 스타일은 극도로 개인적이고, 때로는 괴팍하며, 결코 평범하지 않았다. 그는 피아노라는 악기의 한계를 끊임없이 넘어서려 했다. 그의 대표적인 '마디당 네 번의 스트로킹 코드 연주'를 통해, 피아노를 기타처럼 울리게 만들었고, 아트 블레이키처럼, 예상치 못한 박자에 폭탄을 던지듯 강렬하게 코드를 두드리기도 했으며, 때로는 리스트Liszt 풍의 아르페지오와 함께 신음 소리와 그라울링으로 반주를 넣으며 하프처럼 들리게 만들기도 했다. 그의 도입부는 그 자체로 하나의 곡이라 할 만했고, 본 멜로디로 들어가기 전까지 어떤 방향으로든 자유롭게 전개되었다. 그의 테크닉은 대단히 뛰어났지만, 워낙 비정형적이고 자유로워서, 실은 연주 난이도가 매우 높음에도 불구하고, 그 사실을 제대로 인식하는 사람이 많지 않았다. 가너는 음량 변화 면에서도 독보적이었으며, 속삭임에서 폭발로, 다시 속삭임으로 되돌아가는 식의 극적인 전환을 무척 즐겼다. 게다가 그의 리듬 감각은 매우 인상적이었다. 마치 제논의 역설처럼, 가너는 때로 비트보다 몇 박 뒤처지는 듯한 게으른 스윙을 하다가도, 모든 조심을 내던진 채 질주하듯 앞서 나가기도 했다. 그는 느림보 거북이일 수도 있었고, 강력한 아킬레스일 수도 있었다.

에롤 가너는 독학으로 음악을 배운 피아니스트였다. 사실, 그의 그야말로 '뒤죽박죽인 조각보' 같은 독특한 스타일을 누가 가르칠 수 있었겠는가? 그는 악보조차 읽지 못했지만, 그것이 음악 경력을 쌓는 데 아무런 장애가 되지 않았다. 가너는 이를 두고 "악보 읽는 건 아무도 들을 수 없잖아"라며 능청스럽게 받아쳤다. 그의 손놀림에는 변명의 여지가 없었다. 손은 권투선수의 주먹처럼 단단해 보였지만, 움직임은 마치 마술사의 속임수처럼 확실하고 재빨랐으며, 가너는 사인도 어느 손으로든 능숙하게 할 수 있었다. 그의 양손잡이 능력은 피아노 위에서도 그대로 드러났다. 사이 존슨Sy Johnson은 "그는 양손으로 전혀 다른 리듬을 동시에 연주할 수 있었고, 각 손에서 전개되는 음악을 똑같이 발전시킬 수 있었다"며 경탄했다.[158] 실제로, 가너만큼 열 손가락을 모두 유용하게 쓰는 법을 아는 피아니스트는 거의 없었다. 그는 무려 70여 개 레이블에서 1,000곡 이상을 녹음한 것으로 알려져 있다. 이런 방대한 디스코그래피에도 불구하고, 가너는 일관성과 열정, 신선한 접근 방식을 꾸준히 유지했으며, 이는 특히 주목할 만한 성취다. 그의 대표작으로는, 극적 변주곡 〈Fantasy on Frankie and Johnny〉, 팝 명곡 〈Misty〉(누아르 영화《어둠 속에 벨이 울릴 때Play Misty for Me》를 통해 불후의 명곡으로 남았다), 베스트셀러 앨범《Concert by the Sea》(컬럼비아 레이블)이 있다. 이외에도, 평가받을 만한 주요 작품으로는,《Paris Impressions》,《Afternoon of an Elf》,《Magician》 등이 있다. 그는 생전에 많은 청중을 사로잡았음에도 불구하고, 1977년 사후로는 다음 세대 연주자들에게 뚜렷한 영향을 남기지 못했다. 하지만 이는 후대의 손해라고 할 수 있다. 그의 녹음 유산은 진부함으로부터 자유롭고, 오늘날에도 통찰력 있고 대담한 스타일의 기반이 될 만한 풍부한 함의를 지니고 있기 때문이다.

아마드 자말의 간결하고 극도로 쿨한 피아노 스타일은, 에롤 가너의 흔들리듯 풍성하고 바로크적인 사색적 연주와는 극명한 대조를 이룬다. 가너가 비밥 이전의 리듬과 전통적인 스윙 감각으로 인해 과거 시대를 떠올리게 하는 인물이었다면, 자말은 재즈의 미래를 예고한 인물이었다. 자말은 신중하게 계산된 공간의 활용을 통해 마일즈 데이비스에게 영향을 주었으며, 이후 빌 에반스의 음악적 방향을 예견하기도 했다. 그러나 그의 절제된 접근 방식은 일부 비평가들로 하여금 그를 재즈적 본질이 부족한 칵테일 피아니스트에 불과하다고 평가절하하게 만들었다. 한 재즈 평론가는 이렇게 비꼬기도 했다. "자말의 진짜 악기는 피아노가 아니라, 바로 그의 청중이다." 이러한 평가들은 사실상 당시의 재즈 비평계가 보여준, 일반 대중에게 널리 사랑받은 연주자에 대한 불신을 드러내는 것이며, 자말의 세련되고 정제된 피아노 어택 그 자체보다는 비평의 편협함을 보여준다. 자말의 결정적 죄는 어쩌면, 1958년 시카고의 퍼싱 라운지Pershing Lounge에서의 라이브 연주를 담은 앨범《But Not for Me》가 빌보드 앨범 차트 3위에 오르고, 2년 넘게 랭크되는 상업적 성공을 거둔 것이었다. 이 앨범에 수록된 곡 〈Poinciana〉는 자말의 대표 레퍼토리가 되었으며, 그의 간결하고도 생동감 넘치는 피아노 터치의 진수를 효과적으로 보여주는 작품이다.

이것이 대중음악이었음은 분명하지만, 그 매력은 상업적 기교에 의해 만들어진 것이 아니라, 자말 특유의 음악적 비전에서 비롯된 것이었다. 자말은 흔히 침묵의 활용으로 찬사를 받지만, 이 표현만으로는 그의 음악성이 지닌 깊이를 충분히 전달할 수 없다. 결국, 존 케이지의 전례는 제쳐두더라도, 건반 앞에서 조용히 있는 것 자체는 그리 어려운 일이 아니다. 자말 음악의 진정한 매력은 오히려, 극히 적은 음만을 사용하면서도, 그 안에 스윙감, 감정의 확신, 그리고 분위기를 유지할 줄 아는 능력에서 비롯되었다. 그는 이를 음량과 프레이징에 대한 정밀한 통제, 탁월한 음색 조절, 피아노를 오케스트라처럼 다루는 사고방식, 그리고 솔로를 처음부터 끝까지 유기적으로 구성해내는 본능적인 직관과 같은 요소들을 통해 이루어냈다. 자말의 음악이 성공적으로 작동한 또 하나의 핵심 요소는, 그가 선택한 리듬 섹션의 멤버들이었다. 드러머 버넬 푸르니에Vernel Fournier와 베이시스트 이스라엘 크로스비Israel Crosby는 극도로 절제된 음량 강도를 유지하면서도 탁월한 스윙감을 발휘하는 데 있어 타의 추종을 불허했다. 이 세 사람은 함께 1950년대 가장 과소평가된 리듬 섹션 중 하나를 형성했다. 자말은 이후 다양한 환경에서 작업했으며, 때로는 전자 악기를 실험하거나 현악 반주와 함께 연주하기도 했다. 이러한 후기 작업들의 완성도는 다소 들쭉날쭉하지만, 그중에서도 어쿠스틱 피아노로 스몰 콤보와 함께한 연주들은 1950년대의 대표작들에 필적할 만한 수준을 보여준다.

아마드 자말의 《But Not for Me》가 빌보드 차트를 장식하고 있던 동안, 데이브 브루벡은 그의 앨범《Time Out》으로 한층 더 극적인 대중적 성공을 거두고 있었다. 이 앨범에 수록된 폴 데스먼드Paul Desmond 작곡의 〈Take Five〉는 모던 재즈 기악곡으로서는 전례 없는 판매 실적을 기록했으며, 비정형 박자의 음악이 정당한 예술로 인정받는 데 크게 기여했다. 그러나 이 성공이 브루벡에게 갑작스러운 명성의 도약을 의미하는 것은 아니었다. 오히려, 그의 성공은 지난 십 년 동안 차근차근 쌓아온 기반 위에서 이룬 결실이었다. 1940년대 후반, 브루벡은 새롭고 실험적인 음악 어법에 대한 옹호자로 주목받기 시작했는데, 그 출발점은 그의 팔중주단Octet 활동이었다. 이 옥텟은 재즈와 현대 클래식 음악의 진보적인 요소들을 결합한 앙상블이었으며, 브루벡과 많은 단원들이 밀스 칼리지Mills College 재학 중에, 모더니즘 작곡가 다리우스 미요Darius Milhaud에게 사사하며 결성된 것이었다. 이후, 브루벡은 피아노 트리오를 이끌며, 재즈 스탠다드를 모험적으로 재해석하는 연주를 통해 팬층을 넓혀갔다. 하지만 그의 인기가 가장 크게 폭발한 것은 쿼텟quartet을 결성하면서부터였다. 브루벡의 두터운 화성과 강한 리듬감은, 알토 색소폰 연주자 폴 데스먼드의 부드러운 음색과 조화를 이루며 인상적인 사운드를 만들어냈다. 이 콤보는 판타지Fantasy 레이블을 통해 수많은 뛰어난 라이브 녹음을 남겼으며, 그 속에서는 모더니즘과 선율미가 절묘하게 균형을 이루었다. 1954년, 브루벡은 판타지를 떠나 컬럼비아 레이블과 계약했고, 같은 해『타임』지 표지를 장식하며 대중적 주목을 받았다. 그의 대중 시장을 겨냥한 점진적 접근, 그리고 쿼텟의 음악적 세련됨은 결정적인 인물들의 영입으로 더욱 강화되었다. 뛰어난 드러머 조 모렐로Joe Morel-lo(1956년)와 격렬한 스윙 베이시스트 유진 라이트Eugene Wright(1958년)가 합류하면서, 흔히 "클래식" 브루벡 쿼텟이라 불리는 전설적인 편성이 완성되었고, 이것이《Time Out》의 성공을 이끌 수 있는 발판을 마련했다.

데이브 브루벡이 누린 명성과 엄청난 음반 판매량은, 그의 피아노 연주가 타협을 모르는 성격의 것이었다는 점에서 더욱 놀라운 일이었다. 브루벡의 피아노 스타일은 대중적인 크로스오버 히트곡들을 특징짓는 감상적이거나 낭만적인 장식, 혹은 힙한 펑크의 느낌을 철저히 배제한 것이었다. 그의 코드 보이싱은 밀도 높고, 종종 불협화음을 수반했으며, 터치는 무겁고 심오한 느낌이었고, 대중이 흔히 떠올리는 칵테일 바에서 들리는 배경음악 같은 피아노 소리와는 정반대였다. 리듬은 복잡하게 전개되는 경우가 많았지만, 오스카 피터슨이나 에롤 가너가 보여준, 손가락이 절로 튕겨지게 신나는 스윙 리듬의 느낌은 거의 없었다. 그가 대중적 취향에 어느 정도 손을 내민 유일한 부분은 레퍼토리 선정이었다. 그의 앨범에는 팝송, 뮤지컬 곡, 전통 음악 등〈Camptown Races〉에서〈The Trolley Song〉까지 광범위한 대중적 소재들이 등장했다. 그러나 이 익숙한 곡조들조차 브루벡의 손을 거치면 낯설게 변모했다. 그는〈Tea for Two〉를 연주하기 위해 12음 기법을 내려놓았을지 모르지만, 그가 빈센트 유먼즈Vincent Youmans의 이 스탠다드를 다 연주하고 나면, 마치 쇤베르크가 악보에 손을 댄 듯한 곡으로 들리게 만들었다. 이처럼, 브루벡이 일반 청자들에게 친절하다고 보기 어려운 음악적 장벽을 세웠음에도 불구하고, 그의 인기는 놀라울 정도로 견고했다. 다른 재즈 스타들이 떠오르고 사라지는 동안에도 그의 팬층은 줄지 않았고, 그가 90세 생일을 며칠 앞두고 세상을 떠나기 직전, 그의 밴드는 『다운비트』 독자 투표에서 1위를 차지하는 전례 없는 영예를 안았다.

모던 재즈 피아노를 대중화한 인물들 대부분은 당대 평론가들로부터 어느 정도의 적대감을 느꼈다. 앞서 언급했듯, 이는 전후 재즈계의 분위기를 구성하는 중요한 요소였다. 파커와 그의 동료들은 재즈를 대중문화와는 거리를 두는 반反문화 운동으로 탈바꿈시켰고, 대중 시장의 찬사를 경계하며, 아웃사이더로서의 지위를 지키려 했다. 이제는 폭넓은 대중성을 얻는 것이 곧 "영합"의 증거로 여겨지게 되었다. 재즈계 전반에 걸쳐 만연하고 지속된 이러한 태도 이면의 동기는 복잡하며, 개인적인 차원에서 정치적인 차원에 이르기까지 분명 다양한 요인이 얽혀 있다. 그 전개 과정을 자세히 분석한다면 책 한 권 분량이 될 것이다. 다만 여기서 말할 수 있는 것은, 어떤 이유에서든, 스윙 시대에 절정을 이룬 재즈와 대중음악의 행복한 결합은, 이후 고통스럽고 때로는 신랄한 이혼으로 이어졌다는 사실이다.

모던 시대의 빅 밴드

이 새로운 분리가 가장 뚜렷하게 드러난 곳은 전후 시대 빅 밴드들이 직면한 난관에서였다. 재즈가 가장 대중적인 인기를 누리던 시기에 형성된 악기 구성과 음악 어법을 유지하던 이 대형 앙상블들은, 이제 모던 시대의 음악 환경 속에서 생존을 위해 싸워야 했다. 1950년대 초에 이르자, 대중음악의 중심에는 빅 밴드 출신 보컬리스트들을 포함한 가수들이 자리 잡게 되었다. 이제 팝 차트를 장악한 이름들은 엘링턴, 굿맨, 쇼, 베이시, 밀러가 아니라, 프랭크 시나트라, 페기 리, 냇 킹 콜, 조 스태포드, 도리스 데이, 페리 코모 같은 인물들이었다. 그리고 다른 스타일과 유행들도 부상하고 있었다. 음반 소비자들은 점점 더 리듬 앤드 블루스, 시카고 블루스, 무드 음악, 포크송 부흥 운동, 브로드웨이 대작 사운드트랙 등으로 관심을 돌리고 있었고, 이들 장르는 모두 더 이상 대규모 재즈 오케스트라를 필요로 하지 않았다. 하나의 시대가 끝나고, 새로운 시대가 시작된 것이다.

그러나 재즈 빅 밴드의 쇠퇴는 취향의 변화만큼이나 경제적인 문제이기도 했다. 대규모 밴드를 이끌고 순회공연을 하는 데 드는 비용은 감당하기 어려울 만큼 치솟았고, 동시에 대중의 관심은 사상 최저 수준으로 떨어졌다. 1944년에 도입된 오락세는 댄스를 허용하는 공연장에 30퍼센트의 추가 세금을 부과했고, 그 결과 무도장 이용이 급감했다. 이 조치는 재즈와 댄스 사이를 갈라놓았고, 그 간극은 전후 시기에 더욱 벌어졌다. 무도장이 문을 닫기 시작하면서, 빅 밴드는 가장 큰 수입원을 잃게 되었고, 밴드 운영비를 충당할 수 있는 다른 공연 기회를 찾느라 고군분투했다. 한편, 텔레비전, 고음질 오디오, 각종 최신 가전제품 등 현대 기술과 편의 시설의 총체적인 등장은 미국인들을 교외의 집 안에 붙잡아 두는 듯했다. 이러한 새로운 환경 속에서, 무도장은 물론이고 나이트클럽과 콘서트홀조차도 관객의 관심과 존재 가치를 증명해야 하는 상황에 놓였다. 그 결과, 1950년대의 재즈 현장은 점점 아웃사이더들, 보헤미안과 비트족, 그리고 밤늦게까지 라이브 음악을 찾아 나서는 젊은 세대에게 떠넘겨졌다. 이들에게 빅 밴드는 대부분 공룡 같은 존재, 이미 시대가 지나버린 세대의 퇴행적 사운드로 여겨졌다.

이처럼 벅찬 상황 속에서도, 일부 지휘자들은 재즈 빅 밴드를 현대화하고, 시대 변화에 맞게 적응시키려는 노력을 포기하지 않았다. 그중에서도 스탠 켄튼이나 선 라Sun Ra처럼 가장 야심 찬 인물들은, 빅 밴드를 모던 재즈 세계의 창조적 중심지로 되살리겠다는 포부를 품고 있었다. 이는 고귀하지만 안타깝게도 거의 불가능에 가까운 과업이었으며, 마치 오늘날의 클래식 앙상블에 색버트sackbut[르네상스와 바로크 시대에 사용되던 초기 형태의 트롬본]나 류트lute[중세부터 바로크 시대까지 유럽에서 널리 사용된 줄이 여러 개

달린 현악기] 같은 옛 악기를 다시 도입하려는 시도와도 같았다. 이러한 노력들이 빅 밴드를 다시 대중문화의 중심으로 돌려놓는 데에는 큰 효과를 보지 못했는데, 실상 그것은 다시 일어날 가능성이 거의 없는 일이었다. 그럼에도, 이러한 시도들은 예술성이 빛나는 중요한 작품들을 탄생시켰고, 동시에 재즈 오케스트라가 주변부로 밀려나는 현실에 대한 돈키호테적 저항의 성격도 지니고 있었다.

공룡과는 달리, 빅 밴드는 완전히 멸종되지는 않았지만, 간신히 살아남았을 뿐이다. 1940년대 후반과 1950년대 초 스윙 밴드에 관한 신문 기사들을 읽어보면, 마치 부고 기사를 모아놓은 것처럼 침울하다. 대부분이 묘비명과 추도사일 뿐, 축하나 샴페인 건배는 찾아보기 어렵다. 1946년 12월 한 달 동안에만, 여덟 개의 주요 빅 밴드가 해체되었다. 이름 있는 지휘자들 다수가 한창 나이에 은퇴하거나, 진로를 바꾸거나, 활동을 축소했다. 아티 쇼는 44세에 클라리넷을 영영 내려놓았고, 캡 캘러웨이는 무대에서 조지 거슈윈이 예전에 자신을 모델로 삼아 만든 '하이 디 호 맨' 캐릭터,《포기와 베스》의 스포팅 라이프 역을 맡아 연기했다. 도시 형제는 과거를 회상하며 형제간 불화를 화해하고, 그들의 경력을 (대부분 허구적으로) 다룬 영화《놀라운 도시 형제The Fabulous Dorseys》(1947)를 만들었으며, 곧 TV로 활동 무대를 옮겼다. 루이 암스트롱은 자신의 빅 밴드를 해산하고 스몰 콤보 전통 재즈 세팅으로 돌아갔으며, 얼 하인즈에게도 같은 길을 가도록 설득했다. 그리고 베니 굿맨 또한 마흔 즈음에, 실질적으로 빅 밴드 리더 경력을 끝냈고, 이후로는 특정 공연이나 투어를 위해 급히 꾸린 밴드와 함께 간헐적인 무대에만 오르게 되었다.

스윙 시대가 절정에 달했을 때, 미국에서 정기적으로 활동하던 빅 밴드가 몇 팀이나 되었을까? 이 주제를 다룬 조지 사이먼의 저서에는 수백 개의 밴드 이름이 언급되는데, 물론 이것조차도 전체의 일부에 불과하다. 1940년경 발행된 『다운비트』지 한 호만 보더라도, 빅 밴드 음악을 연주하는 무도장,

호텔, 극장 등 공연장이 800곳에 달했다. 한때는, 미국의 도시 어디에서든 빅 밴드 재즈가 항상 귀에 들려오는 음악처럼 느껴질 정도였다. 그러나 스윙 음악이 고통스러운 축소기를 거친 뒤, 전쟁 시절의 주요 빅 밴드 리더들 가운데 여전히 불씨를 지킨 이들은 손에 꼽을 정도였다. 특히, 듀크 엘링턴, 카운트 베이시, 우디 허먼, 스탄 켄튼, 해리 제임스가 대표적이다. 하지만 이 소수의 생존자들조차도 생존을 위한 싸움을 계속해야 했다.

　대부분의 밴드 리더들이 보기에, 해야 할 과제는 과거를 붙잡는 것이었다. 그러나 가장 헌신적인 이들의 목표는 빅 밴드를 미래로 이끄는 것이었다. 몇몇 대담한 선구자들은 현대 클래식 음악의 세계에서 영감을 찾으려 했다. 이고르 스트라빈스키와 같은 "진지한" 작곡가들은, 실제 롤모델은 아닐지라도, 보다 진보적인 빅 밴드 편곡자들에게 상징적 인물로 종종 소환되었다. 보이드 래번은 〈Boyd Meets Stravinsky〉라는 곡을 녹음했는데, 제목과 달리 스트라빈스키는 연주에 참여하지 않았다. 조지 러셀은 1949년에 〈Bird in Igor's Yard〉라는 작품으로 응답했다. 쇼티 로저스 역시 그 대가와 이름을 부를 만큼 가까운 사이였던 듯하다(러시아 작곡가 스트라빈스키가 로저스의 플뤼겔호른 연주를 듣고, 자신의 작품 〈Threni〉에 그 악기를 사용했다고 전해진다). 1948년, 재즈 평론가 레너드 페더가 찰리 파커에게 "블라인드 테스트"를 실시했을 때, 그는 카운트 베이시, 베니 굿맨, 스탄 켄튼의 음반들 사이에 스트라빈스키의 〈The Song of the Nightingale〉을 끼워 넣었다. 파커는 즉시 작곡가를 알아차리며 "이것이야말로 최고의 음악이다"라고 덧붙였다.[159] 그러나 밴드 리더 우디 허먼은 이 모든 추종자들을 능가했다. 스트라빈스키가 직접 그의 앙상블을 위해 곡을 써주겠다고 제안했기 때문이다. 그렇게 탄생한 작품이 바로 《Ebony Concerto》이다. 하지만 이 곡은, 진보적인 현대 클래식 음악 흐름에 대한 재즈계의 존경심에도 불구하고, 그러한 정제된 작곡 방식과 재즈는 거의 공통점이 없다는 사실을 명확히 보여주었다. 《Ebony Concerto》는 무겁고 답답한 작품이었으며, 재즈의 생동감 있는 리듬감을 활용하려는 시도조차 거의 하지 않았다. 빅 밴드 재즈를 더 높은 수준으로 끌어올리고자 하는 이들은 영감을 다른 곳에서 찾아야 했다.

대부분의 경우, 그들은 비밥을 빅 밴드에 다시 활기를 불어넣을 마법의 재료로 여겼다. 그리고 이는 겉보기에는 쉽고 명백한 공식처럼 보였지만, 실제로 이를 성공적으로 구현한 경우는 극히 드물었다. 앞서 언급했듯, 얼 하인즈, 빌리 엑스타인, 디지 길레스피 등은 모두 최고 수준의 모던 재즈 연주자들을 기용한 빅 밴드를 이끌었지만, 이들 밴드는 어느 하나도 몇 년 이상 유지되지 못했다. 보이드 래번의 앙상블도 마찬가지로, 진보적인 사운드와 스윙 시대의 전통적 편성을 결합하려는 시도를 했으나, 그의 음악이 "춤추기에는 너무 이상하다"는 이유로 대형 음반사들로부터 외면받았다. 이 판단은 1946년 조지 핸디George Handy가 편곡한 래번 밴드의 테마곡 〈Dalvatore Sally〉와 〈Temptation〉의 녹음에서 확인된다. 곡 제목과는 달리, 청중들은 그 음악에 전혀 끌리지 않았다. 평론가들과 음악가들은 래번의 작업에 열광했지만, 그의 빅 밴드는 결국 1949년에 뚜렷한 히트곡 하나 없이 해체되었다. 베니 굿맨 역시 뒤늦게 비밥을 받아들였는데, 이는 그가 불과 얼마 전까지만 해도 비밥 연주자들을 "진짜 음악가가 아니다", "그저 흉내만 낼 뿐이다"라고 폄하했던 입장을 뒤집은 것이었다. 1948년경, 그는 공개적으로 새로운 스타일을 칭찬하며, 워델 그레이, 패츠 나바로(짧은 기간 동안) 등 여러 모던 재즈 연주자들을 자신의 밴드에 기용했다. 그러나 이듬해인 1949년, 굿맨은 자신의 비밥 밴드를 해체했고, 1953년에는 다시금 비밥을 깎아내리며 『뉴욕 타임즈』와의 인터뷰에서 "비밥에서 들을 수 있는 건 그저 소음일 뿐"이라고 말했다.[160]

주요 백인 빅 밴드 리더들 가운데, 찰리 바넷Charlie Barnet은 가장 먼저 신흥 모던 재즈 스타일을 도입한 인물이었다. 그의 밴드가 1939년에 발표한 히트곡 〈Cherokee〉는 이후 비밥 운동의 비공식적인 상징 곡 중 하나가 되었지만, 당시 바넷의 음악은 여전히 듀크 엘링턴과 카운트 베이시의 전통을 크게 벗어나지 않는 스타일을 유지하고 있었다. 그러나 1942년경에 이르자, 바넷의 밴드는 더욱 모던한 사운드를 띠기 시작했으며, 정제되고 강력한 스윙감에 더해, 비밥 특유의 선율적 기법들을 적극적으로 흡수했다. 앤디 깁슨Andy Gibson, 이어서 랠프 번즈Ralph Burns의 편곡은 바넷 밴드에 선도적인 색채를 입혔고, 피아니스트 도도 마마로사, 베이시스트 오스카 페티포드, 트럼펫 주자 닐 헤프티Neal Hefti, 알 킬리언Al Killian, 클라리넷 연주자 버디 드프랑코Buddy DeFranco 등의 합류로, 이러한 진보적 사운드는 더욱 강화되었다. 잠시나마, 디지 길레스피도 바넷 밴드에서 활동한 적이 있었다. 이러한 시도들은 단순히 음악적으로 대담한 것만이 아니라, 당시로서는 드물었던 밴드 내 인종 통합 측면에서도 파격적인 행보였다. 하지만 바넷은 오래전부터 재즈계에서 인종적 관용의 상징적인 인물로 인정받아 왔으며, 이 점에서는 심지어 베니 굿맨과 어깨를 나란히 할 정도였다. 로이 엘드리지, 베니 카터, 레나 혼, 프랭키 뉴턴Frankie Newton, 찰리 세이버스 등 여러 흑인 음악가들이 시기에 따라 바넷 밴드에서 활동한 바 있다.

이러한 여러 요소들이 결합되어, 찰리 바넷의 밴드는 진정한 비밥 사운드를 구현하게 되었는데, 이는 디지 길레스피의 콤보가 뉴욕 맨해튼 52번가에 모던 재즈를 들고 나타나기 수개월 전의 일이었다. 사실, 바넷이 비밥을 대중에게 선보일 당시만 해도, 이 새로운 재즈 양식은 민튼스와 먼로스 같은 클럽 바깥으로는 거의 나간 적이 없었다. 군터 슐러는 그의 명저 『스윙 시대 The Swing Era』에서 이 점을 언급하며, 1943년 10월 바넷 밴드의 〈The Moose〉 녹음, 즉 랠프 번즈가 편곡하고, 당시 17세였던 도도 마마로사가 절정의 연주를 선보인 이 곡에 대해 다음과 같이 평가했다. "모던 빅 밴드 재즈는 이때 태어났거나, 적어도 세례를 받았다."[161]

찰리 바넷은 오랫동안 흑인 밴드를 흉내 낸 백인 리더로 폄하되어 왔지만, 이 시기의 그의 밴드는 어느 기준으로 보더라도 혁신적이었다. 그는 이 시기 엘링턴의 〈Drop Me Off in Harlem〉과 암스트롱의 〈West End

Blues〉를 리메이크했는데, 이들조차 비밥 중심의 세련된 편곡으로 재탄생하여, 당대 스윙 레퍼토리 중 가장 진보적인 버전들로 평가되었다. 그러나 바넷은 그가 발굴한 인재들을 오래 붙잡아 두는 데 어려움을 겪었다. 그의 롤모델 엘링턴은 핵심 연주자들을 수년 동안 유지할 수 있었던 반면, 바넷은 몇 달도 안 되어 이들을 떠나보내는 일이 다반사였다. 그럼에도 불구하고, 그의 밴드는 1940년대 말까지 꾸준히 명맥을 유지하며 번창했다.

찰리 바넷이 인재를 잃으면서 가장 큰 수혜자가 된 인물은 우디 허먼이었다. 허먼은 끊임없이 자신의 사운드를 재창조하는 놀라운 감각을 지닌 밴드 리더로, 그의 연주 경력은 그가 비밥 빅 밴드를 이끌게 되기까지 거의 모든 대중음악 스타일을 거쳐 온 과정이었다. 1913년 위스콘신주 밀워키에서 태어난 허먼은 여섯 살 때부터 고향에서 노래하고 춤추며 공연을 시작했고, 아홉 살에는 처음으로 순회공연에 나섰다. 어린 시절, 그는 보드빌 무대를 돌며, "색소폰의 신동"이라는 이름으로 소개되기도 했다. 그 후 허먼은 사교 무도회용 밴드와 스위트 밴드에서 활동했고, 특히 1934년에는 아이샴 존스Isham Jones의 밴드에 합류하게 된다. 존스가 1936년에 밴드를 해체하자, 허먼은 그 멤버들을 바탕으로 자신의 밴드를 결성했으며, 당시, 이 밴드는 한동안 "블루스를 연주하는 밴드"로 알려졌다. 하지만 이 그룹은 블루스 외에도 딕시랜드와 같은 다양한 재즈 스타일을 실험했고, 결국 스윙 스타일, 특히 리프 기반의 블루스곡인 〈Woodchopper's Ball〉로 방향을 정했다. 이 곡은 1939년 허먼의 첫 번째 히트곡이 되었다. 이후에도, 〈Blues in the Night〉, 〈Blue Flame〉 같은 후속작들도 좋은 판매고를 올렸으며, 1942년까지 허먼 밴드는 당대의 대표적인 스윙 오케스트라 중 하나로 자리 잡게 된다. 하지만 바로 그 가장 성공적인 시점에서, 허먼은 자신을 성공으로 이끈 공식을 일부러 벗어나기 시작했다. 끊임없이 새로운 것을 추구하던 그는 점차 새로운 음악 양식인 비밥을 적극적으로 받아들이기 시작했다.

우디 허먼이 감미로운 대중 음악sweet music에서 전통 재즈, 나아가 모던 재즈로 진화해 나간 과정은 음악사 전체를 통틀어도 거의 유례없는 일이다. 그의 세대에서 이런 근본적인 음악적 전환을 감행할 수 있었던 밴드 리더는 거의 없었으며, 실제로 그만한 역량을 가진 인물은 더더욱 드물었다. 그러나 이 극적인 변화는, 올바르게 이해될 때, 허먼이 지닌 비범하고, 어쩌면 유일무이한 음악적 정체성을 잘 보여준다. 우디 허먼은 밴드 리더나 음악가라기보다는, '촉매'로 이해하는 것이 가장 적절하다. 그의 재능은 자신이 무엇을 직접 하는 것보다는, 주변 사람들로 하여금 무엇을 할 수 있게 만드는 것에 있었다. 그는 주변의 음악가들이 자기 내면의 창의력을 최대한 발휘하도록 자극하고, 영감을 주며, 일종의 해방감을 느끼게 했다. 그런 면에서 보면, 허먼 자신의 뛰어난 연주 및 보컬 능력은 오히려 그가 만들어낸 창조적 환경 속에서 가려지기 쉬웠다. 그래서 트롬본 연주자 필 윌슨Phil Wilson은 다음과 같은 재치 있는 말을 남겼다. "우디만큼 우디가 하는 일을 잘하는 사람은 없다…… 문제는 우리가 그가 정확히 무슨 일을 하고 있는지를 모른다는 것이다."[162]

우디 허먼은 재능을 알아보는 확실한 직감으로, 모던 재즈 운동의 주요 인물들을 신속히 자기 밴드로 끌어들였다. 1942년, 그는 디지 길레스피를 밴드의 편곡자로 고용했으며(수십 년 후, 길레스피는 몬터레이 재즈 페스티벌에서 허먼을 관객에게 소개하며 "내 편곡에 처음으로 50달러를 준 사람"이라고 말하기도 했다), 바넷 밴드 출신을 포함해 많은 열정적인 젊은 모던 재즈 연주자들을 자신의 앙상블에 합류시켰다. 리듬 파트는 베이시스트 처비 잭슨Chubby Jackson, 기타리스트 빌리 바우어, 강렬한 스윙감을 지닌 드러머 데이브 터프의 합류로. 큰 활력을 얻었다. 1944년에는, 바넷 밴드에서도 활동했던 두 명의 연주자 겸 편곡자인, 피아니스트 랠프 번즈, 트럼펫 주자 닐 헤프티가 허먼 밴드로 옮겨왔다. 이들의 합류는 허먼 밴드의 진보적인 성향에 더욱 탄력을 부여했다. 트럼펫 섹션의 소니 버먼Sonny Berman은 뛰어난 솔로이스트로, 만약 만 22세 생일 전에 요절하지 않았다면, 당대를 대표

하는 브라스 연주자로 자리 잡았을 가능성이 높다. 피트 칸돌리Pete Candoli
는 고음 연주에 대한 극적인 감각으로 유명한 불같은 연주자였다. 1944년의
또 다른 핵심 멤버들인, 트롬보니스트 빌 해리스Bill Harris, 테너 색소폰 주
자 플립 필립스Flip Phillips는 모두 즉흥 연주에 뛰어났으며, 스윙과 비밥 어
느 쪽 환경에서도 편안하게 연주할 수 있는 유연함을 갖춘 인물들이었다. 특
히, 해리스는 트롬본에 대한 신선하고 개성적인 접근으로 주목을 받았으며,
피아니스트 루 레비Lou Levy는 그에 대해 다음과 같이 말했다. "그의 연주는
어떤 스타일도 초월했다…… 그건 비밥도, 딕시랜드도 아니었다. 그만의 것
이었다."[163] 이 밴드는 곧 "퍼스트 허드First Herd"라는 이름으로 불리게 되
었고, 비브라폰 연주자 레드 노보, 트럼펫 주자 쇼티 로저스Shorty Rogers, 피
아니스트 지미 롤즈와 같은 뛰어난 연주자들이 뒤이어 합류했다.

이 밴드는 모던 재즈 앙상블 중에서도 드물게 독특한 성격을 지닌 집단이
었다. 가장 진보적인 재즈 경향들을 과감히 끌어들이면서도, 여느 비밥 그룹
들이 대중과 멀어지게 만든 과도한 진지함, 고고함, 때로는 잘난 체하는 태
도를 지니지 않았다. 여기서도 우디 허먼의 노련한 감각과 뛰어난 대인 관
계 능력이 중요한 역할을 했다. 허먼은 연주자들이 가장 좋아한 밴드 리더로
자주 언급되었으며, 밴드 내에 활기찬 분위기를 조성하고, 연주자들의 (때때
로 엉뚱한) 유머 감각을 장려했으며, 음악에 대한 정서적 몰입을 높이기 위
해 이례적으로 밴드의 공동 소유 구조까지 도입했다. 이는 음악계에서는 매
우 드문 형태였다. 물론, 허먼의 관용적인 태도는 대가 없이 얻어진 것이 아
니었고, 한동안 마약과 음주 문제가 밴드의 발목을 잡기도 했다. 하지만 이
러한 분위기 덕분에 허먼 밴드는 자유롭고 유쾌한 성격을 유지할 수 있었고,
이는 청중들에게 매력적으로 다가가는 요소가 되었다. 특히, 퍼스트 허드는
선구적인 밴드로서의 위치뿐 아니라, 우디 허먼이 이끈 모든 밴드 중에서 가
장 대중적이고, 상업적으로도 가장 성공적인 앙상블로 두드러졌다.

우디 허먼의 퍼스트 허드는 당시 활동하던 밴드들 중에서도 가장 다재다

능한 앙상블 가운데 하나였다. 그들의 넘치는 에너지는 〈Apple Honey〉나 〈Northwest Passage〉와 같은 빠른 템포의 곡들에서 특히 잘 드러난다. 한편, 〈Laura〉나 〈Happiness Is a Thing Called Joe〉 같은 곡에서는 거침없이 낭만적인 분위기로 전환하며, 몽환적인 해석을 선보이기도 했다. 밴드의 익살스러운 면모도 뚜렷하게 나타났는데, 〈Caldonia〉와 같은 희극적인 보컬 곡, 〈Goosey Gander〉와 같은 기묘한 기악곡, 그리고 〈Your Father's Moustache〉 중간에 등장하는, 소니 버먼의 이중 조성의 즉흥 삽입구 등은 그들의 자유분방하고 위트 있는 음악성을 잘 보여준다. 놀랍게도, 이렇게 자유롭고 제약 없는 분위기의 밴드가 바로 스트라빈스키가 자신의 작품 《Ebony Concerto》의 초연을 맡기기로 한 그 밴드였다. 그러나 러시아 작곡가가 허먼 밴드의 느긋하고 활기찬 스윙을 수용할 것이라 기대한 청중들은 이내 실망하게 되었다. 실제로, 가장 많은 조정이 필요했던 쪽은 허먼 밴드였고, 그들은 재즈 팬들의 회의적인 반응을 설득하기 위해, 스트라빈스키의 전혀 스윙하지 않는 작품(아이러니하게도, 스트라빈스키의 다른 작품들에서는 활기찬 리듬감이 두드러진다)을 어떻게든 흥미롭게 연주해 보려 애써야 했다. 결국 이 만남은 불행한 조합으로 드러났고, 스트라빈스키 자신도 이를 인정하며, 작품의 독특한 박자 구조를 재즈 밴드가 다룰 수 있도록 악보를 재편곡해야 함을 깨달았다. 반면, 허먼의 팬들에게 훨씬 더 자연스럽고 인기 있었던 곡은 랠프 번즈의 《Summer Sequence》였다. 이 곡은 풍부한 선율미를 지닌 확장된 형식의 작품으로, 스트라빈스키의 곡과 함께 카네기 홀 무대에서 연주되었다. 퍼스트 허드의 그 외 대표곡들로는, 빌 해리스의 감동적인 솔로 연주로 유명한 〈Bijou〉(허먼이 한때 "석기 시대 보사노바"라고 묘사했다), 소니 버먼의 인상적인 솔로가 돋보인 〈Sidewalks of Cuba〉, 닐 헤프티가 작곡한 〈The Good Earth〉(특히, 플립 필립스가 브라스 섹션과 주고받듯 연주하는 부분이 백미다)가 있다.

퍼스트 허드는 1946년 12월에 활동을 멈추었다. 밴드 해체의 배경에는 인적 문제와 개인적인 사정이 함께 작용했다. 허먼은 지나치게 빡빡한 공연 일정에 지쳐 있었고, 아내의 약물 중독 문제로 고통받고 있었으며, 무엇보다도 핵심 멤버들의 잇단 탈퇴를 목격하고 있었다. 바로 전 달에도 그는 트럼펫 섹션의 핵심 주자였던 버먼, 칸돌리, 로저스를 한꺼번에 잃었다. 이런 상황 속에서, 허먼은 한동안 순회공연을 멈추고 휴식을 취할 시점임을 깨달았다. 그러나 불과 아홉 달 뒤, 그는 거의 완전히 다른 솔로이스트들로 구성된 새로운 밴드로 활동을 재개하게 된다. 퍼스트 허드처럼 당대 가장 인기 있던 밴드 중 하나의 흥분과 에너지를 다시 재현하는 일은 거의 불가능해 보였고, 그에 더해 2차대전 이후의 시대 분위기 또한 빅 밴드들에게 호의적이지 않았다. 이 시기 음악 산업 전반에는, '한 시대의 종언'이라는 정서가 퍼져 있었고, 로큰롤의 일렉트릭 사운드가 재즈를 압도하기까지는 아직 십 년 가까이 남아 있었지만, 이미 많은 이들은 예전의 성공 공식이 더는 통할 수 없다고 인식하고 있었다. 이러한 장애물들 앞에서도, 허먼은 정면으로 맞서, 대담한 방식으로 이에 응수했다. 1950년대 가장 강력한 빅 밴드 중 하나를 결성하고, 동시에 완전히 새로운 사운드를 창출해 낸 것이다.

세컨드 허드, 또는 흔히 불리는 "포 브라더스 밴드Four Brothers Band"의 핵심은 색소폰 섹션에 있었다. 이 밴드의 중심 사운드인 "포 브라더스" 개념은 겉보기에는 단순했다. 세 명의 테너 색소폰과 한 명의 바리톤 색소폰을 중심으로 한, 긴밀한 앙상블 편곡이 그 기초였다. 하지만 이 섹션의 진정한 핵심은 참여한 색소폰 연주자들의 독특한 접근 방식에 있었다. 이들은 레스터 영을 연상시키는 가볍고 공기감 있는 톤을 채택하면서, 여기에 모던 재즈의 선율적 기교를 결합했다. 그 결과, 이 연주자들은 비밥의 흥분감과 복잡성을 부드럽고 서정적인 음색과 융합시키는 새로운 공식을 완성해 냈다. 불과 몇 년 뒤, 이러한 모더니즘과 서정성이 혼합된 스타일은 '쿨 재즈'라는 이름으로 불리게 된다.

1947년부터 1949년까지 활동한 세컨드 허드의 색소폰 섹션에는, 주트 심스Zoot Sims, 알 콘Al Cohn, 허비 스튜어드Herbie Steward, 지미 주프리Jimmy Giuffre, 서지 샬로프, 진 애먼스 등 당대 최고의 색소폰 연주자들이 대거 참여했다. 그러나 이 시기에 가장 큰 찬사를 받게 되는 솔로이스트는 이들 중 가장 나이 어린 멤버인 스탄 게츠였다. 스탄 게츠는 밴드에 합류했을 때 십대 후반의 나이였지만, 이미 잭 티가든 밴드에서 활동하며 16세에 녹음을 남겼고, 이후 베니 굿맨, 스탄 켄튼 밴드에서도 활약한 경험이 있었다. 그는 1927년 2월 2일, 필라델피아에서 태어나, 브롱크스에서 자랐으며(아버지가 인쇄공이었다), 하모니카, 콘트라베이스, 바순 등 다양한 악기를 다루다가, 결국 색소폰에 정착했다. 학업은 고등학교 1학년까지만 하고 마쳤지만, 이미 뉴욕 시립 고등학교 관현악단에 바순 연주자로 선발될 만큼의 실력을 갖추었고, 담당 교사는 그가 줄리아드 장학생이 될 것이라고 예견하기도 했다. 그러나 게츠는 정규 교육 대신 무대의 길을 택했다. 15세에 티가든 밴드와 함께 순회공연을 나섰고, 미성년이었기에 티가든이 법적 보호자 서류에 서명해야 했다. 이후에도 화려한 경력은 이어졌지만, 게츠는 한 곳에 오래 머무는 것을 싫어했다. 켄튼 밴드에서는, 자신이 존경하는 레스터 영을 폄하한 켄튼의 발언에 불쾌함을 느껴 떠났고, 지미 도시 밴드에서는 잠시 활동하다가 베니 굿맨 밴드에 들어갔지만, 결국 해고당했다고 전해진다. 이 모든 일이 벌어졌을 때, 게츠는 아직 십대였다!

우디 허먼 밴드와의 인연은 불과 몇 달 만에 끝났지만, 스탄 게츠에게는 결정적인 전환점이 되었다. 게츠의 향후 스타덤을 위한 기반을 마련한 중심 인물은 훗날 허먼 밴드에서 함께 활동하게 될 두 색소폰 연주자였다. 허비 스튜어드는 게츠에게 레스터 영의 영향을 받은, 가볍고 공기감 있는 톤, 느긋한 프레이징을 채택하라고 권유했으며, 이는 훗날 게츠의 대표적인 스타일의 핵심이 된다. 지미 주프리는 게츠와 함께 로스앤젤레스의 토미 드카를로Tommy DeCarlo 밴드에서 활동할 당시, 편곡가 진 롤랜드Gene Roland로부터 배운 "포 브라더스" 사운드를 대중화하는 데 중요한 역할을 했다. 나중에, 허먼은 주프리를 처음에는 편곡자로, 그 후에는 색소폰 연주자로 밴드에 영입하면서, 게츠와 함께 이 새로운 사운드를 밴드에 도입했다. 그 결정적 계기가 된 것이 바로 주프리의 편곡 〈Four Brothers〉였으며, 이 곡은 색소폰 섹션의 새롭고 독창적인 접근을 선보인 대표작 역할을 했다. 그러나 게츠에게 더 결정적인 곡은 랠프 번즈의 〈Early Autumn〉이었다. 이 곡은 번즈의 인기 연작곡《Summer Sequence》에 최근 추가된 에필로그인 〈Summer Sequence(Part Four)〉를 각색한 작품으로, 게츠는 이 곡에서 애틋하고 섬세한 솔로를 연주해 큰 인상을 남겼다. 비록 이 녹음이 발매될 즈음에, 이미 게츠는 밴드를 떠난 상태였지만, 이 곡의 인기로 인해 그는 스몰 콤보 리더로서의 향후 활동을 위한 기반이 될 청중층을 확보할 수 있었다.

  게츠는 명성이 자자했지만, 허먼의 세컨드 허드에서 중요한 색소폰 연주자는 그뿐만이 아니었다. 또 다른 레스터 영의 계승자인 알 콘은 〈Four Brothers〉 녹음 직후, 밴드에 합류했다. 콘은 이 시기 허먼 오케스트라에서 솔로 연주의 기회를 많이 얻지는 못했지만, 시간이 지나면서 창의적인 테너 색소폰 연주자이자 재능 있는 작곡가로 자리매김하게 된다. 주트 심스는 허먼 밴드와 이후 알 콘과 함께한 장기적인 투 색소폰 콤보 활동에서도 마찬가지로 레스터 영에 대한 충성을 보여주었으며, 그의 연주는 흔들림 없는 스윙 감각과 뛰어난 취향으로 더욱 빛났다. 지미 주프리는 세컨드 허드 시기에는 이들에 비해 두드러지는 솔로 연주자는 아니었지만, 이후 그의 경력은 그룹 내 누구보다도 뚜렷한 진화를 보여주었다. 그는 캘리포니아에서 라이트 하우스 올스타즈와 쇼티 로저스의 자이언츠와 함께 활동하면서, 웨스트코스트 재즈를 대표하는 인물이 되었고, 이후 애틀랜틱과 버브 레이블에서 다채롭고 창의적인 음반을 발표했으며, 1950년대 말에는 무조성까지 수용하게 된다. 이는 음악적 가치에 있어서 보수적인 성향을 보였던 다른 포 브라더스 출신 동료들이 따르지 못한 진보적 발전이었다. 진 애먼스의 허먼 밴드 활동은 짧았지만, 이후 그는 블루스와 가스펠에 뿌리를 둔 스타일로 "소울 재즈"

라는 장르를 대중화시키며 주요 연주자로 자리 잡는다. 서지 샬로프는 허먼 색소폰 주자들 가운데서도 가장 깊이 비밥에 헌신한 인물로, 찰리 파커의 혁신들을 바리톤 색소폰에 성공적으로 적용한 점에서 찬사를 받았다. 그러나 약물 중독으로 인한 건강 악화는 그를 1950년대 대부분 동안, 활동 불가능하게 만들었고, 그는 1957년에 불과 서른세 살의 나이로 세상을 떠났다. 하지만 그의 허먼 밴드 시절 연주와 다양한 스몰 콤보 녹음들은 그가 표현력 있고 기술적으로 뛰어난 연주자였음을 잘 보여준다. 그러나 세컨드 허드는 단순히 유망한 색소폰 연주자들로만 구성된 밴드가 아니었다. 이 밴드는 빌 해리스의 복귀, 이 시기에 뛰어난 작곡가로 성장한 쇼티 로저스의 성숙한 활동, 그리고 주프리, 알 콘, 조니 맨델Johnny Mandel과 같은 새로운 작곡가 겸 편곡가들의 기여 덕분에, 더욱 풍성한 음악적 결실을 맺을 수 있었다.

허먼은 1949년 말에 세컨드 허드를 해체했다. 이 앙상블은 재즈 팬들 사이에서 큰 인기를 누렸으며, 그해『다운비트』독자 투표에서는 가장 인기 있는 빅 밴드로 선정되었고, 허먼은 듀크 엘링턴 밴드를 세 배 차이로 앞질렀다. 하지만 이러한 인기에 비해 경제적으로는 참담한 실패였다. 허먼은 스몰 콤보를 이끌고 쿠바로 떠난 뒤, 1950년 봄에 써드 허드를 조직했다. 그는 이전에 함께 일했던 연주자들과 함께, 피아니스트 데이브 매케나Dave McKenna, 드러머 소니 아이고Sonny Igoe 같은 새로운 얼굴들도 영입했다. 1955년 말의 대대적인 밴드 인원 교체 등 여러 어려움에도 불구하고, 허먼은 1950년대 내내 꾸준히 활동을 이어갔다. 그러나 그 사이 재즈계는 급격히 변모했고, 대중의 취향도 달라졌다. 오넷 콜먼, 엘비스 프레슬리, 세실 테일러, 제리 리 루이스, 존 콜트레인, 리틀 리차드, 머디 워터스 등이 등장한 새 음악 환경 속에서 우디 허먼은 더 이상 최첨단을 이끄는 주요 인물로 인정받기 어려웠다. 1950년대 말에, 허먼은 주로 스몰 콤보와 함께 활동하고 있었다. 이후에 그는 또다시 밴드를 재편성했는데, 이는 허먼의 트레이드마크와도 같은 일이었다. 후일의 허드들 가운데는, 뛰어난 음악을 선보인 경우도 있었다. 예컨대, 비평가 허브 웡Herb Wong이 "르네상스 허드Renaissance Herd"라고 이름 붙인 1962~1965년의 밴드는 파워풀한 사운드를 자랑했다. 그러나 이들조차도 허먼이 1945년부터 1955년까지 누렸던 영광에는 미치지 못했다. 허먼은 말년에 이르기까지, 카네기 홀과 고등학교 강당을 가리지 않고 열정적으로 무대에 섰다. 그러나 그보다 더 끈질기게 그를 쫓은 것은 미 국세청(IRS)이었다. 국세청은 20년 이상에 걸친 세금 체납을 문제 삼았는데, 이는 허먼 본인이 아니라, 그의 매니저의 과실로 발생한 일이었다. 말년에, 허먼의 재정 상태는 매우 불안정했고, 의료비는 이미 막대한 국세청 빚 위에 추가적인 부담으로 작용했다. 1987년 10월, 병세가 악화된 허먼은 할리우드 자택에서 퇴거 명령까지 받았다. 다행히, 친구들, 팬들, 과거 밴드 동료들의 자발적인 지원과 기부가 이어졌고, 심지어 의회에서는 허먼의 세금을 탕감하는 법안을 논의하기도 했다. 이러한 풀뿌리 차원의 지지 덕분에, 미국 음악에 중대한 기여를 한 이 인물은 치욕적인 말년을 간신히 피할 수 있었다.

이 시기의 대부분 동안, 스탄 켄튼은 주저함 없이 진보적인 재즈 빅 밴드를 이끈 우디 허먼의 가장 강력한 라이벌로 돋보였다. 이 두 인물은 종종 한 호흡으로 언급되곤 하며, 실제로 밴드 리더로서의 유사점도 상당하다. 둘 다 미국 중서부 출신으로, 스윙 시대를 거쳤고, 대공황기 초입에 성장했으며, 제2차 세계대전이 끝날 무렵에는 모던 재즈로 전향했다. 그러나 이런 전기적 공통점은 피상적인 것에 불과하고, 그들의 차이는 압도적이다. 허먼은 붙임성 있고 관대하며 유쾌한 성격으로, 자신의 밴드가 스스로 음악적 정체성을 찾아가도록 했다. 반면, 켄튼은 강한 의지의 소유자로, 자신의 이미지에 꼭 맞는 오케스트라를 구축했다. 그의 밴드는 그가 키 6피트 반의 거구인 것만큼이나 거대했고, 그의 야망만큼이나 확장되었으며, 그의 변덕스러운 기분만큼이나 다채로웠다. 허먼은 대중 시장에 모던 재즈를 자연스럽게 소개하는 데 능숙했고, 대중의 호감을 사기 위해 다소 진부한 유행가 조의 곡조차도 마다하지 않았다. 그는 이렇게 말한 바 있다. "더 많은 청중, 그 다른 청중에게 다가가는 것이 정말 중요하다고 생각한다. 밴드 멤버들과 나는 1년에 300일 넘게 열심히 연주한다. 우리는 언젠가 보상을 받을 자격이 있다." [164] 켄튼은 이런 타협을 경멸했지만, 완전히 배제한 것은 아니었다. 그는 상업적 압력에서 벗어나기 위해 '크리에이티브 월드Creative World'라는 자신의 법인 및 음반회사를 세웠고, 누구도 상상하지 못했던 규모의 '중요한' 재즈 음악을 창조하겠다는 일념으로 움직였다. 허먼의 모던 재즈는 비밥에서 영감을 받은 반면, 켄튼은 '비밥'이라는 용어 자체를 혐오하다시피 피했다. 그는 오히려 끊임없이 모던 재즈에 새로운 이름을 붙이며, 자신만의 정체성을 강조했다. 그는 자신의 음악을 "프로그레시브 재즈progressive jazz"라고 즐겨 불렀고, 1950년에는 현악 섹션까지 포함된 밴드를 이노베이션스 인 모던 뮤직Innovations in Modern Music이라는 이름으로 선보였으며, 1952년에는 이를 뉴 컨셉 인 아티스트리 인 리듬New Concepts in Artistry in Rhythm이라는 새로운 이름으로 다시 소개하기도 했다. 결국, 그는 고대 그리스어 어원을 조합해 "새로운 소리"를 뜻하는 자신만의 신조어 네오포닉 뮤직Neophonic music을 만들어냈다. 켄튼이 비밥에 반대했던 것은 아니다. 그는 단지 그것이 존재하지 않는 척하는 것을 더 선호했을 뿐이다. 그에게 중요한 것은 자신만의 모던 재즈 스타일뿐이었다.

스탄 켄튼은 1911년 12월 15일, 캔자스주 위치타에서 태어났지만, 어린 시절 대부분을 캘리포니아에서 보냈다. 그는 현악기, 금관악기, 목관악기 등을 두루 다뤄보다가, 결국 편곡과 피아노에 에너지를 집중하게 되었다. 이십 대에는 다양한 밴드에서 견습생으로 활동했으며, 결국 더 많은 돈을 벌 수 있는 기회를 마다하고, 남부 캘리포니아에서 리허설 밴드를 조직해, 자신만의 음악을 연주하기로 결심했다. 켄튼은 끈질긴 노력 끝에, 지역 공연을 몇 차례 따냈고, 이를 발판으로 1941년 여름, 젊은 관객층을 겨냥한 해변 휴양지인 발보아 섬의 랑데부 볼룸Rendezvous Ballroom에서 장기 공연을 성사시

컸다. 켄튼의 밴드 역시 매우 젊었으며, 어쩌면 더 어렸을지도 모른다. 스물한 살이 넘은 단원은 단 두 명뿐이었다. 청중은 금관악기를 든 이 무명에 가까운 청년들로 구성된 밴드와, 광기 어린 표정과 끊임없이 휘젓는 팔, 멈추지 않는 몸짓으로 그들을 지휘하던 조각상 같은 남자에게 전례 없는 열광으로 반응했다. 켄튼 밴드는 곧 데카 레이블과 계약을 맺었고, 미국 전역의 대형 무도장에서 공연을 펼쳤으며, 『다운비트』거의 매호에 등장할 정도로 화제가 되었다.

켄튼은 자신의 작곡을 중심으로 한 오케스트라를 만들고자 밴드를 시작했다. 그의 대표작인 〈Artistry in Rhythm〉과 같은 곡들은 차이콥스키나 할리우드 영화 음악의 영향이 짙으며, 전통적인 재즈 계보와는 거리가 있었다. 그러나 시간이 지나면서, 켄튼은 자신의 진정한 재능이 다른 음악적 인재들이 '켄튼 사운드'를 다듬고 확장해 나갈 수 있는 환경을 조성하는 데 있다는 사실을 깨닫게 되었다. 그는 전혀 어울리지 않을 듯한 요소들을 결합하는 데 뛰어난 감각을 보였다. 예를 들어, 전후 그의 밴드에서는 극도로 모던한 피트 루골로Pete Rugolo의 작곡이 아트 페퍼의 쓸쓸하면서도 감미로운 알토 색소폰, 그리고 친근한 이웃집 소녀 같은 스타일의 보컬리스트 준 크리스티 June Christy의 담백한 창법과 함께 어우러졌다. 한동안, 루골로는 켄튼의 또 다른 자아와도 같았으며, 두 사람은 함께 야심 찬 작품들을 다수 작곡하거나 협업했다. 이 곡들 가운데 일부는 재즈적이었고, 일부는 아프로-쿠반 영향을 받았으며, 많은 곡들이 고전 음악적 색채를 띠었다. 그러나 곧 켄튼은 자신의 시야를 다시 넓히며, 다른 상주 작곡가들의 작품도 받아들이기 시작했다. 동시에, 그는 새로운 악기와 다양한 음향 질감을 실험하며, 자신의 음악적 팔레트를 확장해 나갔다.

물론, 켄튼 특유의 사운드가 존재하기는 했다. 금관악기가 주도하고, 외향적이며, 유사 교향곡적이고, 과장된 표현이 가득한 스타일 말이다. 그러나 켄튼은 이와 대조되는 음악적 관점을 가진 작곡가들과 솔로이스트들을 기용함으로써, 이러한 스타일 자체를 의도적으로 전복시키는 것을 즐기기도 했다. 빌 홀먼Bill Holman의 부드럽게 스윙하는 편곡은 캔자스시티 재즈의 잔향을 풍겼고, 밴드의 솔로이스트들에게 큰 사랑을 받았다. 홀먼은 이에 보답하듯 밴드 역사상 가장 인상 깊은 솔로 피처 곡들 중 일부를 제공했다. 찰리 파커를 위해 원래 작곡되었지만 레니 니하우스Lennie Niehaus가 강렬하게 소화한 〈Cherokee〉, 테너 색소폰 주자 빌 퍼킨스Bill Perkins가 레스터 영의 느낌을 자아내며 연주한 서정적인 〈Yesterdays〉, 그리고 알토 색소폰 주자 찰스 마리아노Charles Mariano가 발라드와 더블 타임 연주를 오가는 〈Stella by Starlight〉 등이 그 예다. 이러한 편곡은 불필요한 동작이나 과잉이 없으며, 종종 켄튼 밴드의 차트를 무겁게 만들었던 과도한 연출과는 거리가 있다. 하지만 홀먼은 전통적인 곡을 대담하게 재구성할 줄 아는 능력도 갖추고 있었는데, 그의 〈What's New〉, 〈Stompin' at the Savoy〉, 〈I've Got You under My Skin〉 등의 해체적 편곡을 보면 그 점이 분명히 드러난다. 이에 반해, 빌 루소의 편곡은 켄튼/루골로 전통에 좀 더 충실한 스타일이었다. 그의 〈Halls of Brass〉는 켄튼의 금관악기에 대한 집착을 극단적으로 밀어붙인 작품으로, 교향악단의 금관 파트조차 마지못해 감탄하게 만들었다고 전해진다. 그러나 루소는 더 내성적이고 섬세한 면모도 지니고 있었으며, 그의 〈There's a Small Hotel〉 편곡에서 그 미묘한 명암이 드러나고, 〈Solitaire〉에서는 애절한 낭만성이 잘 표현되어 있다. 그 외에도 여러 작곡가들이 독특한 스타일의 편곡을 통해, '켄튼 사운드'가 단일하지 않다는 사실을 더욱 분명히 했다. 조니 리차즈Johnny Richards의 《Cuban Fire》 시리즈는 라틴 음악을 재즈 문맥에서 가장 강렬하고 성공적으로 탐색한 예로 꼽히며, 제리 멀리건의 편곡은 바리톤 색소폰 연주자 특유의 시크한 미학을 반영하는 느긋한 스윙감과 친밀감을 지녔다. 한편, 밥 그래팅어Bob Graettinger의 곡은 정반대의 성격을 띠었다. 그의 밀도 높고 불협화음 가득한 실험적 작곡들, 특히 대표작인 《City of Glass》는 아름답지만 불편한 감정을 자아낸다. 그는 그 시대 어느 재즈 작곡가보다 프리 재즈의 등장을 더 끈질기게 전위적으로 예견했던 인물이다. 켄튼이 그래팅어의 대중성 없는 음악을 지지했다는 사실은, 이 밴드 리더가 얼마나 다양성을 추구하고 빅 밴드 재즈의 최전선에 머무르고자 했는지를 분명히 보여준다.

하지만 이 밴드는 단순한 작곡가 중심의 밴드 이상이었다. 특히, 1940~50년대 전성기에 켄튼 오케스트라는 스타 솔로이스트들로 가득한 밴드였다. 아트 페퍼는 그의 경력 초기 시절에 밴드에 합류하여 연주했으며, 그의 순수함이 가장 뚜렷하게 드러난 연주는 쇼티 로저스가 그를 위해 작곡한 동명의 곡에서 찾아볼 수 있다. 페퍼는 이후에 독자적인 리더로서도 눈에 띄는 커리어를 이어갔다. 트럼펫 연주자 메이너드 퍼거슨 또한 이후 세대에서 가장 주목받는 고음역 트럼펫 연주자로 찬사를 받으며 독자적인 명성을 쌓았다. 프랭크 로솔리노Frank Rosolino는 트롬본의 거장으로서 존경받았으며, 〈I Got It Bad (and That Ain't Good)〉와 〈Frank Speaking〉 같은 녹음에서 그의 기량이 유감없이 발휘되었다. 1950년대 트롬본 연주의 지평을 넓힌 로솔리노에 대해, 빌 루소는 이렇게 회고했다. "우리는 모두 그가 해내는 것에 충격을 받았다. 단지 빠른 테크닉이나 고음역대 연주뿐만 아니라, 그의 놀라운 유연성은 정말 믿기 어려울 정도였다."[165] 리 코니츠 역시 1950년대 짧은 기간 동안, 켄튼 밴드의 주요 멤버로 활동했으며, 그의 가장 아름다운 레코딩 중 하나로 꼽히는 몽환적인 〈Lover Man〉 연주에서 솔로이스트로 활약했다. 주트 심스 또한 켄튼 밴드에서 잠시 활동하면서, 강렬한 스윙감을 보여주는 빌 홀먼의 곡 〈Zoot〉에서 특유의 하드 스윙 스타일을 유감없이 발휘했다.

1950년대 빅 밴드 리더 중에서, 모던 재즈를 자신만의 독창적이고 파격적인 이미지로 재창조하려 했던 인물은 스탄 켄튼뿐만이 아니었다. 선 라Sun Ra 역시 그의 대형 앙상블인 '아케스트라Arkestra'를 통해, 미래지향적인 재즈 스타일을 매우 다양하고 절충적으로 혼합한 녹음을 남겼다. 이 밴드는 언제나 화려한 수식어가 붙어 불렸는데, 예컨대 '신화 과학 아케스트라Myth Science Arkestra', '우주 무한 아케스트라Astro Infinity Arkestra' 같은 이름들이 그것이다. 이 예술가에게는 일종의 과장이 모든 활동에 스며들어 있었다. 많은 재즈 뮤지션들이 자신의 젊은 시절을 다소 미화하거나 과장하는 경향이 있지만, 선 라는 아예 자신이 토성 출신이며, 천사의 후손이라고 주장하기까지 했다. 사실, 그는 1914년 앨라배마주에서 허먼 블라운트Herman Blount라는 평범한 이름으로 태어난 것으로 알려져 있다. 그는 스윙 시대에 피아니스트이자 작곡가로 처음 활동을 시작했고, 1940년대 후반에는 한때 플레처 헨더슨 밴드에서 일하기도 했다. 하지만 그의 혁신적인 음악 세계는 1950년대 중반에 들어서야 본격적으로 펼쳐지기 시작했다. 이 시기, 그는 시카고를 시작으로, 나중에는 뉴욕, 필라델피아, 기타 도시들에서도 대형 밴드와 함께 다수의 녹음을 남겼다. "아프로퓨처리즘Afrofuturism"이라는 용어는 그 당시 존재하지 않았지만, 지금에 와서 돌아보면, 이 전위적인 밴드 리더는 우주 시대의 여명기부터 바로 그 사조의 기반을 다지고 있었던 셈이다.

선 라의 추종자들은 늘 예상 밖의 무언가를 기대했고, 그런 기대가 실망으로 이어지는 경우는 거의 없었다. 아케스트라의 연주진은 어느 날에는 10명 이하로, 또 어떤 날에는 30명 이상으로 구성될 수도 있었다. 입장료에는 무용수, 의상, 슬라이드 쇼, 그리고 그 외의 다양한 "추가" 요소들이 포함되곤 했다. 아케스트라의 음악 스타일 역시 마찬가지로 변화무쌍했다. 1950년대 중반의 녹음에서는, 비밥, 하드 밥, 스윙의 요소들이 뚜렷하게 나타난다. 하지만 이후 십 년 동안, 아케스트라는 소용돌이치는 듯한 퍼커션의 층위들, 오싹한 분위기의 전자 효과음, 불연속적으로 튀어나오는 리듬 앤드 블루스의 잔향, 아시아 및 아프리카 음악의 암시, 불협화음, 무조성, 때로는 청각적 무정부 상태까지, 훨씬 더 폭넓은 음악적 팔레트를 수용하게 된다. 선 라의 우주와 행성 간 음악에 대한 전문 용어 가득한 발언은 마치 냉전 시대 B급 공상과학 영화의 미완성 대본처럼 들릴 수도 있었지만, 그가 새로운 것, 비정상적인 것에 대해 품은 갈망은 진심이었고, 그가 추구한 세계는 말 그대로 하나의 우주, 혹은 여러 은하계에 걸친 소리 세계였다고 할 수 있다.

선 라의 다양한 녹음물에 대한 정확한 연대 파악은 오랫동안 혼란에 싸여 있었다. 1970년대, 임펄스Impulse 레이블이 선 라로부터 여러 테이프를 구입했을 때, 그들은 신작과 구작을 뒤섞어, 연대기적 순서에는 거의 신경 쓰지 않은 채 음반을 발매했다. 선 라 본인도 마찬가지로, 날짜에 무관심했다. 그는 자비로 제작한 음반들(어떤 것은 백 장도 채 안 되는 소량 제작)을 공연 중간 쉬는 시간에 직접 판매하고는 했으며, 그 자리에서 팬들은 제목도 없고 라벨도 없는 LP 상자를 뒤적이며 혼란에 빠지곤 했다. 하지만 이런 불완전한 디스코그래피 정보들도 선 라가 당대의 재즈 흐름보다 수년 앞서 있었다는 사실을 가리지는 못한다. 그의 앨범《Cosmic Tones for Mental Therapy》에서 보여준 프리 재즈 탐색, 그리고《Supersonic Jazz》에 담긴 전자 음악 실험은 당시 기준으로 볼 때 대단히 과감한 행보였다. 그의 선구성은 특히, 1950~60년대에 선 라가 만들어낸 해체적인 사운드 콜라주와, 1960~70년대 시카고 아트 앙상블 및 AACM(Association for the Advancement of Creative Musicians, 창의적 음악가 진흥 협회)의 실험들을 비교해 보면 더욱 돋보인다. 하지만 선 라는 1970년대에 이미 그다음 단계를 내다보고 있었다. 그는 이후 1980~90년대에 나타날 '재즈의 뿌리로의 회귀' 흐름을 예견하듯, 재즈 역사 전체를 아우르는 장대한 음악 여정을 펼치고 있었던 것이다.

듀크 엘링턴처럼, 선 라 또한 자신의 피아노 연주를 자주 부각시키지는 않았다. 그러나 그의 몇 안 되는 솔로 녹음, 특히 1966년의 뛰어난《Monorails and Satellites》세션은 그가 반주자 없이도 풍부한 질감의 음악적 태피스트리를 짜낼 수 있었음을 잘 보여준다. 아케스트라는 베이시나 엘링턴, 허먼 또는 켄튼의 밴드에서 볼 수 있는 깊이와 응집력 있는 연주력을 지니고 있지는 않았지만, 항상 최고 수준의 연주자들로 구성된 핵심 멤버들이 있었다. 특히, 테너 색소폰 연주자인 존 길모어John Gilmore는 선 라가 의지할 수 있는 거친 세계적 수준의 솔로이스트였다. 그는 후에 존 콜트레인에게 영향을 미쳤을 뿐 아니라, 그를 앞서기도 한 인물이다. 길모어는 스타일의 폭이 매우 넓어 아케스트라의 음악에 잘 어울렸다. 그는 열정적인 하드 밥 솔로를 구사할 수 있었고, 때로는 테너 색소폰으로 날카로운 비명, 목구멍에서 울리는 듯한 짖음, 애절한 울음을 표현하기도 했다. 그의 선 라와의 인연은 약 40년에 걸쳐 이어졌으며, 선 라가 1993년에 사망한 이후에도 그는 밴드에 대한 충성심을 지켰다.

많은 이들이 이를 '신약New Testament' 밴드라고 부르곤 하는, 1951년 이후의 카운트 베이시의 활동은 선 라나 스탄 켄튼의 실험주의와 다원주의적 성향과는 거의 정반대에 위치한다. 이 시기의 베이시 밴드는 비밥 스타일에 정통한 뛰어난 젊은 연주자들로 구성되어 있었지만, 그 정신은 여전히 그가 예전에 이끌었던 캔자스시티 시절이나 스윙 시대의 앙상블들과 유사한 면이 많았다. 구세대든 신세대든, 베이시는 밴드를 완벽하게 스윙시켰다. 즉, 재즈 연주자들이 흔히 "주머니 속in the pocket"이라고 묘사하는, 편안하고도 추진력 있는 리듬감을 이끌어냈다. 특히 베이시는 정확한 템포를 잡아내는 탁월한 본능을 지닌 인물로, 이는 그의 히트곡 〈Li'l Darlin'〉에서 가장 빛을 발했다. 원곡자인 닐 헤프티는 이 곡을 미디엄 템포로 연주하기를 의도했지만, 베이시는 이를 발라드보다 약간 빠른 정도의 속도로 느리게 연주하면서도 손가락이 절로 튀는 듯한 그루브감은 그대로 유지해 냈다. 그 결과는 마법 같았다.

카운트 베이시는 뛰어난 작·편곡가들의 도움을 받았다. 닐 헤프티, 어니 윌킨스Ernie Wilkins, 프랭크 포스터Frank Foster, 퀸시 존스Quincy Jones, 쌔드 존스Thad Jones, 베니 카터 등이 그들이다. 이러한 편곡들에는 종종 재치 있고 익살스러운 유머 감각이 배어 있었는데, 예를 들어 전후 베이시의 대표곡 중 하나인 〈April in Paris〉에서 와일드 빌 데이비스Wild Bill Davis가 편곡한 '관객을 속이는 가짜 엔딩'이 그것이다. 신약 밴드의 악보들은 전쟁 전 시기보다 훨씬 더 풍부한 질감을 지녔지만, 동시에 청중이 베이시 밴드의 뛰어난 솔로이스트들에게 집중할 수 있도록 과도하게 복잡해지지는 않았다. 이러한 솔로이스트들 역시 매우 뛰어난 인물들이었다. 1950년대 초, 가장 힘든 시기에 밴드를 소규모로 줄여야 했던 상황에서도 베이시는 여전히 클라크 테리, 워델 그레이, 버디 드프랑코, 서지 샬로프 등과 같은 인물들에게 도움을 청할 수 있었다. 그는 다시 빅 밴드를 조직한 후, 강한 개성과 연주력을 지닌 음악가들로 밴드를 신중하게 구성했다. 예를 들어, 에디 "락조" 데이비스는 재즈 전통에 깊이 뿌리를 둔 현대적 솔로이스트로, 소니 롤린스나 존 콜트레인의 시대에 가려져 그 진가가 저평가되었지만, 매우 인상적인 연주자였다. 쌔드 존스는 유명한 존스 형제 중 한 명으로, 훗날 자신만의 빅 밴드를 이끌게 되지만, 1950~60년대에는 베이시 밴드에서 또렷한 솔로와 탁월한 편곡을 제공했다. 마셜 로얄Marshall Royal은 그의 형 어니 로얄Ernie Royal이 1946년 베이시와 함께 일했으며, 우디 허먼, 엘링턴, 켄튼, 길 에번스와도 협업한 유명한 트럼펫 주자다. 마셜은 달콤쌉싸름한 알토 톤과 절제된 스윙 감각으로 연주했으며, 엄격한 성격을 가진 규율 담당자로서 밴드의 질서를 유지하는 역할을 맡았다. 조 윌리엄스Joe Williams는 1954년부터 1961년까지, 그리고 이후에도 간헐적으로 베이시와 함께했으며, 1955년 〈Every Day I Have the Blues〉에서 보여준 그의 연주는 큰 주목을 받았다. 깊고 풍성한 보이스로 블루스와 가스펠의 뿌리에 기반을 두되, 고급스러운 무대 매너를 겸비한 이중적 매력을 지닌 보컬리스트였다. 또한 프랭크 포스터, 프랭크 웨스Frank Wess, 그리고 무엇보다도 프레디 그린과 같은, 밴드의 중추적 인물들도 있었다. 프레디 그린은 '구약 밴드Old Testament' 시절부터 베이시와 함께한 리듬 기타리스트로, 그의 활동 기간은 무려 반세기에 이르렀다.

모던 재즈 시대에도 소수의 리더들이 빅 밴드에 대한 비슷한 비전을 추구했다. 해리 제임스의 말년 작품은 부당하게 저평가되었지만, 그는 베이시

스타일의 강력한 스윙 밴드를 이끌며 활동을 이어갔다. 그는 이 밴드를 라스베이거스 공연과 무도회 계약을 통해 유지했고, 때때로 미국 동부나 해외 무대로 나가며 생명력을 이어갔다. 레스 브라운Les Brown이나 닥 세버린슨Doc Severinsen이 이끄는 다른 빅 밴드들은 텔레비전 프로그램의 하우스 밴드로 출연하며 안정적인 수입과 장기적인 생존 기반을 확보했다. 이를 통해, 시청자들은 이 밴드 안에 숨겨져 있던 뛰어난 연주자들의 재능을 가끔씩 엿볼 수 있었다. 그러나 이런 식의 장기 생존은 매우 드물었다. 당시 대부분의 재즈 오케스트라는 수년이 아니라 몇 주 또는 몇 달, 심지어 단 하루의 녹음만을 위해 존재했기 때문이다. 모던 재즈의 주요 인물들인 마일즈 데이비스, 셀로니어스 몽크, 디지 길레스피, 찰리 파커, 찰스 밍거스 등도 한때 대편성 앙상블을 이끌어 보려는 시도를 했으나, 이는 모두 일시적 실험에 그쳤다. 이들의 경력은 주로 스몰 콤보 환경에서 꽃피웠기 때문이다. 또한, 많은 유명 편곡가들도 자신들의 음악을 실현하기 위해 빅 밴드 지휘에 도전했지만, 그 결과는 때때로 창의적이었으나 재정적으로는 거의 지속 가능하지 않았다. 1952년부터 1957년까지, 노보, 굿맨, 쇼를 위해 글을 써온 에디 소터는 도시와 밀러와 함께 일했던 또 다른 빅 밴드 출신 빌 피니건Bill Finegan과 협업했다. 두 사람은 '소터-피니건 밴드'를 결성해, 독특한 악기 사용과 확장된 리듬 섹션의 혁신적 활용으로 주목을 받았다. 그러나 이 밴드는 소규모 그룹을 선호하던 당대 재즈 문화 속에서는 생존할 수 없었다. 퀸시 존스 또한 1950년대에 세계적 수준의 재즈 오케스트라를 이끌었으나, 경제적 어려움 속에서 결국 이를 포기할 수밖에 없었다. 그는 훗날 이렇게 회상했다. "우리는 세상에서 가장 뛰어난 재즈 밴드를 갖고 있었지만, 말 그대로 굶고 있었다."[166] 이후 존스는 마이클 잭슨의 메가 히트 앨범《Thriller》의 총괄 프로듀서로서 세계적인 명성을 얻었고, 이는 아무리 혁신적인 재즈 오케스트라일지라도 결코 제공할 수 없었던 부와 명예를 가져다주는 발판이 되었다.

후기에는, 몇몇 빅 밴드 리더들(돈 엘리스Don Ellis, 메이너드 퍼거슨, 버디 리치)이 새로운 음악적 흐름을 받아들임으로써 더 큰 성공을 거두거나 더 오랫동안 활동할 수 있었다. 이들은 록, 퓨전, 전자 음악, 변박자, 그리고 젊은 청중을 겨냥한 대중적 혹은 기발한 형태의 음악 등을 통해 변화를 모색했다. 다른 일부 밴드들은 활동 반경을 지역으로 제한하면서 생존을 도모했다. 이들은 정기적 혹은 반정기적인 공연을 통해 운영비를 충당했다. 이러한 시티 밴드city bands(지역 기반 밴드)는 이전 시대의 지역 순회 밴드territory bands와는 구별된다. 예를 들어, 허브 포머로이Herb Pomeroy의 보스턴 기반 밴드, 워싱턴 D.C.의 디 오케스트라The Orchestra, 토론토의 롭 매코넬Rob McConnell이 이끄는 보스 브라스Boss Brass 등이 있었다. 로스앤젤레스는 특히 인상적인 지역 기반 빅 밴드의 중심지였다. 이들은 남부 캘리포니아를 거의 벗어나지 않았지만, 수준 높은 연주를 선보였다. 대표적으로, 제럴드 윌슨Gerald Wilson, 테리 깁스Terry Gibbs, 로이 포터, 밥 플로렌스Bob Florence, 마티 페이치Marty Paich, 빌 홀먼, 빌 베리Bill Berry, 클레어 피셔Clare Fischer, 그리고 프랭크 캡Frank Capp과 냇 피어스Nat Pierce가 공동으로 이끈 밴드 등이 있었다. 뉴욕 역시 단명短命한 다채로운 빅 밴드들이 나타났는데, 이들은 대부분 원곡 중심의 프로그램을 선보였지만, 일부는 1930~40년대 등 재즈의 황금기 사운드를 재현하는 레퍼토리 중심의 밴드이기도 했다.

1960년대 중반부터 1970년대 후반까지, 쌔드 존스-멜 루이스Mel Lewis 밴드는 뉴욕의 빅 밴드들 가운데 가장 찬사를 받고, 가장 정제된 연주를 선보인 밴드로 손꼽혔다. 이 밴드는 1965년 말에 리허설 밴드로 출발했으며, 이듬해 2월에는 뉴욕의 유명 재즈 클럽 빌리지 뱅가드Village Vanguard에서 월요일 밤 정기 공연을 따내게 된다. 연주자들은 초기에 단 17달러의 출연료를 받았고, 밴드의 인기가 증명된 이후에는 18달러로 소폭 인상되었다. 이는 대공황 시대 대형 빅 밴드 리더들이 지급하던 임금과 거의 같은 수준이었다. 그럼에도 불구하고, 쌔드 존스와 멜 루이스는 뉴욕 최고의 연주자들과 작·편곡가들을 자신들의 밴드로 끌어들였다. 리드 섹션에서는, 조 패럴Joe Farrell, 에디 대니얼스Eddie Daniels, (후기에는) 빌리 하퍼Billy Harper, 그레고리 허버트Gregory Herbert, 또한 베테랑 연주자인 페퍼 애덤스Pepper Adams, 제리 도지언Jerry Dodgion, 제롬 리차드슨Jerome Richardson이 함께했다. 브라스 섹션에는, 리더인 쌔드 존스 본인을 중심으로, 트롬본에 밥 브룩마이어Bob Brookmeyer, 지미 네퍼Jimmy Knepper, 트럼펫에 스누키 영Snooky Young, 존 패디스Jon Faddis, 마빈 스탬Marvin Stamm, 빌 베리가 참여했다. 리듬 섹션에는, 드럼에 리더 멜 루이스, 피아노에 초기에는 행크 존스(쌔드 존스의 형), 이후에는 롤랜드 한나Roland Hanna, 월터 노리스Walter Norris, 해럴드 단코Harold Danko, 짐 맥닐리Jim McNeely, 베이스로는 리차드 데이비스Richard Davis, 그리고 1970년대 초에는 조지 므라즈George Mraz가 있었다.

이 밴드의 흠잡을 데 없는 연주력은 뛰어난 편곡 라이브러리에 의해 뒷받침되었다. 리더인 쌔드 존스는 카운트 베이시를 위해 썼던 여러 편곡을 가지고 왔으며, 그의 작곡은 섬세한 자장가풍 왈츠인 〈A Child Is Born〉에서부터, 거칠고 강렬한 뉴욕 스타일의 〈Central Park North〉에 이르기까지, 매우 폭넓은 정서를 아우르는 작품들을 포함하고 있었다. 밥 브룩마이어도 다수의 주요 작품을 제공했는데, 이는 재즈 역사상 가장 오래된 스탠다드 곡들에 대한 야심찬 재해석 시리즈였다. 예컨대, 〈St. Louis Blues〉(1914년 작), 〈Willow Tree〉(1928년 작), 〈Willow Weep for Me〉(1932년 작) 등이 있다. 1979년 초, 쌔드 존스는 덴마크 코펜하겐의 국영 라디오 오케스트라의 지휘자로 초빙되어, 밴드를 떠났다. 이후, 멜 루이스는 1990년 2월 사망하기 직전까지, 매주 월요일 밤 빌리지 뱅가드 공연을 이어가며 밴드를 이끌었다. 하지만 그의 죽음 이후에도 밴드는 해체되지 않았고, 뱅가드 재즈 오케스트라Vanguard Jazz Orchestra라는 협동조합 형태의 새로운 이름으로 살아남았다. 이 오케스트라는 맨해튼에서 가장 전통 있고 존경받는 재즈 공연장인 빌리지 뱅가드에서 주 1회 공연 전통을 계속해서 유지하고 있다.

1970년대, 주류 대형 재즈 앙상블 중 선두 자리를 차지하고 있던 쌔드 존스-멜 루이스 오케스트라의 우위를 실제로 위협한 유일한 존재는 다른 도시 기반의 이중 리더 밴드였다. 바로 아키요시 토시코-루 타바킨 빅 밴드로, 이 밴드는 1973년부터 1982년까지 미국 서부에서 활동하며 큰 성공을 거두었다. 아키요시 토시코秋吉敏子는 재즈 세계에서 매우 이례적인 인물이었다. 그녀는 중국에서 태어나 일본에서 성장한 아시아계 여성으로, 본래 미국 남성 중심의 영역이었던 재즈 현장에서 명성을 얻은 드문 사례였다. 그녀는 버드 파월의 영향을 받은 고도로 숙련된 피아니스트였으며, 밴드의 거의 모든 곡을 직접 작·편곡했다. 특히, 아키요시는 스콧 조플린이나 듀크 엘링턴이 자신의 아프리카계 미국인 정체성에서 예술적 영감을 얻었던 것처럼, 자신의 일본적 유산을 창작에 적극 활용했다. 그녀의 편곡은 특히 리드 섹션의 섬세하고 다채로운 운용에서 빛났는데, 단원들은 여러 악기를 연주할 수 있었으며, 총 열일곱 가지의 악기를 연주할 수 있었다고 전해진다. 예를 들면, 〈The First Night〉에서는 다섯 개의 플루트를 사용해 화성을 구성했고, 〈American Ballad〉에서는 두 개의 플루트, 두 개의 클라리넷, 베이스 클라리넷을 혼합했다. 밴드의 공동 리더이자 아키요시의 남편인 루 타바킨Lew Tabackin은 가장 눈에 띄는 솔로이스트였다. 그는 고전 음악적 감각이 배어 있는 플루트 연주, 그리고 소니 롤린스 스타일의 테너 색소폰 연주로 크게 기여했다. 또한 밴드는 과소 평가된 트럼펫 연주자 바비 슈Bobby Shew의 역량도 크게 활용했다. 그는 트럼펫과 플루겔혼을 넘나들며 연주했으며, 완벽한 기교에 더해 살짝 흐릿하면서도 풍부한 톤으로 자신만의 색을 더했다. 1982년, 아키요시는 뉴욕으로 이주한 뒤 새로운 멤버들로 밴드를 재구성했고, 루 타바킨은 계속해서 간판 솔로이스트로 활동했다. 그리고 2003년, 그녀는 이 대편성 밴드를 공식적으로 해체했다. 그러나 그녀가 이끈 30년에 걸친 활동은 단지 뛰어난 예술성뿐만 아니라, 모던 재즈 시대에 대편성 밴드가 겪어야 했던 경제적 제약에 대한 도전이라는 점에서도 중요한 의미를 지닌다. 그녀의 밴드는 예외적으로 장기 지속되었으며, 이는 이 시대에 매우 보기 드문 일이었다.

아키요시 토시코의 사례가 유일한 것은 아니었다. 마리아 슈나이더Maria Schneider는 21세기 초 재즈계의 창작적 격변과 재정적 현실을 동시에 보여 주는 흥미로운 사례로 꼽힌다. 슈나이더는 수많은 도전에 직면하면서도 꾸준히 자신의 역량을 갈고닦았고, 수준 높은 리더 앨범 여섯 편 이상을 통해 자신만의 청중층을 구축해 왔다. 그녀는 그래미상 수상자이며, 현대 작곡가 및 편곡가 순위에서 지속적으로 상위권에 오르는 인물이지만, 그럼에도 메이저 음반사와의 계약은 단 한 번도 체결한 적이 없다. 최근 몇 년간, 그녀는 팬들의 후원에 기반한 새로운 비용 분담 방식에 의존하고 있다. 이는 아티스트쉐어ArtistShare라는 플랫폼이 개척한 혁신적인 모델로, 아티스트가 팬들과 직접 소통하며 제작 자금을 확보하는 방식이다. 빅 밴드가 미국에서 가장 고액을 받는 음악가들이 활동하던 무대였고, 가장 안정적인 일자리를 제공하는 곳이었던 스윙 시대와 비교하면, 얼마나 엄청난 반전인가!

마리아 슈나이더는 1960년 미국 미네소타주 윈덤에서 태어났으며, 경력 초기에 길 에반스와 밥 브룩마이어의 멘토링을 받았다. 이 두 거장에게서 영향을 받은 그녀의 음악은 다채로운 음색과 재즈 어법에 대한 유려하고 여유로운 감각을 잘 반영하고 있다. 슈나이더는 섬세하게 구성된 사운드스케이프에 웅장한 선율과, 감정을 숨기지 않는 직접적인 표현력을 결합하는데, 이는 과거였다면 틴 팬 앨리의 인기 작곡가가 되었을 법한 특징이다. 그러나 그녀는 단순한 감성 표현에 머무르지 않고, 곡의 구조와 질감을 대담하게 설계함으로써, 전통적인 빅 밴드 형식 속에 신선한 가능성을 제시한다. 슈나이더와 비교할 만한 인물은 과거의 재즈 오케스트라 리더들보다도, 오히려 아론 코플랜드나 조지 거슈윈 같은 진보성과 대중성을 동시에 겸비한 클래식 작곡가들에 가깝다. 이들은 음악 학위 없이도 즐길 수 있는 작품들로 시대를 앞서갔으며, 슈나이더 역시 그러한 전통을 계승하고 있다. 대표 작품들로는, 〈Evanescent〉, 〈Evanescence〉(1992년 동명의 앨범에 수록), 〈Three

Romances〉(《Concert in the Garden》에 수록), 〈Cerulean Skies〉 및 〈The Pretty Road〉(2007년 아티스트쉐어에서 발매한 《Sky Blue》에 수록)가 있다. 이러한 작품들을 통해, 슈나이더는 현대의 듀크 엘링턴 또는 길 에번스의 계승자로 평가받는다. 그녀는 치밀하게 구성된 작곡의 복잡성과 귀에 잘 들어오는 선율성을 절묘하게 균형 잡는 능력을 지녔으며, 이는 동시대 어떤 작곡가도 쉽게 흉내 내기 어려운 특징이었다. 흥미로운 점은, 이 곡들이 할아버지·할머니 댁의 낡은 업라이트 피아노로 연주되어도 빛을 발할 만큼 구조적으로 탄탄하고 아름답지만, 그녀의 풍부한 오케스트레이션 능력 덕분에 특히 빅 밴드라는 대편성 형식에 최적화되어 있다는 것이다.

마리아 슈나이더와 같은 뛰어난 예술가가 자신의 빅 밴드를 유지하기 위해 고군분투해야 한다는 현실은 21세기 음악 경제의 비극 중 하나이다. 그러나 동시에 이것은 그녀의 집요한 의지와, 재즈 분야에서 새롭게 등장한 유연한 비즈니스 모델(예: ArtistShare) 덕분에, 극도로 열악한 재정적, 문화적 환경 속에서도 정상에 오른 사례이기도 하다. 오늘날 빅 밴드 재즈는 성공 사례가 드문 분야이다. 그런 가운데, 슈나이더는 누구보다도 이 전통을 생기 있고 미래지향적으로 유지하는 데 앞장서고 있다. 그녀는 돈 레드먼, 듀크 엘링턴, 플레처 헨더슨, 베니 카터 등 20세기 초 재즈 오케스트라의 선구자들이 열었던 길을, 백 년 가까이 지난 오늘날까지도 이어가고 있는 인물이다. 슈나이더는 또한 재즈의 경계를 넘어선 활동을 통해 더욱 널리 알려졌다. 록스타 데이비드 보위David Bowie와 함께한 강렬한 녹음(그의 2016년 사망 직전 작업)은 장르 간 협업의 상징적 사례로 평가된다. 그리고 소프라노 던 업쇼Dawn Upshaw와의 협업 작품 《Winter Morning Walks》는 2014년 클래식 작곡 부문 그래미상을 수상, 슈나이더가 클래식 음악계에서도 인정받는 작곡가임을 보여주었다. 사실, 슈나이더는 자신의 오케스트라 없이도, 혹은 빅 밴드라는 형식 자체를 벗어나서도, 충분히 성공할 수 있는 프리랜서 작곡가 겸 편곡가로 활동할 수 있다. 예컨대, 오페라, 할리우드 영화 음악, 브로드웨이 뮤지컬 같은 분야에서도 활약할 자질을 갖추었다. 하지만 만약 그녀가 그러한 분야로 전향한다면, 이는 재즈계에 있어 큰 손실이 될 것임이 분명하다.

슈나이더의 영향력은 (자신의 곡에 록의 색채를 더한) 다시 제임스 아규Darcy James Argue, (슈나이더의 솔로이스트이기도 했던 여동생 잉그리드가 종종 녹음에 등장하는) 크리스틴 젠슨Christine Jensen, (자신의 사운드스케이프에 더 많은 미니멀리즘을 통합한) 조셉 C. 필립스 주니어와 같은 새천년의 다른 유망한 밴드 리더들의 작업에서 감지되기도 한다. 그러나 오늘날 대부분의 재즈 음악가들과 청중에게, 빅 밴드는 예술 표현의 수단이라기보다는, 역사 교육의 도구로 여겨진다. 이러한 경향이 완전히 새로운 것은 아니다. 1938년 베니 굿맨의 카네기 홀 콘서트 이후로, 빅 밴드를 통해 재즈의 역사를 서사적으로 전달하는 시도는 꾸준히 존재해 왔다. 하지만 오늘날에는 이런 역사 중심의 접근 방식이 주류로 자리 잡으며, 빅 밴드 음악에 대한 인식 자체를 형성하는 데 큰 영향을 미치고 있다. 대표적인 제도권 기관들도 이러한 흐름에 일조하고 있다. 스미소니언 협회, 카네기 홀, 특히 중심적인 역할을 하고 있는 재즈 앳 링컨 센터 등은 대형 재즈 앙상블의 역할을 보존과 재현으로 정의하며, 현대적 창작보다는 과거 명작의 기념과 재공연에 무게를 두고 있다. 오늘날 미국에서 가장 많은 빅 밴드가 존재하는 장소는 대학 캠퍼스이다. 많은 학생 빅 밴드는 전문 밴드에 버금가는 연주력을 지녔으며, 십대 및 청년 세대가 재즈라는 예술 형식에 입문하는 주요 통로 역할을 하고 있다. 이는 축소되어 가는 빅 밴드 생태계 속에서 드문 성장 영역이지만, 그 영향력은 미래지향적 창작보다는 전통 보존에 더 가까운 역할로 제한될 가능성이 크다. 결국 재즈 빅 밴드도 교향악단과 유사한 길을 걸을지도 모른다. 즉, 리더들이 새로운 작품보다는 기존 명곡을 재현하는 데 중심을 두는 방향으로 옮겨갈 가능성이 있다.

하지만 재즈 세계의 변화된 상황을 고려할 때, 이러한 현실이 정말로 놀라운 일일까? 최근 몇 년 동안, 재즈 역사상 처음으로, 재즈 발전의 주요 개척자 대부분이 이제는 역사책 속이나 음반 크레딧에 등장하는 이름들에 불과하게 되었다. 그리고 이 거장들의 연주를 실제로 들어본 경험이 있는 세대조차 이제는 점점 줄어들고 있다. 빅 밴드 음악의 관습을 개발하고 다듬어온 이들이 사라진 지금, 이들이 만들어낸 풍부한 전통의 지속 가능성은 그 유산을 널리 알리고 보존하려는 제도적 노력에 크게 의존하게 되었다. 이러한 변화에 대해 한탄하는 것은 오늘날 수많은 재즈 빅 밴드가 고등학교나 대학에 상주하고 있다는 사실을 안타까워하는 것만큼이나 무의미한 일이다. 오히려 이것은 재즈가 주류 문화 속으로 성공적으로 진입했음을 보여주는 신호이지, 실패의 징후가 아니다. 재즈 교육 그 자체는 문제가 아니다. 다만, 교육이 우리의 관심을 지나치게 지배하여 동시대의 창의적 작업이 억눌리는 경우에만, 그것은 문제가 될 수 있다. 마찬가지로, 재즈의 역사를 무시하거나 버리는 것 역시 해결책이 될 수 없다. 결국, 재즈 전통 전반, 특히 빅 밴드 재즈가 문화적 힘으로서 의미 있는 방식으로 살아남기 위해서는, 바로 이러한 강력한 역사적 의식이 반드시 필요하다.

유일한 위험, 그리고 매우 현실적인 위험은 우리가 과거에 대한 존중에 눈이 멀어, 미래의 요구를 외면하게 되는 것이다. 문화유산에 대한 책임과 그것의 지속적인 진화 사이에서 균형을 찾는 두 번째 과제는, 현재의 재즈 역사 서술이 다루는 범위를 넘어선다. 역사 서술이라는 특성상, 이 작업은 어떤 역사적 탐구가 끝나는 지점에서 시작되기 때문이다. 하지만 독자들은 경계해야 한다. 음악의 사회적 의미가 어떻게 진화해 왔는지, 그리고 재즈가 앞으로 어떤 관련성을 가질 수 있을지에 대한 질문은 결코 우리의 논의에서 멀리 떨어져 있지 않으며, 이 책의 마지막 부분에서도 조용히 배경 속에 잠재해 있을 것이다. 왜냐하면 재즈 세계는 더 넓은 예술적 흐름의 축소판으로서, 현대에 들어서며 음악의 사회적 및 미학적 역할이 점점 불확실해지고 있기 때문이다. 예술의 목적에 대한 상충하는 비전들이 충돌하고, 스타일은 점점 더 파편화되면서, 이런 긴장감 속에서는 모든 의제들이 의심받게 된다. 심지어 음악의 역사라는 개념 자체, 즉 우리가 일반적으로 역사 서술과 연관 짓는 엄숙하고 연대기적인 전개 방식조차 논쟁의 여지가 있는 것이 된다.

7

재즈 스타일의 파편화

트래드 재즈와 쿨 재즈

비밥의 우세는 필연적으로 도전을 불러일으켰다. 그것은 의도 면에서 너무도 급진적이고, 기존의 관습을 대놓고 거스르는 음악이었기에, 거의 극적인 반응을 유도할 수밖에 없었다. 하지만 가장 놀라운 점은 그러한 반작용이 동시에 매우 다양한 방향에서 쏟아졌다는 사실이었다. 스윙 시대의 베테랑들이 비밥 연주자들에게 격렬한 반격을 가하리라는 예상은 있었고, 실제로 그들은 맹렬하게 반격했다. 그러나 덜 예상된 것은 1940년대 후반과 1950년대에 걸쳐 전통 재즈가 눈에 띄게 부활했다는 점이었다. 이는 루 워터스Lu Watters와 피트 파운틴Pete Fountain 같은 인물들이 비밥의 불꽃을 잠재우고자 한 결과였다. 또 다른 이들은 "쿨 재즈"라는 이름 아래, 비밥의 격정을 누그러뜨릴 새로운 미학을 현대 재즈에 제시하려 했다. 그리고 1950년대가 진행됨에 따라, 하드 밥, 웨스트 코스트 재즈, 소울 재즈, 모달 재즈, 써드 스트림 재즈, 프리 재즈와 같은, 다양한 대안 스타일이 등장했고, 각 양식마다 열렬한 지지자들이 생겨났다.

재즈 전문 언론에서는, 이제 인터뷰와 음반 리뷰 사이사이에 다양한 즉흥 음악 형식들의 "정당성"에 대한 논쟁적 글이나 철학적 고찰이 끼어들기 시작했다. 가장 흔한 반박 방식은 비밥의 등장 이래로 계속되어 온 전통적인 접근법이었는데, 그것은 바로 상대의 음악이 "진짜 재즈"가 아니라고 부정하는 것이었다. 냉전 시기의 분위기 속에서, 재즈 팬들은 서로 다른 진영으로 나뉘었고, 그 진영들마저도 마치 교외 부동산 개발처럼 빠르게 세분화되었다. 물론, 재즈는 최소한 버디 볼든 시대 이후로, 늘 논쟁의 대상이었다. 그러나 이제 그 논쟁은 거의 전적으로 재즈 팬들 사이에만 국한되어 있었고, 외부의 일반 대중은 별 관심을 보이지 않았다. 대중은 이미 바비삭서와 방공호,* 텔레비전과 3D 영화, 현악 오케스트라의 반주를 받는 팝 가수들, 그리고 로큰롤의 열광적인 소리 등 다른 관심사로 옮겨가 있었다. 이런 시대적 맥락 속에서, 재즈는 주류 엔터테인먼트 산업의 변두리에서 간신히 생존하는 하위문화가 되어버렸다.

한편, 재즈 평론가들은 재즈의 미래에 대해 논쟁을 벌였다. 재즈는 핫할 것인가, 쿨할 것인가? 동부에서 나올 것인가, 서부에서 나올 것인가? 조성에 충실할 것인가, 아니면 코드라는 폭정에서 자유를 요구할 것인가? 그러나 가장 반동적인 일부 팬들에게는, 이러한 미래에 대한 집착 자체가 비난의 대상이었고, 과거로의 회귀가 오히려 강조되었다. '전통 재즈traditional jazz' 혹은 '트래드 재즈trad jazz'라 불리기도 하고, '뉴올리언스 재즈'나 '시카고 재즈'라는 이름을 쓰기도 하며, 또는 '딕시랜드'라 칭하는 등 다양한 이름 아래, 오래된 재즈 스타일의 사운드가 점점 더 인기를 끌었다. 전통 재즈 부흥의 첫 조짐은 이미 1930년대 후반부터 나타났지만, 이 움직임이 본격적인 탄력을 얻은 것은 그로부터 십 년 뒤였다. 그 시점에 이르면, 일부 계층, 즉 일반 대중은 물론, 많은 재즈 팬들과 연주자들 사이에서도, 비밥에 대한 반감이 커지면서, 이러한 뿌리로의 회귀는 단순한 향수의 표현을 넘어서게 된다. 이 흐름은 하나의 운동으로 응집되었고, 심지어 비밥 세대가 주장했던 혁명적 이념 일부를 차용하기까지 했다. 즉, 트래드 팬들은 단순히 자신들이

---

* 방공호bomb shelters: 냉전 시기 핵전쟁에 대비해 지은 방공호 또는 핵 대피소를 의미한다. '바비삭서와 방공호'라는 표현은 1950년대 미국 사회의 대중문화(십대 문화)와 냉전 불안(핵전쟁 공포)을 대비적으로 보여주는 상징적 문구이다.

좋아하는 음악을 듣는 데서 그치지 않고, 그것을 이상적 모델로 제시하며 그 우월성을 주장했고, 다른 진영의 "적"에 대항하는 도구로 삼으려 했다. 이는 몇 년 전 비밥 지지자들이 했던 방식과 매우 유사했다. 재즈 언론은 이러한 적대감을 더욱 부추겼으며, 마치 권투 흥행사처럼 서로 다른 진영을 맞붙이는 식의 논조로 보도했다. 공연 기획자들 역시 이를 따라, 비밥 연주자들과 전통 재즈 연주자들 간의 음악 "대결"을 기획하기도 했다. 물론 몇몇 인사들은 이러한 대립에서 벗어나려 했다. 예를 들어, 찰리 파커는 여러 인터뷰에서 옛 스타일의 연주자들에 대해 칭찬하는 말만 했다. 그러나 대부분의 팬들과 연주자들, 평론가들, 기획자들은 어쩔 수 없이 어느 한 편에 서야 한다는 압박감을 느꼈다.

이러한 뿌리로의 회귀는 1930년대 말, 젤리 롤 모튼과 시드니 베셰이의 음악 활동 부활에서 시작된다. 이와 같은 시기에, 재즈 역사가들은 잊혀진 트럼펫 연주자 벙크 존슨에게 주목했고, 그는 뉴올리언스 출신이라는 이력을 발판으로 삼아 1940년대에 잠시 유명세를 타게 된다. 물론 시간이 지나면서, 존슨이 재즈 역사에 대해 했던 여러 주장과 발언들은 대부분 허풍에 가까운 것으로 드러났고, 그의 트럼펫 연주는 루이 암스트롱이나 바이더벡을 잊게 만들 만큼 뛰어나지도 않았다. 하지만 그가 일종의 작은 유명인으로 떠오른 사실만으로도, 당시의 전통 재즈 부흥 운동이 얼마나 강력한 흐름이었는지를 보여준다. 한때 무명의 이류 연주자였던 벙크 존슨조차도 광범위한 지지를 받을 수 있었던 것이다. 이후, 존슨의 뒤를 따르는 인물들이 여럿 등장했다. 예컨대, 조지 루이스George Lewis는 한때 미시시피강에서 부두 노동자로 일하던 인물이었지만, 다시 클라리넷을 손에 들고 1942년 존슨과 함께한 세션에서 간결하면서도 우아한 연주를 선보였다. 이 인연은 그가 단독 리더로 활동하며 녹음하고 공연할 기회를 이어가게 했다. 또한, 키드 오리는 닭 농장과 철도 사무소에서 일하며 음악계를 떠나 있었지만, 1942년에 다시 무대에 복귀해 그 후 25년간 관객을 즐겁게 했고, 은퇴 후에는 하와이에서 조용히 살게 된다. 이 모든 것은 예기치 못했던 음악 경력의 재도약 덕분이었다. 이처럼, 재즈 초기의 생존자들은 이제 장로 중심 사회의 원로들처럼 존경과 숭배의 대상이 되었다. 한때는 단순한 연주자, 때로는 아예 직업조차 없었던 이들이 갑작스레 '역사적 인물'로 떠오른 것이다.

전통 재즈 베테랑 연주자들과 함께한 것은, 거의 처음부터 뉴올리언스 출신이 아님에도 불구하고, 오래된 사운드에 대한 열정만으로 참여한 '뉴올리언스 부흥주의자들'이었다. 미국 서부 해안에서는, 캘리포니아 출신의 루 워터스가 1940년에 전통 재즈 그룹인 예르바 부에나 재즈 밴드Yerba Buena Jazz Band를 결성했고, 이 밴드는 광범위한 팬층을 얻으며 큰 인기를 끌었다. 같은 밴드에서 활동하던 터크 머피Turk Murphy는 1947년에 자신만의 전통 재즈 그룹을 결성해 그보다 더 큰 인기를 누렸다. 머피의 밴드는 카네기 홀 무대에 올랐고, 해외 투어도 광범위하게 수행했으며, 수십 년간 변화하는 다양한 재즈 유행 속에서도 건재했다. 한편, 1937년 말에는 바비 해킷이 그리니치 빌리지에 위치한 재즈 클럽 닉스Nick's에서 밴드를 이끌기 시작했다. 이곳은 모던 재즈가 철저히 배척되던 곳이었다. 트럼펫 연주자였던 해킷은 뉴올리언스-시카고 시대의 원로들보다 십 년은 젊었지만, 선율에 대한 확고한 감각과 고양된 음색으로 빠르게 주목받았다. 그와 자주 함께 연주했던 에디 컨던 역시 재즈 부흥주의자로서 유사한 성공을 거두었으며, 그는 단지 유행을 좇는 이들과 달리, 재즈의 역사와 보다 실질적인 연관성을 지닌 인물이었다. 컨던은 닉스에서 1944년까지 활발히 연주했고, 이후에는 자신만의 클럽을 열어 활동을 이어갔다. 이 외에도, 피 위 러셀, 버드 프리먼, 에드먼드 홀, 미프 몰, 지미 맥파틀랜드, 맥스 카민스키 등 많은 숙련된 연주자들이 전통 재즈 스타일의 부흥과 함께 활발히 활동했다. 물론, 이러한 재즈 부흥 음악의 많은 부분은 진부함으로 흐르기 쉬웠다. 한 평론가는 이를 두고 "빅토리아 시대에 재즈가 존재했다면 이런 소리였을 것"이라고 야유하기도 했다. 하지만 이 운동이 최고의 순간을 발휘했을 때는, 신선하고 생기 넘치는 연주를 만들어낼 수 있었다. 예컨대, 와일드 빌 데이비슨Wild Bill Davison 이 1943년 11월에 러셀과 조지 브루니스George Brunis와 함께 코모도어 Commodore 레이블에서 남긴 세션 또는 먹시 스패니어의 1939년 녹음은 킹 올리버의 크리올 재즈 밴드에 비견될 정도로 빛났고, 당대에 큰 영향을 미쳤다. 한때 논쟁의 중심에 있었던 벙크 존슨의 녹음조차도, 그 속의 생기와 자유로운 상호 작용을 감상하면, 오늘날 들어도 충분히 가치 있다. 이제는 그것을 어떤 주장의 증거로 보지 않고 그 자체로 즐길 때, 그 진가가 드러난다. 진심으로 귀 기울여 들을 준비가 된 이들에게, 그러한 시도들은 재즈가 좋은 음악이 되기 위해 반드시 발전해야 한다는 통념을 없애버렸다.

트래드 재즈의 부흥은 빠르게 해외로 퍼져나갔고, 어떤 경우에는 미국보다 현지의 취향과 인재들에게 더 큰 영향을 미치기도 했다. 특히, 영국의 재즈 현장은 험프리 리틀턴Humphrey Lyttelton, 크리스 바버Chris Barber, 켄 콜리어Ken Colyer 등의 연주자들에 의해 활기를 띠었다. 프랑스의 클라리넷 연주자 클로드 루터Claude Luter는 시드니 베셰이가 유럽으로 이주한 이후 그의 영향 아래 놓이게 되었고, 그와 함께 유럽 대륙에서 뉴올리언스 재즈의 불꽃을 지켜냈다. 스톡홀름, 로마 등지의 수많은 전통 재즈 연주자들 또한 그 흐름에 동참했다. 한 추산에 따르면, 유럽의 재즈 클럽 가운데 약 절반 정도가 결국 전통 재즈 스타일을 전문적으로 다루게 되었다. 그러나 이러한 움직임은 유럽에만 국한되지 않았다. 멜번에서부터 부에노스아이레스에 이르기까지, 다른 대륙의 연주자들 또한 이 운동에 합류했다. 후대의 어떤 재즈 스타일보다도, 뉴올리언스와 시카고의 투스텝 싱커페이션은 재즈 음악이 지닌 보편적 매력을 입증해 보였다.

하지만 초기 재즈가 다시 한 번 주요한 음악적 흐름으로 부상했다는 가장 설득력 있는 신호는 1947년에 나타났다. 그해는 비밥이 승리를 거두던 시기였지만, 루이 암스트롱은 거의 20년간 이어온 빅 밴드 활동을 접고, 전통적인 뉴올리언스 스타일로의 복귀를 선언하며 큰 주목을 받았다. 암스트롱은 물론 이 음악을 진심으로 사랑했지만, 동시에 변화하는 관객의 취향에 민감한 예술가로서, 부흥 운동이 상업적 잠재력을 지녔다고 판단했기에 그런 선택을 했던 것이다. 이듬해, 얼 하인즈 역시 암스트롱의 결정을 따랐다. 그는 자신의 스윙 오케스트라를 해체하고, 암스트롱의 콤보에서 피아니스트로 활동하기 시작했다. 전통 재즈 연주자였으나 빅 밴드로 옮겼던 잭 티가든 역시 발걸음을 되돌렸다. 그는 1947년 암스트롱과 합류했고, 1951년에는 자신만의 딕시랜드 콤보를 조직했다. 일부 재즈 모더니스트들은 이들 선구자들과 그들의 팬들을 폄하하며, 시대에 뒤떨어진 스타일을 고수하는 사람들을 "곰 팡이 핀 무화과"라는 경멸적인 용어로 부르기도 했다. 그러나 암스트롱, 티가든, 하인즈, 베셰이에게 이러한 비난은 분명 잘못된 평가였다. 이들이 중년에 선택한 전통으로의 회귀는 그들의 음악에 새로운 활력을 불어넣는 계기가 되었다. 이러한 행보는 단지 복고가 아니라, 오히려 시대의 조류가 너무나도 쉽게 진보라는 이름 아래 흘러가던 시기에, 음악뿐 아니라 전후 사회 전반에 퍼져 있던 안일한 진보 열풍에 대한 일종의 선언이자, 본질로의 회귀였다고 볼 수 있다.

그러나 비밥에 대한 가장 시급하고 본질적인 도전은 과거의 옹호자들로부터 온 것이 아니었다. 곧 "쿨" 운동으로 불리게 된 이 흐름은 비밥 패러다임에 특히 유망한 대안을 제시했다. 이 새로운 흐름은 대부분 1940년대 말에 이십대 초반이었던 젊은 세대에 의해 주도되었으며, 쿨 재즈는 (비밥처럼) 명백한 모더니스트 음악으로, 급진적인 함의를 담고 있었다. 이 쿨 재즈 연주자들은 동시대 음악 경향에 대한 충실한 지향, 실험정신, 순응에 대한 거부감, 재즈를 주류가 아닌 언더그라운드 운동으로 보는 시각 등의 미학적 가치를 비밥 연주자들과 공유했다. 그리고 이들 중 다수는 이미 유명한 비밥 그룹에서 수련을 쌓은 경험이 있었다. 예를 들어, 마일스 데이비스는 쿨 재즈의 대표적 인물로 부상했지만, 이전에는 찰리 파커와 함께 연주하며 그를 멘토로 존경했다. 또한 모던 재즈 쿼텟(MJQ)은 이후 쿨 재즈의 전형적인 앙상블로 찬사를 받게 되지만, 그 시작은 디지 길레스피의 빅 밴드 리듬 섹션이었다. 심지어, 비밥과의 연계가 약했던 제리 멀리건, 스탄 게츠, 폴 데스먼드, 아트 페퍼 같은 인물들조차도 비밥의 광범위한 영향에서 완전히 자유로울 수는 없었다. 이들은 비밥이 그들 세대의 결정적 스타일이라는 사실을 인식했고, 그 언어를 회피하려는 시도조차 결국 비밥에 대한 하나의 해석이나 논평으로 받아들여질 수밖에 없다는 것을 알고 있었다.

데이비스는 1948년 말 찰리 파커의 밴드를 떠났다. 그 결정에는 버드(찰리 파커)의 점점 더 불안정하고 자기 파괴적인 행동에 대한 실망이 작용했다. 이후, 데이비스가 새로운 영감을 얻은 인물은 편곡가 길 에반스였다. 에반스는 여러 면에서 파커의 정반대라 할 수 있었다. 그는 캐나다 시골 출신의 수수하고 내성적인 인물로, 뉴욕의 52번가 재즈 클럽들에 모자를 쓰고 무를 담은 종이봉투를 들고 등장해서, 연주가 진행되는 동안, 그것을 우적우적 씹으며 감상하고는 했다. 데이비스는 자서전에서 그를 이렇게 회고했다. "그는 정말 특이했다. 나는 그때까지 그런 백인은 본 적이 없었다."[167] 에반스는 당시에는 재즈계에서도 이름이 거의 알려지지 않은 인물이었다. 그가 받은 가장 큰 주목은 클로드 쏜힐 오케스트라Claude Thornhill Orchestra에서 보여준, 미래지향적인 편곡 작업 덕분이었다. 이러한 이색적인 만남은 훗날 《Birth of the Cool》(1949~1950)이라는 혁신적인 앨범으로 이어지며, 쿨 재즈의 출발점이 된다.

쏜힐 밴드는 그 자체로 모순된 요소들의 뒤섞임이었다. 이 밴드는 곡에 따라 달콤한 음악과 뜨거운 음악을 오가고, 전위적이면서도 동시에, 향수를 자극하는 극단적인 두 감성을 함께 품고 있었으며, 노골적으로 상업적인 동시에, 재즈를 예술 음악으로 승화시키려는 야망도 갖고 있었다. 폴 화이트먼처럼, 쏜힐 역시 너무 많은 스타일을 넘나든 결과, 자신의 역사적 위치를 오히려 불명확하게 만든 인물일 수 있다. 재즈 역사를 기록하는 이들은 이처럼 다양한 소리의 범위를 어떻게 분류해야 할지 몰라, 종종 쏜힐을 재즈의 보급자, 혹은 재즈계의 클로드 드뷔시 정도로 간단히 정리하고, 각주 수준으로 밀어버리기 일쑤였다. 물론, 쏜힐 밴드는 그의 대표곡 〈Snowfall〉에서 드러나는 반짝이며 인상주의적인 사운드로 가장 잘 알려져 있다. 그러나 그것은 쏜힐 밴드의 일면에 불과했다. 특히, 길 에반스는 이 밴드에 보다 날카롭고 비밥적인 색채를 부여했다. 그는 〈Anthropology〉, 〈Donna Lee〉, 〈Yard-bird Suite〉 같은 모던 재즈 곡들을 대형 빅 밴드 편성으로 옮겨낸 몇 안 되는 편곡자였으며, 그의 작업은 당시에는 드물고 선구적인 시도로 여겨졌다. 이 곡들은 시간이 지나면서 재즈 스탠다드로 자리 잡았고, 이후에 수많은 연주자들이 연습실에서 반복적으로 다듬는 고전이 되었다. 하지만 당시만 해도, 이를 빅 밴드 형식으로 소화하려 한 사람은 아주 소수였고, 에반스는 그 중 한 명이었다.

그러나 길 에반스는 쏜힐 밴드의 더 사색적이고 섬세한 면모를 발전시키는 데에도 탁월한 재능을 보였다. 이후 마일즈 데이비스와 함께한 작업에서도 에반스는 정적인 화성 진행, 프렌치 호른과 튜바 같은 이례적인 악기 사용, 그리고 풍부한 화음 구성 등 쏜힐 밴드에서 다듬은 여러 기법들을 적극적으로 활용했다. 제리 멀리건 또한 쏜힐 밴드에 편곡자로 참여했으며, 나중에는 쏜힐에게서 "다이내믹의 가장 중요한 교훈, 즉 언더블로잉* 기법을 배웠다"고 인정했다. 그는 쏜힐 밴드의 사운드를 "절제된 폭력"이라 묘사했는데, 이는 어쩌면 쿨 재즈 운동 전체의 성격을 잘 표현하는 표현일지도 모른다.[168] 쿨 재즈의 또 다른 핵심 인물인 리 코니츠 역시 1947년 쏜힐 밴드에서 활동했다. 이듬해 마일즈 데이비스의 녹음은 훗날 '쿨의 탄생Birth of the Cool'이라는 이름으로 불리게 되지만, 이 제목은 실제로는 수년 후 캐피톨 레코드의 마케팅 담당자가 붙인 영향력 있는 이름이었다. 그렇지만 여러 면

---

* 언더블로잉underblowing: 의도적으로 소리를 강하게 내지 않고, 부드럽고 절제된 호흡으로 연주하는 기법.

에서 보자면, 쏜힐 밴드가 쿨 재즈 탄생의 공인된 모델이었다. 어떤 의미에 서는, 1946~1947년의 쏜힐 밴드야말로 '쿨 재즈의 인큐베이터'였다고 할 수 있다. 실제로, 마일즈 데이비스는 이렇게 말했다. "《Birth of the Cool》 앨범은 우리가 클로드 쏜힐 밴드처럼 들리게 하려고 했던 몇몇 세션에서 나 온 것이다. 우리는 그 사운드를 원했지만, 차이점은 가능한 한 작은 규모로 구현하고 싶었다는 것이다."[169]

이 시기, 길 에반스의 비좁은 55번가 지하실 아파트는 뜻밖의 살롱 역할 을 하게 되었다. 그곳은 새롭게 떠오르던 "쿨 악파" 연주자들과 여전히 비밥 스타일에 충실한 연주자들이 모여드는 장소였다. 마일즈 데이비스, 제리 멀 리건, 리 코니츠, 존 루이스, 맥스 로치 등이 자주 들렀고, 찰리 파커 또한 간 헐적으로 방문하고는 했다. 파커는 에반스와 협업 프로젝트를 계획하기도 했지만, 그 작업은 결국 실현되지 않았다. 두 사람은 몇 년 뒤 한 차례 함께 녹음하기는 했으나, 그 결과물은 데이브 램버트 싱어즈Dave Lambert Singers 와 함께한 평이한 수준의 앨범이었다. 당시, 마일즈 데이비스는 이 뜻이 맞 는 음악가 집단에서 실질적인 밴드를 조직하려는 중심인물로 나섰다. 그는 무엇보다도 이 초기 개념들을 공연과 녹음으로 구체화한 비전가이자 기획 자였다. 데이비스는 리허설을 계획하고, 공연장을 섭외하고, 캐피톨 레코드 와의 접촉을 주도했다. 하지만 밴드의 전체 편곡 중 상당 부분은 제리 멀리 건이 맡았다. 그럼에도 역사 기술에서는 종종 멀리건의 중요한 기여가 과소 평가되고, 데이비스와 에반스만 강조되어왔다. 실제로는 이 세 사람의 협업 이 핵심이었고, 여기에 다른 참여자들이 간간이 편곡 악보를 제공함으로써 보완되었다.

《Birth of the Cool》 밴드에는 테너 색소폰이 없었다. 이는 재즈 오케스 트라에서는 거의 이단異端에 가까운 일이었다. 대신, 프렌치 호른은 다른 색 소폰들과 데이비스의 트럼펫과 자주 조화를 이루며 블렌딩되었다. 튜바는 뉴올리언스 시절을 떠올리게 하는 악기로, 화성의 하단부를 받쳐주는 데 사용되었다. 덕분에, 멀리건의 바리톤 색소폰은 더 높은 음역으로 움직일 수 있었고, 때로는 데이비스나 코니츠의 선율 라인을 따라 함께 연주하기도 했다. 하지만 이 밴드의 가장 급진적인 점은 단지 악기 편성에 있는 것이 아니었다. 앙상블을 바라보는 개념 자체가 파격적이었다. 25년 가까이, 재즈 빅 밴드는 섹션 간의 대립을 기반으로 구축되어왔다. 리드, 브라스, 리듬 섹션은 각기 독립적이고 동등한 역할을 수행하며, 일종의 음악적 결투를 벌였다. 레드먼, 카터, 듀크 엘링턴 등 대가들의 손에서 정교하게 다듬어진 이 섹션 간 상호 작용은, 재즈 빅 밴드 사운드의 핵심 특성으로 자리 잡았다. 이러한 모델은 어떤 면에서는 심포니 오케스트라와 유사한 구조적 대응이기도 했다. 하지만 데이비스의 구상은 이와 전혀 달랐다. 그는 자신의 밴드를 하나의 섹션으로 구성하고자 했다. 그의 모델은 클래식 관현악단이 아니라, 앙상블 합창단이었다. "나는 악기들이 인간의 목소리처럼 들리길 바랐고, 실제로 그렇게 되었다…… 그것은 마치 하나의 사중창처럼 조율되어야 했고, 소프라노, 알토, 바리톤, 베이스의 화음 구조를 갖추고 있었다…… 나는 이 밴드를 하나의 합창단처럼 여겼다."[170] 그러한 합창 음악의 정제된 미학은 이들의 음악 속으로 자연스럽게 스며들었다. 예컨대, 에반스의 편곡으로 유명한 〈Moon Dreams〉는 스윙이나 비밥에서는 찾기 어려운, 느리고 달콤한 나른함을 담고 있고, 데이비스의 미디엄 템포 곡인 〈Boplicity〉 역시 세게 스윙하기보다는, 각각의 패싱 코드의 아름다움 속에 잠시 머무르기를 선택한 듯한 인상을 준다. 심지어, 더 에너지 있는 곡들, 즉 멀리건의 〈Jeru〉, 데이비스의 〈Deception〉, 존 카리시의 〈Israel〉 같은 작품들조차도, 어딘가 절제된 느낌을 풍긴다.

이것이 과연 재즈일까? 『뉴요커The New Yorker』의 클래식 음악 비평가 윈스롭 사전트Winthrop Sargeant는 이에 대해 의문을 제기했다. 그는 오히려 마일즈 데이비스의 9인조 밴드nonet를 서양 클래식 전통의 연장선으로 간주했다. 그의 귀에는 이 음악이 다음과 같이 들렸던 것이다.

청각적 시에 대한 탁월한 감각과, 음색에 대한 매우 섬세하고 까다로운 미적 감수성을 지닌 인상주의 작곡가의 작품처럼 들린다. 이 작곡들은 시작, 중간, 끝이라는 명확한 구조를 지녔으며, 이 음악은 재즈보다는 모리스 라벨의 새로운 작품처럼 들린다. 내가 재즈 녹음을 하루 종일 듣는 사람은 아니지만, 이 음악은 나에게 매우 매력적이고 흥미롭게 느껴진다…… 만약 마일즈 데이비스가 공인된 "클래식" 작곡가였다면, 그의 작품은 동시대 동료 작곡가들 사이에서도 높은 평가를 받을 만했을 것이다. 하지만 이건 정말 재즈는 아니다.[171]

재즈 팬들 역시 사전트의 평가에 동의했던 것처럼 보인다. 그들은 이 밴드를 거의 무시했다. 시간이 흐른 뒤, 마일즈 데이비스의 노넷nonet은 재즈 역사상 가장 혁신적인 그룹 중 하나로 찬사를 받게 되었지만, 이 밴드가 활동하던 짧은 기간에는 별다른 주목이나 찬사를 받지 못했다. 이들의 활동은 로얄 루스트Royal Roost에서의 몇 차례 공연으로 제한되었으며, 그조차도 동일 무대에 오른 카운트 베이시 밴드보다 아래 순위로 출연하는 형식이었다. 이후, 캐피톨 레코드와 함께 몇 곡의 녹음을 남긴 뒤, 노넷은 해산되었다.

쿨 재즈 악파는 어쩌면 이 초기의 실패로 인해 오히려 혜택을 입었는지도 모른다. 노넷의 멤버들은 하나의 단일 유닛으로 활동할 때보다, 개별 음악가로서 쿨 미학을 전파하는 데 더 큰 성공을 거두었다. 마일즈 데이비스는 다양한 음악적 환경 속에서 자신의 소리를 지속적으로 정제해 나갔고, 1950년대 중반에는 자기만의 깊이 있는 재즈 개념을 형성하게 되며, 이후 재즈 연주자들에게 막대한 영향력을 끼치는 존재가 되었다. 피아니스트 존 루이스는 모던 재즈 쿼텟(MJQ)의 음악 감독으로 활동하며, 콘서트홀 중심의 경력을 성공적으로 구축했다. MJQ는 쿨 재즈 밴드 중에서도 그 생명력, 대중성, 음악적 완성도 측면에서 매우 주목할 만한 존재였다. 리 코니츠 또한 이후의 활동을 통해, 그 세대의 가장 뛰어난 알토 색소폰 주자이자 쿨 재즈의 대표 연주자로 명성을 굳혔다. 제리 멀리건은 미국 서부 지역에서 쿨 재즈 청중을 개척하는 데 핵심적인 역할을 했다. 프렌치 호른을 연주했던 군터 슐러는 이후 "써드 스트림Third Stream", 즉 클래식과 재즈의 경계를 허물고자 한, 야심차고 논쟁적인 쿨 재즈의 분파를 주창하며, 그 이론과 실천에 있어 중요한 인물로 자리 잡았다. 심지어, 비밥의 대표 주자였던 드러머 맥스 로치조차도, 마일즈 데이비스와의 협업을 통해 얻은 쿨 재즈적 감수성을, 클리포드 브라운과 함께한 1950년대 중반의 혁신적인 밴드에 일부 녹여냈다. 총체적으로 보자면, 마일즈 데이비스의 노넷은 한때 잠시 함께 모였다가 뿔뿔이 흩어진 제자들의 집단과도 같았다. 이들은 각자의 길을 걸으며, 각기 다른 방식으로 쿨 재즈를 전파하는 사도로 변모해 나갔다.

실상, 존 루이스의 모던 재즈 쿼텟의 뿌리는 마일즈 데이비스의 노넷보다도 앞선다. 이전 단계의 그룹은 1946년경, 존 루이스(피아노), 밀트 잭슨(비브라폰), 케니 클라크(드럼), 레이 브라운(베이스)이 함께 모여, 디지 길레스피의 빅 밴드 리듬 섹션으로 활동했다. 이 멤버들은 1950년대 초반에는 밀트 잭슨 쿼텟Milt Jackson Quartet이라는 이름으로 녹음 작업도 진행했다. 1952년, 이들이 모던 재즈 쿼텟으로 재결성되었을 무렵에는, 퍼시 히스Percy Heath가 베이스 주자로 레이 브라운을 대신하고 있었다. 그리고 1955년, 드러머가 케니 클라크에서 코니 케이Connie Kay로 교체된 이후, 이 쿼텟은 거의 40년에 가까운 시간 동안 한 번도 멤버 변동 없이 활동하게 된다. 이는 보통 밴드의 수명이 몇 주, 길어야 몇 달로 측정되는 재즈 세계에서 유례없는 기록이었다. 일생을 함께한 이러한 협업 관계는 음악에도 직접적인 영향을 미쳤다. 어떠한 시대 혹은 스타일의 앙상블과 비교하더라도, MJQ만큼 유려하고, 자연스럽고, 완성도 높은 연주를 지속적으로 펼쳐낸 팀은 드물다.

더욱이, 재즈에 유효한 실내악 스타일을 확립하는 데 있어, 이들보다 더 나아간 그룹은 없었다. 이는 단순히 턱시도나 콘서트홀의 문제가 아니었다. 모던 재즈 쿼텟의 음악은 친밀함과 섬세함, 그리고 다이내믹에 대한 민감한 감수성을 담고 있었으며, 이는 비밥이나 스윙 세계의 어떤 것보다도 최고 수준의 현악 사중주에 더 가까운 정신을 지니고 있었다. 그러나 MJQ는 클래식 음악 세계의 상대들과는 달리, 의식적이든 잠재적이든, 두 주연 연주자 간의 긴장감을 에너지원으로 삼았다. 젊은 시절의 니체는 예술에서 상반되는 디오니소스적 경향과 아폴론적 경향을 구별하여, 전자를 해방과 과잉을 촉진하는 것으로, 후자를 절제와 통제를 촉진하는 것으로 풀어냄으로써 명성을 얻었는데, MJQ를 분석하는 이들 역시 이와 같은 분석을 시도해야 할 것이다. 여기서 디오니소스적인 성향은 즉흥 연주에 능하고 순간의 열기에 휩싸일 때 가장 뛰어난 연주를 보여주는 밀트 잭슨이 대표한다. 반면, 아폴론적인 인물은 존 루이스로, 그는 잭슨의 협력자이자 대립자이며, 동시에 박차를 가하는 자극제 역할까지 맡았다. 루이스는 잭슨이 탐색하고, 장식하고, 때로는 전복할 수 있는 정교한 음악 구조를 구축했다. 이처럼, 상반되는 성향 간의 긴장은 종종 위대한 예술의 기반이 되지만, 안정적인 협업을 보장하지는 않는다. 실제로, 잭슨은 더 자유로운 음악 환경에서 연주하고자 하는 욕망 때문에, 1974년에 모던 재즈 퀴텟의 해체를 초래했다. 그러나 몇 년 뒤에 이들은 재결합하여, 수차례의 재결성 콘서트, 투어, 녹음을 이어가게 되었다.

밀트 잭슨의 독자적인 노력은 비브라폰을 모던 재즈의 무대로 이끄는 데에도 큰 역할을 했다. 그는 이전까지 지배적이던 라이오넬 햄튼의 연주 스타일을 간결하게 다듬어, 보다 정제된 접근 방식으로 발전시켰다. 그의 연주는 여전히 스윙감을 유지했지만, 더 부드럽고 여유 있는 방식이었다. 평론가들은 종종 잭슨의 성공 비결이 비브라폰에서 색소폰을 모방했기 때문이라고 말하곤 한다. 이런 일반화에는 어느 정도 진실이 담겨 있다. 잭슨의 프레이즈는 숨을 쉬는 듯한 흐름을 지녔으며, 이는 햄튼의 빠르고 장식적인 솔로와는 대조된다. 그의 선율은 더욱 가볍고 공기감이 느껴졌으며, 이전의 비브라폰이나 실로폰 연주자들에게서 흔히 들리던, 딱딱하고 쇳소리 같은 음색은 찾아볼 수 없었다. 하지만 잭슨의 진정한 특징은 모더니스트적 성향에서도 드러난다. 그는 디지 길레스피, 찰리 파커, 셀로니어스 몽크와 함께 연주하며 많은 비밥 세션 속에서 실력을 검증받았고, 전후 재즈의 복잡한 문법을 체득한 인물이었다. 이와 같은 배경은 MJQ에서의 연주에도 이어졌고, 그는 존 루이스의 절제된 작곡 안에서도 비밥의 강렬함을 잃지 않는 연주를 선보일 수 있었다.

루이스는 그에 비해 재즈 연주에 뚜렷하게 학구적인 색채를 불어넣었다. 그는 뉴멕시코 대학에서 음악과 인류학을 공부했으며, 이후 맨해튼 음악학교로 진학해 석사 학위를 취득했다. 루이스 역시 파커와 길레스피의 밴드 등 주요 모던 재즈 그룹에서 활동했으며, 그의 연주에서는 버드 파월의 영향도 비록 다소 약화된 형태이기는 하지만, 감지된다. 하지만 이러한 경력에도 불구하고, 루이스는 마지못해 비밥을 연주한 인물이었다. 그는 파월의 불꽃 같은 열정은 지니지 않았으며, 대신 보다 유려하고 때로는 섬세한 스타일을 선호했는데, 이는 비밥이라는 문법과는 다소 어긋나는 면이 있었다. 그럼에도 불구하고, 루이스의 세심한 공예적 감각과 형식주의적 성향은 그를 마일즈 데이비스의 《Birth of the Cool》 프로젝트의 이상적인 참여자로 만들었다. 하지만 이 초기 이력만으로는, 그가 모던 재즈 쿼텟의 음악 감독으로서 보여준 폭발적인 창의성을 예고하기는 어려웠다. 루이스의 취향은 전통적 형식에의 관심 탓에 종종 보수적이라고 묘사되고는 했지만, 그는 동시대 어떤 재즈 연주자보다도 새로운 소리와 실험에 대한 탐구심이 왕성했던 인물이었다. 그는 군터 슐러와 함께 재즈와 클래식의 협업인 이른바 써드 스트림 운동의 핵심 인물로 활동했으며, MJQ 활동 외에도 1960년대 초에는 다양한 음악 양식을 아우른 '오케스트라 USA'를 창단했다. 이 앙상블은 현재는 과소평가되고 있지만, 시대를 앞선 실험적 시도였다. 수년 후, 루이스는 이러한 야망을 다시 불태워, 게리 기딘스, 로버타 스완Roberta Swann과 함께 '아메리칸 재즈 오케스트라'를 설립했다. 루이스는 재즈 아방가르드의 초기

지지자이기도 했다. 1959년, 대부분의 재즈 연주자들이 오넷 콜먼의 음악을 조롱하거나 무시하던 시절, 그는 콜먼이 레녹스 재즈 스쿨Lenox School of Jazz에 참가하도록 격려한 몇 안 되는 인물 중 하나였다. 루이스는 푸가부터 코메디아 델라르테*에 이르기까지, 사람들이 재즈와 어울리지 않을 거라고 여긴 다양한 전통 속에서도 재즈적 가능성을 발견해 냈다. 그러나 그는 서정적 발라드 〈Django〉 혹은 리프 중심의 곡 〈The Golden Striker〉와 같이, 더욱 확연히 재즈 지향적인 곡들을 쓰는 데도 마찬가지로 성공했다. 적절한 분류가 마땅치 않아, 루이스는 종종 쿨 재즈의 일원으로 분류되곤 한다. 물론, 그는 1950년대 쿨 재즈의 대중화에 일정한 역할을 했지만, 그의 활동은 어느 한 장르로 환원되기에는 너무도 다양하고 포괄적이었다.

스탄 게츠는 마일즈 데이비스의 노넷에 직접 참여한 적은 없었지만, 그 시기의 가장 두드러진 쿨 재즈 연주자 중 한 명으로 꼽힌다. 그는 1948년 우디 허먼 밴드와 함께한 녹음 〈Early Autumn〉으로 얻은 팬들의 폭발적인 인기를 바탕으로 두각을 나타냈다. 이 녹음은 스윙 시대 말기의 유산이지만, 훗날 돌이켜보면 다가오는 쿨 재즈의 조짐으로도 볼 수 있다. 게츠는 이후 독립적인 길을 걷기 시작했고, 처음에는 뉴욕에 정착하여 NBC 방송국의 전속 음악가로 잠시 활동했다. 그러나 이런 고정된 직업은 게츠처럼 끊임없이 즉흥을 추구하는 연주자에게는 너무 제약이 많았다. NBC에서 만난 기타리스트 조니 스미스Johnny Smith와 함께 녹음한 〈Moonlight in Vermont〉가 우디 허먼 시절의 팬층을 더욱 확장할 조짐을 보이자, 그는 전업 콤보 리더의 길을 택했다. 1950년대 동안, 게츠는 다양한 세련된 앙상블을 이끌었다. 그중에는 피아니스트 호레이스 실버Horace Silver와의 쿼텟, 기타리스트

---

* 코메디아 델라르테commedia dell'arte: 16세기 이탈리아에서 시작된 즉흥극 중심의 전통 연극 양식. 배우들은 고정된 전형적 캐릭터(예: 어릿광대, 노파, 교활한 하인)를 바탕으로, 정해진 줄거리 구조 안에서 대사를 즉흥적으로 만들어 연기했다.

지미 레이니Jimmy Raney와의 퀸텟, 그리고 밸브 트롬본 연주자 밥 브룩마이어와 함께한 웨스트코스트 밴드 등이 포함된다. 그의 서정적인 스타일과 뛰어난 즉흥 연주 능력은 여러 올스타 레코딩 세션에 자주 초청되는 이유가 되기도 했다. 이 시기의 주목할 만한 세션으로는, J. J. 존슨과의 라이브 녹음, 제리 멀리건과의 협업, 그리고 디지 길레스피와 소니 스팃과의 치열한 대결이 있으며, 마지막 세션에는 게츠의 경력 중 가장 공격적인 테너 연주가 담겨 있다. 하지만 이토록 풍부하고 높은 완성도를 보여준 1950년대의 활동에도 불구하고, 시간이 갈수록 게츠는 점점 재즈계에서 고립된 인물이 되어 갔다. 그의 몰락에는 여러 요인이 작용했다. 예를 들어, 약물 남용으로 약국을 털려다 체포된 사건은 언론에 대대적으로 보도되었고, 해외로의 이주 결정, 그리고 변덕스러운 성격도 영향을 미쳤다. 그러나 근본적으로는, 그것보다 더 큰 이유가 있었다. 그 당시 테너 색소폰 연주의 흐름이 점점 게츠의 쿨 스타일과 멀어지고 있었던 것이다. 그때는 소니 롤린스와 존 콜트레인 같은, 보다 거칠고 강한 스타일의 연주자들이 새로운 테너 색소폰의 이상형을 만들어가던 시기였다. 게츠는 늘 마지못해 모던 재즈에 참여한 인물이었고, 비밥적인 기법을 받아들였다고 해도 그의 연주에서는 전통적인 뿌리가 여전히 강하게 느껴졌다. 그래서 그는 서른다섯 살도 되기 전에, 구식으로 여겨질 위험에 처해 있었던 것이다.

　하지만 1960년대 초, 스탄 게츠는 비평적 성공과 대중적 찬사를 동시에 거머쥔 대대적인 컴백을 이루었다. 그의 1961년 앨범 《Focus》에서는, 에디 소터의 신랄한 현악 편곡 사이로 게츠 특유의 매끄러운 즉흥 연주가 유려하게 오갔다. 이 작품은 재즈계에서 높은 평가를 받았지만, 그 반응은 이후 이어진 보사노바 프로젝트에 대한 대중의 폭발적인 반응에 비하면 미미한 수준이었다. 게츠가 이 음악의 재즈적 가능성을 처음 알아본 것은 아니었다. 안토니오 카를로스 조빔Antônio Carlos Jobim의 작곡과 주앙 질베르투 João Gilberto의 보컬은 이미 1950년대 후반 리우데자네이루에서 녹음된 이후로 많은 팬을 끌어모으고 있었다. 그러나 브라질 외 지역 청중들에게 보사노바를 알린 데 가장 큰 공을 세운 인물은 다름 아닌 스탄 게츠였다. 게츠가 1962년에 녹음한 〈Desafinado〉는 결국 빌보드 싱글 차트 15위까지 올라갔고, 그가 발매한 《Jazz Samba》 LP는 일 년 이상 앨범 차트에 머물렀으며, 한때 1위를 차지하기도 했다. 이 성공을 재빨리 활용한 게츠는 이후 여러 편의 보사노바 앨범을 추가로 발매했고, 그 외 수많은 재즈 연주자들도 이 브라질 음악 열풍이 식기 전에 수혜를 입고자 보사노바에 뛰어들었다. 그리고 1964년 여름, 대중의 보사노바 열기가 식는 듯 보이던 시점에, 게츠는 〈The Girl from Ipanema〉라는 곡으로 또 한 번의 대히트를 기록했다. 이 곡이 수록된 《Getz/Gilberto》 앨범은 빌보드 앨범 차트 2위까지 올라갔으며, 1위 자리를 놓친 유일한 이유는 당시 절정의 인기를 구가하던 비틀즈 때문이었다.

하지만 게츠의 테너 색소폰 연주가 아무리 아름다웠다 해도, 보사노바에 대한 대중의 열광적인 반응은 단지 그것 때문만은 아니었다. 조빔의 작곡은 인상주의적 화성, 독특한 선율, 그리고 쓸쓸하면서도 서정적인 가사를 절묘하게 결합했고, 이는 당대 최고의 대중가요 중에서도 손꼽힐 만하다. 시간이 흐르며 〈The Girl from Ipanema〉는 지나치게 반복 재생되는 칵테일 라운지의 단골 음악이 되었지만, 조빔의 전작 전체를 보면, 수십 곡에 달하는 뛰어난 작품들이 그를 돋보이게 만든다. 그의 이름은 거슈윈, 어빙 벌린, 리차드 로저스, 콜 포터Cole Porter와 나란히 놓여도 전혀 어색하지 않으며, 팝송을 예술가곡으로 승화시킨 작곡가들의 반열에 들어간다. 그리고 주앙 질베르투는 이 음악을 위한 완벽한 연주자였다. 그의 부드럽게 끊어질 듯한 기타 리듬은 보사노바 특유의 리듬을 상징했고, 속삭이는 듯한 창법은 쿨 재즈의 미학을 극한으로 밀어붙였다. 어떤 음악 장르에서도 이보다 더 여유로운 창법으로 노래한 가수는 드물다. 특히, 그의 비트 위나 앞에서 노래하는 듯한 독특한 프레이징은 겉보기에는 재즈의 감성과 완전히 어긋나 보이는데도, 놀랍도록 효과적이었다. 심지어, 그의 창법에 영향을 준 것으로 알려진 쳇 베이커의 속삭이는 보컬조차도, 그와 비교해 보면 오히려 도발적으로 느껴질 정도다. 하지만 놀라운 반전은, 당시까지 한 번도 프로 가수로 활동한 적 없었던 주앙의 아내, 아스트루드 질베르투Astrud Gilberto가《Getz/Gilberto》앨범에서 가장 유명한 보컬 트랙을 불렀고, 〈The Girl from Ipanema〉가 대히트를 기록하면서 그녀는 가수로 데뷔해 자신의 음악 경력을 시작하게 되었다는 것이다. 반면, 주앙 질베르투는 시간이 흐를수록 점점 더 은둔적인 인물이 되었고, 인터뷰나 공개 출연도 거의 하지 않았다. 1960년대 중반 이후, 그는 극히 소수의 음반만을 발매했지만, 1991년에 발매된 앨범《João》과 2000년의《João Voz e Violão(주앙: 목소리와 기타)》같은 작품은 팝, 재즈, 브라질 음악의 유행이 수없이 바뀌는 와중에도, 그의 스타일은 거의 변하지 않았음을 보여준다.

게츠는 이후 다시는 보사노바 시절만큼 많은 음반 판매고를 올리지는 못했다. 하지만 그는 이후 보사노바로 회귀하지 않고, 오히려 정통 재즈로 돌아가는 길을 선택했다. 그는 수준 높은 밴드들과 함께 활발한 활동을 이어갔다. 특히, 칙 코리아Chick Corea와 함께한 쿼텟은 코리아의 이후 차트 상위권 진입 경력에 발판이 되었고, 이들이 함께 만든 음반《Sweet Rain》은 중요한 음악적 성과로 평가받는다. 이후에도, 게츠는 조앤 브래킨Joanne Brackeen, 앨버트 데일리Albert Dailey, 앤디 라번Andy LaVerne, 짐 맥닐리, 케니 배런Kenny Barron 등과 함께한 밴드들로, 일관되게 높은 수준의 음악을 유지했다. 또한 지미 롤즈, 빌 에반스, 다이앤 슈어Diane Schuur 등과의 게스트 레코딩 프로젝트들도 마찬가지로 높은 완성도를 자랑했다. 마지막 생애 몇 년 동안, 게츠는 오랫동안 그를 괴롭혔던 약물과 알코올 중독에서 벗어나, 새로운 길을 걷게 되었다. 그는 스탠포드 대학의 상주 예술가로 활동하며 젊은 음악가들을 멘토링하는 새로운 경력을 시작했고, 이는 그가 1991년 간암으로 사망하기 전까지 이어졌다.

　1950년대 초반 한동안, 게츠와 쿨 재즈 운동의 여러 주도자들은 미국 웨스트 코스트에 거주했다. 이 시기에 쿨 재즈는 확실히 우위를 점하고 있었고, 그 선두 주자들은 자주 공연하고 음반을 녹음할 기회를 누렸다. 이는 1940년대 후반과는 극명히 대조되는 변화였다. 당시에는, 대부분 흑인으로 구성된, 소수지만 뛰어난 비밥 연주자들이 센트럴 애비뉴의 클럽과 심야 공연장에서 연마한 실력으로 LA의 모던 재즈계를 주도하고 있었다. 이들 비밥 연주자들은 이후에도 비밥에 대한 충성을 지켰지만, 쿨 악파 동료들이나 뉴욕으로 진출한 찰스 밍거스, 에릭 돌피Eric Dolphy 같은 캘리포니아 출신 뮤지션들과 비교하면 재정적으로는 훨씬 덜 성공했다. LA 출신의 색소폰 연주자 덱스터 고든, 테디 에드워즈, 워델 그레이는 그 세대 최고의 솔로이스트로 꼽히며, 이 세 사람 모두 초기 모던 재즈 테너 색소폰에서 흔히 들을 수 있던 콜먼 호킨스 식의 연주 스타일에서 벗어나, 테너 색소폰만의 독자적인 비밥 사운드를 정의하는 데 중요한 기여를 했다. 이 가운데 고든만이 전 세계적인 명성을 얻게 되지만, 그 또한 약 20년 동안 거의 잊혀진 인물이었다. 그가 1940년대 중반에 사보이 레이블에서 남긴 초기 녹음과 1950년대의 간헐적 발매 음반은 고든 특유의 깊고 크게 울려퍼지는 묵직한 음색과 자유분방한 에너지를 보여주었다. 이후, 블루 노트 레이블에서 녹음한 음반들은 한 성숙한 거장의 음악 세계를 담고 있다. 그러나 당시 그의 음악을 주목한 이는 거의 없었고, 결국 그는 유럽으로 이주해 1960~1970년대를 대부분 해외에서 지냈다. 그가 미국으로 돌아온 1976년, 이미 50대 중반에 접어들었을 때야, 비로소 자신의 공로에 상응하는 찬사와 대가를 받기 시작했다. 알토 색소폰 연주자 프랭크 모건Frank Morgan은 훨씬 더 긴 기다림 끝에, 비로소 자기 경력의 꽃을 피우게 되었다. 1950년대 초반 그의 녹음들은 놀라운 기교를 지닌 신동 같은 연주자를 보여주지만, 마약 문제로 인해 그는 1970년대 후반까지 음악 활동에서 사실상 배제되었다. 그리고 1980년대 중반이 되어서야, 본격적으로 녹음을 시작하며 자신의 실력을 증명할 기회를 얻었다. 알토 색소폰 주자 소니 크리스Sonny Criss와 피아니스트 햄튼 호즈는 찰리 파커가 웨스트 코스트에 머물던 시기에 함께 연주했으며, 훌륭한 비밥 연주자로 성장했다. 그러나 이들은 거의 캘리포니아 지역에만 국한된 활동을 했고, 대부분 이스트 코스트에 기반을 둔 평론가들로부터는 박한 평가를 받는 데 그쳤다. 이외에도 해럴드 랜드, 커티스 카운스Curtis Counce, 두프리 볼튼Dupree Bolton, 프랭크 버틀러Frank Butler, 칼 퍼킨스Carl Perkins, 포니 포인덱스터Pony Poindexter, 로이 포터 등 수많은 유망한 흑인 연주자들이 유사한 운명을 맞았다. 이들 중 다수는 개인적인 문제, 주로 약물 남용으로 인해 어려움을 겪었으며, 동시에 이들은 모두 당시 웨스트 코스트에서 주류였던, 백인 연주자 중심의 쿨 재즈가 각광받는 상황에서, 보다 거칠고 강렬한 비밥 스타일을 고수하는 흑인 연주자였다는 점에서도 불이익을 감수해야 했다.

미국 웨스트 코스트에서 핫 재즈에서 쿨 재즈로의 전환을 보여주는 몇 가지 상징적인 사건들이 있었다. 그중 하나는, 게리 멀리건이 데이비스 노넷의 녹음을 마친 후에 캘리포니아로 거처를 옮긴 일이었다. 이는 비옥한 이스트 코스트의 쿨 재즈 운동과 웨스트 코스트를 직접적으로 연결하는 계기가 되었다. 또한, 과거 스탠 켄튼 빅 밴드에서 활동했던 다수의 연주자들이 남부 캘리포니아에 정착하면서, 이들의 음악적 경향이 쿨 재즈의 진보적 성격을 더욱 부각시켰다. 이들 각자는 쿨 미학과의 관계가 다소 차이가 있었지만, 모두 그 흐름을 어느 정도 공유하고 있었다. 허모사 비치Hermosa Beach에 위치한 재즈 클럽 라이트하우스The Lighthouse는 한때 비밥 스타일의 흑인 연주자들을 중심으로 운영되었으나, 이후에는 이들 전직 켄튼 악단 멤버들의 주요 공연장이 되었다. 라이트하우스는 곧 웨스트 코스트 재즈계에서 새롭게 등장하는 음악적 흐름들을 실험하고 공유하는 '공개 워크숍'처럼 기능하게 되었다. 쇼티 로저스, 지미 주프리, 밥 쿠퍼Bob Cooper, 버드 섕크, 셸리 맨Shelly Manne 등 수많은 연주자들이 이곳에서 공연하며, 편안한 연주부터 급진적인 시도까지 다양한 스타일을 탐색했다. 물론 이들 중 일부는 단조롭고 무난함에 안주하는 연주에 그쳤지만, 대부분은 당시의 자유롭고 창조적인 흐름을 효과적으로 포착하고 활용했다.

라이트하우스 같은 클럽보다 더 중요했던 것은 아마도 웨스트 코스트의 독립 음반사들이었을 것이다. 특히 레스 코니그Les Koenig의 컨템퍼러리Contemporary 레이블, 리차드 보크Richard Bock의 퍼시픽Pacific 레이블, 그리고 와이스Weiss 형제의 판타지Fantasy 레이블이 대표적이다. 이들 음반사는 새로운 재즈 음악을 녹음하고 홍보함으로써, 웨스트 코스트 재즈가 국제적 인지도를 얻게 하고, 즉흥 연주와 작곡에서의 이스트 코스트 모델의 패권에 대한 유효한 대안으로 자리매김하는 데 기여했다. 이 시기 동안, 월트 디즈니에서 휴 헤프너Hugh Hefner에 이르기까지, 다양한 대형 엔터테인먼트 기업들이 캘리포니아의 음악 산업을 수익성 높은 새로운 사업 영역으로 인식하며 가세했다. 특히, 할리우드의 캐피톨 레코드는 프랭크 시나트라, 페기 리Peggy Lee, 냇 킹 콜, 주디 갈런드Judy Garland, 딘 마틴Dean Martin, 낸시 윌슨Nancy Wilson 등 유명 팝 보컬리스트들과 계약을 맺고, 세련된 대중음악 분야에서 사실상 독점적 지위를 누리며 대형 레이블로 발돋움했다. 하지만 1950년대 재즈 르네상스의 중심은 이런 대기업이 아니라, 현지 재즈 연주자들의 명성에 기반한 소규모 독립 음반사들이었다. 이들 기업의 이야기는 화려하지 않다. 예를 들어, 맥스와 솔 와이스는 원래 레코드 프레싱 공장을 운영하다가, 비닐판과 셸락[초기 음반 재료]의 생산량을 유지하기 위해 음반 사업에 진출하게 된 경우였다. 하지만 이러한 기업가의 개입이 없었다면, 웨스트 코스트 재즈는 아마 이 전성기를 누리지 못했을 것이다.

비록 이 운동이 웨스트 코스트 재즈라는 명칭이 암시하는 것만큼 단일한 흐름은 아니었지만, 많은 웨스트 코스트 레코딩에서는 일정한 미학적 가치들의 수렴이 관찰되었다. 이 음악은 종종 고도로 구조화된 형식을 갖추고 있었고, 이는 이스트 코스트 모던 재즈에서 흔히 사용되던 단순한 헤드 차트

head chart[기본 선율과 코드만 있는 악보] 방식에 대한 반발이자, 즉흥성과 자유로움이 핵심이었던 비밥과는 뚜렷이 대비되는 형식주의적 특성을 반영한 것이다. 대위법과 같은 정형 작곡 기법들이 두드러지게 사용되었으며, 옥텟(팔중주단), 노넷(구중주단), 텐텟(십중주단)과 같은 비교적 큰 편성의 앙상블이, 다른 지역에서는 대규모 관악 섹션이 거의 사라진 이후에도, 웨스트 코스트 재즈에서는 계속해서 활발하게 유지되었다. 또한 색다른 악기들도 기꺼이 수용되었고, 플루트와 플뤼겔호른 같은 악기들은 이 시기를 거쳐 결국 재즈계 전반에서 널리 사용되었다. 느긋한 템포와 여유로운 즉흥 연주는 웨스트 코스트 재즈의 상징과도 같았으며, 이 음악은 종종 따뜻한 낭만성과 선율적인 달콤함 속에 흠뻑 젖어 있었다. 이러한 특성은 비밥의 미학과는 거리가 멀었다. 물론, 웨스트 코스트의 사운드는 종종 과도하게 양식화되고 보수적이라는 비판을 받기도 했다. 그러나 제리 멀리건, 지미 주프리, 셸리 맨, 쇼티 로저스, 데이브 브루벡 등 이 흐름을 이끈 주요 인물들의 작품을 보면, 그 반대임을 알 수 있다. 이들의 음악은 장난기 어린 실험 정신과 재즈의 영역을 확장하려는 욕망으로 가득했다. 어쩌면, 바로 이러한 새로운 소리에 대한 개방성 덕분에, 이후 에릭 돌피, 오넷 콜먼, 돈 체리, 폴 블레이와 같은 재즈 아방가르드의 중심인물들이 웨스트 코스트에서 자신만의 스타일을 갈고닦을 수 있었던 것일지도 모른다.

제리 멀리건의 캘리포니아 시절은 불과 몇 년에 지나지 않았지만, 그의 바리톤 색소폰 연주자 경력에서 중대한 전환점이 되었다. 그는 로스앤젤레스에 도착했을 때만 해도 크게 주목받지 못한 연주자였지만, 떠날 무렵에는 주요 재즈 스타로 떠올라 있었다. 데이비스 노넷에서 작곡가이자 편곡자로서 쌓은 경력을 바탕으로, 멀리건은 켄튼 밴드를 위해 악보를 쓰고, 이후에는 자신이 이끄는 대형 앙상블과 함께 중요한 녹음을 진행했다. 그러나 이 시기 멀리건의 가장 주목받은 업적은 단출한 구성의 쿼텟에서 이루어진 것이었다. 그는 꽉 채운 브라스 구성 없이도 효과적인 작곡이 가능하다는 것을 증명했을 뿐만 아니라, 이 최소 구성의 밴드에서 피아노마저 과감히 제외했다. 〈Bernie's Tune〉, 〈Line for Lyons〉, 〈Lullaby of the Leaves〉, 〈My Funny Valentine〉 등 일련의 인상적인 연주에서, 멀리건은 제한된 악기 편성을 다양한 기법을 통해 최대한으로 활용했다. 예컨대, 두 관악기 간의 대위법적 진행, 베이스와 드럼을 선율 악기처럼 사용하는 방식, 색소폰이나 트럼펫과 함께 속삭이듯 조용히 베이스 라인을 연주하는 기법, 그리고 딕시랜드 풍 투스텝부터 스윙 리듬의 4비트, 점묘주의적 비밥 비트에 이르기까지 다양한 박자와 프레이징의 변화를 통해 음악적 깊이를 더했다. 이러한 '피아노 없는 쿼텟'이라는 참신함은 곧 언론의 주목을 받았고, 특히 『타임』지의 기사가 큰 반향을 일으켰다. 얼마 지나지 않아, 이 밴드의 공연을 보기 위해 줄을 선 관객들이 극장 밖까지 늘어섰다.

이성적 요소와 낭만적 정서의 결합은 웨스트 코스트 재즈의 독특하고도 매력적인 특징 중 하나였다. 멀리건 쿼텟의 경우, 낭만적인 요소는 주로 트럼펫 연주자 쳇 베이커에 의해 제공되었다. 베이커는 음악가로서 여러 가지 한계를 지니고 있었다. 음역은 좁았고, 악보 읽기는 서툴렀으며, 기교도 그저 그랬고, 작곡에는 거의 관심이 없었다. 그럼에도 불구하고 그는 즉흥 연주자로서 당대 최고의 연주자 중 한 명으로 손꼽히기에 충분했다. 그는 선율 전개에 있어 놀라운 본능을 지녔고, 그의 즉흥 연주는 종종 감동적인 애수를 자아냈다. 패션모델을 연상케 하는 외모는 그의 인기와 매력을 더욱 배가시켰고, 결국 그는 멀리건과 어깨를 나란히 하는 재즈 스타로 부상하게 된다. 바리톤 색소폰 연주자인 멀리건과 달리, 베이커는 웨스트 코스트 재즈의 실험적인 흐름에는 거의 관심이 없었다. 그는 대부분의 경력을 기존 스탠다드 곡의 반복 연주에 집중했으며, 특히 〈My Funny Valentine〉과 같은 대표곡을 너무 자주 녹음한 나머지, 작곡가 리차드 로저스의 유족이 그의 명예를 기려 동상을 세워야 할 정도였다. 이러한 보수성은 재능이 부족한 연주자였다면 곧 몰락으로 이어졌겠지만, 베이커는 낡고 진부한 곡조마저도 신선하게 되살려낼 수 있는 역량을 보여주었다. 이후 그는 재즈 보컬리스트로서도 활동 영역을 넓혔는데, 이 분야에서는 트럼펫 연주보다 더 스타일화되어 있었지만, 담백하고 대화체 같은 표현 속에서도 진정성과 날카로운 감성이 배어 있었다. 멀리건 쿼텟 해체 이후, 베이커는 독립적인 밴드 리더로 자리 잡았다. 하지만 그의 인생은 끊임없는 혼란의 연속이었다. 마약 문제와 그에 따른 법적 처벌은 늘 그의 곁을 떠나지 않았다. 그럼에도 불구하고 그의 음악만큼은 삶의 소용돌이 속에서 흔들림 없는 중심이었다. 소년 같은 외모는 결국 삶의 고단함이 묻어나는 수척하고 주름진 얼굴로 바뀌었고, 그는 나이에 비해 지나치게 늙어 보이는 사람이 되었다. 그러나 베이커는 끝내 포기하지 않았다. 심지어, 마약 관련 폭행으로 치아를 잃는 사건조차도 그의 활동을 잠시 멈추게 했을 뿐이었다. 생의 마지막 시기에도 그는 여전히 활발하게 녹음 활동을 이어갔고, 위대한 순간들을 만들어낼 수 있는 창조성을 간직하고 있었다. 1988년 5월 13일 그가 암스테르담 호텔 창문에서 의문의 추락으로 세상을 떠나기 불과 일 년 전에 촬영된 도쿄 콘서트 실황 영상은, 그가 여전히 탁월한 선율 감각을 잃지 않았음을 증명해 준다. 아이러니하게도, 그의 혼란스럽고 무절제했던 삶과는 대조적으로, 말년의 음악은 달콤한 서정성과 건축적 질서감을 고스란히 담고 있었다.

　알토 색소폰 연주자 아트 페퍼 또한 그의 인간성과 음악 사이의 모순을 체현한 인물이었다. 하지만 페퍼의 경우, 시간이 흐르면서 그의 연주 스타일은 결국 그의 성격을 닮아가게 되었다. 이는 1943년 스탄 켄튼 밴드에 입단했던 십대 시절의 페퍼와 비교하면, 큰 변화였다. 당시 그는 부드럽고 거의 여성적인 음색을 지닌 연주자였으며, 격렬한 브라스 섹션 위를 유영하듯 흐르는 유려한 즉흥 연주를 구사하는 편안한 스타일의 연주자였다. 켄튼 밴드에서의 〈Art Pepper〉나 쇼티 로저스와 함께한 〈Over the Rainbow〉 같은 초기 녹음은 유치원생 같은 순수함을 풍겼다. 하지만 이러한 고요한 표면은 페퍼의 빠른 테크닉과 놀라운 즉흥 감각으로 인해 금세 소용돌이치곤 했다. 페퍼는 당시 최고의 재즈 솔로이스트 중 하나이자 웨스트 코스트 재즈의 주요 인물로 자리매김할 가능성을 지니고 있었다. 그러나 마약 중독과 그로 인한 법적·개인적 문제는 이후 20년 동안 그를 끊임없이 괴롭혔다. 1950년 대 후반이 되자, 그의 연주는 한층 더 탐색적인 성격을 띠게 되었으며, 설 탕처럼 달콤하던 음색에는 이제 씁쓸한 여운이 배어 있었다. 이 시기의 페 퍼는 가장 뛰어난 녹음을 남기기도 했다.《Art Pepper Meets the Rhythm Section》에서는 마일즈 데이비스의 리듬 섹션과 협연하며 걸작을 만들어냈 고,《Art Pepper Plus Eleven》에서는 마티 페이치의 비밥 편곡 속에서 유 려한 색소폰 연주를 펼쳤다. 칼 퍼킨스와의 세션은 처음에는 테이프 형식으 로 발매되어 오랫동안 잘 알려지지 않았지만, 당시 최고의 콤보 연주 중 하 나로 손꼽힌다. 그러나 1960년대에, 그는 거의 재즈계에서 사라지다시피 했 다. 감옥에 수감되어 있던 동안, 그는 존 콜트레인과 오넷 콜먼의 영향 아래 들어가며, 일종의 음악적 정신분석이라 할 수 있는 과정을 겪게 된다. 그는 자신의 스타일을 해체하고, 새 영향을 기존 스타일에 접목시키며 재구성해 나갔다. 한동안, 이 과정은 어색하고 불확실했지만, 이를 알아채는 청중은 거의 없었다. 심지어 바깥세상에 나와 있을 때조차도, '물병자리 시대'*에는 페퍼의 음악을 들어주는 이들이 많지 않았다. 그는 잠시 음악을 그만두고 사 무직으로 전향할 생각까지 하게 된다. 그러던 중, 마약 재활 프로그램인 시 나논Synanon에 오랜 기간 참여하면서, 그는 이러한 새로운 영향들을 멋지게 통합해 냈다. 그것은 한편으론 포식자처럼 날카로운 알토 색소폰의 공격성

---

* 물병자리 시대Aquarian Age: 1960년대 후반 미국에서 유행한 뉴에이지New Age 개념
  으로, 물병자리 시대라는 의미이다. 점성술에서 유래한 이 용어는 단순한 별자리 개념을
  넘어서, 문화적·정신적 변화를 상징하는 말로 사용되었다. 점성술에서는 약 이천 년 주기
  로 시대가 바뀐다고 보며, 물고기자리 시대가 끝나고 물병자리 시대가 온다고 봤다. '물병
  자리 시대'는 물병자리가 하늘의 주도 별자리가 되는 시기를 말하며, 새로운 의식의 시대,
  인류의 각성과 조화의 시대로 기대되었다. 1960년대 반전, 히피, 약물 문화를 다룬 뮤지컬
  《헤어Hair》의 오프닝곡이자 주제곡이 〈Aquarius〉이다.

이었지만, 다른 한편으로는 부드럽고 상처 입기 쉬운 내면이 공존하는 연주였다. 1950년대의 서정성은 여전히 존재했지만, 그의 연주는 훨씬 더 자유로워졌고, 음색의 폭도 더 넓어졌으며, 화성 진행에 얽매이지 않는 창조성이 드러났다. 갤럭시와 컨템퍼러리 레이블에서 발표된 일련의 앨범들은 이러한 변화를 기록했으며, 십 년 이상의 반은둔 상태를 겪은 뒤 페퍼가 대대적인 재기에 성공하도록 도와주었다. 1977년 빌리지 뱅가드에서의 공연에서는, 드러머 엘빈 존스Elvin Jones와 함께 무대에 올라 놀라운 영감을 뿜어냈다. 그의 레코드 회사는 결국 이 공연의 녹음 테이프 전부를 발매하게 되는데, 이는 수 시간 분량의 열정적인 연주를 담고 있었다. 일본과 미국에서의 라이브 공연 녹음들도 이러한 상승세의 명성을 다시금 입증했다. 그러나 이 음악의 열정은 페퍼의 노쇠한 나이와 쇠약한 건강 상태와는 이질적인 것이었다. 1982년 사망 직전, 그는 자서전 『일직선으로 사는 삶 Straight Life』을 출간했고, 그 안의 문장은 그의 연주처럼 숨김없이 솔직했다.

1950년대 한동안, 미국 서부에서는 웨스트 코스트 알토 색소폰 스타일이 형성되고 있었다. 이는 동부 해안의 찰리 파커 풍의 날카롭고 수축성 있는 연주에 대한, 보다 부드럽고 감미로운 대안이었다. 아트 페퍼, 버드 섕크, 레니 니하우스, 폴 데스먼드 등이 이 따뜻하고 달콤한 음색의 접근법을 대표했다. 시간이 흐르면서 이 연주자들의 스타일은 제각기 다른 방향으로 발전했지만, 이들 중 폴 데스먼드는 극도로 쿨한 미학에 가장 충실한 연주자였다. 그는 더 화려한 스타일을 받아들이는 데 거의 관심이 없었고, 자신을 "세상에서 가장 느린 알토 연주자"라고 농담 삼아 말하고는 했다. 겉보기에 데스먼드의 즉흥 연주는 풍성한 낭만주의를 제공하는 듯 보이지만, 주의 깊은 청중만이 그 안에 담긴 깊이를 알아챌 수 있었다. 그는 과도한 감상주의를 피하기 위해, 다른 곡이나 솔로에 대한 재치 있는 인용, 장난기 있는 선창화답의 모티브, 대체 코드와 모드를 통한 우회적 참조, 전화번호를 음정 간격으로 변환하여 선율을 구성하는 준-우연성의 실험까지, 여러 장치를 활용했다. 이러한 꾸준한 선율적 놀라움의 흐름은 데스먼드 특유의 주제 즉흥 연주 기법으로 하나로 엮였다. 데이브 브루벡 쿼텟의 결성 25주년 재결합 투어 중 어느 날, 데스먼드는 연주 중 〈Auld Lang Syne〉의 한 구절을 삽입하며 과거를 추억했다. 이어서 〈52nd Street Theme〉, 〈The Gypsy〉, 〈Taps Miller〉, 〈Drum Boogie〉, 〈Organ Grinder's Swing〉 같은 곡들의 암시적인 인용을 이어갔다. 이 모든 것은 3/4 박자와 4/4 박자 사이를 오가는 복잡한 곡 안에서 이루어졌다. 다음 날 밤, 다른 도시에서 데스먼드는 아마도 또 다른 방식으로 그 과정을 되풀이했을 것이며, 새로운 음악적 원천들을 활용해 즉흥적인 '의식의 흐름'을 만들어냈을 것이다. 그러나 이러한 재치 있는 삽입들은 결코 억지스럽지 않았고, 데스먼드는 지적인 감성과 애절한 감성을 하나의 솔로, 심지어 하나의 악구 안에 공존하게 만들었다. 그의 경력 대부분 동안, 데스먼드는 브루벡의 이상적인 파트너로 기능했다. 두 사람의 협업은 진정한 의미에서 실험적이었다. 즉, 새로운 소리에 열려 있으면서도, 종종 진보적 음악에서 흔히 볼 수 있는 교조주의적 경직성은 피한 것이다. 브루벡 쿼텟 해체 이후, 데스먼드의 음악은 한층 더 내성적이고 섬세한 방향으로 나아갔다. 쳇 베이커, 짐 홀Jim Hall과의 협연, 그리고 기타리스트 에드 비커트Ed Bickert와 함께한 마지막 쿼텟 녹음 등은 즉흥 연주의 예술로서 과소평가된 보석들이다. 이 연주들은 드물면서도 강한 울림을 지닌, 고요한 거장의 경지를 보여준다.

1960년대 초가 되자, 웨스트 코스트에서의 창의적 재즈 작업은 대부분 막을 내렸다. 이때는 어디서든 재즈에 있어서 힘든 시기였는데(즉흥 음악에 대한 대중의 관심이 역사적으로 가장 낮았던 때였다), 특히 웨스트 코스트 재즈에는 더욱 치명적인 요인들이 겹쳤다. 당시, 주요 연주자들이 현장에서 하나둘 사라지기 시작했는데, 일부는 스튜디오 세션 일로 전향했고(쇼티 로저스, 버드 섕크), 일부는 감옥에 수감되었으며 (아트 페퍼, 햄튼 호즈, 프랭크 모건), 또 다른 이들은 뉴욕(에릭 돌피, 오넷 콜먼, 돈 체리)이나 해외(쳇 베이커,

덱스터 고든)로 향했다. 그리고 몇몇은 안타깝게도 요절하고 말았다(워델 그레이, 커티스 카운스, 칼 퍼킨스). 이들의 이야기는 제각기 달랐지만, 전체적으로는 지역 재즈 현장에 파괴적인 결과를 초래했다. 물론, 이들 중 일부는 1970~1980년대에 다시 경력을 재건하기는 했지만, 웨스트 코스트가 재즈 세계에서 '중심축'으로서 가졌던 의미는 사실상 종말을 맞았다. 그 영광의 시절의 유산은 대부분 잊히고, 대신에 서핑 음악, 빠른 자동차, 점점 더 길어지는 머리카락, 점점 더 짧아지는 집중력 등 새로운 캘리포니아 대중문화가 그 자리를 차지했다.

전환 중인 재즈: 마일즈, '트레인, 에반스, 돌피, 롤린스

시간이 흐르면서, 마일즈 데이비스는 1950년대 쿨 재즈 운동을 대표하는 인물로 여겨지게 된다. 그의 태도와 트럼펫 연주는 이 점에서 일치했다. 둘 다 차갑고 무심한 듯하면서도 동시에 정서적으로 즉각적인 표현을 담고 있는, 일종의 수수께끼 같은 모순을 반영했기 때문이다. 바로 이 모순성이 쿨 재즈에 불을 지폈고, 그 음악이 가진 조용하고 실내악적인 성격에 생기를 불어넣었다. 하지만 이런 평가가 자리 잡기까지는 시간이 걸렸다. 1950년대 초반, 마일즈는 훗날《Birth of the Cool》로 불리게 될 캐피톨 레코드 세션에서 중요한 역할을 했음에도 불구하고, 당시에는 쿨 재즈의 급부상하는 흐름과 직접적으로 연결된 인물로 보이지 않았다. 스탄 게츠, 데이브 브루벡, 모던 재즈 쿼텟, 제리 멀리건 등이 각광을 받으며 대중적인 인기를 얻고 있을 때, 마일즈는 자신만의 연주 스타일을 확립하고 청중을 끌어모으기 위해 고군분투하고 있었다. 그는 훗날 이렇게 회상했다. "클럽 주인들은 나를 그냥 무시했다. 공연할 자리는 아예 없었다."[172]

노넷이 해체된 후, 마일즈 데이비스는 태드 대머런이 이끄는 콤보와 함께 파리로 여행을 떠났다. 이 밴드에서 데이비스는 한때 찰리 파커와 활동하던 시기의 비밥 풍 스타일로 다시 돌아왔다. 녹음들을 들어보면, 그의 연주 위로 디지 길레스피와 패츠 나바로의 영향이 어른거린다. 기술적으로는 이전보다 트럼펫 연주가 훨씬 능숙해졌지만, 전반적으로 보면 이 대머런과의 협업은 좀 더 혁신적이었던 캐피톨 프로젝트에 비해 한 걸음 후퇴한 셈이었다. 그러나 프랑스 관객들은 이 음악에 열렬히 반응했다. 데이비스는 자신을 둘러싼 파리인들의 관대하고 세련된 태도에 깊이 매료되었다. 이들은 재즈 뮤지션을 존중하고, 자유로운 분위기에서 이방인 연주자들을 포용했다. 당시 밴드의 드러머였던 케니 클라크는 결국 프랑스에 정착하기로 결정했고, 이후 프랜시 볼랜드Francy Boland와 공동으로 운영한 빅 밴드와 스몰 콤보에서 성공적인 경력을 이어갔으며, 영화 음악 작곡까지 하며 1985년 세상을 떠날 때까지 그곳에 머물렀다. 마일즈 역시 유럽 환경의 매력에 강한 끌림을 느꼈고, 잠시나마 그곳으로의 이주를 고려하기도 했다.

1949년 여름, 마일즈 데이비스는 뉴욕으로 돌아온 후 깊은 우울감에 빠졌다. 그는 프랑스에서 배우 쥘리에트 그레코와 나눴던 유망한 연애를 뒤로하고 귀국했는데, 그는 그레코를 두고 "나를 인간으로서 동등하게 사랑해 준 첫 번째 여성…… 그녀는 음악 외의 누군가를 사랑한다는 것이 무엇인지 가르쳐주었다"[173]라고 말할 정도로 깊이 사랑했다. 그녀와의 이별은 그에게 정서적 마비감을 안겼다. 게다가 당시 전후 미국의 인종차별적 분위기는, 프랑스에서 경험한 보다 개방적이고 포용적인 태도와 극명한 대조를 이루었다. 설상가상으로, 뉴욕에서 공연이나 녹음 기회도 거의 주어지지 않았고, 한편으로는 그의 옛 밴드 동료들이 쿨 재즈 붐 속에서 성공을 누리고 있는 현실이었다. 이러한 복합적인 문제 속에서, 마일즈는 결국 헤로인에 빠지게 된다. 그로부터 약 4년간, 그의 신체는 망가졌고, 재정은 고갈되었으며, 예술적 활동 역시 심각하게 제한되었다.

이 시기 마일즈 데이비스의 녹음들은, 1954년 이후에 나타날 극적인 음악적 진화를 겨우 암시할 정도에 불과하다. 예를 들어, 1951년 10월 소니 롤린스와 함께한 〈Bluing〉 녹음은, 훗날 1954년의 명연주 〈Walkin'〉을 예고하는 듯한 면모를 보이지만, 선율 라인이 아직 덜 다듬어졌고, 솔로 역시 그에 비해 일관성과 응집력이 부족하다. 1952년 5월 녹음한 〈Yesterdays〉에서는 발라드 연주자로서의 잠재력이 드러나지만, 그 음색은 아직 그의 전성기에서 느껴지는 깊이 있는 광택을 갖추지 못했다. 전반적으로, 이 시기의 녹음들에는 어딘가 안정되지 못한 불안함이 스며들어 있는데, 이는 어쩌면 당시 데이비스의 혼란스러운 삶을 반영한 것일 수 있다. 그는 뉴욕에 머물다가, 세인트루이스, 캘리포니아, 디트로이트 등 여러 도시로 거처를 옮겼지만, 예전의 문제들, 특히 마약 문제는 그를 따라다녔다. 그러나 여러 차례 실패 끝에, 마일즈는 결국 마약 중독에서 벗어나는 데 성공했고, 1954년 2월 뉴욕으로 복귀했다. 그는 신체적으로 건강을 되찾았고, 음악에 대한 열망이 다시 살아났으며, 곧 벌어질 일련의 사건들이 입증하듯, 그 어느 때보다도 뛰어난 연주를 펼칠 준비가 되어 있었다.

비평가들은 훗날 1955년 뉴포트 재즈 페스티벌에서의 마일즈 데이비스 공연을 그의 경력에서 전환점으로 평가하게 되지만, 사실 그는 이미 1954년 초부터 새로운 음악적 경지에 도달했음을 보여주고 있었다. 특히, 1954년 4월 녹음한 〈Walkin'〉에서의 솔로는 결정적인 음악적 선언문으로, 당시까지 데이비스가 음반에 남긴 연주 중 가장 뛰어난 것으로 간주된다. 그의 즉흥 연주는 탄탄하고 응축되어 있으며, 그의 톤은 풍부하고 깊이 있으며, 그가 만들어내는 느긋한 스윙감은 전체 밴드에 활력을 불어넣는다. 이 곡은 13분에 달하는 트랙으로, 당시로서는 재즈 콤보의 스튜디오 녹음치고는 이례적으로 긴 곡이었지만, 데이비스가 연주하지 않는 순간조차도 전혀 지루하지 않다는 점에서 주목할 만하다. 이후, 그가 소니 롤린스, 밀트 잭슨, 셀로니어스 몽크 등과 함께한 후속 세션들은 〈Walkin'〉이 단순히 우연한 성과가 아니었음을 명확히 입증했다. 당시 27세였던 마일즈 데이비스는 이 시점에서 자신만의 스타일을 거의 완전히 정립한, 주요 재즈 솔로이스트로 완전히 피어났다.

같은 시기, 캐피톨 레코드는 마일즈 데이비스의 명성을 높이는 데 일조했다. 과거 노넷 세션에서의 녹음들을 처음으로 장시간 앨범 형식으로 재발매하면서, 이 음반에 《Birth of the Cool》이라는 이름을 처음으로 붙인 것이다. 그러나 마일즈 데이비스의 경력에서 결정적 계기는 1955년 뉴포트 재즈 페스티벌에서의 예상 밖의 성공이었다. 이 성공은 그에 대한 대중의 주목을 불러일으켰고, 결국 당시 세계에서 가장 영향력 있는 음반사인 컬럼비아가 그와 계약을 맺게 만들었다. 당시 데이비스는 공식 공연 프로그램에 이름조차 올라 있지 않았지만, 마지막 순간에 올스타 잼 세션에 깜짝 추가되었다. 그는 이 자리에서 셀로니어스 몽크의 명곡 〈'Round Midnight〉를 뮤트 트럼펫으로 연주했다. 그는 훗날 이 장면을 이렇게 회상했다. "내가 무대에서 내려오자, 모두가 나를 왕처럼 바라보고 있었다."[174] 함께 차를 타고 귀가하던 중, 몽크는 데이비스에게 그 곡을 잘못 연주했다고 말했지만, 재즈 청중에게 있어 이 곡의 데이비스 버전은 오히려 몽크 자신의 연주보다 더 결정적인 해석으로 받아들여졌고, 이후 오랫동안 마일즈의 대표 레퍼토리로 남게 되었다.

마일즈 데이비스는 뉴포트 공연 이후의 과도한 관심에 대해 냉담한 태도를 보였다. "도대체 왜 이렇게 난리야?"라는 식이었다. "난 항상 그렇게 연주해 왔는데." 하지만 실상, 그가 이 시점에서 재즈 역사에서도 드물 정도의 뛰어난 예술적 도약을 이루었다는 데는 의심의 여지가 없다. 몇 달 전, 마일즈는 라이트하우스 올스타즈와 함께 이미 〈'Round Midnight〉를 녹음한 적이 있었지만, 그 버전은 나름의 장점이 있음에도 불구하고 이번 뉴포트 버전만큼의 성취에는 훨씬 못 미쳤다. 그러나 이번 연주를 계기로, 그는 거의 하룻밤 사이에 '재즈 역사상 가장 독창적인 발라드 연주자' 중 한 명으로 자리매김하게 되었다. 이를 비교할 수 있는 드문 예로는, 1930년대 콜먼 호킨스가 주도하던 테너 색소폰 스타일에서 벗어나, 벤 웹스터가 자신만의 방식으로 승화시킨 변화를 들 수 있다. 웹스터는 호킨스의 관능적인 스타일에서 벗어나 보다 우회적이고 내성적인 어법으로 전환했고, 이를 위해 불필요한 것을 과감히 덜어내는 음악적 가지치기를 감행했다. 마일즈는 이번에 트럼펫 계에서 디지 길레스피가 확립한 지배적 모델을 해체하고 새롭게 재구성했다. 비밥 특유의 어휘는 여전히 조금 남아 있었지만, 이제는 미니멀한 스타일 속으로 흡수되어 버렸다. 젊은 시절의 마일즈였다면 화려하고 복잡한 프레이즈를 연주했을 자리에서, 이제는 단 몇 개의 음만으로 충분함을 알게 된 것이다. 더욱이, 실제로 연주된 음 자체는 전체 효과의 일부분일 뿐이었다. 마일즈 특유의 눈에 띄게 이질적이고 다채로운 투칸 새 같은 음색은 결코 악보 위의 흑백 음표로 환원될 수 없는 감각적 요소였다. 웹스터의 경우와 마찬가지로, 음색과 질감, 호흡과 침묵이야말로 그 음악을 결정짓는 진짜 요소였다.

유명한 공연 제의들이 몰려들면서, 마일즈 데이비스는 이제 세계적인 수준의 밴드를 고용하고 유지할 수 있게 되었다. 그가 새롭게 구성하고 있던 이 밴드의 모델은, 그가 깊이 존경하던 아마드 자말 트리오였을 것이라 짐작된다. 실제로, 그가 공연에서 선택한 곡들 또한 이후 몇 년간 자말의 레퍼토리를 반영하고는 했다. 자말과 마찬가지로, 피아니스트 레드 갈런드Red Garland는 섬세한 터치와 달콤한 코드 컴핑,* 그리고 불필요한 과시 없이 요점을 찌르는 솔로로 특징지어졌다. 갈런드는 스윙 감각도 뛰어났으며, 이는 베이시스트 폴 체임버스와 드러머 필리 조 존스Philly Joe Jones의 훌륭한 지원 덕분에 더욱 빛났다. 체임버스는 열아홉 살을 갓 넘긴 청년으로, 뉴욕에 거주한 지 몇 달밖에 되지 않은 상태에서 데이비스에게 발탁되었다. 다른 리더였다면, 피츠버그 출신의 이 소박한 스타일의 연주자를 지나쳤을지도 모

---

* 코드 컴핑chord comping: 재즈에서 리듬 악기(특히 피아노나 기타)가 화음을 사용해 반주하는 방식.

른다. 그의 스타일은 블랜튼과 페티포드의 워킹 베이스* 전통을 따랐기 때문이다. 그러나 체임버스는 깊이 울리는 음색과 확실한 박자 감각으로 데이비스의 밴드에 딱 들어맞았고, 강인함과 섬세함이 교차하는 새로운 음악적 개성을 다듬어가던 이 그룹에서 중요한 역할을 하게 된다. 그는 이후 8년간, 데이비스와 함께했다. 필리 조 존스는 밴드에서 나이가 가장 많았으며, 합류 당시 이미 삼십대였다. 그는 찰리 파커, 디지 길레스피 등 모던 재즈의 거장들과 함께 수련하며 비밥 특유의 긴박감을 밴드에 불어넣었다. 하지만 동시에 그는 섬세한 폴리리듬, 부드러운 브러시워크,** 또렷한 심벌즈 연주 같은, 미묘한 표현의 달인이기도 했다. 이 세 명의 연주자들은 데이비스가 처음 영입할 당시에는 잘 알려지지 않았지만, 곧 그들은 당대를 대표하는 최고의 리듬 섹션 중 하나로 인정받게 되었다.

1955년 여름, 마일즈 데이비스의 새로운 밴드는 카페 보헤미아Cafe Bohemia에서 첫 공연을 열었고, 전면에 테너 색소폰 주자 소니 롤린스가 함께했다. 롤린스의 힘찬 색소폰 사운드와 선형적인 연주 스타일은 점묘주의적 접근을 선호하던 마일즈와 완벽한 균형을 이루었다. 그러나 롤린스 역시 마일즈처럼 얼마 지나지 않아 헤로인 중독을 극복하기 위해 뉴욕 음악계를 떠났다. 대체자를 찾던 마일즈는 잠시 존 길모어를 기용했다가, 곧 존 콜트레인으로 자리를 굳혔다. 훗날, 콜트레인은 자신의 세대를 대표하는 가장 영향력 있는 색소폰 주자로 추앙받게 되지만, 마일즈가 그를 밴드에 데려올 당시만 해도 그의 평판은 미미했고, 그나마도 최근 몇 차례 조니 호지스 밴드와의 무대에서 간헐적으로 솔로를 맡은 정도에 불과했다. 콜트레인은 재즈계

---

* 워킹 베이스walking bass: 코드 진행에 따라, 매 박자(4/4 박자 기준으로 매 비트)마다 베이스 음을 연결하여 연주하는 스타일. 베이스 라인이 "걷는walking" 듯 꾸준히 움직인다고 해서 붙은 이름이다.
** 브러시워크brushwork: 드럼 스틱 대신에, 와이어 브러시(또는 플라스틱 브러시)를 사용해 연주하는 기법. 브러시로 드럼 표면을 쓸거나 문질러 소리를 낸다.

의 가장 대표적인 '늦깎이' 성장형 뮤지션으로, 주요 스타일이 완성된 시기는 그의 생애 마지막 12년 안팎에 집중되어 있다. 그는 연습실에 틀어박혀 연습에 몰두하는 집요한 완벽주의자였고, 기술을 끊임없이 확장하고자 하는 강박적인 성장 욕구를 가지고 있었다. 마일즈는 몇 년 전 콜트레인의 연주를 듣고 크게 감명받지 못했지만, 이제 콜트레인은 소니 롤린스나 스탄 게츠와 같은 모던 재즈의 대표 테너들과 어깨를 나란히 할 준비가 되어 있었다. 마일즈는 (그의 멘토였던 찰리 파커처럼) 자신과 스타일이 대조되는 프런트라인 연주자를 찾았고, 콜트레인은 그 역할을 완벽히 해냈다. 콜트레인의 정교한 솔로는 불안한 긴박감을 고스란히 담고 있었다. 그가 1956년 퀸텟의 명반에서 들려준 〈'Round Midnight〉 연주를 들어보라. 마일즈가 곡을 애절하게 해석한 직후, 콜트레인은 이어서 음악 속 화성의 틈새를 탐색하듯 집요하게 파고드는 연주를 펼친다. 이러한 연주는 마치 감정을 과학자의 분석적 시선으로 걸러낸 듯한 독특한 혼합물이었다. 이 데이비스 퀸텟은 오래 함께 하지는 못했다. 콜트레인의 약물 문제와 함께 불거진 마일즈와의 불화로 인해, 그는 밴드를 떠나 셀로니어스 몽크의 쿼텟에 합류하게 된다. 하지만 해체되기 전, 이 팀은 폭넓은 녹음을 남겼다. 마일즈는 프레스티지 레이블과의 계약 의무를 마쳐야 했고, 컬럼비아 레이블과의 병행 활동도 있었기에, 단기간에 많은 곡을 녹음하여 네 장의 명반(《Steamin'》, 《Cookin'》, 《Workin'》, 《Relaxin'》)으로 발표했다.

콜트레인이 떠난 지 몇 주 되지 않아, 마일즈 데이비스는 길 에반스의 지휘 아래 대규모 앙상블과 함께 스튜디오에 들어갔다. 이 프로젝트는 《Birth of the Cool》 녹음 당시, 그 둘이 함께 개발했던 미학적 성향과 악기 편성을 기반으로 발전된 것이었다. 마일즈와 에반스는, 에반스가 작곡한 연결 구간들로 이어지는 명암 대비의 음악chiaroscuro들을 창조해 냈다. 이 작업은 《Miles Ahead》라는 제목으로 발표되며, 두 사람 경력의 정점 중 하나로 평가받는다. 이 음반에서 마일즈는 플루겔혼을 연주하며, 이후 몇 년간 점차 정교히 다듬게 될, 자기 확신에 찬 반(反)기교주의를 선보인다. 그는 디지 길레스피나 로이 엘드리지가 밴드를 압도하듯 몰아붙이던 방식과 달리, 에반스의 인상주의적 화성 위를 가볍게 부유하듯이 연주하는 데 만족한다. 그의 악구들은 음악의 본질, 코드 속에 숨겨진 공간을 향해 다가간다. 《Miles Ahead》의 성공은 이어지는 후속 프로젝트들을 낳았다. 1958년에는 《Porgy and Bess》의 선율들을 편곡한 또 하나의 명반이 제작되었고, 1959년 말과 1960년 초에 녹음된 세 번째 프로젝트 《Sketches of Spain》에서는, 호아킨 로드리고Joaquin Rodrigo의 《아랑훼즈 협주곡Concierto de Aranjuez》을 뛰어나게 각색했으며, 〈Saeta〉에서는 마일즈가 숨 막히는 감정의 연주를 보여준다. 영감이 최고조에 이르렀을 때, 마일즈는 호른에서 원초적인 절규를 끌어낼 수 있었다. 그 음색은 모던 재즈에서는 그 유례를 찾기 어려운, 오싹할 정도로 매혹적인 소리였다. 이처럼 감정이 격렬히 흐르는 음악 속에서는, 그의 "실수"조차 효과적이었다. 그 실수들은 지나치게 정교한 접근이었다면 도리어 무뎌졌을지도 모를, 깊은 감정의 층위를 암시했다. 마치, 추도사의 미사여구보다 애도의 흐느낌이 더 깊게 가슴을 파고들듯이.

에반스-데이비스 콤비의 후속 프로젝트인 《Quiet Nights》와 카네기홀 실황 녹음은 1960년대 초에 발표되었지만, 몇몇 인상적인 순간들이 있었음에도 전반적으로는 전작들보다 덜 완성도 높은 작품으로 평가받는다. 1960년 이후 마일즈 데이비스가 남긴 최고의 음악들은 대부분 스몰 콤보 밴드와의 작업에서 나왔다. 심지어, 에반스와 스튜디오 협업을 이어가던 그 시기에도, 데이비스는 콤보 리더로서의 위상을 확고히 지키고 있었다. 한동안 소니 롤린스가 다시 밴드의 테너 솔로이스트로 합류했으나, 1957년 말에는 존 콜트레인이 다시 마일즈 밴드에 복귀했다. 콜트레인은 그 사이에 극적인 개인적 재탄생을 겪고 있었으며, 담배, 술, 마약을 모두 끊은 상태였다. 또한, 그는 셀로니어스 몽크와 마일즈 데이비스와의 협업, 그리고 자신의 이름으로 발표한 첫 리더작들을 통해, 재즈계에서 급부상하는 스타로 널리 인정받고 있었다. 그해 9월, 콜트레인은 블루노트 레이블에서 단 한 장의 리더 앨범《Blue Train》을 녹음했다. 이 앨범은 특히 타이틀 곡 〈Blue Train〉에서의 강렬한 블루스 연주와 〈Moment's Notice〉에서 보여준, 빠르게 전개되는 전조된 ii-V 진행의 복잡한 구조 덕분에 높은 평가를 받았다. 이 곡은 절반은 곡, 절반은 화성 연습 같은 성격을 지니며, 훗날 1959년의 걸작 〈Giant Steps〉의 복잡함을 예견케 하는 작품이었다. 같은 시기, 콜트레인은 프레스티지 레이블에서도 리더 및 세션 연주자로 활발히 녹음 활동을 이어갔다. 비록 이 시기의 프레스티지 녹음들은 콜트레인이 이후 애틀랜틱과 임펄스에서 선보일, 보다 실험적이고 전위적인 음악들에 가려져 있지만, 전통적인 레퍼토리와 다소 느슨한 "블로잉 데이트"* 분위기 속에서도, 그의 주류 재즈 솔로이스트로서의 기량을 다양한 활기찬 세팅에서 훌륭히 드러냈다. 이 중에는 다른 유명 색소폰 주자들과의 인상적인 프런트라인 배틀도 포함되어 있다. 종합적으로 보았을 때, 이 18개월간은 콜트레인에게 커다란 전환기였다. 데이비스 밴드에 다시 합류한 콜트레인은 1957년 여름에 이 밴드를 떠났을 때보다 더욱 성숙한 솔로이스트이자 성숙한 인간으로 거듭나 있었다.

그러나 존 콜트레인의 합류는 데이비스가 자신의 밴드를 재편하는 과정에서 단 한 걸음에 불과했다. 이 밴드는 훗날 그의 화려한 경력 가운데 가장 찬사를 받은 정규 그룹으로 자리매김하게 된다. 새로운 데이비스 콤보는 1957년 12월 시카고의 서덜랜드 라운지Sutherland Lounge에서 첫 무대를 열었는데, 콜트레인과 데이비스의 프런트라인에는 알토 색소폰 연주자 줄리언 "캐논볼" 애덜리도 함께했다. 애덜리의 열정적인 연주는 1955년 뉴욕에 도착하자마자 재즈계에 큰 반향을 일으켰다. 그는 한동안 오스카 페티포드

---

* 블로잉 데이트blowing date: 악보나 편곡 없이 즉흥 연주 중심으로 진행된 녹음 세션을 가리키며, 보통, 연주자의 창의성과 상호 작용을 중요시하는 세션이다.

밴드에서 활동했고, 이후에는 그의 동생 냇 애덜리Nat Adderley와 함께 연주했지만, 콜트레인과 데이비스와 함께 정기적으로 무대에 서면서 그 어느 때보다도 도전적인 환경에 놓이게 되었다. 데이비스는 훗날 이렇게 회상했다. "시카고에서 첫날 밤, 우리는 블루스를 연주하고 있었는데, 캐논볼은 입을 벌린 채 그냥 서서 트레인을 바라보고만 있었지…… 그가 내게 뭘 연주하는 거냐고 묻길래 '블루스'라고 대답했더니, '난 그런 식으로 블루스가 연주되는 건 처음 봤다!'라고 말하더군."[175] 하지만 애덜리 본인 역시 12마디 블루스 양식의 대가로서, 이 경쟁적인 환경 속에서 점점 더 두각을 나타냈고, 콜트레인의 바로크적 탐구에 대항하듯 힘차고 스윙감 넘치는 솔로로 응수했다. 이 세 명의 프런트라인 연주자 사이의 화학 작용은 이듬해 2~3월에 컬럼비아 레코드에서 녹음한 앨범《Milestones》에서 충분히 드러난다. 이 앨범은 중간 및 빠른 템포의 곡들로만 구성되어 있었으며, 거의 쉬지 않고 몰아치는 에너지로 연주되었다. 이 시기의 데이비스 밴드는 당시 가장 공격적이고 활력 넘치는 재즈 콤보 중 하나로 기억될 운명이었으며, 이는 데이비스가 다른 환경에서 다듬어온 쿨 사운드와는 거의 정반대에 가까운 접근이었다.

하지만 이 상황은 곧 달라지게 된다.《Milestones》녹음 이후 피아니스트 빌 에반스가 합류하면서, 데이비스의 말에 따르면 그룹에 "조용한 불꽃"이 더해졌다. 말수가 적고 내성적인 성격의 에반스는 언행은 물론 겉모습까지도 전형적인 재즈 음악가와는 거리가 멀었다. 그는 악기 위에 몸을 웅크리고, 뿔테 안경을 쓰고 머리를 가지런히 빗어넘긴 채 손가락 몇 인치 앞의 건반에 몰두하며, 마치 상아 건반과의 사적인 교감에 깊이 잠긴 사람처럼 보였다. 그러나 시간이 흐르면서, 이 겸손한 인물은 자신만의 혁신적인 스타일을 개척하여 즉흥 피아노 음악을 영원히 바꿔 놓은, 그 세대에서 가장 영향력 있는 재즈 피아니스트로 인정받게 된다. 하지만 1958년 당시만 해도, 이 온화한 성격의 백인 피아니스트를 아는 재즈 팬은 드물었다. 그가 그때까지 주목받은 경력이라고는 토니 스콧Tony Scott이나 조지 러셀George Russell 과의 그다지 유명하지 않은 협업 정도에 불과했다. 물론, 조지 러셀의 작품 〈Concerto for Billy the Kid〉와 〈All About Rosie〉에서 보여준, 에반스의 명료한 연주는 감식안 있는 청자들에게 깊은 인상을 남겼다. 그러나 그가 리더로 참여한 1956년 리버사이드 레이블 데뷔 앨범은 발매 후 일 년 동안 고작 800장밖에 팔리지 않았다. 이후 다시 리더로서 녹음에 나서기까지는 2년이라는 시간이 흘러야 했고, 그 사이 에반스는 마일즈 데이비스 밴드에서의 활동을 통해 자신을 증명해 보였다.

1929년 8월 16일, 뉴저지주 플레인필드에서 태어난 에반스는 여섯 살에 피아노를 배우기 시작했고, 열두 살에 연주 활동을 시작했다. 이후 그는 사우스이스턴 루이지애나 대학에서 피아노, 플루트, 화성학을 중심으로 음악을 공부했다. 에반스는 특히 라벨, 드뷔시, 스크랴빈, 버르토크, 프로코피예프, 라흐마니노프와 같은 19세기 말~20세기 초 클래식 작곡가들에 대한 깊은 이해를 바탕으로, 파월, 트리스타노, 코니츠 등 재즈 연주자들의 음악에도 깊은 애정을 지니고 있었다. 시간이 흐르면서, 이러한 이질적인 영향들은 에반스만의 독창적이고 통합적인 스타일로 융합되었다. 이전의 재즈 피아니스트들도 높은 음 간격에 기반한 코드 실험을 하기는 했지만, 에반스는 프랑스 인상주의 작곡가들로부터 영향을 받은 종합적이고 체계적인 보이싱 이론을 정립했다. 그는 9도, 11도, 13도 음을 광범위하게 활용했다. 때로는 〈On Green Dolphin Street〉 같은 마일즈 데이비스의 녹음에서처럼, 에반스는 풍부하게 겹겹이 쌓인 블록 코드 솔로를 구사하기도 했는데, 이는 이후에는 거의 사용하지 않았지만, 라벨이 쿨 재즈를 연주한다면 그랬을 법한, 다채롭고 미묘한 사운드 팔레트를 강렬하게 제시했다. 이러한 높은 음정들은 에반스의 선율 라인에서도 중요한 역할을 했다. 그는 얼터드 나인스*와 샵11도 음을, 이전의 재즈 피아니스트들이 블루스 음을 사용하던 방식으로 사용함으로써 즉흥 악구에 색채, 긴장감, 이완감을 불어넣었다. 피아노 터치 또한 주목할 만했는데, 그는 매끄러운 레가토 스타일을 추구하여, 비밥 피아 니스트들이 선호하던 스타카토의 공격성을 부드럽게 중화시켰다. 시간이 흐 르면서, 에반스는 기본 박의 중력에서 거의 완전히 벗어난 프레이즈를 구성 하는 방법을 터득하게 된다. 이 기법은 그가 훗날 자신의 트리오에서 완전 히 구사하게 되며, 다음 세대의 재즈 연주자들에게 모범으로 전수된다. 하지 만 데이비스와 함께한 이 초기 녹음들에서도 이미 에반스 특유의 선율 전개 방식, 즉 절제되고 미묘한 접근 방식은 분명히 드러난다. 그는 셋잇단음표와 3대2 리듬**을 자주 활용하며, 때로는 공기처럼 가볍고 부유하는 듯한 솔로 를 펼쳤다.

이 데이비스 유닛을 모던 재즈 역사상 가장 인상적으로 작업한 콤보로 본 다면, 너무 지나친 것일까? 확실한 것은, 이 밴드는 시대를 대표하는 최고 의 개별 연주자들이 절정의 기량으로 함께했을 뿐만 아니라, 보기 드문 '케 미'를 지니고 있었다는 점이다. 데이비스와 에반스의 차분하고 절제된 미학 은 콜트레인과 애덜리의 불꽃 튀는 열정적인 연주를 절묘하게 상쇄하고 균 형을 이루었다. 하지만 이 밴드의 녹음물은 소수에 불과해, 전체적으로 평 가하기는 불가능하다. 이 앙상블의 모든 연주를 몇 시간 안에 다 들을 수 있 을 정도다. 5월 말 컬럼비아 레이블에서 진행된 세션에서는 여러 개의 기념 비적인 연주가 탄생했다. 〈Fran Dance〉, 〈Love for Sale〉, 〈Stella by Star-light〉, 그리고 앞서 언급한 〈On Green Dolphin Street〉 등이 그것이다. 이 밴드의 연주 일부는 추후 흥미로운 형태로 발매되기도 했지만, 컬럼비아는 이를 체계적으로 내놓지 않고 산발적으로 공개했다. 예를 들어, 〈Love for

---

* 얼터드 나인스altered ninths: 재즈 화성에서 변형된 9도 음을 뜻하는 용어. 9도 음을 반 음 내리거나 올린 형태를 말하며, 플랫9도음(♭9)과 샵9도음(♯9)이 있다.

** 3대2 리듬three-against-two rhythms: 음악에서 두 리듬이 동시에 연주되는 폴리리듬 의 가장 대표적인 형태. 같은 시간 안에, 한 성부는 3개의 음을, 다른 성부는 2개의 음을 나 누어 연주하는 리듬 구조이다.

Sale〉은 녹음 후 무려 18년이 지나서야 발표되었다. 결국, 이 육중주단의 신화적인 명성은 대체로 단 하나의 녹음 프로젝트, 즉《Kind of Blue》에 의해 뒷받침되고 있는 셈이다.

그래도, 이것은 얼마나 놀라운 녹음인가! 데이비스는 바로 이전 앨범《Milestones》의 타이틀 트랙에서 이미 모드(선법, 음계) 기반 즉흥 연주를 실험한 바 있으며,《Kind of Blue》에서는 이 기법을 훨씬 더 깊이 파고들 의지를 지니고 있었다. 모달 재즈의 핵심은, 복잡한 코드 진행 대신에 음계를 즉흥 연주의 출발점으로 삼는 데 있었다. 이는 비밥 시대 이후 재즈의 전통적인 구조와는 대조적이다. 예를 들어, 데이비스의 작곡인 〈So What〉은 처음 들으면 전통적인 32마디 AABA 형식의 곡처럼 보일 수 있다. 하지만 여기에 중요한 차이가 있다. A 구간에서는 7음으로 구성된 D 도리안 선법(피아노에서 흰 건반만 사용한다), B 구간에서는 E♭ 도리안 선법(검은 건반에 C와 F를 포함한다)이 각각 즉흥 연주의 기반이 되었다. 즉흥 연주자들은 이 음계 안의 음들만을 사용해야 했다. 〈Flamenco Sketches〉는 이 모드 개념을 한층 더 확장했다. 전통적인 곡 형식은 완전히 버려졌고, 대신에 불확정적인 길이의 구간들로 구성되며, 각 연주자는 다섯 개의 모드를 순차적으로 자신의 속도에 맞추어 탐색했다. 이들은 각 음계에 머무는 시간도 자유롭게 정할 수 있었다. 이러한 방식은 연주자들에게 이전에는 없었던 자유를 주었지만, 동시에 비밥에서는 상상할 수 없는 절제와 간결함을 요구했다. 솔로이스트는 "어떠한 코드에서든 어떠한 음이라도 칠 수 있어야 한다"는 찰리 파커의 계율에 따라 성장한 연주자들에게, 이러한 모드 중심의 제한은 당연히 답답할 수 있었다. 예컨대, 소니 스팃은 〈So What〉을 연주할 때, 마일즈가 설정한 "규칙"을 무시하고 모드를 단순한 마이너 코드의 반복처럼 처리하면서, 파커 식의 반음계적 요소를 가미했다. 시간이 흐르면서, 모달 재즈는 이러한 방식으로 진화하게 된다. 특히, 콜트레인의 후기 작품에서는 정적인 화성을 바탕으로 하여 매우 복잡한 선율 구조를 쌓는 방향으로 나아갔다.

하지만 데이비스의 원래 구상은 더 제한적이었으며, 그는 음악의 가장 기초적인 구성 요소들에 대해 아이 같은 순수한 호기심을 품고 있었다. 그의 손에서 모달 재즈는 전후 재즈의 맥시멀리즘*에 대한 건강한 반작용이자, 미니멀리즘적 응답으로 기능했다. 빌 에반스의 인상주의적 화성은 《Kind of Blue》의 감정적 깊이를 더해주었고, 데이비스의 '단순함에 대한 선禪적인 고집'을 더욱 강화시켰다. 콜트레인과 애덜리는 본래 열정적이고 화려한 스타일의 연주자들이었지만, 이 프로젝트에서는 그들의 경력에서 손꼽힐 만큼 간결하고 날카로운 솔로를 들려주었다.

에반스는 이 곡들이 녹음되기 전에, 이미 데이비스의 밴드를 떠난 상태였다. 데이비스와 함께한 기간은 겨우 8개월에 불과했다. 그는 훗날 이렇게 회고했다. "나는 육체적으로, 정신적으로, 영적으로 완전히 탈진한 상태였다."[176] 1959년 9월에는, 캐논볼 애덜리도 밴드를 떠났다. 데이비스는 그에게 연간 최소 2만 달러의 수입을 보장했는데, 이는 당시 애덜리가 자신의 밴드를 이끌며 벌 수 있는 돈보다 훨씬 많은 액수였음에도 그는 결국 떠났다. 1960년 초, 존 콜트레인도 마지못해 유럽 투어에 동참한 뒤에 데이비스의 곁을 떠났다. 이 모든 이탈은 데이비스에게 치명적인 손실이었다. 데이비스는 훗날 1960년대 중반에 훌륭한 새 밴드를 결성하게 되지만, 그 사이에 그는 이 독보적인 재능들을 대체할 인물을 찾기 위해 큰 어려움을 겪었다. 예를 들어, 색소폰 자리는 1960년대 초에 지미 히스Jimmy Heath, 소니 스팃, 행크 모블리Hank Mobley, 프랭크 스트로지어Frank Strozier, 조지 콜먼George Coleman, 샘 리버스Sam Rivers 등 다양한 연주자들이 짧거나 긴 기간 참여했다. 이 시기의 밴드 멤버들 가운데 다수는 매우 뛰어난 연주자들이었고, 상대적으로 덜 알려진 이들조차 수준 높은 솔로 연주자였다. 예를 들어, 건반

---

* 맥시멀리즘Maximalism 또는 최대주의最大主意란 복잡함에서 우러나는 미美를 추구하는 사회 철학 또는 문화·예술적 사조를 말한다.

파트의 윈튼 켈리Wynton Kelly와 빅터 펠드먼Victor Feldman은 둘 다 데이비스의 스타일에 잘 어울리는 최상급 피아니스트였다. 그럼에도 불구하고, 이시기의 밴드는 1950년대 후반 혹은 1960년대 중반의 밴드가 보여주었던 '케미'에는 거의 도달하지 못했다.

데이비스의 육중주단sextet과 함께한 짧은 기간 동안, 빌 에반스의 연주는 새로운 정점에 도달했고, 이후 자신의 트리오 작업을 통해 계속해서 진화해 나갔다. 그는 베이시스트 스콧 라파로Scott LaFaro, 드러머 폴 모션Paul Motian과 함께 재즈 역사상 드물게 들을 수 있는 수준의 섬세한 상호 작용과 고조된 감성의 교류를 이뤄냈으며, 이는 향후 수십 년간 지대한 영향을 미치는 작품군으로 남게 되었다. 에반스 트리오에 합류했을 당시에 라파로는 고작 스물셋의 나이였지만, 이미 미국 동·서부에서 소니 롤린스, 쳇 베이커, 셀로니어스 몽크, 베니 굿먼 등 다양한 뮤지션들과 연주한 경험이 있었다. 그러나 그는 에반스 트리오에서 훨씬 더 과감한 시도들을 했다. 그는 전통적인 베이스라인인 워킹 베이스에서 벗어나 대위법적 선율을 만들고, 때때로 기타처럼 들리는 프레이즈를 구사했다. 그의 리듬 감각은 그 이전의 어떤 재즈 베이시스트보다 자유롭고, 기본 박자에 덜 얽매여 있었다. 이 점에서 그는 드러머 모션의 훌륭한 지원을 받았다. 모션은 특히 브러시와 심벌즈 연주에서 뛰어난 섬세함을 보여주었으며, 단순한 리듬 제공을 넘어서 음악에 색채와 질감을 더했다. 이 트리오의 리듬은 명확하게 표현된 비트가 아니라, 암시된 비트에 가까웠다. 에반스는 이러한 접근을 "내면화된 비트"라고 불렀다. 이 짧은 수명의 트리오가 재즈 리듬 섹션의 본질 자체를 재정의했다고 해도 결코 과장이 아니다. 이후 등장하는 거의 모든 위대한 피아노-베이스-드럼 트리오들(가장 대표적으로는, 마일즈 데이비스의 1960년대 중반 밴드에 힘을 부여한 허비 행콕Herbie Hancock-론 카터Ron Carter-토니 윌리엄스Tony Williams 트리오)은 정도의 차이는 있겠지만, 에반스 트리오의 혁신적인 접근에서 어떤 식으로든 영감을 받았다.

1959년 12월과 1961년 2월의 스튜디오 녹음은 이 트리오가 비밥 시대의 클리셰에서 벗어나, 보다 정제된 트리오 스타일을 창조하려는 여정을 잘 보여준다. 그 후속 녹음(결국 이 트리오의 마지막 녹음이기도 했던)에서는, 그간 암시되던 위대함의 조각들이 하나로 모여 완전한 예술적 정점을 이룬다. 1961년 6월 25일, 에반스의 음반사는 뉴욕 빌리지 뱅가드에서의 트리오 공연을 녹음했다. 그날 하루 동안 녹음된 약 24개의 트랙은, 그룹 상호 작용의 텔레파시 수준을 보여준다. 이 연주들에서는, 솔로이스트와 반주자 사이의 경계(스윙과 비밥 시대에는 명확했던)가 흐려지거나 아예 사라지기도 한다. 피아노, 베이스, 드럼은 끊임없이 이어지는 대화처럼 서로 얽히며 하나의 유기체처럼 움직인다. 이러한 설명은 음악이 복잡하고 과잉되어 있다고 느끼게 할 수도 있지만, 실상은 그 반대다. 이 음악의 경이로움은 많은 것을 말하면서도 동시에 얼마나 많은 것을 침묵 속에 남겨두는가에 있다. 예를 들어, 〈My Foolish Heart〉는 당시 어떤 재즈 녹음보다 느린 템포를 가지고 있지만, 결코 늘어지거나 지루하지 않다. 오히려 공간과 침묵을 이용해 재즈의 전진하는 운동감을 강조하는 교과서적인 사례가 된다. 다른 트랙들도 마찬가지로 뛰어나다. 〈Some Other Time〉에서 드러나는 베이스와 피아노 간의 내밀한 대화, 〈My Man's Gone Now〉의 섬세한 드럼 터치와 에반스의 감정적인 솔로, 〈Gloria's Step〉과 〈All of You〉에서의 마디 경계를 넘나드는 프레이징, 〈Waltz for Debby〉와 〈Alice in Wonderland〉의 순결한 아름다움, 〈Milestones〉의 아방가르드적 해체가 그러하다. 하루 만에 녹음된 이 공연은 단 하루의 작업만으로도 밴드의 명성을 정당화할 수 있을 만큼 탁월했다. 그러나 아이러니하게도, 실제로도 그 단 하루가 마지막 날이 되고 말았다. 불과 11일 후, 스콧 라파로는 자동차 사고로 사망했다. 그의 나이 불과 스물다섯이었다.

에반스는 한동안 공개 연주 활동에서 물러나 있었지만, 결국 다시 활동을 재개했다. 그는 1960~1970년대 동안 왕성하게 음반을 녹음했으며, 주로

트리오 형식으로 활동했지만 때때로 스탄 게츠, 프레디 허바드Freddie Hub-
bard, 주트 심스, 리 코니츠, 윈 마쉬와 같은 유명한 관악 연주자들과도 함께
연주했다. 많은 재즈 연주자들이 프리 재즈나 퓨전과 같은 새로운 흐름을 적
극적으로 수용하던 시기에, 에반스는 전통적인 미국 대중가요 레퍼토리와
조성 기반의 선형 즉흥 연주에 계속 의존했다. 그러나 이러한 보수적인 외
양 뒤에는 상당한 수준의 혁신이 숨겨져 있었다. 에반스의 코드 보이싱은 색
채감 있는 음을 표현력 있게 활용함으로써 널리 모방되었고, 이후 세대 재즈
피아니스트들의 사실상 표준처럼 여겨지게 되었다. 많은 청자들에게는 눈에
띄지 않았지만, 그만큼 중요한 요소는 에반스의 리듬 프레이징의 미묘함이
었다. 그는 엄격한 박자를 지키면서도 마치 자유롭게 템포를 넘나드는 듯한
루바토의 느낌을 힘들이지 않고 만들어낼 수 있었다. 무엇보다도, 그의 음악
은 가장 감상적인 팝송을 연주할 때조차도 천박한 감상주의에서 거의 완전
히 벗어나 있었으며, 진부한 악구나 기교만을 과시하는 연주에 의존하는 일
이 전혀 없었다.

마일즈 데이비스와 존 콜트레인처럼, 빌 에반스 또한 약물 중독으로 고통
을 겪었다. 1960년대 동안 그의 헤로인 중독은 육체적으로나 경제적으로 큰
대가를 치르게 했다. 그럼에도 불구하고 에반스의 음악은 마치 일상의 소란
을 넘어선, 사색적이고 다른 세계에 있는 듯한 느낌을 자아내곤 했다. 실제
로, 이 시기는 에반스 경력의 정점 중 하나로, 감미로운 솔로 앨범《Alone》
과 그 안에서의 〈Never Let Me Go〉의 비길 데 없는 연주, 타운홀에서의
인상적인 라이브 공연, 기타리스트 짐 홀과의 명연, 오버더빙 실험, 다양한
트리오 및 콤보 연주 등이 탄생했다. 1970년대에는 한동안 약물에서 벗어
나 있었고, 그 시기의 음악은 덜 내성적이고 보다 매끄러우며 단호한 성격
을 띠었다. 특히, 베이시스트 에디 고메스Eddie Gomez와의 협업에서 그 성
향이 두드러졌다. 말년에 함께한 트리오(베이시스트 마크 존슨Marc Johnson
과 드러머 조 라 바버라Joe La Barbera로 구성된)에서는 더욱 공격적이고, 때

로는 거의 분노에 찬 음악을 선보였다. 이 시점에서 에반스는 다시 약물에 손을 대기 시작했고, 이번에는 주로 코카인이었다. 가까운 이들은 그가 서서히, 거의 의도적으로 자신을 파괴하고 있다고 염려했다. 마지막 트리오와 함께한 투어에서는 종종 TV 시리즈《매쉬M*A*S*H》의 주제곡인 〈Suicide Is Painless〉를 강렬하게 해석해, 청중을 놀라게 했다. 곡 제목의 아이러니는 매우 불편한 느낌을 주었다. 공식적인 사인은 출혈성 궤양이었지만, 그것은 누적된 자기 파괴의 결과였다. 에반스는 1980년 9월 15일, 51세로 세상을 떠났다.

빌 에반스는 얼마나 영향력이 있었을까? 1984년 진 리스Gene Lees가 실시한, 재즈 피아니스트 47명을 대상으로 한 설문 조사에 따르면, 에반스는 재즈 피아노 역사상 가장 영향력 있는 피아니스트로 아트 테이텀에 이어 2위를 차지했다. 더욱 주목할 점은, 이들 피아니스트가 개인적으로 가장 좋아하는 재즈 피아니스트를 꼽는 질문에서는 에반스가 1위를 차지했다는 것이다.[177] 그러나 에반스의 영향력이 너무나 광범위했기 때문에, 그 범위를 명확히 규정하는 것은 오히려 어렵다. 마치 조니 애플시드Johnny Apple-seed[각지에 사과 씨를 뿌리고 다녔다는 미국 개척 시대의 전설적 인물]가 남긴 사과 씨앗이 여기저기서 자라난 붉은 사과나무 숲의 기원을 추적하는 것처럼, 그의 영향은 어디를 보아도 피어나는 듯하다. 마일즈 데이비스 밴드에서 활동한 이후 세대의 피아니스트들, 특히 허비 행콕과 칙 코리아도 에반스의 영향을 강하게 받았다. 덜 알려진 사례로는, 존 해먼드의 제작으로 1960년대에 컬럼비아 레코드에서 발표된 데니 자이틀린Denny Zeitlin의 놀라운 트리오 녹음들이 있다. 이 작품들은 에반스의 탐구적인 연주 스타일과 트리오 상호 작용 개념이 다음 세대 재즈 피아니스트들에게 어떻게 하나의 기반이 되었는지를 보여주는 강력한 사례였다. 자이틀린의 음악은 준아방가르드 기법과 숭고한 서정성을 혼합하는 보기 드문 능력을 보여주었고, 이는 《Cathexis》,《Live at the Trident》,《Zeitgeist》 등의 앨범에서 잘 드러난다. 에반스는 이에 보답하듯 자이틀린의 곡 〈Quiet Now〉를 레퍼토리로 받아들였고, 여러 차례 녹음하기도 했다. 자이틀린뿐만 아니라 스티브 쿤Steve Kuhn, 폴 블레이의 당시 작품들 역시 에반스의 선구적인 시도와 1970년대에 부상한 클래식 기반의 ECM 사운드(제8장에서 다룬다) 사이를 잇는, 거의 언급되지도 않고 충분히 평가받지 못한 "잃어버린 연결고리"로 볼 수 있다. 이후 세대에서도 에반스의 영향력은 계속해서 나타났으며, 미셸 페트루치아니Michel Petrucciani, 프레드 허쉬Fred Hersch, 브래드 멜다우Brad Mehldau, 앤디 라번, 짐 맥닐리, 제시카 윌리엄스Jessica Williams, 리치 바이라흐Richie Beirach, 엘리안 엘리아스Eliane Elias, 앨런 브로드벤트Alan Broadbent, 엔리코 피에라눈치Enrico Pieranunzi 등 당대 최고의 젊은 피아니스트들의 연주에서도 그의 흔적을 확인할 수 있다. 하지만 이 독보적인 예술가의 자석 같은 매력은 피아니스트가 아닌 연주자들에게도 영향을 끼쳤다. 예를 들어, 바비 허처슨Bobby Hutcherson과 게리 버튼Gary Burton의 비브라폰 연주에서도, 혹은 더 눈에 띄게는 짐 홀, 랠프 타우너Ralph Towner, 레니 브로Lenny Breau의 위엄 있는 기타 스타일에서도 그 영향을 찾아볼 수 있다.

콜트레인의 마일즈 데이비스 이후 경력은 빌 에반스가 걸어간 길과는 전혀 다른 방향으로 나아갔다.《Kind of Blue》의 마지막 세션이 끝난 지 불과 며칠 후, 콜트레인은 애틀랜틱 레이블에서 리더로서 스튜디오에 들어갔고, 그 결과물인《Giant Steps》는 당시까지 그의 가장 강렬한 녹음으로 평가받게 된다. 이 작품은 데이비스의 모달 재즈와는 음악적 스펙트럼의 정반대에 위치한 것이었다. 특히, 타이틀곡 〈Giant Steps〉는 코드 기반 재즈의 정점으로 여겨지는 곡으로, 복잡한 코드 진행이 빠른 템포로 연주된다. 이 곡에서 피아니스트 토미 플래너건은 눈에 띄게 흔들리는데, 이는 당연한 일일 수 있다. 콜트레인과 달리, 그는 이 고도로 정교한 음악적 장애물 코스를 사전에 연습할 기회를 갖지 못했기 때문이다. 하지만 콜트레인은 아무런 망설임 없이 변화를 유연하게 소화하며 완벽한 연주를 보여준다. 자세히 살펴보면, 콜트레인의 이 솔로는 대부분 단순한 패턴, 즉 각 코드 위에서 5음 음계의 처음 네 음을 사용하는 방식에 기반하고 있으며, 겉보기에는 혁신적으로 들리는 화성도 실제로는 로저스 앤드 하트Rodgers and Hart의 고전 스탠다드 〈Have You Met Miss Jones?〉의 브리지에서 상당 부분 차용된 것이다. 그럼에도 불구하고, 콜트레인의 노련한 연주와 거침없는 에너지는 실로 인상적이다. 당시 그의 세대에서, 이 곡에 이토록 완전한 개성을 부여할 수 있었던 색소폰 연주자는 콜트레인 외에는 없었다. 같은 앨범에 수록된 〈Count-down〉에서 콜트레인은 거의 동등하게 어려운 코드 진행 위에서 또 한 번의 고난도의 도전을 펼친다. 반면, 〈Naima〉는 이동하는 페달 포인트* 위에서 연주되는 발라드로, 콜트레인의 작품 가운데 가장 사랑스러운 곡의 하나로 손꼽힌다.

다른 연주자였다면, 《Giant Steps》는 경력의 최고 업적으로 여겨졌을지도 모른다. 그러나 콜트레인에게 있어 이 앨범은 멈추지 않는 여정의 하나의 경유지에 불과했다. 이듬해에 접어들면서, 콜트레인은 복잡한 코드 진행에 대한 집착을 누그러뜨리고, 모드의 색채를 지닌 곡들에 대한 새로운 관심을 보이기 시작했다. 1960년 6월, 오넷 콜먼의 리듬 섹션과 함께한 돈 체리와의 녹음에서, 콜트레인은 모달 기법을 자주 활용한다. 그로부터 몇 달 뒤에 녹음한 〈My Favorite Things〉에서는 전통적인 코드 진행과 모달 즉흥연주에 적합한 단순한 뱀프 사이를 오가며 연주한다. 하지만 콜트레인의 모드 사용 방식은 데이비스의 절제된 접근법과는 차원이 달랐다. 콜트레인의 리듬 섹션이 단 한두 개의 코드에 기반한 준準모달한 패턴을 연주할 때조차, 콜트레인의 색소폰 라인은 광범위하게 뻗어나가며 다양한 음계를 중첩시키고, 화성적으로 일치하는 음들과 불협화음을 자유롭게 넘나들었다. 시간이 지나

---

* 페달 포인트pedal point: 한 음(보통은 저음)이 지속적으로 유지되거나 반복되는 가운데, 그 위에서 다른 화음이나 선율이 변해가는 음악 기법.

면서, 콜트레인은 이 기법을 극한까지 밀어붙이게 된다. 예컨대, 〈Spiritual〉
이나《A Love Supreme》같은 작품에서는, 단순한 베이스 라인이라는 빈약
해 보이는 기반 위에 비잔틴 양식의 복잡한 구조물을 쌓아 올린다. 그 결과
물의 완결성과 위대함을 직접 듣지 않고서는, 이렇게 거대한 야망이 그런 초
라한 기반 위에서 가능할 것이라 믿기 어려울 정도다.

이 점에서 볼 때, 콜트레인은 세계 최고 수준의 리듬 섹션 덕을 크게 보았
다. 이러한 정적인 화성은 실력이 떨어지는 연주자들이 다뤘다면 그저 진부
하게 들렸을지도 모른다. 그러나 피아니스트 매코이 타이너McCoy Tyner와
드러머 엘빈 존스와 함께한 콜트레인은, 당대에는 아직 충분히 주목받지 못
했지만, 기술적 기반이 탄탄하고, 음악적 어휘를 확장하려는 열망을 지닌 젊
은 세대의 최고 연주자 두 명을 만난 셈이었다. 이 세 연주자는 이후 수년간
서로의 에너지에 자극받으며 함께 성숙해 나갔고, 서로를 점점 더 깊이 음악
속으로 밀어 넣는 존재가 되었다. 엘빈 존스는 재즈 명문가 출신이었지만,
1956년 뉴욕으로 이주했을 당시만 해도 형제들인 행크와 태드에 비해 덜
알려진 인물이었다. 그러나 콜트레인 밴드에서의 활동이 끝날 무렵에는, 재
즈 역사상 가장 영향력 있는 드러머 중 한 사람으로 자리 잡았다. 엘빈 존스
의 폴리리듬 구사력은 누구도 따라올 수 없을 만큼 뛰어났지만, 그보다도 더
인상적인 것은 그가 무대에 가져온 태연한 강렬함이었다. 그는 그 세대의 어
떤 퍼커션 연주자보다도, 비트와 비트 사이를 파고드는 미세한 리듬 해석과
밴드를 강력하게 전진시키는 추진력이 양립할 수 있다는 사실을 몸소 보여
주었다. 콜트레인의 강한 음악적 성격 역시 존스의 드럼 연주에서 힘을 얻은
것처럼 보일 때가 많았으며, 때때로 베이스와 피아노가 오랫동안 연주를 멈
추고, 콜트레인과 존스 두 사람만이 서로를 몰아세우며 연주를 이어가는 장
면이 펼쳐지기도 했다. 이러한 과열된 순간들에는, 리더와 반주자 사이의 경
계가 사라지고, 그 자리를 대신한 것은 초월적이고 결합된 힘에의 의지였다.
콜트레인 자신도 존스가 자신의 음악적 성장에 얼마나 중요한 인물인지를

잘 알고 있었다. 한 번은 존스가 콜트레인의 차를 빌렸다가 사고로 완전히 망가뜨린 적이 있었다. "난 멍이랑 긁힌 자국만 있는 채로 걸어 나왔다"라고 존스는 나중에 회상했다. "트레인(콜트레인)에게 이 일을 얘기했더니, 그는 '차는 또 사면 되지만, 엘빈은 하나뿐이다'라고 말했다."[178]

피아니스트 매코이 타이너 역시 콜트레인 쿼텟에서 활동하는 동안, 위대한 연주자로 성장할 준비를 갖추었다. 필라델피아에서 태어나고 자란 타이너는 웨스트 필라델피아 음악학교와 그라노프Granoff 음악학교에서 피아노와 음악 이론을 공부했고, 열다섯 살의 나이에 직접 리듬 앤드 블루스 밴드를 이끌기 시작했다. 그의 초기 재즈 롤모델은 셀로니어스 몽크, 버드 파월, 그리고 덜 알려진 파월의 동생 리치 파월 등이었다. 이들처럼, 타이너도 묵직한 터치와 타악적인 효과를 선호했다. 열일곱 살이 되던 해, 타이너는 존 콜트레인을 만나 두 번의 공연을 함께했는데, 당시 콜트레인은 마일즈 데이비스 밴드에서의 활동을 잠시 멈춘 상태였다. 타이너가 콜트레인의 쿼텟에 정식으로 합류하기까지는 약 4년이 걸렸고, 그 사이 그는 생계를 유지하기 위해 고군분투하며, 1959년까지는 낮에는 물류 사무직으로 일하고, 밤에는 간헐적으로 연주를 다녔다. 1959년, 타이너는 베니 골슨Benny Golson과 아트 파머Art Farmer의 재즈텟The Jazztet에 합류하면서 경력에 전환점을 맞이했고, 일 년도 채 지나지 않아 콜트레인 쿼텟의 멤버로 합류해, 1965년까지 그 자리를 지켰다. 타이너는 날카롭고 강렬한 피아노 터치, 그리고 복잡한 즉흥 라인을 구성하는 능력 덕분에, 그 자체로도 훌륭한 하드 밥 피아니스트로 활동할 수 있었지만, 콜트레인과 함께하며 그 이상의 존재로 성장하게 된다. 다른 피아니스트들이 콜트레인의 솔로를 전통적인 컴핑 코드로 뒷받침했다면, 타이너는 반복 구절vamp, 음군cluster, 다양한 타악적 효과로 도전하며, 결과적으로는 피아노 하나로 쏟아붓는 거대한 소리의 츠나미를 만들어 냈다. 밴드가 자주 연주하던 곡들이 간단한 화성 구조를 가지고 있었던 것도 타이너의 창조력을 극대화하는 환경이 되었고, 그는 극히 제한된 화성적 소재를 가지고도 풍부한 하모니의 색채를 짜내는 능력을 발휘했다. 그는 애매모호한 보이싱을 즐겼고, 해결되지 않은 서스펜디드 4도sus4[*]를 적극적으로 활용했으며, 때로는 양손으로 건반을 내리찍듯 강하게 연주하여 건반에 손자국이 남을 것처럼 보이기도 했다. 그의 즉흥 솔로는 그보다도 더욱 에너지가 넘쳤고, 예측할 수 없는 넓은 음정 도약이 가미된 단음 라인, 광범위한 아르페지오, 급류처럼 쏟아지는 런, 공명하는 트레몰로들이 얽히며 피아노 위에서 폭풍처럼 휘몰아쳤다. 초기에는 다소 거칠고 날카로운 터치를 가지고 있었던 그의 연주는, 점차 풍성한 볼륨과 깊이감을 더해가며, 결국에는 재즈 피아노 사운드 중 가장 강렬하고 쉽게 식별할 수 있는 스타일로 자리매김했다. 콜트레인을 떠난 이후에도 타이너의 경력은 번성했고, 특히 1970년대 마일스톤Milestone 레이블에서 발표한 《Echoes of a Friend》, 《Atlantis》, 《Trident》, 《Supertrios》, 《Fly with the Wind》 같은 앨범들은 당대의 재즈 피아니스트들에게 큰 영향을 미쳤다. 많은 이들이 그의 스타일, 화성 구성, 모달 패턴을 흉내 냈지만, 원본이 지닌 압도적 강렬함에 도달한 이는 드물었다.

1961년, 존 콜트레인은 새롭게 출범한 임펄스 레코드사와 계약한 최초의 뮤지션 중 한 명이었다. 그는 거액의 선급금을 받고 계약을 맺으며, 당시 재즈계에서 마일즈 데이비스에 이어 두 번째로 높은 개런티를 받는 음악가가 되었다. 이런 투자가 있었던 만큼, 임펄스는 콜트레인의 청중층을 넓히는 데 큰 관심을 가졌고, 그를 당시 나이트클럽과 콘서트홀에서 점점 더 실험적인 방향으로 나아가고 있던 연주 스타일과는 상당히 동떨어진 무대들에 종종 등장시켰다. 그러나 그러한 대중 지향 프로젝트들조차 하나같이 잘 기획

---

[*] sus4: 음악 이론에서 "유보된 4도 화음suspended 4th chord"의 줄임말. 3도 음(예: 장3도 또는 단3도)을 생략하고 4도 음으로 대체한 화음이다. 이 sus4는 보통 긴장감을 주고, 다음 화음(예: 일반적인 장3화음)으로 해소되며 음악적인 흐름에 다양성을 준다.

되었고, 거의 예외 없이 성공적이었다. 특히 보컬리스트 조니 하트먼Johnny Hartman과의 협업은 색소폰 연주자와 가수 간의 최고의 협연 중 하나로 평가되며, 〈Lush Life〉, 〈My One and Only Love〉, 〈You Are Too Beautiful〉과 같은 곡들에서 결정적인 명연을 남겼다. 또 다른 프로젝트인《Ballads》앨범 역시 유사한 미학적 접근을 취해, 비슷한 수준의 성과를 거두었다. 한편, 듀크 엘링턴과의 녹음 세션은 대담한 시도였다. 겉보기에는 두 사람 모두 상대에게 맞춰주는 듯했지만, 실제로는 각자의 음악적 신념을 단단히 고수하며 나아갔다. 그러나 이 보기 드문 조합은 때때로 신적인 존재들도 양보하며 협력할 수 있다는 점을 입증해 보였다. 특히 〈In a Sentimental Mood〉에서는, 엘링턴이 거의 30년 동안 정기적으로 연주해 온 이 곡에 콜트레인이 새롭게 숨결을 불어넣는 해석을 이끌어냈다. 얼마 후, 이 곡에 오랜 세월 동안 자신만의 흔적을 남겨온 엘링턴 밴드의 멤버 조니 호지스는 이 앨범의 프로듀서 밥 씰Bob Thiele에게 콜트레인의 버전이 "내가 들어본 것 가운데 가장 아름다운 해석"이라고 말했다.[179]

콜트레인이 전통 재즈 레퍼토리를 존중하며 재해석한 연주들은, 동시에 진행되던 보다 강렬하고 실험적인 탐구 작업들과 공존했다. 이 시기 동안 임펄스 사는 이러한 다양한 측면을 광범위하게 녹음해 남겼으며, 그 결과물에는 매우 폭넓은 스타일의 연주들이 포함되어 있다. 예를 들어, 〈Chasin' the Trane〉, 〈Bessie's Blues〉와 같은 압도적인 블루스 명연들이 있고, 콜트레인이 소프라노 색소폰으로 3/4 박자 위에서 펼친 정교한 즉흥 연주들(이는 아마도 〈My Favorite Things〉의 성공을 의식하고 그 계보를 잇기 위한 시도였을 것이다)에서는, 〈Chim Chim Cheree〉, 〈Afro Blue〉, 〈Greensleeves〉 같이 노래하듯 단순한 멜로디들을 해체하고 재구성한다. 또한 〈Alabama〉, 〈Crescent〉 등에서는 콜트레인 퀴텟이 템포 안팎을 넘나드는 장엄한 연주를 선보이고, 〈Impressions〉 같은 곡에서는 고도의 기교가 요구되는 모달 연주가 펼쳐진다. 그 외에도, 콜트레인은 〈Soul Eyes〉와 같은 우울하고 느릿한 루바토 발라드, 〈I Want to Talk About You〉, 〈Nature Boy〉에서처럼 기존 화성 구조 위에서 폭발적으로 쏟아지는 즉흥 연주, 라이브 버전의 〈Naima〉처럼 느린 4/4 박자 위에 왈츠 느낌을 겹쳐 얹은 선율 등 현대적인 발라드 양식의 놀라운 변주들을 실현해 냈다. 그리고 나아가 〈Om〉이나 《A Love Supreme》 서두처럼, 음악과 챈팅*이 혼합된 최면적인 구조, 〈Kulu Sé Mama〉에서처럼 노래에 가까운 발성(준-보컬), 《Africa/Brass》 프로젝트처럼 대규모 앙상블을 위한 더 구조화된 시도들까지, 콜트레인의 음악 세계는 이 시기 동안 실로 다차원적이고, 전례 없이 다양한 지형을 아우르고 있었다.

하지만 이 모든 음악적 모험은, 사실상 콜트레인 최후의 진화가 보여줄 전면적인 실험 정신의 서막에 불과했다. 콜트레인은 점점 더 프리 재즈의 해방적인 가능성에 이끌렸고, 이 여정은 결국 신비주의적이거나 종교 문헌에서 따온 제목이 붙은 자유로운 연주들로 이어졌다. 그러나 이 시기에도 스타일의 폭은 놀라울 만큼 다양했다. 예컨대, 앨리스 콜트레인Alice Coltrane과 라시드 알리Rashied Ali가 함께한 마지막 쿼텟의 곡 〈Offerings〉는 몽환적이고 영적인 분위기를 띠는 반면, 〈Om〉, 〈Ascension〉, 〈The Father and the Son and the Holy Ghost〉(《Meditations》 수록곡) 등은 불과 유황이 쏟아지는 듯한 격렬함을 자랑했다. 콜트레인은 단 6년 동안 한평생의 음악에 해당할 만한 분량의 작업을 쏟아부었으며, 임펄스 레이블에서의 스튜디오 녹음 외에도, 빌리지 뱅가드, 버드랜드, 뉴포트 재즈 페스티벌, 유럽과 일본 등 전 세계를 순회하는 라이브 공연 실황이 이어졌다. "우리가 만들어내는 음반들을 전부 발매하는 건 도저히 불가능했다." 이후에 프로듀서 밥 씰은 이렇게 회상했다. 그는 회사 고위 경영진의 반대에도 불구하고, 콜트레인의 계

---

* 챈팅chanting: 음악과 종교, 전통 의식 등에서 단순하고 반복적인 선율 또는 리듬에 따라 말하거나 노래하는 방식.

속 확장되는 전작全作을 보존하려 애썼다. "그의 계약서에는 연간 두 장의 앨범을 녹음하고 발매하는 것으로 명시되어 있었다. 하지만, 젠장, 나는 일 년에 여섯 장을 녹음했다…… 결국에는 상황이 이렇게까지 되었다. 심야에 녹음해야 조용히 작업할 수 있었고, 회사 사람들한테 내가 어디 있는지도 들키지 않았다." 콜트레인이 남긴 녹음물의 양은 정말로 방대해서, 그가 세상을 떠난 수십 년 후에도 새로운 미발표 자료들이 계속 발매되었다.

콜트레인의 음악에서 끊임없이 일어난 변화들은 바로 그의 인간됨을 가장 잘 보여주는 특징이었다. 그는 끊임없이 진리를 탐구하는 사람, 그리고 강박적인 자기 주도 학습자였다. 이런 끊임없는 추구의 태도는 그의 삶 전반에 걸쳐 드러났다. 콜트레인은 왕성한 독서가였고, 관심 분야는 매우 다양했다. 아리스토텔레스부터 에드거 케이시Edgar Cayce, 『요기의 자서전The Autobiography of a Yogi』(소니 롤린스의 추천), 그리고 크리슈나무르티의 『삶에 대한 성찰Commentaries on Living』(빌 에반스의 추천)까지, 그의 책장에는 온갖 주제가 뒤섞여 있었다. 이처럼 새롭고 낯선 것에 대한 갈망은 그의 음악에서도 똑같이 드러났다. 월드뮤직이 유행하기 한참 전부터, 콜트레인은 인도, 아프리카, 라틴 아메리카 등 전 세계의 청각적 전통을 탐구했다. 현대 클래식 작곡가들에 대해서도, 그는 같은 열정으로 연구에 몰두했다. 연습할 때 콜트레인이 가장 즐겨 사용한 교재는 니컬러스 슬로님스키Nicolas Slonimsky의 『음계 및 선율 패턴 사전Thesaurus of Scales and Melodic Patterns』이었다. 이 선택은 매우 적절한 것이었다. 왜냐하면 콜트레인과 슬로님스키는 평균율 체계 안에서 가능한 모든 음계 패턴을 익히려는 강박적 탐구라는 공통된 집착을 공유했기 때문이다. 머지않아, 콜트레인을 따라 수많은 재즈 연주자들이 슬로님스키의 책을 "파고들기" 시작했고, 출판사는 그 전에는 거의 알려지지 않았던 책이 갑자기 불티나게 팔리는 현상에 당황할 정도였다. 또한 그는 피아노나 바이올린, 하프 등 다른 악기용으로 쓰인 연주곡을 색소폰 연습 자료로 사용했다. 이러한 연습은 자기 표현의 경계를 확장하려는 또 하나의 시도였다. 콜트레인은 새로운 악기, 마우스피스, 악보집 등 새로운 것이라면 무엇이든 기뻐하며 탐구했다. 그리고 그는 동시대의 실험적 연주자 스티브 레이시Steve Lacy와 함께, 오랫동안 재즈에서 잊혀졌던 소프라노 색소폰을 다시 전면에 부활시키는 데 핵심적인 역할을 했다. 사적으로는 일본 투어에서 가져온 고토琴와 시타르 같은 악기도 연습했고, 전통주의자들 사이에서 논란이 많았던 일렉트릭 바리톤* 색소폰에도 흥미를 보이며 정통성을 뛰어넘는 태도를 보이기도 했다. 어쩌면,《Giant Steps》에서 들을 수 있는 정제된 "인사이드" 연주자가 이후《Ascension》의 과감한 "아웃사이드" 혁신가로 진화하리라 예상하기는 어려웠을 것이다. 그러나 콜트레인의 채워지지 않는 자기 계발에 대한 갈망을 직접 목격했던 이들이라면, 그가 앞으로도 계속해서 재즈의 경계를 넓히는 극적인 변화를 이끄리라 기대했을 것이다.

1967년, 간암으로 겨우 마흔의 나이에 세상을 떠난 존 콜트레인의 죽음은 그가 펼쳐오던 음악적 탐험에 돌이킬 수 없는 종지부를 찍었고, 어느 정도는 재즈 전체를 표류 상태로 남겨두었다. 그의 세대 가운데 그 누구보다도, 콜트레인은 재즈를 미래로 밀어붙이며 그 표현의 방식을 재정의한 중심 인물이었다. 그는 단순한 거장이 아니라, 개인적인 비전과 모험을 통해 재즈를 진보시켜 온 반세기 역사의 영웅적 즉흥 연주자들의 정점에 선 존재였다. 그가 세상을 떠난 후, 재즈는 일종의 '포스트 영웅 시대'에 들어선 듯 보였고, 이러한 분위기는 어느 정도는 현재까지도 이어지고 있다. 그리하여 많은 재즈 팬들은 다음과 같은 당연한 질문을 품게 된다. "그가 더 오래 살았다면, 과연 무엇을 했을까?" 하지만 이 질문에는 쉽게 답할 수 없다.

---

* 바리톤Varitone: 1960년대에 셀머Selmer 사에서 개발한 색소폰용 전자 증폭 장치. 보다 구체적으로는 색소폰에 부착하는 마이크, 프리앰프, 그리고 효과 프로세서가 통합된 장비로, 전자 음향 효과를 가능하게 해준다.

왜냐하면 콜트레인은 이미 음악의 형식과 내용이라는 기존의 경계를 한참 넘어서는 지점까지 도달해 있었기 때문이다. 그의 마지막 공연 중 하나였던 필라델피아 템플 대학교 콘서트에서, 콜트레인은 색소폰을 내려놓고, 말이 되지 않는 소리들을 내고, 자신의 가슴을 손으로 두드리며, 마치 이제 색소폰으로 표현할 것이 더 남아 있지 않다는 듯한 연주를 펼쳤다. 그의 목소리는 어떤 목적도 분명치 않은 초현실적인 요들 같았고, 그 광경은 청중들에게 충격을 안겨주었다.

과연, 이러한 경계선에 다다른 예술가에게 또 다른 '다음 단계'라는 것이 가능했을까? 그리고 그러한 가능성은 곧 재즈 전체의 미래에 어떤 암시를 주는 것일까?

이 질문에 대한 해답에 가까워지기 위해, 우리는 콜트레인이 생전 마지막 인터뷰 중 하나에서 남긴 놀라운 발언을 고려해 볼 수 있다. 일본의 재즈 평론가 고야마 기요시가 그에게 앞으로 십 년 후에는 어떤 사람이 되어 있고 싶은지 묻자, 콜트레인은 이렇게 대답했다. "나는 성인聖人이 되고 싶습니다."[180] 이 대답은 얼핏 들으면 낯설고 이상하게 들리지만, 이 예상치 못한 응답은 어쩌면 그가 중년 이후에 살아 있었다면 어떤 삶을 살았을지를 짐작하게 해주는 열쇠가 될 수 있다. 이미 콜트레인의 음악은 강한 영적 성향을 띠기 시작했으며, 그런 방향성이 이후의 음악에서 더 중심적인 역할을 했을 것이라 상상하는 것은 어렵지 않다. 마찬가지로, 그가 관심을 가졌던 비서구 음악 전통들도 처음에는 단지 새로운 음계와 기법을 배우기 위한 학습적 목적으로 시작되었을지 몰라도, 이미 그것은 영적 공명共鳴을 수반한 범세계적인 공유와 존중의 태도로 확장되고 있었다. 그래서 우리는 50세, 60세의 존 콜트레인을 이렇게 상상할 수 있다. 음악을 매개로 인류의 보편적 문제에 다가가고, 사회적 이슈와 신성神聖에 대한 감각을 함께 아우르는 예술적 실천가로서 살아가고 있는 모습 말이다.

어느 정도는, 콜트레인의 삶이 계속 이어졌다면 어떤 방향을 지향했을지를, 그의 두 번째 아내이자 빈번한 음악적 동료였던 앨리스 콜트레인의 이후 경력에서 유추해 볼 수 있다. 1937년, 디트로이트에서 앨리스 매클레오드Alice McLeod라는 이름으로 태어난 그녀는 클래식 피아노를 전공한 뒤, 파리에서 버드 파월에게서 재즈 기법을 배웠다. 1963년, 버드랜드에서 비브라폰 연주자 테리 깁스와 함께 연주하던 중 존 콜트레인을 만나게 되었고, 두 사람은 2년 뒤 결혼했다. 1966년 초, 앨리스 콜트레인은 남편 밴드의 피아니스트 자리를 맡게 되었으며, 이후 콜트레인의 후기 주요 프로젝트들에 있어 공동 작업자로서 중요한 역할을 하게 된다. 그리고 그녀는 존 콜트레인의 삶과 음악이 영적인 방향으로 확장되는 데에도 적지 않은 영향을 미쳤을 가능성이 크다. 그녀는 나중에 이렇게 회상했다. "우리가 함께했던 일은 영적인 삶과 더 높은 차원의 지혜를 향해 나아가는 경험을 추구하고 손을 뻗는 여정이었다."[181] 이러한 여정에는 물론 음악도 포함되었지만, 그 외에도 명상, 독서, 그리고 다양한 종류의 스승들과 롤모델을 찾아가는 과정도 함께 포함되어 있었다.

존 콜트레인이 세상을 떠난 뒤 몇 년 동안, 많은 재즈 팬들은 앨리스 콜트레인이 그의 유산을 이어 발전시켜주길 기대했고, 그녀는 실제로 그다음 십 년 동안의 음반과 연주를 통해 그러한 기대에 부응한 경우가 많았다. 1968년, 그녀는 남편에게 바치는 감동적인 헌정 앨범《A Monastic Trio》를 발표했다. 이 음반과 이어지는 여러 프로젝트들에서, 그녀는 콜트레인의 밴드에 함께 있었던 연주자들과 연주했고, 때로는 그가 자주 연주했던 곡들을 다시 녹음하기도 했다. 콜트레인이 생전에 하프를 구입하기로 결정했던 바로 그 무렵부터, 앨리스는 이 재즈에서는 거의 쓰이지 않던 독특한 악기를 통해 자신의 확장된 음악적 비전을 표현하기 시작했다. 하지만 시간이 흐를수록 그녀의 활동은 점차 영적인 영역에 중심을 두게 되었고, 어떤 때는 그녀가 음악 자체를 거의 내려놓은 듯하거나, 오로지 신앙적인 목적이나 반 개인적인 수행의 수단으로만 음악을 대하는 듯 보이기도 했다. 그녀는 힌두 전통을 주된 기반으로 하여, 종교적 지도자들에게 배우며 수행했고, 결국에는 영적 지도자, 즉 스와미니swamini가 되었으며, 이후 투리야상기타난다Turiyasangitananda(산스크리트어로 "신의 가장 높은 노래에서 오는 환희"라는 의미이다)라는 새 이름을 얻었다. 그녀는 미국 캘리포니아 남부에 48에이커 규모의 힌두 예배 공동체ashram를 설립했고, 이 시기에 그녀가 만든 음악은 대부분 종교적 예배와 의식에 사용되는 형태였으며, 주로 믿는 이들 사이에서 유통되던 카세트테이프를 통해서만 들을 수 있었다. 이 음악들은 훗날 상업적으로도 발매되었고, 앨리스 콜트레인이 음악적 정체성을 거의 완전히 재창조했음을 보여주는 증거로 남아 있다. 그녀는 2004년, 아들 라비 콜트레인Ravi Coltrane이 프로듀싱을 맡은 "컴백" 앨범《Translinear Light》를 통해 재즈계로 돌아왔다. 이 앨범에서 라비는 여러 트랙에서 색소폰 연주자로서의 성장한 기량을 선보였다. 하지만 앨리스 콜트레인은 그 후 3년밖에 더 살지 못했고, 그녀의 인생 마지막 25년 가까운 세월은 재즈 클럽이나 음악 팬들과는 다소 거리를 둔 채 조용히 보내졌다. 그러나 그녀가 남긴 음반들을 종합적으로 평가해 보면, 앨리스 콜트레인은 단지 재즈뿐 아니라 여러 장르 전반에 걸쳐 선구적으로 활동한 혁신가였음이 분명하다. 그녀의 활동사를 온전히 이해하려면, 그녀가 일찍부터 실험한 앰비언트,* 뉴에이지 사운드, 사이키델릭 록,** 인도 전통 음악, 가스펠 및 종교 음악 등 다양한 장르에 대한 포용력을 반드시 함께 고려해야 한다. 비록 그녀는 겉으로 보기에는 음악 산업의 흐름과는 동떨어진 위치에 있었지만, 동시에 그 흐름이 어디로 향

---

* 앰비언트ambient: 1970년대부터 발전한 전자 음악의 한 장르로, 공간감과 분위기를 중시하며, 환경적 사운드와 명상적·정적인 감성을 강조하는 스타일의 음악.

** 사이키델릭 록psychedelic rock: 1960년대 중반에 등장한 록 음악의 하위 장르로, 환각 상태psychedelia를 음악적으로 표현하고자 한 실험적이고 감각적인 스타일의 음악. 비치 보이스, 버즈, 핑크 플로이드, 제퍼슨 에어플레인 등이 대표적인 밴드이며, 비틀즈의 〈Sgt. Pepper's Lonely Heart Club Band〉 앨범은 사이키델릭 록의 정점으로 대중들에게 그 장르를 확실히 각인시켰다.

하고 있는지를 기이할 만큼 정확하게 직감했던 인물이기도 했다. 실제로, 그녀는 이후 생겨날 음악 장르나 트렌드들을, 이름 붙기 전부터 미리 구현하고 있었던 경우가 많았다.

에릭 돌피는 존 콜트레인의 미래지향적인 음악 탐험에서 또 다른 핵심적 협업자였으며, 두 사람은 연주 무대 위에서 거의 이상적인 파트너로 통했다. 콜트레인처럼 돌피 역시 끈질긴 연습과 새로운 소리에 대한 개방성, 그리고 성실한 태도를 통해 재즈의 기량을 쌓아 올렸다. 두 색소폰 연주자 모두 즉흥 연주의 가장 급진적인 기법들을 받아들이게 되었지만, 놀라운 점은 그들이 이를 조심스럽고 거의 체계적인 방식으로 이루어냈다는 사실이다. 마치 이렇게 말하는 듯하다. "혁명도 아주 작은 단계들로 나아갈 수 있다!" 하지만 바로 그러한 점이 그들의 성공 기반이었다. 대부분의 프리 재즈 연주자들과 달리, 돌피는 (콜트레인과 마찬가지로) 보다 구조화된 형식 내에서 먼저 자신의 역량을 증명한 후에 실험적 연주로 나아갔다. 그는 제2차 세계대전 이후 남부 캘리포니아의 활기찬 재즈 환경에서 성장했지만, 그 시기 중심지였던 센트럴 애비뉴 재즈 현장과는 사실상 거의 관계가 없었다. 오히려, 돌피는 초기에 드뷔시, 라벨, 베베른 같은 작곡가들에게 끌렸고, 서던 캘리포니아 대학(USC)에서 음악을 전공해 교향악단의 오보에 연주자가 되는 것을 꿈꾸기도 했다. 그의 음악 교사 로이드 리스Lloyd Reese는 돌피에게 재즈에 대한 흥미를 불어넣었고, 그 과정에서 에릭의 부모를 화나게 만들기도 했다. 왜냐하면 그는 돌피에게 "악기 연주자가 되기 위해 꼭 대학 학위가 필요한 건 아니다"라고 조언했기 때문이다.

일찍부터 재능을 드러낸 연주자였지만, 에릭 돌피는 재즈 세계에서는 비교적 늦게 꽃을 피운 인물이었다. 그의 첫 주요 공연은 로이 포터의 빅 밴드와 함께한 무대였고, 그것도 스무 살이 되어서야 이루어졌다. 그러나 그로부터도 거의 십 년에 가까운 시간이 흐른 뒤에야, 그는 치코 해밀턴Chico Hamilton과의 협업을 통해 평단과 청중의 주목을 받기 시작했다. 그 사이 대부분의 시간은 개인적인 음악 공부에 쓰였고, 때때로 로스앤젤레스 지역에서의 소규모 공연으로 이를 보완하는 수준에 머물렀다. 1950년대 말 무렵이 되어서야, 돌피는 색소폰의 거장 수준에 도달했으며, 그의 세대 중에서는 찰리 파커의 유산을 가장 설득력 있게 계승한 인물로 간주되었다. 이는 파커를 모방했기 때문이 아니라, '버드Bird'의 음악적 함의를 논리적으로 밀고 나간 결과였다. 파커처럼, 돌피의 음악은 긴박하고 때로는 폭발적인 에너지를 지녔으며, 인간의 울부짖음과 음계의 경계가 만나는 그 위태로운 지점을 두려움 없이 탐험했다. 하지만 두 사람 사이에는 뚜렷한 차이점도 있었다. 돌피의 솔로는 더 각지고 불규칙적이며, 음정과 음정 사이를 지그재그로 이동하고, 예상치 못한 지점에서 급격한 방향 전환을 하며, 저음에서 고음으로 대담하게 도약하고, 쉴 새 없이 몰아치는 격렬한 음들의 난무亂舞를 펼치곤 했다. 그리고 시간이 지남에 따라, 돌피는 파커보다 훨씬 더 과감한 모더니즘을 향해 나아가게 된다. 결국 그는 조성과 형식 구조라는 기존의 한계를 돌파하게 되었다.

1959년 뉴욕으로 이주한 이후, 에릭 돌피는 곧바로 재즈계를 휩쓴 급진적인 변화의 소용돌이 한가운데에 서게 되었다. 그는 이후 단 5년밖에 더 살지 못했지만, 그 짧은 시간 동안 그는 넘칠 듯한 음악적 성취를 이루어냈다. 콜트레인과의 협업에서는 전면에 나서는 솔로이스트로서 콜트레인과 어깨를 나란히 한 것은 물론, 편곡자로서 확대된 콤보 구성에 참여하기도 했다. 당시 콜트레인과 매일 밤 무대에서 맞붙는 것은 대부분의 색소폰 연주자들이 꺼릴 만큼 벅찬 일이었지만, 돌피는 그런 긴장감 속에서 오히려 성장했다. 또한 그는 찰스 밍거스의 밴드에서도 눈부신 성과를 남겼다. 그의 참여는 《Charles Mingus Presents Charles Mingus》(캔디드Candid 레이블)와, 프랑스 앙티브Antibes에서의 기억에 남을 콘서트 실황을 통해 잘 기록되어 있다. 이 외에도, 돌피는 여러 리더들과 함께 한 주요 세션들에서 두각을 나타냈다. 예를 들어, 오넷 콜먼의 《Free Jazz》, 앤드루 힐의 《Point of Departure》, 올리버 넬슨Oliver Nelson의《The Blues and the Abstract Truth》, 조지 러셀의《Ezz-thetics》, 이 네 장의 음반은 모두 1960년대 초반의 이정표적인 앨범들이며, 각각은 돌피의 다양한 음악적 개성을 요구했다. 또한 그는 존 루이스, 길 에반스, 군터 슐러가 이끄는 대규모 앙상블에도 참여했고, 클래식 작곡가 에드가 바레즈의 독주 플루트곡《Density 21.5》를 1962년 캘리포니아 오하이 페스티벌Ojai Festival에서 연주하기도 했다. 여러 면에서, 돌피는 이상적인 밴드 동료였다. 탁월한 테크닉, 뛰어난 해석 능력, 여러 악기의 숙달, 가장 체계적인 것부터 가장 자유로운 것까지, 코드 안에서 변화하든 그것의 밖에서 흔들든, 동등한 수준의 편안함으로 유연하게 작업할 수 있는 연주자였다. 그리고 이러한 재능은 그의 조용하고 온화한 성격과 어우러져, 새로운 앙상블이나 낯선 환경에 빠르게 적응할 수 있는 능력으로 이어졌다. 그의 이와 같은 수많은 사이드맨 활동만으로도, 돌피는 오늘날 충분히 잘 알려진 존경받는 연주자가 되었을 것이다. 그러나 그는 리더로서의 작업을 통해서도, 재즈 세계에 큰 족적을 남겼다. 레스티지 레이블의《Far Cry》와 블루 노트 레이블의《Out to Lunch》같은 스튜디오 앨범들은 높은 평가를 받는 작품들이며, 특히 1961년 7월 16일, 젊은 천재 트럼펫 연주자 부커 리틀Booker Little과 뉴욕의 파이브 스팟에서 함께한 라이브 공연 실황은 매우 인상적인 기록으로 남아 있다.

후반부의 협업은 많은 장애물에도 불구하고 성공을 거두었다. 이는 밴드의 첫 번째이자 유일한 장기 클럽 공연이었고, 피아노는 심하게 음이 틀어져 있었으며, 청중은 시끄럽고 무관심해 보였고, 레퍼토리는 발라드와 멤버들의 다양한 자작곡이 섞인 뒤죽박죽이었다. 그럼에도 불구하고 이 콤보는 이러한 제약을 훌쩍 넘어섰고, 〈The Prophet〉, 〈Aggression〉, 〈Fire Waltz〉 같은 곡들에서 각 곡의 한계를 밀어붙이며 강렬한 에너지를 유지했다. 이들의 음악과 가장 명백히 비교되는 대상은 오넷 콜먼과 돈 체리이다. 콜먼과 체리가 자유로운 조성을 출발점으로 삼았다면, 돌피와 리틀은 그 반대였다. 이들의 곡은 조성을 바탕으로 정교하게 구성되어 있으며, 관악기 주자들은 4분음, 비명에 가까운 소리, 불협화음을 도입해, 새로운 언어를 창조하기보다는 기존 재즈 어휘를 내부에서 확장하고 밀어붙였다. 돌피를 그대로 대변하는 듯한 언급에서, 리틀은 자신의 미학적 원칙을 다음과 같이 설명했다. "나는 오넷보다 더 전통적인 개념을 가지고 있다…… 하지만 나는 '틀린 음'이라는 개념으로 생각하지 않는다. 실제로, 나에게는 어떤 음도 틀린 것으로 들리지 않는다. 중요한 건 그 음들을 어떻게 통합할지, 꼭 필요하다면 어떻게 해결할지 아는 것이다."[182] 이러한 원칙은 파이브 스팟 실황 녹음에서 그대로 드러난다. 이것은 경계에 있는 음악이었다. 어쩌면 이 음악가들은 한 걸음 더 나아가 "자유의 원칙"이라 불리게 된 개념을 전면적으로 수용하며 더욱 파격적인 음악을 함께 만들 수 있었을지도 모른다. 돌피는 실제로 그러한 도약을 반쯤은 준비하고 있었던 것으로 보이며, 이는 그의 마지막 음반인 《Out to Lunch》에서 확인할 수 있다. 하지만 이 시점에서도 돌피는 복잡한 작곡 방식을 통해, 구조와 전통을 완전히 버리기를 주저하는 모습을 보였다. (이는 그가 오넷 콜먼 주도의 《Free Jazz》 녹음에서 불가피하게 그런 구조를 버렸던 것과는 대조적이다.) 만약 돌피와 리틀의 파트너십이 5년 또는 10년 더 지속되었다면 어떻게 발전했을지 상상해 보는 것은 매우 유혹적이다. 그러나 실제로는 둘 다 1960년대 중반 이전에 세상을 떠났다. 리틀은 1961년, 23세의 나이에 요독증으로 사망했고, 돌피는 1964년, 당뇨병으로 인한 심부전으로 36세에 사망했다. 결국 음악을 자유의 완전한 형태로 끌어올리는 일은 더 급진적이며 비밥과 하드 밥 전통에 덜 얽매인 오넷 콜먼, 앨버트 에일러Albert Ayler, 세실 테일러 같은 이들이 그 역할을 이어받게 되었다.

1950년대 후반, 그러나 콜트레인이 당대 최고의 색소폰 연주자로서 누리던 위상을 위협한 주요 도전자는 오넷 콜먼이나 앨버트 에일러가 아니었다. 당시 그들은 거의 알려지지 않은 인물들이었으며, 에릭 돌피조차도 아니었

다. 오히려 콜트레인의 '소리의 장sheet of sound'* 접근법에 가장 설득력 있
는 대안을 제시한 인물은 재즈 전통의 핵심에서 등장했다. 바로 테너 색소
폰 연주자 소니 롤린스였다. 이 과도기적 시기에 테너 색소폰의 주류 사운드
를 규정짓는 데 있어, 동시대의 그 어떤 유명한 동료들보다도 롤린스가 주도
적인 역할을 했다. 다른 색소폰 연주자들이 불협화음, 자유 즉흥 연주, 확장
형식의 한계를 탐색하고, 클래식과의 결합인 써드 스트림, 이국적인 악기들,
그리고 노넷이나 옥텟 같은 대규모 앙상블을 실험하는 동안, 롤린스는 주로
고전적인 독주 스타일을 구축하는 데 집중했다. 아돌프 삭스가 고안한 색소
폰의 역사는 그대로 롤린스의 연주 안에 녹아들었다. 그의 연주에서는 콜먼
호킨스, 추 베리 등 구악舊樂파 색소폰 거장들과의 계보적 연결고리가 들렸
고, 동시에 동시대의 최첨단 요소들과도 매끄럽게 융합되어 있었다. 롤린스
는 1982년 밥 블루멘탈Bob Blumenthal과의 인터뷰에서 이렇게 말했다. "나
는 초기 재즈와 어느 시대의 재즈 사이에 직접적인 연결이 있다고 생각하고
싶다. 그리고 재즈는 옛것과 새것이 모두 들리는 방식으로 연주될 수 있다고
생각한다. 적어도 나는 그렇게 연주하려고 노력하고 있다."[183]

즉흥 연주에 대한 찬미는 소니 롤린스 예술성의 핵심에 자리 잡고 있었으
며, 그의 가장 뛰어난 녹음과 공연을 구성하는 원리로 작용했다. 때때로, 음
악적 아이디어의 자발적인 흐름에 대한 열정은 롤린스로 하여금 화려한 무
반주 색소폰 즉흥 연주를 만들어내게 하고는 했다. 이러한 순간들에서는 그
의 창의력이 완전히 자유롭게 흐르며, 오페라 아리아의 단편, 영화 주제곡,

---

* 소리의 장sheets of sound: 존 콜트레인의 1950년대 후반 솔로 스타일을 묘사하는 유명
  한 표현. 이 용어는 재즈 평론가 아이라 기틀러가 1958년경 처음 사용했다. 초고속의 아르
  페지오와 스케일을 끊임없이 쏟아내며, 마치 음의 '장'을 펼쳐 놓는 듯한 연주 방식이다.
  음들이 하나하나 뚜렷하게 들리기보다는, 연속된 음 덩어리처럼 밀려오는 느낌을 준다. 코
  드 진행 위에서 빠르게 음을 겹겹이 쌓는 즉흥 연주. 기술적으로 엄청난 속도, 정확성, 체
  력을 요구한다.

시들한 팝송, 비밥의 즉흥 구절lick들이 뒤섞여, 마치 호른의 벨을 통해 펼쳐지는 조이스 풍의 의식의 흐름처럼 들렸다. 이러한 예측할 수 없는 궤도 이탈은 준신화적인 지위를 획득하게 되었다. 실제로, 롤린스의 많은 팬들은 그의 어떤 음반도, 그중 최고의 음반이라 해도, 특히 그가 리듬 섹션에 얽매이지 않고 완전히 자유로웠던 생생한 현장 연주에는 미치지 못한다고 믿었다. 하지만 이러한 연장된 아카펠라 즉흥 연주는 롤린스의 광범위한 음악 세계에서 일부분에 불과했다. 그 시대의 어떤 재즈 연주자도 롤린스만큼 폭넓은 레퍼토리를 자랑할 수는 없었다. 그는 대중가요의 고전부터 저급한 곡들까지, 그 고저를 가리지 않고 열정적으로 다루었다. 더욱이, 미국 대중가요에만 국한되지 않고, 쿠르트 바일Kurt Weill, 노엘 카워드 같은 유럽 작곡가들도 조지 거슈윈이나 콜 포터와 나란히 존중받았다. 이러한 식으로, 롤린스는 외국의 고전적인 노래들에 경의를 표하는 한편, 〈I'm an Old Cowhand〉, 〈The Tennessee Waltz〉, 〈Toot, Toot, Tootsie〉 같은 특이한 곡, 낡은 유행가, 유머 송조차도 그만의 방식으로 재즈로 탈바꿈시켰다.

그의 음악 세계는 시간이 흐를수록 더욱 확장되었다. 1980년대 초에 이르러서는, 돌리 파튼Dolly Parton에서 스티비 원더Stevie Wonder에 이르기까지 그 폭이 매우 넓어졌고, 이는 재즈 순수주의자들의 감수성을 건드리거나 때때로 그의 반주자들조차 당황하게 만들었다. 그러나 롤린스의 탄탄한 자작곡들도 그의 성공에 있어 똑같이 중요한 역할을 했다. 이러한 곡들은 대체로 단순한 블로잉 피스*였고, 그 세련됨이나 실험성보다는 즉흥 연주를 유도하기 좋은 출발점이 된다는 이유로 선호되었다. 오늘날까지도, 롤린스의 대표곡들인 〈St. Thomas〉, 〈Pent Up House〉, 〈Doxy〉, 〈Sonnymoon for Two〉, 〈Airegin〉, 〈Oleo〉는 바로 이러한 이유 때문에 재즈 잼 세션에서 표

---

* 블로잉 피스blowing pieces: 즉흥 솔로 연주에 중점을 둔 곡.

준 레퍼토리로 자주 연주된다. 특히 인상적인 것은 칼립소* 리듬의 영향이 묻어나는 곡들로, 〈St. Thomas〉나 〈Don't Stop the Carnival〉 같은 곡들은 듣는 이의 발을 구르게 하고 손가락을 튕기게 만드는 연습곡처럼 경쾌하면서도, 결국 롤린스의 트레이드마크가 되었다. 심지어, 롤린스가 드물게 대규모 형식의 곡, 예컨대《Freedom Suite》같은 작품에 도전했을 때조차도, 그 연주는 즉흥적인 잼 세션의 느낌과 흐름을 그대로 간직하고 있었다. 재즈가 점점 자기 의식적이고 이념에 매인 예술로 변해가던 시대에, 롤린스는 음악의 흐름에 자신을 맡기고 순간의 마법 속으로 몰입함으로써 위대한 음악을 여전히 창조할 수 있음을 보여주었다.

그러나 그의 음악에 담긴 지적 측면을 과소평가해서는 안 된다. 자주 인용되는 한 에세이에서, 군터 슐러는 롤린스의 즉흥 스타일을 분석하면서 간단한 음악적 동기를 조작하여 솔로를 구성하는 그의 능력에 주목했다. 롤린스는 이러한 동기를 반복하고, 변형하며, 발전시키는 데 탁월했으며, 이는 마치 소나타 형식의 발전부와 같은 재즈적 등가물이었다. 슐러의 이 관찰은 자칫 롤린스의 창조적인 즉흥 연주가 일종의 수학적 과정과 유사한 결과처럼 들리게 할 수 있었다. (그리고 슐러는 비슷한 주장이 이전 재즈 연주자들에게도 적용될 수 있다는 사실은 간과했다. 예를 들어, 1923년 킹 올리버의 〈Dipper Mouth Blues〉에서의 솔로보다 더 뛰어난 주제 전개가 있을까?) 그럼에도 이 관찰에는 상당한 진실이 담겨 있었다. 당시 재즈 솔로들이 점점 불연속적인 음계와 릭의 나열처럼 들리던 시기였지만, 롤린스는 옛 방식대로, 구절 하나하나를 쌓아 올리며 즉흥 연주를 구성했다. 이것은 마치 벽돌을 하나하나 정성스럽게 쌓아 지은 집처럼 그의 연주에 단단함과 힘을 부여했다. 반대

544

로, 그러한 견고함 앞에서 다른 재능이 부족한 연주자들의 작품은 마치 동화속 아기 돼지의 집처럼 첫 번째 바람에도 형체를 잃는 허술한 짚의 저택처럼 보였다. 그렇다고 해서 롤린스가 슐러의 분석에 완전히 동의한 것은 아니었다. 그는 훗날 이렇게 회상했다. "그 글을 읽고 나는 좀 놀랐다. 내가 그런식으로 연주하고 있다는 걸 전혀 몰랐기 때문이다. 그래서 내 연주에 대해의식하게 됐고, 그걸 극복하는 데 시간이 좀 걸렸다."[184] 이는 슐러의 주장을부정한 것처럼 보일 수도 있지만, 동시에 롤린스에게 있어 주제적 즉흥 연주라는 과정이 얼마나 본능적인 습관이 되어 있었는지를 드러내는 말이기도하다.

아마도 어떤 재즈 뮤지션보다도 소니 롤린스는 재즈 세계의 중심에서 더욱 강렬한 성장 환경을 경험한 인물이었을 것이다. 1930년 9월 9일 뉴욕에서 태어난 롤린스는 세계적 수준의 연주자들 사이에서 늘 둘러싸여 있었다.그는 아직 십대였고, 색소폰을 배운 지 겨우 2년밖에 안 되었을 때도, 셀로니어스 몽크와 함께 빈 시간마다 연습에 몰두하고는 했다. 고등학교 시절에는재즈에 뜻을 같이한 또래들과 밴드를 결성했는데, 그 구성원으로는 재키 매클린, 아트 테일러, 케니 드루 등이 있었다. 이는 평범한 학생 밴드라고 보기어려웠다. 18세 때, 그는 버드 파월의 '모더니스트' 세션에 참여했는데, 이는하드 밥 스타일의 탄생으로 여겨지는, 블루 노트 레이블의 전설적인 녹음이었다. 그의 초기 공연과 녹음에서는, 찰리 파커, 마일즈 데이비스, 모던 재즈퀸텟, J.J. 존슨 등 전후 재즈계를 이끌던 수많은 거장들과 함께한 모습을 볼수 있다. 1950년대 중반에는 클리포드 브라운-맥스 로치 퀸텟의 일원이었으며, 이 밴드는 그 어떤 기준으로 보더라도 그 시대 가장 중요한 활동 밴드중 하나로 평가된다. 브라운이 사망하며 그 밴드가 해체되기 직전, 롤린스는또 다른 명반 세션에 참여했는데, 바로《Tenor Madness》로, 이 음반에서그는 존 콜트레인과 역사적인 대결을 펼쳤다. 그리고 1950년대 후반, 리더로서 수많은 클래식 앨범을 발표하기 시작했을 즈음, 롤린스는 이미 동시대의 어떤 재즈 음악가도 넘볼 수 없는 압도적인 이력을 자랑하고 있었다.

이러한 환경 속에서 성공을 거두었다면, 롤린스가 가졌을지도 모를 자기 의심은 사라졌을 것이라고 생각될 수도 있다. 그러나 실제로는 그 반대였던 듯하다. 외면상 차분해 보이는 태도 아래에는 끊임없는 자기비판과 불만족의 정서가 자리하고 있었던 것이다. 그의 팬들은 이런 성향에 너무나 익숙해져 있었고, 그로 인해 다음과 같은 사건도 그리 놀랍지 않게 받아들였다. 2007년 카네기 홀 공연은 극찬을 받은 전설적인 무대였음에도 불구하고, 롤린스 스스로 기대에 못 미쳤다고 판단하여 음반으로 발매하지 않기로 결정했고, 팬들은 크게 놀라지 않았다. 이는 단지 이 테너 색소폰 연주자의 전형적인 방식일 뿐이었다. 그의 경력은 수 차례의 되돌아가기, 일시적인 은퇴, 그리고 연습 및 자기 성찰을 위한 갑작스러운 잠적들로 점철되어 있었다. 롤린스를 불안하게 만든 것은 카네기 홀 음반 취소보다 무려 반세기 전의 일이기도 했다. 바로 군터 슐러의 글로 인해, 그는 이론적으로 설정된 기대치를 충족하려고 애쓰면서 더 큰 불안감에 시달리게 된 것이다. 이와 비슷하게, 오넷 콜먼과 프리 재즈의 등장은 또 다른 내면 성찰의 시기를 자극하기도 했다. 그러나 롤린스의 경력에서 가장 유명한 은둔기는, 이 예술가의 전기 속에서 신화적인 의미를 지니게 된 1959년 8월부터 1961년 11월까지의 공백기였다. 이 시기 동안, 그는 저녁 시간마다 윌리엄스버그 브리지를 오르내리며 색소폰을 불었다고 한다. 그 장면은 마주친 행인들에게 깊은 인상을 남겼다.

이 은둔기 당시, 롤린스는 명성의 절정에 있었다. 그 전 4년 동안 그는 놀라운 업적들을 연이어 쌓아 올렸다. 특히, 집요한 트리오 및 쿼텟 녹음들이 그의 주요 작품군의 중심을 이루었다. 그가 남긴 이 시기의 작품들을 보면, 베이스와 드럼만으로 구성된 최소한의 반주 속에서 이보다 더 뛰어난 연주를 보여준 테너 색소폰 연주자는 없다고 할 수 있다. 그 대표적인 예가 바로 다음과 같다. 1957년 3월, 레이 브라운, 셸리 맨과 함께한《Way Out West》,

1957년 11월, 빌리지 뱅가드에서의 기념비적인 트리오 라이브 녹음, 그 이듬해 2월, 오스카 페티포드, 맥스 로치와 함께한 《Freedom Suite》, 쿼텟 작품들 가운데서는, 1955년 12월의 《Worktime》이 중요한 전환점으로 평가되며, 이는 아마 그 시점까지 롤린스의 가장 뛰어난 앨범으로 간주될 수 있다. 이후에 나온 《Saxophone Colossus》(1956년 6월)는 그보다 더 큰 찬사를 받았고, 일 년 뒤에는 피아니스트 소니 클라크Sonny Clark와 함께한 《The Sound of Sonny》가 뒤를 이었다. 이러한 작품들과 더불어, 앞서 언급된 존 콜트레인과의 역사적인 세션 등 다양한 아티스트들과의 협연들은 롤린스가 그 시대를 대표하는 즉흥 연주자 가운데 한 명이라는 점을 분명히 보여주었다.

이 절정기의 끝에서, 소니 롤린스는 2년이 넘는 은둔 생활에 들어갔다. 그는 그 시간 동안 연습하고, 연주 기량을 다듬고, 독서하고, 사색에 잠겼다. 그의 복귀는 재즈 팬들에게 큰 기대의 대상이었다. 특히, 당시 1960년경의 재즈계는 그야말로 과열된 분위기에 싸여 있었다. 새로운 소리들이 곳곳에서 들려오고 있었고, 재즈 역사상 그 어느 때보다도 전진해야 한다는 명령어가 선도적인 연주자들에게 널리 체감되던 시기였다. 음악의 진화가 진행 중이던 이 시점에서, 진보는 많은 평론가들과 일부 팬들에게 유일하게 의미 있는 미학적 기준처럼 여겨졌다. 롤린스 역시 이러한 분위기의 압박을 느꼈지만, 결국에는 다소 양가적인 반응을 보였다. 복귀한 롤린스는 겉으로는 변한 사람처럼 보였다. 그는 은둔기 동안 장미십자회 회원*이 되었고, 철학을 공부하고, 운동을 하고, 꾸준히 연습했다. 그러나 그의 음악은 의외로 거의 변하지 않았다. 이는 콜트레인이나 콜먼처럼 완전히 새로운 사운드를 창조

---

* 장미십자회 회원Rosicrucian: 17세기 유럽의 비밀 결사 또는 철학적 운동으로 시작되었고 종교라기보다는, 영적 철학 또는 신비주의적 사상운동에 가깝다. 자기 수련, 명상, 우주의 질서, 인간의 본성 등에 대한 통찰을 추구한다.

해 주기를 기대했던 이들에게는 실망스러운 일이었다. 그의 복귀작인《The Bridge》(1962)는 탄탄한 작품이었지만, 여전히 재즈 스탠다드 곡들을 비교적 전통적인 콤보와 함께 연주하는 형식이었다. 주요한 변화라고 한다면, 기타리스트 짐 홀의 참여 정도였다. 짐 홀은 섬세한 반주자이자 영감을 주는 솔로이스트였지만, 그 음악은 결코 재즈계의 "새로운 흐름"은 아니었다.

1960년 이후, 소니 롤린스의 경력은 대체로 최신 유행을 조심스레 탐색하는 듯한 시도들과, 그에 이은 익숙한 영역으로의 회귀라는 패턴을 반복하는 경향을 보였다. 한동안, 그는 오넷 콜먼과 관련된 뮤지션들을 기용하기도 했지만, "자유" 음악, 즉 프리 재즈의 세계로 완전히 뛰어들지는 않았다. 이후 녹음에서는 재즈-록 퓨전과 잠시 접점을 시도했으나, 그것 역시 완전히 자신의 스타일로 흡수하지는 못했다. 1970년대에 어쿠스틱 재즈에의 관심이 다시 높아지자, 롤린스는 이에 호응하며 매코이 타이너, 론 카터, 알 포스터 Al Foster와 함께 크게 주목받은 콘서트 투어와 녹음에 참여했다. 그러나 이역시 결국에는 일시적인 국면에 그쳤다. 전반적으로, 후기 롤린스의 가장 빛났던 순간들은 이러한 종류의 주류 재즈 환경에서 나타났다. 그는 그곳에서 막강한 동료 연주자들과의 긴장감 있는 상호작용을 통해 도전받았기 때문이다. 예를 들어, 매코이 타이너와의 듀엣, 브랜포드 마살리스Branford Marsalis와의 색소폰 배틀, 토미 플래너건과 잭 드조넷Jack DeJohnette과의 녹음 등이 그러했다. 또는 1985년의《The Solo Album》처럼 밴드 없이 혼자 연주할 때 빛났다. 이는 그가 종종 이끌었던, 그저 그런 수준의 고정 밴드를 앞세웠을 때보다는 훨씬 더 인상적인 성취였다.

롤린스의 여러 차례에 걸친 은퇴와 은둔, 재고의 시간들은 어쩌면 그 시대 전체를 상징하는 일이었는지도 모른다. 당시 재즈는 과도기적 상태에 있었고, 자기 성찰과 함께 다양한 흐름으로 분화되는 시기였다. 롤린스가 전형으로 여겨졌던 모더니즘 계열의 재즈 전통은 더 이상 당연하게 받아들여질 수 없게 되었다. 화성, 선율, 리듬, 곡의 구조, 악기 구성, 그리고 아마도 더 나아가 재즈의 사회적 역할까지, 이 모든 것이 끊임없이 의심받고, 젊은 세대의 급진적 음악가들에 의해 점점 더 불충분한 것으로 여겨지기 시작했다. 롤린스가 느꼈던 자기 의심은 실제로는 그 세대 전체가 공유한 불안이었다. 그들은 이 혼란스러워 보이는 판도 속에서 앞길을 모색하려 애쓰고 있었던 것이다. 누군가는 그 상황에서, 새로운 통합을 이끌 전환적 움직임, 즉 파편화된 흐름을 다시 하나의 응집력 있는 전체로 묶어낼 '다음'의 새로운 것을 기다렸다. 반면에, 덜 낙관적이었던 이들은 더 이상 어떤 시대 전체를 정의하고 한 세대에 활력을 불어넣을 수 있는, 암스트롱, 엘링턴, 굿맨, 파커, 콜트레인 같은 거장의 출현은 없을 것이라고 느꼈다. 대신, 재즈는 이제 다원주의라는 운명을 받아들여야 했고, 그 안에서 "다음 혁신"은 눈 깜짝할 사이에 생겨나고 사라지는 일이 되어버린 듯했다. 그게 저주였을까, 아니면 축복이었을까?

하드 밥, 포스트밥, 그리고 소울 재즈

1953년 가을, 맥스 로치는 캘리포니아로 이주하여 라이트하우스 올스타즈의 드러머였던 셸리 맨의 자리를 대신하게 되었다. 그러나 그는 이 역할을 불과 몇 달간만 맡았을 뿐이었다. 이후, 프로모터 진 노먼Gene Norman이 로치에게 캘리포니아 클럽California Club에서 자신의 밴드를 이끌어보지 않겠느냐는 제안을 하면서 상황이 바뀐 것이다. 로치는 그전에도 간혹 무대에서 자신의 이름이 가장 크게 올라간 적은 있었지만, 스스로 인정하듯이 진지하게 밴드 리더로 활동해 본 적은 없었다. 하지만 노먼의 이 제안은 로치에게 실제 활동 가능한 퀸텟을 결성할 동기를 부여했다. 이 밴드는 단순히 로치의 경력에서 중대한 전환점이 되었을 뿐 아니라, 더 나아가 1950년대 초 가장 영향력 있었던 재즈 유닛 중 하나로 꼽히게 된다.

로치는 젊은 트럼펫 연주자 클리포드 브라운에게 공동 리더로 참여해 줄 것을 제안했다. 브라운은 불과 2년 전까지만 해도 리듬 앤드 블루스 밴드의 일원으로 첫 녹음을 남겼을 뿐이었지만, 이미 재즈계 내부에서는 주목받는 유망주로 평가되고 있었다. 1930년 10월 30일, 델라웨어 주 윌밍턴에서 태어난 브라운은 어린 시절 뷰글bugle[신호나 군악용 나팔]을 연주했고, 열두 살 때부터 본격적으로 트럼펫을 배우기 시작했다. 그는 윌밍턴의 영향력 있는 재즈 교육자 로버트 로어리Robert Lowery의 지도 아래, 청음 훈련과 기초 트럼펫 기법을 집중적으로 익혔다. 한때 브라운은 델라웨어 주립 대학에서 수학을 전공하기도 했지만, 십대 후반 무렵부터는 재즈 연주자의 길을 걷기로 결심했다. 그리고 1950년, 불길하게도 그의 죽음을 예고하는 듯한 교통사고를 당해, 거의 일 년간 연주 활동을 쉬게 되었다. 하지만 그 기간에, 그는 피아노를 연습하고, 화성 이론에 대한 지식을 넓히는 데 집중했다.

브라운의 음악 교육은 이렇게만 보면 즉흥적이고 체계적이지 않아 보일 수도 있다. 하지만 그 결과물은 줄리아드나 이스트먼 음악원이 자랑스러워할 만큼 훌륭한 수준이었다. 1950년대 중반 재즈계에 본격적으로 등장했을 무렵, 브라운은 이미 침착하고 완숙한 거장으로 자리 잡고 있었다. 그는 어쩌면 디지 길레스피의 광범위한 음역이나 마일즈 데이비스의 영감 어린 서정성은 부족했을지도 모른다. 그러나 브라운은 탁월한 음색 조절력, 그리고 그의 주요 영감의 원천이었던 패츠 나바로를 떠올리게 하는, "풍성한fat" 사운드(말 그대로도, 은유적으로도), 그리고 흠잡을 데 없는 기교로 가득 찬 재즈계 속에서도 단연 돋보였다. 윈튼 마살리스가 재즈와 클래식 양쪽을 넘나들며 활동하기 25년 전, 브라운은 이미 그와 유사한 조숙한 재능을 보여주고 있었다. 그가 원했다면, 브라운은 클래식 트럼펫 레퍼토리의 해석자로서도 훌륭한 경력을 쌓았을 것이다. 그러나 실제로는 그는 콘서트홀 수준의 정제된 기교에 모던 재즈의 거침없는 에너지와 창조적 추진력을 성공적으로 결합했다.

브라운과 로치의 협업은 이러한 요소들의 결합을 더욱 발전시킨 것이었다. 비밥 특유의 거칠고 날이 선 면모는 세련된 솜씨로 다듬어졌고, 작곡과 편곡이 중요하게 다루어졌다. 스탠다드 곡을 연주할 때조차도, 이 밴드는 보통 색다른 해석을 덧붙이고는 했는데, 예를 들어 〈I Get a Kick out of You〉, 〈Love Is a Many-Splendored Thing〉, 〈What Am I Here For?〉 등에서는 박자의 변화를 통해 그러한 창의성을 드러냈다. 다른 경우에는, 비밥에서 흔히 나타나는 유니슨(같은 음을 여러 악기로 동시에 연주하는 방식) 대신, 대위법이나 트럼펫과 색소폰의 화성적 라인이 사용되었다. 점점 더 중간 템포의 곡들이 선호되었지만, 아주 빠른 곡을 연주할 때도 연주는 여전히 통제되고 정돈된 느낌을 유지했다. 로치의 가장 열정적인 드럼 솔로조차도 구성적 구조와 섬세한 다이내믹 효과에 대한 신중한 접근을 반영했다. 음악에는 언제나 일정 수준의 서정적인 흐름이 있었지만, 이는 블루스의 지배적인 영향력을 결코 가리지는 않았다. 이 음악은 이러한 상이한 흐름들을 하나의 응집력 있는 스타일로 통합시켰으며, 여전히 비밥 전통에 뿌리를 두고 있었으나 다양한 요소들에 의해 절제된 형태였다.

시간이 흐르면서, 이 스타일은 하드 밥hard bop이라 불리게 된다. 브라운-로치 퀸텟이 이 사운드의 창시자였다고는 할 수 없지만, 그 요소들은 이미 다른 곳에서도 감지된다. 예를 들어, 1949년 8월에 녹음된 버드 파월의 블루 노트 세션, 1950년대 초반의 웨스트 코스트 재즈 콤보들(로치가 막 탈퇴한 라이트하우스 올스타 밴드를 포함한다), 그리고 브라운이 이전에 몸담았던 태드 대머런과 아트 블레이키의 음악에서도 유사한 요소를 찾을 수 있다. 또한 브라운과 로치가 이 재즈 스타일의 모든 가능성을 탐구한 것도 아니었다. 이후 10년간, 하드 밥은 점차 R&B, 펑크, 소울 음악의 요소들을 더 적극적으로 받아들이며 진화하게 된다. 그럼에도 불구하고, 모던 재즈에 구조적이면서도 정제된 접근을 적용한 이 역사적인 퀸텟만큼 하드 밥이라는 양식에 동력을 제공한 그룹은 없었다. 1950년대에서 1960년대 초까지의 기간에, 이 스타일은 점차 가장 널리 퍼지고 인기 있는 재즈의 형태로 자리 잡게 된다.

캘리포니아를 떠나기 전부터, 브라운-로치 퀸텟은 1954년 8월 초 할리우드에서 진행된 일련의 녹음을 통해, 이들이 추구하는 콤보 연주의 새로운 방향성을 예고하고 있었다. 이 세션에서 녹음된 브라운의 두 곡, 〈Joy Spring〉과 〈Daahoud〉는 훗날 재즈 스탠다드로 자리매김했으며, 이 곡들에서는 브라운의 탁월한 트럼펫 솔로가 중심을 이루었다. 듀크 조던의 곡인 〈Jordu〉역시 뛰어난 연주로 빛났으며, 같은 세션의 〈Delilah〉와 〈Parisian Thoroughfare〉는 이후 하드 밥 앙상블들이 자주 모방하게 될 사려 깊은 편곡과 중간 템포의 정제된 사운드를 잘 보여주었다. 이듬해인 1955년 2월, 뉴욕에서 이어진 녹음에서는 더 많은 명연들이 탄생했다. 그중 〈Sandu〉는 가스펠 풍의 색채가 더해진 곡으로, 이후 하드 밥의 하위 장르로 자리 잡게 될 "소울 재즈" 스타일을 예고했다. 같은 시기의 곡인 〈The Blues Walk〉에서는, 보다 강렬하고 단호한 밴드의 면모가 드러났는데, 특히 브라운과 색소폰 주자 해럴드 랜드가 "체이스chase 코러스", 즉 두 연주자가 교대로 빠르게 주고받으며 기량을 겨루는 연주 방식을 통해, 마치 재즈 버전의 결투처럼 스릴 넘치는 클라이맥스를 만들어냈다. 이 녹음 이후, 해럴드 랜드는 젊은 소니 롤린스로 교체되었고, 롤린스는 1956년 뉴욕 베이슨 스트리트Basin Street에서의 녹음에서 중요한 역할을 맡게 된다. 이 시기에는 피아니스트 리치 파월Richie Powell(버드 파월의 동생)의 성숙한 음악적 성장도 두드러졌는데, 그는 밴드의 레퍼토리에 〈Powell's Prances〉와 〈Time〉이라는 두 곡을 제공했다. 이들은 분위기 있는 단조의 테마를 기반으로 하여, 훗날 하드 밥 스타일의 대표적 특징으로 자리 잡게 될 요소들을 담고 있었다.

브라운-로치 퀸텟은 2년 조금 넘는 기간만 활동했다. 1956년 6월, 브라운은 피아니스트 리치 파월과 그의 아내 낸시와 함께 펜실베이니아 턴파이크 고속도로에서 심야 자동차 사고로 목숨을 잃었다. 브라운의 요절은 아이러니한 비극이었다. 그는 당시 모던 재즈계의 주요 음악가들 가운데 드물게 약물 중독의 굴욕을 겪지 않았으며, 연주 능력은 물론이고 무대 밖에서도 성숙한 태도로 젊은 음악가들에게 귀감이 되던 인물이었기 때문이다. 그 세대의 어떤 예술가보다도 오랜 세월 생산적인 재즈 경력을 펼칠 것처럼 보였던 인물이 클리포드 브라운이었지만, 그는 겨우 스물다섯 살의 나이에 세상을 떠났다.

얼마의 시간이 흐른 뒤, 맥스 로치는 트럼펫 주자 케니 도럼과 함께 다시 퀸텟을 구성했다. 도럼이 떠난 후에는 또 다른 유망한 트럼펫 주자인 부커 리틀을 영입했는데, 리틀 역시 이십대의 젊은 나이에 세상을 떠날 운명이었다. 이들 밴드는 훌륭했지만, 이 시기를 지나면서 로치의 음악적 관심은 점차 하드 밥 스타일에서 멀어지기 시작했다. 그의 이후 주요 작품 대부분은 다른 영역에서 영감을 받았다. 어떤 곡들은 프리 재즈의 요소를 도입했고, 어떤 작품들은 타악기의 다양한 측면을 탐구했으며, 보컬 중심의 곡들도 있었는데, 그중 상당수는 1962년부터 1970년까지 그의 아내였던 애비 링컨 Abbey Lincoln이 노래를 맡았다. 심지어 로치는 힙합 장르도 받아들였는데, 래퍼 팹 파이브 프레디Fab 5 Freddy와 함께 녹음했을 때 많은 팬들은 충격을 받았다. "그 52번가에서 찰리 파커와 함께 연주하던 바로 그 드러머가 맞단 말인가?"라고 의문을 품기도 했지만, 로치의 경력을 꾸준히 지켜본 사람들에게 그것은 놀라운 일이 아니었다. 그는 자신의 음악적 지평을 넓히는 데서 늘 즐거움을 느꼈던, 진취적인 타악 연주자였기 때문이다. 그는 때로는 심포니 콘서트, 무용 공연, 가스펠, 연극 작품 등에 자신의 리듬적 감각을 녹여 넣었으며, 초기 시민권 운동의 열렬한 지지자이기도 했다. 이 사회운동에 대한 그의 헌신은 그의 음악에도 뚜렷한 영향을 미쳤다. 1970년대 초 한 인터뷰에서 로치는 이렇게 말했다. "두 가지 이론이 있다. 하나는 예술은 예술을 위한 것이라는 이론이고, 그것도 맞는 말이다. 다른 하나는, 예술가는 마치 비서처럼 시대의 기록을 남긴다는 이론이다. 나 역시 그런 예술가이고 싶다. 내 음악은 내가 진정으로 느끼는 바를 말하려는 것이며, 동시에 미국에서 흑인들이 느끼는 감정도 어느 정도 반영되기를 바란다."[185]

하드 밥 스타일을 다음 단계로 끌어올리는 일은 또 다른 모던 재즈 드러머에게 맡겨지게 된다. 피츠버그에서 태어나고 자란 아트 블레이키Art Blakey는 열네 살 때 이미 지역 철강 공장에서 일하고 있었다. 음악은 이러한 고된 일상에서 벗어날 수 있는 탈출구였다. 그는 밤마다 지역 공연장에서 피아노를 연주했는데, 몇 차례 수업을 받았을 뿐이지만 음악에 대한 재능이 금세 드러났다. 그러다 어린 에롤 가너Erroll Garner가 밴드에 들어오자, 블레이키는 드럼으로 악기를 바꾸게 된다. (이때 가너의 영향이 남았던 걸까? 블레이키의 드럼 연주는 종종 갑작스러운 다이내믹 변화와 독특한 삽입음을 특징으로 하는데, 이는 가너의 특이한 피아노 스타일과도 놀랄 만큼 닮아 있었다.) 1939년, 블레이키는 플레처 헨더슨의 밴드에 들어갔고, 이후 메리 루 윌리엄스와도 활동했으며, 빌리 엑스타인의 비밥 지향 빅 밴드에서 드러머로 활동하며 본격적으로 모던 재즈를 접하게 된다. 여기서 그는 디지 길레스피, 찰리 파커 등 진보적인 젊은 음악가들과 교류하며 새로운 음악에 대한 감각을 키워나갔다. 블레이키는 단단하고 추진력 있는 드럼 사운드로 자신의 스타일을 구축해 나갔다. 강렬한 심벌 어택, 예측 불가능한 크레셴도, 거침없는 롤과 폭발적인 베이스 드럼 타격 등은 그의 트레이드마크가 되었다. 이후 그는 수많은 중요한 모던 재즈 녹음에 참여하게 되는데, 특히 셀로니어스 몽크의 초기 명반들 다수에서 드러머로 활약했다. 1940년대 후반에는 재즈 메신저스Jazz Messengers라는 이름으로 빅 밴드와 스몰 콤보를 이끌었고, 1950년대 중반에는 피아니스트 호레이스 실버, 트럼펫 주자 케니 도럼, 그리고 테너 색소폰 주자 행크 모블리와 함께 협동체 형태의 퀸텟을 결성하며 이 이름을 다시 부활시켰다. 이후 30여 년 동안, 재즈 메신저스는 다양한 편성으로 활동하며 재즈계에서 중심적인 존재로 자리매김했다. 동시에, 이 밴드는 젊은 재즈 유망주들에게 실전 경험을 제공하는 일종의 '사관학교' 역할도 했는데, 이곳을 거친 이들 중 다수는 이후 각자의 밴드를 이끄는 중요한 리더로 성장하게 된다.

블레이키가 호레이스 실버와 함께한 초기 활동은 비밥 모델에 충실했다. 하지만 1955년 초, 재즈 메신저스는 〈The Preacher〉라는 곡의 녹음을 통해 새로운 방향으로 나아가기 시작했다. 이 곡은 가스펠 음악의 요소가 스며든 펑키 블루스 곡으로, 이후 하드 밥 밴드들에 의해 널리 모방될 정도로 큰 인기를 얻었다. 당시는 음악적으로 뿌리로의 회귀가 이루어지기에 적절한 시기였다. 리듬 앤드 블루스(R&B)와 성령 교회의 가스펠 사운드는 미국 대중 음악에 점점 더 강력한 영향을 끼치고 있었다. 마할리아 잭슨Mahalia Jackson 과 레이 찰스처럼 전혀 다른 노선을 걷는 가수들조차, 각각 종교적 경건함 과 세속적 표현력을 추구하면서도 같은 흑인 음악 전통에서 영감을 얻고 있었다. 이와 비슷하게, 머디 워터스, 하울링 울프Howlin' Wolf 등 시카고 블루스 뮤지션들은 전통적인 블루스 사운드가 동시대 음악 스타일에 생기를 불어넣을 수 있음을 보여주었다. 그리고 몇 년 뒤, 로큰롤은 이와 같은 요소들을 거칠고 요란한 방식으로 흡수하며 대중음악의 판도를 바꾸게 된다. 재즈 도 이러한 아프리카계 미국 음악의 초기 원천으로의 회귀를 통해, 일시적인 활력을 얻었다. 비록 시간이 지나면서, 이러한 펑키하고 소울풀한 사운드는 재즈계에서 진부한 클리셰로 전락하게 되었지만, 1950년대 한동안은 보다 단순한 음악적 태도, 예컨대 그루브 있는 투스텝 리듬, 거친 백 비트, 블루스 음으로 가득한 선율 라인이 당시 지나치게 지적이고 공격적인 모던 재즈의 대안으로서 신선하고 건강한 영향을 미쳤다.

1956년, 호레이스 실버와 아트 블레이키는 각자의 길을 가게 되었고, 블레이키는 재즈 메신저스라는 밴드 이름을 계속 사용했으며, 실버는 행크 모블리와 함께 활동을 이어갔다. 두 사람 모두 콤보에 하드 밥 사운드를 기반으로 두었지만, 〈The Preacher〉에서 보였던 "다운 홈down home" 스타일, 즉 가스펠과 블루스 전통을 강조하는 따뜻하고 소박한 접근에 국한되기를 거부했다. 호레이스 실버는 종종 이처럼 펑크 풍의 하드 밥 스타일의 대표적인 인물로 묘사되지만, 그의 주요 곡들을 살펴보면 실상 신선하고 다양한 음악적 스펙트럼이 두드러진다. 이러한 성과들에는, 6/8 리듬의 실험(〈Señor Blues〉), 카리브-라틴 혼합 스타일의(〈Song for My Father〉), 중간 템포의 소풍(〈Silver Serenade〉), 자유분방한 유희(〈Nutville〉), 재즈 왈츠(〈Pretty Eyes〉), 고요한 발라드(〈Peace〉) 등이 있다. 이러한 작품들을 하나로 묶는 핵심은 실버의 펑키함이라기보다는, 그의 선명한 음악적 비전이다. 그의 사운드는 군더더기 없이 깔끔하며, 선율은 간결하고 기억에 남을 만큼 선명하고, 리듬은 힘차면서도 과도하게 부담스럽지 않다. 비밥 시대를 특징짓던 기교에 대한 집착은 실버의 음악에서 거의 보이지 않지만, 전혀 부족하게 느껴지지 않는다.

아트 블레이키는 하드 밥의 영역을 넓히기 위해 지속적으로 노력했다. 그러나 블레이키의 음악에서 일어난 많은 진화는 재즈 메신저스의 멤버 교체로 인해 촉진되었다. 실버와 결별한 이후, 블레이키는 다양한 음악적 가능성을 탐색했다. 1957년 한 해 동안만 해도, 그는 여덟 개의 서로 다른 음반사에서 리더로서 세션을 이끌었다. 이 시기에, 그는 다시 셀로니어스 몽크와의 음악적 관계를 되살렸고, 타악기 앙상블을 구성했으며, 15인조 빅 밴드를 이끌기도 했다. 또한, 재키 매클린, 조니 그리핀Johnny Griffin, 도널드 버드Don-ald Byrd 등이 참여한 스몰 콤보도 지휘했고, 재즈 메신저스와 함께《Hard Bop》앨범을 발표하여 이 운동에 있어 대표작이라 할 수 있는 음반을 남겼다. 한동안, 그는 밴드 외부 작곡가들에게 많이 의존했는데, 그중에는 듀크 조던, 맬 월드론, 지미 히스 등이 있었다. 그러나 시간이 흐르며, 블레이키는 자신이 이끄는 밴드 내의 인재를 작곡가이자 연주자로 육성할 때 가장 큰 성과가 나온다는 사실을 깨닫게 되었다. 1958년 블루 노트 레이블에서 발표된 재즈 메신저스의 앨범《Moanin'》은 이를 입증하는 대표적인 예로, 피아니스트 바비 티몬스Bobby Timmons가 작곡한 타이틀 곡은 교회 음악과 초기 아프리카계 미국인의 선창 화답의 후렴구를 연상시키는 선율로 청중을 매료시켰다. 또한, 색소폰 연주자 베니 골슨이 작곡한 〈Blues March〉와

〈Along Came Betty〉역시 큰 호응을 얻었다. 《Moanin'》은 하드 밥을 대표하는 명반으로 남아 있으며, 이는 주로 블레이키가 밴드 멤버들에게 음악적 주도권을 주어, 그룹의 사운드가 발전해 나가는 과정을 그들 스스로 이끌 수 있게 한 덕분이었다.

이 시기의 재즈 메신저스 팀은 리 모건Lee Morgan의 거칠고 열정적인 연주에서도 큰 혜택을 받았다. 그는 열정적인 즉흥 연주자이자, 여러 면에서 하드 밥 트럼펫 연주의 전형을 보여준 인물이었다. 블루지한 단조에 기반한 하드 밥 특유의 곡들에서, 그처럼 감정 에너지를 최대치로 끌어내는 브라스 연주자는 거의 없었다. 필라델피아 출신인 모건은 십대 시절부터 고향의 서민 술집과 클럽 무대에서 기량을 갈고닦았으며, 이내 디지 길레스피의 빅 밴드에 합류했다. 초기에는 클리포드 브라운의 영향 아래 있었지만, 이후에는 짧고 강렬한 프레이즈, 스윙감 있는 긴 라인, 반복적이고 인상적인 패턴을 섞어낸 개성 있는 스타일을 발전시켰다. 1961년 블레이키와 결별한 이후, 모건은 블루 노트 레이블에서 리더로 다수의 앨범을 녹음했고, 1963년 발표한 〈The Sidewinder〉로 큰 성공을 거두었다. 이 곡은 스타카토 느낌의 평키한 리듬으로 빌보드 차트 25위까지 올랐고, 모건을 상업적 스타로 만들었다. 그 후 그는 이 성공 공식을 반복하려 애썼지만, 동시에 대중적인 그루브를 벗어난, 보다 탐구적인 작품도 발표했다. 대표적인 예가 《Search for the New Land》인데, 〈The Sidewinder〉보다 불과 몇 주 뒤에 녹음되었지만, 대중성이 부족하다는 이유로 2년 동안 발매가 보류되었다. 심지어, 1967년의 《The Procrastinator》 세션은 모건의 가장 창의적인 작품 중 하나로 평가받지만, 그가 사망한 후 6년이 지나서야 발매되었다. 그는 자신의 세대에서 가장 활기차고 강렬한 즉흥 연주자 중 한 명이었고, 1972년 뉴욕 로어 이스트 사이드의 나이트클럽에서 무대 세트 중간에, 질투심에 사로잡힌 연인에게 총격을 받고 사망했다. 그의 나이 겨우 서른셋이었다.

베니 골슨은 1959년에 재즈 메신저스를 떠났다. 이는 부분적으로 블레이키가 그의 악보에 나오는 지나치게 짜인 드럼 파트를 싫어한다고 명시적으로 밝힌 것이 계기가 되었다. 이후 골슨은 아트 파머와 함께 재즈텟The Jazz-tet이라는 콤보 밴드를 결성했다. 이 앙상블은 한때 재즈 메신저스와 함께 하드 밥 시대 최고의 밴드로 손꼽힐 만큼 강력한 존재감을 보였으며, 1962년까지 활동했다. 이 밴드는 1960년 발매된《Meet the Jazztet》앨범에서 잘 드러나듯, 골슨의 작곡에 크게 의존했으며, 하드 밥 사운드의 또 다른 측면을 보여주었다. 이 음악은 펑키함이 덜하고 노래 지향적이며, 골슨이 한때 함께 일했던 태드 대머런의 작업에서 모델을 가져온 부분이 많았다. 이러한 점에서, 골슨은 이 시대의 뛰어난 작곡가들 가운데 한 명으로 평가된다. 그 외에도, 지미 히스, 지지 그라이스Gigi Gryce, 조니 맨델, 헨리 맨시니Henry Mancini, 올리버 넬슨, 퀸시 존스 등이 있다. 이들의 작품은 스윙 시대에 뿌리를 둔 단정하고 절제된 스타일로, 웨스트 코스트 재즈와도 유사한 성향을 지녔다. 하지만 이들은 당시 전환기 재즈 세계를 지배하던 보다 과장되고 외향적인 연주 스타일에 가려져, 잘 조명받지 못하는 경우가 많았다. 시간이 지나면서, 이들 중 많은 이들이 텔레비전, 영화, 팝 음악 등 재즈 외 분야로 옮겨가 작·편곡가로서 활약하게 되었다.

골슨이 떠난 뒤, 블레이키는 한동안 테너 색소폰 주자 행크 모블리를 영입하여 활동했으며, 이 시기에《At the Jazz Corner of the World》라는 제목의 인상적인 나이트클럽 실황 녹음을 남겼다. 이후 같은 해 말, 색소폰 주자 웨인 쇼터Wayne Shorter가 합류하면서 밴드는 새로운 방향으로 확장되기 시작했으며, 1961년에는 트럼펫 주자 프레디 허바드와 피아니스트 시더 월튼Cedar Walton이 가세하면서 그 변화는 확고해졌다. 쇼터의 암시적인 즉흥 연주와 작곡 방식은 재즈 메신저스에 결정적인 영향을 미치게 되었고, 이는 모건-티몬스-골슨 시절의 리듬 앤드 블루스 성향과 결별을 알리는 것이었다. 뉴저지의 뉴어크 출신인 쇼터는 청소년기에 미술을 공부하다가, 16세가 되어서야 음악을 시작했다. 그의 성숙기 작품들에는 화가의 독창적인 시각과 미묘한 색조에 대한 민감성이 그대로 남아 있었으며, 실제로 그의 뛰어난 곡들 가운데 상당수는 정신적인 풍경을 불러일으키는 음시音詩로 묘사될 만하다. 쇼터는 대표작《Speak No Evil》에 대해 "안개 낀 풍경 속에 야생화와 어렴풋이 보이는 기묘한 형상들을 떠올렸다"[186]고 설명했는데, 이 묘사는 그의 다른 곡들에도 잘 어울린다. 고등학교 졸업 후, 쇼터는 재봉틀 회사인 싱어Singer 공장에서 1년 동안 일하며, 뉴욕대학(NYU)에서 음악을 전공하기 위한 등록금을 마련했고, 대학 재학 중 군 복무를 하면서도 주말마다 외출증을 받아 맨해튼을 방문하고는 했다. 이때 그는 존 콜트레인을 만나게 되었고, 콜트레인은 젊은 쇼터에게 중요한 롤모델이 되었다. 이후, 쇼터는 콜트레인의 접근법을 자기만의 방식으로 해석해 나갔는데, 그것은 보다 많은 여백을 활용하고 느긋하며 중심이 살짝 벗어난 듯한 독특한 프레이징을 특징으로 하는 스타일이었다.

프레디 허바드의 밴드 합류는 과거와의 급진적인 단절보다는, 보다 부드러운 전환을 의미했다. 허바드는 그의 전임자였던 리 모건과 많은 공통점을 지니고 있었다. 모건처럼 허바드의 트럼펫 연주는 불꽃 튀는 에너지를 지녔으며, 강렬한 리듬감에 의해 추진되었지만 동시에 따뜻하고 풍성한 음색으로 부드럽게 감싸졌다. 허바드는 트럼펫이 지닌 서정적인 가능성을 더욱 적극적으로 활용하며 뛰어난 발라드 연주자로 성장했고, 때때로 거칠게 느껴졌던 모건의 스타일에 비해 좀 더 세련된 대안을 제시했다. 그러나 허바드가 명성을 얻은 가장 큰 이유는 중간 및 빠른 템포의 곡에서 탁월한 기량을 발휘했기 때문이다. 그는 잼 세션에서 마주치고 싶지 않은, 위압적인 존재감을 가진 연주자였다. 훌륭한 즉흥 연주자이자 견고한 테크닉을 가진 허바드는 블레이키에게 이상적인 선택이었다. 인디애나폴리스 출신의 많은 재즈 음악가들, 즉 웨스 몽고메리Wes Montgomery, 버디 몽고메리Buddy Montgomery, 칼 퍼킨스, 르로이 비네거Leroy Vinnegar 등과 같이, 허바드 역시 음악에 대해 놀라울 정도로 타고난 감각을 보여주었다. 트럼펫을 어떻게 배우게 되었느냐는 질문에 대해, 그는 한 인터뷰에서 이렇게 간단히 답한 바 있다. "그냥 집어 들고 연주하기 시작했다."[187]

1958년, 프레디 허바드는 뉴욕으로 이주해 소니 롤린스, 퀸시 존스, 필리 조 존스, J. J. 존슨 등과 함께 공연하며 입지를 다진 뒤, 아트 블레이키의 재즈 메신저스에 합류하게 되었다. 허바드는 밴드의 하드 밥 스타일에 자연스럽게 녹아들었지만, 그의 음악적 야망은 이를 넘어서 다양한 스타일로의 생산적인 탐색으로 이어졌다. 블레이키 밴드에 합류하기 전부터, 그는 이미 오넷 콜먼의 전위적인 명반 《Free Jazz》 세션에 참여했으며, 존 콜트레인, 에릭 돌피, 랜디 웨스턴, 올리버 넬슨 등의 앨범에서도 인상적인 연주를 남겼다. 《Hub-Tones》와 《Ready for Freddie》를 포함해서, 1960년대 블루 노트 레이블에서 리더로 발표한 앨범들은 하드 밥 스타일의 정수를 보여주는 걸작들이다. 이후 그는 CTI 레이블로 옮겨, 보다 세련되고 매끄러운 사운드의 앨범을 발표했으며, 여기에는 재즈 록 퓨전 요소도 일부 포함되었다. 그중에서도, 《Red Clay》(1970)와 《First Light》(1972)는 그의 표현력을 극대화한 뛰어난 작품으로 평가받는다. 1970년대 이후, 허바드는 주류 재즈와 펑크-팝 스타일 사이를 오가며 다소 들쭉날쭉한 작품들을 발표했는데, 그중 일부는 훗날 허바드 자신에 의해 부정되기도 했다. 1980년대에 들어서, 그는 보다 정통적인 스타일로 복귀했으며 여전히 주요 솔로이스트로서 존경을 받았지만, 우디 쇼, 윈튼 마살리스, 테런스 블랜차드Terence Blanchard와 같은 신예들의 부상으로 인해 그의 존재감은 다소 흐려지기도 했다. 1992년에는 입술 부상과 감염으로 인해 연주 경력이 중단될 위기를 맞았지만, 그는 이후에도 계속해서 녹음과 공연을 이어갔다. 2008년에 세상을 떠나기까지 그의 말년 작품들은 전성기 수준에 미치지 못했지만, 허바드는 재즈 역사상 가장 위대한 트럼펫 주자 중 한 명으로서 확고한 유산을 남겼다.

프레디 허바드와 웨인 쇼터가 밴드의 전면에 나선 가운데, 아트 블레이키는 청중들을 열광시켰고, 《Caravan》, 《Kyoto》, 《Three Blind Mice》,

《Ugetsu》등 일련의 뛰어난 앨범들을 발표했다. 이미 훌륭한 솔로이스트였던 쇼터는 블레이키 밴드 시절을 거치며 작곡가로서도 눈부신 성장을 이루었다. 〈This Is for Albert〉, 〈Lester Left Town〉, 〈One by One〉 등 그의 곡들은 1950년대 후반 블레이키 레퍼토리의 중심이었던 리듬 앤드 블루스 스타일의 곡들보다 훨씬 더 큰 세련미를 보여주었다. 허바드의 외향적이고 에너지 넘치는 즉흥 연주는 쇼터의 음울하고 고요한 선율과 강렬한 대비를 이루며 멋진 조화를 만들어냈고, 트롬보니스트 커티스 풀러Curtis Fuller가 가세하면서 이들의 관악기 삼두정triumvirate 편성은 메신저스의 사운드에 깊이를 더해주었다. 1964년 9월, 쇼터가 마일즈 데이비스 퀸텟에 합류하기 전까지, 이 시기의 재즈 메신저스는 당대 가장 매혹적인 주류 재즈 콤보로 손꼽혔다. 이후 15년이 지나서야, 윈튼과 브랜포드 마살리스 형제가 가세한 새로운 블레이키 밴드가 다시금 재즈계에 큰 반향을 불러일으키게 된다.

호레이스 실버의 1960년대 중반 콤보는 더 오래 지속되기만 했다면 하드 밥 장르에서 블레이키의 지위를 위협할 만한 잠재력을 지니고 있었다. 이 시기의 실버 밴드는 색소폰 주자 조 헨더슨Joe Henderson과 트럼펫 주자 우디 쇼, 즉 당대 가장 유망한 젊은 재즈 인재 중 두 명이 전면에 나섰지만, 안타깝게도 이 라인업을 담은 정식 스튜디오 음반은《The Cape Verdean Blues》단 한 장뿐이었다. 헨더슨은 1964년, 쇼보다 몇 달 앞서 밴드에 합류하여 실버의 대표작《Song for My Father》세션에 참여했다. 이 음반은 실버가 작곡가로서 전환점을 맞이한 중요한 계기가 되었는데, 그 영감은 의외로 자신이 오랫동안 무시해 왔던 가족의 뿌리인 카보베르데*-포르투갈 음악 전통에서 비롯되었다. "아버지는 항상 그러셨다. '왜 이 포르투갈 민속

---

* 카보베르데Cape Verdea: 서아프리카 해안 서쪽의 대서양에 있는 섬나라. 포르투갈 및 아프리카 전통이 결합된 혼합 문화와 모르나Morna, 콜라데이라Coladeira, 바투쿠Batuku 등 독특한 전통음악을 보유하고 있어 월드뮤직 장르에서 많이 소개되고 있다.

음악을 재즈에 좀 섞어보지 않니?' 그런데 난 그게 늘 촌스럽다고만 느꼈다"[188]라고 실버는 회상했다. 하지만 리우데자네이루 여행에서 들려온 보사노바의 매혹적인 소리에 자극받은 그는 결국 카보베르데 음악과 재즈를 융합하는 시도를 하게 되었고, 그 결과로 탄생한《Song for My Father》는 블루 노트 역사상 가장 많이 팔린 앨범 가운데 하나가 되었다. 이후 프로젝트인《The Cape Verdean Blues》는 같은 음악적 기반 위에 지어졌으며, 헨더슨과 쇼 외에도 트롬보니스트 J. J. 존슨이 게스트로 참여했다. 당시 고작 스무 살이었던 쇼는 이미 에릭 돌피와 함께 연주 및 녹음을 한 경험이 있었고, 돌피의 영향은 쇼의 넓은 음정 사용과 화성 구조의 한계를 시험하려는 태도에서 잘 드러난다. 그는 불협화음과 복잡한 선율 패턴을 활용해 기본 코드 진행을 확장하고, 때때로 조성과 무조의 경계를 넘나드는 즉흥 연주를 펼쳤다. 색소폰 주자 조 헨더슨 또한 이런 해체적 언어에 능숙했다. 그의 블루 노트 앨범 제목인《In 'n Out》은 그의 연주 스타일을 잘 설명해 준다. 그의 사포 같은 색소폰 소리는 하드 밥의 구조를 계속해서 문질러 벗겨내며, 그 아래에 감춰진 음악적 가능성을 끌어내는 데 집중했다.

쇼의 후기 경력은 수많은 좌절 속에서 지연된 성취로 특징지어진다. 그는 1970년대 후반까지는 재즈계에서 널리 인정받지 못했으나, CBS 레이블에서 일련의 호평받은 녹음들을 발표하면서 명성을 얻게 되었다. 이 시기 그의 연주는 울퉁불퉁한 선율 조각들과 선법의 정지와 출발이 반복되는 구절들을 종종 전통적인 화성 구조 위에 겹쳐 놓는, 강인한 선율이 특징이었다. 특히 완전 4도 간격을 다량 사용했는데, 이것은 당시 유행하던 재즈 스타일이었다. (만약 음악적 간격이 패션이라면, 완전 4도는 1970년대 후반의 레저 수트*와 같았을 것이다.) 그러나 이러한 스타일을 우디 쇼만큼 활력 있고 에너지 넘치게 구사한 연주자는 없었다. 그는 당시 어떤 재즈 트럼펫 연주자보다도 밝은 미래를 가진 듯 보였다. 하지만 1980년대 초, 윈튼 마살리스의 등장이 그의 주목도를 급격히 떨어뜨렸다. 마살리스는 단숨에 트럼펫의 새로운 젊은 사자로 주목받았고, CBS 레코드사의 주요 홍보 대상도 쇼에서 마살리스로 넘어갔다. 여기에 더해, 쇼는 연인과의 이별, 우울증, 약물 중독, 시력 저하 등으로 경력이 더 흔들리게 되었다. 하늘 높이 치솟을 것만 같던 경력은 실패로 기울기 시작했고, 1988년, 뉴욕 지하철 선로에서의 의문의 추락으로 팔을 잃으며 완전히 무너졌다(그 사고가 정말 사고였는지는 불확실하다). 이후 입원 중에 여러 가지 추가적인 합병증이 겹쳤고, 결국 신부전으로 인해 10주 후 사망했다.

헨더슨의 경력은 그에 반해, 점진적인 상승을 보여주었다. 이는 마치 순례자의 여정처럼, 몇 차례의 실수 외에는 꾸준한 좋은 성과들의 축적으로 이루어진 길이었다. 그는 1960년대 중반 블루 노트 레이블에서 활발히 녹음 활동을 했으며, 리더로서 발표한 주요 작품들로는 《In 'n Out》, 《Inner Urge》, 《Mode for Joe》, 《The Kicker》 등이 있고, 게스트 아티스트로서도 여러 앨범에 참여했다. 1960년대 후반에서 1970년대 초에 걸쳐, 그는 마일즈 데이비스, 허비 행콕, 블러드 스윗 앤드 티어스Blood, Sweat & Tears와 같은 유명 밴드들과의 공연에도 참여했다. 이 시기 동안 헨더슨은 밴드 리더로서의 정체성도 계속 발전시켰으며, 이 과정은 마일스톤 레이블에서의 견실한 여러 녹음물을 통해 잘 기록되어 있다. 이러한 성과들은 칭찬할 만하지만, 돌이켜 보면 단지 서막에 불과했다. 그가 시대를 대표하는 테너 색소폰 연주자로서 광범위한 찬사를 받게 된 것은 이 50세 이후였다. 그의 경력 두 번째 전성기는 1985년, 뉴욕의 빌리지 뱅가드에서 트리오 편성으로 실황 녹음한 블루 노트의 《State of the Tenor》 시리즈로 시작되었다. 이 작품은 1957년 소니 롤린스의 전설적 트리오 프로젝트와 비교되었고(같은 레이

---

* 레저 수트leisure suit: 1970년대에 유행했던 남성용 캐주얼 정장으로, 칼라가 넓고, 몸에 딱 붙지 않는 헐렁한 핏에, 밝은 파스텔톤이나 기하학적 무늬 등 화려한 색상과 패턴을 특징으로 한다. 촌스럽고 시대에 뒤처진 복장이라는 이미지가 강하고, 특히 1980년대 이후에는 과거 유행의 실패 사례로 자주 언급되었다.

블, 같은 클럽, 같은 악기, 같은 다음량 형식), 높은 예술적 성취를 보여주었다. 1990년대에 이르러, 헨더슨은 그의 경력 가운데 가장 큰 비평적 성공과 음반 판매량을 동시에 기록하게 된다. 이 시기, 그는 빌리 스트레이혼, 마일즈 데이비스, 안토니오 카를로스 조빔을 주제로 한 테마 앨범 시리즈를 발표하며 다시 한 번 주목을 받았다. 강력한 테너 음색을 지닌 그는 성장기 동안 영향을 받은 주요 인물들의 스타일을 자신만의 강렬한 스타일로 능숙하게 융합해 냈다. 콜트레인의 영향은, 특히 매코이 타이너, 엘빈 존스와 함께한 초기 블루 노트 녹음에서 가장 뚜렷하며, 롤린스의 영향은 그의 중기 작업들, 특히 트리오 편성 공연들에서 강하게 드러난다. 또한 1990년대 프로젝트들, 특히 스트레이혼의 〈Blood Count〉나 조빔의 보사노바 곡들을 해석할 때는, 스탄 게츠를 연상케 하는 애수 어린 따뜻함이 느껴지기도 한다.

조 헨더슨은 《Song for My Father》, 《The Sidewinder》와 같은 블루 노트 레이블 역사상 가장 많이 팔린 음반들에 참여했음에도 불구하고, 그의 동시대 많은 음악가들처럼 소울이나 펑크 성향의 음악이 지닌 상업적 잠재력에 매료되지는 않았다. 이런 점에서, 헨더슨은 블루 노트 소속 음악가들 가운데 다소 예외적인 존재였다. 블루 노트의 설립자이자 운영자인 앨프레드 라이언은 처음에는 이 크로스오버 사운드를 정립한 호레이스 실버의 〈The Preacher〉 발매에 반대했다. 그러나 판매량이 급증하자 그는 곧 확고한 지지자가 되었고, 이후 유사한 음반들을 적극적으로 홍보하기 시작했다. 다른 레이블들도 그 뒤를 따랐고, 이는 다양한 재능의 음악가들을 (재즈 기준으로는) 상당한 명성의 자리에 올려놓게 되었다. 이들의 인기는 라디오 방송, 주크박스 재생, 음반 판매를 통해 뒷받침되었다. 일부 평론가들은 이러한 "소울 재즈" 스타일을 일축하기도 했지만, 청중들은 이에 열광적으로 반응했고, 이는 지미 스미스, 램지 루이스, 캐논볼 애덜리, 지미 맥그리프, "브라더" 잭 맥더프, 셜리 스콧, 에디 해리스, 레이 브라이언트, 리차드 "그루브" 홈스, 웨스 몽고메리, 레스 매캔, 루 도널드슨, 스탠리 터렌틴 등 새로운 재즈 스타들의 경력을 도약시키는 데 기여했다.

이 스타일은 여러 역사적 전통에서 영향을 받았다. 1940년대 후반과 1950년대의 대중적이고 민중적인 리듬 앤드 블루스 운동은 소울 재즈 연주자들에게 깊은 영향을 주었으며, 그 뿌리를 더 거슬러 올라가 보면 블루스가 짙게 배어 있는 캔자스시티 및 텍사스 테너 색소폰 전통에서도 그 영향을 찾을 수 있다. 1950년대 재즈의 주요 특징 중 하나였던, 배틀 색소폰 연주자들의 관객을 사로잡는 퍼포먼스 또한 이후 소울 재즈 양식을 미리 예고하는 요소였다. 고든과 그레이, 애먼스와 스팃, 콘과 심스, 심지어 콜트레인과 롤린스에 이르기까지, 이 전통은 널리 퍼져 있었고, 소울 재즈 전성기 당시 에디 "락조" 데이비스와 조니 그리핀이 주도한 배틀 테너 형식의 성공적인 부활은 결코 우연이 아니었다. 이는 이 오랜 전통이 새롭게 떠오른 스타일과 얼마나 밀접한지를 보여주는 사례였다. 이 하이브리드 음악에는, 그 외에도 다양한 아프리카계 미국 음악 전통이 부분적으로 흘러 들어왔다. 빅 밴드 리프, 어반 블루스,* 부르고 답하는 형식, 가스펠 음악 등이 그 대표적 요소들이다.

소울 재즈는 해먼드 B-3 오르간이 만들어내는 전자적 음색을 통해, 가장 분명하게 자신만의 목소리를 찾았다. B-3 오르간의 거칠고 투박하며 왜곡된 소리는 이론상으로는 '진짜' 악기를 흉내 내기 위해 고안된 것이었지만, 실제로는 그 자체로 독자적인 음색을 지녔다. 재즈 특유의 감성을 포착했고, 한 세대 전에 킹 올리버의 '더러운' 코넷 연주가 그랬던 것처럼, 청중을 거침없는 생동감으로 열광시켰다. 물론, 오르간은 이전에도 재즈에서 등장한 적이 있었다. 주로, 패츠 월러나 카운트 베이시처럼 본래 피아노를 연주하던

---

* 어반 블루스urban blues: 농촌 지역의 전통적인 블루스(컨트리 블루스)에 대비되는 개념. 1930~40년대 대공황 이후, 특히 남부에서 시카고, 디트로이트, 멤피스 같은 북부 대도시로 이주한 흑인들에 의해 발전한, 도시 블루스 음악. 일렉트릭 기타, 베이스, 드럼, 피아노, 하모니카 등 밴드 편성이 특징이다.

키보디스트들이 사용했다. 또한 오르간은 아프리카계 미국인의 성악聖樂, 즉 흑인 교회 음악에서도 오랫동안 중심적인 역할을 해왔다. 하지만 재즈 세계에서 오르간이 본격적으로 세속적 음악으로 자리 잡기 시작한 것은 1950년대에 이르러서였다. 1951년, 에디 "락조" 데이비스와 빌 도제트Bill Doggett의 녹음은 테너 색소폰과 오르간의 조합을 대중화한 선구적인 시도였다. 같은 시기, 와일드 빌 데이비스는 오르간 트리오를 구성하여 영향력 있는 활동을 펼쳤다. 그러나 해먼드 오르간이 재즈 악기로서 널리 인정받기 시작한 것은 1950년대 중반 지미 스미스의 등장 이후였다. 이후, 수많은 키보디스트들이 스미스의 전철을 따랐고, 1950년대 말이 되면 해먼드 오르간은 소울 재즈의 주축 악기로 굳건히 자리 잡게 되었다.

스미스는 어린 시절 피아노를 배우고, 이후에는 현악 베이스도 익혔다. 그러나 1953년경, 와일드 빌 데이비스의 연주에 영감을 받아 오르간 연주에 전념하게 되었다. 1955년, 기타와 드럼만을 대동한 채 애틀랜틱 시티에서 공연을 시작한 스미스는 곧 열정적인 무대로 큰 반향을 일으켰다. 그는 〈Sweet Georgia Brown〉을 무려 40 코러스에 걸친 즉흥 연주를 펼치고, 오르간 발 페달로 박진감 넘치는 베이스 라인을 연주하면서 밴드를 몰아붙였다. 또한 해먼드 오르간의 울부짖음, 윙윙거림, 신음, 외침, 경적 소리, 비명 등 모든 음향적 가능성을 최대한으로 활용했다. 몇 달 뒤 그는 뉴욕에서 연주 활동을 시작했고, 그곳에서 블루 노트 레이블의 공동 창립자인 앨프레드 라이언의 주목을 받게 되었다. 이후 몇 년 동안 스미스는 블루 노트에서 수십 차례의 녹음을 진행하며, 이 레이블의 베스트셀러 아티스트 중 한 명으로 자리매김한다. 주크박스용 싱글과 라디오 방송이 그의 인기에 기여했지만, 그는 종종 이러한 매체의 요구를 무시한 채, 45rpm 음반 한 면에 담기 힘든 긴 연주곡들을 녹음하고는 했다. 그의 대표곡들, 예를 들면 〈The Champ〉, 〈Back at the Chicken Shack〉은 8분 이상 지속되었고, 〈The Sermon〉은 무려 20분 12초에 달하는 처절한 블루스였다. 그런데도, 혹은 오히려 그런 이유로, 이 음반들은 잘 팔렸다. 끊임없이 몰아치는 강렬함과 음악의 추진력은 마치 청중을 최면에 빠뜨리는 듯한 힘을 가졌고, 이는 몇 년 뒤 관객들이 비슷하게 매료되었던 존 콜트레인의 마라톤 연주를 예고하는 듯한 소울 재즈의 선구적 순간이었다.

1950년대 후반에서 1960년대 초반에 이르자, 많은 재즈 오르간 연주자들이 이와 같은 길을 걷기 시작했고, 그들이 만들어낸 사운드는 곧 진부한 클리셰가 될 위험에 처하게 되었다. 머지않아, 테너 색소폰-오르간 조합이나 오르간 트리오 음반의 판매는 급감했고, 결국 해먼드 B-3 오르간은 시장에서 사라지게 되었다. 대중의 인식 속에서는, 그것이 더 다양한 기능을 가진, 하지만 어쩌면 더 차가운 "합성" 음악의 소리로 대체되었다. 그러나 해먼드 B-3가 영광을 누리던 시절 동안, 청중들은 지미 맥그리프, 브라더 잭 맥더프, 셜리 스콧, 리차드 "그루브" 홈즈, 조니 "해먼드" 스미스, 찰스 얼랜드 Charles Earland 같은 오르간 명인들의 연주를 즐길 수 있었다.

래리 영Larry Young의 탁월한 사례가 아니었다면, 해먼드 오르간의 가능성은 1960년대 중반에 이미 소진되었다고 생각할 수도 있었을 것이다. 영은 소울 재즈 문법에 정통했지만, 대부분의 해먼드 연주자들이 따르던 좁은 범위의 펑크와 블루스 중심 접근을 거부하게 되었다. 이후 몇 년 동안, 그는 블루 노트 레이블에서 모달 프레이징과 더 밀도 있는 화성, 그리고 존 콜트레인, 매코이 타이너, 프리 재즈, 심지어 하드 록까지 아우르는 중요한 음반들을 녹음하게 된다. 그는 이후 마일즈 데이비스의 영향력 있는 앨범《Bitches Brew》에 참여했고, 데이비스와 함께 활동했던 동료들인 존 매클러플린John McLaughlin, 토니 윌리엄스와도 협업했다. 이들이 함께 결성한 밴드 라이프타임Lifetime에서의 1970년대 작업은 재즈-록 퓨전의 가장 유망한 진전 가운데 하나였지만, 덜 독창적인 다른 퓨전 밴드들에 비해 상업적 성공은 거두지 못했다. 이처럼, 해먼드 오르간의 가장 진보적인 선구자이자, 어쩌면 마지막 주요 혁신자였던 래리 영은 1978년에 위장 질환을 제대로 치료받지 못해, 불과 38세의 나이로 사망했다.

재즈 오르간은 소울 재즈 시절에 누렸던 인기 수준을 다시는 회복하지 못했지만, 놀랍게도 신시사이저와 프로그래밍 기술이 아무리 발전해도, 이 비교적 원시적인 악기를 완전히 대체하지는 못했다. 21세기가 시작된 이후에도, 오르간은 여전히 피아노를 제외하면 가장 인기 있는 재즈 건반 악기로 남아 있으며, 헌신적인 팬층과 세계적인 연주자들을 끌어모으고 있다. 해먼드 B-3의 영광의 시대는 조이 드프란체스코Joey DeFrancesco가 태어난 1971년 무렵이면 이미 거의 끝나 있었지만, 그는 지미 스미스와 그 이전 세대 연주자들의 전통을 완벽히 흡수했고, 끊임없는 투어와 20장이 넘는 리더 작 앨범들을 통해 새로운 세대의 청중에게 해먼드 오르간의 매혹적인 소리를 소개했다. 드프란체스코는 21세기에도 재즈계에서 오르간이 중요한 자리를 유지하도록 한 가장 결정적인 인물이지만, 그 혼자 그 사명을 짊어진 것은 아니었다. 닥터 로니 스미스Dr. Lonnie Smith, 게리 베르사체Gary Versace, 샘 야헬Sam Yahel, 존 메데스키John Medeski 등 다재다능한 동시대 연주자들 역시 오르간의 표현 어휘와 음악적 가능성을 넓히며, 이 악기를 과거 소울 재즈의 진부한 틀에서 벗어나게 했다.

일렉트릭 기타 또한 소울 재즈 양식에서 핵심적인 역할을 했고, 종종 해먼드 오르간과 짝을 이루어 연주되곤 했다. 하지만 이러한 사운드도 시간이 지나면서, 점차 예측 가능하고 때로는 진부한 방식으로 변해갔다. 그럼에도 불구하고, 케니 버렐Kenny Burrell과 그랜트 그린 같은 주요 연주자들은 이 형식의 한계를 넘어서며 중요한 음반들을 만들어낼 수 있는 역량을 입증했다. 버렐의 1963년작《Midnight Blue》는 하드 밥의 고전으로 꼽히며, 그 이듬해 길 에반스와 협업한《Guitar Forms》는 분류하기는 어렵지만, 어떤 기준에서도 중요한 이정표로 간주된다. 그랜트 그린의《Matador》는 1964년에 녹음되었지만 15년 동안 발매되지 못한 작품으로, 여기서 그는 존 콜트레인의 리듬 섹션을 구성하던 엘빈 존스와 매코이 타이너라는 막강한 동료들과 함께 고전압의 연주를 들려준다. 또한 그린이 1960년대 초에 피아니스트 소니 클라크과 함께한 일련의 녹음은, 하드 밥 역사상 가장 영감 넘치는 피아노-기타 콤비 중 하나로 평가받는다. 그러나 이 세대의 기타리스트 가운데서도, 웨스 몽고메리는 상업성과 재즈적 진정성을 가장 능숙하게 결합해 낸 인물로 두드러졌다. 그는 탁월한 멜로디 즉흥 능력을 지닌 예리한 솔로 연주자였으며, 팝 재즈 스타로서의 크로스오버 성공 가능성 면에서 이상적인 인물이었다. 그의 음반들은 정통파 스타일부터 소울 재즈, 무드 음악에 이르기까지 다양한 스펙트럼을 아우르지만, 그의 독보적인 재능은 가장 노골적으로 상업적인 작품들마저도 예술적 인장印章을 부여하는 힘을 지녔다.

1923년, 인디애나폴리스에서 태어난 웨스 몽고메리는 베이시스트 몽크 몽고메리Monk Montgomery와 피아니스트 겸 비브라폰 연주자 버디 몽고메리를 포함한, 음악가 집안의 일원이었다. 그는 늦은 출발(거의 스무 살이 되어서야 기타를 잡았다)과 정식 음악 교육의 부족에도 불구하고, 독특한 스타일을 가진 연주자이자 특이하면서도 정교한 즉흥 연주자로 빠르게 성장했다. 그는 악보를 읽거나 코드 기호를 익히는 데는 큰 진전을 이루지 못했지만, 그것이 그의 발전을 가로막지는 않았다. 불과 몇 달 만에, 그는 형제들과 현지 음악인들과 함께 공연 무대에 서게 되었고, 여행을 꺼리는 성격이었지만 1940년대 후반에는 라이오넬 햄튼과 함께 투어를 돌기도 했다. 1950년에, 그는 인디애나폴리스로 돌아와 가족을 부양하며, 낮에는 라디오 공장에서 일하고 밤에는 연주 활동을 이어갔다.

계속 그대로였다면, 몽고메리의 음악 경력은 이름도 없이 잊혀진 채 끝났을지도 모른다. 그러나 캐논볼 애덜리의 열정적인 추천 덕분에, 1959년에 그는 리버사이드 레이블과 계약을 맺게 되었다. 이후 프로듀서 오린 킵뉴스의 지휘 아래, 몽고메리는 수년간 최고 수준의 반주자들과 함께한 재즈 콤보 세션에서 활발한 녹음을 남기며, 〈Four on Six〉, 〈West Coast Blues〉, 〈Besame Mucho〉 등 역사에 남을 명연들을 다수 탄생시켰다. 자신의 독학 연주법에 대해 반복적으로 의문을 품을 정도로 겸손했던 몽고메리는 결국 비정통적 연주 방식 자체를 하나의 미덕으로 승화시켰다. 필연이었든 선택이었든, 그는 비밥 시대의 복잡하고 음이 빽빽한 기타 어휘를 덜어내고, 대신 간결하고 정제된 솔로로 대체했다. 피크 대신에 엄지손가락을 사용함으로써, 그는 아주 개성 있고 노래하듯 부드러운 기타 음색을 만들어냈으며, 옥타브 선율 라인을 반복적으로 사용함으로써 그만의 사운드를 더욱 강화했다. 이후, 크리드 테일러Creed Taylor가 프로듀싱을 맡은 후기 작품들에서는, 몽고메리의 연주가 점차 진부한 편곡과 지나치게 달콤한 현악 반주 속에 묻히기도 했다. 그의 마지막 시기에 A&M 레이블에서 발표한 음반에서는, 심지어 비틀즈의 곡이나 팝/록 음악의 커버 곡 연주로 활동 영역이 축소되었다. 그럼에도 불구하고, 이러한 작품들 역시 때때로 인상적인 순간들을 담고 있었으며, 최소한 청중의 저변을 넓히는 데 기여했다. 실제로, 그의 앨범 《A Day in the Life》는 1967년 가장 많이 팔린 재즈 음반이 되었다. 그러나 안타깝게도 몽고메리는 이 성공의 결실을 오래 누리지는 못했다. 이듬해인 1968년, 그는 45세의 나이에 심장마비로 세상을 떠났다.

몽고메리가 말년에 팝/록 지향적인 형식으로 전환한 것만 보더라도, 소울 재즈라는 양식이 1960년대 후반에는 이미 시대의 흐름에 뒤처지고 있었음을 분명히 보여준다. 수년간 소울 재즈 연주자들은 흑인 노동자 계층 사이에서 견고한 지지층을 유지해 왔지만, 이제는 다른 음악 장르들이 부상하면서 그 청중을 빼앗기고 있었다. 모타운Motown 사운드, 재즈-록 퓨전, 그 외 관련된 음악 양식들은 아프리카계 미국 음악의 보다 세련되고 현대적인 면모를 반영하고 있었다. 그리고 1970년대에 이르러 이러한 흐름은 완전히 자리 잡게 되었고, 도시 대중 시장에서 소울 재즈는 거의 전면적으로 펑크, 디스코, 레게, R&B, 록 등으로 대체되었다. 재즈 애호가들 사이에서는 때때로 이런 변화를 두고 흑인 대중음악의 수준이 약화되었다며 불만을 토로하기도 했다. 어느 정도는 그런 비판에도 일리가 있었을지 모른다. 그러나 이들 비평가들이 놓치고 있었던 점은, 이러한 새로운 스타일에서 활동하던 최고 수준의 아티스트들인 스티비 원더, 지미 헨드릭스, 밥 말리Bob Marley, 제임스 브라운James Brown, 마빈 게이Marvin Gaye, 슬라이 스톤Sly Stone, 미니 리퍼튼Minnie Riperton, 빌 위더스Bill Withers, 어스 윈드 앤드 파이어Earth, Wind & Fire 등이 대체로 더 신선하고 창의적인 음악 세계를 선보이고 있었다는 점이다. 이는 점점 예측가능하고 반복적인 소울 재즈의 거친 날것의 블루스와 오르간-테너 그루브 공식에 비해 훨씬 생명력 있고 독창적인 음악이었다.

더 넓은 차원에서 보면, 하드 밥이라는 전체 음악 운동 자체도 동력을 잃어가고 있는 위험에 처해 있었다. 역사학자 제임스 링컨 콜리어James Lincoln Collier의 견해에 따르면, 1960년쯤에는 이 하위 장르가 "막다른 골목에 다다랐다"는 것이다. 아미리 바라카Amiri Baraka는 콜리어와는 전혀 다른 시각에서 이 음악을 바라보았지만, 그의 저서 『블루스 피플Blues People』에서 결국 비슷한 결론에 도달했다. 그는 하드 밥이 "자기 무게에 짓눌려, 1950년대 말쯤이면 거의 자멸했다"고 평가했다. 또한 이 장르는 "클리셰를 의식적으로 반복하는 자기 기만적 축제이며, 비밥에서 나온 가장 인상적인 아이디어들을 실제로 약화시키는 작용을 했다"고 비판했다.[189] 이 두 평론가 사이의 이념적 간극은 콜리어가 하드 밥을 비난한 뒤 딕시랜드 재기의 우월성을 칭송한 데 반해, 바라카는 같은 비판을 프리 재즈에 대한 찬가의 맥락에서 제시했다는 사실만 봐도 분명해진다. 그럼에도 불구하고, 1960년 이후 하드 밥이 쇠퇴했다는 점에 두 사람이 모두 동의했다는 것은 주목할 만하다. 음악적 계보의 계승자에 대해서는 논쟁의 여지가 있었지만, 많은 이들이 이전의 왕은 죽었다고 여긴 것이다.

하지만 두 비평가 모두 지나친 평가를 내렸다. 앞서 살펴보았듯, 하드 밥의 탄생을 주도한 두 주요 인물인 블레이키와 실버는 1960년대에도 최고의 밴드를 이끌었다. 하드 밥 스타일을 가장 적극적으로 알린 레이블인 블루 노트는, 이른바 '블루 노트 사운드'에 대한 고객들의 고정관념에 얽매이기를 거부했다. 이 시기 블루 노트는 세실 테일러의 《Unit Structures》, 에릭 돌피의 《Out to Lunch》, 오넷 콜먼의 《Love Call》 같은 파격적인 앨범들을 발매했다. 대부분의 청자들은 이 작품들을 블레이키-실버의 전통적 접근 방식과 연결 짓기 어려웠을 것이다. 그러나 덜 급진적인 다른 블루 노트 음반들은 하드 밥과 아방가르드 사이에 접점이 존재할 수 있음을 보여주었다. 앤드루 힐의 《Point of Departure》, 바비 허처슨의 《Dialogue》, 재키 매클린의 《Let Freedom Ring》 같은 중요한 작품들은 결코 과거 하드 밥 공식을 무미건조하게 반복한 것이 아니었다. 허비 행콕, 조 헨더슨, 리 모건, 웨인 쇼터, 샘 리버스 등의 블루 노트 앨범들도 이 스타일이 결코 고갈되지 않았음을 분명히 보여주었다.

1960년대에도 하드 밥 스타일이 충분히 적응하고 진화할 수 있었음을 의심하는 이가 있다면, 피아니스트 앤드루 힐이 블루 노트에서 발표한 1960년대의 음반들을 들어보기만 해도 그 의문은 사라질 것이다. 당시, 그의 음악을 주의 깊게 들은 팬은 거의 없었지만, 그럼에도 블루노트가 이 피아니스트의 신보를 십 년 내내 지속적으로 발매했다는 사실은, 이 아티스트에 대한 레이블의 신념을 보여주는 증거다. 1931년, 시카고에서 태어난 힐은 어린 시절부터 폭넓은 영향을 받아들였으며, 빌 루소와 파울 힌데미트 같은 다양한 멘토들에게 배웠고, 비밥 연주자들 및 리듬 앤드 블루스 밴드와 함께 활동했다. 그의 완숙기에 이른 음악은 까칠한 면과 지적인 면이 교차하는 기묘한 혼합물로, 당시 블루 노트의 많은 음반들이 노렸던 대중적인 라디오 방송용 음악과는 거리가 있었다. 그의 음악은 아방가르드에는 너무 "내부적"이었고, 소울 재즈나 하드 밥 팬들에게는 너무 "어려운" 음악이었다. 하지만 시간이 지나면서, 그의 중요성은 역사가 입증했다. 실험주의와 형식주의, 불협화음과 조성의 혼합, 무엇보다도 기존 음악 구조의 가치를 존중하면서도 동시에 그 한계를 뛰어넘고자 한 그의 음악적 태도는 이후 세대의 많은 피아니스트들에게 영향력 있는 역할 모델이 되었다. 힐이 세상을 떠난 2007년 무렵에는, 제이슨 모런Jason Moran, 비제이 아이어Vijay Iyer, 매튜 쉽Matthew Shipp 같은 젊은 세대 선두 피아니스트들의 음악에서 그의 작품의 메아리를 들을 수 있었다.

당대의 대표적인 두 명의 재즈 밴드 리더인 찰스 밍거스와 마일즈 데이비스 역시 하드 밥 스타일에서 영감을 얻었는데, 그 과정에서 이를 각자의 방식으로 변형시켰다. 특히, 밍거스의 이 시기 음악은 하드 밥의 관점에서 바라볼 때, 흥미로운 면모를 보인다. 그는 블레이키와 실버가 성공적으로 활용했던 요소들을 적극적으로 차용했다. 즉, 가스펠과 블루스 같은 아프리카계 미국인의 뿌리 음악에 대한 애정, 강한 스윙과 때로는 펑키한 연주 스타일, 비밥 어법에 대한 철저한 이해, 작곡과 형식미에 대한 새로운 강조, 그리고 전통적인 관악기 편성에 리듬 섹션 편성을 더한 재즈 콤보가 지닌 표현 가능성을 최대한 끌어내려는 의지 등이다. 이러한 유사점에도 불구하고, 동시대의 평론가들은 밍거스를 하드 밥 계열의 일원으로 보지 않았다. 그러나 그의 성숙한 음악적 탐색은 하드 밥의 정신에서 그리 멀리 벗어난 것이 아니었다. 만약 밍거스가 블루 노트 레이블에서 녹음했거나, 그 레이블 소속의 연주자들과 더 자주 협업했다면, 그의 음악과 하드 밥 사이의 연관성은 훨씬 더 명확했을 것이다. 현재로서는, 그는 일반적으로 범주를 거부하는 음악가로 여겨진다. 그는 유행을 따르기보다는 이를 뒤흔드는 데 능한 인물, 즉 지배적 체계를 교란하는 데 탁월한 '등에'에 가깝다. 밍거스는 자유주의 원칙을 완전히 수용하지는 않은 진보주의자이면서도, 과거의 유산들을 끝없이 해체하고 재조립하는 전통주의자이기도 했다. 이러한 모순들에도 불구하고, 그의 음악은 세월의 시험을 견뎌냈고, 오히려 뚜렷한 분류가 쉬운 다른 음악가들이 잊혀지는 동안, 그 영향력은 점점 더 커지고 있다.

이처럼 상충하는 영향들이 하나로 모여든 것은 밍거스가 음악가로 성장해 온 과정의 산물이었다. 그의 초기 생애는 다양한 스타일에 대한 이질적인 충성의 역사이기도 하다. 밍거스는 흔히 모던 재즈의 옹호자로 알려져 있지만, 사실 그는 이 흐름에 비교적 늦게 합류했다. 젊은 시절의 그는 엘링턴의 영향 아래 있었고, 비밥을 강하게 비판했으며, 심지어 자신의 친구 버디 콜레트Buddy Collette가 버드(찰리 파커)만큼 잘 연주할 수 있다고 주장하기까지 했다. 하지만 그의 생각이 바뀌었을 때는, 늘 그렇듯 밍거스다운 방식으로, 즉 극단적으로 돌아섰다. 마일즈 데이비스는 훗날 이렇게 회고했다. "찰스 밍거스는 버드를 사랑했다. 내가 본 사람 중에 그렇게까지 사랑한 사람은 없었던 것 같다."[190] 이후, 밍거스는 쿨 재즈가 주요한 영향을 미치던 시기를 거쳤고, 한때는 심지어 트리스타노 계열의 음악적 노선을 따르기도 했다. 프리 재즈 연주자들과의 관계는 더욱 복잡해서, 경멸에서부터 극찬에 이르기까지 오락가락했다. 이러한 다양한 음악적 층위들은 그가 어린 시절 공부한 클래식 음악, 첼로 연습에 들인 노력, 바흐, 베토벤, 드뷔시, 라벨, 슈트라우스의 음악을 몰입해서 들었던 경험에 뿌리를 두고 있다. 밍거스의 음악 세계는 카드로 만든 기묘한 집 같았는데, 슈트라우스의《Death and Transfiguration》과 듀크 엘링턴의 〈East Saint Louis Toodle-oo〉가 한꺼번에 위태롭게 균형을 이루고 있었기 때문이다.

밍거스 음악의 기적은 이처럼 잡다하고 뒤섞인 영향들 속에서 일관되고 감동적인 자신만의 스타일을 만들어냈다는 점에 있다. 한 세대가 지난 뒤, 이러한 절충주의, 즉 "스타일 없는 스타일"은 재즈계에서 점점 더 일반적인 방식이 된다. 재즈 연주자들은 밴드 무대를 강단처럼 사용하고, 연주 도중 트럼펫의 벨을 통해 교과서 속 예시들을 인용하는 역사학자처럼 되기를 열망하게 된다. 그러나 유감스럽게도, 이들 연주자들이 다양한 흐름을 억지로 연결하려 애쓰는 모습은 종종 역사적 해석과 과장된 연극적 태도 사이의 경계가 모호해지는 결과를 낳는다. 그러한 이들의 연주를 듣고 있노라면, 밍거스가 재즈의 수많은 뿌리와 가지를 자유롭게 오르내리며 완성도 높은 음악을 창조해 낸 능력이 얼마나 탁월했는지 더욱 분명해진다. 하지만 다시 생각해 보면, 밍거스에게는 남다른 이점이 있었다. 그는 이 다양한 스타일들을 직접 몸으로 익힌 세대였기 때문이다. 그는 루이 암스트롱, 듀크 엘링턴, 찰리 파커라는 20세기 전반 재즈의 삼대 거장이 이끄는 밴드를 모두 거친 소수의 인물이었을 뿐 아니라, 아트 테이텀과 버드 파월, 레드 노보와 라이오넬 햄튼, 에릭 돌피와 스탄 게츠, 로이 엘드리지와 디지 길레스피와도 함께 연주한 경험이 있었다. 이처럼, 밍거스는 교실이나 음반을 통해서가 아니라, 재즈의 원천에서 직접 흡수한 음악적 역사 위에 서 있었다. 어쩌면 이러한 형성기 경험들 덕분에, 혹은 그저 그의 강력한 개성 때문인지, 밍거스는 그 폭넓은 음악 세계를 단지 수용하는 데 그치지 않고 강렬한 곰의 포옹으로 그것을 완전히 집어삼켰다. 그렇게 다양한 재즈 전통과 연관되어 있으면서도, 그의 음악은 결코 모방적이거나 파생적인 느낌을 주지 않았다. 그것이 다운홈 블루스든, 부드러운 발라드든, 추상적인 음시音詩든, 뉴올리언스 투스텝이든, 혹은 자유분방한 잼 세션이든 간에, 밍거스의 음악은 듣는 순간 곧장 알아볼 수 있었고, 언제나 찰스 밍거스만의 고유한 인장印章을 품고 있었다.

1922년 4월 22일, 애리조나주 노갈레스에서 태어난 찰스 밍거스는 태어난 지 몇 달 만에 어머니 해리엇을 심근염으로 잃었다. 그는 주로 로스앤젤레스의 와츠 지역에서 자라났는데, 이곳에서 그는 독실하고 금욕적인 계모와 함께 살았으며, 계모는 영적 자학을 강조했고, 아버지 찰스 밍거스 시니어 하사관은 그보다 더 현실적인 육체적 체벌을 가했다. 여섯 살 무렵, 밍거스는 시어스 로벅 상점에서 구입한 트롬본을 배우기 시작했고, 그 뒤 첼로를 익히게 된다. 한때는 로스앤젤레스 주니어 필하모닉 오케스트라에서 연주하기도 했다. 이후, 남부 캘리포니아 최고의 재즈 인재들을 길러낸 로이드 리스가 그의 재능을 알아보고 클래식 첼리스트에서 재즈 베이시스트로 전환할 수 있도록 도왔다. 이 과정은 재즈 베이시스트 레드 컬렌더와 클래식 베이시스트 허먼 라인샤겐Herman Rheinschagen 같은 인물들의 지도에 의해 보완되었다. 세계 최고의 베이시스트가 되겠다는 뚜렷한 목표와 성실한 연습 덕분에, 밍거스는 빠르게 성장했고, 지미 블랜튼을 본뜬 스타일의 유망한 연주자로 자리매김하게 되었다.

밍거스는 처음부터 작곡에 매료되었다. 아직 십대였을 때, 그는 이미 〈Half-Mast Inhibition〉과 〈The Chill of Death〉를 작곡했는데, 이 곡들은 수십 년 뒤 그가 자랑스럽게 되살려 녹음한 작품들이기도 하다. 같은 시기, 밍거스는 전통 재즈의 거장들로부터 직접 지도를 받으며 재즈를 배워 나갔다. 그는 1942년에 키드 오리, 1943년 루이 암스트롱과 함께 연주하기도 했다. 모던 재즈의 세계에 발을 들인 것은 오히려 조금 늦은 시기였는데, 다소 특이하게도 LA의 백인 비밥 지망생들과 함께한 활동을 통해서였다. 이들 중에는 찰리 파커의 열렬한 추종자였던 딘 베네디티도 포함되어 있었다. 그는 이후에 연주 활동을 그만두고 파커의 공연을 쫓아다니며, 휴대용 녹음 장비를 들고 그의 솔로 연주를 기록하는 데 일생을 바치게 된다. 시간이 흐르면서, 밍거스는 파커와 함께 잼 세션을 하며, 가장 진보적인 사운드에 점차 몰입하게 된다. 그러나 그의 초기 녹음들을 살펴보면, 다양한 재즈 스타일이 여전히 그에게 영감을 주었음을 알 수 있다. 이 다양한 영향들을 하나의 계보로 정리하는 것은 쉬운 일이 아니다. 예를 들어, 듀크 엘링턴의 그림자는 그의 초기 녹음들에 짙게 드리워져 있고, 나아가 그의 전반적인 음악에서도 결코 사라지지 않았다. 반면, 1950년대 초 레드 노보와 탈 팔로우와 함께한 트리오 활동은 순수한 비밥 스타일의 정수였다. 그 후 밍거스는 자신이 공동 설립한 데뷔Debut 레이블을 통해 여러 모던 재즈 세션을 진행했는데, 이는 앞서와는 전혀 다른 분위기를 띠었다. 특히, 찰리 파커, 디지 길레스피, 맥스 로치, 버드 파월과 함께한 전설적인 매시 홀 콘서트 녹음이 대표적이다. 이런 활동들은 동시에 다양한 쿨 재즈 연주자들, 예를 들어 스탄 게츠와 레니 트리스타노와의 협업과 병행되었다. 실상, 당시만 해도 밍거스에게 쿨 재즈 스타일이 결정적인 영향력이 될 가능성도 있었다. 실제로, 그의 1954년 앨범《Jazzical Moods》에서는 지적이고 절제된 태도의 밍거스를 볼 수 있는데, 이는 불과 몇 년 후의 격정적이고 외향적인 모습과는 분명히 대조된다.

1950년대 후반이 되어서야, 밍거스가 따르던 다양한 음악적 전통들이 보다 뚜렷하고 개인적인 스타일로 통합되기 시작했다. 이때는 밍거스에게 있어서 매우 다작多作하면서도 탁월한 창의성이 폭발했던 시기로, 1956년의 《Pithecanthropus Erectus》, 1957년의 《Tijuana Moods》, 《East Coasting》, 《The Clown》, 1959년의 《Blues and Roots》, 《Mingus Ah Um》과 같은 걸작들에서 잘 나타난다. 이 시기의 작품들 가운데 일부는 당시에는 발표되지 않았기 때문에, 그가 1950년대 후반의 재즈계에 끼친 영향은 실제보다 축소되었을 가능성도 있다. 하지만 이러한 제약에도 불구하고, 이 시기의 밍거스 음악은 전체적으로 재즈 역사상 기념비적인 업적이라고 평가할 수 있다. 이제 그의 성숙한 스타일은 완전히 예술의 경지에 이르렀고, 이는 그의 음악 전반에 흐르는 풍성함, 과잉, 상반되는 요소들의 대담한 결합에서 뚜렷하게 드러난다. 여기서 저속함과 고상함이 어깨를 나란히 하며 공존한다. 위엄 있는 주선율은 도발적인 대선율에 의해 비틀어지고, 경쾌한 6/8 박자 리듬은 롤러코스터 같은 더블 타임의 4/4 박자와 병치되며, 12마디 블루스 형식은 점차 반쯤 무정부적인 상태로 해체된다. 템포와 분위기는 때때로 격렬하게 변화한다.

재즈 작곡가로서 밍거스는 자주 그의 형식주의적 성향과 작품의 독창적인 구조 때문에 찬사를 받는다. 그러나 동시에, 그의 작품들은 내용으로 가득 찬 밀도 높은 음악이라는 점에서도 주목할 만하다. 그가 자신의 밴드 이름으로 즐겨 사용했던 "재즈 워크숍Jazz Workshop"이라는 명칭조차도 이러한 이미지를 불러일으킨다. 즉, 즉흥적인 충동이 음악의 핵심을 이루며, 작곡적 구조는 매 순간의 요구에 맞춰 변화하고 적응한다. 밍거스의 대표적인 음악에서 종종 등장하는 거칠고 날선 대선율은 마치 딕시랜드의 초현실적 소환처럼 들리기도 하며, 그의 접근 방식이 일종의 전통 작곡에 대한 전복적

'반反작곡'처럼 느껴지게 만든다.

밍거스의 음악이 지루하다고 느껴질 일은 결코 없다는 점만큼은 팬들에게 확실한 보장이었다. 그의 공연에서는 무대 위에서 직관적인 흥분과 생명력이 뿜어져 나왔고, 그것은 지금도 녹음물 속에 생생히 살아 있다. 〈Better Git It in Your Soul〉, 〈Jelly Roll〉, 〈Wednesday Night Prayer Meeting〉 같은 곡들은 재즈 전통을 떠올리게 하지만, 그것을 단순히 악보에 담긴 음표 수준으로 환원할 수 없는, 현장에서 살아 움직이는 방식으로 소환해 낸다. 이런 점에서, 밍거스가 자신의 곡들을 귀로 직접 익혀서 가르치는 방식을 선호했던 것은 전혀 놀랍지 않다. 〈Wednesday Night Prayer Meeting〉이라는 제목은 이 곡에 너무나도 잘 어울리는 이름이었다. 밍거스의 음악은 마치 성령강림 교회의 청각적 등가물과도 같았다. 느슨하지만 활력 넘치는 주고받음 속에 복음주의적 열정이 번뜩였으며, 그 음악은 일종의 영적 방언 같았다. 박수, 외침, 격려, 즉흥적인 이야기, 그리고 다른 자발적인 폭발들이 곁들여졌다. 그러나 밍거스 공연의 이러한 예측 불가능한 요소들은 어두운 면도 지니고 있었다. 연주 도중에 곡이 갑자기 끊기는 일, 공연 중간에 멤버를 해고했다가 다시 고용하는 일, 모욕적인 발언이나 감정 폭발 등도 자주 있었다. 밍거스와 함께라면, 무대 위든 무대 밖이든, 조용한 내면 성찰의 순간조차도 곧 다가올 폭풍의 전조에 불과했을 뿐이었다.

이 시기 동안, 밍거스는 점점 더 재즈 음악의 초기 뿌리로 돌아가고 있었다. 그가 존경했던 엘링턴처럼, 12마디 블루스는 밍거스에게 특히 비옥한 출발점이었다. 대부분의 재즈 연주자들이 블루스 형식을 단지 즉흥 연주를 위한 틀 정도로 여긴 데 반해, 밍거스는 12마디 구조를 하나의 완성된 작곡 작품으로 탈바꿈시켰다. 이 점에서 밍거스와 어깨를 나란히 할 수 있는 재즈 음악가는 엘링턴, 젤리 롤 모튼, 셀로니어스 몽크 정도에 불과하다. 그의 이러한 접근법은 초기 곡인 〈Haitian Fight Song〉에서부터 이미 드러나며, 특히 《Mingus Ah Um》에 수록된 〈Pussy Cat Dues〉와 〈Goodbye Pork Pie

Hat)*은 이 방식의 특출난 예로 손꼽힌다. 그중 〈Goodbye Pork Pie Hat〉
은 12마디 단조 블루스minor blues를 연상시키면서도, 전형적인 진행에서
벗어난 비표준적 구성을 보여준다. 결과적으로, 1959년 컬럼비아 레코드에
서 발표한 밍거스의 녹음들은 그의 경력에서 가장 완성도 높은 작품 중 일
부로 평가된다. 그러나 또 한 번, 음반사는 밍거스의 빛을 가려버렸다. 당시
녹음된 많은 자료들이 바로 공개되지 않고, 이후 여러 해에 걸쳐 조각조각
나뉘어 출시되었다.

1960년대 초, 밍거스는 프리 재즈 진영의 바깥에 서서 그것을 호기심, 질
투, 그리고 경멸이 뒤섞인 시선으로 바라보고 있었다. 그는 재즈 전통에 뿌
리를 둔 음악가였고, 작곡가적 충동 또한 강했기 때문에, 무조성이나 열린
형식을 완전히 수용하지는 못했다. 그러나 새로운 사운드에 대한 애정은 그
로 하여금 아방가르드 운동과의 접점을 모색하게 만들었다. 이 시기에 에릭
돌피와 함께한 그의 밴드는 그의 경력에서 가장 대담한 편성 가운데 하나
였으며, 특히 1960년 앙티브 재즈 페스티벌에서의 라이브 녹음과《Charles
Mingus Presents Charles Mingus》앨범에서 탁월한 기량을 보여준다. 이
시기에 다시 연주된 밍거스의 초기 곡 〈What Love〉는 돌피가 이 곡이 오넷
콜먼의 음악과 비슷하다고 언급한 것을 계기로 부활한 곡인데, 이 곡은 밍거
스가 돌피의 베이스 클라리넷과 복잡한 자유 형식의 대화를 주고받는 모습
을 보여준다. 곡은 〈What Is This Thing Called Love?〉(콜 포터 작곡)를 느
슨하게 기반으로 하고 있지만, 그 해체의 정도가 너무 커서, 정작 콜 포터 본
인조차 원곡과의 연관성을 알아차리지 못했을지도 모른다.

밍거스 음악의 전통적인 면모는 이듬해 다시 부상했다. 그의 밴드가 3개

---

* 1940~50년대 재즈 뮤지션들 사이에서 유행한 패션 아이템. 곡은 "Prez"로 불린 레스터
영을 추모하며 만든 곡으로 그는 포크 파이 햇을 즐겨 쓰고 다녔다. 영은 1959년 3월 세상
을 떠났고, 밍거스는 그 직후에 헌정곡으로 이 곡을 작곡했다.

월 동안, 여러 리드 악기를 다루는 연주자 롤랜드 커크Roland Kirk(이후 라산 롤랜드 커크Rahsaan Roland Kirk로 개명)를 영입했을 때였다. 커크는 밍거스에게 이상적인 파트너였다. 탁월한 솔로이스트였던 그는 전통 재즈부터 프리 재즈까지 어떤 스타일이든 진정성과 힘을 담아 연주할 수 있었고, 악기 역시 단순한 색소폰이나 클라리넷뿐 아니라, 만젤로, 스트리치,* 사이렌 휘슬, 코 피리 같은 전당포에서나 볼 법한 괴짜 악기들까지 자유자재로 다루었다. 커크의 무기고는 끝이 없어 보였다. 순환 호흡**에서 한 번에 세 개의 관악기를 연주하는 기예까지⋯⋯ 하지만 이런 다재다능함은 시간이 흐르며 그에게 저주와도 같은 것이 되었다. 그가 하나의 악기에 집중했다면, 그는 분명 한 분야의 거장으로 인정받았을 것이다. 그러나 실제로는 종종 단지 '재즈계의 별난 퍼포먼스 아티스트'로 치부되곤 했다. 커크는 밍거스와 함께 한 1961년 앨범《Oh Yeah》에서 예리한 솔로 연주 몇 곡을 통해 작품에 생기를 불어넣었으며, 그중에서도 특히 〈Eat That Chicken〉에서 보여준 "복고풍" 연주는 압권이었다. 그로부터 12년 후, 커크는 카네기 홀 콘서트에서 밍거스와 다시 재회했으며, 그 자리에서 코드 진행 안팎을 넘나드는 영리한 연주로 청중의 이목을 압도했다. 비록 이 두 재즈 거장의 공동 작업 기록은 극히 소량에 불과하지만, 만약 더 자주 협업했더라면 어땠을까 하는 아쉬움과 추측은 지금도 끊이지 않는다.

1960년대 초, 임펄스 레이블에서의 밍거스 녹음은 여전히 그의 절정의 기량을 보여주는 작업들이었다. 특히, 1963년 작품《The Black Saint and the Sinner Lady》는 그의 작품 중 가장 강렬하고 구조적으로 정교한 장편 구성으로 손꼽힌다. 밍거스는 평소 작곡을 조각들로 나누어 진행하는 경향

---

* 만젤로manzello, 스트리치stritch: 커크가 개조하거나 직접 이름 붙인 독특한 색소폰 계열 악기.
** 순환 호흡circular breathing: 연주 중, 숨을 끊지 않고 계속 불 수 있는 고급 기법.

이 있었고, 그의 초기 곡 〈Eulogy for Rudy Williams〉에 나오는 브리지 같은 일부 구간은 여러 곡에 반복적으로 등장하기도 했다. 그러나《The Black Saint and the Sinner Lady》에서는, 녹음 이후에도 편집과 오버 더빙을 활용해 작품을 정교하게 다듬으며, 예술적 완결성을 높이는 작업을 시도했다. 이는 오늘날 레코딩 아티스트들에게는 흔한 방식이지만, 당시로서는 매우 파격적인 시도였다. 반면, 이 시기의 모든 작품이 그렇게 잘 완성된 것은 아니었다. 1962년 타운홀 콘서트는 지금도 종종 재즈 역사상 대표적인 대참사 중 하나로 기억된다. 공연 당일에도 악보는 완성되지 않았고, 두 명의 악보 필사자들이 커튼이 오른 뒤에도 계속 작업을 하고 있었다. 수년 후, 군터 슐러는 이 공연의 밍거스 원작 의도를 실현해 보려 애썼지만, 최선을 다한 노력에도 불구하고 음악은 여전히 느슨하게 연결된 파편적 단편들의 집합으로 남게 되었다.

이것은 밍거스를 비판하는 말이 아니다. 파편화는 20세기의 예술에 있어, 저주이자 축복이었다. 결국, 20세기는 연속성이라는 개념조차 단지 통계적 환상에 불과하다고 주장한 물리학자들로부터 시작된 시대였다. 이러한 전제를 예술가들 역시 빠르게 받아들였고, T. S. 엘리엇은 「황무지The Waste Land」의 마지막에서 이렇게 선언한다. "이 파편들을 나는 나의 폐허에 기대어 세웠다." 그리고 에즈라 파운드는 자신의 방대한 서사시 『칸토스The Cantos』 말미에서 이렇게 말한다. "나는 그것을 하나로 엮을 수 없다." 이러한 선언들, 그 안에 담긴 절제된 체념의 감정은 재즈에서의 모더니즘적 태도를 위한 일종의 슬로건처럼 받아들여질 수도 있다. 그리고 사실상, 밍거스야말로 재즈가 낳은 '에즈라 파운드'에 가장 가까운 인물이었다. 그리고 파운드와 마찬가지로, 밍거스의 삶 역시 종종 그의 파편화된 예술처럼 무너지는 양상을 보였다. 정신적 문제는 그의 경력 전반을 끊임없이 따라다녔다. 1958년, 밍거스는 자진해서 정신병원에 입원하려 했는데, 그는 순진하게도 벨뷰 병원의 문을 두드리며 상담을 요청했다. 하지만 단지 상담만을 원했던 그에게 돌아온 결과는 예기치 않은 강제 입원이었다.

라이너 노트를 정신 분석가에게 써달라고 부탁한 사람, 그리고 곡 제목을 〈All the Things You Could Be by Now If Sigmund Freud's Wife Was Your Mother(당신이 프로이트의 아내를 어머니로 두었더라면 지금쯤 될 수 있었던 모든 것들)〉라고 지은 사람이 바로 밍거스였다. 1960년대는 이 베이시스트에게 격동의 시기였다. 타운홀 콘서트를 앞두고 악보 필사자로 일하던 트롬본 연주자 지미 네퍼와 회의하던 중, 밍거스는 격분하여 그를 주먹으로 가격했고, 결국 네퍼는 밍거스를 폭행 혐의로 고소하게 된다. 1966년 촬영된 다큐멘터리 《밍거스Mingus》에서 가장 기억에 남는 장면은 연주 장면이 아닌, 그가 월세를 내지 못해 아파트에서 퇴거당하는 모습이었다. 이후 발매된 《Mingus at Monterey》 앨범에는 밍거스가 직접 쓴 개인적인 메시지가 담겨 있었는데, 그는 거기서 자신이 겪은 "불운한 일들"에 대해 보상받고자 기부를 요청했다. 하지만 밍거스의 삶은 너무나 불안정했기 때문에, 그 음반이 실제로 매장에 진열되었을 무렵에는, 그가 남긴 우편 사서함 주소로조차 더 이상 연락이 닿지 않았다. 1960년대가 끝날 무렵, 밍거스는 재즈계에서 거의 자취를 감추었으며, 공연은 드물었고, 녹음도 전혀 없었다.

찰스 밍거스가 자신의 혼란스러운 삶을 자서전으로 정리하는 데 어려움을 겪었다는 사실은 그리 놀랄 일이 아니다. 한 출판사와 자신의 생애를 담은 책을 쓰기로 계약했을 때, 밍거스는 무려 1,500쪽에 달하는 원고를 집필 중이라고 암시했다. 그러나 『낙오자의 밑바닥에서Beneath the Underdog』가 1971년에 마침내 출간되었을 때, 그 분량은 그에 한참 못 미쳤다. 밍거스의 음악 경력을 사건별로 조목조목 서술한 내용을 기대한 독자라면 실망했을 것이다. 음악 활동은 책에서 부차적인 역할만을 할 뿐이다. 대신, 이 책은 허세, 실제 혹은 환상 속 성적 무용담, 대중 심리학, 기이한 대화, 엉뚱한 일화 등으로 이루어진 조각보 같은 작품이다. 음악가로서의 자아와 마찬가지로, 인간 밍거스 역시 가장 이질적인 조각들의 집합처럼 보인다. 그럼에도 불구하고 이 책은 완화된 상태임에도 극단적인 것들로 가득 차 있어, 강한 흡입력을 지닌다.

이 문학적 시도에 이어, 밍거스의 음악 경력도 다시 활기를 띠기 시작했다. 그는 컬럼비아 레이블과 계약을 맺었고, 아이러니하게도 1947년 같은 레이블에서 보류되었던 곡인 〈The Chill of Death〉를 녹음했다. 1970년대에 밍거스는 색소폰 주자 조지 애덤스George Adams, 피아니스트 돈 풀렌Don Pullen, 그리고 오랜 협력자였던 드러머 대니 리치먼드Dannie Richmond와 함께 강력한 밴드를 결성했다. 이 밴드는 이전의 '재즈 워크숍' 시절의 명성과 견주어도 손색이 없을 만큼, 인상적인 에너지를 보여줬다. 풀렌의 피아노는 날카롭고 강렬한 스타일로, 불협화음의 음향 덩어리, 타악기처럼 두드리는 코드, 날카로운 단음 선율을 혼합했다. 애덤스의 테너 색소폰은 존 콜트레인을 연상케 하는 '소리의 장' 접근을 취했으며, 두 연주자 모두 밍거스의 베이스가 만들어낸 구조적 토대 안팎을 넘나드는 연주를 구사할 수 있었다. 이 밴드의 음악은 애틀랜틱 레이블에서 나온 여러 앨범에 잘 담겨 있다. 대표작으로는,《Mingus Moves》,《Cumbia & Jazz Fusion》, 그리고 두 장의《Changes》시리즈가 있다. 밍거스의 작곡 능력은 여전히 빛을 발했다. 끊임없이 전개가 바뀌는 〈Sue's Changes〉, 전통적인 스윙 발라드이자 엘링턴에 대한 경의를 담은 〈Duke Ellington's Sound of Love〉 같은 곡에서, 그의 폭넓은 음악성이 드러난다. 1977년작《Three or Four Shades of Blue》에서는 전자 기타와 협연하며 재즈-록 퓨전 스타일로 조심스럽게 방향을 틀었다. 밍거스는 자신의 음악이 상업적으로 변질되는 것을 탐탁지 않게 여겼다고 전해지지만, 이 앨범이 그의 경력 중 가장 많이 팔린 음반이 되자, 비판의 강도는 누그러졌다.

이 무렵, 밍거스는 반복되는 다리 통증으로 인해 치료를 받기 시작했다. 대중 앞에서는 지팡이를 짚고 다니는 모습이 종종 목격되었다. 1977년 말, 그는 의사들로부터 루게릭병으로 더 잘 알려진 근위축성 측삭경화증 진단을 받았다. 이 병은 점차 신체를 통제하는 능력을 잃게 만드는, 겸허한 수용을 강요하는 질환이었다. 손가락의 움직임을 잃은 뒤에도, 밍거스는 작곡을 멈추지 않았다. 그는 자신의 아이디어를 테이프 녹음기에 노래로 불러 담으며 창작을 이어갔다. 그는 팝 디바 조니 미첼Joni Mitchell과의 협업 등 여러 프로젝트를 추진했으나, 그 완성을 보지 못하고 생을 마감하게 되었다. 경력의 마지막에 이른 밍거스는 마침내 재즈의 전설로서 예우받았다. 그의 56번째 생일은 뉴욕 필하모닉이 그의 작품《Revelations》를 연주하는 공연으로 기념되었고, 그로부터 몇 주 뒤에는 지미 카터 행정부 시절 백악관에서 열린 올스타 재즈 연주회에 참석하기도 했다. 마지막 날들은 대체의학 치료를 받기 위해 멕시코에서 보냈으며, 1979년 1월 5일, 쿠에르나바카에서 눈을 감았다. 그러나 그의 음악은 사후에도 활발히 살아 움직였다. 조니 미첼은 밍거스를 기리는 앨범《Mingus》를 발표하여, 그의 음악을 새로운 세대의 팬들에게 소개했다. 이전 밴드 멤버들로 구성된 추모 앙상블은 "밍거스 다이너스티Mingus Dynasty"라는 이름으로 활동했고, 조지 애덤스와 돈 풀렌이 이끄는 콤보도 밍거스의 유산을 이어 나갔다. 그로부터 십여 년 뒤, 1962년 타운 홀 콘서트에서 기획되었으나 실현되지 못했던, 길이 2시간에 달하는 대곡《Epitaph》는 군터 슐러에 의해 복원되어, 성대한 찬사 속에서 연주 및 녹음되었다.

재즈가 과도기를 맞던 이 시기에, 마일즈 데이비스만이 찰스 밍거스와 더불어, 모던 재즈 콤보의 어휘를 끊임없이 재정의하려는 시도를 지속했다. 두 사람 모두 프리 재즈의 극단적인 실험성과 일정한 거리를 유지하면서도, 그 영향을 선별적으로 수용하며 독창적인 음악을 만들어냈다. 데이비스는 밍거스처럼 오넷 콜먼의 음악에서 아이디어를 빌려왔지만, 그 결과물은 결코 모방에 그치지 않았다. 그 대표적인 예가 바로《E.S.P.》,《Miles Smiles》,《Nefertiti》같은 앨범들이다. 이들 음반에서, 데이비스와 웨인 쇼터는 콜먼과 돈 체리에 대한, 보다 조성 중심적인 대안을 성공적으로 제시했다. 이는 에릭 돌피가 밍거스와 함께, 또는 부커 리틀과 파이브 스팟 공연에서 보여준 접근과도 유사하다. 이 곡들에는 관악기 사운드의 음성적인 울림, 떠다니는 듯한 리듬, 우회적이고 때로는 무기력하지만 날카로운 표현 방식과 같은 특징이 담겨 있다. 이처럼, 자유로움의 감각이 너무 강하게 지배하여, 정작 곡의 기반이 되는 탄탄한 화성 구조는 청자에게 거의 인식되지 않을 정도다. 많은 청자들은 이러한 데이비스의 연주를 들으며, 정해진 코드 진행이나 음악의 흐름을 지시하는 패턴이 전혀 없다고 오해했을 것이다.

실상, 이 음악은 처음 들었을 때 들리는 것보다 훨씬 더 치밀하게 구조화되어 있었다. 데이비스와 쇼터의 작곡은 방향감각을 흐리는 데 능한 절묘한 작품들이었고, 이러한 성취의 중요한 요인이 되었다. 하지만 이 음악의 본질은 궁극적으로, 다층적인 리듬 흐름에 있었다. 그것은 생동감 있고 제약 없는 에너지였으며, 그 에너지는 이 밴드가 친숙한 스탠다드를 연주할 때나 멤버들의 더욱 느슨한 작곡을 연주할 때나 똑같이 분명히 드러났다. 이러한 점에서, 피아니스트 허비 행콕, 베이시스트 론 카터, 드러머 토니 윌리엄스 간의 상호작용은 밴드의 사운드를 정의하는 데 결정적인 역할을 했다. 시간이 지나면서, 이 리듬 섹션은 당대 최고의 리듬 팀으로 평가받게 되었고, 재즈 역사상 가장 훌륭한 리듬 섹션 중 하나로 자리매김하게 되었다. 이들은 1960년대 초에 빌 에반스-스콧 라파로-폴 모션 트리오가 보여주었던 내면화된 비트의 미학을 계승하면서도, 더 과감하고 날카로운 표현력, 그리고 더욱 뚜렷한 전진 추진력을 가미해 발전시켰다.

이 모든 것의 이면에는, 마일즈 데이비스의 선견지명이 있었다. 그는 리듬 섹션의 세 연주자를, 그들이 아직 뉴욕 재즈 현장에서 비교적 신예였을 때 자신의 밴드에 기용했다. 허비 행콕은 1940년생으로 시카고에서 성장기를 보냈으며, 십대 시절에는 시카고를 방문한 재즈 스타들의 반주자로 활동하고, 자신의 밴드를 이끌며 음악적 기초를 다졌다. 1960년, 그리넬 칼리지를 졸업한 뒤 트럼펫 주자 도널드 버드의 밴드 멤버로 뉴욕에 진출한다. 데이비스 밴드에 합류하기 불과 일 년 전인 1962년 5월, 행콕은 블루 노트 레이블에서 자신의 첫 리더 작《Takin' Off》를 발표했다. 이 앨범에는 훗날 크로스오버 히트를 기록하게 될 펑크 스타일의 〈Watermelon Man〉이 수록되어 있었지만, 이 작품은 그가 마일즈 밴드에서 보여줄 음악적 세련됨과 통찰력의 극히 일부만을 보여줄 뿐이었다. 그 후 발표된 세 장의 블루노트 걸작들인《Maiden Voyage》,《Empyrean Isles》,《Speak Like a Child》는 각각 새로운 음악적 지평을 열며, 건반 앞에 선, 이 끊임없이 진화하는 비전가의 다양한 면모를 드러냈다. 사실, 1960년대에 자신의 음악 세계를 이토록 집요하게 확장한 재즈 아티스트는 극히 드물다. 마일즈와의 활동은 그러한 성장 여정 중 하나의 이정표였을 뿐이며, 그 여정 속에서도 행콕 특유의 스타일은 꾸준히 유지되었다. 그 대표적 특징은 창의적인 즉흥 연주, 명료한 리듬 표현, 긴장감 있는 작곡 구조 등이다.

론 카터가 마일즈 데이비스 밴드에 합류했을 때, 그는 아직 이십대 후반이었다. 그러나 그의 재즈 활동 경력은 비교적 짧았다. 그가 주로 클래식 음악 교육을 받아 왔기 때문이다. 십대 후반까지 카터의 주된 악기는 첼로였으나, 흑인 음악가가 교향악단에서 경력을 쌓기 어려운 현실을 깨닫고 콘트라베이스로 전향했다. 그럼에도 불구하고 그는 클래식 레퍼토리를 계속 공부하고 연주했다. 1959년에 이스트먼 음악학교를 졸업한 뒤, 카터는 치코 해밀턴, 셀로니어스 몽크, 캐논볼 애덜리와 함께 활동했으며, 에릭 돌피, 재키 바이어드Jaki Byard, 랜디 웨스턴, 돈 엘리스 등과 녹음 작업을 했다. 이러한 경험들이 밑바탕이 되어, 카터는 1963년부터 5년간 마일즈 데이비스와 함께할 수 있었다. 카터는 뛰어난 테크닉, 다재다능한 리듬 섹션 파트너십, 그리고 견고한 솔로 능력을 갖춘 연주자로 인정받으며, 그의 세대에서 가장 수요가 많은 베이시스트가 되었다. 그는 2,000장이 넘는 음반 작업에 참여했고, 그중 50회 이상은 리더 세션이었다. 이러한 이력 덕분에, 그는 기네스 세계 기록에서 "역사상 가장 많은 녹음을 남긴 재즈 베이시스트"로 선정되는 영예를 얻었다.

하지만 뉴욕 재즈 현장에 발을 갓 들인 허비 행콕과 론 카터조차도, 마일즈 데이비스가 선택한 드러머에 비하면, 이미 노련한 전문가였다. 토니 윌리엄스는 1963년 5월 마일즈 밴드에 합류할 당시 고작 17세였고, 색소폰 주자 재키 매클린의 권유로 뉴욕에 막 이주한 지 몇 달밖에 되지 않았을 때였다. 나이가 너무 어려서, 마일즈는 윌리엄스와 함께 미성년자 출입이 금지된 나이트클럽에서 연주 계약을 맺는 데 애를 먹기도 했다. 그러나 윌리엄스는 경험 부족을 폭발적인 에너지, 열정, 창의성으로 완벽히 보완했다. 실제로, 이토록 어린 나이에 이 정도의 드럼 연주력을 보여준 인물은 재즈 역사상 거의 유례가 없다는 평가를 받을 정도였다. 다른 환경에서라면, 윌리엄스는 밴드 전체를 압도하며 강렬하게 이끌었겠지만, 이 시기의 데이비스 퀸텟은 그와는 다른 연주 감각을 요구했다. 허비 행콕과 론 카터와 함께, 윌리엄스는 복잡한 폴리리듬 대화에 참여했고, 이는 끊임없이 바뀌는 박자 속에서의 고양이와 쥐의 술래잡기 게임과도 같았다. 이 음악은 대부분이 직접 드러나지 않고 암시로만 느껴지는 방식으로 구성되었으며, 마치 숲속에 반쯤 숨겨진 오솔길을 걷는 듯한 느낌을 주었다. 이는 뻔하고 예측 가능한 2차선 포장도로 같은 음악과는 정반대의 세계였다. 물론 필요할 때면, 윌리엄스는 밴드를 단단한 그루브 속으로 몰아넣을 수 있었고 실제로 그렇게 하기도 했다. 하지만 그런 폭발적 순간들이 더욱 인상적으로 다가온 이유는, 이 밴드가 평소에는 훨씬 개방적이고 자유로운 사운드를 선호했기 때문이었다.

표면적으로, 마일즈 데이비스의 1960년대 중반 밴드는 마치 두 개의 서로 다른 삶을 사는 듯 보였다. 스튜디오 녹음에서는 거의 추상화된 자작곡들을 연주하는 선구적인 유닛으로 드러났고, 그들의 음악적 파격은 거의 아방가르드에 근접할 정도였다. 반면, 콘서트 무대에서는 여전히 〈Stella by Starlight〉, 〈My Funny Valentine〉 같은 발라드와 스탠다드 곡들, 그리고 〈Walkin'〉, 〈All Blues〉와 같은 1950년대 블루스 기반 자작곡들을 레퍼토리로 유지했다. 이는 밴드 멤버들이 새로운 곡을 연주하고 싶어 했음에도 불구하고, 데이비스가 기존 곡들을 고수한 결과였다. 그러나 이러한 이중성은 표면적일 뿐이었다. 실제 공연에서, 데이비스 퀸텟은 이 오래된 곡들을 연주하면서도 지극히 실험적인 열정으로 접근했다. 이들 연주자에게서 향수나 보수성의 흔적을 찾을 수는 없었다. 오히려 그들은 익숙한 곡들 속의 감상주의를 철저히 짜내듯 제거했고, 템포는 점점 더 빨라졌으며, 해석은 점점 더 대담하고 예측 불가능한 방향으로 나아갔다. 다행히도, 이 밴드의 공연 활동은 풍부하게 기록으로 남아 있다. 특히, 유럽과 일본에서의 기념비적인 콘서트 실황, 그리고 1965년 12월, 시카고의 플러그드 니켈Plugged Nickel에서 녹음된 7시간 분량의 연주는 그들의 실험정신과 즉흥성을 온전히 담고 있다. 이 일련의 공연들은 시대를 초월해, 재즈 스탠다드 레퍼토리의 가장 활력 넘치는 재해석 중 하나로 평가받는다.

이 데이비스 밴드의 영향력은 오랫동안 지속되었다. 이 밴드의 사운드는 20세기 말과 21세기 초에 등장한 윈튼 마살리스와 다른 젊은 전통주의자들의 음악 배경에 은은히 스며들어 있었다. 이 밴드의 플러그드 니켈 전 공연 녹음이 녹음된 지 삼십여 년만에 발매되었을 때, 그 음악이 얼마나 신선하고 현대적으로 들리는지를 다시금 입증했다. 하지만 데이비스 본인은 당시 주류 재즈의 정점에 도달했음에도 불구하고, 새로운 음악적 접근을 탐색하고자 했다. 이 무렵, 그는 제임스 브라운, 지미 헨드릭스, 슬라이 앤드 더 패밀리 스톤, 머디 워터스 등 재즈와는 주변적인 관련만 있는 뮤지션들의 음악을 듣기 시작했다. 그의 음악 역시 이러한 새로운 영향에 반응하며 진화하고 있었다. 1969년 발매된 획기적인 앨범 《Bitches Brew》는 기존과의 단절을 상징하는 대전환점이었지만, 그보다 앞선 시기인 1967년 말과 1968년 초의 녹음들에서도 변화의 조짐은 이미 감지되고 있었다. 데이비스는 이 시기부터 전자 기타(조지 벤슨George Benson 또는 조 벡Joe Beck 연주)를 도입해 실험을 시작했고, 허비 행콕도 일부 트랙에서 전자 피아노를 사용하기 시작했다. 1968년 6월과 9월에 녹음된《Filles de Kilimanjaro》에서는, 이전 퀸텟의 다층적인 질감이 점점 더 뚜렷한 그라운드 리듬으로 대체되었다. 이 듬해 2월 발표된《In a Silent Way》에서는 이러한 변화가 거의 완성 단계에 이른다. 이 밴드의 사운드는 당시의 댄스 및 소울 음악을 연상케 하는 단순한 패턴으로 기울었고, 화성도 종종 정적인 성격을 띠었다. 이러한 변화를 확고히 하기 위해, 데이비스는 연주자 구성도 확장했다. 조 자비눌, 칙 코리아 같은 키보디스트들과 존 매클러플린 같은 기타리스트, 데이브 홀랜드 Dave Holland 같은 베이시스트가 새롭게 합류했다. 몇 개월 안에, 1960년대 중반 퀸텟의 마지막 흔적들까지 정리되었고, 보다 노골적으로 록에 기울인 《Bitches Brew》의 사운드가 자리를 잡았다. 이 앨범은 많은 노년 팬들의 탄식을 자아냈지만, 동시에 젊은 청중층을 데이비스의 음악으로 끌어들이며 그에게 첫 번째 골드 레코드*를 안겨주었다.

시간이 지나면서, 이러한 스타일은 재즈-록 퓨전, 또는 간단히 퓨전으로 알려지게 되었다. 이후 십 년 동안, 이 사운드는 재즈 세계에 강력한 영향을 미쳤으며, 마일즈 데이비스 밴드 출신의 여러 연주자들이 이 스타일을 바탕으로 자신만의 경력을 확장해 나갔다. 하지만 이러한 상업적 성공에도 불구하고, 퓨전은 지배적인 재즈 스타일로 자리 잡는 데는 실패했다. 이 과도기의 말미에 이르러, 재즈라는 장르는 너무나 분화되어, 이전의 스윙이나 비밥과 같은 하나의 양식이 그 시대를 대표하는 일은 더 이상 불가능해졌다. 그 대신, 재즈는 다양한 사운드와 접근들이 공존하는 뷔페식 음악으로 변화했다.

이 시기 퓨전 스타일에 대한 가장 시급한 대안은 음악적 스펙트럼의 정반대 지점에서 나타났다. 그것은 바로 프리 재즈였다. 프리 재즈는 퓨전의 거

---

* 골드 레코드gold record: 싱글 판으로 백만 장, LP 앨범으로 오십만 장 이상 팔린 레코드의 가수·그룹에 주는 상

울상처럼 존재했다. 하나는 경제적 성공의 길이었다면, 다른 하나는 경제적 고립을 상징했다. 하나는 상업성과 음악 산업에 깊이 얽혀 있었고, 다른 하나는 그런 요소들에 노골적인 반감을 표현했다. 하나는 빅 밴드 시절의 단순하고 춤에 어울리는 음악 구조로의 회귀를 반영했다면, 다른 하나는 그러한 구조 자체를 완전히 해체하거나 전복하려 했다. 하나는 실용주의를, 다른 하나는 진보주의를 추구했다. 그 당시의 재즈 잡지들은 과거처럼 퓨전과 프리 재즈의 대결 구도를 자주 언급하지는 않았다. 예전에는, 전통 재즈와 모던 재즈가 말 그대로 말과 악기의 전쟁을 벌였던 적도 있었기 때문이다. 하지만 이것은 어쩌면, 두 스타일의 간극이 너무 커서 더 이상 공통분모조차 논할 수 없었기 때문일지도 모른다. 또 다른 가능성은 이 시점에 이르러 재즈 스타일의 파편화가 음악적 풍경의 너무 많은 부분이 되어서, 이것이 멈출 수 없는 당연한 사실로 받아들여지게 되었기 때문일 수도 있다.

그리고 프리 재즈의 지지자들 가운데 많은 이들은 자신의 음악이 지금까지 재즈 역사에서의 자연스럽고 논리적인 발전이라고 보았다. 그들에게 프리 재즈는 버디 볼든까지 거슬러 올라갈 수 있는 끊임없는 혁신의 역사 속에서의 당연한 "다음 단계"였지만, 다른 이들은 그렇게 믿지 않았다. 이들에게 있어, 새로운 지배적 스타일로의 해방적 도약, 재즈 역사 속에서의 명확하고 선형적인 발전, 기존 질서를 무너뜨리는 반박할 수 없는 진보적 패러다임의 부상이라는 이 모든 것들, 즉 자유 재즈 운동이 약속했던 모든 전망은 큰 의문 속에 있었다. 그리고 또 다른 이들, 특히 1980~1990년대의 '뉴 트래디셔널리즘'의 등장을 통해 분명해진 사실은, 이들은 재즈의 초기 스타일로의 회귀를 하나의 매력적인 대안으로 여겼다는 것이다. 그들이 추구한 회귀는 뉴올리언스 시절의 기본적인 방식, 듀크 엘링턴의 예지적 분위기, 마일즈 데이비스의 1960년대 중반 미학, 그 외 재즈 유산의 다양한 계보 등의 전통에서 비롯된다. 이러한 회귀는 실질적인 통일성 회복은 아닐지라도, 적어도 상징적이고 위안이 되는 하나됨의 감각을 되찾는 방식으로 작용했다. 하지만 결과적으로 재즈의 진정한 후계자는 프리 재즈도 아니었고, 퓨전도 아니었으며, 전통 회귀나 록과 랩의 융합도 아니었다. 그 대신, 단지 엄청난 분열, 수많은 고립된 조각들로의 해체가 있었을 뿐이다.

8

자유와 융합

프리 재즈

1950년대 후반부터 1960년대 초반까지, 미국 공공 담론에서 "자유free-dom"라는 단어는 특히 정치적으로 강한 의미를 지닌 말로 부각되었다. 사실상, 그 시기의 격동 속에서 이보다 더 폭발적이고, 더 깊은 의미를 담고 있으며, 더 강렬한 감정으로 외쳐진 단어를 찾기란 어려웠다. 시민 교육 시간에 흔히 접하는 상식적 진리이자, 미국의 건국 문서에서 반복적으로 등장하는 이 단어는 이제 새로운 힘을 얻게 되었고, 그 과정에서 미국 사회의 뚜렷한 사회적·경제적 분열을 드러내는 기준점이 되었다. 당시의 민권 운동은 이것을 전투의 외침으로 내세우고, 달성해야 할 목표로 삼았으며, 모든 것을 지탱하는 제1원칙으로 선언했다. 이제 "자유"는 더 이상 공허한 문구로 잊혀질 수도, 이미 실현된 것으로 받아들여질 수도 없는 것이 되었다. 그것은 분명히 살아갈 이유였고, 어떤 이들에게는 목숨을 걸 이유이기도 했다.

1950년대 중반의 브라운 대 교육위원회Brown v. Board of Education 판결은 미국 학교 내 오랜 인종 분리의 역사를 뒤집은 획기적인 판결들이었지만, 당시 일부 사람들이 생각했던 것처럼 인종 차별 철폐 투쟁의 마무리 장은 아니었다. 오히려 공공 기관을 통합하려는 이러한 움직임은 미국 사회 전반에 걸쳐 강한 반향을 일으켰고, 민권 운동에 새로운 활력을 불어넣었으며, '자유'라는 이상이 반복적으로 등장하는 일련의 대결 국면을 예고하는 무대를 마련했다.

"자유의 승객들Freedom riders"은 미국 남부의 버스와 터미널에서 분리 정책에 맞서 싸우며 종종 큰 위험을 감수했고, 1963년의 "자유 투표Freedom Vote"에는 수만 명의 참가자들이 참여해, 남부의 대의 민주주의가 제대로 작동하지 않고 있음을 보여주는 모의 선거를 벌였다. 이듬해인 1964년의 "자유의 여름Freedom Summer"에는 활동가들이 가을 대선을 앞두고 대규모로 아프리카계 미국인 유권자 등록 운동을 벌였다. "자유의 노래단Freedom Singers"은 전국을 돌며 콘서트를 열고 민권 운동을 위한 기금을 모았고, 흑인 지도자들은 "자유 학교Freedom Schools"를 세우고 "자유 민주당Freedom Democratic Party"을 창당하려 했다. 이 단어는 대중의 의식에 깊이 새겨졌고, 마틴 루터 킹 목사의 연설에서 울려 퍼졌으며, 찬송가로 불리고, 리틀록, 버밍햄, 셀마 등 평등을 위한 격전지에서 내걸렸다.

당시의 미국 사회에서 일어난 강력한 문화적 변화에 관한 이해 없이는, 같은 시기에 전개된 프리 재즈 운동을 제대로 이해하는 것은 불가능하다. 프리 재즈 연주자들이 추구한 것은 단순히 화성 구조나 작곡 형식으로부터의 해방만이 아니었다. 물론, 그것 또한 이들이 지향한 재즈의 핵심 요소였다. 그러나 이들 중 다수는 자신들의 음악을 본질적으로 정치적인 것으로 보았다. 그들은 사회, 엔터테인먼트 산업, 재즈계에서 기존 체제에 참여할 것인지, 아니면 그것에 저항할 것인지를 선택해야 한다고 믿었다. 미학은 더 이상 이러한 문화적 흐름들과 분리된 채 존재할 수 없었다. 당시 주류 정치 담론 속으로 점점 스며들던 과열된 마르크스주의적 수사에 따르면, 음악과 같은 "순수한" 예술조차도 사회 제도와 사건이라는 상부구조의 일부로 간주되었고, 이는 결국 경제적 현실과 계급적 가치에 의해 형성되고 규정된다는 것이었다. "순수한" 음악? 그런 추상 개념은 기껏해야 공허한 망상일 뿐이며, 최악의 경우 의도적인 기만이라는 충고가 따라붙곤 했다.

재즈 세계에는 예전부터 정치적 주장이라는 숨은 흐름이 존재해 왔지만, 이제 그 흐름은 그 어느 때보다도 표면 위로 폭발적으로 드러났다. 당시에는 르로이 존스LeRoi Jones라는 이름으로 활동하던 아미리 바라카는 1963년 저서 『블루스 음악인들Blues People』에서, 이 새로운 음악이 "사회적·정서적 태도에 대한 보다 '급진적인' 변화와 재평가"를 의미한다고 선언했다. 비평가 프랭크 코프스키Frank Kofsky는 이보다 더 나아가, 프리 재즈 운동은 "서구 문명과 아메리칸 드림에 대한 '불신임 투표'"와 다름없다고 주장했다. 1964년 미국 대선에서, 코프스키는 자신의 투표용지에 대통령 후보로 맬컴 엑스를, 부통령 후보로 존 콜트레인의 이름을 기입했다. 이는 당시의 진보적 재즈 흐름이 갖는 상징적 울림을 이해하지 못한 이들에게는 기이한 조합으로 보일 뿐이었다. 이렇게 프리 재즈와 사회·정치 비판을 노골적으로 연결하는 움직임이 공공연해지자, 프리 재즈 운동의 역사를 연구한 에케하르트 요스트Ekkehard Jost는 우려를 표했다. 그는 "프리 재즈 진화의 자율적인 음악적 측면, 즉 순수하게 사회학적 분석에서 벗어난 측면들은 종종 무시되었다"고 한탄했다.[191] 결국 이 음악은, 소리 자체의 예술적 가치가 아닌 그것이 대변하는 정치적 메시지로 인해 평가되는, 부차적이고 도구적인 역할로 전락할 위험에 놓이게 되었다.

실제로, 프리 재즈의 사회적·정치적 함의는 여러 면에서 이 새로운 음악가들을 이전 세대의 실험적 재즈 연주자들과 구분 짓는 결정적인 요소로 남았다. 순수하게 음악적인 관점에서 보면, 재즈에서의 자유 혹은 무조성은 이미 오넷 콜먼과 세실 테일러가 이 개념을 전면에 내세우기 훨씬 이전부터 존재해 왔다. 예컨대, 레니 트리스타노는 〈Intuition〉, 〈Digression〉, 〈Descent into the Maelstrom〉 같은 작품들을 통해, 1940년대 후반부터 자유 형식 기법을 실험해 왔다. 밥 그래팅어가 스탠 켄튼 밴드를 위해 작곡한 1948년의 대표작 《City of Glass》 역시 기존 재즈의 화성 및 선율 규범을 완전히 거부한 타협 없는 작품이었다. 지미 주프리의 1953년 작품 〈Fugue〉도 이 흐름에 속한다. 한편, 동시대의 현대 클래식 작곡가들도 재즈 악기를 활용하여 아방가르드 기법을 실험하고 있었다. 예를 들어, 스트라빈스키의

《Ebony Concerto》(1946), 밀턴 배빗Milton Babbitt의《All Set》(1957) 등이 그러하다. 이러한 흐름들에서 가능성을 본 군터 슐러는 1948년에《Atonal Studies for Jazz》를 작곡하고, 1950년대 초 마일즈 데이비스의 노넷에서 연주하며 12음 기법을 실험했으며, 1957년에 '써드 스트림'이라는 용어를 제안했다. 이는 재즈와 현대 클래식 음악의 가장 유망하고 진보적인 흐름을 융합하고자 한 개념이었다.

하지만 이들 프리 재즈의 선구자들은 모두 백인이었으며, 어느 정도는 기존 질서의 일부를 대표하거나 그 안에 속한 인물들이었다. 반면, 1950년대 말 등장해 주목받기 시작한 프리 재즈의 주창자들은 거의 모두가 아웃사이더였다. 그들은 흑인이라는 이유로 주류 사회에서 배제되었고, 동시에 기존 재즈의 틀을 거부한 음악적 이단자로서 재즈계 내부에서도 주변부에 속했다. 이들은 수년 동안 콘서트홀, 예술 보조금, 명성 있는 위촉 작품 등 전통적으로 예술적 성취를 상징하는 기회들에 접근할 수 없었다. 예컨대, 프리 재즈의 선구자인 오넷 콜먼은 로스앤젤레스에서 경력을 쌓는 동안 백화점에서 엘리베이터 안내원으로 일했고, 피아니스트 세실 테일러는 재즈계에서 명성을 얻은 후에도 식기 세척 일을 하면서, 상업성을 추구하는 음악 활동은 단호히 거부했다. 써드 스트림 운동은 무조성을 웃는 얼굴로 예의 바른 연미복을 입힌 채 내놓은 반면, 프리 재즈의 주요 인물들은 1950년대 보헤미안들과 "분노한 청년들"의 연장선상에서 등장한 이들이었다. 그들은 기존 질서의 바깥에서 태어났으며, 그 사실을 매우 뚜렷하게 자각하고 있었다.

비밥의 부상과 프리 재즈의 등장은 놀라울 정도로 유사한 흐름을 보인다. 1930년대 후반, 그리고 1950년대 후반 모두에서, 기존 재즈계의 유명 연주자들 가운데 일부는 음악을 진보시키고 새로운 개념을 도입하며 자신들의 스타일을 형성해 나가고 있었다. 하지만 두 시기 모두, 음악을 근본적으로 변혁시킨 주체는 기성세대의 진보적 인물들이 아니라, 젊고 아직 널리 알려지지 않았던 음악가들이었다. 이들은 기존 구조를 흔들고 해체한 뒤, 완전히 새로운 재료로 음악을 재구성했다. 돌이켜보면, 1950년대의 존 콜트레인, 에릭 돌피, 찰스 밍거스, 데이브 브루벡, 레니 트리스타노, 지미 주프리, 마일즈 데이비스 등의 작품에서 프리 재즈가 가능해지는 흐름을 읽을 수 있다. 그러나 이 음악적 혁명을 실제로 출범시킨 이들은 오넷 콜먼, 세실 테일러, 앨버트 에일러 등 새롭게 등장한 인물들이었다. 그들의 등장으로 인해, 기존 세대의 연주자들조차 그 새로운 흐름에 동조하거나 영향을 받을 수밖에 없었다. 오넷 콜먼이 뉴욕 재즈계에 등장했을 당시, 콜트레인과 돌피는 여전히 조성에 기반한 음악을 연주하고 있었지만, 머지않아 둘 다 화성 진행을 벗어난 실험적인 스타일로 나아가기 시작했다. 이 시대의 또 다른 전설적인 테너 색소폰 주자인 소니 롤린스 역시 이러한 변화를 인지하고 먼저 연주 활동을 중단한 채 학습과 수련의 시간을 보낸 뒤, 복귀 후에는 콜먼의 이전 동료 연주자들을 고용함으로써 새 흐름에 동참했다. 마일즈 데이비스조차도 예외는 아니었다. 그는 1950년대 후반에 콜먼을 조롱하며 "저 사람이 작곡하는 걸 들어보라고, 연주도 그렇고…… 완전히 망가진 사람이야"[192]라고 말했지만, 1960년대 중반에는 이 새로운 사운드의 영향을 받아, 웨인 쇼터와 함께 만든 두 관악기 편성이 돈 체리와 오넷 콜먼의 협연을 연상케 할 정도가 되었다.

콜트레인, 돌피, 롤린스, 마일즈와 같은 주류 재즈의 거장들이 새로운 음악을 인정하고, 심지어 그것을 모방하려 노력했다는 사실은 재즈계에 있어 매우 이례적이고 놀라운 변화였다. 이 변화는 특히 오넷 콜먼이 이름을 알리기 전까지만 해도 얼마나 적게 존중받았는지를 떠올릴 때, 더욱 충격적이다. 그는 덱스터 고든스Dexter Gordon's, 브라운-로치 퀸텟 같은 유명 밴드들과 세션에 참여하려 했을 때, 거의 항상 조롱과 멸시를 받았고, 때로는 무대에서 쫓겨나기까지 했다. 또 그가 연주하는 도중에, 연주자들이 짐을 싸며 자리를 떠버리는 일도 있었다. 하지만 이러한 반응조차도, 그가 과거 배턴 루즈Baton Rouge의 한 공연장에서 겪은 일에 비하면 가벼운 편이었다. 그날 밤, 콜먼이 테너 색소폰으로 연주한 즉흥 솔로는 춤추던 관중의 발을 멈추게 했고, 이에 격분한 폭력배들이 그를 무대 밖으로 끌어내었다. 이들은 그를 실신할 때까지 구타하고, 그의 색소폰을 거리로 내던졌다. 콜먼은 그 사건 이후 거의 십 년 가까이 테너 색소폰 연주를 꺼렸고, 그 악기에서 불길한 기운을 느껴 알토 색소폰에 집중하기로 결심했다. 수년 전, 찰리 파커도 캔자스시티의 한 세션에서 웃음거리가 된 뒤에 음악적 성숙으로 나아가는 고통스러운 입문 과정을 겪은 바 있지만, 콜먼의 음악 인생 초기는 그보다 더 심각한 수모와 배척으로 얼룩져 있었다. 재즈 역사상 주요 인물 가운데, 이처럼 암울한 출발을 보인 이는 거의 없다.

오넷 콜먼은 대공황 한복판이던 시기에 텍사스 포트워스에서 태어나 자랐다. 이 시기는 매우 어려운 시절이었다. 그의 아버지는 요리사, 정비공, 건설 노동자 등 다양한 일을 전전하며 생계를 유지했고, 어머니는 장례식장 사무원으로 일하면서 부업으로 화장품 판매를 병행했다. 하지만 이 시기는 동시에 텍사스에서 아프리카계 미국인 음악이 풍성하게 꽃피었던 시절이기도 했다. 수십 개의 뛰어난 밴드들이 텍사스 전역을 순회공연하면서, 수많은 재즈 유망주들의 꿈을 자극하고 실력을 키워주는 터전이 되었다. 특히 부기우기 피아노는 큰 인기를 끌었고, 당시에는 "텍사스 피아노" 또는 "빠른 텍사스 피아노"라는 별칭으로 불리기도 했다. 이와 함께, 블루스를 듬뿍 머금은 테너 색소폰 스타일 역시 재즈와 대중음악 전반에 널리 퍼져 있었고, 이는 훗날 "텍사스 테너"라는 명칭으로 불리게 되었다. 아넷 콥Arnett Cobb(1918~1989), 일리노이 자케Illinois Jacquet(1922~2004), 데이비드 "팻헤드" 뉴먼David "Fathead" Newman(1933~2009), 버디 테이트Buddy Tate(1913~2001) 같은 색소폰 주자들은 모두 텍사스 출신으로, 거칠고 소울감 넘치는 연주로 이 스타일을 대표했다. 이들은 콜먼의 성장기 지역 재즈 현장에 지대한 영향을 끼쳤다. 콜먼이 당시 이 음악들을 얼마나 직접 들었는지는 확실치 않다. 본인의 말에 따르면, 그는 처음에는 교회 음악과 빅 밴드 녹음에서 더 큰 인상을 받았다고 한다. 하지만 이후 그의 작품에서 반복적으로 등장하는 강렬한 블루스 감성은 새로운 음악 언어를 개척하면서도 흑인 음악 전통에 깊이 뿌리내리고 있다는 사실을 증명한다. 거칠게 울부짖고, 외치고, 리프를 반복하며, 한 음을 길게 끌거나 날카로운 소리를 내지르는 이 텍사스 색소폰 전통은 마치 융이 말한 원형元型처럼 콜먼의 음악 이면에 머물러 있다가, 그의 성숙기 작품 속에서 예상치 못한 순간에 불쑥 표면으로 떠오르곤 한다.

청소년기 초반, 오넷 콜먼은 알토 색소폰을 손에 넣었지만, 악기의 기초를 배우는 데 큰 어려움을 겪었다. 그는 알파벳과 음계를 혼동하여, 콘서트 음계가 A에서 시작된다고 잘못 판단했는데, 실제로는 C에서 시작된다. 이런 식으로, 기초적인 음악 교육을 천천히 고생스럽게 익혀나갔지만, 그 과정은 수많은 좌절과 시행착오로 점철되어 있었다. 교회 밴드에 참여했을 때는 음악적 소양이 부족하다는 이유로 조롱을 당했고, 기대에 부풀어 받게 된, 재즈 연주자 월터 "푸츠" 토머스Walter "Foots" Thomas의 레슨에서는, 별다른 가르침도 격려도 받지 못했다. 토머스는 콜먼에게 거울을 보며 한 시간 동안 연주하게 했을 뿐인데, 이는 그가 연주할 때 "인상"을 쓰는 버릇을 고치기 위해서였다고 한다. 이후, 콜먼은 고등학교 취주악단에서 쫓겨났다. 그 이유는, 당시 기준으로 용납될 수 없던 스윙과 수자* 행진곡의 혼합이라는 음악적 결례를 저질렀기 때문이었다. 그의 초기 프로 경력 역시 온갖 기복으로 점철되어 있었다. 한 밴드 리더는 심지어 콜먼에게 연주하지 '않는' 대가로 돈을 줬다고 그가 나중에 회상하기도 했다.

이러한 수많은 장애물에도 불구하고, 오넷 콜먼은 굴하지 않고 꾸준히 성장하며 자신의 음악 세계를 확장해 나갔다. 진정한 기적은, 지속적인 부정

---

* 존 필립 수자(John Philip Sousa, 1854~1932): 미국의 작곡가이자 지휘자로, "행진곡의 왕King of March"이라고 불릴 정도로 이 장르에서 압도적인 존재였다.

적인 반응 속에서도 자신만의 즉흥 연주 방식을 결코 포기하지 않았다는 점이다. 한 초기 고용주는 콜먼에 대해 이렇게 회상한다. "그는 블루스를 연주할 수 있었지만, 하고 싶어 하지 않았다."[193] 시간이 흐르면서, 콜먼은 비밥 스타일과도 복잡한 관계를 형성하게 된다. 그는 비밥을 듣고, 공부하고, 곡을 익히고, 연주했지만, 최종적으로 그의 연주는 언제나 어딘가 낯설고 이질적인 느낌을 남겼다. 이는 그의 텍사스 시절 블루스 연주가 가졌던 이질성과도 유사하다. 콜먼이 명성을 얻기 직전, 로스앤젤레스의 힐크레스트 클럽 Hillcrest Club에서 연주한 장면을 담은 비공식 녹음이 이 특이한 혼합 스타일을 우연히 포착하고 있다. 그는 찰리 파커의 곡 〈Klactoveedsedstene〉을 연주하면서, 파커 특유의 날카로운 음색과 프레이징을 반영하지만, 선택하는 음과 종결 악구는 완전히 예상 밖의 방향으로 흐른다. 이는 마치 콜먼이 모던 재즈의 어휘를 자신만의 비밀 언어, 즉 어떤 개인적인 에스페란토어로 번역한 것처럼 들린다. 분명한 것은, 이 음악을 이끄는 원동력이 파커의 영향이 아니라, 콜먼의 독창적인 해석에서 나온다는 사실이다.

힐크레스트 클럽에서의 연주는 오넷 콜먼이 자신과 비슷한 음악적 성향을 지닌 연주자들과 협업할 수 있었던 드문 기회이기도 했다. 트럼펫 주자 돈 체리는 콜먼과 달리, 이미 비밥 스타일의 연주 실력으로 남부 캘리포니아 지역 연주자들 사이에서 존중받고 있었다. 체리는 드러머 빌리 히긴스Billy Higgins와 함께 재즈 메시아스Jazz Messiahs라는 지역 신예 모던 재즈 밴드에서 활동했고, 헤이그The Haig나 라이트하우스The Lighthouse 같은 유명 클럽 무대에도 올랐다. 처음 만났을 당시, 체리 역시 콜먼의 괴짜 같은 인상에 거리감을 느꼈다. 그는 이렇게 회상했다. "그는 머리도 길고 수염도 있었다. 날씨가 섭씨 32도는 됐는데, 외투를 입고 있었다. 나는 그가 무서웠다."[194] 하지만 곧 체리는 콜먼의 독창적인 작곡법과 즉흥 연주에 매료되었고, 이후 콜먼의 명성이 높아짐과 함께 이름을 알리게 된다. 그는 점차 콜먼처럼 기묘한 행동 패턴을 보이기도 했으며, 한동안은 콜먼의 플라스틱 알토 색소폰에 어울리는 악기로서 포켓 코넷(그는 이를 포켓 트럼펫이라 불렀다)을 연주하고는 했다. 이 장난감 같은 악기는 음악적 혁명을 위한 무기처럼 쓰였다. 베이시스트 찰리 헤이든Charlie Haden은 음악적으로나 인간적으로 이 격렬한 자유 음악의 중심을 잡아주는 존재였다. 안경을 쓰고 부엉이처럼 생긴 그의 외모는 견습 은행원 같은 인상을 풍겼지만, 그의 베이스 라인은 전혀 달랐다. 그는 협화음과 불협화음의 경계를 예리하게 가로지르며 밴드를 견고하게 이끌었고, 동시에 따뜻하고 부드러운 음색으로 음악의 거친 경계를 완화했다. 피아니스트이자 힐크레스트 밴드의 형식적 리더였던 폴 블레이는 콜먼과 짧게 협업했지만, 이후 프리 재즈에 독자적인 발자취를 남기게 된다. 그는 《Footloose》, 《Mr. Joy》, 《The Floater Syndrome》, 《Open, to Love》 같은 중요한 앨범들을 통해, 솔로와 콤보 연주 모두에서 뛰어난 공간감과 시간 감각, 음색과 질감에 대한 민감성으로 차별화된, 거장다운 구성으로 인정받았다.

오넷 콜먼은 베이시스트 레드 미첼의 추천을 받아, 마침내 컨템퍼러리 레코드의 레스 코니그와 오디션을 보게 되었다. 코니그는 콜먼의 작곡들이 아무리 이상하게 들리더라도 다른 연주자들이 녹음할 만한 가치가 있을지도 모른다는 말을 전해 듣고, 그를 주목하게 되었다. 하지만 오디션은 초반부터 난항을 겪었다. 콜먼은 피아노로 자신의 곡을 연주해 보려 했지만 제대로 연주하지 못했고, 결국 절박한 심정으로 알토 색소폰을 꺼내 직접 연주했고, 돈 체리가 포켓 코넷으로 지원했다. 그들의 연주는 코니그의 호기심을 자극했고, 그는 곧 정식 밴드를 구성해 시험 세션을 열었으며, 이것이 콜먼의 첫 음반《Something Else! The Music of Ornette Coleman》의 녹음으로 이어졌다. 당시, 피아니스트였던 월터 노리스는 1990년 인터뷰에서 이 비정통적인 녹음 준비 과정을 이렇게 회상했다. "우리는 녹음을 앞두고 약 6개월 동안 주 2~3회씩 리허설을 했다. 여러 번은 내 집에서 연습했다. 나는 종이와 펜을 들고 작곡 내용과 우리가 해야 할 일을 기록했다. 그런데 재미있는 점은, 오넷이 매번 연습 때마다 이전 연습과 다르게 곡을 바꾸는 것이었다. 곡의 구조나 루바토가 나오는 위치도 바꾸고. 그런데 녹음 당일에 와서는 또 모든 걸 바꿔버렸다.”[195]

　재즈계의 입소문은 이 앨범의 등장을 발매되기 전부터 감지하고 있었고, 『다운비트』지는 이를 “매우, 매우 아방가르드”할 것이라고 예고했다. 하지만 되돌아보면,《Something Else!》는 당시 비평가들과 지지자들이 주장했던 것만큼, 재즈 전통으로부터 급진적으로 이탈한 작품은 아니었다. 전통적인 32마디와 12마디 구조가 분명히 드러나고, 〈I Got Rhythm〉이나 〈Out of Nowhere〉 같은 스탠다드 곡에서 차용한 익숙한 코드 진행이 솔로 연주를 뒷받침하고 있다. 더욱이, 콜먼의 즉흥 연주는 모드의 색채를 띠며[전통적인 코드 위주가 아니라 모드 음계 특유의 분위기와 음향을 반영하고 있다는 뜻], 이후 작품에서 드러나는 무조성은 살짝 암시될 뿐이다. 그럼에도 불구하고, 콜먼과 체리의 선율 라인은 놀라울 만큼 신선하게 들렸고, 재즈의 과거를 상기시키는 요소들 속에서도 단연 돋보였다. 마치 음악이 본보기가 될 만한 방식으로 부담을 덜어낸 듯했고, 반세기 동안 재즈에 축적되어 온 클리셰들과 진부한 리프들을 내던져, 짐이 가벼워지고 지평이 열린 듯한 느낌이었다.

　콜먼의 명성은 분명히 상승세에 있었다. 군터 슐러와 존 루이스 같은 영향력 있는 후원자들이 그와 친분을 맺고 여러 기회를 열어주었다. 콜먼과 체리는 레녹스 재즈 스쿨Lenox School of Jazz에 학생 자격으로 초청되었으나, 실제로는 비공식적인 교수진 역할을 수행했다. 1959년 몬터레이 재즈 페스티벌에서는 성대한 환영을 받았으며, “세 명의 색소폰 주자The Three Saxes”라는 프로그램에서 콜먼 호킨스, 벤 웹스터와 함께 무대를 공유했다. 그해 초에는, 서로 다른 음반사에서 몇 주 간격으로 두 장의 후속 앨범이 녹음되었다. 이것이《Tomorrow Is the Question》(컨템포러리 레이블)과《The Shape of Jazz to Come》(애틀랜틱 레이블)이다. 이 중 애틀랜틱 앨범은 새로운 음악의 정체성을 담은 특히 중요한 성명서로 평가된다. 이 앨범에서는 콜먼이 처음으로 자신의 고정 쿼텟(체리, 헤이든, 히긴스)과 함께 녹음할 수 있었다. 이들의 음악은 범위가 놀라울 정도로 넓었는데, 거의 참기 어려울 만큼 애절한 〈Lonely Woman〉에서부터 강렬한 〈Congeniality〉, 그리고 분위기 있는 〈Peace〉에 이르기까지 다양했다.

그러나 이러한 성과들로 인한 명성은 두 장의 앨범이 발매된 직후에 오넷 콜먼 쿼텟의 뉴욕 데뷔가 불러일으킨 격렬한 논쟁에 비하면 무색했다. 이 밴드는 1959년 11월 17일에 파이브 스팟에서 공연을 시작했고, 관심이 워낙 뜨거워 클럽 측은 언론과 현지 재즈계 주요 인사들을 위한 이례적인 시사회까지 열었다. 어떤 관객은 공연 중간에 자리를 떠났고, 어떤 이들은 넋을 잃은 채 몰입했다. 청중 간의 의견 일치는 없었지만, 거의 모든 평가는 단호했고 강경했다.

논란은 결과적으로 콜먼에게도, 클럽에게도 이득이 되었다. 원래 2주 일정이었던 공연은 두 달로 연장되었다. 레너드 번스타인부터 라이오넬 햄튼까지, 다양한 연주자들이 즉흥적으로 무대에 참여하려고 몰려들었다.『뉴스위크Newsweek』와『하퍼스 바자Harper's Bazaar』 같은 주류 잡지들도 콜먼의 등장을 주요 문화 사건으로 보도했으며, 재즈 전문지들 사이에서는 뜨거운 논쟁이 오갔다. 이러한 콜먼 현상을 활용하고자, 애틀랜틱은 이듬해 6월에《Change of the Century》를 발매했다. 이는 쿼텟이 캘리포니아를 떠나기 직전에 녹음한 곡들로 구성된, 또 하나의 흥미로운 프로젝트였다. 이 앨범에서 콜먼은 다른 음악 어법들을 교묘하게 인용하는 능력을 보여주었는데, 〈Ramblin'〉에서는 블루스를, 〈Bird Food〉에서는 비밥을, 〈Una Muy Bonita〉에서는 라틴 음악을 각각 암시했다. 이들 인용은 미묘했으며, 각 스타일은 콜먼의 보다 자유로운 접근 방식에 복속될 수밖에 없었다.

《Change of the Century》 발매 후 아홉 달 동안, 애틀랜틱 레코드는 콜먼이라는 새로운 재즈 스타를 위해 여러 차례 추가 녹음 세션을 진행했다.

이 세션들에서는 콜먼의 다양한 음악적 면모가 드러났는데, 그의 퀴텟 작품 (여기서는 에드 블랙웰Ed Blackwell이 히긴스를 대신한다)와 군터 슐러가 지휘한 대규모 앙상블 연주 등이 포함되었다. 그러나 가장 대담한 프로젝트는 1960년 12월 21일, 뉴욕의 A&R 스튜디오에서 진행되었다. 이때 콜먼은 더블 퀴텟을 소집해 녹음했으며, 그 결과물이 바로 전설적인 음반《Free Jazz》였다. 이 작품은 콜먼의 이전 작품들과 비교하더라도, 극단적인 급진성을 띠었다. 이전까지 콜먼은 파격적인 스타일을 추구하면서도, 재즈 전통의 핵심 요소들을 일정 부분 유지했다. 그의 곡들은 대체로 구조가 명확했으며, 멜로디 제시 후에는 즉흥연주가 이어졌고, 리듬 섹션은 이를 받쳐주며, 대부분의 곡은 4/4 박자와 4~5분 분량의 길이를 따랐다. 그러나《Free Jazz》는 이 모든 규칙을 깨뜨렸다. 이 음반은 마치 텔레비전 레슬링 팬들이 좋아하는 '배틀 로얄'과 같은 장면을 재즈로 구현한 듯 보였다. 근육질의 연주자들이 한 무대에 올라, 동시에 즉흥적으로 격돌하는 형국이었다. 콜먼이 이 세션을 위해 모은 연주자들은 재즈계의 헤비급들이었다. 두 개의 퀴텟은 스테레오 녹음에서 좌우 채널로 분리되어 배치되었고, 한쪽에는 콜먼과 체리(도널드), 그리고 히긴스와 스콧 라파로가 있었고, 다른 한쪽에는 에릭 돌피와 프레디 허바드, 그리고 찰리 헤이든과 에드 블랙웰이 위치했다. 이로 인해, 음악의 질감은 이전의 콜먼 작품보다 훨씬 두텁고 격렬했다. 두 퀴텟 간의 사운드는 마치 충돌하듯 반사되었고, 음악 전체에 끓어오르는 에너지가 가득했다. 《Free Jazz》는 콜먼에 대한 찬사와 비판이 모두 실현된 작품이었다. 콜먼에게서 사운드 혁명을 기대했던 이들에게, 이 앨범은 실망을 주지 않았다. 이는 그야말로 급진적 음악이었고, 예리코의 성벽도 다시 무너뜨릴 듯한* 관악

---

* 예리코Jericho는 고대 팔레스타인 지역의 도시로, 성경에 자주 등장하는 상징적인 장소이다. 출처는 구약성경 여호수아기 6장으로, 이스라엘 백성이 가나안 땅에 들어가기 위해 처음으로 맞이한 성읍이 예리코였는데, 여호수아의 인도 아래, 이스라엘 사람들이 일주일간 성을 돌며 나팔을 불고 함성을 질러, 결국 성벽이 무너졌다고 전해진다.

기의 폭풍 같은 공격이었다. 반면, 콜먼을 시끄러운 불협화음과 자극적인 소리의 공급자로 폄하하고 싶었던 비평가들에게도, 이 작품은 공격의 빌미를 충분히 제공했다. 이들은《Free Jazz》를 셰익스피어가 묘사한 "아무 의미도 없는 소음과 분노"*의 실현이라며 폄하했다.

그러나 궁극적으로 보면, 콜먼이 받아들인 자유 형식 에너지 재즈**는 예견적인 선택이었음이 증명되었다. 이후 수년간, 앨버트 에일러, 세실 테일러, 파로아 샌더스Pharoah Sanders, 심지어 존 콜트레인까지, 여러 연주자들의 음악이 점점 더 길고, 억제되지 않으며, 느슨한 구조를 갖고, 때로는 불안정하고 충격적인 양상을 띠는 방향으로 나아갔는데, 이는 콜먼의 이전 작품들보다《Free Jazz》에 훨씬 가까운 것이었다. 시간이 지나면서, 이와 같은 접근 방식은 오히려 프리 재즈의 상투적인 표현으로 자리 잡게 되었고, 가장 열정적인 무조 연주조차도 일정한 우울한 단조로움으로 귀결되는 경향을 보였다. 하지만 적어도 그 후 십 년 동안은 코드 진행, 템포, 곡 형식, 구조적 솔로 등 재즈의 기존 규범들을 전복하는 시도가 여전히 급진적인 성격을 유지했고, 재즈에서 가장 진보적인 흐름으로 인정 받았다.《Free Jazz》를 통해, 콜먼은 이 운동에 단지 적절한 이름을 붙인 것뿐 아니라, 그 소리의 본질까지 효과적으로 포착해 냈다.

콜먼 스스로도 자신이 걷고 있는 길에 대해, 점점 더 양가적인 감정을 가지게 된 듯했다. 그로부터 4년 동안, 그는 소수의 경우에만 녹음실에 들어갔

---

* 윌리엄 셰익스피어의 비극 『맥베스Macbeth』에 나오는 유명한 구절로, 인생의 허무함을 표현하는 대사이다. 『맥베스』 5막 5장에서, 맥베스는 아내의 죽음을 들은 뒤, 인생을 다음과 같이 탄식한다. "인생이란 바보가 떠드는 이야기와 같다. 소음과 분노로 가득 차 있지만, 아무 의미도 없다It is a tale told by an idiot, full of sound and fury, signifying nothing." 포크너의 대표작 『소리와 분노Sound and Fury』도 이 대목에서 따온 것이다.

** 자유 형식 에너지 재즈free-form energy jazz: 단순한 장르명이 아니라, 음악의 형식과 에너지 모두에서 해방을 추구하는 특정한 스타일을 의미한다. 즉, 기존 재즈의 규칙을 해체하고, 감정과 에너지의 해방을 극한으로 추구한 음악이다.

다. 1961년, 애틀랜틱 레이블에서 이루어진 네 번의 녹음 세션을 통해《Or-
nette!》,《Ornette on Tenor》가 발매되었지만, 이 시기 동안 그의 공개 공
연은 거의 없었다. 이듬해에 이루어진 유일한 녹음은, 그가 직접 기획한 타
운홀 콘서트(1962년 12월 21일) 실황을 담은 것이었다. 이는 콜먼이 공연 에
이전트들과 클럽 업주들에 대해 점점 깊어지는 불신에 대응하여, 스스로 주
최한 행사였다. 이 야심 찬 공연은 그의 트리오뿐만 아니라 현악 사중주와
리듬 앤드 블루스 연주자들까지 포함되었지만, 결과적으로 수지 타산을 가
까스로 맞춘 정도에 그쳤다. 그 후 2년 동안, 콜먼은 사실상 공적 활동에서
거의 자취를 감추었다. 하지만 이것은 콜먼의 포기를 의미하는 것이 아니라,
전략적인 후퇴였다. 그는 사적인 공간에서 때때로 대담하고 때로는 과장되
기까지 한 계획들을 세웠다. 자신만의 재즈 클럽을 열려 했고, 실제로 그 장
소도 선정해 두었다. 또 자신의 음반사를 세우려 했으나, 타운홀 콘서트처럼
이 또한 성공하지 못했다. 콜먼은 연주 기량 또한 확장시키고자 했지만, 기
존 색소폰 연주를 정식으로 배우는 대신, 트럼펫, 바이올린, 기타를 배우는
데 도전했다. 한편, 그는 밴드 리더로 일해달라는 제안을 거절하면서도, 비
슷한 시기에 세실 테일러, 앨버트 에일러, 존 콜트레인과의, 세간의 이목을
끄는 즉흥 연주 세션들에는 참여했다.

마침내 1965년 1월, 콜먼은 뉴욕의 빌리지 뱅가드 무대에 다시 올라섰다.
이 공연은 그의 경력에서 두 번째 국면의 시작으로 볼 수 있으며, 이 새로운
시기는 이후 8년간 이어져, 모로코 주주카Joujouka의 현지 음악가들과의 협
업으로 절정을 맞이하게 된다. 이 시기의 콜먼은 초기의 집중력 있는 알토
색소폰 솔로이스트의 모습과는 다른 존재였다. 대신, 그는 여러 방향으로 동
시에 뻗어나가며 안절부절못하는 탐색자로 자리 잡고 있었다. 알토 연주자
오넷? 트럼펫 연주자 오넷? 바이올리니스트 오넷? 진지한 작곡가 오넷? 월
드 뮤직의 탐험가 오넷? 재즈 전통주의자 오넷? 하몰로딕harmolodics(기존
의 관습적인 음악 이론에 대항해, 그 자신이 구성한 대안에 붙인 이름)의 전파

자 오넷? 그는 이 모든 것, 그리고 그 이상이었다. 물론, 과거를 향한 짧은 회귀도 있었다. 예를 들어, 스톡홀름의 골든 서클Golden Circle에서의 실황 녹음은 애틀랜틱 시절의 탐색적이고 섬세한 음악성을 다시 떠올리게 했다. 그러나 그의 다른 활동들은 놀라울 정도로 새로운 영역을 개척했다. 목관 오중주를 위한 곡 〈Forms and Sounds〉를 작곡했으며, 당시 재즈 연주자로서는 드물게 구겐하임 펠로우십을 처음으로 수상하여, 이를 바탕으로 관현악 작품《Inventions of Symphonic Poems》를 완성했다. 〈Emotion Modulation〉이라는 곡은 트럼펫과 바이올린으로 연주되는데, 두 명의 베이시스트, 드러머, 보컬리스트 오노 요코Yoko Ono의 지원을 받았다. 심지어, 콜먼 자신도 보컬리스트로 등장하여, 루이 암스트롱 앨범에서 백업 코러스로 노래하기도 했다. 〈Sun Suite of San Francisco〉는 트럼펫 주자 바비 브래드포드Bobby Bradford를 위해 쓴 곡으로, 콜먼의 쿼텟과 35인조 오케스트라가 함께 연주했다. 그는 현악 사중주를 위한 곡들도 작곡했다. 이러한 콜먼의 새로운 음악적 영역들은 《The Empty Foxhole》,《New York Is Now!》, 《Science Fiction》,《Skies of America》과 같은 음반들에 기록되었다.

《Skies of America》 앨범의 라이너 노트에서, 런던 심포니 오케스트라와의 야심 찬 프로젝트에 대해 다루며, 콜먼은 처음으로 자신의 "하몰로딕 이론"을 설명하려는 시도를 했다. 콜먼의 설명에 따르면, 하몰로딕은 "선율, 화성, 그리고 형식의 움직임에 따른 기악 구성"을 기반으로 하며, 이를 완전히 익히면 "조성을 바꾸지 않고도" 전조를 할 수 있게 된다고 한다.[196] 이 모호한 교리는 이후 몇 년간 콜먼이 대중에게 내세우는 주장의 핵심으로 떠올랐다. 이론적 접근 방식으로서의 하몰로딕은 음악학적 도구라기보다는 형이상적 철학, 즉 즉흥 연주자들을 위한 일종의 장미 십자회의 신비주의 사상처럼 여겨졌다. 심지어, 콜먼 스스로 음악 이론과의 느슨한 연결마저 무시하게 되면서, 결국 그는 하몰로딕이 소설과 시를 포함한 거의 모든 창조적 표현 영역에 도움을 줄 수 있다고 주장하기에 이르렀다. 콜먼의 발언이 워낙 모호했던 탓에, 그것은 벽돌 쌓기나 요리에도 적용될 수 있을 것처럼 느껴질 정도였다.

하지만 이 시기의 콜먼 예술성에 대한 궁극적인 평가는 이론가로서가 아니라 음악가로서의 것이었다. 하몰로딕 이론을 널리 알리려는 활동 직후, 콜먼은 콤보 연주에 대한 새로운 접근을 실험하기 시작했다. 수년간, 그는 밴드에 피아니스트나 기타리스트처럼 화성을 담당하는 연주자를 기피해 왔다. 그러나 1970년대 초, 콜먼은 기타리스트 제임스 블러드 울머James Blood Ulmer와 협연을 시작하며 변화를 맞는다. 울머는 프리 재즈에 펑크, 록, 실험적 전자 음악 요소를 결합한 전혀 새로운 질감을 콜먼의 앙상블에 가져왔다. 베이시스트 자말라딘 타쿠마Jamaaladeen Tacuma와 드러머 로널드 섀넌 잭슨Ronald Shannon Jackson 역시 콜먼의 새로운 방향에 핵심적으로 기여하며, 강렬한 그루브와 춤추기 좋은 스타일로 그의 음악을 뒷받침했다. A&M 레이블에서 발표된《Dancing in Your Head》는 콜먼이《Free Jazz》이후에 얼마나 멀리 나아갔는지를 보여주는 작품이었다. 재즈-록 퓨전이 한창 주목받던 시기에, 콜먼은 전자 음악을 즉흥 연주의 발판으로 삼으면서도, 당시 재즈계를 뒤덮던 상업적이고 매끄럽게 정제된 신시사이저 사운드에는 물들지 않았다. 이후 발표된《Body Meta》,《Of Human Feelings》는 "프라임 타임Prime Time"이라는 이름 아래, 이 접근을 더욱 발전시켰는데, 이는 콜먼이 자신의 이 음악 스타일을 대표하기 위해 직접 붙인 명칭이었다. 콜먼이 화성 악기와 함께 연주하는 데 점점 익숙해졌다는 점은 이후의 협업에서도 드러난다. 1985년 팻 메스니Pat Metheny와의 공동작업《Song X》, 1988년 제리 가르시아Jerry Garcia를 초대한《Virgin Beauty》프로젝트, 그리고 1990년대 중반 피아니스트 제리 앨런Geri Allen, 요아힘 퀸Joachim Kühn과의 협연 등이 그것이다. 이후, 콜먼은 많은 음반을 남기지는 않았지만, 2006년에 발표한《Sound Grammar》는 퓰리처 음악상을 받았다. 이는 재즈 아티스트로서는 역사상 두 번째 수상이었다. 비록 후기에는 신작이 많지 않았지만, 그는 맥아더 재단의 "예술계 천재상"에서 그래미 평생 공로상에 이르기까지, 눈부신 영예를 가득 안았다. 2015년 세상을 떠났을 때, 한때 조롱과 냉대를 받던 이 색소폰 연주자는 현대 미국 음악의 위대한 혁신가로 추앙받았다. 재즈 역사에서 그에 비견될 만한 반전은 좀처럼 찾아보기 어렵다.

세실 테일러는 프리 재즈 운동에서 콜먼과 어깨를 나란히 할 만큼 큰 영향을 끼쳤지만, 알토 색소폰 연주자인 콜먼과는 뚜렷한 대조를 이룬다. 콜먼이 독학으로 음악 이론의 기초를 익히느라 고군분투했던 반면, 테일러는 엘리트 음악 교육을 받은 인물이었다. 콜먼이 초기 영감을 비밥, 블루스, 리듬 앤드 블루스(R&B), 기타 아프리카계 미국인 음악 전통에서 얻었다면, 테일러는 더 넓은 스펙트럼의 영향을 수용했다. 그는 스트라빈스키와 버르토크 같은 현대 클래식 작곡가들을 주요 영감의 원천으로 삼았는데, 특히 버르토크가 헝가리 민속 음악을 작곡에 녹여낸 방식은 테일러 자신이 재즈 전통과 맺고 있는 관계의 반영으로 여겨졌다. 테일러의 재즈 취향 또한 폭넓었다. 그는 단순히 자신의 시대를 지배하던 비밥 음악가들에만 머무르지 않고, 패츠 월러, 지미 런스포드, 칙 웹, 캡 캘러웨이, 에롤 가너, 데이브 브루벡, 재키 바이아드, 딕 트워드직Dick Twardzik, 호레이스 실버, 그리고 무엇보다 듀크 엘링턴까지 아우르는 다양한 음악가들에게서 영향을 받았다. 콜먼이 후기 작품에서 펑크와 록 요소가 두드러진 대중 춤 음악 스타일을 차용한 데 반해, 테일러는 무용 예술 쪽으로 기울어, 발레와 현대 무용단을 위해 직접 작곡하고 공연하기도 했다. 무엇보다 테일러의 음악은 비록 종종 콜먼의 것과 같은 맥락에서 언급되기는 하지만, 본질적으로 전혀 다른 성질을 지니고 있었다. 테일러의 음악은 훨씬 더 밀도가 높고, 원자론적이며, 폭발적이고, 집요하게 타악적이며, 낭만적 감성은 철저히 제거되어 있었다. 콜먼의 색소폰이 인간의 울부짖음을 표현했다면, 테일러의 피아노는 용서도 사과도 없는 음표들의 집중 사격이었다.

1929년 뉴욕 롱아일랜드 시티에서 태어난 세실 테일러는 주로 백인들이 거주하던 코로나Corona 지역에서 성장했다. 그의 아버지는 주 상원의원을 위해 일하는 요리사이자 하인이었고, 어머니는 프랑스어와 독일어를 구사하며 피아노를 연주하고 연극을 즐기는 등 다양한 관심사를 가진 주부였다. 어머니는 듀크 엘링턴 밴드의 드러머였던 소니 그리어를 어린 시절 친구로 두고 있기도 했다. 테일러는 훗날 이렇게 회상했다. "나에게 음악은 흑인 문화를 붙잡아 두는 방법이었다. 왜냐하면 그때는 주변에 그런 것이 거의 없었기 때문이다."[197] 다섯 살에 피아노를 배우기 시작한 그는 피아노 교사뿐만 아니라 교사의 남편에게도 지도를 받았다. 그는 토스카니니 밑에서 연주한 경력이 있는 팀파니 연주자였는데, 테일러의 성숙한 연주 스타일이 강렬한 타악적 특성을 지녔다는 점에서, 이는 매우 상징적인 초기 인연이었다. 1952년, 테일러는 뉴잉글랜드 음악원New England Conservatory of Music에 입학해 현대 클래식 음악에 대한 지식을 넓혔지만, 흑인 음악 전통에 대한 학계의 무관심에 점점 실망을 느꼈다. 같은 시기, 그는 재즈 어법에 대한 이해도 깊이 있게 발전시키고 있었다. 평론가 냇 헨토프는 이 무렵에 테일러를 처음 만났고, 이렇게 회고했다. "세실만큼 음악에 대해 명확하고 단호하며 예상을 벗어나는 의견을 가진 사람은 없었다."[198] 이러한 확고한 방향 감각은 테일러에게 결정적인 요소였다. 왜냐하면 이 시기부터 그의 음악은 후기 비밥이나 쿨 재즈 같은 당대의 주류 스타일에서 점점 멀어지고 있었기 때문이다.

"1954년쯤에는 내 연주 스타일이 이미 확립돼 있었다." 테일러는 이렇게 회고한 바 있다.[199] 프리 재즈가 논란의 중심에 서며 새로운 흐름으로 등장하기 5년 전, 테일러는 이미 극단적인 불협화음, 단편적인 즉흥 라인, 분열된 리듬, 그리고 그의 성숙한 음악을 특징짓는 잭해머 같은 피아노 연주 방식*을 구사하고 있었다. 그의 1956년 트랜지션Transition 레이블 녹음 세션은 이 실험적 경향의 폭을 잘 보여준다. 처음 들었을 때, 테일러의 접근 방식은 재즈 전통과의 여러 연결고리를 드러낸다. 이 앨범의 레퍼토리는 전통적인 곡 형식에 기반한 스탠다드 곡들이 주를 이루며, 편성도 전형적인 재즈 콤보다. (이 세션에서 테일러는 베이시스트 뷰엘 나이들링어Buell Neidlinger, 드러머 데니스 찰스Dennis Charles, 그리고 일부 트랙에서는 색소폰 연주자 스티브 레이시와 함께 연주한다.) 그러나 더 깊은 층위에서 보면, 이 음악은 타협 없이 전통을 전복하려는 시도이다. 테일러는 때로는 나이들링어가 연주하는 코드 진행을 따르기도 하지만, 또 다른 순간에는 충돌하는 다성조 구조를 그 위에 겹쳐 올리거나, 아예 조성적 틀 자체를 무력화하려 한다. 그의 피아노 연주는 우르릉 울리는 두터운 화음과 날카로운 단음 라인으로 구성되며, 이 점에서 약간은 셀로니어스 몽크의 스타일을 떠올리게 한다. 그러나 몽크의 교묘한 유머와 공간의 탁월한 활용 대신, 테일러의 세계는 훨씬 더 험난하고 덩굴처럼 얽힌 청각적 풍경을 제공한다. 불안정하고, 끊임없이 움직이며, 때때로 위협적인 이 음악은 청중의 판단이나 평가 능력을 우회해 버리고 곧바로 신경계로 침투해 들어가는 듯하다.

1950년대 후반부터 1960년대 초까지, 테일러는 극소수의 공연과 녹음만을 남겼지만, 그 하나하나가 그를 젊은 재즈 모더니스트들 가운데 가장 완고하고 타협하지 않는 인물로 각인시키는 데 일조했다. 그는 1957년 뉴포트 재즈 페스티벌에서 관객들을 충격에 빠뜨렸고, 이 공연은 녹음되어 발매되었다. 이후 뉴욕의 파이브 스팟 클럽에서의 공연은 더 큰 논란을 불러일으키는 한편, 예술가들과 보헤미안들 사이에서 열렬한 지지를 얻었다. 이후, 컨템퍼러리와 유나이티드 아티스츠United Artists 레이블에서 발표된 녹음들(이 가운데, 피아니스트인 테일러와 색소폰 주자 존 콜트레인의 협연도 포함되어 있다)에서도, 테일러는 트랜지션 레이블 시절과 유사한 음악적 경향을 이

---

* 잭해머Jackhammer는 원래 도로 공사 등에서 사용하는 공압 해머를 의미하는 단어로, 공기를 압축시켜 강력하게 진동하고 내리치는 도구이다. 잭해머 같은 피아노 연주는 격렬하게 때려 부수듯 건반을 두드리는 스타일을 비유한 표현이다.

어갔다. 그는 무겁고 불협화적인 화성, 날카롭고 공격적인 피아노 연타로 스탠다드 곡들을 극적으로 재해석했고, 여기에 더해 치밀하게 탐구된 새로운 자작곡들도 선보였다.

1960년과 1961년, 테일러는 단명한 레이블 캔디드Candid에서 녹음할 기회를 얻었다. 이 시기의 캔디드 녹음에서는 테일러의 음악적 성숙이 새로운 단계에 접어들었음을 확인할 수 있으며, 이는 이후 1960년대 중반 블루 노트 레이블에서 보다 완전하게 구현될 여러 스타일적 장치들을 보여준다. 그는 이제 코드 진행이나 마디 라인에 덜 얽매이며, 버드 파월과 셀로니어스 몽크로 대표되는 비밥 전통과의 연결도 덜 분명하다. 그의 연주는 더욱 다층적이고, 양손을 모두 적극적으로 사용하는 스타일로 발전했다. 즉흥 솔로와 반주, 코드 반주와 멜로디 라인이라는 기존 재즈의 핵심 구분들은 이제 거대한 음향의 격류 속에 휩쓸리듯 사라져간다. 테일러는 여전히 〈Lazy After-noon〉이나 〈This Nearly Was Mine〉 같은 스탠다드 곡을 연주하기도 하는데, 그 해석은 거의 재건 수술 수준이다. 또한 〈Air〉에서는 드러머와 4마디 프레이즈를 주고받는 전형적인 재즈의 장치도 사용한다. 그러나 이러한 마지막 남은 전통 재즈의 형식적 흔적들은 이 날카롭고 가시 돋친 음악의 고슴도치 같은 성격을 무디게 만들기에는 역부족이다.

1961년, 형식상으로는 베이시스트 뷰엘 나이들링어가 리더로 명시된 두 번째 캔디드 녹음 세션에서, 테일러는 기존에 구축해 온 연주 기법을 더욱 정제된 형태로 다듬어갔다. 이 세션의 대표곡인 〈Cell Walk for Celeste〉는 테일러의 작품에서 종종 자유롭게 흐르는 것처럼 보이는 양식 아래 감추어진 형식주의적 요소들을 강조한다. 이 곡의 88마디 테마는 음울한 멜랑콜리부터 냉소적인 환희에 이르기까지 다양한 감정을 포착해 내며, 다층적인 분위기를 담고 있다. 이 작품은 현대 클래식의 요소들을 아프리카계 미국인 특유의 음악 양식과 성공적으로 융합한, 테일러의 당시까지의 시도 가운데 가장 뛰어난 결과물로 평가받는다. 이에 대해, 나이들링어는 훗날 다음과 같이 묘사했다. "마치 댄버리에서 출발한 아침 기차를 타고 오던 찰스 아이브스Charles Ives가 그랜드 센트럴 터미널이 아닌 125번가에서 내린 것 같았다."[200]

1962년, 『다운비트』지는 세실 테일러에게 권위 있는 신인상New Star Award을 수여했지만, 이 상은 그의 상업적 전망을 개선하는 데 거의 도움이 되지 않았다. 당시, 테일러는 저널리스트 A. B. 스펠먼과의 인터뷰에서 이렇게 말했다. "나는 일 년에 한 번쯤 열리는 콘서트에 출연하고, 그 사이사이에 짧은 클럽 공연이나 커피 하우스 공연이 한두 번 끼어 있는 정도였다."[201] 테일러는 생계를 위해, 식기 세척기와 간단한 요리를 맡는 요리사로 일하기도 했다. 그러나 1966년, 테일러는 여러 중요한 프로젝트들을 통해, 폭발적으로 재등장했다. 그해, 그는 블루 노트 레이블에서 두 장의 기념비적인 음반을 녹음했으며, 프랑스에서의 라이브 실황 앨범도 남겼다. 5월에 녹음된 《Unit Structures》는 테일러에게 있어 전환점이자 완성된 성과로 평가되며, 이전 곡 〈Air〉와 〈Cell Walk for Celeste〉에서 보여주었던 가능성이 완전한 개화를 이룬 작품이다. 같은 시기에 제작된 《Conquistador》는 상대적으로 덜 알려져 있지만, 그의 성숙한 음악 스타일을 드러내는 인상적인 결과물이라는 점에서는 결코 뒤지지 않는다.

테일러의 음악에서 시간의 흐름은 이 시점에서 이미 기존 재즈의 리듬 구조로부터 완전히 벗어나 있었다. 1960년대 초 드러머 서니 머리Sunny Murray와의 협업은 이러한 해방 과정에 기여했으며, 이후 앤드루 시릴Andrew Cyrille과의 작업을 통해 더욱 심화되었다. 시릴은 《Unit Structures》에서 중요한 역할을 했는데, 〈Enter Evening〉에서는 음울하게 울리는 여운과 여백을, 〈Steps〉와 〈Tales (8 Whisps)〉에서는 폭발적인 개입을 통해 각각 다른 어택을 구사했다. 전통적인 스윙이나 비밥 프레이징이 결여되어 있음에도, 이 곡들은 대부분의 시간 동안 강력한 리듬적 역동성을 유지한다. 이 연주의 본질적으로 물리적인 성격은 음반을 통해서도 분명하게 전달된다. 피아노의 울림판에서 단음의 연속이 터져 나오고, 날카로운 구절들이 헤비급 복서의 잽과 래빗 펀치rabbit punch[복싱 용어로 상대방의 후두부를 가격하는 주먹질. 이 부위는 매우 민감하고 위험하기 때문에, 복싱에서는 반칙 행위로 금지되어 있다]처럼 미묘하게 가해진다. 탐색적인 화음 구성은 떨리고, 더듬고, 울부짖으며, 톤 클러스터*들이 건반 위를 위아래로 물결친다. 관악기들은 이 소리의 층들 위에서 불규칙적으로 교차하며 리듬 섹션과, 그리고 서로 간에 격렬한 대화를 주고받는다. 요컨대,《Unit Structures》는 콜먼의《Free Jazz》, 에일러의《Spiritual Unity》, 콜트레인의《Ascension》과 함께, 1960년대 초 자유 재즈 운동이 성숙해지던 시기를 정의하는 작품으로 꼽힌다. 그러나 이 네 작품 중에서, 테일러의 앨범이 가장 통제되어 있고 다차원적이다. 이 음악에는 감상주의의 흔적이나 손쉬운 해소, 듣기 좋은 화성적 결말이 전혀 없다. 그렇다고 해서 무의미한 감정 분출이나 쉼 없이 몰아치는 격정적인 고함만으로 채워진 것도 아니다. 테일러는 금욕주의자의 마음을 지닌 쾌락주의자로 남아 있었다. 그의 음악이 격렬한 해방의 절정에 도달할 때조차도, 그 이면에는 일관된 절제감이 은근히 배어 있었다.

1960년대 동안 테일러의 활동은 그를 재즈 아방가르드의 가장 타협 없는 대표자로서의 명성을 공고히 했다. 그리고 1970년대 초반 재즈 부흥기가 찾아오자, 그는 존경받는 원로 음악인으로 부상하게 되었는데, 이는 한때 혁명가였던 그에게는 뜻밖의 반전이었다. 그러나 이 변화는 결코 순조로운 과정은 아니었고, 테일러는 자신을 포용하려는 제도적 틀을 종종 전복하려는 방식으로 대응했다. 그는 한 유명 대학에서 강의 요청을 받았지만, 많은 학생들에게 낙제 점수를 주고, 학교 행정처의 성적 수정 압력에 정면으로 저항하면서 물의를 일으켰다. 백악관에서 연주를 마친 후에는, 대통령이 다가와

---

* 톤 클러스터tone cluster: 피아노나 기타 같은 악기에서 인접한 음들(반음 또는 온음 간격)을 동시에 여러 개 눌러서 내는 밀집된 화음.

칭찬하려는 순간에 연주대를 황급히 떠나버렸고, 결국 대통령이 그를 따라 가야 하는 상황이 벌어지기도 했다. 스윙에서 비밥으로 이어지는 전통을 대 표하던 모더니즘 피아니스트 메리 루 윌리엄스와의 듀엣 공연에도 동의했 지만, 윌리엄스와 조화를 이루기보다는 폭발적인 아방가르드 피아노 연주 로 그녀를 압도하려는 듯한 태도를 보였다. 하지만 1970년대 말이 되면, 겉 으로는 고고한 외톨이처럼 보였던 테일러조차 제도 내부에서 능수능란하 게 활동하는 법을 익혔다. 그의 음반《3 Phasis》의 뒷면에는 다양한 자금 출 처를 자랑하는 문구가 다음과 같이 실렸다. "이 음반은 다음 기관의 지원으 로 제작되었다. 미국 방송사들, 암코 주식회사, 캐피털 시티스 커뮤니케이션 즈, 다우 존스, 미스터 프랜시스 고엘렛, 길먼 재단, 옥시덴털 석유 회사, 록 펠러 재단, 소니 주식회사, 유니언 퍼시픽 철도 회사, 그리고 미국 국립 예술 기금." 시간이 흐르면서, 테일러는 구겐하임 펠로십, 미국예술기금(NEA) 지 원금, 맥아더 "천재상", 그리고 50만 달러의 상금이 수여되는 교토 상까지, 평범한 재즈 연주자들은 꿈도 꾸지 못할 경력을 갖추게 되었다. 그는 자신이 한때 신랄하게 비판했던 뉴잉글랜드 음악원으로부터 명예 박사 학위까지 받았다. 1975년, 그는 『다운비트』 재즈 명예의 전당에 평론가들의 투표로 가 장 먼저 입성했으며, 보다 대중적이지만 덜 파격적이었던 매코이 타이너, 키 스 재릿, 허비 행콕 등은 그로부터 25년이나 지나서야 그의 뒤를 따랐다. 결 국, 투쟁적이던 아웃사이더는 제도 속에서 가장 노련한 인사이더가 된 셈이 었다.

그러나 테일러의 음악은 그의 명성이 점점 높아졌음에도 불구하고 여전 히 재즈의 가장자리에 머물렀다. 1970년대는 특히 그의 솔로 피아노 작업이 왕성하던 시기였다. 1974년 발표된《Silent Tongues》는 중요한 성과로 평 가되며, 테일러는 섬세하고 준※고전적인 분위기에서부터 분출하는 불협화 음의 화산까지 능숙하게 오갔다. 그 밖의 솔로 작품들인《Air above Moun- tains(Buildings Within)》,《Fly! Fly! Fly! Fly! Fly!》,《Indent》또한 피아노를 인간 박격포처럼 다루는 연주자로서의 그의 면모를 완성시켰다. 그러한 순간들에서, 테일러는 거의 솔로 재즈 피아노를 일종의 육상 경기처럼 만들어버리는 데 성공했다. 재즈는 물론 다른 어떤 음악에서도 그토록 격렬하게 건반을 공격하고, 그토록 거대한 소리를 창출하며, 악기를 압도한 연주자는 없었다. 그의 연주에서는 현이 끊어지고, 건반에서 상아나 흑단 조각이 부서질 것 같은 느낌마저 들었다. 그러한 모습의 테일러를 실제로 본다는 것은 압도적인 경험이었고, 심지어 프리 재즈에 회의적인 사람들조차도 그의 예술적 영감에 사로잡히게 할 만큼 강력한 설득력이 있었다.

비록 테일러는 점점 솔로 연주자로서 가장 많은 수요를 얻게 되었지만, 그는 스스로를 어떤 분류의 틀에 가두는 것을 거부했고, 자신의 활동 범위를 계속해서 넓혀 나갔다. 그의 예술적 시도는 점점 더 악기 연주의 영역을 넘어서, 칠판을 긁는 듯한 목소리, 의식 같은 창법, 양식화된 신체 움직임, 시詩, 그리고 문화의 기묘한 잡동사니 조각들까지 포함하게 되었다. 그러나 테일러는 건반 앞에 앉아 있을 때조차도 새로운 길을 개척했다. 그는 발레 무용가 미하일 바리시니코프Mikhail Baryshnikov와 헤더 와츠Heather Watts를 위해 곡을 위촉받아 작곡하고 직접 연주했으며, 앨빈 에일리 댄스 컴퍼니 Alvin Ailey Dance Company를 위한 작품도 썼다. 더 큰 앙상블을 위한 작곡에도 도전했고, 스몰 콤보 연주도 계속했는데, 때로는 오랜 음악적 동료인 지미 라이언스가 함께했다. 라이언스는 1960년대 초부터 1986년 그가 세상을 떠나기 전까지 테일러의 대표적 협연자로, 그의 묵직한 알토 색소폰 사운드는 테일러 소리의 격류 속에서 중심을 잡아주는 닻과도 같았다. 이 시기 테일러의 가장 장대한 프로젝트는 단연《Cecil Taylor Berlin '88》이었다. 이 여러 디스크로 구성된 프로젝트는 무려 12시간 분량의 음악으로, 솔로, 듀오, 콤보, 대형 앙상블에 이르기까지 다양한 편성 속에서, 다수 유럽 음악가들과 협업한 테일러의 음악 세계를 파노라마처럼 펼쳐 보였다.

테일러와 콜먼의 선구적 노력은 1960년대 중반에 이르러, 본격적인 운동으로 꽃피었다. 이 두 인물의 이전 밴드 동료들 역시 점차 독자적인 주요 연주자로 부상했다. 1960년대 초에 테일러와 함께 연주했던 아치 셉Archie Shepp은 이후 빌 딕슨Bill Dixon과 함께 쿼텟을 결성하고, 돈 체리, 존 치카이John Tchicai와 함께 뉴욕 컨템퍼러리 파이브New York Contemporary Five에 참여했다. 셉은 또한 자유 음악의 가장 명확한 대변자 가운데 한 명으로, 이 음악과 진보적 정치 운동과의 연관성에 대해 자주 발언했다. 돈 체리는 콜먼의 밴드를 떠난 후에 독자적으로도 성공적인 경력을 쌓았으며, 블루 노트 레이블과 협업해,《Complete Communion》,《Symphony for Improvisers》와 같은 주요 작품들을 발표했다. 또한 빌 딕슨이 기획한 "재즈의 10월 혁명" 시리즈는 뉴욕의 셀러 카페Cellar Café에서 열린 6회 공연을 통해 이 운동에 정당성을 부여했으며, 이 무대에는 치카이, 로스웰 러드Roswell Rudd, 폴 블레이, 밀포드 그레이브스Milford Graves, 선 라 등 다양한 인물이 참여했다. 총 약 40개 그룹이 무대에 올라, 거의 만원 관객 앞에서 연주를 펼쳤다. 이 행사의 성공은 곧 아방가르드 음악을 지원하기 위한 공동체 조직인 재즈 작곡가 길드Jazz Composers Guild의 창설로 이어졌다.

존 콜트레인이 이 무렵에 프리 스타일로 전향한 일은 이 혁명의 확장된 영향력과 범위를 더욱 강화시켰다. 불과 얼마 전까지만 해도, 콜트레인은 주류 테너 색소폰 연주의 대표적인 인물이었으나, 이제 그는 일련의 녹음, 특히 1965년에 발표된 황홀한 작품《Ascension》을 통해, 새로운 흐름 중 가장 급진적인 인물로 부상했다. 이 40분에 달하는 압도적인 연주는 콜트레인과 그의 리듬 섹션에 여섯 명의 관악 연주자들이 가세한 격렬한 난투극이었다. 그 결과는 많은 청자들에게 이 '자유'를 향한 탐색의 당연하고 논리적인, 동시에 무정부적인 종착점처럼 느껴졌다. 이후 발표된《Om》,《Kulu Se Mama》,《Meditation》등의 후속 작품들 역시 서로 다른 편성을 취했지만, 콜트레인은 마찬가지로 조성과 구조의 한계를 뛰어넘는 데 중점을 두었다. 수많은 자유 양식의 연주자들이 콜트레인을 중심으로 모여들었고, 테너 색소폰 연주자인 아치 셉과 파로아 샌더스도 그의 음반과 공연에 동참했다.

이러한 실험적 공연에 대한 청중의 반응은 엇갈렸다. 콜트레인이 시카고에서 열린 다운비트 재즈 페스티벌에서 아치 셉과 듀엣을 연주했을 때, 관객은 둘로 나뉘었다. 절반은 환호하며 연주자들을 응원했지만, 나머지는 불안하게 몸을 뒤척이거나 야유를 퍼붓고, 상당수는 자리를 떠났다. 이와 유사한 분열은 재즈 평론가들 사이에서도 드러났다. 그러나 진심으로 이 음악을 신봉한 이들과 이를 신랄하게 비판한 이들은 어쩌면 생각보다 더 많은 공통점을 갖고 있었는지도 모른다. 일부 청중은 콜트레인의 《Ascension》이나 앨버트 에일러의 《Spiritual Unity》에서 일종의 정화된 해방감을 느꼈을지도 모르지만, 많은 이들은 오히려 이 음악의 불길한 외양 그 자체에서 기쁨을 찾았다. 이들 후자의 청중은 날카로운 배음의 비명과 왜곡된 4분음의 포효가 아름답게 들린다고 가장하지 않았다. 어쩌면 음악이 더 끔찍하게 들릴수록, 그들에게는 더 적절하게 느껴졌다고까지 말할 수 있을 것이다. 이 시기에 널리 읽혔던 마르크스주의 철학자 허버트 마르쿠제Herbert Marcuse는 예술이 현대 자본주의 사회의 엄격한 질서, 관료적 통제, 억압적인 규칙을 거부해야 한다는 미학 이론을 발전시켰고, 이러한 맥락 속에서 프리 재즈는 예술적 반란으로 해석되었다. 자크 아탈리Jacques Attali는 그의 1977년 선언적 저작『노이즈Noise』에서 음악을 "소음의 조직화"로 정의하며, 음악은 "상징적으로 폭력의 제어를 의미한다"고 주장했다.[202]

이러한 관점은 고대 예술관으로부터의 놀라운 전환을 보여준다. 고대인들은 예술 작품에서 숭고함, 조화, 아름다움을 추구했지만, 이제는 무질서와 불협화음에 대한 매혹이 그 자리를 대신하게 된 것이다. 실제로, 이러한 태도는 놀라운 지점까지 이어지곤 했다. 어떤 재즈 평론가는 가장 진보적인 음악의 거친 외피에 열광하며, 자신이 추천하는 음반은 사람들이 가장 싫어할 법한 것들이라는 점을 자랑스러워하기까지 했다. 결국 프리 재즈 운동의 전체적인 영향을 이해하려면, 1960년대 중반이라는 시대를 대표하는 이러한 정신ethos을 고려하지 않고서는 불가능하다. 프리 재즈는 기존 질서에 철저히 등을 돌렸고, 그 자체로도 이미 거대한 설득력을 지닌 저항의 기치였다. 왜냐하면 그 시대는 "기득권 체제" 자체가 점점 더 강한 도전을 받고 있었기 때문이다. 이런 의미에서 자유 음악 운동은 애시드 록, 대학 시위, 1960년대 반反문화와 동일한 시대정신을 공유했다. 아방가르드 음악의 지지자들과 반대자들 모두 이 점을 크든 작든 인지하고 있었고, 비록 그들의 논쟁은 표면적으로 음악을 둘러싼 것이었지만, 그 이면에는 거의 항상 정치화되고 이념적으로 충전된 더 깊은 담론이 깔려 있었다. 요컨대, 사람들이 이 음악에 대해 어떻게 생각했는가는, 그들이 당시 사회의 지배적인 현실에 대해 어떻게 느꼈는지와 깊은 관련이 있었다.

하지만 음악 속 무정부적 요소에 대한 찬사와 더불어, 모호한 유토피아적 이상주의 또한 함께 떠올랐다. 프리 재즈의 팬들은 비평가 존 리트와일러John Litweiler가 아방가르드 음악이 "인류 전체에게 철학적으로 결정적인 역할을 하게 될 것"이며 "인류를 현재의 파국적 경로에서 벗어나게 해줄 새로운 의식으로 이끌 것"이라 예언했을 때도 거의 눈 하나 깜빡이지 않았다. 이와 유사하게 데이비드 서치David Such도 그의 저서 『아방가르드 재즈 뮤지션: "저 밖"에서 공연하다Avant-Garde Jazz Musicians: Performing "Out There"』에서 프리 재즈가 "삶이 목적의식을 성취하도록 돕고", "세상의 문제와 오해 중 적어도 일부를 해결하는 길을 제시한다"고 주장했다.[203] 이처럼 크고 작은 주장과 반박이 난무하는 현상은 재즈계의 진보적인 한 축에서 매우 자연스러운 일이었다. 음반 표지들만 봐도 이를 알 수 있었다. "다가올 재즈의 형태The Shape of Jazz to Come"나 "세기의 전환Change of the Century" 같은 문구는 다른 스타일의 재즈 연주자라면 감히 사용할 수 없는 담대한 선언들이었다. 물론, 시간이 흐르면서 무조성이 재즈의 종착점이 아니라, 끊임없이 변화하는 흐름 속의 하나의 경유지에 불과하다는 사실은 분명해졌다. 그럼에도 불구하고, 프리 재즈에 깃든 이념적이고 이상주의적인 성격은 그 음악 자체보다 오히려 그것에 대한 담론 속에서 더욱 뚜렷하게 지속되었다. 마치 재즈에 대한 비평적 인식이 1950년대 후반 내지 1960년대 초반 어딘가에서 멈춰버린 듯한 느낌마저 들 정도였다. 세월이 흐르면서, 프리 재즈는 결국 여러 스타일 중 하나로 자리 잡게 되었지만, 이 음악에 내재한 정신은 결코 단순한 양식의 하나로 머무르기를 허락하지 않는다. 그 열성적인 지지자들에게 있어, 프리 재즈는 재즈 역사의 헤겔적 정점, 즉 궁극적인 완성과 도달점으로 여겨져야 마땅한 음악인 것이다.

프리 재즈의 두 번째 물결에 속한 연주자들 가운데, 앨버트 에일러는 이 운동이 진입하고 있는 해체적 국면을 가장 명확히 파악한 인물이었다. 그는 인터뷰에서, 이제 목표는 더 이상 '음note'을 연주하는 것이 아니라, 색소폰을 통해 '소리sound'의 새로운 영역으로 들어가는 것이라고 설명했다. 오넷 콜먼의 솔로는 악보로 기록하거나 음악학적으로 분석할 수 있었지만, 그와 다르게 에일러의 연주는 그러한 체계로는 포섭할 수 없는 성격을 띠고 있었다. 서구 음악의 평균율은 에일러의 색소폰 벨에서 터져 나오는 울부짖고 신음하는 경련 같은 소리를 포괄하지 못했다. 에일러는 아프리카계 미국 음악 전통의 상징이자, 루이 암스트롱과 로버트 존슨 이전까지 거슬러 올라가는 계보를 지닌 "더러운" 음색의 대가였다. 그는 거칠고 기이한 소리의 명인이었고, 속을 뒤틀리게 만드는 조율에서 벗어난 흔들림, 저음역대의 포효와 고음의 날카로운 비명, 과장에 가까운 넓은 비브라토, 쏜살같은 프레이즈, 마치 아직 알려지지 않은 지구 아래 세계의 방식을 표현한 듯한 소리의 상형문자 등 온갖 인상적인 기법을 자유자재로 구사했다. 이는 아돌프 삭스(색소폰 발명자)조차 상상하지 못하고, 셀머 같은 악기 회사도 승인하지 않았을 음색들이었다.

그러나 에일러의 음악에는 전통적인 면모 또한 존재했다. 그의 작곡에는 단순한 온음계 선율이 종종 등장했으며, 이는 그의 격정적인 프리 재즈 즉흥 연주와 극명한 대조를 이루었다. 발라드에서는, 단순한 온음과 반음 패턴 위로 에일러 특유의 넓고 과장된 비브라토가 길게 머물렀다. 빠른 곡들에서는, 에일러의 연주가 경쾌하게 흐르는 포크 송처럼 들렸으며, 마치 어느 먼 곳, 다른 세기의 유럽 민속 음악을 연상케 하기도 했다. 이러한 영향은 에일러의 개인사에서 비롯된, 아프리카계 미국 음악 전통의 요소들과 함께 공존했다. 에일러는 1936년 오하이오주 클리블랜드에서 태어났고, 어린 시절에는 아버지와 함께 교회에서 색소폰 듀엣 연주를 했다. 그의 아버지는 에일러에게 스윙과 비밥 스타일의 재즈도 소개해 주었다. 십대 시절에는 색소폰을 정식으로 훈련하는 것 외에도 재즈와 리듬 앤드 블루스 밴드에서 활동했고, 여름철에는 블루스 뮤지션 리틀 월터Little Walter와 함께 투어를 다니기도 했다. 이십대 초반, 에일러는 3년간의 군 복무 중 군악대에서 활동했으며, 해외 주둔 중에는 유럽의 재즈 클럽 무대에 오르기도 했고, 당시 점차 주목을 받고 있던 프리 재즈의 소리를 접하면서 점차 자신의 음악적 방향을 굳혀갔다.

앨버트 에일러의 첫 레코딩은 1960년대 초 스칸디나비아에서 이루어졌고, 이 시기 그의 연주에서는 주류 재즈 전통의 제약에 맞서 싸우는 모습이 드러난다. 하지만 1964년 무렵에 이르러, 에일러는 자신만의 성숙한 스타일을 확립하게 되는데, 그 특징은 제어되지 않은 흥분감에 있다. 이 무렵, 에일러는 자신의 실험적 음악을 함께할 공감대 있는 동료 연주자들을 만났다. 드러머 서니 머리Sunny Murray는 자유 리듬 퍼커션의 대가였고, 베이시스트 게리 피콕Gary Peacock은 전통적 구조와 무조성 사이를 자유자재로 넘나들며, 그 모호한 중간 지대를 탐색하는 데 특히 능했다. 돈 체리는 에일러의 공연에 자주 참여했고, 유럽 투어에서 그의 밴드에 합류하기도 했다. 1964년 2월에 녹음된 사중주곡《Witches and Devils》에서 에일러는 전통 재즈 어휘와의 단절을 완전히 보여준다. 그의 연주에는 오넷 콜먼과 존 콜트레인의 영향이 보이기는 하지만, 이들마저도 에일러 특유의 거칠고 느슨한 개념 아래 복속된다. 서니 머리의 드럼은 전통적인 박자로 해소되지 않는 불안한 반향의 진원지처럼 기능하며, 보이지 않는 리듬의 단서들을 암시하지만, 결코 규칙적으로 완결되지 않는다. 뒤이어 녹음된 트리오 앨범《Spiritual Unity》는 에일러, 머리, 피콕이 함께한 작품으로, 그의 음악 경력 중 가장 응집력 있는 앙상블 결과물로 평가받는다. 이 앨범에서, 에일러는 색소폰의 어휘를 급진적으로 재창조하면서도, 다른 관악기의 도움 없이도 충분히 자립적일 수 있음을 보여준다. 그의 연주는 고음역대에서의 맑고 현악기 같은 잔상적 소리들, 하모닉스의 열정적 탐색, 베수비오 화산처럼 분출하는 음향의 용암들과 같은 요소들을 포함한다. 게리 피콕과 서니 머리는 마치 로데오에서 황소에 달라붙은 카우보이처럼, 이 격렬한 흐름에 단호하게 매달리며 대응한다. 그리고 실제로 그들은 에일러의 예측 불가능한 도약과 급회전에 능숙하게 대처함으로써 이 트리오의 폭발적인 음악을 지탱해 낸다.

에일러의 동생 도널드 에일러Donald Ayler는 1965년 3월 트럼펫 연주자로 밴드에 합류했고, 이후 3년 동안 형 앨버트 에일러의 핵심 동료로 활동했다. 도널드는 억제되지 않은 사운드 콜라주를 만들어내며, 형의 거칠고 분열적인 색소폰 연주를 효과적으로 보완했다. 그러나 그는 정서적 불안정과 음주 문제를 겪었고, 이는 결국 1968년에 밴드에서 해고되는 계기가 되었다. 1960년대 후반으로 접어들며, 앨버트 에일러의 음악은 다양한 민속적 양식의 요소들을 흡수하기 시작했다. 여기에는 록, 리듬 앤드 블루스, 블루스, 가스펠, 보컬 하모니, 심지어 백파이프 음악까지 포함되었다. 그의 1968년 음반《New Grass》는 프리 재즈의 자유로움과 당시 유행하던 상업적 팝 음악의 공식을 결합하려는 시도를 담고 있어, 이 시기의 가장 기이한 재즈 앨범 중 하나로 평가받는다. 이 앨범에서, 에일러의 급진적인 색소폰 연주는 그루브감 넘치는 리듬 섹션, 특히 펑크 드러머 버나드 퍼디Bernard Purdie에 의해 받쳐지며, 다소 과장되고 모타운 풍이지만 특출나지 않은 보컬 그룹의 코러스에 의해 뒤덮인다. 이러한 새로운 방향은 에일러의 초기 음악을 사랑했던 팬들로부터는 대부분 실망스러운 반응을 얻었고, 동시에 당시 지배적이었던 록 음악 청중들에게도 큰 호응을 얻지 못했다. 생애 말기에, 에일러는 이러한 크로스오버 시도에서 점차 멀어지는 조짐을 보였다.

1970년 11월, 앨버트 에일러는 실종되었고, 약 3주 뒤 그의 시신이 이스트강에서 발견되었다. 그의 나이 서른넷이었다. 뉴욕 검시소는 사인死因을 익사로 판정했다. 일부 평론가들이 타살 가능성을 암시하면서, 시신에 의문의 총상이 있었다는 소문이 돌기도 했지만, 시신 확인에 참여한 피아니스트 콜 콥스Call Cobbs는 이를 부인했다. 또 다른 이들은 에일러가 생전에 보였던 우울 증상과 정신적 불안정을 근거로, 그가 스스로 생을 마감했을 가능성을 제기했다. 만약 다른 상황이었다면, 1970년대의 재즈 부흥은 에일러의 경력에 분명 큰 활력을 불어넣었을 것이다. 그러나 그의 이른 죽음으로 인해, 그 영예는 사후에 이루어지게 된다.

그럼에도 불구하고 이 색소폰 연주자의 짧았던 창작의 절정기는 재즈 역사에서 중대한 전환점을 형성했다. 앤서니 브랙스턴은 때때로 재즈 안에서의 '포스트 에일러 시대'를 언급하며, 에일러를 아방가르드 재즈 진화의 분기점으로 간주했다. 이는 에일러 이후의 많은 재즈가 왜 '완전한 자유의 명령'을 끝까지 밀어붙이지 않고 오히려 물러선 것인지 이해하는 데 유익한 표현이다. 많은 연주자들이 "에일러를 넘어서는" 해방의 다음 단계로 나아가기보다는, 그 지점에서 후퇴하거나 방향을 전환했던 것이다. 사실, "에일러를 넘어서는" 자유가 어떤 모습일지 상상하는 것 자체가 어려운 일이었다. 왜냐하면 에일러의 음악은 '음'의 세계를 뛰어넘어 '소리' 그 자체의 유동 속으로 돌진한 과감한 도약이었으며, 이는 새로운 단계로 나아가는 도약대라기보다는, 한계선처럼 보였기 때문이다. 그렇기에, 에일러가 세상을 떠난 바로 그 시점에, 재즈계에서 가장 큰 화제를 모았던 작품이 마일즈 데이비스의 록적 요소가 가미된 앨범《Bitches Brew》였다는 사실은 어쩌면 놀랄 일도 아니다. 이 앨범은 앞선 십 년간 지배적이었던 아방가르드 경향을 확장하기보다는, 정면으로 반박하는 듯한 음악이었다.

퓨전과 일렉트로니카

　재즈는 언제나 융합fusion의 음악이었다. "뉴올리언스에서 나오는 것은 순수한 게 없다"는 오래된 농담 같은 표현이 있을 정도다. 하지만 뉴올리언스조차 놀랄 만큼, 초기 재즈는 유난히도 복잡한 혼종이었다. 당시 남부의 사고방식은 피부색 짙음의 미세한 차이조차 강박적으로 구분하려 했으며, 성 토마스 아퀴나스가 천사를 아홉 계급으로 나누었던 것처럼, 인종적 "순수성"을 열심히 따지고 구분하려 들었다. 그러나 이와 같은 기준으로는, 이 급진적인 새 음악의 계보를 추적하다가 금세 막다른 골목에 다다르게 된다. 재즈는 태어날 때부터 순수하지 않았고, 진화할수록 점점 더 불순해졌다. 그 역사는 음악적 혼혈에 대한 애착, 다른 양식들과 교배하려는 욕망, 그리고 그렇게 탄생한 완전히 새로운 후예들의 기록이다. 가장 초기의 재즈는 블루스, 래그타임, 행진곡 등 다양한 양식을 흡수할 수 있는 능력을 보였고, 이후 발전 과정에서는 훨씬 더 이질적인 사운드와 스타일들까지 소화하고 변화시켰다. 재즈는 겉치레 없이, 미국 대중가요, 쿠바의 손son, 브라질 삼바, 아르헨티나 탱고 같은 민속 음악들과도, 콘서트홀의 고급 예술 음악들과도 스스럼없이 뒤섞일 수 있는 음악이었다. 오늘날의 재즈는 이러한 모든 여정을 겪으며 남겨진 흔적들을 품고 있는 음악이다. 이것은 바로, 가장 영광스러운 잡종이다.

　하지만 재즈를 융합의 음악으로 이해하는 개념은 1960년대 말에 이르러 특별한 의미를 지니게 되었다. 재즈는 지금껏 겪어온 변화 중에서도 가장 뚜렷한 흡수와 확장의 시기를 맞이하려 하고 있었다. 이후 십 년 동안, 재즈의 주요 연주자들은 대중음악, 민속 음악, 클래식 등 다양한 장르와의 야심 찬 융합을 시도하게 된다. 이러한 실험을 통해 탄생한 하이브리드 음악들은 때때로 기존 재즈 전통과 너무나 동떨어져, 청중들조차 "이게 과연 여전히 재즈라고 할 수 있을까?"라는 의문을 품게 할 정도였다. 심지어, 이런 실험들은 재즈 세계에서 가장 신성하게 여겨지던 유산, 즉 당김음이 강조된 스윙의 감각조차 의심받게 만들었다. 그 자리를 대신한 것은 박자에 딱 맞는 록 리프, 월드뮤직의 드론 사운드,* 부드럽게 흐르는 준-클래식 스타일, 자유 박자의 리듬 실험 등의 다양한 대체 리듬들이었다. 이러한 융합 양식들은 매우 다양했다. 한쪽에는 ECM 사운드 특유의 몽환적이고 콘서트홀을 연상시키는 여운, 다른 한편에는 재즈-록의 강한 댄스 비트와 그루브가 있었다. 하지만 이들 모두는 공통적으로 외부를 향한 시각을 점점 더 공유하고 있었다. 1970년대 말이 되면, 재즈의 시초인 버디 볼든의 유산은 전 세계를 정복한 셈이 되었다. 그러나 정작 이 뉴올리언스의 선구자는 그 자신이 낳은 후손들을 보았더라도, 그것이 자신의 음악이라고 알아보지 못했을 수도 있다. 재즈는 이제 단지 하나의 음악 스타일을 넘어, 모든 소리를 포괄할 수 있는 하나의 '관점'이 되어 있었다.

하지만 이 시기의 대부분의 청중에게, "퓨전"이라는 용어는 매우 좁고 구체적인 의미로 이해되었다. 그것은 바로 재즈와 록 음악을 결합하려는 상업적인 시도를 가리키는 말이었다. 이러한 맥락에서, 1960년대 말 마일즈 데이비스의《Bitches Brew》녹음은 결정적인 사건이었다. 이 작품은 재즈 음악가들에게 새로운 탐색과 실험의 영역을 정당화해 주는 계기가 되었으며, 록의 색채가 가미된 이 새로운 사운드는 재즈 청중의 폭을 상당히 넓혔다. 이는 1970년대 전반에 걸쳐 모든 재즈 스타일의 재정 환경 개선에 박차를 가하는 데도 결정적인 역할을 했을 것이라 짐작된다. 퓨전을 통해 재즈에 입문한 팬들은 곧 다른 형태의 즉흥 음악에도 관심을 지니게 되었고, 그 결과 오랜 침체와 쇠퇴를 겪은 재즈는 이 시기에 경제적 기반을 넓히고 안정화할 수 있었다. 새로운 재즈 클럽들이 문을 열었고, 재즈 전문 음반사들이 우후

---

* 드론 사운드drone sound: 음악에서 지속적으로 울리는 한 음 또는 화음을 의미한다. 이 음은 곡 전체 또는 일부 동안 변하지 않고 계속 유지되며, 다른 선율이나 리듬 위에 배경음처럼 깔리는 역할을 한다. 비틀즈의 〈Tomorrow Never Know〉, 〈A Day in the Life〉에서의 사용으로 대중들에게 널리 알려졌다.

죽순처럼 생겨났으며, 그동안 해외로 떠났던 재즈 연주자들도 다시 귀국하기 시작했다.

《Bitches Brew》의 판매 수치는 재즈계의 변화된 상황을 놀랍도록 분명하게 보여주는 지표였다. 마일즈 데이비스의 1960년대 중반 평균적인 앨범은 비평가들의 극찬을 받고 예술적으로도 중요한 의미를 지녔음에도 불구하고, 발매 당시 십만 장도 채 팔리지 않았다. 그러나 《Bitches Brew》는 발매 첫해에만 무려 사십만 장이 판매되었다. 데이비스는 이 새로운 청중층을 강력히 활용했다. 그는 이후 18개월 동안 매우 왕성하게 녹음 활동을 이어갔고, 이전까지 스튜디오로 끌어들이는 데 애먹었던 컬럼비아 레이블의 임원들을 깜짝 놀라게 했다. 그는 회사 홍보 행사에 직접 참석하고, TV 쇼에 출연해 연주했으며, 필모어 웨스트Fillmore West, 필모어 이스트와 같은 록 콘서트장에서도 공연에 나섰다. 어떤 경우에는, 자신이 오프닝 밴드 역할을 맡는 것도 마다하지 않았다. 또한 그는 이 시기부터 더 넓은 범위의 음악가들과 다양한 사운드를 실험하기 시작했다. 《Bitches Brew》 녹음 세션에서는 무려 열두 명의 연주자가 참여했고, 그중 열 명이 리듬 섹션을 담당했다. 이들 가운데, 1960년대 중반의 퀸텟 멤버에서 살아남은 사람은 오직 웨인 쇼터 한 사람뿐이었다.

일부 평론가들은 마일즈 데이비스가 상업성에 영합했다고 비판했다. 하지만 《Bitches Brew》에서 주목할 만한 점은, 데이비스가 당시 유행하던 상업 음악의 트렌드를 거의 따라 하지 않았다는 사실이다. 앨범의 곡들 대부분은 10분이 넘는 러닝 타임을 가지고 있어, 라디오 방송에서는 거의 틀 수 없었다. 곡들은 히트곡의 공식이라 할 수 있는 요소들, 즉 간결한 편곡, 선명한 멜로디 훅, 단순한 댄스 비트, 기억에 남는 가사를 의도적으로 피했다. 청자들이 그런 요소를 기대했다면, 필연적으로 실망할 수밖에 없는 음악이었다. 《Bitches Brew》는 날것 그대로의 정제되지 않은 음악이었으며, 산만하고 장황하며, 종종 제어 불가능한 흐름을 보여준다. 대규모 리듬 섹션은 걸쭉하고 탁한 사운드 질감을 만들어냈고, 데이비스는 의도적으로 신중한 태도를 보이며, 연주자들이 길고 정적인 뱀프 위에서 연주를 이어가는 동안 한참 뒤에야 트럼펫으로 등장하고는 했다. 게다가, 그렇게 등장한 데이비스의 연주마저 전통적인 의미의 솔로와는 거리가 멀었다. 오히려, 그의 트럼펫 라인은 끓어오르는 음향의 가마솥 위에 얹힌 또 하나의 소리 층에 불과한 듯했다. 많은 사람들이 이 앨범을 1970년대 퓨전 재즈의 시조라고 부르지만, 만약 그렇다고 하더라도, 이 작품이 이후 등장한 그로버 워싱턴Grover Washington이나 스파이로 자이라Spyro Gyra의 앨범과 같이, 매끈하고 정교하게 편곡된 퓨전 앨범들과는 거의 닮은 점이 없다는 것도 부정할 수 없다.

마일즈 데이비스는 《Bitches Brew》 이후, 이 음향적 비전을 바탕으로 여러 후속 프로젝트들을 전개해 나갔다. 이 과정에서 프로듀서 테오 마세로 Teo Macero는 점점 더 중요한 역할을 맡게 되었고, 급진적인 테이프 편집 기법을 활용해 스튜디오 및 라이브 녹음 자료의 방대한 양을 재구성하여 최종 트랙을 조형해 냈다. 예를 들어, 데이비스가 작업한 영화 《Jack Johnson》의 사운드트랙 중, 그의 가장 강력한 작품 중 하나로 평가받는 〈Yester-now〉에서는, 마세로가 1년 이상 전에 다른 밴드와 녹음한 〈Shh/Peaceful〉의 일부를 삽입함으로써 극적인 전환을 만들어낸다. 이 부조화적이고 불안정한 전환은 일견 이질적으로 들릴 수 있으나, 오히려 혼란과 충돌을 미학으로 삼은 새로운 데이비스 사운드의 감각과 매우 잘 어울린다. 같은 시기에 발표된 《Live-Evil》 역시 이상하고 기이한 대비를 보여준다. 여기에는, 데이비스가 독특한 브라질 작곡가 겸 연주자 에르메토 파스코알Hermeto Pascoal과 함께 만든 흥미로운 스튜디오 실험 곡들이 데이비스의 실제 밴드 라이브 연주와 나란히 배치되어 있다. 이 두 종류의 음악은 명백히 서로 다른 성격을 띠고 있음에도 불구하고, 한 앨범 안에 낯설게 병치된다.

어떤 순간에는 데이비스가 자신을 보기 위해 몰려든 록 청중들을 일부러 당황시키는 듯한 인상마저 준다. 무엇보다도 그는 히트곡을 무대 위에서 반복 재현하는 전통적인 방식(대중 밴드의 오랜 공식)을 철저히 회피했고, 대신에 여러 파편적 요소들을 끊임없이 연결하며, 혼란스럽고 불확정적인 리듬의 안개 속에서 불안한 에너지를 전달하는 방식을 택했다.

하지만 이 음악의 거칠고 날것 같은 성격이야말로, 그 상업적 성공의 주요 요인 중 하나였다고 짐작된다. 이 음악은 1960년대 말의 반문화적 정서와 맞닿아 있는 반항적인 기질을 드러냈고, 이는 보다 젊은 청중들, 특히 기존의 매끈한 형식에 "싫증을 느낀" 세대에게 마일즈 데이비스를 신뢰할 만한 존재로 느끼게 해주었다. 이러한 가설을 뒷받침하는 사례가 바로 1972년 발표된 앨범《On the Corner》다. 이 앨범에서, 데이비스는 보다 대놓고 상업적인 요소들, 특히 라디오 친화적인 댄스 리듬을 과감히 도입했다. 그러나 비평가들은 대부분 혹평했고, 판매 실적 또한 데이비스의 기대에 못 미쳤다. 《Bitches Brew》를 통해, 데이비스는 주로 젊은 백인 록 팬층을 끌어들이는 데 성공했지만,《On the Corner》및 이후 프로젝트들에서는 도시 흑인 청중을 새롭게 타겟으로 삼으려 했다. 그러나 실제로는, 이미 그의 옛 밴드 멤버들이 이 분야에서 그를 앞지르고 있었다. 1975년, 데이비스는 허비 행콕의 공연 오프닝 무대를 도는 수준으로 밀려났다. 허비 행콕의 재즈 퓨전/펑크 밴드인 헤드헌터스Headhunters는 데이비스가 겨우 열망만 하던 젊은 흑인 청중층에 이미 도달해 있었기 때문이다.

그의 음악에 대한 엇갈린 반응은 데이비스가 당시 직면한 많은 문제 중하나에 불과했다. 1972년 10월에 발생한 교통사고로 그는 양쪽 발목이 골절되었고, 수년 전 수술을 받았던 왼쪽 엉덩이는 점점 더 심한 통증을 일으켜 그를 자주 움직이지 못하게 했다. 여기에 출혈성 궤양까지 겹쳐 건강 문제가 더욱 악화되었으며, 후두에 생긴 결절로 호흡이 어려워지고, 트럼펫을 연주할 때 숨이 차게 되었다. 음주와 약물 문제도 그의 쇠약해진 상태에 한몫했다. 이런 악조건 속에서도, 데이비스는 여전히 활발한 활동을 이어갔다. 1975년 초에는 일본에서 공연을 열었고, 이 무대는《Agharta》와《Pangaea》라는 음반으로 녹음되어 발매되었다. 하지만 이는 일종의 마지막 외침이었다. 곧 데이비스는 음악계에서 은퇴했다. 그의 고백에 따르면, 이후 그는 4년 넘게 트럼펫을 손에 쥐지 않았고, 집 밖으로 나가는 일도 거의 없었다.

그러나 퓨전 재즈 운동, 즉 데이비스의 유산은 당시 가장 상업적으로 성공 가능한 재즈 스타일로 굳건히 자리 잡고 있었다. 데이비스의 여러 밴드에서 활동했던 이전 멤버들이 이 분야의 선두에 섰으며, 특히 세 개의 앙상블이 재즈와 록을 결합하는 데 있어 큰 영향을 미쳤다. 칙 코리아의 리턴 투 포에버Return to Forever, 존 매클러플린의 마하비쉬누 오케스트라Mahavishnu Orchestra, 그리고 웨인 쇼터와 조 자비눌이 공동 리더를 맡은 웨더 리포트Weather Report가 그것이다. 하지만 이는 데이비스의 제자들이 새로운 재즈 양식에 끼친 영향의 일부분에 지나지 않는다. 허비 행콕은 1973년 발표한 《Head Hunters》 앨범으로 큰 상업적 성공을 거두었고, 〈Chameleon〉이나 재해석된 〈Watermelon Man〉과 같은 펑크 기반의 곡들로 젊은 청중들을 재즈로 끌어들였다. 이 앨범은 행콕에게 이중적인 경력의 시작을 의미했다. 즉, 그는 이후 최고 수준의 전통 재즈 연주와 노골적으로 상업적인 프로젝트를 병행하게 되었다. 1979년 앨범 《Feets Don't Fail Me Now》에서는 보이스 신시사이저의 도움을 받아 실망스러운 보컬 데뷔를 했고, 내용 없는 가짜 디스코 사운드를 반복하며 혹평을 받았다. 하지만 거의 같은 시기에 그는 칙 코리아와 함께한 두 대의 피아노 콘서트 투어에 참여했고, 1960년대 중반에 데이비스 퀸텟을 재결성한 VSOP 밴드(마일즈를 대신해 프레디 허바드가 참여)와도 인상적인 재결합 무대를 가졌다. 이후, 행콕은 자신이 카멜레온 같은 인물임을 증명했다. 그는 주류 재즈 기술(《Quartet》,《Directions in Music》), 월드뮤직에 대한 관심(《The Imagine Project》), 펑크와 전자음악(《Perfect Machine》), 다양한 작곡가들에의 헌정(《Gershwin's World》,《The New Standard》,《River: The Joni Letters》)과 같은 다양한 프로젝트를 통해 폭넓은 음악적 스펙트럼을 보여주었다. 그중《River: The Joni Letters》는 2008년 그래미 '올해의 앨범상'을 수상했으며, 이는 1965년 게츠/질베르투 이후 처음으로 재즈 앨범이 이 상을 받은 사례였다. 조지 벤슨은 데이비스의《Miles in the Sky》에서 기타 연주를 들려준 바 있으며, 이후 보컬리스트로 성공적으로 전환했다. 그는 1970년대 중반《Breezin'》앨범에서 레온 러셀Leon Russell의 〈This Masquerade〉를 커버하며 팝 히트 행진을 시작했고, 이러한 성공은 웨스 몽고메리를 연상시키는 그의 뛰어난 기타 솔로 실력을 가릴 정도였다. 토니 윌리엄스의 라이프타임Lifetime 밴드는, 허비 행콕이나 벤슨의 퓨전 작업만큼 상업적으로 성공하진 못했지만, 오르가니스트 래리 영과 기타리스트 존 매클러플린과 함께, 록의 에너지와 재즈 연주의 정교함을 가장 세련되게 융합한 사례 가운데 하나였다. 에어토Airto, 로니 리스턴 스미스Lonnie Liston Smith, 마이클 헨더슨Michael Henderson 등 덜 알려진 데이비스 출신 뮤지션들도《Head Hunters》,《Breezin'》, 또는《Bitches Brew》같은 성공을 거두지는 못했지만, 각자의 밴드를 통해 크로스오버 청중을 끌어들이려는 시대적 흐름에 뛰어들었고, 그 결과는 다양했다.

칙 코리아는 1971년 말 퓨전 그룹 리턴 투 포에버를 창단할 무렵, 이미 같은 세대에서 가장 두드러진 재즈 피아니스트 중 한 명으로 자리매김한 상태였다. 그의 초기 활동은 재즈 앙상블과 라틴 밴드 양쪽에서 이루어졌고, 시간이 흐르며 발전한 그의 주류 재즈 스타일은 깔끔하고 또렷한 피아노 터치, 모드와 인상주의적 화성의 혼합, 비트의 꼭대기에서 몰아가는 듯한 강한 리듬감을 특징으로 했다. 그는 1967년 스탄 게츠의《Sweet Rain》프로젝트에 참여하면서 이미 성숙한 피아노 스타일과 작곡가로서의 면모를 드러냈고, 1968년 자신의 리더작《Now He Sings, Now He Sobs》는 그 시대의 가장 창의적인 피아노 트리오 앨범 중 하나로 높은 평가를 받았다. 이 무렵, 코리아는 마일즈 데이비스의 밴드에 합류하여《Bitches Brew》를 비롯한 여러 후속 녹음 작업에 참여했지만, 1970년대 초에는 데이비스의 밴드를 떠나 보다 자유로운 구조를 실험하는 서클Circle 밴드로 방향을 틀었다. 또한 1971년 ECM 레이블에서 발표한 두 장의 피아노 즉흥 연주 음반에서는 그가 보다 노래 중심적인 스타일을 정제해가는 과정을 보여주었으며, 이는 이후 리턴 투 포에버에서 더욱 두드러지게 나타났다. 이 앙상블은 1972년에 결성되었고, 코리아는 실력 있는 연주자들의 지원을 받았다. 특히, 베이시스트 스탠리 클라크Stanley Clarke와 이후에 합류한 기타리스트 알 디 메올라Al Di Meola는 일렉트릭과 어쿠스틱 환경 모두에서 코리아와 어깨를 나란히 할 수 있는 기교 넘치는 연주자들로, 이들은 재즈, 록-팝, 브라질/라틴 사운드를 매력적으로 융합하는 데 큰 역할을 했다. 코리아는 특히 라틴 요소를 자신의 작곡에 녹여내는 데 뛰어났으며, 그의 대표곡인 〈La Fiesta〉와 〈Spain〉의 크로스오버 성공은 이를 잘 보여준다.

1980년대부터 칙 코리아는 트리오 편성으로 점점 더 자주 연주하게 되었으며, 한동안은《Now He Sings, Now He Sobs》프로젝트에 참여했던 베테랑 드러머 로이 헤인즈와 베이시스트 미로슬라프 비투스Miroslav Vitous와 재결성하기도 했다. 이후에는, 베이시스트 존 패티투치John Patitucci와 드러머 데이브 웨클Dave Weckl과 함께 역동적인 앙상블을 결성했다. 허비 행콕과 마찬가지로, 코리아 역시 일렉트릭과 어쿠스틱 환경을 오가며 연주했지만, 행콕과 달리 양 스타일 간에 날카로운 단절은 없었다. 실제로, 코리아-패티투치-웨클 트리오는 일렉트릭 밴드Elektric Band와 어쿠스틱 밴드Akoustic Band로 번갈아 활동했으며, 이 두 접근법은 뚜렷한 수렴을 보여주었다. 이후의 코리아 밴드들은 이러한 양식을 다양한 방식으로 변주했다. 예컨대, 어쿠스틱 중심의 강렬한 스몰 콤보(아비샤이 코언Avishai Cohen과 제프 밸러드Jeff Ballard가 함께한 뉴 트리오New Trio, 보다 확장된 오리진Origin 섹스텟 등)에서부터, 슈퍼그룹급 전자 밴드(2008년 리턴 투 포에버 재결성 공연, 2009년 존 매클러플린과의 파이브 피스 밴드Five Peace Band 협연 등)에 이르기까지 폭넓은 스펙트럼을 아우렀다. 그 여정 속에서, 코리아는 보컬리스트 바비 맥퍼린Bobby McFerrin, 밴조 연주자 벨라 플렉Béla Fleck 등 다양한 아티스트들과 듀엣 프로젝트를 진행했고, 클래식 작품을 연주했으며, 자신의 피아노 협주곡과 현악 사중주곡까지 작곡하기도 했다. 많은 동시대 재즈 뮤지션들처럼, 코리아가 재즈-록 퓨전에 몰두했던 시기는 결국 그의 더욱 다채롭고 다면적인 경력의 한 측면에 불과했음이 드러났다. 그의 음악 인생은 "일렉트릭"했던 것 이상으로 "에클렉틱eclectic[다양성을 수용하는]"했다.

존 매클러플린은 1971년 마하비쉬누 오케스트라를 결성해 독자적인 활동을 시작하기 전, 토니 윌리엄스의 라이프타임 밴드와 마일즈 데이비스의 초기 퓨전 작업에 참여했다. 1942년 영국 요크셔에서 태어난 매클러플린은 런던 음악계에서 활발히 활동했으며, 재즈 그룹뿐 아니라 에릭 클랩튼, 믹 재거, 잭 브루스 등 록 뮤지션들과도 함께 연주했다. 그는 1969년 미국으로 건너간 뒤 본격적인 경력 전환을 맞게 된다. 마하비쉬누 오케스트라의 음악은 매클러플린의 깊은 록 뿌리를 반영했으며, 여러 면에서 마일즈 데이비스보다 지미 헨드릭스가 더 큰 롤모델이었다고 볼 수 있다. 특히 밴드에 관악 연주자가 없었다는 점은 그 록 지향성을 더욱 강화시켰다. 하지만 매클러플린의 관심은 재즈와 록을 넘어 훨씬 다양한 장르로 확장되었다. 그의 플라멩코 연주 실력은 이후 파코 데 루시아Paco de Lucia와의 협업에서 드러났고, 인도 음악에 대한 탐구는 1970년대 후반 샤크티Shakti 밴드에서 뚜렷하게 나타났으며, 클래식/어쿠스틱 기타 전통에 대한 관심은 1980~90년대에 점점 뚜렷해져, 1985년 로스앤젤레스 필하모닉 오케스트라와 협연한 기타 협주곡 초연 등에서 확인할 수 있다. 재즈 평론가 요아힘 베렌트Joachim Berendt는 1970년대 초 매클러플린이 "오늘날의 음악에서 역할을 해온 모든 요소들의 완전한 통합을 상징하는 인물"[204]이라고 다소 과감하게 평한 바 있다. 하지만 이후 매클러플린의 음악 활동은 이 과장처럼 보였던 찬사를 실현하는 방향으로 전개되었다

칙 코리아와 존 매클러플린처럼, 조 자비눌과 웨인 쇼터도 《Bitches

Brew》 세션에 참여했으며, 1970년대 초반에는 자신들의 퓨전 밴드를 결성하기 위해 데이비스의 곁을 떠났다. 그 결과 탄생한 슈퍼그룹 웨더 리포트는 그 시대 가장 인기 있고 영향력 있는 재즈 밴드 중 하나로 자리 잡았다. 자비눌과 쇼터는 모두 하드 밥 시대에 성장한 인물이었다. 쇼터는 아트 블레이키 밑에서 수련했고, 자비눌은 캐논볼 애덜리와 함께 활동하며 그의 히트곡 〈Mercy, Mercy, Mercy〉를 작곡했다. 이 곡은 블루스 색채가 짙은 펑크 곡으로, 당시 청중에게는 빈 출신이자 클래식 음악 중심의 교육을 받은 자비눌이 만든 음악치고는 의외로 느껴졌을 것이다. 그러나 이처럼 댄스 리듬과 대중적인 스타일에 민감한 감각은 이후 웨더 리포트가 명성을 얻는 데 중요한 역할을 했다. 웨더 리포트에서, 자비눌은 수많은 전자 키보드를 활용해 오케스트라적 사운드 층을 만들어냈고, 당대 다른 퓨전 밴드들보다 훨씬 작곡 중심적인 스타일을 추구했다. 즉흥 솔로 연주자와 반주자 사이의 경계는 흐려졌고, 그 자리에 다양한 그루브와 작곡된 짧은 장면들 사이를 자연스럽게 오가는 유동적인 전자 사운드 환경이 자리했다. 이 그룹의 가장 큰 히트곡인 자비눌 작곡의 〈Birdland〉(1976년 앨범 《Heavy Weather》에 수록)는 이러한 접근 방식이 가장 잘 구현된 인상적인 예시였다. 이 곡은 여러 대조적인 분위기를 넘나들며, 독특한 리듬과 음색으로 이를 뒷받침하고, 결국에는 경쾌한 화성과 리듬 구조 위에 얹힌 단순하고 기억에 남는 멜로디로 정점을 찍는다. 정교함과 선율미, 그리고 무엇보다도 다양성과 압축성을 갖춘 이러한 접근 방식은 1970년대의 지배적인 일렉트로닉 팝 스타일에 적용된 엘링턴의 미학으로 볼 수 있다.

그러나 엘링턴과 웨더 리포트 사이에는 결정적인 차이점들이 있었다. 듀크 엘링턴의 밴드는 일관된 멤버 구성이 특징이었고, 많은 연주자들이 수십 년간 함께했다. 반면, 웨더 리포트는 멤버 교체가 빈번했고, 밴드의 지속성을 유지한 것은 조 자비눌과 웨인 쇼터뿐이었다. 하지만 이보다 더 본질적인 차이는 따로 있었다. 듀크는 자신의 작곡을 솔로이스트 즉흥 연주 중심으로 구성했던 반면, 자비눌은 개별 연주자들의 존재를 전체적인 곡의 분위기 속에 녹여내는 방식을 선호했다. 시간이 지나면서, 웨인 쇼터의 팬들 사이에서는 재즈 역사상 위대한 색소폰 연주자 중 한 명이 겨우 간간이 등장하거나 간주에 머물고 있다며 불만의 목소리가 커졌다. 그들은 쇼터가 참여했던 1970년대 중반 VSOP 퀸텟 활동이나, 밀톤 나시멘투Milton Nascimento와 함께한 1974년 리더 작《Native Dancer》가 그의 재능을 훨씬 더 잘 보여주는 무대라고 주장했다. 1960년대 블루 노트 시절의 리더 작이나 재즈 메신저스 활동은 말할 것도 없었다. 그럼에도 불구하고, 자비눌에게 공을 돌릴 만한 부분도 있다. 그는 이러한 "솔로이스트의 부정"을 통해 혁신적이고 준∰ 대화적인 작곡 방식을 만들어냈다. 어떤 악기든 선율의 단편을 먼저 연주할 수 있었고, 그에 대한 반응이 예상치 못한 방향에서 등장하기도 했다. 이러한 소리의 조각들이 한 땀 한 땀 하나로 엮이면서, 인상적인 대형 작품으로 완성되어 갔다.

1970년대 중반, 일렉트릭 베이시스트 자코 파스토리우스Jaco Pastorius의 밴드 합류는 이러한 집단주의적 정신과 극명한 대조를 이루었다. 건방지고 화려한 성격의 파스토리우스는 드러머 옆에 조용히 숨어 있는 재즈 콤보의 조연이라는, 베이시스트에 대한 고정관념을 완전히 뒤엎었다. 그는 관객을 사로잡는 카리스마 있는 인물이었으며, 수많은 록 팬들에게 재즈의 정교함을 소개한 장본인이었다. 도대체 누가 십대 베이시스트들로 하여금 찰리 파커의 복잡한 비밥 라인 〈Donna Lee〉를 베이스로 연주하도록 영감을 줄 수 있었을까? 하지만 이 곡에 대한 파스토리우스의 화려한 녹음은 그 시기의 가장 높이 평가되고 널리 모방된 퓨전 연주 중 하나로 남았다. 비평가들은 종종 그의 무대 위 행동을 피상적인 쇼맨십으로 치부했지만, 파스토리우스는 대개 자신의 도발적 태도와 제스처를 놀라운 테크닉과 탁월한 음정 정확성으로 뒷받침하고는 했다. 그의 존재는《Heavy Weather》앨범에 활력을 불어넣었고, 다른 여러 반주자 및 리더 프로젝트에서도 중요한 역할을 했다.

이러한 객원 연주 중 가장 주목할 만한 사례 중 하나는 1976년에 발매된 《Bright Size Life》에서 나타났다. 이 음반은 기타리스트 팻 메스니의 첫 리더 앨범 데뷔작으로, 그가 처음으로 중심에 선 작품이었다. 메스니는 재즈-록 퓨전 운동의 후기 단계에 등장했으며, 그의 경력은 이 장르의 잠재력에 대한 최종적 완성으로도, 혹은 장르의 틀에 얽매이지 않으려는 재즈계의 욕구를 보여주는 신호로도 볼 수 있다. 확실한 것은 메스니의 음악이 종종 범주화 자체를 거부해 왔다는 점이다. 이는 퓨전 팬들이 기대하는 방향성과는 전혀 다른 궤도였다. 많은 이들이 그의 예술성이 상업적 요구에 순응하는 것에 대한 복합적 태도와 밀접하게 연결되어 있다고 생각한다. 실제로 그는 경력 절정기에 오넷 콜먼과 함께 복잡하고 무조적인 작품을 녹음했는데, 이는 자신이 연관되어 있던 점점 더 무의미해져 가는 상업적 재즈계로부터 일부러 거리를 두기 위한 행동처럼 보였다. 이후의 세월 동안, 메스니는 팬들을 여러 번 놀라게 했다. 때로는 바리톤 기타나 오케스트리언Orchestrion이라는 움직이는 부품과 음향 장치가 가득한 루브 골드버그* 풍의 기계 같은 기묘한 악기들을 사용했고, 때로는 브래드 멜다우, 조슈아 레드먼Joshua Redman, 짐 홀 같은 뛰어난 즉흥 연주자들과 짧지만 인상적인 협업을 하기도 했다. 하지만 메스니는 이미 《Bright Size Life》 시절부터 대담한 모험가의 면모를 보여주었고, 팝-록 요소를 탐구적인 재즈 스타일에 통합하면서도 양쪽 장르의 진부한 틀을 철저히 회피하고자 했다.

메스니는 십대 시절부터 버클리 음악 대학의 재즈 학부에서 기타를 가르칠 정도로 뛰어난 테크니션으로 빠르게 명성을 얻었지만, 그의 연주는 재

---

* 미국의 만화가이자 발명가 루벤 루시어스 "루브" 골드버그(Rube Goldberg, 1883~1970)를 가리키며, 그의 이름은 '간단한 일을 지나치게 복잡하게 처리하는 기계'를 의미하는 명사가 되었다. 루브 골드버그 머신이란, 작은 도미노, 공, 레버, 장치들이 연속적으로 연결되며 한 단계를 촉발하고 다음 단계로 이어지는 연쇄 반응 방식으로 설계된 과장된 장치이다.

즈-록 스타들에게 흔히 보이는 손가락 기교의 공허한 과시를 피해갔다. 그 대신, 그는 명료하고 선율적인 스타일을 다듬어냈으며, 그 절정의 연주는 웨스 몽고메리의 날카로운 일렉트릭 기타 연주에 비견될 만하다. 1976년, 메스니 밴드에 음악적 성향이 잘 맞는 키보드 사운드스케이프 아티스트인 라일 메이즈Lyle Mays가 합류하면서, ECM과 게펜Geffen 레이블에서 녹음된 앨범들로 남겨진 매우 결실 많은 협업 관계가 시작되었다. 메스니의 퓨전 음악에서 가장 인상적인 업적은《Still Life(Talking)》, 1989년의《Letter from Home》, 1992년의《Secret Story》와 같은, 장르를 넘나드는 음반들이다. 이 작품들은 고급 재즈 작곡 기법을 팝-록과 브라질 음악 요소와 결합한 매우 독창적인 프로젝트로, 겉보기에는 단순하게 들리지만 1980년대 후반과 1990년대 초반의 재즈 작법 가운데 가장 정교한 것들을 포함하고 있다.

메스니와 마찬가지로, 브레커 브라더스Brecker Brothers는 마일즈 데이비스 밑에서 수련 기간을 거치지 않고도 퓨전 음악의 거장으로 자리매김했다. 그러나 이 재능 넘치는 형제인, 1949년생의 색소폰 연주자 마이클 브레커와 1945년생의 트럼펫 연주자 랜디 브레커는 1975년 아리스타Arista 레이블에서《The Brecker Brothers》를 발표했을 당시, 이미 재즈와 록 양쪽에서 깊은 경험을 쌓은 연주자들이었다. 마이클은 호레이스 실버와 빌리 코범Billy Cobham과 함께 연주했으며, 랜디는 블러드 스웻 앤드 티어스의 첫 앨범은 물론 아트 블레이키, 호레이스 실버, 래리 코리엘Larry Coryell의 일레븐스 하우스The Eleventh House에서도 활동했다. 이들이 주연급 아티스트가 된 후에도 두 사람은 리더로서의 활동을 보완하듯 여전히 객원 연주자로 자주 참여했고, 세션 연주자로서도 큰 인기를 누렸다. 시간이 지나면서, 이들의 연주는 브루스 스프링스틴, 폴 사이먼, 프랭크 시나트라, 조니 미첼, 프랭크 자파, 빌리 조엘, 제임스 테일러 등 20세기 후반 대중음악계의 내로라하는 스타들과 함께 소개되었다. 하지만 브레커 형제는 본질적으로 재즈 음악가였고, 그들의 가장 대표적인 음악은 하드 밥과 모달 재즈의 색채에 록과 펑크 요소를 절묘하게 섞은, 매력적인 혼합 스타일이었다. 특히, 마이클 브레커는 매우 설득력 있는 스타일리스트로 부상했으며, 그를 다음 세대 색소폰 연주자들의 영웅이라 부르는 것도 과장이 아니다. 많은 젊은 연주자들이 그의 솔로를 연구하고 모방했으며, 그의 속사포 같은 테크닉과 무궁무진한 패턴과 릭lick에 대한 장악력, 여기에 더해진 날카롭고 강한 음색은 그를 기타리스트들의 시대 속에서도 살아남을 수 있는 완벽한 색소폰 연주자로 만들어주었다. 그는 재즈 콤보와의 친밀한 연주에서도, 수천 명의 관객과 수많은 앰프 사이에 둘러싸인 축제 무대에서도, 자신의 존재감을 유감없이 드러낸 화려한 즉흥 연주자였다. 다른 퓨전 스타들이 1980~90년대에 새로 등장한 '신新전통주의자'들로 인해 청중을 잃고 고전하는 동안에도, 마이클 브레커는 한 치의 흐트러짐 없이 자신의 길을 걸었다. 브레커 브라더스 이후 그의 리더 앨범들은 대체로 록과 펑크의 요소가 줄고, 좀 더 주류 재즈에 가까운 성향을 띠었지만, 그는 펑키한 백 비트 위에서 연주하든, 고전 스탠다드의 코드 진행 위를 날듯 넘나들든, 똑같이 인상적이었다. 그는 음악 평론가들로부터 연주 동료들만큼의 찬사를 받지는 못했지만, 색소폰 연주자들의 존경은 대단했다. 그 어떤 세대의 연주자들 가운데서도, 이보다 많은 열성적인 추종자들을 거느린 색소폰 연주자는 드물었다. 수많은 히트곡에 참여한 이력이 오히려 일부 재즈 평론가들에게 반감을 샀을 수도 있다. 그러나 어떤 합리적인 기준으로 보더라도, 마이클 브레커는 콜트레인 이후 가장 영향력 있는 재즈 색소폰 연주자 중 하나로 손꼽힐 만한 인물이다.

퓨전 음악을 다룬 대부분의 역사적 개관들은 웨더 리포트나 리턴 투 포에버처럼 깊은 재즈 뿌리를 지닌 밴드들에 초점을 맞추어 왔다. 그러나 퓨전 양식에서 가장 창의적인 시도 가운데 다수는 재즈 기법을 차용하고 변형한 록 음악가들에게서 나왔다. 《Bitches Brew》 이전에도, 록 밴드 시카고Chicago와 블러드 스웻 앤드 티어스는 이미 재즈의 관악 섹션과 록 리듬 섹션을 성공적으로 결합한 바 있다. 특히, 블러드 스웻 앤드 티어스의 두 번째 앨범에 수록된 빌리 홀리데이의 〈God Bless the Child〉 커버는 퓨전 전성기 당시 재즈 진영에서 나온 어떤 시도 못지않게 창의적이었다. 우디 허먼 밴드 출신의 트럼펫 주자 빌 체이스Bill Chase는 1970년대 초 자신의 밴드 체이스Chase를 통해 유사한 접근을 시도했다. 이 밴드는 트럼펫 네 대, 록 리듬 섹션, 그리고 보컬을 결합해 활력 넘치는 사운드를 만들어냈다. 이 시기 록 기타리스트들 역시 재즈 기법을 성공적으로 확대 적용하고 있었다. 지미 헨드릭스의 실험은 큰 성공을 거두었으며, 오히려 마일즈 데이비스와 존 매클러플린 같은 재즈 음악가들에게 역으로 영향을 미쳤다. 슬라이 스톤과 제임스 브라운의 보다 소울 지향적인 녹음들도 많은 퓨전 연주자들에게 중요한 선례로 인정받았다. 이 시기에, 스틸리 댄Steely Dan은 팝-록이 재즈의 영양분을 받아, 얼마나 높은 음악적 수준에 도달할 수 있는지를 보여주었다. 《Pretzel Logic》, 《Katy Lied》, 《Aja》와 같은 1970년대 중반의 앨범들은 기이하면서도 매력적인 사운드로 청중을 사로잡았고, FM 라디오에 적합한 새로운 형식의 전자 예술 가곡을 선보였다. 웨인 쇼터, 필 우즈와 같은 재즈 아이콘들이 카메오로 참여함으로써 세션의 수준은 한층 높아졌지만, 이 프로젝트에 참여한 무명의 세션 연주자들조차도 정통 재즈 실력을 지닌 스튜디오의 반신半神들이었다. 같은 맥락에서, 싱어송라이터 조니 미첼은 재즈 요소들이 보다 내성적인 성향의 아티스트의 작품에도 영향을 줄 수 있으며, 1970~80년대의 새로운 음유시인 스타일과도 뜻밖의 방식으로 융합될 수 있음을 보여주었다. 미첼은 처음에는 포크팝 아티스트로 마케팅되었지만, 시간이 흐를수록 음악 속 재즈 색채는 점점 더 강해졌으며, 자코 파스토리우스, 웨인 쇼터, 허비 행콕 등 퓨전 스타들과의 협업은 그녀가 다른 조건만 주어졌더라면 풀타임 재즈 작곡가 겸 연주자로 활동할 수 있었을 것임을 명확히 보여준다. (안타깝게도, 그녀가 재즈를 수용하기 시작한 시기부터 음반 판매는 감소세를 보였고, 이는 아마도 그녀의 상업적 성공에는 부정적 영향을 미쳤을 것이다.) 많은 음악 팬들은 이 아티스트들을 재즈계의 대표로 보지는 않았지만, 이 정도 수준의 창의적인 작업은 퓨전이 한 방향이 아니라 양방향의 흐름이었다는 점을 보여준다. 전통 하드 밥 연주자들이 전기 악기로 전환한 것만큼이나, 상업적인 록/팝 아티스트들 역시 재즈 요소를 신중히 차용하여 자신의 음악 수준을 끌어올린 사례들도 존재했다.

프랭크 자파Frank Zappa의 작품은 이러한 음악적 교류의 증거를 잘 보여주지만, 그의 재즈적 성향은 주로 기이한 무대 퍼포먼스 뒤에 가려져 있었다. 그럼에도 불구하고,《Hot Rats》,《Uncle Meat》,《Waka/Jawaka》,《The Grand Wazoo》과 같은, 1960년대 후반부터 1970년대 초반까지의 그의 프로젝트들은 당시의 가장 야심 차고 효과적인 작품들로, (다른 많은 것들뿐만 아니라) 재즈 기법들을 록 음악 맥락 속에 통합한 대표적인 사례들이다. 자파는 언제나 자신을 재즈와 거리를 두려 했다. 그는 농담 삼아 "재즈는 백수들의 음악이다"라고 말하고는 했고, 때때로 "재즈는 죽지 않았다…… 그냥 냄새가 이상할 뿐"이라고 선언하기도 했다. 그럼에도 불구하고, 1969년부터 1972년까지 그의 음악은 재즈 퓨전 어휘로 가득 차 있었고, 때로는 자파가 자신의 록 음악 뿌리를 포기하려는 듯한 인상을 주기도 했다. 그가 동료 연주자로 선택한 인물들인, 떠오르는 퓨전 밴드 리더였던 조지 듀크George Duke와 장 뤽 퐁티Jean-Luc Ponty 등은 이러한 스타일 변화에 힘을 실어 주었고, 그의 복잡한 작곡 방식은 자파의 밴드가 당대의 다른 록 밴드들 중 거의 유일하게 주요 재즈 콤보들과 견줄 만한 음악적 폭과 깊이를 가질 수 있게 했다. 그러나 1970년대가 흐르면서, 자파는 자신의 음악에서 재즈적 요소들을 줄였고, 그 결과 음반 판매는 오히려 증가했다. 대중은 마일즈 데이비스나 마하비쉬누 오케스트라의 경쟁자로서의 자파보다, 〈Valley Girl〉이나 〈Dancin' Fool〉 같은 익살스러운 노래를 부르는 자파를 더 선호했던 것이다. 하지만 그가 퓨전과 잠시나마 밀고 당기며 교류하던 시기의 음악은 재즈계로부터 더 큰 존중을 받을 만한 가치가 있다.

1970년대가 저물어갈 무렵, 퓨전의 황금기는 대부분 불행한 결말을 향해

가고 있었다. 웨더 리포트는 1986년까지 새 앨범을 계속 발표했지만, 후기 작품들은 10년 전의 상업적 성공이나 비평적 호평 어느 쪽도 다시 얻지 못했다. 1981년에 밴드를 떠났던 자코 파스토리우스는, 이듬해 나이트클럽 경비원의 폭행으로 사망했다. 하지만 그보다 앞서, 그는 약물 남용과 정신적 불안정으로 인해 퓨전 스타로서의 짧은 전성기를 사실상 마감한 상태였다. 리턴 투 포에버는 더 이른 시점인 1977년《Musicmagic》앨범 이후 해체되었고, 1983년에 잠시 재결합하기는 했지만, 본격적인 재결성은 2008년 재결합 투어에 이르러서야 이루어졌다. 마하비쉬누 오케스트라 역시 1976년에 해체되었고, 이후 1980년대에 재결합을 시도하기는 했지만, 본래의 명성을 되살리지는 못했다. 마일즈 데이비스조차 1975년부터 1981년까지 활동을 거의 중단하며 장기 휴식기에 들어갔다. 그가 복귀했을 때쯤에는, 그 자신이 시동을 건 퓨전 운동은 이미 뚜렷한 쇠퇴기에 접어든 상태였다.

그렇다면 이것은 전자 사운드를 재즈에 통합하려는 시도가 실패한 실험이었다는 신호였을까?

결코 그렇지 않다. 만약 퓨전의 영웅시대가 끝났다고 한다면, 일렉트로니카electronica의 새로운 시대가 막을 올린 것이다. 재즈 연주자들은 1970년대 이후에도 계속해서 기술적 도구들을 활용한 실험을 이어갔다. 다만, 이제 그 도구는 더 이상 무대 중심에 놓인 신시사이저나 일렉트릭 기타뿐 아니라, 노트북 컴퓨터나 스튜디오 장비일 수도 있었다. 때로는, 낮은 수준의 기술 장치가 가장 큰 충격을 주기도 했다. 허비 행콕의 1983년 앨범《Future Shock》에 수록된 히트 싱글〈Rockit〉은 많은 이들을 놀라게 했는데, 이 곡에서 그랜드 믹서 DXT가 턴테이블 위에서 손으로 레코드를 앞뒤로 움직이며 소리를 내는 "스크래칭" 기법을 선보였기 때문이다. 이 방식은 주로 강한 리듬감을 갖는 음향 패턴을 만드는 데 사용되었다. 심지어, 열린 마음을 지닌 재즈 팬들조차도 턴테이블을 하나의 악기로 받아들이는 데 어려움을 겪었지만, 저항은 점차 누그러졌고, 스크래치, 루프,* 샘플링, 그리고 다양한 형태의 프로그래밍 도구들은 점차 흑인 창작 음악의 영역 안에 자리를 잡게 되었다. 그리고 우리가 마지막 장에서 보게 되겠지만, 이러한 혁신은 오늘날 기술 기반의 새로운 재즈 부흥을 이끄는 기반이 되었다.

몇 년 뒤 등장한 애시드 재즈acid jazz는 소울, 재즈, 랩, 하우스 음악 등 다양한 장르로부터 차용하며, 이러한 새로운 사운드들이 과거의 음악적 뿌리로부터 얼마나 많은 자양분을 얻고 있었는지를 점점 더 분명히 보여주었다. 비록 애시드 재즈를 구성하는 다양한 음악 요소들이 미국에서 기원했음에도 불구하고, 이 장르는 처음부터 뚜렷한 국제적 성격을 띠고 있었다. 애시드 재즈는 1980년대 말 런던에서 대중적 인기를 얻기 시작했으며, 그곳에서 질 피터슨Gilles Peterson("애시드 재즈"라는 용어를 만든 인물로 알려져 있다)과 다른 디제이들이 클래식 재즈 녹음에 타악기 트랙과 전자 댄스 비트를 결합하는 실험을 하면서 이 장르가 형성되었다. 이 사운드는 빠르게 일본, 독일, 브라질, 동유럽, 미국 등 여러 지역으로 퍼져나가며, 열성적인 팬층을 형성했다. 하지만 재즈 순수주의자들은 이러한 장르 혼합 시도를 경멸하기도 했다. 그들은 애시드 재즈를 재즈 전통의 확장이 아닌, 상업적인 클럽 트렌드 정도로 여겼다. 그러나 이러한 디제이들의 활동은 이후 등장할 재즈와 댄스 음악의 융합을 예고하고, 어쩌면 기반을 다진 것이라고 볼 수 있다. 런던 음악 현장에서 등장한 밴드 어스쓰리Us3 또한 유사한 방식, 즉 클래식 음악을 차용하는 공식을 따랐다. 그들은 블루 노트의 하드 밥 음반에서 샘플을 따와, 그 위에 랩을 얹는 방식으로 음악을 만들었다. 이러한 혼합 스타일이 청자들에게 얼마나 큰 호소력을 가질 수 있는지 의심했던 사람들은 판매 수치만 봐도 그 상업적 잠재력을 이해할 수 있었다. 어스쓰리의 데뷔 앨범은 재즈-랩 분야에서 역대 가장 빠르게 팔린 앨범이 되었고, 이는 클럽에도 재

---

* 루프loop: 짧은 음향 구간(리듬, 멜로디, 사운드 등)을 반복 재생하여 음악적 구조나 분위기를 만드는 기법.

즈 공연장에도 가지 않던 소비자들까지 사로잡았다. 이 밴드는 블루 노트 레이블 역사상 첫 플래티넘(미국 내 백만 장 판매) 앨범을 기록한 아티스트가 되었으며, 이는 그 앨범의 창작 에너지 대부분이 생전에는 금전적 성공을 누리지 못했던 재즈 전설들의 음악을 차용하여 얻은 것이라는 점에서 매우 아이러니한 결과였다.

이와 같은 시기, 어 트라이브 콜드 퀘스트A Tribe Called Quest는 캐논볼 애덜리, 아트 블레이키, 프레디 허바드, 잭 드조넷 등 다양한 재즈 뮤지션들의 음원을 샘플링하여, 1991년 발표한 획기적인 앨범《The Low End Theory》를 완성했다. 이 앨범은 플래티넘을 기록했고, 2006년『타임』지에 의해 역사상 가장 위대한 앨범 100선 중 하나로 선정되었다. 그러나 어 트라이브 콜드 퀘스트, 어스쓰리, 그리고 랩/애시드 재즈 커뮤니티에서 재즈 자료를 활용한 1세대 밴드들의 음악은 진정한 의미에서의 퓨전에까지는 도달하지 못했다. 대신, 이 음악은 기생적인 관계에 머물렀는데, 하드 밥, 소울 재즈, 퓨전 레코드에서 멋진 릭이나 그루브를 약탈하듯 가져와, 그것을 새로운 젊은 주인들의 의도에 종속된 형태로 사용했던 것이다. 재즈 쪽에서의 기여는 대체로 간접적인 방식에 그쳤으며, 필요할 때 과거 녹음물을 샘플링하는 식이었다. 하지만 1990년대 중반에 접어들며, 보다 야심 찬 시도들이 등장하기 시작했다. 오리지널 재즈와 현대 흑인 대중음악을 결합하려는 시도였고, 여기에는 맥스 로치, 브랜포드 마살리스, 스티브 콜먼Steve Coleman, 그레그 오스비Greg Osby, 도널드 버드 등 평판 높은 재즈 연주자들이 참여했다. 같은 시기, 래퍼 구루Guru(본명은 키스 에드워드 엘럼Keith Edward Elam, 1966년생)도 재즈 경력이 풍부한 아티스트들과 협업하여, 힙합과 재즈를 절묘하게 융합한 앨범 시리즈《Jazzmatazz》를 발표했다. 이 프로젝트들은 미국뿐 아니라 해외에서도 성공적인 판매고를 기록하며, 재즈 뮤지션이 단지 샘플 음원의 저작권자 이상의 역할을 할 수 있음을 다시금 입증했다.

만약 마일즈 데이비스가 더 오래 살았다면, 재즈와 새롭게 떠오르는 상업적 스타일 간의 대화에서 분명 중요한 역할을 했을 것이다. 그는 생의 말년에, 재즈와 힙합 사이의 공통점을 찾는 데 큰 관심을 보였다. 사실, 지난 20세기 후반의 재즈 감성의 거의 모든 변화에는 이 변덕스럽고 끊임없이 변화하는 예술가가 관여해 있었으며, 그는 경력의 마지막 시기에도 여전히 새로운 소리를 향한 더 큰 갈망을 드러냈다. 1980년대에는 새로운 세대의 재즈 전통주의자들이 어쿠스틱 악기와 틴 팬 앨리 시대의 고전 가요를 되살리고 있었지만, 데이비스는 그 어느 때보다 더 대놓고 상업적인 방향으로 나아가고 있었다. 그는 다시 녹음실과 공연 무대로 돌아와, 신디 로퍼Cyndi Lauper와 마이클 잭슨의 팝송을 커버하기도 했고, 대체로 베이시스트 마커스 밀러Marcus Miller의 영향 아래 더 짜임새 있고 명확히 편곡된 음악을 선보였다. 그는 1991년 9월 28일, 65세의 나이로 사망했는데, 이는 그가 또 한 번의 자기 혁신을 시도하던 시기였다. 그가 사망한 후 발매된 《Doo-Bop》 앨범은, 그가 향하고 있던 새로운 음악적 방향을 보여준다. 이 앨범에서, 그는 래퍼 이지 모 비Easy Mo Bee를 프로듀서이자 공동 연주자로 기용했고, 가사에서는 다음과 같은 길거리 감성이 드러난다. 트럼펫 연주력에 대한 찬사("마일즈 데이비스의 스타일은 달라. 너는 그걸 '태평양적'이라 말할 수 없어 / 그는 터뜨리고, 포효하고, 질주해, 앤디 그리피스Andy Griffith[텔레비전 시트콤 〈The Andy Griffith Show〉(1960~68)로 유명했던 배우]를 보고 있을 시간이 없지"), 이지 모 비와 병약했던 데이비스의 성적 능력의 과장된 묘사("그의 호른horn[관악기. 속어로 음경이라는 의미도 있다]에서 나오는 음들은 여자들을 흥분시켜. 섹스처럼 말이지")에 이르기까지 다양하다. 이러한 낯선 환경 속의 전설적인 아티스트를 들은 많은 청자들과 비평가들은 분명 당황하거나 거부감을 느꼈을 것이다. 그러나 데이비스는 단지 늘 그래왔듯, 자신의 익숙한 대본을 따르고 있었을 뿐이다. 즉, 그는 여전히 다음 단계의 재즈 퓨전을 예측하고 추구하고 있었던 것이다.

아이러니하게도, 마일즈 데이비스 본인 역시 이 새로운 '믹스 앤드 매치

mix-and-match' 감성의 수혜자가 되었다. 그의 사망 이후, 베이시스트이자 스튜디오 사운드의 비전가인 빌 라스웰Bill Laswell이 트럼펫 연주자의 일렉트릭 시대 테이프들을 다듬어, 과거 음악의 새로운 버전을 만들어냈던 것이다. 라스웰은 이 프로젝트인《Panthalassa: The Music of Miles Davis 1969-1974》앨범에서 "재구성 및 믹스 번안"이라는 애매한 역할 명칭으로 크레딧에 이름을 올렸는데, 이는 뮤지션, 프로듀서, 엔지니어 간의 경계가 더 이상 뚜렷하지 않게 된 현대 재즈의 현실을 잘 보여주는 표현이기도 하다. 라스웰이 재편집한 데이비스의 음악은 최면에 걸린 듯한 효과를 자아냈으며, 많은 팬들은 오히려 원곡보다 더 선호했을지도 모른다. 하지만 이런 작업은 곧 윤리적 문제를 불러일으켰다. 과연, 과거의 '정전正典적' 연주를 이와 같은 방식으로 조작하는 것이 정당한가 하는 의문이다. 이 질문은 마일즈 데이비스 자신이 했던 실천들과 맞물려, 더욱 날카롭게 다가온다. 그의 후기 앨범들은 프로듀서 테오 마세로가 주도한, 스튜디오 내 편집과 조합에 강하게 의존했고, 그가 생애 말기에 받아들였던 힙합 감성 또한 본질적으로 과거의 녹음을 새로운 창작의 재료로 삼아 재가공하고 활용하는 것과 긴밀히 연결되어 있었기 때문이다. 어쩌면, 이러한 '컷 앤드 페이스트cut-and-paste' 방식의 사고방식 자체가 오늘날 재즈 정신의 일부가 되었고, 바로 이것이 데이비스의 마지막이자 가장 미래 지향적인 혁신이었을지도 모른다. 실상, 그가 새천년까지 생존했다면 오늘날의 음악 문화를 지배하는 다양한 디지털 하드웨어 및 소프트웨어 도구들을 기꺼이 받아들였을 것이라고 상상하는 것도 그리 지나친 것은 아니다.

마일즈 데이비스가 팝 히트곡을 커버하던 동안, 스티브 콜먼, 그레그 오스비, 제리 앨런, 카산드라 윌슨Cassandra Wilson 등이 속한, 젊은 뉴욕 연주자들의 집단 엠-베이스 콜렉티브M-Base Collective는 재즈 세계에서 펑크 기반 연주에 생기를 불어넣기 위한 전혀 다른 접근법을 취하고 있었다. M-Base 그룹은 재즈와 대중적인 댄스 기반 스타일을 혼합하는 것의 가치를 열정적으로 옹호하는 동시에, 전형적인 리듬 박자감에서 벗어나고, 더 많은 불협화음을 수용하는 방향으로, 복잡한 형태의 그루브 음악을 만들어내고 있었다. 보컬리스트 카산드라 윌슨은 재즈 스탠다드(가장 대표적으로는 1988년의 《Blue Skies》 앨범), 전통적인 블루스(로버트 존슨과 머디 워터스의 곡 커버 버전을 포함, 특이한 팝 음악(행크 윌리엄스부터 몽키스Monkees까지), 그리고 그녀의 자작곡까지 포함하는, 보다 폭넓은 레퍼토리로 곧 옮겨갔다. 또 그녀는 《Blue Light 'til Dawn》(1993), 《Blue Skies》(1988), 《Glamoured》(2003), 《Thunderbird》(2006), 《Silver Pony》(2010) 등의 앨범을 통해, 선도적인 재즈 보컬리스트로서 확고한 입지를 다졌다. 피아니스트 제리 앨런의 음악은 이후 전혀 다른 방향으로 발전하게 되는데, 이에 대해서는 제10장에서 다룬다. 그럼에도, 그녀 역시 초기 M-Base 협업에서 창의적 활력의 핵심적인 역할을 수행했다. 한편, 그레그 오스비는 1991년 블루 노트 레이블과 계약을 맺고, 이후 열두 장이 넘는 음반을 통해 프리 재즈부터 펑크까지 다양한 영향을 통합해 낸 설득력 있는 색소폰 스타일을 선보였다. 하지만 이들 가운데에서도, 스티브 콜먼은 M-Base의 미학적 가치에 가장 깊고 지속적인 충성심을 보였다.(그가 'M-Base'라는 용어를 만들고 그 철학의 가장 열정적인 대변자로 활동했다는 점에서 이는 예상 가능한 일이기도 하다.) 그의 작업은 광범위한 박자 개념에 기반한 그루브 음악, 기존 규범에 도전하려는 의지(심지어 그의 담론에서는 '재즈'라는 단어조차도 철저히 회피된다), 음악적/경제적 측면 모두에서 기존 체계에 대한 비판적 태도와 같은 점에서 뚜렷한 특징을 보였다. 비록 시간이 흐르면서 이들 아티스트를 하나로 묶었던 M-Base라는 이름 아래의 공통점은 희미해졌지만, 그들 각자는 이 시기 전통주의 재즈의 부활과 함께 따라온 안일함에 맞서 싸우려는 노력을 계속해 나갔다.

1991년에 결성된 트리오 메데스키 마틴 앤드 우드Medeski Martin & Wood는 퓨전 시대 이후의 펑키 재즈를 가장 대표적으로 보여주는 예일지도 모른다. 이들은 필요할 때는 턴테이블, 신시사이저 사운드, 전자 장비 등을 도입하며 기술을 활용했지만, 동시에 언제든 "완전 어쿠스틱" 연주로 가더라도 익숙하게 연주할 수 있었다. 이 밴드는 원래는 전통적인 재즈 피아노 트리오로 시작했으며, 처음에는 투어를 쉽게 하기 위한 수단으로 전자 사운드를 받아들였지만, 결국에는 그것이 밴드 정체성의 핵심 요소로 자리 잡게 되었다. 하지만 이 밴드가 1970년대 퓨전의 영웅시대와 가장 뚜렷하게 달라진 점은, 그들의 대중 이미지가 보여준 투박한 '개러지 밴드garage band'적 태도였다. 키보디스트 존 메데스키, 드러머 빌리 마틴Billy Martin, 베이시스트 크리스 우드Chris Wood로 구성된 이 트리오는 비밥, 스윙 및 그 외 재즈 스타일에 대해 거의 아는 바 없는 청중들까지도, 거칠고 생생한 에너지와 중독성 강한 리듬으로 매료시켰다. 실제로, 이들은 이전 시대의 일렉트릭 재즈 그룹들과 극명한 대조를 이룬다. 과거의 일렉트릭 재즈 밴드들이 보여주던 세련된 연출이나 콘서트홀의 화려함을 모방하는 대신, 이 트리오는 오히려 그런 전통을 이어가기보다 거부하면서, 기본으로 돌아간 듯한 즉흥 잼 밴드 분위기에 자부심을 느꼈다. 이는 웨더 리포트, 리턴 투 포에버, 마하비쉬누 오케스트라 같은, 유명한 퓨전 선배들의 노선을 계승하기보다는 탈피한 것에 가까웠다.

이처럼 다양하고 강력한 선례들이 있었음에도 불구하고, 퓨전 이후 시대에 등장한 가장 성공적이면서도 논란이 많은 전자 기반 즉흥 연주 형식은 다름 아닌 "스무스 재즈Smooth Jazz"였다. 이 장르의 초기 뿌리는 1960년대로 거슬러 올라가며, 당시 프로듀서 크리드 테일러는 버브, A&M, CTI 레이블에서 상업용 앨범들을 기획·제작했다. 그는 재즈의 대표 연주자들을 기용하여, 라디오 방송에 적합하고 팝/소울 팬들에게도 어필할 수 있는 매끄러운 방식으로 재즈를 선보였다. 웨스 몽고메리, 프레디 허바드, 조지 벤슨, 스탄 게츠, 휴버트 로스Hubert Laws, 쳇 베이커, 폴 데스먼드 및 그 외 당대 최고의 연주자들이 참여한 테일러 제작 음반들에서는, 커버 아트워크, 편곡,

곡 선정 등 모든 요소에서 세심한 마케팅 전략이 철저히 반영되어 있었다. 하지만 이들 음반의 상업적 동기는 음악성 자체를 해치지 않았으며, 시간이 지나도 높은 수준의 연주력과 일류급 제작 품질 덕분에 여전히 좋은 평가를 받고 있다. 나중에 테일러는 이렇게 회상한다. "1970년쯤에는 록이 거의 모든 장르를 압도하고 있었다. 당시 다른 재즈 음반들은 볼품없었고, 대충 만든 듯 들렸다. 내 전략은 인재, 음질, 외형에 과감히 투자하는 것이었다."[205] 일부 비평가들은 테일러의 접근 방식에 대해 비판적이었다. 예를 들면, 현악 오케스트라, 록 음악 커버곡, 연주자 대신 이미지 중심의 앨범 커버 등 상업적 요소들이 중심이 된 점을 지적했다. 그러나 대중은 이러한 음반을 열광적으로 받아들였다. 1970년대 초, 테일러의 CTI 레이블은 주요 메이저 음반사와 맞먹는 재즈 음반 판매고를 올렸으며, 이는 더 많은 자본을 가진 대형 엔터테인먼트 업체들의 모방을 불러오게 되었다.

CTI 레이블의 성공 이후, 전략적으로 포장된 크로스오버 재즈 연주자들이 새롭게 등장하며 엄청난 음반 판매고를 올렸다. 하지만 이들의 음악은 크리드 테일러가 정립한 공식에서 일정 부분 이탈한 것이었다. 테일러의 방식은 이미 정통 재즈에서 명성을 얻은 연주자들을 기용하여, 팝 혹은 록적인 요소를 가미하는 형태였다. 반면, 새로운 세대의 스무스 재즈 아티스트들은 대부분 재즈 마니아층 사이에서의 인지도가 낮았고, 아예 무명 상태에서 스타가 된 경우도 있었다. 재즈계 주류는 이들을 향해, 제대로 수련을 거치지 않고 하루아침에 성공한 풋내기들이라는 인식 속에서 불만을 표출했다. 그러나 음반사와 공연 기획자들은 그런 불평을 할 처지가 아니었다. 그들은 척 맨지오니Chuck Mangione의 《Feels So Good》(동명 타이틀곡이 빌보드 차트 4위에 올랐다), 존 클레머John Klemmer의 《Touch》, 스파이로 자이라의 《Morning Dance》, 그 외 1970년대 프로젝트들과 같은 앨범들의 대규모 판매 실적에 넋을 잃은 상태였기 때문이다. 이들은 퓨전 재즈의 핵심 요소들을 차용하되, 팝 지향적 멜로디와 매력적인 그루브와 결합시켜 대중적 흡인

력을 극대화했다. 한편, 크리드 테일러와 함께 작업했던 아티스트들 중 일부
는 더 큰 성공을 위해 다른 대형 레이블로 이동하기도 했다. 예컨대, 조지 벤
슨은 워너브라더스로 이적한 후,《Breezin'》앨범으로 200만 장 이상 판매
를 기록하며 대중 스타로 도약했다. 그로버 워싱턴은 테일러의 쿠두Kudu 레
이블에서 인기를 얻었지만, 1981년 빌 위더스와의 협업곡 〈Just the Two
of Us〉를 통해 훨씬 더 큰 대중적 반향을 불러일으켰다.

"스무스 재즈"라는 용어가 등장한 것은 1980년대의 일이었다. 음악 산업
은 이 스타일을 어떻게 명명할지 여러 가지 방식으로 고민했는데, 일부는 이
를 퓨전이나 뉴에이지로 뭉뚱그리려 했고, 또 어떤 이들은 "뉴 어덜트 컨템
퍼러리new adult contemporary"라는 어색하고 복잡한 이름을 만들어내기도
했다. 결국 이 문제를 결정한 것은 재즈 평단이 아니라 시장 조사였다. 코디/
리치Cody/Leach라는 조사 기관이 시카고의 라디오 방송국 WNUA를 위해
실시한 조사에서, 청취자들이 "스무스 재즈"라는 이름에 긍정적인 반응을
보였다는 결과가 나왔다. 그 결과, 재즈는 이제부터 예술계 여론 주도자들이
존재 자체를 꺼리는, 적어도 재즈라는 울타리 안에서는 인정하고 싶지 않아
하는, 듣기 편안한 스타일의 음악과 영원히 연결되게 되었다. 이들은 스무스
재즈가 자신들의 영역에서 정통 재즈 연주자들의 생계를 침범하고 있다며
불평하기도 했다

일반 청취자들은, 아침 출근길을 활기차게 해주거나 저녁 식사 또는 샤르
도네 와인 한 잔을 곁들일 때 무심하게 흐르는 이 쾌적한 음악들을 둘러싼
논쟁이 있다는 사실조차 모르고 지냈다. 1980년대의 대표적인 스무스 재즈
아티스트들인 리핑턴스The Rippingtons, 데이비드 베누아David Benoit, 어쿠
스틱 알케미Acoustic Alchemy, 옐로우재킷Yellowjackets은 특히 라디오 방송에
서의 재생 횟수를 끌어올리는 데 있어 강력한 영향력을 발휘했다. 이는 같은
시기 정통 재즈가 상업 라디오 방송에서 점점 사라지고 있었다는 점을 고려
하면, 더욱 인상적인 성과였다. 그러나 이들 아티스트의 성공은 스무스 재

즈의 절대적 거장이자, 사실상 이 장르를 정의하는 것으로 여겨지는 인물에 비하면 소박한 수준에 불과했다. 이는 바로 케네스 고얼릭Kenneth Gorelick 이다. 예명 케니 지Kenny G로 활동한 그는 역사상 가장 많은 음반을 판매한 재즈 기악 연주자가 되었다. 1992년에 발매된 그의 앨범《Breathless》는 1,500만 장 이상이 판매되었는데, 그 구매자들 가운데 상당수는 아마도 생애 처음으로 색소폰 앨범을 구입한 사람들이었을 것이다. 그리고 이 아티스트는 5년 뒤 또 하나의 "숨 막히는" 기록을 세웠다. 그는 순환 호흡이라는 기법을 활용해, E♭ 음을 무려 45분 47초 동안 유지하여, 자신의 이름을 기네스 세계 기록에 올렸다. 이러한 위업이 과연 재즈계 내부 인사들 사이에서 케니 지의 명성을 높여주었는지, 혹은 단지 그를 진지한 평가의 대상이 아닌 일종의 이벤트성 아티스트로 더욱 굳히게 했는지는 명확히 말하기 어렵다.

사실, 이 음악에서 재즈의 요소는 어느 기준으로 보더라도 미미하다. 그럼에도 불구하고, 재즈계가 결코 무시할 수 없는 진짜 문제가 이 안에 존재한다. 텔레비전이나 상업 라디오에서 재즈가 거의 배제되고, 가장 위대한 재즈 거장들조차 미국 주요 도시의 거리에서 알아보는 이 하나 없이 지나칠 수 있는 시대에도, '재즈'라는 단어는 여전히 특별한 신비감을 지니고 있으며, 마케팅 업계는 종종 그것을 가로채려 한다. 실제로 구글에서 "재즈jazz"를 검색하면, 루이 암스트롱이나 듀크 엘링턴이 일구어낸 음악과는 아무 관련도 없는 수백만 개의 검색 결과가 나타난다. 예를 들면, 혼다의 자동차 모델(Honda Jazz), 유타의 농구팀(Utah Jazz), IBM의 기술 플랫폼(Jazz by IBM), 혹은 재저사이즈Jazzercise(재즈 운동), 재즈 바지(jazz pants), 재즈 손짓(jazz hands) 같은 기묘한 혼성어들까지 있다. 대부분의 경우, 이들 표현이 재즈라는 예술 형식과 아무 관련이 없다는 점은 분명하다. 하지만 경계가 모호해지는 경우도 종종 있다. 이런 식의 모호함은 결국 실제로는 재즈가 없는 '재즈 페스티벌'이 등장하는 것과 같은 불쾌한 일들을 초래한다. 예를 들어, 2009년 소노마 재즈 페스티벌에서는 조 코커Joe Cocker, 지기 말리Ziggy

Marley, 켑 모Keb' Mo', 셸비 린Shelby Lynne, 라일 로벳Lyle Lovett 같은 뛰어난 아티스트들이 출연했지만, 이 책에서 논의되는 재즈와는 아무 연관이 없는 인물들이었다. 이처럼 재즈라는 이름에 대한 침범이 계속되면서, 정통 재즈 전통을 이어가는 연주자들은 이제 세상이 자신들의 공헌을 주변부로 밀어 낼 뿐만 아니라, 심지어는 정체성의 핵심이 되는 '재즈'라는 명칭마저 빼앗 으려는 상황에서 어떻게 생존하고 나아가야 할지를 배워야만 하는 현실에 놓이게 되었다. 최근 정치 담론에서는, 특정 관점을 사회적 공간에서 인정받 기 위해 "프레이밍framing"이 필요하다는 인식이 퍼지고 있다. 오늘날 '재즈' 라는 개념 자체도 이와 같은 프레이밍이 절실히 필요한 상황에 처해 있다. 재즈 아티스트들 스스로가 이 과정에서 주도권을 잡지 못한다면, 점점 더 상 업 활동에서 배제될 것이며, 이는 예술가로서 생계를 이어가는 데도 치명적 인 결과를 낳게 될 것이다.

키스 재럿과 클래식 퓨전

1970년대에는 재즈와 클래식 음악의 융합을 중심으로 한 또 다른 형태의 퓨전이 중요한 흐름으로 부상했다. 1969년 만프레트 아이허Manfred Eicher 가 설립한 ECM 레코드 레이블은 이 새로운, 그리고 때로는 논란을 불러일 으킨 접근 방식을 전면에 내세우는 데 핵심적인 역할을 했다. 물론, 그 이전 에도 재즈와 클래식을 결합하려는 시도는 많았다. 거슈윈부터 써드 스트림 까지 다양한 실험이 존재했지만, ECM이 이끈 융합은 영향력과 파급력 면 에서 전례가 없었다. 과거의 시도들은 대체로 작곡적이고 형식주의적인 측 면을 강조했다면, ECM 소속 아티스트들은 즉흥 연주의 우선성을 고수했다. 그들은 작곡 음악의 전체 어휘를 즉흥 연주의 기술로 끌어들이는 것을 목표 로 삼았다. 기존의 주류 재즈에서 흔히 들을 수 있는 당김음, 블루 노트, ii-V 코드 진행 대체 대신에, 여기서는 드론drone(지속 저음), 오스티나토,* 뱀프, 인상주의 화성, 슈베르트 풍의 선율, 반짝이는 아르페지오, 물결치는 리듬,

650

광시곡적 간주, 대위법적 구성 연습, 충격적인 표현주의적 폭발 등 다양하고도 새로운 음악적 장치들을 발견할 수 있었다. 그러나 이 음악은 과거 세기의 클래식 즉흥 연주 스타일을 미지근하게 재현하려는 시도는 아니었다. 아프리카계 미국 음악과 비서구권의 전통음악들 또한 이러한 다채로운 사운드의 향연에 있어 중요한 구성 요소로 자리 잡고 있었다.

ECM은 또한 미국 외 지역 출신의 연주자들에게 적극적으로 의존한 최초의 주요 재즈 레이블로도 주목받았으며, 이처럼 음악의 지리적 기반을 확장하려는 노력은 ECM 특유의 음향만큼이나 중요한 의미를 지니게 되었다. 이 레이블의 음반을 통해, 많은 재즈 팬들은 얀 가바렉Jan Garbarek, 에그베르투 지스몬티Egberto Gismonti, 엔리코 라바Enrico Rava, 나나 바스콘셀로스Naná Vasconcelos, 토마슈 스타뉴코Tomasz Stańko, 테르예 립달Terje Rypdal, 에버하드 웨버Eberhard Weber, 존 서먼John Surman, 케니 휠러Kenny Wheeler 등 이전에 전 세계 재즈 무대에서는 잘 알려지지 않았던 연주자들의 음악을 처음으로 접하게 되었다. 이러한 국적과 문화를 가리지 않는 지원 방식 덕분에, ECM은 재즈에 월드뮤직과 민속 음악 요소를 융합하는 데 중요한 역할을 했으며, 이는 새로운 형태의 퓨전 음악에 또 하나의 구성 요소를 더하는 결과를 낳았다. 어느 기준으로 보더라도, 이는 당시의 관행을 깨는 파격적인 접근이었으며, 여러 방면에서 기존의 통념에 도전하는 것이었다. 그럼에도 불구하고 만프레트 아이허는 융통성 없는 독선과는 거리가 멀었으며, 이른바 ECM 사운드로 알려지게 된 특유의 스타일과는 거리가 있는 음악가들, 예컨대 잭 드조넷, 시카고 아트 앙상블 같은, 아프리카계 미국인 전통에 더 뿌리를 둔 연주자들, 혹은 스티브 라이히Steve Reich와 아르보 패르트Arvo Pärt처럼 서로 매우 다른 현대 클래식 작곡가들의 작품 또한 아낌없이 후원

---

* 오스티나토ostinato: 짧은 리듬 또는 선율 패턴을 음악의 진행 동안 반복하는 것.

했다.

　이질적인 스타일들을 강력하게 융합한 대표적인 예술가로, 피아니스트 키스 재럿Keith Jarrett만큼 그것을 잘 보여주는 인물은 없을 것이다. 그의 연주에서는 클래식 음악의 영향력이 재즈 요소만큼이나 뚜렷하게 드러나며, 이러한 이유로 재럿이 결국 두 장르 모두에서, 비록 상호 보완적인 관계일지라도, 별도의 경력을 추구하게 된 것은 그리 놀라운 일이 아니다. 또한 그의 연주와 작곡에는 다양한 민족 음악 전통의 요소들도 포함되어 있다. 하지만 재럿의 예술적 성취에서 진정한 '명함'이라 할 수 있는 것은 이처럼 폭 넓고 깊이 있는 영향 자체보다는, 그 다양한 영감의 원천들을 하나의 일관되고 설득력 있는 전체로 녹여내는 능력이다. 이러한 점은 특히 그의 솔로 콘서트에서 가장 명확하게 드러나는데, 그 연주는 완전히 즉흥적으로 연주되는 긴 피아노 연주 여행으로, 다채로운 음색의 만화경 같은 소리들이 재럿 특유의 개성적인 시각을 통해 굴절되어 표현된다.

　재럿의 폭넓은 음악적 관심은 그의 어린 시절부터 뚜렷하게 드러났다. 그는 다섯 살에 폴 화이트먼이 진행하는 TV 쇼에 출연하여 연주했고, 일곱 살에는 유료 관객을 대상으로 두 시간짜리 피아노 독주회를 열어, 베토벤, 모차르트, 생상스의 곡들을 연주한 뒤, 자신이 작곡한 두 곡으로 공연을 마무리했다. 청소년기에는 스탄 켄튼 밴드가 후원한 재즈 캠프에 참가했고, 이후 프레드 워링과 그의 밴드 펜실베이니언스Fred Waring and His Pennsylvanians와 함께 투어를 돌기도 했다. 워링의 주선 덕분에, 재럿은 나디아 불랑제Nadia Boulanger와 함께 공부할 기회를 제안받았지만, 그는 이를 거절했다. 버클리 음악학교Berklee School of Music(당시 막 성장 중이던 보스턴의 재즈 음악원)에 입학할 무렵에는, 재럿은 이미 풍부한 연주 경험을 갖춘 노련한 피아니스트였다.

　재럿은 버클리에서 단 1년만 다니다가 퇴학당했다. 그 이유는 피아노의 현을 직접 연주하는 행동(훗날, 재럿이 콘서트 연주에 실제로 도입하게 되는 기법) 때문이었다고 알려져 있다. 곧 재럿은 뉴욕으로 이주했고, 그곳에서 밴드 리더였던 아트 블레이키의 주목을 받게 된다. 재럿은 블레이키와 함께 단 한 장의 앨범만을 녹음했는데, 이것이 바로 활기 넘치는 《Buttercorn Lady》이다. 스무 살이던 재럿이 이 앨범에서 연주한 〈Secret Love〉와 〈My Romance〉에서의 솔로는 재즈계에 큰 반향을 일으켰다. 블레이키와 함께한 넉 달 간의 활동 이후, 재럿은 찰스 로이드Charles Lloyd와의 더 긴 시간의 협연을 시작했다. 로이드는 존 콜트레인 스타일의 색소폰 연주를 구사하는 카리스마 있는 연주자였으며, 어쿠스틱 재즈 중심의 음악에 록 감성을 절충한 독특한 스타일로 젊은 청중을 끌어들였다. 이 시기 드러머 잭 드조넷도 로이드 밴드에서 활동했으며, 이후 재럿과 함께 여러 중요한 프로젝트에 참여하게 된다. 그리고 1970년, 재럿과 드조넷은 마일즈 데이비스의 밴드에 합류했고, 트럼펫 주자 데이비스의 최강 퓨전 밴드 중 하나에서 중심적인 역할을 하게 되었다.

재럿은 1971년 마일즈 데이비스 밴드를 떠난 후, 빠르게 경력을 쌓아나갔다. 그는 드러머 잭 드조넷과의 듀엣 녹음과 비범한 솔로 피아노 앨범 《Facing You》를 통해 ECM 레이블과의 관계를 시작했다. 《Facing You》는 기존의 정통 재즈 피아노 양식에서 벗어난 인상적인 전환점으로, 재럿의 독창적이고 통합적인 화성 개념, 리듬 추진력, 선율 구성 방식을 보여주는 양손의 오케스트라적 연주 스타일을 선보였다. 이러한 특징은 10분 길이의 작곡 〈In Front〉에서 특히 두드러진다. 재럿의 1973년 걸작 《Solo Concerts: Bremen and Lausanne》은 이와 같은 요소를 바탕으로, 두 번의 거대한 즉흥 연주, 즉 총 3시간에 이르는 영감 넘치는 피아노 음악을 통해 더욱 확장되었다. 그 뒤에 나온 《Köln Concert》는 《Facing You》나 《Bremen》만큼의 깊이는 부족했지만, 단순하고 드문드문한 화성과 유려한 선율로 인해, 재즈 팬이 아닌 청중에게 큰 인기를 끌었다. 이 음반은 곧 백만 장 이상 판매되었고, 수많은 모방자를 낳았다. 이 음반의 서두에 20분 동안 이어지는 단순한 두 개의 코드에 기반한, 거의 전적으로 장조(또는 단조) 음계 안에서 이루어진 즉흥 연주가 뉴에이지 음악 시장의 탄생에 큰 영향을 주었다는 말은 과장이 아니다. 그러나 재럿은 곧 다른 프로젝트로 방향을 돌렸고, 이러한 준 미니멀리즘 스타일의 상업적 잠재력을 구축하는 일은 재럿보다 훨씬 재능이 적은 다른 이들에게 맡겨졌다.

이 시기 동안 재럿은 ABC/Impulse 레이블을 통해 다양한 측면을 지닌, 타협 없는 작품들을 여러 개 녹음했다. 그는 이 작업에서 찰리 헤이든, 폴 모션, 듀이 레드먼Dewey Redman으로 구성된 어쿠스틱 재즈 쿼텟과 함께했다. 또 다른 "유럽" 쿼텟에서는 얀 가바렉, 욘 크리스텐센Jon Christensen, 팔레 다니엘손Palle Danielsson과 함께 ECM 레이블에서 녹음했으며, 이 그룹은 보다 목가적인 성향을 띠었다. 이러한 특성은 특히 1977년의《My Song》녹음에서 두드러진다. 재럿은 솔로 피아노 형식으로도 돌아왔는데, 그 대표작이 바로 일본에서 열린 다섯 번의 콘서트를 완전히 수록한 대작《Sun Bear Concerts》이다. 이 일곱 시간에 달하는 건반 즉흥 연주는 다른 아티스트에게는 평생의 업적이라 할 만했지만, 재럿에게는 끊임없이 확장되는 활동 영역 중 일부분에 지나지 않았다. 그는 이 시기에 소프라노 색소폰 연주, 현악기 및 클래식 앙상블을 위한 작곡, 오르간을 위한 독창적 작품 작곡 및 연주, 구르지예프G. I. Gurdjieff의 피아노 음악 녹음 등 다양한 작업을 병행했다. 또한 1985년에는《Spirits》라는 독특한 프로젝트에 착수했는데, 이 작품에서 재럿은 글로켄슈필부터 파키스탄 플루트에 이르기까지 다양한 비전통 악기들을 중첩 녹음하여, 간결하면서도 빛나는 소리 풍경을 창조해 냈다.

《Spirits》시기 무렵부터, 재럿의 음악은 보다 전통적인 색채를 띠기 시작했다. 이전까지, 재럿은 밴드 리더로서 주로 자신의 작곡이나, 때때로 밴드 멤버들의 곡을 중심으로 연주를 구성해 왔지만, 이 시점에서 그는 방향을 전환해, 드조넷과 베이시스트 게리 피콕과 함께한 트리오를 통해 익숙한 재즈 스탠다드를 중심으로 한 공연과 녹음 작업에 전념했다. 이러한 시도는 전적으로 성공적이고 만족스러운 결과를 낳았으며, 트리오 형식에서 스탠다드 해석을 이토록 높은 경지로 끌어올린 피아니스트는 빌 에반스 이후 없었다고 해도 과언이 아니다. 가장 놀라운 점은, 재럿이 이 오래된 노래들에 보여준 깊은 헌신이었다. 초기에는 변화무쌍하고 예측할 수 없던 재럿의 경력에서, 이 스탠다즈 트리오Standards Trio는 드물게 안정적이고 지속적인 중심축이 되었으며, 이후 수십 년간 재럿 음악 활동의 핵심이 되었다. 하지만 이러한 전통에 대한 포용은 재즈에만 국한되지 않았다. 재럿은 고전 음악 레퍼토리로까지 영역을 확장했다. 다른 재즈 음악가들 역시 클래식 음악에 도전하기는 했지만, 재럿만큼 다양한 시도를 한 이는 드물다. 그는 버르토크, 바버, 스트라빈스키의 작품을 연주했고, 바흐의 《평균율 클라비어 곡집》과 《골드베르크 변주곡》을 또렷하고 견고하게 해석한 녹음을 남겼다. 또한 루 해리슨Lou Harrison, 페기 글랜빌–힉스Peggy Glanville-Hicks, 앨런 호바네스Alan Hovhaness 등 평가받아야 마땅한 현대 작곡가들의 작품을 널리 알리는 데도 힘썼다. 그 외에도, 쇼스타코비치의 24개의 전주곡과 푸가를 녹음하거나, 헨델, 모차르트 등 이전 세기의 작곡가들의 작품을 연주하기도 했다. 동시에, 그는 준 클래식 작곡가로서 자신의 작곡 능력도 꾸준히 발전시켰으며, 그 성숙의 흔적은 《In the Light》(1973), 《Luminessence》(1974), 《Arbour Zena》(1975), 《The Celestial Hawk》(1980), 《Bridge of Light》(1994) 등의 음반을 통해 확인할 수 있다.

이러한 인상적인 활동에도 불구하고, 재럿은 재즈계에서 보편적인 사랑을 받은 인물은 아니었다. 경력 초기부터, 재럿의 까다롭고 종종 까칠한 성격은 반발을 불러일으켰는데, 정작 그 자신은 이를 수습하려는 의지도 별로 없었다. 인터뷰에서 그는 질문에 질문으로 답하거나, 알 수 없는 수수께끼 같은 말을 던지기 일쑤였고, 무대에서는 관객을 향해 불평하거나 꾸짖는 일이 잦았다. 피아노를 연주할 때조차도, 일어서거나, 몸을 흔들거나, 신음하거나, 으르렁거리거나, 흥얼거리는 등 그의 독특한 버릇들은 일부 사람들에게 불필요한 과장으로 보이기도 했다. 2007년 움브리아Umbria 재즈 페스티벌에서는 사진작가들을 향한 욕설 섞인 폭언이 너무 심해, 주최 측이 다시는 재럿을 초대하지 않겠다고 선언하기도 했다. 이후 마음을 바꿔 2013년에 재럿의 트리오를 다시 섭외했지만, 재럿은 여전히 앙금을 품고 있었던 듯, 그날 밤 콘서트 전반부를 무대 조명 없이 연주하는 방식으로 사진 촬영 시도를 봉쇄했다. 그의 팬들은 이미 재럿의 괴짜 같은 면모에 익숙했기에 별로 놀라지도 않았고, 어둠 속에서 누군가는 이렇게 말했다고 한다. "이건 거의 라디오 같네요."[206] 이처럼, 재럿은 팬들에게 끊임없는 수수께끼 같은 존재였다. 감정적으로 격한 재럿이라는 인간과 차분하고 균형 잡힌 그 음악의 간극은 좀처럼 이해하기 어려운 것이었다. 물론, 재즈계에는 수많은 디바적이고 다루기 까다로운 인물들이 존재해 왔지만, 키스 재럿만큼 그 면모와 음악적 숭고함이 극명하게 대조되는 인물도 드물다.

이 시기 동안, 재럿과 유사한 미학적 비전을 추구하는 음악가들이 다수 등장했다. 이들은 즉흥 연주의 기법을 확장해 다양한 새로운 사운드를 포괄했지만, 재즈-록 퓨전 연주자들과는 달리, 전통적인 어쿠스틱 악기들을 중심에 두었다. 그런 새로운 스타일을 가장 먼저 실천한 그룹 가운데 하나가 바로 1970년에 폴 윈터 콘소트Paul Winter Consort에서 파생되어 결성된 오리건Oregon이다. 오리건의 멤버들은 모두 여러 악기 연주자였다. 폴 매캔들리스Paul McCandless는 오보에, 잉글리시 호른, 베이스 클라리넷을 연주했고, 콜린 월콧Collin Walcott은 시타르, 타블라, 클라리넷, 타악기를, 글렌 무어Glen Moore는 베이스, 바이올린, 피아노, 플루트를, 랠프 타우너는 클래식 기타, 12현 기타, 피아노, 프렌치 호른, 트럼펫, 플루겔혼을 연주했다. 이처럼, 오리건의 멤버들은 총 60개가 넘는 악기를 다룰 수 있었으며, 이 같은 다재다능함은 같은 시기에 수십 개의 악기를 활용해 절충적인 접근을 시도한 시카고 아트 앙상블과의 비교를 자연스럽게 유도한다(다음 장에서 다룬다). 하지만 양측의 공통점은 거기까지다. 오리건은 통합적이고 전체론적인 소리를 창조하려 했고, 이는 해체적 기법을 추구한 시카고의 후기 모더니스트들과는 정반대의 방향이었다. 오리건은 1970년대 동안 뱅가드Vanguard, 이후 엘렉트라Elektra, ECM 레이블을 통해 발표한 일련의 음반에서, 과거와 현재의 음악 전통을 섬세하고 독창적으로 통합한 새로운 소리를 창조해 냈다. 하지만 시간이 흐르면서, 멤버들은 점점 오리건 외의 개별 활동에 집중하게 된다. 특히, 랠프 타우너는 1971년 웨더 리포트의 곡 〈The Moors〉(앨범《I Sing the Body Electric》수록)에 참여하며, 12현 기타 연주로 강한 인상을 남겼다. 이는 그가 22세까지 기타를 전혀 연주하지 않았다는 사실을 고려하면, 더욱 놀라운 성취이다. 그는 이후에 ECM을 통해, 솔로 기타 앨범, 그리고 다양한 ECM 아티스트들과의 협업을 포함한, 폭넓고 거의 한결같이 성공적인 프로젝트들을 발표하며, 활발한 활동을 이어갔다.

ECM 레이블과 관련된 다른 음악가들도 재즈 어휘의 확장을 이끄는 데 중요한 역할을 했다. 키스 재럿과의 협업 외에도, 색소폰 연주자 얀 가바렉은 만프레트 아이허가 제작한 자신의 리더 음반들을 통해, 미국의 전통과 미국 외 지역의 민속 요소를 모두 아우르는 독자적인 유럽적 재즈 시각을 정립하는 데 크게 기여했다. 스티브 쿤은 하버드 출신 피아니스트로, 존 콜트레인 쿼텟의 초기 멤버였으며, ECM을 통해 뛰어난 솔로 및 콤보 작품을 발표했다. 그의 작품은 작곡 능력, 피아노 다이내믹의 통달, 음색 조절에서의 정교한 감각을 유감없이 보여준다. 비브라폰 연주자 게리 버튼은 이미 1967년《Duster》라는 앨범으로 재즈-록 퓨전의 선구적 접근을 시도한 바 있지만, ECM 레이블에서의 작업에서는 보다 정제되고 실내악적인 분위기를 조성했다. 그는 네 개의 말렛(연주용 망치)을 사용하는 노련한 주법과 풍부한 화성 감각이 두드러졌으며, 이는 자신의 리더 음반들뿐만 아니라, 랠프 타우너, 칙 코리아, 베이시스트 스티브 스왈로우Steve Swallow와의 협업에서도 뚜렷하게 나타났다.

이러한 사례들이 보여주듯, 겉보기에는 유럽 중심적으로 보였던 ECM 레이블은 오히려 미국의 주요 음반사들이 자국 내에서 외면하던 재능 있는 아티스트들을 발굴하는 데 능숙했다. 여기에는, 미국 출신 아티스트들(키스 재럿, 잭 드조넷, 게리 버튼, 팻 메스니)은 물론, 영국 태생이지만 대부분 미국에서 활동한 베이시스트 데이브 홀랜드 같은 이민자들도 포함된다. 홀랜드의 작품들은 언제나 생기 있고, 진부함이 없는 음악으로 두드러진다. 그는 1977년《Emerald Tears》와 같은 솔로 베이스 음반, 1970년대 초 서클 Circle 쿼텟과의 프로그레시브 재즈 집단 활동, 그리고 스몰 콤보와 빅 밴드 리더 활동에 이르기까지 폭넓은 영역에서 활약해 왔다. 그중에서도, 그는 특히 4인 또는 5인 편성의 앙상블 리더로서 가장 큰 영향력을 발휘해 왔으며, 이는 거의 반세기에 걸친 활동에서 꾸준히 입증되었다. 대표작으로는, 《Conference of the Birds》(1972), 《Jumpin' In》(1983), 《Dream of the Elders》(1995), 《Prime Ditective》(2000), 《Aziza》(2016) 등이 있다. 홀랜드 음악의 핵심적인 미덕은 치밀하고 리듬적으로 정교한 편곡, 피아노나 기타가 없는 편성으로 강조되는 투명한 대위법적 사운드, 상투적이고 진부한 표현을 철저히 배제하는 태도 등이다. 21세기에 들어서 이따금 빅 밴드 리더에 도전했을 때조차도, 그는 형식과 그에 수반되는 전통의 무게를 뚫고 나아가, 자신의 스몰 콤보 작품에서처럼 맑고 투명한 사운드와 민첩하고 유연한 전개를 구현해 냈다.

1970년대 말에 이르러, 록, 민속 음악, 클래식 등 다양한 음악 전통에서 영감을 받은 퓨전 노력들은 집단적으로 재즈의 경계를 대담하게 확장하는 데 성공했다. 이 시점에서 영향을 받지 않은 음악 전통은 거의 없었다고 해도 과언이 아니었다. 이러한 극적인 확장의 흐름 속에서, 일종의 후퇴기가 찾아오는 것은 전혀 놀라운 일이 아니었다. 1976년에 출간된 앨버트 머리 Albert Murray의 저서 『블루스를 딛고 춤추다 Stomping the Blues』는 재즈를 그 뿌리인 아프리카계 미국인의 음악으로 되돌리려는 중요한 시도였다. 머리는 블루스의 결정적 역할을 강조했는데, 이는 ECM 스타일의 유럽 중심적 재즈에서 거의 무시된 요소였다. 또 그는 재즈 전통에서 매우 중요한 스윙의 감각을 찬양했다. 그러나 스윙은 현대 즉흥 음악의 흐름 속에서 점점 더 가려지고 있었다. 머리는 당시 이런 흐름을 예견할 수 없었겠지만, 그의 말은 결과적으로 놀라울 정도로 예언적이었다. 그로부터 얼마 지나지 않아 등장한 새로운 세대의 재즈 연주자들은 역사적 의식을 갖춘 움직임을 주도하며, 재즈 전통 안에 내재된 아프리카계 미국인의 요소들을 다시 부각하고자 했다. 비록 미래지향적 퓨전 재즈의 시대가 완전히 끝난 것은 아니었지만, 이러한 혼합 스타일의 연주자들조차도 이제는 과거의 영향력을 의식하지 않을 수 없는 시점에 접어든 것이었다. 과거가 그들을 뒤에서 따라잡으려 하고 있었다.

전통주의자와 포스트모더니스트

신구 新舊 전통주의자

프리 재즈는 혁명을 약속하고, 퓨전은 금전적 보상을 제공했을지 모르지만, 20세기 말 재즈계에서 가장 큰 논란을 일으킨 흐름은 전혀 다른, 그리고 처음에는 예상 밖이었던 방향에서 등장했다. 수십 년 동안 재즈의 미래에 대해 논쟁해 온 끝에, 이제 논의의 초점은 재즈의 과거, 특히 윈튼 마살리스의 주도 아래, 전통적인 어쿠스틱 재즈 스타일의 부활로 옮겨갔다.

실상, 이러한 과거의 재즈 스타일들은 결코 완전히 사라진 적이 없었다. 프리 재즈나 퓨전이 주도권을 쥐던 시기에도, 주류 아티스트들은 여전히 자신만의 음악적 길을 묵묵히 따르고 있었다. 다만, 이들은 언론 보도, 라디오 방송, 음반 판매 측면에서 일렉트릭 사운드 기반의 크로스오버 아티스트들에 비해, 주목을 덜 받았을 뿐이다. 사실, 재즈 역사의 고속 압축은 다양한 전통과 스타일들이 어지럽게 겹치는 현상을 초래했다. 1960년대 말에, 재즈 팬들은 당대의 최신 스타일을 즐기는 동시에, 루이 암스트롱, 얼 하인즈, 듀크 엘링턴, 베니 굿맨, 카운트 베이시, 로이 엘드리지, 디지 길레스피, 아트 블레이키, 찰스 밍거스, 데이브 브루벡, 제리 멀리건 등과 같은 역사적 거장들의 공연도 쉽게 접할 수 있었다. 심지어 1990년대 중반에도, 여전히 활동 중이던 재즈의 초기 개척자들이 존재했다. 예컨대, 바이올린 연주자 스테판 그라펠리는 1936년 『다운비트』 독자 투표에 처음 등장했고, 60년이 지난 1996년판 투표에서도 여전히 자신의 악기 부문 1위를 차지했다. 또 베니 카터는 1930년대에 플레처 헨더슨과 매키니즈 코튼 피커스를 위해 편곡 작업을 하며 명성을 쌓았고, 65년이 지난 뒤에도 뛰어난 연주자이자 작곡가로서의 재능을 계속해서 보여주고 있었다.

1970년대의 주류 재즈는 여전히 스윙과 비밥 전통에 크게 의존하고 있었다. 주요 재즈 페스티벌에서도 이러한 스타일들이 중심적으로 다루어졌으며, 여러 음반사들이 한때 혁신적이었던 이 사운드들을 이제는 "유산遺産 음악"으로 소개하며 다시 조명했다. 노먼 그란츠는 전후 시기에 공연 기획자 및 음반 프로듀서로 명성을 쌓은 인물로, 1973년 파블로Pablo 레이블을 설립하면서 다시 스튜디오 활동에 본격적으로 참여했다. 그는 곧 듀크 엘링턴, 엘라 피츠제럴드, 오스카 피터슨, 카운트 베이시, 디지 길레스피, 사라 본, 레이 브라운, 밀트 잭슨, 주트 심스 등 당대 최고의 전통 재즈 연주자들을 한데 모았다. 이러한 재즈 거장들이 아직 레코딩이 가능하고 활동 중이었다는 사실은 1960년대 록 중심 시장 이후 주요 음반사들이 전통 재즈에 얼마나 무관심했는지를 보여주는 단적인 예이기도 하다. 그러나 그란츠는 이 음악이 여전히 상업적 가능성이 있다고 믿었고, 실제 결과는 이를 입증했다. 파블로 레이블의 음반들은 좋은 판매고를 기록했고, 해당 아티스트들 역시 여전히 나이트클럽과 콘서트홀을 가득 채울 수 있는 흡인력을 지니고 있음을 보여주었다.

그란츠는 엘라 피츠제럴드의 재능을 최고의 재즈 환경에서 선보이는 데 특별한 중점을 두었다. 그는 1953년에 피츠제럴드의 매니저가 되었고, 곧이어 그녀가 자신의 레이블인 버브에서 활동할 수 있도록, 데카Decca와의 계약을 해지시켰다. 당시, 피츠제럴드는 1939년 칙 웹 밴드의 대리 리더로 나선 이후, 2천만 장 이상의 음반을 판매한 성공적인 팝 가수였다. 그녀는 이제 서른 후반의 나이로, 대부분의 팝 스타들이 젊고 새로운 세대의 아티스트들에게 자리를 내주기 시작하는 때였지만, 그란츠는 대중의 유행에 맞추는 데 큰 관심을 두지 않았다. 오히려, 그의 관리 아래에서 피츠제럴드의 음악은 새로운 예술적 경지에 도달하게 되었다. 그녀가 1956년에 발표한《Ella Fitzgerald Sings the Cole Porter Songbook》은 1950년대 최고의 판매고를 올린 재즈 앨범 중 하나로, 버브 레이블을 안정적인 재정 기반 위에 올려놓았고, 콜 포터 본인에게도 깊은 인상을 주었다. 포터는 "와, 저 아가씨는 정말 발성이 끝내주네"라고 말했다고 전해진다. 피츠제럴드는 베를린과 로마에서의 잊을 수 없는 라이브 녹음과, 조지와 아이라 거슈윈Ira Gershwin, 해럴드 알렌, 듀크 엘링턴, 제롬 컨Jerome Kern, 어빙 벌린, 조니 머서Johnny Mercer 등의 곡을 해석한 여러 "노래집" 시리즈를 통해, 재즈 디바로서의 절대적 위치를 굳혔다. 파블로 레이블 아래에서도, 피츠제럴드는 세계적인 수준의 환경에서 강력한 작품들을 계속 발표했으며, 베이시 밴드와 함께 노래하거나, 조 패스Joe Pass와 듀엣을 하거나, 올스타 콤보를 이끌거나, 피아니스트 폴 스미스와 토미 플래너건 같이 이전에 그녀를 지원했던 최고의 반주자들과 함께 작업했다.

그란츠는 대체로 이전 세대의 유명 아티스트들과 작업하는 것을 선호했지만, 가끔은 덜 알려진 아티스트나 신예를 발굴해 홍보하기도 했다. 예를 들어, 기타의 거장 조 패스는 초기 경력 대부분을 약물 중독과의 싸움으로 보냈으며, 그로 인해 오랜 시간을 교도소나 병원, 재활 시설에서 보내야 했다. 음악 활동을 하더라도, 이름 없이 스튜디오 세션을 하거나 라스베이거스의 호텔 밴드에서 묻혀 지내는 경우가 많았다. 하지만 1970년대 초, 그가 사십대 중반이 되었을 무렵, 그란츠는 조 패스를 적극적으로 지원하며, 솔로 앨범을 비롯해 오스카 피터슨, 엘라 피츠제럴드 같은 파블로 레이블의 유명 아티스트들과 함께한 작업에 그를 참여시켰다. 1973년에 발표된 그의 솔로 음반《Virtuoso》는 조 패스의 놀라운 연주 속도와 숙달된 기술로 주목받았다. 이 앨범은 아트 테이텀이나 오스카 피터슨과 같은 거장들과 비교될 만큼 큰 반향을 일으켰으며, 모던 재즈 기타 역사상 가장 중요한 앨범 중 하나로 손꼽힌다. 이후에도, 그는 파블로 레이블에서 리더 혹은 객원 아티스트로 수십 장의 앨범을 추가로 발표했다.

　파블로 레이블은 결코 예외적인 사례가 아니었다. 중년의 재즈 연주자들이 연주하는 주류 재즈 사운드에 집중함으로써 번창한 다른 레이블들도 존재했다. 닐스 빈터Nils Winther는 1972년 코펜하겐에서 스티플체이스Steeple-chase 레이블을 설립했고, 이후 15년 동안 200장이 넘는 음반을 발매했다. 여기에는 덱스터 고든, 재키 매클린 같은 미국 음악가들의 주요 프로젝트뿐 아니라, 베이시스트 닐스-헤닝 외르스테드 페데르센Niels-Henning Ørsted Pedersen과 피아니스트 테테 몬톨리우Tete Montoliu 같은 유럽의 떠오르는 스타들도 포함되어 있었다. 이듬해인 1973년에는 칼 제퍼슨Carl Jefferson이 미국 캘리포니아에서 콩코드Concord 레이블을 시작했으며, 이곳은 스윙, 비밥, 웨스트코스트 스타일의 재즈와 관련된 다양한 연주자들의 앨범을 전문적으로 다루었다. 1970년대 내내, 뮤즈Muse, 키아로스쿠로Chiaroscuro, 타임리스Timeless 등 다른 소규모 레이블들 또한 비슷한 방향으로 나아가, 프리 재즈나 퓨전 재즈가 주류가 된 상황 속에서도 초기 재즈 스타일의 불씨를 지켜냈다. 이런 흐름 속에서, 과거의 재즈 거장들은 재도약의 기회를 잡았고, 전통적인 사운드가 다시 부상하고 있다는 것을 증명해 보였다. 알토 색소폰 연주자 필 우즈는 1970년대에 유러피언 리듬 머신European Rhythm Machine을 포함한 여러 활력 있는 콤보를 이끌었고, 1980년대에는 뛰어난 트럼펫 연주자 톰 해럴Tom Harrell과 함께 활동하기도 했다. 덱스터 고든은 오랜 해외 생활을 마치고 돌아와, CBS 레이블에서 《Homecoming》이라는 유명 앨범을 녹음했다. 스탄 게츠는 보사노바와 짧은 퓨전 재즈의 시기를 지나, 다시 본격적인 전통 스타일 재즈로 복귀했다. 심지어, 허비 행콕처럼 퓨전과 크로스오버로 이름을 날린 스타조차도 한동안 일렉트릭 악기를 내려놓고 성장하는 어쿠스틱 재즈 시장을 시험해 보았다. "재즈의 귀환"이라는 제목의 1977년 『뉴스위크』 커버 스토리는 유명 재즈 연주자들이 더 전통적인 환경으로 돌아오는 현상을 집중조명했고, 이는 윈튼 마살리스가 뉴욕에 등장하기 일 년 이상 앞선 시점이었다.

이러한 베테랑 연주자들과 더불어, 새로운 주류 재즈 아티스트들도 점점 주목을 받기 시작했으며, 거의 모든 스타일이 열정적인 지지자들을 확보하게 되었다. 1977년, 스물세 살의 색소폰 연주자 스콧 해밀턴Scott Hamilton은 뉴욕 재즈 현장에 충격을 안겼다. 그는 콜먼 호킨스와 벤 웹스터를 떠올리게 하는 복고적인 테너 색소폰 소리를 선보였는데, 이것은 마치 콜트레인이나 롤린스가 아예 존재하지 않았던 것처럼 느껴지는, 철저히 자기만의 음악 세계를 반영한 소리였다. 포스트모더니스트들이 옛 소리를 다소 익살스럽게 되살리던 것과는 달리, 해밀턴은 자신이 하는 일에 대해 매우 진지했다. 그는 단지 "좋은 소리"라고 생각했기 때문에 이런 스타일을 고수했는데, 이는 이념적 논쟁이 치열했던 전환기의 시대 분위기 속에서 가장 시대착오적인 주장처럼 보였다. 일부 평론가들은 이러한 복고적 시도에 냉소적인 시선을 보냈지만, 열린 마음으로 귀 기울인 이들은 그의 뛰어난 즉흥 연주 능력을 인정할 수밖에 없었다. 해밀턴은 극단적인 사례일 수 있지만, 이와 같이 재즈의 역사에 대한 자각을 일깨우는 움직임은 앞으로 다가올 흐름의 전조였다. 1980년대가 시작될 무렵에는, 과거의 모든 스타일과 소리가 새로운 청중층을 찾게 되었고, 각각의 전통이 현대의 최신 유행과 나란히 기념되고, 계승되며, 상업적으로 유통되었다. 재즈 음반 가게를 방문한 사람들은 진열대에서 흥미로운 병치를 목격하고는 했다. 딕시랜드 클라리넷 연주자 조지 루이스와 아방가르드 트롬본 연주자 조지 루이스가 같은 칸에 놓여 있고, 우디 쇼는 아티 쇼 옆에, 루비 브라프Ruby Braff는 앤서니 브랙스턴Anthony Braxton 옆에, 와타나베 사다오渡辺貞夫는 에설 워터스Ethel Waters 옆에 자리하고 있었다. 이처럼 매우 다양한 전통이 동시에 인정받는 상황은 재즈 음악의 역사적 스펙트럼이 얼마나 방대하며, 버디 볼든이 남긴 유산이 얼마나 넓고 깊은지를 잘 보여주는 현상이었다.

이 시기 동안, 메인스트림 재즈 보컬 전통은 특히 활기를 띠었다. 무조성 및 그외 실험적인 기법들이 때때로 이 영역에 침투하기도 했지만, 대부분의 재즈 보컬리스트들은 전통적인 레퍼토리와 악기 편성을 선호했다. 이전 세대에 등장했던 주요 아티스트들 가운데 상당수가 1970~80년대에도 여전히 재즈 보컬의 중심에 있었다. 1950년대에 리더로서 첫 녹음을 했던 카르멘 매크레이Carmen McRae와 베티 카터Betty Carter는 빌리 홀리데이의 전통이 수십 년이 지난 뒤에도 여전히 신선하고 새롭게 들릴 수 있음을 분명히 보여주었다. 홀리데이 이후, 매크레이만큼 비트 뒤에서 노래를 잘했던 가수는 없었으며, 그녀는 친밀한 대화체 스타일에서 날카롭게 변형된 선율과 가사로 전환하는 능력 또한 탁월했다. 카터 또한 리듬에 대해 극도로 자유로운 접근을 보였으며, 때로는 표준 곡을 매우 난해하게 재해석해 재즈 아방가르드에 포함시켜야 할 정도였다. 하지만 그녀의 이러한 실험적 스타일은 콜 포터나 찰리 파커, 그리고 다시 한 번, 홀리데이와 같은 초기 거장들에게서 영감을 받은 것이었다. 홀리데이가 보여준, 고백적 정직함을 담은, 감정적으로 강렬한 재즈 송의 비전은 카터의 작업에도 깊이 스며들어 있었다. 쉴라 조던Sheila Jordan 역시 유사한 접근을 택했으며, 표준곡을 관습적인 방식으로 부르기보다는 더 개인화된 해석을 추구했는데, 이는 특히 피아니스트 스티브 쿤과의 협업에서 가장 잘 드러났다. 멜 토메는 젊은 시절 정교한 창법을 연마하고 크로스오버 스타덤을 꿈꾸기도 했지만, 이 시기에는 조지 쉬어링, 마티 페이치 등과의 성공적인 프로젝트를 통해 진지한 재즈 활동으로 관객의 호응을 얻었다. 1960년대에 팝 성향의 가수로 대중을 확장했던 토니 베넷Tony Bennett은 다음 십 년 동안 자신의 재즈 뿌리를 재발견했으며, 피아니스트 빌 에반스와의 두 장의 인상적인 듀엣 앨범에서 그 성과가 뚜렷하게 드러났다. 전반적으로, 1970~80년대 재즈 현장에서 보컬 예술은 가장 전통에 뿌리를 둔 분야로 두드러졌다. 이 시기에 경력을 시작한 젊은 보컬리스트들 대부분도 이 음악의 역사에 깊이 몰입한 모습을 보였으며, 그중 영감을 덜 받은 이들은 피상적인 디너쇼 스타일에 머물렀지만, 바비 맥퍼린, 다이앤 슈어, 카산드라 윌슨, 다이앤 리브스Dianne Reeves 같은 뛰어난 신세대는 이 전통을 새롭게 되살리는 방식들을 찾아냈다.

음악의 과거에 대한 이러한 향수는 보컬리즈vocalese 스타일을 추구하는 이들 사이에서 특히 두드러졌다. 보컬리즈는 기존에 있던 재즈 멜로디나 즉흥 솔로 위에 가사를 덧붙이는 방식이다. 이 양식은 존 헨드릭스Jon Hendricks와 에디 제퍼슨Eddie Jefferson 같은 가수들의 영향으로 더 널리 퍼지게 되었는데, 이들은 약 20년 전에 이 스타일을 만들어낸 인물들이었다. 또한 조니 미첼이나 맨해튼 트랜스퍼Manhattan Transfer 같은 팝 아티스트들의 화제성 높은 프로젝트를 통해서도 대중에게 알려졌다. 그 결과, 보컬리즈 가사에서 재즈 뮤지션들을 주제로 삼는 일이 점점 더 흔한 관행이 되었다. 예를 들어, 제퍼슨은 콜먼 호킨스, 마일즈 데이비스, 찰리 파커에 대해 감동적으로 노래했으며, 헨드릭스는 〈Birdland〉에 가사를 붙였고, 또는 크로스오버 형식으로, 조니 미첼은 베이시스트 찰스 밍거스를 주제로 하여, 그가 작곡한 〈Goodbye Pork Pie Hat〉을 자신만의 버전으로 해석했다 이러한 맥락에서, 재즈 보컬리스트는 단순히 재즈 전통을 이어가는 역할을 넘어서, 재즈의 역사를 이야기하는 존재, 즉 현대판 아프리카 그리오와 같은 존재로 자리매김하게 되었다.

재즈 레퍼토리 앙상블을 통해 음악 유산을 보존하려는 개념은, 마치 교향악단이 고전 음악 전통을 계승하는 방식과 유사하게, 이 시기 동안 점차 힘을 얻었다. 1973년에는 척 이스라엘스Chuck Israels가 내셔널 재즈 앙상블National Jazz Ensemble을 창단했고, 이듬해에는 조지 윈George Wein이 뉴욕 재즈 레퍼토리 컴퍼니New York Jazz Repertory Company를 후원했다. 1970년대에는 스미소니언 협회도 재즈 전통의 보존과 홍보에 점점 더 적극적인 역할을 하기 시작했으며, 이는 재즈 평론가 마틴 윌리엄스Martin Williams의 훌륭한 지원 덕분이기도 했다. 군터 슐러는 이와 같은 목표를 실현하기 위해, 이 시기 동안 콘서트, 녹음, 저술 등 다양한 활동을 펼쳤다. 그 밖에도,

1970년대 재즈 전통에의 관심이 부활했음을 보여주는 여러 징후들이 있었다. 예를 들어, 레코드사들이 과거 자료를 재발매하는 일이 증가했고, 학계에서도 재즈의 역사와 유산에 대한 관심이 확대되었으며, 재즈 관련 서적과 저널의 출판도 꾸준히 증가했다.

이러한 선례들을 고려할 때, 1980년대 초 윈튼 마살리스의 등장 이전까지 주류 어쿠스틱 재즈 전통이 휴면 상태였다고 주장하는 것은 부정확하다. 마살리스는 이 전통의 부활을 이끈 인물이라기보다, 오히려 이미 형성되고 있던 역사적 자각의 산물로 봐야 한다. 그럼에도 불구하고, 마살리스는 퓨전과 프리 재즈 스타일이 대세를 이루던 시기에, 그 누구보다도 열정적으로 이 전통의 중심성을 주장하며, 보존자이자, 전파자이자, 홍보자이자, 대변자가 되려 한 핵심 인물로 평가받는다. 그의 활동은 종종 논란을 불러일으켰지만, 이와 관련된 열띤 논쟁들조차 재즈가 과거 세대로부터 물려받은 유산이 어떻게 인식되고, 내부자와 외부자 모두에 의해 어떻게 개념화되고 상품화되는지에 대한 관심이 커졌다는 신호로 해석될 수 있다. 이 논쟁들 속에서는 이념적이거나 미학적인 문제들이 뒤섞이기도 했고, 마살리스라는 음악가가 그의 예술을 둘러싼 개인적 혹은 정치적 요소들과 분리되어, 냉정하게 평가받기까지는 아직 시간이 더 필요할 것으로 보인다.

마살리스가 십대 후반의 나이에 명성을 얻은 것은 재즈계에서 전례 없는 사건이었다. 엘링턴, 암스트롱, 굿맨, 길레스피 같은 주요 재즈 인물들조차 그렇게 빠르게, 그렇게 크게 유명해진 사례는 없었다. 그의 음악적 성장 과정을 보면, 짧지만 인상적이다. 1961년 10월 18일, 루이지애나주 케너에서 태어난 마살리스는 뉴올리언스의 풍부한 재즈 전통을 몸소 실천하던 생존 인물들, 즉 앨빈 바티스트Alvin Batiste와 대니 바커Danny Barker 같은 지역 교사이자 멘토들의 지도를 받는 혜택을 누렸다. 가정 환경 또한 그의 음악적 성장을 든든히 뒷받침해 주었다. 아버지 엘리스 마살리스Ellis Marsalis는 직업 재즈 피아니스트였으며, 훗날 윈튼의 형제들인 브랜포드, 델피요, 제이슨 역시 저마다 주목받는 음악 경력을 걷게 된다. 14세에 윈튼은 하이든 트럼펫 협주곡을 뉴올리언스 필하모닉 오케스트라와 협연했다. 17세에는 가장 어린 참가자임에도 불구하고 탱글우드 페스티벌Tanglewood Festival에 참여해, 최우수 금관악기 연주자 상을 받았다. 18세에 줄리아드 음대에 입학했고, 19세에는 아트 블레이키, 허비 행콕 같은 재즈 거장들과 함께 연주했다. 20세에는 세계 최대 음반사인 CBS가 그를 클래식과 재즈 두 부문 모두에 전속 아티스트로 계약하는 전례 없는 결정을 내렸다.

이 선택의 현명함은 곧 입증되었다. 불과 2년 만에, 마살리스는 클래식과 재즈 양 분야에서 그래미상을 수상한 것이다. 이제 일반 청중들조차 그의 명성을 알고 있을 정도였다. 대중의 상상 속에서, 그는 트럼펫에 있어서, 기타에서의 안드레스 세고비아Andrés Segovia, 바이올린에서의 야샤 하이페츠 같은 인물로 여겨졌다. 마살리스는 이러한 관심을 뒷받침할 만한 풍부한 재능을 지니고 있었다. 하이든과 험멜의 트럼펫 협주곡을 녹음한 음반은 인상적이었고, 이 젊은 예술가가 재즈 밴드 무대에서와 마찬가지로 심포니 오케스트라 앞에서도 강력한 존재임을 분명히 보여주었다. 그는 아트 블레이키와의 공연에서 한층 더 강렬한 연주를 들려주었으며, 이는 다른 즉흥 연주자들의 부러움과 찬탄을 동시에 자아냈다. 클리포드 브라운 이후로, 이렇게 탁월한 음색 조절력과 유려한 연주 기교를 지닌 젊은 재즈 트럼펫 연주자는 없었다. 1981년 6월, 재즈 메신저스와 함께 키스톤 코너*에서 녹음한 〈How Deep Is the Ocean?〉에서의 그의 주요 솔로를 들어보면, 이 젊은 거장이 얼마나 눈부신 미래를 맞게 될지 쉽게 예견할 수 있다. 느린 도입부에서는 따뜻하고 풍성한 톤이 돋보였고, 곡의 더블 타임 구간에서는 가장 빠른 구절

---

* 키스톤 코너Keystone Korner: 미국 캘리포니아주 샌프란시스코에 위치했던 전설적인 재즈 클럽. 1970년대와 1980년대 초에 걸쳐, 미국 서부에서 가장 중요한 재즈 공연장 중 하나로 손꼽혔다.

에서도 맑고 선명한 음색이 유지되었다. 몇 달 후, 블레이키는 윈튼의 형제 브랜포드 마살리스를 색소폰 연주자로 영입했고, 이어지는 녹음은 두 형제 모두의 명성을 더욱 높이는 데 기여했다.

두 형제는 윈튼 마살리스의 이름을 딴, CBS 재즈 데뷔작에서 눈에 띄게 등장했다. 이 프로젝트는 통일된 예술적 성명이라기보다는 여러 요소가 뒤섞인 잡다한 성격의 작품이었지만, 개별적인 순간들은 매우 인상적이었다. 예를 들어, 〈Hesitation〉에서는 마살리스 형제가 〈I Got Rhythm〉 코드 진행 위에서 오넷 콜먼의 초기 스타일을 연상시키는 장난기 넘치는 연주를 선보였고, 윈튼의 곡 〈Father Time〉은 변화무쌍한 리듬 분위기를 통해 그가 이후에 보여줄 복잡한 작곡 구조에의 관심을 예고했다. 〈Sister Cheryl〉에서는 브랜포드가 형의 인상적인 연주를 능가할 정도로 기발한 소프라노 색소폰 솔로를 들려주며 존재감을 각인시켰고, 〈Who Can I Turn To〉에서의 윈튼의 솔로는 단순했지만, 그의 트럼펫 음색은 깊이와 순수함 면에서 청중을 매료시켰다. 후속작 《Think of One》과 《Hot House Flowers》는 마찬가지로 다양한 스타일을 아우르는 작품들이었는데, 전자는 다채로운 콤보 분위기를, 후자는 달콤한 현악 오케스트라 반주와 함께한 서정적인 선율미를 담고 있었다.

또 다른 젊은 트럼펫 연주자였다면, 이는 칭찬받을 만한 성과였을 것이다. 하지만 마살리스를 향한 강도 높은 홍보와 주목은 기대치를 극도로 끌어올려, 그 정도 성과로는 이를 충족시키기 어려웠다. 재즈 청중과 비평가들은, 각각의 인물이 자신만의 방식으로 음악을 재창조해 온 암스트롱, 엘링턴, 파커, 길레스피, 데이비스, 콜트레인, 콜먼과 같은 거장들의 역사에 익숙해 있었기에, 이 젊은 트럼펫 연주자에게 더 혁신적인 무언가를 기대했다. 그의 후속작 《Black Codes(from the Underground)》와 《J Mood》는 새로운 지평을 열기 위해 시도된 작품들이었다. 이들 음반에서는 이전 마살리스 작품들보다 앙상블의 질감이 더욱 상호작용적이 되었고, 리듬 섹션은 점점 더 이 트럼펫 연주자를 도전적으로 몰아붙였다. 마살리스의 작곡 또한 훨씬 더 정교해지고 있었다. 예를 들어, 〈J Mood〉는 12마디 블루스지만, 그 주요 멜로디는 매우 독특한 12마디를 사용한다. 각 마디마다 박자가 거의 다르게 바뀌며, 총 36개의 비트가 잘게 쪼개져(필자의 귀에 따르면), 4/2/1/3/3/4/1/4/4/3/4/3 패턴으로 완성된다.《Black Codes》에 수록된 〈Phryzzinian Man〉 역시 비슷하게 복잡한 길을 택한다. 처음 멜로디는 4/4/2/4/4/2/3/2/4/4/4/4의 패턴으로 진행된다. 솔로 파트에서는 다시 단순한 4/4로 돌아가는데, 이는 흥미로운 멜로디 구간 이후에는 다소 김이 빠진 느낌을 준다. 그럼에도 불구하고 이러한 작곡적 야심은 마살리스가 나아가고 있는 방향을 보여준다.

트럼펫 연주자 마살리스의 다음 두 음반《Marsalis Standard Time, Vol. 1》과《Live at Blues Alley》는 앞선 프로젝트들이 내비쳤던 가능성을 실현한 작품들이었으며, 그의 작품군 중에서 현대적 콤보 연주의 가장 인상적인 예로 남아 있다. 이 두 음반 이후, 마살리스는 노골적으로 이러한 접근법을 포기하고 전통주의적 미학을 추구하게 된다. 그러나 이 두 중기 두 작품에서는 그가 후기에 보여주게 될 지나치게 의식적인 역사주의적 태도가 거의 드러나지 않으며, 생동감 넘치고 미래 지향적인 작품으로 평가된다. 먼저《Marsalis Standard Time》에서는《J Mood》의 실험적인 박자 구조를 잼 세션의 열띤 주고받음 속에 녹여내며, 밴드가 고전 재즈 곡들을 얼마나 과감하게 변형할 수 있는지를 보여준다. 또 〈A Foggy Day〉에서는 원곡의 기본 구조 위에 6/8, 12/8, 5/4 등의 박자를 중첩시키고, 〈Autumn Leaves〉의 일부에서는 마디마다 박자를 바꾼다. 〈Caravan〉 역시 기교 넘치는 크로스 리듬으로 멋지게 재구성된다. 이러한 연주의 중심에는 마살리스의 리듬 섹션이 있다. 피아니스트 마커스 로버츠Marcus Roberts는 몽크, 트리스타노, 허비 행콕의 전통을 잇는 고도의 구조적 사고를 지닌 연주자로서, 마살리스를 자극하고 밀어붙이는 데서 즐거움을 느끼는 듯하다. 이에, 마살리스 역시 초기 녹음 때보다 훨씬 발전한 프레이징을 보여준다. 드러머 제프 "테인" 와츠Jeff "Tain" Watts와 베이시스트 로버트 허스트Robert Hurst 역시 이러한 박자 놀이에 능숙했을 뿐 아니라, 음악의 추진력과 스윙감을 유지하는 데에도 탁월했다.《Live at Blues Alley》는 이러한 방향성을 더욱 강렬하게 밀어붙인 작품이다. 이 음반에는 마살리스 경력에서 가장 강렬한 솔로 연주들이 수록되어 있다. 리듬 섹션은 긴 구간 동안 열광적인 에너지로 연주를 이어간다. 음악은 모드와 코드 중심 구조, 다양한 박자 개념 사이를 자유롭게 넘나들지만, 그 밑바탕에는 불타오르는 듯한 집요한 에너지가 흐른다. 전체적으로 볼 때, 이 두 작품은 마살리스가 마일즈 데이비스, 존 콜트레인, 빌 에반스, 오넷 콜먼의 1960년대 녹음들에서 출발한 콤보 연주의 어휘를 확장하려는 시도 중 가장 성공적이고 완성도 높은 결과물로 평가된다.

그러나 이 전향적 시기의 정점에서, 마살리스는 점점 더 경계의 목소리를 내기 시작했다. 그는 이렇게 설명했다. "내가 블루 앨리*에서 그 앨범을 만들었을 때, 복잡한 리듬에, 빠르고 거칠게 연주하는 그런 스타일로는 더 이상 앨범을 만들지 않을 거라는 걸 이미 알고 있었다. 지금은 나의 경험과 내가 나온 세계, 나의 삶에서 가장 깊은 의미를 지닌 것들을 보다 정확한 음조의 그림으로 표현할 수 있는 방식을 진지하게 구상하려고 하고 있다."[207] 마살리스에게 있어 그가 말하는 "내가 나온 세계"란, 고향인 뉴올리언스의 소리와 재즈의 전통적인 아프리카계 미국인 뿌리를 의미했다. 돌이켜 보면, 이러한 변화는 결국《The Majesty of the Blues》라는 앨범으로 결실을 맺으며, 그의 경력에서 새로운 시기를 열게 된다. 어떤 면에서는, 이 새로운 스타일은 이전의 관심사를 확장한 것이기도 했다. 예컨대 〈Hickory Dickory Dock〉처럼 겉보기에는 단순하게 들리는 곡조 안에도 변화무쌍한 박자감이

---

* 블루 앨리Blues Alley: 미국 워싱턴 D.C.에 위치한 전통적인 재즈 클럽.

담겨 있다. 그러나 다른 측면에서 보면, 마살리스는 이전의 음악적 실천 방식에서 과감하게 벗어나고 있었다. 십대 시절에 맑고 깨끗한 음색으로 청중을 감탄하게 했던 그 트럼펫 연주자는 이제 점점 더 뮤트를 사용해 소리를 왜곡시키며, 비밥 이전 재즈 음악가들이 선호하던 '더럽고 거친' 음색을 탐색하고 있었다. 그는 더 이상 '차세대 클리포드 브라운'이나, 1960년대 마일즈 데이비스의 음악을 계승할 인물이라는 중간 시기의 평가에 부응하려 하지 않았다. 대신, 그는 킹 올리버와 버버 마일리의 1920년대 미학을 되살리려는 듯 보였다. 동시에, 마살리스의 선율 라인은 더욱 간결해졌다. 그는 나중에 이를 두고, 색소폰 선율을 모방하기보다는 "선명하고 힘찬" 프레이즈에 집중하는 것이라 설명했다. 앙상블의 음향 구성 또한 이전보다 훨씬 더 깔끔하고 개방적으로 되었다.

《The Majesty of the Blues》의 타이틀 곡에서, 마살리스는 여유로운 분위기의 6/4 박자를 채택하여, 블루스 진행에 느긋하고 서두르지 않는 느낌을 더했다. 《Live at Blues Alley》에서 들을 수 있던 끊임없이 탐색하는 듯한 불안한 에너지 대신, 이 곡에서는 훨씬 절제되고 통제된 접근 방식이 전면에 드러난다. 형식과 내용 간의 오랜 갈등 속에서, 마살리스는 마치 하룻밤 사이에 진영을 바꾼 듯했다. 이제 그는 미지의 세계로 질주하는 열정적인 솔로 연주자라기보다는, 정교하게 통제된 소리의 건축가로 자리매김하고 있었다. 무엇보다도, 마살리스는 고향의 전근대적 재즈 전통과 의식적으로 다시 연결되기를 원했다. 이 앨범의 일부 음악에서는, 뉴올리언스 출신의 노련한 재즈 연주자들, 예를 들어 80세의 대니 바커Danny Barker를 직접 초청해 함께 연주했다. 이러한 뿌리로의 회귀는 후속작인 《Resolution of Romance》에서도 뚜렷하게 드러난다. 이 작품에서, 마커스 로버츠의 격렬하고 다성적인 피아노 연주는 배제되었고, 그 대신에 마살리스의 아버지 엘리스 마살리스의 보다 전통적인 연주 방식이 채택되었다.

이제 블루스는 마살리스에게 중심적인 관심사로 부상하고 있었다. 그의 멘토이자 비평가인 스탠리 크라우치Stanley Crouch의 영향이 결정적이었던 것으로 보이며, 앨버트 머리가 저서『블루스를 딛고 춤추다*Stomping the Blues*』에서 제시한 미학적 비전 또한 큰 영향을 미쳤다. 크라우치는《The Majesty of the Blues》의 라이너 노트에서 이 책을 "내 세대의 모든 음악가들이 반드시 읽어야 할 작품"이라며 높이 평가했다. 그리고 마살리스는 블루스 음계를 아프리카계 미국 음악의 본질로 찬미한 머리의 사상을 분명히 마음에 새긴 듯했다. 마살리스의 초기 작품에서 블루스 진행(I, IV, V 코드)은 그리 큰 비중을 차지하지 않았지만, 이제 그의 음악은 I, IV, V 코드와 구부러진 음들로 가득 차 있었다. 이는《Soul Gestures in Southern Blues》3부작과 이후의《Blue Interlude》앨범에서 잘 드러난다. 불과 몇 년 전까지만 해도, 머리의 재즈관은 단순한 향수에 젖은 회고적 접근, 혹은 퓨전, 프리 재즈, 유럽 클래식 영향을 받는 현대 재즈 흐름과는 동떨어진 관점으로 여겨졌다. 그러나 이제 당대에서 가장 유명한 젊은 재즈 뮤지션인 마살리스가 바로 그 사상을 옹호하고 나선 것이다. 윈튼 마살리스의 손에서, 재즈는 뿌리로 되돌아가며 일종의 순환을 이루었고, 그 변화는 1960년대 마일즈 데이비스, 존 콜트레인, 그리고 다른 진보적 재즈 음악가들이 일으켰던 논란 못지않게 충격적이고 예기치 못한 일이었다.

이러한 방향 전환은 마살리스가 이전 재즈 거장들의 "진보"를 계승해 나가리라 기대했던 사람들에게는 당혹스러울 수밖에 없는 변화였다. 마살리스의 새로운 리듬 섹션은 명백히 더 경건하고 전통에 충실한 태도를 지닌 연주자들이었으며, 마커스 로버츠, 제프 "테인" 와츠, 케니 커클랜드Kenny Kirkland 등 그의 초기 반주자들처럼 그를 적극적으로 밀어붙이는 역동성은 거의 없었다. 또한 마살리스의 거침없는 발언들은 비판을 더욱 자극했다. 그는 인터뷰에서 유난히 직설적이고 신랄한 태도를 보였으며, 다른 음악가들(그중에는 재즈의 유명 인사들조차 있었다)을 조롱하는 데도 주저하지 않았다. 또 질문에 대한 답변을 종종 논쟁적인 방향으로 이끌었고, 트럼펫 없이도 자신을 드러내는 데 거리낌이 없었다. 한 인터뷰에서 그는 재즈 작가 프랜시스 데이비스Francis Davis에게 이렇게 털어놓은 적이 있다. "1979년에 처음 뉴욕에 왔을 때…… 본보기가 되어야 할 기성 음악가들은 헛소리나 해대고, 드레스를 입고, 록스타처럼 행동하려고만 했다. 그래서 사람들이 내 연주를 들었을 때, 이제 다시 제대로 정신 차릴 때가 됐다고 느꼈던 거다." 마살리스는 특히 마일즈 데이비스에 대해 날카롭게 비판했다. 그는 한 인터뷰에서 이렇게 말하기도 했다 "버드(찰리 파커)가 지금 상황을 알게 된다면, 무덤에서 몸부림칠 것이다."[208] 그로부터 얼마 지나지 않아, 마살리스가 어느 재즈 페스티벌에서 마일즈 데이비스의 밴드 무대에 올라가 함께 연주하려고 했을 때, 마일즈는 곡 도중에 연주를 멈추고서 윈튼이 무대를 떠날 때까지 다시 연주하기를 거부했다.

1990년대에 들어서면서, 마살리스의 음악은 점점 더 작곡가이자 앙상블 단원으로서의 역할에 초점을 맞추기 시작했고, 그 결과 그의 독주자로서의 기량은 상대적으로 덜 부각되었다. 그의 밴드는 셉텟septet으로 확대되었으며, 이러한 변화는 그가 과거 쿼텟이나 퀸텟 시절 보여주었던 공격적이고 자유분방한 태도에서 한층 더 멀어졌음을 나타냈다. 1992년 5월, 링컨 센터의 에이버리 피셔 홀Avery Fisher Hall에서 초연된 작품《In This House, On This Morning》에서는, 마살리스 셉텟과 보컬리스트 매리언 윌리엄스Marion Williams가 함께 무대에 올라, 잡다하지만 유기적인 음악 스타일의 향연을 선보였다. 무대 위에서는 다음과 같은 다양한 요소들이 조화롭게 어우러졌다. 성결교회 스타일의 가스펠 사운드, 12마디 블루스 진행, 떠들썩한 뉴올리언스풍 대위법, 왈츠 박자와 투비트 스트럿,* 심지어 마살리스가 트럼펫

---

* 투-비트 스트럿two-beat struts: 투-비트는 전통적인 행진 스타일이나 초기 재즈에서 자주 쓰이는 리듬 패턴으로, 한 마디에 강박이 두 번만 강조되는 리듬 스타일. 주로 뉴올리언스 재즈나 딕시랜드 스타일에서 많이 사용되었다. 투비트 스트럿은 두 박자의 리듬에 맞춰 당당하게 걷는 듯한 음악적 구절이나 스타일을 의미한다.

으로 '방언'처럼 웅얼거리는 소리를 흉내 내며 연주하는 인상적인 순간에는 절제된 무조성도 등장했다. 그러나 이러한 과거로의 회귀는 단순한 모방으로 전락하지 않았다. 마살리스는 자신의 세대 중에서도 가장 두드러지게, 과거 거장들의 음악 어휘를 되살려내면서도, 거기에 자신만의 인장을 새기는 데 성공했다.

결국 시간이 지나면서, 이처럼 확장된 콤보조차도 마살리스의 커져가는 야망을 실현하기에는 너무 작게 느껴졌다. 경력 중반기의 마살리스가 가장 편안함을 느낀 무대는 재즈 앳 링컨 센터 오케스트라였다. 이 앙상블은 1988년에 설립된 단체로, 재즈계의 심포니 오케스트라에 해당하는 역할을 하도록 만들어졌다. 이는 초기의 자유분방한 밴드들과는 완전히 다른 분위기였다. 이러한 새로운 환경에서, 윈튼은 엘링턴 이후 최고의 작곡가 중 한 명으로서의 역량을 마음껏 발휘할 기회를 가졌다. 이는 특히 1994년에 발표한 〈Blood on the Fields〉라는 작품에서 두드러졌다. 이 곡은 열다섯 명으로 구성된 재즈 오케스트라를 위해 작곡되었으며, 이후 퓰리처상을 수상하기도 했다. 무려 세 시간 반에 달하는 이 인상적이고 장대한 작품은 초기 재즈 전통뿐 아니라, 가스펠, 노동요, 블루스 등 과거 시대의 다양한 아프리카계 미국인 음악 스타일을 한데 삼켜버릴 듯한 야심 찬 구성이었다. 이러한 역사적 절충주의는 이후 마살리스의 작품들 속에서 끊임없이 되살아났으며, 그 형태도 다양했다. 그는 컨트리 음악가 윌리 넬슨Willie Nelson과 무대를 함께하기도 했고, 자신의 곡《Congo Square》에서는 가나의 드럼 마스터 야쿱 애디Yacub Addy와 협업했으며, 젤리 롤 모튼에서 셀로니어스 몽크에 이르기까지 수많은 인물들에게 헌정 앨범을 바치기도 했다.

그러나 마살리스가 이러한 프로젝트들을 위한 자금 조달과 홍보에 성공했다고 해서, 그를 둘러싼 논란이 잠잠해진 것은 아니었다. 오히려 상황은 더욱 격화되어, 일부 평론가들은 진보파와 전통파 간의 재즈 "전쟁"이라는 표현까지 사용하기에 이르렀다. 마살리스가 링컨 센터의 재즈 프로그램 예술 감독직을 맡았을 때, 여기에 냉혹한 경제 논리까지 얽혀들었다. 일부 비평가들은 링컨 센터에서 벌어지는 활동이 배타적인 분위기를 조장한다며 비판했다. 마살리스의 재즈 전통에 대한 비전에 동조하는 인물들은 칭송받고 위촉 작품과 일자리로 지원받는 반면, 스타일이 너무 아방가르드하거나 유럽적인 음악가들은 소외되었다는 것이다. 마살리스가 퓰리처 음악상을 받았을 때도 상황은 마찬가지였다. 이 상은 재즈 작품으로는 처음 수여된 것이었고, 미국 최고의 음악상이 오랫동안 유지해 온 암묵적인 차별이 종식된 역사적 순간으로 재즈 팬들 사이에서 환영받았어야 했다. (참고로, 베니 굿맨 밴드의 멤버였던 멜 파월이 1990년에, 써드 스트림 음악의 주창자 군터 슐러가 1994년에 이 상을 받은 바 있지만, 이들은 재즈가 아닌 다른 장르의 작품으로 수상했다.) 그러나 마살리스의 수상은 그를 비판하는 목소리를 내온 반대파에게는 또 하나의 불만거리로 받아들여졌을 뿐이었다.

적대감이 최고조에 달했던 2000년 무렵에는, 마살리스와 관련된 거의 모든 일이 논란을 불러일으킬 운명에 처한 듯 보였다. 때때로 마살리스 자신도 일부 실책을 저질러 반발을 자초하기도 했지만, 세월이 흐르면서 그는 십대 시절부터 본의 아니게 떠맡게 되었던 재즈의 글로벌 대사라는 역할에 어울리는 인물로 점차 성장해 갔다. 그는 젊은 음악가들에게 멘토의 역할을 하고, 재즈가 더 넓은 문화에서 지니는 중요성을 역설하며, 재정적 자원을 끌어들이는 능력을 보여줌으로써 재즈의 공동 이익에 기여했다. 한편, 그에 대한 비평가들의 분노는 때때로 마살리스 개인에 대한 것이라기보다는, 재즈의 역사가 다른 방향, 즉 더 미래지향적이고, 더 전위적이고, 더 "새롭고 급진적인 무언가"로 나아가지 않았다는 데 대한 실망과 분노에서 비롯된 것처럼 보이기도 했다. 마살리스는 그러한 불만의 손쉬운 표적이 되었지만, 아이러니하게도 그를 공격하는 이들조차 그에게 너무 많은 영향력을 부여한 것인지도 모른다. 앞서 살펴본 바와 같이, 마살리스의 성공은 재즈 유산에의 관심이 부활했기 때문에 가능했던 것이지, 그가 그것을 일으킨 원인은 아니었다.

브랜포드 마살리스의 변화무쌍한 경력은 그의 동생 윈튼이 중시했던 엄격한 위계질서를 아랑곳하지 않는 태도를 반영했다. 윈튼이 정통 재즈의 옹호자였다면, 브랜포드는 록 밴드와 함께 연주했고, 윈튼의 음악이 점점 더 구조화되어 갈수록, 브랜포드는 즉흥적이고 느슨한 블로잉 세션에 기쁨을 느꼈다. 윈튼이 링컨 센터를 자주 찾을 때, 브랜포드는 TV 프로그램 '투나잇 쇼'의 하우스 밴드 리더로 활약했고, 윈튼이 가스펠과 블루스의 전통적 사운드에 집중할 때, 브랜포드는 펑크와 힙합 같은 현대적인 사운드에 도전했다. 하지만 브랜포드 마살리스의 이런 겉보기에 자유분방한 태도 아래에는, 엄밀한 논리를 지닌 음악적 두뇌가 숨겨져 있었다. 그의 선율은 때때로 소니 롤린스를 연상시키는 구조적 우아함을 띠며 전개되었고, 명료하고 정밀하게 발전하면서도 그 안에 예상치 못한 반전과 변화를 녹여냈다. 한동안, 그는 무심하게 보이는 활동 선택으로 인해, 예술성을 중시하는지 단순한 유명세를 좇는지에 대한 의문을 사기도 했다. 그러나 마흔 살 무렵에 접어들면서, 이 폭넓은 즉흥 연주자는 점점 더 타협 없는 고급 재즈 프로젝트에 집중하게 되었다. 그러한 무대에서, 그는 자신이 동시대 최고의 색소폰 연주자 중 한 명으로 꼽힐 자격이 있음을 입증해 보였다.

1980년대에는 마살리스 형제의 개인적인 영향력과, 이들의 성공을 재현하려는 레코드 회사들의 제도적 전략을 구분하기 어려운 경우가 많았다. 특히, CBS 레이블의 움직임은 점점 공식처럼 정형화된 양상을 띠기 시작했다. CBS는 "제2의 윈튼"을 찾기 위해 열을 올렸고, 그 일환으로 당시 십대였던 뉴올리언스 출신 트럼펫 연주자 테런스 블랜차드와 계약했다. 그는 아트 블레이키 밴드에 마살리스를 대신해 들어갔고, 자주 함께 연주하던 동향의 색소폰 연주자 도널드 해리슨Donald Harrison과 콤비를 이루기도 했다. 또 다른 뉴올리언스 출신으로, 피아니스트이자 보컬리스트인 해리 코닉 주니어 역시 십대 시절 CBS와 계약을 맺었다. 그는 특히 보컬리스트로서 뚜렷한 재능과, 젊은 나이에 보기 드문 무대 장악력을 지녔다. 그러나 그의 재능은 초기 몇몇 유망한 음반을 근거로 그를 "차세대 프랭크 시나트라"로 띄우려는 홍보 전략 속에서 과장되었다. 또한 트럼펫 연주자 말론 조던Marlon Jordan 도 CBS와 십대 시절 계약했으며, 놀랍지도 않게, 그 역시 뉴올리언스 출신이었다. 이 아티스트들의 음반은 종종 델피요 마살리스가 프로듀싱했으며, 그는 CBS 재즈 제국 내 뉴올리언스 진영의 확장 과정에 중요한 역할을 하게 되었다. 다른 레이블들도 이 뉴올리언스 열풍에 뛰어들었다. MCA/Impulse 는 열정적이고 감성적인 스타일의 피아니스트 겸 보컬리스트 헨리 버틀러 Henry Butler를, 버브는 당시 겨우 십대를 갓 벗어난 부드러운 음색의 트럼펫 연주자 니콜라스 페이튼Nicholas Payton을 영입했으며, 노버스Novus는 앞서 언급한 델피요 마살리스와 계약을 맺고, J. J. 존슨을 연상시키는 트롬본 연주를 선보일 수 있게 했다.

이 개념 주도의 캠페인, 즉 한 예술가의 출생증명서에 적힌 도시 이름에 집착적으로 초점을 맞춘 이 전략은 결국 그 무게에 짓눌려, 붕괴할 위기에 처하게 되었다. CBS 레코드는 1987년에 소니에 인수된 후, 윈튼 마살리스를 포함해 자신들이 영입했던 뉴올리언스 출신 아티스트 전원과 결별했다. 이 '빅 이지Big Easy[뉴올리언스의 별칭]' 열풍에 휩쓸린 연주자들은 대체로 진짜 실력자들이었지만, 그들에게 처음부터 쏟아진 명성과 기대는 재즈계에서는 이례적인 현상이었다. 앞의 장들에서도 살펴보았듯, 이전 시대의 재즈 거장들 가운데 많은 이들이 메이저 레이블과 계약조차 맺지 못했으며, 어떤 이들은 작은 레이블에서 제한된 예산으로 리더 앨범을 만들거나, 남의 밴드에서 오래 활동하며 기술을 다듬는 느린 과정을 거쳐야만 했다. 일부 평론가들은 이처럼 업계가 젊은 피를 찾는 데 몰두하다 보면, 실력이 아직 미숙하거나, 깊은 음악적 가치를 체화할 만큼 충분히 단련되지 않은 세대가 등장할 수 있다고 우려했다. 다른 이들은 1940~1955년 사이에 태어난 중견급 연주자들, 예컨대 피아니스트 제시카 윌리엄스, 케니 배런, 스티브 쿤, 애덤 마코비츠, 트럼펫 연주자 톰 해럴, 발레리 포노마레프Valery Ponomarev, 바비 슈, 색소폰 주자 바비 왓슨, 아서 블라이스Arthur Blythe, 리키 포드Ricky Ford, 제인 아이라 블룸Jane Ira Bloom, 트롬본 연주자 스티브 투레Steve Turre 등등이야말로, 재즈계에서 잊혀진 '잃어버린 세대'처럼 되어버렸다고 탄식했다. 이들은 젊은 세대로 활동하기에는 너무 나이 들었고, 초기 재즈 시절의 원로로 보기에는 너무 젊은 애매한 위치에 있었기에, 업계 권력자들이나 재즈 잡지의 관심 밖으로 밀려났다.

하지만 이후의 여러 사건들이 증명했듯이, 재즈 전통주의 운동의 부흥은 단지 일시적인 유행이나 음반사들이 꾀한 짧은 마케팅 전략 이상의 것이었다. 이 시기에 동시에 진행된 재즈 교육의 확산과 제도화는 분명 이 변화에 중요한 역할을 했다. 윈튼 마살리스가 더 전통적인 음악 어휘를 받아들이기 시작하던 바로 그 시점에, 1960년대에 음악 전문가들과 교사들의 소규모 모임으로 출발한 '전국 재즈 교육자 협회'는 이름을 보다 거창한 '국제 재즈 교육 협회'로 바꾸었다. 그리고 이 협회는 매년 열리는 정기 총회를 재즈계 최대 규모의 행사로 성장시켰다. 이 타이틀은 결국 2008년 재정 문제로 협회가 해체될 때까지 유지되었다. 스윙 시대나 재즈 시대(1920~30년대)에는, 재즈계의 가장 큰 연례행사를 교육자들이 모여 만들게 되리라고는 상상조차 하지 못했을 것이다. 마찬가지로, 한때 52번가의 나이트클럽들에서 울려 퍼지던 재즈가 링컨 센터로 이주하는 여정도 예전의 재즈 세대에게는 매우 놀라운 일이었을 것이다. 재즈 앳 링컨 센터 또한 처음에는 매우 작은 규모로 출발했다. 1986년 설립 당시에는 링컨 센터 산하 공연 예술 부서의 한 부문에 불과했고, 예산도 100만 달러 이하였다. 그러나 한 세대가 지난 후, JALC의 예산은 5천만 달러 이상으로 증가하여, 21세기 재즈계 최대 권력 기관으로 자리 잡게 되었다. 이러한 변화는 매우 심오한 전환이었지만, 규범화, 제도화, 역사적 자각이 강조되는 시대에는, 이런 움직임이 놀라운 일이라기보다는 오히려 자연스러운 흐름이었다고 할 수 있다.

하지만 재즈의 풍부한 유산을 사랑하는 팬들조차도, 이러한 상황을 어느 정도 우려의 눈초리로 바라보게 된다. 재즈의 과거가 그 미래를 가로막고 있는 것은 아닐까? 반대로, 음악에서 새로운 혁명이 마치 정기적으로, 5년 혹은 10년마다 일어나야 한다는 기대는 과연 타당한 것일까? (과거에는, 그처럼 주기적으로 혁신이 이루어졌던 것도 사실이다.) 문제는 재즈계 자체에 있는가, 아니면 그것을 바라보는 우리의 시각에 있는가? 재즈라는 음악이 늘 진보적이고, 늘 틀을 깨고, 늘 최신의 새로움을 받아들여야 한다고 우리가 기대하는 것이 과연 정당한가? 그저 음악이 즐겁고, 지적이며, 잘 연주된 것만으로는 충분하지 않은가? 이러한 질문들은 깊이 있는 철학적 물음이며, 단지 재즈에만 국한되지 않고 다른 예술 장르 전체에 해당하는 주제다. 이 책에서는 이 모든 문제를 다룰 수는 없지만, 다음과 같은 점은 짚고 넘어갈 필요가 있다. 500년 가까이, 예술은 진보적 진화라는 미학적 비전을 따랐고, 과학처럼 끊임없는 "돌파구"의 연속이라는 생각이 지배적이었다. 하지만 이제는 그 자체가 근본부터 흔들리고 있다. 비록 이념적으로 미완성된 측면이 많고, 제약도 분명하지만, 뉴에이지 음악, 미니멀리즘, 그리고 그외 다양한 스타일들은 (롤랑 바르트Roland Barthes의 용어를 빌리자면) "0도 스타일", 즉 기술적 진보나 시간의 흐름과 무관한 예술 형태의 가능성을 암시하고 있다. 이와 같은 맥락으로, 일부 미학자들은 예술사의 "종말"이 도래했다고 선언하기도 한다. 이러한 관점은 어떤 이들에게는 기존의 틀에서 벗어난 자유로운 창조의 도래로 비추어지지만, 다른 이들에게는 익숙한 기준과 전제가 무너져버린 불안한 시대로 보이기도 한다.

이러한 상황에 대응하여, 전통에 대한 또 다른 접근 방식이 거의 같은 시기에 등장했다. 이는 진보적이며 때로는 불경스럽기까지 한 포스트모더니스트 연주자들에 의해 주도되었다. 이들은 윈튼 마살리스가 재즈 스타덤의 정점에 오르기 몇 년 전부터 활동을 시작했지만, 크게 주목받지는 못했다. 이 예술가들은 기존의 재즈 스타일과 어휘에 보다 대립적인 태도로 접근하고

자 했으며, 재즈 전통이 지닌 무게감을 완전히 피할 수는 없다는 사실을 인식하면서도, 단순히 과거를 찬미하는 숭배자로 머물기를 거부했다. 대신, 그들은 해체주의적 접근, 즉 의도적으로 조작하는 태도를 통해, 재즈와 비非재즈 음악의 아카이브에서 끌어온 요소들을 변형시키고, 그것들을 새로운 하이브리드 사운드의 구성 요소로 전환하려 했다. 이 포스트모던 연주자들은 재즈를 박물관 속 유물로 만들기 위해 전통을 다룬 것이 아니라, 오히려 청중을 충격과 경외로 이끌 수 있는 청각적 무기를 찾기 위해, 자신들이 물려받은 음악 유산과 격렬히 씨름했던 것이다.

포스트모던 충동

"여우는 많은 것을 알지만, 고슴도치는 한 가지 큰 것을 안다"는 말은 고대 시인 아르킬로코스Archilochus의 유명한 격언이다. 이 말은 옥스포드대학의 이사야 벌린Isaiah Berlin에게 영감을 주어, 그는 비전 있는 인물들을 '여우형'과 '고슴도치형'으로 분류하게 된다. 즉, 인생이나 경력을 하나의 중심 개념에 몰두하는 유형(고슴도치형)과, 끊임없이 아이디어를 바꾸고 다양한 영역을 넘나드는 유형(여우형)으로 나눈 것이다. 이 구분은 재즈의 포스트모던 전환을 이해하는 데에도 유용하다. 왜냐하면 이 전환은, 영웅적인 고슴도치들이 주도하던 예술 형식이었던 재즈를, 빠르고 유연하게 움직이는 여우들의 분주한 자유 경쟁의 장으로 변모시키려는 시도였기 때문이다.

재즈가 오랜 세월 동안 강렬한 개성과 뚜렷한 개인 스타일을 지닌 거장들에 의해 구축되어 왔다면, 20세기 말이 가까워질 무렵, 이 음악은 다양한 양식을 자유롭게 넘나들며, 상황이나 기호에 따라 그것들을 혼합해 사용하는 절충적 즉흥 연주자들에게로 계승되었다. 1970년대부터는, 재즈계를 이끄는 인물들이 점점 더 "많은 것을 아는" 여우형 연주자들이 되었고, 이들은 자신이 쌓아온 다채로운 음악적 지식과 언어를 관객 앞에서 선보일 기회를 즐기기 시작했다. 이러한 전환을 상징하는 인물이 바로 포스트모던 재즈 뮤지션이다. 이들은 동시대 다른 예술 분야에서도 나타난 경향을 반영하며, 여러 언어를 유창하게 구사하는 유명 언어학자들을 떠올리게 한다. 하지만 이 비교조차 너무 순하게 느껴질 수도 있다. 왜냐하면 포스트모던 재즈 연주자들은 단지 언어를 바꿔가며 대화하는 수준을 넘어서, 때로는 전혀 어울리지 않는 스타일을 동시에 겹쳐 놓는 대담함까지 보여주었기 때문이다. 마치 여러 언어로 동시에 말하는 대화가 하나의 음악 속에 병렬적으로 펼쳐지는 듯한 느낌을 주는 것이다. 이처럼 이질적인 요소들을 강제로 맞붙여 도발적인 새로운 결합을 만들어내려는 시도는 이전 세대의 재즈 거장들에게서는 좀처럼 보기 어려웠다. 과거의 선두 재즈 연주자들은 대개 지문처럼 독특한 자신만의 스타일을 구축했고, 그만큼 철저하게 특정한 프레이즈나 구조를 배제함으로써 자신만의 사운드를 조형했다. 반면, 포스트모던 재즈의 전환점은 그 엄청난 포용성에 있다. 즉, 주류에서 아무리 멀리 떨어져 있는 표현 방식일지라도 그 어떤 것도 배제하지 않으려는 태도에서 두드러졌다. 실제로 음악가 조지 루이스George Lewis는 이렇게 썼다. "하나의 '자유' 개념이 아니라, 광범위한 음악적 가능성 전반에 걸쳐 다양한 자유들이 동시에 주장되고 있었다."[209] 이 말은 재즈에서 나타난 포스트모던 충동을 정의하는 데 있어, 그대로 인용해도 될 만큼 적절한 표현이다.

재즈의 제도적 구조조차도 이 새로운 감수성을 반영하며 변화하기 시작했다. 과거에는 강력한 개성을 지닌 인물들이 용기 있는 모범을 통해 재즈계를 이끌었고, 암스트롱, 엘링턴, 파커, 데이비스, 콜트레인이라는 이름은 재즈 예술의 발전 자체를 상징하는 존재였다. 하지만 점차 그 자리는 다양한 형태의 집단과 협회들, 즉 집합적 리더십이 이끄는 진보적 재즈 진영으로 대체되었다. 이러한 연합체의 느슨한 조직 구조는 다양한 음악적 표현 방식에 대해 점점 더 열린 태도를 지닌 시대정신을 반영하는 것이었다. 그 흐름의 초기 징후 중 하나는 1964년 말 결성된 '재즈 작곡가 길드Jazz Composers Guild'였다. 이 단체는 오래 지속되지는 못했지만, 칼라 블레이Carla Bley

와 마이클 맨틀러Michael Mantler는 이를 발판 삼아 재즈 작곡가 오케스트라 Jazz Composer's Orchestra를 출범시켰고, 이 오케스트라는 다음 십 년간 꾸준히 연주와 녹음을 이어갔다. 1960년대에는 다양한 도시와 커뮤니티에서 이와 비슷한 집단들이 등장했다. 언더그라운드 음악가 협회Underground Musicians Association, 세인트루이스의 흑인 예술가들의 그룹Black Artists' Group, 디트로이트 창의적 음악가 협회Detroit Creative Musicians Association 등이 대표적이다. 하지만 이 가운데 가장 큰 영향을 끼친 단체는 바로 시카고에 본부를 둔, 창의적 음악가 진흥 협회Association for the Advancement of Creative Musicians(AACM)였다.

AACM은 1965년에 출범했으며, 그 목적은 진보적인 음악가들이 공연 기회를 얻고, 리허설 공간을 확보하며, 그 외 음악 경력을 지원받을 수 있도록 돕는 것이었다. 초대 회장은 피아니스트 무할 리차드 에이브럼스Muhal Richard Abrams였으며, 그가 1961년에 조직한 대규모 프리 재즈 앙상블 익스페리멘털 밴드Experimental Band는 AACM의 기초를 다지는 데 큰 역할을 했고, 에이브럼스가 이후 발표한 여러 녹음들은 이 운동의 미학적 비전을 대표하는 주요 작품들로 평가된다. 초기 핵심 인물로는, 로스코 미첼, 조셉 자먼Joseph Jarman, 앤서니 브랙스턴, 레스터 보위Lester Bowie 등이 있다. 1965년 8월 5일에 비영리 단체로 정식 승인을 받은 AACM은 그 헌장에 아홉 가지 목적을 명시했다. 여기에는, 젊은 음악가들의 양성 및 교육, 콘서트와 리사이틀의 기획 및 개최, 연주자들을 위한 고용 기회 창출, "과거로부터 물려받은 교양 있는 음악가들의 전통"을 계승·발전시키는 일 등이 포함된다.[210] 이후, AACM은 그 활동 범위를 넓혀, 음반 제작 후원, 라디오 프로그램 제작, 도심 지역 학생 지원 등 다양한 공익 활동과 지역사회 기반의 지원 사업에 나서게 되었다.

AACM의 음악을 기록한 중요한 초기 녹음에는, 미첼의 《Sound》(1966), 자먼의 《Song For》(1967), 보위의 《Numbers 1 & 2》(1967), 에이브럼스의

《Levels and Degrees of Light》(1968), 브랙스턴의《Three Compositions of New Jazz》(1968), 시카고 아트 앙상블의《People in Sorrow》(1969), 《Tutankhamun》(1969), 《A Jackson in Your House》(1969)가 있다. 그 가운데, 미첼의《Sound》라는 제목은, 이 새로운 시카고 기반 음악 운동의 시작을 알린 프로젝트로, 이 다면적인 음악의 특히 중요한 측면에 대해 증언하고 있었다. 앨버트 에일러처럼, 이 예술가들은 전통적인 화성, 선율, 리듬의 구분보다는, 소리의 질감에 더 중점을 두곤 했다. 이들이 펼친 비음계적 탐색은 종종 12음계의 범위를 넘어섰기 때문에, 표준 악보로는 이를 충분히 담아낼 수 없었다. 이는 어느 정도 아프리카 및 초기 아프리카계 미국 음악 체계로의 회귀이기도 했다. 그러나 이것은 시카고 악파의 접근 방식 중 일부에 불과하다. 에일러나 초기 아방가르드 음악가들과 달리, 시카고의 음악가들은 이른바 에너지 재즈의 격렬한 표현을 자제하고, 그에 비해 보다 개방된 사운드를 선호했다. 그들은 약 반세기 전 같은 도시(시카고)에서 탄생한 '뜨거운' 솔로 전통에 집착하기보다는, 더 층위적이고 에피소드적인 작곡 및 연주 방식을 수용했다. 시카고 악파의 또 다른 특징들로는, 다양한 장르로부터의 차용, 행위 예술의 면모, 미니멀리즘 및 우연성 음악의 경향, 그리고 범아프리카적/월드뮤직적 감수성 등이 있었다.

여러 면에서, AACM 음악가들의 작업은 재즈에서 포스트모더니즘의 첫 징후를 알리는 것이었다. 점점 더 많은 젊은 진보적 연주자들은 급진적인 새로운 사운드를 추구하던 태도를 누그러뜨리고, 그 대신에 뚜렷한 절충주의적 성향을 띠게 되었다. 이들은 과거의 스타일과 타 전통을 수용하거나 때로는 해체하기까지 하며, 자기 음악 안에 끌어들였다. 이러한 포스트모던 감수성에서는, 투스텝 케이크워크 스타일이 앨버트 에일러식 색소폰의 '방언처럼 들리는 자유연주'와 같은 실험적인 곡과 동시에 무대를 공유할 수 있었다. 이 포스트모더니즘은 또한 음악에 대한 해체적 태도로도 나타났다. 즉, 다양한 음악 스타일을 그 구성 요소로 분해하고, 때로는 그중 한 가지 요소에 집중하거나, 혹은 여러 조각들을 의외의 방식으로 새롭게 조합하고자 하는 욕망이 깔려 있었다. 이러한 음악은 이전의 진보적 스타일에서 나타났던 진지함을 환기할 수도 있었지만, 동시에 포스트모더니즘은 여러 스타일의 혼합, 가장된 진지함, 패러디와 같은 다양한 관점을 실험 대상으로 삼기도 했다. 이러한 점에서, 재즈는 다른 예술 형식들이 이미 걸어간 길을 따르고 있었다. 과거 전통의 조각들로 구성된 재료들을 무례하면서도 백과사전적인 방식으로 자유롭게 조작하는 이 접근법은 문학, 연극, 시각 예술에서 동시대 예술가들이 채택한 기법들과 유사한 것이었다.

칼라 블레이의 1971년 오페라 《언덕 너머의 에스컬레이터Escalator over the Hill》는 53명의 연주자가 참여한 두 시간짜리 대작으로, 아방가르드, 재즈 퓨전, 클래식 음악의 영향을 야심 차게 혼합한 작품이었다. 이 작품은 당시 새롭게 등장한 파스티슈* 스타일의 대표적인 작품 중 하나로 꼽힌다. 이러한 유형의 음악은 흥미로운 양가성을 내포하고 있었는데, 전통에 기반을 두는 듯하면서도 동시에 그것을 무너뜨리는 느낌을 주었다. 이후에 블레이가 발표한 일련의 프로젝트들 역시 다양한 영향력을 더욱 강화해 나갔으며, 장난기 많고 포스트모던한 색채가 자주 드러났다. 예컨대, 그녀의 작품 〈Spangled Banner Minor〉에서는 미국 국가와 그 밖의 애국가 멜로디들을 뒤섞어, 익숙하면서도 낯선 혼란스러운 조합으로 만든다. 또 다른 곡들에서는 턴테이블의 바늘이 튀는 소리나, 음악 수업 중 학생이 연습하는 음계 소리 등을 모방하기도 했다. 블레이는 재즈 전통을 면밀히 연구한 흔적을 보여주는 동시에, 서커스 음악, 이탈리아 영화 사운드트랙, 모타운 소울 그루브, 사이키델릭 록 등 서로 전혀 다른 영감의 원천들에도 능숙한 면모를 보였다. 그녀의 음악은 예측 불가능하고 화려했지만, 블레이는 스타가 되는 것

---

* 파스티슈pastiche: 특정 스타일이나 장르를 의도적으로 모방하거나 혼합한 작품. 존경, 유희, 또는 해체적 의도로 사용될 수 있다.

에 대해 애매한 태도를 취했다. 포스트모던 운동의 협업 정신에 잘 부응하는 태도로, 그녀는 자신이 이끄는 밴드 외에도 공동체의 일원으로서 활동하는 것을 마다하지 않았다. 예를 들어, 찰리 헤이든의 리버레이션 뮤직 오케스트라Liberation Music Orchestra의 핵심 멤버이자, 게리 버튼의 앨범《A General Tong Funeral》의 작곡가로도 활약했다. 이처럼 화려하고 대담한 성향과 겸손하고 상호 협력적인 태도를 동시에 보여주는 역설적인 조합은 이 시대 음악의 대표적 특징이 되었다.

이 시기 스티브 레이시의 작업은 이후에 등장할 포스트모더니즘 음악가들, 예컨대 앤서니 브랙스턴, 데이비드 머리David Murray, 존 존John Zorn의 작품 속에서 결정화結晶化될 여러 흐름들을 선구적으로 예고하는 성격을 띠고 있었다. 그 흐름이란, 진보적인 미학과 과거 스타일리스트들에 대한 경의를 결합하는 경향, 그리고 다양한 환경 속에서 자주 녹음하는 태도 등을 포함한다. 1934년 뉴욕에서 태어난 레이시는 초기에는 딕시랜드 재즈 부흥 운동의 옹호자로 활동을 시작했고, 젊은 시절에는 헨리 "레드" 앨런, 피 위 러셀 등 초기 재즈의 선구자들과 함께 연주하기도 했다. 하지만 그는 곧 아방가르드로 도약했고, 스물한 살에 세실 테일러의 데뷔 앨범에서 소프라노 색소폰을 연주했다. 많은 포스트모더니스트들처럼, 레이시는 엄격한 구조의 음악과 자유 형식의 음악 양쪽 모두에서 자연스럽게 활동할 수 있는 능력을 보였지만, 그가 특히 뛰어났던 점은 위대한 재즈 작곡가들의 정전正典 작품들을 새롭게 해석하는 능력이었다. 특히 그는 셀로니어스 몽크의 곡들을 자주 다루었다. 그러나 그의 손을 거친 이 고전 작품들은 단순한 커버나 과거에 대한 경의로 들리지 않았다. 오히려, 그것들은 음악 안에 숨겨진 깊은 내적 의미에 다가가려는 일종의 영적 수행처럼 들렸다. 시간이 지나면서, 레이시는 자신의 예술적 비전이 경계를 거의 인정하지 않는다는 점을 분명히 보여주었다. 그의 후기 작업들은 그 영역을 더욱 넓혀가며, 전자음악, 언어, 보컬, 댄스까지도 포괄하게 되었다.

1970년대 뉴욕의 로프트 신*은 이러한 포스트모던 경향들을 다양하게 흡수하면서, 재즈 세계에서 새로운 진보적 음악 흐름들이 자신들의 정체성을 구축하려 애쓰는 데 있어, 특히 비옥한 만남의 장 역할을 했다. 1976년에는 색소폰 연주자 샘 리버스의 로프트(개인 작업실) 공간 리비아 스튜디오Rivbea Studio에서 열린 공연들을 바탕으로 한 음반 시리즈가 《Wildflowers》라는 이름으로 발매되었는데, 이는 이 실험의 중심지에서 나타난 엄청난 이질성을 잘 보여주는 사례였다. 이 음반에서 주목받은 밴드 중 하나는 에어Air였다. 이 트리오는 색소폰 연주자 헨리 쓰레드길Henry Threadgill, 베이시스트 프레드 홉킨스Fred Hopkins, 드러머 스티브 매콜Steve McCall로 구성되어 있었으며, 그들의 음악은 새롭게 부상하던 미학적 경향을 반영했다. 이들은 스콧 조플린의 전통적 래그타임과 앨버트 에일러의 급진적 프리 재즈를 동시에 수용할 수 있는 열린 접근을 보여주었다. 쓰레드길은 에어에서의 유산뿐 아니라, 이후에도 더 큰 앙상블을 활용한 신선하고 실험적인 작품세계를 만들어 나갔다. 그의 대표적 1990년대 밴드인 베리 베리 서커스Very Very Circus에서는, 아코디언, 중국의 비파, 아랍의 우드,** 튜바, 프렌치 호른 등 의외의 악기들이 등장했다. 이러한 다양한 구성을 통해, 쓰레드길의 선구적 음악은 기존 재즈의 위계를 거부하고, 광범위한 영향들에 대해 평등하고 열린 태도를 암시했다. 1960년대의 경직되고 교조적인 아방가르드 태도 이후, 많은 음악가들과 청중들은 어느 하나의 사조에 얽매이지 않고, 이념보다는 소리의 가능성을 우선시하는 이러한 접근을 환영했다.

이러한 새로운 음악적 흐름들은 시카고와 뉴욕을 훨씬 넘어, 널리 확산되

---

* 로프트 신loft scene: 특히 1970년대 뉴욕에서 등장한 실험적 음악 운동을 가리키는 용어로, 기존의 재즈 클럽이나 공연장이 아닌, 개인 개인 작업실loft에서 펼쳐진 공연 중심의 음악 문화.

** 우드oud: 중동 및 아프리카 북부에서 사용하는 만돌린 비슷한 악기.

었다. 세인트루이스의 흑인 예술가 그룹 소속의 해미엣 블뤼엣Hamiet Bluiett, 줄리어스 헴필Julius Hemphill, 올리버 레이크Oliver Lake 등의 음악가들은 연극, 시, 시각 예술 등 다양한 예술 형식을 아우르는, 마찬가지로 확장된 접근법을 통해 재즈를 탐구했다. 웨스트 코스트에서는 존 카터John Carter가 바비 브래드포드Bobby Bradford와 함께, 오넷 콜먼의 아방가르드 원칙을 바탕으로 로스앤젤레스에서 독자적 그룹을 결성했고, 그는 1980년대에《Roots and Folklore》라는 5부작 프로젝트를 통해 포스트모더니즘의 걸작을 만들어냈다. 이 작품은 말과 음악을 통해 아프리카계 미국인의 역사를 서사적으로 그려낸 것이다. 유럽에서도 비슷한 움직임이 나타났다. 네덜란드의 리드 악기 연주자이자 작곡가 빌렘 브뢰커Willem Breuker는 1970년대 중반 콜렉티프Kollektief라는 그룹을 결성하고, 절충적이고 포스트모던한 스타일을 추구했다. 영국에서는 마이크 웨스트브룩Mike Westbrook이 광대, 조명 쇼, 그리고 윌리엄 블레이크의 시까지도 자신의 확장된 재즈 공연 세계 안으로 끌어들였다.

그러나 이러한 해체적 접근에 가장 큰 활력을 불어넣은 것은 결국 AACM 소속 음악가들이었다. 초기 시카고 악파의 녹음들에서는 여전히 앨버트 에일러의 영향이 뚜렷이 나타났다. 하지만 시간이 지나면서, 그것은 점차 다른 포스트모던적 요소들과 융합되었고, 특히 아트 앙상블 오브 시카고의 음악적 진화 속에서 그 흐름이 구체화되었다. 아트 앙상블이 내세운 모토 "위대한 흑인 음악 – 고대에서 현대까지"는 그들의 전통에 대한 태도를 잘 보여준다. 가스펠이나 펑크의 조각들이 불협화음, 소음과 나란히 존재할 수 있었고, 장엄한 왈츠는 어느 순간 음악적 무질서로 무너질 수도 있었다. 이들은 또한 기묘한 의상과 분장, 연극·무용·마임·코미디 같은 타 장르 요소들을 즐겨 차용함으로써, 재즈 어법의 이면에 오랫동안 잠재해 있던 행위 예술의 측면을 드러나게 했다. 그들의 악기 선택 또한 놀라울 정도로 다양했다. 예를 들어 밴조, 비순, 봉고, 자전거 경적bike horn, 종bell 등이 있는데, 이것은

B로 시작하는 악기 목록의 일부에 불과할 정도이며, 이 밖에도 수백 가지의 기이한 물품들이 표준 재즈 악기들과 함께 무대 위로 등장했다.

아트 앙상블 오브 시카고의 초기 멤버는 로스코 미첼, 조셉 자먼, 레스터 보위, 말라키 페이버즈Malachi Favors, 그리고 잠시 활동했던 드러머 필립 윌슨Phillip Wilson이었다. 이 밴드는 대부분의 재즈 콤보에서 전통적으로 유지되던 역할 분담의 경계를 무시했다. 미첼과 자먼은 때때로 색소폰을 들고 전면에 나서서 솔로를 연주하기도 했지만, 반주자 역할을 하기도 했고, 알토나 테너 색소폰 대신에 타악기나 특이한 관악기(소라껍데기나 휘슬)를 연주하는 데도 거리낌이 없었다. 레스터 보위는 전통 재즈 스타일의 거친 울부짖음부터 최신 펑크 그루브에 이르기까지, 다양한 트럼펫 스타일을 자유자재로 구사할 수 있었지만, 때로는 베이스 드럼을 두드리거나, 기묘하고 유머러스한 무대 퍼포먼스로 공연에 활기를 더하기도 했다. 말라키 페이버즈는 이 그룹의 베이시스트였지만, 그가 손에 쥐는 현악기들은 밴조부터 치터*까지 다양했으며, 늘 함께하는 타악기들 또한 아트 앙상블의 트레이드마크가 되었다. 실제로, 이 앙상블은 1960년대 말 프랑스로 이주할 당시, 무려 500여 개의 악기 또는 소리 내는 도구들을 가져갔다고 전해진다.

아트 앙상블은 새로운 환경 속에서 유럽 청중들의 주목을 받았다. 도착한 지 불과 몇 달 만에, 이 밴드는 최고 수준의 작품들을 포함한 여섯 개 정도의 앨범을 녹음했다. 이들은 매우 높은 수요를 얻는 그룹으로 자리 잡았고, 음반 녹음뿐만 아니라 빈번한 콘서트, 라디오 방송 출연, 영화 음악 작곡 의뢰 등 다양한 활동 기회를 얻게 되었다. 이 시기에 퍼커셔니스트 돈 모예Don Moye가 밴드에 합류했는데, 일부 팬들은 이를 아쉬워하기도 했다. 왜냐하면 그들은 이 추가 멤버가 아트 앙상블의 자유롭게 흐르는 사운드 콜라주에 너

---

* 치터zither: 독일과 오스트리아에서 애용되는, 평평한 공명 상자에 30~45개의 현이 달린 악기.

무 전통적인 리듬 기반을 부여한다고 느꼈기 때문이다. 그러나 모예는 프리 재즈에 대한 배경지식과 다양한 타악기 컬렉션을 가지고 있었고, 이는 앙상블의 예술적 충동에 효과적으로 보완이 되었다. 또한 그는 보다 구조화되고 명확한 폴리리듬을, 때로는 보다 강렬하고 집요한 리듬의 흐름을 밴드의 사운드에 추가했다. 1971년 4월 미국으로 귀환했을 무렵, 확장된 아트 앙상블은 이미 비평가 게리 기딘스가 "게릴라 재즈"라고 적절히 칭한 스타일의 강력한 구현자로 명성을 얻고 있었다. 그들의 다채롭고 변화무쌍한 음악적 접근법은 과거의 스타일에서 요소를 차용하면서도, 그 스타일들을 동시에 해체했다. 아트 앙상블의 공연 안에서는 어떠한 소리나 방식도 부조화스럽게 느껴지지 않았다. 모든 것이 그 안에 자연스럽게 흡수되었다.

콘서트와 클럽 공연은 이 밴드의 본질을 전달하는 데 있어, 이후에 나온 스튜디오 녹음들보다 훨씬 더 효과적이었다. 실제로, 이 밴드는 단순히 들리는 것뿐만 아니라 보여지는 것이 필요했다. 그들은 아프리카 전통 의상을 입고, 얼굴에는 페인트를 칠하거나 장식을 하며, 수많은 "작은 악기들"로 둘러싸여 있었는데, 이 장비들을 무대에 설치하는 데만도 때로는 두 시간이 걸리기도 했다. 아트 앙상블은 재즈 세계에서 전례를 찾아보기 어려운 시각적 연출을 선보였다. 그들의 다양한 라이브 앨범들, 예를 들어 《Live at Mandel Hall》, 《Bap-Tizum》, 《Urban Bushmen》은 비록 공연 전체의 체험을 완전히 기록하지는 못했지만, 그럼에도 밴드의 생동감과 예측 불가능함, 그리고 만화경처럼 변화무쌍한 음악 범위를 어느 정도 전달해 낸다. 예를 들어, 맨델 홀Mandel Hall 콘서트에서는 격렬한 에너지 재즈에서 시작해, 거드름을 피우는 듯한 백 비트와 사색적인 간주로 전개되고, 그 사이사이에 관객을 향한 익살스러운 외침이 삽입되어 있다.

1970년대 재즈의 포스트모더니즘 물결은 시카고 출신 색소폰 연주자 앤서니 브랙스턴이라는 눈부신 대표자이자 옹호자를 통해 구현되었다. 전체적인 윤곽으로 볼 때, 브랙스턴의 경력은 아트 앙상블 오브 시카고와 겉보기에는 유사한 점을 보인다. 그 역시 프리 재즈의 지지자였고, AACM의 초기 멤버였으며, 아트 앙상블처럼 1960년대 말에 파리로 이주했다. 그의 여러 음반들에서는 다른 AACM 음악가들과 함께 연주한 사례도 있으며, 그들처럼 장르 간 경계를 넘나드는 작업을 펼쳤다. 하지만 어쩌면 브랙스턴은 당대의 시카고 동료들보다도 훨씬 더 넓은 범위의 음악 세계를 탐험한 인물일지도 모른다. 사실, 기존의 모든 전통을 다시 구성하고, 가능한 모든 스타일을 흡수하며, 통제 불가능한 소리조차도 자신의 작품 세계 속에 통합하고자 했던 포스트모던적 열정을, 이 시기 그 누구보다 완벽하게 구현한 인물은 브랙스턴이었다. 그의 작품에 쓰인 악기 구성만 살펴봐도, 그의 절충주의적이며 엉뚱한 접근법을 충분히 알 수 있다. 그는 두 대의 피아노, 세 개의 관악기, 혹은 네 개의 앰프 연결된 삽을 위한 곡을 작곡하는 데에 전혀 거리낌이 없었다. 심지어는 백 개의 튜바를 위한 곡도 작곡했는데, 이 곡이 실제로 연주된 것은 무려 35년 뒤의 일이었다. 하지만 브랙스턴은 이러한 긴 지연이나 실행상의 어려움이 자신의 창작을 막도록 내버려두는 법이 없었다. 2019년 『뉴욕 타임즈』와의 인터뷰에서, 그는 "5일짜리 오페라"를 작업 중이라고 밝혔지만, 그 작품이 실제로 공연될 수 있을지는 모르겠다고 털어놓았다.[211] 그는 눈앞의 공연 성과보다는, 후세를 위한 작업에 몰두하는 예술가처럼 보인다. 그리고 후세는 그가 남긴 방대한 작업물들을 파악하느라 꽤 고생하게 될 것이다. 브랙스턴의 작품 목록을 훑어보면, 예를 들어 다음과 같은 곡들이 있다. 솔로 색소폰을 위한 곡, 듀오, 트리오, 재즈 쿼텟, 현악 사중주를 위한 곡, 오케스트라 단독, 또는 오케스트라+슬라이드 프로젝터 4대, 오케스트라+인형극, 심지어는 네 개의 오케스트라(총 160명의 연주자와 네 명의 지휘자)를 위한 초대형 작품까지 존재한다.

브랙스턴은 자신의 여정 속에서 아방가르드 재즈 공동체를 고립시키는 인위적인 장벽들을, 종종 논란을 일으키면서, 눈부시게 허물어냈다. 그의 접근은 아트 앙상블 오브 시카고의 "위대한 흑인 음악"이라는 모토와는 대조적이다. 브랙스턴은 아프리카계 미국인의 음악 전통뿐 아니라 유럽 현대음악의 비전까지 대담하게 수용했고, 쇤베르크, 베베른, 케이지, 슈토크하우젠Stockhausen과 같은 작곡가들을 콜트레인, 콜먼, 에일러와 동등한 영향력으로 받아들였다. 또한 그는 프리 재즈와 정통 재즈 사이의 경계를 허물었으며, 정통 재즈 스탠다드를 연주한 《In the Tradition》 시리즈를 통해 많은 사람들을 놀라게 했다. 음악계에 여전히 뿌리 깊게 남아 있는 흑인 대 백인이라는 이분법적 구도에 대해서도, 브랙스턴은 폴 데스몬드, 리 코니츠, 원 마쉬 같은 백인 뮤지션들을 공개적으로 칭송하며, 또한 인종이 혼합된 그룹에서 자주 활동했다. 예를 들면, 서클 쿼텟Circle Quartet(브랙스턴, 칙 코리아, 배리 올출Barry Altschul, 데이브 홀랜드), 또는 데이브 브루벡과의 협연, 또는 다양한 유럽 음악가들과의 작업 등이 있다. 그는 뉴욕의 '에너지 재즈' 지지자들과 시카고의 '소리 풍경주의자Soundscapinst'들 사이의 분류나 지역주의적 구분도 거부했다. 무엇보다도, 브랙스턴은 감성적인 것과 지적인 것 사이의 갈등조차 인정하지 않았다. 그는 지적 태도를 자랑스럽게 드러내기도 했는데, 예컨대 체스를 두고, 파이프를 피우고, 아이비리그 교수처럼 옷을 입고, 철학을 논하고, 작곡 제목 대신 유사 과학적 도해를 사용하는 등의 방식이다. 이런 사유의 방식은 그의 음악에도 깊이 스며 있었다. 브랙스턴 경력의 아이러니는 그가 재즈 내면의 베를린 장벽을 허물고, 모든 영감의 원천을 편견 없이 받아들였음에도 불구하고, 그로 인해 친구는 거의 얻지 못했다는 점이다. 한 익명의 재즈 관계자는 기자에게 이렇게 말했다. "나는 브랙스턴이 싫다. 그 스웨터도 싫고, 그 파이프도 싫고, 그 머리도 싫다." 비평가 그레그 테이트Greg Tate는 이렇게 정리했다. "브랙스턴만큼 사람들의 반감을 자아내는 재능을 가진 재즈 뮤지션은 살아 있는 이들 중에 드물 것이다."[212]

브랙스턴의 다양성은 그의 엄청나게 방대한 녹음물에 잘 드러나 있다. 그의 1968년 작품 《For Alto》는 현대 재즈에서 솔로 색소폰의 정당한 역할을 확립한 작품으로, 1940년대 후반 콜먼 호킨스의 〈Picasso〉 이후 이 분야에서 가장 중요한 시도였다. 그의 1971년《Paris Concert》는 서클 앙상블과 함께한 공연 녹음으로, 브랙스턴 특유의 추상성이 강렬하고 열정적인 재즈 콤보 안에서도 충분히 꽃필 수 있음을 보여주었다. 특히, 그 안에서 연주된 스탠다드 곡 〈There Is No Greater Love〉의 격렬한 재해석은 이를 가장 잘 증명한다. 브랙스턴은 1970년대 아리스타Arista 레이블에서의 작업을 통해, 그의 보다 야심 찬 프로젝트들을 실현할 수 있는 전례 없는 자유를 얻었고, 그 대표작 중 하나가《Creative Orchestra Music》(1976)이다. 이 작품은 작곡가 브랙스턴의 진면목을 보여주는 결정적인 포스트모던 작업으로, 거의 미국 음악의 백과사전적인 성격을 지닌다. 이 앨범에서는 한 곡 안에서조차 존 필립 수자 스타일의 행진곡에서 스티브 라이히/필립 글래스 식의 미니멀리즘, 그리고 앨버트 에일러 풍의 폭발적 색소폰 즉흥 연주로 이어지는 전환이 나타난다. 다른 대목에서는, 엘링턴이나 AACM 스타일의 소환도 등장한다. 아리스타에서 발표한 다른 주요 작품들로는, 무할 리차드 에이브럼스와의 섬세한 듀오 연주부터, 초대형 작품《For Four Orchestras》에 이르기까지 폭넓다. 전통 재즈 형식에 대한 그의 작업은 1970년대의《In the Tradition》시리즈에서 본격화되었으며, 1980년대 후반에는 셀로니어스 몽크와 레니 트리스타노의 음악에 집중한 음반들로 이어졌다. 이 밖에도 블랙 세인트Black Saint, 햇 아트Hat Art 및 그 외 레이블(결국 밴드캠프Bandcamp 웹사이트에서 그의 음악을 백 시간 이상 사용할 수 있게 만든, 그 자신의 뉴 브랙스턴 하우스New Braxton House 플랫폼을 포함한다)에서 발표된 다양한 콤보 녹음들은 브랙스턴이라는 포스트모던 음악계 핵심 인물의 끊임없는 탐구 정신과 음악적 호기심을 더욱 풍부하게 기록하고 있다. 그의 음악은 결코 암스트롱Armstrong, 베이시Basie, 콜트레인Coltrane 혹은 데이비스Davis 같은, 대중적 ABC 재즈 아이콘들만큼 넓은 청중을 확보하지는 못했지만, 그는 결국 많은 AACM 출신의 "외부인"들이 그랬듯, 노련한 내부자로 인정받기에 이르렀다. 그는 1994년에 미국의 맥아더 재단의 "천재" 상을 받았고,

웨슬리안 대학의 종신 교수가 되었다. 그는 어쩌면 실현 불가능해 보이는 꿈 같은 프로젝트들을 추구하는, 아방가르드 음악의 돈키호테 같은 인물일 수 있다. 그러나 그가 남긴 광대한 작품 세계는 대부분의 음악가들이 상상조차 하기 어려운 영역을 포괄하며, 그 누구도 쉽게 따라잡을 수 없는 수준에 도 달해 있다.

포스트모던 재즈의 주요 영웅들은 브랙스턴처럼 대체로 엄청난 창작량과 잡식성 취향을 특징으로 한다. 그리고 이 두 가지 특성을 데이비드 머리만큼 강렬하게 보여준 음악가는 거의 없다. 머리는 마흔 살이 되기도 전에, 이미 약 150장에 달하는 앨범에 자신의 이름을 올렸다. 그의 음반들은 솔로 색소 폰부터 빅 밴드까지, 그리고 그 중간 단계의 다양한 편성에 이르기까지 어지 러울 정도로 폭넓은 형식과 스타일을 포괄한다. 이러한 특징은 포스트모던 재즈 전반에 걸쳐 나타나는 현상이며, 특히 머리의 경력에서는 그 경향이 극 단적으로 드러난다. 실제로 이 음악을 설명하려는 시도는 종종 영향받은 스 타일과 뮤지션들의 나열로 귀결되곤 한다. 재즈 계보학자들이라면, 머리의 특정 음반마다 그에게 영향을 끼친 선배 음악가들을 추적하는 데 오랜 시 간을 보낼 수 있을 것이다. 예컨대, 그의 초창기 대표작 중 하나인《Flowers for Albert》의 타이틀 곡은 앨버트 에일러에게 헌정된 것이며, 그의 영향은 물론이고 에릭 돌피 및 오넷 콜먼 같은 다른 아방가르드 색소폰 연주자들의 흔적도 확연히 드러난다. 하지만 시간이 지나면서, 머리는 소니 롤린스, 존 콜트레인, 폴 곤잘베스, 에디 "락조" 데이비스, 벤 웹스터, 심지어 시드니 베 셰이와 같은 주류 색소폰 스타일리스트들과도 비견되었다.

시간이 지나면서, 머리의 경력은 점점 포스트모던 재즈와 자유 음악 사 이에 벌어지는 간극을 반영하게 되었다. 이 균열은 1970년대에 시작되어, 1980년대와 1990년대에 이르러 점점 더 뚜렷해졌다. 머리는 1983년 인터 뷰에서 다음과 같이 말했다. "음악은 다시 스윙해야 한다. 나는 이것이 지금 시대의 사회학적 현실을 반영한다고 본다. 사람들은 이제 고통스럽게 들어

야 하는 음악은 원치 않는다."[213] 머리는 작곡가이자 연주자로서, 이러한 이
상理想을 추구했다. 그 과정에서, 그는 특히 찰스 밍거스와 듀크 엘링턴 같은
위대한 작곡가 겸 연주자의 영향을 받아, 이를 자신의 대편성 앙상블 작업에
가장 뚜렷하게 반영했다. 블랙 세인트 레이블에서 발표된 그의 옥텟octet 앨
범들은 특히 설득력이 있었는데, 이는 형식주의와 무모할 정도로 자유로운
스타일을 동시에 아우르는 밍거스 식 접근법을 떠올리게 했다. 머리는 또한
제임스 블러드 울머, 잭 드조넷과의 협업을 통해, 자신의 리더 앨범에서 보
여주었던 음악적 폭을 더욱 확장시켰다. 그리고 그의 월드 색소폰 쿼텟World
Saxophone Quartet 활동은 그의 혼합적 취향을 다시 한 번 입증했다. 후기로
갈수록, 머리는 점점 더 재즈 외부에서 영감을 찾는 방향으로 나아갔다. 그
의 중기 경력에는, 다음과 같은 다양한 협업 프로젝트들이 포함되어 있다.
과들루프*의 그워카** 연주자들과의 협연, 시인 아미리 바라카와 함께한 음
악에 더해, 시 낭독 프로젝트, 심지어 그레이트풀 데드Grateful Dead 헌정 앨
범 발매까지도 있었다.

　월드 색소폰 쿼텟(WSQ)은 데이비드 머리, 줄리어스 헴필, 올리버 레이크,
해미엣 블뤼엣 네 명의 색소폰 연주자가 함께 활동한 그룹으로, 1976년 뉴
올리언스를 방문해 세미나와 공연을 하던 중 결성되었다. 이들은 당시 리듬
섹션 없이 연주했을 때 관객의 반응이 가장 좋았다는 사실을 발견하고, 그
형식을 중심으로 밴드를 조직하게 되었다. 색소폰 네 대만으로 구성된 편성
은 자연스럽게 클래식 현악 사중주와 비교되기도 하지만, WSQ는 전혀 고

---

* 과들루프Guadeloupe: 카리브해에 위치한 프랑스의 해외 영토로, 지리적으로는 중앙아
　메리카, 정치적으로는 프랑스의 일부. 과들루프는 풍부한 아프리카계 카리브 문화를 보존
　하고 있다.

** 그워카gwo-ka: 원통형 나무 북에 염소 가죽을 씌운 악기. 종류에 따라 고음과 저음으로
　나뉜다. 그워카 음악은 아프리카의 전통 리듬과 즉흥 연주, 노동요, 춤 등이 결합된 형식으
　로, 북 연주와 몸의 움직임이 중심이 되었다.

상한 실내악 같은 인상을 주지 않았다. 이들은 경계를 뛰어넘는 음악을 만들어냈다. 한순간에는 엘링턴에 대한 경의를 표하고, 다음 순간에는 무조성으로 전개되며, 또 다른 장면에서는 아프리카 음악, 소울, R&B에 기반한 그루브를 만들어내기도 했다. WSQ는 다양한 장르에서의 전문성을 보여주었는데, 엘렉트라 레이블에서 발표한 시리즈들, 예를 들어 《Plays Duke Ellington》, 《Rhythm and Blues》, 《Metamorphosis》(아프리카 북과 함께한다)는 그들의 장르 혼합 능력을 잘 보여준다. 또한, 블랙 세인트 레이블에서 발표한 《Steppin' with the World Saxophone Quartet》, 《Revue》, 《Live in Zurich》 등의 초기 앨범들은 멤버 개개인의 작곡 능력을 효과적으로 보여주는 대표작들로 꼽힌다.

줄리어스 헴필은 텍사스 포트워스에서 성장하며, 그 지역의 리듬 앤드 블루스 전통뿐 아니라, 진보적인 재즈 흐름에도 친숙해졌다. 그는 특히 존 카터에게 직접 배움을 받으며 이 진보적 음악을 현장에서 체득했다. 올리버 레이크 역시 프리 재즈에 깊이 뿌리를 둔 인물로, 세인트루이스를 기반으로 한 흑인 예술가들의 그룹(BAG)을 이끌었다. 1970년대 초에는 다른 BAG 멤버들과 함께 파리에서 활동하다가, 이후 뉴욕으로 이주했다. 해미엣 블뤼엣 또한 BAG와 연관이 있었으며, 1969년 뉴욕으로 이주한 뒤에는 샘 리버스, 찰스 밍거스 등과 작업했다. 월드 색소폰 쿼텟의 네 명의 원년 멤버들은 모두 작곡가로서도 뛰어난 역량을 지니고 있었지만, 이들의 연주에서 느껴지는 매혹적인 흡인력은 무엇보다도 구조와 즉흥 사이의 절묘한 균형에서 나왔다. 즉, 악보를 충실히 따르면서도, 때로는 그것을 의도적으로 벗어나 즉흥성으로 이끄는 순간들이 WSQ의 핵심이었다. 그러나 헴필은 당뇨병과 심장 수술을 포함한 건강 문제로 인해, 1980년대 말에 이 풍성했던 협업에서 물러나게 되었다. 이후에도 나머지 멤버들은 WSQ를 계속 이어갔으며, 아서 블라이스, 존 퍼셀John Purcell, 그 외 여러 색소폰 연주자들이 헴필의 자리를 대신했다.

모든 예술 분야에서의 포스트모던 경향은 전통으로부터 물려받은 형식을 해체하는 도구로, 패러디와 파스티슈를 점점 더 적극적으로 수용하게 되었다. 초기 아방가르드 개척자들의 죽음처럼 진지한 태도는 결국에는 가볍고, 불경하며, 힙한 분위기로 대체되었다. 이러한 흐름은 우리를 큐비즘의 차가운 추상으로부터 앤디 워홀의 캠벨 수프 캔 그림으로 재빠르게 이끌어 간다. 재즈 세계에서, 이러한 워홀적 정신을 가장 잘 대표하는 인물은 색소폰 연주자이자 작곡가 존 존이다. 존은 1970년대 초에 웹스터 칼리지 재학 중, AACM과 블랙 아티스트 그룹의 음악에서 영감을 받았다. 하지만 존은 1980~90년대 뉴욕 다운타운 현장의 다른 포스트모던 음악가들인 팀 번Tim Berne, 웨인 호비츠Wayne Horvitz, 빌 프리셀Bill Frisell, 바비 프레빗Bobby Previte과 마찬가지로, 그의 불경함을 한 걸음 더 나아가 밀어붙였다. 어떤 면에서는, 그는 데이비드 머리나 헨리 쓰레드길보다도 더 과감하게 자신의 자료 출처를 선택했다. 존의 취향은 재즈의 세계를 훨씬 넘어섰고, 하나의 프로젝트 안에서도 펑크 록, 우연성 음악, 클레즈머, 스파게티 웨스턴 영화 음악, 그 외 수많은 장르들을 포함할 수 있었다. 이러한 스타일들은 종종 예상치 못한 방식으로 병치되어, 채널을 이리저리 돌리는 듯한 청각적 경험을 만들어냈다. 예를 들면, 오넷 콜먼의 곡이 헤비메탈 밴드의 광기 어린 에너지로 연주되거나, 007 제임스 본드 영화 주제가가 전자 노이즈의 조미료처럼 뿌려지는 식이었다.

존 존의 작품 세계는 몇 가지 넓은 범주로 나눌 수 있다. 그의 게임 피스는 기존의 코드나 박자 기반의 주류 재즈 구조에 대한 대안으로, 정해진 결말 없이 어느 정도 복잡한 지시 사항, 즉 게임의 "룰"을 기반으로, 작품의 틀을 설정한다. 하지만 이 틀은 어떻게 전개될지를 명시하지는 않는다. 그의 앨범 《Cobra》는 12명의 연주자를 위한 특정 게임 피스가 얼마나 다양한 결과를 만들어낼 수 있는지를 보여주는 좋은 사례이다. (단, 이 곡의 흐름을 지휘하는 수신호는 녹음만으로는 완전히 전달되지 않는다.) 이러한 작품들은 다소간의 한계를 갖고 있음에도 불구하고, 완성된 결과물의 확실성보다는, 과정 자체를 축하하려는 재즈 본연의 정신을 다시 발견하려는 시도다. 이는 마치 일본의 다도茶道가 단순히 커피 한 잔을 마시는 일상의 기능적 행위와는 전혀 다른 의식화된 경험이 되는 것과 유사하다. 존의 또 다른 작업군에는 《네이키드 시티Naked City》 및 《빅 건다운The Big Gundown》(엔니오 모리코네의 음악이 포함되어 있다) 같은 프로젝트가 포함된다. 이들은 존이 가진 영화에 대한 깊은 매혹을 반영하며, 특히 서부극, 갱스터 영화, 필름 누아르 같은 장르에의 관심을 드러낸다. 그는 실제로 여러 편의 영화 음악도 직접 작곡했으며, 대개는 독립 영화 감독이나 다큐멘터리 작품을 위한 경우가 많다. 그의 음악은 암시적인 시각적 이미지들로 풍부하다. 존의 또 다른 프로젝트들은 다음과 같은 영역에 집중하기도 한다. 세계 음악의 특정 측면, 특정 재즈 뮤지션(예를 들면, 유명한 오넷 콜먼, 혹은 덜 알려진 소니 클라크), 또는 현대 클래식 음악, 예컨대 크로노스 스트링 쿼텟Kronos String Quartet을 위한 곡 〈Forbidden Fruit〉 등이다.

트럼펫 연주자 데이브 더글라스Dave Douglas는 1990년대 초, 존 존의 마사다Masada 그룹에서 활동하며 많은 재즈 팬들에게 주목을 받기 시작했다. 이 밴드는 클레즈머와 아방가르드 재즈를 혼합했는데, 그 자체만으로도 자기 의식적인 포스트모던 자세의 상징처럼 보일 수 있었다. 하지만 더글라스는 이와 동시에, 이고르 스트라빈스키, 안톤 베베른, 듀크 엘링턴의 작품들을 연주한 자신의 데뷔 앨범 《Parallel Worlds》(소울 노트Soul Note 발매)를 녹음하고 있었고, 불과 몇 년 전까지만 해도 호레이스 실버의 밴드에서 하드밥을 연주하고 있었다. 그의 이후 경력 중 인상적인 예로는, 2000년 발매된 메리 루 윌리엄스 헌정작 《Soul on Soul》이 있다. 하지만 이 앨범은 캔자스 시티 재즈의 요소들이 눈에 띄게 제거된 채 진행되었다. 또한 더글라스는 타이니 벨즈Tiny Bells 트리오에서도 활동했는데, 이 팀은 원래 동유럽 민속 음악에 초점을 맞췄지만, 이후에는 현기증 날 정도로 다양한 장르를 아우르며 진화했다. 더글라스는 다양한 음악적 어휘를 자유자재로 다루는 놀라운 능력을 지녔지만, 그의 활동 범위가 너무 넓은 탓에 사람들은 그를 마일즈 데이비스나 디지 길레스피가 아니라, 아침에는 컨트리 음악 녹음, 오후에는 광고 음악, 저녁에는 레게 세션에 참여하는 할리우드 스튜디오의 초일류 세션 연주자들과 비교할 수밖에 없다. 재즈계가 마치 영토 쟁탈전처럼 보이기도 하는 이 시대에, 존 존과 데이브 더글라스만큼 광대한 영역을 차지한 인물은 드물다. 초기 포스트모던 재즈 연주자들이 절충주의를 자신의 스타일을 새롭게 만드는 수단으로 삼았다면, 존 존과 데이브 더글라스 같은 2세대 포스트 모더니스트들은 이 절충주의 자체를 자기 경력의 중심 가치로 삼는 경향이 강해졌다.

기타리스트 빌 프리셀 역시 때때로 장르 간 넘나듦이나 파스티슈에 대한 취향을 드러내지만, 그의 음악은 대체로 특유의 일관된 집중력과 그가 속한 문화적 환경 속에서는 드문 개인적인 스타일을 보존하려는 의식적 태도를 더 많이 보여준다. 그의 가장 확연하게 절충적인 프로젝트인《Have a Little Faith》에서도, 이 앨범은 수자, 코플랜드, 찰스 아이브스에서 밥 딜런, 소니 롤린스, 마돈나에 이르는, 미국 음악 전통의 인상적인 일주를 보여주지만, 프리셀은 단순한 풍자적 거리감으로 흘러가지 않는다. 그의 2009년작《Disfarmer》앨범에 이르면, 뿌리 음악과 더 닮은 강렬하고 감동적인, 통일된 목적의식을 구현한다. 이는 단순히 포스트모던한 해체와는 전혀 다른 지향점이다. 프리셀은 짐 홀에서 지미 헨드릭스에 이르기까지, 자신에게 영향을 준 기타리스트들을 칭찬하는 데 빨랐지만, 그의 연주는 어느 누구의 스타일에도 완전히 귀속되지 않는 독창성을 유지한다. 그의 물결처럼 흐르는 선율은 미니멀리즘 미학과 화가의 색감, 질감, 톤에 대한 섬세한 감각이 결합된 결과물이다. 그는 기타 소리를 왜곡하는 다양한 전자적 도구들에 매료되었지만, 그것들을 더 깊은 예술적 표현을 위한 수단으로 사용할 뿐, 도구 자체를 목적으로 삼지는 않는다. 프리셀의 음악이 표면적으로는 다양성을 띠고 있음에도, 그 음악적 풍경은 대개 희미한 파스텔 색조로 칠해진, 인적이 드문 장소와 창백한 지평선 아래 펼쳐진 정경처럼 들린다. 이러한 내성적이고 명상적인 면모는 ECM 및 넌서치Nonesuch 레이블에서 발표한 그의 재즈 중심 리더작들에서 잘 드러나며, 이러한 성향은 또한 진저 베이커Ginger Baker, 엘비스 코스텔로Elvis Costello 같은 록 아이콘들과의 협업, TV 만화영화부터 버스터 키튼Buster Keaton 무성영화까지 다양한 영상물의 사운드트랙 작업과 같은 장르를 넘나드는 대중문화 프로젝트들에서도 중요한 역할을 한다.

이 얼기설기 엮인 포스트모더니즘은 2000년대에 접어들며 다소 힘을 잃은 듯 보였다. 재즈계 전반이 더 제도화되고, 경건한 분위기를 띠게 되었기 때문이다. 하지만 그 와중에도, 서로 다른 장르와 전통을 과감하게 병치하는 몇몇 도발적인 시도들은 여전히 관객에게 즐거움과 놀라움을 안겨주었으며, 이는 특히 이 시기에는 드물었던 일이다. (당시 재즈 클럽 단골 관객들 사이에는 "이젠 볼 건 다 봤다"라는 식상함이 만연해 있었다.) 그 대표적인 예 중 하나가 더 배드 플러스The Bad Plus였다. 이 밴드는 2000년에 결성된 공동체적 트리오로, 멤버는 피아니스트 이선 아이버슨, 베이시스트 리드 앤더슨Reid Anderson, 드러머 데이브 킹Dave King이다. 이들은 재즈 엘리트층의 코를 납작하게 만들면서도, 너바나Nirvana, 블랙 사바스Black Sabbath, 비지스Bee Gees 등 다소 엉뚱하고 예상 밖의 아티스트들 곡을 커버해, 재즈 초심자들로부터 큰 호응을 얻었다. 한편, 2009년에 공개된 한 밴드 비디오 영상에서는, 더 배드 플러스가 현대 클래식 작곡가 밀턴 배빗의 극도로 아방가르드한 작품을 연주하는 동안, 전면 무대에서는 관능적인 댄서들이 깡충깡충 춤을 추는 장면이 펼쳐지기도 했다.

제이슨 모런은 장르와 범주를 넘나드는 방식으로 자신의 경력을 구축한 인물이다. 휴스턴 출신의 이 피아니스트는 1990년대 후반 색소폰 연주자 그레그 오스비의 밴드 멤버로 이름을 알리기 시작했으며, 이 인연으로 블루 노트 레이블과 계약하게 되었다. 모런의 앨범들은 어쿠스틱, 전자음, 음성, 루

프된 소리 등 거의 모든 종류의 소리를 재료로 삼는 안절부절못하는 긴박감을 보여준다. 그의 CD《The Bandwagon》에서는 브람스의 커버 버전이 매우 강렬한 프리 재즈, 그리고 터키어로 휴대전화 통화를 하는 여성의 음성을 바탕으로 한 작곡과 공존한다. 그의 2009년 프로젝트《In My Mind》는 50년 전에 열린 셀로니어스 몽크의 타운홀 콘서트에 대한 음악적 헌사를 멀티미디어 효과와 결합한 작품이다. 그러나 모런은 휴대전화나 슬라이드 프로젝터 없이도 주류 재즈 전통 안에서 충분히 편안하게 연주할 수 있으며, 때때로 조 로바노Joe Lovano, 찰스 로이드, 카산드라 윌슨, 리 코니츠, 데이브 홀랜드 등 인상적이고 다양한 밴드 리더들의 그룹에 참여했다. 모런은 가장 특징적인 순간에 건반 위에서 두껍고 때로는 압도적인 소리의 질감을 만들어내며, 이때 청자는 전통적인 코드 진행 위에서의 솔로 연주를 따라가는 느낌보다는, 순간순간 치솟고 잦아드는 청각적 열대 폭풍을 따라가는 듯한 인상을 받는다.

피아니스트 유리 케인Uri Caine은 포스트모던한 태도의 또 다른 선구자로, 주로 고전 레퍼토리에서 가져온 작품들을 급진적으로 재구성하는 데 특화되어 있다. 그의 대표작들인《Urlicht/ Primal Light》(1997),《The Goldberg Variations》(2000),《Uri Caine Ensemble Plays Mozart》(2006),《Rhapsody in Blue》(2013) 등이 그 예다. 과거의 재즈 연주자들이 예술 형식을 고양하기 위한 방법으로 높은 수준의 롤모델들을 참조했던 것과 달리 (1950년대의 써드 스트림 운동이 이러한 성격의 가장 야심 찬 시도였을 것이다), 후기 포스트모던 연주자들은 "진지한" 작곡가들의 작품을 문화적 잡동사니 중 하나로 여기며, 이를 자유롭게 조작하고 자기 방식대로 차용한다. 유리 케인의 바흐《골드베르크 변주곡》 버전을 들어보면, 조금만 기다리면 삼바, 가스펠, 클레즈머, 일렉트로니카 등 거의 모든 음악 스타일이 등장하기 때문에, 글렌 굴드가 이 곡을 하프시코드 대신 피아노로 연주했다는 이유만으로 사람들이 왜 그토록 분노했는지 도무지 이해하기 어려워진다.

포스트모더니즘이라는 용어가 재즈의 역사에서, 모든 재료들이 끊임없이 신선한 방식으로 결합되는, 마치 행복한 결말 같은 하나의 종착을 암시하는 듯 보일 수도 있지만, 이처럼 자유분방한 철학이 중심에 있던 시대는 어쩌면 이미 지나갔는지도 모른다. 이 음악이 지녔던 힘의 많은 부분은 경계를 허물고 규범을 어기는 데서 오는 충격 효과에서 비롯되었지만, 시간이 흐를수록 이러한 놀라움의 요소를 만들어내는 일은 점점 더 어려워지고 있다. 다양한 재즈 어휘들을 저글링하듯 뒤섞는 방식은 완전히 매력을 잃지는 않겠지만, 이러한 혼합적 시도들이 더 이상 1980~90년대만큼의 전율을 주는 것은 아니다. 그리고 어떠한 예술 형식도 정체되어 있지 않다. 설령 넘을 수 없는 한계점에 도달한 듯 보이더라도 말이다. 따라서 에일러에서 자파에 이르기까지 모든 것을 잘라 붙여 만든 청각적 콜라주, 즉 이른바 '컷 앤드 페이스트cut-and-paste' 시대가 지나간 지금, 다른 방식의 접근법들이 재즈의 전면에 부상하게 된 것은 결코 놀랄 일이 아니다. 그중에는 예상치 못한 방식들도 포함되어 있다.

10

경계 없는 재즈

재즈는 어떻게 존중받게 되었는가

재즈가 처음 등장한 뒤 약 반세기 동안, 이 음악은 문화계 주류 기관들의 거의 아무런 지원도 없이 번창했다. 재즈 연주자라면 누구나 프리랜서로 활동해야 했고, 밴드 리더나 대중의 변덕스러운 지지에 의존할 수밖에 없었다. 그나마 정규직에 가까운 안정성이라 할 수 있었던 것은 성공적인 순회 밴드에 자리 잡는 것이었지만, 그조차도 언제든 갑작스럽게 끝날 수 있는 일이었다. 실제로, 연주자들은 고향에서 멀리 떨어진 곳에 발이 묶이거나, 심지어 여정 도중에 버스에서 쫓겨나는 일도 겪곤 했다. 만약 누군가가 그 시절 재즈 연주자들에게 소속 기관이 어디냐고 물었다면, 당황한 연주자들은 아마 감옥이나 어떤 구금 시설에 대한 질문으로 오해했을지도 모른다.

그들을 누가 탓할 수 있었을까? 당시 상황을 생각하면, 대학들이 재즈 연주자들을 캠퍼스에 초청해 공연을 열도록 하는 것조차 거의 상상할 수 없는 일이었고, 교수직을 부여하는 것은 말할 것도 없었다. 오늘날에는 흔한 일로 여겨지는 지원금이나 창작 거주 프로그램 신청도 당시에는 사실상 존재하지 않았다. 스트라이드 피아노의 개척자 제임스 P. 존슨은 1930년대에 구겐하임 펠로우십을 신청한 적이 있지만, (물론) 거절당했다. 그러나 그가 그 시대 분위기 속에서 그런 지원을 시도했다는 것 자체가 놀라운 일이다. 나는 최근 재즈 연구자 몇 명에게 1950년 이전에 공적 지원금을 받은 재즈 아티스트가 있었는지 물어봤지만, 아무도 단 한 명도 떠올릴 수 없었다.

재즈 연주자들이 콘서트홀이나 무도회장에서 관중을 가득 차게 끌어모을 때조차, 그들은 종종 주류 사회의 외부인으로 남아 있었다. 음악가들은 자신들을 연예인이 아닌 예술가로 여겼을지 모르지만, 존중을 얻는 일은 매우 어렵고, 겨우 아주 작은 방식으로만 주어졌다. 그리고 결국, 제2차 세계대전 이후에는 관객 수조차 줄어들기 시작했다. 1950년대에 접어들며 재즈 음악이 많은 청중을 잃자, 재즈는 점차 반反문화의 분위기를 띠게 되었다. 지역 사회 지도자들은 그것을 묵인하면서도 동시에 두려워했다. 당시 신문 기사들만 보고 음악의 상태를 판단했다면, 아마 모던 재즈는 진정한 예술이 아니라, 마약 중독자, 비트족,* 선동가들, 그리고 그 외 하위 계층 집단을 위한 오락 활동에 불과하다고 결론 내렸을지도 모른다.

상황이 너무 심각했던 나머지, 『다운비트』지는 1949년에 재즈의 새 이름을 공모하는 콘테스트를 열기까지 했다. 많은 사람들은 '재즈'라는 기존 명칭이 부정적인 연상을 불러일으킨다고 믿었고, 이 음악이 좀 더 점잖고 존중받을 수 있는 이름을 가져야 한다고 여겼다. 우승작으로는 "크루컷Crewcut"이라는 이름이 선정되어 1,000달러의 상금을 받았다. 이보다 더 깔끔하고 단정한 인상도 없었을 것이다. 하지만 이 콘테스트는 곧 잊혀졌다. 다행이라 해야 할 것이다. 다른 후보작들도 그다지 나을 게 없었는데, "Mop(대걸레)", "Schmoosic(우습고 가벼운 음악)", "Blip(삐 소리)" 같은 어처구니없는 제안들도 포함되어 있었기 때문이다. 결국, '재즈'라는 기존의 이름은 뜻밖의 반전 효과를 얻게 된다. 재즈는 지금 우리가 흔히 부르는 '브랜드 재창조'의 문턱에 있었고, 사회적 존중을 향한 긴 여정을 막 시작하려 하고 있었다.

오늘날 재즈는 너무도 긍정적이고 세련된 이미지를 지니게 되어, 외부인

---

* 비트족beatniks: 1950년대 후반에서 1960년대 초반에 활동하던 비주류 지식인, 예술가, 문학청년들을 가리키는 말로, 미국의 "비트 세대beat generation"에서 파생된 용어. 단순히 문학청년을 넘어서, 비순응적이고, 반체제적이며, 기행을 일삼는 사람들이라는 경멸적 의미로도 사용되었다.

들조차 재빨리 이를 자기 목적에 맞게 차용하려 든다. 앞서 살펴봤듯이, 이제 '재즈'라는 단어는 자동차, 향수, 소프트웨어 플랫폼, 프로 스포츠 팀의 이름으로 사용(혹은 오용)되기도 한다. 값비싼 소매점에서는 재즈 음악이 흘러나오고, 고급 제품 광고의 배경음악으로도 들을 수 있다. 한때는 하층민의 음악으로 여겨졌던 재즈가 어느새 부유층과 사회적 상승을 꿈꾸는 사람들의 음악으로 인식되기에 이른 것이다. 그와 동시에, 재즈는 백악관에서 연주되고, 하버드에서 가르쳐지며, 퓰리처상의 후보로 고려되기도 한다. 1965년에 듀크 엘링턴이 그 상을 받지 못했던 것을 떠올려보라. 오늘날에는 '재즈 교수'나 '재즈 행정가' 같은 직업도 존재하는데, 이는 과거에는 아예 존재하지 않았던 직업군이다. 재즈가 '아웃사이더의 음악'에서 '인사이더의 음악'으로 변모한 과정은 지금 대부분의 사람들에게 당연한 일처럼 여겨지지만, 이는 어쩌면 이 예술 형식의 역사상 가장 중요한 사회경제적 변화라고 할 수 있다. 하지만 그 "리브랜딩"을 직접 겪었던 사람들조차도 그 변화가 정확히 어떤 과정을 통해 이루어졌는지 설명하기는 쉽지 않다.

이러한 변화의 상당 부분은 학교와 대학에서 일어났다. 이곳에서 젊은이들은 재즈를 새로운 시각으로 바라보는 법을 배우기 시작했다. 1950년대에는 최초의 재즈 교과서들이 출판되었고, 약 30개 대학이 재즈 과목을 개설했다. 오늘날 거의 모든 대학이 어떤 방식으로든 재즈를 받아들이고 있으며, 100개 이상의 대학이 정식 학위 과정을 운영하고 있다는 점을 감안하면, 이는 초보적인 수준에 불과해 보일 수도 있다. 하지만 그 당시로서는, 이전 수십 년간 재즈가 배척되고 주변부로 밀려났던 상황을 뒤집는 중요한 전환점이었다. 같은 시기, 이전까지는 학생들이 주도한 파티나 댄스 행사 같은 비공식 자리에 국한되었던 캠퍼스 내 재즈 공연이 대학 측의 공식 승인을 받기 시작했다. 이제 이런 공연들은 베토벤과 모차르트의 음악이 오랫동안 군림했던 엄숙한 공연장에서, 정식 콘서트로서 열리기도 했다. 또한, 이전에는 대학의 지원 없이, 때로는 대학 측의 반대에도 불구하고 비공식적으로 운영되던 학생 재즈 밴드들이 이제는 정규 커리큘럼의 일부로 편입되어, 전문 교수진의 지도 하에, 학점을 인정받는 활동으로 변화하기 시작했다. 이 모든 변화들은 미국 음악 교육 전체로 보자면 소박한 변화였고, 여전히 대부분의 전후 재즈 연주자들은 교실 수업 없이 독학으로 실력을 쌓았다. 하지만 이 상황은 머지않아 근본적으로 달라지게 된다.

이러한 변화의 진정한 영향력이 재즈 현장에서 체감되기까지는, 한 세대가 지나야 했다. 하지만 1980~1990년대 재즈의 정신이 역사에 대한 깊은 인식을 반영하고, 다양한 스타일을 자유롭게 넘나드는 신예 연주자들로 가득했던 것은 결코 우연이 아니다. 이 세대에게는 학문적 교육과 대학 학위가 예외가 아니라 표준이었고, 그것은 그들의 전문적이고 체계적인 음악적 태도에서도 분명히 드러났다. 그들은 알아야 할 건 모두 알고 있었고, 고용주가 연주하라고 한 곡은 무엇이든 연주할 수 있었다. 물론, 이러한 전환이 갈등 없이 이루어진 것은 아니었다. 이전 세대의 스타일과 태도에 더 가까웠던 사람들 중에는 신세대 연주자들이 지나치게 학교 교육을 받았다며 불평하는 이들도 있었다. 대부분은 사적인 자리에서 그런 말을 했지만, 때로는 공공연하게 비판하기도 했다. 그들의 시각에서 보자면, 학문적 배경을 가진 재즈는 진짜 재즈의 차가운 모조품에 불과했다. 진짜 재즈란, 여행 공연단의 거친 삶 속에서, 혹은 마초적 분위기의 잼 세션 속에서, 실전으로 단련된 음악이어야 했지, 수업을 듣고 교과서를 읽어서 되는 것은 아니었다. 1980년대 어느 날, 내가 한 원로 연주자에게 '재즈 교수jazz professor'에 대해 언급했을 때, 그는 이렇게 빈정대며 말했다. "재즈 교수라고? 그건 원래 뉴올리언스 창녀촌에서 피아노 치던 사람들을 그렇게 불렀다고!"

하지만 이런 불만들은 전반적인 흐름에서 거의 영향을 미치지 못했다. 아마도 재즈 팬들이 세대 간의 갈등에 이미 너무 익숙해졌고, 심지어는 피로감을 느꼈기 때문일지도 모른다. 이러한 갈등은 긍정적인 결과를 낳기보다는 허무한 적대감만을 불러일으켜 왔고, 적어도 1920년대부터 계속되어 온 일이었다. 그 오래된 시절에는, 밴드에서 클라리넷을 색소폰으로 교체하는 단순한 변화조차도, 많은 전통주의자들에게는 재즈 정신에 대한 반역으로 간주되었다. 그리고 비슷한 종류의 논쟁이 십 년마다 반복되었다. 젊은 세대는 진정한 재즈를 저버렸다는 비난을 늘 받았지만, 그런 불만이 변화의 불가피한 흐름을 막지는 못했다. 대학에서 정규 교육을 받은 새로운 재즈 연주자들에 대한 비판이 아무리 거셌다 해도, 이 젊은 음악가들이 탁월한 연주 기술과 깊이 있는 이론적 지식을 갖추고 음악에 임한다는 사실만큼은 누구도 부인하기 어려웠고, 그들의 최고 수준의 연주를 들으면, 감탄하지 않을 수 없었다.

이러한 변화들은 필연적으로 음악의 사운드에 영향을 미쳤고, 결국 새로운 진지함이 이들 연주자들의 스타일적 선호와 무대 태도 전반에 스며들게 된 것은 놀라운 일이 아니다. 이제 재즈가 한낱 오락이 아닌 진지한 예술 형태가 되었음을 의심하는 사람이 있다면, 1990년대 말과 2000년대 초에 떠오른 신예들의 콘서트를 잠시만 지켜보아도 확신하게 되었을 것이다. 그 가운데서도 피아니스트 브래드 멜다우만큼 이 진지한 태도를 단호하게 보여준 인물은 드물었다. 이 같은 인식을 낳은 것은 단지 그가 음반 해설지에서 독일 철학자들의 글귀를 인용하는 경향 때문만은 아니었다. (한때, 그의 공식 웹사이트에는 「피아노 해머로 틀을 부수다: 브래드 멜다우 음악 속의 니체 실존주의 해석」이라는 학술 논문이 다운로드 가능하도록 게시되기도 했다.) 또한 그가 CD 표지에서도 희미한 미소조차 짓지 않는 듯한 침울한 표정을 짓고 있는 점 때문만도 아니었다. 멜다우 음악의 독보적인 진중함은 무엇보다도 무대 위에서 가장 뚜렷하게 드러났다. 그는 지성적이면서도 서정적인 감성을 결합하여, 대중가요와 자신이 작곡한 날카로운 곡들을 예술적으로 재구성했다. 이러한 음악적 강렬함은 그가 재즈 레퍼토리와는 느슨하게만 연결된 팝과 록 음악을 선호했다는 사실을 고려할 때 더욱 인상 깊었다. 멜다우는 마치 몽크나 존 콜트레인만큼이나 비틀즈나 폴 사이먼의 곡을 레퍼토리에 올릴 법했고, 그 덕분에 라디오헤드와 닉 드레이크Nick Drake의 곡들이 이 시기부터 재즈 스탠다드로 받아들여지기 시작했다. 물론, 그렇다고 해서 멜다우의 커버 곡을 록 라디오 방송에서 들을 수 있었던 것은 아니다. 일단, 그의 '음악적 거울의 집'을 통과한 뒤에는, 이전의 히트곡들조차 재즈 아트 송으로 변모하여, 멜다우 특유의 탐구 정신을 고스란히 담게 되었기 때문이다. 그가 연주하는 곡이 〈50 Ways to Leave Your Lover〉라고 하더라도, 그의 트리오가 이 곡을 7/4 박자로 연주하며 복잡하고 밀도 높은 악기 구성으로 채워 넣는 순간, 사람들은 아마 그것이 1975년 폴 사이먼의 1위 히트곡이라는 사실조차 알아차리지 못할 수도 있다.

1970년 플로리다주 잭슨빌에서 태어난 브래드 멜다우는 어린 시절 대부분을 코네티컷에서 보냈고, 1988년 뉴욕으로 이주해 뉴스쿨에서 프레드 허쉬에게 사사했다. 초기 활동 당시, 멜다우의 연주는 평론가들로부터 빌 에반스와의 비교를 자주 불러일으켰는데, 이는 멜다우 본인에게는 매우 불쾌한 일이었다. 실제로, 그는 어느 음반에 긴 에세이를 실어, 자신이 이 영향력 있는 선배와는 별개의 길을 걷고 있음을 강조하기도 했다. "이 트리오가 빌 에반스 트리오와 끊임없이 비교되는 것은 내게 눈엣가시였다. 내가 그의 음악을 들었던 것은 13세나 14세 때 몇 달 정도뿐이다…… 내 솔로 연주의 경우, 종종 곡의 원래 선율을 기반으로 선율 전개를 해 나가고 있다. 이런 접근 방식은 빌 에반스에게서 그 모델을 찾을 수 없을 것이다."[214] 물론, 실제로 그의 초기 녹음들을 들어보면, 곡 선정, 프레이징 방식, 피아노-베이스-드럼 간의 상호 작용 등에서, 빌 에반스의 스타일과 분명 유사한 점들이 드러난다. 하지만 1990년대 후반의 《Art of the Trio》 시리즈 작업에 이르렀을 무렵에는, 멜다우는 점점 더 자기만의 영역을 개척하고 있었으며, 영향을 받는 입장에서 영향력을 끼치는 입장으로 전환해 가는 역동적인 작업 세계를 구축하고 있었다. 그의 음악에서 돋보이는 요소는 고도의 리듬 구성력, 오케스트라적인 양손 연주 기법, 앞서 언급한 레퍼토리의 확장, 그리고 베이시스트

래리 그레나디어Larry Grenadier, 드러머 호르헤 로시Jorge Rossy(또는 이후에
는 제프 밸러드)와의 뛰어난 음악적 호흡이었다. 멜다우는 이를 통해, 대중가
요 형식과 전통적인 조성 안에서도 재즈를 새롭고 흥미로운 방향으로 진화
시켜 나갈 수 있음을 분명하게 보여주었다.

　브래드 멜다우가 자신을 빌 에반스의 복제품으로 여기는 이들에 맞서 독
자성을 주장해야 했던 것처럼, 피아니스트 매튜 쉽 역시 자신을 세실 테일
러의 추종자로 간주하거나, 심지어는 그가 태어나기도 전에 시작된 프리 재
즈 논쟁의 일원으로 몰아가려는 시선들과 자주 마주해 왔다. 하지만 쉽은 그
렇게 단순한 계보로 정의될 수 없는 복합적인 음악가다. 그는 데이비드 S.
웨어David S. Ware의 밴드에서 수련을 받던 시절부터, 이미 건반 위에서 거
대한 무조성의 폭풍을 몰아치는 능력을 보여주었지만, 동시에 전통적인 코
드 진행 속에서도, 혹은 단순한 오음음계pentatonic 기반의 음형音形을 다루
는 동안에도, 그만의 마법 같은 연주를 펼칠 줄 안다. 실제로, 그의 음반에는
〈Frère Jacques〉, 〈When Johnny Comes Marching Home〉처럼 전혀 재
즈적이지 않은 곡들에 대한 비순응적인 해석이 담겨 있으며, 이러한 곡들은
그의 거친 날것의 재즈 스탠다드 해석이나 자작곡과도 조화를 이루며 공존
한다. 아마도 쉽을 이해하는 가장 좋은 방식은, 그의 음악이 (많은 이들이 말
하는 "프리" 연주자들처럼) "경계를 넘어선" 것이 아니라, "경계 위에" 있다
고 보는 것이다. 이러한 점에서, 그는 세실 테일러의 연장선이라기보다는,
오히려 셀로니어스 몽크, 선 라, 호레이스 탭스콧Horace Tapscott, 앤드루 힐
같은 피아니스트들의 날카롭고 긴장감 있는 소리 풍경에 더 가까운 결을 가
진다. 이들은 모두 조성 체계를 완전히 버리기보다는, 그것의 중심을 비틀고
해체하면서도 여전히 조성이 음악 전체의 구조와 감각을 형성하고 끌어당
기는 힘을 유지한 연주자들이었다.

　매튜 쉽은 1960년 델라웨어주 윌밍턴에서 태어났다. 그의 집에서는 재즈
가 자주 흘러나왔으며, 어머니는 윌밍턴 출신의 또 다른 위대한 음악가인 클

리포드 브라운과도 알고 지낸 사이였다. 하지만 쉽은 고등학교 시절에 록 밴드에서도 활동했고, 스티비 원더나 어스 윈드 앤드 파이어 같은 아티스트의 음악도 즐겨 들었다. 이처럼 다양한 음악적 배경은 쉽이 밴드를 이끄는 방식, 즉 장르에 구애받지 않는 접근에도 고스란히 반영되었다. 그는 가끔씩 힙합 요소, 신시사이저 사운드, 루프, 그 외 전자 효과 등을 차용하기도 했지만, 동시에 순수 어쿠스틱 편성만으로도 동일하게 강렬한 성과를 내기도 했다. 물론, 그를 크로스오버나 퓨전 재즈 아티스트로 착각할 사람은 없다. 그가 주류 재즈 전통 밖의 음악을 참조하는 이유는 상업적인 목적이 아니라, 어디까지나 자신의 타협 없는 개인적 재즈 비전 안에 새로운 소리 색깔을 끌어들이기 위한 탐색의 일환이다. 그의 음악에서는 무자비한 지배력이 느껴지는데, 동시에 그것은 분석적이고 거의 건축가적인 사고방식과 함께 존재한다. 이 두 요소 간의 긴장 상태가 끝내 해소되지 않은 채 공존한다는 점, 바로 이것이 쉽의 음악에서 가장 매혹적인 부분일지도 모른다. 그의 음악을 듣고 있으면, 환자는 고칠 수 있지만 가장 가혹한 방식으로만 치유하는 냉정한 의사를 떠올리게 된다.

이러한 사례들이 보여주듯, 이 시기의 잘 훈련된 연주자들도 여전히 위험을 감수하는 혁신가로서의 존재감을 드러낼 수 있었고, 때로는 오히려 과거의 '더 거칠고 자유로웠다'고 여겨지는 시절에 등장한 재즈 아티스트들보다 더 과감하고 덜 교조적이기도 했다. 피아니스트 제리 앨런Geri Allen이 바로 그 대표적인 인물이다. 그녀는 하워드 대학의 재즈 프로그램에서 학위를 받은 첫 세대 학생 중 한 명이었고, 이후 피츠버그 대학에서 민족음악학 석사 과정을 마친 뒤에는 그곳에서 재즈 연구 부서의 책임자를 역임하기도 했다. 하지만 만약 학자란 존재가 상아탑에 머물러 있어야 한다는 통념이 있다면, 그 누구도 제리 앨런에게 그런 말을 전하지 않은 것 같다. 그녀는 문화적, 양식적, 지리적 경계를 가리지 않고 모든 장벽을 허물며 활동했다. 그녀는 캔자스시티 재즈의 개척자 메리 루 윌리엄스의 음악을 되살려내어 정통성 있게 해석할 수 있었고, 동시에 아방가르드 거장 오넷 콜먼과도 협연했다. 콜먼은 통상 피아노가 제공하는 조성적 틀이 자신의 자유로운 연주를 제약한다고 여겨, 피아니스트와 함께 연주하는 것을 꺼렸지만, 앨런만큼은 예외로 인정했다. 구겐하임 펠로우십을 받을 만큼의 학문적 명성과 예술성을 갖춘 동시에 TV 프로그램《소울 트레인Soul Train》으로부터 대중문화상을 받을 수 있고, 또 할렘의 아폴로 극장과 하버드 대학의 고상한 강당 양쪽 무대에서 모두 압도적 존재감을 뿜어낼 수 있는 재즈 뮤지션이 과연 몇이나 될까?

2017년 암으로 세상을 떠날 때까지, 제리 앨런은 자신의 이름으로 된 음반을 스무 장 넘게 남겼고, 그 작품들은 그녀가 얼마나 폭넓은 편성에서 탁월한 역량을 발휘했는지를 보여준다. 그러나 그녀의 진정한 유산은 아마도 트리오와 스몰 콤보 프로젝트로 이루어진 영향력 있는 연작에 자리할 것이다. 이 시리즈에서 앨런은 자신보다 앞선 세대 최고의 베이시스트와 드러머들과 음악적 대화를 나누었다. 1994년 블루 노트 레이블에서 발표한《Twenty One》에서는, 마일즈 데이비스의 1960년대 중반 퀸텟에서 리듬과 박자 개념을 혁신한 론 카터, 토니 윌리엄스와 호흡을 맞추었다. 그보다 앞서, 그는 윈튼 마살리스의 1980년대 중반 밴드에서 리듬 섹션의 축을 이루며 새로운 어법을 제시한 로버트 허스트, 제프 “테인” 와츠와 함께《The Nurturer》를 녹음한 바 있으며, 훗날《The Life of a Song》에서는 1960년대 후반 데이비스 밴드 출신인 데이브 홀랜드, 잭 드조넷과도 깊이 있는 상호작용을 펼쳤다. 하지만 그녀가 가장 오랫동안 이어간 파트너십은 키스 재럿의 혁신적인 1970년대 쿼텟 멤버였던 드러머 폴 모션, 베이시스트 찰리 헤이든과의 협업이었다. 이들의 뛰어난 음악적 화학 작용은 20세기 말 최고의 피아노 트리오 음반으로 손꼽히는 다섯 장의 기념비적 앨범에 기록되어 있다. 이런 프로젝트들은 당시 재즈계에 퍼져 가던 역사적 의식을 색다르게 변주한 사례였다. 과거의 소리를 그대로 되살리는 대신, 앨런은 그 역사를 직접 만들어낸 연주자들과 함께, 전통이나 과거에 대한 과도한 경외심에 얽매이지 않고, 미래 지향적인 정신으로 활력 넘치는 새 음악을 창조하는 더 큰 과업에 도전했다.

20세기 말 음악계의 전면에 등장한 주요 색소폰 연주자들 사이에서는, 과거에 의존하지 않으면서도 그로부터 배움을 얻으려는 동일한 태도를 엿볼 수 있었다. 이들은 향수에 물들지 않은 역사적 의식을 유지하면서도, 새로운 방향에 열려 있으려는 결연한 의지를 가지고 있었다. 그 가운데서도, 이러한 균형을 단연 뛰어나게 구현한 인물은 조 로바노였다. 그는 자신의 음악적 탐구에 있어, 지난 수십 년간 재즈계를 갈라놓았던 이념적 경계선들을 철저히 무시하며 자유롭게 넘나들었다. 1995년 빌리지 뱅가드에서 녹음된 그의 걸출한 2CD 라이브 앨범에서는 〈Fort Worth〉라는 자작곡으로 오넷 콜먼에게 감동적인 헌사를 바쳤고, 그 직전 발표한 《Rush Hour》(당시 『다운비트』 올해의 음반으로 선정)에서는 써드 스트림의 선구자 군터 슐러와 협업했다. 또 다른 앨범 《52nd Street Themes》에서는, 자신이 태어나기 이전의 비밥 시대 곡들을 완벽하게 소화하며, 비밥 양식에 정통한 이해를 보여주었다. 다른 무대에서는, 감성적인 발라드 해석으로 스탄 게츠를 떠올리게 하기도 했고, 색소폰 서밋Saxophone Summit이라는 그룹에서는 마이클 브레커Michael Brecker, 데이브 리브먼Dave Liebman, 라비 콜트레인 등 다른 테너 색소폰 거장들과 대등하게 맞붙었다. 또한 그는 원로 피아니스트 행크 존스와 함께 전통 양식의 듀엣을 선보이며 청중을 매료시키는가 하면, 폴 모션, 빌 프리셀과 함께 파격적인 트리오를 결성해 전통을 뒤흔드는 실험도 감행했다. 그뿐 아니라, 프랭크 시나트라와 엔리코 카루소Enrico Caruso에게 헌정하는 테마 앨범을 발표하며 자신만의 해석을 각인시키기도 했다. 그렇다면, 로바노는 전통주의자일까, 진보주의자일까? 구악파일까, 신악파일까? 그의 광범위하고 다채로운 음악적 활동 앞에서는, 이런 질문 자체가 무의미해진다. 조 로바노는 그저 탁월한 솔로이스트다. 그는 넓은 귀와 넓은 마음을 지닌 연주자이며, 그의 명성은 그의 음악이 담고 있는 의미가 아니라, 그 음악이 어떻게 들리는가에 기반을 두고 쌓아올려진 것이다.

1969년 버클리에서 태어난 테너 색소폰 연주자 조슈아 레드먼은 조 로바노와 비슷한 지점에 도달했지만, 전혀 다른 길을 걸어왔다. 그는 미국 서부에서 성장했고 학업에서도 두각을 나타내어, 고등학교에서 졸업생 대표로 선정되었고, 하버드 대학을 수석으로 졸업했다. 한때는 의사나 변호사가 되는 것을 고민하기도 했지만, 결국 색소폰을 선택했다. 그러나 로바노처럼 레드먼 역시 어떤 특정한 진영에 충성하지 않으면서, 여러 흐름을 아우르는 통합적 인물로 두드러진다. 그의 아버지 듀이 레드먼은 오넷 콜먼과 함께 성장했고, 이후 키스 재럿의 이른바 아메리칸 쿼텟American Quartet에서 연주했던 인물로, 재즈계가 훨씬 더 양극화되어 있던 시절에도 유연한 태도를 보였던 바 있다. 하지만 아들인 조슈아 레드먼은 그보다도 더 다방면에 걸친 음악 활동으로 배회徘徊했다. 그는 1991년 셀로니어스 몽크 대회에서 청중을 매료시켰고, 워너 브라더스와 음반 계약을 맺었으며, 1993년 앨범《Wish》에서는 아버지의 뒤를 잇는 듯한 모습을 보였다. 이 앨범의 첫 곡에서는 오넷 콜먼의 곡을 연주했으며, 밴드에는 콜먼의 동료였던 찰리 헤이든과 빌리 히긴스, 그리고 기타리스트 팻 메스니가 참여했다. 그의 또 다른 초기작인 1995년 빌리지 뱅가드에서 녹음된《Spur of the Moment》나《MoodSwing》 프로젝트는 보다 전통적인 색채를 띠었지만, 결코 진부하지 않았다. 이후에도, 레드먼은 브래드 멜다우와 함께 특이한 박자로 구성된 그루브를 실험했고, 일본 블루스 밴드 시트벨츠The Seatbelts와 협연했으며, 2009년《Compass》 앨범에서는 조용한 실내악 스타일의 재즈를, 엘라스틱 밴드Elastic Band 프로젝트에서는 펑크 지향적 음악을 선보였다. 하지만 어떤 세팅에서든, 레드먼은 동시대 연주자 가운데 가장 일관되게 창의적인 솔로이스트로서 깊은 인상을 남긴다.

1969년, 디트로이트에서 태어난 제임스 카터James Carter는 조슈아 레드먼보다 겨우 4주 먼저 태어났으며, 진영 논리에 얽매이지 않는 태도에서는 레드먼과 비슷하지만, 그 다재다능함을 전혀 다른 방식으로 드러낸다. 그는 테너 색소폰, 소프라노 색소폰, 알토 색소폰, 바리톤 색소폰, 플루트, 베이스 클라리넷 등 다양한 악기를 연주하며, 이 중 어느 악기가 그의 주력이라 단정 짓기 어려울 정도다. 그는 『다운비트』지의 바리톤 색소폰 부문에서 여러 차례 1위를 차지했는데, 이는 이 악기가 카터에게 유망한 전문 분야가 될 수도 있음을 시사한다. 하지만 그는 한 악기와 일편단심으로 관계를 맺기보다는, 여러 관악기를 오가며 연주하는 것을 더 즐기는 듯하다. 카터는 재즈 전통에 대한 깊은 이해를 바탕으로 활동하며, 그의 앨범에는 오직 내공 있는 청자만이 알아볼 만한 오래된 곡들의 커버가 자주 등장한다. 하지만 그는 단순히 전통주의자로 분류되기 어려우며, 필요에 따라 현대적인 스타일이나 아방가르드 영역으로도 음악을 확장해 나간다. 2009년 그의 올스타 프로젝트 《Heaven on Earth》에서는 록 느낌의 잼 밴드의 미학을 채택하면서도, 앨버트 에일러 풍의 에너지 넘치는 재즈도 한자리를 차지했다. 재즈의 역사에서 다양한 영역을 넘나드는 음악가들은 종종 박한 대우를 받아왔다. 베니 카터, 라산 롤랜드 커크, 올리버 넬슨, 지미 주프리 등은 한 악기나 개념에 충실했더라면 더 널리 알려졌을지도 모른다는 평가를 받는다. 제임스 카터가 이 같은 재즈계의 분류하고 싶어 하는 욕구를 뛰어넘을 수 있을지는 시간이 말해 줄 것이다. 하지만 그의 재능은 실로 거대해서, 이 예술 형식의 최정상에 오를 만한 잠재력을 지니고 있음은 분명하다.

이러한 다재다능함은 주요 연주자들뿐만 아니라, 밀레니엄 시대의 재즈 학도들에게도 높이 평가받는다. 주요 재즈 교육 기관에 재학 중인 색소폰 연주자들과 이야기해 보면, 그들이 존경하고 본보기로 삼는 인물들은 대부분 장르 전반에 걸쳐 잡식성처럼 폭넓게 배운 음악가들임을 알 수 있다. 여러 면에서 크리스 포터Chris Potter는 이러한 새로운 유형의 재즈 영웅을 대표하는 인물이며, 색소폰을 전공하는 학생들이 그의 솔로를 채보하고 즉흥 연주 구절을 암기했다는 말을 들을 때마다 나는 전혀 놀라지 않는다. 만약 현대 재즈 색소폰 연주자에 관한 교과서를 쓴다면, 그 표지에 그의 사진을 넣는 것이 좋을 것이며, 아니면, 차라리 그에게 직접 집필을 맡기는 편이 나을지도 모른다. 시카고 출신인 포터는 열여덟 살에 뉴욕으로 건너가 뉴스쿨과 맨해튼 음대에서 정규 교육을 받았지만, 곧 뉴욕의 재즈 클럽들에서 자신의 존재감을 드러내기 시작했다. 그는 자신의 밴드를 이끌고 활동하는 동시에, 다른 음악가들의 음반 약 200장에 참여해 왔다. 그럴 만한 이유가 있다. 그는 거의 모든 종류의 색소폰(그리고 필요에 따라 베이스 클라리넷, 플루트 등 다른 악기들)에서도 놀라운 연주력을 보여줄 수 있다. 그의 테크닉은 완벽하며, 빠르고 강렬한 연주를 구사하면서도 정통 어쿠스틱 재즈를 연주할 때 필요한 섬세함 또한 잃지 않는다. 이처럼 힘들게 쌓은 실력 덕분에, 그는 허비 행콕, 스틸리 댄, 매리언 맥파틀랜드, 팻 메스니, 밍거스 빅 밴드Mingus Big Band 같은 다양한 음악가들과 무대를 함께해 왔다. 그러나 포터의 전설적인 위상은 단지 공연장에서의 활동 때문만은 아니다. 그의 열성적인 팬들은 그가 한 재즈 클리닉에서 〈Cherokee〉를 열 개의 다른 조성으로 연주했던 일화를 언급하곤 하는데, 이 연주와 채보는 몇 주 후 유튜브에 올라와 화제가 되기도 했다. 혹은 연습실에서의 또 다른 놀라운 기량을 보여준 에피소드들도 그의 명성을 뒷받침한다.

떠오르는 색소폰 연주자들에게 가장 큰 영향을 주는 인물 가운데, 크리스 포터의 가장 강력한 경쟁자는 캘리포니아 출신의 마크 터너Mark Turner일 것이다. 그는 보스턴의 버클리 음악대학을 졸업한 후, 1990년에 뉴욕 재즈 현장에 등장했다. 그렇다면 터너는 얼마나 영향력 있는 인물일까? 색소폰 연주자 케빈 선Kevin Sun은 2005년경 뉴잉글랜드 콘서바토리의 한 재즈 앙상블 수업에서 있었던 일화를 소개한 바 있다. 당시 교수는 밴드에 있는 모든 색소폰 연주자들이 마크 터너처럼 들리려 한다며 불만을 표했다. 그는 학생들에게 이렇게 말했다. "이 음악에서는 자기만의 목소리를 찾아야 한다. 그런데 지금 이 방에서는 마크 터너의 소리만 들린다. 그런데 마크 터너는 오늘 여기에 없다…… 난 마크 터너를 들으러 온 게 아니라, 여러분들의 소리를 들으러 온 거다."[215] 하지만 터너가 모방의 대상이 되는 데는 그럴 만한 이유가 있다. 그는 테너 색소폰의 모든 요소를 정복했다. 가장 높은 음역까지 자유롭게 다루고, 어떤 음악적 맥락에서도 능숙하게 즉흥 연주를 해내며, 고전적인 스탠다드 곡을 진심으로 연주하고, 새롭게 작곡한 곡도 오래된 명곡처럼 들리게 만든다. 특히 주목할 점은, 그는 강렬한 집중력과 에너지를 유지하면서도 동시에 여유롭고 차분한 표현을 보여준다는 것이다. 이는 마치 과거의 재즈사에서 대립하던 '핫'과 '쿨' 스타일이 화해하여 하나의 표현 양식으로 합쳐진 듯한 인상을 준다. 하지만 시대의 변화를 보여주듯, 마크 터너를 다룬 기사들은 종종 그를 "학구적"이라고 묘사한다. 이는 예전의 재즈 평론에서는 좀처럼 찾아볼 수 없던 표현이다. 터너와 협업한 바 있는 피아니스트 에드워드 사이먼Edward Simon은 그에 대해 이렇게 묘사했다. "마크는 자기관리가 매우 철저한 인물이다. 그의 모범적인 삶은 삶의 모든 면에서 드러난다. 그는 나쁜 습관이 없고, 학구적이며, 헌신적이다(매일 색소폰을 연습한다). 규칙적으로 요가와 달리기를 하며, 엄격한 채식을 유지하고, 무엇보다 가족을 아끼는 따뜻한 가장이기도 하다."[216] 심지어, 그의 팬들 중 일부는 그를 '자기 과시가 없다'고 찬양하기도 한다. 이는 종종 마약 중독자, 반항아, 말썽꾼 등으로 낙인찍혔던, 과거의 재즈 전설들과는 전혀 다른 이미지이다. 이런 묘사들은 20세기 말과 21세기 초에 성장한 재즈 음악가들에게는 더 이상 과거의 고정관념이 적용되지 않음을 분명하게 보여준다.

이들 예술가들과 미겔 제논Miguel Zenón, 케니 개럿Kenny Garrett, 도니 매캐슬린Donny McCaslin, 멜리사 알다나Melissa Aldana, 아나트 코언Anat Cohen 등 새천년을 대표하는 주요 리드 악기 연주자들을 살펴보면, 과장이나 허세 없이도 얼마나 인상적으로 연주를 펼치는지 놀라지 않을 수 없다. 몇 세대에 걸쳐, 재즈계는 개성의 숭배로 팬들을 사로잡은 영웅적 관악 연주자들(이를테면, 존 콜트레인을 기리는 교회가 세워졌을 정도이다)을 중심으로 발전해 왔고, 그들의 음악 방식뿐만 아니라 카리스마 자체가 후배들에게 영감을 주었다. 이러한 배경을 고려하면, 오늘날 연주자들의 절제되고 성실한 태도는 가벼운 팬들에게는 다소 싱겁게 느껴질 수도 있다. 하지만 재즈계 내부자들, 즉 진지한 청중과 동료 음악가들은 순수하고 단순한 의미의 음악적 기량과 프로다운 자세가 주목받는 새로운 국면이 도래한 것으로 보고, 이를 환영할 가능성이 크다.

다른 악기들도 마찬가지다. 최근 수십 년간 가장 외향적인 연주자들이 몰리는 무대였던 기타조차, 오늘날의 재즈 현장에서는 사정이 다르다. NPR 기자는 떠오르는 재즈 기타리스트 메리 할버슨Mary Halvorson을 소개하는 기사 서두에 이렇게 적었다. "그녀는 선구자처럼 보이지 않는다. 앉아서 연주하고, 체구는 작으며, 대부분 기타와 안경 뒤에 가려져 있다."[217] 실제로, 할버슨은 마치 기타 히어로에 대한 고정관념을 의도적으로 전복하려는 것처럼 보일 때가 있다. 아니, 어쩌면 일부러 '너드nerd' 같은 이미지를 만들고 있는지도 모른다. 2018년 발표한 앨범《Code Girl》의 제목은 실제로 컴퓨터 코드를 다룬 것은 아니지만, 그녀의 외모와 태도를 보면 정말 그런 것 같다는 착각마저 든다. 하지만 이런 겉모습에 속아서는 안 된다. 할버슨은 여섯 줄 위에서 지미 헨드릭스(그녀에게 큰 영향을 준 인물)처럼 거칠게 휘몰아칠 수 있고, 앤서니 브랙스턴(그녀의 스승 중 한 명)처럼 금기를 깨는 급진적 연주자로 변모할 수도 있다. 그녀는 재즈 클럽에서 들을 수 있는 기타 사운드 중 가장 날것에 가까운, 필터 없는 직설적인 연주를 선사한다.

재즈라는 언어의 이 조용한 스타들은 비평가들의 찬사와 각종 상을 받지만, 이들의 부상을 가능하게 한 진정한 공로는 재즈 교육자들에게 있다고 해도 과언이 아니다. 이들은 오늘날 재즈의 부흥을 위한 토대를 마련해 왔지만, 대부분 무대 뒤에서 활동하며 스포트라이트와는 거리가 멀다. 보수도 박하고, 심지어 열성적인 재즈 팬들에게조차 거의 알려지지 않았지만, 그들의 영향력은 현대 재즈의 모든 현장에서 생생하게 들려온다. 예컨대, 휴스턴의 공연 및 시각 예술 고등학교에서 오랫동안 교편을 잡은 로버트 모건Robert Morgan은 다음과 같은 인물들의 경력의 시작을 도왔다. 피아니스트로는 제이슨 모런, 로버트 글래스퍼Robert Glasper, 헬렌 성Helen Sung, 드러머에는 에릭 할런드Eric Harland, 켄드릭 스콧Kendrick Scott, 색소폰 연주자 에버렛 하프Everette Harp, 트롬본 연주자 코리 킹Corey King, 베이시스트 마크 켈리Mark Kelley, 그리고 그 외 다수의 음악가들이 있다. 조슈아 레드먼과 앰브로즈 어킨뮤지어Ambrose Akinmusire는 캘리포니아 버클리 지역의 교육 체계에서 나왔다. 이 지역은 수십 년에 걸쳐 강력한 재즈 교육 프로그램을 구축해 왔으며, 그 시작은 1966년 허브 윙 박사의 노력에서 비롯되었고, 1975년 필 하디먼Phil Hardymon이 버클리 고등학교의 밴드 디렉터가 되면서 만개했다. 이 시스템의 졸업생에는, 데이비드 머리, 베니 그린Benny Green, 피터 아펠바움Peter Apfelbaum, 데이브 엘리스Dave Ellis, 로드니 프랭클린Rodney Franklin, 크레이그 핸디Craig Handy, 마이클 울프Michael Wolff 등이 있다. 과거에는 미국 전역에서 이러한 체계적이고 수준 높은 재즈 교육 프로그램을 갖춘 지역은 극히 드물었지만, 오늘날은 양상이 다르다. 재즈 앳 링컨 센터는 현재까지 4천 개 이상의 학교에 빅 밴드 악보와 교육 자료를 제공했다고 밝히고 있다. 즉, 재즈는 21세기 들어 고등학교 교육과정에 포함되었다는 수준을 넘어서, 많은 학교에서는 음악 프로그램의 중심축으로 자리매김하고 있다.

이러한 밴드(고등학교 및 지역 재즈 밴드)는 재즈 인재의 원천이 되어, 점점 더 많아지는 대학과 표준화된 경로로 이어진다. 한때 대부분의 학문적 환경에서 배제되었던 재즈는 이제 다양한 고등 교육 기관에서 육성되고 지원받는 장르가 되었다. 이 중에서도 가장 두드러진 교육 기관은 보스턴에 위치한 버클리 음악대학이다. (이름은 비슷하지만, 캘리포니아의 버클리와는 아무 관련이 없다.) 버클리는 초창기에는 소박한 출발을 했지만, 오늘날에는 재즈계의 줄리아드라고 불릴 만큼 성장했다. 현재는 전 세계 약 100개국에서 모인 6천 명 이상의 학생이 이곳에서 공부하고 있으며, 2011년에는 스페인 발렌시아에도 해외 캠퍼스를 열었다. 그 영향력은 재즈계 전반에 퍼져 있다. 졸업생의 약 80퍼센트가 음악 관련 진로를 밟고 있으며, 버클리 출신들은 수백 개의 그래미상을 받았다. 버클리 음대를 비롯해 노스 텍사스 대학, 맨해튼 음악학교, 윌리엄 패터슨 대학, USC, 칼아츠, 뉴스쿨 등 미국 안팎의 주요 교육 기관들은, 재즈가 독학이나 실전 위주의 음악에서 벗어나 오늘날처럼 체계적인 학문으로 자리잡는 데 결정적 역할을 했다. 이제 재즈는 수학이나 회계학처럼 교실에서 체계적으로 전달되고, 학생들이 이를 공식처럼 흡수하는 지식 체계로 자리 잡고 있다. 어떤 면에서는, 재즈의 역사를 버클리 이전과 버클리 이후로 나눌 수 있다는 유혹조차 생긴다. 비록 단순화된 구분이긴 하지만, 이 표현은 재즈라는 예술 형식의 진화에서 실질적인 분기점을 나타내는 유의미한 구도이기도 하다.

트럼펫 연주자 앰브로즈 어킨뮤지어는 21세기형 재즈 뮤지션의 전형적인 경로를 보여주는 인물이다. 그는 경력의 모든 단계에서, 이전 세대의 즉흥 연주자들에게는 존재하지 않았던 학교 프로그램과 제도적 지원을 통해 성장했다. 어킨뮤지어는 버클리 고등학교 재학 중 이미 뛰어난 음악적 재능을 보여주었으며, 이를 발판 삼아 미국 최고의 고등학생 재즈 연주자들로 구성된, 몬터레이 페스티벌의 뉴 제너레이션 재즈 오케스트라New Generation Jazz Orchestra에 선발되었다. 이 앙상블은 전국을 순회하며 유망한 연주자들에게 무대 경험을 제공하는 중요한 프로그램이다. 그는 2000년 고등학교를 졸업한 뒤, 뉴욕의 맨해튼 음악학교에서 전액 장학금을 받고 학부 과정을 마쳤고, 이후 서던 캘리포니아 대학교(USC)에서 석사 과정을 이수했다. 이어서, 그는 세계적인 엘리트 교육 기관인 셀로니어스 몽크 재즈 음악원에도 입학했다. 2007년, 그는 재즈계에서 가장 권위 있는 대회인 셀로니어스 몽크 국제 재즈 경연에서 우승을 차지했고, 이후 블루 노트 레코즈Blue Note Records와 음반 계약을 맺으며 본격적인 프로 경력을 시작하게 되었다.

하지만 이런 학창 시절의 시간이 어킨뮤지어를 차갑고 교과서적인 연주자로 만들었다고 생각한다면, 다시 생각해 보아야 할 것이다. 그는 오히려 과거의 불꽃 튀는 블루 노트 레이블의 트럼펫 주자들과 훨씬 더 닮아 있으며, 그 어떤 학구적인 전통과도 거리를 두고 있다. 그는 연습실에서 다듬은 기교만큼이나 무대 위에서의 거침없는 열정과 날것의 감정으로 돋보이며, 이러한 자질 덕분에 그래미상을 받은 켄드릭 라마Kendrick Lamar의 앨범 《To Pimp a Butterfly》에 참여하거나, 뿌리 깊은 전통의 재즈 보컬리스트 세실 매클로린 살방Cécile McLorin Salvant을 반주하거나, 점묘법적인 드러머 타이숀 소리Tyshawn Sorey와의 자유 형식 즉흥 연주에서도 모두 대등하게 존재감을 드러낼 수 있었다.

21세기의 다른 뛰어난 트럼펫 연주자들의 작품에서도 비슷한 스타일의 경향을 들을 수 있다. 흥미롭게도, 과거 스타일을 복원하고 역사적 의식을 고양한 윈튼 마살리스의 막강한 영향력이 오히려 역효과를 불러온 측면도 있다. 그는 이 시대 가장 눈에 띄는 트럼펫 주자이자 대중에게 있어 재즈의 얼굴로 통하기 때문에, 다른 연주자들 사이에서 일종의 반발심을 자극했는지도 모른다. 제레미 펠트Jeremy Pelt, 잉그리드 젠슨Ingrid Jensen, 크리스천 스콧Christian Scott 같은 젊은 트럼펫 주자들은 모두 버클리 음대 출신임을 자랑할 수 있지만, 그들의 솔로를 듣다 보면, 전통 안에서의 정통성을 입증하려는 태도보다는, 순간의 연주에 더 집중하고 있다는 느낌을 받게 된다. 조금 더 윗세대에 속하는 톰 해럴은 관악기 연주자 중에서도 가장 깊은 학구적 배경을 지닌 이 중 한 명일 것이다. 그는 스탠포드 대학교에서 저명한 교수로 재직했던 아버지의 영향 아래 그 지역에서 성장했으며, 이후 같은 학교에서 음악 학위를 취득했다. 그럼에도, 하렐 역시 재즈 교육의 방법론이나 틀에 전혀 물들지 않은 듯하며, 그의 연주는 어떤 교과 과정으로도 규격화하거나 가르칠 수 없는 수준의 표현적 자발성을 지니고 있다.

사실, 나는 이러한 체계적인 교육 환경과 학위 프로그램에서 배출된 주요 아티스트들을 살펴보면서, 이처럼 두드러진 학문화의 흐름에도 불구하고 재즈의 정신이 얼마나 변하지 않았는지에 늘 놀라곤 한다. 이는 아마도 재즈라는 예술 형식이 탄생 순간부터 지닌 독특한 특성 때문일 것이다. 재즈는 언제나 자발성과 즉흥성, 적응력과 지금 이 순간에 몰입하는 것을 찬미해 왔다. 이것은 냉정한 숙고가 아니라 에너지와 흥분의 정신을 통해 성장해 왔으며, 재즈의 거장들은 관객이 즐거워하거나 심지어 일어나 춤을 추는 일에 결코 불만을 품지 않았다. 사람들의 감정을 움직이고, 그들을 실제로 움직이게 만드는, 이 모든 것은 애초부터 계획의 일부였다. 이러한 특성들은 교실이라는 공간과 그다지 잘 맞지 않으며, 음악가가 이러한 능력을 익혔다고 해서 그것이 쉽게 학문적 이력서나 종신 재직 심사 과정에서 평가될 수 있는 것도 아니다. 재즈의 양식 안에서 거의 모든 것이 변화한 한 세기가 지난 지금도, 이러한 핵심 가치들이 여전히 유효하다는 사실은 재즈가 결코 그것을 받아들인 대학과 제도들에 의해 길들여지지 않을 것임을 시사한다. 상아탑이 재즈에 적응할 수는 있겠지만, 재즈가 상아탑에 의미 있는 방식으로 적응할 가능성은 없어 보인다.

비록 지난 수십 년 동안 재즈의 핵심 가치가 거의 변하지 않았지만, 오늘날의 대표적인 재즈 연주자들은 예전 같았으면 멀리서 바라보기만 했을 다양한 무대와 환경에 이제는 자연스럽게 진입하고 있다. 재즈 바이올리니스트 레지나 카터Regina Carter(앞서 언급한 색소폰 연주자 제임스 카터의 사촌)는 십대 시절 이츠하크 펄먼Itzhak Perlman과 예후디 메뉴힌에게 마스터 클래스를 수강했으며, 어느 날 밤에는 펑크 밴드와 연주하고 그다음 날에는 심포니 오케스트라와 함께 연주할 수도 있었다. 한 세대 전, 재즈 베이시스트 론 카터(레지나와는 무관)는 같은 동네에서 자랐고, 같은 고등학교인 카스 기술고등학교Cass Tech를 다녔지만, 심포니 오케스트라가 아프리카계 미국인 음악가를 고용하는 것을 꺼렸기 때문에, 클래식 음악가의 경력을 포기해야만 했다. 한편, 레지나 카터는 어린 시절부터 재즈에 집중했고, 자신의 악기에서 최고 수준의 명성을 얻었지만, 그럼에도 모리스 라벨과 클로드 드뷔시의 작품을 녹음하거나, 블루그래스* 및 그 외 전통 음악에 발을 담그는 것을 마다하지 않았다. 그녀가 몸담은 음악계에서 불과 수십 년 전까지만 해도 존재했던 장르적 경계가 이제는 거의 없는 것이나 다름없다.

이것이 바로 오늘날 재즈 어법의 유연성이 발휘되는 방식이다. 이제 많은 옛 경계선들이 거의 완전히 사라진 시대가 되었기 때문이다. 예를 들면, 몽크와 모차르트의 간극은 예전만큼 넓지 않으며, 젊은 음악가들은 재즈와 클래식 기법을 나란히 배우는 학위 프로그램에 입학할 수 있게 되었다. 덕분에, 개별 아티스트들은 문화적 편견이나 제도적 장애물 없이 양쪽을 자유롭게 넘나들 수 있다. 1950년대에도 이미 몇몇 선구자들은 이러한 방향을 예견하며, 기존의 재즈와 클래식이라는 두 갈래를 결합한 새로운 하이브리드 음악, 이른바 써드 스트림의 등장을 주장한 바 있다. 이들은 재즈의 즉흥성과 클래식의 형식적 구조와 전통을 매끄럽게 융합한 음악을 꿈꾸었다. 실제로 그러한 융합이 나이트클럽 무대나 콘서트홀에서 부분적으로 이루어지기는 했지만, 써드 스트림 지지자들이 기대했던 방식 그대로는 아니었다. 여전히 우리는 재즈 푸가나 스윙 소나타 같은 것을 자주 듣지 못한다. 대체로, 재즈와 클래식은 서로의 고유한 음색과 정체성을 유지하고 있지만, 이를 둘러싼 문화적 맥락과 제도적 구조는 상당히 가까워졌다. 재즈 앳 링컨 센터나 샌프란시스코 재즈(SFJAZZ) 같은 야심 찬 단체들은 이제 주요 오페라 하우스나 교향악단에서 볼 법한 기금 모금 활동을 벌이고 있으며, 두 분야의 음악가들은 점점 같은 상을 놓고 경쟁하고, 같은 보조금에 지원하며, 같은 교실에서 가르친다. 아마 앞으로는 이러한 융합이 한 단계 더 나아가, 실제 연

---

* 블루그래스bluegrass: 미국 전통 음악의 한 장르로, 주로 미국 남부에서 발전한 포크 음악의 한 형태. 기타, 밴조, 바이올린, 만돌린, 더블베이스 등의 현악기가 중심이 되는 빠르고 기교적인 연주가 특징이다.

주 스타일에서도 경계가 더욱 흐려질지도 모른다. 그러나 과거의 역사가 보여주듯, 재즈는 클래식 세계가 제공하는 다양한 표현 도구를 수용하되, 그것에 동화되지는 않고, 오히려 재즈의 목적에 맞게 그것들을 자신의 것으로 만들어갈 가능성이 크다. 대부분의 음악가들과 팬들도 그러한 방식을 더 선호하리라고 생각한다.

재즈의 세계화

2015년경 미디어에서 가장 핫했던 재즈 이야기는 한 열한 살 소년을 주인공으로 했다. 조이 알렉산더Joey Alexander는 마치 어디에나 동시에 존재하는 것처럼 보였다. 그의 음악은 웹상에서 순식간에 퍼졌고, 『뉴욕 타임즈』에서 대대적인 보도를 받았다. 그는 CBS의 뉴스 프로그램 《60분》에도 등장했으며, 뉴포트 재즈 페스티벌에서는 간판 출연자로 무대에 올랐다. 이 무렵, 그는 데뷔 앨범 《My Favorite Things》를 녹음했고, 몇 달 뒤 그래미 시상식에서 공연했을 때 음악계의 거물들이 모인 자리에서 기립박수를 받았다. 다음 날, 많은 시청자들은 방송에 함께 출연했던 테일러 스위프트, 아델, 켄드릭 라마가 아니라, 피아노를 연주했던 그 놀라운 어린 소년에 대해 여전히 열광적으로 이야기하고 있었다.

그러나 음악 산업의 구조를 잘 아는 사람이라면, 조이 알렉산더가 인도네시아 발리 출신이라는 점에 더욱 놀랐을 것이다. 《My Favorite Things》는 인도네시아 아티스트의 앨범으로는 처음으로 빌보드 앨범 차트에 진입하며, 역사적인 기록을 세웠다. 인도네시아가 세계에서 네 번째로 인구가 많은 나라로, 2억 6천만 명이 넘는 인구와 세계에서 손꼽히는 풍부한 음악 전통을 지니고 있다는 사실을 생각하면, 더욱 놀라운 일이다. 이전 세대의 뛰어난 인도네시아 음악가들이 전혀 움직일 수 없었던 장벽을 열한 살 어린아이가 무너뜨린 셈이었다.

이것은 분명히 영감을 주는 이야기이지만, 동시에 21세기 재즈의 현주소를 잘 보여주는 사례이기도 하다. 오랫동안 미국의 재즈 애호가들은 다소 자기 만족적인 태도로 재즈를 "미국의 클래식 음악"이라고 자부해왔다. 그 말에는 그럴듯한 울림이 있지만, 재즈 세계를 조금만 자세히 들여다보면, 전 혀 다른 현실이 보인다. 오늘날 재즈라는 예술 형식에서 가장 흥미로운 발 전들은 오히려 미국 밖에서 일어나고 있으며, 이러한 경향은 시간이 갈수록 더욱 뚜렷해지고 있다. 불과 몇 년 전까지만 해도, 최소 1930년대부터 재즈 어법의 주도권을 쥐고 있던 까다롭고 냉소적인 뉴욕의 청중조차 음악 세계 의 경쟁자들에 대한 회의적 태도를 접고, 만 마일 떨어진 곳에서 온 피아노 신동에게 마치 영웅의 귀환인 양 뜨겁게 환영을 보내는 지점에 우리는 도달 했다.

그리고 만약 누군가가 재즈의 미래에 대한 예측에 돈을 건다면, 재즈의 세계화가 더욱 가속화될 것이라는 전망이야말로 가장 안전한 내기일 것이 다. 요컨대, 미국의 클래식 음악은 이제 전 세계의 공동 자산이 되었다. 비평 가 스튜어트 니콜슨이 선호했던 "글로컬라이제이션glocalization"이라는 용 어가 이러한 변화를 설명하기에 더 적절할지도 모른다.[218] 재즈가 확산되는 동시에, 지역적·국지적 힘에 의해 끊임없이 변형되고 있으며, 그 어느 때보 다 재즈의 진화는 본고장인 미국 외부에서 유입되는 다양한 영향력에 의해 이끌리고 있다. 여전히 뉴욕, 로스앤젤레스, 시카고, 뉴올리언스 등 미국 내 음악 활동의 중심지에서 만들어지는 재즈는 전 세계적으로 들리고 찬사를 받고 있지만, 이제는 멀리 떨어진 지역에서 온 과거와 현재의 다양한 영향들 과 뒤섞이고 (혹은 보는 관점에 따라 경쟁하고) 있다. 그 결과, 재즈의 레퍼토 리는 넓어지고, 스타일의 폭도 확장되고 있으며, 심지어 무대 위의 악기 구 성조차 여러 방향에서의 혁신에 반응하며 변화하고 있다. 이러한 지리적 이 동의 토대는 장고 라인하르트가 이미 1930년대에 비미국적 요소들을 음악 에 끌어들인 것처럼, 수십 년 전부터 마련되어 왔다. 그러나 오늘날 이처럼 전 지구적 차원에서 쏟아지는 새로운 시각의 홍수는 현대 재즈에서 가장 널리 퍼지고 거스를 수 없는 흐름이 되었다고 해도 과언이 아니다.

이러한 변화는 음반, 라이브 공연, 그리고 음악 자체를 넘어 이 예술 형식을 둘러싸고 지지하는 제도와 문화적 위상까지 모든 영역에서 뚜렷하게 드러난다. ECM, ACT, 브라운스우드Brownswood, 인탁트Intakt, 크리스 크로스Criss Cross, 그리고 2008년 이탈리아의 블랙 세인트/소울 노트Black Saint/Soul Note 레이블을 인수한 CAM 같은 유럽의 재즈 레이블들은 오늘날 가장 창의적이고 대담한 세력으로 손꼽히며, 점점 더 유럽 내에서 탁월한 재능을 발굴하고 있다. 재즈 페스티벌 역시 유럽이 미국보다 훨씬 활발하다. 매년 수천 개의 재즈 페스티벌이 열리며, 이탈리아만 해도 300개가 넘는 행사들이 재즈의 생명력을 유지하며 대중의 눈앞에 펼쳐지고 있다. 이러한 페스티벌들은 국가, 지방, 시 차원의 공적 지원과 민간 후원으로 운영되며, 오랫동안 미국 재즈 연주자들에게 귀중한 수입원이 되어왔다. 미국 내보다 유럽에서 그들의 연주가 더 높은 대가를 받는 경우가 많았기 때문이다. 그러나 최근에는 유럽의 기획자들이 자국 출신 아티스트들을 적극적으로 지원하면서, 미국 밴드가 거의 없거나 아예 없는 라인업도 이제 흔한 풍경이 되었다. 그런데 이러한 변화 중에서도 가장 인상적인 지점은 숫자로 쉽게 측정되지는 않지만, 그 영향만큼은 명백하다. 바로, 미국 외 지역의 재즈 수준이 지난 반세기 동안 비약적으로 상승했다는 점이다. 이제, 유럽과 전 세계의 새로운 세대는 더 이상 미국 재즈의 단순 소비자나 모방자에 머무르지 않고, 스스로 유행을 만들어 내기를 원한다.

아마도 이러한 변화의 가장 눈에 띄는 사례는 오늘날 런던의 재즈 현장일 것이다. 물론, 런던의 재즈는 수십 년 동안 꾸준히 번성해 왔지만, 그동안은 종종 미국에서 일어난 스타일 발전의 영향을 받아 형성되곤 했다. 그러나 이제는 그 역할이 거의 뒤바뀌었다. 많은 미국 음악가들과 팬들이 영국에서 들려오는 새로운 소리에 주목할 뿐만 아니라, 다양한 신흥 스타일과 관점을 수용하고, 열정적인 젊은 청중을 끌어들이며, 주류 언론에서도 찬사를 받는 영국 재즈 생태계에 점점 더 부러움을 느끼고 있다. 이른바 재즈 시대라 불렸던 20세기 초로부터 한 세기가 지난 지금, 재즈는 어쩐 일인지 다시금 뜨거운 관심의 대상이 되었고, 사회적 화제를 일으키며 대중문화에까지 영향을 미치고 있다. 이는 다른 지역사회에도 모범이 될 만한 방식으로 이루어지고 있다.

그러나 만약 당신이 런던의 클럽 중 한 곳에 들어가, 떠오르는 아티스트들과 밴드들의 공연을 접하게 된다면, 전통적인 재즈의 개념에 너무 얽매이지 않은 이런 음악을 보고 자칫 잘못 찾아온 게 아닌가 싶은 생각이 들지도 모른다. 그곳에서는 춤추기 좋은 비트, 트랜스[*] 같은 반복 구절과 리프, 레게나 록의 리듬, 전자음과 샘플링, 소울풀한 보컬과 어반 랩, 그리고 지구촌 곳곳에서 가져온 온갖 청각적 잡다함이 들려온다. 하지만 조금 더 귀 기울여 듣다 보면, 색소폰과 트럼펫 같은 이 장르의 오랜 상징들이 여전히 자리하고 있음을 발견하게 되고, 늘 재즈의 본질로 여겨져 온 즉흥성과 순간의 생명력에 점차 빨려들게 된다. 소리의 다양성도 놀랍지만, 그보다 더 인상적인 것은 허세와 엘리트주의의 부재다. 만약 당신이, 재즈가 영혼 없는 학위증을 지닌 재즈 박물관 큐레이터들에게 무대를 점령당한 것은 아닌지 걱정하고 있다면, 런던의 클럽에서 보내는 하룻밤이 그러한 불안을 말끔히 씻어줄 것이다.

다음 장에서는 21세기 재즈의 전면에 부상한 대중음악과의 활기 차고 열린 대화를 살펴볼 텐데, 영국에서의 이러한 전개 역시 그 큰 흐름의 일부라 할 수 있다. 그러나 영국 재즈의 새로운 사운드에서 특히 흥미로운 점은, 그것이 미국이나 다른 어떤 곳에서도 정확히 대응할 수 없는, 특정 문화적 요소와 영향력에 뚜렷이 기대고 있다는 사실이다. 런던의 다문화적 환경은, 예

---

* 트랜스trance: 주로 전자 음악의 한 장르로, 빠르고 반복적인 비트와 몽환적인 멜로디, 그리고 점진적인 고조감을 특징으로 한다. 듣는 이를 마치 최면에 걸린 듯한 상태, 즉 황홀경이나 몰입 상태로 이끈다고 해서 붙여진 이름이다.

를 들어 뉴욕이나 로스앤젤레스에서 들을 수 있는 것과는 전혀 다른 재즈의 소리 풍경을 만들어낸다. 이는 그저 단순한 차이가 아니라, 역사적 조건, 이주 양상, 그리고 그들이 우선시하는 가치들이 런던만의 고유한 결과물이기 때문이다. 과거에는 이러한 점이 덜 분명했다. 당시 영국의 재즈 연주자들은 미국의 동료들과 대체로 비슷한 곡과 스타일을 연주하고 있었기 때문이다. 그러나 이제 문화의 세계화가 모든 것을 수렴시키는 듯 보이는 시대에, 재즈는 오히려 반대 방향으로 나아가며, 서로 비교할 수 없는 뿌리에서 자라난, 자신감 넘치는 지역적·국지적 접근법을 키우고 있다. 런던의 경우, 여기에 독특한 탈식민주의적 감각이 더해진다. 이는 과거에는 주변부에 머물렀던 소리와 스타일들이 음악의 중심으로 올라서는 움직임이다. 과거에는 아프리카적 영향을 미국의 아프리카계 음악을 통해 간접적으로 굴절시켜 받아들였다면, 오늘날의 영국 음악은 이런 사운드와의 보다 직접적인 연결선을 만들어낸다. 실제로, 나이지리아, 남아프리카, 케냐, 짐바브웨, 가나 등에서 태어난 영국 거주자가 약 백만 명에 달하며, 이들은 본국이나 유럽의 다른 지역과는 또 다른 음악 문화를 형성하는 데 기여했다. 같은 맥락에서, 현대 영국 재즈는 남아시아, 서인도 제도(카리브 지역) 등 다양한 전통과의 강렬한 연결고리를 자랑할 수 있다. 과거, 젤리 롤 모튼이 뉴올리언스의 재즈가 스페인과 라틴 아메리카의 요소들을 흡수하며 활력을 얻었다고 말했던 것처럼, 오늘날의 런던에서 재즈가 인도, 카리브해, 아프리카와 맺는 특별한 관계를 강조하는 것도 충분히 타당한 일이 될 것이다.

이러한 연결고리는 오늘날 영국 재즈 전반에서 어디에서나 감지될 수 있으며, 단순히 무대 위의 영향에 그치는 것이 아니라 연주자 개개인의 삶의 이력과도 깊이 맞닿아 있다. 런던 태생의 샤바카 허칭스Shabaka Hutchings는 어린 시절 대부분을 바베이도스에서 보내다가, 다시 영국으로 돌아와 음악을 공부했다. 그가 이끄는 선즈 오브 케밋Sons of Kemet의 드러머 세브 로치포드Seb Rochford는 영국-인도계 혈통이며, 그가 함께하는 A.R.E. 프로젝트의 사라시 코르와르Sarathy Korwar는 인도에서 태어나, 현재 런던에서 다문화 음악 융합 프로젝트를 추진 중이다. 키보디스트이자 프로듀서인 카말 윌리엄스Kamaal Williams는 대만인 어머니와 영국인 아버지 사이에서 태어났으며, 음악 경력을 준비하는 동안 중국어와 아랍어, 캘리그래피까지 공부했다. 트럼펫 연주자이자 밴드 코코로코Kokoroko의 리더인 쉴라 모리스-그레이Sheila Maurice-Grey는 시에라리온 출신의 어머니와 남아프리카공화국과 짐바브웨 출신의 계부 사이에서 런던 남동부에서 자랐다. 색소폰 연주자 누비아 가르시아Nubya Garcia는 런던 북서부에서 트리니다드와 가이아나 출신의 부모 밑에서 태어났고, 드러머 모지스 보이드Moses Boyd의 부모는 도미니카와 자메이카 출신이다. 이스트 런던 출신의 보컬리스트 자라 맥팔레인Zara McFarlane도 자메이카계다. 허칭스는 이렇게 말한다. "우리는 미국과는 다른 역사를 가지고 있다. 인종과 식민주의의 유산이라는 점에서 공통점이 있기는 하지만, 이러한 역사를 바라보는 시각과 이야기하는 방식은 다를 수 있다. 나에게는 이 문제가 인종과 관련되어 있기는 하다. 나 자신도 그렇고 우리 그룹도 이 분야에 관심이 있기 때문이다. 하지만 나는 이것을 꼭 흑인의 역사로만 보지는 않는다. 오히려 영국의 역사라고 생각한다."[219]

하지만 사실 이런 점은 굳이 설명하지 않아도, 음악을 듣기만 해도 짐작할 수 있을 것이다. 재즈적 요소가 아프로비트,* 레게, 소카,** 스카,*** 펑크,

---

* 아프로비트Afrobeat: 펠라 쿠티Fela Kuti가 1960년대 후반 나이지리아에서 창조한 음악 장르로, 서아프리카의 전통 리듬(특히, 요루바, 하이라이프)과 미국의 펑크·재즈·소울 등 흑인 음악이 융합된 풍부한 사운드를 지닌다.

** 소카soca: 1970년대 초, 트리니다드 토바고에서 탄생한 댄스 중심의 카리브해 음악 장르. 소울soul + 칼립소calypso의 합성어. 칼립소의 전통 리듬에 펑크, 소울, 인디언 전통 음악, 아프로-카리브 리듬 등을 혼합한, 빠르고 에너지 넘치는 음악이다.

*** 스카ska: 1950~60년대 자메이카에서 탄생한 대중음악 장르로, 레게reggae와 록스테디rocksteady의 전신. 미국의 재즈, 리듬 앤드 블루스와 자메이카 전통음악인 멘토mento, 칼립소가 결합된 음악이다.

그라임,* 그리고 기타 토착적인 음악 양식들과 상당한 비율로 어우러져 있으며, 이들 중 많은 것들이 과거 영국 식민지에서 건너온 것들이다. 그 결과 탄생한 사운드는 좁고 순수주의적인 접근으로는 결코 담아낼 수 없는 다양성과 유연성을 드러낸다. 이 음악은 엘리트적 허세가 없는 음악이다. 물론, 이를 격식 있는 콘서트홀에 가져갈 수도 있겠지만, 오히려 춤판, 비공식적인 잼 세션, 지하 클럽에서 더 자연스럽게 어울리는 음악일지도 모른다. 그리고 이런 음악에 대한 반응은 놀라울 정도다. 특히 재즈가 한동안 폐쇄적 태도를 취하며, 주류 언론에서 죽었다는 선언을 여러 번 들어야 했던 시기 이후라서 더 그렇다. 예를 들면, 선즈 오브 케밋의 2018년 앨범《Your Queen Is a Reptile》은 『와이어The Wire』가 주관한 영향력 있는 평론가 투표에서 올해의 앨범으로 선정되었고, 머큐리 상Mercury Prize 후보에도 올랐다. 이런 영예는 보통 더 대중적이고 큰 청중을 가진 장르의 아티스트들에게 주어지는 것이다. 물론, 선즈 오브 케밋의 음악은 결코 평범하지 않다. 색소폰, 튜바, 다수의 드러머로 구성된 특이한 편성을 가진 밴드이지만, 그럼에도 이 사운드는 런던의 대중문화 애호가들을 흔들 준비가 되어 있었고, 그들의 곡들은 쉽게 다가가면서도 직설적이고 강렬한 에너지를 지닌 음악이었다. 나는 이것이 백여 년 전 뉴올리언스에서 처음 재즈를 들었던 청중들이 느꼈을 감정, 즉 마음을 사로잡는 동시에 혼란스럽게 만드는 경험과 비슷하지 않았을까 상상하지 않을 수 없다.

유럽의 음악가들이 미국의 롤모델을 분명히 참고하더라도, 점점 더 이러한 영향을 자국의 전통과 접근법이 반영된 더 큰 사운드로 변형하는 방법을 찾아가고 있다. 예를 들어, 노르웨이의 스타 색소폰 연주자 얀 가바렉의 음

---

* 그라임grime: 2000년대 초 영국 런던의 이스트엔드에서 등장한 힙합, 개러지, 드럼 앤드 베이스, 댄스홀이 혼합된 영국 특유의 스트리트 음악 장르. 약 140BPM의 빠른 템포, 날카롭고 공격적인 비트가 특징이다. 랩이 중심이며, MC와 DJ가 주축이 되는 언더그라운드 배틀 문화에서 발전했다.

악을 주의 깊게 듣는 음악 팬이라면, 그가 존 콜트레인, 앨버트 에일러, 웨인 쇼터 등 미국의 선배 음악가들을 얼마나 잘 흡수했는지 금방 알아챌 수 있을 것이다. 나는 그가 십대였을 때 녹음한 비공식 녹음본을 들은 적이 있는데, 그 연주는 하드 밥의 어법에 완전히 젖어 있어, 마치 아트 블레이키의 재즈 메신저스 오디션을 듣는 듯한 느낌이 들 정도였다. 그러나 가바렉의 성숙한 음악 세계는 이 모든 영향을 스칸디나비아 특유의, 때로는 거의 민속적인 색채가 짙은 스타일로 굴절시켰다. 비슷한 음악적 연금술은 스위스 피아니스트 닉 베르치Nik Bärtsch의 음악에서도 볼 수 있다. 그는 대서양 건너편의 펑크 음악 전통을 기반으로 하면서도, 박자를 늘리고, 깊은 트랜스 분위기를 덧입힌다. 마치 리듬 추진력의 융의 원형Jungian archetype을 찾으려는 듯하다. 그는 자신의 음악을 "선禪 펑크zen funk"라 부르며, 이는 미국 음악의 재료가 세계 다른 지역의 아티스트들에 의해 얼마나 흥미롭게 변형될 수 있는지를 다시금 보여준다. 이 세대의 음악가들이 뉴욕으로 이주하더라도(독일 색소폰 주자 잉그리드 라우브록Ingrid Laubrock이나 스위스 피아니스트 실비 쿠르부아지에Sylvie Courvoisier가 그 예다), 그들은 미국 음악가들과 긴밀히 협업하면서도, 자국에서 가져온 강력한 개인적 비전과 음악적 가치를 결코 희석하지 않는다. 다시 말해, 유럽은 미국에서 얻을 수 있는 것을 취하되, 완전한 동화를 거부한다.

아마도 가장 인상적인 예는 유럽 트럼펫 연주자들에게 깊게 스며든, 그러나 변형된 쳇 베이커의 영향력일 것이다. 이는 어느 정도는 우연의 산물이었다. 베이커가 미국 본토를 떠나 대부분의 시간을 해외에서 보낸 것은 해외의 더 관대한 마약 정책 때문이었지만, 그 결과 유럽의 여러 세대의 관악 연주자들이 그를 자주 접하며 그의 예에서 배울 기회를 가졌다. 지금 와서 보면, 베이커는 고국인 미국보다 유럽에서 훨씬 더 큰 영향을 미쳤다. 그의 소리는 엔리코 라바, 토마슈 스타뉴코, 닐스 페터 몰베르Nils Petter Molvaer, 틸 브뢰너Till Brönner, 파올로 프레주Paolo Fresu, 마르쿠스 슈토크하우젠Markus

Stockhausen, 마티아스 아이크Mathias Eick, 아르베 헨릭센Arve Henriksen 등 수많은 연주자들의 음악에서 메아리처럼 들려온다. 그러나 이 연주자들은 미국에서 만들어진 이 재료를 쳇 베이커조차 상상하지 못했던 곳으로 발전시켰다. 그들은 베이커의 쿨한 웨스트코스트 사운드를, 섬세한 실내악적 감수성과 다문화적 스타일의 주요 구성 요소로 전환했다. 이는 유럽 대륙 재즈의 특징이 되었으며, 영국의 춤출 수 있는 재즈 그루브보다도 더 폭넓게, 더 큰 영향력을 발휘하고 있는 흐름이다.

마찬가지로, 유럽 재즈 현장은 클래식 음악과의 다른 관계성을 보여준다. 수백 년에 걸쳐, 대륙의 주요 도시들에서 콘서트홀 공연과 그에 따른 의식들이 번성해 온 점을 생각하면, 유럽이 클래식과 더 가깝고 익숙한 관계를 맺고 있음은 당연한 일이다. 그렇기에, 정교한 실내악적 접근 방식의 재즈가 이들 지역에서 뛰어난 연주자들과 열정적인 청중을 확보한 것도 놀라운 일이 아니다. 그럼에도 불구하고, 이러한 계보는 종종 오해받는다. 예를 들어, 해설자들은 종종 유럽 피아니스트들이 빌 에반스의 인상주의적 화성, 오스카 피터슨의 기교, 키스 재럿의 클래식 스타일에서 영향을 받았다고 지적한다. 물론, 어느 정도는 사실이지만, 더 깊이 들여다보면, 유럽 음악가들은 굳이 미국의 롤모델 없이도 그러한 요소들을 이미 자신들의 음악 전통에서 익혀왔다. 예컨대, 프랑스의 마르시알 솔랄Martial Solal이나 미셸 페트루치아니Michel Petrucciani는《Kind of Blue》를 공부하지 않고도 드뷔시와 라벨의 화성적 개념을 잘 알고 있었고, 카탈로니아 출신의 피아니스트 테테 몬톨리우는 젤리 롤 모튼에게서 배우지 않았어도, 재즈의 필수 요소인 '스페인적 색조'를 자연스럽게 알고 있었다. 이처럼 깊은 뿌리는 어쩌면 유럽 대륙에서 재즈 피아노 전통이 특히 활발했던 이유를 설명해 줄지도 모른다. 결국, 영웅적 콘서트 피아니스트라는 개념 자체가 유럽에서 탄생한 것이기 때문이다. 이들은 도시에서 도시로 이동하며 무대에서의 화려한 연주를 선보였고, 이 전통은 모차르트 시대부터 이어져 왔으며, 지금도 유럽 재즈 문화의 일부로서 여전히 번성하고 있다. 이러한 흐름은 이탈리아의 스테파노 볼라니Stefano Bollani 및 엔리코 피에라눈치, 그리스의 바실리스 차브로폴로스Vassilis Tsabropoulos, 폴란드의 마르친 바시레프스키Marcin Wasilewski와 레셰크 모제르Leszek Możdżer, 독일의 미하엘 볼니Michael Wollny, 요아힘 퀸, 줄리아 휠스만Julia Hülsmann, 플로리안 로스Florian Ross, 헤르베르트 누스Herbert Nuss, 스위스의 게오르크 그룬츠George Gruntz와 말콤 브라프Malcolm Braff, 프랑스의 클로드 볼링Claude Bolling과 로랑 드 와일드Laurent de Wilde, 벨기에의 미셸 헤어Michel Herr, 나탈리 로리어스Nathalie Loriers 및 제프 네브Jef Neve, 노르웨이의 케틸 비외른스타드Ketil Bjørnstad 및 부게 베셀토프트Bugge Wesseltoft, 영국의 존 테일러John Taylor, 장고 베이츠Django Bates, 고든 벡Gordon Beck, 로버트 미첼Robert Mitchell 등과 같은 남녀노소 예술가들의 작품에서 알 수 있다. 물론, 이들의 음악 어디서든 미국 롤모델의 영향은 감지되지만, 유럽 전역에서 꽃핀 재즈 건반 음악의 전통은 미국에 그 영향이 도달하기 훨씬 전부터 존재했던 유럽의 관점, 전통, 제도에 깊이 뿌리를 두고 있다.

오늘날의 자급자족적인 유럽 재즈 문화의 토대는 한 세기 이상의 기간에 걸쳐 구축된 것이다. 그런데 거의 시작부터 이미 새로운 관점들이 예상치 못한 이 방향에서 등장했다. 예컨대, 우리가 살펴보았듯, 재즈 공연에 대한 통찰력 있는 비평을 남긴 첫 엘리트 클래식 음악가는 1919년 스위스의 지휘자 에르네스트 앙세르메였다. 그는 뉴올리언스의 클라리넷 연주자 시드니 베셰이에 대한 글을 『르뷔 로망드Revue Romande』에 기고했다. 또한, 헝가리 작곡가 마차시 셰이베르Mátyás Seiber는 1920년대 후반에 독일에서 재즈를 주제로 한 학문적 강의를 개설했는데, 이는 미국 대학들이 재즈를 연구 가치 있는 주제로 인정하기 훨씬 이전의 일이었다. 물론, 몇 년 후 나치의 탄압으로 그의 강의는 중단되었다. 1930년대 초에는, 벨기에와 네덜란드에서 재즈 페스티벌이 열렸는데, 이는 당시 미국에는 아직 존재하지 않던 형태였다. 최초의 위대한 재즈 음반 수집 전문가는 프랑스의 샤를 들로네Charles Delaunay였으며, 벨기에의 로베르 고팽Robert Goffin이 1932년에 출간한 『재즈의 최전선에서』는 재즈 음악에 대한 첫 번째 본격적인 장편 연구서였다. 십 년 뒤인 1942년에는 고팽과 런던 출신의 레너드 페더가 미국 뉴 스쿨 사회과학 대학원에서 재즈 강의를 공동으로 맡아, 재즈 연구를 미국 본토에서 정당한 학문적 분야로 자리 잡게 하는 데 중요한 역할을 했다. 같은 시기 프랑스의 재즈 비평가이자 프로듀서인 위그 파나시에는 재즈에 대한 가장 중요한 초기 비평가 중 한 명으로 지속적인 흔적을 남겼고, 그의 여러 영향력 있는 저서를 통해, 미국의 어떤 논평가도 당시에는 미처 따라가지 못했던 깊이와 섬세함으로, 재즈의 본질을 이해했음을 보여주었다. 이처럼, 미국 재즈 팬들은 반복적으로 이들 유럽의 인물들을 통해, 자국의 문화유산인 재즈의 중요성을 다시금 깨닫게 되었다.

그럼에도 불구하고, 유럽 토착의 재즈 스타일이 미국 재즈의 그늘에서 벗어나 등장하는 데는 시간이 오래 걸렸다. 20세기 후반 동안, 미국 외 지역의 재즈 연주자들은 대개 미국으로 이주하거나, 최소한 미국의 주요 아티스트 스타일을 따라야만 경력을 쌓을 수 있었다. 예컨대, 조지 쉬어링은 오늘날 그 세대의 대표적인 재즈 피아니스트로 찬사받지만, 그가 1947년에 뉴욕으로 이주하지 않았다면 이러한 평가를 받지 못했을지도 모른다. 같은 시기, 또 다른 영국 피아니스트인 매리언 맥파틀랜드도 미국에 정착했고, 그의 성공 이야기는 수십 장의 음반 발표, 예술가 소유의 재즈 레이블인 핼시온 Halcyon(재즈 최초의 아티스트 소유 레이블 중 하나) 설립, 그리고 재즈 비평 집필 등 다양한 활동으로 이어졌다. 무엇보다도, 그녀는 라디오 방송 분야에서도 큰 성공을 거두었는데, 1978년에 시작된 미국 공영 라디오 방송(NPR)의 《피아노 재즈Piano Jazz》 프로그램은 NPR 역사상 최장수 문화 방송이 되었다. 이것은 그녀가 방송 시작 직전에 예순 살이었던 것을 생각하면, 더욱 놀라운 업적이다. 맥파틀랜드가 미국에 건너간 지 십 년 후, 런던 태생의 빅터 펠드먼도 비슷한 길을 택했다. 그는 미국으로 이주한 뒤, 마일즈 데이비스, 캐논볼 애덜리, 스탄 게츠 등과 협연하며 재즈 피아니스트로 성공했을 뿐 아니라, 남부 캘리포니아의 스튜디오에서 가장 수요 높은 세션 뮤지션 중 한 명으로 자리 잡았다. 이러한 기회는 1960~70년대 영국의 협소한 재즈계 내에서는 결코 얻기 어려웠을 것이다.

유럽 대륙 출신 음악가들의 경력에서도, 미국이 끌어당기는 중력 같은 힘을 확인할 수 있다. 예를 들어, 벨기에 출신의 하모니카 연주자이자 기타리스트인 투츠 틸레망Toots Thielemans은 1952년 미국으로 이주해, 조지 쉬어링 등과 함께 활동했다. 그의 대표곡인 〈Bluesette〉(1962년 녹음)은 하모니카와 휘파람, 기타를 동시에 연주하는 독특한 구성으로 깜짝 히트를 기록했지만, 그의 더 중요한 업적은 재즈에서 하모니카를 진지한 솔로 악기로 자리 잡게 만든 것이다. 그는 수백 장의 리더 앨범, 수많은 영화 및 TV 사운드트랙, 그리고 거의 모든 장르의 스튜디오 세션에서 하모니카의 가능성을 보여주었다. 이러한 성공은 그가 고향인 브뤼셀에 머물렀다면, 거의 불가능했을 것이다. 그의 동향인 색소폰/플루트 연주자 바비 재스퍼Bobby Jaspar도 비슷한 길을 걸었다. 그는 1950년대 중반에 미국으로 건너가, 보컬리스트 블러썸 디어리Blossom Dearie와 결혼하고 미국에 정착했지만, 1963년에 서른여섯의 젊은 나이로 사망하여 유망했던 경력이 안타깝게도 중단되었다. 이와 같은 현상은 후대에도 반복된다. 유럽 출신의 존 매클러플린, 데이브 홀랜드, 조 자비눌 등이 미국으로 건너가, 마일즈 데이비스와 그 외 미국 재즈 거장들과 함께 연주하며 스타가 되었고, 재즈계의 정상에 올랐다. 그들의 명성은 정당했지만, 그들이 런던이나 빈에 머물렀다면, 과연 그 자리에 도달할 수 있었을까?

물론, 이 시기에도 고국에 머무르며 활동한 뛰어난 유럽 출신 재즈 음악가들이 있었다. 하지만 이들은 미국으로 건너간 동료들만큼의 명성과 주목을 얻지는 못했다. 예를 들면, 데이브 홀랜드와 존 매클러플린이 미국에서 이름을 떨치던 시기, 마이크 웨스트브룩, 존 서먼, 마이클 개릭Michael Garrick, 케니 휠러Kenny Wheeler(캐나다 태생이지만 1952년부터 영국 거주), 노마 윈스톤Norma Winstone 등은 영국 재즈 현장에 활력을 불어넣고 있었지만, 세계적인 인지도는 훨씬 낮았다. 덴마크의 닐스 헤닝 외르스테드 페데르센은 고국을 떠나지 않고도 세계적 재즈 베이시스트로 명성을 얻었지만, 그 역시 주로 미국인 밴드 리더들과의 협업 덕분이었다. 이에 비해, 스웨덴의 라스 굴린Lars Gullin은 그 세대 최고의 바리톤 색소폰 연주자 중 한 명이자 쿨 재즈 스타일의 대표적 인재였지만, 미국으로 이주하지 않았기 때문에 여전히 많은 재즈 팬들에게 이름조차 낯선 인물로 남았다. 또한, 스웨덴에서 가장 많이 팔린 재즈 앨범인 얀 요한손Jan Johansson의《Jazz på Svenska》는 스웨덴 민속 선율을 절묘하게 재해석한 작품으로, 미국의 재즈 팬들도 좋아할 만한 음악이지만, 미국에서는 거의 알려지지 않았다. 오스트리아의 피아니스트 프리드리히 굴다Friedrich Gulda도 굴린과 요한손과 동시대의 인물로, 재즈와 클래식을 모두 최고 수준으로 연주하며 두 장르를 창의적으로 결합했지만, 그 역시 미국에서의 인지도는 미미했다. 그 이유는 그가 쉬어링이나 맥파틀랜드처럼 미국에 기반을 두지 않고, 주로 유럽에서 활동하고 녹음했기 때문일 가능성이 크다. 비슷한 사례로, 우크라이나 출신의 니콜라이 카푸스틴Nikolai Kapustin도 있다. 1937년생인 그는 매우 독창적이고 기교적인 재즈풍 피아노 스타일을 발전시켰으며, 미국에 진출했다면 이름을 알릴 수도 있었겠지만, 소련 체제 하에서는 재즈 경력이 크게 제약을 받았다. 그 대신, 그는 20세기의 가장 리드미컬하고 흥미진진한 (그러나 아쉽게도 자주 연주되지 않는) 클래식 작품들을 작곡하는 데 전념했다. 그가 만약 로스앤젤레스나 뉴욕에서 활동했다면 어떤 업적을 남겼을지는 상상에 맡길 수밖에 없다.

심지어 제2차 세계대전 이전의 시기에도, 본고장인 미국 밖에서 재즈 경력을 쌓았다는 불운 때문에, 제대로 알려지지 못한 훌륭한 음악과 음악가들이 있었다. 예를 들면, 트럼펫 연주자 피에르 알리에Pierre Allier와 테너 색소폰 연주자 알릭스 콩벨Alix Combelle은 당시로서는 상당히 진보적인 화성 개념을 바탕으로 연주하고 있었고, 영국 트럼펫 연주자 냇 고넬라Nat Gonella는 루이 암스트롱에게 찬사를 받기도 했다. 또한, 드러머 빌 하티Bill Harty는 영국 재즈 밴드에 스윙 비트를 부여하며, 미국의 어떤 오케스트라에서도 자랑스러워할 만한 연주력을 보여주었다. 그 실력은, 1934년 레이 노블Ray Noble이 뉴욕으로 건너갈 때, 수많은 미국의 경험 많은 드러머들이 있음에도 불구하고, 하티를 직접 데려갈 정도였다. 그럼에도 불구하고, 오늘날 이 음악가들의 이름을 들어도, 심지어 재즈 비평가들조차 생소해하며 고개를 갸웃할 뿐이다.

이러한 상황은 새천년에 접어들며 크게 달라졌다. 오늘날 유럽의 어디를 둘러보더라도, 단순히 흥미로운 재즈 연주자들을 넘어서, 맨해튼으로 이주하지 않고도 세계적 스타가 될 수 있는 뛰어난 음악가들을 쉽게 찾을 수 있다. 그 대표적인 사례가 1990년대 말 피아니스트 에스비외른 스벤손Esbjörn Svensson과 그의 트리오 이에스티e.s.t.의 성공이다. 베이시스트 단 베리룬드Dan Berglund와 드러머 마그누스 외스트룀Magnus Öström으로 구성된 이 스웨덴 출신의 트리오는 이미 유럽 청중들 사이에서 《From Gagarin's Point of View》와 《Good Morning Susie Soho》 같은 CD로, 비전을 지닌 밴드의 중대한 성과를 인정받고 있었다. 그 후 2001년 미국의 컬럼비아 레이블이 미국 시장을 겨냥한 모음집 앨범을 발매했고, 이를 계기로 3주간의 미국 투어가 이어졌다. 미국의 새로운 팬들에게는 마치 하룻밤 사이의 성공처럼 보였을지도 모르지만, 사실 이에스티는 이미 1년에 100~200회의 공연을 소화하며 오랜 기간 자연스러운 합주력과 충성도 높은 팬층을 다져온 팀이었다. 그들이 미국 시장에 본격적으로 도전하기로 결정했을 때, 이미 유럽 전역에서 수많은 상을 받으며 입지를 굳힌 상태였다. 이는 장고 라인하르트와 퀸테트 뒤 핫 클럽 드 프랑스Quintette du Hot Club de France가 등장한 이후 처음으로, 미국에 가기 전에 이미 전 세계적 반향을 일으키고 글로벌 관객층을 확보한 유럽 재즈 그룹의 사례였다.

이 밴드의 음악은 예상치 못한 전환과 방향 전환이 가득하며, 그들의 명성을 얻는 여정만큼이나 비정형적이었다. e.s.t. 트리오는 화성적 움직임이 풍부한 복잡하고 극대주의적인 구조의 음악을 만들어내는 동시에, 예고 없이 느슨하고 열린 잼으로 전환하거나, 악기들 간에 간결한 대화를 펼치는 식의 즉흥성을 보여주기도 했다. 때로는, 베이스와 드럼이 완전히 빠지고, 스벤손이 독주를 펼쳤는데, 그 순간에도 그는 마치 머릿속에 여전히 반주를 맡는 동료들이 존재하는 듯 끊임없는 리드미컬한 추진력을 유지했다. 또한, 그들은 종종 전자 효과를 사운드 팔레트에 통합해, 많은 연주자들이 넘을 수 없는 경계로 여기는 전자적 사운드와 어쿠스틱의 이분법적 구분 사이에서, 중간 지점을 찾아내기도 했다. 물론, 이 밴드의 보다 뚜렷한 영감의 원천들을 짚을 수는 있었다. 예컨대, 키스 재럿의 ECM 초기 앨범《Facing You》, 또는 다양한 색채의 록과 팝의 태도들이 그것이다. 그러나 이러한 영향들이 완전히 새로운 총체적 비전에 흡수되는 방식은 그야말로 경이로웠다. 2008년, 스벤손이 수영 사고로 44세의 나이에 사망하면서 그의 트리오 역시 경력을 마감했지만, 그의 음악뿐 아니라, "메이드 인 아메리카" 딱지가 붙어야만 명성을 얻던 재즈의 고정관념을 깨뜨린 그의 성공 사례는, 이후 주목받게 된 수많은 음악가들에게 분명 깊은 영감을 주었다.

e.s.t.의 사례에서 알 수 있듯이, 유럽 재즈에서는 개인 못지않게 앙상블이나 조직 자체의 중요성이 크다. 이는 영국의 파이어 콜렉티브Fire Collective, 루프 콜렉티브Loop Collective와 같은 AACM 스타일의 조직에서도 잘 드러난다. 이들은 단순한 연주 단체가 아니라, 기획자, 교육자, 그리고 레코드 레이블의 역할까지 수행하는 집단이다. 또한, 다수의 주요 밴드들이 지닌 협력적인 구조에서도 이런 특징이 보인다. 예를 들어, 이탈리안 인스타빌레 오케스트라Italian Instabile Orchestra, 스웨덴의 노르보텐Norrbotten 빅 밴드, 핀란

드의 UMO 재즈 오케스트라, 스위스 재즈 오케스트라, 네덜란드의 콘세르트헤보우 재즈 오케스트라, 덴마크 라디오 빅 밴드, 독일의 프랑크푸르트 라디오 빅 밴드와 같은 단체들은 뉴욕 재즈 현장처럼 스타 중심이 아닌 분위기를 조성한다. 이는 미국의 재즈 오케스트라들이 대개 밴드 리더의 이름을 따서 명명되는 것과는 대조적이다. 이러한 차이는 유럽 재즈 생태계에 깊이 스며든 공동체적 가치관을 상기시킨다. 몇십 년 전만 해도, 재즈는 종종 마초적이고 때로는 포식적인 자기주장 문화를 지닌 장르로 여겨졌기 때문에, 과연 진정한 그룹 지향적 문화가 발전할 수 있을지 의문이 있었다. 그러나 그러한 문화가 실현된다면, 유럽이 그 길을 제시한 셈이다. 유럽 재즈 문화는 미국보다 훨씬 많은 정부의 지원을 바탕으로, 제도적 구조와 협업적 상호작용에 익숙하고, 이를 기반으로 성장해 왔다. 이는 미국에서라면 좀처럼 볼 수 없는 특징이다.

라틴 아메리카와 아시아-태평양 지역의 재즈 현장은 유럽처럼 자급자족적이지 못하다. 이는 상대적으로 제도적 자금 지원과 후원이 부족하기 때문으로 보인다. 그렇다고 해서, 이 지역들에 뛰어난 재즈 인재가 없는 것은 아니며, 오히려 이 인재들을 지속적으로 발굴하고, 유지하고, 성장시키는 데 어려움이 있다는 점이 문제다. 이러한 이유로, 재즈의 역사에는 특이한 역설적 현상들이 존재한다. 아프로-쿠반 음악이 아바나보다 뉴욕에서 더 안정적인 경제적 기반을 마련했다는 점, 보사노바가 브라질 내에서가 아니라 미국에 진출한 후에야 세계적 대중성을 획득했다는 점, 그리고 인도 및 남아시아 전통 음악과 재즈를 융합하려는 가장 눈에 띄는 시도들이 주로 미국에서 촉진되었다는 점 등이다. 예를 들어, 버드 섕크가 라비 샹카와 함께한 1962년 프로젝트 《Improvisations》, 존 매클러플린의 샤크티 밴드, 존 핸디John Handy와 알리 아크바르 칸Ali Akbar Khan의 협업 등은 1970년대부터 현재까지 이어져 오지만, 이러한 프로젝트들은 대개 미국 레코드 레이블의 후원을 받았고, 그 주된 청중 역시 서구의 팬들이었다.

2008년 발매된 앨범《Miles from India》는 재즈의 아이콘들과 인도의 대표적인 음악가들이 만나는 흥미로운 프로젝트였으며, 이것은 단지 밥 벨든Bob Belden의 솜씨로 제작된 훌륭한 연주들 때문만이 아니라, 그 제목 자체가 이러한 상황을 상징적으로 보여준다. 즉, 남아시아 재즈의 주요 발전들이 실제 인도에서 멀리 떨어진 곳에서 이루어지고 있다는 점을 시사하기 때문이다. 거의 같은 시기, 벨든이 "동양과 서양의 만남East meets West" 프로젝트를 진행하던 때, 알토 색소폰 연주자 루드레쉬 마한타파Rudresh Mahanthappa도 자신의 남아시아 음악적 뿌리를 활용한 작업들을 펼치고 있었다. 예컨대, 카드리 고팔나쓰Kadri Gopalnath와 협연한《Kinsmen》, 그의 밴드 인도-팍 코알리션Indo-Pak Coalition과 함께한《Apti》등이 있다. 고팔나쓰는 색소폰을 카르나틱* 음악 전통에 접목한 개척자로, 1980년 뭄바이의 재즈 야트라 페스티벌에서 존 핸디의 초청으로 무대에 올라 주목받았다. 반면, 마한타파는 1971년 이탈리아 트리에스테에서 태어나 미국에서 성장했으며, 무엇보다도 재즈 뮤지션이다. 그럼에도, 그의 포스트 밥 스타일의 색소폰 연주가 남아시아 음악 요소와 놀라울 만큼 자연스럽게 어우러진다는 점이 인상적이다. 또 다른 예로, 인도-팍 코알리션에서 마한타파와 함께 활동하는 기타리스트 레즈 압바시Rez Abbasi는 파키스탄 카라치에서 태어났지만, 네 살 때 가족과 함께 로스앤젤레스로 이주했다. 그 역시 남아시아 전통 음악과 현대 재즈의 어휘를 능숙하게 오가며, 이 두 음악적 계보가 얼마나 많은 공통점을 지니는지를 보여준다. 이러한 음악가들의 개인적 이력은, 재즈의 본산인 미국에서도, 음악을 통해 글로벌화의 강력한 흐름이 반영되고 있음을 일깨워주는 중요한 사례이다.

이는 특히 인도계 미국인 음악가 세대 중 가장 두드러진 인물인, 피아니

---

* 카르나틱Carnatic: 남인도 전통 고전 음악을 의미한다. 인도 북부의 힌두스탄 음악과 함께, 인도 고전 음악의 두 축 중 하나이다.

스트 비제이 아이어의 작품에서, 두드러지는 긴장감과 복잡성을 만들어낸다. 이민자 부모 밑에서 뉴욕주 북부에서 태어나 자란 아이어는, 그가 말하듯 "흑백의 틀로" 정의되어 온 음악적 어법에서, 자신만의 길을 찾는 복잡한 문제에 직면해 왔다. 아이어는 여러 고정관념에 도전해 왔지만, 다른 종류의 틀에 갇히기도 했다. 그는 이렇게 말한다. "내 음악은 항상 이지적이라고 불린다. 이건 내가 아시아인이기 때문에, 내가 하는 모든 것이 지적이고 계산적이라는 식으로 말하는 것이다. 그렇게 말하면, 마치 콜트레인의 음악은 이지적이지 않았던 것처럼 들린다."[220] 물론, 아이어는 실제로도 매우 지적인 인물이다. 예일대에서 수학과 물리학을 전공하고, 버클리에서 박사 학위를 취득했으며, 현재 하버드대 교수이다. 하지만 그의 음악은 어떤 단순한 분류에도 쉽게 갇히지 않는다. 그는 셀로니어스 몽크, 앤드루 힐 등의 재즈적 영향, 마이클 잭슨, 프린스 등의 팝 음악 요소, 전자음악, 현악기, 카르나틱과 인도 민속 음악 전통 등 다양한 요소를 상황에 따라 자유롭게 활용한다. 그는 이러한 광범위한 소리 풍경을 일관된 전체로 만들려던, 자신의 초기 시도를 돌아보며 이렇게 말했다. "어떤 이들에게는 충분히 인도적으로 들리지 않았고, 또 어떤 이들에게는 그것이 충분히 재즈처럼 들리지 않았다." 그러나 쉬운 분류에 저항하려는 바로 이러한 의지가 아마도 그의 음악의 힘의 원천이 되었을 것이다. 그는 《Historicity》(2009), 《Accelerando》(2012), 《Break Stuff》(2015), 《Far from Over》(2017) 등 세간의 주목을 받은 앨범들을 통해, 흑백의 양극단을 넘어서는 21세기 재즈 즉흥의 통찰력 있는 비전을 제시했다.

비제이 아이어와 루드레쉬 마한타파 같은 옹호자가 있는 덕분에, 인도는 재즈계에서 세계적 수준의 재능을 자랑할 수 있게 되었지만, 이러한 창조적 흐름이 남아시아 밖에서 중심을 이루고 있다는 점이 의미심장하다. 이에 반해, 일본은 재즈 세계에서 정반대의 역할을 해왔다. 즉, 미국 재즈 아티스트들이 자주 도쿄와 그 외 주요 도시를 방문해 공연하고 녹음하는, 자석 같은 장소로 기능해 온 것이다. 일본 출신의 대표적 재즈 아티스트들을 나열하자면, 피아니스트로는 아키요시 토시코, 오조네 마코토, 우에하라 히로미, 야마시타 요스케, 기타리스트 가와사키 료, 색소폰 주자 와타나베 사다오, 트럼펫 주자 히노 테루마사, 타이거 오코시 등이 있다. 이들만으로는, 일본이 재즈라는 예술 형식의 경제적 생태계에서 얼마나 중요한 역할을 해왔는지 다 설명할 수 없다. 일본 청중들은 열정과 탁월한 안목으로 재즈를 꾸준히 지원해 왔으며, 재즈를 들을 수 있는 라이브 클럽, 콘서트홀, 그리고 수많은 재즈 카페에서의 음반 감상까지, 그 수와 질에서 세계 대부분의 나라들을 압도한다. 이러한 깊이 있는 청중들이 이제는 미국의 거장들을 기리는 데서 벗어나, 자국의 재즈 아티스트들을 육성하는 데 점점 더 관심을 기울이고 있다. 이러한 변화는 이미 시작되었지만, 미국에 기반을 둔 재즈 평론가들이 좀처럼 주목하지 않는 과정이기도 하다. 그들은 여전히 일본을 재즈 혁신의 발원지가 아니라, 목적지로만 바라보는 경향이 있기 때문이다.

아시아 태평양 지역의 다른 곳들에서는 상황이 훨씬 더 초기 단계에 있지만, 그럼에도 내향적이고 자급자족적인 방향으로의 성장은, 정도의 차이는 있어도, 거의 모든 곳에서 분명히 드러나고 있다. 시드니에서 상하이까지, 재능 있는 자국 출신의 재즈 아티스트들이 점차 두각을 나타내고 있으며, 비록 이들 가운데 서구에 알려진 인물은 적지만, 머지않아 그런 상황도 곧 달라질 가능성이 높다. 앞으로, 각국의 로컬 재즈 커뮤니티가 어떻게 발전할지 지켜보는 것은 매우 흥미로울 것이며, 비록 어떤 구체적 발전이 일어날지 예측하는 것은 섣부른 일이겠지만, 아시아 태평양 지역 국가들이 앞으로는 단순히 재즈 트렌드를 따르는 수준을 넘어, 오히려 세계 재즈계에 영향을 미치는 주체가 되리라는 것만큼은 충분히 예상할 수 있다.

아시아에서 보았던, 이와 같은 원산지에서의 이탈 현상은 라틴 재즈 세계에서 더욱 뚜렷하게 나타난다. 앞서 언급했듯, 젤리 롤 모튼이 오래전부터 재즈의 필수 요소로 "스페인 색조"를 언급했지만, 독자적인 라틴 재즈 양식의 본격적인 발전은 간헐적이고 불규칙하게 진행되었다. 아바나에서 프란시스코 라울 구티에레스 그리요Francisco Raúl Gutiérrez Grillo로 태어난 마치토Machito는 1940년대 자신의 밴드로 중요한 선례를 남겼고, 그의 맘보 히트곡〈Tanga〉(그의 처남 마리오 바우사 작곡)는 라틴 재즈의 중요한 이정표였다. 또한, 1957년 앨범《Kenya》역시 이 장르의 결정적 성과 중 하나로 평가받는다. 디지 길레스피가 루시아노 "차노" 포조와 협업했던 일도 앞서 언급한 바와 같이 중대한 사건이었고, 시간이 지나면서 거의 모든 재즈 밴드 리더들이 라틴 재즈 소재를 다루거나 라틴 테마의 전체 앨범을 제작하게 되었다. 그러나 아프로-쿠반 음악 혁명의 중심지는 아바나가 아닌 뉴욕에서 형성되었으며, 여기에 푸에르토리코 출신 음악가들이 자주 결정적인 역할을 했다는 점이 이 지리적 계보를 더욱 복잡하게 만든다. 그 대표적인 인물이 티토 푸엔테Tito Puente다. 그는 뉴욕 태생으로 푸에르토리코 혈통이며, 마치토의 밴드에서 활동할 때 팀발레스를 밴드의 전면에 세우고 서서 연주하는 전통을 확립했다. 이것은 상징적일 뿐 아니라, 이 음악에서 리듬이 중심이라는 사실을 직감적으로 반영한 행위였다. 이후, 자신의 밴드 리더로 활동하면서, 푸엔테는 라틴 리듬을 미국 대중음악의 주류에 소개하는 데 크게 기여했다. 아프로-쿠반 음악이 재즈계에서 경제적 기반과 팬층을 얻어가면서, 이 장르의 성장은 주요 연주자들의 미국 이주와 함께 이루어졌다. 이러한 흐름은 다음과 같은 음악가들의 경력에서도 확인할 수 있다. 타악기 연주자 몽고 산타마리아Mongo Santamaría(1917년 쿠바에서 태어나 1950년 뉴욕으로 이주), 피아니스트 에디 팔미에리Eddie Palmieri(그의 부모가 1925년 푸에르토리코에서 뉴욕으로 이주하여, 십 년 뒤에 에디가 태어났다), 색소폰 연주자 파키토 드리베라Paquito D'Rivera(1948년 아바나에서 태어났고, 1981년 미국으로 망명 신청), 피아니스트 다닐로 페레스Danilo Pérez(1965년 파나마에서 태어나, 1984년 미국으로 이주) 등 많은 이들이 이러한 경로를 따랐다.

브라질은 오랫동안 남미 국가들 가운데, 가장 안정적인 자국의 재즈계를 유지해 왔다. 물론, 브라질도 미국으로 재능 있는 음악가들이 유출된 역사를 갖고 있는데, 그 시작은 1947년 기타리스트 라우린도 알메이다Laurindo Almeida가 스탄 켄튼 밴드에 합류하기 위해 이주한 것이었으며, 이런 흐름은 1960년대 보사노바 열풍 때 더욱 가속화되었다. 그럼에도 불구하고, 브라질의 주요 재즈 음악가들 가운데 많은 이들은 결국 고국으로 돌아오거나, 애초에 아예 해외로 이주하지 않았다. 안토니오 카를로스 조빔과 주앙 질베르투는 보사노바의 세계적 대사 역할을 하는 동시에, 브라질 재즈에 자율성과 독립성의 감각을 부여했으며, 이러한 정신은 오늘날까지도 유지되고 있다. 최근 수십 년간의 브라질 재즈의 대표 인물들인, 에그베르투 지스몬티, 에르메토 파스코알, 엘리안 엘리아스, 루시아나 소자Luciana Souza, 아이르투 모레이라Airto Moreira, 플로라 푸림Flora Purim 등은 때로 보사노바와 삼바 전통과의 연결이 느슨하게 드러나기도 하지만, 그들은 이전 세대 스타일의 유행 여부와 관계없이, 브라질 고유의 음악적 정체성에 대한 자신감을 물려받았다. 또한, 이 못지않게 중요한 것은 브라질 특유의 세련된 대중음악 전통이다. 덕분에, 밀톤 나시멘투, 엘리스 레지나Elis Regina, 이반 린스Ivan Lins, 질베르투 질Gilberto Gil, 카이타누 벨로주Caetano Veloso, 자반Djavan, 갈 코스타Gal Costa 등 다양한 인물들이 비록 전통적인 정의에 따른 재즈 뮤지션은 아닐지라도, 재즈 세계에 상당한 영향을 미칠 수 있었다.

마지막으로, 아프리카는 어떠한가? 미국에서 재즈가 형성될 때 그 기반이 되었던 이 대륙은 오랫동안 재즈계에서 종종 잊혀져 왔다. 경제적 제약 때문에 아프리카는 주요 재즈 아티스트들이 투어하기에 적합한 장소가 아니었고, 아프리카를 거점으로 세계적인 음악 경력을 쌓는 일은 아무리 의지가 강하고 재능 있는 인물이라도 거의 불가능에 가까웠다. 사실, 1950년대에도 남아프리카의 "타운십 재즈township jazz" 사운드는 리듬 앤드 블루스적 요소가 강하고 모던 재즈의 표현 기교가 없는 특징을 지녔다. 이를 밥의 비중이 줄어든 하드 밥, 대신 더 민속적이고 춤추기 좋은 방향이라 생각하면 된다. 이처럼, 이 지역에서도 새로운 사운드가 탄생할 수 있음을 보여주었지만, 그 당시 해외에서는 거의 주목하지 않았다. 1960년대 이후에야, 아프리카 출신의 몇몇 재능 있는 인물들이 재즈 청중의 관심을 얻기 시작했다. 듀크 엘링턴이 피아니스트 압둘라 이브라힘Abdullah Ibrahim(당시에는 달러 브랜드Dollar Brand라는 이름으로 알려졌다)을 발굴하고 지지한 것은 아프리카 재즈의 정당성을 확인한 중요한 순간이었다. 그러나 20세기 내내 세계 팬들의 관심을 얻은 아프리카 출신의 다른 아티스트는 극히 드물었으며, 예외적으로 남아프리카의 두 영향력 있는 재즈 밴드인 블루 노츠Blue Notes와 재즈 에피슬스Jazz Epistles 출신의 음악가들인, 트럼펫 주자 휴 마세켈라Hugh Masekela, 색소폰 주자 키피 모에케치Kippie Moeketsi, 피아니스트 크리스 맥그리거Chris McGregor 정도가 있었다. 21세기 초, 베냉 출신 기타리스트 리오넬 루웨케Lionel Loueke가 이러한 주변화에서 벗어날 수 있었던 것도, 미국이 아프리카에서 벌어지는 음악을 주목했기 때문이 아니라, 그가 미국으로 직접 건너갔기 때문이라는 점은 많은 것을 시사한다. 그럼에도 이러한 장벽은 이미 조금씩 무너지고 있다. 예컨대, 최근 샤바카 허칭스가 2020년 앨범《We Are Sent Here by History》에서 남아프리카 음악가들과 협업할 때, 그는 실제로 요하네스버그로 건너가 그들과 함께 작업했다. 이는 장르의 전통적인 이동 경로를 거슬러 올라간 것이었고, 바로 그렇기 때문에 이 앨범의 제목이 특별한 울림을 지닌다.

이 몇 가지 선례만 보더라도, 아프리카 재즈가 그저 외국의 유행을 반영한 모방이 아니라, 독자적인 음악 양식임은 분명하다. 수많은 음악적 스타일의 발상지이자, 경제적으로는 빈곤할지 몰라도 소리의 전통만큼은 실로 풍부한 이 대륙에서, 머지않아 재즈의 거장들이 등장하리라는 것을 누가 의심할 수 있겠는가? 그리고 그 순간은 참으로 위대한 순간이 될 것이다. 재즈를 가능하게 했던 디아스포라의 땅이 이제는 이 예술 형식의 미래 진화를 함께 이끌어가는 중요한 동반자가 되는 순간 말이다. 그때가 되면, 우리의 이야기는 거의 원을 그리며 제자리로 돌아오게 될 것이다.

　그럼에도 불구하고, 앞으로의 재즈 역사를 결정짓는 데 있어, 각 연주자들의 개별적인 혈통이나 출신보다는, 그들이 물려받은 범세계적 사운드의 뒤섞임이 훨씬 더 중요한 역할을 하게 될 것이다. 재즈가 처음 상업적 현상으로 등장했을 때, 그것은 뉴올리언스를 중심으로 특정한 지역적 스타일, 즉 악기를 다루는 특정한 방식과 음향적 질감을 조합하는 독특한 방법으로 주목받았다. 그러나 시간이 흐르며, 재즈는 더 이상 고정된 연습법의 집합이라기보다는, 가능성에 대한 개방적인 태도, 이미 검증된 것에 맹목적으로 집착하지 않는 자세와 정신으로 자리 잡았다. 어느 한 도시, 국가, 지역도 재즈의 가리지 않는 탐식성의 욕구를 온전히 담아내기에는 부족하다. 재즈의 첫 번째 세기를 되돌아보면, 이 장르의 가장 뚜렷한 특징은 아마도 가만히 머무르기를 거부하는 성질, 다른 소리와 영향들을 흡수해야 한다는 명령, 그리고 끊임없는 변화와 융합의 운명일 것이다. 그렇기에 세상의 모든 곳이 재즈의 고향일 수 있지만, 그 어디도 재즈가 안주할 곳은 아닐 것이다.

11

재즈 부활

재즈 가수의 재창조

나는 수년간 재즈에 대한 많은 예측들을 들어왔다. 예측가들은 대개 재즈가 불가피하게 몰락하여, 결국에는 과거의 영광을 기념하는 일종의 음악 박물관 전시물처럼 연명할 것이라는 암울한 전망을 내놓곤 했다. 이런 예언들은 생각만 해도 썩 유쾌하지 않을뿐더러 실제로도 그다지 정확하지 않았다. 이들 예언자 중 누구도 지금 재즈 현장에서 실제로 벌어지고 있는 일을 예측하지 못했는데, 그 일은 놀라울 만큼 예상 밖이면서도 반가운 발전이다. 재즈는 어떻게든 대중음악으로서의 뿌리를 다시 찾아냈고, 주류 문화와 새로운 대본 없는 대화를 시작하게 되었다. 어느 정도까지는, 재즈가 이제 상업 음악에서 미래지향적인 사운드를 상징하는 일종의 부적 같은 역할을 하게 되었으며, 불과 얼마 전까지만 해도 재즈의 부고 기사를 실었던 대중 매체들이 이제는 재즈의 뜨거운 새로운 위상을 선포하고 있을 정도이다.

카마시 워싱턴Kamasi Washington, 에스페란자 스폴딩Esperanza Spalding, 샤바카 허칭스, 로버트 글래스퍼처럼 서로 매우 다른 예술가들도 저마다 현대의 다양한 음악 스타일을 흡수하면서도 재즈의 뿌리를 잃지 않고, 젊은 크로스오버 청중들을 열광시키며 끌어들이고 있다. 켄드릭 라마부터 레이디 가가에 이르기까지, 팝 문화의 스타들도 이에 화답하듯, 자신의 예술성을 끌어올리기 위해 재즈의 요소를 음악에 적극적으로 접목하고 있다. 그 과정에서, 재즈가 배타적인 내부인들의 장르라는 기존의 인식이 완전히 뒤집어졌다. 이제, 재즈는 뉴욕, 런던, 도쿄 등 주요 여행지의 관광 가이드에서 추천하는 밤의 즐길 거리로 점점 더 자주 등장하고 있다. 집에서 영화를 보는 사람들에게도, 《라라랜드》, 《그린북》, 《위플래쉬》, 《마일즈》, 《본 투 비 블루》 같은 할리우드 작품들이 재즈의 이야기를 담아내며 대중적인 매력을 갖춘 음악과 함께 재즈를 선보이고 있다.

물론, 모든 재즈 원로들이 재즈의 새로운 인기와 부활을 반기는 것은 아니다. 1980~90년대에 재즈가 더 널리 존중받고 학계나 비영리 기관들과 손잡게 되었을 때 불평이 들렸던 것처럼, 이제 이 장르가 다시 대중의 품으로 돌아온 듯한 지금도 다양한 불만들이 제기되고 있다. 그러나 재즈 역사의 교훈은 이제 꽤 명확하다. 오래된 내부인들이 불평하고 비난할 때는 언제나 뭔가 중요한 변화가 진행되고 있다는 신호라는 것이다. 이번 경우에도, 재즈와 대중음악 사이의 새로운 대화는 단순히 지나가는 추세가 아니라, 지속적이고 변혁을 가져올 수 있는 새로운 분위기의 징후로 보인다.

어떻게 이런 일이 일어났을까? 공정하게 말하자면, 재즈는 대중음악과의 연결을 완전히 끊은 적이 없다. 1970년대 후반, 재즈-록 퓨전이 추진력을 잃고 흔히 단순한 분위기 음악에 불과했던 스무스 재즈로 넘어갔을 때도, 소수의 연주자들은 예술성을 희석시키지 않으면서도 청중층을 넓힐 방법을 찾아냈다. 그러나 1980년대와 1990년대에는, 가수들이 재즈가 상업 음악과 연결고리를 유지하도록 하는 데 핵심적인 역할을 했다. 새로운 밀레니엄에 접어들어, 악기 연주자들이 이 기반 위에서 더 많은 것을 이루어냈지만, 그 오랜 세월 동안 많은 재즈인들이 폐쇄적인 태도를 취했던 시기에 소통의 채널을 열어두었던 공로는 여전히 보컬리스트들의 몫이다. 실제로, 몇몇 재즈 보컬리스트들은 20세기 후반에는 불가능할 것이라 여겨졌던 골드나 플래티넘 기록을 달성하며 히트곡을 내기도 했다.

때로 이러한 크로스오버의 성공은 단순한 우연의 산물, 예측도 재현도 불가능한 요행처럼 보이기도 했다. 예를 들면, 바비 맥퍼린의 1988년 곡

〈Don't Worry, Be Happy〉는 빌보드 싱글 차트 1위를 차지했는데, 이는 역사상 최초로 아카펠라(바꿔 말하면, 모든 소리를 목소리만으로 낸) 곡이 정상에 오른 사례였다. 특히 이상했던 점은, 맥퍼린이 명성을 얻는 동안 사실상 음악계에서 성공하기 위한 모든 규칙을 어겼다는 것이다. 그의 재능에는 의심의 여지가 없었다. 어떤 세대의 재즈 보컬리스트와 비교하더라도, 맥퍼린의 정확한 음정, 즉흥 능력, 카리스마 있는 무대 매너, 그리고 무엇보다 대담한 모험심은 타의 추종을 불허했다. 그러나 음악 산업의 기대에 대한 그의 무관심은 처음부터 그의 놀라운 보컬 능력만큼이나 극단적이었다. 내가 처음 맥퍼린의 공연을 봤을 때의 충격이 아직도 기억난다. 그는 당시에 무명이었고, 녹음된 음반조차 없었으며, 매진된 재즈 콘서트에서 유명한 연주자들의 오프닝 공연을 맡았다. 그런데 그가 한 일은 이랬다. 무대에 올라와, 아무런 구조나 계획, 그리고 (당연히) 반주도 없이, 혼자 즉흥적으로 노래하고, 박수 치고, 가슴을 두드리며 떠오르는 대로 소리를 내기 시작한 것이다. 이 젊은 가수가 거의 실패하기 위해 작정한 듯, 즉흥적으로 날것 그대로 무대를 꾸미는 모습은 도저히 성공할 수 있을 것 같지 않았다. 그런데 그날 밤, 그는 더 유명한 아티스트를 보러 온 회의적인 관객들의 마음을 순전히 대담함과 재능만으로 완전히 사로잡았다. 결국, 이 무모할 정도의 자유로운 접근이 맥퍼린의 이후 경력의 전형이 되었다. 다른 보컬리스트라면 당연히 할 것이라 여겨지는 일들, 예컨대 가사를 부르거나, 노래의 형태를 갖춘 곡을 연주하거나, 최소한 밴드를 데리고 공연하는 것이 맥퍼린에게는 결코 당연한 것이 아니었다.

어쩌면, 바로 이 규칙을 깨려는 태도야말로, 맥퍼린의 1988년 히트 싱글이 탄생한 이유였을지 모른다. 그 곡은 라디오에서 들을 수 있는 다른 어떤 노래와도 달랐기에, 청중을 매료시켰다. 그러나 맥퍼린은 크로스오버 성공 이후에 자신의 명성을 적극 활용하려는 의지를 거의 보이지 않았다. 오히려 대중의 인기를 등에 업고 콘서트장을 가득 채우거나 라디오를 히트곡으로 장악할 수 있었던 순간에, 그는 휴식기를 선택했다. 분명히 맥퍼린의 목소리는 소울, R&B, 팝 음악에 안성맞춤이었다. 그럼에도 불구하고 그의 후속 프로젝트는 대중 시장과는 거리가 먼, 하지만 저마다 도발적이었던 일련의 듀엣 녹음들이었다. 예를 들면, 배우 잭 니콜슨과 함께한 러디어드 키플링 이야기의 내레이션과 보컬 버전, 첼리스트 요요마와의 클래식 연주, 칙 코리아와의 전통 재즈 해석 등이 그것이다. 이들 중 어느 것도 대중 시장을 겨냥한 것은 아니었다. 맥퍼린은 중년의 나이에 히트 싱글을 내기보다는, 오히려 심포니 오케스트라를 지휘할 가능성이 더 높았다. 그의 이후 작업들은 음악성과 창의성 면에서 최고의 수준을 유지하면서도, 유행이나 재즈 담론의 이데올로기에 얽매이기를 거부했다. 이 때문에, 맥퍼린은 재즈계의 여러 경향과 스타일을 논할 때 종종 소외된다. 그 어떤 범주에도 쉽게 들어맞지 않기 때문이다. 그럼에도, 그의 삶을 긍정하는 휴머니즘, 소리의 가능성에 대한 어린아이 같은 호기심, 그리고 과거 시대의 클리셰에 갇히기를 거부했던 태도는 다른 이들이 본받을 가치가 충분하다.

에바 캐시디Eva Cassidy 역시, 1996년 33세의 나이에 피부암인 흑색종으로 세상을 떠나지 않았다면, 비슷한 수준의 크로스오버 성공을 거둘 수도 있었을 것이다. 대신, 그녀의 음반은 사후에 천만 장 이상이 팔렸다. 그래서 캐시디는 자신이 살아보지 못한 세기에 가장 많이 팔린 가수 중 한 명이라는 보기 드문 기록을 가지게 되었다. 그녀 또한 재즈 보컬리스트에 대한 논의에서 좀처럼 언급되지 않는다. 많은 경우에 그렇듯, 이러한 이례적인 상업적 성공은 적어도 순수주의자들의 뒤틀린 논리에 따르면, 오히려 예술성의 흠으로 간주되기 때문이다. 만약 캐시디가 더 오래 살았다면, 자신을 어느 정도까지 재즈 가수로 생각했는지 더 명확히 밝혔을 것이다. 그러나 그녀가 남긴 〈Autumn Leaves〉, 〈Fields of Gold〉, 〈Over the Rainbow〉 같은 노래의 해석을 보면, 어떤 장르적 꼬리표를 붙이든, 캐시디는 최근 수십 년간 가장 탁월한 감성적 해석력을 지닌 보컬리스트 중 한 명이었고, 오늘날 재즈계에서 중심으로 떠오른 대중과의 소통이라는 프로그램과도 분명히 맥이 닿아 있었다. 팬들은 이 가수를 열정적으로 지지해 왔다. 그녀는 섬세한 명암의 프레이징과 낡은 노래를 새롭게 탄생시키는 놀라운 능력을 통해, 억압된 삶 속에서도 오히려 음악의 감정적 차원을 확장했던 빌리 홀리데이와 다른 재즈 디바들과의 연결고리를 분명히 보여주었다.

그러나 이 시기의 가장 큰 크로스오버 성공을 거둔 이는 노라 존스Norah Jones였다. 그녀의 2002년 데뷔 앨범인《Come Away with Me》는 2,500만 장이라는 엄청난 판매량을 기록했다. 한동안 이 음악, 특히 히트 싱글 〈Don't Know Why〉에 대한 팬들의 열광이 엄청나서, 많은 소매점에서 판매된 재즈 CD의 절반 이상이 노라 존스의 작품일 정도였다. 예상할 수 있듯이, 이 장르에서 다른 모든 것과 비교할 때 너무도 압도적인 성공에 불편함을 느낀 비평가들과 재즈 내부자들은 그녀와 재즈의 연결고리를 부인하려 했다. 그러나 이 앨범에 수록된 〈Nearness of You〉를 그녀가 부른 버전만 들어봐도, 혹은 그녀의 오리지널 곡들에서 드러나는 예리한 프레이징만으로도, 존스가 그저 동시대의 베스트셀러 가수에 그치지 않고 뛰어난 재능을 지닌 아티스트임을 쉽게 알 수 있었다. 맥퍼린과 달리, 존스는 자신의 성공을 적극적으로 활용해 대중문화의 스타가 되려는 시도를 의도적으로 했다. 이로 인해, 그녀는 다양한 장르와 환경에서 활동했지만, 그녀의 가장 뛰어난 작품은 처음 명성을 안겨준 재즈 혹은 재즈-팝의 결을 지닌 음악에서 나온 것임이 분명하다.

여기에서 벌어지는 많은 "액션"들은 선율 라인에서 미묘하게 이루어지는 미세한 음정 변화에 민감하지 않은 팬이라면, 쉽게 지나칠 수 있다. 존스의 이러한 재능은 그녀의 아버지 라비 샹카와 연결 지어 생각하게 된다. 그는 시타르로 같은 종류의 효과를 구사한 대가였으며, 인도 음악을 서구에 널리 알린 인물이었다. 하지만 1979년 브루클린에서 태어나 텍사스에서 자란 존스는 노래에 부드러운 컨트리풍의 억양도 가미하며, 자신의 멘토와 영향을 받은 인물로 빌리 홀리데이, 빌 에반스와 함께, 윌리 넬슨을 꼽는다. 그러나 존스가 장르에 끼친 가장 큰 영향은 그녀의 노래 해석의 세부보다는, 재즈 보컬 전통과 싱어송라이터 정신, 특히 신곡의 창작과 친밀한 자기표현의 분위기를 강조하는 면모를 결합한 데 있을 것이다. 《Come Away with Me》의 성공 이후, 신곡을 들고 음반사 문을 두드리는 젊은 재즈 보컬리스트들이 대거 등장했다. 그들의 음악 중 상당수는 일시적이거나 두드러지지 못했지만, 가수들과 업계 관계자들이 팝의 고전인 틴 팬 앨리의 레퍼토리 반복에서 벗어나, 현대 재즈의 다양한 태도를 수용하고자 했던 이러한 집단적 전환은 재즈라는 예술 형식에 있어 건강한 발전이었다. 그리고 이는 현재 재즈가 겪고 있는 흐름을 미리 예견한 것이기도 했다.

반면, 다이애나 크롤Diana Krall은 재즈 보컬리스트가 수십 년 된 스탠다드 레퍼토리를 부르면서도, 상당한 팬층을 확보할 수 있음을 보여주었다. 1964년, 브리티시 컬럼비아에서 태어난 크롤은 뛰어난 피아니스트이자 스타 보컬리스트로, 초기 음반들은 종종 또 다른 노래하는 건반 연주자인 냇 킹 콜을 떠올리게 했다. 시간이 지나며, 크롤은 감성적인 발라드와 부드러운 보사노바에서 자신만의 강점을 발견했고, 비록 그녀의 레퍼토리가 재즈 팬들이 수없이 들어온 익숙한 스탠다드 곡들이었지만, 그녀는 그 노래들을 연인의 상처처럼 날것의 감정으로 느끼게 만들었다. 크롤이 가장 빛나는 순간은 그녀의 감정이 가장 적나라하게 드러날 때이며, 오래된 노래를 현대의 진솔한 고백처럼 들리게 만드는 데 그녀만큼 능숙한 재즈 보컬리스트는 드물다. 때때로, 그녀는 템포를 분당 40박 이하까지 낮추는데, 이런 속도에서는 대부분의 보컬리스트가 리듬 섹션의 생명줄 없이는 한 마디 한 마디를 소화하기 어렵다. 하지만 크롤에게 이러한 슬로우 모션의 해석은 오래된 곡의 새로운 차원을 열어주며, 조지 거슈윈이나 콜 포터의 작품에서 원작의 본질을 충실히 지키면서도, 마치 지금 이 순간 모든 것을 털어놓는 자서전을 노래하는 것처럼 느끼게 만든다. 크롤의 재능은 그녀를 명성 높은 재즈 디바로 만들어주었고, 엘비스 코스텔로와의 결혼은 그녀의 유명세를 파파라치가 쫓는 수준으로 더 높여주었지만, 그녀의 인기는 이런 외적인 요소 때문이라기보다는, 오히려 보컬과 청중 사이의 거리를 좁혀주는 고백적 어조에 있었다.

이러한 예들이 보여주듯, 20세기 후반과 21세기 초의 재즈 보컬은 여전히 주류 청중에게 매력을 잃지 않았다. 새천년의 주요 보컬리스트들을 살펴보면, 이러한 대중과의 소통 프로그램에 참여할 수 있는 재즈 스타일의 폭이 얼마나 넓은지 알 수 있다. 제이미 컬럼Jamie Cullum은 무대에서 활보하고 뛰어다니며, 피아노 위에서 물구나무를 서기도 한다. 그러면서도, 친숙한 고전 곡들과 자신이 만든 영리한 신곡들을 번뜩이는 연주로 선보인다. 컬럼이 처음 등장했을 때, 청중들은 그를 어떻게 받아들여야 할지 난감해했다. 그는 마치 펑크 불량배와 옆집 소년의 기묘한 조합 같은 모습이었지만, 그런 혼란에도 불구하고 그의 앨범《Twentysomething》은 300만 장이 팔렸다. 커트 엘링Kurt Elling은 재즈 전통에 깊이 뿌리를 두면서도, 무대에서의 강렬한 존재감과 활기찬 전달력, 그리고 세련된 편곡으로, 비트 세대의 보헤미안 정신을 오늘날까지 이어오고 있다. 그의 음악은 전통적이면서도 철저히 현대적이고, 동시에 시대를 초월한 형이상학적 느낌을 풍긴다. 그레고리 포터Gregory Porter는 엘링보다 네 살 어리지만, 라디오 친화적인 R&B적 창법과 소울풀한 바리톤 보이스로 인해, 전혀 다른 세대와 전통에서 온 사람처럼 느껴진다. 그 역시 전통적인 장르의 경계를 넘어서는 상당한 청중층을 확보했다. 한편, 패트리샤 바버Patricia Barber는 노래를 포스트모던 문학 텍스트처럼 해체할 줄 아는 보컬리스트로, 때때로 거의 초현실적이라 할 만큼 예기치 못한 신곡을 쓴다. 그녀의 파리 라이브 앨범은 "피아노가 당신의 머리 위로 떨어질 수 있다고 생각해 본 적 있나요?"라는 가사로 시작하는데, 당시 프랑스 관객들이 그녀의 기상천외한 가사를 즉석에서 어떻게 번역했을지 상상하면 흥미롭다. 그녀의 음악은 쉽게 분류할 수 없고, 바로 그 점에서 전통적이거나 평범한 것에서 벗어난 자유로움 덕분에 들을 가치가 크다. 로베르타 감바리니Roberta Gambarini와 제인 몬하잇Jane Monheit은 전통에 깊이 뿌리박혀 있어, 마치 타임머신을 타고 1950년대 재즈 클럽에서 현대로 순간이동한 듯한 인상을 준다. 그러나 복고풍을 논할 때, 이들조차 마이클 부블레Michael Bublé, 맷 더스크Matt Dusk, 피터 신코티Peter Cincotti를 따라갈 수 없다. 이들은 프랭크 시나트라의 스타일을 해리 코닉 주니어를 거친 버전처럼 구현하며, 때로는 음악 속에 진정한 재즈 감수성이 결여되었더라도, 랫 팩*의 무대 존재감을 재현해낸다. 이는 아마도 청중들의 무의식 속에 자리한, 옛 시절의 화려함을 다시 맛보고 싶다는 욕망을 건드리기 때문일 것이다.

최근 몇 년간 재즈 보컬리스트들이 직면한 가장 큰 도전은, 재즈 전통의 에너지와 힘을 끌어오면서도 복고적 공연에 그치지 않는 것이라는, 다소 역설적인 요구였다. 어떻게 하면, 이 강력한 유산에 압도당하지 않으면서도, 이를 자기 것으로 만들 수 있을까? 이 질문에 최근 가장 뛰어난 답을 제시한 보컬리스트는 세실 매클로린 살방이다. 그녀는 2010년 셀로니어스 몽크 국제 재즈 대회에서 우승하며, 프랑스에 거주하던 무명의 미국 가수에서 단숨에 주목받는 재즈 스타로 떠올랐다. 이후, 그녀는 단기간에 모든 영역을 제패했는데,『다운비트』지의 네 부문(라이징 스타, 올해의 앨범 포함)에서 1위를 차지하고, 30세도 되기 전에 여러 개의 그래미상을 받았다. 살방의 매력은 세대나 성향에 따라 나뉘는 청중의 기존 경계를 넘어선다. 심지어, 재즈에 익숙하지 않은 청중들조차 그녀의 예술성에 열광적으로 반응하는 모습을 보인다.

하지만 이 점은, 적어도 겉보기에는, 약간의 미스터리로 남는다. 살방은 흔히 통용되는 크로스오버 전략을 전혀 따르지 않는다. 유행하는 사운드나

스타일을 흡수하려는 시도도 없고, 유튜브 조회수나 플레이리스트에 올라가기 위한 트렌드에도 전혀 관심이 없는 듯 보인다. 오히려, 그녀는 완전히 반대의 길을 고집한다. 그녀의 앨범은 구시대적이고 주류와는 거리가 먼 재료들로 가득하다. 예를 들면, 오래된 아이티 시, 잊혀진 블루스 곡, 오페라의 일부, 조부모 세대(혹은 그 이전)의 팝송, 보드빌 레퍼토리, 민속 자료, 그리고 노엘 카워드부터 랭스턴 휴즈까지 다양한 비재즈적 영향들의 뒤섞임이 그것이다. 하지만 이처럼 폭넓은 원천보다 더 흥미로운 것은 살방이 그것들을 어떻게 다루는가다. 그녀는 믿기 어려울 만큼, 오래된 것들을 지금 이 순간에도 절대적으로 유의미하게 만든다. 그것도 첨단 기술의 도움 없이, 오직 무대 위에서의 해석 능력만으로 가능하게 한다. 예컨대, 1963년에 히트했던, 여성의 순종을 찬양하는 어색하고 불편한 곡인 〈Wives and Lovers〉를 그녀는 단 한 단어도 바꾸지 않고, 목소리의 톤, 억양, 그리고 강력한 인격적 존재감만으로 현대적 로맨스에 대한 비판적 해석으로 탈바꿈시킨다. 마찬가지로, 1930년대의 추악한 인종적 고정관념이 뒤섞인 곡 〈You Bring the Savage Out in Me〉도, 그녀의 손을 거치면 거침없는 여성성을 선언하는 승리의 찬가로 변모한다. 세상에는 진정으로 독창적인 것이 많지 않지만, 살방의 이러한 노래 방식은 다른 누구도 이 수준으로 흉내 낼 수 없는 재즈의 해석이다. 살방의 작품에서는 좀 더 전통적인 재즈와 블루스의 영향을 찾을 수 있으며, 베티 카터, 베시 스미스 같은 과거 디바들과의 연결도 분명하다. 그러나 그녀의 전체적인 예술성은 그 영향을 뛰어넘는 독창성을 지니며, 아이러니하게도 과거에 의존하는 듯 보이면서도 실제로는 과거와의 단절을 이루어낸다.

반대 극점에서는, 가수이자 연주자인 제이콥 콜리어Jacob Collier가 기술 중심의 접근을 통해, 재즈 보컬을 전혀 예상치 못한 방식으로 재창조할 수 있음을 보여주었다. 그는 아직 십대였을 때부터, 유튜브에서 직접 제작한 일련의 경이로운 영상들로 전 세계적인 주목을 받았다. 이 영상에서 콜리어는 다중 녹음과 분할 화면 기법을 통해, 마치 일인 밴드처럼 모든 악기와 보컬을 혼자 소화했다. 때로는, 여섯 개의 보컬 파트를 혼자 불러 구성한, 정교한 아카펠라 편곡을 선보였고, 또 다른 경우에는 피아노, 베이스, 퍼커션 등을 추가했는데, 역시 모두 그가 직접 연주했다. 화면이 열두 개 이상으로 나뉘어, 각 부분이 다층적으로 보이는 경우도 있었다. 노래 자체는 스티비 원더나 브로드웨이 뮤지컬 등 익숙한 팝송이 많았지만, 이러한 미래 지향적인 재해석을 "커버 버전"이라고 부르기에는 적합하지 않다. 하지만 그 기술적 화려함에만 주목하면, 정작 그 안에 담긴 강력한 음악적 상상력을 간과하기 쉽다. 콜리어는 두왑에서 비밥까지 다양한 장르의 내적 작동 방식을 꿰뚫고 있으며, 리하모니제이션 기술에서는 타의 추종을 불허한다. 그는 대중 시장에서도 수백만 조회수를 올리며 성공했지만, 유튜브 스타에 별 관심 없는 재즈 커뮤니티에서도 뜨거운 반응을 이끌어냈다. 실제로, 콜리어의 팬 중에는, 그의 영상 기교가 아니라, 화성적 개념에 집중하는 이들이 적지 않다.

이전에는 콜리어와 같은 명성을 얻으려면 음반 계약이 필요했지만, 그는 온라인에서 팬층을 쌓기 시작한 지 5년이 지난 2016년에야 첫 상업용 앨범을 발매했다. 공식 기록에 따르면, 콜리어는 재즈-팝 프로듀서 퀸시 존스에게 "발굴"되어 그의 경력을 관리받게 되었지만, 이는 오히려 오늘날 재즈의 전복적인 현실을 보여준다. 즉, 음악 산업의 거물이 주목하기 훨씬 전부터, 이미 전 세계의 많은 청중이 콜리어를 알고 있었다는 점이다. 그렇다고 해도, 오랜 시간 그를 지켜본 지금도, 콜리어를 한 마디로 규정하기는 여전히 어렵다. 때때로, 그는 재즈 연주자라기보다 실험 과학자에 가까운 모습을 보이는데, MIT나 여러 기술 회사들과의 협업이 그 대표적 사례다. 그의 작업은 여전히 한계가 없으며, 3D 비디오 루프에서 인터랙티브 웹 기반 작곡 방식[*]

---

[*] 웹 플랫폼을 통해 사용자가 직접 음악의 요소(화성, 멜로디, 리듬 등)를 조작하거나 선택하면서, 실시간으로 음악이 생성·변형되는 작곡 방식이다.

전략까지 다양한 방식을 끌어온다. 그럼에도 불구하고, 그의 모든 시도에서 재즈적 감수성은 분명히 드러나며, 그것이 콜리어를 새로운 영역으로 이끄는 주요 원동력인 듯하다. 그리고 그럴 법도 하다. 재즈는 언제나 사용 가능한 수단을 활용하는 대담한 실험 정신으로 발전해 왔기에, 굳이 트럼펫과 색소폰에만 국한되어야 할 이유는 없다. 이제는 웹 플랫폼과 소프트웨어도 그 실험의 도구가 될 수 있는 것이다.

제이콥 콜리어의 경력에서 분명히 알 수 있듯이, 음반사들은 이제 한때 막강한 문지기이자 유행의 선도자였던 영역에서 그 통제력을 유지하는 데 어려움을 겪고 있다. 많은 경우에, 이들은 재즈 보컬의 전통을 미래로 이끄는 대신, 발목을 잡고 있는 듯하다. 새로 출시되는 음반의 상당수가 철저히 계산된 복고풍 작품들로, 과거에 대한 향수와 '최고의 젊은 가수는 구세대의 태도와 레퍼토리를 가장 잘 모방하는 이들'이라는 암묵적 전제에 기대고 있다. 이러한 시도는 예술 형식에 활력을 불어넣기는커녕, 오히려 일반 대중 사이에서 재즈가 '구식' 음악이라는 인식을 강화하는 데 일조하고 있다. 더 심각한 문제는, 재즈를 겉치레와 화려함으로 포장한 라이프스타일 상품으로 재포장하려는 얄팍한 시도들이다. 이는 이미지 중심의 매끈한 공식을 대체로 거부해 온 재즈 최고의 연주자들과는 어울리지 않는 방향이다. 나는 재즈 보컬리스트들이 새천년에 메이저 음반사와 계약하는 방식을 최근에 심층 조사했는데, 그 결과 내린 불쾌한 결론은 '패션 모델처럼 보일 것'이 최우선 조건이라는 점이었다. 물론, 재즈에서 외모와 매력을 내세운 마케팅이 새삼스러운 일은 아니지만, 최근 몇 년 동안만큼 이 요소가 큰 비중을 차지한 적은 드물었다. 특히, 전통의 음반사에 속한 제작자들의 머릿속에서는 더욱 그렇다. 『보그』나 『지큐GQ』 화보에 어울릴 만한 비주얼이라면, 그 문지기들은 문을 열어줄 확률이 훨씬 높다.

그렇다 하더라도, 과연 이 특정한 폐쇄적 커뮤니티에 들어가는 것이 예전처럼 뚜렷한 이점이나 위상을 가져다주는지는 확신할 수 없다. 실제로, 최근 재즈의 부흥은 가상 공간이든 현실이든 다른 커뮤니티에서 이루어졌으며, 그 중심에는 전혀 다른 규칙으로 움직이는 더 날카로운 재능들이 있었다. 반면, 멋진 홍보 사진으로 치장한 향수 어린 공연들은 변두리로 밀려나고 말았다. 이러한 환경에서는, 복고적 감수성이나 피상적인 마케팅에 과도하게 기대는 음반사 및 그 외 재즈 기관들 역시 뒤처질 가능성이 크다. 이는 단순히 음악 기술이 변하고 있기 때문만이 아니라, 음악의 소리와 태도 자체가 변화하고 있기 때문이다.

사람의 음악

어떤 유행이 반전되는 순간을 정확히 짚어내기는 어렵다. 특히 재즈의 경우, 그 쇠퇴가 끝나지 않을 것처럼 보이던 때가 있었다. 적어도 21세기 초반, 이 예술 형식에 대해 비관적인 전망을 쏟아내던 언론의 보도를 보면 그렇다. 당시, 그들이 내린 진단에 따르면, 재즈의 문제는 단순히 시간이 지나면 자연히 해결되는 나쁜 헤어스타일이나 레이저로 지울 수 있는 흉한 문신 같은 것이 아니라, 마치 사형 선고에 가까운 것이었다. 나 역시 내가 쓴 책에 대한 리뷰가 실린 『애틀랜틱』의 기사 제목을 보고, 경악했던 기억이 난다. 내용은 대체로 호의적이었음에도 불구하고, 그들은 제목을 "재즈의 종말"이라 붙였고, 부제목에서는 "미국에서 가장 활기찼던 음악이 어떻게 유물로 전락했는지"를 설명하겠다고 덧붙였다. 나는 기분이 상했지만, 그 기자를 비난할 수는 없었다. 그는 단지 여론을 주도하는 이들 사이에서 널리 퍼진 합의된 견해를 대변했을 뿐이었다.[221]

그때가 2012년이었지만, 재즈는 이미 오래전부터 죽었다는 인식이 여기저기서 떠돌고 있었다. 2007년, 『에스콰이어 Esquire』는 비슷한 논조의 기사를 내보냈는데, 헤드라인에서 "재즈의 죽음"을 선언하며, 이 장르가 존 콜트레인의 사망 이후 40년 동안 쇠퇴해 왔다고 덧붙였다. 같은 시기에 비평가 마크 마이어스Marc Myers는 자신의 〈재즈왁스JazzWax〉 웹사이트에 "누가 재즈를 죽였는가, 언제?"라는 제목의 기사를 실었는데, 결론은 비슷했지만, 쇠퇴의 시점을 훨씬 더 거슬러 올라갔다. 그에 따르면, 1940년대 후반 재즈 밴드들이 춤추는 사람들을 위한 연주를 그만두기로 한 결정이 재즈 몰락의 단초였다는 것이다. CNN도 같은 주제를 다루며 "재즈가 더 이상 멋지지 않게 된 때"라는 제목의 기사를 내보냈는데, 이들은 비틀즈와 로큰롤을 주범으로 지목했다. 그 외에도, 다양한 평론가들이 재즈가 노후화된 원인을 저마다 달리 지적했으며, 엘리트 취향의 팬들에서부터 자기중심적인 연주자들에 이르기까지 비난의 화살은 여기저기로 향했다. 하지만 결론만큼은 모두 한목소리였다. 즉, 재즈는 오랫동안 연명장치에 의존해 왔고, 이제는 그 불쌍한 노인에게 안식을 줄 때라는 것이었다.[222]

이제는 재즈에 대한 그 절망적인 부고 기사를 본 지도 여러 해가 지났다. 대신, 전혀 다른 종류의 뉴스가 그 자리를 대신하고 있다. 이제는 "새로운 재즈 시대", "재즈의 부흥", "재즈를 다시 대중의 음악으로 되돌려놓는 '새로운 그루브'의 등장"이라는 식의 굵은 제목들이 매체를 장식하고 있다. 많은 경우, 얼마 전까지만 해도 재즈의 종말을 선언했던 바로 그 언론들이 재즈의 부활을 가장 열렬하게 외치고 있다. 대중문화 매체의 기억력이 짧다는 점을 감안하더라도, 이는 실로 놀라운 반전이다. 그리고 이는 당연히 이런 의문을 불러일으킨다. 어떻게 백 년 된 장르가 다시 "그루브"를 되찾을 수 있었을까?[223]

묘한 반전으로, 이러한 변화의 주요 신호들은 재즈 세계의 외부에서 먼저 감지되었다. 2016년 1월, 데이비드 보위는 사망 이틀 전에 마지막 앨범인 《Blackstar》를 발표했는데, 이 프로젝트에서 그는 재즈 뮤지션들로 둘러싸여 있었다. 음악은 복잡하고 도전적이었지만, 이후 많은 평론가들이 그해 최고의 앨범으로 선정했다. 같은 시기, 레이디 가가는 자신보다 무려 60세 연상인 토니 베넷과 뜻밖의 협업을 시작했다. 이 파트너십에서 그녀는 기존의 팝 사운드를 버리고, 오래된 재즈 스탠다드를 불렀다. 이는 상업적으로도 큰 성공을 기대하기 어려운 시도로 보였지만, 두 사람이 함께 낸 앨범 《Cheek to Cheek》은 빌보드 차트 1위로 데뷔했고, 그래미상도 거머쥐었다. 몇 주 뒤, 밥 딜런은 프랭크 시나트라와 연관된 재즈 스타일의 노래를 담은 앨범을 발표했고, 얼마 지나지 않아 프린스도 "피아노와 마이크"만으로 꾸린 소규모 투어를 시작하며 자신의 재즈적 면모를 강조했다. 힙합 아티스트들 역시 같은 방향으로 움직였는데, 그중에서도 가장 큰 영향을 끼친 인물은 켄드릭 라마였다. 그는 떠오르는 재즈 스타 카마시 워싱턴을《To Pimp a Butterfly》에 참여시켰고, 이 앨범은 랩 뮤지션으로는 전례 없는 11개 부문 그래미상 후보에 올랐다. 온갖 어려움을 뚫고, 재즈는 다시 대중문화의 전면으로 돌아오고 있었다. 그것도 일시적인 마케팅 전략이 아니라, 당대 최고의 상업적 스타들이 주도하는 태도의 변화 속에서였다.

대부분의 경우, 이런 음악을 재즈 라디오 방송에서 들을 수는 없었을 것이다. 사실 이 음악의 상당수는 우리가 일반적으로 알고 있는 재즈와는 느슨하게만 연결되어 있다. 그러나 이 점은 오히려 더욱 커다란 의미를 강조할 따름이다. 즉, 대중문화의 아이콘들이 재즈를 찾기 시작한 이유는 재즈 아티스트가 되고 싶어서가 아니라, 백 년의 역사를 지닌 이 장르가 음악적 탁월함과 장인 정신의 일종의 기준점이 될 수 있다는 인식이 점점 커졌기 때문이다. 수십 년간 주변부로 밀려났던 재즈는 결국 그 반대편에서 다시 떠올랐다. 사라지거나, 음지에서 비밀스럽게 이어지거나, 먼지 쌓인 박물관 전시물처럼 남는 대신, 재즈는 다시금 생명력 넘치고, 심지어 필수적인 어떤 것으로 부활한 것이다. 이 놀랍도록 강인한 백 세 넘은 노장이 지닌 의미는 크다. 그것을 강력한 상징으로 보든, 창의성의 영감을 주는 정신으로 여기든, 아니면 더 실용적으로 귀중한 도구와 기술을 기반으로 만들어진 심오한 공예로 바라보든 말이다. 당신이 로커이든, 힙합 아티스트이든, 팝스타이든, 재즈의 힘을 빌린다면, 혼자서는 결코 도달할 수 없었을 곳까지 나아갈 수 있을 것이다.

대중문화의 여러 영역에서 재즈가 등장하기 시작한 것이 바로 이 시기와 맞물린 것은 결코 우연이 아니다. 할리우드가 재즈에 새삼 매혹된 듯한 모습에 대해, 많은 재즈 팬들은 회의적인 반응을 보이고는 했다. 이를 보여주는 예가 바로 2014년부터 2016년 사이에 개봉한《라라랜드》,《위플래쉬》,《마일즈》,《본 투 비 블루》,《니나》,《베시》 같은 영화들이다. 하지만 재즈에 대한 이해가 거의 없는 외부인이라 할지라도, 이 영화들에서 재즈가 일종의 창의성의 부적, 혹은 천재성의 상징으로 활용되고 있음을 쉽게 알아챌 수 있었을 것이다. 냉소적으로 보자면, 대중문화가 재즈에 반한 이유는 결국 재즈가 대중문화에 깊이 스며 있는 타협과 공식들을 끝내 거부해 왔기 때문이라고 할 수도 있다. 하지만 조금 더 긍정적으로 표현하자면, 재즈가 오랜 세월을 버텨낸 그 지속성 덕분에, 이제는 일종의 닻처럼 여겨지기 시작했다는 것이다. 그 어떤 유행이나 트렌드로는 결코 따라올 수 없는, 단단함과 깊이를 재즈가 상징하게 된 것이다.

이는 재즈와 상업 음악 간의 대화가 점점 더 확장되며, 이제는 장르의 중심으로 자리잡고 있는 현상을 이해하는 데 유용한 맥락을 제공한다. 그리고 이 새로운 상황을 가장 강력하게 보여주는 인물이 바로 색소폰 연주자 카마시 워싱턴이다. 많은 재즈 페스티벌들이 티켓 판매를 위해 록과 팝 아티스트들을 섭외해야 했던 시대에, 워싱턴은 이 흐름을 거꾸로 뒤집었다. 록 페스티벌들이 오히려 그를 초대해, 강력한 에너지를 지닌 재즈 음악으로 관객들을 열광하게 만든 것이다. 그는 거침없는 자신감으로 색소폰을 대중문화의 한복판으로 가져왔고, 색소폰 연주자가 좀처럼 초대받지 않는 코첼라, 롤라팔루자 같은 무대에서 연주하며, 모든 역경을 딛고 마침내 승리를 거두었다. 힙합 음악 평론가 맷 핑크Matt Fink는 이렇게 말했다. "대중음악에서 카마시 워싱턴이 하고 있는 일을 하는 사람은 아무도 없다. 켄드릭 라마와의 작업으로 그를 알게 된 힙합 팬들, 거의 모든 주요 음악 매체에서 호평받는 그를 아는 인디 록 밀레니얼과 X세대, 그리고 이 장르의 전체 역사를 이어온 계보

속의 최신인물로 그를 인정하는 전통적인 재즈 팬들, 이 모두를 하나로 끌어모을 수 있는 뮤지션은 워싱턴뿐이다."[224]

이러한 성공이 전혀 예상치 못한 일만은 아니다. 카마시 워싱턴의 공연이 풍기는 아프로퓨처리즘*적 분위기와 무아지경trance을 유도하는 성질은 재즈 즉흥 연주에 대한 신선한 해석을 제시하며, 이는 청년 문화에 딱 들어맞는 요소였다. 그러나 다른 시각에서 보면, 카마시 세대의 재즈 아티스트들 가운데, 워싱턴만큼 크로스오버의 명성에 어울리지 않아 보이는 인물도 드물다. 많은 이들이 그의 성공을 "하룻밤 사이에 이루어진 성공"으로 보았지만, 그때 이미 워싱턴은 삼십대 중반의 나이였고, 1981년 로스앤젤레스에서 태어나 그곳의 변방 재즈 현장에서 오랜 경력을 쌓아온 베테랑이었다. 그의 첫 녹음들은 스스로 제작한 리더 앨범들이었지만 거의 팔리지 않았고, 여러 장르의 잘 알려지지 않은 앨범들에서 반주자로 참여한 것이 대부분이었다. 그리고 그의 출세작인 《The Epic》(2015)에서도, 워싱턴은 모두가 예측할 수 있는 상업적 공식을 철저히 피했다. 대신에, 그는 대중적으로 히트하리라고 여길 만한 요소가 거의 없는, 엄청나게 강렬한 음악적 경험을 담아냈다.

《The Epic》에 대해 말하자면, 그 모든 것이 과도하다 싶을 정도였다. 먼저, 연주자 구성을 보자면, 워싱턴은 이 프로젝트를 위해 32인 오케스트라, 20명의 합창단, 그리고 10명의 재즈 앙상블을 모았다. 그 결과물인 앨범은 총 173분 분량의 음악으로, CD 3장에 걸쳐 담겨야 했다. 하지만 이는 이 '서사시epic'라는 이름이 딱 어울리는 프로젝트의 극히 일부분에 불과했다. 《The Epic》의 녹음 세션 동안, 워싱턴과 그의 동료들은 190곡을 녹음했고, 그 데이터 용량만 2테라바이트에 달했다. 만약 그가 이를 전부 발매했다면, 무려 8장의 앨범이 필요했을 것이다. 그러나 이런 숫자만으로는 이 음악 자

---

* 아프로퓨처리즘Afrofuturism: 아프리카계 문화, 역사, 정체성을 바탕으로, 미래, 과학, 기술, 초현실적 상상력을 결합한 예술적·철학적 운동.

체의 야심을 결코 설명할 수 없다. 그 음악은 뜨겁고, 묵직하며, 한순간도 쉬지 않고 몰아치는 에너지로 가득하다. 만일 워싱턴이 크로스오버 성공을 목표로 삼았다면, 이보다 더 부적절한 선택을 하기는 어려웠을 것이다.《The Epic》의 오프닝 트랙들만 해도 각각 12분이 넘는 길이라, 라디오 DJ나 플레이리스트 큐레이터들이 선택할 가능성이 거의 없다. 그리고 비록 음악 곳곳에서 팝이나 R&B의 색채가 스치기는 하지만, 대부분의 곡들은 존 콜트레인의 거대한 테너 색소폰 연주나, 웨스트 코스트 재즈의 베테랑인 피아니스트 호레이스 탭스콧, 관악기 연주자 존 카터의 범아프리카적 스타일과 더 긴밀한 연결고리를 지닌다. 이들은 모두 워싱턴이 성장한 로스앤젤레스의 활기 넘치는 준準언더그라운드 재즈 현장의 토대를 닦은 인물들이다. 어떤 기준으로 보더라도, 이것은 도전적인 음악이었다. 그런데도 이 음악이 재즈가 아닌 대중에게까지 울림을 준 것은, 그것이 어떤 타협의 결과가 아니라, 오히려 워싱턴이 지닌 강렬한 열정과 샤먼 같은 연주자로서의 권위 덕분이었다. 그는 청중을 이끌고 어떤 팝 밴드도 도달할 수 없는 마법적이고 초월적인 여정으로 데려갈 수 있는 인물이었다.

워싱턴은 전통적인 음악 장르의 경계를 경시하고, 대담한 시도로 새로운 길을 모색한 웨스트 코스트 재즈의 세대교체 흐름의 일원이었다. 플라잉 로터스Flying Lotus, 본명 스티븐 엘리슨Steven Ellison은 1983년 로스앤젤레스 출생으로, 가문부터가 깊은 재즈적 뿌리를 지녔다. 그는 앨리스 콜트레인의 외종손外從孫이며, 어릴 적부터 색소폰과 건반을 배우며 재즈적 기반을 다졌다. 그러나 그의 초기 경력은 힙합 레이블 스톤즈 쓰로우 레코즈Stones Throw Records에서 인턴을 하고, 카툰 네트워크Cartoon Network의 사운드트랙을 작곡하는 등 재즈의 영역을 벗어난 다양한 활동으로 채워졌다. 2008년, 그는 브레인피더Brainfeeder 레이블을 설립했는데, 이는 곧 재즈와 상업 음악 스타일 간의 대화를 이끄는 신진 아티스트들의 발판이 되었다. 이 레이블은 정의 내리기 어려운 새로운 스타일의 상징적인 프로젝트들을 발표했다. 여기에는, 카마시 워싱턴의《The Epic》, 플라잉 로터스의《You're Dead》, 베이시스트 썬더캣Thundercat의 소울-재즈 프로젝트《Drunk》, 가수이자 다양한 악기 연주자인 테일러 맥퍼린Taylor McFerrin(바비 맥퍼린의 아들)의《Early Riser》, 그리고 발매 후 불과 몇 달 만에, 폐렴, 알코올, 약물의 복합적 영향으로 22세의 나이에 세상을 떠난, 건반 신동 오스틴 페랄타Austin Peralta의 몽환적인《Endless Planets》등이 포함되어 있다. 이 아티스트들은 음악적 스펙트럼이 매우 넓었지만, 공통적으로 기존의 재즈에 대한 고정관념을 뒤흔들고, 두 세대에 걸친 아프리카계 미국인 즉흥 음악의 대가들로부터 가져온 요소로, R&B와 힙합의 세계를 뒤집겠다는 의지를 공유했다. 이는 단순히 새로운 재즈 스타일의 등장이라기보다는, 오늘날의 모든 상업 음악에서 어떤 방식으로 경쟁하고 소통할 것인가에 대한 기준 자체를 다시 쓰려는 일종의 반란으로 보는 편이 더 적절하다.

이러한 장르 간 대화를 공개적으로 적극 지지한 아티스트 가운데, 피아니스트 로버트 글래스퍼만큼 거침없이 목소리를 낸 이도 드물다. 그는 2018년 인스타그램 영상에서 이른바 '재즈 경찰jazz police', 즉 전통주의자들을 향해 이렇게 말했다. "죽은 사람들만 지지하면, 음악은 죽어버릴 것이다." 그의 관점에서, 재즈는 "늘 변화하고, 계속 움직이며, 결코 같은 모습으로 머물지 않는 음악"인데, 전통주의자들이 이를 인정하지 않는다는 비판이었다. 같은 시기 NPR과의 인터뷰에서는, 더욱 신랄하게 재즈 문화에 대한 비판을 이어 갔다. "나는 더 많은 장르의 음악을 재즈에 끌어들이려 한다. 재즈는 더 이상 번성하는 장르가 아니기 때문이다. 세상에 재즈 라디오 방송국이 열 개 정도밖에 없는 데다가, 다들 1970년 이전의 음악만 틀고 있다. 젊은 세대와 재즈를 연결해 주는 것이 없다. 말 그대로, 아무것도 없다."[225] 사실, 이 주장은 과장된 면이 있다. 실제로는, 전통적인 지상파, 위성 방송, 온라인 스트리밍을 통해, 전 세계 수백 개의 재즈 방송국이 존재하며, 다양한 플레이리스트, 플랫폼, 팟캐스트가 24시간 내내 재즈를 지원하고 있다. 그리고 이들 중 상당수는 대학 캠퍼스에서 운영되며, 글래스퍼가 언급한 바로 그 젊은 세대의 청취자들에 의해 유지되고 있다. 그럼에도 불구하고, 이 생명력 있는 예술은 수십 년 동안 같은 모습으로 남아 있지 않았다는 글래스퍼의 주장에 이견을 제기하기는 어렵다. 또한 흥미로운 점은, 글래스퍼가 새로운 소리를 열렬히 옹호하는 그 태도 자체도 실상 재즈 전통에 깊이 뿌리를 두고 있다는 점이다. 거의 한 세기 동안, 재즈 아티스트들은 신흥 음악적 흐름을 밀어붙이기 위해, 언제나 이와 같은 종류의 격렬한 수사와 주장을 펼쳐왔다. 그렇다면, 이 전통이 그렇게 나쁘기만 한 것은 아닐 것이다. 왜냐하면, 재즈는 언제나 이러한 불안정하고 전복적인 소리를 포용할 수 있었던 장르였기 때문이다. 그럼에도 불구하고, 대중문화와의 대화가 팬들 사이의 분열을 초래했다는 글래스퍼의 평결은 부정할 수 없는 사실이다. 글래스퍼와 그의 동료 즉흥 연주자들이 오랜 것과 새로운 것의 접점을 모색하는 동안, 더 회의적인 일부 청중들은 재즈의 요소들이 결국 상업적 공식을 따르는 음악 속에서 희미해지고 있는 것이 아닌가 하는 의문을 품고 있다.

글래스퍼의 가장 설득력 있는 주장은 말보다도 그의 공연과 음악 활동을 통해 드러난다. 1978년 휴스턴에서 태어난 글래스퍼는 처음에는 그가 나중에 문제를 제기하게 될, 바로 그 정통파 재즈 스타일의 옹호자로 출발했다. 그의 첫 블루 노트 레이블 앨범인 《Canvas》(2005)에서는, 거의 전적으로 포스트-밥 어쿠스틱 재즈 피아노의 틀 안에서 연주했으며, 풍부한 화성적 색채와 섬세한 터치를 선보였다. 그러나 이후 프로젝트들에서, 글래스퍼는 재즈 전통을 현대적으로 업데이트하는 거의 모든 방식을 시도하거나, 때로는 그 경계를 아예 넘어서는 실험에 나섰다. 후속 앨범인 《In My Element》(2007)에서는 춤출 수 있는 비트와 샘플링을 소량 도입했고, 허비 행콕의 재즈 명곡 〈Maiden Voyage〉와 록 밴드 라디오헤드의 〈Everything in Its Right Place〉를 매시업한 인상적인 트랙을 선보였다. 그러나 이는 다음 십 년간 펼쳐질 그의 광범위한 시도의 서막에 불과했다. 이 시기 동안, 글래스퍼는 일렉트릭 키보드와 다양한 전자 악기들을 무기 삼아, 보컬리스트, 래퍼, 노트북 효과, 주류 상업 음악에서 차용한 다양한 요소들을 적극 활용하기 시작했다. 심지어 친숙한 재즈 레퍼토리를 다룰 때조차, 그는 미래지향적인 방식으로 이를 재구성했다. 마일즈 데이비스의 〈Blue in Green〉을 리믹스해, 이를 현대 힙합의 플랫폼으로 탈바꿈시켰고, 존 콜트레인이 1963년 아방가르드 색소폰 연주의 기반으로 삼았던 〈Afro Blue〉는 에리카 바두 Erykah Badu의 보컬과 함께 부드러운 R&B 발라드로 재구성했다. 너바나의 〈Smells Like Teen Spirit〉를 재해석하며, 구악파의 리하모니제이션과 신악파의 디지털 효과를 가미한 보컬을 함께 덧입히기도 했다. 또한 그는 때로는 소울, 펑크, 칠아웃* 사운드 등으로 방향을 틀기도 했다. 이렇듯, 글래스퍼는 재즈의 전통적 어법을 해체하고, 상업 음악과의 경계를 넘나들며, 재즈의 가능성을 확장하는 대표적인 음악적 실천자로 자리 잡았다.

글래스퍼는 《Black Radio》(2012)와 《Black Radio 2》(2013)라는 두 장의 크로스오버 앨범에서, 이러한 모든 요소를 한데 융합해 새로운 하이브리드 사운드를 만들어내겠다는 의지를 분명히 드러냈다. 그는 이 과정에서, 노라 존스부터 스눕 독Snoop Dogg에 이르기까지, 인상적인 폭의 게스트 아티스트들을 참여시켰다. 이 음악들은 분명 대중 시장의 라디오 방송을 염두에 두고 만들어진 것처럼 보였다. 대부분의 트랙이 약 4분 내외로 구성되어 있으며, 달콤한 멜로디, 매력적인 가사, 가볍게 그루브를 타는 비트로 채워졌다. 이 두 프로젝트는 창의적인 면에서는 분명 성공적이었지만, 일부에서는 여전히 이것이 과연 재즈로 분류될 수 있는지 의문을 제기하기도 했다. 비록, 앨범 제목이 《Black Radio》였지만, 전통적인 재즈 라디오에서는 거의 방송되지 않았으며, 글래스퍼가 이 앨범으로 처음 받은 그래미상도 최우수

---

* 칠아웃chillout: 편안하고 느긋한 분위기를 강조하는 전자 음악의 한 형태. 느린 템포와 부드러운 리듬, 몽환적이고 공간감 있는 소리를 특징으로 한다.

R&B 앨범 부문이었다. 그러나 이러한 분류의 어려움 자체가 21세기 재즈의 피할 수 없는 특징이라 할 수 있다. 글래스퍼만이 이런 상황을 겪은 것도 아니다. 그 이전에도, 많은 아티스트들이 재즈를 새로운 영역으로 밀고 나갔다가, 결국 그들의 음악을 어디까지 재즈로 규정할 것인지를 두고 논쟁에 휘말리고는 했기 때문이다.

1984년, 오리건주 포틀랜드에서 태어난 베이시스트 에스페란자 스폴딩 역시 비슷한 방향의 외연 확장을 추구했지만, 훨씬 더 개인적인 방식으로 접근했으며, 그 결과는 마찬가지로 인상적이었다. 스폴딩은 자신의 음악에 팝적인 색채를 더하고 싶을 때, 대개 스스로 가사를 쓰고 직접 노래를 부르며, 유명 게스트 보컬의 힘을 빌리는 일은 드물다. 그리고 그녀는 이를 너무나도 능숙하게 해내기 때문에, 굳이 재즈를 고집하지 않고도, 현대의 싱어송라이터로서 충분히 성공할 수 있었을 것이다. 그녀는 라틴 음악의 색채를 입힐 때면, 스페인어와 포르투갈어로 노래할 수 있으며, 브라질 음악도 놀라운 유창함으로 연주한다. 전통적인 어쿠스틱 재즈에서 전자 악기를 활용한 상업적 스타일로의 전환도 전혀 무리 없이 자연스럽다. 하지만 아마도 그녀의 자립성과 창의적 대담함을 가장 잘 드러낸 선언은 2017년 프로젝트인 《Exposure》였을 것이다. 이 프로젝트에서, 스폴딩은 77시간 동안 앨범 전체를 창작하는 과정을 페이스북 라이브로 생중계했다. 그녀는 2017년 9월 12일 오전 9시, 아무런 준비도 없이 노스할리우드 스튜디오에 들어갔고, 그 후 사흘 동안 작곡, 편곡, 녹음까지 완료하며, 총 열 곡을 완성했다.

재즈의 본질이 즉흥성의 힘에 대한 신뢰라면, 스폴딩은 그 전통이 요구하는 가장 극단적인 수준까지도 훌륭히 구현하고 있다. 때때로, 그녀는 상업적 결과물보다는 창작 과정 자체에 더 큰 관심이 있는 것처럼 보이는데, 이는 아티스트들이 자신이 하는 모든 것을 브랜드화하고 상품화하도록 강요받는 이 시대에 매우 매력적인 태도다. 결국, 그녀는 세션 생중계 3개월 후에야 《Exposure》를 앨범으로 정식 발매했는데, 단 7,777장만 제작하기로 했고, 녹음이 끝나기도 전에 선주문으로 이미 매진되었다. 스폴딩은 유튜브 영상에서 팬들에게 이렇게 설명했다. "그것은 그 순간에 있었던 일입니다. 그러니 한 장을 갖게 되면 갖는 것이고, 못 구하면 없는 것입니다."[226] 몇 달 후, 스폴딩은 또 다른 독특한 프로젝트에 착수했다. 12일 동안, 하루에 한 곡씩, 총 12곡을 발표하는 프로젝트였는데, 각각의 곡은 인체의 서로 다른 부위와 연결되어 있었고, 이 모든 과정은 그녀가 점점 더 깊이 빠져든 '치유와 웰빙'에 대한 관심에서 영감을 얻은 것이었다. 그녀는 웹사이트에 올린 공지에서 이렇게 밝혔다. "나는 점점 더 '음악가'라는 정체성에서 멀어지고 있습니다."[227]

이러한 태도는 얼핏 보면 스폴딩의 대중적 매력을 약화시킬 것처럼 보이지만, 실제로는 오히려 그 반대의 일이 벌어졌다. 그녀는 경력 초기부터 재즈계 안팎 모두에서 폭넓은 인정과 찬사를 받았다. 2011년 그래미 시상식에서 최우수 신인상을 수상했을 때, 음악 업계의 많은 이들이 놀라움을 감추지 못했다. 경쟁 후보에는 드레이크Drake와 저스틴 비버Justin Bieber 같은 대중적 스타들이 있었기 때문이다. 그럼에도 불구하고, 스폴딩은 이후에도 예상을 깨는 무대와 환경에서 지속적으로 두각을 나타냈다. 그녀는 아카데미 시상식 공연에서부터, 브루노 마스Bruno Mars와 자넬 모네이Janelle Monáe의 앨범에 게스트로 참여하는 것에 이르기까지, 다양한 활동을 펼쳤다. 하지만 동시에, 그녀는 색소폰 연주자 웨인 쇼터, 조 로바노와 함께하는 깊이 있는 전통적 재즈의 무대에도 등장하는 인물이다. 에스페란자 스폴딩만큼 광범위한 음악적 영역을 넘나든 아티스트는 드물고, 재즈를 새로운 청중에게 이토록 효과적으로 확장한 이도 거의 없다. 그러나 그녀만큼 예측 불가능한 뮤지션 또한 드물다. 그녀가 자신의 영향을 받은 인물과 영웅으로 꼽는 이름만 봐도 이를 알 수 있다. 오넷 콜먼, 마돈나, 론 카터, 밀튼 나시멘투, 조니 미첼 등 이처럼 다채로운 스펙트럼의 인물들이 그녀의 음악적 세계를 형성했다. 스폴딩의 재즈 아티스트로서의 진화는 앞으로도 분명 흥미로운 여정을 이어갈 테지만, 그 방향은 거의 틀림없이 지금도 그렇듯 예상치 못한 영역으로 확장될 것이다.

에스페란자 스폴딩의 사례가 보여주듯, 재즈의 정신ethos은 단순히 변화하는 음악 세계의 새로운 플랫폼과 매개체에 적응하는 데 그치지 않고, 그것들을 즉흥 연주의 과정 일부로까지 전환할 수 있다. 물론, 실물 앨범에서 디지털 음악으로의 전환은 그 대가 없이 이루어진 것이 아니다. 그 결과로, 많은 아티스트들(재즈 연주자들을 포함)의 수익이 감소하는 상황을 겪고 있다. 그럼에도 불구하고, 새로운 기술은 언제나 창의적 표현을 위한 가능성과 지원을 함께 제공해 왔다. 장기적으로, 재즈는 변화와 혼란의 새로운 물결에서 살아남았을 뿐만 아니라, 이를 활용함으로써 적응력을 입증했다.

재즈의 연대표를 보기만 해도, 이를 알 수 있다. 재즈가 처음 등장한 시기가 음반 산업의 부상 직후였다는 것은 결코 우연이 아니다. 그 이전 시대에는 즉흥 연주를 보존하는 것조차 거의 불가능했고, 하물며 그것을 포장해 시장에서 판매하는 일은 더더욱 불가능했다. 음반은 이 즉흥 음악의 영속적인 저장소 역할을 하며, 재즈를 세계 시장으로 확장하는 데 중요한 역할을 했다. 그 뒤로도, 각 시대의 새로운 기술들은 재즈를 지속적으로 활력 있게 만들었다. 1920년대 후반, 새로운 마이크로폰이 도입되었을 때, 재즈 아티스트들은 그것이 더 미묘하고 속삭이듯 부드러운 보컬 표현을 가능하게 한다는 점을 가장 먼저 파악했다. 이 기술의 등장은 노래의 방식 자체를 완전히 바꾸어 놓았다. 1930년대 라디오와 생방송 중계가 확산되자, 재즈 밴드 리더들은 가정의 청취자들에게 라이브 공연의 에너지를 전달할 수 있는 잠재력을 누구보다 먼저 이해했다. 스윙 시대는 필연적인 결과였다. 한 세기 동안, 비브라폰, 일렉트릭 기타, 해먼드 오르간 등 새로운 악기들이 등장할 때마다, 재즈 커뮤니티는 대부분의 사람들이 그것들을 단순히 신기한 물건이나 쓸모없는 장치로 치부할 때 오히려 적극적으로 받아들였다. 그리고 많은 경우, 재즈 뮤지션들이 바로 그 혁신적 기술의 실질적인 창시자이기도 했다. 재즈 작곡가 레이먼드 스콧Raymond Scott은 1946년 설립한 맨해튼 리서치Manhattan Research에서 오늘날의 신시사이저의 기반을 다졌다. 비슷한 시기, 빙 크로스비는 암펙스Ampex에 재정 지원을 했는데, 이 회사는 자기 테이프 녹음 시스템을 통해 고음질 오디오의 혁신을 가져온 주역이다. 기타리스트 레스 폴Les Paul은 악기 설계부터 멀티트랙 녹음에 이르기까지 다양한 분야에 참여했고, 그의 발명가로서의 영향력은 연주자로서의 영향력을 능가할 정도였다. 그가 집에서 실험했던 오버더빙, 음향 조작 효과 같은 기술을 활용하지 않는 녹음 스튜디오는 전 세계 어디에도 없다. 1980년대에는 트롬본 연주자 조지 루이스George Lewis가 보이저Voyager 소프트웨어를 개발했는데, 이는 실제 연주자가 "컴퓨터 기반의 인터랙티브 '가상 즉흥 오케스트라'"와 대화를 나눌 수 있도록 설계된 시스템이었다. 이는 오늘날의 AI 기반 음악 연구를 이미 예견한 시도였다.[228] 결국, 재즈의 역사는 현대 음악 기술의 역사와 어디서나 맞닿아 있고, 많은 경우 그 발전을 촉진해 온 역사이기도 하다.

이러한 기발한 창의성은 재즈의 본질 중 하나이다. 최초의 재즈 뮤지션들이 19세기 퍼레이드 밴드와 댄스 앙상블의 악기와 노래를 과감하고 예기치 않은 방식으로 변형했듯이, 그 후의 세대들도 새롭고 흥미로운 것이 등장할 때마다 그것을 포착하여, 놀랍도록 독창적인 방식으로 재창조해 왔다. 수십 년에 걸쳐, 재즈는 다른 모든 스타일을 흡수할 수 있는 음악적 양식으로 스스로를 입증했다. 동시에, 다른 기법마저 흡수할 수 있는 기술적 유연성도 보여주었는데, 이는 심지어 재즈의 자유롭고 느긋한 태도와 상반되는 것들까지도 마찬가지였다.

많은 이들은 디지털 시대에 등장한 새로운 음악 기술과 플랫폼이 재즈라는 장르의 가장 본질적인 요소를 약화시키고 있다고 우려한다. 이들은 묻는다. 알고리즘과 인공지능이 점점 더 음악 문화를 좌우하는 시대에, 재즈는 과연 살아남을 수 있을까? 구글, 애플, 그 외 실리콘 밸리의 거대 기업들이 지배하는 음악 생태계 안에서 재즈가 번성할 수 있을까? 이들은 새로운 기술이 음악에 미치는 방식이 점점 불길하게 변하고 있다고 지적한다. 얼마 전까지만 해도, 대부분의 연구와 혁신이 음악가들이 창작에 활용할 수 있는 새로운 도구를 개발하는 데 집중되었다. 그러나 최근에는 음악가들을 이용하는 기술, 즉 음악가들을 도구 그 자체로 만들어버리는 기술이 더 큰 영향력을 행사하고 있다. 아티스트들은 이제 단지 "콘텐츠 제공자"로 전락해, 다른 이들의 이익을 위해 봉사하도록 강요받는 처지에 놓였다. 이제, 기술은 음악의 소리를 전복하기보다는, 오히려 음악가라는 직업의 건전성을 위협하고 있다. 유통, 소매, 마케팅의 방식을 뒤흔들면서, 노래를 만드는 사람들보다 디지털 집계 플랫폼과 대기업이 더 큰 이익을 가져가는 구조로 재편되었기 때문이다. 음악의 미래를 로봇과 알고리즘의 지배로 그리는 세상에서, 그야말로 정반대의 위치에 있는 재즈에 이런 환경이 과연 친화적일 수 있단 말인가?

불균형한 싸움처럼 보일지 모르지만, 나는 여전히 재즈 뮤지션들에게 손을 들어주겠다. 늘 그들에게 불리한 싸움이었지만, 그들이 가난과 차별, 그리고 수없이 많은 주변화의 힘을 이겨낸 것처럼, 이번에도 색소폰을 부는 로봇이든, 기술 관료들이 내놓는 어떤 것이든, 결국 극복할 수 있을 것이다. 사실, 그들은 거의 틀림없이, 새롭고 낯선 무엇이 등장하더라도, 그것을 자신의 확장된 음악적 시각 안으로 흡수할 방법을 찾아낼 것이다.

이러한 생명력과 다재다능함은 재즈라는 예술 형식의 회복력뿐만 아니라, 그것이 이제 단순한 스타일이나 음악 장르의 개념을 넘어서는 하나의 세계관으로 자리 잡았음을 보여준다. 한 세기가 넘는 시간 동안, 변형과 혼합을 거듭한 끝에, 오늘날의 재즈는 특정한 음악적 요소보다 오히려 태도로 더 명확히 정의된다. 재즈는 더 이상 단순히 블루스 음계나 당김음에 의존하지 않는다. 대신, 재즈는 보다 복잡하고 정교한 소리의 구조물을 다른 토대 위에 세운다. 그것은 다름 아닌, 즉흥성에 대한 헌신, 끊임없는 음악적 대화에 대한 열린 자세, 장인 정신에 대한 헌신, 인간적 요소에 대한 신뢰, 창작의 과정 자체에 대한 찬미, 미지의 세계를 두려워 않고 탐구하려는 의지, 이러한 토대들 위에 재즈가 서 있는 것이다. 기술이 주도하는 우리의 미래에서, 이러한 음악적 가치들이 결코 시대에 뒤처져 쓸모없게 되지는 않을 것이다. 오히려, 우리가 성장하고 번영하는 데 필요한 것이 바로 이러한 정신인지도 모른다.

미주

1 Ned Sublette, *The World That Made New Orleans: From Spanish Silver to Congo Square* (Chicago: Lawrence Hill Books, 2008), p. 282.

2 Sterling Stuckey, *Slave Culture: Nationalist Theory and the Foundations of Black America* (New York: Oxford University Press, 1987), p. 16.

3 Henry Kmen, "The Roots of Jazz and Dance in Place Congo: A Reappraisal," in *Yearbook for Inter-American Musical Research*, vol. 8 (Austin: University of Texas, Institute of Latin American Studies, 1972), pp. 5–16; Jerah Johnson, "New Orleans's Congo Square: An Urban Setting for Early Afro-American Culture Formation," *Louisiana History*, Spring 1991, pp. 117–157; Ned Sublette, *The World That Made New Orleans: From Spanish Silver to Congo Square* (Chicago: Lawrence Hill, 2008), pp. 120–121, 274–277, 280–282.

4 Samuel A. Floyd Jr., "Ring Shout! Literary Studies, Historical Studies, and Black Music Inquiry," *Black Music Research Journal*, vol. 11, no. 2 (1991), pp. 265–287.

5 Sidney Bechet, *Treat It Gentle* (New York: Hill & Wang, 1960), p. 6.

6 Edward Gibbon, *The Decline and Fall of the Roman Empire*, vol. 6 (London: Methuen and Co., 1912), p. 16.

7 Alan Lomax, *Mr. Jelly Roll* (New York: Duell Sloan & Pearce, 1950), p. 62. 또한 존 스톰 로버츠John Storm Roberts의 『라틴의 색조*The Latin Tinge*』(New York: Oxford University Press, 1979)에서 특히 34~39쪽을 참조할 것.

8 Gwendolyn Midlo Hall, *Africans in Colonial Louisiana: The Development of Afro-Creole Culture in the Eighteenth Century* (Baton Rouge: Louisiana State University Press, 1992), esp. pp. 28–55.

9 John W. Blassingame, *The Slave Community: Plantation Life in the Ante-Bellum South* (New York: Oxford University Press, 1972), p. 39.

10 Alan Lomax, *The Land Where the Blues Began* (New York: Pantheon, 1993), p. 81.

11 Bill C. Malone, *Southern Music, American Music* (Lexington: University Press of Kentucky), pp. 18–22. See also Ken Emerson, *Doo-Dah: Stephen Foster and the Rise of American Popular Culture* (New York: Simon & Schuster, 1997); Robert C. Toll, *Blacking Up: The Minstrel Show in Nineteenth-Century America* (New York: Oxford University Press, 1974); and Dale Cockrell, *Demons of Disorder: Early Blackface Minstrels and Their World* (New York: Cambridge University Press, 1997).

12 테드 조이아의 『노동요*Work Songs*』(Durham, NC: Duke University Press, 2006)를 참조할 것.

13 John Miller Chernoff, *African Rhythm and African Sensibility* (Chicago: University of Chicago Press, 1979), pp. 23, 50.

14 이것과 아래 인용문은 헨리 에드워드 크레비얼Henry Edward Krehbiel의 『아프로-아메리칸 포크 송*Afro-American Folk Songs*』(New York, 1914년; New York: Frederick Ungar, 1962년 재출간) 64~65쪽에서 가져왔다.

15 John Storm Roberts, *Black Music of Two Worlds* (New York: Praeger, 1972), p. 10.

16 줄리어스 레스터의 노예 회고록 편집본(Julius Lester's compilation of slave memoirs)에 포함되어 있으며, 주로 의회 도서관 컬렉션(Library of Congress collection)『노예로 살아간다는 것*To Be a Slave*』(New York: Dial Press, 1968, pp. 112 – 113)에서 인용.

17 Johan Huizinga, *The Waning of the Middle Ages*, trans. F. Hopman (New York: St. Martin's, 1984), p. 88.

18 Eugene D. Genovese, *Roll, Jordan, Roll: The World the Slaves Made* (New York: Pantheon, 1974), pp. 311 – 312.

19 로버트 존슨, 선 하우스, 찰리 패튼, 그리고 델타 블루스 전통에 관한 더 자세한 내용은 테드 조이아의『델타 블루스*Delta Blues*』(New York: W. W. Norton, 2008)를 참조할 것.

20 Samuel Charters, *The Roots of the Blues: An African Search* (New York: Perigee, 1982), p. 127.

21 Sandra Lieb, *Mother of the Blues: A Study of Ma Rainey* (Amherst: University of Massachusetts Press, 1981), p. xiii.

22 Daphne Duval Harrison, *Black Pearls: Blues Queens of the 1920s* (New Brunswick, NJ: Rutgers University Press, 1993), p. 43.

23 이 정보의 많은 부분은 로버트 딕슨Robert Dixon과 존 고드리치John Godrich의『레코딩 더 블루스*Recording the Blues*』(New York: Stein and Day, 1970) 20~43쪽에 빚지고 있다.

24 이것과 다음 인용문의 출처는 러디 블레쉬Rudi Blesh와 해리엇 재니스Harriet Janis의『모두가 래그타임을 연주했다*They All Played Ragtime*』(New York: Knopf, 1950) 134~135쪽이다.

25 Craig H. Roell, *The Piano in America, 1890–1940* (Chapel Hill: University of North Carolina Press, 1989), esp. pp. 32 – 36; John Edward Hasse, "Ragtime: From the Top," in *Ragtime: Its History, Composers and Music*, ed. John Edward Hasse (New York: Schirmer, 1985), pp. 11 – 16.

26 블레쉬와 재니스의『모두가 래그타임을 연주했다*They All Played Ragtime*』 68쪽에 인용된, 1903년 6월 7일자『세인트루이스 글로브-데모크라트*St. Louis Globe-Democrat*』에서 가져왔다.

27 James P. Baugham, "Gateway to the Americas," in *The Past as Prelude: New Orleans 1718–1968*, ed. Hodding Carter (New Orleans: Tulane University Press, 1968), pp. 280 – 281.

28 Leonard V. Huber, *New Orleans: A Pictorial History* (Gretna, LA: Pelican Publishing, 1991), p. 9.

29 Pops Foster and Tom Stoddard, *The Autobiography of Pops Foster, New Orleans Jazzman* (Berkeley: University of California Press, 1971), p. 13. 뉴올리언스의 전염병에 대한 추가 정보는 존 더피John Duffy의 논문 "Pestilence in New Orleans,"(Carter, *The Past as Prelude*, pp. 88 – 115)를 참조할 것. 또한 후버Huber의『뉴올리언스*New Orleans*』12쪽을 참조할 것.

30 Ned Sublette, *The World That Made New Orleans: From Spanish Silver to Congo Square* (Chicago: Lawrence Hill, 2008), p. 11.

31 악덕과 재즈의 기원 간의 연관성을 극단적으로 특성화한 것을 보려면, 스테판 롱스트릿의『스포르팅 하우스: 뉴올리언스 죄인들의 역사와 재즈의 탄생*Sportin' House: A History of New Orleans Sinners and the Birth of Jazz*』(Los Angeles: Sherbourne Press, 1965)를 참조할 것.

32 Donald Marquis, *In Search of Buddy Bolden, First Man of Jazz* (Baton Rouge: Louisiana State University Press, 1978), p. 58.

33 Foster and Stoddard, *The Autobiography of Pops Foster*, pp. 29, 37.

34 Bill Russell, "New Orleans Music," in *Jazzmen*, ed. Frederic Ramsey Jr. and Charles Edward Smith (New York: Harcourt, Brace, 1959), p. 35. 스토리빌에 관한 더 자세한 내용은 알 로즈 Al Rose의『뉴올리언스 스토리빌*Storyville, New Orleans*』(Tuscaloosa: University of Alabama

Press, 1974), 르로이 오스트란스키Leroy Ostransky의『재즈 시티: 재즈 발전에 대한 우리 도 시들의 영향Jazz City: The Impact of Our Cities on the Development of Jazz』(Englewood Cliffs, NJ: Prentice-Hall, 1978, 특히 pp. 32-44), 그리고 새뮤얼 차터스Samuel Charters의『모퉁이 의 트럼펫: 뉴올리언스 재즈 이야기A Trumpet around the Corner: The Story of New Orleans Jazz』(Jackson: University of Mississippi Press, 2008)에서 158~161쪽을 참조할 것.

35 폴 바버린, 조니 세인트 시르, 키드 오리에 의한 이러한 의견들은 유명한 뉴올리언스 재즈 학 자 빌 러셀Bill Russell의 인터뷰에서 발췌되었으며, 사후에 배리 마틴Barry Martyn과 마이크 헤이즐다인Mike Hazeldine이 편집한 그의『뉴올리언스 스타일New Orleans Style』(New Orleans: Jazzology Press, 1994), pp. 60, 63, 175)이 출판되었다.

36 Alan Lomax, *Mister Jelly Roll* (New York: Duell, Sloan & Pearce, 1950), p. 61.

37 Baby Dodds and Larry Gara, *The Baby Dodds Story*, rev. ed. (Baton Rouge: Louisiana State University Press, 1992), p. 16. 또한 윌리엄 J. 샤퍼William J. Schafer의『브라스 밴드와 뉴올 리언스 재즈Brass Bands and New Orleans Jazz』(Baton Rouge: Louisiana State University Press, 1977)를 참조할 것.

38 Marquis, *In Search of Buddy Bolden*. 또한 도널드 마퀴스Donald Marquis의『버디 볼든을 찾 아서: 최초의 재즈맨을 찾는 일지Finding Buddy Bolden: The Journal of a Search for the First Man of Jazz』(Goshen, IN: Pinchpenny Press, 1978; rev., 1990)를 참조할 것. 볼든의 경력에 대한 다른 설명을 보려면, 대니 바커Danny Barker의『버디 볼든과 스토리빌의 마지막 나날 *Buddy Bolden and the Last Days of Storyville*』(ed. Alyn Shipton (London: Continuum, 1998)) 을 참조할 것. 이 버전은 재미있고 다채로운 재즈 신화 제작의 전형이지만, 불행히도 단일 자 료, 특히 다른 익명의 제보자들이 허구적으로 합성된 비음악가 "두드 보틀리Dude Bottley"와 진행한 "구술의 역사"에 크게 의존한다.

39 루이 암스트롱은 배리 마틴과 마이크 헤이즐다인이 편집한 빌 러셀의『뉴올리언스 스타일 *New Orleans Style*』(New Orleans: Jazzology Press, 1994) 136쪽에서 인용. "일상적인 사람들" 로서의 볼든의 밴드를 알아보기 위해서는, 로맥스Lomax의『미스터 젤리 롤*Mister Jelly Roll*』 58~60쪽을 참조할 것.

40 매튜스Matthews와 보케이지Bocage는 마퀴스의『버디 볼든을 찾아서*In Search of Buddy Bolden*』의 100쪽과 105쪽에서 인용.

41 같은 책 111쪽에서 인용.

42 H. O. 브룬Brunn의『오리지널 딕시랜드 재즈 밴드의 이야기*The Story of the Original Dixieland Jazz Band*』(Baton Rouge: Louisiana State University Press, 1960)를 참조할 것.

43 Lomax, *Mister Jelly Roll*, p. 3. 강조 표시는 필자의 의견이다.

44 이 이야기는 네수히 에르테군Nesuhi Ertegun이 휘트니 밸리엇Whitney Balliett에게 했던 것 이다. 에르테군은 처음에 키드 오리에게서 이것을 들었다. 휘트니 밸리엇의『아메리칸 뮤지 션: 재즈의 56인의 초상*American Musicians: 56 Portraits in Jazz*』(New York: Oxford University Press, 1986) 25쪽을 참조할 것.

45 이 편지는 랠프 드 톨레다노Ralph de Toledano가 편집한『재즈의 개척자*Frontiers of Jazz*』 (New York: Frederick Ungar, 1947)의 104~107쪽에 재인쇄되었다.

46 Nat Shapiro and Nat Hentoff, *Hear Me Talkin' to Ya* (New York: Rinehart, 1955), p. 123.

47 같은 책, pp. 40, 45, 22.

48 바이더벡은 조지 호퍼George Hoefer의 "Bix Beiderbecke"(*The Jazz Makers*, ed. Nat Hentoff and Nat Shapiro, New York: Rinehart, 1957) 94쪽에서 인용.

49 Gary Giddins, "Happy Birthday, Pops," *Village Voice*, August 23, 1988, p. 101. 또한 게리 기 딘스의『새치모*Satchmo*』(New York: Doubleday, 1988)에서 특히 42~47쪽을 참조할 것.

50 제임스 링컨 콜리어James Lincoln Collier의 『루이 암스트롱: 미국의 천재*Louis Armstrong: An American Genius*』(New York: Oxford University Press, 1983)에서 18~33쪽을 참조할 것. 암스트롱의 생애 중 이 기간에 대해 특히 빈틈없는 설명을 하고 있다.

51 Giddins, *Satchmo*, p. 64. Terry Teachout, *Pops: A Life of Louis Armstrong* (Boston: Houghton Mifflin Harcourt, 2009), pp. 36 – 37.

52 휘트니 밸리엇Whitney Balliett의 논문 "Le Grand Bechet"(*Jelly Roll, Jabbo and Fats: 19 Portraits in Jazz*(New York: Oxford University Press, 1983))의 37~38쪽에서 인용.

53 Teachout, *Pops*, p. 71.

54 Martin Williams, *King Oliver* (New York: A. S. Barnes, 1960), p. 4. 편지의 글을 보려면, 프레드릭 램지 주니어의 논문 "King Oliver and His Creole Jazz Band"(*Jazzmen*, ed. Frederick Ramsey Jr. and Charles Edward Smith(New York: Harvest Books, 1939))에서 특히 87~91쪽을 참조할 것.

55 존 칠튼John Chilton은 《Louis Armstrong: The Hot Fives Volume One (Columbia CK 44049)》의 라이너 노트에서 인용.

56 출처는 라디오 인터뷰이고, 제임스 링컨 콜리어의 『루이 암스트롱: 미국의 천재*Louis Armstrong: An American Genius*』(New York: Oxford University Press, 1983) 133쪽에 인용되었다.

57 Gary Giddins, *Satchmo* (New York: Doubleday, 1988), p. 82.

58 앙세르메Ansermet의 의견은 여러 선집에서 번역 및 재인쇄되었다. 예를 들면, "Bechet and Jazz Visit Europe, 1919"(*Frontiers of Jazz*, ed. Ralph de Toledano(New York: Frederick Ungar, 1947)의 115~120쪽을 참조할 것.

59 Richard Hadlock, *Jazz Masters of the Twenties* (New York: Macmillan, 1965), p. 18.

60 Lomax, *Mr. Jelly Roll*, p. 129.

61 Bob Doerschuk, "A Visit with Earl Hines," *Keyboard*, April 1982, p. 39.

62 Max Kaminsky with V. E. Hughes, *My Life in Jazz* (New York: Harper & Row, 1963), p. 40.

63 Ralph Ellison, *Invisible Man* (New York: Random House, 1952), p. 6.

64 예를 들어, 콜리어의 『루이 암스트롱*Louis Armstrong*』 287쪽과 기딘스의 『새치모*Satchmo*』 225쪽을 비교해 볼 것.

65 Russell Sanjek and David Sanjek, *American Popular Music Business in the 20th Century* (New York: Oxford University Press, 1991), pp.12, 20.

66 랠프 버튼Ralph Berton의 『빅스를 기억하며*Remembering Bix*』(New York: Harper & Row, 1974) 13쪽에서 인용.

67 George Johnson, "The Wolverines and Bix," in Toledano, *Frontiers of Jazz*, pp. 126 – 127.

68 Eddie Condon with Thomas Sugrue, *We Called It Music* (New York: H. Holt, 1947), p. 80; 호기 카마이클과 루이 암스트롱은 냇 샤피로Nat Shapiro와 냇 헨토프Nat Hentoff의 『내 말 잘 듣고 있나?*Hear Me Talkin' to Ya*』(New York: Rinehart, 1955) 142~143쪽, 158쪽에서 인용; 메즈 메즈로Mezz Mezzrow는 그의 자서전인, 버나드 울프Bernard Wolfe와 공저한 『진정한 블루스*Really the Blues*』(New York: Random House, 1946) 68쪽에서 인용.

69 Hentoff and Shapiro, *Hear Me Talkin' to Ya*, p. 153.

70 William Howland Kenney, *Chicago Jazz: A Cultural History, 1904–1930* (New York: Oxford University Press, 1993), p. 12.

71 같은 책, p. 13.

72 에디 컨던Eddie Condon의 이러한 말들과 그 밖의 재담에 관해서는, 컨던과 서그루Sugrue의

『우리에게 그것은 음악이었다We Called It Music』와 에디 컨던과 행크 오닐Hank O'Neal의 『에디 컨던의 재즈 스크랩북The Eddie Codon Scrapbook of Jazz』(New York: St. Martin's, 1973)을 참조할 것

73 Condon with Sugrue, *We Called It Music*, p. 107.

74 Bud Freeman, *Crazeology: The Autobiography of a Chicago Jazzman* (Urbana: University of Illinois Press, 1989), p. 4.

75 Hentoff and Shapiro, *Hear Me Talkin' to Ya*, p. 119.

76 버트 코럴Burt Korall의 『드럼 치는 남자: 재즈의 박동: 스윙 시대Drummin' Men: The Heartbeat of Jazz: The Swing Years』(New York: Schirmer, 1990) 54쪽에서 인용.

77 Robert Hilbert, *Pee Wee Russell: The Life of a Jazzman* (New York: Oxford University Press, 1993), p. 17.

78 Leonard Feather, *The Book of Jazz from Then till Now* (New York: Bonanza Books, 1965), p. 88; Nat Hentoff, "A White Jazz Original," *Inquiry*, June 26, 1978, p. 31; Gunther Schuller, *The Swing Era: The Development of Jazz, 1930–1945* (New York: Oxford University Press, 1989), p. 610. 여기와 아래에 언급된 버드 프리먼은 힐버트Hilbert의 『피 위 러셀Pee Wee Russell』 67쪽에서 인용.

79 티가든의 특이한 기술에 대한 더 자세한 논의는 슐러Schuller의 『스윙 시대The Swing Era』 591~593쪽을 참조할 것.

80 Joe Darensbourg and Peter Vacher, *Jazz Odyssey: The Autobiography of Joe Darensbourg* (Baton Rouge: Louisiana State University Press, 1987), p. 76. 마이클 브룩스Michael Brooks는 《Bix Beiderbecke, Volume 1: Singin' the Blues》(Columbia CK45450)에 첨부된 해설에서 인용.

81 Budd Johnson, as told to Michael Zwerin, "Dues Paid," *Downbeat*, February 8, 1968, p. 19.

82 이 인터뷰는 원래 『다운비트』(1956년 3월 7일, 9~11쪽)에 게재되었다가, 루이스 포터Lewis Porter가 편집한 『레스터 영 독본A Lester Young Reader』(Washington, DC: Smithsonian Institution Press, 1991) 157~164쪽에 재인쇄되었다.

83 Rex Stewart, *Jazz Masters of the 30s* (New York: Macmillan, 1972), pp. 11–12. 소니 그리어는 럿거스 재즈 연구소Rutgers Institute of Jazz Studies에 보관된 1979년 1월 스탠리 크라우치Stanley Crouch가 관리한 구전 역사로부터 언급했다.

84 Robert Goffin, *Jazz: From the Congo to the Metropolitan*, trans. Walter Schaap and Leonard Feather (New York: Doubleday, 1944), p. 145.

85 Berton, *Remembering Bix*, p. 353.

86 David Levering Lewis, *When Harlem Was in Vogue* (New York: Vintage, 1982), p. 108.

87 Willie "The Lion" Smith with George Hoefer, *Music on My Mind* (New York: Doubleday, 1964), p. 156.

88 Lewis, *When Harlem Was in Vogue*, p. 107.

89 할렘 르네상스에 대한 많은 초기 연구에서는 재즈의 역할을 경시했지만, 20세기 말에는 좀 더 미묘한 감상이 대두되었다. 예를 들면, 새뮤얼 A. 플로이드 주니어가 편집한 『할렘 르네상스의 흑인 음악Black Music in the Harlem Renaissance』(Westport, CT: Greenwood Press, 1990)과 스티븐 왓슨Steven Watson의 『할렘 르네상스: 아프리카계 미국인 문화의 중심지, 1920-1930 The Harlem Renaissance: Hub of African-American Culture, 1920–1930』(New York: Pantheon, 1995)를 참조할 것.

90 Cab Calloway and Bryant Rollins, *Of Minnie the Moocher and Me* (New York: Thomas Crowell, 1976), p. 105.

91 베니 카터의 음반 《Harlem Renaissance》(MusicMasters 65080)에 대한, 에드 버거Ed Berger 의 라이너 노트에서 인용.

92 John Howland, *Ellington Uptown: Duke Ellington, James P. Johnson and the Birth of Concert Jazz* (Ann Arbor: University of Michigan Press, 2009), pp. 202 – 211.

93 Smith with Hoefer, *Music on My Mind*, p. 101.

94 W. O. Smith, *Sideman: A Memoir* (Nashville: Rutledge Hill Press, 1991), p. 77.

95 Tom Davin, "Conversations with James P. Johnson," reprinted in *Ragtime: Its History, Composers and Music*, ed. John Edward Hasse (New York: Schirmer, 1985), p. 170.

96 Gunnar Askland, "Interpretations in Jazz: A Conference with Duke Ellington," *Etude*, March 1947, reprinted in *The Duke Ellington Reader*, ed. Mark Tucker (New York: Oxford University Press, 1993), pp. 255 – 258.

97 Davin, "Conversations with James P. Johnson," p. 170.

98 Duke Ellington's foreword to Smith with Hoefer, *Music on My Mind*, p. x.

99 듀크 엘링턴의 언급은 같은 책 x-xi쪽의 서문에 나온다. 제임스 P. 존슨의 인용은 데이빈Davin 의 "Conversations with James P. Johnson" 177쪽에 나온다. 냇 헨토프의 발언은 《Luckey & the Lion: Harlem Piano》(Goodtime Jazz 10035)에서의 그의 라이너 노트에 있다.

100 Albert Murray, *Good Morning Blues: The Autobiography of Count Basie* (New York: Random House, 1985), p. 9.

101 Ethan Iverson, "The Dozens: Ethan Iverson on Stride Piano," ed. Ted Panken, January 12, 2009, Jazz.com (http://www.jazz.com/dozens/the–dozens–ethan–iversonon–stride–piano).

102 이 전설적인 세션에 관한 그의 아버지의 설명은 그의 아버지 모리스 월러Maurice Waller와 앤 서니 칼라브레세Anthony Calabrese가 지은 그의 전기 『패츠 월러*Fats Waller*』(New York: Schirmer Books, 1977) 96~98쪽을 참조할 것.

103 Andre Hodeir, "Art Tatum: A French Jazz Critic Evaluates the Music of a Great Pianist," *Downbeat*, August 10, 1955, p. 9 (see also Billy Taylor's rebuttal to Hodeir in *Downbeat*, September 21, 1955, p. 19); Gunther Schuller, *The Swing Era: The Development of Jazz, 1930–1945* (New York: Oxford University Press, 1989), pp. 478 – 479.

104 노블 시슬Noble Sissle이 기록한 대로이다. 리드 배저Reid Badger의 『래그타임의 삶: 제임스 리스 유럽의 전기*A Life in Ragtime: A Biography of James Reese Europe*』(New York: Oxford University Press, 1995) 65쪽을 참조할 것.

105 William H. Whyte, *The Organization Man* (New York: Simon & Schuster, 1956).

106 제임스 링컨 콜리어의 『재즈: 아메리칸 테마송*Jazz: The American Theme Song*』(New York: Oxford University Press, 1993) 165~172쪽을 참조할 것. 이는 재즈 밴드의 발전에 관한 수정 주의적 설명으로, 퍼디 그로페, 아트 힉맨 및 그 외 몇몇 이름 없는 음악가들의 공헌을 강조한 다.

107 라이너 노트에 포함된 개리 기딘스Gary Giddins와의 인터뷰에서 베니 카터의 《Central City Sketches》(MusicMasters 5030)까지.

108 Duke Ellington, *Music Is My Mistress* (New York: Doubleday, 1973), p. x.

109 같은 책, p. 10.

110 같은 책, pp. 6, 15.

111 James Lincoln Collier, *Duke Ellington* (New York: Oxford University Press, 1987), p. 12.

112 이 트럼펫 연주자의 이름은 일반적으로 '훼솔Whetsol'로 표기되지만, 그의 서명, 저작권 문서 등을 포함한 우세한 증거는 올바른 철자가 '훼츨Whetsel'임을 나타낸다.

113 이것과 그 외 초기 리뷰들은 터커Tucker의 『듀크 엘링턴 독본*The Duke Ellington Reader*』에 전체적으로 재인쇄되었다. 21~32쪽을 참조할 것.

114 바니 비가드와 쿠티 윌리엄스의 언급은 럿거스 재즈 연구소Rutgers Institute of Jazz Studies에 보관된 구전 기록에서 나온 것이다. 엘링턴은 그의 『음악은 나의 연인*Music Is My Mistress*』 446쪽에서 인용.

115 채드 힙Chad Heap의 『슬러밍: 미국 밤 문화에서의 성적, 인종적 만남, 1885 – 1940*Slumming: Sexual and Racial Encounters in American Nightlife, 1885–1940*』Chicago: University of Chicago Press, 2009) 82쪽에서 인용.

116 럿거스 재즈 연구소에 파일로 보관된, 소니 그리어의 구술 역사에서 발췌.

117 이것과 아래 내용은 럿거스 재즈 연구소에 보관된, 쿠티 윌리엄스의 구술 역사에서 발췌한 것이다. 윌리엄스는 엘링턴이 마일리를 제외하고는 누구도 해고한 적이 없다고 주장했지만, 찰스 밍거스는 나중에 엘링턴 밴드에서 자신이 해고된 것에 대해 이야기했다. 그러나 밍거스는 엘링턴이 음악가를 해고하지 않는다는 자신의 평판을 보호했다고 덧붙였다. 그래서 엘링턴은 단지 이 베이시스트가 즉시 사직서를 낼 것을 주장했다(밍거스는 그렇게 했다).

118 R. D. Darrell, "Black Beauty," originally from *Disques*, June 1932, pp. 152 – 161, reprinted in Tucker, *The Duke Ellington Reader*, pp. 57 – 65.

119 Spike Hughes, "The Duke—in Person," *Melody Maker*, May 1933, reprinted in Tucker, *The Duke Ellington Reader*, pp. 69 – 72.

120 Barry Ulanov, *Duke Ellington* (New York: Creative Age Press, 1946), p. 151.

121 이것과 위의 내용은 라이오넬 햄튼과 제임스 해스킨스James Haskins의 『햄프*Hamp*』(New York: Warner Books, 1989) 31쪽, 37쪽에서 인용.

122 Jas Obrecht, "On Charlie Christian: Benny Goodman," *Guitar Player*, March 1982, p. 61.

123 John Hammond with Irving Townsend, *John Hammond on Record* (New York: Ridge Press/ Summit Books, 1977), p. 232.

124 이와 아래 인물들에 대해서는, 로스 러셀Ross Russell의 『캔자스시티와 사우스웨스트의 재즈 스타일*Jazz Style in Kansas City and the Southwest*』(Berkeley: University of California Press, 1971) 8~9쪽을 참조할 것.

125 구술에 의거하여 쓴, 앨버트 머리Albert Murray의 『굿모닝 블루스: 카운트 베이시의 자서전 *Good Morning Blues: The Autobiography of Count Basie*』New York: Random House, 1984) 4~5쪽.

126 같은 책, 29쪽.

127 같은 책, 7~8쪽.

128 메리 루 윌리엄스의 이날 저녁에 관한 전체 설명은 냇 샤피로Nat Shapiro와 냇 헨토프Nat Hentoff의 『내 말 잘 듣고 있나?*Hear Me Talkin' to Ya*』New York: Rinehart, 1955) 292~293쪽에 포함되어 있다(원래 『멜로디 메이커』(1954년 5월 1일) 11쪽에 게재).

129 Duke Ellington, *Music Is My Mistress* (New York: Doubleday, 1973), p. 141.

130 John Chilton, *The Song of the Hawk: The Life and Recordings of Coleman Hawkins* (Ann Arbor: University of Michigan Press, 1990), p. 163.

131 재키 매클린은《Let Freedom Ring》(Blue Note 46527)의 라이너 노트에서 인용.

132 Red Callender and Elaine Cohen, *Unfinished Dream: The Musical World of Red Callender* (London: Quartet Books, 1985), p. 45.

133 Paul Bowles, "Duke Ellington in Recital for Russian War Relief," *New York Herald Tribune*, January 25, 1943, reprinted in *The Duke Ellington Reader*, ed. Mark Tucker (New York:

Oxford University Press, 1993), pp. 165 – 166.

134 Gunther Schuller, *The Swing Era: The Development of Jazz, 1930–1945* (New York: Oxford University Press, 1989), p. 150.

135 Quoted in Nat Hentoff, "This Cat Needs No Pulitzer Prize," New York Times Magazine, September 12, 1965, reprinted in Tucker, *The Duke Ellington Reader*, pp. 362 – 368.

136 카운트 베이시 구술, 앨버트 머리 정리, *Good Morning Blues*, p. 283.

137 《Ellington at Newport》(Columbia CL 934)에서의 조지 아바키언George Avakian의 라이너 노트에서 인용.

138 예를 들면, 래드클리프 조Radcliffe Joe의 "Thank You, Duke: Thousands Say Farewell to Ellington, a Prince Who Loved People Madly"(*Billboard*, June 8, 1974) 3쪽을 참조할 것.

139 Robert Reisner, ed., *Bird: The Legend of Charlie Parker* (New York: Citadel, 1962), p. 167.

140 Dizzy Gillespie with Al Fraser, *To Be or Not …… to Bop* (New York: Doubleday, 1979), pp. 116 – 117.

141 이것과 아래 내용은 같은 책 1~2, 27~28쪽에서 인용.

142 Valerie Wilmer, "Monk on Monk," *Downbeat*, June 3, 1965, p. 20.

143 『콜리어스』(1948년 3월 20일자)는 모던 재즈에 대한 초기의 다른 비판과 함께, 루이스 포터 Lewis Porter와 마이클 울먼Michael Ullman이 공저한, *Jazz: From Its Origins to the Present*(Englewood Cliffs, NJ: Prentice-Hall, 1993) 207쪽에 인용되어 있다. 암스트롱은 "Bop Will Kill Business Unless It Kills Itself First"(*Downbeat*, April 7, 1948) 2쪽에서 인용. 전통 재즈 연주자와 모던 재즈 연주자 간의 긴장에 관한 훌륭한 논의의 맥락에서 제시된 『타임』 지의 인용문에 대해서는, 데이비드 W. 스토Stowe의 『스윙의 변화: 뉴딜 아메리카의 빅 밴드 재즈 *Swing Changes: Big Band Jazz in New Deal America*』(Cambridge, MA: Harvard University Press, 1994) 207쪽을 참조할 것.

144 마일즈 데이비스는 그와 퀸시 트루페Quincy Trouper가 공저한 『마일즈: 자서전*Miles: The Autobiography*』(New York: Simon & Schuster, 1989) 93쪽에서 인용. 하워드 맥기는 스콧 드 보Scott DeVeaux의 "Conversation with Howard McGhee: Jazz in the Forties"(*Black Perspectives in Music*, Spring 1987) 75쪽에서 인용.

145 Robert Reisner, ed., *Bird: The Legend of Charlie Parker* (New York: Citadel, 1962), p. 144.

146 Gillespie with Fraser, *To Be or Not …… to Bop*, pp. 324 – 325. 아래의 매키번은 같은 책 320쪽, 325쪽에서 인용.

147 Nat Hentoff, *The Jazz Life* (New York: Da Capo, 1978), p. 214.

148 Davis with Troupe, *Miles: The Autobiography*, p. 52.

149 Reisner, *Bird: The Legend of Charlie Parker*, p. 293.

150 같은 책, p. 152.

151 Robert Perlongo, "Bud Powell in Paris: A Situation Report," *Metronome*, November 1961, p. 16.

152 Alan Morrison, "Jazz Great Bud Powell Dies," Jet, August 18, 1966, pp. 58 – 62.

153 Leonard Feather, *Inside Bebop* (New York: J. J. Robbins, 1949), p. 10. 또한 로빈 D. G. 켈리의 『셀로니어스 몽크: 미국이 낳은 독보적 거장의 삶과 시대*Thelonious Monk: The Life and Times of an American Original*』(New York: Free Press, 2009), pp. 149 – 150.

154 킵뉴스의 1948년 원본 인터뷰는 (몽크에 대한 그의 후기 회고와 함께) 그의 『재즈 안에서 본 풍경: 1948-87년의 기록*The View from Within: Jazz Writings 1948–87*』(New York: Oxford University Press, 1988) 110~111쪽에 포함되어 있다.

155 《Thelonious Monk with John Coltrane》(Jazzland JLP-46)에서의 아이라 기틀러의 라이너 노트에서 인용.

156 Gunther Schuller, *The Swing Era: The Development of Jazz, 1930–1945* (New York: Oxford University Press, 1989), p. 840.

157 Whitney Balliett, *Jelly Roll, Jabbo and Fats: 19 Portraits in Jazz* (New York: Oxford University Press, 1983), p. 151.

158 Leonard Feather, "A Bird's-Ear View of Music," *Metronome*, August 1948, pp. 14, 21–22.

159 Ross Firestone, *Swing, Swing, Swing: The Life and Times of Benny Goodman* (New York: W. W. Norton, 1993), p. 354.

160 Schuller, *The Swing Era*, p. 719.

161 Steve Voce, *Woody Herman* (London: Apollo Press, 1986), p. 8.

162 William D. Clancy and Audree Coke Kenton, *Woody Herman: Chronicles of the Herds* (New York: Schirmer, 1995), p. 146.

163 Nat Hentoff, "Pop Record Hit for Woody Could Help Whole Band Biz," *Downbeat*, July 27, 1955, p. 11.

164 《Stan Kenton: The Complete Capitol Records of the Holman and Russo Charts》(Mosaic MD4-136)에서의 윌 프리드월드Will Friedwald의 라이너 노트에서 인용.

165 Ralph J. Gleason, *Conversations in Jazz: The Ralph J. Gleason Interviews* (New Haven: Yale University Press, 2016), p. 20.

166 Miles Davis and Quincy Troupe, *Miles: The Autobiography* (New York: Simon & Schuster, 1989), p. 122.

167 《The Uncollected Claude Thornhill: 1947》(Hindsight 108)에서의 조지 사이먼George Simon의 라이너 노트에서 인용.

168 Davis and Troupe, *Miles: The Autobiography*, pp. 117–118.

169 같은 책, p. 118.

170 Winthrop Sargeant, *Jazz, Hot and Hybrid*, 3rd ed. (New York: Da Capo Press, 1975), p. 257.

171 Davis and Troupe, *Miles: The Autobiography*, p. 140.

172 같은 책, p. 127.

173 Davis and Troupe, *Miles: The Autobiography*, p. 191.

174 Davis and Troupe, *Miles: The Autobiography*, p. 221.

175 Don Nelsen, "Bill Evans," *Downbeat*, December 8, 1960, p. 17.

176 *Gene Lees Jazzletter*, January 1985, p. 3.

177 J. C. Thomas, *Chasin' the Trane* (New York: Doubleday, 1975), p. 132.

178 이것과 아래의 인용은 밥 씰과 밥 골든Bob Golden의 *What a Wonderful World: A Lifetime of Recordings*(New York: Oxford University Press, 1995), 127쪽, 123쪽에서 가져옴.

179 Ben Ratliff, *Coltrane: The Story of a Sound* (New York: Farrar, Straus and Giroux, 2007), p. 109.

180 Dolores Brandon, "The Evolution of Alice Coltrane," a radio documentary broadcast by the Pacifica radio network, 1988.

181 이러한 언급은 원래 1961년 봄에 『메트로놈』에서 진행한 인터뷰에서 발췌한 것으로, 《Eric Dolphy at the Five Spot, Volume 2》(Prestige P-7294)에서의 로버트 레빈Robert Levin의 라이너 노트에 포함되어 있다.

182 "Sonny Rollins," Bob Blumenthal, *Downbeat*, May 1982, p. 18.

183 Juan Rodriguez, "Sonny Rollins: Improvisational Virtuoso," *Montreal Gazette*, June 27, 2010.

184 Arthur Taylor, *Notes and Tones: Musician-to-Musician Interviews* (New York: Perigee, 1982), p. 112, 오리지널 초판은 1977년 벨기에에서 출간.

185 웨인 쇼터의 《Speak No Evil》(Blue Note 46509) 라이너 노트에서 인용.

186 Ira Gitler, "Focus on Freddie Hubbard," *Downbeat*, January 18, 1962, p. 22.

187 Michael Ullman, *Jazz Lives* (Washington, DC: New Republic Books, 1980), p. 82.

188 James Lincoln Collier, *The Making of Jazz: A Comprehensive History* (New York: Houghton-Mifflin, 1978), p. 453; Baraka's quotes from LeRoi Jones, *Blues People* (New York: William Morrow, 1963), pp. 223, 217.

189 Davis and Troupe, *Miles: The Autobiography*, p. 86.

190 LeRoi Jones, *Blues People* (New York: William Morrow, 1963), p. 235; Frank Kofsky, *Black Nationalism and the Revolution in Music* (New York: Pantheon, 1970), p. 131; Ekkehard Jost, *Free Jazz* (Graz, Austria: Universal Edition, 1974), p. 9.

191 Joe Goldberg, *Jazz Masters of the '50s* (New York: Macmillan, 1965), p. 231.

192 Valerie Wilmer, *As Serious as Your Life*, rev. ed. (Westport, CT: Lawrence Hill, 1980), p. 68. 문제의 밴드 리더인 피 위 크레이튼Pee Wee Crayton이 나중에 콜먼에게 공연하지 말라고 요청했던 것을 부인했다는 점에 주목할 가치가 있다.

193 《Coleman's Tomorrow Is the Question》(Contemporary 7569)에서의 냇 헨토프의 라이너 노트에서 인용.

194 Ted Gioia, *West Coast Jazz* (Berkeley: University of California Press, 1998), p. 353.

195 오넷 콜먼의 《Skies of America》(Columbia 31562)의 라이너 노트에서 인용.

196 Quoted in A. B. Spellman, *Black Music: Four Lives* (New York: Schocken, 1970), originally published as *Four Lives in the Bebop Business* (New York: Pantheon, 1966), p. 49.

197 《The Complete Candid Recordings of Cecil Taylor and Buell Neidlinger》(Mosaic MD4-127)에 대한 냇 헨토프의 부가 해설에서 인용.

198 Spellman, *Black Music: Four Lives*, p. 53.

199 《The Complete Candid Recordings of Cecil Taylor and Buell Neidlinger》(Mosaic MD4-127)에서의 부엘 나이들링어의 라이너 노트에서 인용.

200 Spellman, *Black Music: Four Lives*, p. 75.

201 Jacques Attali, *Noise: The Political Economy of Music*, trans. Brian Massumi (Minneapolis: University of Minnesota Press, 1985), p. 25..

202 John Litweiler, *The Freedom Principle: Jazz after 1958* (New York: William Morrow, 1984), p. 299; David G. Such, *Avant-Garde Jazz Musicians: Performing Out There* (Iowa City: University of Iowa Press, 1993), p. 161.

203 Joachim Berendt, *The Jazz Book: From New Orleans to Rock and Free Jazz*, trans. Dan Morgenstern (New York: Lawrence Hill, 1975), p. 399.

204 이 인용문은 마크 마이어스Marc Myers가 2009년 4월 27일에 재즈왁스JazzWax 블로그 (www.jazzwax.com/2009/04/interview-creed-taylor-part-15.html)에 게재한, 크리드 테일러와의 광범위한 인터뷰의 15부(총 19부)에서 발췌한 것이다.

205 Thomas Conrad, "Keith Jarrett's Dark Night in Perugia," *Jazz Times*, July 15, 2013.

206 윈튼 마살리스는 《The Majesty of the Blues》(Columbia CK 45091)의 라이너 노트에서 인용.

207 Francis Davis, *In the Moment: Jazz in the 1980s* (New York: Oxford University Press, 1986), p. 32; 마일즈 데이비스에 관한 홀리 웨스트Hollie West의 인용은 "Wynton Marsalis: Blowing His Own Horn, Speaking His Own Mind"(*Jazz Times*, July 1983) 10쪽에서 가져왔다.

208 George Lewis, *A Power Stronger Than Itself: The AACM and American Experimental Music* (Chicago: University of Chicago Press, 2008), p. 37.

209 같은 책, p. 116.

210 Seth Colter Walls, "Anthony Braxton Composes Together Past, Present and Future," *New York Times*, January 11, 2019.

211 Greg Tate, "Grooves of Academe," *Village Voice Literary Supplement*, November 1989, p. 26.

212 Davis, *In the Moment*, p. 42.

213 《Art of the Trio 4: Back at the Vanguard》(Warner 4763)의 라이너 노트에서 인용.

214 Kevin Sun, "Every Single Tree in the Forest: Mark Turner as Seen by His Peers, Part One," *Music and Literature*, July 21, 2015.

215 Kevin Sun, "Every Single Tree in the Forest: Mark Turner as Seen by His Peers, Part Two," *Music and Literature*, July 23, 2015.

216 Joel Rose, "Why Mary Halvorson Sounds Like No Other Guitarist," *NPR*, November 27, 2016.

217 Stuart Nicholson, "Jazz in a Global Village", 2009년 2월 13일 암스테르담에서 열린 《Association Européenne des Conservatoires, Académies de Musique et Musikhochschulen》회의에서 발표한 내용.

218 Léopold Tobisch, "Sons of Kemet," *France Musique*, August 2, 2018.

219 이것과 아래의 내용은 브릿 롭슨Britt Robson의 "Dual Identities: A Conversation with Jazz Soulmates Vijay Iyer and Rudresh Mahanthappa,"(*Pitchfork*, October 6, 2016)에서 인용.

220 Benjamin Schwarz, "The End of Jazz," *The Atlantic*, November 15, 2012.

221 Ben Hughes, "The Death of Jazz," *Esquire*, August 9, 2007; Marc Myers, "Who Killed Jazz and When?," *JazzWax*, May 30, 2008; John Blake, "When Jazz Stopped Being Cool," *CNN*, September 26, 2016.

222 Seth Colter Walls, "Is Jazz Entering a New Golden Age?," *The Guardian*, July 8, 2016; Evan Haga, "What's Behind the New Jazz Resurgence?," *Rolling Stone*, July 31, 2018; John Lewis, "The New Cool: How Kamasi, Kendrick and Co Gave Jazz a New Groove," *The Guardian*, October 6, 2016; Natalie Weiner, "Way Out West: How Flying Lotus, Kamasi Washington and Brainfeeder Are Bringing Jazz Back to the People," *Noisey*, July 29, 2015.

223 Matt Fink, "Kamasi Washington: The Under the Radar Cover Story," *Under the Radar*, November 30, 2018..

224 로버트 글래스퍼의 "재즈 경찰에의 메시지"를 보려면, 그의 인스타그램 비디오 게시물 2018년 2월 15일자를 참조할 것; Adrian Bartos, "Robert Glasper on How to Get More Young People into Jazz," *NPR*, November 21, 2018.

225 Esperanza Spalding, "New from Esperanza: Exposure," YouTube video, July 26, 2017.

226 Jennifer Anderson, "Welcome Back, Esperanza," *Portland Tribune*, October 29, 2018.

227 George E. Lewis, "Too Many Notes: Computers, Complexity and Culture in Voyager," *Leonardo Music Journal*, vol. 10 (2000), p. 33.

참고문헌

Balliett, Whitney. *American Musicians: 56 Portraits in Jazz*. New York: Oxford University Press, 1986.

Basie, Count, and Albert Murray. *Good Morning Blues: The Autobiography of Count Basie*. New York: Random House, 1986.

Bechet, Sidney. *Treat It Gentle: An Autobiography*. London: Cassell & Co., 1960.

Berlin, Edward A. King of Ragtime: Scott Joplin and His Era. New York: Oxford University Press, 1994.

Blesh, Rudi, and Harriet Janis. *They All Played Ragtime*. New York: Knopf, 1950.

Brothers, Thomas. *Louis Armstrong's New Orleans*. New York: W. W. Norton, 2006.

Charters, Samuel. *A Trumpet Around the Corner: The Story of New Orleans Jazz*. Jackson: University of Mississippi Press, 2008.

Chernoff, John Miller. *African Rhythm and African Sensibility*. Chicago: University of Chicago Press, 1979.

Chilton, John. *The Song of the Hawk: The Life and Recordings of Coleman Hawkins*. Ann Arbor: University of Michigan Press, 1990.

Chinen, Nate. *Playing Changes: Jazz for the New Century*. New York: Pantheon, 2018.

Collier, James Lincoln. *Benny Goodman and the Swing Era*. New York: Oxford University Press, 1989.

————. Jazz: *The American Theme Song*. New York: Oxford University Press, 1993.

Crouch, Stanley. *Considering Genius: Writings on Jazz*. New York: Basic Books, 2006.

————. *Kansas City Lightning: The Rise and Times of Charlie Parker*. New York: HarperCollins, 2013.

Dahl, Linda. Morning Glory: *A Biography of Mary Lou Williams*. Berkeley: University of California Press, 1999.

————. *Stormy Weather: The Music and Lives of a Century of Jazzwomen*. New York: Pantheon, 1984.

Davis, Francis. *The History of the Blues*. New York: Hyperion, 1995.

————. *In the Moment*. New York: Oxford University Press, 1986.

Davis, Miles, and Quincy Troupe. *Miles: The Autobiography*. New York: Simon & Schuster, 1989.

DeVeaux, Scott. *The Birth of Bebop: A Social and Musical History*. Berkeley: University of California Press, 1997.

Ellington, Duke. *Music Is My Mistress*. Garden City, NY: Doubleday, 1973.

Firestone, Ross. *Swing, Swing, Swing: The Life and Times of Benny Goodman*. New York: W. W. Norton, 1993.

Friedwald, Will. *Jazz Singing*. New York: Scribner's, 1990.

Giddins, Gary. Celebrating Bird: *The Triumph of Charlie Parker*. New York: William Morrow, 1987.

________. *Riding on a Blue Note*. New York: Oxford University Press, 1981.

________. *Satchmo*. New York: Doubleday, 1988.

________. *Visions of Jazz: The First Century*. New York: Oxford University Press, 1998.

Giddins, Gary, and Scott DeVeaux. *Jazz*. New York: W. W. Norton, 2009.

Gillespie, Dizzy, and Al Frazer. *To Be or Not ... to Bop*. Garden City, NY: Doubleday, 1979.

Gioia, Ted. *Delta Blues*. New York: W. W. Norton, 2008.

________. *How to Listen to Jazz*. New York: Basic Books, 2016.

________. *The Jazz Standards*. New York: Oxford University Press, 2012.

________. *West Coast Jazz: Modern Jazz in California, 1945–1960*. New York: Oxford University Press, 1992.

Gitler, Ira. *Jazz Masters of the Forties*. New York: Macmillan, 1966.

________. *Swing to Bop: An Oral History of the Transition in Jazz in the 1940s*. New York: Oxford University Press, 1985.

Gourse, Leslie. *Louis' Children: American Jazz Singers*. New York: William Morrow, 1984.

Gridley, Mark. *Jazz Styles*, 11th ed. New York: Pearson, 2011.

Gushee, Lawrence. *Pioneers of Jazz: The Story of the Creole Band*. New York: Oxford University Press, 2005.

Hadlock, Richard. *Jazz Masters of the Twenties*. New York: Macmillan, 1965.

Hajdu, David. *Lush Life: A Biography of Billy Strayhorn*. New York: Farrar, Straus and Giroux, 1996.

Hasse, John Edward. Beyond Category: *The Life and Genius of Duke Ellington*. New York: Simon & Schuster, 1993.

________, ed. *Ragtime: Its History, Composers and Music*. New York: Schirmer, 1985.

Hentoff, Nat, and Nat Shapiro. *Hear Me Talkin' to Ya: An Oral History of Jazz*. New York: Dover, 1966.

Hodeir, André. *Jazz: Its Evolution and Essence*. New York: Grove Press, 1956.

Kahn, Ashley. *The House That Trane Built: The Story of Impulse Records*. New York: W. W. Norton, 2006.

Kelley, Robin D. G. *Thelonious Monk: The Life and Times of an American Original*. New York: Free Press, 2009.

Kirchner, Bill, ed. *The Oxford Companion to Jazz*. New York: Oxford University Press, 2000.

Korall, Burt. *Drummin' Men: The Heartbeat of Jazz: The Bebop Years*. New York: Oxford University Press, 2002.

________. *Drummin' Men: The Heartbeat of Jazz: The Swing Years*. New York: Schirmer, 1990.

Lees, Gene. *Leader of the Band: The Life of Woody Herman*. New York: Oxford University Press, 1995.

________. *Meet Me at Jim and Andy's: Jazz Musicians and Their World*. New York: Oxford

University Press, 1988.

________. *Waiting for Dizzy*. New York: Oxford University Press, 1991.

Lewis, George. *A Power Stronger Than Itself: The AACM and American Experimental Music*. Chicago: University of Chicago Press, 2008.

Litweiler, John. *The Freedom Principle: Jazz after 1958*. New York: William Morrow, 1984.

________. Ornette Coleman: *A Harmolodic Life*. New York: William Morrow, 1992.

Lomax, Alan. *The Land Where the Blues Began*. New York: Pantheon, 1993.

________. *Mister Jelly Roll*. New York: Duell, Sloan & Pearce, 1950.

Mandel, Howard. *Future Jazz*. New York: Oxford University Press, 2000.

Marquis, Donald. *In Search of Buddy Bolden, First Man of Jazz*. Baton Rouge: Louisiana State University Press, 1978.

Mingus, Charles. *Beneath the Underdog*. New York: Knopf, 1971.

Morgenstern, Dan. *Living with Jazz*. Edited by Sheldon Meyer. New York: Pantheon, 2004.

Murray, Albert. *Stompin' the Blues*. New York: McGraw-Hill, 1976.

Myers, Marc. *Why Jazz Happened*. Berkeley: University of California Press, 2012.

Nicholson, Stuart. Ella Fitzgerald: *A Biography of the First Lady of Jazz*. New York: Scribners, 1994.

________. *Jazz: The Modern Resurgence*. London: Simon & Schuster, 1990.

________. *Jazz- Rock: A History*. Edinburgh: Canongate Books, 1998.

Owens, Thomas. Bebop: *The Music and Its Players*. New York: Oxford University Press, 1995.

Pearson, Nathan W., Jr. *Goin' to Kansas City*. Urbana: University of Illinois Press, 1987.

Pepper, Art, and Laurie Pepper. *Straight Life: The Story of Art Pepper*. New York: Schirmer, 1979.

Pettinger, Peter. *Bill Evans: How My Heart Sings*. New Haven: Yale University Press, 1998.

Porter, Lewis. *John Coltrane: His Life and Music*. Ann Arbor: University of Michigan Press, 1999.

________, ed. *A Lester Young Reader*. Washington, DC: Smithsonian Institution Press, 1991.

Ramsey, Frederick, Jr., and Charles Edward Smith. *Jazzmen*. New York: Harcourt Brace Jovanovich, 1939.

Ratliff, Ben. Coltrane: *The Story of a Sound*. New York: Farrar, Straus and Giroux, 2007.

Roberts, John Storm. *Black Music of Two Worlds*. New York: Praeger, 1972.

________. *The Latin Tinge: The Impact of Latin American Music on the United States*. New York: Oxford University Press, 1979.

Rockwell, John. *All American Music: Composition in the Late Twentieth Century*. New York: Knopf, 1983.

Rosenthal, David H. *Hard Bop: Jazz and Black Music 1955–1965*. New York: Oxford University Press, 1992.

Russell, Bill. *New Orleans Style*. Compiled and edited by Barry Martyn and Mike Hazeldine. New Orleans: Jazzology Press, 1994.

Russell, Ross. *Bird Lives! The High Life and Hard Times of Charlie (Yardbird) Parker*. New York: Charterhouse, 1973.

________. *Jazz in Kansas City and the Southwest*. Berkeley: University of California Press, 1971.

Sales, Grover. *Jazz: America's Classical Music. Englewood Cliffs*, NJ: Prentice-Hall, 1984.

Santoro, Gene. *Dancing in Your Head: Jazz, Blues, Rock and Beyond*. New York: Oxford University Press, 1994.

Schuller, Gunther. *Early Jazz*. New York: Oxford University Press, 1968.

________. *The Swing Era: The Development of Jazz, 1930–1945*. New York: Oxford University Press, 1989.

Shipton, Alyn. *A New History of Jazz*. London: Continuum, 2001.

Simon, George T. *The Big Bands*. New York: Macmillan, 1967.

Southern, Eileen. *The Music of Black Americans: A History*, 3rd ed. New York: W. W. Norton, 1997.

Spellman, A. B. *Black Music: Four Lives*. New York: Schocken, 1970.

Sublette, Ned. *The World That Made New Orleans: From Spanish Silver to Congo Square*. Chicago: Lawrence Hill, 2008.

Sudhalter, Richard. *Lost Chords: White Musicians and Their Contribution to Jazz*, 1915–1945. New York: Oxford University Press, 1999.

Sudhalter, Richard, and Philip R. Evans. *Bix: Man and Legend*. New York: Arlington House, 1974.

Taylor, Art. *Notes and Tones: Musician-to-Musician Interviews*. New York: Perigee Books, 1977.

Taylor, Yuval, ed. *The Future of Jazz*. Chicago: A Cappella Books, 2002.

Teachout, Terry. *Duke: A Life of Duke Ellington*. New York: Avery, 2013.

________. *Pops: A Life of Louis Armstrong*. Boston: Houghton Mifflin Harcourt, 2009.

Travis, Dempsey J. *An Autobiography of Black Jazz*. Chicago: Urban Research Institute, 1983.

Tucker, Mark, ed. *A Duke Ellington Reader*. New York: Oxford University Press, 1993.

Ward, Geoffrey C. *Jazz: A History of America's Music*. New York: Alfred A. Knopf, 2000.

Williams, Martin. *Jazz Masters of New Orleans*. New York: Macmillan, 1967.

________. *The Jazz Tradition*, rev. ed. New York: Oxford University Press, 1983.

Wilmer, Valerie. *As Serious as Your Life*. London: Quartet, 1977.

Woideck, Carl. *Charlie Parker: His Music and Life*. Ann Arbor: University of Michigan Press, 1998.

추천 음악

대부분의 추천 음악 목록과 달리, 이 목록은 전체 앨범이 아닌 특정 트랙에 초점을 맞추었다. 나는 이 접근 방식이 두 가지 이유에서 더 바람직하다고 생각한다. 첫째, 초점을 좁히면서 청취 과정의 강도를 높이는 것이 목표이다. 거의 모든 경우에, 긴 음악을 건성으로 이해하기보다는, 몇몇 연주를 주의 깊게 관찰하는 것이 더 발전적이다. 개별 연주만 열거하는 두 번째 이유는 실용성이다. 최근 몇 년 동안, 오래된 자료의 재발매, 컴파일 및 리패키징 수가 엄청난 속도로 증가했다. 이는 이전에는 드물거나 잘 알려지지 않은 많은 작품에 대한 접근성을 높인 이점이 있지만, 신규 사용자가 앨범과 재생 목록을 탐색하는 데 혼란을 주기도 했다. 어느 해에 출시된 컴파일은 이듬해에는 이용하지 못할 수도 있다. 동시에, 음악 팬들은 앨범의 일부가 아닌 개별 트랙으로 이러한 노래를 스트리밍하는 것을 점점 더 선호하고 있다. 이러한 환경에서, 트랙 목록은 청자에게 더 편리한 가이드를 제공할 뿐만 아니라, 음반 회사의 카탈로그 외관 변경, 리패키징, 이름 변경, 다양한 앨범들의 폐기 결정에 영향을 받지 않는, 좀 더 영구적인 가이드를 제공한다. 대부분의 경우, 앨범 이름을 언급하기보다는, 해당 연주를 식별하는 데 도움이 되도록, 녹음 날짜를 제공했다. 그러나 작품이 특정 앨범과 밀접하게 연관된 경우(예:《Kind of Blue》에 참여한 마일즈 데이비스의 〈So What〉), 독자가 음악을 찾을 수 있도록 원래 프로젝트의 제목을 제공했다. 또 어떤 경우에는, 원래 그룹 리더 대신, 공연과 가장 밀접하게 연관된 아티스트 아래에 제목을 나열하는 자의적 태도를 취했다. 예를 들어, 〈Singin' the Blues〉는 프랭크 트럼바우어가 해당 계약의 명목상 밴드 리더였지만, 빅스 바이더벡에 포함되어 있다. 가끔은(그러나 전적으로는 아니다), 특정 아티스트가 등장하는 다른 녹음을 나타내기 위해 교차 참조를 추가했다. 결론적으로, 이 목록은 단순한 시작점이자 재즈 음악의 엄청난 범위를 보여주는 지표적 선택이라고 말하고 싶다. 청자에게는 재즈 음악의 경계를 훨씬 넘어선 폭넓은 탐색이 권장되기는 하지만, (바라건대) 위에서 언급한 주의 깊은 청취 습관을 유지해주기를 권장한다.

Artist	Performance	Date/Other Comments
Abrams, Muhal Richard	Levels and Degrees of Light	December 21, 1967
	The Hearinga Suite	January 17– 18, 1989
Adderley, Cannonball (*see also Miles Davis*)	Autumn Leaves	March 9, 1958 (with Miles Davis)
Akiyoshi, Toshiko, and Lew Tabackin	American Ballad	April 3, 1974
Allen, Geri	Lonely Woman	September 14– 15, 1987 (from *Etudes*)
Allen, Henry "Red"	I Cover the Waterfront	March 27, 1957 (with Coleman Hawkins)
Argue, Darcy James	Phobos	December 15–17, 2008 (from *Infernal Machines*)
Armstrong, Louis	Potato Head Blues	May 10, 1927
(*see also King Oliver,*	Struttin' with Some Barbecue	December 9, 1927
Jack Teagarden,	West End Blues	June 28, 1928 (with Earl Hines)
and Ella Fitzgerald)	Weather Bird	December 5, 1928 (with Earl Hines)
	I Can't Give You Anything but Love	March 5, 1929
	Sweethearts on Parade	December 23, 1930
	Shine	March 9, 1931
Art Ensemble of Chicago	Tutankhamun	June 26, 1969
	Ja	May 1978 (from *Nice Guys*)
Ayler, Albert	Spirits	July 10, 1964 (from *Spiritual Unity*)
The Bad Plus	Smells Like Teen Spirit	September 30–October 5, 2002 (from *These Are the Vistas*)
Baker, Chet	I Fall in Love Too Easily	October 27, 1953
(*see also Gerry Mulligan*)	My Funny Valentine	February 15, 1954
Barnet, Charlie	The Moose	October 21, 1943
Bärtsch, Nik	Modul 35	May 5–7, 2005 (from *Stoa*)
Basie, Count	One O'Clock Jump	July 7, 1937
(*see also Lester Young*	Taxi War Dance	March 19, 1939
and Bennie Moten)	Dickie's Dream	September 5,1 939 (with Dickie Wells and Lester Young)
	April in Paris	July 26, 1955
	Li'l Darlin'	May 26– 27, 1958

Artist	Performance	Date/Other Comments
Bechet, Sidney	I Found a New Baby	September 15, 1932
	Maple Leaf Rag	September 15, 1932
	Summertime	June 8, 1939
	Blue Horizon	December 20, 1944
Beiderbecke, Bix	Singin' the Blues	February 4, 1927
	I'm Coming Virginia	May 13, 1927
	Riverboat Shuffle	May 9, 1927
	In a Mist	September 9, 1927
Berigan, Bunny	I Can't Get Started	August 7, 1937
(see also Benny Goodman and Tommy Dorsey)		
Berry, Chu	Ghost of a Chance	June 27, 1940
Blakey, Art	Moanin'	October 30, 1958 (with Lee Morgan)
	Lester Left Town	March 6, 1960 (with Wayne Shorter)
	How Deep Is the Ocean	June 1981 (with Wynton Marsalis)
Bley, Carla	Baseball	July 1999
Bley, Paul	Syndrome	September 12, 1963 (from *Footloose*)
Blood, Sweat & Tears	God Bless the Child	January 1969 (from *Blood, Sweat & Tears*)
Braxton, Anthony	For John Cage	October 1968 (from For *Alto*)
	Composition 57	February 1976 (from *Creative Orchestra Music*)
Brown, Clifford, and Roach, Max	Joy Spring	August 6, 1954
	Daahoud	August 6, 1954
	The Blues Walk	February 24, 1955
Brubeck, Dave	You Go to My Head	October 1952 (with Paul Desmond)
	Blue Rondo àla Turk	July 1, 1959 (from *Time Out*)
	Take Five	July 1, 1959 (from *Time Out*)
Burton, Gary	Crystal Silence	November 6, 1972 (with Chick Corea)
Caine, Uri	Symphony no. 5, Adagietto	June 1996 (from *Primal Light*)
Calloway, Cab	Minnie the Moocher	March 3, 1931
Carter, Benny	When Lights Are Low	June 20, 1936
(see also the Chocolate Dandies)	The Midnight Sun Will Never Set	November 13, 1961
Carter, Betty	'Round Midnight	December 6, 1962

Artist	Performance	Date/Other Comments
Carter, James	'Round Midnight	October–November 1994 (from *The Real Quietstorm*)
Casa Loma Orchestra	Casa Loma Stomp	December 6, 1930
Chocolate Dandies	I Can't Believe That You're in Love with Me	May 25, 1940
Christian, Charlie	Breakfast Feud	January 15, 1941
	Solo Flight	March 4, 1941
Coleman, Ornette	Lonely Woman	May 22, 1959
	Ramblin'	October 9, 1959
	Embraceable You	July 26, 1960
	Free Jazz	December 21, 1960
	Theme from a Symphony (Variation 1)	December 1976
Coltrane, Alice	Translinear Light	April 28–29, 2000
Coltrane, John	Giant Steps	May 4, 1959
(see also Miles Davis, Thelonious Monk)	My Favorite Things	October 21, 1960
	In a Sentimental Mood	September 26, 1962 (with Duke Ellington)
	My One and Only Love	March 7, 1963 (with Johnny Hartman)
	Acknowledgment	December 9, 1964 (from *A Love Supreme*)
	Ascension	June 28, 1965
Corea, Chick	Steps—What Was	March 14, 1968
(see also Gary Burton)	Spain	October 1972
Crosby, Bob	South Rampart Street Parade	November 16, 1937
Davis, Miles	Boplicity	April 22, 1949
	'Round Midnight	September 10, 1956
	Blues for Pablo	May 23, 1957 (from *Miles Ahead*)
	So What	March 2, 1959 (from *Kind of Blue*)
	All Blues	April 22, 1959 (from *Kind of Blue*)
	Footprints	October 25, 1966
	Spanish Key	August 20, 1969 (from *Bitches Brew*)
Dolphy, Eric	Fire Waltz	July 16, 1961 (with Booker Little)
(see also Charles Mingus, Oliver Nelson and Andrew Hill)	The Prophet	July 16, 1961 (with Booker Little)
	Out to Lunch	February 25, 1964

Artist	Performance	Date/Other Comments
Dorsey, Tommy	Song of India	January 29, 1937 (with Bunny Berigan)
	Opus #1	November 14, 1944
Eldridge, Roy	Heckler's Hop	January 23, 1937
(see also the Chocolate Dandies)	After You've Gone	January 28, 1937
Ellington, Duke	East St. Louis Toodle- Oo	November 29, 1926
	Black and Tan Fantasy	April 7, 1927
	Braggin' in Brass	March 3, 1938
	Ko-Ko	March 6, 1940
	Cotton Tail	May 4, 1940
	Harlem Air Shaft	July 22, 1940
	Sepia Panorama	November 7, 1940 (live in Fargo, ND)
	Black, Brown & Beige	January 23, 1943 (at Carnegie Hall)
	The Clothed Woman	December 27, 1947 (at Carnegie Hall)
	Mood Indigo	December 18, 1950
	The Harlem Suite	December 7, 1951
	The Star-Crossed Lovers	May 3, 1957
Europe, James Reese	Memphis Blues	March 7, 1919
Evans, Bill	My Man's Gone Now	June 25, 1961
(see also Miles Davis and Oliver Nelson)	Gloria's Step	June 25, 1961
	My Foolish Heart	June 25, 1961
	Solo—In Memory of His Father	February 21, 1966
	Never Let Me Go	September–October 1968
Fitzgerald, Ella	Sing Me a Swing Song	June 2, 1936 (with Chick Webb)
	Lady Be Good	March 19, 1947
	I Won't Dance	April 13, 1957 (with Louis Armstrong)
Frisell, Bill	Billy the Kid	March 1992 (from *Have a Little Faith*)
	Disfarmer Theme	February–May 2008 (from *Disfarmer*)
Garbarek, Jan	Folk Song	November 1979
Garner, Erroll	I'll Remember April	September 19, 1955 (from *Concert by the Sea*)
Garrett, Kenny	Sing a Song of Song	January 7–8, 1997 (from *Songbook*)

Artist	Performance	Date/Other Comments
Getz, Stan	I'm Late, I'm Late	July 28, 1961 (from *Focus*)
	The Girl from Ipanema	March 18–19, 1963
	The Peacocks	October, 1975 (with Jimmy Rowles)
Gillespie, Dizzy	Hot House	May 11, 1945 (with Charlie Parker)
(see also Charlie Parker)	Salt Peanuts	May 11, 1945 (with Charlie Parker)
	Anthropology	February 22, 1946
	Dizzy Atmosphere	September 29, 1947 (with Charlie Parker at Carnegie Hall)
	Manteca	December 30, 1947
	A Night in Tunisia	June 3, 1954
Glasper, Robert	They Can't Hold Me Down	2015 (from *Everything's Beautiful*)
Goodman, Benny	King Porter Stomp	July 1, 1935 (with Bunny Berigan)
(see also Charlie Christian)	Sometimes I'm Happy	July 1, 1935 (with Bunny Berigan)
	After You've Gone	July 13, 1935 (with the Trio)
	Body and Soul	July 13, 1935 (with the Trio)
	Sing, Sing, Sing (with a Swing)	January 16, 1937
	Avalon	July 30, 1937 (with the Quartet)
Gordon, Dexter and Gray, Wardell	The Chase	February 2, 1952
Hampton, Lionel	Flyin' Home	May 26, 1942
Hancock, Herbie	Cantaloupe Island	June 17, 1964
	Maiden Voyage	March 17, 1965 (with Freddie Hubbard)
	Chameleon	1973 (from *Head Hunters*)
Hawkins, Coleman	One Hour	November 14, 1929 (with Pee Wee Russell)
(see also Fletcher Henderson, Henry "Red" Allen and the Chocolate Dandies)	Body and Soul	October 11, 1939
	The Man I Love	December 23, 1943
	Picasso	1948
Henderson, Fletcher	The Stampede	May 14, 1926 (with Coleman Hawkins)
	Whiteman Stomp	May 11, 1927
	Hop Off	November 4, 1927
	Queer Notions	August 18, 1933
Henderson, Joe	Inner Urge	November 30, 1964
(see also Andrew Hill)	Beatrice	November 14–16, 1985

Artist	Performance	Date/Other Comments
Herman, Woody	Blue Flame	January 22, 1941
	Apple Honey	February 19, 1945
	Four Brothers	December 27, 1947
Hill, Andrew	Refuge	March 21, 1964 (with Eric Dolphy and Joe Henderson)
Hines, Earl	A Monday Date	December 1928
(see also Louis Armstrong and Jimmie Noone)	Cavernism	February 13, 1933
Holiday, Billie	Mean to Me	May 11, 1937 (with Lester Young)
	He's Funny That Way	September 13, 1937 (with Lester Young)
	Strange Fruit	April 20, 1939
	All of Me	March 21, 1941
	Lover Man	October 4, 1944
Holland, Dave	Four Winds	November 30, 1972 (from *Conference of the Birds*)
Hubbard, Freddie	Birdlike (aka Byrdlike)	August 21, 1961
(see also Herbie Hancock and Oliver Nelson)	Red Clay	January 27–29, 1970
International Sweethearts of Rhythm	Swing Shift	July 1944
Iyer, Vijay	Human Nature	August 8–9, 2011 (from *Accelerando*)
Jamal, Ahmad	Poinciana	October 25, 1955
Jarman, Joseph	Song For	December 16, 1966
Jarrett, Keith	In Front	November 10, 1971
	Bremen	July 12, 1973
	The Journey Home	November 1, 1977 (from *My Song*)
	The Song Is You	July 13, 1986 (with Jack DeJohnette and Gary Peacock)
Jazztet	Killer Joe	February 6–10, 1960
Johnson, J. J.	Turnpike	June 22, 1953
Johnson, James P.	Carolina Shout	October 18, 1921
Johnson, Robert	Hellhound on My Trail	June 20, 1937
	Love in Vain	June 20, 1937
Jones, Norah	Don't Know Why	Circa 2001 (from *Come Away with Me*)

Artist	Performance	Date/Other Comments
Jones, Thad, and Lewis, Mel	St. Louis Blues	October 17, 1968
Joplin, Scott	The Maple Leaf Rag	April 1916 (piano roll)
Kenton, Stan	Artistry in Rhythm	November 19, 1943
	City of Glass	December 5, 1951
	Recuerdos	May 2, 1956
Kirk, Andy	Walkin' and Swingin'	March 2, 1936 (with Mary Lou Williams)
Kirk, Rahsaan Roland	Bright Moments	June 8–9, 1973
Konitz, Lee	Subconscious-Lee	January 11, 1949 (with Lennie Tristano)
Krall, Diana	S'Wonderful	June 3–4, 2001 (from *The Look of Love*)
Lewis, Meade Lux	Honky Tonk Train Blues	December 1927
Lovano, Joe	Fort Worth	March 12, 1994
	Rush Hour on 23rd Street	April–June 1994 (with Gunther Schuller)
Lunceford, Jimmie	White Heat	May 15, 1933
	Organ Grinder's Swing	August 31, 1936
	For Dancers Only	June 15, 1937
Mahanthappa, Rudresh	Ganesha	November 13–14, 2007 (from *Kinsmen*)
Mahavishnu Orchestra	The Noonward Race	August 14, 1971
Marsalis, Branford	Just One of Those Things	January 26– 28, 1987
Marsalis, Wynton (see also Art Blakey)	A Foggy Day	May–September 1986 (from *Marsalis Standard Time, Volume 1*)
	Knozz- Moe- King	December 19–20, 1986 (from *Live at Blues Alley*)
	The Majesty of the Blues (The Puheeman Strut)	October 27–28, 1988
	Blood on the Fields	January 22–25, 1995
McFerrin, Bobby	Peace	1982 (from *Bobby McFerrin*)
McKenzie and Condon's Chicagoans	China Boy	December 8, 1927
	Nobody's Sweetheart	December 16, 1927
McLean, Jackie	Melody for Melonae	March 19, 1962
McRae, Carmen	A Beautiful Friendship	June 15–17, 1976
Mehldau, Brad	Exit Music (For a Film)	May 27–28, 1998
	All the Things You Are	January 5–10, 1999
Metheny, Pat	Song X	December 1985 (with Ornette Coleman)
	So May It Secretly Begin	March–April 1987

Artist	Performance	Date/Other Comments
Miller, Glenn	Moonlight Serenade	August 1, 1939
Mingus, Charles	Haitian Fight Song	March 12, 1957
	Goodbye Pork Pie Hat	May 12, 1959
	What Love	July 13, 1960 (with Eric Dolphy at Antibes)
	Original Faubus Fables	October 20, 1960 (with Eric Dolphy)
	The Black Saint and the Sinner Lady	January 20, 1963
Modern Jazz Quartet	Django	December 23, 1954
	Concorde	July 2, 1955
Mole, Miff	Shim-Me-Sha-Wabble	June 7, 1928
Monk, Thelonious	Misterioso	July 2, 1948
	Brilliant Corners	October 15, 1956 (with S. Rollins)
	'Round Midnight	April 1957
	I Should Care	April 12, 1957
	Well You Needn't	June 26, 1957 (with John Coltrane and Coleman Hawkins)
Montgomery, Wes	Besame Mucho	April 22, 1963
Moran, Jason *(see also Don Byron)*	Out Front	November 29–30, 2002 (from *The Bandwagon*)
Morgan, Lee	The Sidewinder	December 21, 1963
Morton, Jelly Roll	Dead Man Blues	September 21, 1926
	Sidewalk Blues	September 21, 1926
	Grandpa's Spells	December 16, 1926
	The Crave	December 14, 1939
Moten, Bennie	Moten Swing	December 13, 1932 (with Count Basie)
	Prince of Wails	December 13, 1932 (with Count Basie)
Mulligan, Gerry	Bernie's Tune	August 16, 1952 (with Chet Baker)
	Line for Lyons	September 2, 1952 (with Chet Baker)
Murray, David	Flowers for Albert	June 26, 1976
	Murray's Steps	July 14–19, 1982
Navarro, Fats	Wail	August 9, 1949 (with Bud Powell)
Nelson, Oliver	Stolen Moments	February 23, 1961 (with Bill Evans, Eric Dolphy, and Freddie Hubbard)
New Orleans Rhythm Kings	Weary Blues	March 12, 1923

Artist	Performance	Date/Other Comments
Nichols, Herbie	The Third World	May 6, 1955
Noone, Jimmie	Four or Five Times	May 16, 1928 (with Earl Hines)
Norvo, Red	Dance of the Octopus	November 21, 1933
Oliver, King	Froggie Moore	April 6, 1923 (with Louis Armstrong)
	Dipper Mouth Blues	April 6, 1923
	Tears	October 25, 1923
Oregon	Icarus	November 1979
Original Dixieland Jazz Band	Livery Stable Blues	February 26, 1917
Parker, Charlie	Ko Ko	November 26, 1945 (with Dizzy Gillespie)
(see also Dizzy Gillespie)	A Night in Tunisia	March 28, 1946
	Relaxin' at Camarillo	February 26, 1947
	Embraceable You	October 28, 1947
	Parker's Mood	September 18, 1948
	Just Friends	November 30, 1949
	Salt Peanuts	May 15, 1953 (with Dizzy Gillespie at Massey Hall)
Pass, Joe	Cherokee	November 1973 (from *Virtuoso*)
Patton, Charlie	Pony Blues	June 14, 1929
Pepper, Art	Patricia	December 1–2, 1978 (from *Art Pepper Today*)
Peterson, Oscar	Blues Etude	March 16–19, 1973
Potter, Chris	The Source	September 27–28, 2000
Powell, Bud	Dance of the Infidels	August 8, 1949 *(see also Fats Navarro)*
	Tea for Two	July 1, 1950
	Un Poco Loco	May 1, 1951
Rainey, Ma	See See Rider Blues	October 1924 (with Louis Armstrong)
Redman, Joshua	Jig-a-Jug	March 21–26, 1995
Reinhardt, Django	Minor Swing	November 25, 1937
	Nuages	December 13, 1940
Rollins, Sonny	Tenor Madness	May 24, 1956 (with John Coltrane)
(see also Thelonious Monk)	Blue 7	June 22, 1956
	The Freedom Suite	February 1958
Russell, Pee Wee	Basin Street Blues	June 11, 1929
(see also Coleman Hawkins)		

Artist	Performance	Date/Other Comments
Salvant, Cécile McLorin	I Didn't Know What Time It Was	August 15–17, 2012 (from *WomanChild*)
Schneider, Maria	Evanescence	September 1992 (from *Evanescence*)
	Cerulean Skies	January 6–9, 2007 (from *Sky Blue*)
Shaw, Artie	Begin the Beguine	July 24, 1938
	Stardust	October 7, 1940
Shaw, Woody	Rosewood	December 15, 1977
Shipp, Matthew	Galaxy 105	February 20–21, 2004 (from *Harmony & Abyss*)
Shorter, Wayne	Infant Eyes	December 24, 1964
(see also Art Blakey and Weather Report)	Ponta de Areia	September 12, 1974 (with Milton Nascimento)
Silver, Horace	Song for My Father	October 26, 1954
	The Preacher	February 6, 1955
	Nutville	October 2, 1965
Smith, Bessie	St. Louis Blues	January 14, 1925 (with Louis Armstrong)
	Empty Bed Blues	March 20, 1928
Smith, Jimmy	The Sermon	February 25, 1958
Sons of Kemet	My Queen Is Ada Eastman	Circa 2018 (from *Your Queen Is a Reptile*)
Spalding, Esperanza	Ponta de Areia	Circa 2007 (from *Esperanza*)
Spanier, Muggsy	Big Butter and Egg Man	July 7, 1939
Sun Ra	A Call for All Demons	Circa 1956 (from *Angels and Demons at Play*)
Svensson, Esbjörn	Dating	May–November 1998
Tatum, Art	Humoresque	February 22, 1940 *(see also Ben Webster)*
	Sweet Georgia Brown	September 16, 1941 (at Monroe's Uptown House)
	I Know That You Know	April 2, 1949 (at Shrine Auditorium)
	Willow Weep for Me	July 13–25, 1949
Taylor, Cecil	Cell Walk for Celeste	January 9, 1961
	Enter Evening	May 19, 1966 (from *Unit Structures*)
	Abyss	July 2, 1974 (from *Silent Tongues*)
Teagarden, Jack	Knockin' a Jug	March 5, 1929 (with Louis Armstrong)
	I Gotta Right to Sing the Blues	October 18, 1933

Artist	Performance	Date/Other Comments
Towner, Ralph	Spirit Lake	October 1979
Tristano, Lennie	I Can't Get Started	October 8, 1946
(see also Lee Konitz)	Line Up	Spring–Summer 1955
	C Minor Complex	Autumn 1961
Turner, Mark	You Know I Care	June 3–5, 1998
Vaughan, Sarah	Shulie a Bop	April 2, 1954
	Lullaby of Birdland	December 16, 1954
Venuti, Joe	Stringin' the Blues	November 8, 1926 (with Eddie Lang)
Waller, Fats	African Ripples	November 16, 1934
	Viper's Drag	November 16, 1934
	The Joint Is Jumpin'	October 7, 1937
Washington, Kamasi	Change of the Guard	Circa 2016–2017 (from *The Epic*)
Weather Report	Birdland	from *Heavy Weather* (1977)
Webster, Ben	My Ideal	September 11, 1956 (with Art Tatum)
(see also Duke Ellington and Mary Lou Williams)		
Whiteman, Paul	Changes	November 23, 1927
Williams, Mary Lou	Night Life	April 24, 1930
(see also Andy Kirk)	The Zodiac Suite	December 31, 1945 (with Ben Webster)
Wilson, Cassandra	I've Grown Accustomed to His Face	February 1988 (from *Blue Skies*)
Wilson, Teddy	Don't Blame Me	November 12, 1937
(see also Benny Goodman and Billie Holiday)		
Woods, Phil	Get Happy	November 25, 1955
World Saxophone Quartet	Steppin'	November 6, 1981
Young, Lester	Oh, Lady Be Good	October 9, 1936 (with Count Basie)
(see also Count Basie and Billie Holiday)	Lester Leaps In	September 5, 1939 (with Count Basie)
	I Got Rhythm	December 21, 1943
	After Theater Jump	March 22, 1944
Zappa, Frank	Peaches en Regalia	July 18–August 30, 1969 (from *Hot Rats*)
Zeitlin, Denny	Blue Phoeni	March 6, 1964
Zenón, Miguel	Camarón	April 2–4, 2007 (from *Awake*)
Zorn, John	The Sicilian Clan	1989 (from *Naked City*)

색인

| 한글 |

가너, 에롤Erroll Garner 412, 441, 444~446, 448, 554, 609

가르시아, 누비아Nubya Garcia 730

가르시아, 제리Jerry Garcia 608

가바렉, 얀Jan Garbarek 651, 654, 731, 732

가와사키 료川崎燎 743

갈런드, 레드Red Garland 512

갈런드, 주디Judy Garland 501

갈로도로, 알Al Gallodoro 158

감바리니, 로베르타Roberta Gambarini 755

개럿, 케니Kenny Garrett 718

개리슨, 아브Arv Garrison 381

개릭, 마이클Michael Garrick 737

갤럭시Galaxy (레코드 레이블) 506

거슈윈, 아이라Ira Gershwin 663

거슈윈, 조지George Gershwin 141, 163, 164, 187, 222, 234, 305, 306, 347, 370, 376, 451, 476, 497, 543, 650, 754

건, 지미Jimmy Gunn 281

게이, 마빈Marvin Gaye 571

게이블, 클라크Clark Gable 141

게츠, 스탄Stan Getz 272, 279, 312, 386, 399, 403, 442, 460, 461, 487, 495~499, 508, 524, 564, 575, 576, 630, 646, 664, 714, 736

게펜Geffen (레코드 레이블) 636

겔피, 르네Rene Gelpi 71

고넬라, 냇Nat Gonella 738

고든, 덱스터Dexter Gordon 310, 356, 357, 377, 379, 410, 417, 499, 508, 565, 597, 664

고메스, 에디Eddie Gomez 524

고야마 기요시小山清史 535

고어스, 레슬리Leslie Gourse 122

고트, 토미Tommy Gott 164

고트초크, 루이 모로Louis Moreau Gottchalk 15

고팔나쓰, 카드리Kadri Gopalnath 741

고팽, 로베르Robert Goffin 162, 304, 735

곤살베스, 폴Paul Gonsalves 340, 344, 346

골드켓, 진Jean Goldkette 156, 159~163, 258, 261

골슨, 베니Benny Golson 529, 556~558

구루Guru 642

구르지예프, 게오르기G. I. Gurdjieff 654

구스타트, 조셉Joseph Gustat 395

구약 밴드Old Testament band 471

구이자르, 티토Tito Guízar 389

국립 공영 라디오National Public Radio(NPR) 735

굴다, 프리드리히Friedrich Gulda 441, 737

굴드, 글렌Glenn Gould 115, 702

굴드, 모튼Morton Gould 245

굴린, 라스Lars Gullin 737

굿맨, 베니Benny Goodman 40, 73, 83, 118, 138~140, 144, 145, 148, 152, 154, 155, 162, 190, 194, 195, 224, 238, 243~252, 254~260, 262~265, 267~277, 279, 282, 291, 293, 303, 310, 313, 319, 323, 334, 341, 351, 357, 372, 379, 385, 386, 408, 449, 451~454, 460, 472, 478, 549, 661, 668, 677

굿맨, 앨리스Alice Goodman 248

그라이스, 지지Gigi Gryce 558

그라펠리, 스테판Stéphane Grappelli 305, 307, 661

그란츠, 노먼Norman Granz 187, 401~403, 442, 662, 663

그래머시 파이브Gramercy Five 265

그래미 상Grammy Award 476, 477, 609, 630, 669, 721, 722, 756, 762, 768, 770

그래팅어, 밥Bob Graettinger 466, 467, 595

그랜드 믹서 DXT Grand Mixer DXT 640

그랜드 오페라 하우스Grand Opera House 63

그레나디어, 래리Larry Grenadier 711

그레이, 글렌Glen Gray 258

그레이, 워델Wardell Gray 279, 384, 453, 471, 508, 565

그레이브스, 밀포드Milford Graves 617

그레이트풀 데드Grateful Dead 696

그레인저, 퍼시Percy Grainger 233

그레코, 쥘리에트Juliette Gréco 509

그로페, 퍼디Ferde Grofé 163~165
그룬츠, 게오르크George Gruntz 734
그리어, 소니Sonny Greer 160, 214, 289, 334, 340, 610
그리핀, 조니Johnny Griffin 426, 556, 565
그린, 그랜트Green Grant 568, 569
그린, 베니Benny Green 720
그린, 프레디Freddie Green 254, 291, 295, 342, 471
극장주 공연 주선사Theatre Owner's Booking Agency (TOBA) 38, 39
글래스, 필립Philip Glass 694
글래스퍼, 로버트Robert Glasper 767, 768
글레이저, 조Joe Glaser 124, 126, 243, 292, 293
글렌빌-힉스, 페기Peggy Glanville-Hicks 655
기네스북Guiness World Records 586
기딘스, 게리Gary Giddins 92, 103, 494
기번, 에드워드Edward Gibbon 14
기틀러, 아이라Ira Gitler 427, 428
기포드, 진Gene Gifford 258
길레스피, 디지Dizzy Gillespie 123, 155, 266, 267, 271, 276, 308, 309, 354, 356, 357, 365~381, 385~392, 396, 397, 399, 400, 402, 403, 405, 410, 416, 417, 420, 421, 437, 442, 453, 454, 456, 472, 487, 494, 496, 509, 512, 513, 550, 557, 575, 576, 661, 662, 668, 670, 700, 744
길모어, 존John Gilmore 470, 513
깁스, 테리Terry Gibbs 473, 536
깁슨, 앤디Andy Gibson 454

나바로, 패츠Fats Navarro 386, 387, 396, 397, 453, 509, 550
나시멘투, 밀톤Milton Nascimento 634, 745, 770
나이들링어, 뷰엘Buell Neidlinger 611, 612
나폴레옹Napoleon 16
내셔널 재즈 앙상블National Jazz Ensemble 667
낸튼, 트리키 샘Tricky Sam Nanton 216, 227, 334
너바나Nirvana 701, 768
넌서치Nonesuch (레코드 레이블) 701
네브, 제프Jef Neve 734
네스빗, 존John Nesbitt 204
네토, 프랭크Frank Netto 71
네퍼, 지미Jimmy Knepper 474, 582
넬슨, 루이Louis Nelson 104
넬슨, 올리버Oliver Nelson 540, 558, 560, 716
넬슨, 윌리Willie Nelson 676, 754

노리스, 월터Walter Norris 474, 601
노먼, 진Gene Norman 549
노버스Novus (레코드 레이블) 679
노블, 레이Ray Noble 738
누스, 헤르베르트Herbert Nuss 734
눈, 지미Jimmie Noone 73, 86, 118, 246, 374
뉴 브랙스턴 하우스New Braxton House (레코드 레이블) 694
뉴 제너레이션 재즈 오케스트라New Generation Jazz Orchestra 721
뉴먼, 데이비드 "팻헤드"David "Fathead" Newman 598
뉴먼, 제리Jerry Newman 187, 373, 421
뉴먼, 조Joe Newman 321
뉴본, 피니어스Phineas Newborn 441
뉴올리언스 리듬 킹스New Orleans Rhythm Kings 82, 88, 89, 132, 104, 144, 152
뉴올리언스 아울스New Orleans Owls 71
뉴올리언스 필하모닉New Orleans Philharmonic 669
뉴욕 재즈 레퍼토리 컴퍼니New York Jazz Repertory Company 667
뉴욕 컨템퍼러리 파이브New York Contemporary Five 617
뉴턴, 프랭키Frankie Newton 454
뉴포트 재즈 페스티벌Newport Jazz Festival
니콜스, 레드Red Nichols 149, 160
니콜스, 허비Herbie Nichols 431~433
니콜슨, 스튜어트Stuart Nicholson 317, 726
니콜슨, 잭Jack Nicholson 752
니하우스, 레니Lennie Niehaus 466, 506
닉슨, 리차드Richard Nixon 347

다니엘손, 팔레Palle Danielsson 654
다렌스버그, 조Joe Darensbourg 157
다이얼Dial (레코드 레이블) 333, 381, 383, 397~400
다크 클라우즈 오브 조이Dark Clouds of Joy 283
닥 세버린슨Doc Severinsen 472
닥 쿡Doc Cooke 118
단코, 해럴드Harold Danko 474
달러 브랜드Dollar Brand 746
달링스 오브 리듬Darlings of Rhythm 296
대니얼스, 에디Eddie Daniels 474
대럴, 리R. D. Darrell 232
대머런, 태드Tadd Dameron 386, 387, 416, 508, 509,

551, 558

더글라스, 데이브Dave Douglas 699, 700

더니건, 도로시Dorothy Donegan 412, 441

더들리, 베시Bessie Dudley 235

더럼, 에디Eddie Durham 237, 288

더스크, 맷Matt Dusk 756

더트리, 샘Sam Dutrey 93

더트리, 오노레Honoré Dutrey 91, 97

더프티, 빌Bill Dufty 323

데 루시아, 파코Paco de Lucia 632

데뷔Debut (레코드 레이블) 576

데스두메, 매미Mamie Desdoume 68

데스먼드, 폴Paul Desmond 447, 448, 506, 507, 646

데이, 도리스Doris Day 449

데이비스, 리차드Richard Davis 474

데이비스, 마일즈Miles Davis 109, 195, 312, 322,
    377, 382, 392~395, 397, 399, 437, 471, 486~492,
    494, 495, 500, 502, 505, 508~522, 525~527, 545,
    550, 561, 563, 564, 567, 574, 584~590, 596,
    625~630, 632, 633, 643, 644, 653, 667, 670,
    672~675, 683, 694, 713, 736, 768

데이비스, 어니스틴 "타이니"Ernestine "Tiny" Davis
    297

데이비스, 에디 "락조" Eddie "Lockjaw" Davis 386,
    471, 565, 566, 695

데이비스, 에디 "락조"Eddie "Lockjaw" Davis 386,
    695

데이비스, 와일드 빌Wild Bill Davis 471

데이비스, 프랜시스Francis Davis 675

데이비슨, 와일드 빌Wild Bill Davison 485

데일리, 앨버트Albert Dailey 498

데카Decca (레코드 레이블) 276, 293, 294, 321363,
    465, , 662

도널드슨, 루Lou Donaldson 564

도럼, 케니Kenny Dorham 392, 397, 553, 554

도시 브라더스Dorsey Brothers 260, 261

도시, 지미Jimmy Dorsey 260~262

도시, 토미Tommy Dorsey 180, 237, 260~263, 368

도제트, 빌Bill Doggett 566

도즈, 베이비Baby Dodds 62, 82

도즈, 조니Johnny Dodds 82, 91, 112, 137

도지언, 제리Jerry Dodgion 474

돌피, 에릭Eric Dolphy 499, 502, 507, 538~541, 560,
    562, 575, 579, 585, 586, 597, 604, 695

듀크, 조지George Duke 639

드 럭스 싱커페이터즈De Luxe Syncopators 280

드 와일드, 로랑Laurent de Wilde 734

드 쾨니히스바르터, 파노니카Pannonica de
    Koenigswarter 407, 431

드레이크, 닉Nick Drake 710

드레이크Drake 770

드루, 케니Kenny Drew 419, 545

드리베라, 파키토Paquito D'Rivera 744

드림랜드 볼룸Dreamland Ballroom 136

드뷔시, 클로드Debussy, Claude 306, 658, 444, 488,
    518, 538, 574, 733

드조넷, 잭Jack DeJohnette 548, 642, 651, 653, 654,
    658, 696

드카를로, 토미Tommy DeCarlo 460

드프란체스코, 조이Joey DeFrancesco 568

드프랑코, 버디Buddy DeFranco

들로네, 샤를Charles Delaunay 304, 735

디 메올라, 알Al Di Meola 631

디 오케스트라The Orchestra 473

디럭스 멜로디 보이즈Deluxe Melody Boys 283

디럭스 싱커페이터즈De Luxe Syncopators 280

디즈니, 월트Walt Disney 501

디지Dee Gee (레코드 레이블) 403

디커슨, 캐롤Carroll Dickerson 116, 118

디트로이트 창의적 음악가 협회Detroit Creative
    Musicians Association 684

딕슨, 빌Bill Dixon 617

딕시 세러네이더즈Dixie Serenaders 281

딕시 스윗하츠Dixie Sweethearts 296

딕시 싱커페이터스Dixie Syncopators 98

딕시 오케스트라Dixie Orchestra 281

딘, 제임스James Dean 141

딜런, 밥Bob Dylan 700, 762

라 바버라, 조Joe La Barbera 524

라가스, 헨리Henry Ragas 72

라디오 빅 밴드Radio Big Band(덴마크) 740

라디오 빅 밴드Radio Big Band(프랑크푸르트) 740

라디오헤드Radiohead 710, 767

라로카, 닉Nick LaRocca 70~72, 74, 130, 131

라마, 켄드릭Kendrick Lamar 722, 749

라바, 엔리코Enrico Rava 651, 732

라번, 앤디Andy LaVerne 498, 526

라벨, 모리스Maurice Ravel 305, 306, 351, 491, 518,
    538, 574, 724, 733

라비 샹카Ravi Shankar 740, 753
라스웰, 빌Bill Laswell 646
라우브록, 잉그리드Ingrid Laubrock 732
라우스, 찰리Charlie Rouse 431
라이스, 일라이Eli Rice 281
라이언, 앨프레드Alfred Lion 416, 422, 566
라이트 크러스트 도우보이즈Light Crust Doughboys 282
라이트, 유진Eugene Wright 448
라이트닝 홉킨스Lightnin' Hopkins 283
라이트하우스 올 스타즈Lighthouse All-Stars 549, 551
라이트하우스The Lighthouse 500, 511, 600
라이프타임Lifetime 630, 632
라이히, 스티브Steve Reich 651, 694
라인샤겐, 허먼Herman Rheinschagen 575
라인하르트, 장고Django Reinhardt 304, 306, 307, 726, 738
라트로브, 벤자민Benjamin Latrobe 10
라파로, 스콧Scott LaFaro 522, 523, 585, 604
래니건, 짐Jim Lanigan 144
래드니어, 토미Tommy Ladnier 106, 107
래번, 보이드Boyd Raeburn 148, 453
랜드, 해럴드Harold Land 426, 500, 552
램, 조셉Joseph Lamb 47, 51, 173
램버트, 데이브Dave Lambert 402
램버트, 도널드Donald Lambert 178
랭, 에디Eddie Lang 139, 156, 159~161
러니언, 데이먼Damon Runyon 178
러드, 로즈웰Roswell Rudd 617
러셀, 레온Leon Russell 630
러셀, 로스Ross Russell 381, 383, 384, 398
러셀, 루이스Luis Russell 123
러셀, 빌Bill Russell 59
러셀, 조지George Russell 391, 518, 540
러셀, 피 위Pee Wee Russell 134, 146~148, 152, 484, 485, 687
러싱, 지미Jimmy Rushing 288, 292
러키, 밀린더Lucky Millinder 375, 420
러핀, 레베카Rebecca Ruffin 361
런던 심포니 오케스트라London Symphony Orchestra 607
런스포드, 지미Jimmie Lunceford 236, 237, 239, 262, 387, 609
레논, 존John Lennon 316

레드 노보Red Norvo 153~155, 268, 457, 575, 576
레드 핫 페퍼스Red Hot Peppers 77, 80~82, 89
레드먼, 돈Don Redman 190, 195~197, 199~206, 230, 280, 283, 351, 477, 490
레드먼, 듀이Dewey Redman 715
레드먼, 조슈아Joshua Redman 635, 715, 716, 720
레드크로스, 밥Bob Redcross 363
레비, 루Lou Levy 457
레비, 존John Levy 321
레스 폴Les Paul 772
레스 하이트Les Hite 281
레이니, 마Ma Rainey 37, 38, 42, 292
레이니, 오버튼Overton Rainey 185
레이니, 지미Jimmy Raney 496
레이니, 파Pa Rainey 37
레이디 가가Lady Gaga 761
레이시, 스티브Steve Lacy 534, 687
레이크 포레스트 아카데미Lake Forest Academy 131, 132
레이크, 올리버Oliver Lake 689, 696
레인, 파파 잭Papa Jack Laine 70, 73
레지나, 엘리스Elis Regina 745
레진스키, 도라Dora Rezinsky 245
레하르, 프란츠Franz Lehár 163
로드니, 레드Red Rodney 392
로드리고, 호아킨Joaquin Rodrigo 515
로리어스, 나탈리Nathalie Loriers 734
로맥스, 앨런Alan Lomax 11, 19, 74, 75, 84, 113
로맥스, 존John Lomax 11
로바노, 조Joe Lovano 702, 714, 715, 770
로버츠, 러키Luckey Roberts 117
로버츠, 마커스Marcus Roberts 671, 674
로버츠, 존 스톰John Storm Roberts 24
로버트슨, 주Zue Robertson 78
로벳, 라일Lyle Lovett 650
로브슨, 폴Paul Robeson 223
로비쇼, 존John Robichaux 65~67
로빈슨, 빌 "보쟁글스"Bill "Bojangles" Robinson 181
로빈슨, 프린스Prince Robinson 198
로솔리노, 프랭크Frank Rosolino 467
로스, 알론조Alonzo Ross 280
로스, 플로리안Florian Ross 734
로스, 휴버트Hubert Laws 646
로슨, 양크Yank Lawson 260
로시, 호르헤Jorge Rossy 711

로얄, 마셜Marshall Royal 471
로얄, 어니Ernie Royal 471
로어리, 로버트Robert Lowery 550
로이드, 찰스Charles Lloyd 653, 702
로이스, 앨런Alan Reuss 252
로저스, 리차드Richard Rodgers 188, 376, 503
로저스, 쇼티Shorty Rogers 452, 457, 461, 462, 467,
  500, 502, 504, 507
로치, 맥스Max Roach 309, 343, 378, 397, 405, 415,
  417, 425, 426, 437, 489, 492, 545, 547, 549~553,
  576, 597, 642
로치포드, 세브Seb Rochford 729
로크, 앨런Alain Locke 222
로퍼, 신디Cyndi Lauper 663
로페즈, 빈센트Vincent Lopez 201, 309
로폴로, 레온Leon Roppolo 73, 88, 105, 138
롤라팔루자Lollapalooza 763
롤랜드, 진Gene Roland 460
롤리니, 에이드리언Adrian Rollini 148, 149
롤린스, 소니Sonny Rollins 207, 310, 364, 386, 403,
  409, 410, 425, 426, 429, 431, 471, 475, 496, 510,
  513~515, 522, 533, 542~549, 552, 560, 563, 564,
  597, 665, 678, 695, 700
롤링 스톤즈Rolling Stones 33, 346
롤즈, 지미Jimmy Rowles 279, 321, 457, 498
루골로, 피트Pete Rugolo 465
루빈스타인, 아르투르Arthur Rubinstein 444
루소, 빌Bill Russo 435, 466
루웨케, 리오넬Lionel Loueke 746
루이스, 데이비드 레버링David Levering Lewis 170
루이스, 램지Ramsey Lewis 564
루이스, 멜Mel Lewis 473~475
루이스, 미드 럭스Meade Lux Lewis 182
루이스, 제리 리Jerry Lee Lewis 462
루이스, 조지George Lewis (클라리넷) 483, 489
루이스, 조지George Lewis (트롬본) 772
루이스, 존John Lewis 53, 412, 419, 491, 492, 494,
  540, 602
루터, 클로드Claude Luter 485
루프 콜렉티브Loop Collective 739
르블랑, 댄Dan LeBlanc 71
리, 페기Peggy Lee 449
리버레이션 뮤직 오케스트라Liberation Music
  Orchestra 687
리버사이드Riverside (레코드 레이블) 420, 426, 429,

431, 518, 569
리버스, 샘Sam Rivers 521, 572, 608, 697
리브, 산드라Sandra Lieb 35
리브먼, 데이브Dave Liebman 714
리브스, 다이앤Dianne Reeves 667
리빙스턴, 퍼드Fud Livingston 251
리스, 로이드Lloyd Reese 538, 575
리스, 진Gene Lees 189, 441, 525
리스트, 프란츠Franz Liszt 163, 444
리차드슨, 제롬Jerome Richardson 474
리차드슨, 챈Chan Richardson 405
리차즈, 조니Johnny Richards 466
리치, 버디Buddy Rich 262, 402, 415, 417, 473
리치먼드, 대니Dannie Richmond 583
리턴 투 포에버Return to Forever 629
리트와일러, 존John Litweiler 619
리틀, 부커Booker Little 540, 553, 585
리틀턴, 험프리Humphrey Lyttelton 485
리퍼튼, 미니Minnie Riperton 571
리프먼, 조Joe Lippman 251
리핑턴스The Rippingtons 648
린, 셸비Shelby Lynne 650
린드, 제니Jenny Lind 63
린드버그, 찰스Charles Lindbergh 224
린스, 이반Ivan Lins 745
린지, 존John Lindsay 82
림스키-코르사코프, 니콜라이Nikolai Rimsky-
  Korsakov 261
링컨 가든스Lincoln Gardens 88, 91, 92, 136, 144
링컨 센터Lincoln Center 675, 580
링컨, 애비Abbey Lincoln 553

마돈나Madonna 700, 770
마르쿠제, 허버트Herbert Marcuse 618
마르텔, 샤를Charles Martel 13
마리아노, 찰스Charles Mariano 410, 466
마마로사, 도도Dodo Marmarosa 381, 384, 419, 454
마사다Masada 699
마살리스, 델피요Delfeayo Marsalis 679
마살리스, 브랜포드Branford Marsalis 548, 561, 670,
  578
마살리스, 엘리스Ellis Marsalis 668, 673
마살리스, 윈튼Wynton Marsalis 53, 550, 560~562,
  661, 664, 668, 670~681, 713, 722
마세로, 테오Teo Macero 627, 644

마세켈라, 휴Hugh Masekela 746
마셜, 아서Arthur Marshall 46
마쉬, 원Warne Marsh 437, 438, 524
마스, 브루노Bruno Mars 770
마운드 시티 블루 블로워스Mound City Blue Blowers
 302
마이어스, 마크Marc Myers 760
마일리, 버버Bubber Miley 215~220, 231
마일스톤Milestone (레코드 레이블) 530, 563
마치토Machito 389, 390, 744
마코비츠, 애덤Adam Makowicz 441, 679
마퀴스, 도널드Donald Marquis 58,
마틴, 딘Dean Martin 501
마틴, 빌리Billy Martin 646
마하비쉬누 오케스트라Mahavishnu Orchestra 629,
 632, 639, 640, 646
마한타파, 루드레쉬Rudresh Mahanthappa 741, 742
말넥, 매티Matty Malneck 165, 201
말라키 페이버즈Malachi Favors 690
말리, 밥Bob Marley 571
말리, 지기Ziggy Marley 650
매넌, 조지프 매튜 "윙이"Joseph Matthews "Wingy"
 Manone 150
매든, 오우니Owney Madden 226
매러블, 페이트Fate Marable 81, 93
매캐슬린, 도니Donny McCaslin 718
매캔, 레스Les McCann 564
매캔들리스, 폴Paul McCandless 656
매컬록, 빌Bill McCulloch 31
매케나, 데이브Dave McKenna 462
매코넬, 롭Rob McConnell 473
매콜, 스티브Steve McCall 688
매크레이, 카르멘Carmen McRae 666
매클러플린, 존John McLaughlin 567
매클린, 재키Jackie McLean 322, 409, 556, 572, 587,
 664
매키니즈 코튼 피커스McKinney's Cotton Pickers
 203, 204, 280, 662
매키번, 알Al McKibbon 391
매킨지-컨던 시카고언스McKenzie-Condon
 Chicagoans 144
매튜스, 빌Bill Matthews 67
매튜스, 아티Artie Matthews 47
맥그리거, 크리스Chris McGregor 746
맥그리프, 지미Jimmy McGriff 564

맥기, 하워드Howard McGhee 383
맥닐리, 짐Jim McNeely 474, 498, 526
맥더프, 브라더 잭"Brother" Jack McDuff 564
맥도널드, 줄리Julie MacDonald 405
맥밀런, 빅Vic McMillan 381
맥샨, 제이Jay McShann 290, 359, 361, 363
맥파틀랜드, 딕Dick McPartland 146
맥파틀랜드, 매리언Marian McPartland 297, 717, 735,
 737
맥파틀랜드, 지미Jimmy McPartland 143, 145, 484
맥팔레인, 자라Zara McFarlane 730
맥퍼린, 바비Bobby McFerrin 750~752, 766
맥퍼린, 테일러Taylor McFerrin 766
맨, 셸리Shelly Manne 426, 502, 546, 549
맨델, 조니Johnny Mandel 462, 558,
맨시니, 헨리Henry Mancini 558
맨지오니, 척Chuck Mangione 647
맨틀러, 마이클Michael Mantler 684
맨해튼 리서치Manhattan Research 772
맨해튼 트랜스퍼Manhattan Transfer 667
맬컴 엑스Malcolm X 595
머리, 데이비드David Murray 695, 696, 720
머리, 돈Don Murray 160
머리, 서니Sunny Murray 621, 622
머리, 앨버트Albert Murray 658, 659, 674
머서, 조니Johnny Mercer 663
머큐리 상Mercury Prize 731
머피, 스퍼드Spud Murphy 251, 272
머피, 터크Turk Murphy 484
먼디, 지미Jimmy Mundy 251, 272, 374
먼로, 메릴린Marylin Monroe 316
먼로, 지미Jimmy Monroe 320
먼로, 클라크Clark Monroe
먼로스 업타운 하우스Clark Monroe's Uptown House
 367, 371~373, 378, 454
멀리건, 제리Gerry Mulligan 148, 312, 409, 426, 466,
 487, 488, 490, 492, 496, 500, 502, 503, 508, 661
메뉴힌, 예후디Yehudi Menuhin 305, 723
메데스키 마틴 앤드 우드Medeski Martin & Wood
 645
메데스키, 존John Medeski 568, 645, 646
메리 루 윌리엄스 재즈 페스티벌Mary Lou Williams
 Jazz Festival 296
메리 루 윌리엄스 흑인 문화 센터Mary Lou Williams
 Center for Black Culture 296

메스니, 팻Pat Metheny 608, 635, 636, 658, 715

메어즈, 폴Paul Mares 88

메이즈, 라일Lyle Mays 636

메즈로, 메즈Mezz Mezzrow 134

멜다우, 브래드Brad Mehldau 526, 635, 709~711, 715

모건, 로버트Robert Morgan 720

모건, 리Lee Morgan 557~559, 572

모건, 샘Sam Morgan 87

모건, 앨Al Morgan

모건, 프랭크Frank Morgan 499, 507

모네이, 자넬Janelle Monáe 770

모던 재즈 쿼텟 Modern Jazz Quartet(MJQ) 486, 491~494, 508, 545

모런, 제이슨Jason Moran 573, 701, 702, 720

모레이라, 아이르투Airto Moreira 745

모렐로, 조Joe Morello 448

모리스-그레이, 쉴라Sheila Maurice-Grey 730

모리코네, 엔니오Ennio Morricone 699

모블리, 행크Hank Mobley 521, 554, 558

모션, 폴Paul Motian 522, 585, 713, 714

모스비, 커티스Curtis Mosby 281

모에케치, 키피Kippie Moeketsi 746

모예, 돈Don Moye 690, 691

모제르, 레셰크Leszek Możdżer 734

모타운Motown 570, 622, 686

모튼, 베니Bennie Moten 286~288, 291, 292, 295, 359

모튼, 베니Benny Morton 195

모튼, 젤리 롤Jelly Roll Morton 14, 15, 43, 61, 68, 70, 71, 73~88, 97, 101, 113, 117, 119, 136, 137, 174, 220, 241, 269, 285, 327, 389, 483, 578, 676, 729, 733, 743

몬터레이 재즈 페스티벌Monterey Jazz Festival 456, 602, 721

몬톨리우, 테테Tete Montoliu 664, 733

몬하잇, 제인Jane Monheit 756

몰, 미프Miff Mole 149, 151, 160, 484

몰베르, 닐스 페터Nils Petter Molvaer 732

몽고메리, 몽크Monk Montgomery 569

몽고메리, 버디Buddy Montgomery 559

몽고메리, 웨스Wes Montgomery 559, 569, 570, 630, 636

몽크, 셀로니어스Thelonious Monk

무소, 비도Vido Musso 268

무어, 그랜트Grant Moore 281

무어, 글렌Glen Moore 656

무어, 브루Brew Moore 314

뮤즈Muse (레코드 레이블) 664

므라즈, 조지George Mraz 474

미국 음악가 연맹American Federation of Musicians 45, 276, 335

미국 음악원American Conservatory of Music435

미란다, 카르멘Carmen Miranda 389

미요, 다리위스Darius Milhaud 447

미주리언즈Missourians 233, 281

미첼, 레드Red Mitchell 329, 601

미첼, 로버트Robert Mitchell 734

미첼, 로스코Roscoe Mitchell 148, 684, 685, 690

미첼, 조니Joni Mitchell 584, 636, 638, 770

미첼, 조지George Mitchell 80, 82

민튼스 플레이하우스Minton's Playhouse 267, 275, 367, 371~373, 395, 413, 420, 422, 454

밀드레드 베일리Mildred Bailey 122, 154

밀러, 글렌Glenn Miller 277, 278, 443, 449, 472

밀러, 마커스Marcus Miller 643

밀러, 아네트Annette Miller 122

밀러, 에디Eddie Miller 260

밀스, 어빙Irving Mills 221, 234, 243

밀스, 플로렌스Florence Mills 223

밍거스 다이내스티Mingus Dynasty 584

밍거스 빅 밴드Mingus Big Band 717

밍거스, 찰스Charles Mingus 53, 155, 329, 343, 378, 383, 405, 407, 472, 499, 539, 573~585, 597, 661, 667, 696, 697

바넷, 찰리Charlie Barnet 453~456

바두, 에리카Erykah Badu 768

바라카, 아미리Amiri Baraka 571, 595, 696

바레스, 바질Basile Barès 15

바레즈, 에드가Edgard Varèse 358, 404, 540

바르트, 롤랑Roland Barthes 681

바리시니코프, 미하일Mikhail Baryshnikov 616

바버, 새뮤얼Samuel Barber 655

바버, 크리스Chris Barber 485

바버, 패트리샤Patricia Barber 755

바버린, 폴Paul Barbarin 59

바시레프스키, 마르친Marcin Wasilewski 734

바우사, 마리오Mario Bauzá 369, 371, 388, 389, 744

바우어, 빌리Billy Bauer 435, 456

바이더벡, 레온 빅스Leon Bix Beiderbecke 130~137,
145, 146, 149, 153, 157, 159, 162, 163~168, 190,
216, 218, 241, 246, 247, 270, 302, 312, 354, 398,
483
바이더벡, 찰스Charles Beiderbecke 130
바이라흐, 리치Richie Beirach 526
바이어드, 재키Jaki Byard 586
바이어스, 돈Don Byas 309
바일, 쿠르트Kurt Weill 543
바커, 대니Danny Barker 668
바티스트, 앨빈Alvin Batiste 668
바흐, 요한 제바스티안Johann Sebastian Bach 305,
347, 655, 702
반 엡스, 조지George Van Eps 252
발레, 루디Rudy Vallee 244, 360
발리엣, 휘트니Whitney Balliett 146
배드 플러스The Bad Plus 701
배런, 케니Kenny Barron 679
배빗, 밀턴Milton Babbitt 596, 701
배스, 랠프Ralph Bass 356
밴 휴즌, 지미Jimmy Van Heusen 362
밸러드, 제프Jeff Ballard 631, 711
뱅가드 재즈 오케스트라Vanguard Jazz Orchestra
474
뱅가드Vanguard (레코드 레이블) 657
버드, 도널드Donald Byrd 556, 585, 642
버라이어티 극장Varieties Theatre 63
버렐, 케니Kenny Burrell 568
버르토크, 벨러Béla Bartók 245, 271, 273, 274, 351,
404, 518, 609, 655
버먼, 소니Sonny Berman 456, 459
버브Verve (레코드 레이블) 267, 321, 416, 442, 461,
646, 662, 663, 679
버크너, 밀트Milt Buckner 437, 443
버클리 음대Berklee College of Music 635, 717,
720~722
버터필드, 빌리Billy Butterfield 260
버튼, 게리Gary Burton 305, 526, 657, 658, 687
버튼, 랠프Ralph Berton 165
버틀러, 프랭크Frank Butler 500
버틀러, 헨리Henry Butler 679
번, 팀Tim Berne 698
번스타인, 레너드Leonard Bernstein 127, 603
번즈, 랠프Ralph Burns 454, 456
벌린, 어빙Irving Berlin 50, 188, 234, 254, 376, 497,

663
벌린, 이사야Isaiah Berlin 682
베네디티, 딘Dean Benedetti 401, 576
베넷, 토니Tony Bennett 666, 761
베누아, 데이비드David Benoit 648
베누티, 조Joe Venuti 139, 149, 156, 161, 247
베렌트, 요아힘Joachim Berendt 632
베르사체, 게리Gary Versace 568
베르치, 닉Nik Bärtsch 732
베리 베리 서커스Very Very Circus 688
베리, 빌Bill Berry 473, 474
베리, 추Chu Berry 154, 195, 301, 308, 542
베리건, 버니Bunny Berigan 154, 261, 268
베리룬드, 단Dan Berglund 738
베베른, 안톤Anton Webern 538, 693, 699
베셀토프트, 부게Bugge Wesseltoft 734
베셰이, 시드니Sidney Bechet 12, 13, 69, 70, 86, 87,
95, 103~108, 110, 118, 125, 157, 198, 217, 241, 276,
304, 354, 483, 485, 486, 734
베이브 루스Babe Ruth 100
베이시, 카운트Count Basie 162, 178, 182, 204, 217,
254, 277, 284~286, 288~296, 301, 312, 313, 320,
342, 356, 360, 361, 387, 399, 411, 440, 442, 449,
452, 454, 469~472, 474, 491, 565, 661~663, 694
베이어스도퍼, 조니Johnny Bayersdorffer 70
베이츠, 장고Django Bates 734
베이커, 도로시Dorothy Baker 157
베이커, 진저Ginger Baker 701
베이커, 쳇Chet Baker 433, 498, 503, 504, 507, 522,
646, 732, 733
베이커, 해럴드 "쇼티"Harold "Shorty" Baker
베이커, 해럴드Harold Baker 281, 395
베일리, 버스터Buster Bailey 246
베일리, 빌Bill Bailey 235
베일리, 펄Pearl Bailey 204
베케, 조지George Baquet 104
베토벤Beethoven 278, 574, 652
벡, 고든Gordon Beck 734
벤슨, 조지George Benson 588, 630, 646
벨든, 밥Bob Belden 741
벨로주, 카이타누Caetano Veloso 745
벨슨, 루이Louie Bellson 340
벨즈, 타이니Tiny Bells 699
벨포드, 조Joe Belford 293
보가트, 험프리Humphrey Bogart 141

보나노, 샤키Sharkey Bonano 70
보스 브라스Boss Brass 473
보스터니언스Bostonians 300
보울스, 폴Paul Bowles 336
보위, 데이비드David Bowie 477, 761
보위, 레스터Lester Bowie 684, 690
보이드, 모지스Moses Boyd 730
보이저 소프트웨어Voyager software 772
보케이지, 피터Peter Bocage 67
보크, 리차드Richard Bock 501
본, 사라Sarah Vaughan 208, 315, 375~377, 387, 662
본, 스티비 레이Stevie Ray Vaughan 31
볼니, 미하엘Michael Wollny 734
볼든, 찰스 "버디"Charles "Buddy" Bolden 13, 58,
   59, 65~72, 90, 101, 105, 210, 376, 482, 625, 665
볼라니, 스테파노Stefano Bollani 734
볼랜드, 프랜시Francy Boland 509
볼링, 클로드Claude Bolling 734
볼튼, 두프리Dupree Bolton 500
부블레, 마이클Michael Bublé 756
부세, 헨리Henry Busse 164
불랑제, 나디아Nadia Boulanger 652
뷰캐넌, 엘우드Elwood Buchanan 394
브라우드, 웰먼Wellman Braud 329
브라운 대 교육위원회Brown v. Board of Education
   593
브라운, 레스Les Brown 472
브라운, 레이Ray Brown 492, 546, 662
브라운, 로렌스Lawrence Brown 231, 329, 340
브라운, 스티브Steve Brown 160, 163
브라운, 제임스James Brown 571, 588
브라운, 클리포드Clifford Brown 386, 549, 552, 669,
   673
브라운-로치 퀸텟Brown - Roach Quintet 545, 597
브라운스우드Brownswood (레코드 레이블) 727
브라이언트, 레이Ray Bryant 564
브라프, 루비Ruby Braff 665
브라프, 말콤Malcolm Braff 734
브란도, 말론Marlon Brando 141
브래드포드, 바비Bobby Bradford 689
브래디, 폴린Pauline Braddy 297
브래킨, 조앤Joanne Brackeen 498
브랙스턴, 앤서니Anthony Braxton 148, 623, 684,
   685, 687, 691~695, 719
브런즈윅Brunswick (레코드 레이블) 123, 235, 318

브레인피더Brainfeeder (레코드 레이블) 765
브레커 브라더스Brecker Brothers 636, 637
브레커, 랜디Randy Brecker 636
브레커, 마이클Michael Brecker 636
브로, 레니Lenny Breau 526
브로드벤트, 앨런Alan Broadbent 526
브로드웨이 싱커페이터스Broadway Syncopators
   195
브론슨, 아트Art Bronson 300
브뢰너, 틸Till Brönner 732
브뢰커, 빌렘Willem Breuker 689
브루니스, 조지George Brunis 485
브루벡, 데이브Dave Brubeck 184, 412, 440, 441,
   448, 502, 507, 508, 597, 609, 661
브룩마이어, 밥Bob Brookmeyer 474, 476
브룩스, 듀크Duke Brooks 395
브룩스, 마이클Michael Brooks 157
브릭스, 피트Pete Briggs 114
블라운트, 허먼Herman Blount(선 라Sun Ra) 467,
   468
블라이스, 아서Arthur Blythe 680, 697
블랙 사바스Black Sabbath 701
블랙 세인트Black Saint (레코드 레이블) 694, 696,
   697, 727
블랙 스완Black Swan (레코드 레이블) 194
블랙 코드Black Code 64
블랙웰, 에드Ed Blackwell 604
블랜차드, 테런스Terence Blanchard 560
블랜튼, 지미Jimmy Blanton 326, 328, 329, 332, 334,
   356, 372, 374, 576
블러드 스웻 앤드 티어스Blood, Sweat & Tears 563,
   636~638
블러썸 디어리Blossom Dearie 736
블레쉬, 루디Rudi Blesh 53
블레이, 칼라Carla Bley 683, 686
블레이, 폴Paul Bley 310, 502, 526, 601, 617
블레이어, 아치Archie Bleyer 205
블레이크, 윌리엄William Blake 689
블레이크, 유비Eubie Blake 51, 178, 223
블레이키, 아트Art Blakey 195, 377, 426, 551,
   554~556, 558, 560, 561, 572, 636, 642, 653, 661,
   669, 670, 732
블루 노트Blue Note (레코드 레이블) 107, 409, 416,
   417, 420~422, 499, 540, 545, 556, 557, 563, 564,
   566, 572, 573, 586, 613, 634, 641, 642, 645, 713,

721, 722, 761
블루 데블스Blue Devils 287, 288
블루 스틸 앤드 히스 오케스트라Blue Steele and His
  Orchestra 281
블루 포Blue Four 149
블루 프라이어스Blue Friars 144
블루멘탈, 밥Bob Blumenthal 542
블루버드Bluebird (레코드 레이블) 308
블룸, 제인 아이라Jane Ira Bloom 680
블뤼엣, 헤미엣Hamiet Bluiett 689, 696, 697
비가드, 바니Barney Bigard 220, 228, 334
비네거, 르로이Leroy Vinnegar 559
비다코비치, 핑키Pinky Vidacovich 71
비버, 저스틴Justin Bieber 770
비숍, 월터Walter Bishop 419
비외른스타드, 케틸Ketil Bjørnstad 734
비지스Bee Gees 701
비커트, 에드Ed Bickert 507
비투스, 미로슬라프Miroslav Vitous 631
비틀즈Beatles 115, 127, 497, 570, 709, 761
빅터Victor (레코드 레이블) 72, 73, 82, 123, 235, 280,
  286, 297, 331, 333, 339, 342
빈터, 닐스Nils Winther 664
빌리 로즈의 뮤직 홀Billy Rose's Music Hall 248
빌리 킹의 로드 쇼Billy King's Road Show 287
빌리지 뱅가드Village Vanguard 473, 474, 506, 523,
  532, 547, 563, 606, 714, 715

사보이 볼룸Savoy Ballroom 107, 223, 224, 237, 238,
  369, 395
사보이Savoy (레코드 레이블) 109, 333, 379, 380,
  396, 397, 400, 499
사이먼, 에드워드Edward Simon 718
사이먼, 조지George Simon 296
사이먼, 폴Paul Simon 636, 709, 710
사전트, 윈스롭Winthrop Sargeant 490, 491
삭스, 아돌프Adolphe Sax 197, 542, 620
산타마리아, 몽고Mongo Santamaría 744
살방, 세실 매클로린Cécile McLorin Salvant 722,
  756, 757
새터필드, 톰Tom Satterfield 165
색소폰 서밋Saxophone Summit 714
샌더스, 파로아Pharoah Sanders 605, 618
샘슨, 에드거Edgar Sampson 238, 251
샤크티Shakti 632, 740

샤프, 에디Eddie Sharpe 165
샬로프, 서지Serge Chaloff 410, 433, 460, 471
생크, 버드Bud Shank 410
서던 싱커페이티드 오케스트라Southern Syncopated
  Orchestra 103
서먼, 존John Surman 651, 737
서블렛, 네드Ned Sublette 57
서치, 데이비드David Such 619
서클Circle 631, 658, 693, 694
선 라Sun Ra 450, 467~470, 617, 711
선, 케빈Kevin Sun 717
선즈 오브 케밋Sons of Kemet 729, 731
설리번, 조Joe Sullivan 145, 260
성, 헬렌Helen Sung 720
세계 컬럼버스 만국 박람회World's Columbian
  Exposition 23, 49, 140
세고비아, 안드레스Andrés Segovia 444, 669
세미놀Seminole 178
세인트 시르, 조니Johnny St. Cyr 59, 80, 81, 112
세인트 찰스 극장St. Charles Theatre 63
세인트루이스 심포니St. Louis Symphony 395
세컨드 허드Second Herd 459~462
셀라시에, 하일레Haile Selassie 345
셀레스틴, 파파Papa Celestin 93
셰이버스, 찰리Charlie Shavers
셰이베르, 마차시Mátyás Seiber 734
셉, 아치Archie Shepp 617, 618
소노마 재즈 페스티벌Sonoma Jazz Festival 650
소리, 타이숀Tyshawn Sorey 722
소울 노트Soul Note (레코드 레이블) 699, 727
소자, 루시아나Luciana Souza 745
소터, 에디Eddie Sauter 154, 271~274, 472, 496
소터-피니건 밴드Sauter-Finegan Orchestra 472
솔랄, 마르시알Martial Solal 733
쇠프, 프란츠Franz Schoepp 246
쇤베르크, 아르놀트Arnold Schoenberg 347, 351,
  404, 449, 693
쇼, 아티Artie Shaw 263~266, 313, 320, 451, 665
쇼, 우디Woody Shaw 560~562, 665
쇼빈, 루이스Louis Chauvin 47
쇼터, 웨인Wayne Shorter 558, 560, 584, 597, 626,
  629, 633, 634, 638, 732, 770
쇼팽, 프레데리크Frédéric François Chopin 218, 220
쉬어링, 조지George Shearing 412, 437, 440, 443,
  444, 735, 737

쉴드크라우트, 데이브Dave Schildkraut 410
쉴즈, 래리Larry Shields 72, 73
쉽, 매튜Matthew Shipp 573, 711
슈, 바비Bobby Shew 475, 680
슈나이더, 마리아Maria Schneider 476~478
슈발리에, 모리스Maurice Chevalier 232
슈베르트, 프란츠Franz Schubert 206, 232, 233, 651
슈어, 다이앤Diane Schuur 498, 666
슈토크하우젠, 마르쿠스Markus Stockhausen 693,
   732
슈토크하우젠, 카를하인츠Karlheinz Stockhausen
   693
슈트라우스, 리하르트Richard Strauss 574
슐러, 군터Gunther Schuller 188, 337, 338, 347, 424,
   435, 436, 454, 492, 540, 544~546, 596, 604, 667,
   677
스눕 독Snoop Dogg 768
스미소니언 협회Smithonian Institution 478, 667
스미스, 닥터 로니Dr. Lonnie Smith 568
스미스, 로니 리스턴Lonnie Liston Smith 630
스미스, 매미Mamie Smith 36, 196, 197
스미스, 버스터Buster Smith 288, 291, 359, 361
스미스, 베시Bessie Smith 238,
스미스, 에이다 "브릭탑"Ada "Bricktop" Smith 215
스미스, 윌리 "더 라이언"Willie "The Lion" Smith
   172, 177, 289
스미스, 윌리Willie Smith (색소폰 연주자) 237, 340,
   364
스미스, 윌리엄W. O. Smith 172
스미스, 재보Jabbo Smith 123
스미스, 조Joe Smith 102, 195
스미스, 조니Johnny Smith 495
스미스, 조니 "해먼드"Johnny "Hammond" Smith
   567
스미스, 지미Jimmy Smith 564, 566, 568
스미스, 파인 탑Pinetop Smith 182
스미스, 폴Paul Smith 663
스바바로, 토니Tony Sbarbaro 72
스벤손, 에스비외른Esbjörn Svensson 738, 739
스완, 로버타Roberta Swann 494
스왈로우, 스티브Steve Swallow 657
스웻먼, 윌버Wilbur Sweatman 52
스위스 재즈 오케스트라Swiss Jazz Orchestra 740
스콧, 레이먼드Raymond Scott 772
스콧, 셜리Shirley Scott 564, 567, 585

스콧, 제임스James Scott 47, 173
스콧, 켄드릭Kendrick Scott 720
스콧, 크리스천Christian Scott 722
스콧, 토니Tony Scott 518
스콧, 헤이즐Hazel Scott 441
스타, 링고Ringo Starr 108
스타, 밀턴Milton Starr 38
스탄뉴코, 토마슈Tomasz Stańko 732
스타인, 거트루드Gertrude Stein 224
스타크, 존John Stark 47, 51
스태포드, 조Joe Stafford 449
스탠다즈 트리오Standards Trio 655
스탬, 마빈Marvin Stamm 474
스터키, 스털링Sterling Stuckey 11
스턴스, 마셜Marshall Stearns 11
스테이시, 제스Jess Stacy 252, 270
스토리빌 클럽Storyville Club 430
스토리빌Storyville 58, 59, 61, 92
스톤즈 쓰로우 레코즈Stones Throw Records (레코드
   레이블) 765
스튜어드, 허비Herbie Steward 460
스튜어트, 렉스Rex Stewart 160, 195, 334
스트라빈스키, 이고르Igor Stravinsky 349, 351, 358,
   404, 452, 458, 595, 609, 655, 699
스트라이샌드, 바브라Barbra Streisand 127
스트레이혼, 빌리Billy Strayhorn 326~328, 334, 340,
   346, 564
스트로지어, 프랭크Frank Strozier 521
스티플체이스SteepleChase (레코드 레이블) 664
스틸, 윌리엄 그랜트William Grant Still 223
스틸리 댄Steely Dan 638, 717
스팃, 소니Sonny Stitt 385, 386, 403, 417, 496, 520
스파이로 자이라Spyro Gyra 627, 647
스패니어, 먹시Muggsy Spanier 140, 150, 260, 485
스펙트, 폴Paul Specht 201
스펠먼, 앨프레드A. B. Spellman 613
스폴딩, 에스페란자Esperanza Spalding 749,
   769~771
스프링스틴, 브루스Bruce Springsteen 636
슬라이 스톤Sly Stone 571, 588, 638
슬로님스키, 니컬러스Nicolas Slonimsky 533
시나트라, 프랭크Frank Sinatra 122, 155, 341, 377,
   449, 501, 636, 679, 714, 756, 762
시드너, 도리스Doris Sydnor 405
시릴, 앤드루Andrew Cyrille 613

시먼스, 존John Simmons 275
시미언, 오머Omer Simeon 82
시슬, 노블Noble Sissle 107
시카고 아트 앙상블Art Ensemble of Chicago 73, 469, 651, 685
시카고Chicago (밴드) 637
시트벨츠The Seatbelts 715
신코티, 피터Peter Cincotti 756
실버, 호레이스Horace Silver 419, 495, 554~556, 561, 562, 564, 571~573, 609, 636, 699
실버 리프 밴드Silver Leaf Band 93
심스, 조Joe Sims 113
심스, 주트Zoot Sims 461, 467, 524, 565, 662
써드 스트림Third Stream 492, 542, 596, 650, 677, 702, 724
써드 허드Third Herd 462
썬더캣Thundercat 766
쏜힐, 클로드Claude Thornhill 487~489
쓰레드길, 헨리Henry Threadgill 688, 698
씰, 밥Bob Thiele 531, 532

아규, 다시 제임스Darcy James Argue 478
아르킬로코스Archilochus 682
아리스타Arista (레코드 레이블) 636, 694
아메리칸 극장American Theatre 63
아메리칸 재즈 오케스트라American Jazz Orchestra 494
아메리칸 쿼텟American Quartet 715
아바 라바Abba Labba 178
아이고, 소니Sonny Igoe 462
아이버슨, 이선Ethan Iverson 178, 701
아이브스, 찰스Charles Ives 700
아이어, 비제이Vijay Iyer 573, 742
아이젠하워, 드와이트Dwight D. Eisenhower 127
아이크, 마티아스Mathias Eick 733
아이허, 만프레트Manfred Eicher 650, 651, 657
아케스트라Arkestra 467, 468~470
아키요시 토시코穐吉敏子 474, 475, 743
아탈리, 자크Jacques Attali 618
아티스트쉐어ArtistShare 477
아펠바움, 피터Peter Apfelbaum 720
알다나, 멜리사Melissa Aldana 718
알렉산더, 윌러드Willard Alexander 293, 342
알렉산더, 조이Joey Alexander 725
알렌, 해럴드Harold Arlen 188, 663

알리, 라시드Rashied Ali 532
알리에, 피에르Pierre Allier 738
알메이다, 라우린도Laurindo Almeida 745
암스트롱, 루이Louis Armstrong 37, 40, 41, 66, 70, 82, 86, 87, 89~94, 96~98, 100~103, 105, 106, 108~116, 118~127, 133, 134, 151, 158, 162, 174, 195, 196, 199, 200, 202, 218, 225, 239, 250, 266, 267, 269, 276, 288, 292, 297, 302, 315, 318, 333, 349, 350, 357, 361, 369, 379, 380, 398, 410, 436, 442, 451, 455, 483, 485, 486, 575, 576, 607, 620, 649, 661, 738
암스트롱, 윌리엄William Armstrong 92
암펙스Ampex 772
압바시, 레즈Rez Abbasi 741
앙세르메, 에르네스트Ernest Ansermet 103, 734
앙티브 재즈 페스티벌Antibes Jazz Festival 579
애덜리, 냇Nat Adderley 517
애덜리, 캐논볼Cannonball Adderley 407~409, 516, 517, 519, 521, 564, 569, 586, 633, 736
애덤스, 조지George Adams 583, 584
애덤스, 페퍼Pepper Adams 473
애디, 야쿱Yacub Addy 676
애먼스, 앨버트Albert Ammons 182, 183, 422
애먼스, 진Gene Ammons 386, 460, 461
애쉬튼, 프레데릭Frederick Ashton 224
애틀랜틱Atlantic (레코드 레이블) 438, 439, 461, 516, 526, 566, 583, 602, 603, 606, 607
앤더슨, 리드Reid Anderson 701
앤더슨, 버디Buddy Anderson 365
앤더슨, 셔우드Sherwood Anderson 222
앤더슨, 아이비Ivie Anderson 233, 334
앤더슨, 캣Cat Anderson 346
앤드루즈 시스터스Andrews Sisters 182
앨런, 제리Geri Allen 608, 644, 712, 713
앨런, 헨리 "레드"Henry "Red" Allen 123, 303, 687
야마시타 요스케山下洋輔 743
야헬, 샘Sam Yahel 568
어비스, 찰리Charlie Irvis 216
어스 쓰리Us3 641
어스 윈드 앤드 파이어Earth, Wind & Fire 571, 712
어쿠스틱 알케미Acoustic Alchemy 648
어킨뮤지어, 앰브로즈Ambrose Akinmusire 720~722
언더그라운드 음악가 협회Underground Musicians Association 684

얼랜드, 찰스Charles Earland 567

업쇼, 던Dawn Upshaw 477

에드 설리번 쇼Ed Sullivan Show 263

에드워드 8세Edward VIII 104

에드워즈, 알테비아 "버터컵"Altevia "Buttercup"
   Edwards 418

에드워즈, 에디Eddie Edwards 72

에드워즈, 테디Teddy Edwards 310, 499

에디슨, 해리 "스위츠"Harry "Sweets" Edison 293,
   294, 321

에반스, 길Gil Evans 489, 514, 540

에반스, 닥Doc Evans 379

에반스, 빌Bill Evans 184, 419, 446, 490, 498, 515,
   518, 519, 521~526, 533, 585, 655, 672, 710, 711,
   733

에반스, 스텀프Stump Evans 198

에반스, 허셜Herschel Evans 291, 292, 300

에어Air 688

에어토Airto 630

에이브럼스, 무할 리처 Muhal Richard Abrams 684,
   694

에이펙스 클럽Apex Club 119

에일러, 도널드Donald Ayler 622

에일러, 앨버트Albert Ayler 541, 597, 605, 606, 614,
   618, 620~623, 685, 688, 693~695, 703, 716, 732

에일리, 앨빈Alvin Ailey 616

엑셀시오르 브라스 밴드Excelsior Brass Band 62

엑스타인, 빌리Billy Eckstine 122, 361, 375, 377,
   384~386, 388, 453, 554

엘드리지, 로이Roy Eldridge 195, 200, 265~267, 310,
   368, 369, 372, 395, 403, 454, 661

엘드리지, 조Joe Eldridge 266

엘라스틱 밴드Elastic Band 715

엘렉트라Elektra (레코드 레이블) 657, 697

엘리스, 데이브Dave Ellis 720

엘리스, 돈Don Ellis 473, 586

엘리슨, 랠프Ralph Ellison 120

엘리슨, 스티븐Steven Ellison (플라잉 로터스Flying
   Lotus) 765

엘리아스, 엘리안Eliane Elias 526, 745

엘리엇, 토머스 스턴스Thomas Stearns Eliot 581

엘링, 커트Kurt Elling 755

엘링턴, 데이지 케네디Daisy Kennedy Ellington

엘링턴, 듀크Duke Ellington 53, 78, 90, 106, 109,
   123, 127, 162, 171, 176, 177, 181, 188, 190, 194,

206, 209~221, 226~240, 243, 247, 258, 268, 270,
   272, 276, 277, 289, 291, 293, 307, 308, 310, 312,
   319, 323~347, 351, 354, 357, 358, 361, 374, 388,
   389, 394, 404, 410, 411, 436, 440, 449, 452, 454,
   455, 462, 469, 471, 475, 477, 490, 531, 549,
   574~576, 578, 583, 590, 609, 610, 633, 649,
   661~663, 668, 676, 683, 694, 696, 697, 699, 707,
   746

엘링턴, 머서Mercer Ellington 214, 347

엘먼, 지기Ziggy Elman 267, 268

엠-베이스 콜렉티브M-Base Collective 644

영, 래리Larry Young 567, 630

영, 레스터Lester Young 154, 158, 195, 207, 288, 291,
   292, 294, 298~301, 308, 311~315, 317, 319, 323,
   342, 359, 361~365, 372, 380, 398, 402, 442, 443,
   460, 461

영, 스누키Snooky Young 474

영, 트러미Trummy Young 237

예르바 부에나 재즈 밴드Yerba Buena Jazz Band
   484

옐로우재킷Yellowjackets 648

오노 요코Yoko Ono 607

오닉스 클럽Onyx Club 378, 395, 401

오데르, 앙드레André Hodeir 188

오데이, 아니타Anita O'Day 122

오렌지 블러섬즈Orange Blossoms 258

오를레앙 극장Théâtre d'Orléans 63

오리, 키드Kid Ory 70, 81, 86, 93, 112, 151, 483, 576

오리건Oregon 656, 657

오리지널 딕시랜드 재즈 밴드Original Dixieland Jazz
   Band (ODJB) 72~74, 87, 130, 191

오리지널 크리올 오케스트라Original Creole
   Orchestra 136

오밀리, 로버트Robert O'Meally 316

오버튼, 홀Hall Overton 429

오스비, 그레그Greg Osby 645, 701

오스틴 하이스쿨 갱Austin High School Gang 143,
   144

오조네 마코토小曽根真 743

오케스트리언Orchestrion 635

오코시, 타이거Tiger Okoshi 743

온워드 브라스 밴드Onward Brass Band 62

올리버, 사이Sy Oliver 236, 262

올리버, 킹Joe "King" Oliver 70, 81, 82, 86~91,
   94~101, 105, 111, 119, 128, 133, 136, 144, 158,

199, 216, 220, 241, 350, 485, 544, 565, 673
올버니, 조Joe Albany 419
와이스, 맥스Max Weiss 501
와이스, 솔Sol Weiss 501
와츠, 아이작Isaac Watts 18
와츠, 제프 "테인"Jeff "Tain" Watts 672, 674, 713
와츠, 헤더Heather Watts 616
와타나베 사다오渡辺貞夫 665, 743
왓슨, 바비Bobby Watson 410, 680
외스트룀, 마그누스Magnus Öström 738
요스트, 에케하르트Ekkehard Jost 595
요요마Yo-Yo Ma 305, 752
요한손, 얀Jan Johansson 737
우드, 크리스Chris Wood 646
우에하라 히로미上原ひろみ 743
우즈, 필Phil Woods 408, 409, 426, 638, 664
울머, 제임스 블러드James Blood Ulmer 608, 696
울프, 마이클Michael Wolff 720
울프, 프랜시스Francis Wolff 416
움브리아 재즈 페스티벌Umbria Jazz Festival 656
워드, 헬렌Helen Ward 250
워렌, 얼Earle Warren 295
워링, 프레드Fred Waring 652
워싱턴, 그로버Grover Washington 627, 648
워싱턴, 카마시Kamasi Washington 749, 762~764,
  766
워터스, 루Lu Watters 481
워터스, 머디Muddy Waters 31, 462, 555, 588, 645
워터스, 에셀Ethel Waters 193, 665
워홀, 앤디Andy Warhol 698
원더, 스티비Stevie Wonder 543, 571, 712, 758
월더, 허먼Herman Walder 300
월드 색소폰 쿼텟World Saxophone Quartet(WSQ)
  696, 697
월드, 엘리야Elijah Wald 31
월드론, 맬Mal Waldron 431, 556
월러, 패츠Fats Waller 122, 153, 174, 175, 179~181,
  186, 189, 203, 204, 225, 255, 289, 444, 565, 609,
월리, 피트Pete Werley 39
월링턴, 조지George Wallington 378, 419
월콧, 콜린Collin Walcott 656
월터, 리틀Little Walter 621
월튼, 시더Cedar Walton 558
웡, 허브Herb Wong 463, 720
웨더 리포트Weather Report 629, 633, 637, 640, 646,

657
웨더포드, 테디Teddy Weatherford 117
웨스, 프랭크Frank Wess 471
웨스턴, 랜디Randy Weston 310, 431, 560, 586
웨스트브룩, 마이크Mike Westbrook 689, 737
웨어, 데이비드David S. Ware 711
웨클, 데이브Dave Weckl 631
웰스, 디키Dickie Wells 195, 293, 294, 307
웹, 칙Chick Webb 237~239, 369, 609, 662
웹스터, 벤Ben Webster 187, 195, 300, 308, 310, 319,
  321, 330, 334, 336, 363, 364, 371, 442, 511, 602,
  665, 695
웹스터, 프레디Freddie Webster 375, 396, 397
위더스, 빌Bill Withers 571, 648
위도프트, 루디Rudy Wiedoeft 158, 198
윈, 조지George Wein 667
윈딩, 카이Kai Winding 399
윈스톤, 노마Norma Winstone 737
윌리엄 모리스 에이전시William Morris Agency 331
윌리엄스, 마틴Martin Williams 667
윌리엄스, 매리언Marion Williams 675
윌리엄스, 메리 루Mary Lou Williams 53, 251, 274,
  279, 296~298, 300, 554, 615, 699, 712
윌리엄스, 제시카Jessica Williams 441, 526, 679
윌리엄스, 조Joe Williams 471
윌리엄스, 존John Williams 296
윌리엄스, 카말Kamaal Williams
윌리엄스, 쿠티Cootie Williams 220, 231, 326, 334,
  413, 414
윌리엄스, 클래런스Clarence Williams 42, 100, 103
윌리엄스, 토니Tony Williams 522, 567, 585, 587,
  630, 632, 713
윌스, 밥Bob Wills 282
윌슨, 낸시Nancy Wilson 501
윌슨, 더비Derby Wilson 235
윌슨, 섀도우Shadow Wilson 375, 426
윌슨, 워시Wash Wilson 24
윌슨, 제럴드Gerald Wilson 473
윌슨, 카산드라Cassandra Wilson 644, 645, 667, 702
윌슨, 퀸Quinn Wilson 374
윌슨, 테디Teddy Wilson 117, 154, 248, 254~256,
  270, 319, 412
윌슨, 필Phil Wilson 456
윌슨, 필립Phillip Wilson 690
윌킨스, 어니Ernie Wilkins 470

유나이티드 아티스츠United Artists (레코드 레이블) 611

유러피언 리듬 머신European Rhythm Machine 664

유먼즈, 빈센트Vincent Youmans 448

유타 힙Jutta Hipp 419

유튜브YouTube 717, 757, 578, 770

이브라힘, 압둘라Abdullah Ibrahim 746

이스라엘스, 척Chuck Israels 667

이에스티e.s.t.

이지 모 비Easy Mo Bee 643

이탈리안 인스타빌레 오케스트라Italian Instabile Orchestra 739

익스페리멘털 밴드Experimental Band 684

인도-팍 코알리션Indo-Pak Coalition 741

인스타빌레 오케스트라Instabile Orchestra 739

인탁트Intakt (레코드 레이블) 727

인터내셔널 스윗하츠 오브 리듬International Sweethearts of Rhythm 296

일레븐스 하우스The Eleventh House 636

임펄스Impulse (레코드 레이블) 469, 530, 532, 580

임페리얼 밴드Imperial Band 69

자말, 아마드Ahmad Jamal 416, 419, 440, 441, 445~447, 512

자먼, 조셉Joseph Jarman 684, 690

자반Djavan 745

자비눌, 조Joe Zawinul 310, 589, 629, 633, 634, 736

자이브 바머스Jive Bombers 108

자이틀린, 데니Denny Zeitlin 525, 526

자케, 일리노이Illinois Jacquet 598

자파, 프랭크Frank Zappa 636, 639, 703

재니스, 해리엇Harriet Janis 53

재럿, 키스Keith Jarrett 615, 652~658, 713, 715, 733, 739

재스퍼, 바비Bobby Jaspar 736

재즈 메시아스Jazz Messiahs 600

재즈 메신저스Jazz Messengers 554, 555, 557, 561, 634, 669

재즈 앳 링컨 센터 오케스트라Jazz at Lincoln Center Orchestra 676

재즈 앳 링컨 센터Jazz at Lincoln Center 208, 478, 675, 680, 720

재즈 에피슬스Jazz Epistles 746

재즈 워크숍Jazz Workshop 577, 583

재즈 작곡가 길드Jazz Composers Guild 617, 683

재즈 작곡가 오케스트라Jazz Composer's Orchestra 684

재즈-오-매니악스Jazz-O-Maniacs 281

재즈올라 노블티 오케스트라Jazzola Novelty Orchestra 70

잭슨, 듀이Dewey Jackson 281

잭슨, 로널드 섀넌Ronald Shannon Jackson 608

잭슨, 마이클Michael Jackson 316, 472, 643, 742

잭슨, 마할리아Mahalia Jackson 555

잭슨, 매리언Marion Jackson 296

잭슨, 밀트Milt Jackson 423, 492~494, 510, 662

잭슨, 처비Chubby Jackson 456

잭슨, 프레스턴Preston Jackson 89

저크, 밥Bob Zurke 260

전국 재즈 교육자 협회National Association of Jazz Educators 680

제노비즈, 유진Eugene D. Genovese 26

제논, 미겔Miguel Zenón 718

제임스 리스 유럽James Reese Europe 191~193, 223, 304

제임스, 해리Harry James 152, 267, 270, 340, 341, 385, 452, 472

제퍼슨, 블라인드 레몬Blind Lemon Jefferson 30, 283

제퍼슨, 에디Eddie Jefferson 667

제퍼슨, 칼Carl Jefferson 664

젠슨, 잉그리드Ingrid Jensen 722

젠슨, 크리스틴Christine Jensen 478

젠킨스, 고든Gordon Jenkins 251, 254

젠킨스, 프레디Freddy Jenkins 149

조던, 듀크Duke Jordan 397, 552, 556

조던, 말론Marlon Jordan 679

조던, 쉴라Sheila Jordan 666

조빔, 안토니오 카를로스Antônio Carlos Jobim 496, 497, 564, 745

조셉슨, 바니Barney Josephson 320

조엘, 빌리Billy Joel 408, 636

조플린, 스콧Scott Joplin 43, 44, 46~53, 140, 172~175, 286, 347, 358, 389, 475, 688

존, 존John Zorn 687, 698~700

존스, 노라Norah Jones 753, 754, 768

존스, 르로이LeRoi Jones 595

존스, 쌔드Thad Jones 470, 471, 473, 474

존스, 아이샴Isham Jones 455

존스, 엘빈Elvin Jones 506, 528, 529, 564, 568

존스, 조Jo Jones 254, 285, 286, 291, 294, 295, 356, 360, 366, 370

존스, 퀸시Quincy Jones 470, 472, 558, 560, 758

존스, 필리 조Philly Joe Jones 512, 513, 560

존스, 행크Hank Jones 419, 474, 714

존슨, 로버트Robert Johnson 31~34, 39, 98, 620, 645

존슨, 마크Marc Johnson 524

존슨, 버드Budd Johnson 157, 374, 375

존슨, 벙크Bunk Johnson 70, 71, 483, 485

존슨, 블라인드 윌리Blind Willie Johnson 283

존슨, 사이Sy Johnson 445

존슨, 제임스 루이스J. J. Johnson 40, 399, 400, 412, 496, 545, 560, 679

존슨, 제임스 웰든James Weldon Johnson 172, 222

존슨, 제임스 프라이스James P. Johnson 53, 117, 172, 174~176, 179, 186, 213, 289

존슨, 조지George Johnson 132

존슨, 피트Pete Johnson 182, 290

졸슨, 알Al Jolson 244

주프리, 지미Jimmy Giuffre 312, 460~462, 500, 502, 595, 597, 716

즈웨린, 마이클Michael Zwerin 158

지스몬티, 에그베르투Egberto Gismonti 651, 745

지터 필러스 클럽 플랜테이션 오케스트라Jeter-Pillars Club Plantation Orchestra 281

질, 질베르투Gilberto Gil 745

질베르투, 아스트루드Astrud Gilberto 498

질베르투, 주앙João Gilberto 496, 498, 745

차브로폴로스, 바실리스Vassilis Tsabropoulos 734

차터스, 새뮤얼Samuel Charters 34, 85

찰스, 데니스Dennis Charles 611

찰스, 레이Ray Charles 108, 208

창의적 음악가 진흥 협회Association for the Advancement of Creative Musicians(AACM) 469, 684

채플린, 찰리Charlie Chaplin 100

챌리스, 빌Bill Challis 160, 163, 165, 190, 201, 205, 261

처노프, 존 밀러John Miller Chernoff 22

처칠, 윈스턴Winston Churchill 100

체리, 돈Don Cherry 380, 502, 507, 527, 540, 584, 567, 600~604, 617, 621

체이스, 빌Bill Chase 638

체이스Chase 638

체임버스, 폴Paul Chambers 329, 512

초콜릿 댄디스Chocolate Dandies 204, 207, 266

치카이, 존John Tchicai 617

칠튼, 존John Chilton 316

카네기 홀Carnegie Hall 126, 175, 191, 224, 226, 262, 270, 271, 275, 298, 307, 321, 322, 333, 335~337, 339, 347, 351, 388, 391, 392, 401, 423, 431, 442, 458, 463, 478, 484, 515, 546, 580

카니, 해리Harry Carney 227, 319

카루소, 엔리코Enrico Caruso 714

카리시, 존John Caris 490

카마이클, 호기Hoagy Carmichael 121

카민스키, 맥스Max Kaminsky 119, 484

카사 로마 오케스트라Casa Loma Orchestra 236, 258, 259

카운스, 커티스Curtis Counce 500, 508

카워드, 노엘Noël Coward 305, 757

카터, 레지나Regina Carter 723

카터, 론Ron Carter 522, 548, 585~587, 713, 723, 770

카터, 베니Benny Carter 155, 172, 190, 204~209, 227, 251, 266, 267, 307, 321, 371, 381, 397, 399, 442, 454, 470, 477, 490, 716

카터, 베티Betty Carter 666, 757

카터, 제임스James Carter 715, 716, 723

카터, 존John Carter 689, 765

카터, 지미Jimmy Carter 584

카푸스틴, 니콜라이Nikolai Kapustin 737

칸, 알리 아크바르Ali Akbar Khan 740

칸돌리, 피트Pete Candoli 457, 459

칼렌더, 레드Red Callender 329

캐롤라이나 코튼 피커스Carolina Cotton Pickers 281

캐리, 머트Mutt Carey 70, 89

캐쉬, 조니Johnny Cash 127

캐슬, 버논Vernon Castle 191, 193, 223

캐슬, 아이린Irene Castle 191, 193, 223

캐시디, 에바Eva Cassidy 752

캐틀릿, 시드Sid Catlett 275

캐피톨Capitol (레코드 레이블) 343, 438, 488, 489, 491, 501, 508, 511

캔디드Candid (레코드 레이블) 539, 612

캘러웨이, 캡Cab Calloway 181, 233, 239, 301, 308, 331, 365, 370, 371, 375, 389, 609

캡, 데이브Dave Kapp 293

캡, 프랭크Frank Capp 473

커비, 존John Kirby 329, 368

커크, 라산 롤랜드Rahsaan Roland Kirk 580, 716

커크, 앤디Andy Kirk 295~297, 301, 331, 394

커클랜드, 케니Kenny Kirkland 674

컨, 제롬Jerome Kern 663

컨던, 에디Eddie Condon 142~146, 484

컨템퍼러리Contemporary (레코드 레이블) 602

컬럼, 제이미Jamie Cullum 755

컬럼보, 러스Russ Columbo 244

컬럼비아Columbia (레코드 레이블) 72, 420, 430, 431, 445, 448, 514, 519, 525, 579, 583, 626, 738

케니 지Kenny G 649

케니, 윌리엄 하울랜드William Howland Kenney 137

케이, 코니Connie Kay 492

케이시, 에드거Edgar Cayce 533

케이지, 존John Cage 693

케인, 유리Uri Caine 702

케파드, 프레드Freddie Keppard 71, 89, 90, 101, 105, 118, 136, 190, 210

켄튼, 스탠Stan Kenton 279, 343, 390, 406, 438, 452, 460, 463~467, 469~471, 500, 502, 504, 595, 652, 745

켈리, 마크Mark Kelley 720

켈리, 윈튼Wynton Kelly 321

켈리, 펙Peck Kelley 152

켑 모Keb' Mo' 650

코니그, 레스Les Koenig 501, 601

코니츠, 리Lee Konitz 435, 437~439, 467, 488~491, 518, 524, 693, 702

코닉, 해리 주니어Harry Connick Jr. 678, 756

코르와르, 사라시Sarathy Korwar 730

코리아, 칙Chick Corea 498, 525, 629~633, 657, 693, 752

코리엘, 래리Larry Coryell 636

코모, 페리Perry Como 449

코모도어Commodore (레코드 레이블)

코범, 빌리Billy Cobham 636

코스타, 갈Gal Costa 745

코스텔로, 엘비스Elvis Costello 701, 755

코언, 아나트Anat Cohen 718

코언, 아비샤이Avishai Cohen 631

코첼라Coachella Valley Music and Arts Festival 763

코커, 조Joe Cocker 650

코코로코Kokoroko 730

코튼 클럽Cotton Club 221, 226~228, 232, 233, 236, 247

코프스키, 프랭크Frank Kofsky 595

코플랜드, 아론Aaron Copland 347, 700

콘, 알Al Cohn 460~462

콘세르토헤보우 재즈 오케스트라Jazz Orchestra of the Concertgebouw 740

콜, 냇 킹Nat King Cole 313, 377, 412, 440~443, 449, 501, 754

콜, 리치Richie Cole 409

콜드웰, 해피Happy Caldwell 198

콜레트, 버디Buddy Collette 574

콜리어, 제이콥Jacob Collier 757~759

콜리어, 제임스 링컨James Lincoln Collier 571

콜리어, 켄Ken Colyer 485

콜먼, 스티브Steve Coleman 642, 644, 645

콜먼, 얼Earl Coleman 384

콜먼, 오넷Ornette Coleman 380, 409, 411, 462, 495, 502, 505, 507, 527, 539~541, 546, 547, 560, 572, 579, 584, 595~609, 614, 616, 617, 620, 621, 635, 670, 672, 689, 693, 695, 698, 699, 713~715, 770

콜먼, 조지George Coleman 521

콜트레인, 라비Ravi Coltrane 537, 714

콜트레인, 앨리스Alice Coltrane 537 , 765

콜트레인, 존John Coltrane 184, 338, 343, 364, 409, 426~429, 431, 462, 470, 471, 496, 505, 513~517, 519~521, 524, 526~536, 538, 539, 541, 542, 545, 547, 559, 560, 564, 565, 567, 568, 583, 595, 597, 606, 611, 614, 617, 618, 621, 637, 653, 657, 665, 670, 672, 674, 683, 693~695, 709, 718, 732, 742, 760, 765, 768

콥, 아넷Arnett Cobb 598

콥, 올리버Oliver Cobb 281

콥스, 콜Call Cobbs 623

콩고 스퀘어Congo Square 9~13, 15

콩벨, 알릭스Alix Combelle 738

콩코드Concord (레코드 레이블) 664

쿠가트, 제이비어Xavier Cugat 389

쿠두Kudu (레코드 레이블) 648

쿠르부아지에, 실비Sylvie Courvoisier 732

쿠엘, 린다Linda Kuehl 316

쿠퍼, 밥Bob Cooper 500

쿡, 윌 매리언Will Marion Cook 103, 304

쿤, 스티브Steve Kuhn 526, 657, 679

퀴니셰트, 폴Paul Quinichette 321

퀸, 요아힘Joachim Kühn 608, 734

퀸테트 뒤 핫 클럽 드 프랑스Quintette du Hot Club de France 305, 738

크라우치, 스탠리Stanley Crouch 674

크레비얼, 헨리 에드워드Henry Edward Krehbiel 23

크렐, 윌리엄William Krell 44

크로노스 스트링 쿼텟Kronos String Quartet 699

크로스비, 밥Bob Crosby 260

크로스비, 빙Bing Crosby 127, 153

크로스비, 이스라엘Israel Crosby 447

크롤, 다이애나Diana Krall 754

크루파, 진Gene Krupa 140, 144, 154, 247, 252~254, 266, 268~270

크리슈나무르티, 지두Jiddu Krishnamurti 533

크리스 크로스Criss Cross (레코드 레이블) 727

크리스, 소니Sonny Criss 410, 500

크리스, 찰리Charlie Creath 281

크리스천, 찰리Charlie Christian 271, 273~276, 308, 313, 356, 357, 372

크리스텐센, 시그프레Sigfre Christensen 71

크리스텐센, 욘Jon Christensen 654

크리스티, 준June Christy 465

크리올 재즈 밴드Creole Jazz Band 91, 485

클라크, 도널드Donald Clarke 316

클라크, 소니Sonny Clark 547, 699

클라크, 스탠리Stanley Clarke 631

클라크, 케니Kenny Clarke 291, 373, 426, 492

클래런스 윌리엄스 블루 파이브Clarence Williams Blue Five 103

클랩튼, 에릭Eric Clapton 33, 632

클럽 켄터키Club Kentucky 215

클레머, 존John Klemmer 647

클레이, 소니Sonny Clay 281

클레이튼, 벅Buck Clayton 293

클레프Clef (레코드 레이블) 392

키노트Keynote (레코드 레이블) 436, 437

키아로스쿠로Chiaroscuro (레코드 레이블) 664

키플링, 러디어드Rudyard Kipling 752

킨케이드, 딘Deane Kincaide 251

킬리언, 알Al Killian 454

킵뉴스, 오린Orrin Keepnews 423, 425, 426, 429, 431, 569

킹, 데이브Dave King 701

킹, 마틴 루터 주니어Martin Luther King Jr. 594

킹, 코리Corey King 720

타바킨, 루Lew Tabackin 475

타우너, 랠프Ralph Towner 526, 656, 657

타이너, 매코이McCoy Tyner 305, 528~530, 548, 564, 567, 568, 615

타쿠마, 자말라딘Jamaaladeen Tacuma 608

탭스콧, 호레이스Horace Tapscott 711, 765

탱글우드 페스티벌Tanglewood Festival 669

터너, 마크Mark Turner 717, 718

터렌틴, 스탠리Stanley Turrentine 564

터프, 데이브Dave Tough 144, 150, 275, 318, 456

터핀, 톰Tom Turpin 44, 47

턱시도 브라스 밴드Tuxedo Brass Band 93

테리, 클라크Clark Terry 471

테셰마허, 프랭크Frank Teschemacher 138, 139, 144~146, 246

테이텀, 아트Art Tatum 43, 53, 117, 175, 178, 183~189, 200, 217, 256, 267, 302, 312, 351, 361, 394, 402, 411, 413, 416, 427, 436, 441, 442, 525, 575, 663

테이트, 그레그Greg Tate 693

테이트, 버디Buddy Tate 598

테이트, 조지 "버디"George "Buddy" Tate 598

테일러, 데이브Dave Taylor 280

테일러, 빌리Billy Taylor 329

테일러, 세실Cecil Taylor 230, 298, 419, 432, 541, 572, 595~597, 606, 609~617, 687, 711

테일러, 아서Taylor, Arthur

테일러, 아트Art Taylor 426, 545

테일러, 제임스Taylor, James 636

테일러, 존John Taylor 734

테일러, 크리드Creed Taylor 570, 646~648

텍사스 플레이보이즈Texas Playboys 282

토머스, 월터 "푸츠"Walter "Foots" Thomas 599

토머스, 조Joe Thomas 237

토메, 멜Mel Tormé 444, 666

토울즈, 냇Nat Towles 281

톰슨, 러키Lucky Thompson 381

톰슨, 버질Virgil Thomson 224

톰슨, 에드나Edna Thompson 214

투레, 스티브Steve Turre 680

트랜지션Transition (레코드 레이블) 510, 611

트럼바우어, 프랭크Frank Trumbauer 149, 155~159, 163, 198, 206, 227, 302, 312, 398

트렌트, 알폰소Alphonso Trent 283
트리스타노, 레니Lennie Tristano 184, 419,
    433~440, 518, 574, 576, 595, 597, 671, 694
트워드직, 리차드Richard Twardzik 431~433, 609
트웰브 클라우즈 오브 조이Twelve Clouds of Joy
    295
티가든, 노마Norma Teagarden 151
티가든, 잭Jack Teagarden 40, 122, 126, 146,
    150~153, 260, 341, 460, 486
티가든, 찰리Charlie Teagarden 151
티가든, 컵"Cub" Teagarden 151
티가든, 헬렌Helen Teagarden 151
티몬스, 바비Bobby Timmons 556, 558
티오, 로렌조Lorenzo Tio 104, 228
티졸, 후안Juan Tizol 231, 232, 324, 334, 340, 344,
    389, 390
틸레망, 투츠Toots Thielemans 736

파나시에, 위그Hugues Panassié 304, 735
파라마운트Paramount (레코드 레이블) 30, 31
파리 재즈 페스티벌Paris Jazz Festival 107
파머, 아트Art Farmer 558
파블로Pablo (레코드 레이블) 403, 442, 662~664
파스코알, 에르메토Hermeto Pascoal 627, 745
파스토리우스, 자코Jaco Pastorius 634, 638, 640
파운드, 에즈라Ezra Pound 581
파운틴, 피트Pete Fountain 481
파월, 리치Richie Powell 529, 552
파월, 멜Mel Powell 251, 271~275, 436, 677
파월, 버드Bud Powell 184, 291, 378, 386, 387, 397,
    405, 406, 410, 412~421, 437, 440, 441, 443, 475,
    494, 518, 529, 536, 545, 551, 552, 575, 576, 612
파이브 스팟Five Spot 427, 429, 540, 541, 585, 603,
    611
파이브 피스 밴드Five Peace Band 631
파이어 콜렉티브Fire Collective 739
파졸라, 어빙Irving Fazola 260
파커, 데이지Daisy Parker 108
파커, 레오Leo Parker 410
파커, 애디Addie Parker
파커, 찰리Charlie Parker 109, 155, 157, 184, 207,
    271, 276, 291, 309, 311, 333, 352, 354~367, 369,
    372~388, 391~393, 396~411, 416~419, 421, 428,
    431, 437, 438, 442, 444, 449, 452, 462, 466, 472,
    483, 486, 487, 489, 494, 500, 506, 508, 513, 514,
    520, 539, 545, 549, 553, 554, 574~576, 598, 600,
    666, 667, 670, 675, 683
파커, 찰스 시니어Charles Sr. Parker
파튼, 돌리Dolly Parton 543
파팔리아, 러스Russ Papalia 71
판타지Fantasy (레코드 레이블) 448
팔로마 볼룸Palomar Ballroom 248, 249, 257, 277
팔로우, 탈Tal Farlow 155, 576
팔미에리, 에디Eddie Palmieri 744
패디스, 존Jon Faddis 474
패럴, 조Joe Farrell 474
패르트, 아르보Arvo Pärt 651
패스, 조Joe Pass 663
패튼, 찰리Charley Patton 30, 31, 34, 35
패티투치, 존John Patitucci 631
퍼거슨, 메이너드Maynard Ferguson 124, 467, 473
퍼디, 버나드Bernard Purdie 622
퍼셀, 존John Purcell 697
퍼스트 허드First Herd 457~459
퍼시픽Pacific (레코드 레이블) 501
퍼킨스, 레드Red Perkins 281
퍼킨스, 빌Bill Perkins 466
퍼킨스, 칼Carl Perkins 500, 505, 508, 559
펄먼, 이츠하크Itzhak Perlman 723
페더, 레너드Leonard Feather 189, 316, 358, 420, 452
페데르센, 닐스-헤닝 외르스테드Niels-Henning
    Ørsted Pedersen 664, 737
페디스, 존Jon Faddis 474
페랄타, 오스틴Austin Peralta 766
페레스, 다닐로Danilo Pérez 744
페레스, 마누엘Manuel Perez 90
페이스, 해리Harry Pace 194
페이스-핸디 뮤직 컴퍼니Pace-Handy Music
    Company 194
페이지, 빌리Billy Paige 195
페이지, 월터Walter Page 254, 285~288, 291, 293,
    294, 295, 300, 356, 360
페이치, 마티Marty Paich 473, 505, 666
페이튼, 니컬러스Nicholas Payton 679
페인, 세실Cecil Payne 410
페트루치아니, 미셸Michel Petrucciani 526
페트릴로, 제임스James Petrillo 276, 335
페티, 버디Buddy Petit 89, 90
페티포드, 오스카Oscar Pettiford 309, 329, 374, 378,
    425, 454, 513, 547

페퍼, 아트Art Pepper 410, 465, 467, 487, 504~507
펜더개스트, 톰Tom Pendergast 283, 284
펠드먼, 빅터Victor Feldman 522, 736
펠트, 제레미Jeremy Pelt 722
포, 에드거 앨런Edgar Allan Poe 57
포노마레프, 발레리Valery Ponomarev 680
포드, 리키Ricky Ford 680
포드라스, 프랑시스Francis Paudras 418, 419
포머로이, 허브Herb Pomeroy 473
포스터, 스티븐Stephen Foster 20
포스터, 알Al Foster 548
포스터, 팝스Pops Foster 58, 329
포스터, 프랭크Frank Foster 471
포인덱스터, 포니Pony Poindexter 500
포조, 차노Chano Pozo 388, 390, 391, 744
포츠, 빌Bill Potts 314
포터, 그레고리Gregory Porter 755
포터, 로이Roy Porter 381, 382, 473, 500, 538
포터, 콜Cole Porter 188, 543, 579, 663, 754
포터, 크리스Chris Potter 716, 717
포터, 토미Tommy Potter 397
포프, 밥Bob Pope 281
폴 윈터 콘소트Paul Winter Consort 656
폴락, 벤Ben Pollack 152, 246, 247, 258, 260
퐁티, 장-뤽Jean-Luc Ponty 639
퐁피두, 조르주Georges Pompidou 345
푸르니에, 버넬Vernel Fournier 447
푸림, 플로라Flora Purim 745
푸엔테, 티토Tito Puente 744
풀러, 길Gil Fuller 388, 391
풀러, 커티스Curtis Fuller 561
풀렌, 돈Don Pullen 583, 584
프랭크, 왈도Waldo Frank 222
프랭클린, 로드니Rodney Franklin 720
프레빗, 바비Bobby Previte 698
프레스티지Prestige (레코드 레이블) 420, 425, 428,
  438, 514, 516
프레슬리, 엘비스Elvis Presley 244, 263, 316, 407,
  462
프레주, 파올로Paolo Fresu 732
프렌치 오페라 하우스French Opera House 63
프로코피예프, 세르게이Sergei Prokofiev 358, 404,
  518
프리마, 루이스Louis Prima 122
프리먼, 리차드Richard Freeman 383

프리먼, 버드Bud Freeman 143~145, 147, 148, 247
프리셀, 빌Bill Frisell 698, 700
프린스Prince 742, 762
플라잉 로터스Flying Lotus 766
플래너건, 토미Tommy Flanagan 526, 548, 663
플렉, 벨라Béla Fleck 632
플로렌스, 밥Bob Florence 473
플로이드, 새뮤얼Samuel Floyd 12
플로이드, 트로이Troy Floyd 283
피니건, 빌Bill Finegan 472
피들 보이즈Fiddle Boys 282
피셔, 클레어Clare Fischer 473
피어스, 냇Nat Pierce 473
피어슨, 배리 리Barry Lee Pearson 31
피에라눈치, 엔리코Enrico Pieranunzi 526, 734
피츠제럴드, 스콧F. Scott Fitzgerald 75
피츠제럴드, 엘라Ella Fitzgerald 122, 127, 208, 238,
  239, 315, 442, 662, 663
피카소, 파블로Pablo Picasso 100
피콕, 개리Gary Peacock 621, 622, 654
피터슨, 오스카Oscar Peterson 321, 412, 419,
  440~442, 448, 662, 663, 733
피터슨, 질Gilles Peterson 641
필립스, 조셉 C., 주니어Joseph C. Phillips Jr. 478
필립스, 플립Flip Phillips 321, 457, 458
필모어, 존 컴포트John Comfort Fillmore 23
핑크, 맷Matt Fink 763

하니, 벤Ben Harney 45
하드윅, 오토Otto Hardwick 335
하디, 에밋Emmett Hardy 70, 89
하디먼, 필Phil Hardymon 720
하딘, 릴Lil Hardin 96, 97, 108, 109
하셀가드, 스탄Stan Hasselgard 279
하우스, 에디 "선"Eddie "Son" House 31
하울링 울프Howlin' Wolf 555
하워드, 폴Paul Howard 281
하위징아, 요한Johan Huizinga 25
하이 드 호 클럽Hi De Ho Club 384
하이젠베르크, 베르너Werner Heisenberg 203
하이페츠, 야샤Jascha Heifetz 404, 669
하인즈, 얼Earl Hines 189, 252, 255, 269, 305,
  374~376, 443, 486, 661
하트먼, 조니Johnny Hartman 531
하트웰, 지미Jimmy Hartwell 132

하티, 빌Bill Harty 738

하퍼, 빌리Billy Harper 474

하프, 에버렛Everette Harp 720

한나, 롤랜드Roland Hanna 474

할런드, 에릭Eric Harland 720

할렘 플레이걸즈Harlem Playgirls 296

할버슨, 메리Mary Halvorson 719

핫 립스 페이지Hot Lips Page 265, 288, 291~293

핫 세븐Hot Seven 109, 114, 115, 333

핫 파이브Hot Five 103, 109, 112, 113, 115, 119, 333

해들록, 리차드Richard Hadlock 95, 111

해럴, 톰Tom Harrell 664, 680, 722

해리스, 리틀 베니Little Benny Harris 375

해리스, 배리Barry Harris 419

해리스, 빌Bill Harris 457

해리스, 에디Eddie Harris 564

해리스, 에디Eddie Harris 564

해리슨, 도널드Donald Harrison 678

해리슨, 루Lou Harrison 655

해리슨, 지미Jimmy Harrison 195

해먼드, 존John Hammond 145, 243, 247, 248, 254,
  271, 274, 275, 293~295, 316, 319, 525

해밀턴, 스콧Scott Hamilton 665

해밀턴, 지미Jimmy Hamilton 346

해밀턴, 치코Chico Hamilton 538

해밋, 대실Dashiell Hammett 141

해킷, 바비Bobby Hackett 124, 395, 484

해피 블랙 에이시즈Happy Black Aces 283

핸디, 윌리엄W. C. Handy 27, 28, 30, 40, 68, 307,
  389

핸디, 조지George Handy 453

핸디, 존John Handy 740, 741

핸디, 크레이그Craig Handy 720

핼시온Halcyon (레코드 레이블) 735

햄튼, 라이오넬Lionel Hampton 255, 268~270, 308,
  371, 493, 575, 603

햇 아트Hat Art (레코드 레이블) 694

행콕, 허비Herbie Hancock 522, 525, 563, 572,
  585~588, 615, 628, 629, 631, 638, 640, 664, 669,
  671, 717, 767

허드슨, 윌Will Hudson 236

허먼, 우디Woody Herman 377, 452, 455~464, 469,
  471, 495

허바드, 프레디Freddie Hubbard 524, 558~561, 604,
  629, 642

허버트, 그레고리Gregory Herbert 474

허버트, 빅터Victor Herbert 163

허쉬, 프레드Fred Hersch 526

허스트, 로버트Robert Hurst 672, 713

허처슨, 바비Bobby Hutcherson 526, 572

허첸라이더, 클래런스Clarence Hutchenrider 258

허칭스, 샤바카Shabaka Hutchings 729, 730, 746

헌터, 앨버타Alberta Hunter 106

헤드헌터스Headhunters 628

헤링, 빈센트Vincent Herring 409

헤밍웨이, 어니스트Ernest Hemingway 141

헤어, 미셸Michel Herr 734

헤이그, 알Al Haig 419

헤이그The Haig 600

헤이든, 스콧Scott Hayden 46

헤이든, 찰리Charlie Haden 601, 603, 604, 654, 687,
  713

헤이스, 러더포드Rutherford B. Hayes 66

헤이워드, 듀보스DuBose Heyward 222

헤인즈, 로이Roy Haynes 426, 631

헤프너, 휴Hugh Hefner 501

헤프티, 닐Neal Hefti 454, 456, 470

헨더슨, 레오라 모Leora Meaux Henderson 301

헨더슨, 마이클Michael Henderson 630

헨더슨, 조Joe Henderson 561~563, 572

헨더슨, 플레처Fletcher Henderson 40, 83, 102, 103,
  108, 109, 160, 162, 190, 194~197, 199~201,
  203~205, 217, 230, 238~240, 247, 250, 251, 252,
  259, 266, 272, 276, 300, 301, 303, 308, 312, 317,
  331, 477, 554, 662

헨더슨, 호레이스Horace Henderson 251

헨드릭스, 존Jon Hendricks 667

헨드릭스, 지미Jimi Hendrix 31, 571, 588, 700, 719

헨리, 어니Ernie Henry 410

헨릭센, 아르베Arve Henriksen 733

헨토프, 냇Nat Hentoff 177, 322, 610

헴필, 줄리어스Julius Hemphill 689, 696, 697

호르비츠, 웨인Wayne Horvitz 698

호바네스, 앨런Alan Hovhaness 655

호즈, 햄튼Hampton Hawes 419, 507

호지스, 조니Johnny Hodges 205, 227, 228, 237,
  267, 330, 334, 340, 346, 364, 513

호킨스, 콜먼Coleman Hawkins 37, 40, 103, 104,
  157, 162, 196~198, 200, 204, 205, 207, 227, 248,
  267, 268, 300~304, 307, 308~312, 321, 330, 351,

354, 362, 363, 371, 372, 378, 398, 417, 426, 499, 511, 542, 602, 667, 693

호프, 엘모Elmo Hope 432, 433

혼, 레나Lena Horne 181, 454

홀, 애들레이드Adelaide Hall 186, 219

홀, 에드먼드Edmond Hall 89, 484

홀, 짐Jim Hall 507, 524, 526, 700

홀더, 테런스Terrence T. Holder 283, 295

홀랜드, 데이브Dave Holland 589, 658, 693, 702, 713, 736

홀리데이, 빌리Billie Holiday 122, 238, 256, 265, 314~323, 398, 423, 638, 666, 754

홀리데이, 클래런스Clarence Holiday 317

홀먼, 빌Bill Holman 466, 473

홈즈, 리차드Richard "Groove" Holmes 567

홉, 린디Lindy Hop 224

홉킨스, 프레드Fred Hopkins 688

화이트, 윌리엄William Whyte 196

화이트, 잭Zack Whyte 281

화이트, 허버트Herbert White 224

화이트먼, 폴Paul Whiteman 53, 156, 159, 161~165, 167, 201~203, 247, 258, 404, 487, 652

훼츨, 아서Arthur Whetsel 215

휠러, 케니Kenny Wheeler 651

휠스만, 줄리아Julia Hülsmann 734

휴록, 솔Sol Hurok 444

휴즈, 랭스턴Langston Hughes 175, 757

흄스, 헬렌Helen Humes 292

흑인 예술가 그룹Black Artists' Group 689

히긴보텀, 제이J. C. Higginbotham

히긴스, 빌리Billy Higgins 600, 603, 604

히노 테루마사日野皓正 743

히스, 지미Jimmy Heath 521, 556, 558

히스, 퍼시Percy Heath 492

힉맨, 아트Art Hickman 164, 190, 201

힌데미트, 파울Paul Hindemith 245, 272, 273, 351, 358, 572

힐, 앤드루Andrew Hill 539, 711, 742

힐, 위 위Wee Wee Hill 318

힐, 테디Teddy Hill 368~370

힐레어, 앤드루Andrew Hilaire 82

힐크레스트 밴드Hillcrest Band 601

힐튼, 잭Jack Hylton 303

힙 칙스Hip Chicks 296

《60분 60 Minutes》

《검은 심포니Symphony in Black》 319

《귀빈A Guest of Honor》 51

《그린 북Green Book》 750

《네 성인의 3막극Four Saints in Three Acts》 224

《네이키드 시티Naked City》 699

《뉴올리언스New Orleans》 126

《니나Nina》 763

《디아벨리 변주곡Diabelli Variations》 339

《라라랜드La La Land》 750, 763

《라운드 미드나잇'Round Midnight》 418

《랩소디 인 블루Rhapsody in Blue》 163~165

《레츠 댄스Let's Dance》 249, 250, 254

《매쉬M*A*S*H》 525

《밍거스Mingus》 582

《베시Bessie》 763

《본 투 비 블루Born to be Blue》 750, 763

《빅 건다운The Big Gundown》 699

《살인의 해부Anatomy Of A Murder》 344

《소울 트레인Soul Train》 713

《어둠 속에 벨이 울릴 때Play Misty for Me》 445

《언덕 너머의 에스컬레이터Escalator over the Hill》 686

《월광 소나타Moonlight Sonata》 278

《위플래쉬Whiplash》 750, 763

《윌리엄 텔 서곡William Tell Overture》 176

《재즈 사운드The Sound of Jazz》 323

《재즈 싱어The Jazz Singer》 141

《체크 앤드 더블 체크Check and Double Check》 232

《카사블랑카》 398

《트리모니샤Treemonisha》 51~53, 172

《파리 블루스Paris Blues》 344

《패뷸러스 도시즈The Fabulous Dorseys》 451

《페르 귄트Peer Gynt》 176, 345

《평균율 클라비어 곡집The Well-Tempered Clavier》 665

《포기와 베스Porgy and Bess》 220, 370, 451

《폭풍의 계절Stormy Weather》 181

《피아노 재즈Piano Jazz》 735

《하이든 트럼펫 협주곡Trumpet Concerto in E-flat major》

《호두까기 인형The Nutcracker》 345

《히트 퍼레이드Hit Parade》(라디오 쇼) 238

「붉은 죽음의 가면무도회The Masque of the Red Death」 57

「황무지The Waste Land」 581

『굿모닝 블루스Good Morning Blues』 288

『나오자의 밑바닥에서Beneath the Underdog』 582

『노이즈Noise』 618

『뉴스위크Newsweek』 664

『뉴요커The New Yorker』 490

『뉴욕 타임즈New York Times』 121, 347, 453, 692, 725

『뉴욕 해럴드 트리뷴New York Herald Tribune』 336

『다운비트Downbeat』 83, 84, 267, 275, 294, 308, 321, 342, 343, 358, 379, 399, 428, 429, 449, 452, 462, 465, 602, 613, 615, 618, 661, 706, 714, 716, 756

『데이븐포트 크로니클Davenport Chronicle』 130

『래그타임 지도서Rag Time Instructor』 45

『레이디 싱스 더 블루스Lady Sings the Blues』 316

『로마 제국 쇠망사The Decline and Fall of the Roman Empire』 14

『롤, 조던, 롤Roll, Jordan, Roll』 26

『루이의 아이들Louis' Children』 122

『르 재즈 핫Le Jazz Hot』 304

『르뷔 로망드Revue Romande』 103, 734

『메트로놈Metronom』 36, 45, 294, 325

『멜로디 메이커Melody Maker』 235, 304, 319

『모두가 래그타임을 연주했다They All Played Ragtime』 53

『미국 흑인 시집The Book of American Negro Poetry』 222

『버라이어티Variety』 225, 257

『보그Vogue』 759

『부드럽게 다루어라Treat It Gentle』 12

『블루스 피플Blues People』 571

『블루스를 딛고 춤추다Stomping the Blues』 658

『삶에 대한 성찰Commentaries on Living』 533

『새로운 흑인The New Negro』 222

『스윙 시대The Swing Era』 188, 436

『스윙에의 의지The Will to Swing』 441

『아방가르드 재즈 뮤지션: "저 밖"에서 공연하다 Avant-Garde Jazz Musicians: Performing "Out There"』 619

『어두운 웃음Dark Laughter』 222

『에스콰이어Esquire』 760

『오케스트라 저널Orkester Journalen』 304

『와이어The Wire』 731

『요기의 자서전The Autobiography of a Yogi』 533

『음계 및 선율 패턴 사전Thesaurus of Scales and Melodic Patterns』 533

『음악은 나의 연인Music Is My Mistress』 211, 345

『인사이드 비밥Inside Bebop』 420

『일직선으로 사는 삶Straight Life』 506

『재즈 백과사전Encyclopedia of Jazz』 189

『재즈의 최전선에서Aux Frontières du Jazz』 162, 735

『지큐GQ』 759

『찬송가와 영가Hymns and Spiritual Songs』 18

『최초의 재즈맨, 버디 볼든을 찾아서In Search of Buddy Bolden, First Man of Jazz』 66

『칸토스The Cantos』 581

『코넷을 위한 50곡의 핫 코러스50 Hot Choruses for the Cornet』 110

『콜리어스Colliers』 379

『타임Time』 344, 379, 420, 430, 448, 503, 642

『포기Porgy』 222

『하퍼스 바자Harper's Bazaar』 603

『호른을 든 청년Young Man with a Horn』 157

『휴일Holiday』 222

〈라 마르세예즈Marseillaise, La〉 307

〈사랑의 꿈Liebestraum〉 163

〈장송 행진곡Funeral March〉 218, 220

〈재즈왁스JazzWax〉 760

〈혁명 에튀드Revolutionary Etude〉 186

A&M (레코드 레이블) 570, 608, 644

A.R.E. 프로젝트A.R.E. Project 729

CBS (레코드 레이블) 344, 426, 562, 563, 664, 669, 670, 678, 679

CNN 761

CTI (레코드 레이블) 560, 646, 647

ECM (레코드 레이블) 526, 625, 631, 650, 651, 653, 654, 657~659, 701, 727, 739

UMO 재즈 오케스트라UMO Jazz Orchestra 740

VSOP 밴드VSOP 629, 634

| 영문 |

《……And His Mother Called Him Bill》 346

《3 Phasis》 615

《52nd Street Themes》 714

《A Day in the Life》 570

《A Drum Is a Woman》 344

《Afternoon of an Elf》 445

《Agharta》 628

《Air Above Mountains (Buildings Within)》 615

《Aja》 638

《All Set》 596

《Alone》 524

《American Symphonic Suite》 175

《Apti》 741

《Arbour Zena》 655

《Art of the Trio》 710

《Art Pepper Meets the Rhythm Section》 505

《Art Pepper Plus Eleven》 505

《Ascension》 534, 614, 617, 618

《At the Jazz Corner of the World》 558

《Atlantis》 530

《Atonal Studies for Jazz》 596

《Aziza》 658

《Ballads》 531

《Bandana Land》 222

《Bandwagon, The》 702

《Bap-Tizum》 691

《Birth of the Cool》 437, 487, 489, 494, 508, 511, 514

《Bitches Brew》 567, 588, 589, 623, 625~628, 630, 633, 637

《Black Codes(From the Underground)》 670, 671

《Black Radio 2》 768

《Black Radio》 768

《Black Saint and the Sinner Lady, The 》 580, 581

《Black, Brown and Beige》 229, 335~338

《Blackstar》 761

《Blood on the Fields》 676

《Blue Interlude》 674

《Blue Light 'til Dawn》 645

《Blue Skies》 644, 645

《Blue Train》 516

《Blues and Roots》 577

《Blues and the Abstract Truth, The》 540

《Body Meta》 608

《Break Stuff》 742

《Breathless》 649

《Brecker Brothers, The》 636

《Breezin'》 630, 648

《Bridge of Light》 655

《Bridge, The》 548

《Bright Size Life》 635

《But Not for Me》 446, 447

《Canadiana Suite》 442

《Canvas》 767

《Cape Verdean Blues, The》 561, 562

《Caravan》 560

《Cathexis》 525

《Celestial Hawk, The》 655

《Central City Sketches》 208

《Change of the Century》 603

《Changes》 583

《Charles Mingus Presents Charles Mingus》 539

《Charlie Parker Plays South of the Border》 402

《Cheek to Cheek》 762

《City of Glass》 467, 595

《Clown, The》 577

《Cobra》 698

《Code Girl》 719

《Come Away with Me》 753

《Compass》 715

《Complete Communion》 617

《Concert by the Sea》 441, 445

《Concert in the Garden》 477

《Concerto for Clarinet and Orchestra》 245

《Concerto for Clarinet》 245

《Concerto Jazz A Mine》 175

《Concierto de Aranjuez》 515

《Conference of the Birds》 658

《Congo Square》 676

《Conquistador》 613

《Contrasts》 245, 271

《Cookin'》 514

《Cosmic Tones for Mental Therapy》 469

《Cuban Fire》 466

《Cumbia & Jazz Fusion》 583

《Dancing in Your Head》 608

《Death and Transfiguration》 574

《Deep South Suite, The》337

《Density 21.5》540

《Derivations for Clarinet and Band》245

《Dialogue》572

《Directions in Music》629

《Disfarmer》700

《Dream of the Elders》658

《Drunk》766

《Duplicates》272

《Duster》657

《E.S.P.》584

《Early Riser》766

《Early to Bed》181

《East Coasting》577

《Ebony Concerto》452, 453, 458, 596

《Echoes of a Friend》530

《Ella Fitzgerald Sings the Cole Porter Songbook》663

《Emerald Tears》658

《Empty Foxhole, The》607

《Empyrean Isles》586

《Endless Planets》766

《Epic, The》766

《Epitaph》584

《Exposure》769

《Ezz-thetics》540

《Facing You》653, 739

《Far Cry》540

《Far East Suite》345

《Far from Over》742

《Feels So Good》647

《Feets Don't Fail Me Now》629

《Filles de Kilimanjaro》589

《First Light》560

《Floater Syndrome, The》601

《Flowers for Albert》695

《Fly with the Wind》530

《Fly! Fly! Fly! Fly! Fly!》615

《Focus》272, 496

《Footloose》601

《For Alto》693

《For Four Orchestras》694

《Fox, The》433

《Free Jazz》539, 541, 560, 604, 605, 608, 614

《Freedom Suite》544, 547

《From Gagarin's Point of View》738

《Future Shock》640

《General Tong Funeral, A》687

《Gershwin's World》629

《Getz/Gilberto》497, 498

《Giant Steps》526, 527, 534

《Glamoured》645

《Glasgow Suite》208

《Good Morning Susie Soho》738

《Grand Wazoo, The》639

《Guitar Forms》568

《Hard Bop》556

《Harlem Renaissance Suite》208

《Harlem Symphony》175

《Have a Little Faith》700

《Head Hunters》629, 630

《Heaven on Earth》716

《Heavy Weather》633, 634

《Historicity》742

《Homecoming》664

《Hot House Flowers》670

《Hot Rats》639

《Hub-Tones》560

《I Sing the Body Electric》657

《Imagine Project, The》629

《Improvisations》740

《In 'n Out》562, 563

《In a Silent Way》589

《In Abyssinia》222

《In Dahomey》222

《In My Element》767

《In My Mind》702

《In the Light》655

《In the Tradition》693, 694

《In This House, on This Morning》675

《Indent》615

《Inner Urge》563

《Inventions of Symphonic Poems》607

《J Mood》670, 671

《Jackson in Your House, A》 685
《Jazz på Svenska》 737
《Jazz Samba》 497
《Jazzical Moods》 577
《Jazzmatazz》 642
《Jelly's Last Jam》 85
《João Voz e Violão》 498
《João》 498
《Jump for Joy》 335
《Jumpin' In》 658

《Katy Lied》 638
《Kenya》 744
《Kicker, The》 563
《Kid from Red Bank, The》 290
《Kind of Blue》 520, 521, 526, 733
《Kinsmen》 741
《Köln Concert》 653
《Kulu Se Mama》 532
《Kyoto》 560

《Latin American Suite》 345
《Let Freedom Ring》 572
《Letter from Home》 636
《Levels and Degrees of Light》 685
《Liberian Suite, The》 337
《Life of a Song, The》 713
《Live at Blues Alley》 671~673
《Live at Mandel Hall》 691
《Live at the Trident》 525
《Live in Zurich》 697
《Live-Evil》 627
《Love Call》 572
《Love Supreme, A》 528, 532
《Low End Theory, The》 642
《Luminessence》 655

《Magician》 445
《Maiden Voyage》 586
《Majesty of the Blues, The》 672~674
《Marsalis Standard Time, Vol. 1》 671
《Matador》 568
《Meditation》 617
《Meet the Jazztet》 558
《Metamorphosis》 697

《Midnight Blue》 568
《Miles Ahead》 514, 515
《Miles from India》 741
《Miles in the Sky》 630
《Miles Smiles》 584
《Mingus Ah Um》 577
《Mingus at Monterey》 582
《Mingus Moves》 583
《Moanin'》 556
《Mode for Joe》 563
《Monorails and Satellites》 469
《MoodSwing》 715
《Morning Dance》 647
《Mr. Joy》 601
《Musicmagic》 640
《My Favorite Instrument》 442
《My Favorite Things》 725
《My Song》 654

《Native Dancer》 634
《Nefertiti》 584
《New Grass》 622
《New Orleans Suite》 345
《New Standard, The》 629
《New Tristano, The》 439
《New York is Now!》 607
《Night Train》 442
《Now He Sings, Now He Sobs》 630, 631
《Numbers 1 & 2》 684
《Nurturer, The》 713

《Of Human Feelings》 608
《Oh Yeah》 580
《Om》 617
《On the Corner》 628
《Open, to Love》 601
《Organizer, De》 175
《Ornette on Tenor》 606
《Ornette!》 606
《Out to Lunch》 540, 541, 572

《Pangaea》 628
《Panthalassa: The Music of Miles Davis 1969-1974》 644
《Parallel Worlds》 699

《Paris Concert》 694

《Paris Impressions》 445

《People in Sorrow》 685

《Perceptions》 400

《Perfect Machine》 629

《Perfume Suite, The》 337

《Pithecanthropus Erectus》 577

《Plays Duke Ellington》 697

《Point of Departure》 572

《Pretzel Logic》 638

《Prime Directive》 658

《Procrastinator, The》 557

《Quartet》 629

《Queenie Pie》 347

《Quiet Nights》 515

《Ready for Freddie》 560

《Red Clay》 560

《Relaxin'》 514

《Resolution of Romance》 673

《Revelations》 584

《Revue》 697

《Rhapsody in Blue》 702

《Rhythm and Blues》 697

《River: The Joni Letters》 629, 630

《Robert Johnson, The Complete Recordings》 33

《Roots and Folklore》 689

《Sacred Concerts》 333, 345, 346

《Saxophone Colossus》 547

《Science Fiction》 607

《Search for the New Land》 557

《Secret Story》 636

《Shape of Jazz to Come, The》 602

《Shuffle Along》 223

《Sidewinder, The》 564

《Silent Tongues》 615

《Silver Pony》 645

《Sketches of Spain》 515

《Skies of America》 607

《Sky Blue》 477

《Solo Album, The》 548

《Solo Concerts: Bremen and Lausanne》 653

《Something Else! The Music of Ornette Coleman》 601, 602

《Song for My Father》 562, 564

《Song For》 684

《Song X》 608

《Soul Gestures in Southern Blues》 674

《Soul on Soul》 699

《Sound Grammar》 608

《Sound of Sonny, The》 547

《Sound》 684

《Speak Like a Child》 586

《Speak No Evil》 559

《Spirits》 654

《Spiritual Unity》 614, 618, 622

《Spur of the Moment》 715

《State of the Tenor》 563

《Steamin'》 514

《Steppin' with the World Saxophone Quartet》 697

《Still Life (Talking)》 636

《Such Sweet Thunder》 344

《Summer Sequence》 458, 461

《Sun Bear Concerts》 654

《Supersonic Jazz》 469

《Supertrios》 530

《Sweet Rain》 498

《Symphony for Improvisers》 617

《Takin' Off》 586

《Tales of the Rising Sun Suite》 208

《Tenor Madness》 545

《Think of One》 670

《Three Blind Mice》 560

《Three Compositions of New Jazz》 685

《Three or Four Shades of Blue》 583

《Thriller》 472

《Thunderbird》 645

《Tijuana Moods》 577

《Time Out》 447, 448

《To Pimp a Butterfly》 722

《Tonal Group》 339

《Touch》 647

《Translinear Light》 537

《Trident》 530

《Trio, The》 442

《Tutankhamun》 685

《Twenty One》 713

《Twentysomething》 755

《Ugetsu》 561
《Uncle Meat》 639
《Unit Structures》 572, 613, 614
《Urban Bushmen》 691
《Uri Caine Ensemble Plays Mozart》 702
《Urlicht/ Primal Light》 702

《Virgin Beauty》 608
《Virtuoso》 663

《Waka/Jawaka》 639
《Way Out West》 546
《We Are Sent Here by History》 746
《West Side Story》 441
《Wildflowers》 688
《Winter Morning Walks》 477
《Wish》 715
《Witches and Devils》 621
《Workin'》 514
《Worktime》 547

《Yamekraw》 175
《You're Dead》 766
《Your Queen Is a Reptile》 731

《Zeitgeist》 525
《Zodiac Suite》 298

"African Ripples" 180
"Afro Blue" 531, 768
"After Awhile" 247
"After You've Gone" 266
"Aggression" 540
"Ah-Leu-Cha" 400
"Ain't Misbehavin" 120, 122, 179
"Air" 612, 613
"Airegin" 544
"Alabama" 531
"Alice in Wonderland" 523
"All About Rosie" 518
"All Blues" 588
"All God's Chillun Got Rhythm" 415
"All of Me" 314, 319

"All of You" 523
"All the Things You Are" 379
"All the Things You Could Be by Now If Sigmund
　　Freud's Wife Was Your Mother" 582
"All Too Soon" 334
"Alligator Crawl" 115, 180
"Along Came Betty" 557
"Always" 254
"Amapola" 262
"American Ballad" 475
"Anitra's Dance" 178
"Anthropology" 488
"Apple Honey" 457
"April in Paris" 470
"'Round Midnight" 309, 413, 422, 425, 511, 514
"As Time Goes By" 398
"Ascension" 532
"At Last" 278
"At the Jazz Band Ball" 149
"A-Tisket, A-Tasket" 238
"Atonement" 436
"Auld Lang Syne" 507
"Autumn Leaves" 671, 752

"Back at the Chicken Shack" 566
"Bad Boy" 108
"Bamboula" 15
"Barbados" 400
"Basie Boogie" 182
"Basin Street Blues" 124, 147, 153
"Beale Street Blues" 153
"Beatin' the Dog" 149
"Beggar Blues" 230
"Begin the Beguine" 265
"Bemsha Swing" 424
"Bernie's Tune" 503
"Besame Mucho" 262, 569
"Bessie's Blues" 531
"Bethena" 49
"Better Git It in Your Soul" 578
"Between the Devil and the Deep Blue Sea" 121,
　　256
"Bijou" 458
"Billie's Blues" 319
"Billie's Bounce" 380, 396

"Bird Food" 603
"Bird in Igor's Yard" 452
"Birdland" 633, 667
"Black and Blue" 120
"Black and Tan Fantasy" 123, 218, 220
"Black Beauty" 228~230
"Black Bottom Stomp" 80, 81
"Black Christ of the Andes" 298
"Black Jazz" 258
"Blood Count" 328, 346, 564
"Blue 'n' Boogie" 379
"Blue and Broken-Hearted" 247
"Blue and Sentimental" 291
"Blue Chopsticks" 433
"Blue Flame" 455
"Blue in Green" 768
"Blue Light" 326
"Blue Lou" 237
"Blue Monk" 424
"Blue Rhythm Fantasy" 369
"Blue Room, The" 261, 287
"Blue Serge" 334
"Blue Skies" 251, 254
"Blues for Alice" 354
"Blues in E Flat" 153
"Blues in the Night" 455
"Blues March" 557
"Blues Walk, The, " 552
"Blues with a Feeling, The, " 230
"Bluesette" 736
"Bluing" 509
"Body and Soul"
"Boogie Woogie Bugle Boy" 182
"Boogie Woogie Prayer" 182
"Boogie Woogie" 182, 261
"Boplicity" 490
"Bouncin' in Rhythm" 149
"Bouncing with Bud" 415
"Boy Meets Horn" 326
"Boyd Meets Stravinsky" 452
"Braggin' in Brass" 325, 326
"Breakfast Feud" 274
"Breeze and I, The" 262
"Brilliant Corners" 425
"Buddy Bolden's Blues" 69

"Buddy Bolden's Stomp" 69
"Bugle Call Rag" 297, 328

"Caldonia" 458
"Campanillas, Los" 15
"Camptown Races" 448
"Caravan" 231, 324, 326, 671
"Carnival of Venice" 267
"Carolina Shout" 175, 186, 213
"Carolina Stomp" 200
"Casa Loma Stomp" 258
"Celia" 415
"Cell Walk for Celeste" 612, 613
"Central Park North" 474
"Cerulean Skies" 476
"Chameleon" 629
"Champ, The" 566
"Changes" 165
"Chant, The" 81
"Chase, The" 386
"Chasin' the Bird" 397
"Chasin' the Trane" 531
"Chattanooga Choo Choo" 278
"Chelsea Bridge" 328, 334
"Cherokee" 354, 373, 380, 396, 398, 415, 453, 466, 717
"Chicago" 306
"Child Is Born, A" 474
"Chill of Death, The" 576, 583
"Chim Chim Cheree" 531
"Chimes Blues" 96
"China Boy" 144
"Christopher Columbus" 251
"Ciribiribin" 267
"Clap Hands, Here Comes Charlie" 295
"Clarinetitis" 138
"Cleopatra's Dream" 415
"Clothed Woman, The" 339
"Come On in My Kitchen" 33
"Come Sunday" 336, 345
"Con Alma" 354
"Concerto for Billy the Kid" 518
"Concerto for Cootie" 272, 334, 340
"Confirmation" 354
"Congeniality" 603

"Construction Gang" 111

"Copenhagen" 103

"Cornet Chop Suey" 113

"Cotton Tail" 325, 330, 363, 436

"Count, The" 276

"Countdown" 527

"Crave, The" 15, 84, 389

"Crazy Blues" 36, 196

"Creepy Feeling" 389

"Creole Love Call" 218, 220

"Creole Rhapsody" 234

"Crepuscule with Nellie" 425

"Crescendo in Blue"

"Crescent" 531

"Criss Cross" 424

"Cro-Magnon Nights" 433

"Cross Road Blues" 31

"Cubana Be, Cubana Bop" 391

"Daahoud" 552

"Dalvatore Sally" 453

"Dance of the Infidels" 413

"Dance of the Octopus" 154

"Dancin' Fool" 639

"Davenport Blues" 149

"Daydream" 328

"Dead Man Blues" 81, 220

"Deception" 490

"Deep Purple" 265

"Delilah" 552

"Desafinado" 497

"Descent into the Maelstrom" 439, 595

"Devil's Holiday" 205

"Dewey Square" 398

"Dexterity" 398

"Dickie's Dream" 313

"Dicty Blues" 200

"Digression" 438, 595

"Diminuendo and Crescendo in Blue" 324, 344

"Dinah" 306

"Dipper Mouth Blues" 94, 96, 544

"Dis Here" 408

"Dixie" 176

"Dixieland Band, The" 254

"Dizzy Atmosphere" 379, 392

"Django" 495

"Djangology" 306

"Do Nothin' till You Hear from Me" 340

"Doggin' Around" 292

"Don't Blame Me" 256, 398

"Don't Explain" 320

"Don't Get Around Much Anymore"

"Don't Know Why" 753

"Don't Stop the Carnival" 544

"Don't Worry, Be Happy" 751

"Donna Lee" 355, 392, 397, 488, 634

"Down Hearted Blues" 38

"Doxy" 544

"Dream Lullaby" 206

"Drop Me Off in Harlem" 454

"Drum Boogie" 507

"Dry Spell Blues" 31

"Ducky Wucky" 231

"Duke Ellington's Sound of Love" 583

"Dusk" 334

"Earl, The" 272

"Early Autumn" 461, 495

"Early Every Morn" 105

"East Saint Louis Toodle-oo" 217, 218, 574

"Eat That Chicken" 580

"Ebb Tide" 278

"Embraceable You" 398

"Emotion Modulation" 607

"Empty Bed Blues" 39

"Enter Evening" 613

"Entertainer, The" 52

"Epistrophy" 370, 422, 424, 425

"Evanescence" 476

"Every Day I Have the Blues" 471

"Everything in Its Right Place" 767

"Evidence" 425

"Fantasy on Frankie and Johnny" 445

"Father and the Son and the Holy Ghost, The" 532

"Father Time" 670

"Feelin' No Pain" 149

"Fields of Gold" 752

"Fine and Mellow" 323

"Fine Romance, A" 319

"Finger Buster" 80
"Fire Waltz" 540
"First Night, The" 475
"Flamenco Sketches" 520
"Flight of the Bumblebee" 267
"Flower Is a Lovesome Thing, A" 328
"Flyin' Hawk" 421
"Flying Home" 274
"Foggy Day, A" 671
"Foolin' Myself" 314, 315, 319
"For Dancers Only" 237
"Forbidden Fruit" 699
"Forms and Sounds" 607
"Fort Worth" 714
"Four in One" 424, 425
"Four on Six" 569
"Fran Dance" 519
"Frank Speaking" 467
"Frantic Fancies" 413
"Frenesi" 264
"Frère Jacques" 711
"Froggie Moore" 80, 96
"Fruit, The" 415
"Fugue" 595
"Fugueaditti" 339
"Funky Butt" 69

"Giant Steps" 516, 526
"Gimme a Pigfoot" 41
"Girl from Ipanema, The" 497, 498
"Glass Enclosure" 413
"Gloria's Step" 523
"Go 'Long Mule" 200
"Go Down Moses" 19
"God Bless the Child" 320, 637
"Golden Striker, The" 495
"Good Bait" 387
"Good Earth, The" 458
"Good Morning Blues" 294
"Good Morning Heartache" 320
"Good Vibes" 208
"Goodbye Pork Pie Hat" 579, 667
"Goodbye" 254
"Goosey Gander" 458
"Grandpa's Spells" 81

"Greensleeves" 531
"Grievin'" 328
"Groovin' High" 379
"Gut Bucket Blues" 112
"Gypsy without a Song, A"
"Gypsy, The" 507

"Haitian Fight Song" 579
"Half-Mast Inhibition" 576
"Halls of Brass" 466
"Hallucinations" 413, 415
"Handful of Keys" 180, 186
"Happiness Is a Thing Called Joe" 457
"Happy Birthday" 328
"Hard Hearted Hannah" 164
"Harlem Air Shaft" 334
"Harlem Rag" 44
"Harlem" 343
"Have You Met Miss Jones?" 527
"Hawaiian War Chant" 262
"He's Funny That Way" 319
"Heaven" 345
"Heckler's Hop" 266
"Heebie Jeebies" 112
"Hellhound on My Trail" 31
"Hello Dolly" 127
"Hello Lola" 148
"Hesitation" 670
"Hickory Dickory Dock" 673
"High Society" 90, 104
"Honeysuckle Rose" 179, 362, 363
"Honky Tonk Train Blues" 182
"Hornin' In" 424
"Hot House" 387
"Hot Mallets" 371
"Hotter Than That" 115
"How Come You Do Me Like You Do?" 200
"How Deep Is the Ocean?" 670
"How High the Moon" 352
"Hunt, The" 356
"Hymn, The" 398

"I Believe I'll Dust My Broom" 33
"I Can't Believe That You're in Love with Me" 266
"I Can't Get Started" 435, 437

"I Can't Give You Anything but Love" 302, 319, 398
"I Cover the Waterfront" 320
"I Cried for You" 318
"I Found a New Baby" 106
"I Get a Kick Out of You" 551
"I Got It Bad (and That Ain't Good)" 467
"I Got Rhythm" 258, 352, 355, 373, 381, 602, 670
"I Gotta Right to Sing the Blues" 152, 248
"I Know That You Know" 187, 403
"I Mean You" 422
"I Should Care" 427
"I Surrender, Dear" 124
"I Thought About You" 362
"I Thought I Heard Buddy Bolden Say" 69
"I Want to Be Happy" 268
"I Want to Talk About You" 532
"I'll Be Glad When You're Dead, You Rascal You" 125
"I'll Build a Stairway to Paradise" 164
"I'll Keep Loving You" 416
"I'll Never Miss the Sunshine" 158, 159
"I'll Never Smile Again" 262
"I'll See You in My Dreams" 103
"I'm a Ding Dong Daddy" 124
"I'm an Old Cowhand" 543
"I'm Coming Virginia" 157, 159
"I've Got a Date with a Dream" 315
"I've Got a Gal in Kalamazoo" 278
"I've Got You Under My Skin" 466
"If You Could See Me Now" 387
"Imitators' Rag" 176
"Impressions" 531
"In a Mist" 154, 166
"In a Sentimental Mood" 234, 325, 531
"In Front" 653
"In the Mood" 277, 278, 325
"In Walked Bud" 423
"Indiana" 355
"Intuition" 439, 595
"Isfahan" 346
"Israel" 490
"It Don't Mean a Thing (If It Ain't Got That Swing)" 234

"J Mood" 670, 671

"Jack the Bear" 332
"Jam Session" 268
"Japanese Sandman" 164
"Jazzocracy" 236
"Jeep's Blues" 325
"Jelly Roll" 578
"Jelly, Jelly" 377
"Jeru" 490
"Jingle Bells" 254
"Jitterbug Waltz" 179
"Jordu" 552
"Jumpin' Blues, The" 363
"Just a Mood" 206
"Just a Thrill" 108
"Just Friends" 402
"Just the Two of Us" 648
"Just the Way You Are" 408

"Keep a Song in Your Soul" 205
"Kerry Dance, The" 187
"Kickin' the Cat" 149
"King Porter Stomp" 83, 119, 251, 254, 369
"Kitchen Man" 39
"Klactoveedsedstene" 600
"Knockin' a Jug" 152
"Ko Ko" 333, 354, 380, 398
"Kulu Se Mama" 532

"La Fiesta" 631
"La Tristesse de Saint Louis" 307
"Lady Bird" 387
"Lament" 400
"Laura" 458
"Lazy Afternoon" 206, 612
"Lester Leaps In" 313
"Lester Left Town" 561
"Let Me Off Uptown" 266
"Let's Cool One" 424
"Let's Get Together" 238
"Li'l Darlin'" 470
"Limehouse Blues" 306
"Line for Lyons" 503
"Line Up" 439
"Livery Stable Blues" 72
"Liza" 139

"Loch Lomond" 181
"London Suite" 181
"Lonely Woman" 603
"Lonesome Nights" 206
"Long Lonesome Blues" 30
"Lost in Meditation" 326
"Lotus Blossom" 328
"Louisiana Swing" 123
"Love for Sale" 519
"Love Is a Many-Splendored Thing" 551
"Lover Man" 320, 383, 467
"Lullaby of Birdland" 444
"Lullaby of the Leaves" 503
"Lush Life" 327, 531

"Mabel's Dream" 96
"Magnetic Rag" 50
"Maiden Voyage" 767
"Main Stem" 334
"Mamanita" 389
"Man I Love, The" 425
"Mandy Make Up Your Mind" 103
"Maniac's Ball" 258
"Manteca" 388, 391
"Maple Leaf Rag" 43, 49, 50, 106, 175
"Marie" 261
"Mary's Idea" 297
"Mary" 164
"Matchbox Blues" 30
"Me and the Devil Blues" 31
"Me, Myself and I Are All in Love with You" 319
"Mean to Me" 314, 319, 363
"Melancholia" 343
"Memphis Blues" 40
"Mercy, Mercy, Mercy" 408, 633
"Merry Widow Waltz" 163
"Metropolis" 165
"Midnight Sun Will Never Set, The" 207
"Milestones" 523
"Minnie the Moocher" 233
"Minor Drag" 142
"Minor Swing" 306
"Mission to Moscow" 272
"Mississippi Rag" 44
"Mississippi Suite" 165

"Misterioso" 422, 424
"Misty Morning" 230
"Misty" 445
"Moment's Notice" 516
"Money Blues" 200
"Monk's Mood" 423
"Mooche, The" 230
"Mood Indigo" 219, 234, 339
"Moon Dreams" 490
"Moonlight Fiesta" 231
"Moonlight in Vermont" 495
"Moonlight Serenade" 278
"Moors, The" 657
"Moose the Mooche" 381
"Moose, The" 454
"Moten Swing" 286
"Mount Harissa" 345
"Muskrat Ramble" 247
"Muy Bonita, Una" 603
"My Blue Heaven" 237
"My Favorite Things" 527, 531
"My First Impression of You" 315
"My Foolish Heart" 523
"My Funny Valentine" 503, 587
"My Heart" 112
"My Man's Gone Now" 523
"My Old Flame" 398
"My One and Only Love" 531
"My Romance" 653

"Naima" 527, 532
"Nature Boy" 532
"Nearness of You" 753
"Need a Little Sugar in My Bowl" 39
"Never Let Me Go" 524
"Never No Lament" 339
"New San Antonio Rose" 282
"New World A' Coming" 337
"Nice Work if You Can Get It" 421, 422
"Night in Tunisia, A" 354, 376, 382
"Night Life" 296
"Nightfall" 206, 207
"Northwest Passage" 450
"Now They Call It Swing" 319
"Now's the Time" 380, 396

"Nuages" 307
"Numb Fumblin'" 180
"Nutty" 428
"Nutville" 556

"Oblivion" 413
"Off Minor" 422, 424
"Offerings" 532
"Oh, Lady Be Good" 294, 402
"Oleo" 543
"Om" 532
"On Green Dolphin Street" 518, 519
"Once upon a Time" 205
"One by One" 561
"One Hour" 148, 302, 398
"One O'Clock Jump" 292, 294
"Opus One" 262, 325
"Organ Grinder's Swing" 237, 507
"Oriental Strut" 113
"Ornithology" 352, 363, 382, 386
"Our Delight" 387
"Out of Nowhere" 602
"Out on a Limb" 437
"Over the Rainbow" 504, 752

"Panama" 88
"Pardon Me Pretty Baby" 205
"Parisian Thoroughfare" 416, 552
"Parker's Mood" 358, 400
"Passion Flower" 328
"Peace" 556, 603
"Peanut Vendor, The" 390
"Peckin'" 267
"Pennies from Heaven" 262
"Pennsylvania 6-5000" 277, 278
"Pent Up House" 543
"Perdido" 231
"Phryzzinian Man" 671
"Picasso" 310, 693
"Pickin' the Cabbage" 371
"Pine Apple Rag" 50
"Pine Top's Boogie Woogie" 182
"Pitter Panther Patter" 334
"Poco Loco, Un" 413
"Poinciana" 441, 446

"Pony Blues" 31
"Potato Head Blues" 115
"Pound Ridge" 276
"Powell's Prances" 552
"Preacher, The" 555, 564
"Preachin' the Blues" 31
"Prelude to a Kiss" 219, 326
"Pretty Eyes" 556
"Pretty Road, The" 477
"Prince of Wails" 286
"Prophet, The" 540
"Pussy Cat Dues" 578
"Pussy Willow" 328
"Pyramid" 231

"Quiet Now" 526
"Quiet Please" 263

"Ragtime Dance, The" 50
"Ramblin'" 603
"Ray's Idea" 388
"Reckless Blues" 41
"Reflections in D" 343
"Relaxin' at Camarillo" 384
"Reminiscing in Tempo" 235, 324
"Rhythm-a-ning" 424
"Riding on a Blue Note" 326
"Riverboat Shuffle" 133
"Rockin' Chair" 154, 266
"Rockit" 640
"Roll 'Em" 267
"Ruby My Dear" 422
"Running Ragged" 161

"Saeta" 515
"Salt Peanuts" 356, 370, 380
"San" 158
"Sandu" 552
"Satin Doll" 343
"School Days" 403
"Scrapple from the Apple" 398
"Secret Love" 653
"See That My Grave Is Kept Clean" 30
"Señor Blues" 556
"Sepia Panorama" 332, 333

"Sepian Bounce" 363

"Serenade to Sweden" 328

"Sergeant Was Shy, The" 328

"Sermon, The" 566

"Seven Come Eleven" 274

"Shake Your Head" 237

"Shakin' the African" 123

"Shanghai Shuffle" 103

"Sheik of Araby, The" 231

"Shh/Peaceful" 627

"Shine" 121, 124

"Shout for Joy" 183

"Sidewalk Blues" 78, 81

"Sidewalks of Cuba" 458

"Sidewinder, The" 557, 564

"Silent Night" 27

"Silver Serenade" 556

"Sing, Sing, Sing" 262, 270

"Singin' the Blues" 158, 159, 302, 398

"Sister Cheryl" 670

"Sleepy Time Gal" 237

"Slippery Horn" 231

"Smashing Thirds" 180

"Smells Like Teen Spirit" 768

"Smoke Dreams" 154

"Smoke Gets in Your Eyes" 425

"Smokehouse Blues" 81

"Snake Rag" 91

"Snowfall" 488

"So Sorry, Please" 413, 415

"So What" 520

"Solace" 50, 389

"Solitaire" 466

"Solitude" 219, 234, 325

"Some Other Time" 523

"Sometimes I'm Happy" 251, 254

"Song for My Father" 556

"Song of India" 261

"Song of the Nightingale, The" 358, 452

"Sonnymoon for Two" 543

"Sophisticated Lady" 188, 206, 234

"Soul Eyes" 531

"Spain" 631

"Spangled Banner Minor" 686

"Special Delivery Stomp" 265

"Spiritual" 528

"Squeeze Me" 179

"Squirrel, The" 386

"St. Louis Blues" 15, 27, 28, 40, 41, 73, 124, 175, 307, 389, 474,

"St. Thomas" 543, 544

"Stampede, The" 200, 202

"Stardust" 121, 265

"Stars Fell on Alabama" 152

"Star-Spangled Banner" 176

"Stealin' Apples" 386

"Stella by Starlight" 466, 519, 587

"Steppin' into Swing Society" 326

"Steps" 613

"Stomp It Off" 262

"Stompin' at the Savoy" 238, 466

"Stompy Jones" 231

"Stoptime Rag" 50

"Straight, No Chaser" 424

"Strange Fruit" 320

"Strictly Confidential" 416

"String of Pearls, A" 278, 325

"Stringing the Blues" 161

"Struttin' with Some Barbecue" 115, 124

"Subtle Lament" 328

"Sue's Changes" 583

"Sugar Foot Stomp" 267

"Sugar" 145

"Suicide Is Painless" 525

"Summertime" 107

"Summit Ridge Drive" 265

"Sun Showers" 319

"Sun Suite of San Francisco" 607

"Superman" 272

"Swampy River" 230

"Sweet Georgia Brown" 374, 566

"Sweet Home Chicago" 33

"Sweethearts on Parade" 121

"Swing High" 262

"Swing Low, Sweet Cadillac" 403

"Swing Low, Sweet Chariot" 19

"Swing Shift" 297

"Swing That Music" 124

"Swingmatism" 363

"Symphony in Black" 235

"Symphony in Riffs" 206
"Take Five" 441, 447

"Take the A Train" 327, 345
"Tales (8 Whisps)" 613
"Tangerine" 262
"Taps Miller" 507
"Taxi War Dance" 295
"Tea for Two" 186, 415, 448
"Tears" 96
"Temptation" 453
"Tempus Fugit" 415
"Tennessee Waltz, The" 543
"Texas Moaner Blues" 106
"Thanks a Million" 124
"That Da Da Strain" 147
"That Haunting Melody" 113
"That's a Plenty" 139
"Theme from A Summer Place" 278
"There Is No Greater Love" 694
"There's a Small Hotel" 466
"These Foolish Things" 319
"Things to Come" 388
"Third World, The" 433
"This is for Albert" 561
"This Masquerade" 630
"This Nearly Was Mine" 612
"This Year's Kisses" 319
"Three Blind Mice" 149
"Three Romances" 477
"Threni" 452
"Tickle Toe" 295
"Tiger Rag" 186, 305
"Time" 552
"Toot, Toot, Tootsie" 543
"Tozo" 203
"Transblucency" 339
"Trinkle Tinkle" 424
"Tristesse de Saint Louis, La" 307
"Trolley Song, The" 448
"Turkish Mambo" 439
"Tuxedo Junction" 277, 278

"Umbrella Man" 403
"Until the Real Thing Comes Along" 295

"Valley Girl" 639
"Viper's Drag, " 118

"Wabash Stomp" 266
"Wade in the Water" 19
"Wail" 386, 413
"Walkin' and Swingin'" 297
"Walkin'" 509, 510, 587
"Waltz for Debby" 523
"Warm Valley" 334
"Watermelon Man" 586, 629
"Weather Bird" 119, 120
"Wednesday Night Prayer Meeting" 578
"Well, Get It!" 262
"Well, You Needn't" 422, 424
"West Coast Blues" 569
"West End Blues" 119, 380, 436, 455
"What a Little Moonlight Can Do" 319
"What a Wonderful World" 127
"What Am I Here For" 551
"What Is This Thing Called Love" 387, 579
"What Love" 579
"What's New" 466
"When a Woman Loves a Man" 315
"When Johnny Comes Marching Home" 711
"When Lights Are Low" 206, 371
"Whispering" 163, 380
"White Heat" 236
"Whiteman Stomp" 203, 230
"Who Can I Turn To" 670
"Wild Dog, The" 161
"Wild Man Blues" 115
"Willie the Weeper" 115
"Willow Tree" 474
"Willow Weep for Me" 474
"Without Your Love" 314
"Wives and Lovers" 757
"Wolverine Blues" 88
"Woodchopper's Ball" 455
"Work Song" 408
"Wow" 439

"Yardbird Suite" 382, 488
"Yes, Indeed!" 262
"Yesterdays" 466, 510

"Yesternow" 627

"Yonder Come the Blues" 38

"You Are Too Beautiful" 531

"You Bring the Savage Out in Me" 757

"You Understand" 205

"You're Just a No Account" 319

"You've Got to Give Me Some" 39

"Your Father's Moustache" 458

"Zoot" 467

"2300 Skiddoo" 433

"50 Ways to Leave Your Lover" 710

"52nd Street Theme" 352, 507

감사의 말

여러 해에 걸쳐 많은 이들의 도움이 없었다면, 이 책은 나올 수 없었을 것이다. 그리고 이제 세 번째 판이 나왔다. 나는 이 책의 일부를 읽고 다양한 단계에서 귀중한 피드백을 준 매우 재능 있는 사람들의 지도와 의견으로 특별한 축복을 입었다. 특히, 롭 밤버거Rob Bamberger, 밥 블루멘탈Bob Blumenthal, 피터 걸러Peter Gerler, 데이나 조이아Dana Gioia, 리차드 해들록Richard Hadlock, 토드 젠킨스Todd Jenkins, 제임스 카스트James Karst, 래리 카트Larry Kart, 빌 커치너Bill Kirchner, 앨런 커츠Alan Kurtz, 스티븐 래스커Steven Lasker, 존 리트와일러John Litweiler, 도널드 마퀴스Donald Marquis, 스튜어트 니콜슨Stuart Nicholson, 존 오닐John O'Neill, 네이선 피어슨Nathan Pearson, 피터 풀먼Peter Pullman, 티에리 퀘넘Thierry Quénum, 그로버 세일즈Grover Sales, 찰스 A. 셍스톡 주니어Charles A. Sengstock Jr., 크리스 셰리던Chris Sheridan, 리차드 서달터Richard Sudhalter, 제프 설타노프Jeff Sultanof, 허브 웡 박사Dr. Herb Wong에게 감사드린다. 그들의 의견에서 많은 것을 배웠지만, 최종 결과의 한계에 대해서는 그들은 책임이 없다. 또한 럿거스 재즈 연구소의 댄 모겐스턴Dan Morgenstern과 직원들, 툴레인 대학 호건 재즈 아카이브Hogan Jazz Archive의 브루스 보이드 래번Bruce Boyd Raeburn 박사, 스탠포드 대학 녹음 사운드 아카이브의 바바라 소카Barbara Sawka에게도 사의를 표한다. 조셉 메일랜더Joseph Mailander와 그레그 조이아Greg Gioia의 조언과 격려에도, 그리고 다양한 제작 단계를 거쳐 이 책의 초판을 제작하는 데 도움을 준 옥스포드 대학 출판부의 조엘린 오산카Joellyn Ausanka에게도 사의를 표한다. 옥스포드 대학 출판부의 고故 셸던 마이어Sheldon Meyer에게는 큰 빚을 졌다. 그녀는 나에게 이 책의 초판을 집필하도록 독려해 주었고, 최고의 편집자이자 귀중한 조언의 끊임없는 원천이 되어 주었다. 또한, 새로운 세대의 독자들을 위해 이 책을 업데이트하고 개정할 수 있도록 도와준, 옥스포드 대학 출판부의 수잔 라이언Suzanne Ryan과 노먼 허쉬Norm Hirschy에게도 감사드린다. 마지막으로, 이 책을 쓰고 업데이트하는 동안에 변함없는 지원과 격려를 보내준, 아내 타라에게 깊이 감사하며, 사랑하는 마음을 담아 이 책을 바친다.

　재즈 음악이 저에게 인상적으로 다가왔던 처음 순간은 영화 《카사블랑카》에서 샘이 피아노를 치며 〈As Time Goes By〉를 부르던 장면을 보았을 때였던 듯합니다. 매력적인 보이스와 선율, 리듬에 매료되어, 그것들이 머릿속에서 떠나지 않았고, 길을 걸으면서 흥얼거리거나 피아노로 쳐보기도 했습니다. 또 대학 시절에, 동아리 후배에게 당시 인기 있었던 척 맨지오니의 《Feel So Good》 음반을 선물 받았는데, 기분 좋아지는 이 음악을 아주 여러 번 반복해서 들었던 기억도 납니다. 그러다가 박사 과정에 막 들어갔을 즈음, 낮에는 철학자, 밤에는 재즈 피아니스트라는 꿈이 생겨, 종로음악학원의 재즈 피아노 수업을 듣기 시작했습니다. 그때 처음 5도권, 여러 음계와 코드 등을 배우고, 〈Fly To The Moon〉을 첫 곡으로 연습하면서 보사노바 리듬을 손으로 접하게 되었는데, 그 기쁨은 이루 말할 수 없었습니다. 또 그 다음으로 〈Over the Rainbow〉를 연주하면서, 재즈 화성의 오묘함과 아름다움에 흠뻑 취하기도 했습니다. 그러면서, 재즈의 역사를 알고 싶어, 당시 재즈를 가르쳐주던 젊은 선생님께 추천받았던 책은 남무성 작가의 『재즈 잇 업』이었습니다. 재즈의 역사를 일목요연하면서 재미있게 만화로 그린 이 책을 읽으며, 재즈와 그 역사에 한결 더 친근해진 듯했습니다. 이 책에는 굵직굵직한 재즈 뮤지션들에 대한 소개 이외에도, 한국의 대표적인 재즈 뮤지션들에 대한 정리까지 잘 되어 있었습니다. 하지만 이후에는 좀 더 학술적이고 심도 있는, 재즈 역사서의 본보기로 삼을 만한 한국어로 된 문헌이 있으면 좋겠다는 생각이 들었습니다.

그러다가 가족들과 스탠포드 대학에 방문할 기회가 생겼는데. 거기서 이 책의 저자인 테드 조이아가 주최하는 재즈 프로그램 안내를 보게 되었습니다. 직접 가서 보고 싶었지만, 그 당시에는 아이들도 어리고 일정도 맞추기 어려워 참석하지 못했기에, 마음 한구석에 아쉬움이 남아 있었습니다. 그 후로 몇 년의 시간이 지나, 출판사 서커스의 김석중 대표님께서 혹시 이 책을 번역해 볼 의향이 있는지 물어오셨습니다. 저는 저자인 테드 조이아의 이름을 다시 보게 되어 무척 반가웠고, 이 책이 재즈의 역사를 담은 본보기가 될 만한 책이라는 확신이 들었으므로, 기꺼이 번역하겠다고 말씀드렸습니다. 이 책을 번역하기까지는 여러 인연이 겹쳤던 것 같습니다.

재즈는 미국 사회의 맥락 속에서 아프리카 음악이 서구 음악과 만나며 탄생했지만, 그 자유로움과 즉흥성을 기반으로 하여, 세계 여러 문화권의 다양한 음악을 포용하고 첨단 과학 기술을 수용하며, 변화를 거듭하여 진화해 가는, 자유와 융합의 음악이라고 할 수 있겠습니다. 20세기 음악사에서 가장 독창적이고도 풍요로운 성취 가운데 하나로 꼽을 수 있는 재즈는, 태어난 지 한 세기를 넘긴 지금도 여전히 현재진행형의 예술로서 세계 곳곳의 청중과 연주자들에게 생생한 영감을 주고 있습니다. 그러나 이 음악이 처음 모습을 드러냈을 때, 그것은 그저 뉴올리언스의 소수 흑인 공동체 안에서 울려 퍼지던 생활의 음악, 춤과 향락을 위한 음악, 혹은 한낱 하층민의 오락거리로 여겨졌습니다. 오늘날 재즈가 고등 교육기관의 강의실에서 다루어지고, 클래식 명곡과 나란히 음반 선반에 꽂히며, 노벨 문학상 수상자의 시와 나란히 언급되는 음악으로 자리매김하기까지는, 수많은 연주자들의 창조와 투쟁, 그리고 이를 기록하고 해석해 온 연구자들의 노고가 뒤따랐습니다.

이 책은 바로 이러한 연구의 한 정점에 놓인 성과물이라고 할 수 있겠습니다. 저자는 재즈의 기원을 단순히 "뉴올리언스 출발－시카고 발전－뉴욕 정착"이라는 직선적 도식으로 환원하지 않고, 아프리카계 미국인의 문화적 토양, 19세기 말 미국 사회의 경제적·정치적 맥락, 그리고 대중매체의 성장과 같은 복합적 요인을 분석하고 이와 연결하여 서술합니다. 동시에, 그는 루이 암스트롱, 듀크 엘링턴, 찰리 파커, 마일즈 데이비스와 같은 거장들의 생애와 음악적 궤적을 통해, 재즈의 역사가 단순히 사건과 양식의 연속이 아니라, 개인의 창조성과 공동체의 상호작용이 엮어내는 서사임을 보여줍니다. 이 책의 이러한 시각은 기존의 영웅 중심적 서술이나 단순한 양식 변천사에서 벗어나, 재즈를 사회 문화적 유기체로 파악하려는 것으로 볼 수 있겠습니다. 더구나 이 책은 재즈의 역사라는 학술적인 주제와 방대한 내용을 학문적으로 풍부하고 출중하게 담아내면서도, 이를 딱딱하고 무미건조하게 서술한 것이 아니라, 원저자의 재치와 철학적, 문학적인 배경지식과 생생한 표현들이 어우러진, 글의 묘미를 고루 갖춘 저작이라고 할 수 있습니다. 따라서 독자들이 이 책을 읽어나가는 과정에서 지루하지 않고, 읽을거리로서의 매력을 충분히 느끼리라 생각합니다.

이 책의 1장에서, 원저자는 재즈가 아프리카적 리듬 및 표현과 유럽적 화성 및 형식의 융합이고, 블루스·래그타임·행진곡이 재즈의 음악적 뿌리가 되었으며, 뉴올리언스는 다문화적 배경 덕분에 재즈가 탄생할 수 있는 독특한 환경을 제공했고, 버디 볼든, 킹 올리버, 젤리 롤 모튼 같은 인물들이 초창기 재즈 형성에 핵심적 역할을 했으며. 초창기 재즈의 본질은 즉흥성, 집단 연주, 리듬적 활력이었고, 스토리빌의 몰락 이후에 재즈는 뉴올리언스를 넘어 미국 전역으로 퍼져나갔음을 서술하고 있습니다.

2장에서는, 스토리빌이 폐쇄되고 대이동이 일어나, 재즈는 시카고를 중심으로 확산되었고, 최초의 재즈 음반(ODJB, 1917)이 상업적 전환점을 마련했으며, 루이 암스트롱이 집단적 즉흥에서 개인 솔로 중심으로 패러다임을 바꾼 결정적 인물이고, 빅스 바이더벡 등 백인 연주자들이 시카고 스타일의 형성에 기여했으며, 1920년대가 "재즈 시대"로 불리며, 재즈가 대중문화와 젊은 세대의 상징이 된 과정을 서술하고 있습니다.

3장에서는, 뉴욕 및 할렘이 1920년대 후반부터 재즈의 새로운 본거지가 되었고, 스트라이드 피아노가 뉴욕 스타일의 핵심을 이루었으며, 듀크 엘링턴이 빅 밴드 재즈를 예술적 차원으로 끌어올렸고, 플레처 헨더슨 오케스트라가 스윙 스타일의 토대를 마련했으며, 뉴욕은 재즈를 대중문화와 고급 예술 양쪽에서 확립하는 공간이 되었음을 서술하고 있습니다.

4장에서는, 대공황으로 음반산업은 침체했으나, 라디오·공연을 통해 재즈가 확산되었고, 스윙 시대가 본격적으로 열리고 빅 밴드 편성과 섹션의 대화식 편곡이 이루어졌으며, 듀크 엘링턴은 재즈를 예술적 작곡의 차원으로 격상시켰고, 흑인 밴드와 백인 밴드의 음악적 특징은 달랐지만, 스윙은 모두의 대중음악이 되었으며, 캔자스시티는 블루스와 즉흥성이 강한 스윙 스타일을 발전시켜 뉴욕과 대조적 성격을 보였음을 서술하고 있습니다.

5장에서는, 스윙 시대는 1935년 베니 굿맨의 성공으로 본격적으로 열렸고, 굿맨, 베이시, 엘링턴, 밀러 등의 빅 밴드 리더들이 미국 음악 산업을 장악했으며, 콜먼 호킨스, 레스터 영 등의 솔리스트와 빌리 홀리데이, 엘라 피츠제럴드 등의 보컬리스트의 부상으로 재즈의 다양성이 확대되었고, 스윙은 젊은 세대의 문화 아이콘이자 동시에 상업 음악으로 소비되었으며, 1940년대 전쟁 상황과 사회적 변화로 스윙은 점차 쇠퇴하고, 이후 비밥의 토대가 마련되었음을 서술하고 있습니다.

6장에서는, 스윙의 몰락과 2차 대전의 여파 속에서 비밥이 새로운 재즈 혁명으로 등장했고, 그 특징은 빠른 템포, 복잡한 화성, 즉흥 연주의 확대, 드럼·리듬의 혁신 등이며, 그 주역으로는 찰리 파커, 디지 길레스피, 셀로니어스 몽크, 버드 파월, 맥스 로치 등을 꼽을 수 있고, 비밥이 뉴욕의 클럽 문화 속에서 발전하여, 연주자 중심의 예술 음악 성격을 띠고 있으며, 재즈를 예술적 언어로 확립했지만, 동시에 대중과의 거리를 넓혔음을 서술하고 있습니다.

　7장에서는, 비밥의 난해함에 대한 반작용으로 쿨 재즈가 등장했고, 마일즈 데이비스의 《Birth of the Cool》을 쿨 재즈의 출발점으로 삼을 수 있으며. 웨스트 코스트 재즈는 브루벡, 멀리건, 베이커, 게츠 등 백인 중심의 부드럽고 세련된 스타일이라 할 수 있고, 모던 재즈 쿼텟(MJQ)은 클래식적 형식을 결합하여 지적이고 격조 높은 재즈를 확립했으며, 쿨 재즈는 후일 보사노바와 접목되어 세계적으로 확산되었음을 서술하고 있습니다. 또 하드 밥은 쿨 재즈의 차가움에 대한 반발로, 블루스와 가스펠에 뿌리를 둔 뜨겁고 소울풀한 음악이고, 대표적인 음악가로는, 아트 블레이키, 호레이스 실버, 클리포드 브라운, 맥스 로치, 소니 롤린스를 꼽을 수 있으며, 소울 재즈는 하드 밥의 연장선으로, 가스펠·R&B적 요소를 강조하며 대중에게 큰 인기를 얻었고, 하드 밥 및 소울 재즈는 1950~60년대 흑인 음악 문화의 정체성을 반영함을 서술하고 있습니다.

　8장에서는, 아방가르드와 프리 재즈의 등장을 다루며, 오넷 콜먼은 화성의 구속에서 벗어난 프리 재즈의 창시자이고, 존 콜트레인은 모달 재즈에서 프리 재즈로 발전하며 영적 차원의 음악을 추구했으며, 세실 테일러, 에릭 돌피, 앨버트 에일러 등이 중요한 혁신가이고, 프리 재즈는 단순한 음악 실험이 아니라, 흑인 민권운동·자유·해방의 문화적 상징이며, 당시에는 논쟁이 일었지만, 이후 재즈와 현대 음악 전반에 거대한 영향을 미쳤음을 서술하고 있습니다. 또 모달 재즈와 포스트밥의 발전을 다루며, 모달 재즈는 복잡한 화성 대신 모드(선법) 기반의 즉흥을 통해 자유를 확보하는데, 마일즈 데이비스의 《Kind of Blue》(1959)가 모달 재즈의 걸작이자 재즈 역사의 분수령이라 할 수 있으며, 존 콜트레인은 모달 어법을 바탕으로 점차 영적·프리 재즈적 경지로 나아갔고, 포스트밥은 하드 밥·모달·프리의 요소를 혼합하여 1960년대 재즈의 새로운 주류가 되었음을 서술하고 있습니다. 또한 퓨전 재즈가 1960년대 후반 록과 전자 악기를 받아들여 재즈의 새로운 활로를 연 흐름이고, 마일즈 데이비스의 《In a Silent Way》, 《Bitches Brew》가 결정적인 전환점이 되었으며, 허비 행콕, 웨더 리포트, 마하비쉬누 오케스트라, 리턴 투 포에버 등 퓨전 그룹이 1970년대 재즈를 주도했고, 그 특징은 전자 악기, 록 리듬, 세계 음악적인 융합, 청중 친화적 에너지라 할 수 있으며, 퓨전이 재즈의 상업적 성공을 이끈 동시에 전통과의 긴장을 낳았음을 서술하고 있습니다.

9장에서는, 전통주의의 제도권 안착이 재즈의 지속 가능성을 높였고, 포스트모더니즘은 창작의 스펙트럼을 넓혔으며, 진정성의 기준이 문법 준수(전통주의)와 창조적 문맥화(포스트모더니즘)로 양분되었고, 레퍼토리형 공연·교육은 안정적인 수요를 창출하고, 실험적 현장은 소규모 레이블 및 공간을 기반으로 생태계를 형성했으며, 전통주의자는 부분적으로 융합을 시도하고, 포스트 모더니스트 또한 스탠더드·역사 인용 등을 통해 역사적 근거를 확보해 왔음을 서술하고 있습니다.

10장에서는, 1980년대 이후 재즈의 흐름을 다루며, 퓨전의 상업화에 대한 반작용으로, 윈튼 마살리스 중심의 전통 회귀가 전개되고, 재즈는 교육·제도화 과정을 통해 공연장 예술로 자리 잡았으며, 동시에 프리, 퓨전, 라틴, 월드뮤직 등 다양한 스타일이 공존하고, 오늘날 재즈는 주류 대중음악은 아니지만, 세계적 예술 언어로 확립되었음을 서술하고 있습니다.

11장에서는, 21세기 재즈의 다원성과 세계화를 다루며, 전통 보존과 혁신의 흐름이 공존하고, 디지털 시대, 독립 레이블, 페스티벌을 통한 새로운 청중 확보가 이루어지며, 카마시 워싱턴, 에스페란자 스폴딩, 로버트 글래스퍼 등 새로운 세대의 아티스트가 부상하고 있음을 서술하고, 재즈는 과거보다 더 다양하고 세계적인 음악 언어로 진화하는 중이라고 결론을 맺고 있습니다.

1930~40년대 스윙은 미국 대중음악의 황금기였고, 한국에서는 일제강점기 후반, 미군정기(1945년 이후)부터 본격적으로 스윙 및 빅 밴드 사운드가 소개되었습니다. 미군 클럽, PX 무대, 방송 등을 통해 재즈가 직접 유입되었

고, 이는 곧 한국 재즈의 시작점이 되었습니다. 또 미국에서는 1940년대 후반에 비밥, 1950년대에 쿨 재즈 및 하드 밥이 발전했는데, 한국에서는 한국 전쟁(1950~53년) 이후에 미군 기지를 통해, 디지 길레스피, 찰리 파커, 마일즈 데이비스, 모던 재즈 쿼텟 등의 음반과 실황이 전해졌습니다. 한국 연주자들은 이를 곧바로 흡수하기보다는, 스윙에서 비밥 사이의 혼합적 스타일로 소화했습니다.

『재즈의 역사』에서 뉴올리언스, 시카고, 뉴욕 같은 도시의 문화적 맥락을 강조하듯, 한국 재즈의 초창기에는 주한 미군 기지가 뉴올리언스 역할을 했다고 볼 수 있습니다. 1950~60년대에 미군 클럽에서 활동했던 한국 연주자들이 사실상 한국 재즈 1세대라고 할 수 있고, 색소포니스트 이판근, 트럼페터 최선배, 피아니스트 이정식 등을 대표로 꼽을 수 있습니다. 미국의 대이동과 비슷하게, 한국 재즈도 전쟁, 분단, 미군 주둔 등의 사회적 변동이 음악 발전에 결정적 영향을 주었다고 할 수 있겠습니다.

또 미국에서 1970년대 퓨전이 등장했을 때, 한국도 대학가와 방송음악을 중심으로 퓨전 스타일이 인기를 얻었습니다. 김수철, 신중현 등은 록과 퓨전을 혼합했고, 1980년대에는 이정식, 나윤선, 강태환 등의 재즈 음악가들이 본격적으로 활동했습니다.

또한 『재즈의 역사』에서 말하는 재즈의 제도화와 비슷하게, 한국에서도 1990년대 이후에 재즈가 교육기관·공연장에 자리 잡았습니다. 서울 재즈 아카데미, 대학의 실용음악과가 개설되었고, 자라섬 재즈 페스티벌, 서울 재즈 페스티벌 등 국제 규모의 축제가 이루어졌습니다. 한국 재즈는 이제 미국을 모방하는 단계를 넘어, 자국의 언어를 찾으려는 흐름이 두드러지게 나타나고 있습니다.

『재즈의 역사』가 보여주는 미국 재즈 역사의 전개 과정은, 한국 재즈 역사에서 외부에서 들여온 음악을 어떻게 자기 것으로 만들었는가를 이해하는 기준이 되기도 합니다. 한국 재즈는 처음에는 미국의 발전 단계를 추종하고 응용했지만, 이제는 한국적 언어(국악, 한국 문화와의 결합 등)를 통해 세계 무대에서 독자적인 색채를 찾고 있습니다.

팔 년 전쯤, 정가正歌의 명인이신 강권순 선생님 댁에서 한 달에 한 번씩 일 년 동안 열렸던 국악 공연이 떠오릅니다. 거기서 여러 훌륭한 시詩, 가歌, 무舞를 접했는데, 그 가운데 오경자 선생님의 거문고 산조와 어느 젊은 피아니스트의 재즈 피아노 합주를 잊을 수 없습니다. 물론, 이전부터 한국의 전통 음악과 재즈의 협업은 꾸준히 있어 왔지만, 저는 특히 이때 우리 전통 음악의 즉흥 연주와 세련된 재즈 피아노 변주가 만났을 때 엄청난 시너지를 발휘하여 근사한 음악이 이루어짐을 실감했고, 매우 큰 감동을 받았습니다. 또 강권순 선생님의 소리와 강태환 선생님의 재즈 색소폰 협연도 인상적이었고, 베이시스트 송홍섭 선생님과의 실험적인 협업 또한 매우 큰 영감을 주었습니다. 또한 《무명 가수전》, 《풍류대장》 등의 TV 프로그램을 통해서도, 한국의 젊은 재즈 아티스트들, 그리고 국악인들의 매력적인 퓨전 작업들을 보며, 음악의 자유롭고 창의적인 무궁무진한 전개와 발전, 진실한 음악적 감정의 표현을 실감할 수 있었는데, 이 번역서가 음악의 이러한 자유롭고 진실한 전개와 발전 및 음악적 감정 표현을 음미하는 데 조금이라도 보탬이 될 수 있었으면 합니다.

이 책을 번역하는 과정에서, 가장 고민한 문제 가운데 하나는 인명 표기였습니다. 베니 굿맨과 같은 상징적인 사전 속 표기는 그대로 살리면서도, 가능하면 현대 영어 발음을 살리는 방향으로 표기하고자 했습니다. 셀로니어스 몽크의 경우에는, 제게 익숙한 발음은 델로니어스 몽크이지만, 현재 영어 발음 표기에 따라 셀로니어스 몽크로 타협을 보았습니다. 재즈 음악가에 대한 기존의 한국어 인명 표기와 달라서 어색하게 느껴지는 이름들이 있을 수 있겠지만, 요즘의 영어 한글 표기 흐름에 따른 것으로 이해해 주시기를 바랍니다. 또 하나의 고민은 뱀프vamp, 리프riff와 같은 음악 용어들의 표기였습니다. 고민 끝에, 이러한 음악 용어는 원어 발음에 가깝게 표기하되, 생소한 용어의 경우에는 [ ] 표기 혹은 각주를 달아 해설하는 방식으로 번역하였습니다.

한편, 이 번역 과정의 큰 즐거움 중 하나는, 이 책에 소개된 음악을 함께 듣는 것이었습니다. 셀로니어스 몽크의 〈'Round Midnight〉의 세련된 피아노 변주를 하염없이 들으며 푹 빠져들기도 하고, 영화 《위플래쉬》에서 인상 깊게 들었던 〈Caravan〉 편곡과 듀크 엘링턴의 원곡을 비교해 듣기도 하는 등 재즈의 명곡들을 함께 들으면서, 재즈와 함께 지내는 행복을 누렸습니다. 독자 여러분께도 이 책에 소개된 음악들을 바탕으로 한 자기 나름의 청취를 권해드리고 싶습니다.

이 책의 한국어 번역이 지닌 의의는, 무엇보다도 우리나라의 독자들에게 재즈를 단순한 장르 음악이나 흘러간 유행이 아닌, 20세기 인류사의 압축판, 더 나아가 인류사의 보편적인 하나의 모습으로서 접하게 한다는 데 있을 것입니다. 노예제와 인종차별, 산업화와 대도시 문화, 전쟁과 냉전, 젊은 세대의 반항과 새로운 미학적 실험, 그리고 음악으로 표현할 수밖에 없는 진실한 마음… 이 모든 것이 재즈의 역사에 녹아 있습니다. 동시에, 재즈는 어떠한 조건이나 상황들을 단순히 반영하는 데 그치지 않고, 자유와 창조성을 끊임없이 새롭게 개척하고 돌파구를 뚫어온 예술이었습니다. 이러한 점에서, 재즈의 역사는 곧 인간 해방의 서사이기도 합니다.

마지막으로, 이 책이 단순히 지식을 전달하는 것에 그치지 않고, 음악을 새롭게 듣고, 삶을 새롭게 사유하며 자기다운 모습과 마음의 자유를 스스로 찾아가는 계기가 되기를 바랍니다. 재즈는 완결된 과거가 아니라, 이 순간에도 변주되고 있는 현재이며 미래입니다. 이 책을 덮고 나서, 다시 재즈 음악을 들었을 때, 그 소리가 조금은 다르게, 더 깊게 들린다면, 이 번역은 제 역할을 다한 셈일 것입니다.

끝으로, 이 작업을 가능하게 해주신 출판사 서커스의 대표님, 이 책의 원저자와 재즈 연구자들, 그리고 무엇보다 재즈라는 위대한 음악을 창조해 온 음악인들과 재즈라는 음악이 나올 수 있게 했던 수많은 음악인들과 음악을 사랑하는 이들에게 깊은 감사를 드립니다.

2025년 9월

옮긴이 李周恩 씀

옮긴이 이주은

연세대 인문학부를 졸업하고 동 대학원에서 중국 고대철학 및 음악철학으로 석사와 박사 학위를 취득했다. 현재 연세대, 성균관대, 순천대 등에서 강의하고 있다. 「荀子의 '化性起僞' 說에 대한 고찰」, 「嵇康의 음악철학 – 음악과 감정 및 도덕의 관계를 중심으로 –」, 「음악과 감정의 관계 – 嵇康의 「聲無哀樂論」을 중심으로 –」 등의 논문이 있고, 마사 너스바움의 『연약한 선』을 공역했다.

재즈의 역사

초판 1쇄 발행 2025년 11월 20일

지은이 테드 조이아
옮긴이 이주은

펴낸곳 서커스출판상회
주소 경기도 파주시 광인사길 68 202-1호(문발동)
전화번호 031-946-1666
전자우편 rigolo@hanmail.net
출판등록 2015년 1월 2일(제2015-000002호)

ⓒ 서커스, 2025

ISBN 979-11-87295-99-0 03670